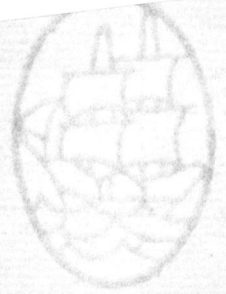

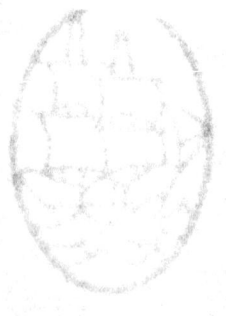

DEUTSCHER
KLASSIKER
VERLAG

BIBLIOTHEK DER GESCHICHTE UND POLITIK

Herausgegeben von
Reinhart Koselleck

Band 8

JACOB BURCKHARDT
DIE KULTUR
DER RENAISSANCE
IN ITALIEN

Herausgegeben von
Horst Günther

DEUTSCHER
KLASSIKER
VERLAG

Bibliothek deutscher Klassiker

38

JACOB BURCKHARDT
DIE KULTUR DER RENAISSANCE
IN ITALIEN

INHALT

DIE KULTUR DER RENAISSANCE IN ITALIEN
EIN VERSUCH

Luigi Picchioni
dem greisen Lehrer, Kollegen und Freund
gewidmet

ERSTER ABSCHNITT

DER STAAT ALS KUNSTWERK

Im wahren Sinne des Wortes führt diese Schrift den Titel
eines bloßen Versuches, und der Verfasser ist sich deutlich
genug bewußt, daß er mit sehr mäßigen Mitteln und Kräf-   5
ten sich einer überaus großen Aufgabe unterzogen hat.
Aber auch wenn er mit stärkerer Zuversicht auf seine
Forschung hinblicken könnte, so wäre ihm der Beifall der
Kenner kaum sicherer. Die geistigen Umrisse einer Kulturepoche geben vielleicht für jedes Auge ein verschiedenes   10
Bild, und wenn es sich vollends um eine Zivilisation handelt, welche als nächste Mutter der unsrigen noch jetzt
fortwirkt, so muß sich das subjektive Urteilen und Empfinden jeden Augenblick beim Darsteller wie beim Leser ein-
mischen. Auf dem weiten Meere, in welches wir uns hinaus-   15
wagen, sind der möglichen Wege und Richtungen viele,
und leicht könnten dieselben Studien, welche für diese
Arbeit gemacht wurden, unter den Händen eines andern
nicht nur eine ganz andere Benützung und Behandlung
erfahren, sondern auch zu wesentlich verschiedenen   20
Schlüssen Anlaß geben. Der Gegenstand an sich wäre wichtig genug, um noch viele Bearbeitungen wünschbar zu
machen, Forscher der verschiedensten Standpunkte zum
Reden aufzufordern. Einstweilen sind wir zufrieden, wenn
uns ein geduldiges Gehör gewährt und dieses Buch als ein   25
Ganzes aufgefaßt wird. Es ist die wesentlichste Schwierigkeit der Kulturgeschichte, daß sie ein großes geistiges Kontinuum in einzelne scheinbar oft willkürliche Kategorien
zerlegen muß, um es nur irgendwie zur Darstellung zu
bringen. – Der größten Lücke des Buches gedachten wir   30
einst durch ein besonderes Werk über »Die Kunst der

Renaissance« abzuhelfen; ein Vorsatz, welcher nur gerin-
gernteils hat ausgeführt werden können.*

———————

Der Kampf zwischen den Päpsten und den Hohenstaufen
hinterließ zuletzt Italien in einem politischen Zustande,
welcher von dem des übrigen Abendlandes in den wesentlichsten Dingen abwich. Wenn in Frankreich, Spanien,
England das Lehnssystem so geartet war, daß es nach Ab-
lauf seiner Lebenszeit dem monarchischen Einheitsstaat in
die Arme fallen mußte, wenn es in Deutschland wenigstens
die Einheit des Reiches äußerlich festhalten half, so hatte
Italien sich ihm fast völlig entzogen. Die Kaiser des
16. Jahrhunderts wurden im günstigsten Falle nicht mehr
als Oberlehnsherrn, sondern als mögliche Häupter und
Verstärkungen schon vorhandener Mächte empfangen und
geachtet; das Papsttum aber mit seinen Kreaturen und
Stützpunkten war gerade stark genug, jede künftige Einheit zu verhindern ohne doch selbst eine schaffen zu können.[1] Zwischen den beiden waren eine Menge politischer
Gestaltungen – Städte und Gewaltherrscher – teils schon
vorhanden, teils neu emporgekommen, deren Dasein rein
tatsächlicher Art war.[2] In ihnen erscheint der moderne europäische Staatsgeist zum erstenmal frei seinen eigenen Antrieben hingegeben; sie zeigen oft genug die fessellose
Selbstsucht in ihren furchtbarsten Zügen, jedes Recht ver-
höhnend, jede gesunde Bildung im Keim erstickend; aber
wo diese Richtung überwunden oder irgendwie aufgewogen wird, da tritt ein neues Lebendiges in die Geschichte: der

———

* Geschichte der Baukunst von Franz Kugler (des vierten Bandes
  erste Hälfte, die Architektur und Dekoration der italienischen
  Renaissance enthaltend, ⟨in diesem Band ab S. 573⟩).
1 Macchiavelli, Discorsi L. I. c. 12.
2 Die Herrschenden und ihr Anhang heißen zusammen lo stato,
  und dieser Name durfte dann die Bedeutung des gesamten
  Daseins eines Territoriums usurpieren.

Staat als berechnete, bewußte Schöpfung, als Kunstwerk. In den Stadtrepubliken wie in den Tyrannenstaaten prägt sich dies Leben hundertfältig aus, und bestimmt ihre innere Gestalt sowohl als ihre Politik nach außen. Wir begnügen uns mit der Betrachtung des vollständigern, deutlicher ausgesprochenen Typus desselben in den Tyrannenstaaten.

Der innere Zustand der von Gewaltherrschern regierten Territorien hatte ein berühmtes Vorbild an dem Normannenreiche von Unteritalien und Sizilien, wie Kaiser Friedrich II. es umgestaltet hatte.[3] Aufgewachsen unter Verrat und Gefahr in der Nähe von Sarazenen, hatte er sich frühe gewöhnt an eine völlig objektive Beurteilung und Behandlung der Dinge, der erste moderne Mensch auf dem Throne. Dazu kam eine nahe, vertraute Kenntnis von dem Innern der sarazenischen Staaten und ihrer Verwaltung, und jener Existenzkrieg mit den Päpsten, welcher beide Parteien nötigte, alle denkbaren Kräfte und Mittel auf den Kampfplatz zu führen. Friedrichs Verordnungen (besonders seit 1231) laufen auf die völlige Zernichtung des Lehnstaates, auf die Verwandlung des Volkes in eine willenlose, unbewaffnete, im höchsten Grade steuerfähige Masse hinaus. Er zentralisierte die ganze richterliche Gewalt und die Verwaltung in einer bisher für das Abendland unerhörten Weise; kein Amt mehr durfte durch Volkswahl besetzt werden, bei Strafe der Verwüstung des betreffenden Ortes und Degradation der Bürger zu Hörigen. Die Steuern, beruhend auf einem umfassenden Kataster und auf mohammedanischer Routine, wurden beigetrieben mit jener quälerischen und grausamen Art, ohne welche man dem Orientalen freilich kein Geld aus den Händen bringt. Hier ist kein Volk mehr, sondern ein kontrollierbarer Haufe von Untertanen, die z. B. ohne besondere Erlaubnis nicht auswärts heiraten und unbedingt nicht auswärts studieren durften; — die Universität Neapel übte den frühsten bekannten Stu-

---

3 Höfler: Kaiser Friedrich II., S. 39 ff.

dienzwang, während der Orient seine Leute wenigstens in
diesen Dingen frei ließ. Echt mohammedanisch dagegen
war es wiederum, daß Friedrich nach dem ganzen Mittelmeer eigenen Handel trieb, viele Gegenstände sich vorbehielt und den Handel der Untertanen hemmte. Die fatimidischen Khalifen mit ihrer Geheimlehre des Unglaubens
waren (wenigstens anfangs) tolerant gewesen gegen die
Religionen ihrer Untertanen; Friedrich dagegen krönt sein
Regierungssystem durch eine Ketzerinquisition, die nur
um so schuldvoller erscheint, wenn man annimmt, er habe
in den Ketzern die Vertreter freisinnigen städtischen Lebens verfolgt. Als Polizeimannschaft im Innern und als
Kern der Armee nach außen dienten ihm endlich jene aus
Sizilien nach Luceria und nach Nocera übergesiedelten
Sarazenen, welche gegen allen Jammer taub und gegen den
kirchlichen Bann gleichgültig waren. Die Untertanen, der
Waffen entwöhnt, ließen später den Sturz Manfreds und die
Besitznahme des Anjou leicht und willenlos über sich ergehen; letzterer aber erbte diesen Regierungsmechanismus
und benützte ihn weiter.

Neben dem zentralisierenden Kaiser tritt ein Usurpator
der eigentümlichsten Art auf: sein Vicarius und Schwiegersohn Ezzelino da Romano. Er repräsentiert kein Regie-
rungs- und Verwaltungssystem, da seine Tätigkeit in lauter
Kämpfen um die Herrschaft im östlichen Oberitalien auf-
ging, allein er ist als politisches Vorbild für die Folgezeit
nicht minder wichtig als sein kaiserlicher Beschützer. Alle
bisherige Eroberung und Usurpation des Mittelalters war
entweder auf wirkliche oder vorgegebene Erbschaft und
andere Rechte hin oder gegen die Ungläubigen oder Ex-
kommunizierten vollbracht worden. Hier zum erstenmal
wird die Gründung eines Thrones versucht durch Massen-
mord und endlose Scheußlichkeiten, d. h. durch Aufwand
aller Mittel mit alleiniger Rücksicht auf den Zweck. Keiner
der Spätern hat den Ezzelino an Kolossalität des Verbre-
chens irgendwie erreicht, auch Cesare Borgia nicht, aber
das Beispiel war gegeben, und Ezzelino's Sturz war für die

Völker keine Herstellung der Gerechtigkeit und für künftige Frevler keine Warnung.

Umsonst stellte in einer solchen Zeit S. Thomas von Aquino, der geborene Untertan Friedrichs, die Theorie einer konstitutionellen Herrschaft auf, wo der Fürst durch ein von ihm ernanntes Oberhaus und eine vom Volk gewählte Repräsentation unterstützt gedacht wird. Dergleichen verhallte in den Hörsälen, und Friedrich und Ezzelino waren und blieben für Italien die größten politischen Erscheinungen des 13. Jahrhunderts. Ihr Bild, schon halb fabelhaft widergespiegelt, ist der wichtigste Inhalt der »hundert alten Novellen«, deren ursprüngliche Redaktion gewiß noch in dies Jahrhundert fällt.[4] Ezzelino wird hier bereits mit einer scheuen Ehrfurcht geschildert, welche der Niederschlag jedes ganz großen Eindruckes ist. Eine ganze Literatur, von der Chronik der Augenzeugen bis zur halbmythologischen Tragödie, schloß sich an seine Person an.[5]

Sofort nach dem Sturze der beiden tauchen dann, hauptsächlich aus den Parteikämpfen der Guelfen und Ghibellinen, die einzelnen Tyrannen in großer Anzahl empor, in der Regel als Ghibellinenhäupter, dabei aber unter so verschiedenen Vorgängen und Bedingungen, daß man eine allgemeine zu Grunde liegende Unvermeidlichkeit gar nicht verkennen kann. In betreff der Mittel brauchen sie nur da fortzufahren, wo die Parteien begonnen hatten: mit der Ausrottung oder Vertreibung der Gegner und Zerstörung ihrer Wohnungen.

Die größern und kleinern Gewaltherrschaften des 14. Jahrhunderts verraten es häufig genug, daß Eindrücke dieser Art nicht verloren waren. Ihre Missetaten schrien laut und die Geschichte hat sie umständlich verzeichnet, aber als

---

4 Cento novelle antiche, Nov. 1, 6, 20, 21, 22, 23, 29, 30, 45, 56, 83, 88, 98.
5 Scardeonius, de urbis Patav. antiqu., im Thesaurus des Grävius VI., III., p. 259.

ganz auf sich selbst gestellte und danach organisierte Staaten haben sie immerhin ein höheres Interesse.

Die bewußte Berechnung aller Mittel, wovon kein damaliger außeritalienischer Fürst eine Idee hatte, verbunden
mit einer innerhalb der Staatsgrenzen fast absoluten Macht-
vollkommenheit, brachte hier ganz besondere Menschen
und Lebensformen hervor.[1] Das Hauptgeheimnis der Herrschaft lag für die weisern Tyrannen darin, daß sie die Steuern möglichst so ließen, wie sie dieselben angetroffen oder
am Anfang eingerichtet hatten: eine Grundsteuer, basiert
auf einen Kataster; bestimmte Consumosteuern und Zölle
auf Ein- und Ausfuhr, wozu noch die Einnahmen von dem
Privatvermögen des herrschenden Hauses kamen; die einzige mögliche Steigerung hing ab von der Zunahme des
allgemeinen Wohlstandes und Verkehres. Von Anleihen,
wie sie in den Städten vorkamen, war hier nicht die Rede;
eher erlaubte man sich hier und da einen wohlberechneten
Gewaltstreich, vorausgesetzt, daß er den ganzen Zustand
unerschüttert ließ, wie z. B. die echt sultanische Absetzung
und Ausplünderung des obersten Finanzbeamten.[2]

Mit diesen Einkünften suchte man auszureichen, um den
kleinen Hof, die Leibwache, die geworbene Mannschaft,
die Bauten – und die Spaßmacher sowohl als die Leute von
Talent zu bezahlen, die zur persönlichen Umgebung des
Fürsten gehörten. Die Illegitimität, von dauernden Gefahren umschwebt, vereinsamt den Herrscher; das ehrenvollste Bündnis, welches er nur irgend schließen kann, ist das
mit der höhern geistigen Begabung, ohne Rücksicht auf die
Herkunft. Die Liberalität (Miltekeit) der nordischen Fürsten des 13. Jahrhunderts hatte sich auf die Ritter, auf das
dienende und singende Adelsvolk beschränkt. Anders der
monumental gesinnte, ruhmbegierige italienische Tyrann,
der das Talent als solches braucht. Mit dem Dichter oder
Gelehrten zusammen fühlt er sich auf einem neuen Boden,
ja fast im Besitz einer neuen Legitimität.

---

1 Sismondi, Hist. des rép. italiennes, IV, p. 420; VIII, p. l s.
2 Franco Sacchetti, Novelle. (61, 62).

Weltbekannt ist in dieser Beziehung der Gewaltherrscher
von Verona, Can Grande della Scala, welcher in den ausgezeichneten Verbannten an seinem Hofe ein ganzes Italien
beisammen unterhielt. Die Schriftsteller waren dankbar;
Petrarca, dessen Besuche an diesen Höfen so strenge Tadler [5]
gefunden haben, schilderte das ideale Bild eines Fürsten
des 14. Jahrhunderts.[3] Er verlangt von seinem Adressaten
– dem Herrn von Padua – Vieles und Großes, aber auf eine
Weise als traute er es ihm zu. »Du mußt nicht Herr deiner
Bürger, sondern Vater des Vaterlandes sein und jene wie [10]
deine Kinder lieben,[4] ja wie Glieder deines Leibes. Waffen,
Trabanten und Söldner magst du gegen die Feinde wenden
– gegen deine Bürger kommst du mit dem bloßen Wohlwollen aus; freilich meine ich nur die Bürger, welche das
Bestehende lieben, denn wer täglich auf Veränderungen [15]
sinnt, der ist ein Rebell und Staatsfeind und gegen solche
mag strenge Gerechtigkeit walten!« Im einzelnen folgt nun
die echt moderne Fiktion der Staatsallmacht; der Fürst soll
für alles sorgen, Kirchen und öffentliche Gebäude herstel-
len und unterhalten, die Gassenpolizei aufrecht halten,[5] [20]
Sümpfe austrocknen, über Wein und Getreide wachen; die
Steuern gerecht verteilen, Hilflose und Kranke unterstützen, und ausgezeichneten Gelehrten seinen Schutz und
Umgang widmen, indem dieselben für seinen Nachruhm
sorgen würden. [25]

3 Petrarca, de rep. optime administranda, ad Franc. Carraram.
  (Opera, p. 372 s.)
4 Erst hundert Jahre später wird dann auch die Fürstin zur Lan-
  desmutter. Vgl. Hieron. Crivellis Leichenrede auf Bianca Maria
  Visconti, bei Muratori, XXV, Col. 429. Eine politische Übertragung hievon ist es, wenn eine Schwester Papst Sixtus IV. bei
  Jac. Volaterranus (Murat. XXIII. Col. 109) mater ecclesiae genannt wird.
5 Mit dem beiläufigen Wunsch, es möchte das Lagern der
  Schweine in den Gassen von Padua verboten werden, da der
  Anblick an sich unerfreulich sei und die Pferde davon scheu
  würden.

Aber welches auch die allgemeinen Lichtseiten und die Verdienste Einzelner gewesen sein mögen, so erkannte oder ahnte doch schon das 14. Jahrhundert die geringe Dauer, die Garantielosigkeit der meisten dieser Tyrannien. Da aus innern Gründen politische Verfassungen wie diese genau um so viel haltbarer sind als das Gebiet größer ist, so waren die mächtigern Gewaltherrschaften stets geneigt, die kleinern zu verschlingen. Welche Hekatombe kleiner Herrscher ist nur allein den Visconti in dieser Zeit geopfert worden! Dieser äußern Gefahr aber entsprach gewiß fast jedesmal eine innere Gärung, und die Rückwirkung dieser Lage auf das Gemüt des Herrschers mußte in den meisten Fällen überaus verderblich sein. Die falsche Allmacht, die Aufforderung zum Genuß und zu jeder Art von Selbstsucht von der einen, die Feinde und Verschwörer von der andern Seite machten ihn fast unvermeidlich zum Tyrannen im übeln Sinne. Wäre nur wenigstens den eigenen nächsten Blutsverwandten zu trauen gewesen! Allein wo Alles illegitim war, da konnte sich auch kein festes Erbrecht, weder für die Sukzession in der Herrschaft noch für die Teilung der Güter bilden, und vollends in drohenden Augenblicken schob den unmündigen oder untüchtigen Fürstensohn ein entschlossener Vetter oder Oheim bei Seite, im Interesse des Hauses selbst. Auch über Ausschluß oder Anerkennung der Bastarde war beständiger Streit. So kam es, daß eine ganze Anzahl dieser Familien mit unzufriedenen, rachsüchtigen Verwandten heimgesucht waren; ein Verhältnis, das nicht eben selten in offenen Verrat und in wilden Familienmord ausbrach. Andere, als Flüchtlinge auswärts lebend, fassen sich in Geduld und behandeln auch diese Sachlage objektiv, wie z. B. jener Visconti, der am Gardasee Fischnetze auswarf;[6] der Bote seines Gegners fragte ihn ganz direkt: wann er wieder nach Mailand zurückzukehren

---

6 Petrarca, Rerum memorandar. liber III. p. 460. – Es ist Matteo I. Visconti und der damals in Mailand herrschende Guido della Torre gemeint.

gedenke? und erhielt die Antwort: »Nicht eher, als bis die Schandtaten Jenes über meine Verbrechen das Übergewicht erlangt haben werden.« Bisweilen opfern auch die Verwandten den regierenden Herrn der allzusehr beleidigten öffentlichen Moral, um dadurch das Gesamthaus zu retten.[7] Hie und da ruht die Herrschaft noch so auf der Gesamtfamilie, daß das Haupt an deren Beirat gebunden ist; auch in diesem Falle veranlaßte die Teilung des Besitzes und des Einflusses leicht den bittersten Hader.

Bei den damaligen florentinischen Autoren begegnet man einem durchgehenden tiefen Haß gegen dieses ganze Wesen. Schon das pomphafte Aufziehen, das Prachtkostüm, wodurch die Gewaltherrscher vielleicht weniger ihrer Eitelkeit Genüge tun als vielmehr Eindruck auf die Phantasie des Volkes machen wollten, erweckt ihren ganzen Sarkasmus. Wehe wenn ihnen gar ein Emporkömmling in die Hände fällt wie der neugebackene Doge Agnello von Pisa (1364), der mit dem goldenen Szepter auszureiten pflegte und sich dann wieder zu Hause am Fenster zeigte »wie man Reliquien zeigt«, auf Teppich und Kissen von Goldstoff gelehnt; kniend mußte man ihn bedienen wie einen Papst oder Kaiser.[8] Öfter aber reden diese alten Florentiner in einem erhabenen Ernst. Dante[9] erkennt und benennt vortrefflich das Unadliche, Gemeinverständige der neufürstlichen Hab- und Herrschgier. »Was tönen ihre Posaunen, Schellen, Hörner und Flöten anders als: herbei zu uns, ihr Henker! ihr Raubvögel!« Man malt sich die Burg des Tyrannen hoch und isoliert, voller Kerker und Lausch-

---

7 Matteo Villani, V, 81: die geheime Ermordung des Matteo II. Visconti durch seine Brüder.

8 Filippo Villani, Istorie XI, 101. – Auch Petrarca findet die Tyrannen geputzt »wie Altäre an Festtagen«. – Den antiken Triumphzug des Castracane in Lucca findet man umständlich beschrieben in dessen Leben von Tegrimo, bei Murat. XI, Col. 1340.

9 De vulgari eloquio, I, c. 12: ... qui non heroico more, sed plebeo sequuntur superbiam etc.

röhren,[10] als einen Aufenthalt der Bosheit und des Elends.
Andere weissagen Jedem Unglück, der in Tyrannendienste
gehe[11] und bejammern am Ende den Tyrannen selbst, welcher unvermeidlich der Feind aller Guten und Tüchtigen
sei, sich auf niemanden verlassen dürfe, und den Untera-
nen die Erwartung seines Sturzes auf dem Gesicht lesen
könne. »So wie die Tyrannen entstehen, wachsen und sich
befestigen, so wächst auch in ihrem Innern verborgen der
Stoff mit, welcher ihnen Verwirrung und Untergang bringen muß.«[12] Der tiefste Gegensatz wird nicht deutlich hervorgehoben: Florenz war damals mit der reichsten Entwicklung der Individualitäten beschäftigt, während die
Gewaltherrscher keine andere Individualität gelten und
gewähren ließen als die ihrige und die ihrer nächsten Diener. War doch die Kontrolle des einzelnen Menschen bis
auf's Paßwesen herab schon völlig durchgeführt.[13]

Das Unheimliche und Gottverlassene dieser Existenz
bekam in den Gedanken der Zeitgenossen noch eine besondere Farbe durch den notorischen Sternglauben und Unglauben mancher Herrscher. Als der letzte Carrara in seinem pestverödeten Padua (1405) die Mauern und Tore
nicht mehr besetzen konnte, während die Venezianer die
Stadt umzingelten, hörten ihn seine Leibwachen oft des
Nachts dem Teufel rufen: er möge ihn töten!

---

10 Dies zwar erst in Schriften des 15. Jahrhunderts, aber gewiß
    nach frühern Phantasien: L. B. Alberti, de re aedif. V, 3. –
    Franc. di Giorgio, Trattato, bei Della Valle, Lettere sanesi, III.,
    121.
11 Franco Sacchetti, Nov. 61.
12 Matteo Villani, VI, 1.
13 Das Paßbureau von Padua um die Mitte des 14. Jahrhunderts
    als quelli delle bullette bezeichnet bei Franco Sacchetti, Nov.
    117. In den letzten zehn Jahren Friedrichs II., als die persön-
    lichste Kontrolle herrschte, muß das Paßwesen schon sehr
    ausgebildet gewesen sein.

Die vollständigste und belehrendste Ausbildung dieser Tyrannis des 14. Jahrhunderts findet sich wohl unstreitig bei den Visconti in Mailand, von dem Tode des Erzbischofs Giovanni (1354) an. Gleich meldet sich in Bernabò ganz unverkennbar eine Familienähnlichkeit mit den schreck- lichsten römischen Imperatoren;[1] der wichtigste Staats- zweck ist die Eberjagd des Fürsten; wer ihm darein greift, wird martervoll hingerichtet; das zitternde Volk muß ihm 5 000 Jagdhunde füttern, unter der schärfsten Verantwort- lichkeit für deren Wohlbefinden. Die Steuern werden mit allen denkbaren Zwangsmitteln emporgetrieben, sieben Töchter jede mit 100 000 Goldgulden ausgestattet und ein enormer Schatz gesammelt. Beim Tode seiner Gemahlin (1384) erschien eine Notifikation »an die Untertanen«, sie sollten, wie sonst die Freude, so jetzt das Leid mit ihm teilen und ein Jahr lang Trauer tragen. – Unvergleichlich bezeich- nend ist dann der Handstreich, womit ihn sein Neffe Gian- galeazzo (1385) in seine Gewalt bekam, eines jener ge- lungenen Komplotte, bei deren Schilderung noch späten Geschichtschreibern das Herz schlägt.[2] Bei Giangaleazzo tritt der echte Tyrannensinn für das Kolossale gewaltig her- vor. Er hat mit Aufwand von 300 000 Goldgulden riesige Dammbauten unternommen, um den Mincio von Mantua, die Brenta von Padua nach Belieben ableiten und diese Städte wehrlos machen zu können,[3] ja es wäre nicht un- denkbar, daß er auf eine Trockenlegung der Lagunen von Venedig gesonnen hätte. Er gründete[4] »das wunderbarste aller Klöster«, die Certosa von Pavia, und den Dom von Mailand, »der an Größe und Pracht alle Kirchen der Chri- stenheit übertrifft«, ja vielleicht ist auch der Palast in Pavia, den schon sein Vater Galeazzo begonnen, und den er voll- endete, weitaus die herrlichste Fürstenresidenz des damali-

1 Corio, Storia di Milano, Fol. 247, s.
2 Auch z. B. dem Paolo Giovio: Viri illustres, Jo. Galeatius.
3 Corio, Fol. 272, 285.
4 Cagnola, im Archiv. stor. III, p. 23.

gen Europa's gewesen. Dorthin verlegte er auch seine berühmte Bibliothek und die große Sammlung von Reliquien der Heiligen, welchen er eine besondere Art von Glauben widmete. Bei einem Fürsten von dieser Sinnesart wäre es befremdlich, wenn er nicht auch im politischen Gebiet nach den höchsten Kronen gegriffen hätte. König Wenzel machte ihn (1395) zum Herzog; er aber hatte nichts geringeres als das Königtum von Italien[5] oder die Kaiserkrone im Sinne, als er (1402) erkrankte und starb. Seine sämtlichen Staaten sollen ihm einst in einem Jahre außer der regelmäßigen Steuer von 1 200 000 Goldgulden noch weitere 800 000 an außerordentlichen Subsidien bezahlt haben. Nach seinem Tode ging das Reich, das er durch jede Art von Gewalttaten zusammengebracht, in Stücken und vor der Hand konnten kaum die ältern Bestandteile desselben behauptet werden. Was aus seinen Söhnen Giovan Maria (st. 1412) und Filippo Maria (st. 1447) geworden wäre, wenn sie in einem andern Lande und ohne von ihrem Hause zu wissen, gelebt hätten, wer weiß es? Doch als Erben dieses Geschlechtes erbten sie auch das ungeheure Kapital von Grausamkeit und Feigheit, das sich hier von Generation zu Generation aufgesammelt hatte.

Giovan Maria ist wiederum durch seine Hunde berühmt, aber nicht mehr durch Jagdhunde, sondern durch Tiere die zum Zerreißen von Menschen abgerichtet waren und deren Eigennamen uns überliefert sind wie die der Bären Kaiser Valentinians I.[6] Als im Mai 1409 während des noch dauern-

---

5 So Corio, Fol. 286 und Poggio, Hist. Florent. IV, bei Murat. XX., Col. 290. – Von Plänen auf das Kaisertum redet Cagnola a.a.O. und das Sonett bei Trucchi, Poesie ital. inedite II, p. 118:

     Stan le città lombarde con le chiave
     In man per darle a voi . . . etc.
     Roma vi chiama: Cesar mio novello
     Io sono ignuda, et l'anima pur vive:
     Or mi coprite col vostro mantello etc.

6 Corio, Fol. 301 u. ff. Vgl. Ammian. Marcellin. XXIX, 3.

den Krieges das verhungernde Volk ihm auf der Straße
zurief: Pace! Pace! ließ er seine Söldner einhauen, die 200
Menschen töteten; darauf war bei Galgenstrafe verboten,
die Worte Pace und Guerra auszusprechen und selbst die
Priester angewiesen, statt dona nobis pacem zu sagen tran-   5
quillitatem! Endlich benützten einige Verschworne den
Augenblick, da der Großcondottiere des wahnsinnigen
Herzogs, Facino Cane, totkrank zu Pavia lag, und machten
den Giovan Maria bei der Kirche S. Gottardo in Mailand
nieder; der sterbende Facino aber ließ am selbigen Tage   10
seine Offiziere schwören, dem Erben Filippo Maria zu
helfen, und schlug selber[7] noch vor, seine Gemahlin möge
sich nach seinem Tode mit diesem vermählen, wie denn
auch baldigst geschah; es war Beatrice di Tenda. Von Filippo Maria wird noch weiter zu reden sein.   15

Und in solchen Zeiten getraute sich Cola Rienzi, auf den
hinfälligen Enthusiasmus der verkommenen Stadtbevölkerung von Rom eine neue Herrschaft über Italien zu bauen.
Neben Herrschern wie jene ist er von Anfang an ein armer
verlorener Tor.   20

Die Gewaltherrschaft im 15. Jahrhundert zeigt einen veränderten Charakter. Viele von den kleinen Tyrannen und
auch einige von den größern, wie die Scala und Carrara,
sind untergegangen; die mächtigen haben sich arrondiert
und innerlich charakteristischer ausgebildet; Neapel erhält   25
durch die neue aragonesische Dynastie eine kräftigere Richtung. Vorzüglich bezeichnend aber ist für dieses Jahrhundert das Streben der Condottieren nach unabhängiger
Herrschaft, ja nach Kronen; ein weiterer Schritt auf der
Bahn des rein Tatsächlichen und eine hohe Prämie für das   30
Talent wie für die Ruchlosigkeit. Die kleinern Tyrannen,
um sich einen Rückhalt zu sichern, gehen jetzt gern in

---

7 So Paul. Jovius: Viri illustres, Jo. Galeatius, Philippus.

Dienste der größern Staaten und werden Condottieren derselben, was ihnen etwas Geld und auch wohl Straflosigkeit
für manche Missetaten verschafft, vielleicht sogar Vergrößerung ihres Gebiets. Im Ganzen genommen mußten
Große und Kleine sich mehr anstrengen, besonnener und
berechneter verfahren und sich der gar zu massenhaften
Greuel enthalten; sie durften überhaupt nur so viel Böses
üben als nachweisbar zu ihren Zwecken diente – so viel
verzieh ihnen auch die Meinung der Unbeteiligten. Von
dem Kapital von Pietät, welches den legitimen abendländischen Fürstenhäusern zu Statten kam, ist hier keine
Spur, höchstens eine Art von hauptstädtischer Popularität; was den Fürsten Italiens wesentlich weiterhelfen muß,
ist immer Talent und kühle Berechnung. Ein Charakter
wie derjenige Karls des Kühnen, der sich mit wütender
Leidenschaft in völlig unpraktische Zwecke hinein ver-
biß, war den Italienern ein wahres Rätsel. »Die Schweizer
seien ja lauter Bauern, und wenn man sie auch alle töte, so
sei dies ja keine Genugtuung für die burgundischen Ma-
gnaten, die im Kampfe umkommen möchten! Besäße auch
der Herzog die Schweiz ohne Widerstand, seine Jahres-
einkünfte wären deshalb um keine 5 000 Dukaten größer
usw.«[1] Was in Karl Mittelalterliches war, seine ritterlichen
Phantasien oder Ideale, dafür hatte Italien längst kein Verständnis mehr. Wenn er aber vollends den Unteranführern
Ohrfeigen erteilte[2] und sie dennoch bei sich behielt, wenn
er seine Truppen mißhandelte, um sie wegen einer Niederlage zu strafen, und dann wieder seine Geheimräte vor
den Soldaten blamierte – dann mußten ihn die Diplomaten des Südens verloren geben. Ludwig XI. aber, der in
seiner Politik die italienischen Fürsten innerhalb ihrer eigenen Art übertrifft, und der vor allem sich als Bewunderer
des Francesco Sforza bekannte, ist im Gebiet der Bildung

---

1 De Gingins: Dépêches des ambassadeurs milanais, II. p. 200
  (N. 213). Vgl. II, 3 (N. 144) und II, 212 (N. 218).
2 Paul. Jovius, Elogia.

durch seine vulgäre Natur weit von jenen Herrschern geschieden.

In ganz merkwürdiger Mischung liegt Gutes und Böses
in den italienischen Staaten des 15. Jahrhunderts durcheinander. Die Persönlichkeit der Fürsten wird eine so durch-
gebildete, eine oft so hochbedeutende, für ihre Lage und
Aufgabe so charakteristische,[3] daß das sittliche Urteil
schwer zu seinem Rechte kömmt.

Grund und Boden der Herrschaft sind und bleiben illegitim und ein Fluch haftet daran und will nicht davon
weichen. Kaiserliche Gutheißungen und Belehnungen ändern dies nicht, weil das Volk keine Notiz davon nimmt,
wenn seine Herrscher sich irgendwo in fernen Landen oder
von einem durchreisenden Fremden ein Stück Pergament
gekauft haben.[4] Wären die Kaiser etwas nütze gewesen, so
hätten sie die Gewaltherrn gar nicht emporkommen lassen
– so lautete die Logik des unwissenden Menschenverstan-
des. Seit dem Römerzuge Karls IV. haben die Kaiser in
Italien nur noch den ohne sie entstandenen Gewaltzustand
sanktioniert, ohne ihn jedoch im geringsten anders als durch
Urkunden *garantieren* zu können. Karls ganzes Auftreten in
Italien ist eine der schmählichsten politischen Komödien;
man mag im Matteo Villani[5] nachlesen, wie ihn die Visconti
in ihrem Gebiete herum und endlich daraus weg eskortie-
ren, wie er eilt gleich einem Meßkaufmann, um nur recht
bald für seine Ware (die Privilegien nämlich) Geld zu erhalten, wie kläglich er in Rom auftritt, und wie er endlich,
ohne einen Schwertstreich getan zu haben, mit seinem

---

3 Dieser Verein von Kraft und Talent ist es, was bei Macchiavell
   virtù heißt und auch mit scelleratezza verträglich gedacht wird,
   z. B. Discorsi I, 10, bei Anlaß des Sept. Severus.
4 Hierüber Franc. Vettori, Arch. stor. VI, p. 293 s. »Die Belehnung durch einen Mann, der in Deutschland wohnt und von
   einem römischen Kaiser nichts als den eiteln Namen hat, ist
   nicht imstande, einen Bösewicht zum wahren Signore einer
   Stadt zu machen.«
5 M. Villani, IV, 38, 39, 56, 77, 78, 92; V, 1, 2, 21, 36, 54.

vollen Geldsack wieder über die Alpen zieht.[6] Sigismund
kam wenigstens das erstemal (1414) in der guten Absicht,
Johann XXIII. zur Teilnahme an seinem Konzil zu bewegen; damals war es, als Kaiser und Papst auf dem hohen
Turm von Cremona das Panorama der Lombardie genossen, während ihren Wirt, den Stadttyrannen Gabrino Fon-
dolo, das Gelüste ankam, beide herunter zu werfen. Das
zweitemal erschien Sigismund völlig als Abenteurer; mehr
als ein halbes Jahr hindurch saß er in Siena wie in einem
Schuldgefängnis, und konnte nachher nur mit Not zur
Krönung in Rom gelangen. Was soll man vollends von
Friedrich III. denken? Seine Besuche in Italien haben den
Charakter von Ferien- oder Erholungsreisen auf Unkosten
derer, die ihre Rechte von ihm verbrieft haben wollten,
oder solcher, denen es schmeichelte einen Kaiser recht
pomphaft zu bewirten. So verhielt es sich mit Alfons von
Neapel, der sich den kaiserlichen Besuch 150 000 Goldgul-

---

6 Ein Italiener war es, Fazio degli Uberti (Dittamondo, L. VI.,
cap. 5, um das Jahr 1360), welcher Karl IV. noch einen Kreuzzug nach dem heiligen Lande zumuten wollte. Die Stelle ist eine
der besten in dem betreffenden Gedichte und auch sonst bezeichnend. Der Dichter wird durch einen trotzigen Turcoman-
nen vom heil. Grab weggewiesen:

Coi passi lunghi e con la testa bassa
  Oltre passai e dissi: ecco vergogna
  Del cristian che'l saracin quì lassa!
Poscia al pastor (den Papst) mi volsi per rampogna:
  E tu ti stai, che sei vicar di Cristo
  Co' frati tuoi a ingrassar la carogna?
Similimente dissi a quel sofisto (Karl IV.)
  Che sta in Buemme (Böhmen) a piantar vigne e fichi,
  E che non cura di sì caro acquisto:
Che fai? perchè non segui i primi antichi
  Cesari de' Romani, e che non siegui,
  Dico, gli Otti, i Corradi, i Federichi?
E che pur tieni questo imperio in tregui?
  E se non hai lo cuor d'esser Augusto.
  Che nol rifiuti? o che non ti dilegui? etc.

den kosten ließ.[7] In Ferrara[8] hat Friedrich bei seiner zweiten
Rückkehr von Rom (1469) einen ganzen Tag lang, ohne das
Zimmer zu verlassen, lauter Beförderungen, achtzig an der
Zahl, ausgespendet; da ernannte er cavalieri, conti, dottori,
Notare, und zwar conti mit verschiedenen Schattierungen,   5
als da waren: conte palatino, conte mit dem Recht dottori,
ja bis auf fünf dottori zu ernennen, conte mit dem Recht
Bastarde zu legitimieren, Notare zu kreieren, unehrliche
Notare ehrlich zu erklären usw. Nur verlangte sein Kanzler
für die Ausfertigung der betreffenden Urkunden eine Er-   10
kenntlichkeit, die man in Ferrara etwas stark fand.[9] Was
Herzog Borso dabei dachte, als sein kaiserlicher Gönner
dergestalt urkundete und der ganze kleine Hof sich mit
Titeln versah, wird nicht gemeldet. Die Humanisten, welche damals das große Wort führten, waren je nach den   15
Interessen geteilt. Während die einen[10] den Kaiser mit dem
konventionellen Jubel der Dichter des kaiserlichen Roms
feiern, weiß Poggio[11] gar nicht mehr, was die Krönung
eigentlich sagen solle; bei den Alten sei ja nur ein siegreicher Imperator gekrönt worden und zwar mit Lorbeer.   20
    Mit Maximilian I. beginnt dann eine neue kaiserliche
Politik gegen Italien, in Verbindung mit der allgemeinen
Intervention fremder Völker. Der Anfang – die Belehnung
des Lodovico Moro mit Beseitigung seines unglücklichen
Neffen – war nicht von der Art, welche Segen bringt. Nach   25
der modernen Interventionstheorie darf, wenn Zweie ein
Land zerreißen wollen, auch ein Dritter kommen und mithalten, und so konnte auch das Kaisertum sein Stück begehren. Aber von Recht u. dgl. mußte man nicht mehr
reden. Als Ludwig XII. 1502 in Genua erwartet wurde, als   30
man den großen Reichsadler von der Fronte des Hauptsaa-

---

7 Das Nähere bei Vespasiano Fiorent., p. 54. Vgl. 150.
8 Diario Ferrarese, bei Murat. XXIV, Col. 215. s.
9 Haveria voluto scortigare la brigata.
10 Annales Estenses, bei Murat. XX, Col. 463.
11 Poggii Hist. Florent. pop., L. VII, bei Murat. XX, Col. 381.

les im Dogenpalast wegtilgte und alles mit Lilien bemalte,
frug der Geschichtschreiber Senarega[12] überall herum, was
jener bei so vielen Revolutionen stets geschonte Adler
eigentlich bedeute und was für Ansprüche das Reich auf
Genua habe? Niemand wußte etwas anderes als die alte
Rede: Genua sei eine camera imperii. Niemand wußte überhaupt in Italien irgendwelchen sichern Bescheid über solche Fragen. Erst als Karl V. Spanien und das Reich zusammen besaß, konnte er mit spanischen Kräften auch
kaiserliche Ansprüche durchsetzen. Aber was er so gewann, kam bekanntlich nicht dem Reiche, sondern der
spanischen Macht zu Gute.

Mit der politischen Illegitimität der Dynastien des 15.
Jahrhunderts hing wiederum zusammen die Gleichgültigkeit gegen die legitime Geburt, welche den Ausländern,
z. B. einem Comines, so sehr auffiel. Sie ging gleichsam mit
in den Kauf. Während man im Norden, im Haus Burgund
etwa, den Bastarden eigene bestimmt abgegrenzte Apana-
gen, Bistümer und dergleichen zuwies, während in Portugal eine Bastardlinie sich nur durch die größte Anstrengung
auf dem Throne behauptete, war in Italien kein fürstliches
Haus mehr, welches nicht in der Hauptlinie irgendeine
unechte Deszendenz gehabt und ruhig geduldet hätte. Die
Aragonesen von Neapel waren die Bastardlinie des Hauses,
denn Aragon selbst erbte der Bruder des Alfons I. Der
große Federigo von Urbino war vielleicht überhaupt kein
Montefeltro. Als Pius II. zum Kongreß von Mantua (1459)
reiste, ritten ihm bei der Einholung in Ferrara ihrer acht
Bastarde vom Haus Este entgegen,[13] darunter der regierende Herzog Borso selbst und zwei uneheliche Söhne
seines ebenfalls unehelichen Bruders und Vorgängers Leonello. Letzterer hatte außerdem eine rechtmäßige Gemahlin
gehabt, und zwar eine uneheliche Tochter Alfons I. von

---

12 Senarega, de reb. Genuens., bei Murat. XXIV, Col. 575.
13 Aufgezählt im Diario Ferrarese, bei Murat. XXIV, Col. 203.
    Vgl. Pii II. Comment. II, p. 102.

Neapel, von einer Afrikanerin.[14] Die Bastarde wurden auch
schon deshalb öfter zugelassen, weil die ehelichen Söhne
minorenn und die Gefahren dringend waren; es trat eine
Art von Seniorat ein, ohne weitere Rücksicht auf echte oder
unechte Geburt. Die Zweckmäßigkeit, die Geltung des
Individuums und seines Talentes sind hier überall mächtiger als die Gesetze und Bräuche des sonstigen Abendlandes. War es doch die Zeit, da die Söhne der Päpste sich
Fürstentümer gründeten! Im 16. Jahrhundert unter dem
Einfluß der Fremden und der beginnenden Gegenreformation wurde die ganze Angelegenheit strenger angesehen;
Varchi findet, die Sukzession der ehelichen Söhne sei »von
der Vernunft geboten und von ewigen Zeiten her der Wille
des Himmels.«[15] Kardinal Ippolito Medici gründete sein
Anrecht auf die Herrschaft über Florenz darauf, daß er aus
einer vielleicht rechtmäßigen Ehe entsproßt, oder doch
wenigstens Sohn einer Adligen und nicht (wie der Herzog
Alessandro) einer Dienstmagd sei.[16] Jetzt beginnen auch
die morganatischen Gefühlsehen, welche im 15. Jahrhundert aus sittlichen und politischen Gründen kaum einen
Sinn gehabt hätten.

Die höchste und meistbewunderte Form der Illegitimität
ist aber im 15. Jahrhundert der Condottiere, der sich –
welches auch seine Abkunft sei – ein Fürstentum erwirbt.
Im Grunde war schon die Besitznahme von Unteritalien
durch die Normannen im 11. Jahrhundert nichts anderes
gewesen; jetzt aber begannen Projekte dieser Art die Halb-
insel in dauernder Unruhe zu erhalten.

Die Festsetzung eines Soldführers als Landesherrn
konnte auch ohne Usurpation geschehen, wenn ihn der
Brodherr aus Mangel an Geld mit Land und Leuten ab-

---

14 Marin Sanudo, Vita de' duchi di Venezia, bei Murat. XXII,
    Col. 1113.
15 Varchi, Stor. Fiorent. I, p. 8.
16 Soriano, Relaz. di Roma 1533, bei Tommaso Gar, Relazioni,
    p. 281.

fand;[17] ohnehin bedurfte der Condottiere, selbst wenn er
für den Augenblick seine meisten Leute entließ, eines sichern Ortes, wo er Winterquartier halten und die notwen-
digsten Vorräte bergen konnte. Das erste Beispiel eines so
ausgestatteten Bandenführers ist John Hawkwood, welcher von Papst Gregor XI. Bagnacavallo und Cotignola
erhielt. Als aber mit Alberigo da Barbiano italienische
Heere und Heerführer auf den Schauplatz traten, da kam
auch die Gelegenheit viel näher, Fürstentümer zu erwerben,
oder wenn der Condottiere schon irgendwo Gewaltherrscher war, das Ererbte zu vergrößern. Das erste große Bac-
chanal dieser soldatischen Herrschbegier wurde gefeiert
in dem Herzogtum Mailand nach dem Tode des Giangaleazzo (1402); die Regierung seiner beiden Söhne (S. 22 f.)
ging hauptsächlich mit der Vertilgung dieser kriegerischen
Tyrannen dahin, und der größte derselben, Facino Cane,
wurde samt seiner Witwe, samt einer Reihe von Städten
und 400 000 Goldgulden ins Haus geerbt; überdies zog
Beatrice di Tenda die Soldaten ihres ersten Gemahls nach
sich.[18] Von dieser Zeit an bildete sich dann jenes über alle
Maßen unmoralische Verhältnis zwischen den Regierungen
und ihren Condottieren aus, welches für das 15. Jahrhundert charakteristisch ist. Eine alte Anekdote,[19] von jenen
die nirgends und doch überall wahr sind, schildert dasselbe
ungefähr so: Einst hatten die Bürger einer Stadt – es soll
Siena gemeint sein – einen Feldherrn, der sie von feindli-
chem Druck befreit hatte; täglich berieten sie, wie er zu
belohnen sei und urteilten, keine Belohnung, die in ihren
Kräften stände, wäre groß genug, selbst nicht wenn sie ihn

---

17 Für das Folgende vgl. Canestrini, in der Einleitung zu Tom.
   XV. des Archiv. stor.
18 Cagnola, archiv. stor. III, p. 28: et (Filippo Maria) da lei
   (Beatr.) ebbe molto texoro e dinari, e tutte le giente d'arme del
   dicto Facino, che obedivano a lei.
19 Infessura, bei Eccard, scriptores II, Col. 1911. Die Alternative,
   welche Macchiavell dem siegreichen Condottiere stellt, s. Discorsi, I, 30.

zum Herrn der Stadt machten. Endlich erhob sich Einer
und meinte: Laßt uns ihn umbringen und dann als Stadttheil-
igen anbeten. Und so sei man mit ihm verfahren ungefähr
wie der römische Senat mit Romulus. In der Tat hatten sich
die Condottieren vor niemand mehr zu hüten als vor ihren 5
Brotherren; kämpften sie mit Erfolg, so waren sie gefährlich und wurden aus der Welt geschafft wie Roberto Malatesta gleich nach dem Siege den er für Sixtus IV. erfochten
(1482); beim ersten Unglück aber rächte man sich bisweilen
an ihnen wie die Venezianer am Carmagnola (1432).[20] Es 10
zeichnet die Sachlage in moralischer Beziehung, daß die
Condottieren oft Weib und Kind als Geiseln geben mußten
und dennoch weder Zutrauen genossen noch selber empfanden. Sie hätten Heroen der Entsagung, Charaktere wie
Belisar sein müssen, wenn sich der tiefste Haß nicht in 15
ihnen hätte sammeln sollen; nur die vollkommenste innere
Güte hätte sie davon abhalten können, absolute Frevler zu
werden. Und als solche, voller Hohn gegen das Heilige,
voller Grausamkeit und Verrat gegen die Menschen, lernen
wir manche von ihnen kennen, fast lauter Leute, denen es 20
nichts ausmachte, im päpstlichen Banne zu sterben. Zugleich aber entwickelt sich in manchen die Persönlichkeit,
das Talent, bis zur höchsten Virtuosität und wird auch in
diesem Sinne von den Soldaten anerkannt und bewundert;
es sind die ersten Armeen der neuern Geschichte wo der 25
persönliche Kredit des Anführers ohne weitere Nebenge-
danken die bewegende Kraft ist. Glänzend zeigt sich dies
z. B. im Leben des Francesco Sforza;[21] da ist kein Standes-
vorurteil, das ihn hätte hindern können, die allerindivi-

---

20 Ob sie auch den Alviano 1516 vergiftet, und ob die dafür
   angegebenen Gründe richtig sind? vgl. Prato im Archiv. Stor.
   III, p. 348. – Von Colleoni ließ sich die Republik zur Erbin
   einsetzen und nahm nach seinem Tode 1475 erst noch eine
   förmliche Konfiskation vor. Vgl. Malipiero, Annali Veneti, im
   Archiv. stor. VII, I, p. 244. Sie liebte es, wenn die Condottieren ihr Geld in Venedig anlegten, ibid. p. 351.

21 Cagnola, im Archiv. stor. III, p. 121 s.

duellste Popularität bei jedem einzelnen zu erwerben und in
schwierigen Augenblicken gehörig zu benützen; es kam
vor, daß die Feinde bei seinem Anblick die Waffen weglegten und mit entblößtem Haupt ihn ehrerbietig grüßten,
weil ihn jeder für den gemeinsamen »Vater der Kriegerschaft« hielt. Dieses Geschlecht Sforza gewährt überhaupt
das Interesse, daß man die Vorbereitung auf das Fürstentum von Anfang an glaubt durchschimmern zu sehen.[22]
Das Fundament dieses Glückes bildete die große Fruchtbarkeit der Familie; Francesco's bereits hochberühmter
Vater Jacopo hatte zwanzig Geschwister, alle rauh erzogen
in Cotignola bei Faenza, unter dem Eindruck einer jener
endlosen romagnolischen Vendetten zwischen ihnen und
dem Hause der Pasolini. Die ganze Wohnung war lauter
Arsenal und Wachtstube, auch Mutter und Töchter völlig
kriegerisch. Schon im dreizehnten Jahre ritt Jacopo heimlich von dannen, zunächst nach Panicale zum päpstlichen
Condottiere Boldrino, demselben welcher dann noch im
Tode seine Schar anführte, indem die Parole von einem
fahnenumsteckten Zelte ausgegeben wurde, in welchem
der einbalsamierte Leichnam lag – bis sich ein würdiger
Nachfolger fand. Jacopo, als er in verschiedenen Diensten
allmählich emporkam, zog auch seine Angehörigen nach
sich und genoß durch dieselben die nämlichen Vorteile, die
einem Fürsten eine zahlreiche Dynastie verleiht. Diese Verwandten sind es, welche die Armee beisammen halten,
während er im Castel dell' uovo zu Neapel liegt; seine
Schwester nimmt eigenhändig die königlichen Unterhändler gefangen und rettet ihn durch dieses Pfand vom Tode.
Es deutet schon auf Absichten von Dauer und Tragweite,
daß Jacopo in Geldsachen äußerst zuverlässig war und
deshalb auch nach Niederlagen Kredit bei den Bankiers
fand; daß er überall die Bauern gegen die Lizenz der Soldaten schützte, und die Zerstörung eroberter Städte nicht

---

22 Wenigstens bei Paul. Jovius, in seiner Vita magni Sfortiae (Viri
    illustres), einer der anziehendsten von seinen Biographien.

liebte; vollends aber, daß er seine ausgezeichnete Konku-
bine Lucia (die Mutter Francesco's) an einen Andern verheiratete, um für einen fürstlichen Ehebund verfügbar zu
bleiben. Auch die Vermählungen seiner Verwandten unterlagen einem gewissen Plan. Von der Gottlosigkeit und dem   5
wüsten Leben seiner Fachgenossen hielt er sich ferne; die
drei Lehren, womit er seinen Francesco in die Welt sandte,
lauten: rühre keines andern Weib an; schlage keinen von
deinen Leuten oder, wenn es geschehen, schicke ihn weit
fort; endlich: reite kein hartmäuliges Pferd und keines das   10
gerne die Eisen verliert. Vor allem aber besaß er die Persönlichkeit wenn nicht eines großen Feldherrn doch eines
großen Soldaten, einen mächtigen, allseitig geübten Körper, ein populäres Bauerngesicht, ein wunderwürdiges Gedächtnis, das alle Soldaten, alle ihre Pferde und ihre Sold-   15
verhältnisse von vielen Jahren her kannte und aufbewahrte.
Seine Bildung war nur italienisch; alle Muße aber wandte er
auf Kenntnis der Geschichte und ließ griechische und lateinische Autoren für seinen Gebrauch übersetzen. Francesco,
sein noch ruhmvollerer Sohn, hat von Anfang an deutlich   20
nach einer großen Herrschaft gestrebt und das gewaltige
Mailand durch glänzende Heerführung und unbedenkli-
chen Verrat auch erhalten (1447-1450).

Sein Beispiel lockte. Äneas Sylvius[23] schrieb um diese
Zeit: »In unserm veränderungslustigen Italien, wo nichts   25
fest steht und keine alte Herrschaft existiert, können leicht
aus Knechten Könige werden.« Einer aber, der sich selber
»den Mann der Fortuna« nannte, beschäftigte damals vor
allen die Phantasie des ganzen Landes: Giacomo Piccinino,
der Sohn des Nicolò. Es war eine offene und brennende   30
Frage: ob auch ihm die Gründung eines Fürstentumes
gelingen werde oder nicht? Die größern Staaten hatten ein
einleuchtendes Interesse, es zu verhindern, und auch Francesco Sforza fand, es wäre vorteilhaft, wenn die Reihe der
souverän gewordenen Soldführer mit ihm selber ab-   35

---

23 Aen. Sylvius: De dictis et factis Alphonsi, Opera, Fol. 475.

schlösse. Aber die Truppen und Hauptleute, die man gegen
Piccinino absandte, als er z. B. Siena hatte für sich nehmen
wollen, erkannten[24] ihr eigenes Interesse darin, ihn zu halten: »Wenn es mit ihm zu Ende ginge, dann könnten wir
wieder den Acker bauen.« Während sie ihn in Orbetello
eingeschlossen hielten, verproviantierten sie ihn zugleich
und er kam auf das ehrenvollste aus der Klemme. Endlich
aber entging er seinem Verhängnis doch nicht. Ganz Italien
wettete was geschehen werde, als er (1465) von einem
Besuch bei Sforza in Mailand nach Neapel zum König
Ferrante reiste. Trotz aller Bürgschaften und hohen Verbindungen ließ ihn dieser im Castel nuovo ermorden.[25] Auch
die Condottieren, welche ererbte Staaten besaßen, fühlten
sich doch nie sicher; als Roberto Malatesta und Federigo
von Urbino (1482) an Einem Tage, jener in Rom, dieser in
Bologna starben, fand es sich, daß jeder im Sterben dem
andern seinen Staat empfehlen ließ![26] Gegen einen Stand,
der sich so Vieles erlaubte, schien Alles erlaubt. Francesco
Sforza war noch ganz jung mit einer reichen calabresischen
Erbin, Polissena Ruffa, Gräfin von Montalto, verheiratet
worden, welche ihm ein Töchterchen gebar; eine Tante
vergiftete die Frau und das Kind und zog die Erbschaft an
sich.[27]

Vom Untergang Piccinino's an galt das Aufkommen von
neuen Condottierenstaaten offenbar als ein nicht mehr zu
duldender Skandal; die vier »Großstaaten« Neapel, Mailand, Kirche und Venedig schienen ein System des Gleichgewichtes zu bilden, welches keine jener Störungen mehr

24 Pii II. Comment. I, p. 46, vgl. 69.
25 Sismondi X, p. 258. – Corio, Fol. 412, wo Sforza als mitschul-
    dig gilt, weil er von P.s kriegerischer Popularität Gefahren für
    seine eigenen Söhne gefürchtet. – Storia Bresciana, bei Murat.
    XXI, Col. 902. – Wie man 1466 den venezianischen Großcon-
    dottiere Colleoni in Versuchung führte, erzählt Malipiero, An-
    nali veneti, arch. stor. VII, I, p. 210.
26 Allegretti, Diarii Sanesi, bei Murat. XXIII, p. 811.
27 Orationes Philelphi, Fol. 9, in der Leichenrede auf Francesco.

vertrug. Im Kirchenstaat, wo es von kleinen Tyrannen wimmelte, die zum Teil Condottieren gewesen oder es noch waren, bemächtigten sich seit Sixtus IV. die Nepoten des Alleinrechtes auf solche Unternehmungen. Aber die Dinge brauchten nur irgendwo ins Schwanken zu geraten, so meldeten sich auch die Condottieren wieder. Unter der kläglichen Regierung Innocenz VIII. war es einmal nahe daran, daß ein früher in burgundischen Diensten gewesener Hauptmann Boccalino sich mitsamt der Stadt Osimo, die er für sich genommen, den Türken übergeben hätte;[28] man mußte froh sein, daß er sich auf Vermittlung des Lorenzo magnifico hin mit Geld abfinden ließ und abzog. Im Jahre 1495, bei der Erschütterung aller Dinge infolge des Krieges Karls VIII., versuchte sich ein Condottiere Vidovero von Brescia;[29] er hatte schon früher die Stadt Cesena durch Mord vieler Edeln und Bürger eingenommen, aber das Kastell hielt sich und er mußte wieder fort; jetzt, begleitet von einer Truppe, die ihm ein anderer böser Bube, Pandolfo Malatesta von Rimini, Sohn des erwähnten Roberto und venezianischer Condottiere, abgetreten, nahm er dem Erzbischof von Ravenna die Stadt Castelnuovo ab. Die Venezianer, welche Größeres besorgten und ohnehin vom Papst gedrängt wurden, befahlen dem Pandolfo »wohlmeinend«, den guten Freund bei Gelegenheit zu verhaften; es geschah, obwohl »mit Schmerzen«, worauf die Ordre kam, ihn am Galgen sterben zu lassen. Pandolfo hatte die Rücksicht, ihn erst im Gefängnis zu erdrosseln und dann dem Volk zu zeigen. – Das letzte bedeutendere Beispiel solcher Usurpationen ist der berühmte Kastellan von Musso, der bei der Verwirrung im Mailändischen nach der Schlacht bei Pavia (1525) seine Souveränität am Comersee improvisierte.

---

28 Marin Sanudo, Vite de' Duchi di Ven., bei Murat. XXII, Col. 1241.

29 Malipiero, Ann. Veneti, Archiv. stor. VII, I, p. 407.

Im Allgemeinen läßt sich von den Gewaltherrschern des
15. Jahrhunderts sagen, daß die schlimmsten Dinge in den
kleinern und kleinsten Herrschaften am meisten sich häuf-
ten. Namentlich lagen hier für zahlreiche Familien, deren
einzelne Mitglieder alle ranggemäß leben wollten, die Erb-
streitigkeiten nahe; Bernardo Varano von Camerino
schaffte (1434) zwei Brüder aus der Welt,[30] weil seine Söhne
mit deren Erbe ausgestattet sein wollten. Wo ein bloßer
Stadtherrscher sich auszeichnet durch praktische, gemäßigte, unblutige Regierung und Eifer für die Kultur zugleich, da wird es in der Regel ein solcher sein, der zu einem
großen Hause gehört oder von der Politik eines solchen
abhängt. Dieser Art war z. B. Alessandro Sforza,[31] Fürst
von Pesaro, Bruder des großen Francesco und Schwieger-
vater des Federigo von Urbino (st. 1473). Als guter Verwalter, als gerechter und zugänglicher Regent genoß er nach
langem Kriegsleben eine ruhige Regierung, sammelte eine
herrliche Bibliothek und brachte seine Muße mit gelehrten
und frommen Gesprächen zu. Auch Giovanni II. Bentivoglio von Bologna (1462-1506), dessen Politik von der
der Este und Sforza bedingt war, läßt sich hieher zählen.
Welche blutige Verwilderung dagegen finden wir in den
Häusern der Varani von Camerino, der Malatesta von Rimini, der Manfreddi von Faenza, vor allem der Baglioni
von Perugia. Über die Ereignisse im Hause der letztern
gegen Ende des 15. Jahrhunderts sind wir durch ausgezeichnete Geschichtsquellen – die Chroniken des Graziani
und des Matarazzo[32] – besonders anschaulich unterrichtet.
  Die Baglionen waren eines von jenen Häusern, deren
Herrschaft sich nicht zu einem förmlichen Fürstentum
durchgebildet hatte, sondern mehr nur in einem städtischen
Primat bestand und auf großem Familienreichtum und tat-
sächlichem Einfluß auf die Ämterbesetzung beruhte. Inner-

---

30 Chron. Eugubinum, bei Murat. XXI, Col. 972.
31 Vespasiano Fiorent., p. 148.
32 Archiv. stor. XVI, Parte I. et II.

halb der Familie wurde einer als Gesamtoberhaupt anerkannt; doch herrschte tiefer, verborgener Haß zwischen
den Mitgliedern der verschiedenen Zweige. Ihnen gegenüber hielt sich eine gegnerische Adelspartei unter Anführung der Familie Oddi; Alles ging (um 1487) in Waffen und
alle Häuser der Großen waren voller Bravi; täglich gab es
Gewalttaten; bei Anlaß der Beerdigung eines ermordeten
deutschen Studenten stellten sich zwei Kollegien in Waffen
gegeneinander auf; ja bisweilen lieferten sich die Bravi
verschiedener Häuser Schlachten auf offener Piazza. Vergebens jammerten Kaufleute und Handwerker; die päpstlichen Governatoren und Nepoten schwiegen oder machten
sich bald wieder davon. Endlich müssen die Oddi Perugia
verlassen und nun wird die Stadt eine belagerte Feste unter
der vollendeten Gewaltherrschaft der Baglionen, welchen
auch der Dom als Kaserne dienen muß. Komplotten und
Überfällen wird mit furchtbarer Rache begegnet; nachdem
man (im J⟨ahr⟩ 1491) 130 Eingedrungene zusammenge-
hauen und am Staatspalast gehenkt, wurden auf der Piazza
35 Altäre errichtet und drei Tage lang Messen gelesen und
Prozessionen gehalten, um den Fluch von der Stätte weg-
zunehmen. Ein Nepot Innocenz' VIII. wurde am hellen
Tage auf der Gasse erstochen, einer Alexanders VI., der
abgesandt war um zu schlichten, erntete nichts als offenen
Hohn. Dafür hatten die beiden Häupter des regierenden
Hauses Guido und Ridolfo häufige Unterredungen mit der
heiligen wundertätigen Dominikanernonne Suor Colomba
von Rieti, welche unter Androhung großen künftigen Unheils zum Frieden riet, natürlich vergebens. Immerhin
macht der Chronist bei diesem Anlaß aufmerksam auf die
Andacht und Frömmigkeit der bessern Peruginer in diesen
Schreckensjahren. Während (1494) Karl VIII. heranzog,
führten die Baglionen und die in und um Assisi gelagerten
Verbannten einen Krieg von solcher Art, daß im Tal alle
Gebäude dem Boden eben, die Felder unbebaut lagen, die
Bauern zu kühnen Räubern und Mördern verwilderten,
und Hirsche und Wölfe das emporwuchernde Gestrüpp

bevölkerten, wo letztere sich an den Leichen der Gefallenen, an »Christenfleisch«, gütlich taten. Als Alexander VI.
vor dem von Neapel zurückkehrenden Karl VIII. (1495)
nach Umbrien entwich, fiel es ihm in Perugia ein, er könnte
sich der Baglionen auf immer entledigen; er schlug dem
Guido irgendein Fest, ein Turnier oder etwas dergleichen
vor, um sie irgendwo alle beisammen zu haben, aber Guido
war der Meinung, »das allerschönste Schauspiel wäre, alle
bewaffnete Mannschaft von Perugia beisammen zu sehen«,
worauf der Papst seinen Plan fallen ließ. Bald darauf machten die Verbannten wieder einen Überfall, bei welchem nur
der persönlichste Heldenmut der Baglionen den Sieg gewann. Da wehrte sich auf der Piazza der achtzehnjährige
Simonetto Baglione mit Wenigen gegen mehrere Hunderte,
und stürzte mit mehr als zwanzig Wunden, erhob sich aber
wieder, als ihm Astorre Baglione zu Hilfe kam, hoch zu
Roß in vergoldeter Eisenrüstung mit einem Falken auf dem
Helm: »dem Mars vergleichbar an Anblick und an Taten
sprengte er in das Gewühl.«
    Damals war Rafael als zwölfjähriger Knabe in der Lehre
bei Pietro Perugino. Vielleicht sind Eindrücke dieser Tage
verewigt in den frühen kleinen Bildchen des heil. Georg
und des heil. Michael; vielleicht lebt noch etwas davon
unvergänglich fort in dem großen St. Michaelsbilde, und
wenn irgendwo Astorre Baglione seine Verklärung gefunden hat, so ist es geschehen in der Gestalt des himmlischen
Reiters im Heliodor.
    Die Gegner waren teils umgekommen, teils in panischem
Schrecken gewichen, und fortan keines solchen Angriffes
mehr fähig. Nach einiger Zeit wurde ihnen eine partielle
Versöhnung und Rückkehr gewährt. Aber Perugia wurde
nicht sicherer noch ruhiger; die innere Zwietracht des herrschenden Hauses brach jetzt in entsetzlichen Taten aus.
Gegenüber Guido, Ridolfo und ihren Söhnen Gianpaolo,
Simonetto, Astorre, Gismondo, Gentile, Marcantonio
u. A. taten sich zwei Großneffen, Grifone und Carlo Barciglia zusammen; letzterer zugleich Neffe des Fürsten

Varano von Camerino und Schwager eines der früheren
Verbannten, Jeronimo dalla Penna. Vergebens bat Simonetto, der schlimme Ahnungen hatte, seinen Oheim knie-
fällig, diesen Penna töten zu dürfen, Guido versagte es ihm.
Das Komplott reifte plötzlich bei der Hochzeit des Astorre
mit der Lavinia Colonna, Mitte Sommers 1500. Das Fest
nahm seinen Anfang und dauerte einige Tage unter düstern
Anzeichen, deren Zunahme bei Matarazzo vorzüglich
schön geschildert ist. Der anwesende Varano trieb sie zusammen; in teuflischer Weise wurde dem Grifone die Al-
leinherrschaft und ein erdichtetes Verhältnis seiner Gemahlin Zenobia mit Gianpaolo vorgespiegelt und endlich
jedem Verschworenen sein bestimmtes Opfer zugeteilt.
(Die Baglionen hatten lauter geschiedene Wohnungen,
meist an der Stelle des jetzigen Kastells.) Von den vorhandenen Bravi bekam Jeder 15 Mann mit; der Rest wurde auf
Wachen ausgestellt. In der Nacht vom 15. Juli wurden die
Türen eingerannt und der Mord an Guido, Astorre, Simonetto und Gismondo vollzogen; die anderen konnten ent-
weichen.

Als Astorre's Leiche mit der des Simonetto auf der Gasse
lag, verglichen ihn die Zuschauer »und besonders die fremden Studenten« mit einem alten Römer; so würdig und
groß war der Anblick; in Simonetto fanden sie noch das
Trotzigkühne, als hätte ihn selbst der Tod nicht gebändigt.
Die Sieger gingen bei den Freunden der Familie herum und
wollten sich empfehlen, fanden jedoch alles in Tränen und
mit der Abreise auf die Landgüter beschäftigt. Aber die
entronnenen Baglionen sammelten draußen Mannschaft,
und drangen, Gianpaolo an der Spitze, des folgenden Tages
in die Stadt, wo andere Anhänger, so eben von Barciglia
mit dem Tode bedroht, schleunig zu ihm stießen; als bei S.
Ercolano Grifone in seine Hände fiel, überließ er es seinen
Leuten, ihn niederzumachen; Barciglia und Penna aber
flüchteten sich nach Camerino zum Hauptanstifter des Unheils, Varano; in einem Augenblick, fast ohne Verlust, war
Gianpaolo Herr der Stadt.

Atalanta, Grifone's noch schöne und junge Mutter, die sich Tags zuvor samt seiner Gattin Zenobia und zwei Kindern Gianpaolo's auf ein Landgut zurückgezogen und den ihr nacheilenden Sohn mehrmals mit ihrem Mutterfluche von sich gewiesen, kam jetzt mit der Schwiegertochter herbei und suchte den sterbenden Sohn. Alles wich vor den beiden Frauen auf die Seite; Niemand wollte als der erkannt sein, der den Grifone erstochen hätte, um nicht die Verwünschung der Mutter auf sich zu ziehen. Aber man irrte sich; sie selber beschwor den Sohn, denjenigen zu verzeihen, welche die tödlichen Streiche geführt, und er verschied unter ihren Segnungen. Ehrfurchtsvoll sahen die Leute den beiden Frauen nach, als sie in ihren blutigen Kleidern über den Platz schritten. Diese Atalanta ist es, für welche später Rafael die weltberühmte Grablegung gemalt hat. Damit legte sie ihr eigenes Leid dem höchsten und heiligsten Mutterschmerz zu Füßen.

Der Dom, welcher das meiste von dieser Tragödie in seiner Nähe gesehen, wurde mit Wein abgewaschen und neu geweiht. Noch immer stand von der Hochzeit her der Triumphbogen, bemalt mit den Taten Astorre's und mit den Lobversen dessen, der uns dies alles erzählt, des guten Matarazzo.

Es entstand eine ganz sagenhafte Vorgeschichte der Baglionen, welche nur ein Reflex dieser Greuel ist. Alle von diesem Hause seien von jeher eines bösen Todes gestorben, einst 27 miteinander; schon einmal seien ihre Häuser geschleift und mit den Ziegeln davon die Gassen gepflastert worden u. dgl. Unter Paul III. trat dann die Schleifung ihrer Paläste wirklich ein.

Einstweilen aber scheinen sie gute Vorsätze gefaßt, in ihrer eignen Partei Ordnung geschafft und die Beamten gegen die adlichen Bösewichter geschützt zu haben. Allein der Fluch brach später doch wieder wie ein nur scheinbar gedämpfter Brand hervor; Gianpaolo wurde unter Leo X. 1520 nach Rom gelockt und enthauptet; der eine seiner Söhne, Orazio, der Perugia nur zeitweise und unter den gewaltsamsten Umständen besaß, nämlich als Parteigänger des ebenfalls von den Päpsten bedrohten Herzogs von Urbino, wütete noch einmal im eignen Hause auf das Gräßlichste. Ein Oheim und drei Vettern wurden ermordet, worauf ihm der Herzog sagen ließ, es sei jetzt genug.[33] Sein Bruder Malatesta Baglione ist der florentinische Feldherr, welcher durch den Verrat von 1530 unsterblich geworden, und dessen Sohn Ridolfo ist jener letzte des Hauses welcher in Perugia durch Ermordung des Legaten und der Beamten im Jahr 1534 eine nur kurze aber schreckliche Herrschaft übte.

Den Gewaltherrschern von Rimini werden wir noch hie und da begegnen. Frevelmut, Gottlosigkeit, kriegerisches Talent und höhere Bildung sind selten so in einem Menschen vereinigt gewesen wie in Sigismondo Malatesta (st. 1467). Aber wo die Missetaten sich häufen, wie in diesem Hause geschah, da gewinnen sie das Schwergewicht auch über das Talent und ziehen die Tyrannen in den Abgrund. Der schon erwähnte Pandolfo, Sigismondo's Enkel, hielt sich nur noch, weil Venedig seinen Condottiere trotz aller Verbrechen nicht wollte fallen lassen; als ihn seine Untertanen (1497) aus hinreichenden Gründen[34] in seiner Burg zu Rimini bombardierten und dann entwischen ließen, führte ein venezianischer Kommissär den mit Brudermord und allen Greueln Befleckten wieder zurück. Nach drei Jahrzehnden waren die Malatesten arme Verbannte. Die Zeit um 1527 war wie die des Cesare Borgia eine Epidemie für diese kleinen Dynastien, nur sehr wenige überlebten sie und nicht einmal zu ihrem Glück. In Mirandola, wo kleine Fürsten aus dem Hause Pico herrschten, saß im Jahr 1533 ein armer Gelehrter, Lilio Gregorio Giraldi, der aus der Verwüstung von Rom sich an den gastlichen Herd des hochbejahrten Giovan Francesco Pico (Neffen

33 Varchi, Stor. fiorent. I, p. 242 s.
34 Malipiero, Ann. Veneti, Archiv. stor. VII, I, p. 498.

des berühmten Giovanni) geflüchtet hatte; bei Anlaß ihrer
Besprechungen über das Grabmal, welches der Fürst für
sich bereiten wollte, entstand eine Abhandlung,[35] deren
Dedikation vom April jenes Jahres datiert ist. Aber wie
wehmütig lautet die Nachschrift: »im Oktober desselben
Jahres ist der unglückliche Fürst durch nächtlichen Mord
von seinem Brudersohn des Lebens und der Herrschaft
beraubt worden, und ich selber bin in tiefem Elend kaum
mit dem Leben davongekommen.«

Eine charakterlose Halbtyrannie, wie sie Pandolfo Petrucci seit den 1490er Jahren in dem von Faktionen zerrissenen Siena ausübte, ist kaum der nähern Betrachtung wert.
Unbedeutend und böse, regierte er mit Hilfe eines Professors der Rechte und eines Astrologen und verbreitete hie
und da einigen Schrecken durch Mordtaten. Sein Sommer-
vergnügen war, Steinblöcke vom Monte Amiata herunter-
zurollen, ohne Rücksicht darauf, was und wen sie trafen.
Nachdem ihm gelingen mußte, was den Schlausten mißlang
– er entzog sich den Tücken des Cesare Borgia – starb er
doch später verlassen und verachtet. Seine Söhne aber
hielten sich noch lange mit einer Art von Halbherrschaft.

Von den wichtigern Dynastien sind die Aragonesen gesondert zu betrachten. Das Lehnswesen, welches hier seit der
Normannenzeit als Grundherrschaft der Barone fortdauert,
färbt schon den Staat eigentümlich, während im übrigen
Italien, den südlichen Kirchenstaat und wenige andere Gegenden ausgenommen, fast nur noch einfacher Grundbesitz gilt und der Staat keine Befugnisse mehr erblich werden
läßt. Sodann ist der große Alfons, welcher seit 1435 Neapel
in Besitz genommen (st. 1458), von einer andern Art als
seine wirklichen oder vorgeblichen Nachkommen. Glänzend in seinem ganzen Dasein, furchtlos unter seinem

35 Lil. Greg. Giraldus, de vario sepeliendi ritu. – Schon 1470 war
in diesem Hause eine Miniaturkatastrophe vorgefallen. Vgl.
Diario Ferrarese, bei Murat. XXIV, Col. 225.

Volke, von einer großartigen Liebenswürdigkeit im Umgang, und selbst wegen seiner späten Leidenschaft für Lucrezia d'Alagna nicht getadelt, sondern bewundert, hatte er
die eine üble Eigenschaft der Verschwendung,[36] an welche
sich dann die unvermeidlichen Folgen hingen. Frevelhafte
Finanzbeamte wurden zuerst allmächtig, bis sie der bankerott gewordene König ihres Vermögens beraubte; ein
Kreuzzug wurde gepredigt, um unter diesem Vorwand den
Klerus zu besteuern; bei einem großen Erdbeben in den
Abruzzen mußten die Überlebenden die Steuer für die
Umgekommenen weiter bezahlen. Unter solchen Umständen war Alfons für hohe Gäste der prunkhafteste Wirt
seiner Zeit (S. 26 f.) und froh des unaufhörlichen Spendens
an jedermann, auch an Feinde; für literarische Bemühungen
hatte er vollends keinen Maßstab mehr, so daß Poggio für
die lateinische Übersetzung von Xenophon's Cyropädie
500 Goldstücke erhielt.

Ferrante,[37] der auf ihn kam, galt als sein Bastard von
einer spanischen Dame, war aber vielleicht von einem va-
lencianischen Marranen erzeugt. War es nun mehr das Geblüt oder die seine Existenz bedrohenden Komplotte der
Barone, was ihn düster und grausam machte, jedenfalls ist
er unter den damaligen Fürsten der schrecklichste. Rastlos
tätig, als einer der stärksten politischen Köpfe anerkannt,
dabei kein Wüstling, richtet er alle seine Kräfte, auch die
eines unversöhnlichen Gedächtnisses und einer tiefen Verstellung auf die Zernichtung seiner Gegner. Beleidigt in
allen Dingen, worin man einen Fürsten beleidigen kann,
indem die Anführer der Barone mit ihm verschwägert und
mit allen auswärtigen Feinden verbündet waren, gewöhnte

---

36 Jovian. Pontan.: de liberalitate, und: de obedientia, I. 4. Vgl.
    Sismondi X, p. 78 s.
37 Tristano Caracciolo: de varietate fortunae, bei Murat. XXII. –
    Jovian. Pontanus: de prudentia, I. IV; de magnanimitate, I. I.;
    de liberalitate, de immanitate. – Cam. Porzio, Congiura de'
    Baroni, passim. – Comines, Charles VIII, chap. 17, mit der
    allgem. Charakteristik der Aragonesen.

er sich an das Äußerste als an ein Alltägliches. Für die
Beschaffung der Mittel in diesem Kampfe und in seinen
auswärtigen Kriegen wurde wieder etwa in jener mohammedanischen Weise gesorgt, die Friedrich II. angewandt
hatte: mit Korn und Öl handelte nur die Regierung; den
Handel überhaupt hatte Ferrante in den Händen eines
Ober- und Großkaufmanns, Francesco Coppola, zentrali-
siert, welcher mit ihm den Nutzen teilte und alle Reeder in
seinen Dienst nahm; Zwangsanleihen, Hinrichtungen und
Konfiskationen, grelle Simonie und Brandschatzung der
geistlichen Korporationen beschufen das übrige. Nun
überließ sich Ferrante außer der Jagd, die er rücksichtslos
übte, zweierlei Vergnügungen: seine Gegner entweder lebend in wohlverwahrten Kerkern oder tot und einbalsamiert, in der Tracht, die sie bei Lebzeiten trugen,[38] in seiner
Nähe zu haben. Er kicherte, wenn er mit seinen Vertrauten
von den Gefangenen sprach; aus der Mumienkollektion
wurde nicht einmal ein Geheimnis gemacht. Seine Opfer
waren fast lauter Männer, deren er sich durch Verrat, ja an
seiner königlichen Tafel bemächtigt. Völlig infernal war
das Verfahren gegen den im Dienst grau und krank gewordenen Premierminister Antonello Petrucci, von dessen
wachsender Todesangst Ferrante immerfort Geschenke annahm, bis endlich ein Anschein von Teilnahme an der
letzten Baronenverschwörung den Vorwand gab zu seiner
Verhaftung und Hinrichtung, zugleich mit Coppola. Die
Art, wie dies alles bei Caracciolo und Porzio dargestellt ist,
macht die Haare sträuben. − Von den Söhnen des Königs
genoß der ältere, Alfonso Herzog von Calabrien, in den
spätern Zeiten eine Art Mitregierung; ein wilder, grausamer Wüstling, der vor dem Vater die größere Offenheit
voraus hatte, und sich auch nicht scheute, seine Verachtung
gegen die Religion und ihre Bräuche an den Tag zu legen.
Die bessern, lebendigen Züge des damaligen Tyrannen-

---

38 Paul. Jovius, Histor. I, p. 14, in der Rede eines mailändischen
　Gesandten; Diario Ferrarese, bei Murat. XXIV, Col. 294.

tums muß man bei diesen Fürsten nicht suchen; was sie von
der damaligen Kunst und Bildung an sich nehmen, ist
Luxus oder Schein. Schon die echten Spanier treten in
Italien fast immer nur entartet auf; vollends aber zeigt der
Ausgang dieses Marranenhauses (1494 und 1503) einen 5
augenscheinlichen Mangel an Race. Ferrante stirbt vor innerer Sorge und Qual; Alfonso traut seinem eigenen Bruder
Federigo, dem einzigen Guten der Familie, Verrat zu, und
beleidigt ihn auf die unwürdigste Weise; endlich flieht er,
der bisher als einer der tüchtigsten Heerführer Italiens 10
gegolten, besinnungslos nach Sizilien und läßt seinen Sohn,
den jüngern Ferrante, den Franzosen und dem allgemeinen
Verrat zur Beute. Eine Dynastie, welche so regiert hatte wie
diese, hätte allermindestens ihr Leben teuer verkaufen müssen, wenn ihre Kinder und Nachkommen eine Restauration 15
hoffen sollten. Aber: jamais homme cruel ne fut hardi, wie
Comines bei diesem Anlaß etwas einseitig und im Ganzen
doch richtig sagt.

Echt italienisch im Sinne des 15. Jahrhunderts stellt sich das
Fürstentum in den Herzogen von Mailand dar, deren Herr- 20
schaft seit Giangaleazzo schon eine völlig ausgebildete absolute Monarchie gewesen ist. Vor Allem ist der letzte
Visconti, Filippo Maria (1412-1447) eine höchst merkwürdige, glücklicherweise vortrefflich geschilderte[39] Persönlichkeit. Was die Furcht aus einem Menschen von bedeu- 25
tenden Anlagen in hoher Stellung machen kann, zeigt sich
hier, man könnte sagen mathematisch vollständig; alle Mittel und Zwecke des Staates konzentrieren sich in dem einen
der Sicherung seiner Person, nur daß sein grausamer Egoismus doch nicht in Blutdurst überging. Im Kastell von 30
Mailand, das die herrlichsten Gärten, Laubgänge und Tum-
melplätze mit umfaßte, sitzt er, ohne die Stadt in vielen
Jahren auch nur zu betreten; seine Ausflüge gehen nach den

---

39 Petri Candidi Decembrii Vita Phil. Mariae Vicecomitis, bei
Murat. XX.

Landstädten, wo seine prächtigen Schlösser liegen; die Bar-
kenflottille die ihn, von raschen Pferden gezogen, auf eigens gebauten Kanälen dahinführt, ist für die Handhabung
der ganzen Etikette eingerichtet. Wer das Kastell betrat,
war hundertfach beobachtet; Niemand sollte auch nur am
Fenster stehen, damit nicht nach außen gewinkt würde. Ein
künstliches System von Prüfungen erging über die, welche
zur persönlichen Umgebung des Fürsten gezogen werden
sollten; diesen vertraute er dann die höchsten diplomatischen wie die Lakaiendienste an, denn Beides war ja hier
gleich ehrenvoll. Und dieser Mann führte lange, schwierige
Kriege und hatte beständig große politische Dinge unter
den Händen, d. h. er mußte unaufhörlich Leute mit umfassenden Vollmachten aussenden. Seine Sicherheit lag nun
darin, daß keiner von diesen keinem traute, daß die Condottieren durch Spione und die Unterhändler und höhern
Beamten durch künstlich genährte Zwietracht, namentlich
durch Zusammenkoppelung je eines Guten und eines Bösen irregemacht und auseinander gehalten wurden. Auch in
seinem Innersten ist Filippo Maria bei den entgegengesetzten Polen der Weltanschauung versichert; er glaubt an
Gestirne und an blinde Notwendigkeit und betet zugleich
zu allen Nothelfern; [39a] er liest alte Autoren und französische Ritterromane. Und zuletzt hat derselbe Mensch, der
den Tod nie wollte erwähnen hören[40] und selbst seine
sterbenden Günstlinge aus dem Kastell schaffen ließ, damit
Niemand in dieser Burg des Glückes erbleiche, durch
Schließung einer Wunde und Verweigerung des Aderlasses
seinen Tod absichtlich beschleunigt und ist mit Anstand
und Würde gestorben.

Sein Schwiegersohn und endlicher Erbe, der glückliche
Condottiere Francesco Sforza (1450-1466, S. 31 f.) war vielleicht von allen Italienern am meisten der Mann nach dem

39a Rührten von ihm etwa die 14 Marmorstatuen der Nothelfer am
Kastell zu Mailand her? – S. Historia der Frundsberge, fol. 27.
40 Ihn ängstigte, quod aliquando »non esse« necesse esset.

Herzen des 15. Jahrhunderts. Glänzender als in ihm war der
Sieg des Genies und der individuellen Kraft nirgends ausgesprochen, und wer das nicht anzuerkennen geneigt war,
durfte doch immerhin den Liebling der Fortuna in ihm
verehren. Mailand empfand es offenbar als Ehre, wenig- 5
stens einen so berühmten Herrscher zu erhalten; hatte ihn
doch bei seinem Eintritt das dichte Volksgedränge zu
Pferde in den Dom hineingetragen, ohne daß er absteigen
konnte.[41] Hören wir die Bilanz seines Lebens, wie sie Papst
Pius II., ein Kenner in solchen Dingen, uns vorrechnet.[42] 10
»Im Jahr 1459, als der Herzog zum Fürstenkongreß nach
Mantua kam, war er 60 (eher 58) Jahre alt; als Reiter einem
Jüngling gleich, hoch und äußerst imposant an Gestalt, von
ernsten Zügen, ruhig und leutselig im Reden, fürstlich im
ganzen Benehmen, ein Ganzes von leiblicher und geistiger 15
Begabung ohnegleichen in unserer Zeit, im Felde unbesiegt
– das war der Mann, der von niedrigem Stande zur Herrschaft über ein Reich emporstieg. Seine Gemahlin war
schön und tugendhaft, seine Kinder anmutig wie Engel
vom Himmel; er war selten krank; alle seine wesentlichen 20
Wünsche erfüllten sich. Doch hatte auch er einiges Mißgeschick; seine Gemahlin tötete ihm aus Eifersucht die Geliebte; seine alten Waffengenossen und Freunde Troilo und
Brunoro verließen ihn und gingen zu König Alfons über;
einen andern, Ciarpollone, mußte er wegen Verrates hen- 25
ken lassen; von seinem Bruder Alessandro mußte er erleben, daß derselbe einmal die Franzosen gegen ihn aufstif-
tete; einer seiner Söhne zettelte Ränke gegen ihn und kam
in Haft; die Mark Ancona, die er im Krieg erobert, verlor
er auch wieder im Krieg. Niemand genießt ein so ungetrüb- 30
tes Glück, daß er nicht irgendwo mit Schwankungen zu

41 Corio, Fol. 400; – Cagnola, im Archiv. stor. III, p. 125.
42 Pii II. Comment. III, p. 130. Vgl. II. 87. 106. Eine andere, noch
    mehr ins Düstere fallende Taxation vom Glücke des Sforza
    gibt Caracciolo, de varietate fortunae, bei Murat. XXII,
    Col. 74.

kämpfen hätte. Der ist glücklich, der wenige Widerwärtigkeiten hat.« Mit dieser negativen Definition des Glückes
entläßt der gelehrte Papst seinen Leser. Wenn er hätte in die
Zukunft blicken können oder auch nur die Konsequenzen
der völlig unbeschränkten Fürstenmacht überhaupt erörtern wollen, so wäre ihm eine durchgehende Wahrnehmung
nicht entgangen: die Garantielosigkeit der Familie. Jene
engelschönen, überdies sorgfältig und vielseitig gebildeten
Kinder unterlagen, als sie Männer wurden, der ganzen
Ausartung des schrankenlosen Egoismus. Galeazzo Maria
(1466-1476), ein Virtuose der äußern Erscheinung, war
stolz auf seine schöne Hand, auf die hohen Besoldungen die
er bezahlte, auf den Geldkredit, den er genoß, auf seinen
Schatz von zwei Millionen Goldstücken, auf die namhaften
Leute die ihn umgaben, und auf die Armee und die Vogel-
jagd die er unterhielt. Dabei hörte er sich gerne reden, weil
er gut redete, und vielleicht am allerfließendsten wenn er
etwa einen venezianischen Gesandten kränken konnte.[43]
Dazwischen aber gab es Launen wie z. B. die, ein Zimmer
in einer Nacht mit Figuren ausmalen zu lassen; es gab
entsetzliche Grausamkeiten gegen Nahestehende, und be-
sinnungslose Ausschweifung. Einigen Phantasten schien er
alle Eigenschaften eines Tyrannen zu besitzen; sie brachten
ihn um und lieferten damit den Staat in die Hände seiner
Brüder, deren einer, Lodovico il Moro, nachher mit Über-
gehung des eingekerkerten Neffen die ganze Herrschaft an
sich riß. An diese Usurpation hängt sich dann die Intervention der Franzosen und das böse Schicksal von ganz Italien.
Der Moro ist aber die vollendetste fürstliche Charakterfi-
gur dieser Zeit, und erscheint damit wieder wie ein Naturprodukt, dem man nicht ganz böse sein kann. Bei der
tiefsten Immoralität seiner Mittel erscheint er in deren
Anwendung völlig naiv; er würde wahrscheinlich sich sehr
verwundert haben, wenn ihm jemand hätte begreiflich machen wollen, daß nicht nur für die Zwecke, sondern auch

---

43 Malipiero, Ann. veneti, Archiv. stor. VII, I, p. 216, 221.

für die Mittel eine sittliche Verantwortung existiert; ja er
würde vielleicht seine möglichste Vermeidung aller Bluturteile als eine ganz besondere Tugend geltend gemacht haben. Den halbmythischen Respekt der Italiener vor seiner
politischen Force nahm er wie einen schuldigen Tribut[44] an;
noch 1496 rühmte er sich: Papst Alexander sei sein Kaplan,
Kaiser Max sein Condottiere, Venedig sein Kämmerer, der
König von Frankreich sein Kurier, der da kommen und
gehen müsse, wie ihm beliebe.[45] Mit einer erstaunlichen
Besonnenheit wägt er noch in der letzten Not (1499) die
möglichen Ausgänge ab, und verläßt sich dabei, was ihm
Ehre macht, auf die Güte der menschlichen Natur; seinen
Bruder Kardinal Ascanio, der sich erbietet, im Kastell von
Mailand auszuharren, weist er ab, da sie früher bittern Streit
gehabt hatten: »Monsignore, nichts für ungut, Euch traue
ich nicht, wenn Ihr schon mein Bruder seid« – bereits hatte
er sich einen Kommandanten für das Kastell, diese »Bürg-
schaft seiner Rückkehr« ausgesucht, einen Mann, dem er
nie Übles, stets nur Gutes erwiesen.[46] Derselbe verriet dann
gleichwohl die Burg. – Im Innern war der Moro bemüht,
gut und nützlich zu walten, wie er denn in Mailand und
auch in Como noch zuletzt auf seine Beliebtheit rechnete;
doch hatte er in den spätern Jahren (seit 1496) die Steuerkraft seines Staates übermäßig angestrengt und z. B. in
Cremona einen angesehenen Bürger, der gegen die neuen
Auflagen redete, aus lauter Zweckmäßigkeit insgeheim erdrosseln lassen; auch hielt er sich seitdem bei Audienzen die
Leute durch eine Barre weit vom Leibe,[47] so daß man sehr
laut reden mußte, um mit ihm zu verhandeln. – An seinem
Hofe, dem glanzvollsten von Europa, da kein burgundi-

---

44 Chron. venetum, bei Murat. XXIV, Col. 65.
45 Malipiero, Ann. Veneti, Archiv. stor. VII, I, p. 492. Vgl. 481,
   561.
46 Seine letzte Unterredung mit demselben, echt und merkwürdig, bei Senarega, Murat. XXIV, Col. 567.
47 Diario Ferrarese, bei Murat. XXIV, Col. 336, 367, 369. Das
   Volk glaubte, er thesauriere.

scher mehr vorhanden war, ging es äußerst unsittlich her;
der Vater gab die Tochter, der Gatte die Gattin, der Bruder
die Schwester Preis.[48] Allein der Fürst wenigstens blieb
immer tätig und fand sich als Sohn seiner Taten denjenigen
verwandt, welche ebenfalls aus eigenen geistigen Mitteln
existierten, den Gelehrten, Dichtern, Musikern und Künstlern. Die von ihm gestiftete Akademie[49] ist in erster Linie in
bezug auf ihn, nicht auf eine zu unterrichtende Schüler-
schaft vorhanden; auch bedarf er nicht des Ruhmes der
betreffenden Männer, sondern ihres Umganges und ihrer
Leistungen. Es ist gewiß, daß Bramante am Anfang schmal
gehalten wurde;[50] aber Lionardo ist doch bis 1496 richtig
besoldet worden – und was hielt ihn überhaupt an diesem
Hofe, wenn er nicht freiwillig blieb? Die Welt stand ihm
offen wie vielleicht überhaupt Keinem von allen damaligen
Sterblichen, und wenn irgend etwas dafür spricht, daß in
Lodovico Moro ein höheres Element lebendig gewesen, so
ist es dieser lange Aufenthalt des rätselhaften Meisters in
seiner Umgebung. Wenn Lionardo später dem Cesare Borgia und Franz I. gedient hat, so mag er auch an diesen das
außergewöhnliche Naturell geschätzt haben.

Von den Söhnen des Moro, die nach seinem Sturz von
fremden Leuten schlecht erzogen waren, sieht ihm der
ältere, Massimiliano, gar nicht mehr ähnlich; der jüngere,
Francesco, war wenigstens des Aufschwunges nicht unfä-
hig. Mailand, das in diesen Zeiten so viele Male die Gebieter wechselte und dabei unendlich litt, sucht sich wenigstens gegen die Reaktionen zu sichern; die im Jahre 1512
vor der Armee der heiligen Liga und Massimiliano abzie-
henden Franzosen werden bewogen, der Stadt einen Revers

---

48 Corio, Fol. 448. Die Nachwirkungen dieses Zustandes sind
    besonders kenntlich in den auf Mailand bezüglichen Novellen
    und Introduktionen des Bandello.
49 Amoretti, Memorie storiche sulla vita ecc. di Lionardo da
    Vinci, p. 35, s. 83, s.
50 S. dessen Sonette bei Trucchi, Poesie inedite.

darüber auszustellen, daß die Mailänder keinen Teil an ihrer Vertreibung hätten und ohne Rebellion zu begehen sich einem neuen Eroberer übergeben dürften.[51] Es ist auch in politischer Beziehung zu beachten, daß die unglückliche Stadt in solchen Augenblicken des Überganges, gerade wie z. B. Neapel bei der Flucht der Aragonesen, der Plünderung durch Rotten von Bösewichtern (auch sehr vornehmen) anheimzufallen pflegte.

Zwei besonders wohlgeordnete und durch tüchtige Fürsten vertretene Herrschaften sind in der zweiten Hälfte des 15. Jahrhunderts die der Gonzagen von Mantua und der Montefeltro von Urbino. Die Gonzagen waren schon als Familie ziemlich einträchtig; es gab bei ihnen seit langer Zeit keine geheimen Mordtaten und sie durften ihre Toten zeigen. Marchese Francesco Gonzaga[52] und seine Gemahlin Isabella von Este sind, so locker es bisweilen hergehen mochte, ein würdevolles und einiges Ehepaar geblieben und haben bedeutende und glückliche Söhne erzogen in einer Zeit, da ihr kleiner, aber hochwichtiger Staat oft in der größten Gefahr schwebte. Daß Francesco als Fürst und als Condottiere eine besonders gerade und redliche Politik hätte befolgen sollen, das würde damals weder der Kaiser, noch die Könige von Frankreich, noch Venedig verlangt oder gar erwartet haben, allein er fühlte sich wenigstens seit der Schlacht am Taro (1495), soweit es die Waffenehre betraf, als italienischen Patrioten und teilte diese Gesinnung auch seiner Gemahlin mit. Sie empfindet fortan jede Äußerung heldenmütiger Treue, wie z. B. die Verteidigung von Faenza gegen Cesare Borgia als eine Ehrenrettung

51 Prato, im Archiv. stor. III, p. 298, vgl. 302.
52 Geb. 1466, verlobt mit der sechsjährigen Isabella 1480, sukzediert 1484, vermählt 1490, st. 1519; Isabellens Tod 1539. Ihre Söhne Federigo, 1519-1540, zum Herzog erhoben 1530, und der berühmte Ferrante Gonzaga. Das Folgende aus der Korrespondenz Isabellens, nebst Beilagen, Archiv. stor. Append. Tom. II, mitgeteilt von d'Arco.

Italiens. Unser Urteil über sie braucht sich nicht auf die
Künstler und Schriftsteller zu stützen, welche der schönen
Fürstin ihr Mäzenat reichlich vergalten; ihre eigenen Briefe
schildern uns die unerschütterlich ruhige, im Beobachten
schalkhafte und liebenswürdige Frau hinlänglich. Bembo,
Bandello, Ariosto und Bernardo Tasso sandten ihre Arbeiten an diesen Hof, obschon derselbe klein und machtlos
und die Kasse oft sehr leer war; einen feinern geselligen
Kreis als diesen gab es eben seit der Auflösung des alten
urbinatischen Hofes (1508) doch nirgends mehr, und auch
der ferraresische war wohl hier im Wesentlichen übertroffen, nämlich in der Freiheit der Bewegung. Spezielle Ken-
nerin war Isabella in der Kunst, und das Verzeichnis ihrer
kleinen, höchst ausgesuchten Sammlung wird kein Kunst-
freund ohne Bewegung lesen.

Urbino besaß in dem großen Federigo (1444-1482), mochte
er nun ein echter Montefeltro sein oder nicht, einen der
vortrefflichsten Repräsentanten des Fürstentums. Als Condottiere hatte er die politische Moralität der Condottieren,
woran sie nur zur Hälfte Schuld sind; als Fürst seines kleinen
Landes befolgte er die Politik, seinen auswärts gewonnenen
Sold im Lande zu verzehren und dasselbe möglichst wenig
zu besteuern. Von ihm und seinen beiden Nachfolgern
Guidobaldo und Francesco Maria heißt es: »sie errichteten
Gebäude, beförderten den Anbau des Landes, lebten an Ort
und Stelle und besoldeten eine Menge Leute; das Volk
liebte sie.«[53] Aber nicht nur der Staat war ein wohl berechnetes und organisiertes Kunstwerk, sondern auch der Hof,
und zwar in jedem Sinne. Federigo unterhielt 500 Köpfe;
die Hofchargen waren so vollständig wie kaum an den
Höfen der größten Monarchen, aber es wurde nichts ver-
geudet, Alles hatte seinen Zweck und seine genaue Kontrolle. Hier wurde nicht gespielt, gelästert und geprahlt,

53 Franc. Vettori, im Archiv. stor. Append. Tom. VI, p. 321. –
Über Federigo insbesondere: Vespasiano Fiorent. p. 132 s.

denn der Hof mußte zugleich eine militärische Erziehungs-
anstalt für die Söhne anderer großer Herren darstellen,
deren Bildung eine Ehrensache für den Herzog war. Der
Palast, den er sich baute, war nicht der prächtigste, aber
klassisch durch die Vollkommenheit seiner Anlage; dort ₅
sammelte er seinen größten Schatz, die berühmte Bibliothek. Da er sich in einem Lande, wo Jeder von ihm Vorteil
oder Verdienst zog und Niemand bettelte, vollkommen
sicher fühlte, so ging er beständig unbewaffnet und fast
unbegleitet; keiner konnte ihm das nachmachen, daß er in ₁₀
offenen Gärten wandelte, in offenem Saale sein frugales
Mahl hielt, während aus Livius (zur Fastenzeit aus An-
dachtsschriften) vorgelesen wurde. An demselben Nach-
mittag hörte er eine Vorlesung aus dem Gebiet des Altertums und ging dann in das Kloster der Clarissen, um mit ₁₅
der Oberin am Sprachgitter von heiligen Dingen zu reden.
Abends leitete er gerne die Leibesübungen der jungen
Leute seines Hofes auf der Wiese bei S. Francesco mit der
herrlichen Aussicht, und sah genau zu, daß sie sich bei den
Fang- und Laufspielen vollkommen bewegen lernten. Sein ₂₀
Streben ging beständig auf die höchste Leutseligkeit und
Zugänglichkeit; er besuchte die, welche für ihn arbeiteten,
in der Werkstatt, gab beständig Audienzen, und erledigte
die Anliegen der Einzelnen womöglich am gleichen Tage.
Kein Wunder, daß die Leute, wenn er durch die Straßen ₂₅
ging, niederknieten und sagten: Dio ti mantenga, Signore!
Die Denkenden aber nannten ihn das Licht Italiens.[54] — Sein
Sohn Guidobaldo, bei hohen Eigenschaften von Krankheit
und Unglück aller Art verfolgt, hat doch zuletzt (1508)
seinen Staat in sichere Hände, an seinen Neffen Francesco ₃₀
Maria, zugleich Nepoten des Papstes Julius II. übergeben
können, und dieser wiederum das Land wenigstens vor
dauernder Fremdherrschaft geborgen. Merkwürdig ist die
Sicherheit, mit welcher diese Fürsten, Guidobaldo vor
Cesare Borgia, Francesco Maria vor den Truppen Leos X. ₃₅

---

54 Castiglione, Cortigiano, L. I.

unterducken und fliehen; sie haben das Bewußtsein, daß
ihre Rückkehr um so leichter und erwünschter sein werde,
je weniger das Land durch fruchtlose Verteidigung gelitten
hat. Wenn Lodovico Moro ebenfalls so rechnete, so vergaß
er die vielen andern Gründe des Hasses die ihm entgegen-
wirkten. – Guidobaldos Hof ist als hohe Schule der feinsten
Gesellkeit durch Baldassar Castiglione unsterblich gemacht worden, der seine Ekloge Tirsi (1506) vor jenen
Leuten zu ihrem Lobe aufführte, und später (1518) die
Gespräche seines Cortigiano in den Kreis der hochgebilde-
ten Herzogin (Elisabetta Gonzaga) verlegte.

Die Regierung der Este in Ferrara, Modena und Reggio
hält zwischen Gewaltsamkeit und Popularität eine merkwürdige Mitte.[55] Im Innern des Palastes gehen entsetzliche
Dinge vor; eine Fürstin wird wegen vorgeblichen Ehebru-
ches mit einem Stiefsohn enthauptet (1425); eheliche und
uneheliche Prinzen fliehen vom Hof und werden auch in
der Fremde durch nachgesandte Mörder bedroht (letzteres
1471); dazu beständige Komplotte von außen; der Bastard
eines Bastardes will dem einzigen rechtmäßigen Erben (Ercole I.) die Herrschaft entreißen; später (1493) soll der
letztere seine Gemahlin vergiftet haben, nachdem er erkun-
det, daß sie ihn vergiften wollte, und zwar im Auftrag ihres
Bruders Ferrante von Neapel. Den Schluß dieser Tragödien
macht das Komplott zweier Bastarde gegen ihre Brüder,
den regierenden Herzog Alfons I. und den Kardinal Ippolito (1506), welches bei Zeiten entdeckt und mit lebensläng-
lichem Kerker gebüßt wurde. – Ferner ist die Fiskalität in
diesem Staate höchst ausgebildet und muß es sein, schon
weil er der bedrohteste unter allen großen und mittlern
Staaten von Italien ist und der Rüstungen und Befestigungen in hohem Grade bedarf. Allerdings sollte in gleichem
Maße mit der Steuerkraft auch der natürliche Wohlstand

---

55 Das Folgende bes. nach den Annales Estenses bei Muratori,
XX. und dem Diario Ferrarese, bei Murat. XXIV.

des Landes gesteigert werden, und Marchese Nicolò
(st. 1441) wünschte ausdrücklich, daß seine Untertanen reicher würden als andere Völker. Wenn die rasch wachsende
Bevölkerung einen Beleg für den wirklich erreichten Wohlstand abgibt, so ist es in der Tat ein wichtiges Faktum, daß 5
(1497) in der außerordentlich erweiterten Hauptstadt keine
Häuser mehr zu vermieten waren.[56] Ferrara ist die erste
moderne Stadt Europa's; hier zuerst entstanden auf den
Wink der Fürsten so große, regelmäßig angelegte Quartiere; hier sammelte sich durch Konzentration der Be- 10
amtenschaft und künstlich herbeigezogene Industrie ein
Residenzvolk; reiche Flüchtlinge aus ganz Italien, zumal
Florentiner, wurden veranlaßt, sich hier anzusiedeln und
Paläste zu bauen. Allein die indirekte Besteuerung wenigstens muß einen eben nur noch erträglichen Grad von 15
Ausbildung erreicht haben. Der Fürst übte wohl eine Fürsorge, wie sie damals auch bei andern italienischen Gewaltherrschern, z. B. bei Galeazzo Maria Sforza vorkam: bei
Hungersnöten ließ er Getreide aus der Ferne kommen[57]
und teilte es, wie es scheint, umsonst aus; allein in gewöhn- 20
lichen Zeiten hielt er sich schadlos durch das Monopol,
wenn nicht des Getreides, doch vieler andern Lebensmittel:
Salzfleisch, Fische, Früchte, Gemüse, welche letztere auf
und an den Wällen von Ferrara sorgfältig gepflanzt wurden. Die bedenklichste Einnahme aber war die von dem 25
Verkauf der jährlich neu besetzten Ämter, ein Gebrauch der
durch ganz Italien verbreitet war, nur daß wir über Ferrara
am besten unterrichtet sind. Zum Neujahr 1502 heißt es
z. B.: die meisten kauften ihre Ämter um gesalzene Preise
(salati); es werden Factoren verschiedener Art, Zolleinneh- 30
mer, Domänenverwalter (massarî), Notare, Podestàs, Richter und selbst Capitani, d. h. herzogliche Oberbeamte von
Landstädten einzeln angeführt. Als einer von den »Leute-
fressern«, welche ihr Amt teuer bezahlt haben und welche

---

56 Diario Ferr. l. c. Col. 347.
57 Paul Jovius: Vita Alfonsi ducis, in den viri illustres.

das Volk haßt »mehr als den Teufel«, ist Tito Strozza genannt, hoffentlich nicht der berühmte lateinische Dichter. Um dieselbe Jahreszeit pflegte der jeweilige Herzog in Person eine Runde durch Ferrara zu machen, das sog⟨e-nannte⟩ Andar per ventura, wobei er sich wenigstens von den Wohlhabendern beschenken ließ. Doch wurde dabei kein Geld, sondern nur Naturalien gespendet.

Der Stolz des Herzogs[58] war es nun, wenn man in ganz Italien wußte, daß in Ferrara den Soldaten ihr Sold, den Professoren der Universität ihr Gehalt immer auf den Tag ausbezahlt wurde, daß die Soldaten sich niemals eigenmächtig am Bürger und Landmann erholen durften, daß Ferrara uneinnehmbar sei und daß im Kastell eine gewaltige Summe gemünzten Geldes liege. Von einer Scheidung der Kassen war keine Rede; der Finanzminister war zugleich Hausminister. Die Bauten des Borso (1450 bis 1471) Ercole I. (bis 1505) und Alfons I. (bis 1534) waren sehr zahlreich, aber meist von geringem Umfang;[58a] man erkennt darin ein Fürstenhaus, das bei aller Prachtliebe – Borso erschien nie anders als in Goldstoff und Juwelen – sich auf keine unberechenbare Ausgabe einlassen will. Alfonso mag von seinen zierlichen kleinen Villen ohnehin gewußt haben, daß sie den Ereignissen unterliegen würden, Belvedere mit seinen schattigen Gärten, wie Montana mit den schönen Fresken und Springbrunnen.

Die dauernd bedrohte Lage entwickelte in diesen Fürsten unleugbar eine große persönliche Tüchtigkeit; in einer so künstlichen Existenz konnte sich nur ein Virtuose mit Erfolg bewegen, und Jeder mußte sich rechtfertigen und erweisen als den der die Herrschaft verdiene. Ihre Charaktere haben sämtlich große Schattenseiten, aber in jedem war etwas von dem, was das Ideal der Italiener ausmachte.

---

58 Paul Jovius l. c.

58a Borso baute doch u. a. die Certosa von Ferrara, welche immer eine der schönsten Certosen des damaligen Italiens heißen kann.

Welcher Fürst des damaligen Europa's hat sich so sehr um die eigene Ausbildung bemüht, wie z. B. Alfonso I.? Seine Reise nach Frankreich, England und den Niederlanden war eine eigentliche Studienreise, die ihm eine genauere Kenntnis von Handel und Gewerben jener Länder eintrug.[59] Es ist töricht, ihm die Drechslerarbeit seiner Erholungsstunden vorzuwerfen, da sie mit seiner Meisterschaft im Kanonengießen und mit seiner vorurteilslosen Art, die Meister jedes Faches um sich zu haben, zusammenhing. Die italienischen Fürsten sind nicht wie die gleichzeitigen nordischen auf den Umgang mit einem Adel angewiesen, der sich für die einzige beachtenswerte Klasse der Welt hält und auch den Fürsten in diesen Dünkel hineinzieht; hier darf und muß der Fürst Jeden kennen und brauchen, und ebenso ist auch der Adel zwar der Geburt nach abgeschlossen, aber in geselliger Beziehung durchaus auf persönliche, nicht auf Kastengeltung gerichtet, wovon unten weiter zu handeln sein wird.

Die Stimmung der Ferraresen gegen dieses Herrscherhaus ist die merkwürdigste Mischung aus einem stillen Grauen, aus jenem echtitalienischen Geist der wohlausgesonnenen Demonstration, und aus völlig moderner Untertanenloyalität; die persönliche Bewunderung schlägt in ein neues Pflichtgefühl um. Die Stadt Ferrara setzte 1451 dem (1441) verstorbenen Fürsten Nicolò eine eherne Reiterstatue auf der Piazza; Borso scheute sich (1454) nicht, seine eigene sitzende Bronzestatue in die Nähe zu setzen, und überdies dekretierte ihm die Stadt gleich am Anfang seiner Regierung eine »marmorne Triumphsäule«. Ein Ferrarese, der im Auslande, in Venedig, über Borso öffentlich schlecht geredet, wird bei der Heimkehr denunziert und vom Ge-

---

59 Bei diesem Anlaß mag auch die Reise Leo's X. als Kardinal erwähnt werden. Vgl. Paul. Jovii vita Leonis X, Lib. I. Die Absicht war minder ernst, mehr auf Zerstreuung und allgemeine Weltkenntnis gerichtet, übrigens völlig modern. Kein Nordländer reiste damals wesentlich zu solchen Zwecken.

richt zu Verbannung und Gütereinziehung verurteilt, ja
beinahe hätte ihn ein loyaler Bürger vor dem Tribunal
niedergestoßen; mit dem Strick um den Hals geht er zum
Herzog und erfleht völlige Verzeihung. Überhaupt ist dies
Fürstentum mit Spähern gut versehen, und der Herzog in
Person prüft täglich den Fremdenrapport, auf welchen die
Wirte streng verpflichtet sind. Bei Borso[60] wird dies noch
in Verbindung gebracht mit seiner Gastfreundschaft, die
keinen bedeutenden Reisenden ungeehrt wollte ziehen lassen; für Ercole I.[61] dagegen war es reine Sicherheitsmaßre-
gel. Auch in Bologna mußte damals, unter Giovanni II.
Bentivoglio, jeder durchpassierende Fremde an dem einen
Tor einen Zettel lösen, um wieder zum andern hinauszu-
dürfen.[62] – Höchst populär wird der Fürst, wenn er
drückende Beamte plötzlich zu Boden schmettert, wenn
Borso seine ersten und geheimsten Räte in Person verhaftet, wenn Ercole I. einen Einnehmer, der sich lange Jahre
hindurch vollgesogen, mit Schanden absetzt; da zündet das
Volk Freudenfeuer an und läutet die Glocken. Mit Einem
ließ es aber Ercole zu weit kommen, mit seinem Polizeidirektor, oder wie man ihn nennen will (capitaneo di giusti-
zia) Gregorio Zampante aus Lucca (denn für Stellen dieser
Art eignete sich kein Einheimischer). Selbst die Söhne und
Brüder des Herzogs zitterten vor demselben; seine Bußen
gingen immer in die Hunderte und Tausende von Dukaten
und die Tortur begann schon vor dem Verhör. Von den
größten Verbrechern ließ er sich bestechen und verschaffte
ihnen durch Lügen die herzogliche Begnadigung. Wie
gerne hätten die Untertanen dem Herzog 10 000 Dukaten
und drüber bezahlt, wenn er diesen Feind Gottes und der
Welt kassiert hätte! Aber Ercole hatte ihn zu seinem Gevat-
ter und zum Cavaliere gemacht, und der Zampante legte
Jahr um Jahr 2 000 Dukaten bei Seite; freilich aß er nur

---

60 Jovian. Pontan., de liberalitate.
61 Giraldi, Hecatommithi, VI, Nov. 1.
62 Vasari XII, 166, V. di Michelangelo.

noch Tauben, die im Hause gezogen wurden und ging nicht
mehr über die Gasse ohne eine Schar von Armbrustschüt-
zen und Sbirren. Es wäre Zeit gewesen, ihn zu beseitigen;
da machten ihn (1496) zwei Studenten und ein getaufter
Jude, die er tötlich beleidigt, in seinem Hause während der
Siesta nieder und ritten auf bereit gehaltenen Pferden durch
die Stadt, singend: »Heraus, Leute, laufet! wir haben den
Zampante umgebracht.« Die nachgesandte Mannschaft
kam zu spät, als sie bereits über die nahe Grenze in Sicherheit gelangt waren. Natürlich regnete es nun Pasquille, die
einen als Sonette, die andern als Canzonen. – Andererseits
ist es ganz im Geiste dieses Fürstentums, daß der Souverän
seine Hochachtung vor nützlichen Dienern auch dem Hof
und der Bevölkerung diktiert. Als 1469 Borsós Geheimrat
Lodovico Casella starb, durfte am Begräbnistage kein Tribunal und keine Bude in der Stadt und kein Hörsaal in der
Universität offen stehen; jedermann sollte die Leiche nach
S. Domenico begleiten, weil auch der Herzog mitziehen
würde. In der Tat schritt er – »der erste vom Haus Este, der
einem Untertan an die Leiche gegangen« – in schwarzem
Gewande weinend hinter dem Sarge her, hinter ihm je ein
Verwandter Casellas, von einem Herrn vom Hof geführt;
Adlige trugen dann die Leiche des Bürgerlichen aus der
Kirche in den Kreuzgang, wo sie beigesetzt wurde. Über-
haupt ist das offizielle Mitempfinden fürstlicher Gemütsbewegungen zuerst in diesen italienischen Staaten aufgekom-
men.[63] Der Kern hievon mag seinen schönen menschlichen
Wert haben, die Äußerung, zumal bei den Dichtern, ist
in der Regel zweideutig. Eines der Jugendgedichte Ariosto's,[64] auf den Tod der Lianora von Aragon, Gemahlin des
Ercole I., enthält, außer den unvermeidlichen Trauerblu-

---

63 Ein frühes Beispiel, Bernabò Visconti, S. 21.
64 Als Capitolo 19, und in den opere minori, ed. Lemonnier, Vol.
     I, p. 425 als Elegia 17 betitelt. Ohne Zweifel war dem 19jähri-
     gen Dichter die Ursache dieses Todesfalles (S. 54) nicht be-
     kannt.

men wie sie in allen Jahrhunderten gespendet werden,
schon einige völlig moderne Züge: »dieser Todesfall habe
Ferrara einen Schlag versetzt, den es in vielen Jahren nicht
verwinden werde; seine Wohltäterin sei jetzt Fürbitterin im
Himmel geworden, da die Erde ihrer nicht würdig gewesen; freilich, die Todesgöttin sei ihr nicht wie uns gemeinen
Sterblichen mit blutiger Sense genaht, sondern geziemend
(onesta) und mit so freundlichem Antlitz, daß jede Furcht
verschwand.« Aber wir treffen noch auf ganz andere Mit-
gefühle; Novellisten, welchen an der Gunst der betreffenden Häuser alles liegen mußte und welche auf diese Gunst
rechnen, erzählen uns die Liebesgeschichten der Fürsten,
zum Teil bei deren Lebzeiten,[65] in einer Weise die spätern
Jahrhunderten als der Gipfel aller Indiskretion, damals als
harmlose Verbindlichkeit erschien. Ja lyrische Dichter be-
dichteten die beiläufigen Passionen ihrer hohen, dabei legi-
tim vermählten Herrn, Angelo Poliziano die des Lorenzo
magnifico, und mit besonderem Akzent Gioviano Pontano
die des Alfonso von Calabrien. Das betreffende Gedicht[66]
verrät wider Willen die scheußliche Seele des Aragonesen;
er muß auch in diesem Gebiete der Glücklichste sein, sonst
wehe denen die glücklicher wären! – Daß die größten
Maler, z. B. Lionardo, die Maitressen ihrer Herrn malten,
versteht sich von selbst.

Das estensische Fürstentum wartete aber nicht die Verherrlichung durch Andere ab, sondern es verherrlichte sich
selbst. Borso ließ sich im Palazzo Schifanoja in einer Reihe
von Regentenhandlungen abmalen und Ercole feierte
(zuerst 1472) den Jahrestag seines Regierungsantrittes mit
einer Prozession, welche ausdrücklich mit der des Fronleichnamsfestes verglichen wird; alle Buden waren ge-

---

65 In den Hecatommithi des Giraldi handeln I, Nov. 8 und VI,
Nov. 1, 2, 3, 4 und 10 von Ercole I, Alfonso I, und Ercole II,
alles verfaßt bei Lebzeiten der beiden letztern. – Vieles über
fürstliche Zeitgenossen auch im Bandello.

66 U. a. in den Deliciae poetar. italor.

schlossen wie an einem Sonntag; mitten im Zuge marschierten alle vom Haus Este, auch die Bastarde, in Goldstoff. Daß alle Macht und Würde vom Fürsten ausgehe,
eine persönliche Auszeichnung von seiner Seite sei, war an
diesem Hofe schon längst[67] versinnbildlicht durch einen
Orden vom goldenen Sporn, der mit dem mittelalterlichen
Rittertum nichts mehr zu tun hatte. Ercole I. gab zum
Sporn noch einen Degen, einen goldgestickten Mantel und
eine Dotation, wofür ohne Zweifel eine regelmäßige Aufwartung verlangt wurde.

Das Mäzenat, wofür dieser Hof weltberühmt geworden
ist, knüpfte sich teils an die Universität, welche zu den
vollständigsten Italiens gehörte, teils an den Hof- und
Staatsdienst; besondere Opfer wurden dafür kaum gebracht. Bojardo gehörte als reicher Landedelmann und
hoher Beamter durchaus nur in diese Sphäre; als Ariost
anfing etwas zu werden, gab es, wenigstens in der wahren
Bedeutung, keinen mailändischen und keinen florentinischen, bald auch keinen urbinatischen Hof mehr, von Neapel nicht zu reden, und er begnügte sich mit einer Stellung
neben den Musikern und Gauklern des Kardinals Ippolito,
bis ihn Alfonso in seine Dienste nahm. Anders war es später
mit Torquato Tasso, auf dessen Besitz der Hof eine wahre
Eifersucht zeigte.

Gegenüber von dieser konzentrierten Fürstenmacht war
jeder Widerstand innerhalb des Staates erfolglos. Die Elemente zur Herstellung einer städtischen Republik waren
für immer aufgezehrt, Alles auf Macht und Gewaltübung
orientiert. Der Adel, politisch rechtlos, auch wo er noch
feudalen Besitz hatte, mochte sich und seine Bravi als Guelfen und Ghibellinen einteilen und kostümieren, sie die

---

67 Bereits 1367 bei Nicolò dem Ältern erwähnt, im Polistore, bei
   Murat. XXIV, Col. 848.

Feder am Barett oder die Bauschen an den Hosen[1] so oder
anders tragen lassen – die Denkenden, wie z. B. Macchiavell,[2] wußten ein für allemal, daß Mailand oder Neapel für
eine Republik zu »korrumpiert« waren. Es kommen wunderbare Gerüchte über jene vorgeblichen zwei Parteien, die
längst nichts mehr als alte, im Schatten der Gewalt am
Spalier gezogene Familiengehässigkeiten waren. Ein italienischer Fürst, welchem Agrippa von Nettesheim[3] die Aufhebung derselben anriet, antwortete: ihre Händel tragen
mir ja bis 12 000 Dukaten Bußgelder jährlich ein! – Und als
z. B. im Jahre 1500 während der kurzen Rückkehr des
Moro in seine Staaten die Guelfen von Tortona einen Teil
des nahen französischen Heeres in ihre Stadt riefen, damit
sie den Ghibellinen den Garaus machten, plünderten und
ruinierten die Franzosen zunächst allerdings diese, dann
aber auch die Guelfen selbst, bis Tortona völlig verwüstet
war.[4] – Auch in der Romagna, wo jede Leidenschaft und
jede Rache unsterblich waren, hatten jene beiden Namen
den politischen Inhalt vollkommen eingebüßt. Es gehörte
mit zum politischen Irrsinn des armen Volkes, daß die
Guelfen hie und da sich zur Sympathie für Frankreich, die
Ghibellinen für Spanien verpflichtet glaubten. Ich sehe
nicht, daß die welche diesen Irrsinn ausbeuteten, besonders
weit damit gekommen wären. Frankreich hat Italien nach
allen Interventionen immer wieder räumen müssen und
was aus Spanien geworden ist, nachdem es Italien umgebracht hat, das greifen wir mit den Händen.
    Doch wir kehren zum Fürstentum der Renaissance zu-
rück. Eine vollkommen reine Seele hätte vielleicht auch
damals raisonniert, daß alle Gewalt von Gott sei, und daß
diese Fürsten, wenn jeder sie gutwillig und aus redlichem
Herzen unterstütze, mit der Zeit gut werden und ihren

1 Burigozzo, im Archiv. stor. III, p. 432.
2 Discorsi I, 17.
3 De incert. et vanitate scientiar. cap. 55.
4 Prato, im Archiv. stor. III, p. 241.

gewaltsamen Ursprung vergessen *müßten*. Aber von leidenschaftlichen, mit schaffender Glut begabten Phantasien und
Gemütern ist dies nicht zu verlangen. Sie sahen, wie
schlechte Ärzte, die Hebung der Krankheit in der Beseitigung des Symptoms und glaubten, wenn man die Fürsten
ermorde, so gebe sich die Freiheit von selber. Oder sie
dachten auch nicht so weit, und wollten nur dem allgemein
verbreiteten Haß Luft machen, oder nur eine Rache für
Familienunglück oder persönliche Beleidigungen üben. So
wie die Herrschaft eine unbedingte, aller gesetzlichen
Schranken entledigte, so ist auch das Mittel der Gegner ein
unbedingtes. Schon Boccaccio sagt es offen:[5] »Soll ich den
Gewaltherrn König, Fürst heißen und ihm Treue bewahren
als meinem Obern? Nein! denn er ist Feind des gemeinen
Wesens. Gegen ihn kann ich Waffen, Verschwörung, Späher, Hinterhalt, List gebrauchen; das ist ein heiliges, notwendiges Werk. Es gibt kein lieblicheres Opfer als Tyran-
nenblut.« Die einzelnen Hergänge dürfen uns hier nicht
beschäftigen; Macchiavell hat in einem allbekannten Kapitel[6] seiner Discorsi die antiken und modernen Verschwörungen von der alten griechischen Tyrannenzeit an behandelt und sie nach ihrer verschiedenen Anlage und ihren
Chancen ganz kaltblütig beurteilt. Nur zwei Bemerkungen:
über die Mordtaten beim Gottesdienst und über die Einwirkung des Altertums mögen hier gestattet sein.

Es war fast unmöglich, der wohlbewachten Gewaltherr-

---

5 De casibus virorum illustrium, L. II, cap. 15.
6 Discorsi, III, 6. Womit storie fior. L. VIII. zu vergleichen. –
   Schilderung von Verschwörungen ist schon sehr frühe eine
   Liebhaberei der Italiener. Bereits Luitprand gibt dergleichen
   wenigstens umständlicher als irgendein Zeitgenosse des 10.
   Jahrhunderts; aus dem 11. Jahrhundert ist (bei Baluz. Miscell. I,
   p. 184) die Befreiung Messinas von den Sarazenen durch den
   herbeigerufenen Normannen Roger ein bezeichnendes Stück
   dieser Art (1060), der dramatischen Ausschmückung der Sizilia-
   nischen Vesper zu geschweigen (1282). Dieselbe Vorliebe findet
   man bekanntlich in der Geschichtschreibung der Griechen.

scher anderswo habhaft zu werden als bei feierlichen Kirch-
gängen, vollends aber war eine ganze fürstliche Familie bei
keinem andern Anlaß beisammenzutreffen. So ermordeten
die Fabrianesen[7] (1435) ihr Tyrannenhaus, die Chiavelli,
während eines Hochamtes, und zwar laut Abrede bei den
Worten des Credo: Et incarnatus est. In Mailand wurde
(1412) Herzog Giovan Maria Visconti am Eingang der
Kirche S. Gottardo, (1476) Herzog Galeazzo Maria Sforza
in der Kirche S. Stefano ermordet, und Lodovico Moro
entging einst (1484) den Dolchen der Anhänger der verwitweten Herzogin Bona nur dadurch, daß er die Kirche
S. Ambrogio durch eine andere Tür betrat, als dieselben
erwartet hatten. Eine besondere Impietät war dabei nicht
beabsichtigt; die Mörder Galeazzos beteten noch vor der
Tat zu dem Heiligen der betreffenden Kirche und hörten
noch die erste Messe daselbst. Doch war es bei der Verschwörung der Pazzi gegen Lorenzo und Giuliano Medici
(1478) eine Ursache des teilweisen Mißlingens, daß der
Bandit Montesecco sich zwar für die Ermordung bei einem
Gastmahl verdungen hatte, den Vollzug im Dom von Florenz dagegen verweigerte; an seiner Stelle verstanden sich
dann Geistliche dazu, »welche der heiligen Orte gewohnt
waren und sich deshalb nicht scheuten«.[8]

Was das Altertum betrifft, dessen Einwirkung auf die
sittlichen und speziell auf die politischen Fragen noch öfter
berührt werden wird, so gaben die Herrscher selbst das
Beispiel, indem sie in ihrer Staatsidee sowohl als in ihrem
Benehmen das alte römische Imperium oft ausdrücklich
zum Vorbild nahmen. Ebenso schlossen sich nun ihre Gegner, sobald sie mit theoretischer Besinnung zu Werke gingen, den antiken Tyrannenmördern an. Es wird schwer zu
beweisen sein, daß sie in der Hauptsache, im Entschluß zur

---

7 Corio, fol. 333. Das folgende ibid. fol. 305, 422 s., 440.
8 So das Zitat aus Gallus, bei Sismondi XI, 93. – Das oben
   genannte Motiv für den Mord beim Kirchgang wird schon in
   der merovingischen Zeit ausgesprochen. Gregor. Turon. IX, 3.

Tat selbst, durch dies Vorbild seien bestimmt worden, aber
reine Phrase und Stilsache blieb die Berufung auf das Altertum doch nicht. Die merkwürdigsten Aufschlüsse sind
über die Mörder Galeazzo Sforzas, Lampugnani, Olgiati
und Visconti vorhanden.[9] Sie hatten alle drei ganz persönliche Motive und doch kam der Entschluß vielleicht aus
einem allgemeinern Grunde. Ein Humanist und Lehrer der
Eloquenz, Cola de' Montani, hatte unter einer Schar von
sehr jungen mailändischen Adlichen eine unklare Begier
nach Ruhm und nach großen Taten für das Vaterland ent-
zündet und war endlich gegen die zwei erstgenannten mit
dem Gedanken einer Befreiung Mailands herausgerückt.
Bald kam er in Verdacht, wurde ausgewiesen und mußte die
Jünglinge ihrem lodernden Fanatismus überlassen. Etwa
zehn Tage vor der Tat verschworen sie sich feierlich im
Kloster S. Ambrogio; »dann, sagt Olgiati, in einem abgele-
genen Raum vor einem Bilde des heiligen Ambrosius erhob
ich meine Augen und flehte ihn um Hilfe für uns und *sein*
ganzes Volk«. Der himmlische Stadtpatron soll die Tat
schützen, gerade wie nachher S. Stephan, in dessen Kirche
sie geschieht. Nun zogen sie noch viele Andere halb in die
Sache hinein, hatten im Hause Lampugnani ihr allnächtli-
ches Hauptquartier und übten sich mit Dolchscheiden im
Stechen. Die Tat gelang, aber Lampugnani wurde gleich
von den Begleitern des Herzogs niedergemacht und die
andern ergriffen. Visconti zeigte Reue, Olgiati blieb trotz
aller Tortur dabei, daß die Tat ein Gott wohlgefälliges
Opfer gewesen und sagte noch während ihm der Henker
die Brust einschlug: Nimm dich zusammen, Girolamo! man
wird lange an dich denken; der Tod ist bitter, der Ruhm
ewig!

So ideal aber die Vorsätze und Absichten hier sein mochten, so schimmert doch aus der Art und Weise, wie die
Verschwörung betrieben wird, das Bild gerade des heil-

---

9 Corio, fol. 422. – Allegretto, Diarî Sanesi, bei Murat. XXIII,
Col. 777. – S. oben S. 48.

losesten aller Konspiratoren hervor, der mit der Freiheit
gar nichts gemein hat: des Catilina. Die Jahrbücher von
Siena sagen ausdrücklich, die Verschwörer hätten den Sal-
lust studiert, und aus Olgiati's eigenem Bekenntnis erhellt
es mittelbar.[10] Auch sonst werden wir diesem furchtbaren
Namen wieder begegnen. Für das geheime Komplottieren
gab es eben doch, wenn man vom Zweck absah, kein so
einladendes Muster mehr wie dieses.

Bei den Florentinern, so oft sie sich der Medici entledig-
ten oder entledigen wollten, galt der Tyrannenmord als ein
offen zugestandenes Ideal. Nach der Flucht der Medici
im J⟨ahre⟩ 1494 nahm man aus ihrem Palast Donatellos
Bronzegruppe[11] der Judith mit dem toten Holofernes und
setzte sie vor den Signorenpalast an die Stelle, wo jetzt
Michelangelos David steht, mit der Inschrift: exemplum
salutis publicae cives posuere 1495. Ganz besonders aber
berief man sich jetzt auf den jüngern Brutus, der noch bei
Dante[12] mit Cassius und Judas Ischarioth im untersten
Schlund der Hölle steckt weil er das Imperium verraten.
Pietro Paolo Boscoli, dessen Verschwörung gegen Giuliano, Giovanni und Giulio Medici (1513) mißlang, hatte im
höchsten Grade für Brutus geschwärmt und sich vermessen
ihn nachzuahmen, wenn er einen Cassius fände; als solcher
hatte sich ihm dann Agostino Capponi angeschlossen.
Seine letzten Reden im Kerker,[13] eines der wichtigsten
Aktenstücke über den damaligen Religionszustand, zeigen

---

10 Man vergleiche in dem eigenen Bericht Olgiati's, bei Corio,
   einen Satz wie folgenden: Quisque nostrum magis socios po-
   tissime et infinitos alios sollicitare, infestare, alter alteri bene-
   volos se facere coepit. Aliquid aliquibus parum donare; simul
   magis noctu edere, bibere, vigilare nostra omnia bona polliceri,
   etc.

11 Vasari, III, 251, Nota zur v. di Donatello.

12 Inferno XXXIV, 64.

13 Aufgezeichnet von dem Ohrenzeugen Luca della Robbia, Archiv. stor. I, p. 273. Vgl. Paul Jovius, vita Leonis X, L. III, in
   den Viri illustres.

mit welcher Anstrengung er sich jener römischen Phantasien wieder entledigte, um christlich zu sterben. Ein Freund und der Beichtvater müssen ihn versichern, S. Thomas von Aquino verdamme die Verschwörungen überhaupt, aber der Beichtvater hat in späterer Zeit demselben Freunde insgeheim eingestanden, S. Thomas mache eine Distinktion und erlaube die Verschwörung gegen einen Tyrannen, der sich dem Volk gegen dessen Willen mit Gewalt aufgedrungen. – Als Lorenzino Medici den Herzog Alessandro (1537) umgebracht und sich geflüchtet hatte, erschien eine wahrscheinlich echte, mindestens in seinem Auftrage verfaßte Apologie[14] der Tat, worin er den Tyrannenmord an sich als das verdienstlichste Werk preist; sich selbst vergleicht er auf den Fall, daß Alessandro wirklich ein echter Medici und also (wenn auch weitläufig) mit ihm verwandt gewesen, ungescheut mit Timoleon, dem Brudermörder aus Patriotismus. Andere haben auch hier den Vergleich mit Brutus gebraucht, und daß selbst Michelangelo noch ganz spät Gedanken dieser Art nachgehangen hat, darf man wohl aus seiner Brutusbüste (in den Uffizien) schließen. Er ließ sie unvollendet, wie fast alle seine Werke, aber gewiß nicht, weil ihm der Mord Cäsars zu schwer auf das Herz gefallen, wie das darunter angebrachte Distichon meint.

Einen Massenradikalismus, wie er sich gegenüber den neuern Monarchien ausgebildet hat, würde man in den Fürstenstaaten der Renaissance vergebens suchen. Jeder einzelne protestierte wohl in seinem Innern gegen das Fürstentum, aber er suchte viel eher sich leidlich oder vorteilhaft unter demselben einzurichten, als es mit vereinten Kräften anzugreifen. Es mußte schon soweit kommen, wie damals in Camerino, in Fabriano, in Rimini (S. 41), bis eine Bevölkerung ihr regierendes Haus zu vertilgen oder zu verjagen unternahm. Auch wußte man in der Regel zu gut, daß man

---

14 Bei Roscoe, Vita di Lorenzo de' Medici, vol. IV, Beilage 12. – Vgl. auch die Relation, Lettere di Principi (Ed. Venez. 1577) III fol. 162 ff.

nur den Herrn wechseln würde. Das Gestirn der Republiken war entschieden im Sinken.

———

Einst hatten die italienischen Städte in höchstem Grade jene Kraft entwickelt, welche die Stadt zum Staate macht. Es bedurfte nichts weiter, als daß sich diese Städte zu einer großen Föderation verbündeten; ein Gedanke, der in Italien immer wiederkehrt, mag er im einzelnen bald mit diesen bald mit jenen Formen bekleidet sein. In den Kämpfen des 12. und 13. Jahrhunderts kam es wirklich zu großen, kriegerisch gewaltigen Städtebünden, und Sismondi (II. 174) glaubt, die Zeit der letzten Rüstungen des Lombardenbundes gegen Barbarossa (seit 1168) wäre wohl der Moment gewesen, da eine allgemeine italienische Föderation sich hätte bilden können. Aber die mächtigern Städte hatten bereits Charakterzüge entwickelt, welche dies unmöglich machten: sie erlaubten sich als Handelskonkurrenten die äußersten Mittel gegeneinander, und drückten schwächere Nachbarstädte in rechtlose Abhängigkeit nieder; d. h. sie glaubten am Ende doch einzeln durchzukommen und des Ganzen nicht zu bedürfen, und bereiteten den Boden vor für jede andere Gewaltherrschaft. Diese kam, als innere Kämpfe zwischen den Adelsparteien unter sich und mit den Bürgern die Sehnsucht nach einer festen Regierung weckten und die schon vorhandenen Soldtruppen jede Sache um Geld unterstützten, nachdem die einseitige Parteiregierung schon längst das allgemeine Bürgeraufgebot unbrauchbar zu finden gewohnt war.[1] Die Tyrannis verschlang die Freiheit der meisten Städte; hie und da vertrieb man sie, aber nur halb, oder nur auf kurze Zeit; sie kam immer wieder, weil die innern Bedingungen für sie vorhanden und die entgegenstrebenden Kräfte aufgebraucht waren.

Unter den Städten, welche ihre Unabhängigkeit bewahrten, sind zwei für die ganze Geschichte der Menschheit von

———

1 Über letztern Punkt s. Jac. Nardi, Vita di Ant. Giacomini, p. 18.

höchster Bedeutung: Florenz, die Stadt der beständigen
Bewegung, welche uns auch Kunde hinterlassen hat von
allen Gedanken und Absichten der einzelnen und der Gesamtheit, die drei Jahrhunderte hindurch an dieser Bewegung teilnahmen; dann Venedig, die Stadt des scheinbaren
Stillstandes und des politischen Schweigens. Es sind die
stärksten Gegensätze, die sich denken lassen, und beide
sind wiederum mit nichts auf der Welt zu vergleichen.

Venedig erkannte sich selbst als eine wunderbare, geheim-
nisvolle Schöpfung, in welcher noch etwas anderes als
Menschenwitz von jeher wirksam gewesen. Es gab einen
Mythus von der feierlichen Gründung der Stadt: am 25.
März 413 um Mittag hätten die Übersiedler aus Padua den
Grundstein gelegt am Rialto, damit eine unangreifbare,
heilige Freistätte sei in dem von den Barbaren zerrissenen
Italien. Spätere haben in die Seele dieser Gründer alle
Ahnungen der künftigen Größe hineingelegt; M. Antonio
Sabellico, der das Ereignis in prächtig strömenden Hexametern gefeiert hat, läßt den Priester, der die Stadtweihe
vollzieht, zum Himmel rufen: »Wenn wir einst Großes
wagen, dann gib Gedeihen! Jetzt knien wir nur vor einem
armen Altar, aber wenn unsere Gelübde nicht umsonst
sind, so steigen Dir, o Gott, hier einst hundert Tempel von
Marmor und Gold empor!«[2] – Die Inselstadt selbst erschien
zu Ende des 15. Jahrhunderts wie das Schmuckkästchen
der damaligen Welt. Derselbe Sabellico schildert sie als
solches[3] mit ihren uralten Kuppelkirchen, schiefen Türmen, inkrustierten Marmorfassaden, mit ihrer ganz engen
Pracht, wo die Vergoldung der Decken und die Vermietung
jedes Winkels sich mit einander vertrugen. Er führt uns auf

---

2 Genethliacon, in seinen carmina. – Vgl. Sansovino, Venezia, fol.
  203. – Die älteste venezian. Chronik, bei Pertz, Monum. IX,
  p. 5, 6, verlegt die Gründung der Inselorte erst in die longobar-
  dische Zeit und die von Rialto ausdrücklich noch später.

3 De situ venetae urbis.

den dichtwogenden Platz vor S. Giacometto am Rialto, wo
die Geschäfte einer Welt sich nicht durch lautes Reden oder
Schreien, sondern nur durch ein vielstimmiges Summen
verraten, wo in den Portiken[4] ringsum und in denen der
anstoßenden Gassen die Wechsler und die Hunderte von
Goldschmieden sitzen, über ihren Häuptern Läden und
Magazine ohne Ende; jenseits von der Brücke beschreibt er
den großen Fondaco der Deutschen, in dessen Hallen ihre
Waren und ihre Leute wohnen, und vor welchem stets
Schiff an Schiff im Kanal liegt; von da weiter aufwärts die
Wein- und Ölflotte und parallel damit am Strande, wo es
von Facchinen wimmelt, die Gewölbe der Händler; dann
vom Rialto bis auf den Marcusplatz die Parfümeriebuden
und Wirtshäuser. So geleitet er den Leser von Quartier zu
Quartier bis hinaus zu den beiden Lazaretten, welche mit zu
den Instituten hoher Zweckmäßigkeit gehörten, die man
nur hier so ausgebildet vorfand. Fürsorge für die Leute war
überhaupt ein Kennzeichen der Venezianer, im Frieden wie
im Kriege, wo ihre Verpflegung der Verwundeten, selbst
der feindlichen, für Andere ein Gegenstand des Erstaunens
war.[5] Was irgend öffentliche Anstalt hieß, konnte in Venedig sein Muster finden; auch das Pensionswesen wurde
systematisch gehandhabt, sogar in betreff der Hinterlasse-
nen. Reichtum, politische Sicherheit und Weltkenntnis hatten hier das Nachdenken über solche Dinge gereift. Diese
schlanken, blonden[5a] Leute mit dem leisen, bedächtigen
Schritt und der besonnenen Rede, unterschieden sich in
Tracht und Auftreten nur wenig voneinander; den Putz,
besonders Perlen, hingen sie ihren Frauen und Mädchen an.

---

4   Diese ganze Gegend wurde dann durch die Neubauten des
    beginnenden 16. Jahrhunderts verändert.
5   Benedictus: Carol. VIII, bei Eccard, Scriptores, II, Col. 1597,
    1601, 1621. – Im Chron. Venetum, Murat. XXIV, Col. 26, sind
    die politischen Tugenden der Venezianer aufgezählt: bontà,
    innocenza, zelo di carità, pietà, misericordia.
5a Viele Nobili schoren sich kurz; Erasmi Colloq. ed Tigur. a.
    1553, pag. 215, miles et carthusianus.

Damals war das allgemeine Gedeihen, trotz großer Verluste durch die Türken, noch wahrhaft glänzend; aber die aufgesammelte Energie und das allgemeine Vorurteil Europa's genügten auch später noch, um Venedig selbst die schwersten Schläge lange überdauern zu lassen: die Entdeckung des Seeweges nach Ostindien, den Sturz der Mameluckenherrschaft von Ägypten und den Krieg der Liga von Cambray.

Sabellico, der aus der Gegend von Tivoli gebürtig und an das ungenierte Redewerk der damaligen Philologen gewöhnt war, bemerkt an einem andern Orte[6] mit einigem Erstaunen, daß die jungen Nobili, welche seine Morgenvorlesungen hörten, sich gar nicht auf das Politisieren mit ihm einlassen wollten: »Wenn ich sie frage, was die Leute von dieser oder jener Bewegung in Italien dächten, sprächen und erwarteten, antworteten sie mir alle mit Einer Stimme, sie wüßten nichts.« Man konnte aber von dem demoralisierten Teil des Adels trotz aller Staatsinquisition mancherlei erfahren, nur nicht so wohlfeilen Kaufes. Im letzten Viertel des 15. Jahrhunderts gab es Verräter in den höchsten Behörden;[7] die Päpste, die italienischen Fürsten, ja ganz mittelmäßige Condottieren im Dienst der Republik hatten ihre Zuträger, zum Teil mit regelmäßiger Besoldung; es war so weit gekommen, daß der Rat der Zehn für gut fand, dem Rat der Pregadi wichtigere politische Nachrichten zu verbergen, ja man nahm an daß Lodovico Moro in den Pregadi über eine ganz bestimmte Stimmenzahl verfüge. Ob das nächtliche Aufhenken einzelner Schuldigen und die hohe Belohnung der Angeber (z. B. sechzig Dukaten lebenslängliche Pension) viel fruchteten, ist schwer zu sagen; eine Hauptursache, die Armut vieler Nobili, ließ sich nicht plötzlich beseitigen. Im Jahr 1492 betrie-

6 Epistolae, lib. V, fol. 28.
7 Malipiero, Ann. Veneti, Archiv. stor. VII, I, p. 377, 431, 481, 493, 530. II, p. 661, 668, 679. – Chron. venetum, bei Murat. XXIV, Col. 57. – Diario Ferrarese, ib. Col. 240.

ben zwei Nobili einen Vorschlag, der Staat solle jährlich
70 000 Dukaten zur Vertröstung derjenigen armen Adlichen auswerfen welche kein Amt hätten; die Sache war
nahe daran, vor den großen Rat zu kommen, wo sie eine
Majorität hätte erhalten können – als der Rat der Zehn noch
zu rechter Zeit eingriff und die beiden auf Lebenszeit nach
Nicosia auf Cypern verbannte.[8] Um diese Zeit wurde ein
Soranzo auswärts als Kirchenräuber gehenkt, und ein Contarini wegen Einbruchs in Ketten gelegt; ein anderer von
derselben Familie trat 1499 vor die Signorie und jammerte,
er sei seit vielen Jahren ohne Amt, habe nur 16 Dukaten
Einkünfte und 9 Kinder, dazu 60 Dukaten Schulden, verstehe kein Geschäft und sei neulich auf die Gasse gesetzt
worden. Man begreift, daß einzelne reiche Nobili Häuser
bauten, um die armen darin gratis wohnen zu lassen. Der
Häuserbau um Gottes willen, selbst in ganzen Reihen,
kommt in Testamenten als gutes Werk vor.[9]

Wenn die Feinde Venedigs auf Übelstände dieser Art
jemals ernstliche Hoffnungen gründeten, so irrten sie sich
gleichwohl. Man könnte glauben, daß schon der Schwung
des Handels, der auch dem Geringsten einen reichlichen
Gewinn der Arbeit sicherte, daß die Kolonien im östlichen
Mittelmeer die gefährlichen Kräfte von der Politik abgelenkt haben möchten. Hat aber nicht Genua, trotz ähnlicher
Vorteile, die sturmvollste politische Geschichte gehabt?
Der Grund von Venedigs Unerschütterlichkeit liegt eher in
einem Zusammenwirken von Umständen, die sich sonst nirgends vereinigten. Unangreifbar als Stadt, hatte es sich von
jeher der auswärtigen Verhältnisse nur mit der kühlsten
Überlegung angenommen, das Parteiwesen des übrigen Ita-
liens fast ignoriert, seine Allianzen nur für vorübergehende
Zwecke und um möglichst hohen Preis geschlossen. Der
Grundton des venezianischen Gemütes war daher der einer

8 Malipiero, im Arch. stor. VII. II, p. 691. Vgl. 694, 713 und I,
   535.
9 Marin Sanudo, Vite de' Duchi, Murat. XXII, Col. 1194.

stolzen, ja verachtungsvollen Isolierung und folgerichtig
einer stärkern Solidarität im Innern, wozu der Haß des
ganzen übrigen Italiens noch das Seine tat. In der Stadt
selbst hatten dann alle Einwohner die stärksten gemein-
schaftlichen Interessen gegenüber den Kolonien sowohl als
den Besitzungen der Terraferma, indem die Bevölkerung
der letztern (d. h. der Städte bis Bergamo) nur in Venedig
kaufen und verkaufen durfte. Ein so künstlicher Vorteil
konnte nur durch Ruhe und Eintracht im Innern aufrecht-
erhalten werden – das fühlte gewiß die übergroße Mehrzahl
und für Verschwörer war schon deshalb hier ein schlechter
Boden. Und wenn es Unzufriedene gab, so wurden sie
durch die Trennung in Adliche und Bürger auf eine Weise
auseinandergehalten, die jede Annäherung sehr erschwerte.
Innerhalb des Adels aber war den möglicherweise Gefährlichen, nämlich den Reichen eine Hauptquelle aller Verschwörungen, der Müßiggang, abgeschnitten durch ihre
großen Handelsgeschäfte und Reisen und durch die Teilnahme an den stets wiederkehrenden Türkenkriegen. Die
Kommandanten schonten sie dabei, ja bisweilen in strafba-
rer Weise, und ein venezianischer Cato weissagte den Untergang der Macht, wenn diese Scheu der Nobili, einander
irgend wehe zu tun, auf Unkosten der Gerechtigkeit fort-
dauern würde.[10] Immerhin aber gab dieser große Verkehr
in der freien Luft dem Adel von Venedig eine gesunde
Richtung im ganzen. Und wenn Neid und Ehrgeiz durchaus einmal Genugtuung begehrten, so gab es ein offizielles
Opfer, eine Behörde und legale Mittel. Die vieljährige
moralische Marter, welcher der Doge Francesco Foscari
(st. 1457) vor den Augen von ganz Venedig unterlag, ist
vielleicht das schrecklichste Beispiel dieser nur in Aristokratien möglichen Rache. Der Rat der Zehn, welcher in
Alles eingriff, ein unbedingtes Recht über Leben und Tod,
über Kassen und Armeebefehl besaß, die Inquisitoren in
sich enthielt, und den Foscari wie so manchen Mächtigen

---

10 Chron. Venetum, Mur. XXIV, Col. 105.

stürzte, dieser Rat der Zehn wurde alljährlich von der ganzen regierenden Kaste, dem gran consiglio neu gewählt, und
war somit der unmittelbarste Ausdruck derselben. Große
Intrigen mögen bei diesen Wahlen kaum vorgekommen
sein, da die kurze Dauer und die spätere Verantwortlichkeit
das Amt nicht sehr begehrenswert machten. Allein vor diesen und andern venezianischen Behörden, mochte ihr Tun
noch so unterirdisch und gewaltsam sein, flüchtete sich doch
der echte Venezianer nicht, sondern er stellte sich; nicht nur
weil die Republik lange Arme hatte und statt seiner die Familie plagen konnte, sondern weil in den meisten Fällen wenigstens nach Gründen und nicht aus Blutdurst verfahren
wurde.[11] Überhaupt hat wohl kein Staat jemals eine größere
moralische Macht über seine Angehörigen in der Ferne aus-
geübt. Wenn es z. B. Verräter in den Pregadi gab, so wurde
dies reichlich dadurch aufgewogen, daß jeder Venezianer in
der Fremde ein geborner Kundschafter für seine Regierung
war. Von den venezianischen Kardinälen in Rom verstand es
sich von selbst, daß sie die Verhandlungen der geheimen
päpstlichen Konsistorien nach Hause meldeten. Kardinal
Domenico Grimani ließ in der Nähe von Rom (1500) die
Depeschen wegfangen, welche Ascanio Sforza an seinen
Bruder Lodovico Moro absandte, und schickte sie nach
Venedig; sein eben damals schwer angeklagter Vater machte
dies Verdienst des Sohnes öffentlich vor dem gran consiglio,
d. h. vor der ganzen Welt geltend.[12]

Wie Venedig seine Condottieren hielt, ist oben (S. 31)
angedeutet worden. Wenn es noch irgendeine besondere
Garantie ihrer Treue suchen wollte, so fand es sie etwa in
ihrer großen Anzahl, welche den Verrat ebensosehr erschweren, als dessen Entdeckung erleichtern mußte. Beim
Anblick venezianischer Armeerollen fragt man sich nur,

11 Chron. Venetum. Murat. XXIV, Col. 123 s., und Malipiero.
    a.a.O. VII, I, p. 175, s. erzählen den sprechenden Fall des
    Admirals Antonio Grimani.
12 Chron. Ven. l. c. Col. 166.

wie bei so bunt zusammengesetzten Scharen eine gemeinsame Aktion möglich gewesen? In derjenigen des Krieges von 1495 figurieren[13] 15 526 Pferde in lauter kleinen Posten; nur der Gonzaga von Mantua hatte davon 1 200, Gioffredo Borgia 740; dann folgen sechs Anführer mit 700-600, zehn mit 400, zwölf mit 400-200, etwa vierzehn mit 200-100, neun mit 80, sechs mit 60-50 usw. Es sind teils alte venezianische Truppenkörper, teils solche unter venezianischen Stadtadlichen und Landadlichen, die meisten Anführer aber sind italienische Fürsten und Stadthäupter oder Verwandte von solchen. Dazu kommen 24 000 M⟨ann⟩ Infanterie, über deren Beischaffung und Führung nichts bemerkt wird, nebst weitern 3 300 Mann wahrscheinlich besonderer Waffengattungen. Im Frieden waren die Städte der Terraferma gar nicht oder mit unglaublich geringen Garnisonen besetzt. Venedig verließ sich nicht gerade auf die Pietät, wohl aber auf die Einsicht seiner Untertanen; beim Kriege der Liga von Cambray (1509) sprach es sie bekanntlich vom Treueid los, und ließ es darauf ankommen, daß sie die Annehmlichkeiten einer feindlichen Okkupation mit seiner milden Herrschaft vergleichen würden; da sie nicht mit Verrat von S. Marcus abzufallen nötig gehabt hatten und also keine Strafe zu fürchten brauchten, kehrten sie mit dem größten Eifer wieder unter die gewohnte Herrschaft zurück. Dieser Krieg war, beiläufig gesagt, das Resultat eines hundertjährigen Geschreies über die Vergrößerungssucht Venedigs. Letzteres beging bisweilen den Fehler allzu kluger Leute, welche auch ihren Gegnern keine nach ihrer Ansicht törichten, rechnungswidrigen Streiche zutrauen wollen.[14] In die-

---

13 Malipiero, l. c. VII, I, p. 349. Andere Verzeichnisse dieser Art bei Marin Sanudo, Vite de' Duchi, Mur. XXII, Col. 990 (vom Jahr 1426), Col. 1088 (vom Jahr 1440), bei Corio, fol. 435-438 (von 1483), bei Guazzo, Historie, fol. 151 s.

14 Guicciardini (Ricordi, N. 150) bemerkt vielleicht zuerst, daß das politische Rachebedürfnis auch die deutliche Stimme des eignen Interesses übertäuben könne.

sem Optimismus, der vielleicht den Aristokratien am ehesten
eigen ist, hatte man einst die Rüstungen Mohammeds II.
zur Einnahme von Konstantinopel, ja die Vorbereitungen
zum Zuge Karls VIII. völlig ignoriert, bis das Unerwartete
doch geschah.[15] Ein solches Ereignis war nun auch die Liga
von Cambray, insofern sie dem klaren Interesse der Hauptanstifter, Ludwigs XII. und Julius II., entgegenlief. Im
Papst war aber der alte Haß von ganz Italien gegen die
erobernden Venezianer aufgesammelt, so daß er über den
Einmarsch der Fremden die Augen schloß, und was die auf
Italien bezügliche Politik des Kardinals Amboise und seines Königs betraf, so hätte Venedig deren bösartigen Blöd-
sinn schon lange als solchen erkennen und fürchten sollen.
Die meisten übrigen nahmen an der Liga teil aus jenem
Neid, der dem Reichtum und der Macht als nützliche
Zuchtrute gesetzt, an sich aber ein ganz jämmerliches Ding
ist. Venedig zog sich mit Ehren, aber doch nicht ohne
bleibenden Schaden aus dem Kampfe.

Eine Macht, deren Grundlagen so kompliziert, deren
Tätigkeit und Interessen auf einen so weiten Schauplatz
ausgedehnt waren, ließe sich gar nicht denken ohne eine
großartige Übersicht des Ganzen, ohne eine beständige
Bilanz der Kräfte und Lasten, der Zunahme und Abnahme.
Venedig möchte sich wohl als den Geburtsort der modernen Statistik geltend machen dürfen, mit ihm vielleicht
Florenz und in zweiter Linie die entwickeltern italienischen Fürstentümer. Der Lehnsstaat des Mittelalters bringt
höchstens Gesamtverzeichnisse der fürstlichen Rechte und
Nutzbarkeiten (Urbarien) hervor; er faßt die Produktion als
eine stehende auf, was sie annäherungsweise auch ist, so
lange es sich wesentlich um Grund und Boden handelt.
Diesem gegenüber haben die Städte im ganzen Abendlande
wahrscheinlich von frühe an ihre Produktion, die sich auf
Industrie und Handel bezog, als eine höchst bewegliche
erkannt und danach behandelt, allein es blieb – selbst in den

---

15 Malipiero, l. c. VII, I, p. 328.

Blütezeiten der Hansa – bei einer einseitig kommerziellen Bilanz. Flotten, Heere, politischer Druck und Einfluß kamen einfach unter das Soll und Haben eines kaufmännischen Hauptbuches zu stehen. Erst in den italienischen Staaten vereinigen sich die Konsequenzen einer völligen politischen Bewußtheit, das Vorbild mohammedanischer Administration und ein uralter starker Betrieb der Produktion und des Handels selbst, um eine wahre Statistik zu begründen.[16] Der unteritalische Zwangsstaat Kaiser Friedrichs II. (S. 13) war einseitig auf Konzentration der Macht zum Zwecke eines Kampfes um Sein oder Nichtsein organisiert gewesen. In Venedig dagegen sind die letzten Zwecke Genuß der Macht und des Lebens, Weiterbildung des von den Vorfahren Ererbten, Ansammlung der gewinnreichsten Industrien und Eröffnung stets neuer Absatzwege.

Die Autoren sprechen sich über diese Dinge mit größter Unbefangenheit aus.[17] Wir erfahren, daß die Bevölkerung der Stadt im Jahr 1422 190 000 Seelen betrug; vielleicht hat man in Italien am frühsten angefangen, nicht mehr nach Feuerherden, nach Waffenfähigen, nach Solchen, die auf

---

16 Noch in ziemlich beschränktem Sinne entworfen und doch schon sehr wichtig ist die statistische Übersicht von Mailand, im Manipulus Florum (bei Murat. XI, 711 s.) vom Jahre 1288. Sie zählt auf: Haustüren, Bevölkerung, Waffenfähige, Loggien der Adligen, Brunnen, Öfen, Schenken, Fleischerbuden, Fischer, Kornbedarf, Hunde, Jagdvögel, Preise von Holz, Heu, Wein und Salz, – ferner Richter, Notare, Ärzte, Schullehrer, Abschreiber, Waffenschmiede, Hufschmiede, Hospitäler, Klöster, Stifte und geistliche Korporationen. – Eine vielleicht noch ältere aus dem Liber de magnalibus Mediolani, bei Heinr. de Hervordia, ed. Potthast, p. 165. – Vgl. auch die Statistik von Asti um 1280 bei Ogerius Alpherius (Alfieri), de gestis Astensium, Histor. patr. monumenta, Scriptorum Tom. III, Col. 684 ss.

17 Vorzüglich Marin Sanudo, in den Vite de' Duchi de Venezia, Murat. XXII, passim.

eigenen Beinen gehen konnten u. dgl., sondern nach anime
zu zählen und darin die neutralste Basis aller weitern Berechnungen anzuerkennen. Als die Florentiner um dieselbe
Zeit ein Bündnis mit Venedig gegen Filippo Maria Visconti
wünschten, wies man sie einstweilen ab, in der klaren, hier
durch genaue Handelsbilanz belegten Überzeugung, daß
jeder Krieg zwischen Mailand und Venedig, d. h. zwischen
Abnehmer und Verkäufer, eine Torheit sei. Schon wenn der
Herzog nur sein Heer vermehre, so werde das Herzogtum
wegen sofortiger Erhöhung der Steuern ein schlechterer
Konsument. »Besser man lasse die Florentiner unterliegen,
dann siedeln sie, des freistädtischen Lebens gewohnt, zu
uns über und bringen ihre Seiden- und Wollenweberei
mit, wie die bedrängten Lucchesen getan haben.« Das
Merkwürdigste aber ist die Rede des sterbenden Dogen
Mocenigo (1423) an einige Senatoren, die er vor sein Bett
kommen ließ.[18] Sie enthält die wichtigsten Elemente einer
Statistik der gesamten Kraft und Habe Venedigs. Ich weiß
nicht, ob und wo eine gründliche Erläuterung dieses
schwierigen Aktenstückes existiert; nur als Kuriosität mag
folgendes angeführt werden. Nach geschehener Abzahlung
von 4 Millionen Dukaten eines Kriegsanlehens betrug die
Staatsschuld (il monte) damals noch 6 Mill⟨ionen⟩ Dukaten. Der Gesamtumlauf des Handels (wie es scheint) betrug
10 Mill⟨ionen⟩, welche 4 Mill⟨ionen⟩ abwarfen. (So heißt
es im Text.) Auf 3 000 Navigli, 300 Navi und 45 Galere
fuhren 17 000, resp. 8 000 und 11 000 Seeleute. (Über 200
M⟨ann⟩ per Galera.) Dazu kamen 16 000 Schiffszimmer-
leute. Die Häuser von Venedig hatten 7 Millionen Schät-
zungswert und trugen an Miete eine halbe Million ein.[19] Es

18 Bei Sanudo l. c. Col. 958. Das auf den Handel Bezügliche ist
    daraus mitgeteilt bei Scherer, Allg. Gesch. des Welthandels, I,
    326, Anm.
19 Hiermit sind doch wohl die sämtlichen Häuser und nicht bloß
    die dem Staat gehörenden gemeint. Letztere rentierten biswei-
    len allerdings enorm; vgl. Vasari, XIII, 83. V. d. Jac. Sanso-
    vino.

gab 1 000 Adliche von 70 bis 4 000 Dukaten Einkommen. –
An einer andern Stelle wird die ordentliche Staatseinnahme
in jenem selben Jahre auf 1 100 000 Dukaten geschätzt;
durch die Handelsstörungen infolge der Kriege war sie um
die Mitte des Jahrhunderts auf 800 000 Dukaten gesun- 5
ken.[20]

Wenn Venedig durch derartige Berechnungen und deren
praktische Anwendung eine große Seite des modernen
Staatswesens am frühsten vollkommen darstellte, so stand
es dafür in derjenigen Kultur, welche man damals in Italien 10
als das Höchste schätzte, einigermaßen zurück. Es fehlt hier
der literarische Trieb im Allgemeinen und insbesondere
jener Taumel zugunsten des klassischen Altertums.[21] Die
Begabung zu Philosophie und Beredsamkeit, meint Sabellico, sei hier an sich so groß als die zum Handel und 15
Staatswesen; schon 1459 legte Georg der Trapezuntier die
lateinische Übersetzung von Plato's Buch über die Gesetze
dem Dogen zu Füßen und wurde mit 150 Dukaten jährlich
als Lehrer der Philologie angestellt, dedizierte auch der
Signorie seine Rhetorik.[22] Durchgeht man aber die venezia- 20
nische Literaturgeschichte, welche Francesco Sansovino
seinem bekannten Buche[23] angehängt hat, so ergeben sich
für das 14. Jahrhundert fast noch lauter theologische, juridische und medizinische Fachwerke nebst Historien, und
auch im 15. Jahrhundert ist der Humanismus im Verhältnis 25
zur Bedeutung der Stadt bis auf Ermolao Barbaro und Aldo
Manucci nur äußerst spärlich vertreten. Die Bibliothek,
welche der Kardinal Bessarion dem Staat vermachte, wurde
kaum eben vor Zerstreuung und Zerstörung geschützt. Für
gelehrte Sachen hatte man ja Padua, wo freilich die Medi- 30

20 Dies bei Sanudo, Col. 963. Eine Staatsrechnung von 1490,
     Col. 1245.
21 Ja diese Abneigung soll in dem Venezianer Paul II. bis zum
     Haß ausgebildet gewesen sein, so daß er die Humanisten sämt-
     lich Ketzer nannte. Platina, Vita Pauli, p. 323.
22 Sanudo, l. c. Col. 1167.
23 Sansovino, Venezia, Lib. XIII.

ziner und die Juristen als Verfasser staatsrechtlicher Gutachten weit die höchsten Besoldungen hatten. Auch die Teilnahme an der italienischen Kunstdichtung ist lange Zeit eine
geringe, bis dann das beginnende 16. Jahrhundert alles Ver-
säumte nachholt. Selbst den Kunstgeist der Renaissance hat
sich Venedig von außen her zubringen lassen, und erst gegen
Ende des 15. Jahrhunderts sich mit voller eigener Macht-
fülle darin bewegt. Ja es gibt hier noch bezeichnendere geistige Zögerungen. Derselbe Staat, welcher seinen Klerus so
vollkommen in der Gewalt hatte, die Besetzung aller wichtigen Stellen sich vorbehielt, und der Kurie einmal über das
andere Trotz bot, zeigte eine offizielle Andacht von ganz besonderer Färbung.[24] Heilige Leichen und andere Reliquien
aus dem von den Türken eroberten Griechenland werden
mit den größten Opfern erworben und vom Dogen in großer Prozession empfangen.[25] Für den ungenähten Rock beschloß man (1455) bis 10 000 Dukaten aufzuwenden, konnte
ihn aber nicht erhalten. Es handelte sich hier nicht um eine
populäre Begeisterung, sondern um einen stillen Beschluß
der höheren Staatsbehörde, welcher ohne alles Aufsehen
hätte unterbleiben können, und in Florenz unter gleichen
Umständen gewiß unterblieben wäre. Die Andacht der Massen und ihren festen Glauben an den Ablaß eines Alexander VI. lassen wir ganz außer Betrachtung. Der Staat selber
aber, nachdem er die Kirche mehr als anderswo absorbiert,
hatte wirklich hier eine Art von geistlichem Element in sich,
und das Staatssymbol, der Doge, trat bei zwölf großen
Prozessionen[26] (andate) in halbgeistlicher Funktion auf. Es
waren fast lauter Feste zu Ehren politischer Erinnerungen,
welche mit den großen Kirchenfesten konkurrierten; das

24 Vgl. Heinric. de Hervordia ad a. 1293 (pag. 213, ed. Potthast).
25 Sanudo, l. c. Col. 1158, 1171, 1177. Als die Leiche des S. Lucas
    aus Bosnien kam, gab es Streit mit den Benediktinern von S.
    Giustina zu Padua, welche dieselbe schon zu besitzen glaubten,
    und der päpstliche Stuhl mußte entscheiden. Vgl. Guicciardini,
    Ricordi, Nr. 401.
26 Sansovino, Venezia, Lib. XII.

glänzendste derselben, die berühmte Vermählung mit dem
Meere, jedesmal am Himmelfahrtstage.

Die höchste politische Bewußtheit, den größten Reichtum
an Entwicklungsformen findet man vereinigt in der Geschichte von Florenz, welches in diesem Sinne wohl den
Namen des ersten modernen Staates der Welt verdient. Hier
treibt ein ganzes Volk das was in den Fürstenstaaten die
Sache einer Familie ist. Der wunderbare florentinische
Geist, scharf raisonnierend und künstlerisch schaffend zugleich, gestaltet den politischen und sozialen Zustand unaufhörlich um und beschreibt und richtet ihn eben so unaufhörlich. So wurde Florenz die Heimat der politischen
Doktrinen und Theorien, der Experimente und Sprünge,
aber auch mit Venedig die Heimat der Statistik und allein
und vor allen Staaten der Welt die Heimat der geschichtlichen Darstellung im neuern Sinne. Der Anblick des alten
Roms und die Kenntnis seiner Geschichtschreiber kam
hinzu, und Giovanni Villani gesteht,[27] daß er beim Jubiläum des Jahres 1300 die Anregung zu seiner großen Arbeit
empfangen und gleich nach der Heimkehr dieselbe begonnen habe; allein wie manche unter den 200 000 Rompilgern
jenes Jahres mögen ihm an Begabung und Richtung ähnlich
gewesen sein und haben doch die Geschichte ihrer Städte
nicht geschrieben! Denn nicht jeder konnte so trostvoll beifügen: »Rom ist im Sinken, meine Vaterstadt aber im Aufsteigen und zur Ausführung großer Dinge bereit, und
darum habe ich ihre ganze Vergangenheit aufzeichnen wollen und gedenke damit fortzufahren bis auf die Gegenwart
und so weit ich noch die Ereignisse erleben werde.« Und außer dem Zeugnis von seinem Lebensgange erreichte Florenz
durch seine Geschichtschreiber noch etwas Weiteres: einen
größeren Ruhm als irgendein anderer Staat von Italien.[28]

---

27 G. Villani, VIII, 36. – Das Jahr 1300 ist zugleich das festgehal-
    tene Datum in der Divina Commedia.
28 Dies schon um 1470 konstatiert bei Vespasiano Fiorent., p. 554.

Nicht die Geschichte dieses denkwürdigen Staates, nur einige Andeutungen über die geistige Freiheit und Objektivität, welche durch diese Geschichte in den Florentinern wach geworden, sind hier unsere Aufgabe.

Um das Jahr 1300 beschrieb Dino Compagni die städtischen Kämpfe seiner Tage. Die politische Lage der Stadt, die innern Triebfedern der Parteien, die Charaktere der Führer, genug das ganze Gewebe von nähern und entferntern Ursachen und Wirkungen sind hier so geschildert, daß man die allgemeine Superiorität des florentinischen Urteilens und Schilderns mit Händen greift. Und das größte Opfer dieser Krisen, Dante Alighieri, welch ein Politiker, gereift durch Heimat und Exil! Er hat den Hohn über das beständige Ändern und Experimentieren an der Verfassung in eherne Terzinen gegossen,[29] welche sprichwörtlich bleiben werden, wo irgend Ähnliches vorkommen will; er hat seine Heimat mit Trotz und mit Sehnsucht angeredet, daß den Florentinern das Herz beben mußte. Aber seine Gedanken dehnen sich aus über Italien und die Welt, und wenn seine Agitation für das Imperium, wie er es auffaßte, nichts als ein Irrtum war, so muß man bekennen, daß das jugendliche Traumwandeln der kaum geborenen politischen Spekulation bei ihm eine poetische Größe hat. Er ist stolz, der erste zu sein, der diesen Pfad betritt,[30] allerdings an der Hand des Aristoteles, aber in seiner Weise sehr selbständig. Sein Idealkaiser ist ein gerechter, menschenliebender, nur von Gott abhängender Oberrichter, der Erbe der römischen Weltherrschaft, welche eine vom Recht, von der Natur, und von Gottes Ratschluß gebilligte war. Die Eroberung des Erdkreises sei nämlich eine rechtmäßige, ein Gottesurteil zwischen Rom und den übrigen Völkern gewesen, und Gott habe dieses Reich anerkannt, indem er unter demselben Mensch wurde und sich bei seiner Geburt der Schatzung des Kaisers Augustus, bei seinem Tode dem

---

29 Purgatorio VI, Ende.
30 De Monarchia I. 1.

Gericht des Pontius Pilatus unterzog usw. Wenn wir diesen und andern Argumenten nur schwer folgen können, so ergreift Dantes Leidenschaft immer. In seinen Briefen[31] ist er einer der frühsten aller Publizisten, vielleicht der frühste Laie, der Tendenzschriften in Brieform auf eigene Hand ausgehen ließ. Er fing damit bei Zeiten an; schon nach dem Tode Beatrice's erließ er ein Pamphlet über den Zustand von Florenz »an die Großen des Erdkreises«, und auch die spätern offenen Schreiben aus der Zeit seiner Verbannung sind an lauter Kaiser, Fürsten und Kardinäle gerichtet. In diesen Briefen und in dem Buche »von der Vulgärsprache« kehrt unter verschiedenen Formen das mit so vielen Schmerzen bezahlte Gefühl wieder, daß der Verbannte auch außerhalb der Vaterstadt eine neue geistige Heimat finden dürfe in der Sprache und Bildung, die ihm nicht mehr genommen werden könne, und auf diesen Punkt werden wir noch einmal zurückkommen.

Den Villani, Giovanni sowohl als Matteo, verdanken wir nicht sowohl tiefe politische Betrachtungen als vielmehr frische, praktische Urteile und die Grundlage zur Statistik von Florenz, nebst wichtigen Angaben über andere Staaten.[31a] Handel und Industrie hatten auch hier neben dem politischen Denken das staatsökonomische geweckt. Über die Geldverhältnisse im Großen wußte man nirgends in der Welt so genauen Bescheid, anzufangen von der päpstlichen Kurie zu Avignon, deren enormer Kassenbestand (25 Mill⟨ionen⟩ Goldgulden beim Tode Johann's XXII.) nur aus so guten Quellen[32] glaublich wird. Nur hier erhalten wir Bescheid über kolossale Anleihen z. B.: des Königs von

31 Dantis Alligherii epistolae, cum notis C. Witte. Wie er den Kaiser durchaus in Italien haben wollte, so auch den Papst, s. d. Brief S. 35 während des Konklaves von Carpentras 1314.
31a Wozu die Statistik eines Anonymus vom Jahr 1339 bei Baluz. Miscell. IV, p. 117 s., einige erwünschte Ergänzungen bietet. Auch hier die allgemeine Tätigkeit: non est dives aut pauper in ea (scil. civitate) qui de arte certa se nutrire non valeat et suos.
32 Giov. Villani XI, 20. Vgl. Matt. Villani IX, 93.

England bei den florentinischen Häusern Bardi und Peruzzi, welche ein Guthaben von 1 365 000 Goldgulden –
eigenes und Kompagnie-Geld – einbüßten (1338) und sich
dennoch wieder erholten.[33] Das Wichtigste aber sind die
auf den Staat bezüglichen Angaben[34] aus jener nämlichen
Zeit: die Staatseinnahmen (über 300 000 Goldgulden) und
Ausgaben; die Bevölkerung der Stadt (hier noch sehr unvollkommen nach dem Brotkonsum in bocche, d. h. Mäu-
lern, berechnet auf 90 000), und die des Staates; der Über-
schuß von 300 bis 500 männlichen Geburten unter den
5 800 bis 6 000 alljährlichen Täuflingen des Battistero;[35] die
Schulkinder, von welchen 8 000 bis 10 000 lesen, 1 000 bis
1 200 in 6 Schulen rechnen lernten; dazu gegen 600 Schüler,
welche in vier Schulen in (lateinischer) Grammatik und
Logik unterrichtet wurden. Es folgt die Statistik der Kirchen und Klöster, der Spitäler (mit mehr als 1 000 Betten im
Ganzen); die Wollenindustrie, mit äußerst wertvollen Ein-
zelangaben; die Münze, die Verproviantierung der Stadt,
die Beamtenschaft u. A.m.[36] Anderes erfährt man beiläufig
wie z. B. bei der Einrichtung der neuen Staatsrenten
(monte) im Jahre 1353 u. f. auf den Kanzeln gepredigt
wurde, von den Franziskanern dafür, von den Dominikanern und Augustinern dagegen;[37] vollends haben in ganz
Europa die ökonomischen Folgen des schwarzen Todes
nirgends eine solche Beachtung und Darstellung gefunden,
noch finden können wie hier.[38] Nur ein Florentiner konnte

---

33 Diese und ähnliche Notizen bei Giov. Villani XI, 87. XII, 54.
34 Giov. Villani XI, 91 s. – Abweichend davon Macchiavelli,
Stor. fiorent. lib. II.
35 Der Pfarrer legte für jeden Knaben eine schwarze, für jedes Mädchen eine weiße Bohne beiseite; dies war die ganze Kontrolle.
36 Es gab in dem solid gebauten Florenz bereits eine stehende
Löschmannschaft, ibid. XII, 35.
37 Matteo Villani, III, 106.
38 Matteo Villani, I, 2-7, vgl. 58. – Für die Pestzeit selber steht in
erster Linie die berühmte Schilderung des Boccaccio am Anfang des Decamerone.

uns überliefern: wie man erwartete, daß bei der Wenigkeit
der Menschen Alles wohlfeil werden sollte, und wie statt
dessen Lebensbedürfnisse und Arbeitslohn auf das Doppelte stiegen; wie das gemeine Volk Anfangs gar nicht mehr
arbeiten sondern nur gut leben wollte; wie zumal die 5
Knechte und Mägde in der Stadt nur noch um sehr hohen
Lohn zu haben waren; wie die Bauern nur noch das allerbeste Land bebauen mochten und das geringere liegen
ließen usw.; wie dann die enormen Vermächtnisse für die
Armen, die während der Pest gemacht wurden, nachher 10
zwecklos erschienen, weil die Armen teils gestorben teils
nicht mehr arm waren. Endlich wird einmal bei Gelegenheit eines großen Vermächtnisses, da ein kinderloser Wohltäter allen Stadtbettlern je sechs Denare hinterließ, eine
umfassende Bettelstatistik[39] von Florenz versucht. 15

Diese statistische Betrachtung der Dinge hat sich in der
Folge bei den Florentinern auf das Reichste ausgebildet; das
Schöne dabei ist, daß sie den Zusammenhang mit dem
Geschichtlichen im höhern Sinne, mit der allgemeinen Kul-
tur und mit der Kunst in der Regel durchblicken lassen. 20
Eine Aufzeichnung vom Jahr 1422[40] berührt mit einem und
demselben Federzug die 72 Wechselbuden rings um den
Mercato nuovo, die Summe des Barverkehrs (2 Mill⟨ionen⟩
Goldgulden), die damals neue Industrie des gesponnenen
Goldes, die Seidenstoffe, den Filippo Brunellesco, der die 25
alte Architektur wieder aus der Erde hervorgräbt, und den
Lionardo Aretino, Sekretär der Republik, welcher die antike Literatur und Beredsamkeit wieder erweckt; endlich
das allgemeine Wohlergehen der damals politisch ruhigen
Stadt und das Glück Italiens, das sich der fremden Sold- 30
truppen entledigt hatte. Jene oben (S. 77) angeführte Statistik von Venedig, die fast aus demselben Jahre stammt,
offenbart freilich einen viel größern Besitz, Erwerb und

---

39 Gio. Villani X, 164.
40 Ex annalibus Ceretani, bei Fabroni, Magni Cosmi vita, Adnot.
   34.

Schauplatz; Venedig beherrscht schon lange die Meere mit
seinen Schiffen, während Florenz (1422) seine erste eigene
Galeere (nach Alessandria) aussendet. Allein wer erkennt
nicht in der florentinischen Aufzeichnung den höhern
Geist? Solche und ähnliche Notizen finden sich hier von
Jahrzehnd zu Jahrzehnd, und zwar schon in Übersichten
geordnet, während anderwärts im besten Falle einzelne
Aussagen vorhanden sind. Wir lernen das Vermögen und
die Geschäfte der ersten Medici approximativ kennen; sie
gaben an Almosen, öffentlichen Bauten und Steuern von
1434 bis 1471 nicht weniger als 663 755 Goldgulden aus,
wovon auf Cosimo allein über 400 000 kamen,[41] und Lorenzo magnifico freut sich, daß das Geld so gut ausgegeben
sei. Nach 1478 folgt dann wieder eine höchst wichtige und
in ihrer Art vollständige Übersicht[42] des Handels und der
Gewerbe der Stadt, darunter mehrere, welche halb oder
ganz zur Kunst gehören: die Gold- und Silberstoffe und
Damaste; die Holzschnitzerei und Marketterie (Intarsia);
die Arabeskensculptur in Marmor und Sandstein; die Por-
trätfiguren in Wachs; die Goldschmiede- und Juwelier-
kunst. Ja das angeborene Talent der Florentiner für die
Berechnung des ganzen äußern Daseins zeigt sich auch in
ihren Haus-, Geschäfts- und Landwirtschaftsbüchern, die
sich wohl vor denen der übrigen Europäer des 15. Jahrhunderts um ein namhaftes auszeichnen mögen. Mit Recht hat
man angefangen, ausgewählte Proben davon zu publizieren;[43] nur wird es noch vieler Studien bedürfen, um klare
allgemeine Resultate daraus zu ziehen. Jedenfalls gibt sich
auch hier derjenige Staat zu erkennen, wo sterbende Väter

---

41 Ricordi des Lorenzo, bei Fabroni, Laur. Med. magnifici vita,
    Adnot. 2 und 25. – Paul. Jovius: Elogia, Cosmus.

42 Von Benedetto Dei, bei Fabroni, ibid. Adnot. 200. Die Zeitbe-
    stimmung geht aus Varchi III, p. 107 hervor. – Das Finanzpro-
    jekt eines gewissen Lodovico Ghetti, mit wichtigen Angaben,
    bei Roscoe, Vita di Lor. de Medici, Bd. II, Beilage 1.

43 Z. B. im Archivio stor. IV.

testamentarisch[44] den Staat ersuchten ihre Söhne um 1 000 Goldgulden zu büßen, wenn sie kein regelmäßiges Gewerbe treiben würden.

Für die erste Hälfte des 16. Jahrhunderts besitzt dann vielleicht keine Stadt der Welt eine solche Urkunde wie die herrliche Schilderung von Florenz bei Varchi ist.[45] Auch in der beschreibenden Statistik wie in so manchen andern Beziehungen wird hier noch einmal ein Muster hingestellt, ehe die Freiheit und Größe dieser Stadt zu Grabe geht.[46]

---

44 Libri, Histoire des sciences mathém. II, 163 s.

45 Varchi, Stor. fiorent. III, p. 56, s. zu Ende des IX. Buches. Einige offenbar irrige Zahlen möchten wohl auf Schreib- oder Druckfehlern beruhen.

46 Über Wertverhältnisse und Reichtum in Italien überhaupt kann ich, in Ermangelung weiterer Hilfsmittel, hier nur einige zerstreute Data zusammenstellen, wie ich sie zufällig gefunden habe. Offenbare Übertreibungen sind beiseite zu lassen. Die Goldmünzen, auf welche die meisten Angaben lauten, sind: der Ducato, der Zecchino, der Fiorino d'oro und der Scudo d'oro. Ihr Wert ist annäherungsweise derselbe, eilf bis zwölf Franken unseres Geldes.

In *Venedig* galt z. B. der Doge Andrea Vendramin (1476) mit 170 000 Ducati für sehr reich. (Malipiero l. c. VII, II, p. 666.)

In den 1460er Jahren heißt der Patriarch von Aquileja, Lod. Patavino, »fast der reichste aller Italiener« mit 200 000 Dukaten. (Gasp. Veronens., Vita Pauli II, bei Mur. III, II, Col. 1027.) Anderswo fabelhafte Angaben.

Antonio Grimani (S. 74) ließ sich die Erhebung seines Sohnes Domenico zum Kardinal 30 000 Dukaten kosten. Er selbst wurde bloß an Barschaft auf 100 000 Dukaten geschätzt. (Chron. Venetum, Mur. XXIV, Col. 125.)

Über das Getreide im Handel und im Marktpreis zu Venedig s. bes. Malipiero l. c. VII, II, p. 709 s., (Notiz von 1498.)

Schon um 1552 gilt nicht mehr Venedig, sondern Genua nächst Rom als die reichste Stadt Italiens. (Nur glaublich durch die Autorität eines Franc. Vettori; s. dessen Storia, im Archiv. stor. Append. Tom. VI, p. 343.) Bandello, Parte II, Nov. 34 und 42, erwähnt den reichsten genuesischen Kaufmann seiner Zeit, Ansaldo Grimaldi.

Neben dieser Berechnung des äußern Daseins geht aber jene fortlaufende Schilderung des politischen Lebens einher, von welcher oben die Rede war. Florenz durchlebt nicht nur mehr politische Formen und Schattierungen,

Zwischen 1400 und 1580 nimmt Franc. Sansovino ein Sinken des Geldwertes auf die Hälfte an. (Venezia, fol. 151 bis.)

In der *Lombardei* glaubt man ein Verhältnis der Getreidepreise um die Mitte des 15. zu denjenigen der Mitte unseres Jahrhunderts annehmen zu müssen wie 3 zu 8. (Sacco di Piacenza, im Archiv. stor. append. Tom. V, Nota des Herausgebers Scarabelli.)

In *Ferrara* gab es zur Zeit des Herzogs Borso reiche Leute bis 50 und 60 000 Ducati. (Diario Ferrarese, Mur. XXIV, Col. 207, 214, 218; eine fabelhafte Angabe Col. 187.)

Für *Florenz* kommen Angaben ganz exzeptioneller Art vor, welche nicht zu durchschnittlichen Schlüssen führen. So jene Anleihen fremder Fürsten, die wohl nur auf ein oder wenige Häuser lauten, faktisch aber große Kompagniegeschäfte waren. So auch jene enorme Besteuerung unterliegender Parteien; wie z. B. von 1430 bis 1453 von 77 Familien 4 875 000 Goldgulden bezahlt wurden. (Varchi III, p. 115 s.)

Das Vermögen des Giovanni Medici betrug bei dessen Tode (1428) 179 221 Goldgulden, aber von seinen beiden Söhnen Cosimo und Lorenzo hinterließ der letztere allein bei seinem Tode (1440) bereits 235 137. (Fabroni, Laur. Med., Adnot. 2.)

Von dem allgemeinen Schwung des Erwerbes zeugt es z. B., daß schon im 14. Jahrh⟨undert⟩ die 44 Goldschmiedebuden auf Ponte vecchio dem Staat 800 Goldgulden Jahresmiete eintrugen. (Vasari II, 114, V. di Taddeo Gaddi.) – Das Tagebuch des Buonaccorso Pitti (bei Delécluze, Florence et ses vicissitudes, vol. II.) ist voll Zahlenangaben, welche indes nur im allgemeinen die hohen Preise aller Dinge und den geringen Geldwert beweisen.

Für *Rom* geben natürlich die Einnahmen der Kurie, da sie europäisch waren, gar keinen Maßstab; auch ist den Angaben über päpstliche Schätze und Kardinalsvermögen wenig zu trauen. Der bekannte Bankier Agostino Chigi hinterließ (1520) eine Gesamthabe im Werte von 800 000 Ducati. (Lettere pittoriche, I. Append. 48.)

sondern es gibt auch unverhältnismäßig mehr Rechenschaft davon als andere freie Staaten Italiens und des
Abendlandes überhaupt. Es ist der vollständigste Spiegel
des Verhältnisses von Menschenklassen und einzelnen
Menschen zu einem wandelbaren Allgemeinen. Die Bilder 5
der großen bürgerlichen Demagogien in Frankreich und
Flandern, wie sie Froissart entwirft, die Erzählungen unserer deutschen Chroniken des 14. Jahrhunderts sind wahrlich bedeutungsvoll genug, allein an geistiger Vollständigkeit, an vielseitiger Begründung des Herganges sind die 10
Florentiner allen unendlich überlegen. Adelsherrschaft,
Tyrannis, Kämpfe des Mittelstandes mit dem Proletariat,
volle, halbe und Scheindemokratie, Primat eines Hauses,
Theokratie (mit Savonarola), bis auf jene Mischformen,
welche das mediceische Gewaltfürstentum vorbereiteten, 15
alles wird so beschrieben, daß die innersten Beweggründe
der Beteiligten dem Lichte bloß liegen.[47] Endlich faßt Macchiavelli in seinen florentinischen Geschichten (bis 1492)
seine Vaterstadt vollkommen als ein lebendiges Wesen und
ihren Entwicklungsgang als einen individuell naturgemä- 20
ßen auf; der erste unter den Modernen, der dieses so vermocht hat. Es liegt außer unserm Bereich, zu untersuchen,
ob und in welchen Punkten Macchiavell willkürlich verfahren sein mag, wie er im Leben des Castruccio Castracane
– einem von ihm eigenmächtig kolorierten Tyrannentypus – 25
notorischer Weise getan hat. Es könnte in den Storie fiorentine gegen jede Zeile irgend etwas einzuwenden sein und
ihr hoher, ja einziger Wert im ganzen bliebe dennoch bestehen. Und seine Zeitgenossen und Fortsetzer: Jacopo Pitti,
Guiccardini, Segni, Varchi, Vettori, welch ein Kranz von 30

---

47 Was Cosimo (1433-1465) und seinen Enkel Lorenzo magnifico
(st. 1492) betrifft, so verzichtet der Verfasser auf jedes Urteil
über die innere Politik derselben. Eine anklagende Stimme von
Gewicht (Gino Capponi) s. im Archiv. stor. I, p. 315 s. Die
Lobpreisung Lorenzos bei Roscoe scheint es hauptsächlich
gewesen zu sein, welche eine Reaktion hervorrief. (Sismondi,
Hist. des rép. it. u. a. m.)

erlauchten Namen! Und welche Geschichte ist es, die diese
Meister schildern! Die letzten Jahrzehnde der florentinischen Republik, ein unvergeßlich großes Schauspiel, sind
uns hier vollständig überliefert. In dieser massenhaften
Tradition über den Untergang des höchsten, eigentümlichsten Lebens der damaligen Welt mag der Eine nichts erkennen als eine Sammlung von Kuriositäten ersten Ranges, der
Andere mit teuflischer Freude den Bankerott des Edeln und
Erhabenen konstatieren, ein Dritter die Sache als einen
großen gerichtlichen Prozeß auseinanderlegen – jedenfalls
wird sie ein Gegenstand nachdenklicher Betrachtung bleiben bis ans Ende der Tage. Das Grundunglück, welches die
Sachlage stets von neuem trübte, war die Herrschaft von
Florenz über unterworfene, ehemals mächtige Feinde wie
die Pisaner, was einen beständigen Gewaltzustand zur notwendigen Folge hatte. Das einzige, freilich sehr heroische
Mittel, das nur Savonarola hätte durchführen können und
auch nur mit Hilfe besonders glücklicher Umstände, wäre
die rechtzeitige Auflösung Toskana's in eine Föderation
freier Städte gewesen; ein Gedanke, der erst als weit verspä-
teter Fiebertraum einen patriotischen Lucchesen[48] (1548)
auf das Schaffot bringt. Von diesem Unheil und von der
unglücklichen Guelfensympathie der Florentiner für einen
fremden Fürsten und der daherigen Gewöhnung an fremde
Interventionen hängt alles weitere ab. Aber wer muß nicht
dieses Volk bewundern, das unter der Leitung seines heiligen Mönches in einer dauernd erhöhten Stimmung das
erste italienische Beispiel von Schonung der besiegten Geg-

---

48 Franc. Burlamacchi, den Vater des Hauptes der lucchesischen
    Protestanten Michele B. Vgl. Archiv. stor. Append. Tom. II,
    p. 176. – Wie Mailand durch seine Härte gegen die Schwester-
    städte im 11. bis 13. Jahrhundert die Bildung eines großen
    Despotenstaates erleichterte, ist bekannt genug. Noch beim
    Aussterben der Visconti 1447 verscherzte Mailand die Freiheit
    Oberitaliens hauptsächlich dadurch, daß es von einer Föde-
    ration gleichberechtigter Städte nichts wissen wollte. Vgl. Corio,
    fol. 358 s.

ner gibt? während die ganze Vorzeit ihm nichts als Rache und Vertilgung predigt! Die Glut, welche hier Patriotismus und sittlich-religiöse Umkehr in ein Ganzes schmilzt, sieht von weitem wohl bald wieder wie erloschen aus, aber ihre besten Resultate leuchten dann in jener denkwürdigen Belagerung von 1529 bis 1530 wieder neu auf. Wohl waren es »Narren«, welche diesen Sturm über Florenz heraufbeschworen, wie Guicciardini damals schrieb, aber schon er gesteht zu, daß sie das unmöglich Geglaubte ausrichteten; und wenn er meint, die Weisen wären dem Unheil ausgewichen, so hat dies keinen andern Sinn als daß sich Florenz völlig ruhmlos und lautlos in die Hände seiner Feinde hätte liefern sollen. Es hätte dann seine prächtigen Vorstädte und Gärten und das Leben und die Wohlfahrt unzähliger Bürger bewahrt und wäre dafür um eine der größten sittlichen Erinnerungen ärmer.

Die Florentiner sind in manchen großen Dingen Vorbild und frühster Ausdruck der Italiener und der modernen Europäer überhaupt, und so sind sie es auch mannigfach für die Schattenseiten. Wenn schon Dante das stets an seiner Verfassung bessernde Florenz mit einem Kranken verglich, der beständig seine Lage wechselt, um seinen Schmerzen zu entrinnen, so zeichnete er damit einen bleibenden Grundzug dieses Staatslebens. Der große moderne Irrtum, daß man eine Verfassung *machen*, durch Berechnung der vorhandenen Kräfte und Richtungen neu produzieren könne,[49] taucht zu Florenz in bewegten Zeiten immer wieder auf und auch Macchiavell ist davon nicht frei gewesen. Es bilden sich Staatskünstler, welche durch künstliche Verlegung und Verteilung der Macht, durch höchst filtrierte Wahlarten,

---

49 Am dritten Adventsonntag 1494 predigte Savonarola über den Modus, eine neue Verfassung zustande zu bringen, wie folgt: Die 16 Kompagnien der Stadt sollten jede ein Projekt ausarbeiten, die Gonfalonieren die vier besten auswählen, und aus diesen die Signorie die allerbeste! – Es kam dann doch alles anders, und zwar unter dem Einfluß des Predigers selbst.

durch Scheinbehörden u. dgl. einen dauerhaften Zustand begründen, Groß und Klein gleichmäßig zufriedenstellen oder auch täuschen wollen. Sie exemplieren dabei auf das Naivste mit dem Altertum und entlehnen zuletzt auch ganz offiziell von dort die Parteinamen, z. B. ottimati, aristocrazia[50] usw. Seitdem erst hat sich die Welt an diese Ausdrücke gewöhnt und ihnen einen konventionellen, europäischen Sinn verliehen, während alle frühern Parteinamen nur dem betreffenden Lande gehörten und entweder unmittelbar die Sache bezeichneten oder dem Spiel des Zufalls entstammten. Wie sehr färbt und entfärbt aber der Name die Sache!

Von allen jedoch, die einen Staat meinten konstruieren zu können,[51] ist Macchiavell ohne Vergleich der Größte. Er faßt die vorhandenen Kräfte immer als lebendige, aktive, stellt die Alternativen richtig und großartig und sucht weder sich noch andere zu täuschen. Es ist in ihm keine Spur von Eitelkeit noch Plusmacherei, auch schreibt er ja nicht für das Publikum, sondern entweder für Behörden und Fürsten oder für Freunde. Seine Gefahr liegt nie in falscher Genialität, auch nicht im falschen Ausspinnen von Begriffen, sondern in einer starken Phantasie, die er offenbar mit Mühe bändigt. Seine politische Objektivität ist allerdings bisweilen entsetzlich in ihrer Aufrichtigkeit, aber sie ist entstanden in einer Zeit der äußersten Not und Gefahr, da die Menschen ohnehin nicht mehr leicht an das Recht glauben noch die Billigkeit voraussetzen konnten. Tugendhafte Empörung gegen dieselbe macht auf uns, die wir die Mächte von rechts und links in unserem Jahrhundert an der Arbeit gesehen haben, keinen besondern Eindruck. Macchiavell war wenigstens im Stande, seine eigene Person über den Sachen zu vergessen. Überhaupt ist er ein

50 Letzteres zuerst 1527, nach der Verjagung der Medici; s. Varchi I, 121 etc.
51 Macchiavelli, Storie fior. l. III. »Un savio dator delle leggi« könnte Florenz retten.

Patriot im strengsten Sinne des Wortes, obwohl seine
Schriften (wenige Worte ausgenommen) alles direkten Enthusiasmus bar und ledig sind und obwohl ihn die Florentiner selber zuletzt als einen Verbrecher ansahen.[52] Wie sehr
er sich auch, nach der Art der meisten, in Sitte und Rede
gehen ließ, – das Heil des Staates war doch sein erster und
letzter Gedanke. Sein vollständigstes Programm über die
Einrichtung eines neuen florentinischen Staatswesens ist
niedergelegt in der Denkschrift an Leo X.,[53] verfaßt nach
dem Tode des jüngern Lorenzo Medici, Herzogs von Urbino (st. 1519), dem er sein Buch vom Fürsten gewidmet
hatte. Die Lage der Dinge ist eine späte und schon total
verdorbene, und die vorgeschlagenen Mittel und Wege sind
nicht alle moralisch; aber es ist höchst interessant zu sehen,
wie er als Erbin der Medici die Republik, und zwar eine
mittlere Demokratie einzuschieben hofft. Ein kunstreiche-
res Gebäude von Konzessionen an den Papst, die speziellen
Anhänger desselben und die verschiedenen florentinischen
Interessen ist gar nicht denkbar; man glaubt in ein Uhrwerk
hineinzusehen. Zahlreiche andere Prinzipien, Einzelbemer-
kungen, Parallelen, politische Perspektiven usw. für Florenz finden sich in den Discorsi, darunter Lichtblicke von
erster Schönheit; er erkennt z. B. das Gesetz einer fortschreitenden, und zwar stoßweise sich äußernden Entwicklung der Republiken an und verlangt, daß das Staatswesen
beweglich und der Veränderung fähig sei, indem nur so die
plötzlichen Bluturteile und Verbannungen vermieden würden. Aus einem ähnlichen Grunde, nämlich um Privatge-
walttaten und fremde Intervention (»den Tod aller Freiheit«) abzuschneiden, wünscht er gegen verhaßte Bürger
eine gerichtliche Anklage (accusa) eingeführt zu sehen, an
deren Stelle Florenz von jeher nur die Übelreden gehabt
habe. Meisterhaft charakterisiert er die unfreiwilligen, ver-

---

52 Varchi, Stor. fiorent. I, p. 210.
53 Discorso sopra il reformar lo stato di Firenze, in den Opere
     minori, p. 207.

späteten Entschlüsse, welche in Republiken bei kritischen
Zeiten eine so große Rolle spielen. Dazwischen einmal
verführt ihn die Phantasie und der Druck der Zeiten zu
einem unbedingten Lob des Volkes, welches seine Leute
besser wähle als irgend ein Fürst und sich »mit Zureden«
von Irrtümern abbringen lasse.[54] In betreff der Herrschaft
über Toscana zweifelt er nicht, daß dieselbe seiner Stadt
gehöre, und hält (in einem besondern Discorso) die Wie-
derbezwingung Pisas für eine Lebensfrage; er bedauert, daß
man Arezzo nach der Rebellion von 1502 überhaupt habe
stehen lassen; er gibt sogar im allgemeinen zu, italienische
Republiken müßten sich lebhaft nach außen bewegen und
vergrößern dürfen, um nicht selber angegriffen zu werden
und um Ruhe im Innern zu haben; allein Florenz habe die
Sache immer verkehrt angefangen und sich Pisa, Siena und
Lucca von jeher tödlich verfeindet, während das »brüderlich
behandelte« Pistoja sich freiwillig untergeordnet habe.[54a]

Es wäre unbillig, die wenigen übrigen Republiken, die im
15. Jahrhundert noch existierten, mit diesem einzigen Florenz auch nur in Parallele setzen zu wollen, welches bei
Weitem die wichtigste Werkstätte des italienischen, ja des
modernen europäischen Geistes überhaupt war. Siena litt
an den schwersten organischen Übeln und sein relatives
Gedeihen in Gewerben und Künsten darf hierüber nicht
täuschen. Aeneas Sylvius[55] schaut von seiner Vaterstadt aus
wahrhaft sehnsüchtig nach den »fröhlichen« deutschen
Reichsstädten hinüber, wo keine Konfiskationen von Habe

---

54 Dieselbe Ansicht, ohne Zweifel hier entlehnt, findet sich bei
     Montesquieu wieder.
54a Aus der etwas späteren Zeit (1532?) vergl. man das furchtbar
     aufrichtige Gutachten des Guicciardini über die Lage und
     unvermeidliche Organisation der mediceischen Partei, Let-
     tere di principi III, fol. 124 (ed. Venez. 1577).
55 Aen. Sylvii apologia ad Martinum Mayer, p. 701. – Ähnlich
     noch Macchiavelli, Discorsi I, 55 u. a.a.O.

und Erbe, keine gewalttätigen Behörden, keine Faktionen das Dasein verderben.[56] Genua gehört kaum in den Kreis unserer Betrachtung, da es sich an der ganzen Renaissance vor den Zeiten des Andrea Doria kaum beteiligte, weshalb der Rivierese in Italien als Verächter aller höhern Bildung[57] galt. Die Parteikämpfe zeigen hier einen so wilden Charakter und waren von so heftigen Schwankungen der ganzen Existenz begleitet, daß man kaum begreift wie die Genuesen es anfingen, um nach allen Revolutionen und Okkupationen immer wieder in einen erträglichen Zustand einzulenken. Vielleicht gelang es weil alle, die sich beim Staatswesen beteiligten, fast ohne Ausnahme zugleich als Kaufleute tätig waren.[58] Welchen Grad von Unsicherheit der Erwerb im Großen und der Reichtum aushalten können, mit welchem Zustand im Innern der Besitz ferner Kolonien verträglich ist, lehrt Genua in überraschender Weise.

Lucca bedeutet im 15. Jahrhundert nicht viel. Aus den ersten Jahrzehnden desselben, da die Stadt unter der Halbtyrannis der Familie Guinigi lebte, ist ein Gutachten des lucchesischen Geschichtschreibers Giovanni di Ser Cambio erhalten, welches für die Lage solcher Herrscherhäuser in Republiken überhaupt als sprechendes Denkmal gelten

---

56 Wie völlig moderne Halbbildung und Abstraktion bisweilen in das politische Wesen hineingriffen, zeigt die Parteiung von 1535, Della Valle, Lettere sanesi III, p. 317. Eine Anzahl von Krämern, aufgeregt durch Livius und Macchiavell's Discorsi, verlangen alles Ernstes Volkstribunen u. a. römische Magistrate gegen die Mißregierung der Vornehmen und Beamten.
57 Pierio Valeriano, de infelicitate literator., bei Anlaß des Bartolommeo della Rovere.
58 Senarega, de reb. Genuens. bei Murat. XXIV, Col. 548. Über die Unsicherheit vgl. bes. Col. 519, 525, 528 etc. Die sehr offenherzige Rede der Gesandten bei der Übergabe des Staates an Francesco Sforza 1464 s. bei Cagnola, Archiv. stor. III, p. 165 s. – Die Gestalt des Erzbischofs, Dogen, Korsaren und (später) Kardinals Paolo Fregoso geht beträchtlich über den Rahmen der sonstigen italienischen Verhältnisse hinaus.

kann.[59] Der Autor erörtert: die Größe und Verteilung der
Söldnertruppen in Stadt und Gebiet; die Vergebung aller
Ämter an ausgewählte Anhänger; die Verzeichnung aller
Waffen im Privatbesitz und Entwaffnung der Verdächtigen; die Aufsicht über die Verbannten, welche durch Drohung mit gänzlicher Konfiskation dazu angehalten werden,
die ihnen zum Exil angewiesenen Orte nicht zu verlassen;
die Beseitigung gefährlicher Rebellen durch heimliche Gewalttat; die Nötigung ausgewanderter Kaufleute und Ge-
werbleute zur Rückkehr; die möglichste Beseitigung der
weitern Bürgerversammlung (consiglio generale) durch
eine nur aus Anhängern bestehende Kommission von 12
oder 18; die Einschränkung aller Ausgaben zu Gunsten der
unentbehrlichen Söldner, ohne welche man in beständiger
Gefahr leben würde und die man bei guter Laune halten
muß (i soldati si faccino amici, confidanti e savî); endlich
wird die gegenwärtige Not, zumal der Verfall der Seiden-
industrie, aber auch aller andern Gewerbe sowie des Wein-
baues zugegeben und zur Aushülfe vorgeschlagen ein hoher Zoll auf auswärtige Weine und ein vollständiger Zwang
der Landschaft (contado), mit Ausnahme der Lebensmittel
alles in der Stadt zu kaufen. Der merkwürdige Aufsatz
würde auch für uns eines umständlichen Kommentars bedürfen; hier möge er nur erwähnt sein als einer von den
vielen Belegen für die Tatsache, daß in Italien eine zusammenhängende politische Reflexion viel früher entwickelt
war als im Norden.

Wie nun die meisten italienischen Staaten in ihrem Innern
Kunstwerke, d. h. bewußte, von der Reflexion abhängige,
auf genau berechneten sichtbaren Grundlagen ruhende
Schöpfungen waren, so mußte auch ihr Verhältnis zu einander und zum Ausland ein Werk der Kunst sein. Daß sie
fast sämtlich auf ziemlich neuen Usurpationen beruhen, ist

59 Baluz. Miscell. ed. Mansi, Tom. IV, p. 81 ss.

für ihre auswärtigen Beziehungen so verhängnisvoll wie für das Innere. Keiner erkennt den andern ohne Rückhalt an; dasselbe Glücksspiel, welches bei Gründung und Befestigung der eigenen Herrschaft gewaltet hat, mag auch gegen den Nachbar walten. Hängt es doch gar nicht immer 5 von dem Gewaltherrscher ab, ob er ruhig sitzen wird oder nicht. Das Bedürfnis sich zu vergrößern, sich überhaupt zu rühren ist allen Illegitimen eigen. So wird Italien die Heimat einer »auswärtigen Politik«, welche dann allmählich auch in andern Ländern die Stelle eines anerkannten 10 Rechtszustandes vertreten hat. Die völlig objektive, von Vorurteilen wie von sittlichen Bedenken freie Behandlung der internationalen Dinge erreicht bisweilen eine Vollendung, in welcher sie elegant und großartig erscheint, während das Ganze den Eindruck eines bodenlosen Abgrundes hervorbringt. 15

Diese Ränke, Liguen, Rüstungen, Bestechungen und Verrätereien machen zusammen die äußere Geschichte des damaligen Italiens aus. Lange Zeit war besonders Venedig der Gegenstand allgemeiner Anklagen, als wollte es ganz 20 Italien erobern oder allgemach so herunterbringen, daß ein Staat nach dem andern ihm ohnmächtig in die Arme fallen müsse.[1] Bei näherm Zusehen wird man jedoch inne, daß dieser Weheruf sich nicht aus dem Volk sondern aus der Umgebung der Fürsten und Regierungen erhebt, welche 25 fast sämtlich bei ihren Untertanen schwer verhaßt sind, während Venedig durch sein leidlich mildes Regiment ein allgemeines Zutrauen genießt.[2] Auch Florenz, mit seinen

---

[1] So noch ganz spät Varchi, Stor. fiorent. I, 57.
[2] Galeazzo Maria Sforza sagt 1467 dem venezian. Agenten wohl das Gegenteil, allein dies ist nur ergötzliche Prahlerei. Vgl. Malipiero, Annali veneti, Arch. stor. VII, I, p. 216 u. f. Bei jedem Anlaß ergeben sich Städte und Landschaften freiwillig an Venedig, freilich meist solche, die aus tyrannischen Händen kommen, während Florenz freiheitsgewohnte Nachbarrepubliken darniederhalten muß, wie Guicciardini (Ricordi, N. 29) bemerkt.

knirschenden Untertanenstädten, fand sich Venedig gegenüber in mehr als schiefer Stellung, selbst wenn man den
Handelsneid und das Fortschreiten Venedigs in der Romagna nicht in Betracht zog. Endlich brachte es die Liga
von Cambray (S. 75) wirklich dahin, denjenigen Staat zu
schwächen, den ganz Italien mit vereinten Kräften hätte
stützen sollen.

Allein auch alle übrigen versehen sich des Allerschlimmsten zu einander, wie das eigene böse Gewissen es jedem
eingibt, und sind fortwährend zum Äußersten bereit. Lodovico Moro, die Aragonesen von Neapel, Sixtus IV. hielten in ganz Italien die allergefährlichste Unruhe wach, der
Kleinern zu geschweigen. Hätte sich dieses entsetzliche
Spiel nur auf Italien beschränkt! allein die Natur der Dinge
brachte es mit sich, daß man sich nach fremder Intervention
und Hülfe umsah, hauptsächlich nach Franzosen und Türken.

Zunächst sind die Bevölkerungen selber durchweg für
Frankreich eingenommen. Mit einer grauenerregenden
Naivetät gesteht Florenz von jeher seine alte guelfische
Sympathie für die Franzosen ein.[3] Und als Karl VIII. wirklich im Süden der Alpen erschien, fiel ihm ganz Italien mit
einem Jubel zu, welcher ihm und seinen Leuten selber ganz
wunderlich vorkam.[4] In der Phantasie der Italiener (man
denke an Savonarola) lebte das Idealbild eines großen,
weisen und gerechten Retters und Herrschers, nur war es
nicht mehr wie bei Dante der Kaiser, sondern der capetin-
gische König von Frankreich. Mit seinem Rückzug war die
Täuschung im ganzen dahin, doch hat es noch lange gedau-

---

3 Vielleicht das Stärkste dieser Art in einer Instruktion an die zu
   Karl VII. gehenden Gesandten im Jahr 1452, bei Fabroni,
   Cosmus, Adnot. 107.
4 Comines, Charles VIII, chap. 10: Man hielt die Franzosen
   comme saints. – Vgl. Chap. 17. – Chron. Venetum bei Murat.
   XXIV, Col. 5, 10, 14, 15. – Matarazzo, Cron. di Perugia, Arch.
   stor. XVI, II, p. 23. Zahlloser anderer Aussagen nicht zu gedenken.

ert bis man einsah, wie vollständig Karl VIII., Ludwig XII.
und Franz I. ihr wahres Verhältnis zu Italien verkannten
und von welch untergeordneten Beweggründen sie sich
leiten ließen. Anders als das Volk suchten die Fürsten sich
Frankreichs zu bedienen. Als die französisch-englischen
Kriege zu Ende waren, als Ludwig XI. seine diplomatischen Netze nach allen Seiten hin auswarf, als vollends Karl
von Burgund sich in abenteuerlichen Plänen wiegte, da
kamen ihnen die italienischen Kabinette von allen Seiten
entgegen und die französische Intervention mußte früher
oder später eintreten, auch ohne die Ansprüche auf Neapel
und Mailand, so gewiß als sie z. B. in Genua und Piemont
schon längst stattgefunden hatte. Die Venezianer erwarteten sie schon 1462.[5] Welche Todesangst Herzog Galeazzo
Maria von Mailand während des Burgunderkrieges aus-
stand, als er, scheinbar sowohl mit Ludwig XI. als mit Karl
verbündet, den Überfall beider fürchten mußte, zeigt seine
Korrespondenz[6] in schlagender Weise. Das System eines
Gleichgewichtes der vier italienischen Hauptstaaten, wie
Lorenzo magnifico es verstand, war doch nur das Postulat
eines lichten, optimistischen Geistes, welcher über fre-
velnde Experimental-Politik wie über florentinischen
Guelfen-Aberglauben hinaus war und sich bemühte, das
Beste zu hoffen. Als Ludwig XI. ihm im Kriege gegen
Ferrante von Neapel und Sixtus IV. Hilfstruppen anbot,
sagte er: »ich vermag noch nicht, meinen Nutzen der Ge-
fahr ganz Italiens vorzuziehen; wollte Gott, es fiele den
französischen Königen niemals ein, ihre Kräfte in diesem
Lande zu versuchen! wenn es dazu kommt, so ist Italien
verloren.«[7] Für andere Fürsten dagegen ist der König von

---

5 Pii II. Commentarii, X, p. 492.
6 Gingins, Dépêches des ambassadeurs Milanais etc. I, p. 26, 153,
   279, 283, 285, 327, 331, 345, 359. II, p. 29, 37, 101, 217, 306. Karl
   sprach bereits einmal davon, Mailand dem jungen Ludwig von
   Orleans zu geben.
7 Nicolò Valori, Vita di Lorenzo.

Frankreich abwechselnd Mittel oder Gegenstand des
Schreckens und sie drohen mit ihm sobald sie aus irgend
einer Verlegenheit keinen bequemern Ausweg wissen. Vollends glaubten die Päpste, ohne alle eigene Gefahr mit
Frankreich operieren zu dürfen, und Innocenz VIII. meinte
noch, er könne schmollend sich nach dem Norden zurückziehen, um von da mit einem französischen Heere als Eroberer nach Italien zurückzukehren.[8]

Denkende Menschen sahen also die fremde Eroberung
schon lange vor dem Zuge Karls VIII. voraus.[9] Und als
Karl wieder über die Alpen zurück war, lag es erst recht
klar vor aller Augen, daß nunmehr eine Aera der Interventionen begonnen habe. Fortan verflicht sich Unglück mit
Unglück, man wird zu spät inne, daß Frankreich und Spanien, die beiden Hauptintervenienten, inzwischen moderne
Großmächte geworden sind, daß sie sich nicht mehr mit
oberflächlichen Huldigungen begnügen können, sondern
um Einfluß und Besitz in Italien auf den Tod kämpfen
müssen. Sie haben angefangen, den zentralisierten italienischen Staaten zu gleichen, ja dieselben nachzuahmen, nur in
kolossalem Maßstab. Die Absichten auf Länderraub und
Ländertausch nehmen eine Zeitlang einen Flug ins Unbedingte hinaus. Das Ende aber war bekanntlich ein totales
Übergewicht Spaniens, welches als Schwert und Schild der
Gegenreformation auch das Papsttum in eine lange Abhängigkeit brachte. Die traurige Reflexion der Philosophen
bestand dann einzig darin, nachzuweisen wie alle die, welche die Barbaren gerufen, ein schlechtes Ende genommen
hätten.

---

8 Fabroni, Laurentius magnificus, Adnot. 205 s. – Selbst in einem
   seiner Breven hieß es einmal wörtlich: flectere si nequeam Su-
   peros, Acheronta movebo, hoffentlich doch nicht in Beziehung
   auf die Türken (Villari, Storia di Savonarola, II, p. 48 der
   Documenti).
9 Z. B. Jovian. Pontanus in seinem Charon. Am Ende erwartet er
   einen Einheitsstaat.

Offen und ohne alle Scheu setzte man sich im 15. Jahrhundert auch mit den Türken in Verbindung; es schien dies ein Mittel politischer Wirkung wie ein anderes. Der Begriff einer solidarischen »abendländischen Christenheit« hatte schon im Verlauf der Kreuzzüge bisweilen bedenklich gewankt und Friedrich II. mochte demselben bereits entwachsen sein, allein das erneute Vordringen des Orientes, die Not und der Untergang des griechischen Reiches hatte im ganzen wieder die frühere Stimmung der Abendländer (wenn auch nicht ihren Eifer) erneuert. Hievon macht Italien eine durchgängige Ausnahme; so groß der Schrecken vor den Türken und die wirkliche Gefahr sein mochte, so ist doch kaum eine bedeutendere Regierung, welche nicht irgend einmal frevelhaft mit Mohammed II. und seinen Nachfolgern einverstanden gewesen wäre gegen andere italienische Staaten. Und wo es nicht geschah, da traute es doch jeder dem andern zu – es war noch immer nicht so schlimm als was z. B. die Venezianer dem Thronerben Alfons von Neapel Schuld gaben, daß er Leute geschickt habe, um die Zisternen von Venedig zu vergiften.[10] Von einem Verbrecher wie Sigismondo Malatesta erwartete man nichts Besseres, als daß er die Türken nach Italien rufen möchte.[11] Aber auch die Aragonesen von Neapel, welchen Mohammed – angeblich von andern italienischen

---

10 Comines, Charles VIII. chap. 7. – Wie Alfons im Kriege seinen Gegner bei einer Unterredung wegzufangen suchte, erzählt Nantiporto, bei Murat. III, II, Col. 1073. Er ist der wahre Vorläufer des Cesare Borgia.
11 Pii II. Commentarii X, p. 492. – Ein blumenreicher Brief Malatestas, worin er dem Mohammed II. einen Porträtmaler Matteo Passo von Verona empfiehlt und die Übersendung eines Buches von der Kriegskunst ankündigt, wahrscheinlich vom Jahr 1463, bei Baluz. Miscell. III, 113. – Was Galeazzo Maria von Mailand 1467 einem venezianischen Agenten sagte, war wohl nur Prahlerei. Vgl. Malipiero, Ann. veneti, archiv, stor. VII, I, p. 222. – Über Boccalino s. S. 35.

Regierungen[12] aufgereizt – eines Tages Otranto wegnahm,
hetzten hernach den Sultan Bajazeth II. gegen Venedig.[13]
Ebendasselbe ließ sich Lodovico Moro zu Schulden kommen; »Das Blut der Gefallenen und der Jammer der bei den
Türken Gefangenen schreit gegen ihn zu Gott um Rache«,
sagt der Annalist des Staates. In Venedig, wo man Alles
wußte, war es auch bekannt, daß Giovanni Sforza, Fürst
von Pesaro, der Vetter des Moro, die nach Mailand reisenden türkischen Gesandten beherbergt hatte.[14] Von den Päpsten des 15. Jahrhunderts sind die beiden ehrenwertesten,
Nicolaus V. und Pius II., in tiefstem Kummer wegen der
Türken gestorben, letzterer sogar unter den Anstalten einer
Kreuzfahrt, die er selber leiten wollte; ihre Nachfolger
dagegen veruntreuen die aus der ganzen Christenheit ge-
sammelten Türkengelder und entweihen den darauf gegründeten Ablaß zu einer Geldspekulation für sich.[15] Innocenz VIII. gibt sich zum Kerkermeister des geflüchteten
Prinzen Dschem her, gegen ein von dessen Bruder Bajazeth II. zu zahlendes Jahrgeld, und Alexander VI. unterstützt in Konstantinopel die Schritte des Lodovico Moro
zur Förderung eines türkischen Angriffes auf Venedig
(1498), worauf ihm dieses mit einem Konzil droht.[16] Man
sieht, daß das berüchtigte Bündnis Franz I. mit Soliman II.
nichts in seiner Art Neues und Unerhörtes war.

Übrigens gab es auch einzelne Bevölkerungen, welchen
sogar der Übergang an die Türken nicht mehr als etwas
besonders Schreckliches erschien. Selbst wenn sie nur ge-

---

12 Porzio, Congiura de' baroni, l. I, p. 4. Daß Lorenzo magnifico
   die Hand im Spiel gehabt habe, ist schwer glaublich.
13 Chron. Venetum, bei Murat. XXIV, Col. 14 und 76.
14 Malipiero, a.a.O., p. 565, 568.
15 Trithem., Annales Hirsaug. ad. a. 1490, Tom. II, p. 535 s.
16 Malipiero, a.a.O., p. 161. Vgl. p. 152. – Die Auslieferung des
   Dschem an Karl VIII., s. p. 145, wo es klar wird, daß eine
   Korrespondenz der schimpflichsten Art zwischen Alexander
   und Bajazeth existierte, selbst wenn die Aktenstücke bei Bur-
   cardus untergeschoben sein sollten.

gen drückende Regierungen damit gedroht haben sollten,
so wäre dies doch ein Zeichen, daß man mit dem Gedanken
halbenweges vertraut geworden war. Schon um 1480 gibt
Battista Mantovano deutlich zu verstehen, daß die meisten
Anwohner der adriatischen Küste etwas der Art voraussä- 5
hen und daß namentlich Ancona es wünsche.[17] Als die
Romagna unter Leo X. sich sehr bedrückt fühlte, sagte
einst ein Abgeordneter von Ravenna dem Legaten Kardinal Giulio Medici ins Gesicht: »Monsignore, die erlauchte
Republik Venedig will uns nicht, um keinen Streit mit der 10
Kirche zu bekommen, wenn aber der Türke nach Ragusa
kommt, so werden wir uns ihm übergeben.«[18]

Angesichts der damals schon begonnenen Unterjochung
Italiens durch die Spanier ist es ein leidiger aber doch gar
nicht grundloser Trost, daß nunmehr das Land wenigstens 15
vor der Barbarisierung durch die Türken-Herrschaft geschützt war.[19] Sich selber hätte es bei der Entzweiung seiner
Herrscher schwerlich vor diesem Schicksal bewahrt.

Wenn man nach all Diesem von der damaligen italienischen
Staatskunst etwas Gutes sagen soll, so kann sich dies nur 20
auf die objektive, vorurteilslose Behandlung solcher Fragen beziehen, welche nicht durch Furcht, Leidenschaft
oder Bosheit bereits getrübt waren. Hier gibt es kein
Lehnswesen im nordischen Sinne mit künstlich abgeleite-

---

17 Bapt. Mantuanus, de calamitatibus temporum, zu Ende des
    zweiten Buches, im Gesang der Nereide Doris an die türkische
    Flotte.
18 Tommaso Gar, Relazioni della corte di Roma, I, p. 55.
19 Ranke, Geschichten der romanischen und germanischen Völ-
    ker. – Michelets Ansicht (Réforme, p. 467), die Türken wür-
    den sich in Italien okzidentalisiert haben, überzeugt mich
    nicht. – Vielleicht zum erstenmal ist jene Bestimmung Spa-
    niens angedeutet in der Festrede, welche Fedra Inghirami 1510
    vor Julius II. hielt, zur Feier der Einnahme von Bugia durch
    die Flotte Ferdinands d. Kath. Vgl. Anecdota litteraria II,
    p. 149.

ten Rechten, sondern die Macht, welche jeder besitzt, besitzt er (in der Regel) wenigstens faktisch ganz. Hier gibt es keinen Geleitsadel, welcher im Gemüt der Fürsten den abstrakten Ehrenpunkt mit all seinen wunderlichen Folgerungen aufrecht hielte, sondern Fürsten und Ratgeber sind darin eins, daß nur nach der Lage der Dinge, nach den zu erreichenden Zwecken zu handeln sei. Gegen die Menschen, die man benützt, gegen die Verbündeten, woher sie auch kommen mögen, existiert kein Kastenhochmut, der irgend Jemanden abschrecken könnte, und zu allem Überfluß redet der Stand der Condottieren, wo die Herkunft völlig gleichgültig ist, vernehmlich genug von der wirklichen Macht. Endlich kennen die Regierungen, als gebildete Despoten, ihr eigenes Land und die Länder ihrer Nachbarn ungleich genauer, als ihre nordischen Zeitgenossen die ihrigen, und berechnen die Leistungsfähigkeit von Freund und Feind in ökonomischer wie in moralischer Hinsicht bis ins Einzelste; sie erscheinen, trotz den schwersten Irrtümern, als geborene Statistiker.

Mit solchen Menschen konnte man unterhandeln, man konnte sie zu überzeugen, d. h. durch tatsächliche Gründe zu bestimmen hoffen. Als der große Alfonso von Neapel (1434) Gefangener des Filippo Maria Visconti geworden war, wußte er diesen zu überzeugen, daß die Herrschaft des Hauses Anjou über Neapel statt der seinigen die Franzosen zu Herrn von Italien machen würde, und jener ließ ihn ohne Lösegeld frei und schloß ein Bündnis mit ihm.[20] Schwerlich hätte ein nordischer Fürst so gehandelt und gewiß keiner von der sonstigen Moralität des Visconti. Ein festes Vertrauen auf die Macht tatsächlicher Gründe beweist auch der berühmte Besuch, welchen Lorenzo magnifico – unter allgemeiner Bestürzung der Florentiner – dem treulosen Ferrante in Neapel abstattete, der gewiß in der Versuchung und nicht zu gut dazu war, ihn als Gefangenen da zu

---

20 U. a. Corio, fol. 333. Vgl. das Benehmen gegen Sforza, fol. 329.

behalten.[21] Denn daß man einen mächtigen Fürsten verhaften und dann nach Ausstellung einiger Unterschriften und
andern tiefen Kränkungen wieder lebendig entlassen
könne, wie Karl der Kühne mit Ludwig XI. zu Péronne tat
(1468), erschien den Italienern als Torheit,[22] so daß Lorenzo
entweder gar nicht mehr oder ruhmbedeckt zurückerwartet
wurde. Es ist in dieser Zeit zumal von venezianischen
Gesandten eine Kunst der politischen Überredung aufge-
wandt worden, von welcher man diesseits der Alpen erst
durch die Italiener einen Begriff bekam, und welche ja nicht
nach den offiziellen Empfangsreden beurteilt werden darf,
denn diese gehören der humanistischen Schulrhetorik an.
An Derbheiten und Naivetäten fehlte es dem diplomatischen Verkehr auch nicht,[23] trotz aller sonst sehr entwickelten Etikette. Fast rührend aber erscheint uns ein Geist wie
Macchiavell in seinen »Legazioni«. Mangelhaft instruiert,
kümmerlich ausgestattet, als untergeordneter Agent behandelt, verliert er niemals seinen freien, hohen Beobach-
tungsgeist und seine Lust des anschaulichen Berichtens. –
Italien ist und bleibt dann vorzugsweise das Land der
politischen »Instruktionen« und »Relationen«; trefflich un-
terhandelt wurde gewiß auch in andern Reichen, allein
nur hier sind aus schon so früher Zeit zahlreiche Denkmäler vorhanden. Schon die große Depesche aus den letzten Lebenswochen des geängsteten Ferrante von Neapel
(17. Januar 1494) von der Hand des Pontano an das Kabinett Alexanders VI. gerichtet, gibt den höchsten Begriff
von dieser Gattung von Staatsschriften, und diese ist uns
nur beiläufig und als eine aus einer großen Anzahl von

21 Nic. Valori, Vita di Lorenzo. – Paul. Jovius, Vita Leonis X, L.
   I.; letzterer gewiß nach guten Quellen, obwohl nicht ohne
   Rhetorik.
22 Wenn Comines bei diesem und hundert andern Anlässen so
   objektiv beobachtet und urteilt als irgendein Italiener, so ist
   dabei sein italienischer Umgang, zumal mit Angelo Catto,
   gewiß sehr in Betracht zu ziehen.
23 Vgl. z. B. Malipiero, a.a.O., p. 216, 221, 236, 237, 478, etc.

Depeschen Pontanos mitgeteilt worden.[23a] Wie vieles von
ähnlicher Bedeutung und Lebendigkeit aus andern Kabinetten des sinkenden 15. und beginnenden 16. Jahrhunderts mag noch verborgen liegen, des Späteren zu geschweigen. – Von dem Studium des Menschen, als Volk wie
als Individuum, welches mit dem Studium der Verhältnisse
bei diesen Italienern Hand in Hand ging, wird in einem
besondern Abschnitte die Rede sein.

Auf welche Weise auch der Krieg den Charakter eines
Kunstwerkes annahm, soll hier nur mit einigen Worten
angedeutet werden. Im abendländischen Mittelalter war die
Ausbildung des einzelnen Kriegers eine höchst vollendete
innerhalb des herrschenden Systemes von Wehr und Waffen, auch gab es gewiß jederzeit geniale Erfinder in der
Befestigungs- und Belagerungskunst, allein Strategie sowohl als Taktik wurden in ihrer Entwicklung gestört durch
die vielen sachlichen und zeitlichen Beschränkungen der
Kriegspflicht und durch den Ehrgeiz des Adels, welcher
z. B. angesichts der Feinde um den Vorrang im Streit ha-
derte und mit seinem bloßen Ungestüm gerade die wichtigsten Schlachten, wie die von Crécy und Maupertuis, verdarb. Bei den Italienern dagegen herrschte am frühsten das
in solchen Dingen anders geartete Söldnerwesen vor, und
auch die frühe Ausbildung der Feuerwaffen trug ihrerseits
dazu bei, den Krieg gleichsam zu demokratisieren, nicht
nur weil die festesten Burgen vor den Bombarden erzitter-
ten, sondern weil die auf bürgerlichem Wege erworbene
Geschicklichkeit des Ingenieurs, Stückgießers und Artille-
risten in den Vordergrund trat. Man empfand dabei nicht
ohne Schmerz, daß die Geltung des Individuums, – die

23a Bei Villari, storia di G. Savonarola, vol. II, p. XLIII der
    Documenti, unter welchem sich auch sonst noch merkwür-
    dige politische Briefe finden. – Anderes vom Ende des 15.
    Jahrhunderts besonders bei Baluzius, Miscellanea, ed. Mansi,
    vol. I.

Seele der kleinen, trefflich ausgebildeten italienischen Söldnerheere – durch jene von ferne her wirkenden Zerstö-
rungsmittel beeinträchtigt wurde, und es gab einzelne Condottieren, welche sich wenigstens gegen das unlängst in
Deutschland erfundene[24] Handrohr aus Kräften verwahr-
ten; so ließ Paolo Vitelli[25] den gefangenen feindlichen
Schioppettieri die Augen ausstechen und die Hände ab-
hauen, während er die Kanonen als berechtigt anerkannte
und gebrauchte. Im Großen und Ganzen aber ließ man die
Erfindungen walten und nützte sie nach Kräften aus, so daß
die Italiener für die Angriffsmittel wie für den Festungsbau
die Lehrer von ganz Europa wurden. Fürsten wie Federigo
von Urbino, Alfonso von Ferrara, eigneten sich eine Kennerschaft des Faches an, gegen welche selbst die eines
Maximilian I. nur oberflächlich erschienen sein wird. In
Italien gab es zuerst eine Wissenschaft und Kunst des
gesamten im Zusammenhang behandelten Kriegswesens;
hier zuerst begegnen wir einer neutralen Freude an der
korrekten Kriegführung als solcher, wie dies zu dem
häufigen Parteiwechsel und zu der rein sachlichen Handlungsweise der Condottieren paßte. Während des mailän-
disch-venezianischen Krieges von 1451 und 1452, zwischen
Francesco Sforza und Jacopo Piccinino, folgte dem Hauptquartier des letztern der Literat Porcellio, mit dem Auftrage
des Königs Alfonso von Neapel, eine Relation[26] zu verfassen. Sie ist in einem nicht sehr reinen aber fließenden Latein
im Geiste des damaligen humanistischen Bombastes geschrieben, im ganzen nach Cäsar's Vorbild, mit eingestreu-
ten Reden, Prodigien usw.; und da man seit hundert Jahren
ernstlich darob stritt, ob Scipio Africanus maior oder Han-

---

24 Pii II. Commentarii L. IV, p. 190 ad a. 1459.
25 Paul. Jovius, Elogia. Man wird an Federigo von Urbino erin-
    nert, »welcher sich geschämt hätte«, in seiner Bibliothek ein
    gedrucktes Buch zu dulden. Vgl. Vespas. Fiorent.
26 Porcellii commentaria Jac. Picinini, bei Murat. XX. Eine Fort-
    setzung für den Krieg von 1453 ibid. XXV.

nibal größer gewesen,[27] muß sich Piccinino bequemen,
durch das ganze Werk Scipio zu heißen und Sforza Hannibal. Auch über das mailändische Heer mußte objektiv berichtet werden; der Sophist ließ sich bei Sforza melden,
wurde die Reihen entlang geführt, lobte Alles höchlich und
versprach, was er hier gesehen ebenfalls der Nachwelt zu
überliefern.[28] Auch sonst ist die damalige Literatur Italiens
reich an Kriegsschilderungen und Aufzeichnungen von
Stratagemen zum Gebrauch des beschaulichen Kenners
sowohl als der gebildeten Welt überhaupt, während gleichzeitige nordische Relationen, z. B.: Diebold Schillings Burgunderkrieg, noch ganz die Formlosigkeit und protokolla-
rische Treue von Chroniken an sich haben. Der größte
Dilettant, der je als solcher[29] im Kriegswesen aufgetreten
ist, Macchiavelli, schrieb damals seine »arte della guerra«.
Die subjektive Ausbildung des einzelnen Kriegers aber
fand ihre vollendetste Äußerung in jenen feierlichen Kämpfen von einem oder mehrern Paaren, dergleichen schon
lange vor dem berühmten Kampfe bei Barletta (1503) Sitte
gewesen ist.[30] Der Sieger war dabei einer Verherrlichung gewiß, die ihm im Norden fehlte: durch Dichter und Humanisten. Es liegt im Ausgang dieser Kämpfe kein Gottesurteil
mehr, sondern ein Sieg der Persönlichkeit und – für die Zuschauer – der Entscheid einer spannenden Wette nebst einer
Genugtuung für die Ehre des Heeres oder der Nation.

---

27 Aus Mißverstand nennt Porcellio den Scipio »Aemilianus«,
während er den Africanus major meint.
28 Simonetta, Hist. Fr. Sfortiae, bei Murat. XXI, Col. 630.
29 Als solcher wird er dann doch behandelt. Vgl. Bandello, Parte
I, Nov. 40.
30 Vgl. z. B.: De obsidione Tiphernatium, im zweiten Band der
rer. italicar. scriptores ex codd. fiorent., Col. 690. Ein sehr
bezeichnendes Ereignis vom Jahr 1474. – Der Zweikampf des
Marschalls Boucicault mit Galeazzo Gonzaga 1406 bei Cagnola, Arch. stor. III, p. 25. – Wie Sixtus IV. die Duelle seiner
Gardisten ehrte, erzählt Infessura. Seine Nachfolger erließen
Bullen gegen das Duell überhaupt. Sept. Decretal. V. Tit. 17.

Es versteht sich, daß diese ganze rationelle Behandlung der Kriegssachen unter gewissen Umständen den ärgsten Greueln Platz machte, selbst ohne Mitwirkung des politischen Hasses, bloß etwa einer versprochenen Plünderung zu Liebe. Nach der vierzigtägigen Verheerung Piacenza's (1447), welche Sforza seinen Soldaten hatte gestatten müssen, stand die Stadt geraume Zeit leer und mußte mit Gewalt wieder bevölkert werden.[31] Doch will dergleichen wenig sagen im Vergleich mit dem Jammer, den nachher die Truppen der Fremden über Italien brachten; besonders jene Spanier, in welchen vielleicht ein nicht abendländischer Zusatz des Geblütes, vielleicht die Gewöhnung an die Schauspiele der Inquisition die teuflische Seite der Natur entfesselt hatte. Wer sie kennen lernt bei ihren Greueltaten von Prato, Rom usw., hat es später schwer, sich für Ferdinand den Katholischen und Karl V. im höhern Sinne zu interessieren. Diese haben ihre Horden gekannt und dennoch losgelassen. Die Last von Akten aus ihrem Kabinett, welche allmählich zum Vorschein kommt, mag eine Quelle der wichtigsten Notizen bleiben – einen belebenden politischen Gedanken wird niemand mehr in den Skripturen solcher Fürsten suchen.

Papsttum und Kirchenstaat,[1] als eine ganz ausnahmsweise Schöpfung, haben uns bisher, bei der Feststellung des Charakters italienischer Staaten überhaupt, nur beiläufig beschäftigt. Gerade das, was sonst diese Staaten interessant macht, die bewußte Steigerung und Konzentration der

---

31 Das Nähere Arch. stor. Append. Tom. V, und ein Brief bei
    Baluz. Miscell. III, p. 158, mit Einzelheiten, welche das Heer
    Sforzas als eine der schrecklichsten Söldnerrotten der Welt
    erkennen lassen.
1 Ein für allemal ist hier auf Rankes Päpste, Bd. I, und auf
    Sugenheim, Geschichte der Entstehung und Ausbildung des
    Kirchenstaates, zu verweisen.

Machtmittel, findet sich im Kirchenstaat am wenigsten, indem hier die geistliche Macht die mangelhafte Ausbildung der weltlichen unaufhörlich decken und ersetzen hilft. Welche Feuerproben hat der so konstituierte Staat im 14. und beginnenden 15. Jahrhundert ausgehalten! Als das Papsttum nach Südfrankreich gefangen geführt wurde, ging anfangs Alles aus den Fugen, aber Avignon hatte Geld, Truppen und einen großen Staats- und Kriegsmann, der den Kirchenstaat wieder völlig unterwarf, den Spanier Albornoz. Noch viel größer war die Gefahr einer definitiven Auflösung, als das Schisma hinzutrat, als allmählich weder der römische noch der avignonesische Papst reich genug war um den von Neuem verlorenen Staat zu unterwerfen, aber nach der Herstellung der Kircheneinheit gelang dies unter Martin V. doch wieder, und gelang abermals nachdem sich die Gefahr unter Eugen IV. erneuert hatte. Allein der Kirchenstaat war und blieb einstweilen eine völlige Anomalie unter den Ländern Italiens; in und um Rom trotzten dem Papsttum die großen Adelsfamilien der Colonna, Savelli, Orsini, Anguillara usw.; in Umbrien, in der Mark, in der Romagna gab es zwar jetzt fast keine jener Stadt-Republiken mehr, welchen einst das Papsttum für ihre Anhänglichkeit so wenig Dank gewußt hatte, aber dafür eine Menge großer und kleiner Fürstenhäuser, deren Gehorsam und Vasallentreue nicht viel besagen wollte. Als besondere, aus eigener Kraft bestehende Dynastien haben sie auch ihr besonderes Interesse und in dieser Beziehung ist oben (S. 36, 51) bereits von den wichtigsten derselben die Rede gewesen.

Gleichwohl sind wir auch dem Kirchenstaat als Ganzem hier eine kurze Betrachtung schuldig. Neue merkwürdige Krisen und Gefahren kommen seit der Mitte des 15. Jahrhunderts über ihn, indem der Geist der italienischen Politik von verschiedenen Seiten her sich auch seiner zu bemächtigen, ihn in die Pfade seiner Raison zu leiten sucht. Die geringern dieser Gefahren kommen von außen oder aus dem Volke, die größern haben ihre Quelle in dem Gemüt der Päpste selbst.

Das transalpinische Ausland darf zunächst außer Betracht bleiben. Wenn dem Papsttum in Italien eine tödliche Bedrohung zustieß, so hätte ihm weder Frankreich unter Ludwig XI., noch England beim Beginn der Rosenkriege, noch das einstweilen gänzlich zerrüttete Spanien, noch auch das um sein Basler Konzil betrogene Deutschland die geringste Hilfe gewährt oder auch nur gewähren können. In Italien selber gab es eine gewisse Anzahl Gebildeter und auch wohl Ungebildeter, welche eine Art von Nationalstolz darein setzten, daß das Papsttum dem Lande gehöre; sehr Viele hatten ein bestimmtes Interesse dabei, daß es so sei und bleibe; eine gewaltige Menge glaubte auch noch an die Kraft der päpstlichen Weihen und Segnungen,[2] darunter auch große Frevler, wie jener Vitellozzo Vitelli, der noch um den Ablaß Alexanders VI. flehte, als ihn der Sohn des Papstes erwürgen ließ.[3] Allein alle diese Sympathien zusam-

2 Der Eindruck der Benediktionen Eugens IV. in Florenz, Vespasiano Fiorent. p. 18. – Die Majestät der Funktionen Nicolaus V., s. Infessura (Eccard, II, Col. 1883, seq.) und J. Manetti, Vita Nicolai V. (Murat. III, II, Col. 923). – Die Huldigungen an Pius II., s. Diario Ferrarese (Murat. XXIV., Col. 205) und Pii II. Comment. passim. bes. IV, 201, 204. XI, 562. Auch Mörder vom Fach wagen sich nicht an den Papst. – Die großen Funktionen wurden als etwas sehr Wesentliches behandelt von dem pomphaften Paul II. (Platina l. c. 321) und von Sixtus IV., welcher die Ostermesse trotz des Podagras sitzend hielt (Jac. Volaterran. diarium, Murat. XXIII., Col. 131). Merkwürdig unterscheidet das Volk zwischen der magischen Kraft des Segens und der Unwürdigkeit des Segnenden; als er 1481 die Himmelfahrtsbenediktion nicht geben konnte, murrten und fluchten sie über ihn (Ibid. Col. 133).

3 Macchiavelli, Scritti minori, p. 142, in dem bekannten Aufsatz über die Katastrophe von Sinigaglia. – Freilich waren Spanier und Franzosen noch eifriger als italienische Soldaten. Vgl. bei Paul. Jov. vita Leonis X. (L. II.) die Szene vor der Schlacht bei Ravenna, wo das spanische Heer den vor Freude weinenden Legaten wegen der Absolution umdrängt. Ferner (ibid.) die Franzosen in Mailand.

men hätten wiederum das Papsttum nicht gerettet gegenüber von wahrhaft entschlossenen Gegnern, die den vorhandenen Haß und Neid zu benützen gewußt hätten.

Und bei so geringer Aussicht auf äußere Hilfe entwickeln sich gerade die allergrößten Gefahren im Innern
des Papsttums selber. Schon indem dasselbe jetzt wesentlich im Geist eines weltlichen italienischen Fürstentums
lebte und handelte, mußte es auch die düstern Momente
eines solchen kennen lernen; seine eigentümliche Natur
aber brachte noch ganz besondere Schatten hinein.

Was zunächst die Stadt Rom betrifft, so hat man von
jeher dergleichen getan, als ob man ihre Aufwallungen
wenig fürchte, da so mancher durch Volkstumult vertrie-
bene Papst wieder zurückgekehrt sei und die Römer um
ihres eigenen Interesses willen die Gegenwart der Kurie
wünschen müßten. Allein Rom entwickelte nicht nur zu
Zeiten einen spezifisch antipäpstlichen Radikalismus,[4] sondern es zeigte sich auch mitten in den bedenklichsten Komplotten die Wirkung unsichtbarer Hände von außen. So bei
der Verschwörung des Stefano Porcari gegen denjenigen
Papst, welcher gerade der Stadt Rom die größten Vorteile
gewährt hatte, Nicolaus V. (1453). Porcari bezweckte einen
Umsturz der päpstlichen Herrschaft überhaupt und hatte
dabei große Mitwisser, die zwar nicht genannt werden,[5]
sicher aber unter den italienischen Regierungen zu suchen

---

4 Bei jenen Ketzern aus der Campagna, von Poli, welche glaubten, ein rechter Papst müßte die Armut Christi zum Kennzeichen haben, darf man dagegen ein einfaches Waldensertum
vermuten. Wie sie unter Paul II. verhaftet wurden, erzählen
Infessura (Eccard II, Col. 1893), Platina, p. 317, etc.

5 L. B. Alberti: de Porcaria conjuratione bei Murat. XXV.,
Col. 309 seqq. – P. wollte: omnem pontificiam turbam funditus
exstinguere. Der Autor schließt: Video sane, quo stent loco res
Italiae; intelligo, qui sint, quibus hic perturbata esse omnia
conducat . . . Er nennt sie: extrinsecos impulsores und meint,
Porcari werde noch Nachfolger seiner Missetat finden. P.s eigene Phantasien glichen freilich denjenigen des Cola Rienzi.

sind. Unter demselben Pontifikat schloß Lorenzo Valla seine berühmte Deklamation gegen die Schenkung Constantins mit einem Wunsch um baldige Säkularisation des Kirchenstaates.[6]

Auch die catilinarische Rotte, mit welcher Pius II. (1459) kämpfen mußte,[7] verhehlte es nicht, daß ihr Ziel der Sturz der Priester-Herrschaft im allgemeinen sei, und der Hauptanführer Tiburzio gab Wahrsagern die Schuld, welche ihm die Erfüllung dieses Wunsches eben auf dieses Jahr verheißen hätten. Mehrere Römische Große, der Fürst von Tarent und der Condottiere Jacopo Piccinino waren die Mitwisser und Beförderer. Und wenn man bedenkt, welche Beute in den Palästen reicher Prälaten bereit lag (jene hatten besonders den Kardinal von Aquileja im Auge), so fällt es eher auf, daß in der fast ganz unbewachten Stadt solche Versuche nicht häufiger und erfolgreicher waren. Nicht umsonst residierte Pius lieber überall als in Rom, und noch Paul II. hat (1468) einen heftigen Schrecken wegen eines wirklichen oder vorgegebenen Komplottes ähnlicher Art ausgestanden.[8] Das Papsttum mußte entweder einmal einem solchen Anfall unterliegen oder gewaltsam die Faktionen der Großen bändigen, unter deren Schutz jene Räuberscharen heranwuchsen.

Diese Aufgabe setzte sich der schreckliche Sixtus IV. Er zuerst hatte Rom und die Umgegend fast völlig in der Gewalt, zumal seit der Verfolgung der Colonnesen, und deshalb konnte er auch in Sachen des Pontifikates sowohl als der italienischen Politik mit so kühnem Trotz verfahren und die Klagen und Konzils-Drohungen des ganzen Abendlandes überhören. Die nötigen Geldmittel lieferte eine plötzlich ins Schrankenlose wachsende Simonie, wel-

---

6 Ut Papa tantum vicarius Christi sit et non etiam Caesaris . . .
  Tunc Papa et dicetur et erit pater sanctus, pater omnium, pater
  ecclesiae, etc.
7 Pii II. Commentarii IV, p. 208 seqq.
8 Platina, Vitae Papar, p. 318.

che von den Kardinalsernennungen bis auf die kleinsten
Gnaden und Bewilligungen herunter sich Alles unterwarf.[9]
Sixtus selbst hatte die päpstliche Würde nicht ohne Beste-
chung erhalten.

Eine so allgemeine Käuflichkeit konnte einst dem römischen Stuhl üble Schicksale zuziehen, doch lagen dieselben
in unberechenbarer Ferne. Anders war es mit dem Nepotismus, welcher das Pontifikat selber einen Augenblick aus
den Angeln zu heben drohte. Von allen Nepoten genoß
anfangs Kardinal Pietro Riario bei Sixtus die größte und
fast ausschließliche Gunst; ein Mensch, welcher binnen
kurzem die Phantasie von ganz Italien beschäftigte,[10] teils
durch ungeheuern Luxus, teils durch die Gerüchte, welche
über seine Gottlosigkeit und seine politischen Pläne laut
wurden. Er hat sich (1473) mit Herzog Galeazzo Maria von
Mailand dahin verständigt, daß dieser König der Lombardie werden und ihn, den Nepoten, dann mit Geld und
Truppen unterstützen solle, damit er bei seiner Heimkehr
nach Rom den päpstlichen Stuhl besteigen könne; Sixtus
würde ihm denselben, scheint es, freiwillig abgetreten haben.[11] Dieser Plan, welcher wohl auf eine Säkularisation des
Kirchenstaates als Folge der Erblichmachung des Stuhles
hinausgelaufen wäre, scheiterte dann durch Pietros plötz-

9 Battista Mantovano, de calamitatibus temporum, L. III. Der
   Araber verkauft Weihrauch, der Tyrier Purpur, der Inder Elfenbein: venalia nobis templa, sacerdotes, altaria, sacra, coro-
   nae, ignes, thura, preces, coelum est venale, Deusque.
10 Man sehe z. B. die Annales Placentini, bei Murat. XX,
   Col. 943.
11 Corio, Storia di Milano, fol. 416 bis 420. Pietro hatte schon die
   Papstwahl des Sixtus leiten helfen, s. Infessura, bei Eccard,
   scriptores, II, Col. 1895. – Merkwürdig, daß schon 1469 geweissagt worden war, es werde binnen dreier Jahre aus Savona
   (Heimat des 1471 gewählten Sixtus) das Heil hervorgehen; s.
   den datierten Brief bei Baluz. Miscell. III, p. 181. – Laut
   Macchiav. storie fior. L. VII. hätten die Venezianer den Kardinal vergiftet. Gründe dazu fehlten ihnen in der Tat nicht.

liches Absterben. Der zweite Nepot, Girolamo Riario,
blieb weltlichen Standes und tastete das Pontifikat nicht an;
seit ihm aber vermehren die päpstlichen Nepoten die Unruhe Italiens durch das Streben nach einem großen Fürstentum. Früher war es etwa vorgekommen, daß die Päpste ihre ⁵
Oberlehnsherrlichkeit über Neapel zugunsten ihrer Verwandten geltend machen wollten;¹² seitdem dies aber auch
noch Calixt III. mißlungen, war hieran nicht mehr so leicht
zu denken, und Girolamo Riario mußte, nachdem die Über-
wältigung von Florenz (und wer weiß wie mancher andere ¹⁰
Plan) mißlungen war, sich mit Gründung einer Herrschaft
auf Grund und Boden des Kirchenstaates selber begnügen.
Man mochte dies damit rechtfertigen, daß die Romagna mit
ihren Fürsten und Stadt-Tyrannen der päpstlichen Oberherrschaft völlig zu entwachsen drohte, oder daß sie in ¹⁵
Kurzem die Beute der Sforza und der Venezianer werden
konnte, wenn Rom nicht auf diese Weise eingriff. Allein
wer garantierte in jenen Zeiten und Verhältnissen den dauernden Gehorsam solcher souverän gewordener Nepoten
und ihrer Nachkommen gegen Päpste, die sie weiter nichts ²⁰
mehr angingen? Selbst der noch lebende Papst war nicht
immer seines eigenen Sohnes oder Neffen sicher, und vollends lag die Versuchung nahe, den Nepoten eines Vorgängers durch den eigenen zu verdrängen. Die Rückwirkun-
gen dieses ganzen Verhältnisses auf das Papsttum selbst ²⁵
waren von der bedenklichsten Art; alle, auch die geistlichen
Zwangsmittel wurden ohne irgendwelche Scheu an den
zweideutigsten Zweck gewandt, welchem sich die andern
Zwecke des Stuhles Petri unterordnen mußten, und wenn
das Ziel unter heftigen Erschütterungen und allgemeinem ³⁰
Haß erreicht war, so hatte man eine Dynastie geschaffen,
welche das größte Interesse am Untergang des Papsttums
hatte.

Als Sixtus starb, konnte sich Girolamo nur mit äußerster

¹² Schon Honorius II. wollte nach dem Tode Wilhelms I. 1127
Apulien einziehen, als »dem heiligen Petrus heimgefallen«.

Mühe und nur durch den Schutz des Hauses Sforza (dem
seine Gemahlin angehörte) in seinem erschwindelten Fürstentum (Forlì und Imola) halten. Bei dem nun (1484)
folgenden Konklave – in welchem Innocenz VIII. gewählt
wurde – trat eine Erscheinung zutage, welche beinahe einer
neuen äußern Garantie des Papsttums ähnlich sieht: zwei
Kardinäle, welche Prinzen regierender Häuser sind, lassen
sich ihre Hülfe auf das schamloseste durch Geld und Würden abkaufen, nämlich Giovanni d'Aragona, Sohn des Königs Ferrante, und Ascanio Sforza, Bruder des Moro.[13] So
waren wenigstens die Herrscherhäuser von Neapel und
Mailand durch Teilnahme an der Beute beim Fortbestand
des päpstlichen Wesens interessiert. Noch einmal beim folgenden Konklave, als alle Kardinäle bis auf fünf sich ver-
kauften, nahm Ascanio ungeheure Bestechungen an, und
behielt sich außerdem die Hoffnung[14] vor, das nächstemal
selber Papst zu werden.

Auch Lorenzo magnifico wünschte, daß das Haus Medici nicht leer ausgehe. Er vermählte seine Tochter Maddalena mit dem Sohn des neuen Papstes, Franceschetto Cybò,
und erwartete nun nicht bloß allerlei geistliche Gunst für
seinen eigenen Sohn Kardinal Giovanni (den künftigen
Leo X.), sondern auch eine rasche Erhebung des Schwie-
gersohns.[15] Allein in letzterm Betracht verlangte er Un-
mögliches. Bei Innocenz VIII. konnte von dem kecken,
staatengründenden Nepotismus deshalb nicht die Rede
sein, weil Franceschetto ein ganz kümmerlicher Mensch
war, dem es, wie seinem Vater dem Papste, nur um den
Genuß der Macht im niedrigsten Sinne, namentlich um den

---

13 Fabroni: Laurentius mag., Adnot. 130. Ein Kundschafter mel-
     det von diesen beiden: hanno in ogni elezione a mettere a sacco
     questa corte, e sono i maggior ribaldi del mondo
14 Corio, fol. 450.
15 Ein höchst bezeichnender Mahnbrief Lorenzos bei Fabroni,
     Laurentius magn. Adnot. 217 und im Auszug bei Ranke,
     Päpste, I, p. 45.

Erwerb großer Geldmassen[16] zu tun sein konnte. Die Art jedoch, wie Vater und Sohn dies Geschäft trieben, hätte auf die Länge zu einer höchst gefährlichen Katastrophe, zur Auflösung des Staates, führen müssen.

Hatte Sixtus das Geld beschafft durch den Verkauf aller geistlichen Gnaden und Würden, so errichten Innocenz und sein Sohn eine Bank der weltlichen Gnaden, wo gegen Erlegung von hohen Taxen Pardon für Mord und Totschlag zu haben ist; von jeder Buße kommen 150 Dukaten an die päpstliche Kammer, und was darüber geht, an Franceschetto. Rom wimmelt namentlich in den letzten Zeiten dieses Pontifikates von protegierten und nicht protegierten Mördern; die Faktionen, mit deren Unterwerfung Sixtus den Anfang gemacht, stehen wieder in voller Blüte da; dem Papst in seinem wohlverwahrten Vatikan genügt es, da und dort Fallen aufzustellen, in welchen sich zahlungsfähige Verbrecher fangen sollen. Für Franceschetto aber gab es nur noch eine Hauptfrage: auf welche Art er sich, wenn der Papst stürbe, mit möglichst großen Kassen aus dem Staube machen könne? Er verriet sich einmal bei Anlaß einer falschen Todesnachricht (1490); alles überhaupt vorhandene Geld – den Schatz der Kirche – wollte er fortschaffen, und als die Umgebung ihn daran hinderte, sollte wenigstens der Türkenprinz Dschem mitgehen, ein lebendiges Kapital, das man um hohen Preis etwa an Ferrante von Neapel verhandeln konnte.[17] Es ist schwer, politische Möglichkeiten in längst vergangenen Zeiten zu berechnen; unabweisbar aber drängt sich die Frage auf, ob Rom noch zwei oder drei Pontifikate dieser Art ausgehalten hätte? Auch gegen-

---

16 Und etwa noch neapolitanischer Lehen, weshalb denn auch Innocenz die Anjou von neuem gegen den in solchem Betracht harthörigen König Ferrante aufrief. Das Betragen des Papstes bei dieser Sache, seine ganze Teilnahme am zweiten neapolitanischen Baronenaufstand war ebenso ungeschickt als unredlich. Seine rohe Art, mit dem Ausland zu drohen, vgl. oben S. 100.

17 Vgl. bes. Infessura, bei Eccard, scriptores, II, passim.

über dem andächtigen Europa war es unklug, die Dinge so
weit kommen zu lassen, daß nicht bloß der Reisende und
der Pilger, sondern eine ganze Ambassade des römischen
Königs Maximilian in der Nähe von Rom bis aufs Hemde
ausgezogen wurde und daß manche Gesandte unterwegs
umkehrten, ohne die Stadt betreten zu haben.

Mit *dem* Begriff vom Genuß der Macht, welcher in dem
hochbegabten Alexander VI. (1492-1503) lebendig war,
vertrug sich ein solcher Zustand freilich nicht, und das erste
was geschah, war die einstweilige Herstellung der öffentlichen Sicherheit und das präzise Auszahlen aller Besoldungen.

Strenge genommen, dürfte dieses Pontifikat hier, wo es
sich um italienische Kulturformen handelt, übergangen
werden, denn die Borgia sind so wenig Italiener als das
Haus von Neapel. Alexander spricht mit Cesare öffentlich
spanisch, Lucrezia wird bei ihrem Empfang in Ferrara, wo
sie spanische Toilette trägt, von spanischen Buffonen ange-
sungen; die vertrauteste Hausdienerschaft besteht aus Spaniern, ebenso die verrufenste Kriegerschar des Cesare im
Krieg des Jahres 1500, und selbst sein Henker, Don Miche-
letto sowie der Giftmischer Sebastian Pinzon scheinen Spanier gewesen zu sein. Zwischen all seinem sonstigen Treiben erlegt Cesare auch einmal spanisch kunstgerecht sechs
wilde Stiere in geschlossenem Hofraum. Allein die Korruption, als deren Spitze diese Familie erscheint, hatten sie in
Rom schon sehr entwickelt angetroffen.

Was sie gewesen sind und was sie getan haben, ist oft und
viel geschildert worden. Ihr nächstes Ziel, welches sie auch
erreichten, war die völlige Unterwerfung des Kirchensta-
tes, indem die sämtlichen[18] kleinen Herrscher – meist mehr
oder weniger unbotmäßige Vasallen der Kirche – vertrieben oder zernichtet und in Rom selbst beide große Faktio-

---

18 Mit Ausnahme der Bentivoglî von Bologna und des Hauses
   Este zu Ferrara. Letzteres wurde zur Verschwägerung genötigt; Lucrezia Borgia heiratete den Prinzen Alfonso.

nen zu Boden geschmettert wurden, die angeblich guelfi-
schen Orsinen so gut wie die angeblich ghibellinischen
Colonnesen. Aber die Mittel, welche angewandt wurden,
waren so schrecklich, daß das Papsttum an den Konsequenzen derselben notwendig hätte zugrunde gehen müssen, 5
wenn nicht ein Zwischenereignis (die gleichzeitige Vergiftung von Vater und Sohn) die ganze Lage der Dinge plötzlich geändert hätte. — Auf die moralische Entrüstung des
Abendlandes allerdings brauchte Alexander nicht viel zu
achten; in der Nähe erzwang er Schrecken und Huldigung; 10
die ausländischen Fürsten ließen sich gewinnen und Ludwig XII. half ihm sogar aus allen Kräften, die Bevölkerungen aber ahnten kaum, was in Mittelitalien vorging. Der
einzige in diesem Sinne wahrhaft gefährliche Moment, als
Karl VIII. in der Nähe war, ging unerwartet glücklich 15
vorüber, und auch damals handelte es sich nicht um das
Papsttum als solches,[19] sondern höchstens um Verdrän-
gung Alexanders durch einen bessern Papst. Die große,
bleibende und wachsende Gefahr für das Pontifikat lag in
Alexander selbst und vor allem in seinem Sohne Cesare 20
Borgia.

In dem Vater waren Herrschbegier, Habsucht und Wol-
lust mit einem starken und glänzenden Naturell verbunden.

---

19 Laut Corio (Fol. 479) dachte Karl an ein Konzil, an die Abset-
    zung des Papstes, ja an seine Wegführung nach Frankreich,
    und zwar erst bei der Rückkehr von Neapel. Laut Benedictus:
    Carolus VIII. (bei Eccard, scriptores, II, Col. 1584) hätte Karl
    in Neapel, als ihm Papst *und* Kardinäle die Anerkennung seiner
    neuen Krone verweigerten, sich allerdings Gedanken gemacht
    de Italiae imperio deque pontificis *statu* mutando, allein gleich
    darauf gedachte er sich wieder mit Alexanders persönlicher
    Demütigung zu begnügen. Der Papst entwischte ihm jedoch.
    — Das Nähere seither bei Pilorgerie, Campagne et bulletins de
    la grande armée d'Italie 1494–1495 (Paris, 1866, in 8.), wo der
    Grad der Gefahr Alexanders in den einzelnen Momenten
    (p. 111, 117 etc.) erörtert wird. Selbst auf dem Rückweg
    (p. 281 s.) wollte Karl ihm nichts zuleide tun.

Was irgend zum Genuß von Macht und Wohlleben gehört,
das gönnte er sich vom ersten Tage an im weitesten Umfang.
In den Mitteln zu diesem Zwecke erscheint er sogleich völlig
unbedenklich; man wußte auf der Stelle, daß er die für seine
Papstwahl aufgewandten Opfer mehr als nur wieder einbrin-
gen würde,[20] und daß die Simonie des Kaufes durch die des
Verkaufes weit würde überboten werden. Es kam hinzu, daß
Alexander von seinem Vize-Kanzellariat und andern frühern
Ämtern her die möglichen Geldquellen besser kannte und mit
größerm Geschäftstalent zu handhaben wußte als irgend ein
Kuriale. Schon im Lauf des Jahres 1494 geschah es, daß ein
Karmeliter Adamo von Genua, der zu Rom von der Simonie
gepredigt hatte, mit zwanzig Wunden ermordet in seinem
Bette gefunden wurde. Alexander hat kaum einen Kardinal
außer gegen Erlegung hoher Summen ernannt.

  Als aber der Papst mit der Zeit unter die Herrschaft
seines Sohnes geriet, nahmen die Mittel der Gewalt jenen
völlig satanischen Charakter an, der notwendig auf die
Zwecke zurückwirkt. Was im Kampf gegen die römischen
Großen und gegen die romagnolischen Dynasten geschah,
überstieg im Gebiet der Treulosigkeit und Grausamkeit
sogar dasjenige Maß, an welches z. B. die Aragonesen von
Neapel die Welt bereits gewöhnt hatten, und auch das
Talent der Täuschung war größer. Vollends grauenhaft ist
die Art und Weise, wie Cesare den Vater isoliert, indem er
den Bruder, den Schwager und andere Verwandte und
Höflinge ermordet, sobald ihm deren Gunst beim Papst
oder ihre sonstige Stellung unbequem wird. Alexander
mußte zu der Ermordung seines geliebtesten Sohnes, des

---

20 Corio, fol. 450. – Malipiero, Ann. Veneti, Arch. stor. VII, I,
   p. 318. – Welche Raubsucht die ganze Familie ergriffen haben
   muß, sieht man u. a. aus Malipiero, a.a.O. p. 565. Ein Nepot
   wird als päpstlicher Legat in Venedig herrlich empfangen und
   macht durch Erteilung von Dispensen ungeheures Geld; seine
   Dienerschaft stiehlt beim Abziehen alles, dessen sie habhaft
   werden kann, auch ein Stück Goldstoff vom Hauptaltar einer
   Kirche in Murano.

Duca di Gandia, seine Einwilligung geben,[21] weil er selber stündlich vor Cesare zitterte.

Welches waren nun die tiefsten Pläne des Letztern? Noch in den letzten Monaten seiner Herrschaft, als er eben die Condottieren zu Sinigaglia umgebracht hatte und faktisch Herr des Kirchenstaates war (1503), äußerte man sich in seiner Nähe leidlich bescheiden: Der Herzog wolle bloß Faktionen und Tyrannen unterdrücken, Alles nur zum Nutzen der Kirche; für sich bedinge er sich höchstens die Romagna aus, und dabei könne er des Dankgefühles aller folgenden Päpste sicher sein, da er ihnen Orsinen und Colonnesen vom Halse geschafft.[22] Aber niemand wird dies als seinen letzten Gedanken gelten lassen. Schon etwas weiter ging einmal Papst Alexander selbst mit der Sprache heraus, in der Unterhaltung mit dem venezianischen Gesandten, indem er seinen Sohn der Protektion von Venedig empfahl: »Ich will dafür sorgen, sagte er, daß einst das Papsttum entweder an ihn oder an Eure Republik fällt.«[23]

---

21 Dies bei Panvinio (Contin. Platinae. p. 339): insidiis Caesaris fratris interfectus . . . connivente . . . ad scelus patre. Gewiß eine authentische Aussage, gegen welche die Darstellungen bei Malipiero und Matarazzo (wo dem Giovanni Sforza die Schuld gegeben wird) zurückstehen müssen. – Auch die tiefe Erschütterung Alexanders deutet auf Mitschuld. Vom Auffischen der Leiche in der Tiber sagte Sannazaro:

> Piscatorem hominum ne te non, Sexte, putemus,
> Piscaris natum retibus, ecce, tuum.

22 Macchiavelli, Opere, ed. Milan. Vol. V. p. 387, 393, 395, in der Legazione al Duca Valentino.

23 Tommaso Gar, Relazione della corte di Roma, I, p. 12, in der Rel. des P. Capello. Wörtlich: »Der Papst achtet Venedig wie keinen Potentaten der Welt, e però desidera, che ella (Signoria di Venezia) protegga il figluolo, e dice voler fare tale ordine, che il papato o sia suo, ovvero della Signoria nostra.« Das suo kann sich doch wohl nur auf Cesare beziehen. Was das Pron. possessivum freilich bisweilen für Unsicherheit stiftet, weiß man aus dem heute noch nicht gestillten Streit über die Worte Vasari's Vita di Rafaelle: a Bindo Altiviti fece il ritratto suo etc. etc.

Cesare freilich fügte bei: es solle nur Papst werden, wen
Venedig wolle, und zu diesem Endzweck brauchten nur die
venezianischen Kardinäle recht zusammenzuhalten. Ob er
damit sich selbst gemeint, mag dahingestellt bleiben; jedenfalls genügt die Aussage des Vaters, um seine Absicht auf
die Besteigung des päpstlichen Thrones zu beweisen. Wiederum etwas mehr erfahren wir mittelbar von Lucrezia
Borgia, insofern gewisse Stellen in den Gedichten des Ercole Strozza der Nachklang von Äußerungen sein dürften,
die sie als Herzogin von Ferrara sich wohl erlauben konnte.
Zunächst ist auch hier von Cesare's Aussicht auf das Papsttum die Rede,[24] allein dazwischen tönt etwas von einer
gehofften Herrschaft über Italien im allgemeinen,[25] und am
Ende wird angedeutet, daß Cesare gerade als weltlicher
Herrscher das Größte vorgehabt und deshalb einst den
Kardinalshut niedergelegt habe.[26] In der Tat kann kein
Zweifel darüber walten, daß Cesare, nach Alexanders Tode
zum Papst gewählt oder nicht, den Kirchenstaat um jeden
Preis zu behaupten gedachte und daß er dies, nach Allem,
was er verübt hatte, als Papst unmöglich auf die Länge
vermocht hätte. Wenn irgend Einer, so hätte er den Kir-
chenstaat säkularisiert[27] und hätte es tun müssen, um dort

---

24 Strozzii poetae, p. 19, in der Venatio des Ercole Strozza: . . . cui
    triplicem fata invidere coronam. Dann in dem Trauergedicht
    auf Cesares Tod, p. 31, seq.: speraretque olim solii decora alta
    paterni.

25 Ebenda: Jupiter habe einst versprochen: Affore Alexandri
    sobolem, quae poneret olim Italiae leges, atque aurea saecla
    referret etc.

26 Ebenda: sacrumque decus *maiora* parantem deposuisse.

27 Er war bekanntlich mit einer französischen Prinzessin aus dem
    Hause Albret vermählt und hatte eine Tochter von ihr; auf
    irgendeine Weise hätte er wohl eine Dynastie zu gründen
    versucht. Es ist nicht bekannt, daß er Anstalten gemacht, den
    Kardinalshut wieder anzunehmen, obschon er (laut Macchiav.
    a.a.O. S. 285) auf einen baldigen Tod seines Vaters rechnen
    mußte.

weiter zu herrschen. Trügt uns nicht Alles, so ist dies der wesentliche Grund der geheimen Sympathie, womit Macchiavell den großen Verbrecher behandelt; von Cesare oder von Niemand durfte er hoffen, daß er »das Eisen aus der Wunde ziehe«, d. h. das Papsttum, die Quelle aller Interventionen und aller Zersplitterung Italiens, zernichte. – Die Intriganten, welche Cesare zu erraten glaubten, wenn sie ihm das Königtum von Toscana spiegelten, wies er, wie es schien, mit Verachtung von sich.[28]

Doch alle logischen Schlüsse aus seinen Prämissen sind vielleicht eitel – nicht wegen einer sonderlichen dämonischen Genialität, die ihm so wenig innewohnte als z. B. dem Herzog von Friedland – sondern weil die Mittel, die er anwandte, überhaupt mit keiner völlig konsequenten Handlungsweise im Großen verträglich sind. Vielleicht hätte in dem Übermaß von Bosheit sich wieder eine Aussicht der Rettung für das Papsttum aufgetan, auch ohne jenen Zufall, der seiner Herrschaft ein Ende machte.

Wenn man auch annimmt, daß die Zernichtung aller Zwischenherrscher im Kirchenstaate dem Cesare nichts als Sympathie eingetragen hätte, wenn man auch die Schar, die 1503 seinem Glücke folgte – die besten Soldaten und Offiziere Italiens mit Lionardo da Vinci als Oberingenieur – als Beweis seiner großen Aussichten gelten läßt, so gehört doch anderes wieder ins Gebiet des Irrationellen, so daß unser Urteil darob irre wird wie das der Zeitgenossen. Von dieser Art ist besonders die Verheerung und Mißhandlung des eben gewonnenen Staates,[29] den Cesare doch zu behalten und zu beherrschen gedenkt. Sodann der Zustand Roms und der Kurie in den letzten Jahren des Pontifikates.

28 Macchiavelli, a.a.O. S. 334. Pläne auf Siena und eventuell auf ganz Toscana waren vorhanden, aber noch nicht ganz gereift; die Zustimmung Frankreichs war dazu notwendig.

29 Macchiavelli, a.a.O. S. 326, 351, 414. – Matarazzo, Cronaca di Perugia, Arch. stor. XVI, II. p. 157 und 221: »Er wollte, daß seine Soldaten sich nach Belieben einquartierten, so daß sie in Friedenszeiten noch mehr gewannen als im Kriege.«

Sei es, daß Vater und Sohn eine förmliche Proskriptions-
liste entworfen hatten,[30] sei es, daß die Mordbeschlüsse
einzeln gefaßt wurden – die Borgia legten sich auf heimliche Zernichtung aller derer, welche ihnen irgendwie im
Wege waren oder deren Erbschaft ihnen begehrenswert
schien. Kapitalien und fahrende Habe waren noch das wenigste dabei; viel einträglicher für den Papst war es, daß die
Leibrenten der betreffenden geistlichen Herren erloschen
und daß er die Einkünfte ihrer Ämter während der Vakanz
und den Kaufpreis derselben bei neuer Besetzung einzog.
Der venezianische Gesandte Paolo Capello[31] meldet im
Jahre 1500 wie folgt: »Jede Nacht findet man zu Rom 4
oder 5 Ermordete, nämlich Bischöfe, Prälaten und andere,
so daß ganz Rom davor zittert, von dem Herzog (Cesare)
ermordet zu werden.« Er selber zog des Nachts mit seinen
Garden in der erschrockenen Stadt herum,[32] und es ist aller
Grund vorhanden zu glauben, daß dies nicht bloß geschah,
weil er, wie Tiberius, sein scheußlich gewordenes Antlitz
bei Tage nicht mehr zeigen mochte, sondern um seiner
tollen Mordlust ein Genüge zu tun, vielleicht auch an ganz
Unbekannten. Schon im Jahr 1499 war die Desperation
hierüber so groß und allgemein, daß das Volk viele päpstliche Gardisten überfiel und umbrachte.[33] Wem aber die
Borgia mit offener Gewalt nicht beikamen, der unterlag
ihrem Gift. Für diejenigen Fälle, wo einige Diskretion nötig
schien, wurde jenes schneeweiße, angenehm schmeckende
Pulver[34] gebraucht, welches nicht blitzschnell, sondern all-

---

30 So Pierio Valeriano, de infelicitate literat., bei Anlaß des Giovanni Regio.
31 Tommaso Gar, a.a.O. S. 11.
32 Paulus Jovius, Elogia, Caesar Borgia. – In den Commentarii
   urbani des Raph. Volaterranus enthält Lib. XXII. eine unter
   Julius II. und doch noch sehr behutsam abgefaßte Charakteristik Alexanders. Hier heißt es: Roma . . . nobilis jam carnifi-
   cina facta erat.
33 Diario Ferrarese, bei Murat. XXIV, Col. 362.
34 Paul Jovius, Histor. II, fol. 47.

mählich wirkte und sich unbemerkt jedem Gericht oder
Getränk beimischen ließ. Schon Prinz Dschem hatte davon
in einem süßen Trank mit bekommen, bevor ihn Alexander
an Karl VIII. auslieferte (1495), und am Ende ihrer Laufbahn vergifteten sich Vater und Sohn damit, indem sie
zufällig von dem für einen reichen Kardinal bestimmten
Wein genossen. Der offizielle Epitomator der Papstgeschichte, Onufrio Panvinio,[35] nennt drei Kardinäle, welche
Alexander hat vergiften lassen (Orsini, Ferrerio und Mi-
chiel) und deutet einen vierten an, welchen Cesare auf seine
Rechnung nahm (Giovanni Borgia); es möchten aber damals selten reichere Prälaten in Rom gestorben sein ohne
einen Verdacht dieser Art. Auch stille Gelehrte, die sich in
eine Landstadt zurückgezogen, erreichte ja das erbar-
mungslose Gift. Es fing an, um den Papst herum nicht
mehr recht geheuer zu werden; Blitzschläge und Sturm-
winde, von welchen Mauern und Gemächer einstürzten,
hatten ihn schon früher in auffallender Weise heimgesucht
und in Schrecken gesetzt; als 1500[36] sich diese Erscheinungen wiederholten, fand man darin »cosa diabolica«. Das
Gerücht von diesem Zustande der Dinge scheint durch das
starkbesuchte[37] Jubiläum von 1500 doch endlich weit unter
den Völkern herumgekommen zu sein und die schmach-
volle Ausbeutung des damaligen Ablasses tat ohne Zweifel
das übrige, um alle Augen auf Rom zu lenken.[38] Außer den
heimkehrenden Pilgern kamen auch sonderbare weiße Bü-

---

35 Panvinius, Epitome pontificum, p. 359. Der Giftversuch gegen den spätern Julius II., s. p. 363. – Laut Sismondi XIII, 246,
starb auch der langjährige Vertraute aller Geheimnisse, Lopez,
Kardinal von Capua, auf dieselbe Weise; laut Sanuto (bei
Ranke, Päpste, I, S. 52, Anm.) auch der Kardinal von Verona.

36 Prato, Arch. Stor. III, p. 254. – Vgl. Attilius Alexius bei Baluz.
Miscell. IV, p. 518 s.

37 Und stark vom Papst ausgebeutete. Vgl. Chron. Venetum, bei
Murat. XXIV, Col. 133.

38 Anselm, Berner Chronik, III, Seite 146-156. – Trithem. Annales Hirsaug. Tom. II, p. 579, 584, 586.

ßer aus Italien nach dem Norden, darunter verkappte
Flüchtlinge aus dem Kirchenstaat, welche nicht werden
geschwiegen haben. Doch wer kann berechnen, wie lange
und hoch das Ärgernis des Abendlandes noch hätte steigen
müssen, ehe es für Alexander eine unmittelbare Gefahr
erzeugte. »Er hätte«, sagt Panvinio anderswo,[39] »auch die
noch übrigen reichen Kardinäle und Prälaten aus der Welt
geschafft um sie zu erben, wenn er nicht, mitten in den
größten Absichten für seinen Sohn, dahingerafft worden
wäre.« Und was würde Cesare getan haben, wenn er im
Augenblick, da sein Vater starb, nicht ebenfalls auf den Tod
krank gelegen hätte? Welch ein Konklave wäre das geworden, wenn er sich einstweilen, mit all seinen Mitteln ausgerüstet, durch ein mit Gift zweckmäßig reduziertes Kardi-
nals-Kollegium zum Papst wählen ließ, zumal in einem
Augenblick, da keine französische Armee in der Nähe gewesen wäre! Die Phantasie verliert sich, sobald sie diese
Hypothesen verfolgt, in einen Abgrund.

Statt dessen folgte das Konklave Pius III. und nach
dessen baldigem Tode auch dasjenige Julius II. unter dem
Eindruck einer allgemeinen Reaktion.

Welches auch die Privatsitten Julius II. sein mochten, in
den wesentlichen Beziehungen ist er der Retter des Papsttums. Die Betrachtung des Ganges der Dinge in den Pon-
tifikaten seit seinem Oheim Sixtus hatte ihm einen tiefern
Einblick in die wahren Grundlagen und Bedingungen des
päpstlichen Ansehens gewährt, und danach richtete er nun
seine Herrschaft ein und widmete ihr die ganze Kraft und
Leidenschaft seiner unerschütterlichen Seele. Zwar nicht
ohne bedenkliche Verhandlungen, doch ohne Simonie, unter allgemeinem Beifall stieg er die Stufen des Stuhles Petri
hinan, und nun hörte wenigstens der eigentliche Handel
mit den höchsten Würden gänzlich auf. Julius hatte Günstlinge und darunter sehr unwürdige, allein des Nepotismus
war er durch ein besonderes Glück überhoben: sein Bruder

---

39 Panvin. Contin. Platinae, p. 341.

Giovanni della Rovere war der Gemahl der Erbin von Urbino, Schwester des letzten Montefeltro Guidobaldo, und aus dieser Ehe war seit 1491 ein Sohn, Francesco Maria della Rovere vorhanden, welcher zugleich rechtmäßiger Nachfolger im Herzogtum Urbino und päpstlicher Nepot war. Was nun Julius sonst irgend erwarb, im Kabinett oder durch seine Feldzüge, das unterwarf er mit hohem Stolz der Kirche und nicht seinem Hause; den Kirchenstaat, welchen er in voller Auflösung angetroffen, hinterließ er völlig gebändigt und durch Parma und Piacenza vergrößert. Es lag nicht an ihm, daß nicht auch Ferrara für die Kirche eingezogen wurde. Die 700 000 Dukaten, welche er beständig in der Engelsburg liegen hatte, sollte der Kastellan einst Niemanden als dem künftigen Papst ausliefern. Er erbte die Kardinäle, ja alle Geistlichen, die in Rom starben und zwar auf rücksichtslose Weise,[40] aber er vergiftete und mordete Keinen. Daß er selber zu Felde zog, war für ihn unvermeidlich und hat ihm in Italien sicher nur genützt zu einer Zeit, da man entweder Amboß oder Hammer sein mußte, und da die Persönlichkeit mehr wirkte als das besterworbene Recht. Wenn er aber trotz all seines hochbetonten: »Fort mit den Barbaren!« gleichwohl am meisten dazu beitrug, daß die Spanier in Italien sich recht festsetzten, so konnte dies für das Papsttum gleichgültig, ja vielleicht relativ vorteilhaft erscheinen. Oder war nicht bis jetzt von der Krone Spanien am ehesten ein dauernder Respekt vor der Kirche zu erwarten,[41] während die italienischen Fürsten vielleicht nur noch frevelhafte Gedanken gegen letztere hegten? – Wie dem aber sei, der mächtige originelle Mensch, der keinen Zorn herunterschlucken konnte und kein wirkliches

---

40 Daher jene Pracht der bei Lebzeiten gesetzten Prälatengräber; so entzog man den Päpsten wenigstens einen Teil der Beute.

41 Ob Julius wirklich gehofft hat, Ferdinand der Kath. werde sich von ihm bestimmen lassen, die verdrängte aragonesische Nebenlinie wieder auf den Thron von Neapel zu setzen, bleibt trotz Giovios Aussage (Vita Alfonsi Ducis) sehr zweifelhaft.

Wohlwollen verbarg, machte im ganzen den für seine Lage
höchst wünschbaren Eindruck eines »Pontefice terribile«.
Er konnte sogar wieder mit relativ gutem Gewissen die
Berufung eines Konzils nach Rom wagen, womit dem
Konzilsgeschrei der ganzen europäischen Opposition
Trotz geboten war. Ein solcher Herrscher bedurfte auch
eines großartigen äußern Symboles seiner Richtung; Julius
fand dasselbe im Neubau von St. Peter; die Anlage desselben, wie sie Bramante wollte, ist vielleicht der größte Ausdruck aller einheitlichen Macht überhaupt. Aber auch in
den übrigen Künsten lebt Andenken und Gestalt dieses
Papstes im höchsten Sinne fort, und es ist nicht ohne
Bedeutung, daß selbst die lateinische Poesie jener Tage für
Julius in andere Flammen gerät als für seine Vorgänger.
Der Einzug in Bologna, am Ende des »Iter Julii secundi«,
von Kardinal Adriano da Corneto, hat einen eigenen
prachtvollen Ton, und Giovan Antonio Flaminio hat in
einer der schönsten Elegien[42] den Patrioten im Papst um
Schutz für Italien angerufen.

Julius hatte durch eine donnernde Konstitution[43] seines
lateranensischen Konzils die Simonie bei der Papstwahl
verboten. Nach seinem Tode (1513) wollten die geldlusti-
gen Kardinäle dies Verbot dadurch umgehen, daß eine
allgemeine Abrede proponiert wurde, wonach die bisherigen Pfründen und Ämter des zu Wählenden gleichmäßig
unter sie verteilt werden sollten; sie würden dann den
pfründenreichsten Kardinal (den ganz untüchtigen Rafael

42 Beide Gedichte z. B. bei Roscoe, Leone X, ed. Bossi IV, 257
und 297. – Freilich als Julius im August 1511 einmal in mehr-
stündiger Ohnmacht lag und für tot galt, wagten sogleich die
unruhigsten Köpfe aus den vornehmsten Familien – Pompeo
Colonna und Antimo Savelli – das »Volk« aufs Kapitol zu
rufen und zur Abwerfung der päpstlichen Herrschaft anzufeu-
ern, a vendicarsi in libertà... a pubblica ribellione, wie
Guicciardini im zehnten Buch meldet.
43 Septimo decretal. L. I. Tit. 3, Cap. 1 bis 3.

Riario) gewählt haben.[44] Allein ein Aufschwung hauptsächlich der jüngern Mitglieder des heiligen Kollegiums,
welche vor allem einen liberalen Papst wollten, durch-
kreuzte jene jämmerliche Kombination; man wählte Giovanni Medici, den berühmten Leo X.

Wir werden ihm noch öfter begegnen, wo irgend von der
Sonnenhöhe der Renaissance die Rede sein wird; hier ist
nur darauf hinzuweisen, daß unter ihm das Papsttum wieder große innere und äußere Gefahren erlitt. Darunter ist
nicht zu rechnen die Verschwörung der Kardinäle Petrucci,
Sauli, Riario und Corneto, weil diese höchstens einen Per-
sonenwechsel zur Folge haben konnte; auch fand Leo das
wahre Gegenmittel in Gestalt jener unerhörten Kreation
von 31 neuen Kardinälen, welche noch dazu einen guten
Effekt machte, weil sie zum Teil das wahre Verdienst be-
lohnte.[44a]

Höchst gefährlich aber waren gewisse Wege, auf welchen
Leo in den zwei ersten Jahren seines Amtes sich betreten
ließ. Durch ganz ernstliche Unterhandlungen suchte er
seinem Bruder Giuliano das Königreich Neapel und seinem
Neffen Lorenzo ein großes oberitalisches Reich zu verschaffen, welches Mailand, Toscana, Urbino und Ferrara
umfaßt haben würde.[45] Es leuchtet ein, daß der Kirchenstaat, auf solche Weise eingerahmt, eine mediceische Apa-
nage geworden wäre, ja man hätte ihn kaum mehr zu
säkularisieren nötig gehabt.

Der Plan scheiterte an den allgemeinen politischen Verhältnissen; Giuliano starb bei Zeiten; um Lorenzo dennoch

---

44   Franc. Vettori, im Arch. stor. VI, 297.
44a   Außerdem soll sie ihm (laut Paul. Lang., chronicon Citicense)
      500 000 Goldgulden eingetragen haben; der Franziskaner-
      orden allein, dessen General ebenfalls Kardinal wurde, zahlte
      30 000.
45   Franc. Vettori, a.a.O. p. 301. – Arch. stor. append. I, p. 293 s.
      – Roscoe, Leone X, ed. Bossi VI, p. 232 s. – Tommaso Gar,
      a.a.O. p. 42.

auszustatten, unternahm Leo die Vertreibung des Herzogs
Francesco Maria della Rovere von Urbino, zog sich durch
diesen Krieg unermeßlichen Haß und Armut zu, und
mußte, als Lorenzo 1519 ebenfalls starb,[46] das mühselig
Eroberte an die Kirche geben; er tat ruhmlos und gezwungen, was ihm, freiwillig getan, ewigen Ruhm gebracht
haben würde. Was er dann noch gegen Alfonso von Ferrara
versuchte und gegen ein paar kleine Tyrannen und Condottieren wirklich ausführte, war vollends nicht von der Art,
welche die Reputation erhöht. Und dies Alles, während die
Könige des Abendlandes sich von Jahr zu Jahr mehr an ein
kolossales politisches Kartenspiel gewöhnten, dessen Ein-
satz und Gewinn immer auch dieses oder jenes Gebiet von
Italien war.[47] Wer wollte dafür bürgen, daß sie nicht, nachdem ihre heimische Macht in den letzten Jahrzehnden unendlich gewachsen, ihre Absichten auch einmal auf den Kirchenstaat ausdehnen würden? Noch Leo mußte ein Vorspiel
dessen erleben, was 1527 sich erfüllte; ein paar Haufen spanischer Infanterie erschienen gegen Ende des Jahres 1520
– aus eigenem Antrieb, scheint es – an den Grenzen des
Kirchenstaates um den Papst einfach zu brandschatzen,[48]
ließen sich aber durch päpstliche Truppen zurückschlagen.
Auch die öffentliche Meinung gegenüber der Korruption
der Hierarchie war in den letzten Zeiten rascher gereift als
früher, und ahnungsfähige Menschen, wie z. B. der jüngere
Pico von Mirandola,[49] riefen dringend nach Reformen.
Inzwischen war bereits Luther aufgetreten.

---

46 Ariosto, Sat. VI. vs. 106. Tutti morrete, ed è fatal che muoja
    Leone appresso . . .
47 Eine Kombination dieser Art statt mehrerer: Lettere de' prin-
    cipi I, 46 in einer Pariser Depesche des Kardinals Bibiena 1518.
48 Franc. Vettori, a.a.O. p. 333.
49 Bei Roscoe, Leone X, ed. Bossi, VIII, p. 105 u. f. findet sich
    eine Deklamation, welche Pico 1517 an Pirkheimer sandte. Er
    fürchtet, daß noch unter Leo das Böse förmlich über das Gute
    siegen möchte, et in te bellum a nostrae religionis hostibus ante
    audias geri quam parari.

Unter Hadrian VI. (1521-1523) kamen auch die schüchternen und wenigen Reformen gegenüber der großen deutschen Bewegung schon zu spät. Er konnte nicht viel mehr
als seinen Abscheu gegen den bisherigen Gang der Dinge,
gegen Simonie, Nepotismus, gewissenlose Stellenbeset- 5
zung, Kumulation, Verschwendung, Banditenwesen und
Unsittlichkeit an den Tag legen. Die Gefahr vom Luthertum her erschien nicht einmal als die größte; ein geistvoller
venezianischer Beobachter, Girolamo Negro, spricht Ahnungen eines nahen, schrecklichen Unheils für Rom selber 10
aus.[50]

Unter Clemens VII. erfüllt sich der ganze Horizont von
Rom mit Dünsten gleich jenem graugelben Scirocco-
schleier, welcher dort bisweilen den Spätsommer so verderblich macht. Der Papst ist in der nächsten Nähe wie in 15
der Ferne verhaßt; während das Übelbefinden der Denkenden fortdauert,[51] treten auf Gassen und Plätzen predigende
Eremiten auf, welche den Untergang Italiens, ja der Welt
weissagen und Papst Clemens den Antichrist nennen;[52] die
colonnesische Faktion erhebt ihr Haupt in trotzigster Ge- 20
stalt; der unbändige Kardinal Pompeo Colonna, dessen
Dasein[53] allein schon eine dauernde Plage für das Papsttum
war, darf Rom (1526) überfallen in der Hoffnung, mit Hilfe
Karls V. ohne weiteres Papst zu werden, sobald Clemens tot

---

50 Lettere de' principi, I. Rom, 17. März 1523: Dieser Staat steht
   aus vielen Gründen auf einer Nadelspitze, und Gott gebe, daß
   wir nicht bald nach Avignon fliehen müssen oder bis an die
   Enden des Ozeans. Ich sehe den Sturz dieser geistlichen Monarchie nahe vor mir . . . Wenn Gott nicht hilft, so ist es um uns
   geschehen. Ob Hadrian vergiftet worden oder nicht, ist aus
   Blas Ortiz, Itinerar. Hadriani (Baluz. Miscell. ed. Mansi I,
   p. 386 fg.) nicht unbedingt zu ersehen; das Übel ist die allgemeine Voraussetzung.
51 Negro a.a.O. zum 24. Okt. (soll Sept. heißen) und 9. Nov.
   1526, 11. April 1527.
52 Varchi, Stor. fiorent. I, 43, 46, s.
53 Paul. Jovius: Vita Pomp. Columnae.

oder gefangen wäre. Es war kein Glück für Rom, daß dieser sich in die Engelsburg flüchten konnte; das Schicksal aber, für welches er selber aufgespart sein sollte, darf schlimmer als der Tod genannt werden.

Durch eine Reihe von Falschheiten jener Art, welche nur dem Mächtigen erlaubt ist, dem Schwächern aber Verderben bringt, verursachte Clemens den Anmarsch des spanisch-deutschen Heeres unter Bourbon und Frundsberg (1527). Es ist gewiß,[54] daß das Kabinett Karls V. ihm eine große Züchtigung zugedacht hatte und daß es nicht voraus berechnen konnte, wie weit seine unbezahlten Horden in ihrem Eifer gehen würden. Die Werbung fast ohne Geld wäre in Deutschland erfolglos geblieben, wenn man nicht gewußt hätte, es gehe gegen Rom. Vielleicht finden sich noch irgendwo die schriftlichen eventuellen Aufträge an Bourbon und zwar solche, die ziemlich gelinde lauten, aber die Geschichtsforschung wird sich davon nicht betören lassen. Der katholische König und Kaiser verdankte es rein dem Glücke, daß Papst und Kardinäle nicht von seinen Leuten ermordet wurden. Wäre dies geschehen, keine Sophistik der Welt könnte ihn von der Mitschuld lossprechen. Der Mord zahlloser geringerer Leute und die Brandschatzung der übrigen mit Hilfe von Tortur und Menschenhandel zeigen deutlich genug, was beim »Sacco di Roma« überhaupt möglich war.

Den Papst, der wieder in die Engelsburg geflüchtet war, wollte Karl V., auch nachdem er ihm ungeheure Summen abgepreßt, wie es heißt, nach Neapel bringen lassen, und daß Clemens statt dessen nach Orvieto floh, soll ohne alle Konnivenz von spanischer Seite geschehen sein.[55] Ob Karl einen Augenblick an die Säkularisation des Kirchenstaates dachte (worauf alle Welt[56] gefaßt war), ob er sich wirklich

54 Ranke, Deutsche Geschichte. II, 375 ff.
55 Varchi, Stor. fiorent. II, 43 s.
56 Ebenda, und: Ranke, Deutsche Geschichte. II, S. 394, Anm. Man glaubte, Karl würde seine Residenz nach Rom verlegen.

durch Vorstellungen Heinrichs VIII. von England davon
abbringen ließ, dies wird wohl in ewigem Dunkel bleiben.
Wenn aber solche Absichten vorhanden waren, so haben
sie in keinem Falle lange angehalten; mitten aus der Verwüstung von Rom steigt der Geist der kirchlich-weltlichen
Restauration empor. Augenblicklich ahnte dies z. B.: Sadoleto.[57] »Wenn durch unsern Jammer, schreibt er, dem Zorn
und der Strenge Gottes genuggetan ist, wenn diese furchtbaren Strafen uns wieder den Weg öffnen zu bessern Sitten
und Gesetzen, dann ist vielleicht unser Unglück nicht das
größte gewesen . . . Was Gottes ist, dafür mag Gott sorgen,
wir aber haben ein Leben der Besserung vor uns, das uns
keine Waffengewalt entreißen mag; richten wir nur Taten
und Gedanken dahin, daß wir den wahren Glanz des Prie-
stertums und unsere wahre Größe und Macht in Gott
suchen.«
Von diesem kritischen Jahre 1527 an war in der Tat so
viel gewonnen, daß ernsthafte Stimmen wieder einmal sich
hörbar machen konnten. Rom hatte zu viel gelitten, um
selbst unter einem Paul III. je wieder das heitere grundver-
dorbene Rom Leos X. werden zu können.
Sodann zeigte sich für das Papsttum, sobald es einmal tief
im Leiden war, eine Sympathie teils politischer, teils kirchlicher Art. Die Könige konnten nicht dulden, daß einer von
ihnen sich ein besonderes Kerkermeister-Amt über den
Papst anmaßte und schlossen u. a. zu dessen Befreiung den
Vertrag von Amiens (18. August 1527). Sie beuteten damit
wenigstens die Gehässigkeit aus, welche auf der Tat der
kaiserlichen Truppen ruhte. Zugleich aber kam der Kaiser
in Spanien selbst empfindlich ins Gedränge, indem seine
Prälaten und Granden ihm die nachdrücklichsten Vorstellungen machten, so oft sie ihn zu sehen bekamen. Als eine
große allgemeine Aufwartung von Geistlichen und Weltlichen in Trauerkleidern bevorstand, geriet Karl in Sorgen,

---

57 Sein Brief an den Papst, d. d. Carpentras, 1. Sept. 1527, in den
    Anecdota litt. IV, p. 335.

es möchte daraus etwas Gefährliches entstehen in der Art
des vor wenigen Jahren gebändigten Comunidaden-Auf-
ruhrs; die Sache wurde untersagt.[58] Er hätte nicht nur die
Mißhandlung des Papstes auf keine Weise verlängern dürfen, sondern es war, abgesehen von aller auswärtigen
Politik, die stärkste Notwendigkeit für ihn vorhanden, sich
mit dem furchtbar gekränkten Papsttum zu versöhnen.
Denn auf die Stimmung Deutschlands, welche ihm wohl
einen andern Weg gewiesen hätte, wollte er sich so wenig
stützen als auf die deutschen Verhältnisse überhaupt. Es ist
auch möglich, daß er sich, wie ein Venezianer meint, durch
die Erinnerung an die Verheerung Roms in seinem Gewissen beschwert fand,[59] und deshalb jene Sühne beschleu-
nigte, welche besiegelt werden mußte durch die bleibende
Unterwerfung der Florentiner unter das Haus des Papstes,
die Medici. Der Nepot und neue Herzog, Alessandro Medici, wird vermählt mit der natürlichen Tochter des Kaisers.

In der Folge behielt Karl durch die Konzilsidee das
Papsttum wesentlich in der Gewalt und konnte es zugleich
drücken und beschützen. Jene größte Gefahr aber, die
Säkularisation, vollends diejenige von innen heraus, durch
die Päpste und ihre Nepoten selber, war für Jahrhunderte
beseitigt durch die deutsche Reformation. So wie diese
allein dem Zug gegen Rom (1527) Möglichkeit und Erfolg
verliehen hatte, so nötigte sie auch das Papsttum, wieder
der Ausdruck einer geistigen Weltmacht zu werden, indem
es sich an die Spitze aller ihrer Gegner stellen, sich aus der
»Versunkenheit in lauter faktischen Verhältnissen« empor-
raffen mußte. Was nun in der spätern Zeit des Clemens VII.,
unter Paul III., Paul IV. und ihren Nachfolgern mitten im
Abfall halb Europas allmählich heranwächst, ist eine ganz
neue, regenerierte Hierarchie, welche alle großen, gefähr-

58 Lettere de' principi, I, 72. Castiglione an den Papst, Burgos
    10. Dez. 1527.
59 Tommaso Gar, relaz. della corte di Roma I, 299.

lichen Ärgernisse im eigenen Hause, besonders den staatengründenden Nepotismus[60] vermeidet und im Bunde mit
den katholischen Fürsten, getragen von einem neuen geistlichen Antrieb, ihr Hauptgeschäft aus der Wiedergewin-
nung der Verlorenen macht. Sie ist nur vorhanden und nur
zu verstehen in ihrem Gegensatz zu den Abgefallenen. In
diesem Sinne kann man mit voller Wahrheit sagen, daß das
Papsttum in moralischer Beziehung durch seine Todfeinde
gerettet worden ist. Und nun befestigte sich auch seine
politische Stellung, freilich unter dauernder Aufsicht Spaniens, bis zur Unantastbarkeit; fast ohne alle Anstrengung
erbte es beim Aussterben seiner Vasallen (der legitimen
Linie von Este und des Hauses della Rovere) die Herzog-
tümer Ferrara und Urbino. Ohne die Reformation dagegen
– wenn man sie sich überhaupt wegdenken kann – wäre der
ganze Kirchenstaat wahrscheinlich schon längst in weltliche Hände übergegangen.

Zum Schluß betrachten wir noch in Kürze die Rückwirkung dieser politischen Zustände auf den Geist der Nation
im Allgemeinen.

Es leuchtet ein, daß die allgemeine politische Unsicherheit in dem Italien des 14. und 15. Jahrhunderts bei den
edlern Gemütern einen patriotischen Unwillen und Widerstand hervorrufen mußte. Schon Dante und Petrarca[1] proklamieren laut ein Gesamt-Italien, auf welches sich alle
höchsten Bestrebungen zu beziehen hätten. Man wendet
wohl ein, es sei dies nur ein Enthusiasmus einzelner Hoch-
gebildeten gewesen, von welchem die Masse der Nation
keine Kenntnis nahm, allein es möchte sich damals mit

---

60 Den Farnesen gelang noch etwas der Art, die Caraffa gingen
unter.
1 Petrarca: epist. fam. I, 3, p. 574, worin er Gott dafür preist, als
Italiener geboren zu sein. Sodann: Apologia contra cuiusdam
anonymi Galli calumnias, vom Jahr 1367, p. 1068 s.

Deutschland kaum viel anders verhalten haben, obwohl es wenigstens dem Namen nach die Einheit und einen anerkannten Oberherrn, den Kaiser, hatte. Die erste laute literarische Verherrlichung Deutschlands (mit Ausnahme einiger Verse bei den Minnesängern) gehört den Humanisten der Zeit Maximilians I. an[2] und erscheint fast wie ein Echo italienischer Deklamationen. Und doch war Deutschland früher faktisch in einem ganz andern Grade Ein Volk gewesen als Italien jemals seit der Römerzeit. Frankreich verdankt das Bewußtsein seiner Volkseinheit wesentlich erst den Kämpfen gegen die Engländer, und Spanien hat auf die Länge nicht einmal vermocht, das engverwandte Portugal zu absorbieren. Für Italien waren Existenz und Lebensbedingungen des Kirchenstaates ein Hindernis der Einheit im Großen, dessen Beseitigung sich kaum jemals hoffen ließ. Wenn dann im politischen Verkehr des 15. Jahrhunderts gleichwohl hie und da des Gesamtvaterlandes mit Emphase gedacht wird, so geschieht dies meist nur, um einen andern, gleichfalls italienischen Staat zu kränken.[3] Die ganz ernsten, tiefschmerzlichen Anrufungen an das Nationalgefühl lassen sich erst im 16. Jahrhundert wieder hören, als es zu spät war, als Franzosen und Spanier das Land überzogen hatten. Von dem Lokalpatriotismus kann man etwa sagen, daß er die Stelle dieses Gefühles vertritt ohne dasselbe zu ersetzen.

---

2 Ich meine besonders die Schriften von Wimpheling, Bebel u. a. im I. Bande der scriptores des Schardius. – Wozu aus etwas früherer Zeit Felix Fabri (Hist. Suevorum) und aus etwas späterer Zeit Irenicus (Germaniae exegesis, 1518) hinzuzufügen sind.

3 Ein Beispiel statt vieler: Die Antwort des Dogen von Venedig an einen florentinischen Agenten wegen Pisas 1496, bei Malipiero, ann. veneti, Arch. stor. VII, I, p. 427.

ZWEITER ABSCHNITT

ENTWICKLUNG DES INDIVIDUUMS

In der Beschaffenheit dieser Staaten, Republiken wie
Tyrannien, liegt nun zwar nicht der einzige aber der mächtigste Grund der frühzeitigen Ausbildung des Italieners
zum modernen Menschen. Daß er der Erstgeborne unter
den Söhnen des jetzigen Europas werden mußte, hängt an
diesem Punkte.

Im Mittelalter lagen die beiden Seiten des Bewußtseins
– nach der Welt hin und nach dem Innern des Menschen
selbst – wie unter einem gemeinsamen Schleier träumend
oder halbwach. Der Schleier war gewoben aus Glauben,
Kindesbefangenheit und Wahn; durch ihn hindurchgese-
hen erschienen Welt und Geschichte wundersam gefärbt,
der Mensch aber erkannte sich nur als Race, Volk, Partei,
Korporation, Familie oder sonst in irgend einer Form des
Allgemeinen. In Italien zuerst verweht dieser Schleier in die
Lüfte; es erwacht eine *objektive* Betrachtung und Behandlung des Staates und der sämtlichen Dinge dieser Welt
überhaupt; daneben aber erhebt sich mit voller Macht das
Subjektive; der Mensch wird geistiges *Individuum*[1] und erkennt sich als solches. So hatte sich einst erhoben der
Grieche gegenüber den Barbaren, der individuelle Araber
gegenüber den andern Asiaten als Racenmenschen. Es wird
nicht schwer sein nachzuweisen, daß die politischen Verhältnisse hieran den stärksten Anteil gehabt haben.

Schon in viel frühern Zeiten gibt sich stellenweise eine
Entwicklung der auf sich selbst gestellten Persönlichkeit zu

---

[1] Man beachte die Ausdrücke uomo singolare, uomo unico für die
höhere und höchste Stufe der individuellen Ausbildung.

erkennen, wie sie gleichzeitig im Norden nicht so vorkömmt oder sich nicht so enthüllt. Der Kreis kräftiger
Frevler des 10. Jahrhunderts, welchen Liutprand schildert,
einige Zeitgenossen Gregors VII. (man lese Benzo von
Alba), einige Gegner der ersten Hohenstaufen zeigen Phy-
siognomien dieser Art. Mit Ausgang des 13. Jahrhunderts
aber beginnt Italien von Persönlichkeiten zu wimmeln; der
Bann, welcher auf dem Individualismus gelegen, ist hier
völlig gebrochen; schrankenlos spezialisieren sich tausend
einzelne Gesichter. Dante's große Dichtung wäre in jedem
andern Lande schon deshalb unmöglich gewesen, weil das
übrige Europa noch unter jenem Banne der Race lag; für
Italien ist der hehre Dichter schon durch die Fülle des
Individuellen der nationalste Herold seiner Zeit geworden.
Doch die Darstellung des Menschenreichtums in Literatur
und Kunst, die vielartig schildernde Charakteristik wird in
besondern Abschnitten zu besprechen sein; hier handelt es
sich nur um die psychologische Tatsache selbst. Mit voller
Ganzheit und Entschiedenheit tritt sie in die Geschichte
ein; Italien weiß im 14. Jahrhundert wenig von falscher
Bescheidenheit und von Heuchelei überhaupt; kein Mensch
scheut sich davor, aufzufallen, anders zu sein und zu scheinen[2] als die andern.[2a]

Zunächst entwickelt die Gewaltherrschaft, wie wir sa-

---

[2] In Florenz gab es um 1390 deshalb keine herrschende Mode der
    männlichen Kleidung mehr, weil jeder sich auf besondere
    Weise zu tragen suchte. Vgl. die Canzone des Franco Sacchetti:
    contro alle nuove foggie, in den Rime, publ. dal Poggiali, p. 52.

[2a] Am Ende des 16. Jahrhunderts zieht Montaigne (Essais, L. III,
    chap. 5, vol. III, p. 367 der Pariser Ausgabe von 1816) u. a.
    folgende Parallele: »ils (les Italiens) ont plus communement des
    belles femmes, et moins des laides que nous; mais des rares et
    excellentes beautéz j'estime que nous allons à pair. Et (je) en
    juge autant des esprits: de ceux de la commune façon ils en ont
    beaucoup plus et evidemment; la brutalité y est sans comparai-
    son plus rare: d'âmes singulières et du plus hault estage, nous
    ne leur en debvons rien.«

hen, im höchsten Grade die Individualität des Tyrannen,
des Condottiere[3] selbst, sodann diejenige des von ihm protegierten aber auch rücksichtslos ausgenützten Talentes,
des Geheimschreibers, Beamten, Dichters, Gesellschafters.
Der Geist dieser Leute lernt notgedrungen alle seine innern   5
Hilfsquellen kennen, die dauernden wie die des Augenblickes; auch ihr Lebensgenuß wird ein durch geistige
Mittel erhöhter und konzentrierter, um einer vielleicht nur
kurzen Zeit der Macht und des Einflusses einen größtmög-
lichen Wert zu verleihen.   10

Aber auch die Beherrschten gingen nicht völlig ohne
einen derartigen Antrieb aus. Wir wollen diejenigen ganz
außer Berechnung lassen, welche ihr Leben in geheimem
Widerstreben, in Verschwörungen verzehrten, und bloß
derer gedenken, die sich darein fügten, reine Privatleute zu   15
bleiben etwa wie die meisten Städtebewohner des byzantinischen Reiches und der mohammedanischen Staaten. Gewiß wurde es z. B. den Untertanen der Visconti oft schwer
genug gemacht, die Würde des Hauses und der Person zu
behaupten, und Unzählige mögen durch die Knechtschaft   20
am sittlichen Charakter Einbuße erlitten haben. Nicht so an
dem, was man individuellen Charakter nennt, denn gerade
innerhalb der allgemeinen politischen Machtlosigkeit gediehen wohl die verschiedenen Richtungen und Bestrebungen des Privatlebens um so stärker und vielseitiger. Reich-   25
tum und Bildung, so weit sie sich zeigen und wetteifern
durften, in Verbindung mit einer noch immer großen mu-
nizipalen Freiheit und mit dem Dasein einer Kirche, die
nicht, wie in Byzanz und in der islamitischen Welt, mit dem

---

3 Auch wohl die ihrer Gemahlinnen, wie man im Hause Sforza
   und in verschiedenen oberitalischen Herrscherfamilien bemerkt. Man vgl. in den Clarae mulieres des Jacobus Bergomensis die Biographien der Battista Malatesta, Paola Gonzaga,
   Orsina Torella, Bona Lombarda, Riccarda von Este und der
   wichtigern Frauen der Familie Sforza. Es ist mehr als eine wahre
   Virago darunter und auch die Ergänzung der individuellen
   Entwicklung durch hohe humanistische Kultur fehlt nicht.

Staat identisch war – alle diese Elemente zusammen begünstigten ohne Zweifel das Aufkommen individueller Denk-
weisen, und gerade die Abwesenheit des Parteikampfes
fügte hier die nötige Muße hinzu. Der politisch indifferente
Privatmensch mit seinen teils ernsten teils dilettantischen
Beschäftigungen möchte wohl in diesen Gewaltstaaten des
14. Jahrhunderts zuerst vollkommen ausgebildet aufgetreten sein. Urkundliche Aussagen hierüber sind freilich nicht
zu verlangen; die Novellisten, von welchen man Winke
erwarten könnte, schildern zwar manchen bizarren Menschen, aber immer nur in einseitiger Absicht und nur so
weit dergleichen die zu erzählende Geschichte berührt;
auch spielt ihre Szene vorwiegend in republikanischen
Städten.

In diesen letztern waren die Dinge wieder auf andere
Weise der Ausbildung des individuellen Charakters günstig. Je häufiger die Parteien in der Herrschaft abwechselten, um so viel stärker war der Einzelne veranlaßt, sich
zusammenzunehmen bei Ausübung und Genuß der Herrschaft. So gewinnen zumal in der florentinischen Geschichte[4] die Staatsmänner und Volksführer ein so kenntliches persönliches Dasein wie sonst in der damaligen Welt
kaum ausnahmsweise Einer, kaum ein Jacob von Arte-
veldt.

Die Leute der unterlegenen Parteien aber kamen oft in
eine ähnliche Stellung wie die Untertanen der Tyrannenstaaten, nur daß die bereits gekostete Freiheit oder Herrschaft, vielleicht auch die Hoffnung auf deren Wiederge-
winn ihrem Individualismus einen höhern Schwung gab.
Gerade unter diesen Männern der unfreiwilligen Muße

---

4 Franco Sacchetti, in seinem Capitolo (Rime, publ. dal Poggiali,
   p. 56) zählt um 1390 über hundert Namen von bedeutenden
   Leuten der herrschenden Parteien auf, welche bei seinen Ge-
   denkzeiten gestorben seien. So viele Mediokritäten darunter
   sein mochten, so ist doch das Ganze ein starker Beleg für das
   Erwachen der Individualität. – Über die »Vite« des Filippo
   Villani s. unten.

findet sich z. B. ein Agnolo Pandolfini (st. 1446), dessen Schrift »vom Hauswesen«[5] das erste Programm einer vollendet durchgebildeten Privatexistenz ist. Seine Abrechnung zwischen den Pflichten des Individuums und dem unsichern und undankbaren öffentlichen Wesen[6] ist in ihrer Art ein wahres Denkmal der Zeit zu nennen.

Vollends aber hat die Verbannung die Eigenschaft, daß sie den Menschen entweder aufreibt oder auf das Höchste ausbildet. »In all unsern volkreichern Städten, sagt Gioviano Pontano,[7] sehen wir eine Menge Leute, die freiwillig ihre Heimat verlassen haben; die Tugenden nimmt man ja überall hin mit.« In der Tat waren es bei weitem nicht bloß förmlich Exilierte, sondern Tausende hatten die Vaterstadt ungeheißen verlassen, weil der politische oder ökonomische Zustand an sich unerträglich wurde. Die ausgewanderten Florentiner in Ferrara, die Lucchesen in Venedig usw. bildeten ganze Kolonien.

Der Kosmopolitismus, welcher sich in den geistvollsten Verbannten entwickelt, ist eine höchste Stufe des Individualismus. Dante findet, wie schon erwähnt wurde (S. 82) eine neue Heimat in der Sprache und Bildung Italiens, geht aber doch auch darüber hinaus mit den Worten: »meine Heimat ist die Welt überhaupt!«[8] — Und als man ihm die Rückkehr nach Florenz unter unwürdigen Bedingungen

---

5 Trattato del governo della famiglia. Es gibt eine neuere Hypothese, wonach diese Schrift von dem Baumeister L. B. Alberti verfaßt wäre. Vgl. Vasari IV, 54, Nota 5, ed. Lemonnier. – Über Pandolfini vgl. Vespas. Fiorent., p. 379.
6 Trattato p. 65 s.
7 Jov. Pontanus, de fortitudine, L. II. Siebzig Jahre später konnte Cardanus (de vita propria, Cap. 32) bitter fragen: Quid est patria, nisi consensus tyrannorum minutorum ad opprimendos imbelles timidos, et qui plerumque sunt innoxii?
8 De vulgari eloquio Lib. I, cap. 6. – Über die italienische Idealsprache cap. 17. Die geistige Einheit der Gebildeten cap. 18. – Aber auch das Heimweh in der berühmten Stelle Purg. VIII, I u. ff. und Parad. XXV, I.

anbot, schrieb er zurück: »kann ich nicht das Licht der
Sonne und der Gestirne überall schauen? nicht den edelsten
Wahrheiten überall nachsinnen, ohne deshalb ruhmlos, ja
schmachvoll vor dem Volk und der Stadt zu erscheinen?
Nicht einmal mein Brod wird mir fehlen!«[9] Mit hohem
Trotz legen dann auch die Künstler den Akzent auf ihre
Freiheit vom Ortszwang. »Nur wer Alles gelernt hat, sagt
Ghiberti,[10] ist draußen nirgends ein Fremdling; auch seines
Vermögens beraubt, ohne Freunde, ist er doch der Bürger
jeder Stadt und kann furchtlos die Wandelungen des Ge-
schickes verachten.« Ähnlich sagt ein geflüchteter Humanist: »Wo irgend ein gelehrter Mann seinen Sitz aufschlägt,
da ist gute Heimat.«[11]

Ein sehr geschärfter kulturgeschichtlicher Blick dürfte
wohl imstande sein, im 15. Jahrhundert die Zunahme völlig
ausgebildeter Menschen schrittweise zu verfolgen. Ob dieselben das harmonische Ausrunden ihres geistigen und
äußern Daseins als bewußtes, ausgesprochenes Ziel vor
sich gehabt, ist schwer zu sagen; mehrere aber besaßen die
Sache, so weit dies bei der Unvollkommenheit alles Irdischen möglich ist. Mag man auch z. B. verzichten auf eine
Gesamtbilanz für Lorenzo magnifico, nach Glück, Bega-

---

9 Dantis Alligherii Epistolae, ed Carolus Witte, p. 65.
10 Ghiberti, secondo commentario, cap. XV. (Vasari, ed. Lemon-
    nier, I, p. XXIX.)
11 Codri Urcei vita, vor dessen Opera. – Freilich grenzt dies
    schon an das: Ubi bene, ibi patria. – Die Masse neutralen
    geistigen Genusses, der von keiner Örtlichkeit abhängt, und
    dessen die gebildeten Italiener mehr und mehr fähig wurden,
    erleichterte ihnen das Exil beträchtlich. Übrigens ist der Kos-
    mopolitismus ein Zeichen jeder Bildungsepoche, da man neue
    Welten entdeckt und sich in der alten nicht mehr heimisch
    fühlt. Er tritt bei den Griechen sehr deutlich hervor nach dem
    peloponnesischen Kriege; Platon war, wie Niebuhr sagt, kein
    guter Bürger und Xenophon ein schlechter; Diogenes prokla-
    mierte vollends die Heimatlosigkeit als ein wahres Vergnügen
    und nannte sich selber ἄπολις, wie man bei Laertius liest.

bung und Charakter, so beobachte man dafür eine Individualität wie die des Ariosto hauptsächlich in seinen Satiren. Bis zu welchem Wohllaut sind da ausgeglichen der Stolz des Menschen und des Dichters, die Ironie gegen die eigenen Genüsse, der feinste Hohn und das tiefste Wohlwollen. [5]

Wenn nun dieser Antrieb zur höchsten Ausbildung der Persönlichkeit zusammentraf mit einer wirklich mächtigen und dabei vielseitigen Natur, welche sich zugleich aller Elemente der damaligen Bildung bemeisterte, dann entstand der »allseitige Mensch«, l'uomo universale, welcher [10] ausschließlich Italien angehört. Menschen von enzyklopädischem Wissen gab es durch das ganze Mittelalter in verschiedenen Ländern, weil dieses Wissen nahe beisammen war; ebenso kommen noch bis ins 12. Jahrhundert allseitige Künstler vor, weil die Probleme der Architektur relativ [15] einfach und gleichartig waren und in Skulptur und Malerei die darzustellende Sache über die Form vorherrschte. In dem Italien der Renaissance dagegen treffen wir einzelne Künstler, welche in allen Gebieten zugleich lauter Neues und in seiner Art Vollendetes schaffen und dabei noch als [20] Menschen den größten Eindruck machen, Andere sind allseitig außerhalb der ausübenden Kunst, ebenfalls in einem ungeheuer weiten Kreise des Geistigen.

Dante, welcher schon bei Lebzeiten von den Einen Poet, von den Andern Philosoph, von Dritten Theologe genannt [25] wurde,[12] strömt in all seinen Schriften eine Fülle von zwingender persönlicher Macht aus, der sich der Leser unterworfen fühlt auch abgesehen vom Gegenstande. Welche Willenskraft setzt schon die unerschütterlich gleichmäßige Ausarbeitung der Divina Commedia voraus. Sieht man [30] aber auf den Inhalt, so ist in der ganzen äußern und geistigen Welt kaum ein wichtiger Gegenstand, den er nicht ergründet hätte und über welchen seine Aussage – oft nur wenige Worte – nicht die gewichtigste Stimme aus jener Zeit wäre. Für die bildende Kunst ist er Urkunde – und [35]

12 Boccaccio, Vita di Dante, p. 16.

wahrlich noch um wichtigerer Dinge willen als wegen
seiner paar Zeilen über die damaligen Künstler; bald wurde
er aber auch Quelle der Inspiration.[13]

Das 15. Jahrhundert ist zunächst vorzüglich dasjenige
der vielseitigen Menschen. Keine Biographie, welche nicht
wesentliche, über den Dilettantismus hinausgehende Ne-
benbeschäftigungen des Betreffenden namhaft machte. Der
florentinische Kaufmann und Staatsmann ist oft zugleich
ein Gelehrter in beiden alten Sprachen; die berühmtesten
Humanisten müssen ihm und seinen Söhnen des Aristoteles
Politik und Ethik vortragen;[14] auch die Töchter des Hauses
erhalten eine hohe Bildung, wie denn überhaupt in diesen
Sphären die Anfänge der höhern Privaterziehung vorzüglich zu suchen sind. Der Humanist seinerseits wird zur
größten Vielseitigkeit aufgefordert, indem sein philologi-
sches Wissen lange nicht bloß wie heute der objektiven
Kenntnis des klassischen Weltalters, sondern einer täglichen Anwendung auf das wirkliche Leben dienen muß.
Neben seinen plinianischen Studien[15] z. B. sammelt er ein
Museum von Naturalien; von der Geographie der Alten aus
wird er moderner Kosmograph; nach dem Muster ihrer
Geschichtschreibung verfaßt er Zeitgeschichten; als Übersetzer plautinischer Komödien wird er wohl auch der Re-

---

13 Die Engel, welche er am Jahrestag von Beatrice's Tode auf
   Täfelchen zeichnete (Vita nuova, p. 61), könnten wohl mehr
   als Dilettantenarbeit gewesen sein. Lion. Aretino sagt, er habe
   egregiamente gezeichnet und sei ein großer Liebhaber der
   Musik gewesen.

14 Für dieses und das Folgende vgl. besonders Vespasiano Fiorentino, für die florentinische Bildung des 15. Jahrhunderts
   eine Quelle ersten Ranges. Hieher p. 359, 379, 401 usw. —
   Sodann die schöne und lehrreiche Vita Jannoctii Manetti (geb.
   1396) bei Murat. XX.

15 Das Folgende beispielsweise aus Perticaris Charakteristik des
   Pandolfo Collenuccio, bei Roscoe, Leone X, ed. Bossi III,
   p. 197 s., und in den Opere del Conte Perticari, Mil. 1823,
   vol. II.

gisseur bei den Aufführungen; alle irgend eindringlichen
Formen der antiken Literatur bis auf den lucianischen Dialog bildet er so gut als möglich nach, und zu dem allen
funktioniert er noch als Geheimschreiber und Diplomat,
nicht immer zu seinem Heil.   5

Über diese Vielseitigen aber ragen einige wahrhaft Allseitige hoch empor. Ehe wir die damaligen Lebens- und
Bildungs-Interessen einzeln betrachten, mag hier, an der
Schwelle des 15. Jahrhunderts, das Bild eines jener Gewalt-
menschen seine Stelle einnehmen: Leon Battista Alberti.   10
Seine Biographie[16] – nur ein Fragment – spricht von ihm als
Künstler nur wenig und erwähnt seine hohe Bedeutung in
der Geschichte der Architektur gar nicht, es wird sich nun
zeigen, was er auch ohne diesen speziellen Ruhm gewesen
ist.   15

In allem was Lob bringt, war Leon Battista von Kindheit
an der Erste. Von seinen allseitigen Leibesübungen und
Turnkünsten wird Unglaubliches berichtet, wie er mit geschlossenen Füßen den Leuten über die Schultern hinweg-
sprang, wie er im Dom ein Geldstück emporwarf, bis man   20
es oben an den fernen Gewölben anklingen hörte, wie die
wildesten Pferde unter ihm schauderten und zitterten –
denn in drei Dingen wollte er den Menschen untadelhaft
erscheinen: im Gehen, im Reiten und im Reden. Die Musik
lernte er ohne Meister, und doch wurden seine Komposi-   25
tionen von Leuten des Faches bewundert. Unter dem
Drucke der Dürftigkeit studierte er beide Rechte, viele
Jahre hindurch, bis zu schwerer Krankheit durch Erschöpfung; und als er im 24sten Jahre sein Wort-Gedächtnis
geschwächt, seinen Sachensinn aber unversehrt fand, legte   30
er sich auf Physik und Mathematik und lernte daneben alle

---

16 Bei Muratori, XXV, Col. 295 s. Hiezu als Ergänzung Vasari
    IV, 52 s. – Ein allseitiger Dilettant wenigstens, und zugleich
    in mehreren Fächern Meister, war z. B. Mariano Socini, wenn
    man dessen Charakteristik bei Aeneas Sylvius (Opera, p. 622,
    Epist. 112) Glauben schenken darf.

Fertigkeiten der Welt, indem er Künstler, Gelehrte und
Handwerker jeder Art bis auf die Schuster um ihre Geheimnisse und Erfahrungen befragte. Das Malen und Modellieren – namentlich äußerst kenntlicher Bildnisse, auch aus
dem bloßen Gedächtnis – ging nebenein. Besondere Bewunderung erregte der geheimnisvolle Guckkasten,[17] in
welchem er bald die Gestirne und den nächtlichen Mond-
aufgang über Felsgebirgen erscheinen ließ, bald weite
Landschaften mit Bergen und Meeresbuchten bis in duftige
Fernen hinein, mit heranfahrenden Flotten, im Sonnen-
glanz wie im Wolkenschatten. Aber auch was Andere schufen, erkannte er freudig an und hielt überhaupt jede
menschliche Hervorbringung, die irgend dem Gesetze der
Schönheit folgte, beinah für etwas Göttliches.[18] Dazu kam
eine schriftstellerische Tätigkeit zunächst über die Kunst
selber, Marksteine und Hauptzeugnisse für die Renaissance
der Form, zumal der Architektur. Dann lateinische Prosa-
dichtungen, Novellen u. dgl., von welchen man Einzelnes
für antik gehalten hat, auch scherzhafte Tischreden, Elegien und Eklogen; ferner ein italienisches Werk »vom
Hauswesen« in vier Büchern,[19] ja eine Leichenrede auf
seinen Hund. Seine ernsten und seine witzigen Worte waren bedeutend genug, um gesammelt zu werden; Proben
davon, viele Kolumnen lang, werden in der genannten
Lebensschilderung mitgeteilt. Und alles, was er hatte und
wußte, teilte er, wie wahrhaft reiche Naturen immer tun,
ohne den geringsten Rückhalt mit, und schenkte seine
größten Erfindungen umsonst weg. Endlich aber wird
auch die tiefste Quelle seines Wesens namhaft gemacht; ein

---

17 Vgl. den Ibn Firnas, bei Hammer, Literaturgesch. der Araber,
    I, Einleitung S. 51.
18 Quicquid ingenio esset hominum cum quadam effectum ele-
    gantia, id prope divinum ducebat.
19 Dieses verlorene Werk ist es (vgl. S. 141, Anm.), welches von
    Neuern für wesentlich identisch mit dem Trattato des Pandol-
    fini gehalten wird.

fast nervös zu nennendes, höchst sympathisches Mitleben
an und in allen Dingen. Beim Anblick prächtiger Bäume
und Erntefelder mußte er weinen; schöne, würdevolle
Greise verehrte er als eine »Wonne der Natur« und konnte
sie nicht genug betrachten; auch Tiere von vollkommener
Bildung genossen sein Wohlwollen, weil sie von der Natur
besonders begnadigt seien; mehr als einmal, wenn er krank
war, hat ihn der Anblick einer schönen Gegend gesund
gemacht.[20] Kein Wunder wenn die, welche ihn in so rätsel-
haft innigem Verkehr mit der Außenwelt kennen lernten,
ihm auch die Gabe der Vorahnung zuschrieben. Eine blutige Krisis des Hauses Este, das Schicksal von Florenz und
das der Päpste auf eine Reihe von Jahren hinaus soll er
richtig geweissagt haben, wie ihm denn auch der Blick ins
Innere des Menschen, die Physiognomik jeden Moment zu
Gebote stand. Es versteht sich von selbst, daß eine höchst
intensive Willenskraft diese ganze Persönlichkeit durch-
drang und zusammenhielt; wie die Größten der Renaissance sagte auch er: »Die Menschen können von sich aus
Alles, sobald sie wollen.«

Und zu Alberti verhielt sich Lionardo da Vinci, wie zum
Anfänger der Vollender, wie zum Dilettanten der Meister.
Wäre nur Vasari's Werk hier ebenfalls durch eine Schilderung ergänzt wie bei Leon Battista! Die ungeheuern Umrisse von Lionardos Wesen wird man ewig nur von ferne
ahnen können.

20 In seinem Werke De re aedificatoria, L. VIII, cap. 1 findet sich
eine Definition von dem was ein schöner Weg heißen könne: si
modo mare, modo montes, modo lacum fluentem fontesve,
modo aridam rupem aut planitiem, modo nemus vallemque
exhibebit.

Der bisher geschilderten Entwicklung des Individuums
entspricht auch eine neue Art von Geltung nach außen: der
moderne Ruhm.[1]

Außerhalb Italiens lebten die einzelnen Stände jeder für
sich mit seiner einzelnen mittelalterlichen Standesehre. Der
Dichterruhm der Troubadours und Minnesänger z. B. existiert nur für den Ritterstand. In Italien dagegen ist Gleichheit der Stände vor der Tyrannis oder vor der Demokratie
eingetreten; auch zeigen sich bereits Anfänge einer allgemeinen Gesellschaft, die ihren Anhalt an der italienischen und
lateinischen Literatur hat, wie hier in vorgreifender Weise
bemerkt werden muß; dieses Bodens aber bedurfte es, um
jenes neue Element im Leben zum Keimen zu bringen. Dazu
kam, daß die römischen Autoren, welche man emsig zu studieren begann, von dem Begriff des Ruhmes erfüllt und ge-
tränkt sind und daß schon ihr Sachinhalt – das Bild der römischen Weltherrschaft – sich dem italienischen Dasein als
dauernde Parallele aufdrängte. Fortan ist alles Wollen und
Vollbringen der Italiener von einer sittlichen Voraussetzung
beherrscht, die das übrige Abendland noch nicht kennt.

Wiederum muß zuerst Dante gehört werden, wie bei
allen wesentlichen Fragen. Er hat nach dem Dichterlor-
beer[2] gestrebt mit aller Kraft seiner Seele; auch als Publizist
und Literator hebt er hervor, daß seine Leistungen wesentlich neu, daß er der erste auf seinen Bahnen nicht nur sei,
sondern auch heißen wolle.[3] Doch berührt er schon in

---

1 Ein Autor statt vieler: Blondus, Roma triumphans, L. V, p. 117
s., wo die Definitionen der Gloria aus den Alten gesammelt sind
und auch dem Christen ausdrücklich die Ruhmbegier gestattet
wird. – Ciceros Schrift de gloria, welche noch Petrarca besaß, ist
bekanntlich seitdem verloren gegangen.

2 Paradiso XXV, Anfang: Se mai continga etc. – Vgl. Boccaccio,
Vita di Dante, p. 49. Vaghissimo fu e d'onore e di pompa, e per
avventura più che alla sua inclita virtù non si sarebbe richiesto.

3 De vulgari eloquio, L. I, Cap. 1. Ganz besonders de Monarchia,
L. I. Cap. 1, wo er den Begriff der Monarchie darstellen will,
nicht bloß um der Welt nützlich zu sein, sondern auch: ut
palmam tanti bravii primus in meam gloriam adipiscar.

seinen Prosaschriften auch die Unbequemlichkeiten eines
hohen Ruhmes; er weiß, wie Manche bei der persönlichen
Bekanntschaft mit dem berühmten Manne unbefriedigt
bleiben, und setzt auseinander, daß hieran teils die kindi-
sche Phantasie der Leute, teils der Neid, teils die eigene
Unlauterkeit des Betreffenden Schuld sei.[4] Vollends aber
hält sein großes Gedicht die Anschauung von der Nichtigkeit des Ruhmes fest, wenngleich in einer Weise, welche
verrät, daß sein Herz sich noch nicht völlig von der Sehnsucht danach losgemacht. Im Paradies ist die Sphäre des
Mercur der Wohnsitz solcher Seligen,[5] die auf Erden nach
Ruhm gestrebt und dadurch den »Strahlen der wahren
Liebe« Eintrag getan haben. Hochbezeichnend aber ist, daß
die armen Seelen im Inferno von Dante verlangen, er möge
ihr Andenken, ihren Ruhm auf Erden erneuern und wach
halten,[6] während diejenigen im Purgatorio nur um Fürbitte
flehen;[7] ja in einer berühmten Stelle[8] wird die Ruhmbegier
– lo gran disio dell' eccellenza – schon deshalb verworfen,
weil der geistige Ruhm nicht absolut, sondern von den
Zeiten abhängig sei und je nach Umständen durch größere
Nachfolger überboten und verdunkelt werde.

   Rasch bemächtigt sich nun das neu aufkommende Geschlecht von Poeten-Philologen, welches auf Dante folgt,
des Ruhmes in doppeltem Sinn: indem sie selber die aner-
kanntesten Berühmtheiten Italiens werden und zugleich als
Dichter und Geschichtschreiber mit Bewußtsein über den
Ruhm Anderer verfügen. Als äußeres Symbol dieser Art

---

4 Convito, ed. Venezia 1529, fol. 5 und 6.
5 Paradiso VI, 112 s.
6 Z. B.: Inferno VI, 89. XIII, 53. XVI, 85. XXXI, 127.
7 Purgatorio V, 70, 87, 133. VI, 26. VIII, 71. XI, 31. XIII, 147.
8 Purgatorio XI, 79-117. Außer gloria finden sich hier beisammen: Grido, fama, rumore, nominanza, onore, lauter Umschrei-
   bungen derselben Sache. – Boccaccio dichtete, wie er in dem
   Brief an Joh. Pizinga (Opere volgari, Vol. XVI.) gesteht, perpetuandi nominis desiderio.

von Ruhm gilt besonders die Poetenkrönung, von welcher
weiter die Rede sein wird.

Ein Zeitgenosse Dante's, Albertinus Musattus oder
Mussatus, zu Padua von Bischof und Rektor als Dichter
gekrönt, genoß bereits einen Ruhm, der an die Vergötterung streifte; jährlich am Weihnachtstage kamen Doktoren
und Scholaren beider Kollegien der Universität in feierlichem Aufzug mit Posaunen und, scheint es, mit brennenden Kerzen vor sein Haus, um ihn zu begrüßen[9] und zu
beschenken. Die Herrlichkeit dauerte, bis er (1318) bei dem
regierenden Tyrannen aus dem Hause Carrara in Ungnade
fiel.

In vollen Zügen genießt auch Petrarca den neuen, früher
nur für Helden und Heilige vorhandenen Weihrauch und
überredet sich sogar in seinen spätern Jahren, daß ihm
derselbe ein nichtiger und lästiger Begleiter scheine. Sein
Brief »an die Nachwelt«[10] ist die Rechenschaft des alten,
hochberühmten Mannes, der die öffentliche Neugier zufriedenstellen muß; bei der Nachwelt möchte er wohl
Ruhm genießen, bei den Zeitgenossen aber sich lieber denselben verbitten;[11] in seinen Dialogen von Glück und Unglück[12] hat bei Anlaß des Ruhmes der Gegenredner, welcher dessen Nichtigkeit beweist, den stärkern Akzent für
sich. Soll man es aber strenge nehmen, wenn es Petrarca
noch immer freut, daß der paläologische Autokrator von

---

9 Scardeonius, de urb. Patav. antiq. (Graev. Thesaur. VI, III,
   Col. 260). Ob cereis, muneribus oder etwa certis muneribus zu
   lesen, lasse ich dahingestellt. Die etwas feierliche Persönlichkeit des Mussatus ist schon aus dem Ton seiner Geschichte
   Heinrichs VII. zu erkennen.
10 Epistola de origine et vita etc., am Eingang der Opera: »Franc.
   Petrarca Posteritati salutem«. Gewisse neuere Tadler von P.s
   Eitelkeit würden an seiner Stelle schwerlich so viele Güte und
   Offenheit behalten haben wie er.
11 Opera, p. 177: de celebritate nominis importuna.
12 De remediis utriusque fortunae, passim.

Byzanz[13] ihn durch seine Schriften so genau kennt wie
Kaiser Karl IV. ihn kennt? Denn in der Tat ging sein Ruf
schon bei Lebzeiten über Italien hinaus. Und empfand er
nicht eine gerechte Rührung, als ihn bei einem Besuch in
seiner Heimat Arezzo die Freunde zu seinem Geburtshaus 5
führten und ihm meldeten, die Stadt sorge dafür, daß nichts
daran verändert werden dürfe![14] Früher feierte und konser-
vierte man die Wohnungen einzelner großer Heiligen, wie
z. B. die Zelle des S. Thomas von Aquino bei den Dominikanern in Neapel, die Portiuncula des S. Franciscus bei 10
Assisi; höchstens genossen noch einzelne große Rechtsge-
lehrte jenes halbmythische Ansehen, welches zu dieser Ehre
führte; so benannte das Volk noch gegen Ende des 14.
Jahrhunderts zu Bagnolo unweit Florenz ein altes Gebäude
als »Studio« des Accursius (geb. um 1150), ließ aber doch 15
geschehen, daß es zerstört wurde.[15] Wahrscheinlich frap-
pierten die hohen Einnahmen und die politischen Verbindungen einzelner Juristen (als Konsulenten und Deduktio-
nenschreiber) die Einbildungskraft der Leute auf lange
hinaus. 20

Zum Kultus der Geburtshäuser gehört der der Gräber
berühmter Leute;[16] für Petrarca kommt auch noch der Ort,
wo er gestorben, überhaupt hinzu, indem Arquato seinem
Andenken zu Ehren ein Lieblings-Aufenthalt der Paduaner
und mit zierlichen Wohngebäuden geschmückt wurde[17] – 25

---

13 Epist. seniles III, 5. Einen Maßstab von Petrarcas Ruhm gibt
z. B. Blondus (Italia illustrata, p. 416) hundert Jahre nachher,
durch seine Versicherung, daß auch kaum ein Gelehrter mehr
etwas von König Robert dem Guten wüßte, wenn Petrarca
seiner nicht so oft und freundlich gedacht hätte.

14 Epist. seniles XIII, 3, p. 918.

15 Filippo Villani, Vite, p. 19.

16 Beides beisammen in der Grabschrift auf Boccaccio: Nacqui in
Firenze al Pozzo Toscanelli; Di fuor sepolto a Certaldo giaccio,
etc. – Vgl. Opere volgari di Bocc., vol. XVI, p. 44.

17 Mich. Savonarola, de laudibus Patavii, bei Murat. XXIV,
Col. 1157.

zu einer Zeit, da es im Norden noch lange keine »klassischen Stellen«, sondern nur Wallfahrten zu Bildern und Reliquien gab. Es wurde Ehrensache für die Städte, die Gebeine eigener und fremder Zelebritäten zu besitzen, und man erstaunt zu sehen, wie ernstlich die Florentiner schon im 14. Jahrhundert – lange vor S. Croce – ihren Dom zum Pantheon zu erheben strebten. Accorso, Dante, Petrarca, Boccaccio und der Jurist Zanobi della Strada sollten dort Prachtgräber erhalten.[18] Noch spät im 15. Jahrhundert verwandte sich Lorenzo magnifico in Person bei den Spoletinern, daß sie ihm die Leiche des Malers Fra Filippo Lippi für den Dom abtreten möchten, und erhielt die Antwort: sie hätten überhaupt keinen Überfluß an Zierden, besonders nicht an berühmten Leuten, weshalb er sie verschonen möge; in der Tat mußte man sich mit einem Kenotaphium begnügen. Und auch Dante blieb trotz allen Verwendungen, zu welchen schon Boccaccio mit emphatischer Bitterkeit die Vaterstadt aufstachelte,[19] ruhig bei S. Francesco in Ravenna schlafen, »zwischen uralten Kaisergräbern und Heiligengrüften, in ehrenvollerer Gesellschaft als du, o Heimat, ihm bieten könntest«. Es kam schon damals vor, daß ein wunderlicher Mensch ungestraft die Lichter vom Altar des Kruzifixes wegnahm und sie an das Grab stellte mit den Worten: Nimm sie, du bist ihrer würdiger als jener – der Gekreuzigte.[20]

Nunmehr gedenken auch die italienischen Städte wieder ihrer Mitbürger und Einwohner aus dem Altertum. Neapel hatte vielleicht sein Grab Virgil's nie ganz vergessen, schon weil sich ein halbmythischer Begriff an den Namen geknüpft hatte. Padua glaubte vollends noch im 16. Jahrhundert nicht nur die echten Gebeine seines trojanischen Gründers Antenor, sondern auch die des Titus Livius zu

18 Der motivierte Staatsbeschluß von 1396 bei Gaye, Carteggio, I, p. 123.
19 Boccaccio, Vita di Dante, p. 39.
20 Franco Sacchetti, Nov. 121.

besitzen.[21] »Sulmona, sagt Boccaccio,[22] klagt, daß Ovid
fern in der Verbannung begraben sei, Parma freut sich, daß
Cassius in seinen Mauern schlummere.« Die Mantuaner
prägten im 14. Jahrhundert eine Münze mit dem Brustbild
Virgil's und stellten eine Statue auf, die ihn vorstellen
sollte; aus mittelalterlichem Junkerhochmut[23] ließ sie der
Vormund des damaligen Gonzaga, Carlo Malatesta, 1392
umstürzen und mußte sie, weil der Ruhm des alten Dichters
stärker war, wieder aufrichten lassen. Vielleicht zeigte man
schon damals zwei Miglien von der Stadt die Grotte, wo
einst Virgil meditiert haben sollte,[24] gerade wie bei Neapel
die Scuola di Virgilio. Como eignete sich die beiden Plinius
zu[25] und verherrlichte sie gegen Ende des 15. Jahrhunderts
durch sitzende Statuen in zierlichen Baldachinen an der
Vorderseite seines Domes.

Auch die Geschichtschreibung und die neugeborene
Topographie richten sich fortan darauf ein, keinen einheimischen Ruhm mehr unverzeichnet zu lassen, während die
nordischen Chroniken nur erst hie und da zwischen Päpsten, Kaisern, Erdbeben und Kometen die Bemerkung
machen, zu dieser Zeit habe auch dieser oder jener berühmte Mann »geblüht«. Wie sich eine ausgezeichnete Biographik, wesentlich unter der Herrschaft des Ruhmes-
Begriffes, entwickelte, wird bei einem andern Anlaß zu
betrachten sein; hier beschränken wir uns auf den Orts-

---

21 Erstere in dem bekannten Sarkophag bei S. Lorenzo, letztere
    am Palazzo della ragione über einer Tür. Das Nähere über
    deren Auffindung 1413 s. bei Misson, Voyage en Italie, vol. I.
22 Vita di Dante, l. c. Wie die Leiche des Cassius nach der Schlacht
    bei Philippi wieder nach Parma gelangt sein mag?
23 Nobilitatis fastu, und zwar sub obtentu religionis, sagt Pius II.
    (Comment. X, p. 473). Die neue Gattung von Ruhm mußte
    wohl vielen Leuten unbequem erscheinen, die an anderes ge-
    wöhnt waren.
24 Vgl. Keyßlers Neueste Reisen, p. 1016.
25 Der ältere war bekanntlich von Verona.

patriotismus des Topographen, der die Ruhmesansprüche
seiner Stadt verzeichnet.

Im Mittelalter waren die Städte stolz gewesen auf ihre
Heiligen und deren Leichen und Reliquien in den Kirchen.[26] Damit beginnt auch noch der Panegyrist von Padua
um 1450, Michele Savonarola[27] seine Aufzählung; dann
aber geht er über auf »berühmte Männer, welche keine
Heiligen gewesen sind, jedoch durch ausgezeichneten Geist
und hohe Kraft (virtus) verdient haben, den Heiligen angeschlossen zu werden (adnecti)« – ganz wie im Altertum der
berühmte Mann an den Heros angrenzt.[28] Die weitere Aufzählung ist für jene Zeit bezeichnend im höchsten Grade.
Zuerst folgen Antenor, der Bruder des Priamus, der mit
einer Schar flüchtiger Troer Padua gegründet; König Dar-
danus, der den Attila in den euganeischen Bergen besiegte,
ihn weiter verfolgte und zu Rimini mit einem Schachbrett
totschlug; Kaiser Heinrich IV., der den Dom erbaut hat; ein
König Marcus, dessen Haupt in Monselice aufbewahrt
wird; – dann ein paar Kardinäle und Prälaten als Stifter von
Pfründen, Kollegien und Kirchen; der berühmte Theologe
Fra Alberto der Augustiner, eine Reihe von Philosophen
mit Paolo Veneto und dem weltbekannten Pietro von
Abano beginnend; der Jurist Paolo Padovano; sodann Livius und die Dichter Petrarca, Mussato, Lovato. Wenn an
Kriegs-Zelebritäten einiger Mangel zu verspüren, so tröstet sich der Autor mit dem Ersatz von gelehrter Seite und
mit der größern Dauerhaftigkeit des geistigen Ruhmes,
während der Kriegsruhm oft mit dem Leibe begraben
werde und, wenn er dauere, dies doch nur den Gelehrten

---

26 So verhält es sich auch wesentlich noch in der merkwürdigen
Schrift: De laudibus Papiae (bei Murat X.) aus dem 14. Jahrhundert; viel munizipaler Stolz, aber noch kein spezieller
Ruhm.
27 De laudibus Patavii, bei Murat. XXIV, Col. 1151 ff.
28 Nam et veteres nostri tales aut divos aut aeterna memoria
dignos non immerito praedicabant. Quum virtus summa sanc-
titatis sit consocia et pari emantur pretio.

verdanke. Immerhin aber gereiche es der Stadt zur Ehre,
daß wenigstens berühmte auswärtige Krieger auf eigenes
Begehren in ihr begraben lägen: so Pietro de Rossi von
Parma, Filippo Arcelli von Piacenza, besonders Gattame-
lata von Narni (st. 1442), dessen ehernes Reiterbild »gleich
einem triumphierenden Cäsar« bereits bei der Kirche des
Santo aufgerichtet stand. Dann nennt der Verfasser Scharen
von Juristen und Medizinern, Adlige, welche nicht bloß
wie so viele »die Ritterwürde empfangen sondern sie auch
verdient hatten«, endlich berühmte Mechaniker, Maler und
Tonkünstler. Den Beschluß macht ein Fechtmeister Michele Rosso, welcher als der Berühmteste seines Faches an
vielen Orten gemalt zu sehen war.

Neben solchen lokalen Ruhmeshallen, bei deren Ausstattung Mythus, Legende, literarisch hervorgebrachte Re-
nommee und populäres Erstaunen zusammenwirken,
bauen die Poeten-Philologen an einem allgemeinen Pantheon des Weltruhms; sie schreiben Sammelwerke: von
berühmen Männern, von berühmten Frauen, oft in unmittelbarer Abhängigkeit von Corn. Nepos, Pseudo-Sueton,
Valerius Maximus, Plutarch (Mulierum virtutes), Hieronymus (de viris illustribus) usw. Oder sie dichten von visionären Triumphzügen und idealen, olympischen Versammlungen, wie Petrarca namentlich in seinem Trionfo della
fama, Boccaccio in seiner Amorosa visione, mit Hunderten
von Namen, wovon mindestens drei Vierteile dem Altertum, die übrigen dem Mittelalter angehören.[29] Allmählich

---

29 In den casus virorum illustrium des Boccaccio gehört nur das
    letzte, neunte Buch der nachantiken Zeit an. Ebenso noch viel
    später in den Commentarii urbani des Raph. Volaterranus nur
    das 21. Buch, welches das neunte der Anthropologie ist; Päpste
    und Kaiser behandelt er im 22. und 23. Buch besonders. – In
    dem Werke »de claris mulieribus« des Augustiners Jacobus
    Bergomensis (um 1500), vgl. S. 139, Anm., überwiegt das
    Altertum und noch mehr die Legende, dann folgen aber einige
    wertvolle Biographien von Italienerinnen. Bei Scardeonius (de
    urb. Patav. antiq., Graev. thesaur, VI, III, Col. 405 s.) werden

wird dieser neuere, relativ moderne Bestandteil mit größerem Nachdruck behandelt; die Geschichtschreiber legen
Charakteristiken in ihre Werke ein, und es entstehen Sammlungen von Biographien berühmter Zeitgenossen, wie die
von Filippo Villani, Vespasiano Fiorentino und Bartolommeo Fazio,[30] zuletzt die von Paolo Giovio.

Der Norden aber besaß, bis Italien auf seine Autoren
(z. B. auf Trithemius) einwirkte, nur Legenden der Heiligen und vereinzelte Geschichten und Beschreibungen von
Fürsten und Geistlichen, die sich noch deutlich an die
Legende anlehnen und vom Ruhm, d. h. von der persönlich
errungenen Notorietät wesentlich unabhängig sind. Der
Dichterruhm beschränkt sich noch auf bestimmte Stände
und die Namen der Künstler erfahren wir im Norden fast
ausschließlich nur, insofern sie als Handwerker und Zunft-
menschen auftreten.

Der Poet-Philolog in Italien hat aber, wie bemerkt, auch
schon das stärkste Bewußtsein davon, daß er der Austeiler
des Ruhmes, ja der Unsterblichkeit sei; und ebenso der
Vergessenheit.[31] Schon Boccaccio klagt über eine von ihm

lauter berühmte Paduanerinnen aufgezählt: Zuerst eine Legende
oder eine Sage aus der Völkerwanderung; dann leidenschaftliche
Tragödien aus den Parteikämpfen des 13. und 14. Jahrh⟨un-
derts⟩; hierauf andere kühne Heldenweiber; die Klosterstifterin,
die politische Ratgeberin, die Ärztin, die Mutter vieler und ausgezeichneter Söhne, die gelehrte Frau, das Bauernmädchen, das
für seine Unschuld stirbt, endlich die schöne hochgebildete Frau
des 16. Jahrh⟨underts⟩, auf welche jedermann Gedichte macht;
zum Schluß die Dichterin und Novellistin. Ein Jahrhundert später wäre zu all diesen berühmten patavinischen Frauen noch die
Professorin hinzugekommen. – Die berühmten Frauen des Hauses Este, bei Ariosto, Orl. XIII.

30 Die viri illustres des B. Facius, herausgegeben von Mehus,
eines der wichtigsten Werke dieser Art aus dem 15. Jahrhundert, habe ich leider nie zu sehen bekommen.

31 Schon ein lateinischer Sänger des 12. Jahrhunderts – ein fah-
render Scholar, der mit seinem Lied um ein Kleid bettelt –
droht damit. S. Carmina Burana, p. 76.

gefeierte Schöne, welche hartherzig blieb, um immer weiter
von ihm besungen und dadurch berühmt zu werden, und
verdeutet ihr, er wolle es fortan mit dem Tadel versuchen.[32]
Sannazaro droht dem vor Karl VIII. feig geflohenen Alfonso von Neapel in zwei prächtigen Sonetten mit ewiger
Obskurität.[33] Angelo Poliziano mahnt (1491) den König
Johann von Portugal[34] in betreff der Entdeckungen in
Afrika ernstlich daran, beizeiten für Ruhm und Unsterblichkeit zu sorgen und ihm das Material »zum Stilisieren«
(operosius excolenda) nach Florenz zu übersenden; sonst
möchte es ihm ergehen wie all jenen, deren Taten, von der
Hilfe der Gelehrten entblößt, »im großen Schutthaufen
menschlicher Gebrechlichkeit verborgen liegen bleiben«.
Der König (oder doch sein humanistisch gesinnter Kanzler) ging darauf ein und versprach wenigstens, es sollten die
bereits portugiesisch abgefaßten Annalen über die afrikanischen Dinge in italienischer Übersetzung nach Florenz
zur lateinischen Bearbeitung verabfolgt werden; ob dies
wirklich geschah, ist nicht bekannt. So ganz leer, wie dergleichen Prätensionen auf den ersten Blick scheinen, sind
sie keineswegs; die Redaktion, in welcher die Sachen (auch
die wichtigsten) vor Mit- und Nachwelt treten, ist nichts
weniger als gleichgültig. Die italienischen Humanisten mit
ihrer Darstellungsweise und ihrem Latein haben lange genug die abendländische Lesewelt wirklich beherrscht, und
auch die italienischen Dichter sind bis ins vorige Jahrhundert weiter in allen Händen herumgekommen als die irgendeiner Nation. Der Taufname des Amerigo Vespucci
von Florenz wurde seiner Reisebeschreibung wegen zum
Namen des vierten Weltteils, und wenn Paolo Giovio mit
all seiner Flüchtigkeit und eleganten Willkür sich dennoch

---

32 Boccaccio, Opere volgari, Vol. XVI, im 13. Sonett: Pallido,
    vinto etc.
33 U. a. bei Roscoe, Leone X, ed Bossi IV, p. 203.
34 Angeli Politiani epp. Lib. X.

die Unsterblichkeit versprach,[35] so ist er dabei nicht ganz
fehlgegangen.

Neben solchen Anstalten den Ruhm äußerlich zu garantieren, wird hie und da ein Vorhang hinweg gezogen, und
wir schauen den kolossalsten Ehrgeiz und Durst nach
Größe, unabhängig von Gegenstand und Erfolg, in er-
schreckend wahrem Ausdruck. So in Macchiavell's Vorrede zu seinen florentinischen Geschichten, wo er seine
Vorgänger (Lionardo Aretino, Poggio) tadelt wegen des
allzu rücksichtsvollen Schweigens in betreff der städtischen
Parteiungen. »Sie haben sich sehr geirrt und bewiesen, daß
sie den Ehrgeiz der Menschen und die Begier nach Fortdauer des Namens wenig kannten. Wie manche, die sich
durch Löbliches nicht auszeichnen konnten, strebten danach durch Schmähliches! Jene Schriftsteller erwogen
nicht, daß Handlungen, welche Größe an sich haben, wie
dies bei den Handlungen der Regenten und Staaten der Fall
ist, immer mehr Ruhm als Tadel zu bringen scheinen,
welcher Art sie auch seien und welches der Ausgang sein
möge.«[36] Bei mehr als einem auffallenden und schrecklichen Unternehmen wird von besonnenen Geschichtschreibern als Beweggrund das brennende Verlangen nach etwas
Großem und Denkwürdigem angegeben. Hier offenbart
sich nicht eine bloße Ausartung der gemeinen Eitelkeit,
sondern etwas wirklich Dämonisches, d. h. Unfreiheit des
Entschlusses, verbunden mit Anwendung der äußersten
Mittel und Gleichgültigkeit gegen den Erfolg als solchen.
Macchiavell selber faßt z. B. den Charakter des Stefano

---

35 Paul. Jov. de romanis piscibus, Praefatio (1525): Die erste
 Dekade seiner Historien werde nächstens herauskommen non
 sine aliqua spe immortalitatis.
36 Hiezu vgl. Discorsi I. 27. Die tristizia, Verbrechen, kann grandezza haben und in alcuna parte generosa sein; die grandezza
 kann von einer Tat jede infamia entfernen; der Mensch kann
 onorevolmente tristo sein, im Gegensatz zum perfettamente
 buono.

Porcari (S. 112) so auf;[37] von den Mördern des Galeazzo
Mario Sforza (S. 65) sagen ungefähr dasselbe die Aktenstücke; die Ermordung des Herzogs Alessandro von Florenz (1537) schreibt selbst Varchi (im V. Buch) der Ruhmsucht des Täters Lorenzino Medici (oben S. 67) zu. Noch   5
viel schärfer hebt aber Paolo Giovio[38] dieses Motiv hervor;
Lorenzino, wegen der Verstümmelung antiker Statuen in
Rom durch ein Pamphlet des Molza an den Pranger gestellt,
brütet über einer Tat, deren »Neuheit« jene Schmach in
Vergessenheit bringen sollte, und ermordet seinen Ver-   10
wandten und Fürsten. — Es sind echte Züge dieser Zeit
hoch aufgeregter, aber bereits verzweifelnder Kräfte und
Leidenschaften, ganz wie einst die Brandstiftung im Tempel von Ephesus zur Zeit des Philipp von Mazedonien.

Das Korrektiv nicht nur des Ruhmes und der modernen   15
Ruhmbegier, sondern des höher entwickelten Individualismus überhaupt ist der moderne Spott und Hohn, womöglich in der siegreichen Form des Witzes.[1] Wir erfahren aus
dem Mittelalter, wie feindliche Heere, verfeindete Fürsten
und Große einander mit symbolischem Hohn auf das Äu-   20
ßerste reizen, oder wie der unterlegene Teil mit höchster
symbolischer Schmach beladen wird. Daneben beginnt in
theologischen Streitigkeiten schon hie und da, unter dem
Einfluß antiker Rhetorik und Epistolographie, der Witz
eine Waffe zu werden und die provenzalische Poesie ent-   25
wickelt eine eigene Gattung von Trotz- und Hohnliedern;
auch den Minnesingern fehlt gelegentlich dieser Ton nicht,
wie ihre politischen Gedichte zeigen.[1a] Aber ein selbstän-

---

37 Storie fiorentine, L. VI.
38 Paul. Jov. Elogia, bei Anlaß des Marius Molsa.
 1 Das Schimpfen allein hat man schon sehr früh, bei dem verlo-
     genen Benzo von Alba, im 11. Jh. (Pertz, Scriptt. XI.)
 1a Das Mittelalter ist außerdem reich an sogenannten satirischen
     Gedichten, allein es ist noch nicht individuelle, sondern fast
     lauter allgemeine, auf Stände, Kategorien, Bevölkerungen

diges Element des Lebens konnte der Witz doch erst werden als sein regelmäßiges Opfer, das ausgebildete Individuum mit persönlichen Ansprüchen, vorhanden war. Da
beschränkt er sich auch bei weitem nicht mehr auf Wort und
Schrift, sondern wird tatsächlich: er spielt Possen und verübt Streiche, die sogenannten burle und beffe, welche einen
Hauptinhalt mehrerer Novellensammlungen ausmachen.

Die »hundert alten Novellen«, welche noch zu Ende des
13. Jahrhunderts entstanden sein müssen, haben noch nicht
den Witz, den Sohn des Kontrastes, und noch nicht die
Burla zum Inhalt;[2] ihr Zweck ist nur, weise Reden und
sinnvolle Geschichten und Fabeln in einfach schönem Ausdruck wiederzugeben. Wenn aber irgend etwas das hohe
Alter der Sammlung beweist, so ist es dieser Mangel an
Hohn. Denn gleich mit dem 14. Jahrhundert folgt Dante,
der im Ausdruck der Verachtung alle Dichter der Welt
hinter sich läßt und z. B. schon allein wegen jenes großen
höllischen Genrebildes von den Betrügern[3] der höchste
Meister kolossaler Komik heißen muß. Mit Petrarca beginnen[4] schon die Witzsammlungen nach dem Vorbilde
des Plutarch (Apophthegmata usw.). Was dann während
des genannten Jahrhunderts sich in Florenz von Hohn

---

usw. gemünzte Satire, welche denn auch leicht in den lehrhaften
Ton übergeht. Der allgemeine Niederschlag dieser ganzen Richtung ist vorzüglich die Fabel vom Reineke Fuchs in all ihren
Redaktionen bei den verschiedenen Völkern des Abendlandes.
Für die französische Literatur dieses Zweiges ist eine treffliche
neuere Arbeit vorhanden: Lenient, La satire en France au
moyen-âge.

2 Ausnahmsweise kommt auch schon ein insolenter Witz vor,
Nov. 37.

3 Inferno XXI. XXII. Die einzige mögliche Parallele wäre Aristophanes.

4 Ein schüchterner Anfang Opera p. 421 u. f., in Rerum memo-
randum libri IV. Anderes z. B.: p. 868, in Epp. senil. X, 2. Der
Wortwitz schmeckt bisweilen noch sehr nach seinem mittelalterlichen Asyl, dem Kloster.

aufsammelte, davon gibt Franco Sacchetti in seinen Novellen die bezeichnendste Auswahl. Es sind meist keine
eigentlichen Geschichten, sondern Antworten, die unter
gewissen Umständen gegeben werden, horrible Naivetäten, womit sich Halbnarren, Hofnarren, Schälke, lieder-   5
liche Weiber ausreden; das Komische liegt dann in dem
schreienden Gegensatz dieser wahren oder scheinbaren
Naivetät zu den sonstigen Verhältnissen der Welt und zur
gewöhnlichen Moralität; die Dinge stehen auf dem Kopf.
Alle Mittel der Darstellung werden zu Hilfe genommen,   10
auch z. B. schon die Nachahmung bestimmter oberitalienischer Dialekte. Oft tritt an die Stelle des Witzes die bare
freche Insolenz, der plumpe Betrug, die Blasphemie und die
Unfläterei; ein paar Condottierenspäße[5] gehören zum Ro-
hesten und Bösesten, was aufgezeichnet ist. Manche Burla   15
ist hochkomisch, manche aber auch ein bloß vermeintlicher
Beweis der persönlichen Überlegenheit, des Triumphes
über einen Andern. Wie viel man einander zu Gute hielt,
wie oft das Schlachtopfer durch einen Gegenstreich die
Lacher wieder auf seine Seite zu bringen sich begnügte,   20
wissen wir nicht; es war doch viele herzlose und geistlose
Bosheit dabei, und das florentinische Leben mag hiedurch
oft recht unbequem geworden sein.[6] Bereits ist der Spaß-
erfinder und Spaßerzähler eine unvermeidliche Figur geworden, und es muß darunter klassische gegeben haben,   25
weit überlegen allen bloßen Hofnarren, welchen die Konkurrenz, das wechselnde Publikum und das rasche Verständnis der Zuhörer (lauter Vorzüge des Aufenthaltes in
Florenz) abgingen. Deshalb reisten auch einzelne Florentiner auf Gastrollen an den Tyrannenhöfen der Lombardie   30
und Romagna herum[7] und fanden ihre Rechnung dabei,

---

5 Nov. 40, 41; es ist Ridolfo da Camerino.
6 Die bekannte Posse von Brunellesco und dem dicken Holzschnitzer, so geistreich erfunden, ist doch wohl grausam zu nennen.
7 Ibid. Nov. 49. Und doch hatte man laut Nov. 67 das Gefühl, daß
   hie und da ein Romagnole auch dem schlimmsten Florentiner
   überlegen sei.

während sie in der Vaterstadt, wo der Witz auf allen Gassen
lief, nicht viel gewannen. Der bessere Typus dieser Leute ist
der des amüsanten Menschen (l'uomo piacevole), der geringere ist der des Buffone und des gemeinen Schmarotzers,
der sich an Hochzeiten und Gastmählern einfindet mit dem
Raisonnement: »Wenn ich nicht eingeladen worden bin, so
ist das nicht meine Schuld.« Da und dort helfen diese einen
jungen Verschwender aussaugen,[8] im Ganzen aber werden
sie als Parasiten behandelt und verhöhnt, während höher-
stehende Witzbolde sich fürstengleich dünken und ihren
Witz für etwas wahrhaft Souveränes halten. Dolcibene,
welchen Kaiser Karl IV. zum »König der italienischen
Spaßmacher« erklärt hatte, sagte in Ferrara zu ihm: »Ihr
werdet die Welt besiegen, da Ihr mein und des Papstes
Freund seid; Ihr kämpft mit dem Schwert, der Papst mit
dem Bullensiegel, ich mit der Zunge!«[9] Dies ist kein bloßer
Scherz, sondern eine Vorahnung Pietro Aretinos.

Die beiden berühmtesten Spaßmacher um die Mitte des
15. Jahrhunderts waren ein Pfarrer in der Nähe von Florenz, Arlotto, für den feinern Witz (facezie), und der Hofnarr von Ferrara, Gonnella, für die Buffonerien. Es ist bedenklich, ihre Geschichten mit denjenigen des Pfaffen von
Kalenberg und des Till Eulenspiegel zu vergleichen; letztere sind eben auf ganz andere, halbmythische Weise entstanden, so daß ein ganzes Volk daran mitgedichtet hat, und
daß sie mehr auf das Allgemeingültige, Allverständliche
hinauslaufen, während Arlotto und Gonnella historisch und
lokal bekannte und bedingte Persönlichkeiten waren. Will
man aber einmal die Vergleichung zulassen und sie auf die
»Schwänke« der außeritalischen Völker überhaupt ausdehnen, so wird es sich im ganzen finden, daß der »Schwank«,

---

8 Ang. Pandolfini, del governo della famiglia, p. 48.
9 Franco Sacchetti, Nov. 156; vgl. Nov. 24. – Die Facetiae des
   Poggio sind dem Inhalt nach mit Sacchetti nahe verwandt:
   burle, Insolenzen, Mißverständnisse einfacher Menschen gegenüber der raffinierten Zote, dann aber mehr Wortwitze, die
   den Philologen verraten. – Über L. B. Alberti vgl. S. 145.

in den französischen Fabliaux[10] wie bei den Deutschen, in
erster Linie auf einen Vorteil oder Genuß berechnet ist,
während der Witz des Arlotto, die Possen des Gonnella sich
gleichsam Selbstzweck, nämlich um des Triumphes, um der
Satisfaktion willen vorhanden sind. (Till Eulenspiegel erscheint dann wieder als eine eigentümliche Gattung, nämlich als der personifizierte, meist ziemlich geistlose Schabernack gegen besondere Stände und Gewerbe.) Der Hofnarr
des Hauses Este hat sich mehr als einmal durch bittern
Hohn und ausgesuchte Rache schadlos gehalten.[11]

Die Spezies des uomo piacevole und des Buffone haben
die Freiheit von Florenz lange überdauert. Unter Herzog
Cosimo blühte der Barlacchia, zu Anfang des 17. Jahrhunderts Francesco Ruspoli und Curzio Marignolli. Ganz
merkwürdig zeigt sich in Papst Leo X. die echt florentinische Vorliebe für Spaßmacher. Der »auf die feinsten geistigen Genüsse gerichtete und darin unersättliche« Fürst er-
trägt und verlangt doch an seiner Tafel ein paar witzige
Possenreißer und Freßkünstler, darunter zwei Mönche und
ein Krüppel;[12] bei festlichen Zeiten behandelte er sie mit
gesucht antikem Hohn als Parasiten, indem ihnen Affen
und Raben unter dem Anschein köstlicher Braten aufgestellt wurden. Überhaupt behielt sich Leo die Burle für
eigenen Gebrauch vor; namentlich gehörte es zu seiner Art
von Geist, die eigenen Lieblingsbeschäftigungen – Dichtung und Musik – bisweilen ironisch zu behandeln, indem
er und sein Faktotum Kardinal Bibiena die Karikaturen
derselben beförderten.[13] Beide fanden es nicht unter ihrer

---

10 Folgerichtig auch in denjenigen Novellen der Italiener, deren
   Inhalt von dort entlehnt ist.
11 Laut Bandello IV, Nov. 2 konnte Gonnella auch sein Gesicht
   in die Züge anderer verstellen und alle Dialekte Italiens nachmachen.
12 Paul. Jovius, Vita Leonis X.
13 Erat enim Bibiena mirus artifex hominibus aetate vel profes-
   sione gravibus ad insaniam impellendis. Man erinnert sich
   dabei an den Scherz, welchen Christine von Schweden mit
   ihren Philologen trieb.

Würde, einen guten alten Sekretär mit allen Kräften so
lange zu bearbeiten, bis er sich für einen großen Musiktheo-
retiker hielt. Den Improvisator Baraballo von Gaeta hetzte
Leo durch beständige Schmeicheleien so weit, daß sich
derselbe ernstlich um die kapitolinische Dichterkrönung
bewarb; am Tage der mediceischen Hauspatrone S. Cosmas
und S. Damian mußte er erst, mit Lorbeer und Purpur
ausstaffiert, das päpstliche Gastmahl durch Rezitation er-
heitern und, als alles am Bersten war, im vatikanischen Hof
den goldgeschirrten Elefanten besteigen, welchen Emanuel
der Große von Portugal nach Rom geschenkt hatte; wäh-
renddessen sah der Papst von oben durch sein Lorgnon[14]
herunter. Das Tier aber wurde scheu vom Lärm der Pauken
und Trompeten und vom Bravorufen und war nicht über
die Engelsbrücke zu bringen.

Die Parodie des Feierlichen und Erhabenen, welche uns
hier in Gestalt eines Aufzuges entgegentritt, hatte damals
bereits eine mächtige Stellung in der Poesie eingenommen.[15] Freilich mußte sie sich ein anderes Opfer suchen, als

---

14 Das Lorgnon entnehme ich nicht bloß aus Rafaels Porträt, wo
    es eher als Lupe zur Betrachtung der Miniaturen des Gebetbu-
    ches gedeutet werden kann, sondern aus einer Notiz des Pelli-
    canus, wonach Leo eine aufziehende Prozession von Mönchen
    durch ein Specillum betrachtete (vgl. Züricher Taschenbuch
    auf 1858, S. 177), und aus der cristallus concava, die er laut
    Giovio auf der Jagd brauchte. – Laut Attilius Alexius (Baluz.
    Miscell. IV, 518): oculari ex gemina (gemma?) utebatur, quam
    manu gestans, signando aliquid videndum esset, oculis admo-
    vebat.

15 Auch in der bildenden Kunst fehlt sie nicht; man erinnere sich
    z. B. jenes bekannten Stiches, welcher die Laocoonsgruppe in
    drei Affen übersetzt darstellt. Nur ging dergleichen selten über
    eine flüchtige Handzeichnung hinaus; manches mag auch zer-
    nichtet worden sein. Die Karikatur ist dann wieder wesentlich
    etwas anderes; Lionardo in seinen Grimassen (Ambrosiana)
    stellt das Häßliche dar, wenn und weil es komisch ist, und
    erhöht dabei diesen komischen Charakter nach Belieben.

z. B. Aristophanes durfte, da er die großen Tragiker in
seiner Komödie auftreten ließ. Aber dieselbe Bildungsreife,
welche bei den Griechen zu einer bestimmten Zeit die
Parodie hervortrieb, brachte sie auch hier zur Blüte. Schon
zu Ende des 14. Jahrhunderts werden im Sonett petrarchi-
sche Liebesklagen und anderes der Art durch Nachahmung
ausgehöhnt; ja das Feierliche der vierzehnzeiligen Form an
sich wird durch geheimtuenden Unsinn verspottet. Ferner
lud die göttliche Komödie auf das stärkste zur Parodierung
ein, und Lorenzo magnifico hat im Stil des Inferno die
herrlichste Komik zu entwickeln gewußt. (Simposio, oder:
i Beoni.) Luigi Pulci ahmt in seinem Morgante deutlich die
Improvisatoren nach, und überdies ist seine und Bojardos
Poesie, schon insofern sie über dem Gegenstande schwebt,
stellenweise eine wenigstens halbbewußte Parodie der mittelalterlichen Ritterdichtung. Der große Parodist Teofilo
Folengo (blühte um 1520) greift dann ganz unmittelbar
zu. Unter dem Namen Limerno Pitocco dichtet er den
Orlandino, wo das Ritterwesen nur noch als lächerliche
Rokokoeinfassung um eine Fülle moderner Einfälle und
Lebensbilder herum figuriert; unter dem Namen Merlinus
Coccajus schildert er die Taten und Fahrten seiner phanta-
stischen Landstreicher, ebenfalls mit starker tendenziöser
Zutat, in halblateinischen Hexametern, unter dem komi-
schen Scheinapparat des damaligen gelehrten Epos. (Opus
Macaronicorum.) Seitdem ist die Parodie auf dem italischen
Parnaß immerfort, und bisweilen wahrhaft glanzvoll ver-
treten gewesen.

In der Zeit der mittlern Höhe der Renaissance wird dann
auch der Witz theoretisch zergliedert und seine praktische
Anwendung in der feinern Gesellschaft genauer festgestellt. Der Theoretiker ist Gioviano Pontano;[16] in seiner

---

16 Jovian. Pontan. de Sermone. Er konstatiert eine besondere
   Begabung zum Witz außer bei den Florentinern auch bei den
   Sienesen und Peruginern; den spanischen Hof fügt er dann
   noch aus Höflichkeit bei.

Schrift über das Reden, namentlich im vierten Buch, versucht er durch Analyse zahlreicher einzelner Witze oder
facetiae zu einem allgemeinen Prinzip durchzudringen. Wie
der Witz unter Leuten von Stande zu handhaben sei, lehrt
Baldassar Castiglione in seinem Cortigiano.[17] Natürlich
handelt es sich wesentlich nur um Erheiterung dritter Personen durch Wiedererzählung von komischen und graziösen Geschichten und Worten; vor direkten Witzen wird
eher gewarnt, indem man damit Unglückliche kränke, Verbrechern zu viele Ehre antue und Mächtige und durch
Gunst Verwöhnte zur Rache reize, und auch für das Wie-
dererzählen wird dem Mann von Stande ein weises Maßhalten in der nachahmenden Dramatik, d. h. in den Grimassen,
empfohlen. Dann folgt aber, nicht bloß zum Wiedererzäh-
len, sondern als Paradigma für künftige Witzbildner, eine
reiche Sammlung von Sach- und Wortwitzen, methodisch
nach Gattungen geordnet, darunter viele ganz vortreffliche. Viel strenger und behutsamer lautet etwa zwei Jahrzehnde später die Doktrin des Giovanni della Casa in seiner
Anweisung zur guten Lebensart;[18] im Hinblick auf die
Folgen will er aus Witzen und Burle die Absicht des Trium-
phierens völlig verbannt wissen. Er ist der Herold einer
Reaktion, welche eintreten mußte.

In der Tat war Italien eine Lästerschule geworden wie die
Welt seitdem keine zweite mehr aufzuweisen gehabt hat,
selbst in dem Frankreich Voltaire's nicht. Am Geist des
Verneinens fehlte es dem letztern und seinen Genossen
nicht, aber wo hätte man im vorigen Jahrhundert die Fülle
von passenden Opfern hernehmen sollen, jene zahllosen
hoch und eigenartig entwickelten Menschen, Zelebritäten
jeder Gattung, Staatsmänner, Geistliche, Erfinder und Entdecker, Literaten, Dichter und Künstler, die obendrein ihre

---

17 Il cortigiano, Lib. II. fol. 74 s. – Die Herleitung des Witzes aus
   dem Kontrast, obwohl noch nicht völlig klar, fol. 76.

18 Galateo del Casa, ed. Venez. 1789, p. 26 s., 48.

Eigentümlichkeit ohne Rückhalt walten ließen? Im 15. und 16. Jahrhundert existierte diese Heerschar, und neben ihr hatte die allgemeine Bildungshöhe ein furchtbares Geschlecht von geistreichen Ohnmächtigen, von geborenen Krittlern und Lästerern großgezogen, deren Neid seine Hekatomben verlangte; dazu kam aber noch der Neid der Berühmten untereinander. Mit letzterem haben notorisch die Philologen angefangen: Filelfo, Poggio, Lorenzo Valla u. a., während z. B. die Künstler des 15. Jahrhunderts noch in fast völlig friedlichem Wettstreit nebeneinander lebten, wovon die Kunstgeschichte Akt nehmen darf.

Der große Ruhmesmarkt Florenz geht hierin, wie gesagt, allen andern Städten eine Zeitlang voran. »Scharfe Augen und böse Zungen« ist das Signalement der Florentiner.[19] Ein gelinder Hohn über alles und jedes mochte der vorherrschende Alltagston sein. Macchiavelli, in dem höchst merkwürdigen Prolog seiner Mandragola, leitet mit Recht oder Unrecht von der allgemeinen Medisance das sichtbare Sinken der moralischen Kraft her, droht übrigens seinen Verkleinerern damit, daß auch er sich auf Übelreden verstehe. Dann kommt der päpstliche Hof, seit lange ein Stelldichein der allerschlimmsten und dabei geistreichsten Zungen. Schon Poggio's Facetiae sind ja aus dem Lügenstübchen (bugiale) der apostolischen Schreiber datiert, und wenn man erwägt, welche große Zahl von enttäuschten Stellenjägern, von hoffnungsvollen Feinden und Konkurrenten der Begünstigten, von Zeitvertreibern sittenloser Prälaten beisammen war, so kann es nicht auffallen, wenn Rom für das wilde Pasquill wie für die beschaulichere Satire eine wahre Heimat wurde. Rechnet man noch gar hinzu, was der allgemeine Widerwille gegen die Priesterherrschaft

---

19 Lettere pittoriche I, 71, in einem Briefe des Vinc. Borghini 1577. – Macchiavelli, Stor. fior. L. VII. sagt von den jungen Herrn in Florenz nach der Mitte des 15. Jahrhunderts: gli studî loro erano apparire col vestire splendidi, e col parlare sagaci ed astuti, e quello che più destramente mordeva gli altri, era più savio e da più stimato.

und was das bekannte Pöbel-Bedürfnis, den Mächtigen das
Gräßlichste anzudichten, beifügte, so ergibt sich eine unerhörte Summe von Schmach.[20] Wer konnte, schützte sich
dagegen am zweckmäßigsten durch Verachtung, sowohl
was die wahren als was die erlogenen Beschuldigungen
betraf, und durch glänzenden, fröhlichen Aufwand.[21] Zar-
tere Gemüter aber konnten wohl in eine Art von Verzweiflung fallen, wenn sie tief in Schuld und noch tiefer in üble
Nachrede verstrickt waren.[22] Allmählich sagte man Jedem
das Schlimmste nach und gerade die strengste Tugend
weckte die Bosheit am sichersten. Von dem großen Kanzel-
redner Fra Egidio von Viterbo, den Leo um seiner Verdienste willen zum Kardinal erhob und der sich bei dem Unglück von 1527 auch als tüchtiger populärer Mönch
zeigte,[23] gibt Giovio zu verstehen, er habe sich die aszetische Blässe durch Qualm von nassem Stroh u. dgl. konser-
viert. Giovio ist bei solchen Anlässen ein echter Kuriale;[24]
in der Regel erzählt er sein Histörchen, fügt dann bei, er
glaube es nicht, und läßt endlich in einer allgemeinern
Bemerkung durchblicken, es möchte doch etwas dran sein.

20 Vgl. Fedra Inghiramis Leichenrede auf Lodovico Podocataro
   (1505), in den Anecd. litt. I, p. 319. – Der Skandalsammler
   Massaino erwähnt bei Paul. Jov., Dialogus de viris litt. illustr.
   (Tiraboschi, Tom. VII, parte IV, p. 1631.)
21 So hielt es im ganzen Leo X. und er rechnete damit im ganzen
   richtig; so schrecklich die Pasquillanten zumal nach seinem
   Tode mit ihm umgingen, sie haben die Gesamtanschauung
   seines Wesens nicht dominieren können.
22 In diesem Falle war wohl Kardinal Ardicino della Porta, der
   1491 seine Würde niederlegen und in ein fernes Kloster flüchten wollte. Vgl. Infessura, bei Eccard II, Col. 2 000.
23 S. dessen Leichenrede in den Anecd. litt. IV, p. 315. Er brachte
   in der südlichen Mark Ancona ein Bauernheer zusammen, das
   nur durch den Verrat des Herzogs von Urbino am Handeln
   verhindert wurde. – Seine schönen hoffnungslosen Liebes-
   madrigale bei Trucchi, Poesie ined. III, p. 123.
24 Wie er an der Tafel Clemens VII. seine Zunge brauchte, s. bei
   Giraldi, Hecatommithi, VII. Nov. 5.

Das wahre Brandopfer des römischen Hohnes aber war der gute Hadrian VI.; es bildete sich ein Übereinkommen, ihn durchaus nur von der burlesken Seite zu nehmen. Mit der furchtbaren Feder eines Francesco Berni verdarb er es gleich von Anfang an, indem er drohte – nicht die Statue [5] des Pasquino, wie man[25] sagte – sondern die Pasquillanten selber in die Tiber werfen zu lassen. Die Rache dafür war das berühmte Capitolo »gegen Papst Adriano«, diktiert nicht eigentlich vom Haß, sondern von der Verachtung gegen den lächerlichen holländischen Barbaren; die wilde [10] Drohung wird aufgespart für die Kardinäle, die ihn gewählt haben. Berni und andere[26] malen auch die Umgebung des Papstes mit derselben pikanten Lügenhaftigkeit aus, mit welcher das heutige großstädtische Feuilleton das So zum Anders und das Nichts zum Etwas verkünstelt. Die Biogra- [15] phie, welche Paolo Giovio im Auftrag des Kardinals von Tortosa verfaßte, und welche eigentlich eine Lobschrift vorstellen sollte, ist für jeden, der zwischen den Zeilen lesen kann, ein wahrer Ausbund von Hohn. Es liest sich (zumal für das damalige Italien) sehr komisch, wie Hadrian sich [20] beim Domkapitel von Saragossa um die Kinnlade des S. Lambert bewirbt, wie ihn dann die andächtigen Spanier mit Schmuck und Zeug ausstatten »bis er einem wohlherausgeputzten Papst recht ähnlich sieht«, wie er seinen stürmischen und geschmacklosen Zug von Ostia gen Rom hält, sich über [25] die Versenkung oder Verbrennung des Pasquino berät, die wichtigsten Verhandlungen wegen Meldung des Essens plötzlich unterbricht und zuletzt nach unglücklicher Regierung an allzu vielem Biertrinken verstirbt; worauf das Haus seines Leibarztes von Nachtschwärmern bekränzt und mit [30]

25 Die ganze angebliche Beratung über das Versenken des Pasquino bei Paul. Jov., Vita Hadriani, ist von Sixtus IV. auf Hadrian übertragen. – Vgl. Lettere de' principi I, Brief des Negro vom 7. April 1523. Pasquino hatte am St. Marcustag ein besonderes Fest, welches der Papst verbot.
26 Z. B.: Firenzuola, Opere, vol. I, p. 116, im Discorso degli animali.

der Inschrift Liberatori Patriae S. P. Q. R. geschmückt
wird. Freilich Giovio hatte bei der allgemeinen Rentenein-
ziehung auch seine Rente verloren und nur deshalb zur
Entschädigung eine Pfründe erhalten, weil er »kein Poet«,
d. h. kein Heide sei. Es stand aber geschrieben, daß Hadrian
das letzte große Opfer dieser Art sein sollte. Seit dem
Unglück Roms (1527) starb mit der äußersten Ruchlosigkeit des Lebens auch die frevelhafte Rede sichtlich ab.

Während sie aber noch in Blüte stand, hatte sich, hauptsächlich in Rom, der größte Lästerer der neuern Zeit, Pietro
Aretino, ausgebildet. Ein Blick auf sein Wesen erspart uns
die Beschäftigung mit manchen Geringern seiner Gattung.
    Wir kennen ihn hauptsächlich in den letzten drei Jahr-
zehnden seines Lebens (1527-1556), die er in dem für ihn einzig möglichen Asyl Venedig zubrachte. Von hier aus hielt er
das ganze berühmte Italien in einer Art von Belagerungszu-
stand; hieher mündeten auch die Geschenke auswärtiger
Fürsten, die seine Feder brauchten oder fürchteten. Karl V.
und Franz I. pensionierten ihn beide zugleich, weil Jeder
hoffte, Aretino würde dem Andern Verdruß machen; Aretino schmeichelte Beiden, schloß sich aber natürlich enger
an Karl an, weil dieser in Italien Meister blieb. Nach dem
Sieg über Tunis (1535) geht dieser Ton in den der lächerlich-
sten Vergötterung über, wobei zu erwägen ist, daß Aretino
fortwährend sich mit der Hoffnung hinhalten ließ, durch
Karl's Hilfe Kardinal zu werden. Vermutlich genoß er eine
spezielle Protektion als spanischer Agent, indem man durch
sein Reden oder Schweigen auf die kleinern italienischen
Fürsten und auf die öffentliche Meinung drücken konnte.
Das Papstwesen gab er sich die Miene gründlich zu verachten,
weil er es aus der Nähe kenne; der wahre Grund war, daß man
ihn von Rom aus nicht mehr honorieren konnte und wollte.[27]

---

27 An den Herzog von Ferrara, 1. Januar 1536: Ihr werdet nun
    von Rom nach Neapel reisen, ricreando la vista avvilita nel
    mirar le miserie pontificali con la contemplatione delle eccel-
    lenze imperiali.

Venedig, das ihn beherbergte, beschwieg er weislich. Der Rest seines Verhältnisses zu den Großen ist lauter Bettelei und gemeine Erpressung.

Bei Aretino findet sich der erste ganz große Mißbrauch der Publizität zu solchen Zwecken. Die Streitschriften, welche hundert Jahre vorher Poggio und seine Gegner gewechselt hatten, sind in der Absicht und im Ton ebenso infam, allein sie sind nicht auf die Presse, sondern auf eine Art von halber und geheimer Publizität berechnet; Aretino macht sein Geschäft aus der ganzen und unbedingten; er ist in gewissem Betracht einer der Urväter der Journalistik. Periodisch läßt er seine Briefe und andere Artikel zusammen drucken, nachdem sie schon vorher in weitern Kreisen kursiert haben mochten.[28]

Verglichen mit den scharfen Federn des 18. Jahrhunderts hat Aretino den Vorteil, daß er sich nicht mit Prinzipien beladet, weder mit Aufklärung noch mit Philanthropie und sonstiger Tugend, noch auch mit Wissenschaft; sein ganzes Gepäck ist das bekannte Motto: »Veritas« odium parit. Deshalb gab es auch für ihn keine falschen Stellungen, wie z. B. für Voltaire, der seine Pucelle verleugnen und anderes lebenslang verstecken mußte; Aretino gab zu allem seinen Namen, und noch spät rühmt er sich offen seiner berüchtigten Ragionamenti. Sein literarisches Talent, seine lichte und pikante Prosa, seine reiche Beobachtung der Menschen und Dinge würden ihn unter allen Umständen beachtenswert machen, wenn auch die Konzeption eines eigentlichen Kunstwerkes z. B. die echte dramatische Anlage einer Komödie ihm völlig versagt blieb; dazu kommt dann noch außer der gröbsten und feinsten Bosheit eine glänzende

---

28 Wie er sich damit speziell den Künstlern furchtbar machte, wäre anderswo zu erörtern. – Das publizistische Vehikel der deutschen Reformation ist wesentlich die Broschüre, in Beziehung auf bestimmte einmalige Angelegenheiten; Aretino dagegen ist Journalist in dem Sinne, daß er einen fortwährenden Anlaß des Publizierens in sich hat.

Gabe des grotesken Witzes, womit er im einzelnen Fall dem Rabelais nicht nachsteht.[29]

Unter solchen Umständen, mit solchen Absichten und Mitteln geht er auf seine Beute los oder einstweilen um sie herum. Die Art, wie er Clemens VII. auffordert, nicht zu klagen sondern zu verzeihen,[30] während das Jammergeschrei des verwüsteten Roms zur Engelsburg, dem Kerker des Papstes, empordringt, ist lauter Hohn eines Teufels oder Affen. Bisweilen, wenn er die Hoffnung auf Geschenke völlig aufgeben muß, bricht seine Wut in ein wildes Geheul aus, wie z. B. in dem Capitolo an den Fürsten von Salerno. Dieser hatte ihn eine Zeitlang bezahlt und wollte nicht weiter zahlen; dagegen scheint es, daß der schreckliche Pierluigi Farnese, Herzog von Parma, niemals Notiz von ihm nahm. Da dieser Herr auf gute Nachrede wohl überhaupt verzichtet hatte, so war es nicht mehr leicht, ihm wehe zu tun; Aretino versucht es, indem er[31] sein äußeres Ansehen als das eines Sbirren, Müllers und Bäckers bezeichnet. Possierlich ist Aretino am ehesten im Ausdruck der reinen, wehmütigen Bettelei, wie z. B. im Capitolo an Franz I., dagegen wird man die aus Drohung und Schmeichelei gemischten Briefe und Gedichte trotz aller Komik nie ohne tiefen Widerwillen lesen können. Ein Brief wie der an Michelangelo vom November 1545[32] existiert vielleicht nicht ein zweites Mal; zwischen alle Bewunderung (wegen des Weltgerichtes) hinein droht er ihm wegen Irreligiosität, Indezenz und Diebstahl (an den Erben Julius II.) und fügt in einem begütigenden Postskript bei: »Ich habe Euch nur zeigen wollen, daß wenn Ihr divino (di-vino) seid, ich auch nicht d'aqua bin.« Aretino hielt nämlich darauf – man weiß kaum, ob aus wahnsinnigem Dünkel oder aus Lust an der

---

29 Z. B. im Capitolo an den Albicante, einen schlechten Dichter; leider entziehen sich die Stellen der Zitation.

30 Lettere, ed. Venez. 1539. Fol. 12, vom 31. Mai 1527.

31 Im ersten Capitolo an Cosimo.

32 Gaye, Carteggio II, p. 332.

Parodie alles Berühmten –, daß man ihn ebenfalls göttlich
nenne, und so weit brachte er es in der persönlichen Be-
rühmtheit allerdings, daß in Arezzo sein Geburtshaus als
Sehenswürdigkeit der Stadt galt.[33] Andererseits freilich gab
es ganze Monate, da er sich in Venedig nicht über die
Schwelle wagte, um nicht irgendeinem erzürnten Florentiner wie z. B. dem jüngern Strozzi in die Hände zu laufen; es
fehlte nicht an Dolchstichen und entsetzlichen Prügeln,[34]
wenn sie auch nicht den Erfolg hatten, welchen ihm Berni
in einem famosen Sonett weissagte; er ist in seinem Hause
am Schlagfluß gestorben.

In der Schmeichelei macht er beachtenswerte Unterschiede; für Nichtitaliener trägt er sie plump und dick auf,[35]
für Leute wie den Herzog Cosimo von Florenz weiß er sich
anders zu geben. Er lobt die Schönheit des damals noch
jungen Fürsten, der in der Tat auch diese Eigenschaft mit
Augustus in hohem Grade gemein hatte; er lobt seinen
sittlichen Wandel mit einem Seitenblick auf die Geldge-
schäfte von Cosimos Mutter Maria Salviati, und schließt
mit einer wimmernden Bettelei wegen der teuren Zeiten
usw. Wenn ihn aber Cosimo pensionierte,[36] und zwar im
Verhältnis zu seiner sonstigen Sparsamkeit ziemlich hoch
(in der letzten Zeit mit 160 Dukaten jährlich), so war wohl
eine bestimmte Rücksicht auf seine Gefährlichkeit als spanischer Agent mit im Spiel. Aretino durfte in einem Atem-
zug über Cosimo bitter spotten und schmähen und doch

---

33 S. den frechen Brief von 1536 in den Lettere pittor., I, Ap-
    pend., 34. – Vgl. oben S. 151 das Geburtshaus des Petrarca in
    demselben Arezzo.
34   L'Aretin, per Dio grazia, è vivo e sano,
           Ma'l mostaccio ha fregiato nobilmente,
           E più colpi ha, che dita in una mano.
              (Mauro, capitolo in lode delle bugie.)
35 Man sehe z. B. den Brief an den Kardinal von Lothringen,
    Lettere, ed. Venez. 1539, vom 21. November 1534, sowie die
    Briefe an Karl V.
36 Für das Folgende s. Gaye, Carteggio, II, p. 336, 337, 345.

dabei dem florentinischen Geschäftsträger drohen, daß er
beim Herzog seine baldige Abberufung erwirken werde.
Und wenn der Medici sich auch am Ende von Karl V.
durchschaut wußte, so mochte er doch nicht wünschen, daß
am kaiserlichen Hofe aretinische Witze und Spottverse
über ihn in Kurs kommen möchten. Eine ganz hübsch
bedingte Schmeichelei ist auch diejenige an den berüchtigten Marchese von Marignano, der als »Kastellan von
Musso« einen eigenen Staat zu gründen versucht hatte.
Zum Dank für übersandte hundert Scudi schreibt Aretin:
»Alle Eigenschaften, die ein Fürst haben muß, sind in Euch
vorhanden und jedermann würde dies einsehen, wenn nicht
die bei allen Anfängen unvermeidliche Gewaltsamkeit
Euch noch als etwas rauh (aspro) erscheinen ließe.«[37]
      Man hat häufig als etwas Besonderes hervorgehoben,
daß Aretino nur die Welt, nicht auch Gott gelästert habe.
Was er geglaubt hat, ist bei seinem sonstigen Treiben völlig
gleichgültig, ebenso sind es die Erbauungsschriften, welche er nur aus äußern Rücksichten[38] verfaßte. Sonst aber
wüßte ich wahrlich nicht, wie er hätte auf die Gotteslästerung verfallen sollen. Er war weder Dozent noch theoretischer Denker und Schriftsteller; auch konnte er von Gott
keine Geldsummen durch Drohungen und Schmeicheleien
erpressen, fand sich also auch nicht durch Versagung zur
Lästerung gereizt. Mit unnützer Mühe aber gibt sich ein
solcher Mensch nicht ab.
      Es ist ein gutes Zeichen des heutigen italienischen Gei-
stes, daß ein solcher Charakter und eine solche Wirkungs-
weise tausendmal unmöglich geworden sind. Aber von
Seite der historischen Betrachtung aus wird dem Aretino
immer eine wichtige Stellung bleiben.

37 Lettere, ed. Venez. 1539. Fol. 15., vom 16. Juni 1529.
38 Mochte es die Hoffnung auf den roten Hut oder die Furcht vor
   den beginnenden Bluturteilen der Inquisition sein, welche er
   noch 1535 herb zu tadeln gewagt hatte (s. a.a.O. Fol. 37),
   welche aber seit der Reorganisation des Institutes 1542 plötzlich zunahmen und alles zum Schweigen brachten.

DRITTER ABSCHNITT

DIE WIEDERERWECKUNG DES ALTERTUMS

Auf diesem Punkte unserer kulturgeschichtlichen Übersicht angelangt, müssen wir des Altertums gedenken, dessen »Wiedergeburt« in einseitiger Weise zum Gesamtnamen
des Zeitraums überhaupt geworden ist. Die bisher geschilderten Zustände würden die Nation erschüttert und gereift
haben auch ohne das Altertum, und auch von den nachher
aufzuzählenden neuen geistigen Richtungen wäre wohl das
meiste ohne dasselbe denkbar; allein wie das Bisherige so ist
auch das Folgende doch von der Einwirkung der antiken
Welt mannigfach gefärbt, und wo das Wesen der Dinge
ohne dieselbe verständlich und vorhanden sein würde, da
ist es doch die Äußerungsweise im Leben nur mit ihr und
durch sie. Die »Renaissance« wäre nicht die hohe weltgeschichtliche Notwendigkeit gewesen, die sie war, wenn
man so leicht von ihr abstrahieren könnte. Darauf aber
müssen wir beharren, als auf einem Hauptsatz dieses Buches, daß nicht sie allein, sondern ihr enges Bündnis mit
dem neben ihr vorhandenen italienischen Volksgeist die
abendländische Welt bezwungen hat. Die Freiheit, welche
sich dieser Volksgeist dabei bewahrte, ist eine ungleiche
und scheint, sobald man z. B. nur auf die neulateinische
Literatur sieht, oft sehr gering; in der bildenden Kunst aber
und in mehrern andern Sphären ist sie auffallend groß und
das Bündnis zwischen zwei weit auseinander liegenden
Kulturepochen desselben Volkes erweist sich als ein, weil
höchst selbständiges, deshalb auch berechtigtes und frucht-
bares. Das übrige Abendland mochte zusehen, wie es den
großen, aus Italien kommenden Antrieb abwehrte oder sich
halb oder ganz aneignete; wo letzteres geschah, sollte man

sich die Klagen über den frühzeitigen Untergang unserer
mittelalterlichen Kulturformen und Vorstellungen ersparen. Hätten sie sich wehren können, so würden sie noch
leben. Wenn jene elegischen Gemüter, die sich danach zu-
rücksehnen, nur eine Stunde darin zubringen müßten, sie
würden heftig nach moderner Luft begehren. Daß bei großen Prozessen jener Art manche edle Einzelblüte mit zu
Grunde geht, ohne in Tradition und Poesie unvergänglich
gesichert zu sein, ist gewiß; allein das große Gesamt-
Ereignis darf man deshalb nicht ungeschehen wünschen.
Dieses Gesamt-Ereignis besteht darin, daß neben der Kirche, welche bisher (und nicht mehr für lange) das Abendland zusammenhielt, ein neues geistiges Medium entsteht,
welches, von Italien her sich ausbreitend, zur Lebensatmo-
sphäre für alle höher gebildeten Europäer wird. Der schärfste Tadel, den man darüber aussprechen kann, ist der der
Unvolkstümlichkeit, der erst jetzt notwendig eintretenden
Scheidung von Gebildeten und Ungebildeten in ganz Europa. Dieser Tadel ist aber ganz wertlos, sobald man ein-
gestehen muß, daß die Sache noch heute, obwohl klar
erkannt, doch nicht beseitigt werden kann. Und diese
Scheidung ist überdies in Italien lange nicht so herb und
unerbittlich als anderswo. Ist doch ihr größter Kunstdich-
ter Tasso auch in den Händen der Ärmsten.

Das römisch-griechische Altertum, welches seit dem 14.
Jahrhundert so mächtig in das italienische Leben eingriff,
als Anhalt und Quelle der Kultur, als Ziel und Ideal des
Daseins, teilweise auch als bewußter neuer Gegensatz, dieses Altertum hatte schon längst stellenweise auf das ganze,
auch außeritalienische Mittelalter eingewirkt. Diejenige
Bildung, welche Karl der Große vertrat, war wesentlich
eine Renaissance, gegenüber der Barbarei des 7. und 8.
Jahrhunderts, und konnte nichts anderes sein. Wie hierauf
in die romanische Baukunst des Nordens außer der allgemeinen, vom Altertum ererbten Formengrundlage auch
auffallende direkt antike Formen sich einschleichen, so

hatte die ganze Klostergelehrsamkeit allmählich eine große
Masse von Stoff aus römischen Autoren in sich aufgenommen und auch der Stil derselben blieb seit Einhard nicht
ohne Nachahmung.

Anders aber als im Norden wacht das Altertum in Italien
wieder auf. Sobald hier die Barbarei aufhört, meldet sich bei
dem noch halb antiken Volk die Erkenntnis seiner Vorzeit;
es feiert sie und wünscht sie zu reproduzieren. Außerhalb
Italiens handelt es sich um eine gelehrte, reflektierte Benützung einzelner Elemente der Antike, in Italien um eine
gelehrte und zugleich populäre sachliche Parteinahme für
das Altertum überhaupt, weil dasselbe die Erinnerung an
die eigene alte Größe ist. Die leichte Verständlichkeit des
Lateinischen, die Menge der noch vorhandenen Erinnerungen und Denkmäler befördert diese Entwicklung gewaltig.
Aus ihr und aus der Gegenwirkung des inzwischen doch
anders gewordenen Volksgeistes, der germanisch-lango-
bardischen Staatseinrichtungen, des allgemein europäischen Rittertums, der übrigen Kultureinflüsse aus dem
Norden und der Religion und Kirche erwächst dann das
neue Ganze: der modern italienische Geist, welchem es
bestimmt war, für den ganzen Okzident maßgebendes Vorbild zu werden.

Wie sich in der bildenden Kunst das Antike regt, sobald
die Barbarei aufhört, zeigt sich z. B. deutlich bei Anlaß der
toskanischen Bauten des 12. und der Skulpturen des 13.
Jahrhunderts. Auch in der Dichtkunst fehlen die Parallelen
nicht, wenn wir annehmen dürfen, daß der größte lateinische Dichter des 12. Jahrhunderts, ja der, welcher für eine
ganze Gattung der damaligen lateinischen Poesie den Ton
angab, ein Italiener gewesen sei. Es ist derjenige, welchem
die besten Stücke der sogenannten Carmina Burana angehören. Eine ungehemmte Freude an der Welt und ihren
Genüssen, als deren Schutzgenien die alten Heidengötter
wieder erscheinen, strömt in prachtvollem Fluß durch die
gereimten Strophen. Wer sie in einem Zuge liest, wird die
Ahnung, daß hier ein Italiener, wahrscheinlich ein Lom-

barde spreche, kaum abweisen können; es gibt aber auch
bestimmte einzelne Gründe dafür.[1] Bis zu einem gewissen
Grade sind diese lateinischen Poesien der Clerici vagantes
des 12. Jahrhunderts allerdings ein gemeinsames europäisches Produkt, mitsamt ihrer großen auffallenden Frivolität, allein Der, welcher den Gesang de Phyllide et Flora und
das Aestuans interius etc. gedichtet hat, war vermutlich
kein Nordländer, und auch der feine beobachtende Sybarit
nicht, von welchem Dum Dianae vitrea sero lampas oritur
(S. 124) herrührt. Hier ist eine Renaissance der antiken
Weltanschauung, die nur um so klarer in die Augen fällt
neben der mittelalterlichen Reimform. Es gibt manche Arbeit dieses und der nächsten Jahrhunderte, welche Hexameter und Pentameter in sorgfältiger Nachbildung und allerlei
antike, zumal mythologische Zutat in den Sachen aufweist
und doch nicht von ferne jenen antiken Eindruck hervorbringt. In den hexametrischen Chroniken u. a. Produktionen von Guilielmus Appulus an begegnet man oft einem
emsigen Studium des Virgil, Ovid, Lucan, Statius und
Claudian, allein die antike Form bleibt bloße Sache der
Gelehrsamkeit, gerade wie der antike Stoff bei Sammel-
schriftstellern in der Weise des Vincenz von Beauvais oder

---

1 Carmina Burana, in der »Bibliothek des literarischen Vereins in
 Stuttgart« der XVI. Band. – Der Aufenthalt in Pavia (p. 68, 69),
 die italienische Lokalität überhaupt, die Szene mit der pastorella
 unter dem Ölbaum (p. 145), die Anschauung einer pinus als
 eines weitschattigen Wiesenbaums (p. 156), der mehrmalige
 Gebrauch des Wortes bravium (p. 137, 144), namentlich aber die
 Form Madii für Maji (p. 141) scheinen für unsere Annahme zu
 sprechen. – Daß der Dichter sich Walther nennt, gibt noch
 keinen Wink über seine Herkunft. Gewöhnlich identifiziert
 man ihn mit Gualterus de Mapes, einem Domherrn von Salis-
 bury und Kaplan der englischen Könige gegen Ende des 12.
 Jahrhunderts. In neuerer Zeit glaubt man ihn in einem gew.
 Walther von Lille oder von Chatillon wieder zu erkennen, vgl.
 Giesebrecht, bei Wattenbach: Deutschlands Geschichtsquellen
 im Mittelalter, S. 431 ff.

bei dem Mythologen und Allegoriker Alanus ab Insulis.
Die Renaissance ist aber nicht stückweise Nachahmung
und Aufsammlung, sondern Wiedergeburt, und eine solche
findet sich in der Tat in jenen Gedichten des unbekannten
Clericus aus dem 12. Jahrhundert.

Die große, allgemeine Parteinahme der Italiener für das
Altertum beginnt jedoch erst mit dem 14. Jahrhundert. Es
war dazu eine Entwicklung des städtischen Lebens notwendig, wie sie nur in Italien und erst jetzt vorkam: Zusammenwohnen und tatsächliche Gleichheit von Adlichen und
Bürgern; Bildung einer allgemeinen Gesellschaft (S. 148),
welche sich bildungsbedürftig fühlte und Muße und Mittel
übrig hatte. Die Bildung aber, sobald sie sich von der
Phantasiewelt des Mittelalters losmachen wollte, konnte
nicht plötzlich durch bloße Empirie zur Erkenntnis der
physischen und geistigen Welt durchdringen, sie bedurfte
eines Führers, und als solchen bot sich das klassische Altertum dar mit seiner Fülle objektiver, einleuchtender Wahrheit in allen Gebieten des Geistes. Man nahm von ihm
Form und Stoff mit Dank und Bewunderung an; es wurde
einstweilen der Hauptinhalt jener Bildung.[2] Auch die allgemeinen Verhältnisse Italiens waren der Sache günstig; das
Kaisertum des Mittelalters hatte seit dem Untergang der
Hohenstaufen entweder auf Italien verzichtet oder konnte
sich daselbst nicht halten; das Papsttum war nach Avignon
übergesiedelt; die meisten tatsächlich vorhandenen Mächte
waren gewaltsam und illegitim; der zum Bewußtsein ge-
weckte Geist aber war im Suchen nach einem neuen halt-
baren Ideal begriffen, und so konnte sich das Scheinbild
und Postulat einer römisch-italischen Weltherrschaft der
Gemüter bemächtigen, ja eine praktische Verwirklichung
versuchen mit Cola di Rienzo. Wie er, namentlich bei

---

2 Wie das Altertum in allen höhern Gebieten des Lebens als
  Lehrer und Führer dienen könne, schildert z. B. in rascher
  Übersicht Aeneas Sylvius (opera p. 603 in der Epist. 105, an
  Erzherzog Sigismund).

seinem ersten Tribunat, die Aufgabe anfaßte, mußte es
allerdings nur zu einer wunderlichen Komödie kommen,
allein für das Nationalgefühl war die Erinnerung an das alte
Rom durchaus kein wertloser Anhalt. Mit seiner Kultur
aufs Neue ausgerüstet fühlte man sich bald in der Tat als die
vorgeschrittenste Nation der Welt.

Diese Bewegung der Geister nicht in ihrer Fülle, sondern
nur in ihren äußern Umrissen, und wesentlich in ihren
Anfängen zu zeichnen ist nun unsere nächste Aufgabe.[3]

———————

Vor Allem genießt die Ruinenstadt Rom[1] selber jetzt eine
andere Art von Pietät als zu der Zeit, da die Mirabilia
Romae und das Geschichtswerk des Wilhelm von Malmesbury verfaßt wurden. Die Phantasie des frommen Pilgers

———————

3 Für das Nähere verweisen wir auf Roscoe: Lorenzo magnif.,
   und: Leo X., sowie auf Voigt: Enea Silvio, und auf Papencordt:
   Geschichte der Stadt Rom im Mittelalter. – Wer sich einen
   Begriff machen will von dem Umfang, welchen das Wissens-
   würdige bei den Gebildeten des beginnenden 16. Jahrhunderts
   angenommen hatte, ist am besten auf die Commentarii urbani
   des Raphael Volaterranus zu verweisen. Hier sieht man, wie das
   Altertum den Eingang und Hauptinhalt jedes Erkenntniszwei-
   ges ausmachte, von der Geographie und Lokalgeschichte durch
   die Biographien aller Mächtigen und Berühmten, die Populär-
   philosophie, die Moral und die einzelnen Spezialwissenschaften
   hindurch bis auf die Analyse des ganzen Aristoteles, womit das
   Werk schließt. Um die ganze Bedeutung desselben als Quelle
   der Bildung zu erkennen, müßte man es mit allen frühern
   Enzyklopädien vergleichen. Eine umständliche und allseitige
   Behandlung des vorliegenden Themas gewährt das treffliche
   Werk von Voigt: die Wiederbelebung des klassischen Altertums.
1 Die hier nur flüchtig berührte Aufgabe ist seither im größten
   Maßstabe gelöst worden durch Gregorovius' »Geschichte der
   Stadt Rom im Mittelalter«, auf welches Werk hier ein für allemal
   verwiesen wird.

wie die des Zaubergläubigen und des Schatzgräbers[2] tritt in
den Aufzeichnungen zurück neben der des Historikers und
Patrioten. In diesem Sinne wollen Dantes Worte[3] verstanden sein: Die Steine der Mauern von Rom verdienten
Ehrfurcht, und der Boden, worauf die Stadt gebaut ist, sei
würdiger als die Menschen sagen. Die kolossale Frequenz
der Jubiläen läßt in der eigentlichen Literatur doch kaum
eine andächtige Erinnerung zurück; als besten Gewinn
vom Jubiläum des Jahres 1300 bringt Giovanni Villani
(S. 81) seinen Entschluß zur Geschichtschreibung mit nach
Hause, welchen der Anblick der Ruinen von Rom in ihm
geweckt. Petrarca gibt uns noch Kunde von einer zwischen
klassischem und christlichem Altertum geteilten Stimmung; er erzählt, wie er oftmals mit Giovanni Colonna auf
die riesigen Gewölbe der Diocletiansthermen hinaufgestie-
gen;[4] hier, in der reinen Luft, in tiefer Stille, mitten in der
weiten Rundsicht redeten sie zusammen, nicht von Geschäften, Hauswesen und Politik, sondern, mit dem Blick
auf die Trümmer ringsum, von der Geschichte, wobei Petrarca mehr das Altertum, Giovanni mehr die christliche
Zeit vertrat; dann auch von der Philosophie und von den
Erfindern der Künste. Wie oft seitdem bis auf Gibbon und

---

2 Bei Guil. Malmesb., Gesta regum Anglor., L. II, § 169, 170, 205,
   206 (ed. London 1840, vol. I, p. 277 ss., p. 354 ss.), verschiedene
   Schatzgräberphantasien, dann Venus als gespenstische Liebschaft, und endlich die Auffindung der riesigen Leiche des
   Pallas, Sohnes Evanders, um die Mitte des 11. Jahrh. – Vgl. Iac.
   ab Aquis, Imago mundi (Hist. patr. monum. Scriptt., Tom. III,
   Col. 1603) über den Ursprung des Hauses Colonna in Verbindung mit geheimen Schätzen. – Außer seinen Schatzgräber-
   geschichten teilt Malmesbury freilich auch die Elegie des
   Hildebert von Mans, Bischofs von Tours, mit, eines der auffallendsten Beispiele humanistischer Begeisterung für die erste
   Hälfte des 12. Jahrhunderts.
3 Dante, Convito, Tratt. IV, Cap. 5.
4 Epp. familiares VI, 2 (pag. 657); Äußerungen über Rom, bevor
   er es gesehen, ibid. II, 9 (p. 600); vgl. II, 14.

Niebuhr hat diese Ruinenwelt die geschichtliche Kontemplation geweckt.

Dieselbe geteilte Empfindung offenbart auch noch Fazio degli Uberti in seinem um 1360 verfaßten Dittamondo, einer fingierten visionären Reisebeschreibung, wobei ihn der alte Geograph Solinus begleitet wie Virgil den Dante. So wie sie Bari zu Ehren des S. Nicolaus, Monte Gargano aus Andacht zum Erzengel Michael besuchen, so wird auch in Rom die Legende von Araceli und die von S. Maria in Trastevere erwähnt, doch hat die profane Herrlichkeit des alten Rom schon merklich das Übergewicht; eine hehre Greisin in zerrissenem Gewand – es ist Roma selber – erzählt ihnen die glorreiche Geschichte und schildert umständlich die alten Triumphe;[6] dann führt sie die Fremdlinge in der Stadt herum und erklärt ihnen die sieben Hügel und eine Menge Ruinen – che comprender potrai, quanto fui bella! –

Leider war dieses Rom der avignonesischen und schismatischen Päpste in bezug auf die Reste des Altertums schon bei Weitem nicht mehr, was es einige Menschenalter vorher gewesen war. Eine tödliche Verwüstung, welche den wichtigsten noch vorhandenen Gebäuden ihren Charakter genommen haben muß, war die Schleifung von 140 festen Wohnungen römischer Großen durch den Senator Brancaleone um 1258; der Adel hatte sich ohne Zweifel in den besterhaltenen und höchsten Ruinen eingenistet gehabt.[7] Gleichwohl blieb noch immer unendlich viel mehr übrig, als was gegenwärtig aufrechtsteht, und namentlich

---

6 Dittamondo, II, cap. 3. Der Zug erinnert noch teilweise an die naiven Bilder der heiligen drei Könige und ihres Gefolges. – Die Schilderung der Stadt, II, cap. 31, ist archäologisch nicht ganz ohne Wert. – Laut dem Polistore (Murat. XXIV, Col. 845) reisten 1366 Nicolò und Ugo von Este nach Rom: per vedere quelle magnificenze antiche, che al presente si possono vedere in Roma.

7 Beiläufig hier ein Beleg wie auch das Ausland Rom im Mittelalter als einen Steinbruch betrachtete: Der berühmte Abt Sugerius, der sich (um 1140) für seinen Neubau von St. Denis um gewaltige Säulenschäfte umsah, dachte an nichts geringeres als

mögen viele Reste noch ihre Bekleidung und Inkrustation
mit Marmor, ihre vorgesetzten Säulen u. a. Schmuck gehabt haben, wo jetzt nur der Kernbau aus Backsteinen
übrig ist. An diesen Tatbestand schloß sich nun der Anfang
einer ernsthaften Topographie der alten Stadt an. In Poggio's Wanderung durch Rom[8] ist zum erstenmal das Studium der Reste selbst mit dem der alten Autoren und mit
dem der Inschriften (welchen er durch alles Gestrüpp hindurch[9] nachging) inniger verbunden, die Phantasie zu-
rückgedrängt, der Gedanke an das christliche Rom geflissentlich ausgeschieden. Wäre nur Poggio's Arbeit viel
ausgedehnter und mit Abbildungen versehen! Er traf noch
sehr viel mehr Erhaltenes an als achtzig Jahre später Rafael.
Er selber hat noch das Grabmal der Caecilia Metella und die
Säulenfronte eines der Tempel am Abhang des Kapitols
zuerst vollständig und dann später bereits halbzerstört wie-
dergesehen, indem der Marmor noch immer den unglück-
seligen Materialwert hatte, leicht zu Kalk gebrannt werden
zu können; auch eine gewaltige Säulenhalle bei der Minerva
unterlag stückweise diesem Schicksal. Ein Berichterstatter
vom Jahre 1443 meldet die Fortdauer dieses Kalkbrennens,
»welches eine Schmach ist; denn die neuern Bauten sind
erbärmlich, und das Schöne an Rom sind die Ruinen«.[10] Die

---

an die Granitmonolithen der Diocletiansthermen, besann sich
aber doch eines anderen. Sugerii libellus alter, bei Duchesne,
scriptores, IV, p. 352. – Karl der Große war ohne Zweifel
bescheidener verfahren.

8 Poggii opera, fol. 50, s. Ruinarum urbis Romae descriptio. Um
1430, nämlich kurz vor dem Tode Martins V. – Die Thermen
des Caracalla und Diocletian hatten noch ihre Inkrustation und
ihre Säulen.

9 Poggio als frühster Inskriptionensammler, in seinem Briefe in
der vita Poggii, bei Murat XX, Col. 177. Als Büstensammler
Col. 183.

10 Fabroni, Cosmus, Adnot. 86. Aus einem Briefe des Alberto
degli Alberti an Giovanni Medici. – Über den Zustand Roms
unter Martin V. s. Platina, p. 277; während der Abwesenheit
Eugens IV. s. Vespasiano Fiorent., p. 21.

damaligen Einwohner in ihren Campagnolenmänteln und
Stiefeln kamen den Fremden vor wie lauter Rinderhirten,
und in der Tat weidete das Vieh bis zu den Banchi hinein;
die einzige gesellige Reunion waren die Kirchgänge zu
bestimmten Ablässen; bei dieser Gelegenheit bekam man
auch die schönen Weiber zu sehen.

In den letzten Jahren Eugens IV. (st. 1447) schrieb Blondus von Forli seine Roma instaurata, bereits mit Benützung
des Frontinus und der alten Regionenbücher, sowie auch
(scheint es) der Anastasius. Sein Zweck ist schon bei weitem nicht bloß die Schilderung des Vorhandenen, sondern
mehr die Ausmittelung des Untergegangenen. Im Einklang
mit der Widmung an den Papst tröstet er sich für den
allgemeinen Ruin mit den herrlichen Reliquien der Heiligen, welche Rom besitze.

Mit Nicolaus V. (1447-1455) besteigt derjenige neue monumentale Geist, welcher der Renaissance eigen war, den
päpstlichen Stuhl. Durch die neue Geltung und Verschönerung der Stadt Rom als solcher wuchs nun wohl einerseits
die Gefahr für die Ruinen, andererseits aber auch die Rücksicht für dieselben als Ruhmestitel der Stadt. Pius II. ist
ganz erfüllt von antiquarischem Interesse, und wenn er von
den Altertümern Roms wenig redet, so hat er dafür denjenigen des ganzen übrigen Italiens seine Aufmerksamkeit
gewidmet und diejenigen der Umgebung der Stadt in weitem Umfange zuerst genau gekannt und beschrieben.[11]
Allerdings interessieren ihn als Geistlichen und Kosmogra-
phen antike und christliche Denkmäler und Naturwunder
gleichmäßig, oder hat er sich Zwang antun müssen, als er
z. B. niederschrieb: Nola habe größere Ehre durch das
Andenken des St. Paulinus als durch die römischen Erinnerungen und durch den Heldenkampf des Marcellus?
Nicht daß etwa an seinem Reliquienglauben zu zweifeln

---

11 Das Folgende aus Jo. Ant. Campanus: Vita Pii II. bei Muratori
    III, II, Col. 980, s. – Pii II. Commentarii, p. 48, 72 s., 206, 248
    s., 501 u.a.a.O.

wäre, allein sein Geist ist schon offenbar mehr der For-
scherteilnahme an Natur und Altertum, der Sorge für das
Monumentale, der geistvollen Beobachtung des Lebens
zugeneigt. Noch in seinen letzten Jahren als Papst, pod-
agrisch und doch in der heitersten Stimmung, läßt er sich ₅
auf dem Tragsessel über Berg und Tal nach Tusculum, Alba,
Tibur, Ostia, Falerii, Ocriculum bringen und verzeichnet
Alles was er gesehen; er verfolgt die alten Römerstraßen
und Wasserleitungen und sucht die Grenzen der antiken
Völkerschaften um Rom zu bestimmen. Bei einem Ausflug ₁₀
nach Tibur mit dem großen Federigo von Urbino vergeht
die Zeit Beiden auf das Angenehmste mit Gesprächen über
das Altertum und dessen Kriegswesen, besonders über den
trojanischen Krieg; selbst auf seiner Reise zum Kongreß
von Mantua (1459) sucht er, wiewohl vergebens, das von ₁₅
Plinius erwähnte Labyrinth von Clusium und besieht am
Mincio die sogenannte Villa Virgil's. Daß derselbe Papst
auch von den Abbreviatoren ein klassisches Latein verlangte, versteht sich beinahe von selbst; hat er doch einst im
neapolitanischen Krieg die Arpinaten amnestiert als Lands- ₂₀
leute des M. T. Cicero, sowie des C. Marius, nach welchen
noch viele Leute dort getauft waren. Ihm allein als Kenner
und Beschützer konnte und mochte Blondus seine Roma
triumphans zueignen, den ersten großen Versuch einer
Gesamtdarstellung des römischen Altertums. ₂₅
  In dieser Zeit war natürlich auch im übrigen Italien
der Eifer für die römischen Altertümer erwacht. Schon
Boccaccio[12] nennt die Ruinenwelt von Bajae »altes Ge-
mäuer, und doch neu für moderne Gemüter«; seitdem galten sie als größte Sehenswürdigkeit der Umgegend Nea- ₃₀
pels. Schon entstanden auch Sammlungen von Altertümern
jeder Gattung. Ciriaco von Ancona durchstreifte nicht bloß
Italien sondern auch andere Länder des alten Orbis terra-
rum und brachte Inschriften und Zeichnungen in Menge
mit; auf die Frage, warum er sich so bemühe, antwortete er: ₃₅

12 Boccaccio, Fiammetta, cap. 5.

um die Toten zu erwecken.[13] Die Historien der einzelnen
Städte hatten von jeher auf einen wahren oder fingierten
Zusammenhang mit Rom, auf direkte Gründung oder Ko-
lonisation von dort aus hingewiesen;[14] längst scheinen ge-
fällige Genealogen auch einzelne Familien von berühmten
römischen Geschlechtern deriviert zu haben. Dies lautete
so angenehm, daß man auch im Lichte der beginnenden
Kritik des 15. Jahrhunderts daran festhielt. Ganz unbefangen redet Pius II. in Viterbo[15] zu den römischen Oratoren,
die ihn um schleunige Rückkehr bitten: »Rom ist ja meine
Heimat so gut wie Siena, denn mein Haus, die Piccolomini,
ist vor alters von Rom nach Siena gewandert, wie der
häufige Gebrauch der Namen Aeneas und Sylvius in unserer Familie beweist.« Vermutlich hätte er nicht übel Lust
gehabt, ein Julier zu sein. Auch für Paul II. – Barbo von
Venedig – wurde gesorgt, indem man sein Haus, trotz einer
entgegenstehenden Abstammung aus Deutschland, von
den römischen Ahenobarbus ableitete, die mit einer Kolonie nach Parma geraten und deren Nachkommen wegen
Parteiung nach Venedig ausgewandert seien.[16] Daß die

13 Leandro Alberti, Descriz. di tutta l'Italia, fol. 285. – Laut
    Lionardo Aretino (Baluz. Misc. III, p. 111) durchreiste Ciriaco
    Aetolien, Acarnanien, Böotien und den Peloponnes und
    kannte Sparta, Argos und Athen.
14 Zwei Beispiele statt vieler: die fabulose Urgeschichte von
    Mailand, im Manipulus (Murat. XI, Col. 552) und die von
    Florenz, am Anfang der Chronik des Ricordano Malaspini,
    und dann bei Gio. Villani, laut welchem Florenz gegen das
    antirömische, rebellische Fiesole von jeher Recht hat, weil es so
    gut römisch gesinnt ist. (I, 9, 38, 41, II, 2.) – Dante Inf. XV, 76.
15 Commentarii, p. 206, im IV. Buch.
16 Mich. Cannesius, Vita Pauli II. bei Murat. III, II, Col. 993.
    Selbst gegen Nero, den Sohn des Domitius Ahenobarbus, will
    Autor, der päpstlichen Verwandtschaft wegen, nicht unver-
    bindlich sein; er sagt von demselben nur: de quo rerum scrip-
    tores multa ac diversa commemorant. – Noch stärker war es
    freilich z. B., wenn die Familie Plato in Mailand sich schmei-
    chelte, von dem großen Plato abzustammen, wenn Filelfo in

Massimi von Q. Fabius Maximus, die Cornaro von den Corneliern abstammen wollten, kann nicht befremden. Dagegen ist es für das folgende 16. Jahrhundert eine recht auffallende Ausnahme, daß der Novellist Bandello sein Geschlecht von vornehmen Ostgoten (I. Nov. 23.) abzuleiten sucht.

Kehren wir nach Rom zurück. Die Einwohner, »die sich damals Römer nannten«, gingen begierig auf das Hochgefühl ein, welches ihnen das übrige Italien entgegenbrachte. Wir werden unter Paul II., Sixtus IV. und Alexander VI. prächtige Karnevalsaufzüge stattfinden sehen, welche das beliebteste Phantasiebild jener Zeit, den Triumph altrömischer Imperatoren, darstellten. Wo irgend Pathos zum Vorschein kam, mußte es in jener Form geschehen. Bei dieser Stimmung der Gemüter geschah es am 18. April 1485, daß sich das Gerücht verbreitete, man habe die wunderbar schöne, wohl erhaltene Leiche einer jungen Römerin aus dem Altertum gefunden.[17] Lombardische Maurer, welche auf einem Grundstück des Klosters S. Maria nuova, an der Via Appia, außerhalb der Caecilia Metella, ein antikes Grabmal aufgruben, fanden einen marmornen Sarkophag angeblich mit der Aufschrift: Julia, Tochter des Claudius. Das Weitere gehört der Phantasie an; die Lombarden seien sofort verschwunden samt den Schätzen und Edelsteinen, welche im Sarkophag zum Schmuck und Geleit der Leiche dienten; letztere sei mit einer sichernden Essenz überzogen und so frisch, ja so beweglich gewesen wie die eines eben gestorbenen Mädchens von 15 Jahren; dann hieß es sogar,

---

einer Hochzeitsrede und in einer Lobrede auf den Juristen Teodoro Plato dies sagen durfte, und wenn ein Giovanantonio Plato der von ihm 1478 gemeißelten Relieffigur des Philosophen (im Hof des Pal. Mazenta zu Mailand) die Inschrift beifügen konnte: Platonem suum, a quo originem et ingenium refert . . .

17 Hierüber Nantiporto, bei Murat. III, II, Col. 1049; Infessura bei Eccard, Scriptores, II, Col. 1951; – Matarazzo, im Arch. stor. XVI, II, p. 180.

sie habe noch ganz die Farbe des Lebens, Augen und Mund
halb offen. Man brachte sie nach dem Konservatorenpalast
auf dem Kapitol, und dahin, um sie zu sehen, begann nun
eine wahre Wallfahrt; viele kamen auch um sie abzumalen;
»denn sie war schön, wie man es nicht sagen noch schreiben
kann, und wenn man es sagte oder schriebe, so würden es,
die sie nicht sahen, doch nicht glauben«. Aber auf Befehl
Innocenz VIII. mußte sie eines Nachts vor Porta Pinciana
an einem geheimen Ort verscharrt werden; in der Hofhalle
der Konservatoren blieb nur der leere Sarkophag. Wahrscheinlich war über den Kopf der Leiche eine farbige
Maske des idealen Stiles aus Wachs oder etwas Ähnlichem
modelliert, wozu die vergoldeten Haare, von welchen die
Rede ist, ganz wohl passen würden. Das Rührende an der
Sache ist nicht der Tatbestand sondern das feste Vorurteil,
daß der antike Leib, den man endlich hier in Wirklichkeit
vor sich zu sehen glaubte, notwendig herrlicher sein müsse
als Alles was jetzt lebe.

Inzwischen wuchs die sachliche Kenntnis des alten Rom
durch Ausgrabungen; schon unter Alexander VI. lernte
man die sog. Grottesken, d. h. die Wand- und Gewölbedekoration der Alten kennen, und fand in Porto d'Anzo den
Apoll vom Belvedere; unter Julius II. folgten die glorrei-
chen Auffindungen des Laocoon, der vatikanischen Venus,
des Torso, der Cleopatra u. a. m.;[18] auch die Paläste der
Großen und Kardinäle begannen sich mit antiken Statuen
und Fragmenten zu füllen. Für Leo X. unternahm Rafael
jene ideale Restauration der ganzen alten Stadt, von welcher sein (oder Castigliones) berühmter Brief spricht.[19]
Nach der bittern Klage über die noch immer dauernden
Zerstörungen, namentlich noch unter Julius II., ruft er den
Papst um Schutz an für die wenigen übriggebliebenen

---

18 Schon unter Julius II. grub man nach in der Absicht, Statuen
    zu finden. Vasari XI, p. 302, V. di Gio. da Udine.

19 Quatremère, Stor. della vita etc. di Rafaello, ed Longhena,
    p. 531.

Zeugnisse der Größe und Kraft jener göttlichen Seelen des
Altertums, an deren Andenken sich noch jetzt diejenigen
entzünden, die des Höhern fähig seien. Mit merkwürdig
durchdringendem Urteil legt er dann den Grund zu einer
vergleichenden Kunstgeschichte überhaupt und stellt am
Ende denjenigen Begriff von »Aufnahme« fest, welcher
seitdem gegolten hat: er verlangt für jeden Überrest Plan,
Aufriß und Durchschnitt gesondert. Wie seit dieser Zeit die
Archäologie, in speziellem Anschluß an die geheiligte Welt-
stadt und deren Topographie, zur besondern Wissenschaft
heranwuchs, wie die vitruvianische Akademie wenigstens
ein kolossales Programm[20] aufstellte, kann nicht weiter
ausgeführt werden. Hier dürfen wir bei Leo X. stehenblei-
ben, unter welchem der Genuß des Altertums sich mit allen
andern Genüssen zu jenem wundersamen Eindruck verflocht, welcher dem Leben in Rom seine Weihe gab. Der
Vatikan tönte von Gesang und Saitenspiel; wie ein Gebot
zur Lebensfreude gingen diese Klänge über Rom hin, wenn
auch Leo damit für sich kaum eben erreichte, daß sich
Sorgen und Schmerzen verscheuchen ließen, und wenn
auch seine bewußte Rechnung, durch Heiterkeit das Dasein
zu verlängern,[21] mit seinem frühen Tode fehlschlug. Dem
glänzenden Bilde des leonischen Rom, wie es Paolo Giovio
entwirft, wird man sich nie entziehen können, so gut bezeugt auch die Schattenseiten sind: die Knechtschaft der
Emporstrebenden und das heimliche Elend der Prälaten,
welche trotz ihrer Schulden standesgemäß leben müssen,[22]
das Lotteriemäßige und Zufällige von Leos literarischem
Mäzenat, endlich seine völlig verderbliche Geldwirt-

---

20 Lettre pittoriche II, I. Tolomei an Landi, 14. Nov. 1542.
21 Er wollte curis animique doloribus quacunque ratione aditum
   intercludere, heiterer Scherz und Musik fesselten ihn, und er
   hoffte auf diese Weise länger zu leben. Leonis X. vita anonyma,
   bei Roscoe, ed. Bossi XII, p. 169.
22 Von Ariostos Satiren gehören hieher die I. (Perc' ho molto
   etc.) und die IV. (Poiche, Annibale etc.)

schaft.[23] Derselbe Ariost, der diese Dinge so gut kannte
und verspottete, gibt doch wieder in der sechsten Satire ein
ganz sehnsüchtiges Bild von dem Umgang mit den hoch-
gebildeten Poeten, welche ihn durch die Ruinenstadt begleiten würden, von dem gelehrten Beirat, den er für seine
eigene Dichtung dort vorfände, endlich von den Schätzen
der vatikanischen Bibliothek. Dies, und nicht die längst
aufgegebene Hoffnung auf mediceische Protektion, meint
er, wären die wahren Lockspeisen für ihn, wenn man ihn
wieder bewegen wollte, als ferraresischer Gesandter nach
Rom zu gehen.

Außer dem archäologischen Eifer und der feierlich patriotischen Stimmung weckten die Ruinen als solche, in und
außer Rom, auch schon eine elegisch-sentimentale. Bereits
bei Petrarca und Boccaccio finden sich Anklänge dieser Art
(S. 181, 185); Poggio (a.a.O.) besucht oft den Tempel der
Venus und Roma, in der Meinung, es sei der des Castor und
Pollux, wo einst so oft Senat gehalten worden, und vertieft
sich hier in die Erinnerung an die großen Redner Crassus,
Hortensius, Cicero. Vollkommen sentimental äußert sich
dann Pius II. zumal bei der Beschreibung von Tibur,[24] und
bald darauf entsteht die erste ideale Ruinenansicht nebst
Schilderung bei Polifilo:[25] Trümmer mächtiger Gewölbe
und Kolonnaden, durchwachsen von alten Platanen, Lor-
beeren und Zypressen nebst wildem Buschwerk. In der
heiligen Geschichte wird es, man kann kaum sagen wie,
gebräuchlich, die Darstellung der Geburt Christi in die
möglichst prachtvollen Ruinen eines Palastes zu verlegen.[26]

23 Ranke, Päpste, I, 408 f. – Lettere de' principi I, Brief des Negri
    1. September 1522: . . . tutti questi cortigiani esausti da Papa
    Leone e falliti . . .
24 Pii II. Commentarii, p. 251, im V. Buch. – Vgl. auch Sannaza-
    ros Elegie in ruinas Cumarum, im 2. Buche.
25 Polifilo, Hypnerotomachia, ohne Seitenzahlen. Im Auszug bei
    Temanza, p. 12.
26 Während alle Kirchenväter und alle Pilger nur von einer Höhle
    wissen. Auch die Dichter können des Palastes entbehren. Vgl.
    Sannazaro, de partu Virginis, L. II.

Daß dann endlich die künstliche Ruine zum Requisit prächtiger Gartenanlagen wurde, ist nur die praktische Äußerung desselben Gefühls.

Unendlich wichtiger aber als die baulichen und überhaupt künstlerischen Reste des Altertums waren natürlich die schriftlichen, griechische sowohl als lateinische. Man hielt sie ja für Quellen aller Erkenntnis im absolutesten Sinne. Das Bücherwesen jener Zeit der großen Fünde ist oft geschildert worden; wir können nur einige weniger beachtete Züge hier beifügen.[27]

So groß die Einwirkung der alten Schriftsteller seit langer Zeit und vorzüglich während des 14. Jahrhunderts in Italien erscheint, so war doch mehr das Längstbekannte in zahlreichere Hände verbreitet als Neues entdeckt worden. Die gangbarsten lateinischen Dichter, Historiker, Redner und Epistolographen nebst einer Anzahl lateinischer Übersetzungen nach einzelnen Schriften des Aristoteles, Plutarch und weniger andern Griechen bildeten wesentlich den Vorrat, an welchem sich die Generation des Boccaccio und Petrarca begeisterte. Letzterer besaß und verehrte bekanntlich einen griechischen Homer, ohne ihn lesen zu können; die erste lateinische Übersetzung der Ilias und Odyssee hat Boccaccio mit Hilfe eines calabresischen Griechen so gut es ging zu Stande gebracht. Erst mit dem 15. Jahrhundert beginnt die große Reihe neuer Entdeckungen, die systematische Anlage von Bibliotheken durch Kopieren und der eifrigste Betrieb des Übersetzens aus dem Griechischen.[28]

---

27 Hauptsächlich aus Vespasiano Fiorentino, im I. Bande des Spicileg. romanum von Mai. Der Autor war ein florentinischer Bücherhändler und Kopienlieferant um die Mitte des 15. Jahrh⟨underts⟩ und nach derselben.

28 Bekanntlich wurde, um die Begier nach dem Altertum zu täuschen oder zu brandschatzen, auch einiges Unechte geschmiedet. Man sehe in den literar-geschichtlichen Werken statt alles übrigen die Artikel über Annius von Viterbo.

Ohne die Begeisterung einiger damaligen Sammler, welche sich bis zur äußersten Entbehrung anstrengten, besäßen wir ganz gewiß nur einen kleinen Teil zumal der griechischen Autoren, welche auf unsere Zeit gekommen sind. Papst Nicolaus V. hat sich schon als Mönch in Schulden gestürzt um Codices zu kaufen oder kopieren zu lassen; schon damals bekannte er sich offen zu den beiden großen Passionen der Renaissance: Bücher und Bauten.[29] Als Papst hielt er Wort; Kopisten schrieben und Späher suchten für ihn in der halben Welt, Perotto erhielt für die lateinische Übersetzung des Polybius 500 Dukaten, Guarino für die des Strabo 1 000 Goldgulden und sollte noch weitere 500 erhalten, als der Papst zu früh starb. Mit 5 000 oder je nachdem man rechnete 9 000 Bänden[30] hinterließ er diejenige eigentlich für den Gebrauch aller Kurialen bestimmte Bibliothek, welche der Grundstock der Vaticana geworden ist; im Palaste selber sollte sie aufgestellt werden, als dessen edelste Zier, wie es einst König Ptolemäus Philadelphus zu Alexandrien gehalten. Als er wegen der Pest mit dem Hofe nach Fabriano zog, nahm er seine Übersetzer und Kompilatoren dahin mit, auf daß sie ihm nicht wegstürben.

Der Florentiner Niccolò Niccoli,[31] Genosse des gelehrten Freundeskreises, welcher sich um den ältern Cosimo Medici versammelte, wandte sein ganzes Vermögen auf Erwerb von Büchern; endlich, da er nichts mehr hatte, hielten ihm die Medici ihre Kassen offen für jede Summe, die er zu solchen Zwecken begehrte. Ihm verdankt man die Vervoll-

29 Vespas. Fior., p. 31. Tommaso da Serezana usava dire, che dua cose farebbe, s'egli potesse mai spendere, ch'era in libri e murare. E l'una e l'altra fece nel suo pontificato. – Seine Übersetzer s. bei Aen. Sylvius, de Europa, cap. 58, p. 459, und bei Papencordt, Gesch. der Stadt Rom, p. 502.

30 Vespas. Fior., p. 48 und 658, 665. Vgl. J. Manetti, Vita Nicolai V. bei Murat. III, II, Col. 925 s. – Ob und wie Calixt III. die Sammlung wieder teilweise verzettelte, s. Vespas. Fior., p. 284 s., mit Mais Anmerkung.

31 Vespas. Fior., p. 617 s.

ständigung des Ammianus Marcellinus, des Cicero de oratore u. A. m.; er bewog den Cosimo zum Ankauf des trefflichsten Plinius aus einem Kloster zu Lübeck. Mit einem großartigen Zutrauen lieh er seine Bücher aus, ließ die Leute auch bei sich lesen, so viel sie wollten, und unterredete sich mit ihnen über das Gelesene. Seine Sammlung, 800 Bände zu 6 000 Goldgulden gewertet, kam nach seinem Tode durch Cosimo's Vermittelung an das Kloster S. Marco mit Bedingung der Öffentlichkeit.

Von den beiden großen Bücherfindern Guarino und Poggio ist der letztere,[32] zum Teil als Agent des Niccoli, bekanntlich auch in den süddeutschen Abteien tätig gewesen, und zwar bei Anlaß des Konzils von Konstanz. Er fand dort sechs Reden des Cicero und den ersten vollständigen Quintilian, die Sangallensische, jetzt Zürcher Handschrift; binnen 32 Tagen soll er sie vollständig und zwar sehr schön abgeschrieben haben. Den Silius Italicus, Manilius, Lucretius, Val. Flaccus, Ascon. Pedianus, Columella, Celsus, A. Gellius, Statius u. m. A. konnte er wesentlich vervollständigen; mit Lionardo Aretino zusammen brachte er die zwölf letzten Stücke des Plautus zum Vorschein, sowie die Verrinen des Cicero.

Aus antikem Patriotismus sammelte der berühmte Grieche Kardinal Bessarion[33] 600 Codices, heidnischen wie christlichen Inhalts, mit ungeheuren Opfern, und suchte nun einen sichern Ort, wohin er sie stiften könne, damit seine unglückliche Heimat, wenn sie je wieder frei würde, ihre verlorene Literatur wieder finden möchte. Die Signorie von Venedig (S. 79) erklärte sich zum Bau eines Lokales bereit und noch heute bewahrt die Marcusbibliothek einen Teil jener Schätze.[34]

---

32 Vespas. Fior., p. 547 s.

33 Vespas. Fior., p. 193. Vgl. Marin Sanudo, bei Murat. XXII, Col. 1185 s.

34 Wie man einstweilen damit umging, s. b. Malipiero, Ann. veneti, Arch. stor. VII, II, p. 653, 655.

Das Zusammenkommen der berühmten mediceischen
Bibliothek hat eine ganz besondere Geschichte, auf welche
wir hier nicht eingehen können; der Hauptsammler für
Lorenzo magnifico war Johannes Lascaris. Bekanntlich
hat die Sammlung nach der Plünderung des Jahres 1494
noch einmal stückweise durch Kardinal Giovanni Medici
(Leo X.) erworben werden müssen.

Die urbinatische Bibliothek[35] (jetzt im Vatikan) war
durchaus die Gründung des großen Federigo von Montefeltro (S. 52), der schon als Knabe zu sammeln begonnen
hatte, später beständig 30 bis 40 Scrittori an verschiedenen
Orten beschäftigte, und im Verlauf der Zeit über 30 000
Dukaten daran wandte. Sie wurde, hauptsächlich mit Hilfe
Vespasiano's, ganz systematisch fortgesetzt und vervoll-
ständigt, und was dieser davon berichtet, ist besonders
merkwürdig als Idealbild einer damaligen Bibliothek. Man
besaß z. B. in Urbino die Inventarien der Vaticana, der
Bibliothek von S. Marco in Florenz, der viscontinischen
Bibliothek von Pavia, ja selbst das Inventar von Oxford,
und fand mit Stolz, daß Urbino in der Vollständigkeit der
Schriften des einzelnen Autors jenen vielfach überlegen sei.
In der Masse wog vielleicht noch das Mittelalter und die
Theologie vor; da fand sich der ganze Thomas von Aquino,
der ganze Albertus magnus, der ganze Bonaventura usw.;
sonst war die Bibliothek sehr vielseitig und enthielt z. B.
alle irgend beizuschaffenden medizinischen Werke. Unter
den »Moderni« standen die großen Autoren des 14. Jahrhunderts, z. B. Dante, Boccaccio mit ihren gesamten Werken oben an; dann folgten 25 auserlesene Humanisten,
immer mit ihren lateinischen und italienischen Schriften
und allem, was sie übersetzt hatten. Unter den griechischen
Codices überwogen sehr die Kirchenväter, doch heißt es
bei den Klassikern u. a. in einem Zuge: alle Werke des
Sophokles, alle Werke des Pindar, alle Werke des *Menander*

---

35 Vespas. Fior., p. 124 s.

– ein Codex, der offenbar frühe[36] aus Urbino verschwunden
sein muß, weil ihn sonst die Philologen bald ediert haben
würden.

   Von der Art wie damals Handschriften und Bibliotheken
entstanden, erhalten wir auch sonst einige Rechenschaft.
Der direkte Ankauf eines ältern Manuskriptes, welches
einen raren oder allein vollständigen oder gar nur einzig
vorhandenen Text eines alten Autors enthielt, blieb natürlich eine seltene Gabe des Glückes und kam nicht in Rechnung. Unter den Kopisten nahmen diejenigen, welche griechisch verstanden, die erste Stelle und den Ehrennamen
Scrittori im vorzugsweisen Sinne ein; es waren und blieben
ihrer wenige, und sie wurden hoch bezahlt.[37] Die übrigen,
Copisti schlechtweg, waren teils Arbeiter, die einzig davon
lebten, teils arme Gelehrte, die eines Nebengewinnes bedurften. Merkwürdiger Weise waren die Kopisten von
Rom um die Zeit Nicolaus V. meist Deutsche und Franzosen,[38] wahrscheinlich Leute, die etwas bei der Kurie zu

---

36 Etwa bei der Einnahme von Urbino durch das Heer Cesare
    Borgias? – Mai bezweifelt die Existenz der Handschrift, ich
    kann aber nicht glauben, daß Vespasiano etwa die bloßen
    Gnomenexzerpte aus Menander, bekanntlich nur ein paar hun-
    dert Verse, mit »tutte le opere« und in jener Reihe umfangrei-
    cher Codices (mochte es auch nur unser jetziger Sophokles und
    Pindar sein) aufgeführt haben würde. Es ist nicht undenkbar,
    daß jener Menander noch einmal zum Vorschein kömmt.

37 Wenn Piero de' Medici beim Tode des bücherliebenden Königs
    Matthias Corvinus von Ungarn voraussagt, die Scrittori wür-
    den fortan ihre Preise ermäßigen müssen, da sie sonst von
    Niemand mehr (scil. als von uns) beschäftigt würden, so kann
    dies nur auf die Griechen gehen, denn Kalligraphen, auf wel-
    che man es zu deuten versucht wäre, gab es fortwährend viele
    in ganz Italien. – Fabroni, Laurent. magn. Adnot. 156. Vgl.
    Adnot. 154.

38 Gaye, Carteggio, I, p. 164. Ein Brief von 1455, unter Calixt III.
    Auch die berühmte Miniaturenbibel von Urbino ist von einem
    Franzosen, Arbeiter Vespasianos, geschrieben. S. D'Agin-
    court, Malerei, Tab. 78.

suchen hatten und ihren Lebensunterhalt herausschlagen
mußten. Als nun z. B. Cosimo Medici für seine Lieblings-
gründung, die Badia unterhalb Fiesole, rasch eine Bibliothek gründen wollte, ließ er den Vespasiano kommen und
erhielt den Rat: auf den Kauf vorrätiger Bücher zu verzichten, da sich, was man wünsche, nicht vorrätig finde, sondern schreiben zu lassen; darauf machte Cosimo einen Ak-
kord mit ihm auf tagtägliche Auszahlung, und Vespasiano
nahm 45 Schreiber und lieferte in 22 Monaten 200 fertige
Bände.[39] Das Verzeichnis, wonach man verfuhr, hatte Cosimo von Nicolaus V.[40] eigenhändig erhalten. (Natürlich
überwog die kirchliche Literatur und die Ausstattung für
den Chordienst weit das Übrige.)

Die Handschrift war jene schöne neu italienische, die
schon den Anblick eines Buches dieser Zeit zu einem Genuß macht, und deren Anfang schon ins 14. Jahrhundert
hinaufreicht. Papst Nicolaus V., Poggio, Giannozzo Manetti, Niccolò Niccoli und andere berühmte Gelehrte waren
von Hause aus Kalligraphen und verlangten und duldeten
nur Schönes. Die übrige Ausstattung, auch wenn keine
Miniaturen dazu kamen, war äußerst geschmackvoll, wie
besonders die Codices der Laurenziana mit ihren leichten
linearen Anfangs- und Schlußornamenten beweisen. Das
Material war, wenn für große Herren geschrieben wurde,
immer nur Pergament, der Einband in der Vaticana und zu
Urbino gleichmäßig in Karmosinsammet mit silbernem
Beschläge. Bei einer solchen Gesinnung, welche die Ehrfurcht vor dem Inhalt der Bücher durch möglichst edle
Ausstattung an den Tag legen wollte, ist es begreiflich, daß
die plötzlich auftauchenden gedruckten Bücher anfangs auf
Widerstand stießen. Federigo von Urbino »hätte sich geschämt« ein gedrucktes Buch zu besitzen.[41]

---

39 Vespas. Fior., p. 335.
40 Auch für die Bibliotheken von Urbino und Pesaro (die des
    Aless. Sforza, S. 36) hatte der Papst eine ähnliche Gefälligkeit.
41 Vespas. Fior., p. 129.

Die müden Abschreiber aber — nicht die, welche vom Kopieren lebten, sondern die Vielen, welche ein Buch abschreiben mußten um es zu haben — jubelten über die deutsche Erfindung.[42] Für die Vervielfältigung der Römer und dann auch der Griechen war sie in Italien bald und lange nur hier tätig, doch ging es damit nicht so rasch als man bei der allgemeinen Begeisterung für diese Werke hätte denken sollen. Nach einiger Zeit bilden sich Anfänge der modernen Autors- und Verlagsverhältnisse[43] und unter Alexander VI. kam die präventive Zensur auf, indem es jetzt nicht mehr leicht möglich war, ein Buch zu zernichten, wie noch Cosimo sich es von Filelfo ausbedingen konnte.[44]

Wie sich nun allmählich, im Zusammenhang mit dem fortschreitenden Studium der Sprachen und des Altertums überhaupt, eine Kritik der Texte bildete, ist so wenig ein Gegenstand dieses Buches als die Geschichte der Gelehrsamkeit überhaupt. Nicht das Wissen der Italiener als solches, sondern die Reproduktion des Altertums in Literatur und Leben muß uns beschäftigen. Doch sei über die Studien an sich noch eine Bemerkung gestattet.

Die griechische Gelehrsamkeit konzentriert sich wesentlich auf Florenz und auf das 15. und auf den Anfang des 16. Jahrhunderts. Was Petrarca und Boccaccio angeregt hat-

---

42 Artes — Quîs labor est fessis demptus ab articulis, in einem Gedicht des Robertus Ursus um 1470, Rerum ital. scriptt. ex codd. Florent., Tom. II, Col. 693. Er freut sich etwas früh über die zu hoffende rasche Verbreitung der klassischen Autoren. Vgl. Libri, Hist. des sciences mathématiques II, 278 s. — Über die Drucker in Rom Gaspar. Veron. Vita Pauli II, bei Murat. III, II, Col. 1046. Das erste Privilegium in Venedig s. Marin Sanudo, bei Murat. XXII, Col. 1189.

43 Etwas Ähnliches hatte schon zur Zeit des Schreibens existiert, s. Vespas. Fior., p. 656, s. über die Weltchronik des Zembino von Pistoja.

44 Fabroni, Laurent. magn. Adnot. 212. — Es geschah in betreff der Schmähschrift de exilio.

ten,[45] scheint noch nicht über die Teilnahme einiger begeisterten Dilettanten hinausgegangen zu sein; andererseits starb mit der Kolonie gelehrter griechischer Flüchtlinge auch das Studium des Griechischen in den 1520er Jahren
weg,[46] und es war ein rechtes Glück, daß Nordländer (Erasmus, die Estienne, Budeus) sich desselben inzwischen bemächtigt hatten. Jene Kolonie hatte begonnen mit Manuel Chrysoloras und seinem Verwandten Johannes, sowie mit Georg von Trapezunt, dann kamen um die Zeit der Eroberung Konstantinopels und nachher Johannes Argyropulos, Theodor Gaza, Demetrios Chalcondylas, der seine Söhne Theophilos und Basilios zu tüchtigen Griechen erzog, Andronikos Kallistos, Markos Musuros und die Familie der Lascaris, nebst andern mehr. Seit jedoch die Unterwerfung Griechenlands durch die Türken vollständig war, gab es keinen neuen gelehrten Nachwuchs mehr, ausgenommen die Söhne der Flüchtlinge und vielleicht ein paar Candioten und Cyprioten. Daß nun ungefähr mit dem Tode Leo's X. auch der Verfall der griechischen Studien im allgemeinen beginnt, hatte wohl zum Teil seinen Grund in einer Veränderung der geistigen Richtung überhaupt,[47] und in der bereits eingetretenen relativen Sättigung mit dem Inhalt der klassischen Literatur; gewiß ist aber auch die Koinzidenz mit dem Aussterben der gelehrten Griechen keine ganz zufällige. Das Studium des Griechischen unter den Italienern selbst erscheint, wenn man die Zeit um 1500 zum Maßstab nimmt, gewaltig schwunghaft; damals lernten diejenigen Leute griechisch reden, welche es ein halbes Jahr-

45 Vgl. Sismondi VI, p. 149 s.
46 Das Aussterben dieser Griechen konstatiert Pierius Valerian. de infelicitate literat. bei Anlaß der Lascaris. Und Paulus Jovius am Ende seiner Elogia literaria sagt von den Deutschen: ... quum literae non latinae modo cum pudore nostro, sed graecae et hebraicae in eorum terras fatali commigratione transierint. (Gegen 1540.)
47 Ranke, Päpste, I, 486. – Man vgl. das Ende dieses Abschnittes.

hundert später noch als Greise konnten, wie z. B. die Päpste
Paul III. und Paul IV.[48] Gerade diese Art von Teilnahme
aber setzte den Umgang mit gebornen Griechen voraus.

Außerhalb Florenz hatten Rom und Padua fast immer,
Bologna, Ferrara, Venedig, Perugia, Pavia u. a. Städte wenigstens zeitweise besoldete Lehrer des Griechischen.[49] Unendlich viel verdankte das griechische Studium der Offizin
des Aldo Manucci zu Venedig, wo die wichtigsten und
umfangreichsten Autoren zum erstenmal griechisch gedruckt wurden. Aldo wagte seine Habe dabei; er war ein
Editor und Verleger, wie die Welt wenige gehabt hat.

Daß neben den klassischen Studien auch die orientalischen einen ziemlich bedeutenden Umfang gewannen, ist
wenigstens hier mit einem Worte zu erwähnen. An die
dogmatische Polemik gegen die Juden knüpfte sich zuerst
bei Giannozzo Manetti,[50] einem großen florentinischen
Gelehrten und Staatsmann (st. 1459), die Erlernung des
Hebräischen und der ganzen jüdischen Wissenschaft; sein
Sohn Agnolo mußte von Kindheit auf lateinisch, griechisch
und hebräisch lernen; ja Papst Nicolaus V. ließ von Giannozzo die ganze Bibel neu übersetzen, indem die philologische Gesinnung jener Zeit darauf hindrängte, die Vulgata
aufzugeben.[51] Auch sonst nahm mehr als ein Humanist das
Hebräische lange vor Reuchlin mit in seine Studien auf und

---

48 Tommaso Gar, Relazioni della corte di Roma, I, p. 338, 379.
49 Georg von Trapezunt mit 150 Dukaten in Venedig 1459 als
    Professor der Rhetorik besoldet, Malipiero, Arch. stor. VII, II,
    p. 653. – Über den griechischen Lehrstuhl in Perugia s. Arch.
    stor. XVI, II, p. 19 der Einleitung. – Für Rimini bleibt es
    ungewiß, ob griechisch doziert wurde; vgl. Anecd. litt. II,
    p. 300.
50 Vesp. Fior., p. 48, 476, 578, 614. – Auch Fra Ambrogio Camal-
    dolese konnte hebräisch. Ibid., p. 320.
51 Sixtus IV., der das Gebäude für die Vaticana errichtete und
    dieselbe durch viele Ankäufe vermehrte, warf auch Besoldun-
    gen für lateinische, griechische und hebräische Skriptoren (li-
    brarios) aus. Platina, Vita Sixti IV, p. 332.

Pico della Mirandola besaß das ganze talmudische und philosophische Wissen eines gelehrten Rabbiners. Auf das Arabische kam man am ehesten von Seiten der Medizin, welche sich mit den ältern lateinischen Übersetzungen der großen arabischen Ärzte nicht mehr begnügen wollte; den äußern Anlaß boten etwa die venezianischen Konsulate im Orient, welche italienische Ärzte unterhielten. Hieronimo Ramusio, ein venetianischer Arzt, übersetzte aus dem Arabischen und starb in Damaskus. Andrea Mongajo von Belluno[52] hielt sich um Avicenna's willen lange in Damaskus auf, lernte das Arabische und emendierte seinen Autor; die venezianische Regierung stellte ihn dann für dieses besondere Fach in Padua an.

Bei Pico müssen wir hier noch verweilen, ehe wir zu der Wirkung des Humanismus im Großen übergehen. Er ist der Einzige, welcher laut und mit Nachdruck die Wissenschaft und Wahrheit aller Zeiten gegen das einseitige Hervorheben des klassischen Altertums verfochten hat.[53] Nicht nur Averrhoes und die jüdischen Forscher, sondern auch die Scholastiker des Mittelalters schätzt er nach ihrem Sachinhalt; er glaubt sie reden zu hören: »wir werden ewig leben, nicht in den Schulen der Silbenstecher, sondern im Kreis der Weisen, wo man nicht über die Mutter der Andromache oder über die Söhne der Niobe diskutiert, sondern über die tiefern Gründe göttlicher und menschlicher Dinge; wer da näher tritt, wird merken, daß auch die Barbaren den Geist (Mercurium) hatten, nicht auf der Zunge, aber im Busen.« Im Besitz eines kräftigen, durchaus nicht unschönen Lateins und einer klaren Darstellung verachtet er den pedantischen Purismus und die ganze Überschätzung einer entlehnten Form, zumal wenn sie mit Ein-

---

52 Pierius Valerian., de infelic. lit. bei Anlaß des Mongajo. – Über Ramusio, vgl. Sansovino, Venezia, Fol. 250.

53 Vorzüglich in dem wichtigen Briefe vom Jahre 1485 an Ermolao Barbaro, bei Ang. Politian. epistolae, L. IX. – Vgl. Jo. Pici oratio de hominis dignitate.

seitigkeit und Einbuße der vollen großen Wahrheit in der
Sache verbunden ist. An ihm kann man inne werden, welche erhabene Wendung die italienische Philosophie würde
genommen haben, wenn nicht die Gegenreformation das
ganze höhere Geistesleben gestört hätte.   5

Wer waren nun Diejenigen, welche das hochverehrte Altertum mit der Gegenwart vermittelten und das Erstere zum
Hauptinhalt der Bildung der letztern erhoben?
    Es ist eine hundert gestaltige Schar, die heute dieses,
morgen jenes Antlitz zeigt; so viel aber wußte die Zeit und 10
wußten sie selbst, daß sie ein neues Element der bürgerlichen Gesellschaft seien. Als ihre Vorläufer mögen am ehesten jene vagierenden Kleriker des 12. Jahrhunderts gelten,
von deren Poesie oben (S. 177 f.) die Rede gewesen ist;
dasselbe unstete Dasein, dieselbe freie und mehr als freie   15
Lebensansicht, und von derselben Antikisierung der Poesie
wenigstens der Anfang. Jetzt aber tritt der ganzen wesentlich noch immer geistlichen und von Geistlichen gepflegten
Bildung des Mittelalters eine neue Bildung entgegen, die
sich vorzüglich an dasjenige hält, was jenseits des Mittel-   20
alters liegt. Die aktiven Träger derselben werden wichtige
Personen,[1] weil sie wissen was die Alten gewußt haben,
weil sie zu schreiben suchen wie die Alten schrieben, weil
sie zu denken und bald auch zu empfinden beginnen wie die
Alten dachten und empfanden. Die Tradition, der sie sich   25
widmen, geht an tausend Stellen in die Reproduktion über.
    Es ist von Neuern öfter beklagt worden, daß die An-
fänge einer ungleich selbständigern, scheinbar wesentlich
italienischen Bildung, wie sie um 1300 in Florenz sich

---

1 Wie sie sich selber taxierten, verrät z. B. Poggio (de avaritia,
  fol. 2), indem nach seiner Ansicht nur solche sagen können, sie
  hätten gelebt, se vixisse, welche gelehrte und beredte lateinische
  Bücher geschrieben oder Griechisches in Lateinisches übersetzt
  haben.

zeigten, nachher durch das Humanistenwesen so völlig
überflutet worden seien.[2] Damals habe in Florenz Alles
lesen können, selbst die Eseltreiber hätten Dante's Canzonen gesungen, und die besten noch vorhandenen italienischen Manuskripte hätten ursprünglich florentinischen
Handarbeitern gehört; damals sei die Entstehung einer
populären Enzyklopädie wie der »Tesoro« des Brunetto
Latini möglich gewesen; und dies Alles habe zur Grundlage
gehabt eine allgemeine Tüchtigkeit des Charakters, wie sie
durch die Teilnahme an den Staatsgeschäften, durch Handel und Reisen, vorzüglich durch systematischen Ausschluß alles Müßigganges in Florenz zur Blüte gebracht
worden war. Damals seien denn auch die Florentiner in der
ganzen Welt angesehen und brauchbar gewesen und nicht
umsonst habe Papst Bonifaz VIII. sie in eben jenem Jahre
das fünfte Element genannt. Mit dem stärkern Andringen
des Humanismus seit 1400 sei dieser einheimische Trieb
verkümmert, man habe fortan die Lösung jedes Problems
nur vom Altertum erwartet und darob die Literatur in ein
bloßes Zitieren aufgehen lassen; ja der Untergang der Freiheit hänge hiemit zusammen, indem diese Erudition auf
einer Knechtschaft unter der Autorität beruhte, das munizipiale Recht dem römischen aufopferte und schon deshalb
die Gunst der Gewaltherrscher suchte und fand.

Diese Anklagen werden uns noch hie und da beschäftigen, wo dann ihr wahres Maß und der Ersatz für die
Einbuße zur Sprache kommen wird. Hier ist nur vor Allem
festzustellen, daß die Kultur des kräftigen 14. Jahrhunderts
selbst notwendig auf den völligen Sieg des Humanismus
hindrängte und daß gerade die Größten im Reiche des
speziell italienischen Geistes dem schrankenlosen Alter-
tumsbetrieb des 15. Jahrhunderts Tür und Tor geöffnet
haben.

Vor allen Dante. Wenn eine Reihenfolge von Genien
seines Ranges die italienische Kultur hätte weiter führen

---

2 Bes. Libri, Histoire des sciences mathém. II, 159 s., 258 s.

können, so würde sie selbst bei der stärksten Anfüllung mit
antiken Elementen beständig einen hocheigentümlichen
nationalen Eindruck machen. Allein Italien und das ganze
Abendland haben keinen zweiten Dante hervorgebracht,
und so war und blieb er derjenige, welcher zuerst das
Altertum nachdrücklich in den Vordergrund des Kultur-
lebens hereinschob. In der Divina Commedia behandelt er
die antike und die christliche Welt zwar nicht als gleichberechtigt, doch in beständiger Parallele; wie das frühere
Mittelalter Typen und Antitypen aus den Geschichten und
Gestalten des Alten und des Neuen Testamentes zusammengestellt hatte, so vereinigt er in der Regel ein christliches und ein heidnisches Beispiel derselben Tatsache.[3] Nun
vergesse man nicht, daß die christliche Phantasiewelt und
Geschichte eine bekannte, die antike dagegen eine relativ
unbekannte, vielversprechende und aufregende war und
daß sie in der allgemeinen Teilnahme notwendig das Übergewicht bekommen mußte, als kein Dante mehr das Gleich-
gewicht erzwang.

Petrarca lebt in den Gedanken der Meisten jetzt als
großer italienischer Dichter; bei seinen Zeitgenossen dagegen kam sein Ruhm in weit höherm Grade davon her, daß
er das Altertum gleichsam in seiner Person repräsentierte,
alle Gattungen der lateinischen Poesie nachahmte und
Briefe schrieb, welche als Abhandlungen über einzelne Gegenstände des Altertums einen für uns unbegreiflichen, für
jene Zeit ohne Handbücher aber sehr erklärlichen Wert
hatten.

Mit Boccaccio verhält es sich ganz ähnlich; er war 200
Jahre lang in ganz Europa berühmt, ehe man diesseits der

---

3 Purgatorio XVIII. enthält z. B. starke Belege: Maria eilt über
   das Gebirge, Cäsar nach Spanien; Maria ist arm und Fabricius
   uneigennützig. — Bei diesem Anlaß ist aufmerksam zu machen
   auf die chronologische Einflechtung der Sibyllen in die antike
   Profangeschichte, wie sie Uberti in seinem Dittamondo (I, Kap.
   14, 15) um 1360 versucht.

Alpen viel von seinem Decamerone wußte, bloß um seiner
mythographischen, geographischen und biographischen
Sammelwerke in lateinischer Sprache willen. Eines derselben, »De genealogia Deorum« enthält im 14ten und 15ten
Buch einen merkwürdigen Anhang, worin er die Stellung
des jugendlichen Humanismus zu seinem Jahrhundert
erörtert. Es darf nicht täuschen, daß er immerfort nur von
der »Poesie« spricht, denn bei näherm Zusehen wird man
bemerken, daß er die ganze geistige Tätigkeit des Poeten-
Philologen meint.[4] Diese ist es, deren Feinde er auf das
Schärfste bekämpft: die frivolen Unwissenden, die nur für
Schlemmen und Prassen Sinn haben; die sophistischen
Theologen, welchen Helikon, der kastalische Quell und der
Hain des Phöbus als bloße Torheiten erscheinen; die gold-
gierigen Juristen, welche die Poesie für überflüssig halten
insofern sie kein Geld verdient; endlich die (in Umschreibung, aber kenntlich gezeichneten) Bettelmönche, die gern
über Heidentum und Immoralität Klage führen.[5] Darauf
folgt die positive Verteidigung, das Lob der Poesie, namentlich des tiefern, zumal allegorischen Sinnes, den man
ihr überall zutrauen müsse, der wohlberechtigten Dunkelheit, die dem dumpfen Sinn der Unwissenden zur Ab-
schreckung dienen dürfe. Und endlich rechtfertigt der
Verfasser das neue Verhältnis der Zeit zum Heidentum
überhaupt, in klarer Beziehung auf sein gelehrtes Werk.[6]

---

4 Poeta bedeutet noch bei Dante (Vita nuova, p. 47) ohnedies nur
   den lateinisch Dichtenden, während für den italienischen die
   Ausdrücke Rimatore, Dicitore per rima gebraucht werden. Allerdings vermischen sich mit der Zeit Ausdrücke und Begriffe.

5 Auch Petrarca auf dem Gipfel seines Ruhmes klagt in melancholischen Augenblicken: sein übles Gestirn habe gewollt, daß er in
   später Zeit unter Halunken – extremi fures – leben müsse. In
   dem fingierten Brief an Livius, Opera, p. 704 seq.

6 Strenger hält sich Boccaccio an die eigentliche Poesie in seinem
   (spätern) Brief an Jacobus Pizinga, in den opere volgari,
   Vol. XVI. Und doch erkennt er auch hier nur das für Poesie,
   was vom Altertum Notiz nimmt, und ignoriert die Trovatoren.

Anders als jetzt möge es allerdings damals sich verhalten haben, da die Urkirche sich noch gegen die Heiden verteidigen mußte; heutzutage – Jesu Christo sei Dank! – sei die wahre Religion erstarkt, alles Heidentum vertilgt, und die siegreiche Kirche im Besitz des feindlichen Lagers; jetzt [5] könne man das Heidentum fast (fere) ohne Gefahr betrachten und behandeln. Es ist dasselbe Argument, mit welchem sich dann die ganze Renaissance verteidigt hat.

Es war also eine neue Sache in der Welt und eine neue Menschenklasse, welche dieselbe vertrat. Es ist unnütz dar- [10] über zu streiten ob diese Sache mitten in ihrem Siegeslauf hätte still halten, sich geflissentlich beschränken und dem rein Nationalen ein gewisses Vorrecht hätte wahren sollen. Man hatte ja keine stärkere Überzeugung als die, daß das Altertum eben der höchste Ruhm der italienischen Nation [15] sei.

Dieser ersten Generation von Poeten-Philologen ist wesentlich eine symbolische Zeremonie eigen, die auch im 15. und 16. Jahrhundert nicht ausstirbt, aber ihr höheres Pathos einbüßt: die Poetenkrönung mit einem Lorbeer- [20] kranz. Ihre Anfänge im Mittelalter sind dunkel und zu einem festen Ritual ist sie nie gelangt; es war eine öffentliche Demonstration, ein sichtbarer Ausbruch des literarischen Ruhmes[7] und schon deshalb etwas Wandelbares. Dante z. B. scheint eine halbreligiöse Weihe im Sinn gehabt zu [25] haben; er wollte über dem Taufstein von San Giovanni, wo er wie Hunderttausende von florentinischen Kindern getauft worden war, sich selber den Kranz aufsetzen.[8] Er hätte, sagt sein Biograph, ruhmeshalber den Lorbeer überall empfangen können, wollte es aber nirgends als in der [30]

7 Boccaccio, Vita di Dante, p. 50: la quale (laurea) non scienza accresce, ma è dell' acquistata certissimo testimonio e ornamento.
8 Paradiso XXV, 1, s. – Boccaccio, Vita di Dante, p. 50: sopra le fonti di San Giovanni si era disposto di coronare. Vgl. Paradiso I, 25.

Heimat und starb deshalb ungekrönt. Weiter erfahren wir
hier, daß der Brauch bisher ungewöhnlich war und als von
den Griechen auf die alten Römer vererbt galt. Die nächste
Reminiszenz stammte wohl in der Tat von dem nach griechischem Vorbild gestifteten kapitolinischen Wettkampf
der Kitharspieler, Dichter und anderer Künstler, welcher
seit Domitian alle fünf Jahre gefeiert worden war und
möglicherweise den Untergang des römischen Reiches um
einige Zeit überlebt hatte. Wenn nun doch nicht leicht
wieder Einer wagte sich selber zu krönen, wie es Dante
gewollt, so entstand die Frage, welches die krönende Behörde sei? Albertino Mussato (S. 150) wurde um 1310 zu
Padua vom Bischof und vom Rektor der Universität gekrönt; um Petrarca's Krönung (1341) stritten sich die Universität Paris, welche gerade einen Florentiner zum Rektor
hatte, und die Stadtbehörde von Rom; ja sein selbstgewähl-
ter Examinator, König Robert von Anjou, hätte gern die
Zeremonie nach Neapel verlegt, Petrarca jedoch zog die
Krönung durch den Senator von Rom auf dem Kapitol
jeder andern vor. Einige Zeit blieb diese in der Tat das Ziel
des Ehrgeizes; als solches lockte sie z. B. den Jacobus
Pizinga, einen vornehmen sizilischen Beamten.[9] Da erschien aber Karl IV. in Italien, der sich ein wahres Vergnügen daraus machte, eiteln Menschen und der gedankenlo-
sen Masse durch Zeremonien zu imponieren. Ausgehend
von der Fiktion, daß die Poetenkrönung einst Sache der
alten römischen Kaiser gewesen und also jetzt die seinige
sei, bekränzte er in Pisa den florentinischen Gelehrten Zanobi della Strada,[10] zum großen Verdruß Boccaccios
(a.a.O.), der diese laurea pisana nicht als vollgültig anerken-

---

9   Boccaccios Brief an denselben, in den Opere volgari, vol. XVI:
    si praestet Deus, concedente senatu Romuleo . . .
10 Matt. Villani, V, 26. Es gab einen feierlichen Umritt durch die
    Stadt, wobei das Gefolge des Kaisers, seine Baroni, den Poeten
    begleiteten. – Auch Fazio degli Uberti wurde gekrönt, man
    weiß aber nicht wo und durch wen.

nen will. Man konnte in der Tat fragen, wie der Halb-Slave
dazu komme, über den Wert italienischer Dichter zu Gerichte zu sitzen. Allein fortan krönten doch reisende Kaiser
bald hier bald dort einen Poeten, worauf im 15. Jahrhundert die Päpste und andere Fürsten auch nicht mehr zurück-   5
bleiben wollten, bis zuletzt auf Ort und Umstände gar
nichts mehr ankam. In Rom erteilte zur Zeit Sixtus IV. die
Akademie[11] des Pomponius Laetus von sich aus Lorbeer-
kränze. Die Florentiner hatten den Takt, ihre berühmten
Humanisten zu krönen, aber erst im Tode; so wurde Carlo   10
Aretino, so Lionardo Aretino bekränzt; dem erstern hielt
Matteo Palmieri, dem letztern Giannozzo Manetti die Lobrede vor allem Volk, in Gegenwart der Konzilsherren; der
Redner stand zu Häupten der Bahre, auf welcher in seide-
nem Gewande die Leiche lag.[12] Außerdem ist Carlo Aretino   15
durch ein Grabmal (in S. Croce) geehrt worden, welches zu
den herrlichsten der ganzen Renaissance gehört.

Die Einwirkung des Altertumes auf die Bildung, wovon
nunmehr zu handeln ist, setzte zunächst voraus, daß der
Humanismus sich der Universitäten bemächtigte. Dies ge-   20
schah, doch nicht in dem Maße und nicht mit der Wirkung,
wie man glauben möchte.

Die meisten Universitäten in Italien[13] tauchen im Lauf

11 Jac. Volaterran. bei Murat. XXIII, Col. 185.
12 Vespas. Fior., p. 575, 589. – Vita Jan. Manetti, bei Murat. XX,
    Col. 543. – Die Berühmtheit Lion. Aretinos war bei Lebzeiten
    freilich so groß gewesen, daß Leute aus allen Gegenden ka-
    men, nur um ihn zu sehen und daß sich ein Spanier vor ihm auf
    die Knie warf. Vesp., p. 568. – Für Guarinos Denkmal setzte
    der Magistrat von Ferrara 1461 die damals bedeutende Summe
    von 100 Dukaten aus.
13 Vgl. Libri, Histoire des sciences mathém. II, p. 92 s. – Bologna
    war bekanntlich älter, Pisa dagegen eine späte Gründung des
    Lorenzo magnifico, »ad solatium veteris amissae libertatis«
    gestiftet, wie Giovio, Vita Leonis X, L. I. sagt. – Die Univer-
    sität Florenz (vgl. Gaye, carteggio, I, p. 461 bis 560 passim;

des 13. und 14. Jahrhunderts erst recht empor, als der
wachsende Reichtum des Lebens auch eine strengere Sorge
für die Bildung verlangte. Anfangs hatten sie meist nur drei
Professuren: des geistlichen und weltlichen Rechtes und
der Medizin; dazu kamen mit der Zeit ein Rhetoriker, ein
Philosoph und ein Astronom, letzterer in der Regel, doch
nicht immer identisch mit dem Astrologen. Die Besoldungen waren äußerst verschieden; bisweilen wurde sogar ein
Kapital geschenkt. Mit der Steigerung der Bildung trat
Wetteifer ein, so daß die Anstalten einander berühmte Lehrer abspenstig zu machen suchten; unter solchen Umständen soll Bologna zu Zeiten die Hälfte seiner Staatseinnahmen (20 000 Dukaten) auf die Universität gewandt haben.
Die Anstellungen erfolgten in der Regel nur auf Zeit,[14]
selbst auf einzelne Semester, so daß die Dozenten ein Wanderleben führten wie Schauspieler; doch gab es auch lebenslängliche Anstellungen. Bisweilen versprach man, das an
einem Ort Gelehrte nirgend anderswo mehr vorzutragen.
Außerdem gab es auch unbesoldete, freiwillige Lehrer.

Von den genannten Stellen war natürlich die des Professors der Rhetorik vorzugsweise das Ziel des Humanisten;
doch hing es ganz davon ab, wie weit er sich den Sachinhalt
des Altertums angeeignet hatte, um auch als Jurist, Mediziner, Philosoph oder Astronom auftreten zu können. Die
innern Verhältnisse der Wissenschaft wie die äußern des
Dozenten waren noch sehr beweglich. Sodann ist nicht zu

Matteo Villani I, 8; VII, 90) schon 1321 vorhanden mit Stu-
dienzwang für die Landeskinder, wurde neu gestiftet nach dem
schwarzen Tode 1348 und mit 2 500 Goldgulden jährlich ausgestattet, schlief aber wieder ein und wurde 1357 abermals
hergestellt. Der Lehrstuhl für Erklärung des Dante, gestiftet
auf Petition vieler Bürger 1373, war in der Folge meist mit der
Professur der Philologie und Rhetorik verbunden, so noch bei
Filelfo.

14 Dies ist bei Aufzählungen zu beachten, wie z. B. bei dem
Professorenverzeichnis von Pavia um 1400 (Corio, Storia di
Milano, fol. 290), wo u. a. zwanzig Juristen vorkommen.

übersehen, daß einzelne Juristen und Mediziner weit die
höchsten Besoldungen hatten und behielten, erstere hauptsächlich als große Konsulenten des sie besoldenden Staates
für seine Ansprüche und Prozesse. In Padua gab es im 15.
Jahrhundert eine juridische Besoldung von 1 000 Dukaten
jährlich[15] und einen berühmten Arzt wollte man mit 2 000
Dukaten und dem Recht der Praxis anstellen,[16] nachdem
derselbe bisher in Pisa 700 Goldgulden gehabt hatte. Als
der Jurist Bartolommeo Socini, Professor in Pisa, eine
venezianische Anstellung in Padua annahm und dorthin
reisen wollte, verhaftete ihn die florentinische Regierung
und wollte ihn nur gegen eine Kaution von 18 000 Goldgulden freilassen.[17] Schon wegen einer solchen Wertschätzung dieser Fächer wäre es begreiflich, daß bedeutende
Philologen sich als Juristen und Mediziner geltend machten; andererseits mußte allmählich, wer in irgendeinem
Fache etwas vorstellen wollte, eine starke humanistische
Farbe annehmen. Anderweitiger praktischer Tätigkeiten
der Humanisten wird bald gedacht werden.

Die Anstellungen der Philologen als solcher jedoch,
wenn auch im einzelnen Fall mit ziemlich hohen Besoldungen[18] und Nebenemolumenten verbunden, gehören im
ganzen zu den flüchtigen, vorübergehenden, so daß ein und
derselbe Mann an einer ganzen Reihe von Anstalten tätig
sein konnte. Offenbar liebte man die Abwechselung und
hoffte von Jedem Neues, wie dies bei einer im Werden
begriffenen, also sehr von Persönlichkeiten abhängigen
Wissenschaft sich leicht erklärt. Es ist auch nicht immer
gesagt, daß derjenige, welcher über alte Autoren liest, wirklich der Universität der betreffenden Stadt angehört habe;

---

15 Marin Sanudo, bei Mur. XXII, Col. 990.
16 Fabroni, Laurent. magn. Adnot. 52, vom Jahr 1491.
17 Allegretto, Diarî sanesi, bei Murat. XXIII, Col. 824.
18 Filelfo hat bei seiner Berufung an die neugegründete Univer-
    sität Pisa 500 Goldgulden wenigstens verlangt. Vgl. Fabroni,
    Laurent. magn. Adnot. 41.

bei der Leichtigkeit des Kommens und Gehens, bei der
großen Anzahl verfügbarer Lokale (in Klöstern usw.) genügte auch eine Privatberufung. In denselben ersten Jahrzehnden des 15. Jahrhunderts,[19] da die Universität von
Florenz ihren höchsten Glanz erreichte, da die Hofleute
Eugen's IV. und vielleicht schon Martin's V. sich in den
Hörsälen drängten, da Carlo Aretino und Filelfo mit einander in die Wette lasen, existierte nicht nur eine fast vollständige zweite Universität bei den Augustinern in S. Spirito,
nicht nur ein ganzer Verein gelehrter Männer bei den Ca-
maldulensern in den Angeli, sondern auch angesehene Privatleute taten sich zusammen oder bemühten sich einzeln,
um gewisse philologische oder philosophische Kurse lesen
zu lassen für sich und Andere. Das philologische und antiquarische Treiben in Rom hatte mit der Universität (Sapienza) lang kaum irgendeinen Zusammenhang und ruhte
wohl fast ausschließlich teils auf besonderer persönlicher
Protektion der einzelnen Päpste und Prälaten, teils auf den
Anstellungen in der päpstlichen Kanzlei. Erst unter Leo X.
erfolgte die große Reorganisation der Sapienza, mit 88
Lehrern, worunter die größten Zelebritäten Italiens auch
für die Altertumswissenschaft; der neue Glanz dauerte aber
nur kurze Zeit. − Von den griechischen Lehrstühlen in
Italien ist bereits (S. 197 f.) in Kürze die Rede gewesen.

Im ganzen wird man, um die damalige wissenschaftliche
Mitteilung sich zu vergegenwärtigen, das Auge von unsern
jetzigen akademischen Einrichtungen möglichst entwöh-
nen müssen. Persönlicher Umgang, Disputationen, beständiger Gebrauch des Lateinischen und bei nicht wenigen
auch des Griechischen, endlich der häufige Wechsel der
Lehrer und die Seltenheit der Bücher gaben den damaligen
Studien eine Gestalt, die wir uns nur mit Mühe vergegenwärtigen können.

Lateinische Schulen gab es in allen irgend namhaften

---

19 Vgl. Vespas. Fior., p. 271, 572, 580, 625. − Vita Jan. Manetti,
   bei Murat. XX, Col. 531 s.

Städten und zwar bei weitem nicht bloß für die Vorbildung
zu den höhern Studien, sondern weil die Kenntnis des Lateinischen hier notwendig gleich nach dem Lesen, Schreiben
und Rechnen kam, worauf dann die Logik folgte. Wesentlich erscheint es, daß diese Schulen nicht von der Kirche
abhingen sondern von der städtischen Verwaltung; mehrere waren auch wohl bloße Privatunternehmungen.

Nun erhob sich aber dieses Schulwesen, unter der Führung einzelner ausgezeichneter Humanisten, nicht nur zu
einer großen rationellen Vervollkommnung, sondern es
wurde höhere Erziehung. An die Ausbildung der Kinder
zweier oberitalienischer Fürstenhäuser schließen sich Institute an, welche in ihrer Art einzig heißen konnten.

An dem Hofe des Giovan Francesco Gonzaga zu Mantua
(reg. 1407 bis 1444) trat der herrliche Vittorino da Feltre[20]
auf, einer jener Menschen, die ihr ganzes Dasein Einem
Zwecke widmen, für welchen sie durch Kraft und Einsicht
im höchsten Grade ausgerüstet sind. Er erzog zunächst die
Söhne und Töchter des Herrscherhauses, und zwar auch
von den letztern Eine bis zu wahrer Gelehrsamkeit; als aber
sein Ruhm sich weit über Italien verbreitete und sich Schüler aus großen und reichen Familien von nahe und ferne
meldeten, ließ es der Gonzaga nicht nur geschehen, daß
sein Lehrer auch diese erzog, sondern er scheint es als Ehre
für Mantua betrachtet zu haben, daß es die Erziehungsstätte
für die vornehme Welt sei. Hier zum erstenmal war mit dem
wissenschaftlichen Unterricht auch das Turnen und jede
edlere Leibesübung für eine ganze Schule ins Gleichge-
wicht gesetzt. Dazu aber kam noch eine andere Schar, in
deren Ausbildung Vittorino vielleicht sein höchstes Le-
bensziel erkannte: die Armen und Talentvollen, die er in
seinem Hause nährte und erzog »per l'amore di Dio«, neben
jenen Vornehmen, die sich hier gewöhnen mußten mit dem
bloßen Talent unter einem Dache zu wohnen. Der Gonzaga

20 Vespas. Fior., p. 640. – Die besondern Biographien des Vittorino und des Guarino von Rosmini kenne ich nicht.

hatte ihm eigentlich 300 Goldgulden jährlich zu bezahlen,
deckte ihm aber den ganzen Ausfall, welcher oft ebensoviel
betrug. Er wußte, daß Vittorino keinen Heller für sich bei
Seite legte, und ahnte ohne Zweifel, daß die Miterziehung
der Unbemittelten die stillschweigende Bedingung sei, unter welcher der wunderbare Mann ihm diente. Die Haltung
des Hauses war streng religiös, wie kaum in einem Kloster.

   Mehr auf der Gelehrsamkeit liegt der Akzent bei Guarino von Verona,[21] der 1429 von Niccolò d'Este zur Erziehung seines Sohnes Lionello nach Ferrara berufen wurde
und seit 1436, als sein Zögling nahezu erwachsen war, auch
als Professor der Beredsamkeit und der beiden alten Sprachen an der Universität lehrte. Schon neben Lionello hatte
er zahlreiche andere Schüler aus verschiedenen Gegenden
und im eigenen Hause eine auserlesene Zahl von Armen,
die er teilweise oder ganz unterhielt; seine Abendstunden
bis spät waren der Repetition mit diesen gewidmet. Auch
hier war eine Stätte strenger Religion und Sittlichkeit; es
hat an Guarino so wenig wie an Vittorino gelegen, wenn
die meisten Humanisten ihres Jahrhunderts in diesen Beziehungen kein Lob mehr davontrugen. Unbegreiflich ist, wie
Guarino neben einer Tätigkeit, wie die seinige war, noch
immerfort Übersetzungen aus dem Griechischen und große
eigene Arbeiten verfassen konnte.

   Außerdem kam an den meisten Höfen von Italien die
Erziehung der Fürstenkinder wenigstens zum Teil und auf
gewisse Jahre in die Hände der Humanisten, welche damit
einen Schritt weiter in das Hofleben hinein taten. Das
Traktatschreiben über die Prinzenerziehung, früher eine
Aufgabe der Theologen, wird jetzt natürlich ebenfalls ihre
Sache, und Aeneas Sylvius hat z. B. zweien jungen deut-
schen Fürsten vom Hause Habsburg[22] umständliche Ab-

---

21 Vesp. Fior., p. 646.
22 An Erzherzog Sigismund, Epist. 105, p. 600, und an König
   Ladislaus den Nachgeborenen, p. 695, letzteres als Tractatus de
   liberorum educatione.

handlungen über ihre weitere Ausbildung adressiert, worin
begreiflicherweise beiden eine Pflege des Humanismus in
italienischem Sinne an's Herz gelegt wird. Er mochte wissen, daß er in den Wind redete, und sorgte deshalb dafür,
daß diese Schriften auch sonst herumkamen. Doch das ₅
Verhältnis der Humanisten zu den Fürsten wird noch insbesondere zu besprechen sein.

Zunächst verdienen diejenigen Bürger, hauptsächlich in
Florenz, Beachtung, welche aus der Beschäftigung mit dem
Altertum ein Hauptziel ihres Lebens machten und teils ₁₀
selbst große Gelehrte wurden, teils große Dilettanten, welche die Gelehrten unterstützten. (Vgl. S. 192) Sie sind
namentlich für die Übergangszeit zu Anfang des 15. Jahrhunderts von höchster Bedeutung gewesen, weil bei ihnen
zuerst der Humanismus praktisch als notwendiges Element ₁₅
des täglichen Lebens wirkte. Erst nach ihnen haben sich
Fürsten und Päpste ernstlich darauf eingelassen.

Von Niccolò Niccoli, von Giannozzo Manetti ist schon
mehrmals die Rede gewesen. Den Niccoli schildert uns
Vespasiano (S. 625) als einen Mann, welcher auch in seiner ₂₀
äußern Umgebung nichts duldete, was die antike Stimmung stören konnte. Die schöne Gestalt in langem Gewande, mit der freundlichen Rede, in dem Hause voll
herrlicher Altertümer, machte den eigentümlichsten Eindruck; er war über die Maßen reinlich in allen Dingen, ₂₅
zumal beim Essen; da standen vor ihm auf dem weißesten
Linnen antike Gefäße und kristallene Becher.²³ Die Art, wie
er einen vergnügungssüchtigen jungen Florentiner für
seine Interessen gewinnt,²⁴ ist gar zu anmutig, um sie hier
nicht zu erzählen. ₃₀

Piero de' Pazzi, Sohn eines vornehmen Kaufmanns und
zu demselben Stande bestimmt, schön von Ansehen und
sehr den Freuden der Welt ergeben, dachte an nichts weni-

---

23 Die folgenden Worte Vespasianos sind unübersetzbar: a vederlo in tavola così antico come era, era una gentilezza.
24 Ebenda, p. 485.

ger als an die Wissenschaft. Eines Tages, als er am Palazzo
del Podestà[25] vorbeiging, rief ihn Niccoli zu sich heran, und
er kam auf den Wink des hochangesehenen Mannes, obwohl er noch nie mit demselben gesprochen hatte. Niccoli
fragte ihn: wer sein Vater sei? – er antwortete: Messer
Andrea de' Pazzi; – jener fragte weiter: was sein Geschäft
sei? – Piero erwiderte, wie wohl junge Leute tun: ich lasse
es mir wohl sein, attendo a darmi buon tempo. – Niccoli
sagte: als Sohn eines solchen Vaters und mit solcher Gestalt
begabt, solltest du dich schämen, die lateinische Wissenschaft nicht zu kennen, die für dich eine so große Zierde
wäre: wenn du sie nicht erlernst, so wirst du nichts gelten,
und sobald die Blüte der Jugend vorüber ist, ein Mensch
ohne alle Bedeutung (virtù) sein. Als Piero dieses hörte,
erkannte er sogleich, daß es die Wahrheit sei, und entgeg-
nete: er würde sich gerne dafür bemühen, wenn er einen
Lehrer fände; – Niccoli sagte: dafür lasse du mich sorgen.
Und in der Tat schaffte er ihm einen gelehrten Mann für das
Lateinische und für das Griechische, namens Pontano, welchen Piero wie einen Hausgenossen hielt und mit 100
Goldgulden im Jahr besoldete. Statt der bisherigen Üppig-
keit studierte er nun Tag und Nacht und wurde ein Freund
aller Gebildeten und ein großgesinnter Staatsmann. Die
ganze Aeneide und viele Reden des Livius lernte er auswendig, meist auf dem Wege zwischen Florenz und seinem
Landhause zu Trebbio.

In anderm, höhern Sinne vertritt Giannozzo Manetti[26]
das Altertum. Frühreif, fast als Kind, hatte er schon eine
Kaufmannslehrzeit durchgemacht und war Buchführer ei-
nes Bankiers; nach einiger Zeit aber erschien ihm dieses
Tun eitel und vergänglich, und er sehnte sich nach der
Wissenschaft, durch welche allein der Mensch sich der
Unsterblichkeit versichern könne; er zuerst vom florenti-

---

25 Laut Vespas., p. 271, war hier ein gelehrtes Stelldichein, wo
     auch disputiert wurde.
26 S. dessen Vita bei Murat. XX, Col. 532 s.

nischen Adel vergrub sich nun in den Büchern und wurde,
wie schon erwähnt, einer der größten Gelehrten seiner Zeit.
Als ihn aber der Staat als Geschäftsträger, Steuerbeamten
und Statthalter (in Pescia und Pistoja) verwandte, versah er
seine Ämter so, als wäre in ihm ein hohes Ideal erwacht, das
gemeinsame Resultat seiner humanistischen Studien und
seiner Religiosität. Er exequierte die gehässigsten Steuern,
die der Staat beschlossen hatte, und nahm für seine Mühe
keine Besoldung an; als Provinzialvorsteher wies er alle
Geschenke zurück, sorgte für Kornzufuhr, schlichtete rastlos Prozesse und tat überhaupt alles für die Bändigung der
Leidenschaften durch Güte. Die Pistojesen haben nie her-
ausfinden können, welcher von ihren beiden Parteien er
sich mehr zuneige; wie zum Symbol des gemeinsamen
Schicksals und Rechtes aller verfaßte er in seinen Muße-
stunden die Geschichte der Stadt, welche dann in Purpur-
einband als Heiligtum im Stadtpalast aufbewahrt wurde.
Bei seinem Weggang schenkte ihm die Stadt ein Banner mit
ihrem Wappen und einen prachtvollen silbernen Helm.

Für die übrigen gelehrten Bürger von Florenz in dieser
Zeit muß schon deshalb auf Vespasiano (der sie alle kannte)
verwiesen werden, weil der Ton, die Atmosphäre, in welcher er schreibt, die Voraussetzungen, unter welchen er mit
jenen Leuten umgeht, noch wichtiger erscheinen als die
einzelnen Leistungen selbst. Schon in einer Übersetzung,
geschweige denn in den kurzen Andeutungen, auf welche
wir hier beschränkt sind, müßte dieser beste Wert seines
Buches verloren gehen. Er ist kein großer Autor, aber er
kennt das ganze Treiben und hat ein tiefes Gefühl von
dessen geistiger Bedeutung.

Wenn man dann den Zauber zu analysieren sucht, durch
welchen die Medici des 15. Jahrhunderts, vor allen Cosimo
der Ältere (st. 1464) und Lorenzo magnifico (st. 1492), auf
Florenz und auf ihre Zeitgenossen überhaupt gewirkt haben, so ist neben aller Politik ihre Führerschaft auf dem
Gebiete der damaligen Bildung das Stärkste dabei. Wer in
Cosimo's Stellung als Kaufmann und lokales Parteihaupt

noch außerdem Alles für sich hat was denkt, forscht und
schreibt, wer von Hause aus als der erste der Florentiner
und dazu von Bildungswegen als der größte der Italiener
gilt, der ist tatsächlich ein Fürst. Cosimo besitzt dann den
speziellen Ruhm, in der platonischen Philosophie[27] die
schönste Blüte der antiken Gedankenwelt erkannt, seine
Umgebung mit dieser Erkenntnis erfüllt, und so innerhalb
des Humanismus eine zweite und höhere Neugeburt des
Altertums ans Licht gefördert zu haben. Der Hergang wird
uns sehr genau überliefert;[28] alles knüpfte sich an die Berufung des gelehrten Johannes Argyropulos und an den persönlichsten Eifer des Cosimo in seinen letzten Jahren, so
daß, was den Platonismus betraf, der große Marsilio Ficino
sich als den geistigen Sohn Cosimo's bezeichnen durfte.
Unter Pietro Medici sah sich Ficino schon als Haupt einer
Schule; zu ihm ging auch Pietro's Sohn, Cosimo's Enkel,
der erlauchte Lorenzo von den Peripatetikern über; als
seine namhaftesten Mitschüler werden genannt Bartolommeo Valori, Donato Acciajuoli und Pierfilippo Pandolfini.
Der begeisterte Lehrer hat an mehrern Stellen seiner Schriften erklärt, Lorenzo habe alle Tiefen des Platonismus
durchforscht und seine Überzeugung ausgesprochen, ohne
denselben wäre es schwer, ein guter Bürger und Christ zu

---

27 Was man von derselben vorher kannte, kann nur fragmenta-
    risch gewesen sein. Eine wunderliche Disputation über den
    Gegensatz des Plato und Aristoteles fand 1438 zu Ferrara
    zwischen Hugo von Siena und den auf das Konzil gekomme-
    nen Griechen statt. Vgl. Aeneas Sylvius, De Europa, Cap. 52
    (Opera, p. 450).

28 Bei Nic. Valori, im Leben des Lorenzo magn. – Vgl. Vespas.
    Fior., p. 426. Die ersten Unterstützer des Arg. waren die
    Acciajuoli. Ib. 192: Kardinal Bessarion und seine Parallele
    zwischen Plato und Aristoteles. Ib. 223: Cusanus als Platoni-
    ker. Ib. 308: Der Catalonier Narciso und seine Disputation mit
    Argyropulos. Ib. 571: Einzelne platon. Dialoge schon von
    Lionardo Aret. übersetzt. Ib. 298: Die beginnende Einwir-
    kung des Neoplatonismus.

sein. Die berühmte Reunion von Gelehrten, welche sich um
Lorenzo sammelte, war durch diesen höhern Zug einer
idealistischen Philosophie verbunden und vor allen andern
Vereinigungen dieser Art ausgezeichnet. Nur in dieser Umgebung konnte ein Pico della Mirandola sich glücklich ₅
fühlen. Das Schönste aber, was sich sagen läßt, ist, daß
neben all diesem Kultus des Altertums hier eine geweihte
Stätte italienischer Poesie war und daß von allen Lichtstrah-
len, in die Lorenzo's Persönlichkeit auseinanderging, gerade dieser der mächtigste heißen darf. Als Staatsmann ₁₀
beurteile ihn jeder, wie er mag (S. 89, 99); in die florentinische Abrechnung von Schuld und Schicksal mischt sich ein
Ausländer nicht wenn er nicht muß; aber eine ungerechtere
Polemik gibt es nicht, als wenn man Lorenzo beschuldigt,
er habe im Gebiet des Geistes vorzüglich Mediokritäten ₁₅
beschützt und durch seine Schuld seien Lionardo da Vinci
und der Mathematiker Fra Luca Pacciolo außer Landes,
Toscanella, Vespucci u. A. wenigstens unbefördert geblieben. Allseitig ist er wohl nicht gewesen, aber von allen
Großen, welche je den Geist zu schützen und zu fördern ₂₀
suchten, einer der vielseitigsten, und derjenige, bei welchem dies vielleicht am meisten Folge eines tiefern innern
Bedürfnisses war.

Laut genug pflegt auch unser laufendes Jahrhundert den
Wert der Bildung überhaupt und den des Altertums insbe- ₂₅
sondere zu proklamieren. Aber eine vollkommen enthusia-
stische Hingebung, ein Anerkennen, daß dieses Bedürfnis
das erste von allen sei, findet sich doch nirgends wie bei
jenen Florentinern des 15. und beginnenden 16. Jahrhunderts. Hiefür gibt es indirekte Beweise, die jeden Zweifel ₃₀
beseitigen: man hätte nicht so oft die Töchter des Hauses an
den Studien teilnehmen lassen, wenn letztere nicht absolut
als das edelste Gut des Erdenlebens gegolten hätten; man
hätte nicht das Exil zu einem Aufenthalt des Glückes gemacht wie Palla Strozzi; es hätten nicht Menschen, die sich ₃₅
sonst alles erlaubten, noch Kraft und Lust behalten die
Naturgeschichte des Plinius kritisch zu behandeln wie Fi-

lippo Strozzi.[29] Es handelt sich hier nicht um Lob oder
Tadel, sondern um Erkenntnis eines Zeitgeistes in seiner
energischen Eigentümlichkeit.

Außer Florenz gab es noch manche Städte in Italien, wo
Einzelne und ganze gesellschaftliche Kreise bisweilen mit
Aufwand aller Mittel für den Humanismus tätig waren und
die anwesenden Gelehrten unterstützten. Aus den Briefsammlungen jener Zeit kommt uns eine Fülle von persönlichen Beziehungen dieser Art entgegen.[30] Die offizielle
Gesinnung der höher Gebildeten trieb fast ausschließlich
nach der bezeichneten Seite hin.

Doch es ist Zeit, den Humanismus an den Fürstenhöfen ins
Auge zu fassen. Die innere Zusammengehörigkeit des Gewaltherrschers mit dem ebenfalls auf seine Persönlichkeit,
auf sein Talent angewiesenen Philologen wurde schon früher (S. 16, 144) angedeutet; der letztere aber zog die Höfe
eingestandenermaßen den freien Städten vor, schon um der
reichlichern Belohnungen willen. Zu der Zeit, da es schien
als könne der große Alfons von Aragon Herr von ganz
Italien werden, schrieb Aeneas Sylvius[31] an einen andern
Sienesen: »Wenn unter seiner Herrschaft Italien den Frieden bekäme, so wäre mir das lieber als (wenn es) unter
Stadtregierungen (geschähe), denn ein edles Königsgemüt
belohnt jede Trefflichkeit.«[32] Auch hier hat man in neuester
Zeit die unwürdige Seite, das erkaufte Schmeicheln, zu sehr

---

29 Varchi, Stor. fiorent. L. IV, p. 321. Ein geistvolles Lebensbild.

30 Die obengenannten Biographien Rosminis (über Vittorino
    und Guarino) sowie Shepherd, Leben des Poggio, müssen
    Vieles hierüber enthalten.

31 Epist. 39; Opera, p. 526, an Mariano Socino.

32 Es darf nicht irre machen, daß daneben eine fortlaufende Reihe
    von Klagen über die Geringfügigkeit des fürstlichen Mäzena-
    tes und über die Gleichgültigkeit mancher Fürsten gegen den
    Ruhm sich laut macht. So z. B. bei Bapt. Mantuan. Eclog. V.
    noch aus dem 15. Jahrhundert. – Es war nicht möglich Allen
    genug zu tun.

hervorgehoben, wie man sich früher von dem Humanisten-
lob allzu günstig für jene Fürsten stimmen ließ. Alles in
Allem genommen bleibt es immer ein überwiegend vorteil-
haftes Zeugnis für letztere, daß sie an der Spitze der Bildung ihrer Zeit und ihres Landes – wie einseitig dieselbe 5
sein mochte – glaubten stehen zu müssen. Vollends bei
einigen Päpsten[33] hat die Furchtlosigkeit gegenüber den
Konsequenzen der damaligen Bildung etwas unwillkürlich
Imposantes. Nicolaus V. war beruhigt über das Schicksal
der Kirche, weil Tausende gelehrter Männer ihr hülfreich 10
zur Seite ständen. Bei Pius II. sind die Opfer für die Wissenschaft lange nicht so großartig, sein Poetenhof erscheint
sehr mäßig, allein er selbst ist noch weit mehr das persönliche Haupt der Gelehrtenrepublik als sein zweiter Vorgänger und genießt dieses Ruhmes in vollster Sicherheit. Erst 15
Paul II. war mit Furcht und Mißtrauen gegen den Humanismus seiner Sekretäre erfüllt, und seine drei Nachfolger,
Sixtus, Innocenz und Alexander, nahmen wohl Dedikatio-
nen an und ließen sich andichten so viel man wollte – es gab
sogar eine Borgiade, wahrscheinlich in Hexametern[34] –, 20
waren aber zu sehr anderweitig beschäftigt und auf andere
Stützpunkte ihrer Gewalt bedacht, um sich viel mit den
Poeten-Philologen einzulassen. Julius II. fand Dichter, weil
er selber ein bedeutender Gegenstand war (S. 127), scheint
sich übrigens nicht viel um sie gekümmert zu haben. Da 25

---

33 Für das wissenschaftliche Mäzenat der Päpste bis gegen Ende
    des 15. Jahrhunderts muß hier der Kürze wegen auf den
    Schluß von Papencordts »Geschichte der Stadt Rom im M. A.«
    verwiesen werden.

34 Lil. Greg. Gyraldus, de poetis nostri temporis, bei Anlaß des
    Sphaerulus von Camerino. Der gute Mann wurde damit nicht
    zu rechter Zeit fertig und hatte seine Arbeit noch 40 Jahre
    später im Pult. – Über die magern Honorare des Sixtus IV. vgl.
    Pierio Valer. de infelic. lit. bei Anlaß des Theodorus Gaza. –
    Das absichtliche Fernhalten der Humanisten vom Kardinalat
    bei den Päpsten vor Leo, vgl. Lor. Granas Leichenrede auf
    Kardinal Egidio, Anecd. litt. IV, p. 307.

folgte auf ihn Leo X. »wie auf Romulus Numa«, d. h. nach
dem Waffenlärm des vorigen Pontifikates hoffte man auf
ein ganz den Musen geweihtes. Der Genuß schöner lateinischer Prosa und wohllautender Verse gehörte mit zu
Leo's Lebensprogramm, und so viel hat sein Mäzenat allerdings in dieser Beziehung erreicht, daß seine lateinischen
Poeten in zahllosen Elegien, Oden, Epigrammen, Sermo-
nen jenen fröhlichen, glänzenden Geist der leonischen Zeit,
welchen die Biographie des Jovius atmet, auf bildliche
Weise darstellten.[35] Vielleicht ist in der ganzen abendländischen Geschichte kein Fürst, welchen man im Verhältnis zu
den wenigen darstellbaren Ereignissen seines Lebens so
vielseitig verherrlicht hätte. Zugang zu ihm hatten die
Dichter hauptsächlich um Mittag, wann die Saitenvirtuo-
sen aufgehört hatten;[36] aber einer der Besten aus der ganzen
Schar[37] gibt zu verstehen, daß sie ihm auch sonst auf Schritt
und Tritt in den Gärten wie in den innersten Gemächern
des Palastes beizukommen suchten, und wer ihn da nicht
erreichte versuchte es mit einem Bettelbrief in Form einer
Elegie, worin der ganze Olymp vorkam.[38] Denn Leo, der
kein Geld beisammen sehen konnte und lauter heitere Mie-
nen zu erblicken wünschte, schenkte auf eine Weise, deren
Andenken sich in den folgenden knappen Zeiten rasch zum
Mythus verklärte.[39] Von seiner Reorganisation der Sapienza ist bereits (S. 210) die Rede gewesen. Um Leos Ein-

---

35 Das Beste in den Deliciae poetarum italorum und in den
     Beilagen zu den verschiedenen Ausgaben von Roscoe, Leo X.
36 Paul. Jov. Elogia, bei Anlaß des Guido Posthumus.
37 Pierio Valeriano in seiner »Simia«.
38 S. die Elegie des Joh. Aurelius Mutius, in den Deliciae poet.
     ital.
39 Die bekannte Geschichte von der purpursamtnen Börse mit
     Goldpäckchen verschiedener Größe, in welche Leo blindlings
     hineingreift, bei Giraldi, Hecatommithi VI, Nov. 8. Dafür
     wurden Leos lateinische Tafelimprovisatoren, wenn sie gar zu
     hinkende Verse machten, mit Peitschen geschlagen. Lil. Greg.
     Gyraldus, de poetis nostri temp.

fluß auf den Humanismus nicht zu gering zu taxieren, muß man den Blick freihalten von den vielen Spielereien, die dabei mit unterliefen; man darf sich nicht irre machen lassen durch die bedenklich scheinende Ironie (S. 163 f.), womit er selbst diese Dinge bisweilen behandelt; das Urteil muß ausgehen von den großen geistigen Möglichkeiten, welche in den Bereich der »Anregung« fallen und schlechterdings nicht im Ganzen zu berechnen, wohl aber für die genauere Forschung in manchen einzelnen Fällen tatsächlich nachzuweisen sind. Was die italienischen Humanisten seit etwa 1520 auf Europa gewirkt haben, ist immer irgendwie von dem Antriebe bedingt, der von Leo ausging. Er ist derjenige Papst, welcher im Druckprivilegium für den neugewonnenen Tacitus[40] sagen durfte: die großen Autoren seien eine Norm des Lebens, ein Trost im Unglück; die Beförderung der Gelehrten und der Erwerb trefflicher Bücher habe ihm von jeher als ein höchstes Ziel gegolten, und auch jetzt danke er dem Himmel, den Nutzen des Menschengeschlechtes durch Begünstigung dieses Buches befördern zu können.

Wie die Verwüstung Roms 1527 die Künstler zerstreute, so trieb sie auch die Literaten nach allen Winden auseinander und breitete den Ruhm des großen verstorbenen Beschützers erst recht bis in die äußersten Enden Italiens aus.

Von den weltlichen Fürsten des 15. Jahrhunderts zeigt den höchsten Enthusiasmus für das Altertum Alfons der Große von Aragon, König von Neapel (S. 42). Es scheint, daß er dabei völlig naiv war, daß die antike Welt in Denkmälern und Schriften ihm seit seiner Ankunft in Italien einen großen, überwältigenden Eindruck machte, welchem er nun nachleben mußte. Wunderbar leicht gab er sein trotziges Aragon samt Nebenlanden an seinen Bruder auf, um sich ganz dem neuen Besitz zu widmen. Er hatte teils

---

40 Roscoe, Leone X, ed. Bossi IV, 181.

nach-, teils nebeneinander in seinen Diensten[41] den Georg
von Trapezunt, den jüngern Chrysoloras, den Lorenzo
Valla, den Bartolommeo Fazio und den Antonio Panormita, welche seine Geschichtschreiber wurden; der letztere
mußte ihm und seinem Hofe täglich den Livius erklären,
auch während der Feldzüge im Lager. Diese Leute kosteten
ihn jährlich über 20 000 Goldgulden; dem Fazio schenkte er
für die Historia Alphonsi über die 500 Dukaten Jahresbe-
soldung am Schluß der Arbeit noch 1 500 Goldgulden
obendrein, mit den Worten: »Es geschieht nicht, um Euch
zu bezahlen, denn Euer Werk ist überhaupt nicht zu bezahlen, auch nicht, wenn ich Euch eine meiner besten Städte
gäbe; aber mit der Zeit will ich suchen, Euch zufrieden zu
stellen.« Als er den Giannozzo Manetti unter den glänzendsten Bedingungen zu seinem Sekretär nahm, sagte er:
»Mein letztes Brod würde ich mit Euch teilen.« Schon als
Gratulationsgesandter von Florenz bei der Hochzeit des
Prinzen Ferrante hatte Giannozzo einen solchen Eindruck
auf den König gemacht, daß dieser »wie ein Erzbild« re-
gungslos auf dem Throne saß und nicht einmal die Mücken
abwehrte. Seine Lieblingsstätte scheint die Bibliothek des
Schlosses von Neapel gewesen zu sein, wo er an einem
Fenster mit besonders schöner Aussicht gegen das Meer saß
und den Weisen zuhörte, wenn sie z. B. über die Trinität
diskutierten. Denn er war auch völlig religiös und ließ sich
außer Livius und Seneca auch die Bibel vortragen, die er
beinah auswendig wußte. Wer will die Empfindung genau
erraten, die er den vermeintlichen Gebeinen des Livius zu
Padua (S. 152 f.) widmete? Als er auf große Bitten von den
Venezianern einen Armknochen davon erhielt und ehrfurchtsvoll zu Neapel in Empfang nahm, mag in seinem
Gemüte Christliches und Heidnisches sonderbar durch ein-

---

41 Vespas. Fior., p. 68 s. Die Übersetzungen aus dem Griechi-
schen, die A. machen ließ, p. 93. – Vita Jan. Manetti, bei
Murat. XX, Col. 541 s., 550 s., 595. – Panormita: Dicta et facta
Alphonsi, samt den Glossen des Aeneas Sylvius.

ander gegangen sein. Auf einem Feldzug in den Abruzzen
zeigte man ihm das ferne Sulmona, die Heimat des Ovid,
und er grüßte die Stadt und dankte dem Genius des Ortes;
offenbar tat es ihm wohl, die Weissagung des großen Dichters über seinen künftigen Ruhm[42] wahrmachen zu können.
Einmal gefiel es ihm auch, selber in antiker Weise aufzutreten, nämlich bei seinem berühmten Einzug in das definitiv
eroberte Neapel (1443); unweit vom Mercato wurde eine 40
Ellen weite Bresche in die Mauer gelegt; durch diese fuhr er
auf einem goldenen Wagen wie ein römischer Triumpha-
tor.[43] Auch die Erinnerung hieran ist durch einen herrlichen marmornen Triumphbogen im Castello nuovo verewigt. – Seine neapolitanische Dynastie (S. 42) hat von
diesem antiken Enthusiasmus wie von all seinen guten
Eigenschaften wenig oder nichts geerbt.

Ungleich gelehrter als Alfonso war Federigo von Urbino,[44] der weniger Leute um sich hatte, gar nichts ver-
schwendete und wie in allen Dingen so auch in der Aneignung des Altertums planvoll verfuhr. Für ihn und für
Nicolaus V. sind die meisten Übersetzungen aus dem Griechischen und eine Anzahl der bedeutendsten Kommentare,
Bearbeitungen u. dgl. verfaßt worden. Er gab viel aus, aber
zweckmäßig, an die Leute, die er brauchte. Von einem
Poetenhof war in Urbino keine Rede; der Herr selber war
der Gelehrteste. Das Altertum war allerdings nur ein Teil
seiner Bildung; als vollkommener Fürst, Feldherr und
Mensch bemeisterte er einen großen Teil der damaligen
Wissenschaft überhaupt und zwar zu praktischen Zwecken,
um der Sachen willen. Als Theologe z. B. verglich er Thomas und Scotus und kannte auch die alten Kirchenväter des
Orients und Okzidents, erstere in lateinischen Übersetzungen. In der Philosophie scheint er den Plato gänzlich sei-

42 Ovid. Amores III, 15, vs. 11. – Jovian. Pontan., de principe.
43 Giorn. napolet. bei Murat. XXI, Col. 1127.
44 Vespas. Fior., p. 3, 119 s. – Volle aver piena notizia d'ogni cosa,
   così sacra come gentile. – Vgl. oben S. 52.

nem Zeitgenossen Cosimo überlassen zu haben; von Aristoteles aber kannte er nicht nur Ethik und Politik genau,
sondern auch die Physik und mehrere andere Schriften. In
seiner sonstigen Lektüre wogen die sämtlichen antiken
Historiker, die er besaß, beträchtlich vor; diese und nicht
die Poeten »las er immer wieder und ließ sie sich vorlesen«.

Die Sforza[45] sind ebenfalls alle mehr oder weniger gelehrt und erweisen sich als Mäzenaten (S. 36, 46 f.), wovon
gelegentlich die Rede gewesen ist. Herzog Francesco
mochte bei der Erziehung seiner Kinder die humanistische
Bildung als eine Sache betrachten, die sich schon aus politischen Gründen von selbst verstehe; man scheint es durchgängig als Vorteil empfunden zu haben, wenn der Fürst mit
den Gebildetsten auf gleichem Fuße verkehren konnte.
Lodovico Moro, selber ein trefflicher Latinist, zeigt dann
eine Teilnahme an allem Geistigen, die schon weit über das
Altertum hinausgeht (S. 50).

Auch die kleinern Herrscher suchten sich ähnlicher Vorzüge zu bemächtigen und man tut ihnen wohl Unrecht,
wenn man glaubt, sie hätten ihre Hofliteraten nur genährt
um von denselben gerühmt zu werden. Ein Fürst wie Borso
von Ferrara (S. 56) macht bei aller Eitelkeit doch gar nicht
mehr den Effekt als erwartete er die Unsterblichkeit von
den Dichtern, so eifrig ihm dieselben mit einer »Borseïs«
u. dgl. aufwarteten; dazu ist sein Herrschergefühl bei weitem zu sehr entwickelt; allein der Umgang mit Gelehrten,
das Interesse für das Altertum, das Bedürfnis nach eleganter
lateinischer Epistolographie waren von dem damaligen
Fürstentum unzertrennlich. Wie sehr hat es noch der praktisch hochgebildete Herzog Alfonso (S. 56) beklagt, daß

---

45 Beim letzten Visconti streiten sich noch Livius und die franzö-
    sischen Ritterromane nebst Dante und Petrarca um die Teil-
    nahme des Fürsten. Die Humanisten, welche sich bei ihm
    meldeten und ihn »berühmt machen« wollten, pflegte er nach
    wenigen Tagen wieder wegzuschicken. Vgl. Decembrio, bei
    Murat. XX, Col. 1014.

ihn die Kränklichkeit in der Jugend einseitig auf Erholung durch Handarbeit hingewiesen![46] Oder hat er sich mit dieser Ausrede doch eher nur die Literaten vom Leibe gehalten? In eine Seele wie die seinige schauten schon die Zeitgenossen nicht recht hinein.

Selbst die kleinsten romagnolischen Tyrannen können nicht leicht ohne einen oder mehrere Hofhumanisten auskommen; der Hauslehrer und Sekretär sind dann öfter Eine Person, welche zeitweise sogar das Faktotum des Hofes wird.[47] Man ist mit der Verachtung dieser kleinen Verhältnisse insgemein etwas zu rasch bei der Hand, indem man vergißt, daß die höchsten Dinge des Geistes gerade nicht an den Maßstab gebunden sind.

Ein sonderbares Treiben muß jedenfalls an dem Hofe zu Rimini unter dem frechen Heiden und Condottiere Sigismondo Malatesta geherrscht haben. Er hatte eine Anzahl von Philologen um sich und stattete einzelne derselben reichlich, z. B. mit einem Landgut aus, während andere als Offiziere wenigstens ihren Lebensunterhalt hatten.[48] In seiner Burg – arx Sismundea – halten sie ihre oft sehr giftigen Disputationen, in Gegenwart des »rex« wie sie ihn nennen; in ihren lateinischen Dichtungen preisen sie natür-

---

46 Paul. Jov. Vita Alfonsi ducis.

47 Über Collenuccio am Hofe des Giovanni Sforza von Pesaro (Sohn des Alessandro, S. 36), der ihn zuletzt mit dem Tode lohnte, s. S. 144, Anmerk. 15. – Beim letzten Ordelaffo zu Forlì versah Codrus Urceus die Stelle. – Unter den gebildeten Tyrannen ist auch der 1488 von seiner Gattin ermordete Galeotto Manfreddi von Faenza zu nennen; ebenso einzelne Bentivoglî von Bologna.

48 Anecdota literar. II, p. 305, s. 405. Basinius von Parma spottet über Porcellio und Tommaso Seneca: sie als hungrige Parasiten müßten in ihrem Alter noch die Soldaten spielen, indes er mit ager und villa ausgestattet sei. (Um 1460; ein belehrendes Aktenstück, aus welchem hervorgeht, daß es noch Humanisten, wie die zwei letztgenannten gab, welche sich gegen das Aufkommen des Griechischen zu wehren suchten.)

lich ihn und besingen seine Liebschaft mit der schönen
Isotta, zu deren Ehren eigentlich der berühmte Umbau von
San Francesco in Rimini erfolgte, als ihr Grabdenkmal,
Divae Isottae Sacrum. Und wenn die Philologen sterben, so
kommen sie in (oder unter) die Sarkophage zu liegen,
womit die Nischen der beiden Außenwände dieser nämlichen Kirche geschmückt sind; eine Inschrift besagt dann,
der Betreffende sei hier beigesetzt worden zur Zeit da
Sigismundus, Pandulfus' Sohn, herrschte.[49] Man würde es
heute einem Scheusal, wie dieser Fürst war, schwerlich
glauben, daß Bildung und gelehrter Umgang ihm ein Bedürfnis seien, und doch sagt der, welcher ihn exkommuni-
zierte, in effigie verbrannte und bekriegte, nämlich Papst
Pius II.: »Sigismondo kannte die Historien und besaß eine
große Kunde der Philosophie; zu Allem, was er ergriff,
schien er geboren.«[50]

––––––––

Zu zweien Zwecken aber glaubten Republiken wie Fürsten
und Päpste des Humanisten durchaus nicht entbehren zu
können: zur Abfassung der Briefe und zur öffentlichen,
feierlichen Rede.

Der Sekretär muß nicht nur von Stileswegen ein guter
Lateiner sein, sondern umgekehrt: nur einem Humanisten
traut man die Bildung und Begabung zu, welche für einen
Sekretär nötig ist. Und so haben die größten Männer der
Wissenschaft im 15. Jahrhundert meist einen beträchtlichen
Teil ihres Lebens hindurch dem Staat auf diese Weise gedient. Man sah dabei nicht auf Heimat und Herkunft; von
den vier großen florentinischen Sekretären, die seit 1429 bis
1465 die Feder führten,[1] sind drei aus der Untertanenstadt

––––––––

49 Das Nähere über diese Gräber bei Keyßler, Neueste Reisen,
S. 924.
50 Pii II. Comment. L. II, p. 92. Historiae ist hier der Inbegriff des
ganzen Altertums.
1 Fabroni, Cosmus, Adnot. 117. – Vespas. Fior. passim. – Eine

Arezzo: nämlich Lionardo (Bruni), Carlo (Marzuppini) und
Benedetto Accolti; Poggio war von Terra nuova, ebenfalls
im florentinischen Gebiet. Hatte man doch schon lange
mehrere der höchsten Stadtämter prinzipiell mit Ausländern besetzt. Lionardo, Poggio und Giannozzo Manetti 5
waren auch zeitweise Geheimschreiber der Päpste und
Carlo Aretino sollte es werden. Blondus von Forlì und trotz
allem zuletzt auch Lorenzo Valla rückten in dieselbe Würde
vor. Mehr und mehr zieht der päpstliche Palast seit Nicolaus V. und Pius II.[2] die bedeutendsten Kräfte in seine 10
Kanzlei, selbst unter jenen sonst nicht literarisch gesinnten
letzten Päpsten des 15. Jahrhunderts. In der Papstgeschichte des Platina ist das Leben Pauls II. nichts anderes als
die ergötzliche Rache des Humanisten an dem einzigen
Papst, der seine Kanzlei nicht zu behandeln verstand, jenen 15
Verein von »Dichtern und Rednern, die der Kurie eben so
viel Glanz verliehen als sie von ihr empfingen«. Man muß
diese stolzen Herrn aufbrausen sehen, wann ein Präzedenz-
streit eintritt, wenn z. B. die Advocati consistoriales gleichen Rang mit ihnen, ja den Vortritt in Anspruch nehmen.[3] 20
In einem Zuge wird appelliert an den Evangelisten Johannes, welchem die Secreta coelestia enthüllt gewesen, an den
Schreiber des Porsenna, welchen M. Scävola für den König
selber gehalten, an Mäcenas, welcher Augusts Geheimschreiber war, an die Erzbischöfe, welche in Deutschland 25
Kanzler heißen usw.[4] »Die apostolischen Schreiber haben

Hauptstelle über das, was die Florentiner von ihren Sekretären
verlangten, bei Aeneas Sylvius, De Europa, cap. 54 (Opera,
p. 454).

2 Vgl. S. 219 und Papencordt, Gesch. d. Stadt Rom, p. 512, über
das neue Kollegium der Abbreviatoren, welches Pius gründete.

3 Anecdota lit. I, p. 119 s. Plaidoyer des Jacobus Volaterranus im
Namen der Sekretäre, ohne Zweifel aus der Zeit Sixtus IV. – Der
humanistische Anspruch der Konsistorialadvokaten beruhte auf
ihrer Redekunst, wie der der Sekretäre auf den Briefen.

4 Die wirkliche kaiserliche Kanzlei unter Friedrich III. kannte
Aeneas Sylvius am besten. Vgl. Epp. 23 und 105, Opera, p. 516
und 607.

die ersten Geschäfte der Welt in Händen, denn wer anders
als sie schreibt und verfügt in Sachen des katholischen
Glaubens, der Bekämpfung der Ketzerei, der Herstellung
des Friedens, der Vermittlung zwischen den größten Monarchen? Wer als sie liefert die statistischen Übersichten der
ganzen Christenheit? Sie sind es, die Könige, Fürsten und
Völker in Bewunderung versetzen durch das, was von den
Päpsten ausgeht; sie verfassen die Befehle und Instruktionen für die Legaten; ihre Befehle empfangen sie aber nur
vom Papst, und sind derselben zu jeder Stunde des Tages
und der Nacht gewärtig.« Den Gipfel des Ruhmes erreichten aber doch erst die beiden berühmten Sekretäre und
Stilisten Leos X.: Pietro Bembo und Jacopo Sadoleto.

Nicht alle Kanzleien schrieben elegant; es gab einen
ledernen Beamtenstil in höchst unreinem Latein, welcher
die Mehrheit für sich hatte. Ganz merkwürdig stechen in
den mailändischen Aktenstücken, welche Corio mitteilt,
neben diesem Stil die paar Briefe hervor, welche von den
Mitgliedern des Fürstenhauses selber, und zwar in den
wichtigsten Momenten verfaßt sein müssen;[5] sie sind von
der reinsten Latinität. Den Stil auch in der Not zu wahren
erschien als ein Gebot der guten Lebensart, und als Folge
der Gewöhnung.

Man kann sich denken, wie emsig in jenen Zeiten die
Briefsammlungen des Cicero, Plinius u. a. studiert wurden.
Es erschien schon im 15. Jahrhundert eine ganze Reihe von
Anweisungen und Formularen zum lateinischen Brief-
schreiben (als Seitenzweig der großen grammatikalischen
und lexikographischen Arbeiten), deren Masse in den Bibliotheken noch heute Erstaunen erregt. Je mehr Unberu-

---

5 Corio, Storia di Milano, fol. 449, der Brief der Isabella von
   Aragon an ihren Vater Alfons von Neapel; fol. 453, 464 zwei
   Briefe des Moro an Karl VIII. – Womit zu vergleichen das
   Histörchen in den Lettere pittoriche III, 86 (Sebast. del Piombo
   an Aretino), wie Clemens VII. während der Verwüstung Roms
   im Kastell seine Gelehrten aufbietet und sie eine Epistel an
   Karl V. konzipieren läßt, jedem besonders.

fene aber mit dergleichen Hilfsmitteln sich an die Aufgabe
wagten, desto mehr nahmen sich die Virtuosen zusammen,
und die Briefe Poliziano's und im Beginn des 16. Jahrhunderts die des Pietro Bembo erschienen dann als die irgend
erreichbaren Meisterwerke, nicht nur des lateinischen Stiles
sondern der Epistolographie als solcher.

Daneben meldet sich mit dem 16. Jahrhundert auch ein
klassischer italienischer Briefstil, wo Bembo wiederum an
der Spitze steht. Es ist eine völlig moderne, vom Lateinischen mit Absicht ferngehaltene Schreibart, und doch geistig total vom Altertum durchdrungen und bestimmt.
Diese Briefe sind zum Teil wohl im Vertrauen geschrieben,
meist aber im Hinblick auf eine mögliche Veröffentlichung
und vielleicht ohne Ausnahme im Bewußtsein, daß sie um
ihrer Eleganz willen könnten weitergezeigt werden. Auch
beginnen schon seit den 1530er Jahren gedruckte Sammlungen, teils von sehr verschiedenen Briefstellern in bunter
Reihe, teils Korrespondenzen einzelner, und derselbe Bembo wurde als Epistolograph im Italienischen so berühmt
wie im Lateinischen.[5a]

Viel glänzender noch als der Briefschreiber tritt der Redner[6] hervor, in einer Zeit und bei einem Volke, wo das
Hören als ein Genuß ersten Ranges galt und wo das Phantasiebild des römischen Senates und seiner Redner alle
Geister beherrschte. Von der Kirche, bei welcher sie im
Mittelalter ihre Zuflucht gehabt, wird die Eloquenz vollkommen emanzipiert; sie bildet ein notwendiges Element
und eine Zierde jedes erhöhten Daseins. Sehr viele festliche
Augenblicke, die gegenwärtig mit der Musik ausgefüllt

5a Über Aretinos Briefsammlungen vgl. oben S. 171 u. Anm.
    Lateinische Briefsammlungen waren schon im 15. Jahrhundert
    gedruckt worden.
6   Man vgl. die Reden in den Opera des Philelphus, Sabellicus,
    Beroaldus d. Ä. usw. und die Schriften und Biographien des
    Jan. Manetti, Aeneas Sylvius usw.

werden, gehörten damals der lateinischen oder italienischen
Rede, worüber sich jeder unserer Leser seine Gedanken
machen möge.

Welches Standes der Redner war, galt völlig gleich; man
bedurfte vor allem des virtuosenhaft ausgebildeten humanistischen Talentes. Am Hofe des Borso von Ferrara hat der
Hofarzt, Jeronimo da Castello, sowohl Friedrich III. als
Pius II. zum Willkomm anreden müssen;[7] verheiratete
Laien besteigen in den Kirchen die Kanzeln bei jedem
festlichen oder Traueranlaß, ja selbst an Heiligenfesten. Es
war den außeritalischen Basler Konzilsherren etwas Neues,
daß der Erzbischof von Mailand am Ambrosiustage den
Aeneas Sylvius auftreten ließ, welcher noch keine Weihe
empfangen hatte; trotz dem Murren der Theologen ließen
sie sich es gefallen und hörten mit größter Begier zu.[8]

Überblicken wir zunächst die wichtigern und häufigern
Anlässe des öffentlichen Redens.

Vor Allem heißen die Gesandten von Staat an Staat nicht
vergebens Oratoren; neben der geheimen Unterhandlung
gab es ein unvermeidliches Paradestück, eine öffentliche
Rede, vorgetragen unter möglichst pomphaften Umständen.[9] In der Regel führte von dem oft sehr zahlreichen
Personal Einer zugestandenermaßen das Wort, aber es begegnete doch dem Kenner Pius II., vor welchem sich gerne
jeder hören lassen wollte, daß er eine ganze Gesandtschaft,
Einen nach dem Andern, anhören mußte.[10] Dann redeten

---

7 Diario Ferrarese, bei Murat. XXIV, Col. 198, 205.

8 Pii II. Comment. L. I, p. 10

9 So groß der Sukzeß des glücklichen Redners war, so furchtbar
   war natürlich das Steckenbleiben vor großen und erlauchten
   Versammlungen. Schreckensbeispiele sind gesammelt bei Petrus Crinitus, de honesta disciplina V, cap. 3. Vgl. Vespas.
   Fior., p. 319, 430.

10 Pii II. Comment. L. IV, p. 205. Es waren noch dazu Römer, die
   ihn in Viterbo erwarteten. Singuli per se verba fecere, ne alius
   alio melior videretur, cum essent eloquentia ferme pares. – Daß
   der Bischof von Arezzo nicht das Wort führen durfte für die

gelehrte Fürsten, die des Wortes mächtig waren, gerne und gut selber, italienisch oder lateinisch. Die Kinder des Hauses Sforza waren hierauf eingeschult, der ganz junge Galeazzo Maria sagte schon 1455 im großen Rat zu Venedig ein fließendes Exerzitium her,[11] und seine Schwester Ippolita begrüßte den Papst Pius II. auf dem Kongreß zu Mantua 1459 mit einer zierlichen Rede.[12] Pius II. selbst hat offenbar als Redner in allen Zeiten seines Lebens seiner letzten Standeserhöhung mächtig vorgearbeitet; als größter kurialer Diplomat und Gelehrter wäre er vielleicht doch nicht Papst geworden ohne den Ruhm und den Zauber seiner Beredsamkeit. »Denn nichts war erhabener als der Schwung seiner Rede.«[13] Gewiß galt er für Unzählige schon deshalb als der des Papsttums Würdigste, bereits vor der Wahl.

Sodann wurden die Fürsten bei jedem feierlichen Empfang angeredet und zwar oft in stundenlanger Oration. Natürlich geschah dies nur, wenn der Fürst als Redefreund bekannt war oder dafür gelten wollte,[14] und wenn man

Kollektivgesandtschaft der italienischen Staaten an den neugewählten Alexander VI., zählt Guicciardini (zu Anfang des I. B.) ganz ernsthaft unter den Ursachen auf, welche das Unglück Italiens 1494 herbeiführen halfen.

11 Mitgeteilt von Marin Sanudo, bei Murat. XXII, Col. 1160.

12 Pii II. Comment. L. II, p. 107. Vgl. p. 87. – Eine andere lateinische Rednerin fürstlichen Standes war Madonna Battista Montefeltro, vermählte Malatesta, welche Sigismund und Martin haranguierte. Vgl. Arch. stor. IV, I, p. 442, Nota.

13 De expeditione in Turcas, bei Murat. XXIII, Col. 68. Nihil enim Pii concionantis maiestate sublimius. – Außer dem naiven Wohlgefallen, womit Pius selbst seine Erfolge schildert, vgl. Campanus, Vita Pii II, bei Murat. III, II, passim.

14 Karl V. hat doch einmal, als er in Genua die Blumensprache eines latein. Redners nicht folgen konnte, vor Giovio's Ohren geseufzt: »Ach wie hat mein Lehrer Hadrian einst Recht gehabt, als er mir weissagte, ich würde für meinen kindischen Unfleiß im Lateinischen gezüchtigt werden!« – Paul. Jov. vita Hadriani VI.

einen genügenden Redner vorrätig hatte, mochte es ein
Hofliterat, Universitätsprofessor, Beamter, Arzt oder
Geistlicher sein.

Auch jeder andere politische Anlaß wird begierig ergriffen, und je nach dem Ruhm des Redners läuft Alles herbei,
was die Bildung verehrt. Bei alljährlichen Beamtenerneue-
rungen, sogar bei Einführung neuernannter Bischöfe muß
irgend ein Humanist auftreten, der bisweilen[15] in sapphischen Strophen oder Hexametern spricht; auch mancher
neu antretende Beamte selbst muß eine unumgängliche
Rede halten über sein Fach z. B. »über die Gerechtigkeit«;
wohl ihm wenn er darauf geschult ist. In Florenz zieht man
auch die Condottieren – sie mögen sein wer und wie sie
wollen – in das landesübliche Pathos hinein und läßt sie bei
Überreichung des Feldherrenstabes durch den gelehrtesten
Staatssekretär vor allem Volk haranguieren.[16] Es scheint,
daß unter oder an der Loggia de’ Lanzi, der feierlichen
Halle, wo die Regierung vor dem Volke aufzutreten
pflegte, eine eigentliche Rednerbühne (rostra, ringhiera)
angebracht war.

Von Anniversarien werden besonders die Todestage der
Fürsten durch Gedächtnisreden gefeiert. Auch die eigentliche Leichenrede ist vorherrschend dem Humanisten anheimgefallen, der sie in der Kirche, in weltlichem Gewande
rezitiert, und zwar nicht nur am Sarge von Fürsten, sondern auch von Beamten u. a. namhaften Leuten.[17] Ebenso
verhält es sich oft mit Verlobungs- und Hochzeitsreden,
nur daß diese (wie es scheint) nicht in der Kirche sondern
im Palast, z. B. die des Filelfo bei der Verlobung der Anna
Sforza mit Alfonso d’Este im Kastell von Mailand, gehalten

---

15 Lil. Greg. Gyraldus, de poetis nostri temp., bei Anlaß des
   Collenuccio. – Filelfo, ein verheirateter Laie, hielt im Dom von
   Como die Einführungsrede für den Bischof Scarampi 1460.
16 Fabroni, Cosmus, Adnot. 52.
17 Was doch z. B. dem Jac. Volaterranus (bei Murat. XXIII,
   Col. 171) bei Platina’s Gedächtnisfeier einigen Anstoß gab.

wurden. (Es könnte immerhin in der Palastkapelle geschehen sein.) Auch angesehene Privatleute ließen sich wohl einen solchen Hochzeitsredner als vornehmen Luxus gefallen. In Ferrara ersuchte man bei solchen Anlässen einfach den Guarino,[18] er möchte einen seiner Schüler senden. Die Kirche als solche besorgte bei Trauungen und Leichen nur die eigentlichen Zeremonien.

Von den akademischen Reden sind die bei Einführung neuer Professoren und die bei Kurseröffnungen[19] von den Professoren selbst gehaltenen mit dem größten rhetorischen Aufwand behandelt. Der gewöhnliche Kathedervortrag näherte sich ebenfalls oft der eigentlichen Rede.[20]

Bei den Advokaten gab das jeweilige Auditorium den Maßstab für die Behandlung der Rede. Je nach Umständen wurde dieselbe mit dem vollen philologisch-antiquarischen Pomp ausgestattet.

Eine ganz eigene Gattung sind die italienisch gehaltenen Anreden an die Soldaten, teils vor dem Kampf, teils nachher. Federigo von Urbino[21] war hierfür klassisch; einer Schar nach der andern, wie sie kampfgerüstet da standen, flößte er Stolz und Begeisterung ein. Manche Rede in den Kriegsschriftstellern des 15. Jahrhunderts, z. B. bei Porcellius (S. 107) möchte nur teilweise fingiert sein, teilweise aber auf wirklich gesprochenen Worten beruhen. Wieder etwas anderes waren die Anreden an die seit 1506, hauptsächlich auf Macchiavell's Betrieb organisierte florentini-

---

18 Anecdota lit. I, p. 299, in Fedras Leichenrede auf Lod. Podocataro, welchen Guarino vorzugsweise zu solchen Aufträgen bestimmte.
19 Von solchen Einleitungsvorlesungen sind viele erhalten, in den Werken des Sabellicus, Beroaldus maior, Codrus Urceus usw.
20 Den ausgezeichneten Ruhm von Pomponazzos Vortrag s. bei Paul. Jov. Elogia.
21 Vespas. Fior., p. 103. Vgl. die Geschichte p. 598, wie Giannozzo Manetti zu ihm ins Lager kömmt.

sche Miliz,[22] bei Anlaß der Musterungen und später bei
einer besondern Jahresfeier. Diese sind von allgemein pa-
triotischem Inhalt; es hielt sie in der Kirche jedes Quartiers
vor den dort versammelten Milizen ein Bürger im Brusthar-
nisch, mit dem Schwert in der Hand.

   Endlich ist im 15. Jahrhundert die eigentliche Predigt
bisweilen kaum mehr von der Rede zu scheiden, insofern
viele Geistliche in den Bildungskreis des Altertums mit
eingetreten waren und etwas darin gelten wollten. Hat doch
selbst der schon bei Lebzeiten heilige, vom Volk angebetete
Gassenprediger Bernardino da Siena es für seine Pflicht
gehalten, den rhetorischen Unterricht des berühmten Guarino nicht zu verschmähen, obwohl er nur italienisch zu
predigen hatte. Die Ansprüche, zumal an die Fastenprediger, waren damals ohne Zweifel so groß als je; hie und da
gab es auch ein Auditorium, welches sehr viel Philosophie
auf der Kanzel vertragen konnte und, scheint es, von Bildung wegen verlangte.[23] Doch wir haben es hier mit den
vornehmen lateinischen Kasualpredigern zu tun. Manche
Gelegenheit nahmen ihnen, wie gesagt, gelehrte Laien vom
Munde weg. Reden an bestimmten Heiligentagen, Leichen-
und Hochzeitsreden, Einführungen von Bischöfen usw., ja
sogar die Rede bei der ersten Messe eines befreundeten
Geistlichen und die Festrede bei einem Ordenskapitel werden wohl Laien überlassen.[24] Doch predigten wenigstens
vor dem päpstlichen Hof im 15. Jahrhundert in der Regel
Mönche, welches auch der festliche Anlaß sein mochte.
Unter Sixtus IV. verzeichnet und kritisiert Giacomo da

---

22 Archiv. stor. XV, p. 113, 121, Canestrini's Einleitung; p. 342,
   s. der Abdruck zweier Soldatenreden; die erste, von Alamanni,
   ist ausgezeichnet schön und des Momentes (1528) würdig.
23 Hierüber Faustinus Terdoceus, in seiner Satire De triumpho
   stultitiae, lib. II.
24 Diese beiden erstaunlichen Fälle kommen bei Sabellicus vor
   (Opera, fol. 61-82. De origine et auctu religionis, zu Verona vor
   dem Kapitel der Barfüßer von der Kanzel gehalten, und: De sa-
   cerdotii laudibus, zu Venedig gehalten). Vgl. S. 232, Anm. 15.

Volterra regelmäßig diese Festprediger, nach den Gesetzen der Kunst.[25] Fedra Inghirami, als Festredner berühmt unter Julius II., hatte wenigstens die geistlichen Weihen und war Chorherr am Lateran; auch sonst hatte man unter den Prälaten jetzt elegante Lateiner genug. Überhaupt erschei- 5 nen mit dem 16. Jahrhundert die früher übergroßen Vorrechte der profanen Humanisten in dieser Beziehung gedämpft wie in andern, wovon unten ein Weiteres.

Welcher Art und welches Inhaltes waren nun diese Reden im großen und ganzen? Die natürliche Wohlredenheit 10 wird den Italienern das Mittelalter hindurch nie gefehlt haben, und eine sogenannte Rhetorik gehörte von jeher zu den sieben freien Künsten; wenn es sich aber um die Auferweckung der antiken Methode handelt, so ist dieses Verdienst nach Aussage des Filippo Villani[26] einem Floren- 15 tiner Bruno Casini zuzuschreiben, welcher noch in jungen Jahren 1348 an der Pest starb. In ganz praktischen Absichten, um nämlich die Florentiner zum leichten, gewandten Auftreten in Räten u. a. öffentlichen Versammlungen zu befähigen, behandelte er nach Maßgabe der Alten die Erfin- 20 dung, die Deklamation, Gestus und Haltung im Zusammenhange. Auch sonst hören wir frühe von einer völlig auf die Anwendung berechneten rhetorischen Erziehung; nichts galt höher als aus dem Stegreif in elegantem Latein das jedesmal Passende vorbringen zu können. Das wach- 25 sende Studium von Cicero's Reden und theoretischen Schriften, von Quintilian und den kaiserlichen Panegyrikern, das Entstehen eigener neuer Lehrbücher,[27] die Benüt-

25 Jac. Volaterrani Diar. roman., bei Mur. XXIII. passim. – Col. 173 wird eine höchst merkwürdige Predigt vor dem Hofe, doch bei zufälliger Abwesenheit Sixtus IV. erwähnt: Pater Paolo Toscanella donnerte gegen den Papst, dessen Familie und die Kardinäle; Sixtus erfuhr es und lächelte.
26 Fil. Villani, vite, p. 33.
27 Georg. Trapezunt. Rhetorica, das erste vollständige Lehrgebäude. – Aen. Sylvius: Artis rhetoricae praecepta, in den Opera p. 992 bezieht sich absichtlich nur auf Satzbau und Wortfü-

zung der Fortschritte der Philologie im Allgemeinen und
die Masse von antiken Ideen und Sachen, womit man die
eigenen Gedanken bereichern durfte und mußte, – dies
zusammen vollendete den Charakter der neuen Redekunst.

Je nach den Individuen ist derselbe gleichwohl sehr
verschieden. Manche Reden atmen eine wahre Beredsamkeit, namentlich diejenigen, welche bei der Sache bleiben;
von dieser Art ist durchschnittlich was wir von Pius II.
übrig haben. Sodann lassen die Wunderwirkungen, welche
Giannozzo Manetti[28] erreichte, auf einen Redner schließen,
wie es in allen Zeiten wenige gegeben hat. Seine großen
Audienzen als Gesandter vor Nicolaus V., vor Dogen und
Rat von Venedig waren Ereignisse, deren Andenken lange
dauerte. Viele Redner dagegen benützten den Anlaß, um
neben einigen Schmeicheleien für vornehme Zuhörer eine
wüste Masse von Worten und Sachen aus dem Altertum
vorzubringen. Wie es möglich war, dabei bis zwei, ja drei
Stunden auszuhalten, begreift man nur, wenn man das
starke damalige Sachinteresse am Altertum und die Mangelhaftigkeit und relative Seltenheit der Bearbeitungen –
vor der Zeit des allgemeinen Druckens – in Betracht zieht.
Solche Reden hatten noch immer den Wert, welchen wir
(S. 203) manchen Briefen Petrarca's vindiziert haben. Einige
machten es aber doch zu stark. Filelfo's meiste Orationen
sind ein abscheuliches Durcheinander von klassischen und
biblischen Zitaten, aufgereiht an einer Schnur von Gemeinplätzen; dazwischen werden die Persönlichkeiten der zu
rühmenden Großen nach irgendeinem Schema z. B. der
Kardinaltugenden gepriesen, und nur mit großer Mühe
entdeckt man bei ihm und Andern die wenigen zeitgeschichtlichen Elemente von Wert, welche wirklich darin
sind. Die Rede eines Professors und Literaten von Piacenza

gung; übrigens bezeichnend für die vollkommene Routine
hierin. Er nennt mehrere andere Theoretiker.
28 Dessen Vita bei Murat. XX ist ganz voll von den Wirkungen
seiner Eloquenz. – Vgl. Vespas. Fior. 592 s.

z. B. für den Empfang des Herzogs Galeazzo Maria 1467
beginnt mit C. Julius Caesar, mischt einen Haufen antiker
Zitate mit solchen aus einem eigenen allegorischen Werk
des Verfassers zusammen, und schließt mit sehr indiskreten
guten Lehren an den Herrscher.[29] Glücklicherweise war es
schon zu spät am Abend und der Redner mußte sich damit
begnügen, seinen Panegyricus schriftlich zu überreichen.
Auch Filelfo hebt eine Verlobungsrede mit den Worten an:
Jener peripatetische Aristoteles usw.; Andere rufen gleich
zu Anfang: Publius Cornelius Scipio u. dgl., ganz als könnten sie und ihre Zuhörer das Zitieren gar nicht erwarten.
Mit dem Ende des 15. Jahrhunderts reinigte sich der Geschmack auf einmal, wesentlich durch das Verdienst der
Florentiner; im Zitieren wird fortan sehr behutsam Maß
gehalten, schon weil inzwischen allerlei Nachschlagewerke
häufiger geworden sind, in welchen der Erste Beste dasjenige vorrätig findet, womit man bis jetzt Fürsten und Volk
in Erstaunen gesetzt.

Da die meisten Reden am Studierpult erarbeitet waren,
so dienten die Manuskripte unmittelbar zur weitern Verbreitung und Veröffentlichung. Großen Stegreifrednern
dagegen mußte nachstenographiert werden.[30] — Ferner sind
nicht alle Orationen, die wir besitzen, auch nur dazu bestimmt gewesen, wirklich gehalten zu werden; so ist z. B.
der Panegyricus des ältern Beroaldus auf Lodovico Moro
ein bloß schriftlich eingesandtes Werk.[31] Ja wie man Briefe
mit imaginären Adressen nach allen Gegenden der Welt
komponierte als Exerzitium, als Formulare, auch wohl als
Tendenzschriften, so gab es auch Reden auf erdichtete

---

29 Annales Placentini bei Murat. XX, Col. 918.
30 So dem Savonarola, vgl. Perrens, Vie de Savonarole I, p. 163.
    Die Stenographen konnten jedoch ihm und z. B. auch begei-
    sterten Improvisatoren nicht immer folgen.
31 Und zwar keines von den bessern. Das Bemerkenswerteste ist
    die Floskel am Schlusse: Esto tibi ipsi archetypon et exemplar,
    te ipsum imitare etc.

Anlässe,[32] als Formulare für Begrüßung großer Beamten, Fürsten und Bischöfe u. dgl. m.

Auch für die Redekunst gilt der Tod Leo's X. (1521) und die Verwüstung von Rom (1527) als der Termin des Verfalls. Aus dem Jammer der ewigen Stadt kaum geflüchtet, verzeichnet Giovio[33] einseitig und doch wohl mit überwiegender Wahrheit die Gründe dieses Verfalls:

»Die Aufführungen des Plautus und Terenz, einst eine Übungsschule des lateinischen Ausdruckes für die vornehmen Römer, sind durch italienische Komödien verdrängt. Der elegante Redner findet nicht mehr Lohn und Anerkennung wie früher. Deshalb arbeiten z. B. die Konsistorialadvokaten an ihren Vorträgen nur noch die Proömien aus und geben den Rest als trüben Mischmasch nur noch stoßweise von sich. Auch Kasualreden und Predigten sind tief gesunken. Handelt es sich um die Leichenrede für einen Kardinal oder weltlichen Großen, so wenden sich die Testamentsexekutoren nicht an den trefflichsten Redner der Stadt, den sie mit hundert Goldstücken honorieren müßten, sondern sie mieten um ein Geringes einen hergelaufenen kecken Pedanten, der nur in den Mund der Leute kommen will, sei es auch durch den schlimmsten Tadel. Der Tote, denkt man, spüre ja nichts davon, wenn ein Affe in Trauergewand auf der Kanzel steht, mit weinerlichem heiserm Gemurmel beginnt und allmählich ins laute Gebell übergeht. Auch die festlichen Predigten bei den päpstlichen Funktionen werfen keinen rechten Lohn mehr ab; Mönche von allen Orden haben sich wieder derselben bemächtigt und predigen wie

---

32 Briefe sowohl als Reden dieser Art schrieb Alberto di Ripalta, vgl. die von ihm verfaßten Annales Placentini, bei Murat. XX, Col. 914, s., wo der Pedant seinen literarischen Lebenslauf ganz lehrreich beschreibt.
33 Pauli Jovii Dialogus de viris litteris illustribus, bei Tiraboschi, Tom. VII, Parte IV. – Doch meint er noch wohl ein Jahrzehnt später, am Schluß der Elogia literaria: Tenemus adhuc, nachdem das Primat der Philologie auf Deutschland übergegangen, sincerae et constantis eloquentiae munitam arcem etc.

für die ungebildetsten Zuhörer. Noch vor wenigen Jahren
konnte eine solche Predigt bei der Messe in Gegenwart des
Papstes der Weg zu einem Bistum werden.«

An die Epistolographie und die Redekunst der Humanisten
schließen wir hier noch ihre übrigen Produktionen an,
welche zugleich mehr oder weniger Reproduktionen des
Altertums sind.

Hieher gehört zunächst die Abhandlung in unmittelbarer oder in dialogischer Form,[34] welche letztere man direkt
von Cicero herübernahm. Um dieser Gattung einigermaßen gerecht zu werden, um sie nicht als Quelle der Langen-
weile von vorn herein zu verwerfen, muß man zweierlei
erwägen. Das Jahrhundert, welches dem Mittelalter ent-
rann, bedurfte in vielen einzelnen Fragen moralischer und
philosophischer Natur einer speziellen Vermittelung zwischen sich und dem Altertum, und diese Stelle nahmen nun
die Traktat- und Dialogschreiber ein. Vieles, was uns in
ihren Schriften als Gemeinplatz erscheint, war für sie und
ihre Zeitgenossen eine mühsam neu errungene Anschauung von Dingen, über welche man sich seit dem Altertum
noch nicht wieder ausgesprochen hatte. Sodann hört sich
die Sprache hier besonders gerne selber zu – gleichviel ob
die lateinische oder die italienische. Freier und vielseitiger
als in der historischen Erzählung oder in der Oration und
in den Briefen bildet sie hier ihr Satzwerk, und von den
italienischen Schriften dieser Art gelten mehrere bis heute
als Muster der Prosa. Manche von diesen Arbeiten wurden
schon genannt oder werden noch angeführt werden ihres
Sachinhaltes wegen; hier mußte von ihnen als Gesamtgat-

---

34 Eine besondere Gattung machen natürlich die halbsatirischen
    Dialoge aus, welche Collenuccio und besonders Pontano dem
    Lucian nachbildeten. Von ihnen sind dann Erasmus und Hut-
    ten angeregt worden. – Für die eigentlichen Abhandlungen
    mochten frühe schon Stücke aus den Moralien des Plutarch als
    Vorbild dienen.

tung die Rede sein. Von Petrarca's Briefen und Traktaten an
bis gegen Ende des 15. Jahrhunderts wiegt bei den Meisten
auch hier das Aufspeichern antiken Stoffes vor, wie bei den
Rednern; dann klärt sich die Gattung ab, zumal im Italienischen, und erreicht mit den Asolani des Bembo, mit der
Vita Sobria des Luigi Cornaro die volle Klassizität. Auch
hier war es entscheidend, daß jener antike Stoff inzwischen
sich in besondern großen Sammelwerken, jetzt sogar gedruckt, abzulagern begonnen hatte und dem Traktatschrei-
ber nicht mehr im Wege war.

Ganz unvermeidlich bemächtigte sich der Humanismus
auch der Geschichtschreibung. Bei flüchtiger Vergleichung dieser Historien mit den frühern Chroniken, namentlich mit so herrlichen, farbenreichen, lebensvollen
Werken wie die der Villani wird man dies laut beklagen.
Wie abgeblaßt und konventionell zierlich erscheint neben
diesen alles, was die Humanisten schreiben, und zwar
z. B. gerade ihre nächsten und berühmtesten Nachfolger
in der Historiographie von Florenz, Lionardo Aretino
und Poggio. Wie unablässig plagt den Leser die Ahnung,
daß zwischen den livianischen und den cäsarischen Phrasen eines Facius, Sabellicus, Folieta, Senarega, Platina (in
der mantuanischen Geschichte), Bembo (in den Annalen
von Venedig) und selbst eines Giovio (in den Historien)
die beste individuelle und lokale Farbe, das Interesse am
vollen wirklichen Hergang Not gelitten habe. Das Mißtrauen wächst, wenn man inne wird, daß der Wert des
Vorbildes Livius selbst am unrechten Orte gesucht
wurde, nämlich[35] darin, daß er »eine trockene und blut-
lose Tradition in Anmut und Fülle verwandelt« habe; ja
man findet (eben da) das bedenkliche Geständnis, die Geschichtschreibung müsse durch Stilmittel den Leser aufre-
gen, reizen, erschüttern, – gerade als ob sie die Stelle der
Poesie vertreten könnte. Man fragt sich endlich, ob nicht
die Verachtung der modernen Dinge, zu welcher diese

---

35 Benedictus: Caroli VIII. hist., bei Eccard, scriptt. II, Col. 1577.

nämlichen Humanisten sich bisweilen[36] offen bekennen, auf ihre Behandlung derselben einen ungünstigen Einfluß haben *mußte*? Unwillkürlich wendet der Leser den anspruchlosen lateinischen und italienischen Annalisten, die der alten Art treu geblieben, z. B. denjenigen von Bologna und Ferrara, mehr Teilnahme und Vertrauen zu, und noch viel dankbarer fühlt man sich den bessern unter den italienisch schreibenden eigentlichen Chronisten verpflichtet, einem Marin Sanudo, einem Corio, einem Infessura, bis dann mit dem Anfang des 16. Jahrhunderts die neue glanzvolle Reihe der großen italienischen Geschichtschreiber in der Muttersprache beginnt.

In der Tat war die Zeitgeschichte unwidersprechlich besser daran, wenn sie sich in der Landessprache erging, als wenn sie sich latinisieren mußte. Ob auch für die Erzählung des Längstvergangenen, für die geschichtliche Forschung das Italienische geeigneter gewesen wäre, ist eine Frage, welche für jene Zeit verschiedene Antworten zuläßt. Das Lateinische war damals die Lingua franca der Gelehrten lange nicht bloß im internationalen Sinn, z. B. zwischen Engländern, Franzosen und Italienern, sondern auch im interprovinzialen Sinne, d. h. der Lombarde, der Venezianer, der Neapolitaner wurden mit ihrer italienischen Schreibart – auch wenn sie längst toskanisiert war und nur noch schwache Spuren des Dialektes an sich trug – von dem Florentiner nicht anerkannt. Dies wäre zu verschmerzen gewesen bei örtlicher Zeitgeschichte, die ihrer Leser an Ort und Stelle sicher war, aber nicht so leicht bei der Geschichte der Vergangenheit, für welche ein weiterer Leserkreis gesucht werden mußte. Hier durfte die lokale Teilnahme des Volkes der allgemeinen der Gelehrten aufgeopfert werden.

---

36 Petrus Crinitus beklagt diese Verachtung, de honesta discipl. L. XVIII, cap. 9. Die Humanisten gleichen hierin den Autoren des spätern Altertums, welche ebenfalls ihrer Zeit aus dem Wege gingen. – Vgl. Burckhardt, Die Zeit Constantins d. Gr. S. 285 u. f.

Wie weit wäre z. B. Blondus von Forlì gelangt, wenn er
seine großen gelehrten Werke in einem halbromagnoli-
schen Italienisch verfaßt hätte? Dieselben wären einer sichern Obskurität verfallen schon um der Florentiner willen, während sie lateinisch die allergrößte Wirkung auf die
Gelehrsamkeit des ganzen Abendlandes ausübten. Und
auch die Florentiner selbst schrieben ja im 15. Jahrhundert
lateinisch, nicht bloß weil sie humanistisch dachten sondern
zugleich um der leichtern Verbreitung willen.

Endlich gibt es auch lateinische Darstellungen aus der
Zeitgeschichte, welche den vollen Wert der trefflichsten
italienischen haben. Sobald die nach Livius gebildete fortlaufende Erzählung, das Prokrustesbett so mancher Autoren, aufhört, erscheinen dieselben wie umgewandelt. Jener
nämliche Platina, jener Giovio, die man in ihren großen
Geschichtswerken nur verfolgt, soweit man muß, zeigen
sich auf einmal als ausgezeichnete biographische Schilderer. Von Tristan Caracciolo, von dem biographischen Werke
des Facius, von der venezianischen Topographie des Sabellico usw. ist schon beiläufig die Rede gewesen und auf andere
werden wir noch kommen.

Die lateinischen Darstellungen aus der Vergangenheit
betrafen natürlich vor allem das klassische Altertum. Was
man aber bei diesen Humanisten weniger suchen würde,
sind einzelne bedeutende Arbeiten über die allgemeine Geschichte des Mittelalters. Das erste bedeutende Werk dieser
Art war die Chronik des Matteo Palmieri, beginnend wo
Prosper Aquitanus aufhört. Wer dann zufällig die Dekaden
des Blondus von Forlì öffnet, wird einigermaßen erstaunen, wenn er hier eine Weltgeschichte »ab inclinatione
Romanorum imperii« wie bei Gibbon findet, voll von
Quellenstudien der Autoren jedes Jahrhunderts, wovon die
ersten 300 Folioseiten dem frühern Mittelalter bis zum
Tode Friedrichs II. angehören. Und dies während man sich
im Norden noch auf dem Standpunkte der bekannten
Papst- und Kaiserchroniken und des Fasciculus temporum
befand. Es ist hier nicht unsere Sache, kritisch nachzuwei-

sen, welche Schriften Blondus im einzelnen benützt hat, und wo er sie beisammen gefunden; in der Geschichte der neuern Historiographie aber wird man ihm diese Ehre wohl einmal erweisen müssen. Schon um dieses einen Buches willen wäre man berechtigt zu sagen: das Studium des Altertums allein hat das des Mittelalters möglich gemacht; jenes hat den Geist zuerst an objektives geschichtliches Interesse gewöhnt. Allerdings kam hinzu, daß das Mittelalter für das damalige Italien ohnehin vorüber war und daß der Geist es erkennen konnte, weil es nun außer ihm lag. Man kann nicht sagen, daß er es sogleich mit Gerechtigkeit oder gar mit Pietät beurteilt habe; in den Künsten setzt sich ein starkes Vorurteil gegen seine Hervorbringungen fest, und die Humanisten datieren von ihrem eigenen Aufkommen an eine neue Zeit: »Ich fange an, sagt Boccaccio,[37] zu hoffen und zu glauben, Gott habe sich des italienischen Namens erbarmt, seit ich sehe, daß seine reiche Güte in die Brust der Italiener wieder Seelen senkt, die denen der Alten gleichen, insofern sie den Ruhm auf andern Wegen suchen als durch Raub und Gewalt, nämlich auf dem Pfade der unvergänglich machenden Poesie.« Aber diese einseitige und unbillige Gesinnung schloß doch die Forschung bei den Höherbegabten nicht aus, zu einer Zeit, da im übrigen Europa noch nicht davon die Rede war; es bildete sich für das Mittelalter eine geschichtliche Kritik, schon weil die rationelle Behandlung aller Stoffe bei den Humanisten auch diesem historischen Stoffe zu Gute kommen mußte. Im 15. Jahrhundert durchdringt dieselbe bereits die einzelnen Städtegeschichten insoweit, daß das späte wüste Fabelwerk aus der Urgeschichte von Florenz, Venedig, Mailand usw. verschwindet, während die Chroniken des Nordens

---

37 In dem Briefe an Pizinga, in den Opere volgari vol. XVI. – Noch bei Raph. Volaterranus, L. XXI, fängt die geistige Welt mit dem 14. Jahrhundert an, also bei demselben Autor, dessen erste Bücher so viele für jene Zeit treffliche spezialgeschichtliche Übersichten für alle Länder enthalten.

sich noch lange mit jenen poetisch meist wertlosen, seit dem
13. Jahrhundert ersonnenen Phantasiegespinsten schleppen
müssen.

Den engen Zusammenhang der örtlichen Geschichte mit
dem Ruhm haben wir schon oben bei Anlaß von Florenz
(S. 81) berührt. Venedig durfte nicht zurückbleiben; so
wie etwa eine venezianische Gesandtschaft nach einem großen florentinischen Rednertriumph[38] eilends nach Hause
schreibt, man möchte ebenfalls einen Redner schicken, so
bedürfen die Venezianer auch einer Geschichte, welche mit
den Werken des Lionardo Aretino und Poggio die Vergleichung aushalten soll. Unter solchen Voraussetzungen entstanden im 15. Jahrhundert die Dekaden des Sabellico, im
16. die Historia rerum venetarum des Pietro Bembo, beide
Arbeiten in ausdrücklichem Auftrag der Republik, letztere
als Fortsetzung der erstern.

Die großen florentinischen Geschichtschreiber zu Anfang des 16. Jahrhunderts (S. 88) sind dann von Hause aus
ganz andere Menschen als die Lateiner Giovio und Bembo.
Sie schreiben italienisch, nicht bloß weil sie mit der raffinierten Eleganz der damaligen Ciceronianer nicht mehr
wetteifern können, sondern weil sie, wie Macchiavelli, ihren Stoff als einen durch lebendige Anschauung[39] gewonnenen auch nur in unmittelbarer Lebensform wiedergeben
mögen und weil ihnen, wie Guicciardini, Varchi und den
meisten übrigen, die möglichst weite und tiefe Wirkung
ihrer Ansicht vom Hergang der Dinge am Herzen liegt.
Selbst wenn sie nur für wenige Freunde schreiben, wie
Francesco Vettori, so müssen sie doch aus innerm Drange
Zeugnis geben für Menschen und Ereignisse, und sich
erklären und rechtfertigen über ihre Teilnahme an den
letztern.

---

38 Wie der des Giannozzo Manetti in Gegenwart Nicolaus V., der
ganzen Kurie und zahlreicher, weit her gekommener Fremden;
vgl. Vespas. Fior. p. 592 und die vita Jan. Man.

39 Auch des Vergangenen, darf man bei Macchiavelli sagen.

Und dabei erscheinen sie, bei aller Eigentümlichkeit ihres Stiles und ihrer Sprache, doch auf das stärkste vom
Altertum berührt und ohne dessen Einwirkung gar nicht
denkbar. Sie sind keine Humanisten mehr, allein sie sind
durch den Humanismus hindurchgegangen und haben 5
vom Geist der antiken Geschichtschreibung mehr an sich
als die meisten jener livianischen Latinisten: es sind Bürger,
die für Bürger schreiben, wie die Alten taten.

In die übrigen Fachwissenschaften hinein dürfen wir den
Humanismus nicht begleiten; jede derselben hat ihre Spezialgeschichte, in welcher die italienischen Forscher dieser 10
Zeit, hauptsächlich vermöge des von ihnen neu entdeckten
Sachinhaltes des Altertums,[40] einen großen neuen Abschnitt bilden, womit dann jedesmal das moderne Zeitalter
der betreffenden Wissenschaft beginnt, hier mehr, dort 15
weniger entschieden. Auch für die Philosophie müssen wir
auf die besondern historischen Darstellungen verweisen.
Der Einfluß der alten Philosophen auf die italienische Kultur erscheint dem Blicke bald ungeheuer groß, bald sehr
untergeordnet. Ersteres besonders, wenn man nachrech- 20
net, wie die Begriffe des Aristoteles, hauptsächlich aus
seiner frühverbreiteten Ethik[41] und Politik, Gemeingut der
Gebildeten von ganz Italien wurden und wie die ganze Art
des Abstrahierens von ihm beherrscht war.[42] Letzteres dagegen, wenn man die geringe dogmatische Wirkung der 25
alten Philosophen und selbst der begeisterten florentinischen Platoniker auf den Geist der Nation erwägt. Was wie

40 Fand man doch bereits damals, daß schon Homer allein die
   Summe aller Künste und Wissenschaften enthalte, daß er eine
   Enzyklopädie sei. Vgl. Codri Urcei opera, Sermo XIII, Schluß.
   Schon im Altertum freilich kommt dieselbe Ansicht vor.
41 Ein Kardinal unter Paul II. ließ sogar seinen Köchen des A.
   Ethik vortragen. Vgl. Casp. Veron. vita Pauli II. bei Muratori
   III, II, Col. 1034.
42 Für das Studium des Aristoteles im allgemeinen ist besonders
   lehrreich eine Rede des Hermolaus Barbarus.

eine solche Wirkung aussieht, ist in der Regel nur ein
Niederschlag der Bildung im Allgemeinen, eine Folge speziell italienischer Geistesentwicklungen. Bei Anlaß der Religion wird hierüber noch einiges zu bemerken sein. Weit in
den meisten Fällen aber hat man es nicht einmal mit der
allgemeinen Bildung, sondern nur mit der Äußerung einzelner Personen oder gelehrter Kreise zu tun, und selbst
hier müßte jedesmal unterschieden werden zwischen wahrer Aneignung antiker Lehre und bloßem modemäßigen
Mitmachen. Denn für viele war das Altertum überhaupt
nur eine Mode, selbst für Solche, die darin sehr gelehrt
wurden.

Indes braucht nicht Alles, was unserm Jahrhundert als
Affektation erscheint, damals wirklich affektiert gewesen
zu sein. Die Anwendung griechischer und römischer Namen als Taufnamen z. B. ist noch immer viel schöner und
achtungswerter als die heute beliebte von (zumal weiblichen) Namen, die aus Romanen stammen. Sobald die Begeisterung für die alte Welt größer war als die für die
Heiligen, erscheint es ganz einfach und natürlich, daß ein
adliches Geschlecht seine Söhne Agamemnon, Achill und
Tydeus taufen ließ,[43] daß der Maler seinen Sohn Apelles
nannte und seine Tochter Minerva usw.[44] Auch soviel wird
sich wohl verteidigen lassen, daß statt eines Hausnamens,
welchem man überhaupt entrinnen wollte, ein wohllautender antiker angenommen wurde. Einen Heimatsnamen, der
alle Mitbürger mitbezeichnete und noch gar nicht zum
Familiennamen geworden war, gab man gewiß um so lieber

43 Bursellis, Ann. Bonon., bei Murat. XXIII, Col. 898.

44 Vasari XI, p. 189, 257, vite di Sodoma e di Garofalo. – Begreif-
licherweise bemächtigten sich die liederlichen Weibspersonen
in Rom der volltönendsten antiken Namen Giulia, Lucrezia,
Cassandra, Porzia, Virginia, Pentesilea usw., womit sie bei
Aretino auftreten. – Die Juden mögen vielleicht damals die
Namen der großen semitischen Römerfeinde Amilcare, Anni-
bale, Asdrubale an sich genommen haben, die sie noch heute in
Rom so häufig führen.

auf, wenn er zugleich als Heiligenname unbequem wurde;
Filippo da S. Gemignano nannte sich Callimachus. Wer von
der Familie verkannt und beleidigt sein Glück als Gelehrter
in der Fremde machte, der durfte sich, auch wenn er ein
Sanseverino war, mit Stolz zum Julius Pomponius Laetus
umtaufen. Auch die reine Übersetzung eines Namens ins
Lateinische oder ins Griechische (wie sie dann in Deutschland fast ausschließlich Brauch wurde) mag man einer Generation zugute halten, welche lateinisch sprach und
schrieb und nicht bloß deklinable sondern leicht in Prosa
und Vers mitgleitende Namen brauchte. Tadelhaft und oft
lächerlich war erst das *halbe* Ändern eines Namens, bis er
einen klassischen Klang und einen neuen Sinn hatte, sowohl Taufnamen als Zunamen. So wurde aus Giovanni
Jovianus oder Janus, aus Pietro Pierius oder Petreius, aus
Antonio Aonius u. dgl., sodann aus Sannazaro Syncerus,
aus Luca Grasso Lucius Crassus usw. Ariosto, der sich über
diese Dinge so spöttisch ausläßt,[45] hat es dann noch erlebt,
daß man Kinder nach seinen Helden und Heldinnen benannte.[46]

Auch die Antikisierung vieler Lebensverhältnisse, Amts-
namen, Verrichtungen, Zeremonien usw. in den lateinischen Schriftstellern darf nicht zu strenge beurteilt werden.
Solange man sich mit einem einfachen, fließenden Latein
begnügte, wie dies bei den Schriftstellern etwa von Petrarca
bis auf Aeneas Sylvius der Fall war, kam dies allerdings
nicht in auffallender Weise vor, unvermeidlich aber wurde
es, seit man nach einem absolut reinen, zumal ciceronischen
Latein strebte. Da fügten sich die modernen Dinge nicht

---

45   Quasi che'l nome i buon giudicî inganni,
        E che quel meglio t'abbia a far poeta,
        Che non farà lo studio di molt' anni!
    – so spottet Ariosto, der freilich vom Schicksal einen wohllau-
    tenden Namen mitbekommen hatte, in der VII. Satire, Vs. 64.
46 Oder schon nach denjenigen des Bojardo, die zum Teil die
    seinigen sind.

mehr in die Totalität des Stiles, wenn man sie nicht künstlich umtaufte. Pedanten machten sich nun ein Vergnügen daraus, jeden Stadtrat als Patres conscripti, jedes Nonnenkloster als Virgines Vestales, jeden Heiligen als Divus oder Deus zu betiteln, während Leute von feinerm Geschmack wie Paolo Giovio damit wahrscheinlich nur taten was sie nicht vermeiden konnten. Weil Giovio keinen Akzent darauf legt, stört es auch nicht, wenn in seinen wohllautenden Phrasen die Kardinäle Senatores heißen, ihr Dekan Princeps Senatus, die Exkommunikation Dirae,[48] der Karneval Lupercalia usw. Wie sehr man sich hüten muß, aus dieser Stilsache einen voreiligen Schluß auf die ganze Denkweise zu ziehen, liegt gerade bei diesem Autor klar zu Tage.

Die Geschichte des lateinischen Stiles an sich dürfen wir hier nicht verfolgen. Volle zwei Jahrhunderte hindurch taten die Humanisten dergleichen, als ob das Lateinische überhaupt die einzige würdige Schriftsprache wäre und bleiben müßte. Poggio[49] bedauert, daß Dante sein großes Gedicht italienisch verfaßt habe, und bekanntlich hatte Dante es in der Tat mit dem Lateinischen versucht und den Anfang des Inferno zuerst in Hexametern gedichtet. Das ganze Schicksal der italienischen Poesie hing davon ab, daß er nicht in dieser Weise fortfuhr, aber noch Petrarca verließ sich mehr auf seine lateinischen Dichtungen als auf seine

---

48 So werden die Soldaten des französischen Heeres 1512: omnibus diris ad inferos devocati. Den guten Domherrn Tizio, welcher es ernstlicher meinte und gegen fremde Truppen eine Exekrationsformel aus Macrobius aussprach, werden wir unten wieder erwähnen.

49 De infelicitate principum, in Poggii opera, fol. 152: Cuius (Dantis) exstat poema praeclarum, neque, si literis latinis constaret, ulla ex parte poetis superioribus (den Alten) postponendum. Laut Boccaccio, vita di Dante, p. 74 warfen schon damals viele »und darunter weise« Leute die Frage auf, warum wohl Dante nicht lateinisch gedichtet?

Sonette und Canzonen, und die Zumutung lateinisch zu
dichten, ist noch an Ariosto ergangen. Einen stärkern
Zwang hat es in literarischen Dingen nie gegeben,[50] allein
die Poesie entwischte demselben größtenteils, und jetzt
können wir wohl ohne allzu großen Optimismus sagen: es
ist gut, daß die italienische Poesie zweierlei Organe hatte,
denn sie hat in beiden Vortreffliches und Eigentümliches
geleistet, und zwar so, daß man inne wird, weshalb hier
italienisch, dort lateinisch gedichtet wurde. Vielleicht gilt
Ähnliches auch von der Prosa; die Weltstellung und der
Weltruhm der italienischen Bildung hing davon ab, daß
gewisse Gegenstände lateinisch – Urbi et orbi – behandelt
wurden,[51] während die italienische Prosa gerade von denjenigen am besten gehandhabt worden ist, welchen es einen
innern Kampf kostete, nicht lateinisch zu schreiben.

Als reinste Quelle der Prosa galt seit dem 14. Jahrhundert unbestritten Cicero. Dies kam bei weitem nicht bloß
von einer abstrakten Überzeugung zugunsten seiner Wörter, seiner Satzbildung und seiner literarischen Kompositionsweise her, sondern im italienischen Geiste fand die
Liebenswürdigkeit des Briefschreibers, der Glanz des Redners, die klare beschauliche Art des philosophischen Dar-
stellers einen vollen Wiederklang. Schon Petrarca erkannte
vollständig die Schwächen des Menschen und Staatsman-
nes Cicero,[52] er hatte nur zu viel Respekt um sich darüber
zu freuen; seit ihm hat sich zunächst die Epistolographie
fast ausschließlich nach Cicero gebildet und die andern
Gattungen, mit Ausnahme der erzählenden, folgten nach.

---

50 Wer den vollen Fanatismus hierin will kennen lernen, vergleiche Lil. Greg. Gyraldus, de poetis nostri temporis, a.m.O.

51 Freilich gibt es auch zugestandene Stilübungen, wie z. B. in
den Orationes etc. des ältern Beroaldus die zwei aus Boccaccio
ins Lateinische übersetzten Novellen, ja eine Canzone aus
Petrarca.

52 Vgl. Petrarcas Briefe aus der Oberwelt an erlauchte Schatten.
Opera, p. 704, s. Außerdem p. 372 in der Schrift de rep. optime
administranda: »sic esse doleo, sed sic est«.

Doch der wahre Ciceronianismus, der sich jeden Ausdruck
versagte, wenn derselbe nicht aus der Quelle zu belegen
war, beginnt erst zu Ende des 15. Jahrhunderts, nachdem
die grammatischen Schriften des Lorenzo Valla ihre Wirkung durch ganz Italien getan, nachdem die Aussagen der
römischen Literarhistoriker selbst gesichtet und verglichen
waren.[53] Jetzt erst unterscheidet man genauer und bis auf
das Genaueste die Stilschattierungen in der Prosa der Alten,
und kommt mit tröstlicher Sicherheit immer wieder auf das
Ergebnis, daß Cicero allein das unbedingte Muster sei,
oder, wenn man alle Gattungen umfassen wollte: »jenes
unsterbliche und fast himmlische Zeitalter Ciceros«.[54] Jetzt
wandten Leute wie Pietro Bembo, Pierio Valeriano u. a. ihre
besten Kräfte auf dieses Ziel; auch solche, die lange wider-
strebt und sich aus den ältesten Autoren eine archaistische
Diktion zusammengebaut,[55] gaben endlich nach und knie-
ten vor Cicero; jetzt ließ sich Longolius von Bembo bestimmen, fünf Jahre lang nur Cicero zu lesen; derselbe gelobte
sich gar, kein Wort zu brauchen, welches nicht in diesem
Autor vorkäme, und solche Stimmungen brachen dann zu
jenem großen gelehrten Streit aus, in welchem Erasmus und
der ältere Scaliger die Scharen führten.

Denn auch die Bewunderer Cicero's waren doch lange
nicht alle so einseitig, ihn als die einzige Quelle der Sprache
gelten zu lassen. Noch im 15. Jahrhundert wagten Poliziano und Ermolao Barbaro mit Bewußtsein nach einer
eigenen, individuellen Latinität zu streben,[56] natürlich auf

53 Ein burleskes Bild des fanatischen Purismus in Rom gibt
Jovian. Pontanus in seinem »Antonius«.

54 Hadriani (Cornetani) Card. S. Chrysogoni de sermone latino
liber. Hauptsächlich die Einleitung. – Er findet in Cicero und
seinen Zeitgenossen die Latinität »an sich«.

55 Paul. Jov. Elogia, bei Anlaß des Bapt. Pius.

56 Paul. Jov. Elogia, bei Anlaß des Naugerius. Ihr Ideal sei gewesen: aliquid in stylo proprium, quod peculiarem ex certa nota
mentis effigiem referret, ex naturae genio effinxisse. – Poliziano
genierte sich bereits, wenn er Eile hatte, seine Briefe lateinisch
zu schreiben, vgl. Raph. Volat. comment. urban. L. XXI.

der Basis einer »überquellend großen« Gelehrsamkeit, und
dieses Ziel hat auch Derjenige verfolgt, welcher uns dies
meldet, Paolo Giovio. Er hat eine Menge moderner Gedanken, zumal ästhetischer Art, zuerst und mit großer Anstrengung lateinisch wiedergegeben, nicht immer glücklich, [5]
aber bisweilen mit einer merkwürdigen Kraft und Eleganz.
Seine lateinischen Charakteristiken der großen Maler und
Bildhauer jener Zeit[57] enthalten das Geistvollste und das
Mißratenste nebeneinander. Auch Leo X., der seinen
Ruhm darein setzte »ut lingua latina nostro pontificatu [10]
dicatur facta auctior«,[58] neigte sich einer liberalen, nicht
ausschließlichen Latinität zu, wie dies bei seiner Richtung
auf den Genuß nicht anders möglich war; ihm genügte es,
wenn das, was er anzuhören und zu lesen hatte, wahrhaft
lateinisch, lebendig und elegant erschien. Endlich gab Ci- [15]
cero für die lateinische Konversation kein Vorbild, so daß
man hier gezwungen war, andere Götter neben ihm zu
verehren. In die Lücke traten die in und außerhalb Rom
ziemlich häufigen Aufführungen der Komödien des Plautus und Terenz, welche für die Mitspielenden eine unver- [20]
gleichliche Übung des Lateinischen als Umgangssprache
abgaben. Schon unter Paul II. wird[59] der gelehrte Kardinal
von Theanum (wahrscheinlich Niccolò Fortiguerra von
Pistoja) gerühmt weil er sich auch an die schlechterhalten-
sten, der Personenverzeichnisse beraubten plautinischen [25]
Stücke wage und dem ganzen Autor um der Sprache willen

---

57 Paul. Jov. Dialogus de viris literis illustribus; bei Tiraboschi,
   ed. Venez. 1796, Tom. VII. parte IV. Bekanntlich wollte Giovio eine Zeitlang diejenige große Arbeit unternehmen, welche
   dann Vasari durchführte. – In jenem Dialog wird auch geahnt
   und beklagt, daß das Lateinschreiben seine Herrschaft bald
   gänzlich verlieren werde.
58 In dem Breve von 1517 an Franc. de' Rosi, konzipiert von
   Sadoleto, bei Roscoe, Leo X, ed. Bossi VI, p. 172.
59 Gasp. Veronens. vita Pauli II, bei Murat. III, II, Col. 1031.
   Außerdem wurden etwa Seneca und lateinische Übersetzungen nach griechischen Dramen aufgeführt.

die größte Aufmerksamkeit widme, und von ihm könnte
wohl auch die Anregung zum Aufführen jener Stücke ausgegangen sein. Dann nahm sich Pomponius Laetus der
Sache an und wo in den Säulenhöfen großer Prälaten Plautus über die Szene ging,[60] war er Regisseur. Daß man seit
etwa 1520 davon abkam, zählt Giovio, wie wir (S. 238)
sahen, mit unter die Ursachen des Verfalls der Eloquenz.

Zum Schluß dürfen wir hier eine Parallele des Ciceronianismus aus dem Gebiete der Kunst namhaft machen: den
Vitruvianismus der Architekten. Und zwar bekundet sich
auch hier das durchgehende Gesetz der Renaissance, daß
die Bewegung in der Bildung durchgängig der analogen
Kunstbewegung vorangeht. Im vorliegenden Fall möchte
der Unterschied etwa zwei Jahrzehnde betragen, wenn man
von Kardinal Hadrian von Corneto (1505?) bis auf die
ersten absoluten Vitruvianer rechnet.

Der höchste Stolz des Humanisten endlich ist die neulateinische Dichtung. Soweit sie den Humanismus charakterisieren hilft, muß auch sie hier behandelt werden.

Wie vollständig sie das Vorurteil für sich hatte, wie nahe
ihr der entschiedene Sieg stand, wurde oben (S. 248) dargetan. Man darf von vornherein überzeugt sein, daß die
geistvollste und meistentwickelte Nation der damaligen
Welt nicht aus bloßer Torheit, nicht ohne etwas Bedeutendes zu wollen, in der Poesie auf eine Sprache verzichtete wie
die italienische ist. Eine übermächtige Tatsache muß sie
dazu bestimmt haben.

Dies war die Bewunderung des Altertums. Wie jede
echte, rückhaltlose Bewunderung erzeugte sie notwendig
die Nachahmung. Auch in andern Zeiten und bei andern

---

60 In Ferrara spielte man Plautus wohl meist in italienischer
Bearbeitung von Collenuccio, dem jüngern Guarino u. a., um
des Inhaltes willen, und Isabella Gonzaga erlaubte sich, diesen
langweilig zu finden. – Über Pomp. Laetus vgl. Sabellici opera,
Epist. L, XI, fol. 56 s.

Völkern finden sich eine Menge vereinzelter Versuche nach
diesem nämlichen Ziele hin, nur in Italien aber waren die
beiden Hauptbedingungen der Fortdauer und Weiterbildung für die neulateinische Poesie vorhanden: ein allseiti-
ges Entgegenkommen bei den Gebildeten der Nation und   5
ein teilweises Wiedererwachen des antiken italischen Genius in den Dichtern selbst, ein wundersames Weiterklin-
gen eines uralten Saitenspiels. Das Beste was so entsteht ist
nicht mehr Nachahmung sondern eigene freie Schöpfung.
Wer in den Künsten keine abgeleiteten Formen vertragen   10
kann, wer entweder schon das Altertum selber nicht schätzt
oder es im Gegenteil für magisch unnahbar und unnachahmlich hält, wer endlich gegen Verstöße keine Nachsicht
übt bei Dichtern, welche z. B. eine Menge Silbenquantitä-
ten neu entdecken oder erraten mußten, der lasse diese   15
Literatur beiseite. Ihre schönern Werke sind nicht geschaffen, um irgendeiner absoluten Kritik zu trotzen, sondern
um den Dichter und viele Tausende seiner Zeitgenossen zu
erfreuen.[61]

Am wenigsten Glück hatte man mit dem Epos aus Ge-   20
schichten und Sagen des Altertums. Die wesentlichen Bedingungen einer lebendigen epischen Poesie werden bekanntlich nicht einmal den römischen Vorbildern, ja außer
Homer nicht einmal den Griechen zuerkannt; wie hätten sie
sich bei den Lateinern der Renaissance finden sollen. Indes   25
möchte doch die Africa des Petrarca im Ganzen so viele und
so begeisterte Leser und Hörer gefunden haben als irgendein Epos der neuern Zeit. Absicht und Entstehung des
Gedichtes sind nicht ohne Interesse. Das 14. Jahrhundert
erkannte mit ganz richtigem Gefühl in der Zeit des zweiten   30
punischen Krieges die Sonnenhöhe des Römertums, und
diese wollte und mußte Petrarca behandeln. Wäre Silius
Italicus schon entdeckt gewesen, so hätte er vielleicht einen

---

61 Für das Folgende s. die Deliciae poetarum italor.; — Paul.
   Jovius, elogia; — Lil. Greg. Gyraldus, de poetis nostri temporis; — die Beilagen zu Roscoe, Leone X, ed. Bossi.

andern Stoff gewählt, in dessen Ermanglung aber lag die
Verherrlichung des ältern Scipio Africanus dem 14. Jahrhundert so nahe, daß schon ein anderer Dichter, Zanobi di
Strada, sich diese Aufgabe gestellt hatte; nur aus Hochachtung für Petrarca zog er sein bereits vorgerücktes Gedicht
zurück.[62] Wenn es irgendeine Berechtigung für die Africa
gab, so lag sie darin, daß sich damals und später Jedermann
für Scipio interessierte, als lebte er noch, daß er für größer
galt als Alexander, Pompejus und Cäsar.[63] Wie viele neuere
Epopöen haben sich eines für ihre Zeit so populären, im
Grunde historischen und dennoch für die Anschauung
mythischen Gegenstandes zu rühmen? An sich ist das Gedicht jetzt freilich ganz unlesbar. Für andere historische
Sujets müssen wir auf die Literaturgeschichten verweisen.

Reicher und ausgiebiger war schon das Weiterdichten am
antiken Mythus, das Ausfüllen der poetischen Lücken in
demselben. Hier griff auch die italienische Dichtung früh
ein, schon mit der Teseide des Boccaccio, welche als dessen
bestes poetisches Werk gilt. Lateinisch dichtete Maffeo
Vegio unter Martin V. ein dreizehntes Buch zur Aeneide;
dann finden sich eine Anzahl kleinerer Versuche zumal in
der Art des Claudian, eine Meleagris, eine Hesperis usw.
Das Merkwürdigste aber sind die neu ersonnenen Mythen,
welche die schönsten Gegenden Italiens mit einer Urbevöl-
kerung von Göttern, Nymphen, Genien und auch Hirten
erfüllen, wie denn überhaupt hier das Epische und das
Bukolische nicht mehr zu trennen sind. Daß in den bald
erzählenden, bald dialogischen Eklogen seit Petrarca das

---

62 Filippo Villani, Vite, p. 5.

63 Franc. Aleardi oratio in laudem Franc. Sfortiae bei Murat.
    XXV, Col. 384. – Bei der Parallele zwischen Scipio und Cäsar
    war Guarino für den letztern, Poggio (Opera, epp. fol. 125,
    134 s.) für erstern als für den Größten. – Scipio und Hannibal
    in den Miniaturen des Attavante, s. Vasari IV, 41, vita di
    Fiesole. – Die Namen beider für Piccinino und Sforza ge-
    braucht, S. 107 f.

Hirtenleben schon beinah völlig[64] konventionell, als Hülle
beliebiger Phantasien und Gefühle behandelt ist, wird bei
späterm Anlaß wieder hervorzuheben sein; hier handelt es
sich nur um die neuen Mythen. Deutlicher als sonst irgendwo verrät es sich hier, daß die alten Götter in der
Renaissance eine doppelte Bedeutung haben: einerseits ersetzen sie allerdings die allgemeinen Begriffe und machen
die allegorischen Figuren unnötig, zugleich aber sind sie
auch ein freies, selbständiges Element der Poesie, ein Stück
neutrale Schönheit, welches jeder Dichtung beigemischt
und stets neu kombiniert werden kann. Keck voran ging
Boccaccio mit seiner imaginären Götter- und Hirtenwelt
der Umgebung von Florenz, in seinem Ninfale d'Ameto
und Ninfale fiesolano, welche italienisch gedichtet sind.
Das Meisterwerk aber möchte wohl der Sarca des Pietro
Bembo[65] sein: die Werbung des Flußgottes jenes Namens
um die Nymphe Garda, das prächtige Hochzeitsmahl in
einer Höhle am Monte Baldo, die Weissagungen der
Manto, Tochter des Tiresias, von der Geburt des Kindes
Mincius, von der Gründung Mantua's und vom künftigen
Ruhme des Virgil, der als Sohn des Mincius und der Nymphe von Andes, Maja, geboren werden wird. Zu diesem
stattlichen humanistischen Rokoko fand Bembo sehr
schöne Verse und eine Schlußanrede an Virgil, um welche
ihn jeder Dichter beneiden kann. Man pflegt dergleichen als
bloße Deklamation gering zu achten, worüber als über eine
Geschmackssache, mit niemanden zu rechten ist.

Ferner entstanden umfangreiche epische Gedichte biblischen und kirchlichen Inhaltes in Hexametern. Nicht im-

---

64 Die glänzenden Ausnahmen, wo das Landleben realistisch
    behandelt auftritt, werden ebenfalls unten zu erwähnen sein.
65 Abgedruckt bei Mai, Spicilegium romanum, Vol. VIII. (Ge-
    gen 500 Hexameter stark.) Pierio Valeriano dichtete an dem
    Mythus weiter; sein »carpio« in den Deliciae poet. ital. – Die
    Fresken des Brusasorci am Pal. Murari zu Verona stellen den
    Inhalt des Sarca vor.

mer bezweckten die Verfasser damit eine kirchliche Beförderung oder die Erwerbung päpstlicher Gunst; bei den
Besten, und auch bei Ungeschicktern wie Battista Mantuano, dem Verfasser der Parthenice, wird man ein ganz
ehrliches Verlangen voraussetzen dürfen, mit ihrer gelehrten lateinischen Poesie dem Heiligen zu dienen, womit
freilich ihre halbheidnische Auffassung des Katholizismus
nur zu wohl zusammenstimmte. Gyraldus zählt ihrer eine
Anzahl auf, unter welchen Vida mit seiner Christiade, Sannazaro mit seinen drei Gesängen »De partu Virginis« in
erster Reihe stehen. Sannazaro imponiert durch den gleichmäßigen gewaltigen Fluß, in welchen er Heidnisches und
Christliches ungescheut zusammendrängt, durch die plastische Kraft der Schilderung, durch die vollkommen schöne
Arbeit. Er hatte sich nicht vor der Vergleichung zu fürchten, als er die Verse von Virgils vierter Ekloge in den
Gesang der Hirten an der Krippe verflocht. Im Gebiet des
Jenseitigen hat er da und dort einen Zug dantesker Kühnheit, wie z. B. König David im Limbus der Patriarchen sich
zu Gesang und Weissagung erhebt, oder wie der Ewige
thronend in seinem Mantel, der von Bildern alles elementa-
ren Daseins schimmert, die himmlischen Geister anredet.
Andere Male bringt er unbedenklich die alte Mythologie
mit seinem Gegenstande in Verbindung, ohne doch eigentlich barock zu erscheinen, weil er die Heidengötter nur
gleichsam als Einrahmung benutzt, ihnen keine Hauptrol-
len zuteilt. Wer das künstlerische Vermögen jener Zeit in
seinem vollen Umfange kennen lernen will, darf sich gegen
ein Werk wie dieses nicht abschließen. Sannazaro's Verdienst erscheint um so viel größer, da sonst die Vermischung
von Christlichem und Heidnischem in der Poesie viel leichter stört als in der bildenden Kunst; letztere kann das Auge
dabei beständig durch irgendeine bestimmte, greifbare
Schönheit schadlos halten und ist überhaupt von der Sach-
bedeutung ihrer Gegenstände viel unabhängiger als die
Poesie, indem die Einbildungskraft bei ihr eher an der
Form, bei der Poesie eher an der Sache weiterspinnt. Der

gute Battista Mantuano in seinem[66] Festkalender hatte einen andern Ausweg versucht; statt Götter und Halbgötter der heiligen Geschichte dienen zu lassen, bringt er sie, wie die Kirchenväter taten, in Gegensatz zu derselben; während der Engel Gabriel zu Nazareth die Jungfrau grüßt, ist ihm Mercur vom Karmel her nachgeschwebt und lauscht nun an der Pforte; dann berichtet er das Gehörte den versammelten Göttern und bewegt sie damit zu den äußersten Entschlüssen. Andere Male[67] freilich müssen bei ihm Thetis, Ceres, Aeolus usw. wieder der Madonna und ihrer Herrlichkeit gutwillig untertan sein.

Sannazaro's Ruhm, die Menge seiner Nachahmer, die begeisterte Huldigung der Größten jener Zeit – dies Alles zeigt, wie sehr er seinem Jahrhundert nötig und wert war. Für die Kirche beim Beginn der Reformation löste er das Problem: völlig klassisch und doch christlich zu dichten, und Leo sowohl als Clemens sagten ihm lauten Dank dafür.

Endlich wurde in Hexametern oder Distichen auch die Zeitgeschichte behandelt, bald mehr erzählend bald mehr panegyrisch, in der Regel aber zu Ehren eines Fürsten oder Fürstenhauses. So entstand eine Sphorcias, eine Borseïs, eine Borgias, eine Triultias usw., freilich mit gänzlichem Verfehlen des Zweckes, denn wer irgend berühmt und unsterblich geblieben ist, der blieb es nicht durch diese Art von Gedichten, gegen welche die Welt einen unvertilgbaren Widerwillen hat, selbst wenn sich gute Dichter dazu hergeben. Ganz anders wirken kleinere, genreartig und ohne Pathos ausgeführte Einzelbilder aus dem Leben der berühmten Männer, wie z. B. das schöne Gedicht von Leo's X. Jagd bei Palo[68] oder die »Reise Julius II.« von Hadrian von

66 De sacris diebus.
67 Z. B. in seiner achten Ekloge.
68 Roscoe, Leone X, ed. Bossi VIII, 184; sowie noch ein Gedicht ähnlichen Stiles XII, 130. – Wie nahe steht schon Angilberts Gedicht vom Hofe Karls des Großen dieser Renaissance. Vgl. Pertz, monum. II.

Corneto (S. 128). Glänzende Jagdschilderungen jener Art
gibt es auch von Ercole Strozza, von dem eben genannten
Hadrian u. A. m., und es ist schade, wenn sich der moderne
Leser durch die zugrunde liegende Schmeichelei abschrek-
ken oder erzürnen läßt. Die Meisterschaft der Behandlung
und der bisweilen nicht unbedeutende geschichtliche Wert
sichern diesen anmutigen Dichtungen ein längeres Fortleben als manche jetzt namhafte Poesien unserer Zeit haben
dürften.

Im Ganzen sind diese Sachen immer um so viel besser, je
mäßiger die Einmischung des Pathetischen und Allgemeinen ist. Es gibt einzelne kleinere epische Dichtungen von
berühmten Meistern, die durch barockes mythologisches
Dreinfahren unbewußt einen unbeschreiblich komischen
Eindruck hervorbringen. So das Trauergedicht des Ercole
Strozza[69] auf Cesare Borgia (S. 122). Man hört die klagende
Rede der Roma, welche all ihre Hoffnung auf die spanischen Päpste Calixt III. und Alexander VI. gesetzt hatte
und dann Cesare für den Verheißenen hielt, dessen Geschichte durchgegangen wird bis zur Katastrophe des Jahres 1503. Dann frägt der Dichter die Muse, welches in
jenem Augenblick[70] die Ratschlüsse der Götter gewesen,
und Erato erzählt: auf dem Olymp nahmen Pallas für die
Spanier, Venus für die Italiener Partei; beide umfaßten
Jupiters Knie, worauf er sie küßte, begütigte und sich
ausredete, er vermöge nichts gegen das von den Parzen
gesponnene Schicksal, die Götterverheißungen würden
sich aber erfüllen durch das Kind vom Hause Este-Bor-
gia;[71] nachdem er die abenteuerliche Urgeschichte beider

---

69 Strozii poetae, p. 31, s. Caesaris Borgiae ducis epicedium.
70   Pontificem addiderat, flammis lustralibus omneis
          Corporis ablutum labes, Diis Juppiter ipsis etc.
71 Es ist der spätere Ercole II. von Ferrara, geb. 4. April 1508,
    wahrscheinlich kurz vor oder nach Abfassung dieses Gedich-
    tes. Nascere magne puer matri exspectate patrique, heißt es
    gegen Ende.

Familien erzählt, beteuert er, dem Cesare so wenig die Unvergänglichkeit schenken zu können als einst — trotz großer Fürbitten — einem Memnon oder Achill; endlich schließt er mit dem Troste, Cesare werde vorher noch im Krieg viele Leute umbringen. Nun geht Mars nach Neapel und bereitet Krieg und Streit, Pallas aber eilt nach Nepi und erscheint dort dem kranken Cesare unter der Gestalt Alexanders VI.; nach einigen Vermahnungen, sich zu schicken und sich mit dem Ruhme seines Namens zu begnügen, verschwindet die päpstliche Göttin »wie ein Vogel«.

Man verzichtet indes unnützerweise auf einen bisweilen großen Genuß, wenn man alles perhorresziert, worein antike Mythologie wohl oder übel verwoben ist; bisweilen hat die Kunst diesen an sich konventionellen Bestandteil so sehr geadelt als in Malerei und Skulptur. Auch fehlt es sogar für den Liebhaber nicht an Anfängen der Parodie (S. 164) z. B. in der Macaroneide, wozu dann das komische Götterfest des Giovanni Bellini bereits eine Parallele bildet.

Manche erzählende Gedichte in Hexametern sind auch bloße Exerzitien oder Bearbeitungen von Relationen in Prosa, welche letztere der Leser vorziehen wird, wo er sie findet. Am Ende wurde bekanntlich Alles, jede Fehde und jede Zeremonie besungen, auch von den deutschen Humanisten der Reformationszeit.[72] Indes würde man Unrecht tun, dies bloß dem Müßiggang und der übergroßen Leichtigkeit im Versemachen zuzuschreiben. Bei den Italienern wenigstens ist es ein ganz entschiedener Überfluß an Stilgefühl, wie die gleichzeitige Masse von italienischen Berichten, Geschichtsdarstellungen und selbst Pamphleten in Terzinen beweist. So gut Niccolò da Uzzano sein Plakat mit einer neuen Staatsverfassung, Macchiavelli seine Übersicht der Zeitgeschichte, ein Dritter das Leben Savonarola's, ein Vierter die Belagerung von Piombino durch Alfons den

---

72 Vgl. die Sammlungen der Scriptores von Schardius, Freher usw.

Großen[73] usw. in diese schwierige italienische Versart gossen, um eindringlicher zu wirken, ebensogut mochten viele
andere für *ihr* Publikum des Hexameters bedürfen, um es zu
fesseln. Was man in dieser Form vertragen konnte und
begehrte, zeigt am besten die didaktische Poesie. Diese
nimmt im 16. Jahrhundert einen ganz erstaunlichen Aufschwung, um das Goldmachen, das Schachspiel, die Sei-
denzucht, die Astronomie, die venerische Seuche u. dgl. in
Hexametern zu besingen, wozu noch mehrere umfassende
italienische Dichtungen kommen. Man pflegt dergleichen
heutzutage ungelesen zu verdammen, und inwiefern diese
Lehrgedichte wirklich lesenswert sind, wüßten auch wir
nicht zu sagen.[73a] Eins nur ist gewiß, daß Epochen, die der
unsrigen an Schönheitssinn unendlich überlegen waren,
daß die spätgriechische und die römische Welt und die
Renaissance die betreffende Gattung von Poesie nicht entbehren konnten. Man mag dagegen einwenden, daß heute
nicht der Mangel an Schönheitssinn sondern der größere
Ernst und die universalistische Behandlung alles Lehrens-
werten die poetische Form ausschlössen, was wir auf sich
beruhen lassen.

Eines dieser didaktischen Werke wird noch jetzt hie und
da wieder aufgelegt: der Zodiacus des Lebens, von Marcellus Palingenius, einem ferraresischen Kryptoprotestanten.
An die höchsten Fragen von Gott, Tugend und Unsterblichkeit knüpft der Verfasser die Besprechung vieler Verhältnisse des äußern Lebens und ist von dieser Seite auch
eine nichtzuverachtende sittengeschichtliche Autorität. Im

---

73 Uzzano s. Arch. IV, I, 296. – Macchiavelli: i Decennali. –
Savonarola's Geschichte u. d. Titel Cedrus Libani von Fra
Benedetto. – Assedio di Piombino, bei Murat, XXV. – Hiezu
als Parallele der Teuerdank und andere damalige Reimwerke
des Nordens.

73a Von der in italienischen Versi sciolti gedichteten »coltiva-
zione« des L. Alamanni ließe sich behaupten, daß alle poetisch
genießbaren Stellen aus den antiken Dichtern entlehnt sind,
unmittelbar oder mittelbar.

wesentlichen jedoch geht sein Gedicht schon aus dem Rahmen der Renaissance heraus, wie denn auch, seinem ernsten Lehrzweck gemäß, bereits die Allegorie der Mythologie den Rang abläuft.

Weit am nächsten kam aber der Poet-Philolog dem Altertum in der Lyrik, und zwar speziell in der Elegie; außerdem noch im Epigramm.

In der leichtern Gattung übte Catull eine wahrhaft faszinierende Wirkung auf die Italiener aus. Manches elegante lateinische Madrigal, manche kleine Invektive, manches boshafte Billet ist reine Umschreibung nach ihm; dann werden verstorbene Hündchen, Papageien usw. beklagt ohne ein Wort aus dem Gedicht von Lesbiens Sperling und doch in völliger Abhängigkeit von dessen Gedankengang. Indes gibt es kleine Gedichte dieser Art, welche auch den Kenner über ihr wahres Alter täuschen können, wenn nicht ein sachlicher Bezug klar auf das 15. oder 16. Jahrhundert hinweist.

Dagegen möchte von Oden des sapphischen, alkäischen usw. Versmaßes kaum eine zu finden sein, welche nicht irgendwie ihren modernen Ursprung deutlich verriete. Dies geschieht meist durch eine rhetorische Redseligkeit, welche im Altertum erst etwa dem Statius eigen ist, durch einen auffallenden Mangel an lyrischer Konzentration, wie diese Gattung sie durchaus verlangt. Einzelne Partien einer Ode, 2 oder 3 Strophen zusammen, sehen wohl etwa wie ein antikes Fragment aus, ein längeres Ganzes hält diese Farbe selten fest. Und wo dies der Fall ist, wie z. B. in der schönen Ode an Venus von Andrea Navagero, da erkennt man leicht eine bloße Umschreibung nach antiken Meisterwerken.[74] Einige Odendichter bemächtigen sich des Heiligenkultes und bilden ihre Invokationen sehr geschmackvoll den horazischen und catullischen Oden analogen Inhaltes nach. So Navagero in der Ode an den Erzengel Gabriel, so beson-

---

74 Hier nach dem Eingang des Lucretius und nach Horat. Od. IV, I.

ders Sannazaro, der in der Substituierung einer heidnischen
Andacht sehr weit geht. Er feiert vorzüglich seinen Na-
mensheiligen,[75] dessen Kapelle zu seiner herrlich gelegenen
kleinen Villa am Gestade des Posilipp gehörte, »dort wo die
Meereswoge den Felsquell wegschlürft und an die Mauer
des kleinen Heiligtums anschlägt«. Seine Freude ist das
alljährliche St. Nazariusfest, und das Laubwerk und die
Guirlanden, womit das Kirchlein zumal an diesem Tage
geschmückt wird, erscheinen ihm als Opfergaben. Auch
fern auf der Flucht, mit dem verjagten Federigo von Aragon, zu St. Nazaire an der Loiremündung, bringt er voll
tiefen Herzeleides seinem Heiligen am Namenstage Kränze
von Bux und Eichenlaub; er gedenkt früherer Jahre, da die
jungen Leute des ganzen Posilipp zu seinem Feste gefahren
kamen auf bekränzten Nachen, und fleht um Heimkehr.[76]

Täuschend antik erscheinen vorzüglich eine Anzahl Gedichte in elegischem Versmaß oder auch bloß in Hexametern, deren Inhalt von der eigentlichen Elegie bis zum
Epigramm herabreicht. So wie die Humanisten mit dem
Text der römischen Elegiker am allerfreisten umgingen, so
fühlten sie sich denselben auch in der Nachbildung am
meisten gewachsen. Navagero's Elegie an die Nacht ist so
wenig frei von Reminiszenzen aus jenen Vorbildern als
irgendein Gedicht dieser Art und Zeit, aber dabei vom
schönsten antiken Klang. Überhaupt sorgt Navagero[77] immer zuerst für einen echt poetischen Inhalt, den er dann
nicht knechtisch, sondern mit meisterhafter Freiheit im Stil

---

75 Das Hereinziehen eines Schutzheiligen in ein wesentlich heid-
    nisches Beginnen haben wir S. 65 schon bei einem ernstern
    Anlaß kennen gelernt.
76   Si satis ventos tolerasse et imbres
            Ac minas fatorum hominumque fraudes,
            Da Pater tecto salientem avito
            Cernere fumum!
77 Andr. Naugerii orationes duae carminaque aliquot. Venet.
    1530 in 4. – Die wenigen Carmina auch größtenteils oder
    vollständig in den Deliciae.

der Anthologie, des Ovid, des Catull, auch der virgilischen
Eklogen wiedergibt; die Mythologie braucht er nur äußerst
mäßig, etwa um in einem Gebet an Ceres u. a. ländliche
Gottheiten das Bild des einfachsten Daseins zu entwickeln.
Einen Gruß an die Heimat, bei der Rückkehr von seiner
Gesandtschaft in Spanien, hat er nur angefangen; es hätte
wohl ein herrliches Ganzes werden können, wenn der Rest
diesem Anfang entsprach:

> Salve cura Deûm, mundi felicior ora,
> Formosae Veneris dulces salvete recessus;
> Ut vos post tantos animi mentisque labores
> Aspicio lustroque libens, ut munere vestro
> Sollicitas toto depello e pectore curas!

Die elegische oder hexametrische Form wird ein Gefäß
für jeden höhern pathetischen Inhalt, und die edelste patrio-
tische Aufregung (S. 128, die Elegie an Julius II.) wie die
pomphafteste Vergötterung der Herrschenden sucht hier
ihren Ausdruck,[78] aber auch die zarteste Melancholie eines
Tibull. Mario Molsa, der in seiner Schmeichelei gegen
Clemens VII. und die Farnesen mit Statius und Martial
wetteifert, hat in einer Elegie »an die Genossen«, vom
Krankenlager, so schöne und echt antike Grabgedanken als
irgendeiner der Alten und dies ohne Wesentliches von
letztern zu entlehnen. Am vollständigsten hat übrigens
Sannazaro Wesen und Umfang der römischen Elegie erkannt und nachgebildet, und von keinem andern gibt es
wohl eine so große Anzahl guter und verschiedenartiger
Gedichte dieser Form. – Einzelne Elegien werden noch hie
und da um ihres Sachinhaltes willen zu erwähnen sein.

Endlich war das lateinische Epigramm in jenen Zeiten
eine ernsthafte Angelegenheit, indem ein paar gut gebildete

---

78 Was man Leo X. bieten durfte, zeigt das Gebet des Guido
Postumo Silvestri an Christus, Maria und alle Heiligen, sie
möchten der Menschheit dieses numen noch lange lassen, da
sie ja im Himmel ihrer genug seien. Abgedr. bei Roscoe, Leone
X, ed. Bossi V, 237.

Zeilen, eingemeißelt an einem Denkmal oder von Mund zu
Munde mit Gelächter mitgeteilt, den Ruhm eines Gelehrten
begründen konnten. Ein Anspruch dieser Art meldet sich
schon früh; als es verlautete, Guido della Polenta wolle
Dantes Grab mit einem Denkmal schmücken, liefen von
allen Enden Grabschriften ein[79] »von solchen, die *sich zeigen*
oder auch den toten Dichter ehren oder die Gunst des
Polenta erwerben wollten«. Am Grabmal des Erzbischofes
Giovanni Visconti (st 1354) im Dom von Mailand liest man
unter 36 Hexametern: »Herr Gabrius de Zamoreis aus
Parma, Doktor der Rechte, hat diese Verse gemacht.« Allmählich bildete sich, hauptsächlich unter dem Einfluß Martial's, auch Catull's eine ausgedehnte Literatur dieses Zweiges; der höchste Triumph war, wenn ein Epigramm für
antik, für abgeschrieben von einem alten Stein galt,[80] oder
wenn es so vortrefflich erschien, daß ganz Italien es auswendig wußte wie z. B. einige des Bembo. Wenn der Staat
Venedig an Sannazaro für seinen Lobspruch in drei Distichen 600 Dukaten Honorar bezahlte, so war dies nicht etwa
eine generöse Verschwendung, sondern man würdigte das
Epigramm als das, was es für alle Gebildeten jener Zeit war:
als die konzentrierteste Form des Ruhmes. Niemand hinwiederum war damals so mächtig, daß ihm nicht ein witzi-
ges Epigramm hätte unangenehm werden können, und
auch die Großen selber bedurften für jede Inschrift, welche
sie setzten, sorgfältigen und gelehrten Beirates, denn lächerliche Epitaphien z. B. liefen Gefahr, in Sammlungen
zum Zweck der Erheiterung aufgenommen zu werden.[81]
Epigraphik und Epigrammatik reichten einander die Hand;
erstere beruhte auf dem emsigsten Studium der antiken
Steinschriften.

Die Stadt der Epigramme und der Inskriptionen in vor-

79 Boccaccio, Vita di Dante, p. 36.
80 Sannazaro spottet über einen, der ihm mit solchen Fälschun-
   gen lästig fiel: Sint vetera haec aliis, mî nova semper erunt.
81 Lettere de' principi. I, 88. 91.

zugsweisem Sinne war und blieb Rom. In diesem Staate
ohne Erblichkeit mußte jeder für seine Verewigung selber
sorgen; zugleich war das kurze Spottgedicht eine Waffe
gegen die Mitemporstrebenden. Schon Pius II. zählt mit
Wohlgefallen die Distichen auf, welche sein Hauptdichter
Campanus bei jedem irgend geeigneten Momente seiner
Regierung ausarbeitete. Unter den folgenden Päpsten
blühte dann das satirische Epigramm und erreichte gegenüber von Alexander VI. und den Seinigen die volle Höhe
des skandalösen Trotzes. Sannazaro dichtete die seinigen
allerdings in einer relativ gesicherten Lage, Andere aber
wagten in der Nähe des Hofes das Gefährlichste (S. 120).
Auf acht drohende Distichen hin, die man an der Pforte der
Bibliothek anschlug[82] fand, ließ einst Alexander die
Garde um 800 Mann verstärken; man kann sich denken,
wie er gegen den Dichter würde verfahren sein, wenn
derselbe sich erwischen ließ. – Unter Leo X. waren lateinische Epigramme das tägliche Brot; für die Verherrlichung
wie für die Verlästerung des Papstes, für die Züchtigung
genannter wie ungenannter Feinde und Schlachtopfer, für
wirkliche wie für fingierte Gegenstände des Witzes, der
Bosheit, der Trauer, der Kontemplation gab es keine pas-
sendere Form. Damals strengten sich für die berühmte
Gruppe der Mutter Gottes mit der heiligen Anna und dem
Kinde, welche Andrea Sansovino für S. Agostino meißelte,
nicht weniger als hundertundzwanzig Personen in lateinischen Versen an, freilich nicht so sehr aus Andacht, als dem
Besteller des Werkes zu Liebe.[83] Dieser, Johann Goritz aus

---

82 Malipiero, Ann. veneti, Arch. stor. VII, I, p. 508. Am Ende
    heißt es, mit Bezug auf den Stier als Wappentier der Borgia:
        Merge, Tyber, vitulos animosas ultor in undas;
        Bos cadat inferno victima magna Jovi!
83 Über diese ganze Angelegenheit s. Roscoe, Leone X, ed. Bossi
    VII, 211, VIII, 214 s. Die gedruckte, jetzt seltene Sammlung
    dieser »Coryciana« vom Jahr 1524 enthält nur die lateinischen
    Gedichte; Vasari sah bei den Augustinern noch ein besonderes
    Buch, worin sich auch Sonette usw. befanden. Das Anheften

Luxemburg, päpstlicher Supplikenreferendar, ließ nämlich
am St. Annenfeste nicht bloß etwa Gottesdienst halten,
sondern er gab ein großes Literatenbankett in seinen Gärten am Abhang des Kapitols. Damals lohnte es sich auch
5 der Mühe, die ganze Poetenschar, welche an Leo's Hofe ihr
Glück suchte, in einem eigenen großen Gedicht »de poetis
urbanis« zu mustern, wie Franc. Arsillus tat,[84] ein Mann,
der kein päpstliches oder anderes Mäzenat brauchte und
sich seine freie Zunge auch gegen die Kollegen vorbehielt.
10 — Über Paul III. herab reicht das Epigramm nur noch in
vereinzelten Nachklängen, die Epigraphik dagegen blüht
länger und unterliegt erst im 17. Jahrhundert völlig dem
Schwulst.

Auch in Venedig hat sie ihre besondere Geschichte, die
15 wir mit Hilfe von Francesco Sansovino's »Venezia« verfolgen können. Eine stehende Aufgabe bildeten die Mottos
(Brievi) auf den Dogenbildnissen des großen Saales im
Dogenpalast, zwei bis vier Hexameter, welche das Wesentliche aus der Amtsführung des Betreffenden enthalten.[85]
20 Dann hatten die Dogengräber des 14. Jahrhunderts lako-
nische Prosainschriften, welche nur Tatsachen enthalten,
und daneben schwülstige Hexameter oder leoninische
Verse. Im 15. Jahrhundert steigt die Sorgfalt des Stiles; im
16. erreicht sie ihre Höhe und bald beginnt die unnütze

---

von Gedichten wurde so ansteckend, daß man die Gruppe
durch ein Gitter abschließen, ja unsichtbar machen mußte. Die
Umdeutung von Goritz in einen Corycius senex ist aus Virgil.
Georg. IV, 127. Das kummervolle Ende des Mannes nach dem
Sacco di Roma, s. bei Pierio Valeriano, de infelic. literat.

84 Abgedruckt in den Beilagen zu Roscoe, Leone X, und in den
Deliciae. Vgl. Paul. Jov. Elogia, bei Anlaß des Arsillus. Ferner
für die große Zahl der Epigrammatiker Lil. Greg. Gyraldus,
a.a.O. Eine der schlimmsten Federn war Marcantonio Casanova. – Von den weniger bekannten ist Jo. Thomas Musconius
(s. d. Deliciae) auszuzeichnen.

85 Marin Sanudo, in den Vite de' duchi di Venezia (Murat.
XXII.) teilt sie regelmäßig mit.

Antithese, die Prosopopöe, das Pathos, das Prinzipienlob, mit Einem Worte: der Schwulst. Ziemlich oft wird gestichelt und verdeckter Tadel gegen andere durch direktes Lob des Verstorbenen ausgedrückt. Ganz spät kommen dann wieder ein paar absichtlich einfache Epitaphien.

Architektur und Ornamentik waren auf das Anbringen von Inschriften – oft in vielfacher Wiederholung – vollkommen eingerichtet, während z. B. das Gotische des Nordens nur mit Mühe einen zweckmäßigen Platz für eine Inschrift schafft, und sie an Grabmälern z. B. gerne den bedrohtesten Stellen, den Rändern zuweist.

Durch das bisher Gesagte glauben wir nun keineswegs den Leser von dem eigentümlichen Werte dieser lateinischen Poesie der Italiener überzeugt zu haben. Es handelte sich nur darum, die kulturgeschichtliche Stellung und Notwendigkeit derselben anzudeuten. Schon damals entstand[86] übrigens ein Zerrbild davon: die sogenannte macaroneische Poesie, deren Hauptwerk, das Opus macaronicorum, von Merlinus Cocaius (d. h. Teofilo Folengo von Mantua) gedichtet ist. Vom Inhalt wird noch hie und da die Rede sein; was die Form betrifft – Hexameter u. a. Verse gemischt aus lateinischen und italienischen Wörtern mit lateinischen Endungen – so liegt das Komische derselben wesentlich darin, daß sich diese Mischungen wie lauter Lapsus linguae anhören, wie das Sprudeln eines übereifrigen lateinischen Improvisators. Nachahmungen aus Deutsch und Latein geben hievon keine Ahnung.

Nachdem mehrere glänzende Generationen von Poeten-Philologen seit Anfang des 14. Jahrhunderts Italien und die

----

86 Scardeonius, de urb. Patav. antiq. (Graev. thes. VI, III, Col. 270) nennt als den eigentlichen Erfinder einen gew. Odaxius von Padua, um die Mitte des 15. Jahrh⟨underts⟩. Gemischte Verse aus Latein und den Landessprachen gibt es aber schon viel früher allenthalben.

Welt mit dem Kultus des Altertums erfüllt, die Bildung und
Erziehung wesentlich bestimmt, oft auch das Staatswesen
geleitet und die antike Literatur nach Kräften reproduziert
hatten, fiel mit dem 16. Jahrhundert die ganze Menschenklasse in einen lauten und allgemeinen Mißkredit, zu einer
Zeit, da man ihre Lehre und ihr Wissen noch durchaus
nicht völlig entbehren wollte. Man redet, schreibt und
dichtet noch fortwährend wie sie, aber persönlich will Niemand mehr zu ihnen gehören. In die beiden Hauptanklagen
wegen ihres bösartigen Hochmutes und ihrer schändlichen
Ausschweifungen tönt bereits die dritte hinein, die Stimme
der beginnenden Gegenreformation: wegen ihres Unglaubens.

Warum verlauteten, muß man zunächst fragen, diese Vorwürfe nicht früher, mochten sie nun wahr oder unwahr sein?
Sie sind schon frühe genug vernehmlich, allein ohne sonder-
liche Wirkung, offenbar weil man von den Literaten noch
gar zu abhängig war in betreff des Sachinhaltes des Altertums, weil sie im persönlichsten Sinne die Besitzer, Träger
und Verbreiter desselben waren. Allein das Überhandneh-
men gedruckter Ausgaben der Klassiker,[1] großer wohlan-
gelegter Handbücher und Nachschlagewerke emanzipierte
das Volk schon in bedeutendem Grade von dem dauernden
persönlichen Verkehr mit den Humanisten, und sobald man
sich ihrer auch nur zur Hälfte entschlagen konnte, trat dann
jener Umschlag der Stimmung ein. Gute und Böse litten darunter ohne Unterschied.

Urheber jener Anklagen sind durchaus die Humanisten
selbst. Von Allen, die jemals einen Stand gebildet, haben sie
am allerwenigsten ein Gefühl des Zusammenhaltes gehabt
oder, wo es sich aufraffen wollte, respektiert. Sobald sie
dann anfingen, sich Einer über den Andern zu erheben, war
ihnen jedes Mittel gleichgültig. Blitzschnell gehen sie von
wissenschaftlichen Gründen zur Invektive und zur boden-

---

[1] Man übersehe nicht, daß dieselben sehr früh mit alten Scholien
und neuen Kommentaren abgedruckt wurden.

losesten Lästerung über; sie wollen ihren Gegner nicht widerlegen sondern in jeder Beziehung zernichten. Etwas hievon kommt auf Rechnung ihrer Umgebung und Stellung; wir sahen, wie heftig das Zeitalter, dessen lauteste Organe sie waren, von den Wogen des Ruhmes und des Hohnes hin und her geworfen wurde. Auch war ihre Lage im wirklichen Leben meist eine solche, daß sie sich beständig ihrer Existenz wehren mußten. In solchen Stimmungen schrieben und perorierten sie und schilderten einander. Poggio's Werke allein enthalten schon Schmutz genug, um ein Vorurteil gegen die ganze Schar hervorzurufen – und diese Opera Poggii mußten gerade am häufigsten aufgelegt werden, diesseits wie jenseits der Alpen. Man freue sich nicht zu früh, wenn sich im 15. Jahrhundert eine Gestalt unter dieser Schar findet, die unantastbar scheint; bei weiterem Suchen läuft man immer Gefahr irgendeiner Lästerung zu begegnen, welche, selbst wenn man sie nicht glaubt, das Bild trüben wird. Die vielen unzüchtigen lateinischen Gedichte und etwa eine Persiflage der eigenen Familie, wie z. B. in Pontano's Dialog »Antonius« taten das Übrige. Das 16. Jahrhundert kannte diese Zeugnisse alle und war der betreffenden Menschengattung ohnehin müde geworden. Sie mußte büßen für das, was sie verübt hatte und für das Übermaß der Geltung, das ihr bisher zuteil geworden war. Ihr böses Schicksal wollte es, daß der größte Dichter der Nation sich über sie mit ruhiger souveräner Verachtung aussprach.[2]

Von den Vorwürfen, die sich jetzt zu einem Gesamtwiderwillen sammelten, war nur zu Vieles begründet. Ein bestimmter, kenntlicher Zug zur Sittenstrenge und Religiosität war und blieb in manchen Philologen lebendig, und es ist ein Zeichen geringer Kenntnis jener Zeit, wenn man die ganze Klasse verurteilt, aber Viele, und darunter die lautesten, waren schuldig.

Drei Dinge erklären und vermindern vielleicht ihre

---

2 Ariosto, Satira VII. Vom Jahre 1531.

Schuld: die übermäßige, glänzende Verwöhnung wenn das
Glück ihnen günstig war; die Garantielosigkeit ihres äußern Daseins, so daß Glanz und Elend je nach Launen der
Herrn und nach der Bosheit der Gegner rasch wechselten;
5 endlich der irremachende Einfluß des Altertums. Dieses
störte ihre Sittlichkeit ohne ihnen die seinige mitzuteilen;
und auch in religiösen Dingen wirkte es auf sie wesentlich
von seiner skeptischen und negativen Seite, da von einer
Annahme des positiven Götterglaubens doch nicht die
10 Rede sein konnte. Gerade weil sie das Altertum dogmatisch, d. h. als Vorbild alles Denkens und Handelns auffaß-
ten, mußten sie hier in Nachteil geraten. Daß es aber ein
Jahrhundert gab, welches mit voller Einseitigkeit die alte
Welt und deren Hervorbringungen vergötterte, das war
15 nicht mehr Schuld Einzelner, sondern höhere geschichtliche Fügung. Alle Bildung der seitherigen und künftigen
Zeit beruht darauf, daß dies geschehen ist, und daß es
damals so ganz einseitig und mit Zurücksetzung aller andern Lebenszwecke geschehen ist.
20   Der Lebenslauf der Humanisten war in der Regel ein
solcher, daß nur die stärksten sittlichen Naturen ihn durchmachen konnten ohne Schaden zu nehmen. Die erste Gefahr kam bisweilen wohl von den Eltern her, welche den oft
außerordentlich früh entwickelten Knaben zum Wunder-
25 kind[3] ausbildeten, im Hinblick auf eine künftige Stellung in
jenem Stande, der damals alles galt. Wunderkinder aber
bleiben insgemein auf einer gewissen Stufe stehen, oder sie
müssen sich die weitere Entwicklung und Geltung unter

---

3 Solche kommen mehrere vor, doch muß ich einen eigentlichen
Beweis des hier Gesagten schuldig bleiben. Das Wunderkind
Giulio Campagnola gehört nicht zu den aus Ehrgeiz emporge-
triebenen. Vgl. Scardeonius. de urb. Patav. antiq., bei Graev.
thesaur. VI, III, Col. 276. – Das Wunderkind Cecchino Bracci,
st. 1544 im 15. Jahr, vgl. Trucchi, poesie ital. inedite III, p. 229.
– Wie der Vater des Cardano ihm wollte memoriam artificialem
instillare und ihn schon als Kind in der arabischen Astrologie
unterwies, vgl. Cardanus, de propria vita, cap. 34.

den allerbittersten Prüfungen erkämpfen. Auch für den aufstrebenden Jüngling war der Ruhm und das glänzende Auftreten des Humanisten eine gefährliche Lockung; es kam ihm vor, auch er könne »wegen angeborenen Hochsinns die gemeinen und niedrigen Dinge nicht mehr beachten«.[4] Und so stürzte man sich in ein wechselvolles, aufreibendes Leben hinein, in welchem angestrengte Studien, Hauslehrerschaft, Sekretariat, Professur, Dienstbarkeit bei Fürsten, tötliche Feindschaften und Gefahren, begeisterte Bewunderung und Überschüttung mit Hohn, Überfluß und Armut wirr aufeinander folgten. Dem gediegensten Willen konnte der flachste Dilettantismus bisweilen den Rang ablaufen. Das Hauptübel aber war, daß dieser Stand mit einer festen Heimat beinahe unverträglich blieb, indem er entweder den Ortswechsel geradezu erforderte, oder den Menschen so stimmte, daß ihm nirgends lange wohl sein konnte. Während er der Leute des Ortes satt wurde und im Wirbel der Feindschaften sich übel befand, verlangten auch eben jene Leute stets Neues (S. 209). So Manches hier auch an die griechischen Sophisten der Kaiserzeit erinnert, wie sie Philostratus beschreibt, so standen diese doch günstiger, indem sie großenteils Reichtümer besaßen, oder leichter entbehrten und überhaupt leichter lebten, weil sie nicht sowohl Gelehrte als ausübende Virtuosen der Rede waren. Der Humanist der Renaissance dagegen muß eine große Erudition und einen Strudel der verschiedensten Lagen und Beschäftigungen zu tragen wissen. Dazu dann, um sich zu betäuben, unordentlicher Genuß, und, sobald man ihm ohnehin das Schlimmste zutraute, Gleichgültigkeit gegen alle sonst geltende Moral. Ohne Hochmut sind solche Charaktere vollends nicht denkbar; sie bedürfen desselben schon um oben schwimmend zu bleiben und die mit dem Haß abwechselnde Vergötterung bestärkt sie notwendig darin. Sie sind die auffallendsten Beispiele und Opfer der entfesselten Subjektivität.

---

4 Ausdruck des Filippo Villani, Vite, p. 5 bei einem solchen Anlaß.

Die Klagen wie die satirischen Schilderungen beginnen, wie bemerkt, schon früh, indem ja für jeden entwickelten Individualismus, für jede Art von Zelebrität ein bestimmter Hohn als Zuchtrute vorhanden war. Zudem lieferten ja die Betreffenden selber das furchtbarste Material, welches man nur zu benützen brauchte. Noch im 15. Jahrhundert ordnet Battista Mantovano in der Aufzählung der sieben Ungeheuer[5] die Humanisten mit vielen Andern unter den Artikel: Superbia; er schildert sie mit ihrem Dünkel als Apollssöhne, wie sie verdrossenen und maliziösen Aussehens mit falscher Gravität einherschreiten, dem körnerpickenden Kranich vergleichbar, bald ihren Schatten betrachtend, bald in zehrende Sorge um Lob versunken. Allein das 16. Jahrhundert machte ihnen förmlich den Prozeß. Außer Ariosto bezeugt dies hauptsächlich ihr Literarhistoriker Gyraldus, dessen Abhandlung[6] schon unter Leo X. verfaßt, wahrscheinlich aber um 1540 überarbeitet wurde. Antike und moderne Warnungsexempel der sittlichen Haltlosigkeit und des jammervollen Lebens der Literaten strömen uns hier in gewaltiger Masse entgegen, und dazwischen werden schwere allgemeine Anklagen formuliert. Dieselben lauten hauptsächlich auf Leidenschaftlichkeit, Eitelkeit, Starrsinn, Selbstvergötterung, zerfahrenes Privatleben, Unzucht aller Art, Ketzerei, Atheismus, – dann Wohlredenheit ohne Überzeugung, verderblichen Einfluß auf die Kabinette, Sprachpedanterei, Undank gegen die Lehrer, kriechende Schmeichelei gegen die Fürsten, welche den Literaten zuerst anbeißen und dann hungern lassen u. dgl. m. Den Schluß bildet eine Bemerkung über das goldene Zeitalter, welches nämlich damals geherrscht habe, als es noch keine Wissenschaft gab. Von diesen Anklagen wurde bald eine die gefährlichste: diejenige auf Ketzerei, und Gyraldus selbst muß sich später beim Wiederabdruck

---

5 Bapt. Mantuan., de calamitatibus temporum, L. I.
6 Lil. Greg. Gyraldus: Progymnasma adversus literas et literatos.

einer völlig harmlosen Jugendschrift[7] an den Mantel des
Herzogs Ercole II. von Ferrara anklammern, weil schon
Leute das Wort führen, welche finden, die Zeit wäre besser
an christliche Gegenstände gewendet worden als an mythologische Forschungen. Er gibt zu erwägen, daß letztere im
Gegenteil bei so beschaffenen Zeiten fast der einzige unschuldige, d. h. neutrale Gegenstand gelehrter Darstellung
seien.

Wenn aber die Kulturgeschichte nach Aussagen zu suchen verpflichtet ist, in welchen neben der Anklage das
menschliche Mitgefühl vorwiegt, so ist keine Quelle zu
vergleichen mit der oft erwähnten Schrift des Pierio Valeriano »über das Unglück der Gelehrten«.[8] Sie ist geschrieben unter dem düstern Eindruck der Verwüstung von
Rom, welche mit dem Jammer, den sie auch über die
Gelehrten brachte, dem Verfasser wie der Abschluß eines
schon lange gegen dieselben wütenden bösen Schicksals
erscheint. Pierio folgt hier einer einfachen, im ganzen rich-
tigen Empfindung; er tut nicht groß mit einem besondern
vornehmen Dämon, der die geistreichen Leute *wegen* ihres
Genies verfolge, sondern er konstatiert das Geschehene,
worin oft der bloße unglückliche Zufall als entscheidend
vorkömmt. Er wünscht keine Tragödie zu schreiben oder
Alles aus höhern Konflikten herzuleiten, weshalb er denn
auch Alltägliches vorbringt. Da lernen wir Leute kennen,
welche bei unruhigen Zeiten zunächst ihre Einnahmen,
dann auch ihre Stellen verlieren, Leute, welche zwischen
zwei Anstellungen leer ausgehen, menschenscheue Geiz-
hälse, die ihr Geld immer eingenäht auf sich tragen und
nach geschehener Beraubung im Wahnsinn sterben, andere,
welche Pfründen annehmen und in melancholischem
Heimweh nach der frühern Freiheit dahinsiechen. Dann
wird der frühe Tod Vieler durch Fieber oder Pest beklagt,

---

7 Lil. Greg. Gyraldus: Hercules. Die Widmung ist ein sprechendes Denkmal der ersten drohenden Regungen der Inquisition.
8 De infelicitate literatorum.

wobei die ausgearbeiteten Schriften mitsamt Bettzeug und
Kleidern verbrannt werden; andere leben und leiden unter
Morddrohungen von Kollegen; diesen und jenen mordet
ein habsüchtiger Diener, oder Bösewichter fangen ihn auf
der Reise weg und lassen ihn in einem Kerker verschmach-
ten weil er kein Lösegeld zahlen kann. Manchen rafft geheimes Herzeleid, erlittene Kränkung und Zurücksetzung dahin; ein Venezianer stirbt vor Gram, weil sein Söhnchen,
ein Wunderkind, gestorben ist, und die Mutter und deren
Bruder folgen bald, als zöge das Kind sie alle nach sich.
Ziemlich viele, zumal Florentiner, enden durch Selbstmord,[9] andere durch geheime Justiz eines Tyrannen. Wer
ist am Ende noch glücklich? und auf welche Weise? etwa
durch völlige Abstumpfung des Gefühles gegen solchen
Jammer? Einer der Mitredner des Dialoges, in welchen
Pierio seine Darstellung gekleidet hat, weiß Rat in diesen
Fragen; es ist der herrliche Gasparo Contarini, und schon
bei Nennung dieses Namens darf man erwarten, daß uns
wenigstens Etwas von dem Tiefsten und Wahrsten mitgeteilt werde, was sich damals darüber denken ließ. Als Bild
eines glücklichen Gelehrten erscheint ihm Fra Urbano
Valeriano von Belluno, der in Venedig lange Zeit hindurch
Lehrer des Griechischen war, Griechenland und den Orient
besuchte, noch in späten Jahren bald dieses und bald jenes
Land durchlief, ohne je ein Tier zu besteigen, nie einen
Heller für sich besaß, alle Ehren und Standeserhöhungen
zurückwies und nach einem heitern Alter im 84sten Jahre
starb ohne, mit Ausnahme eines Sturzes von der Leiter,
eine kranke Stunde gehabt zu haben. Was unterschied ihn
von den Humanisten? Diese haben mehr freien Willen,
mehr losgebundene Subjektivität als sie mit Glück verwer-
ten können; der Bettelmönch dagegen, im Kloster seit
seinen Knabenjahren, hatte nie nach eigenem Belieben auch
nur Speise oder Schlaf genossen und empfand deshalb den
Zwang nicht mehr als Zwang; kraft dieser Gewöhnung

---

9 Hiezu vgl. schon Dante, Inferno, XIII.

führte er mitten in allen Beschwerden das innerlich ruhigste
Leben und wirkte durch diesen Eindruck mehr auf seine
Zuhörer als durch sein Griechisch; sie glaubten nunmehr
überzeugt zu sein, daß es von uns selbst abhänge, ob wir im
Mißgeschick jammern oder uns trösten sollen.»Mitten in
Dürftigkeit und Mühen war er glücklich weil er es sein
wollte, weil er nicht verwöhnt, nicht phantastisch, nicht
unbeständig und ungenügsam war, sondern sich immer mit
wenig oder nichts zufrieden gab.« – Wenn wir Contarini
selber hörten, so wäre vielleicht auch noch ein religiöses
Motiv dem Bilde beigemischt; doch ist schon der praktische
Philosoph in Sandalen sprechend und bedeutsam genug.
Einen verwandten Charakter in andern Umgebungen verrät auch jener Fabio Calvi von Ravenna,[10] der Erklärer des
Hippokrates. Er lebte hochbejahrt in Rom bloß von Kräu-
tern »wie einst die Pythagoräer« und bewohnte ein Ge-
mäuer, das vor der Tonne des Diogenes keinen großen
Vorzug hatte; von der Pension, die ihm Papst Leo bezahlte,
nahm er nur das Allernötigste und gab den Rest an andere.
Er blieb nicht gesund wie Fra Urbano, auch war sein Ende
so, daß er wohl schwerlich im Tode gelächelt haben wird
wie dieser, denn bei der Verwüstung von Rom schleppten
ihn, den fast neunzigjährigen Greis, die Spanier fort in der
Absicht, ihn zu ranzionieren, und er starb an den Folgen
des Hungers in einem Spital. Aber sein Name ist in das
Reich der Unvergänglichkeit gerettet, weil Rafael den Alten wie einen Vater geliebt und wie einen Meister geehrt,
weil er ihn in allen Dingen zu Rate gezogen hatte. Vielleicht bezog sich die Beratung vorzugsweise auf jene antiquarische Restauration des alten Rom (S. 188), vielleicht
aber auch auf viel höhere Dinge. Wer kann sagen, wie
großen Anteil Fabio am Gedanken der Schule von Athen
und anderer hochwichtiger Kompositionen Rafaels gehabt hat?

---

10 Coelii Calcagnini opera, ed. Basil. 1544, p. 101, im VII. Buch
   der Episteln. – Vgl. Pierio Val. de inf. lit.

Gerne möchten wir hier mit einem anmutigen und versöhn-
lichen Lebensbilde schließen, etwa mit dem des Pomponius
Laetus, wenn uns nur über diesen noch etwas mehr als der
Brief seines Schülers Sabellicus[11] zu Gebote stände, in welchem Laetus wohl absichtlich etwas antikisiert wird; doch
mögen einige Züge daraus folgen. Er war (S. 247) ein
Bastard aus dem Hause der neapolitanischen Sanseverinen,
Fürsten von Salerno, wollte sie aber nicht anerkennen und
schrieb ihnen auf die Einladung, bei ihnen zu leben, das
berühmte Billet: Pomponius Laetus cognatis et propinquis
suis salutem. Quod petitis fieri non potest. Valete. Ein
unansehnliches Männchen mit kleinen lebhaften Augen, in
wunderlicher Tracht, bewohnte er in den letzten Jahrzehnden des 15. Jahrhunderts, als Lehrer an der Universität
Rom, bald sein Häuschen mit Garten auf dem Esquilin,
bald seine Vigne auf dem Quirinal; dort zog er seine Enten
u. a. Geflügel, hier baute er sein Grundstück durchaus nach
den Vorschriften des Cato, Varro und Columella; Festtage
widmete er draußen dem Fisch- und Vogelfang, auch wohl
dem Gelage im Schatten bei einer Quelle oder an der Tiber.
Reichtum und Wohlleben verachtete er. Neid und Übelrede
war nicht in ihm und er duldete sie auch in seiner Nähe
nicht; nur gegen die Hierarchie ließ er sich sehr frei gehen,
wie er denn auch, die letzten Zeiten ausgenommen, als
Verächter der Religion überhaupt galt. In die Humani-
stenverfolgung Papst Pauls II. verflochten, war er von
Venedig an diesen ausgeliefert worden und hatte sich durch
kein Mittel zu unwürdigen Geständnissen bringen lassen;
seitdem luden ihn Päpste und Prälaten zu sich ein und
unterstützten ihn, und als in den Unruhen unter Sixtus IV.
sein Haus geplündert wurde, steuerte man für ihn mehr
zusammen als er eingebüßt hatte. Als Dozent war er gewis-
senhaft; schon vor Tage sah man ihn mit seiner Laterne
vom Esquilin herabsteigen, und immer fand er seinen Hör-

---

11 M. Ant. Sabellici opera, Epist. L. XI, fol. 56. Dazu die betreffende Biographie in den Elogia des Paolo Giovio.

saal schon gedrängt voll; da er im Gespräch stotterte,
sprach er auf dem Katheder behutsam, aber doch schön und
gleichmäßig. Auch seine wenigen Schriften sind sorgfältig
abgefaßt. Alte Texte behandelte Keiner so sorgfältig und
schüchtern, wie er denn auch vor andern Resten des Alter- 5
tums seinen wahren Respekt bewies, indem er wie verzückt
dastand oder in Tränen ausbrach. Da er die eigenen Studien
liegen ließ, wenn er Andern behilflich sein konnte, so hing
man ihm sehr an, und als er starb, sandte sogar Alexander VI. seine Höflinge, die Leiche zu begleiten, welche von 10
den vornehmsten Zuhörern getragen wurde; den Exequien
in Araceli wohnten vierzig Bischöfe und alle fremden Gesandten bei.

Laetus hatte die Aufführungen antiker, hauptsächlich
plautinischer Stücke in Rom aufgebracht und geleitet 15
(S. 251 f.). Auch feierte er den Gründungstag der Stadt
alljährlich mit einem Feste, wobei seine Freunde und Schüler Reden und Gedichte vortrugen. Bei diesen beiden
Hauptanlässen bildete sich und blieb dann auch später
beisammen was man die römische Akademie nannte. Die- 20
selbe war durchaus nur ein freier Verein und an kein festes
Institut geknüpft; außer jenen Gelegenheiten kam sie zusammen,[12] wenn ein Gönner sie einlud oder wenn das
Gedächtnis eines verstorbenen Mitgliedes z. B. des Platina
gefeiert wurde. Vormittags pflegte dann ein Prälat, der 25
dazu gehörte, eine Messe zu lesen; darauf betrat etwa Pom-
ponio die Kanzel und hielt die betreffende Rede; nach ihm
stieg ein anderer hinauf und rezitierte Distichen. Der obli-
gate Schmaus mit Disputationen und Rezitationen beschloß Trauer- wie Freudenfeste und die Akademiker, z. B. 30
gerade Platina selber, galten schon früh als Fein-
schmecker.[13] Andere Male führten einzelne Gäste auch
Farcen im Geschmack der Atellanen auf. Als freier Verein

---

12 Jac. Volaterran. Diar. Rom. bei Murat XXIII, Col. 161, 171,
   185. – Anecdota liter. II, p. 168 s.
13 Paul. Jov. de romanis piscibus, cap. 17 und 34.

von sehr wandelbarem Umfang dauerte diese Akademie in
ihrer ursprünglichen Art weiter bis auf die Verwüstung
Roms und erfreute sich der Gastlichkeit eines Angelus
Coloccius, eines Joh. Corycius (S. 265 f.) u. a. Wie hoch sie
für das Geistesleben der Nation zu werten ist, läßt sich so
wenig genau bestimmen als bei irgendeiner geselligen Verbindung dieser Art; immerhin rechnet sie selbst ein Sadoleto[14] zu den besten Erinnerungen seiner Jugend. – Eine
ganze Anzahl anderer Akademien entstanden und vergingen in verschiedenen Städten, je nachdem die Zahl und
Bedeutung der ansässigen Humanisten oder die Gönner-
schaft von Reichen und Großen es möglich machte. So die
Akademie von Neapel, welche sich um Jovianus Pontanus
versammelte und von welcher ein Teil nach Lecce übersie-
delte,[15] diejenige von Pordenone, welche den Hof des Feldherrn Alviano bildete usw. Von derjenigen des Lodovico
Moro und ihrer eigentümlichen Bedeutung für den Umgang des Fürsten ist bereits (S. 49) die Rede gewesen.

Gegen die Mitte des 16. Jahrhunderts scheint eine vollständige Umwandlung mit diesen Vereinen vorgegangen
zu sein. Die Humanisten, auch sonst aus der gebietenden
Stellung im Leben verdrängt und der beginnenden Gegenreformation Objekte des Verdachtes, verlieren die Leitung
der Akademien, und die italienische Poesie tritt auch hier an
die Stelle der lateinischen. Bald hat jede irgend beträchtliche Stadt ihre Akademie mit möglichst bizarrem Namen[16]
und mit eigenem, durch Beiträge und Vermächtnisse gebil-
detem Vermögen. Außer dem Rezitieren von Versen ist aus
der frühern, lateinischen Zeit herübergenommen das periodische Gastmahl und die Aufführung von Dramen, teils
durch die Akademiker selbst, teils unter ihrer Aufsicht

---

14 Sadoleti Epist. 106, vom Jahre 1529.
15 Anton. Galatei epist. 10 und 12, bei Mai, Spicileg. rom. vol.
   VIII.
16 Dieses schon vor der Mitte des Jahrhunderts. Vgl. Lil. Greg.
   Gyraldus, de poetis nostri temp. II.

durch junge Leute und bald durch bezahlte Schauspieler.
Das Schicksal des italienischen Theaters, später auch der
Oper, ist lange Zeit in den Händen dieser Vereine geblie-
ben.

VIERTER ABSCHNITT

DIE ENTDECKUNG DER WELT UND DES MENSCHEN

Frei von zahllosen Schranken, die anderwärts den Fortschritt hemmten, individuell hoch entwickelt und durch das Altertum geschult, wendet sich der italienische Geist auf die Entdeckung der äußern Welt und wagt sich an deren Darstellung in Wort und Form. Wie die Kunst diese Aufgabe löste, müßte anderswo erzählt werden.

Über die Reisen der Italiener nach fernen Weltgegenden ist uns hier nur eine allgemeine Bemerkung gestattet. Die Kreuzzüge hatten allen Europäern die Ferne geöffnet und überall den abenteuernden Wandertrieb geweckt. Es wird immer schwer sein, den Punkt anzugeben, wo derselbe sich mit dem Wissensdrang verbindet oder vollends dessen Diener wird; am frühsten und vollständigsten aber ist dies bei den Italienern geschehen. Schon an den Kreuzzügen selbst hatten sie sich in einem andern Sinne beteiligt als die übrigen, weil sie bereits Flotten und Handelsinteressen im Orient besaßen; von jeher hatte das Mittelmeer seine Anwohner anders erzogen als das Binnenland die seinigen, und Abenteurer im nordischen Sinne konnten die Italiener nach ihrer Naturanlage überhaupt nie sein. Als sie nun in allen östlichen Häfen des Mittelmeeres heimisch geworden waren, geschah es leicht, daß sich die Unternehmendsten dem grandiosen mohammedanischen Wanderleben, welches dort ausmündete, anschlossen; eine ganze große Seite der Erde lag dann gleichsam schon entdeckt vor ihnen. Oder sie gerieten, wie die Polo von Venedig, in die Wellenschläge der mongolischen Welt hinein und wurden weitergetragen bis an die Stufen des Thrones des Großchans.

Frühe finden wir einzelne Italiener auch schon im Atlantischen Meere als Teilnehmer von Entdeckungen, wie denn z. B. Genuesen im 13. Jahrhundert bereits die canarischen Inseln fanden;[1] in demselben Jahre, 1291, da Ptolemais, der letzte Rest des christlichen Ostens, verlorenging, machten wiederum Genuesen den ersten bekannten Versuch zur Entdeckung eines Seeweges nach Ostindien;[2] Columbus ist nur der Größte einer ganzen Reihe von Italienern, welche im Dienste der Westvölker in ferne Meere fuhren. Nun ist aber der wahre Entdecker nicht der, welcher zufällig zuerst irgendwohin gerät, sondern der, welcher gesucht hat und findet; ein solcher allein wird auch im Zusammenhange stehen mit den Gedanken und Interessen seiner Vorgänger, und die Rechenschaft, die er ablegt, wird danach beschaffen sein. Deshalb werden die Italiener, auch wenn ihnen jede einzelne Priorität der Ankunft an diesem oder jenem Strande abgestritten würde, doch immer das moderne Entdeckervolk im vorzugsweisen Sinne für das ganze Spätmittelalter bleiben.

Die nähere Begründung dieses Satzes gehört der Spezialgeschichte der Entdeckungen an. Immer von Neuem aber wendet sich die Bewunderung der ehrwürdigen Gestalt des großen Genuesen zu, der einen neuen Kontinent jenseits der Wasser forderte, suchte und fand, und der es zuerst aussprechen durfte: il mondo è poco, die Erde ist nicht so groß als man glaubt. Während Spanien den Italienern einen Alexander VI. sendet, gibt Italien den Spaniern den Columbus; wenige Wochen vor dem Tode jenes Papstes (7. Juli 1503) datiert dieser aus Jamaica seinen herrlichen Brief an die undankbaren katholischen Könige, den die ganze Nachwelt nie wird ohne die stärkste Erregung lesen können. In

---

1 Luigi Bossi, Vita di Cristoforo Colombo, wo sich eine Übersicht der frühern ital. Reisen und Entdeckungen findet, p. 91 s.

2 Hierüber eine Abhandlung von Pertz. Eine ungenügende Kunde davon schon bei Aeneas Sylvius, Europae status sub Friderico III. Imp. cap. 44 (U. a. in Frehers Scriptores, Ausg. v. 1624, Vol. II, p. 87.)

einem Kodizill zu seinem Testamente, datiert zu Valladolid,
4. Mai 1506, vermacht er »seiner geliebten Heimat, der
Republik Genua, das Gebetbuch, welches ihm Papst Alexander geschenkt, und welches ihm in Kerker, Kampf und
Widerwärtigkeiten zum höchsten Troste gereicht hatte«. Es
ist als ob damit auf den fürchterlichen Namen Borgia ein
letzter Schimmer von Gnade und Güte fiele.

Ebenso wie die Geschichte der Reisen dürfen wir auch
die Entwicklung des geographischen Darstellens bei den
Italienern, ihren Anteil an der Kosmographie, nur kurz
berühren. Schon eine flüchtige Vergleichung ihrer Leistungen mit denjenigen anderer Völker zeigt eine frühe und
augenfällige Überlegenheit. Wo hätte sich um die Mitte des
15. Jahrhunderts außerhalb Italiens eine solche Verbindung
des geographischen, statistischen und historischen Interesses gefunden wie in Aeneas Sylvius? Wo eine so gleichmäßig ausgebildete Darstellung? Nicht nur in seiner eigentlich
kosmographischen Hauptarbeit sondern auch in seinen
Briefen und Kommentarien schildert er mit gleicher Virtuosität Landschaften, Städte, Sitten, Gewerbe und Erträg-
nisse, politische Zustände und Verfassungen, sobald ihm
die eigene Wahrnehmung oder lebendige Kunde zu Gebote
steht; was er nur nach Büchern beschreibt, ist natürlich
geringer. Schon die kurze Skizze[3] jenes tirolischen Alpen-
tales, wo er durch Friedrich III. eine Pfründe bekommen
hatte, berührt alle wesentlichen Lebensbeziehungen und
zeigt eine Gabe und Methode des objektiven Beobachtens
und Vergleichens, wie sie nur ein durch die Alten gebildeter
Landsmann des Columbus besitzen konnte. Tausende sahen und wußten wenigstens stückweise, was er wußte, aber
sie hatten keinen Drang, ein Bild davon zu entwerfen, und
kein Bewußtsein, daß die Welt solche Bilder verlange.

---

3 Pii II. comment. L. I. p. 14. — Daß er nicht immer richtig
  beobachtete und bisweilen das Bild willkürlich ergänzte, zeigt
  uns z. B. seine Beschreibung Basels nur zu klar. Im ganzen
  bleibt ihm doch ein hoher Wert.

Auch in der Kosmographie[4] wird man umsonst genau zu
sondern suchen, wie viel dem Studium der Alten, wie viel
dem eigentümlichen Genius der Italiener auf die Rechnung
zu schreiben sei. Sie beobachten und behandeln die Dinge
dieser Welt objektiv noch bevor sie die Alten genauer
kennen, weil sie selber noch ein halbantikes Volk sind und
weil ihr politischer Zustand sie dazu vorbereitet; sie würden aber nicht zu solcher raschen Reife darin gelangt sein,
hätten ihnen nicht die alten Geographen den Weg gewiesen. Ganz unberechenbar ist endlich die Einwirkung der
schon vorhandenen italienischen Kosmographien auf Geist
und Tendenz der Reisenden, der Entdecker. Auch der dilet-
tantische Bearbeiter einer Wissenschaft, wenn wir z. B. im
vorliegenden Fall den Aeneas Sylvius so niedrig taxieren
wollen, kann gerade diejenige Art von allgemeinem Interesse für die Sache verbreiten, welche für neue Unternehmer
den unentbehrlichen neuen Boden einer herrschenden Meinung, eines günstigen Vorurteils bildet. Wahre Entdecker
in allen Fächern wissen recht wohl, was sie solchen Vermitt-
lern verdanken.

Für die Stellung der Italiener im Bereich der Naturwissenschaften müssen wir auf die besondern Fachbücher verweisen, von welchen uns nur das offenbar sehr flüchtige und
absprechende Werk Libri's bekannt ist.[5] Der Streit über
Priorität gewisser einzelner Entdeckungen berührt uns um
so weniger, da wir der Ansicht sind, daß in jeder Zeit und
in jedem Kulturvolke möglicherweise ein Mensch aufste-

4 Im 16. Jahrhundert hielt sich Italien noch lange als die vorzugsweise Heimat der kosmographischen Literatur, als die Entdecker
   selbst schon fast nur den atlantischen Völkern angehörten. Die
   einheimische Geographie hat gegen Mitte des Jahrhunderts das
   große und sehr achtungswerte Werk des Leandro Alberti: Descrizione di tutta l'Italia aufzuweisen.
5 Libri, Histoire des sciences mathématiques en Italie, IV vols.,
   Paris 1838.

hen kann, der sich, von sehr mäßiger Vorbildung ausgehend, aus unwiderstehlichem Drange der Empirie in die
Arme wirft und vermöge angeborner Begabung die er-
staunlichsten Fortschritte macht. Solche Männer waren
Gerbert von Rheims und Roger Bacon; daß sie sich überdies des ganzen Wissens ihrer Zeit in ihren Fächern bemächtigten, war dann bloße notwendige Konsequenz ihres
Strebens. Sobald einmal die allgemeine Hülle des Wahns
durchgerissen, die Knechtschaft unter der Tradition und
den Büchern, die Scheu vor der Natur überwunden war,
lagen die Probleme massenweise vor ihren Augen. Ein
Anderes ist es aber, wenn einem ganzen Volke das Betrachten und Erforschen der Natur vorzugsweise und früher als
andern Völkern eigen ist, wenn also der Entdecker nicht
bedroht und totgeschwiegen wird, sondern auf das Entgegenkommen verwandter Geister rechnen kann. Daß dies
sich in Italien so verhalten habe, wird versichert.[6] Nicht
ohne Stolz verfolgen die italienischen Naturforscher in der
Divina Commedia die Beweise und Anklänge von Dante's
empirischer Naturforschung.[7] Über die einzelnen Entdeckungen oder Prioritäten der Erwähnung, die sie ihm
beilegen, haben wir kein Urteil, aber jedem Laien muß die
Fülle der Betrachtung der äußern Welt auffallen, welche
schon aus Dante's Bildern und Vergleichungen spricht.
Mehr als wohl irgendein neuerer Dichter entnimmt er sie
der Wirklichkeit, sei es Natur oder Menschenleben, braucht
sie auch nie als bloßen Schmuck, sondern um die möglichst
adäquate Vorstellung von dem zu erwecken, was er zu
sagen hat. Als spezieller Gelehrter tritt er dann vorzüglich
in der Astronomie auf, wenngleich nicht zu verkennen ist,
daß manche astronomische Stelle in dem großen Gedichte,

6 Um hier zu einem bündigen Urteil zu gelangen, müßte das
  Zunehmen des Sammelns von Beobachtungen, getrennt von
  den wesentlich mathematischen Wissenschaften, konstatiert
  werden, was unsere Sache nicht ist.
7 Libri, a.a.O. II, p. 174 s.

die uns jetzt gelehrt erscheint, damals allgemein verständlich gewesen sein muß. Dante appelliert, abgesehen von seiner Gelehrsamkeit, an eine populäre Himmelskunde, welche die damaligen Italiener, schon als Seefahrer, mit den Alten gemein hatten. Diese Kenntnis des Aufganges und Niederganges der Sternbilder ist für die neuere Welt durch Uhren und Kalender entbehrlich geworden, und mit ihr ging verloren was sich sonst von astronomischem Interesse im Volke entwickelt hatte. Gegenwärtig fehlt es nicht an Handbüchern und Gymnasialunterricht, und jedes Kind weiß, daß die Erde sich um die Sonne bewegt, was Dante nicht wußte, aber die Teilnahme an der Sache ist der vollkommensten Gleichgültigkeit gewichen, mit Ausnahme der Fachleute.

Die Wahnwissenschaft, welche sich an die Sterne hing, beweist nichts gegen den empirischen Sinn der damaligen Italiener; derselbe wurde nur durchkreuzt und überwältigt durch die Leidenschaft, den heftigen Wunsch die Zukunft zu wissen. Auch wird von der Astrologie bei Anlaß des sittlichen und religiösen Charakters der Nation zu reden sein.

Die Kirche war gegen diese und andere falsche Wissenschaften fast immer tolerant und auch gegen die echte Naturforschung schritt sie wohl nur dann ein, wenn die Anklage – wahr oder unwahr – zugleich auf Ketzerei und Nekromantie lautete, was denn allerdings ziemlich nahelag. Der Punkt, auf welchen es ankömmt, wäre: zu ermitteln, ob und in welchen Fällen die dominikanischen Inquisitoren (und wohl auch die Franziskaner) in Italien sich der Falschheit dieser Anklagen bewußt waren und dennoch verurteilten, sei es aus Konnivenz gegen Feinde des Betreffenden, oder aus stillem Haß gegen die Naturbeobachtung überhaupt und besonders gegen die Experimente. Letzteres wird wohl vorgekommen aber kaum je zu beweisen sein. Was im Norden solche Verfolgungen mit veranlassen mochte, der Widerstand des von den Scholastikern rezipierten, offiziellen Systems der Naturkunde gegen die

Neuerer als solche, möchte für Italien weniger oder auch
gar nicht in Betracht kommen. Pietro von Abano (zu Anfang des 14. Jahrhunderts) fiel notorisch als Opfer des
kollegialischen Neides eines andern Arztes, der ihn bei der
Inquisition wegen Irrglaubens und Zauberei verklagte,[8]
und auch bei seinem paduanischen Zeitgenossen Giovan-
nino Sanguinacci wird man etwas Ähnliches vermuten dürfen, da derselbe als Arzt ein praktischer Neuerer war; derselbe kam mit bloßer Verbannung davon. Endlich ist nicht
zu vergessen, daß die Macht der Dominikaner als Inquisitoren in Italien weniger gleichmäßig geübt werden konnte
als im Norden; Tyrannen sowohl als freie Staaten zeigten
bisweilen im 14. Jahrhundert der ganzen Klerisei eine solche Verachtung, daß noch ganz andere Dinge als bloße
Naturforschung ungeahndet durchgingen. Als aber mit
dem 15. Jahrhundert das Altertum mächtig in den Vordergrund trat, war die ins alte System gelegte Bresche eine
gemeinsame zu Gunsten jeder Art profanen Forschens, nur
daß allerdings der Humanismus die besten Kräfte an sich
zog und damit auch wohl der empirischen Naturkunde
Eintrag tat.[9] Hie und da erwacht dazwischen immer wieder
die Inquisition und straft oder verbrennt Ärzte als Lästerer
und Nekromanten, wobei nie sicher zu ermitteln ist, welches das wahre, tiefste Motiv der Verurteilung gewesen. Bei
alle dem stand Italien zu Ende des 15. Jahrhunderts mit
Paolo Toscanelli, Luca Paccioli und Lionardo da Vinci in
Mathematik und Naturwissenschaften ohne allen Vergleich
als das erste Volk Europa's da und die Gelehrten aller
Länder bekannten sich als seine Schüler, auch Regiomonta-
nus und Copernicus.

8 Scardeonius, de urb. Patav. antiq., in Graevii Thesaur. ant. Ital.
   Tom. VI, pars III.
9 S. die übertriebenen Klagen Libri's, a.a.O. II, p. 258 s. So sehr
   es zu bedauern sein mag, daß das hochbegabte Volk nicht einen
   größern Teil seiner Kraft auf die Naturwissenschaften wandte,
   so glauben wir doch, daß dasselbe noch wichtigere Ziele hatte
   und teilweise erreichte.

Ein bedeutsamer Wink für die allgemeine Verbreitung des naturgeschichtlichen Interesses liegt auch in dem früh geäußerten Sammlersinn, der vergleichenden Betrachtung der Pflanzen und Tiere. Italien rühmt sich zunächst der frühsten botanischen Gärten, doch mag hier der praktische Zweck überwogen haben und selbst die Priorität streitig sein. Ungleich wichtiger ist es, daß Fürsten und reiche Privatleute bei der Anlage ihrer Lustgärten von selbst auf das Sammeln möglichst vieler verschiedenen Pflanzen und Spezies und Varietäten derselben gerieten. So wird uns im 15. Jahrhundert der prächtige Garten der Mediceischen Villa Careggi beinahe wie ein botanischer Garten geschildert,[10] mit zahllosen einzelnen Gattungen von Bäumen und Sträuchern. So im Beginn des 16. Jahrhunderts eine Villa des Kardinal Triulzio in der römischen Campagna,[11] gegen Tivoli hin, mit Hecken von verschiedenen Rosengattungen, mit Bäumen aller Art, worunter die Fruchtbäume in allen möglichen Varietäten; endlich zwanzig Nebengattungen und ein großer Küchengarten. Hier handelt es sich offenbar um etwas Anderes als um ein paar Dutzend allbekannte Medizinalpflanzen, wie sie durch das ganze Abendland in keinem Schloß- oder Klostergarten fehlten; neben einer höchst verfeinerten Kultur des Tafelobstes zeigt sich ein Interesse für die Pflanze als solche, um ihres merkwürdigen Anblickes willen. Die Kunstgeschichte belehrt uns darüber, wie spät erst die Gärten sich von dieser Sammlerlust befreiten, um fortan einer großen architektonisch-malerischen Anlage zu dienen.

Auch das Unterhalten fremder Tiere ist gewiß nicht ohne Zusammenhang mit einem höhern Interesse der Beobachtung zu denken. Der leichte Transport aus den südlichen

---

10 Alexandri Braccii descriptio horti Laurentii Med., abgedruckt u. a. als Beilage Nr. 58 zu Roscoe's Leben des Lorenzo. Auch in den Beilagen zu Fabroni's Laurentius.

11 Mondanarii villa, abgedruckt in den Poemata aliquot insignia illustr. poetar. recent.

und östlichen Häfen des Mittelmeeres und die Gunst des
italienischen Klimas machten es möglich, die mächtigsten
Tiere des Südens anzukaufen oder von den Sultanen als
Geschenk anzunehmen.[12] Vor Allem hielten Städte und
Fürsten gern lebendige Löwen, auch wenn der Löwe nicht
gerade das Wappentier war wie in Florenz.[13] Die Löwen-
gruben befanden sich in oder bei den Staatspalästen, so in
Perugia und in Florenz; diejenige in Rom lag am Abhang
des Kapitols. Diese Tiere dienten nämlich bisweilen als
Vollstrecker politischer Urteile[14] und hielten wohl auch
sonst einen gewissen Schrecken unter dem Volke wach.
Außerdem galt ihr Verhalten als vorbedeutungsvoll; namentlich war ihre Fruchtbarkeit ein Zeichen allgemeinen
Gedeihens, und auch ein Giovanni Villani verschmäht es

---

12 Der Tiergarten von Palermo unter Heinrich VI., Otto de S.
    Blasio ad a. 1194. – Derjenige Heinrichs I. von England im
    Park von Woodstock (Guil. Malmesbur., p. 638) enthielt Lö-
    wen, Leoparden, Luchse, Kamele und ein Stachelschwein,
    lauter Geschenke fremder Fürsten.

13 Als solcher heißt er hier, gemalt oder in Stein gehauen, mar-
    zocco. – In Pisa unterhielt man Adler, vgl. die Ausleger zu
    Dante, Inferno XXXIII, 22.

14 S. das Exzerpt aus Aegid. Viterb. bei Papencordt, Gesch. der
    Stadt Rom im Mittelalter, S. 367, Anm. mit einem Ereignis
    von 1328. – Kämpfe der wilden Tiere unter einander und
    gegen Hunde dienten bei großen Anlässen zur Belustigung des
    Volkes. Beim Empfang Pius II. und des Galeazzo Maria Sforza
    zu Florenz 1459 ließ man auf dem Signorenplatz in einem
    geschlossenen Raum Stiere, Pferde, Eber, Hunde, Löwen und
    eine Giraffe zusammen auftreten, aber die Löwen legten sich
    hin und wollten die andern Tiere nicht angreifen. Vgl. Ricordi
    di Firenze, Rer. ital. scriptt. ex florent. codd. T. II, Col. 741.
    Abweichend hievon Vita Pii II, Murat. III, II, Col. 976. Eine
    zweite Giraffe schenkte später der Mamelukensultan Kaytbey
    an Lorenzo magnifico. Vgl. Paul. Jov. Vita Leonis X, L. I.
    Sonst war von der Menagerie Lorenzo's besonders ein präch-
    tiger Löwe berühmt, dessen Zerfleischung durch die andern
    Löwen als Vorzeichen von Lorenzo's Tode galt.

nicht anzumerken, daß er bei einem Wurf der Löwin zugegen gewesen.[15] Die Jungen pflegte man zum Teil an be-
freundete Städte und Tyrannen zu verschenken, auch an
Condottieren als Preis der Tapferkeit.[16] Außerdem hielten
die Florentiner schon sehr früh Leoparden, für welche ein
besonderer Leopardenmeister unterhalten wurde.[17] Borso
von Ferrara[18] ließ seinen Löwen mit Stieren, Bären und
Wildschweinen kämpfen.

Zu Ende des 15. Jahrhunderts aber gab es schon an
mehrern Fürstenhöfen wahre Menagerien (Serragli), als
Sache des standesgemäßen Luxus. »Zu der Pracht eines
Herrn, sagt Matarazzo,[19] gehören Pferde, Hunde, Maultiere, Sperber und andere Vögel, Hofnarren, Sänger und
fremde Tiere.« Die Menagerie von Neapel enthielt unter
Ferrante unter anderm eine Giraffe und ein Zebra, Geschenke des damaligen Fürsten von Bagdad, wie es
scheint.[20] Filippo Maria Visconti besaß nicht nur Pferde,
die mit 500, ja 1 000 Goldstücken bezahlt wurden, und

15 Gio. Villani X, 185. XI, 66. Matteo Villani III, 90. V. 68. –
   Wenn die Löwen stritten oder gar einander töteten, so galt dies
   als schlimmes Omen. Vgl. Varchi, Stor. fiorent. III, p. 143.
16 Cron. di Perugia, Arch. stor. XVI, II, p. 77. Zum Jahre 1497.
   – Den Peruginern entwischte einmal ihr Löwenpaar, ibid.
   XVI, I, p. 382, zum Jahre 1434.
17 Gaye, Carteggio I, p. 422, zum Jahre 1291. – Die Visconti
   brauchten sogar abgerichtete Leoparden als Jagdtiere, und
   zwar auf Hasen, die man durch kleine Hunde auftreiben ließ.
   Vgl. v. Kobell, Wildanger, S. 247, wo auch spätere Beispiele
   der Jagd mit Leoparden verzeichnet sind.
18 Strozii poetae, p. 146. Vgl. p. 188 und über den Wildpark
   p. 193.
19 Cron. di Perugia, l. c. XVI, II, p. 199. – Ähnliches schon bei
   Petrarca, de remed. utriusque fortunae, I, 61, doch noch weniger deutlich ausgesprochen.
20 Jovian. Pontan. de magnificentia. – Im Tiergarten des Kardinals von Aquileja zu Albano fanden sich 1463 außer Pfauen
   und indischen Hühnern auch syrische Ziegen mit langen Ohren. Pii II. comment., L. XI, p. 562 s.

kostbare englische Hunde, sondern auch viele Leoparden,
welche aus dem ganzen Orient zusammengebracht waren;
die Pflege seiner Jagdvögel, die er aus dem Norden zusammensuchen ließ, kostete monatlich 3 000 Goldstücke.[21] König Emanuel der Große von Portugal wußte wohl was er
tat, als er an Leo X. einen Elefanten und ein Rhinozeros
schickte.[22] Inzwischen war bereits der Grund zu einer wissenschaftlichen Zoologie so gut wie zur Botanik gelegt
worden.

Eine praktische Seite der Tierkunde entwickelte sich
dann in den Gestüten, von welchen das mantuanische unter
Francesco Gonzaga als das erste in Europa galt.[23] Die
vergleichende Schätzung der Pferderacen ist wohl so alt wie
das Reiten überhaupt, und die künstliche Erzeugung von
Mischracen muß namentlich seit den Kreuzzügen üblich
gewesen sein; für Italien aber waren die Ehrengewinste bei
den Pferderennen aller irgend bedeutenden Städte der stärkste Beweggrund, möglichst rasche Pferde hervorzubringen.
Im mantuanischen Gestüt wuchsen die unfehlbaren Gewin-
ner dieser Art, außerdem aber auch die edelsten Streitrosse
und überhaupt Pferde, welche unter allen Geschenken an
große Herrn als das fürstlichste erschienen. Der Gonzaga
hatte Hengste und Stuten aus Spanien und Irland wie aus
Afrika, Thrazien und Zilizien; um letzterer willen unterhielt er Verkehr und Freundschaft mit den Großsultanen.
Alle Varietäten wurden hier versucht, um das Trefflichste
hervorzubringen.

21 Decembrio, ap. Murat. XX, Col. 1012.
22 Das Nähere, recht ergötzlich, in Paul. Jov. Elogia, bei Anlaß
    des Tristanus Acunius. Die Stachelschweine und Strauße im
    Pal. Strozzi zu Florenz, vgl. Rabelais, Pantagruel IV, chap. 11.
    – Lorenzo magnifico bekam aus Ägypten durch Kaufleute eine
    Giraffe, Baluz. Miscell. IV, 516.
23 Ebenda, bei Anlaß des Franc. Gonzaga. – Der mailändische
    Luxus in Pferderacen, Bandello Parte II, Nov. 3 und 8. – Auch
    in den erzählenden Gedichten hört man bisweilen den Pferde-
    kenner sprechen. Vgl. Pulci, il Morgante, c. XV, str. 105 s.

Aber auch an einer Menschenmenagerie fehlte es nicht; der bekannte Kardinal Ippolito Medici,[24] Bastard des Giuliano, Herzogs von Nemours, hielt an seinem wunderlichen Hofe eine Schar von Barbaren, welche mehr als zwanzig verschiedene Sprachen redeten und Jeder in seiner Art und 5 Race ausgezeichnet waren. Da fand man unvergleichliche Voltigeurs von edlem nordafrikanischem Maurengeblüt, tatarische Bogenschützen, schwarze Ringer, indische Taucher, Türken, welche hauptsächlich auf der Jagd die Begleiter des Kardinals waren. Als ihn sein frühes Schicksal 10 (1535) ereilte, trug diese bunte Schar die Leiche auf den Schultern von Itri nach Rom und mischte in die allgemeine Trauer der Stadt um den freigebigen Herrn ihre vielsprachige, von heftigen Gebärden begleitete Totenklage.[25]

---

24 Paul. Jov. Elogia, bei Anlaß des Hippol. Medices.
25 Bei diesem Anlaß mögen einige Notizen über die Sklaverei in Italien zur Zeit der Renaissance ihre Stelle finden. Kurze Hauptstelle bei Jovian Pontan. de obedientia L. III: In Oberitalien gab es keine Sklaven; sonst kaufte man auch Christen aus dem türkischen Reich, auch Bulgaren und Zirkassier und ließ sie dienen, bis sie die Kaufsumme abverdient hatten. Die Neger dagegen blieben Sklaven, nur durfte man sie, wenigstens im Reich Neapel, nicht kastrieren. – Moro bezeichnet alle dunkelfarbigen; der Neger heißt Moro nero. – Fabroni, Cosmus, Adn. 110: Akt über den Verkauf einer zirkassischen Sklavin (1427); – Adn. 141: Verzeichnis der Sklavinnen des Cosimo. – Nantiporto, bei Murat. III, II, Col. 1106: Innocenz VIII. erhält hundert Mori als Geschenk von Ferdinand d. Kathol. und verschenkt sie weiter an Kardinäle u. a. Herrn (1488). – Massuccio, Novelle 14: Verkäuflichkeit von Sklaven; – 24 u. 25: Negersklaven die zugleich (zum Nutzen ihrer Herrn?) als fachini arbeiten; – 48: Catalanen fangen tunesische Mori und verkaufen sie in Pisa. – Gaye, carteggio I, 360: Manumission und Beschenkung eines Negersklaven in einem florentinischen Testamente (1490). – Paul. Jov. Elogia, sub. Franc. Sfortia, – Porzio, congiura, III, 194 – und Comines, Charles VIII, chap. 17: Neger als bestellte Henker und Kerkermeister des Hauses Aragon in Neapel. – Paul. Jov. Elog., sub

Diese zerstreuten Notizen über das Verhältnis der Italiener zur Naturwissenschaft und ihre Teilnahme für das Verschiedene und Reiche in den Produkten der Natur sollen
nur zeigen, welcher Lücke der Verfasser sich an dieser Stelle
bewußt ist. Von den Spezialwerken, welche dieselbe über-
reichlich ausfüllen würden, sind ihm kaum die Namen
genügend bekannt.

––––––

Allein außer dem Forschen und Wissen gab es noch eine
andere Art, der Natur nahezutreten, und zwar zunächst in
einem besondern Sinne. Die Italiener sind die frühsten
unter den Modernen, welche die Gestalt der Landschaft als
etwas mehr oder weniger Schönes wahrgenommen und
genossen haben.[1]
Diese Fähigkeit ist immer das Resultat langer, kompli-
zierter Kulturprozesse, und ihr Entstehen läßt sich schwer
verfolgen, indem ein verhülltes Gefühl dieser Art lange
vorhanden sein kann, ehe es sich in Dichtung und Malerei
verraten und damit seiner selbst bewußt werden wird. Bei
den Alten z. B. waren Kunst und Poesie mit dem ganzen
Menschenleben gewissermaßen fertig, ehe sie an die land-
schaftliche Darstellung gingen, und diese blieb immer nur
eine beschränkte Gattung, während doch von Homer an
der starke Eindruck der Natur auf den Menschen aus zahl-

Galeatio: Neger als Begleiter von Fürsten bei Ausgängen. –
Aeneae Sylvii opera, p. 456: Negersklave als Musikant. – Paul.
Jov. de piscibus, cap. 3: ein (freier?) Neger als Schwimmlehrer
und Taucher in Genua. – Alex. Benedictus, de Carolo VIII, bei
Eccard, scriptores, II, Col. 1608: ein Neger (Aethiops) als höherer venezianischer Offizier, wonach auch Othello als Neger
gefaßt werden kann. – Bandello, Parte III, Nov. 21: Wenn ein
Sklave in Genua Züchtigung verdient, wird er nach den Balea-
ren, und zwar nach Iviza zum Salztragen verkauft.
1 Es ist kaum nötig, auf die berühmte Darstellung dieses Gegenstandes im zweiten Bande von Humboldts Kosmos zu verweisen.

losen einzelnen Worten und Versen hervorleuchtet. Sodann waren die germanischen Stämme, welche auf dem Boden des römischen Reiches ihre Herrschaften gründeten, von Hause aus im höchsten Sinne ausgerüstet zur Erkenntnis des Geistes in der landschaftlichen Natur, und wenn sie auch das Christentum eine Zeitlang nötigte, in den bisher verehrten Quellen und Bergen, in See und Wald das Antlitz falscher Dämonen zu ahnen, so war doch dieses Durchgangsstadium ohne Zweifel bald überwunden. Auf der Höhe des Mittelalters um das Jahr 1200, existiert wieder ein völlig naiver Genuß der äußern Welt und gibt sich lebendig zu erkennen bei den Minnedichtern der verschiedenen Nationen.[2] Dieselben verraten das stärkste Mitleben in den einfachsten Erscheinungen, als da sind der Frühling und seine Blumen, die grüne Heide und der Wald. Aber es ist lauter Vordergrund ohne Ferne, selbst noch in dem besondern Sinne, daß die weitgereisten Kreuzfahrer sich in ihren Liedern kaum als solche verraten. Auch die epische Poesie, welche z. B. Trachten und Waffen so genau bezeichnet, bleibt in der Schilderung der Örtlichkeit skizzenhaft, und der große Wolfram von Eschenbach erweckt kaum irgendein genügendes Bild von der Szene, auf welcher seine handelnden Personen sich bewegen. Aus den Gesängen würde vollends niemand erraten, daß dieser dichtende Adel aller Länder tausend hochgelegene, weitschauende Schlösser bewohnte oder besuchte und kannte. Auch in jenen lateinischen Dichtungen der fahrenden Kleriker (S. 178) fehlt noch der Blick in die Ferne, die eigentliche Landschaft, aber die Nähe wird bisweilen mit einer so glühenden Farbenpracht geschildert, wie sie vielleicht kein ritterlicher Minnedichter wiedergibt. Oder existiert noch eine Schilderung vom Haine des Amor wie bei jenem, wie wir annehmen, italienischen Dichter des 12. Jahrhunderts?

---

2 Hieher gehören bei Humboldt a.a.O. die Mitteilungen von Wilhelm Grimm.

Immortalis fieret
Ibi manens homo;
Arbor ibi quaelibet
Suo gaudet pomo;
Viae myrrha, cinnamo
Fragrant, et amomo –
Coniectari poterat
Dominus ex domo[3] etc.

Für Italiener jedenfalls ist die Natur längst entsündigt
und von jeder dämonischen Einwirkung befreit. San Francesco von Assisi preist in seinem Sonnenhymnus den Herrn
ganz harmlos um der Schöpfung der Himmelslichter und
der vier Elemente willen.

Aber die festen Beweise für eine tiefere Wirkung großer
landschaftlicher Anblicke auf das Gemüt beginnen mit
Dante. Er schildert nicht nur überzeugend in wenigen
Zeilen die Morgenlüfte mit dem fernzitternden Licht des
sanft bewegten Meeres, den Sturm im Walde u. dgl., sondern er besteigt hohe Berge in der einzig möglichen Absicht, den Fernblick zu genießen;[4] vielleicht seit dem Altertum einer der ersten, der dies getan hat. Boccaccio läßt
mehr erraten, als daß er es schilderte, wie ihn die Landschaft
ergreift, doch wird man in seinen Hirtenromanen[5] die we-

---

3 Carmina Burana p. 162, de Phyllide et Flora, str. 66.
4 Man wird schwer erraten, was er sonst auf dem Gipfel der Bisman-
   tova, im Gebiet von Reggio, könnte zu tun gehabt haben. Purgat.
   IV, 26. Schon die Präzision, womit er alle Teile seines Jenseits zu
   verdeutlichen sucht, beweist vielen Raum- und Formensinn. –
   Wie sich früher an Berggipfel die Lüsternheit nach dort befindlichen Schätzen und zugleich abergläubischer Schrecken an-
   knüpfte, zeigt anschaulich Chron. Novaliciense, II, 5 (bei Pertz,
   Scriptt. VII und Monumenta hist. patriae, Scriptt. III).
5 Außer der Schilderung von Bajae in der Fiammetta, von dem
   Hain im Ameto usw. ist eine Stelle de Genealogia Deor. XIV,
   11 von Bedeutung, wo er eine Anzahl landschaftlicher Einzelheiten, Bäume, Wiesen, Bäche, Herden, Hütten usw. aufzählt
   und beifügt, diese Dinge animum mulcent; ihre Wirkung sei,
   mentem in se colligere.

nigstens in seiner Phantasie vorhandene mächtige Naturszenerie nicht verkennen. Vollständig und mit größter Entschiedenheit bezeugt dann Petrarca, einer der frühsten
völlig modernen Menschen, die Bedeutung der Landschaft
für die erregbare Seele. Der lichte Geist, welcher zuerst aus
allen Literaturen die Anfänge und Fortschritte des malerischen Natursinnes zusammengesucht und in den »Ansichten der Natur« selber das höchste Meisterwerk der Schilderung vollbracht hat, Alexander von Humboldt, ist gegen
Petrarca nicht völlig gerecht gewesen, so daß uns nach dem
großen Schnitter noch eine kleine Ährenlese übrigbleibt.

Petrarca war nämlich nicht bloß ein bedeutender Geograph und Kartograph – die früheste Karte von Italien[6] soll
er haben entwerfen lassen – er wiederholte auch nicht bloß
was die Alten gesagt hatten,[7] sondern der Anblick der
Natur traf ihn unmittelbar. Der Naturgenuß ist für ihn der
erwünschteste Begleiter jeder geistigen Beschäftigung; auf
der Verflechtung beider beruht sein gelehrtes Anachoreten-
leben in Vaucluse und anderswo, seine periodische Flucht
aus Zeit und Welt.[8] Man würde ihm Unrecht tun, wenn man
aus seinem noch schwachen und wenig entwickelten Vermögen des landschaftlichen Schilderns auf einen Mangel an
Empfindung schließen wollte. Seine Beschreibung des
wunderbaren Golfes von Spezzia und Porto Venere zum
Beispiel, die er deshalb am Ende des VI. Gesanges der
»Africa« einlegt, weil sie bis jetzt weder von Alten noch von
Neuern besungen worden,[9] ist allerdings eine bloße Auf-

---

6 Libri, Hist. des Sciences math. II, p. 249.
7 Obwohl er sich gern auf sie beruft, z. B.: de vita solitaria, bes.
   p. 241, wo er die Beschreibung einer Weinlaube aus S. Augustin
   zitiert.
8 Epist. famil. VII, 4, p. 675. Interea utinam scire posses, quanta
   cum voluptate solivagus ac liber, inter montes et nemora, inter
   fontes et flumina, inter libros et maximorum hominum ingenia
   respiro, quamque me in ea, quae ante sunt, cum Apostolo
   extendens et praeterita oblivisci nitor et praesentia non videre.
   Vgl. VI, 3, p. 665.
9 Jacuit sine carmine sacro. – Vgl. Itinerar. syriacum, p. 558.

zählung. Aber derselbe Petrarca kennt doch bereits die
Schönheit von Felsbildungen und weiß überhaupt die malerische Bedeutung einer Landschaft von der Nutzbarkeit
zu trennen.[10] Bei seinem Aufenthalt in den Wäldern von
Reggio wirkt der plötzliche Anblick einer großartigen
Landschaft so auf ihn, daß er ein längst unterbrochenes
Gedicht wieder fortsetzt.[11] Die wahrste und tiefste Aufregung aber kömmt über ihn bei der Besteigung des Mont
Ventoux unweit Avignon.[12] Ein unbestimmter Drang nach
einer weiten Rundsicht steigert sich in ihm aufs Höchste,
bis endlich das zufällige Treffen jener Stelle im Livius, wo
König Philipp, der Römerfeind, den Hämus besteigt, den
Entscheid gibt. Er denkt: was an einem königlichen Greise
nicht getadelt werde, sei auch bei einem jungen Manne aus
dem Privatstande wohl zu *entschuldigen*. Planloses Bergstei-
gen war nämlich in seiner Umgebung etwas Unerhörtes
und an die Begleitung von Freunden oder Bekannten war
nicht zu denken. Petrarca nahm nur seinen jüngern Bruder
und vom letzten Rastort aus zwei Landleute mit. Am Gebirge beschwor sie ein alter Hirte, umzukehren; er habe vor
fünfzig Jahren dasselbe versucht und nichts als Reue, zer-
schlagene Glieder und zerfetzte Kleider heimgebracht; vorher und seitdem habe sich Niemand mehr des Weges unter-
standen. Allein sie dringen mit unsäglicher Mühe weiter
empor, bis die Wolken unter ihren Füßen schweben, und
erreichen den Gipfel. Eine Beschreibung der Aussicht erwartet man nun allerdings vergebens, aber nicht weil der
Dichter dagegen unempfindlich wäre, sondern im Gegenteil, weil der Eindruck allzu gewaltig auf ihn wirkt. Vor
seine Seele tritt sein ganzes vergangenes Leben mit allen

---

10 Er unterscheidet im Itinerar. syr. p. 557, an der Riviera die
    Levante: colles *asperitate* gratissima et mira *fertilitate* conspi-
    cuos. Über das Gestade von Gaeta vgl. de remediis utriusque
    fort. I. 54.

11 De orig. et vita, p. 3: subito loci specie percussus.

12 Epist. famil. IV, 1, p. 624.

Torheiten; er erinnert sich, daß es heut zehn Jahre sind, seit er jung aus Bologna gezogen, und wendet einen sehnsüchtigen Blick in der Richtung gen Italien hin; er schlägt ein Büchlein auf, das damals sein Begleiter war, die Bekenntnisse des heil⟨igen⟩ Augustin – allein siehe, sein Auge fällt auf die Stelle im zehnten Abschnitt: »Und da gehen die Menschen hin und bewundern hohe Berge und weite Meeresfluten und mächtig daherrauschende Ströme und den Ozean und den Lauf der Gestirne und verlassen sich selbst darob.« Sein Bruder, dem er diese Worte vorliest, kann nicht begreifen, warum er hierauf das Buch schließt und schweigt.

Einige Jahrzehnde später, um 1360, schildert Fazio degli Uberti in seiner gereimten Kosmographie[13] (S. 182) die weite Aussicht vom Gebirge Alvernia zwar nur mit der Teilnahme des Geographen und Antiquars, doch deutlich als eine wirklich von ihm gesehene. Er muß aber noch viel höhere Gipfel erstiegen haben, da er Phänomene kennt, die sich erst mit mehr als 10 000 Fuß über Meer einstellen, das Blutwallen, Augendrücken und Herzklopfen, wogegen sein mythischer Gefährte Solinus durch einen Schwamm mit einer Essenz Hülfe schafft. Die Besteigungen des Parnasses und des Olymp,[14] von welchen er spricht, mögen freilich bloße Fiktionen sein.

Mit dem 15. Jahrhundert rauben dann auf einmal die großen Meister der flandrischen Schule, Hubert und Johann van Eyck, der Natur ihr Bild. Und zwar ist ihre Landschaft nicht bloß Konsequenz ihres allgemeinen Strebens, einen Schein der Wirklichkeit hervorzubringen, son-

---

13 Il Dittamondo, III, cap. 9.
14 Dittamondo, III, cap. 21. IV, cap. 4. – Papencordt, Geschichte der Stadt Rom, S. 426, sagt, daß Kaiser Karl IV. vielen Sinn für schöne Gegenden gehabt habe und zitiert hiezu Pelzel, Karl IV. S. 456. (Die beiden andern Zitate, die er anführt, sagen dies nicht.) Es wäre möglich, daß dergleichen dem Kaiser durch seinen Umgang mit den Humanisten angeflogen wäre.

dern sie hat bereits einen selbständigen poetischen Gehalt,
eine Seele, wenn auch nur in befangener Weise. Der Eindruck derselben auf die ganze abendländische Kunst ist
unleugbar, und so blieb auch die italienische Landschafts-
malerei davon nicht unberührt. Allein daneben geht das
eigentümliche Interesse des gebildeten italienischen Auges
für die Landschaft seinen eigenen Weg.

Wie in der wissenschaftlichen Kosmographik so ist auch
hier Aeneas Sylvius eine der wichtigsten Stimmen der Zeit.
Man könnte den Menschen Aeneas völlig preisgeben und
müßte gleichwohl dabei gestehen, daß in wenigen Andern
das Bild der Zeit und ihrer Geisteskultur sich so vollständig
und lebendig spiegelte, daß wenige Andere dem Normal-
menschen der Frührenaissance so nahe kommen. Übrigens
wird man ihn auch in moralischer Beziehung, beiläufig
gesagt, nicht ganz billig beurteilen, wenn man einseitig die
Beschwerden der mit Hilfe seiner Wandelbarkeit um ihr
Konzil betrogenen deutschen Kirche zum Ausgangspunkt
nimmt.[15]

Hier interessiert er uns als der erste, welcher die Herrlichkeit der italienischen Landschaft nicht bloß genossen,
sondern mit Begeisterung bis ins einzelne geschildert hat.
(Vgl. oben S. 184.) Den Kirchenstaat und das südliche
Toscana (seine Heimat) kannte er besonders genau, und als
er Papst wurde, wandte er seine Muße in der guten Jahreszeit wesentlich auf Ausflüge und die Landaufenthalte. Jetzt
wenigstens hatte der längst podagrische Mann die Mittel,
sich auf dem Tragsessel über Berg und Tal bringen zu
lassen, und wenn man die Genüsse der folgenden Päpste
damit vergleicht, so erscheint Pius, dessen höchste Freude
Natur, Altertum und mäßige, aber edelzierliche Bauten
waren, wie ein halber Heiliger. In dem schönen lebendigen

---

15 Auch dürfte man wohl Platina, Vitae Pontiff., p. 310 anhören:
Homo fuit (Pius II.) verus, integer, apertus; nil habuit ficti, nil
simulati, ein Feind der Heuchelei und des Aberglaubens, mutig, konsequent.

Latein seiner Kommentarien legt er ganz unbefangen das Zeugnis seines Glückes nieder.[16]

Sein Auge erscheint so vielseitig gebildet als dasjenige irgend eines modernen Menschen. Er genießt mit Entzücken die große panoramatische Pracht der Aussicht vom höchsten Gipfel des Albanergebirges, dem Monte Cavo, von wo er das Gestade der Kirche von Terracina und dem Vorgebirg der Circe bis nach Monte Argentaro überschaut, und das weite Land mit all den Ruinenstädten der Urzeit, mit den Bergzügen Mittelitaliens, mit dem Blick auf die in der Tiefe ringsum grünenden Wälder und die nahe scheinenden Seen des Gebirges. Er empfindet die Schönheit der Lage von Todi, wie es thront über seinen Weinbergen und Ölhalden, mit dem Blick auf ferne Wälder und auf das Tibertal, wo die vielen Kastelle und Städtchen über dem schlängelnden Fluß ragen. Das reizende Hügelland um Siena mit seinen Villen und Klöstern auf allen Höhen ist freilich seine Heimat, und seine Schilderung zeigt eine besondere Vorliebe. Aber auch das einzelne malerische Motiv im engern Sinne beglückt ihn, wie z. B. jene in den Bolsener See vortretende Landzunge, Capo di Monte: »Felstreppen, von Weinlaub beschattet, führen steil nieder ans Gestade, wo zwischen den Klippen die immergrünen Eichen stehen, stets belebt vom Gesang der Drosseln.« Auf dem Wege rings um den See von Nemi, unter den Kastanien und andern Fruchtbäumen fühlt er, daß hier wenn irgendwo das Gemüt eines Dichters erwachen müßte, hier

---

16 Die bedeutendsten Stellen sind folgende. Pii II. P. M. Commentarii. L. IV, p. 183: Der Frühling in der Heimat. L. V, p. 251: Der Sommeraufenthalt in Tibur. L. VI, p. 306: Das Mahl an der Quelle von Vicovaro. L. VIII, p. 378: Die Umgegend von Viterbo. p. 387: Das Bergkloster S. Martino. p. 388: Der See von Bolsena. L. IX, p. 396: Die herrliche Schilderung von Monte Amiata. L. X, p. 483: Die Lage von Monteoliveto. p. 497: Die Aussicht von Todi. L. XI, p. 554: Ostia und Porto. p. 562: Beschreibung des Albanergebirges. L. XII, p. 609: Frascati und Grottaferrata.

in »Dianens Versteck«. Oft und viel hat er Konsistorium und
Segnatura gehalten oder Gesandte angehört unter alten Rie-
senkastanien, oder unter Ölbäumen, auf grüner Wiese,
neben sprudelnden Gewässern. Einem Anblick wie der
einer sich verengenden Waldschlucht mit einer kühn darüber gewölbten Brücke gewinnt er sofort seine hohe Bedeutung ab. Auch das einzelste erfreut ihn dann wieder durch
seine schöne oder vollständig ausgebildete und charakteristische Erscheinung: die blauwogenden Flachsfelder, der
gelbe Ginster, welcher die Hügel überzieht, selbst das wilde
Gestrüpp jeder Art, und ebenso einzelne prächtige Bäume
und Quellen, die ihm wie Naturwunder erscheinen.

Den Gipfel seines landschaftlichen Schwelgens bildet
sein Aufenthalt auf dem Monte Amiata im Sommer 1462,
als Pest und Gluthitze die Tieflande schrecklich machten.
In der halben Höhe des Berges, in dem alten langobardischen Kloster San Salvatore schlug er mit der Kurie sein
Quartier auf: dort, zwischen Kastanien über dem schroffen
Abhang, überschaut man das ganze südliche Toscana und
sieht in der Ferne die Türme von Siena. Die Ersteigung der
höchsten Spitze überließ er seinen Begleitern, zu welchen
sich auch der venezianische Orator gesellte; sie fanden oben
zwei gewaltige Steinblöcke übereinander, vielleicht die Op-
ferstätte eines Urvolkes, und glaubten über dem Meere in
weiter Ferne auch Corsica und Sardinien[17] zu entdecken. In
der herrlichen Sommerkühle, zwischen den alten Eichen
und Kastanien, auf dem frischen Rasen, wo kein Dorn den
Fuß ritzte, kein Insekt und keine Schlange sich lästig oder
gefährlich machte, genoß der Papst der glücklichsten Stimmung; für die Segnatura, welche an bestimmten Wochenta-
gen stattfand, suchte er jedesmal neue schattige Plätze[18] auf
– »novos in convallibus fontes et novas inveniens umbras,
quae dubiam facerent electionem«. Dabei geschah es wohl,

---

17 So muß es wohl heißen statt: Sizilien.
18 Er nennt sich selbst mit Anspielung auf seinen Namen: Silva-
    rum amator et varia videndi cupidus.

daß die Hunde einen gewaltigen Hirsch aus seinem nahen Lager aufjagten, den man mit Klauen und Geweih sich verteidigen und bergaufwärts fliehen sah. Des Abends pflegte der Papst vor dem Kloster zu sitzen an der Stelle, von wo man in das Tal der Paglia niederschaut, und mit den Kardinälen heitere Gespräche zu führen. Kurialen, die sich auf der Jagd abwärts wagten, fanden unten die Hitze unleidlich und alles verbrannt, eine wahre Hölle, während das Kloster in seiner grünen, kühlen Umgebung eine Wohnung der Seligen schien.

Dies ist lauter wesentlich moderner Genuß, nicht Einwirkung des Altertums. So gewiß die Alten ähnlich empfanden, so gewiß hätten doch die spärlichen Aussagen hierüber, welche Pius kennen mochte, nicht hingereicht, um in ihm eine solche Begeisterung zu entzünden.[19]

Die nun folgende zweite Blütezeit der italienischen Poesie zu Ende des 15. und zu Anfang des 16. Jahrhunderts nebst der gleichzeitigen lateinischen Dichtung ist reich an Beweisen für die starke Wirkung der landschaftlichen Umgebung auf das Gemüt, wie der erste Blick auf die damaligen Lyriker lehren mag. Eigentliche Beschreibungen großer landschaftlicher Anblicke aber finden sich deshalb kaum, weil Lyrik, Epos und Novelle in dieser energischen Zeit anderes zu tun haben. Bojardo und Ariosto zeichnen ihre Naturszenerie sehr entschieden, aber so kurz als möglich, ohne sie je durch Fernen und große Perspektiven zur Stimmung beitragen zu lassen,[20] denn diese liegt ausschließlich in den Gestalten und Ereignissen. Beschauliche Dialogenschreiber[21] und Epistolographen können viel eher

---

19 Über Leonbattista Albertis Verhältnis zur Landschaft vgl. S. 146 f.

20 Das ausgeführteste Bild dieser Art bei Ariosto, sein sechster Gesang, besteht aus lauter Vordergrund.

21 Agnolo Pandolfini (Trattato del. gov. della famiglia, p. 90), noch ein Zeitgenosse des Aeneas, freut sich auf dem Lande »der buschigen Hügel, der reizvollen Ebenen und der rau-

eine Quelle für das wachsende Naturgefühl sein als Dichter.
Merkwürdig bewußt hält z. B. Bandello die Gesetze seiner
Literaturgattung fest: in den Novellen selbst kein Wort
mehr als das Notwendigste über die Naturumgebung,[22] in
den jedesmal vorangehenden Widmungen dagegen mehrmals eine behagliche Schilderung derselben als Szene von
Gespräch und Geselligkeit. Von den Briefschreibern ist
leider Aretino[23] zu nennen als derjenige, welcher vielleicht
zuerst einen prachtvollen abendlichen Licht- und Wolken-
effekt umständlich in Worte gefaßt hat.

Doch auch bei Dichtern kommt bisweilen eine merkwürdige Verflechtung ihres Gefühlslebens mit einer liebevoll
und zwar genrehaft geschilderten Naturumgebung vor.
Tito Strozza beschreibt in einer lateinischen Elegie[24] (um
1480) den Aufenthalt seiner Geliebten: ein altes, von Efeu
umzogenes Häuschen mit verwitterten Heiligenfresken, in
Bäumen versteckt, daneben eine Kapelle, übel zugerichtet
von den reißenden Hochwassern des hart vorbeiströmen-
den Po; in der Nähe ackert der Kaplan seine sieben magern
Jucharten mit entlehntem Gespann. Dies ist keine Reminiszenz aus den römischen Elegikern, sondern eigene moderne Empfindung, und die Parallele dazu, eine wahre,
nicht künstlich bukolische Schilderung des Landlebens,
wird uns zu Ende dieses Abschnitts auch nicht fehlen.

Man könnte nun einwenden, daß unsere deutschen Mei-
ster des beginnenden 16. Jahrhunderts solche realistische
Umgebungen des Menschenlebens bisweilen mit vollster
Meisterschaft darstellen, wie z. B. Albrecht Dürer in sei-

---

schenden Gewässer«, aber vielleicht ist unter seinem Namen
der große Alberti verborgen, der, wie bemerkt, noch ein ganz
anderes Verhältnis zur Landschaft hatte.

22 Über die architektonische Umgebung denkt er anders, und
hier kann auch die Dekoration noch von ihm lernen. Er will
einen bestimmten Luxus schildern.

23 Lettere pittoriche III, 36. An Tizian, Mai 1544.

24 Strozii poetae, in den Erotica, L. VI, p. 182 s.

nem Kupferstich des verlorenen Sohnes. Aber es sind zwei
ganz verschiedene Dinge, ob ein Maler, der mit Realismus
großgewachsen, solche Szenerien beifügt, oder ob ein
Dichter, der sich sonst ideal und mythologisch drapiert, aus
innerm Drange in die Wirklichkeit niedersteigt. Überdies   5
ist die zeitliche Priorität hier wie bei den Schilderungen des
Landlebens auf der Seite der italienischen Dichter.

———

Zu der Entdeckung der Welt fügt die Kultur der Renaissance eine noch größere Leistung, indem sie zuerst den
ganzen, vollen Gehalt des Menschen entdeckt und zu Tage   10
fördert.[1]
   Zunächst entwickelt dies Weltalter, wie wir sahen, auf
das Stärkste den Individualismus; dann leitet es denselben
zur eifrigsten, vielseitigsten Erkenntnis des Individuellen
auf allen Stufen an. Die Entwicklung der Persönlichkeit ist   15
wesentlich an das Erkennen derselben bei sich und Andern
gebunden. Zwischen beide große Erscheinungen hinein
haben wir die Einwirkung der antiken Literatur deshalb
versetzen müssen, weil die Art des Erkennens und Schilderns des Individuellen wie des allgemein Menschlichen   20
wesentlich durch dieses Medium gefärbt und bestimmt
wird. Die Kraft des Erkennens aber lag in der Zeit und in
der Nation.
   Die beweisenden Phänomene, auf welche wir uns berufen, werden wenige sein. Wenn irgendwo im Verlauf dieser   25
Darstellung, so hat der Verfasser hier das Gefühl, daß er das
bedenkliche Gebiet der Ahnung betreten hat und daß, was
ihm als zarter, doch deutlicher Farbenübergang in der geistigen Geschichte des 14. und 15. Jahrhunderts vor Augen
schwebt, von Andern doch schwerlich mag als Tatsache   30
anerkannt werden. Dieses allmähliche Durchsichtigwerden
einer Volksseele ist eine Erscheinung, welche jedem Be-

———

1 Diese treffenden Ausdrücke sind aus dem VII. Bande von
   Michelets Histoire de France (Introd.) entnommen.

schauer anders vorkommen mag. Die Zeit wird sichten und
richten.

Glücklicherweise begann die Erkenntnis des geistigen
Wesens des Menschen nicht mit dem Grübeln nach einer
theoretischen Psychologie, – denn dafür genügte Aristoteles – sondern mit der Gabe der Beobachtung und der
Schilderung. Der unerläßliche theoretische Ballast beschränkt sich auf die Lehre von den vier Temperamenten in
ihrer damals üblichen Verbindung mit dem Dogma vom
Einfluß der Planeten. Diese starren Elemente behaupten
sich als unauflöslich seit unvordenklichen Zeiten in der
Beurteilung der Einzelmenschen, ohne weiter dem großen
allgemeinen Fortschritt Schaden zu tun. Freilich nimmt es
sich sonderbar aus, wenn damit manövriert wird in einer
Zeit, da bereits nicht nur die exakte Schilderung, sondern
auch eine unvergängliche Kunst und Poesie den vollständigen Menschen in seinem tiefsten Wesen wie in seinen charakteristischen Äußerlichkeiten darzustellen vermochten. Fast
komisch lautet es, wenn ein sonst tüchtiger Beobachter
Clemens VII. zwar für melancholischen Temperamentes
hält, sein Urteil aber demjenigen der Ärzte unterordnet,
welche in dem Papste eher ein sanguinisch-cholerisches
Temperament erkennen.[2] Oder wenn wir erfahren, daß
derselbe Gaston de Foix, der Sieger von Ravenna, welchen
Giorgione malte und Bambaja meißelte, und welchen alle
Historiker schildern, ein saturnisches Gemüt gehabt habe.[3]
Freilich wollen die, welche solches melden, damit etwas
sehr Bestimmtes bezeichnen; wunderlich und überlebt erscheinen nur die Kategorien, durch welche sie ihre Meinung ausdrücken.

---

2 Tomm. Gar, Relaz. della corte di Roma I, p. 278, 279. In der Rel.
   des Soriano vom Jahr 1533.

3 Prato, Arch. stor. III, p. 295 s. – Dem Sinne nach ist es sowohl
   »unglücklich« als »unglückbringend«. – Das Verhältnis der Planeten zu den menschlichen Charakteren überhaupt s. bei Corn.
   Agrippa, de occulta philosophia, c. 52.

Im Reiche der freien geistigen Schilderung empfangen uns zunächst die großen Dichter des 14. Jahrhunderts.

Wenn man aus der ganzen abendländischen Hof- und Ritterdichtung der beiden vorhergehenden Jahrhunderte die Perlen zusammensucht, so wird eine Summe von herrlichen Ahnungen und Einzelbildern von Seelenbewegungen zum Vorschein kommen, welche den Italienern auf den ersten Blick den Preis streitig zu machen scheint. Selbst abgesehen von der ganzen Lyrik gibt schon der einzige Gottfried von Straßburg mit »Tristan und Isolde« ein Bild der Leidenschaft, welches unvergängliche Züge hat. Allein diese Perlen liegen zerstreut in einem Meere des Konventionellen und Künstlichen, und ihr Inhalt bleibt noch immer weit entfernt von einer vollständigen Objektivmachung des innern Menschen und seines geistigen Reichtums.

Auch Italien hatte damals, im 13. Jahrhundert, seinen Anteil an der Hof- und Ritterdichtung durch seine Trovatoren. Von ihnen stammt wesentlich die Canzone her, die sie so künstlich und schwierig bauen als irgendein nordischer Minnesänger sein Lied; Inhalt und Gedankengang sogar ist der konventionell höfische, mag der Dichter auch bürgerlichen oder gelehrten Standes sein.

Aber schon offenbaren sich zwei Auswege, die auf eine neue, der italienischen Poesie eigene Zukunft hindeuten und die man nicht für unwichtig halten darf wenn es sich schon nur um Formelles handelt.

Von demselben Brunetto Latini (dem Lehrer des Dante), welcher in der Canzonendichtung die gewöhnliche Manier der Trovatoren vertritt, stammen die frühsten bekannten Versi sciolti, reimlose Hendekasyllaben[4] her, und in dieser scheinbaren Formlosigkeit äußert sich auf einmal eine wahre, erlebte Leidenschaft. Es ist eine ähnliche bewußte Beschränkung der äußern Mittel im Vertrauen auf die Kraft des Inhaltes, wie sie sich einige Jahrzehnte später in der

---

4 Mitgeteilt von Trucchi, Poesie italiane inedite I, p. 165 s.

Freskomalerei und noch später sogar in der Tafelmalerei
zeigt, indem auf die Farben verzichtet und bloß in einem
hellern oder dunklern Ton gemalt wird. Für jene Zeit,
welche sonst auf das Künstliche in der Poesie so große
Stücke hielt, sind diese Verse des Brunetto der Anfang einer
neuen Richtung.[5]

Daneben aber, ja noch in der ersten Hälfte des 13. Jahrhunderts, bildet sich eine von den vielen strenggemessenen
Strophenformen, die das Abendland damals hervorbrachte,
für Italien zu einer herrschenden Durchschnittsform aus:
das Sonett. Die Reimstellung und sogar die Zahl der Verse
schwankt[6] noch hundert Jahre lang, bis Petrarca die bleibende Normalgestalt durchsetzte. In diese Form wird anfangs jeder höhere lyrische und kontemplative, später jeder
mögliche Inhalt gegossen, so daß Madrigale, Sestinen und
selbst die Canzonen daneben nur eine untergeordnete Stelle
einnehmen. Spätere Italiener haben selber bald scherzend
bald mißmutig geklagt über diese unvermeidliche Scha-
blone, dieses vierzehnzeilige Prokrustesbett der Gefühle
und Gedanken. Andere waren und sind gerade mit dieser
Form sehr zufrieden und brauchen sie viel tausendmal, um
darin Reminiszenzen und müßigen Singsang ohne allen
tiefern Ernst und ohne Notwendigkeit niederzulegen. Deshalb gibt es sehr viel mehr unbedeutende und schlechte
Sonette als gute.

Nichtsdestoweniger erscheint uns das Sonett als ein ungeheurer Segen für die italienische Poesie. Die Klarheit und
Schönheit seines Baues, die Aufforderung zur Steigerung
des Inhaltes in der lebhafter gegliederten zweiten Hälfte,

---

5 Diese reimlosen Verse gewannen später bekanntlich die Herrschaft im Drama. Trissino in seiner Widmung der Sofonisba an
  Leo X. hofft, daß der Papst diese Versart erkennen werde als
  das, was sie sei, als besser, edler und *weniger leicht* als es den
  Anschein habe. Roscoe, Leone X, ed. Bossi VIII, 174.
6 Man vgl. z. B. die sehr auffallenden Formen bei Dante, Vita
  nuova, p. 10 und 12.

dann die Leichtigkeit des Auswendiglernens, mußten es
auch den größten Meistern immer von Neuem lieb und
wert machen. Oder meint man im Ernst, dieselben hätten es
bis auf unser Jahrhundert beibehalten, wenn sie nicht von
seinem hohen Werte wären durchdrungen gewesen? Nun ⁵
hätten allerdings diese Meister ersten Ranges auch in andern Formen der verschiedensten Art dieselbe Macht äußern können. Allein weil sie das Sonett zur lyrischen
Hauptform erhoben, wurden auch sehr viele andere von
hoher, wenn auch nur bedingter Begabung, die sonst in ¹⁰
einer weitläufigen Lyrik untergegangen wären, genötigt
ihre Empfindungen zu konzentrieren. Das Sonett wurde
ein allgemeingültiger Kondensator der Gedanken und
Empfindungen, wie ihn die Poesie keines andern modernen
Volkes besitzt. ¹⁵

So tritt uns nun die italienische Gefühlswelt in einer
Menge von höchst entschiedenen, gedrängten und in ihrer
Kürze höchst wirksamen Bildern entgegen. Hätten andere
Völker eine konventionelle Form von dieser Gattung be-
sessen, so wüßten wir vielleicht auch mehr von ihrem ²⁰
Seelenleben; wir besäßen möglicherweise auch eine Reihe
abgeschlossener Darstellungen äußerer und innerer Situa-
tionen oder Spiegelbilder des Gemütes und wären nicht auf
eine vorgebliche Lyrik des 14. und 15. Jahrhunderts verwiesen, die fast nirgends ernstlich genießbar ist. Bei den ²⁵
Italienern erkennt man einen sichern Fortschritt fast von
der Geburt des Sonettes an; in der zweiten Hälfte des 13.
Jahrhunderts bilden die neuerlich⁷ so benannten »Trovatori
della transizione« in der Tat einen Übergang von den Trovatoren zu den Poeten, d. h. zu den Dichtern unter antikem ³⁰
Einfluß; die einfache, starke Empfindung, die kräftige Bezeichnung der Situation, der präzise Ausdruck und Abschluß in ihren Sonetten u. a. Gedichten kündet zum
Voraus einen Dante an. Einige Parteisonette der Guelfen
und Ghibellinen (1260 bis 1270) tönen schon in der Art wie ³⁵

---

7 Trucchi, a.a.O. I, p. 181 s.

seine Leidenschaft, anderes erinnert an das Süßeste in seiner Lyrik.

Wie er selbst das Sonett theoretisch ansah, wissen wir nur deshalb nicht, weil die letzten Bücher seiner Schrift »von der Vulgärsprache«, worin er von Balladen und Sonetten handeln wollte, entweder ungeschrieben geblieben oder verloren gegangen sind. Praktisch aber hat er in Sonett und Canzone die herrlichsten Seelenschilderungen niedergelegt. Und in welchen Rahmen sind sie eingefaßt! Die Prosa seiner »Vita nuova«, worin er Rechenschaft gibt von dem Anlaß jedes Gedichtes, ist so wunderbar als die Verse selbst und bildet mit denselben ein gleichmäßig von der tiefsten Glut beseeltes Ganzes. Rücksichtslos gegen die Seele selbst konstatiert er alle Schattierungen ihrer Wonne und ihres Leides und prägt dann dies alles mit fester Willenskraft in der strengsten Kunstform aus. Wenn man diese Sonette und Canzonen und dazwischen diese wundersamen Bruchstücke des Tagebuches seiner Jugend aufmerksam liest, so scheint es, als ob das ganze Mittelalter hindurch alle Dichter sich selber gemieden, Er zuerst sich selber aufgesucht hätte. Künstliche Strophen haben Unzählige vor ihm gebaut; aber Er zuerst ist in vollem Sinne ein Künstler, weil er mit Bewußtsein unvergänglichen Inhalt in eine unvergängliche Form bildet. Hier ist subjektive Lyrik von völlig objektiver Wahrheit und Größe; das Meiste so durchgearbeitet, daß alle Völker und Jahrhunderte es sich aneignen und nachempfinden können.[8] Wo er aber völlig objektiv dichtet und die Macht seines Gefühles nur durch einen außer ihm liegenden Tatbestand erraten läßt, wie in den grandiosen Sonetten Tanto gentile usw. und Vede perfettamente usw., glaubt er noch sich entschuldigen zu müssen.[9]

---

8 Diese Canzonen und Sonette sind es, die jener Schmied und jener Eseltreiber sangen und entstellten, über welche Dante so böse wurde. (Vgl. Franco Sacchetti, Nov. 114, 115.) So rasch ging diese Poesie in den Mund des Volkes über.

9 Vita nuova, p. 52.

Im Grunde gehört auch das allerschönste dieser Gedichte hieher: das Sonett Deh peregrini che pensosi andate etc.

Auch ohne die Divina Commedia wäre Dante durch diese bloße Jugendgeschichte ein Markstein zwischen Mittelalter und neuer Zeit. Geist und Seele tun hier plötzlich einen gewaltigen Schritt zur Erkenntnis ihres geheimsten Lebens.

Was hierauf die Commedia an solchen Offenbarungen enthält, ist vollends unermeßlich, und wir müßten das ganze große Gedicht, einen Gesang nach dem andern, durchgehen um seinen vollen Wert in dieser Beziehung darzulegen. Glücklicherweise bedarf es dessen nicht, da die Commedia längst eine tägliche Speise aller abendländischen Völker geworden ist. Ihre Anlage und Grundidee gehört dem Mittelalter und spricht unser Bewußtsein nur historisch an; ein Anfang aller modernen Poesie aber ist das Gedicht wesentlich wegen des Reichtums und der hohen plastischen Macht in der Schilderung des Geistigen auf jeder Stufe und in jeder Wandlung.[10]

Fortan mag diese Poesie ihre schwankenden Schicksale haben und auf halbe Jahrhunderte einen sogenannten Rückgang zeigen – ihr höheres Lebensprinzip ist auf immer gerettet, und wo im 14., 15. und beginnenden 16. Jahrhundert ein tiefer, originaler Geist in Italien sich ihr hingibt, stellt er von selbst eine wesentlich höhere Potenz dar als irgendein außeritalischer Dichter, wenn man Gleichheit der Begabung – freilich eine schwer zu ermittelnde Sache – voraussetzt.

Wie in allen Dingen bei den Italienern die Bildung (wozu die Poesie gehört) der bildenden Kunst vorangeht, ja dieselbe erst wesentlich anregen hilft, so auch hier. Es dauert mehr als ein Jahrhundert, bis das Geistig-Bewegte, das Seelenleben in Skulptur und Malerei einen Ausdruck er-

---

10 Für Dante's theoretische Psychologie ist Purgat. IV, Anfang, eine der wichtigsten Stellen. Außerdem vgl. die betreffenden Partien des Convito.

reicht, welcher demjenigen bei Dante nur irgendwie analog
ist. Wie viel oder wie wenig dies von der Kunstentwick-
lung anderer Völker gilt,[11] und wie weit die Frage im
ganzen von Werte ist, kümmert uns hier wenig. Für die
italienische Kultur hat sie ein entscheidendes Gewicht.

Was Petrarca in dieser Beziehung gelten soll, mögen die
Leser des vielverbreiteten Dichters entscheiden. Wer ihm
mit der Absicht eines Verhörrichters naht und die Wider-
sprüche zwischen dem Menschen und dem Dichter, die
erwiesenen Nebenliebschaften und andere schwache Seiten
recht emsig aufspürt, der kann in der Tat bei einiger Anstrengung die Lust an seinen Sonetten gänzlich verlieren.
Man hat dann statt eines poetischen Genusses die Kenntnis
des Mannes in seiner »Totalität«. Nur Schade, daß Petrarcas
Briefe so wenigen avignonesischen Klatsch enthalten, woran man ihn fassen könnte, und daß die Korrespondenzen
seiner Bekannten und der Freunde dieser Bekannten entweder verloren gegangen sind oder gar nie existiert haben.
Anstatt dem Himmel zu danken, wenn man nicht zu erforschen braucht, wie und mit welchen Kämpfen ein Dichter
das Unvergängliche aus seiner Umgebung und seinem armen Leben heraus ins Sichere brachte, hat man gleichwohl
auch für Petrarca aus den wenigen »Reliquien« solcher Art
eine Lebensgeschichte zusammengestellt, welche einer An-
klageakte ähnlich sieht. Übrigens mag sich der Dichter
trösten; wenn das Drucken und Verarbeiten von Brief-
wechseln berühmter Leute in Deutschland und England
noch fünfzig Jahre so fort geht, so wird die Armesünder-
bank, auf welcher er sitzt, allgemach die erlauchteste Gesellschaft enthalten.

Ohne das viele Künstliche und Gesuchte zu verkennen,
wo Petrarca sich selber nachahmt und in seiner eigenen
Manier weiterdichtet, bewundern wir in ihm eine Fülle

---

11 Die Porträts der Eyckschen Schule würden für den Norden
   eher das Gegenteil beweisen. Sie bleiben allen Schilderungen
   in Worten noch auf lange Zeit überlegen.

herrlicher Seelenbilder, Schilderungen seliger und unseliger Momente, die ihm wohl eigen sein müssen, weil kein anderer vor ihm sie aufweist, und welche seinen eigentlichen Wert für die Nation und die Welt ausmachen. Nicht überall ist der Ausdruck gleichmäßig durchsichtig; nicht selten gesellt sich dem Schönsten etwas für uns Fremdartiges bei, allegorisches Spielwerk und spitzfindige Sophistik; allein das Vorzügliche überwiegt.

Auch Boccaccio erreicht in seinen zu wenig beachteten Sonetten[12] eine bisweilen höchst ergreifende Darstellung seines Gefühles. Der Wiederbesuch einer durch Liebe geweihten Stätte (Son. 22), die Frühlings-Melancholie (Son. 33), die Wehmut des alternden Dichters (Son. 65) sind von ihm ganz herrlich besungen. Sodann hat er im Ameto die veredelnde und verklärende Kraft der Liebe in einer Weise geschildert, wie man es von dem Verfasser des Decamerone schwerlich erwarten würde.[13] Endlich aber ist seine »Fiammetta« ein großes, umständliches Seelengemälde voll der tiefsten Beobachtung, wenn auch nichts weniger als gleichmäßig durchgeführt, ja stellenweise unleugbar beherrscht von der Lust an der prachtvoll tönenden Phrase; auch Mythologie und Altertum mischen sich bisweilen unglücklich ein. Wenn wir nicht irren, so ist die Fiammetta ein weibliches Seitenstück zur Vita nuova des Dante, oder doch auf Anregung von dieser Seite her entstanden.

Daß die antiken Dichter, zumal die Elegiker und das vierte Buch der Aeneide, nicht ohne Einfluß[14] auf diese und

---

12 Abgedruckt im XVI. Bande seiner Opere volgari.

13 Im Gesang des Hirten Teogapen, nach dem Venusfeste, Parnasso teatrale, Lipsia 1829, p. VIII.

14 Der berühmte Lionardo Aretino als Haupt des Humanismus zu Anfang des 15. Jahrhunderts meint zwar: che gli antichi Greci d'umanità e di gentilezza di cuore abbino avanzato di gran lunga i nostri Italiani, allein er sagt es am Eingang einer Novelle, welche die weichliche Geschichte vom kranken Prinzen Antiochus und seiner Stiefmutter Stratonice, also einen an sich zweideutigen und dazu halbasiatischen Beleg enthält. (Abgedruckt unter anderem als Beilage zu den cento novelle antiche.)

die folgenden Italiener blieben, versteht sich von selbst,
aber die Quelle des Gefühls sprudelt mächtig genug in
ihrem Innern. Wer sie nach dieser Seite hin mit ihren außeritalischen Zeitgenossen vergleicht, wird in ihnen den frühsten vollständigen Ausdruck der modernen europäischen
Gefühlswelt überhaupt erkennen. Es handelt sich hier
durchaus nicht darum zu wissen, ob ausgezeichnete Menschen anderer Nationen nicht ebenso tief und schön empfunden haben, sondern wer zuerst die reichste Kenntnis der
Seelenregungen urkundlich erwiesen hat.

Warum haben aber die Italiener der Renaissance in der
Tragödie nur Untergeordnetes geleistet? Dort war die
Stelle, Charakter, Geist und Leidenschaft tausendgestaltig
im Wachsen, Kämpfen und Unterliegen der Menschen zur
Anschauung zu bringen. Mit andern Worten: warum hat
Italien keinen Shakspeare hervorgebracht? — denn dem
übrigen nordischen Theater des 16., 17. Jahrhunderts
möchten die Italiener wohl gewachsen sein, und mit dem
spanischen konnten sie nicht konkurrieren, weil sie keinen
religiösen Fanatismus empfanden, den abstrakten Ehrenpunkt nur pro forma mitmachten, und ihr tyrannisches,
illegitimes Fürstentum als solches anzubeten und zu verklären zu klug und stolz waren.[15] Es handelt sich also einzig
nur um die kurze Blütezeit des englischen Theaters.

Hierauf ließe sich erwidern, daß das ganze übrige Europa auch nur Einen Shakspeare hervorgebracht hat und
daß ein solcher Genius überhaupt ein seltenes Geschenk des
Himmels ist. Ferner könnte möglicherweise eine hohe
Blüte des italienischen Theaters im Anzuge gewesen sein,
als die Gegenreformation hereinbrach und im Zusammenhang mit der spanischen Herrschaft (über Neapel und Mailand und indirekt fast über ganz Italien) die besten Blüten
des italienischen Geistes knickte oder verdorren ließ. Man

---

15 Dem einzelnen Hofe oder Fürsten allerdings wurde von den
    Gelegenheitsdramatikern hinlänglich geschmeichelt.

denke sich nur Shakspeare selber z. B. unter einem spanischen Vizekönig oder in der Nähe des heil⟨igen⟩ Officiums zu Rom, oder nur in seinem eigenen Lande ein paar Jahrzehnde später, zur Zeit der englischen Revolution. Das Drama, in seiner Vollkommenheit ein spätes Kind jeder Kultur, will seine Zeit und sein besonderes Glück haben.

Bei diesem Anlaß müssen wir jedoch einiger Umstände gedenken, welche allerdings geeignet waren, eine höhere Blüte des Dramas in Italien zu erschweren oder zu verzögern bis es zu spät war.

Als den wichtigsten dieser Umstände darf man ohne Zweifel die große anderweitige Beschäftigung der Schaulust bezeichnen, zunächst vermöge der Mysterien u. a. religiösen Aufzüge. Im ganzen Abendlande sind Aufführungen der dramatisierten heiligen Geschichte und Legende gerade Quelle und Anfang des Drama's und des Theaters gewesen; Italien aber hatte sich, wie im folgenden Abschnitt erörtert werden soll, den Mysterien mit einem solchen künstlerisch dekorativen Prachtsinn hingegeben, daß darunter notwendig das dramatische Element in Nachteil geraten mußte. Aus all den unzähligen kostbaren Aufführungen entwickelte sich dann nicht einmal eine poetische Kunstgattung wie die »Autos sagramentales« bei Calderon und andern spanischen Dichtern, geschweige denn ein Vorteil oder Anhalt für das profane Drama.

Als letzteres dennoch emporkam, nahm es sofort nach Kräften an der Pracht der Ausstattung Teil, an welche man eben von den Mysterien her nur allzusehr gewöhnt war. Man erfährt mit Staunen, wie reich und bunt die Dekoration der Szene in Italien war, zu einer Zeit, da man sich im Norden noch mit der einfachsten Andeutung der Örtlichkeit begnügte. Allein selbst dies wäre vielleicht noch von keinem entscheidenden Gewichte gewesen, wenn nicht die Aufführung selbst teils durch Pracht der Kostüme, teils und hauptsächlich durch bunte Intermezzi den Sinn von dem poetischen Gehalt des Stückes abgelenkt hätte.

Daß man an vielen Orten, namentlich in Rom und Fer-

rara, Plautus und Terenz, auch wohl Stücke alter Tragiker
aufführte (S. 238, 251), bald lateinisch bald italienisch, daß
jene Akademien (S. 278) sich eine förmliche Aufgabe hieraus machten, und daß die Dichter der Renaissance selbst in
ihren Dramen von diesen Vorbildern mehr als billig abhingen, gereichte dem italienischen Drama für die betreffenden Jahrzehnde allerdings auch zum Nachteil, doch halte
ich diesen Umstand für untergeordnet. Wäre nicht Gegenreformation und Fremdherrschaft dazwischen gekommen,
so hätte sich jener Nachteil gar wohl in eine nützliche
Übergangsstufe verwandeln können. War doch schon bald
nach 1520 wenigstens der Sieg der Muttersprache in Tragödie und Komödie zum großen Verdruß der Humanisten[16]
soviel als entschieden. Von dieser Seite hätte der ent-
wickeltsten Nation Europa's kein Hindernis mehr im Wege
gestanden, wenn es sich darum handelte, das Drama im
höchsten Sinne des Wortes zu einem geistigen Abbild des
Menschenlebens zu erheben. Inquisitoren und Spanier waren es, welche die Italiener verschüchterten und die dramatische Schilderung der wahrsten und größten Konflikte,
zumal im Gewande nationaler Erinnerungen, unmöglich
machten. Daneben aber müssen wir doch auch jene zer-
streuenden Intermezzi als einen wahren Schaden des Dramas näher ins Auge fassen.

Als die Hochzeit des Prinzen Alfonso von Ferrara mit
Lucrezia Borgia gefeiert wurde, zeigte der Herzog Ercole
in Person den erlauchten Gästen die 110 Kostüme, welche
zur Aufführung von fünf plautinischen Komödien dienen
sollten, damit man sehe, daß keines zweimal diene.[17] Aber
was wollte dieser Luxus von Taffet und Kamelot sagen im

---

16 Paul. Jovius, Dialog. de viris lit. illustr., bei Tiraboschi, Tom.
   VII, IV. – Lil. Greg. Gyraldus, de poëtis nostri temp.
17 Isabella Gonzaga an ihren Gemahl, 3. Februar 1502, Arch.
   stor. Append. II, p. 306 s. – Bei den französischen Mystères
   marschierten die Schauspieler selbst vorher in Prozessionen
   auf, was man la montre hieß.

Vergleich mit der Ausstattung der Ballette und Pantomimen, welche als Zwischenakte der plautinischen Stücke
aufgeführt wurden. Daß Plautus daneben einer lebhaften
jungen Dame wie Isabella Gonzaga schmerzlich langweilig
vorkam und daß Jedermann sich während des Drama's
nach den Zwischenakten sehnte, ist begreiflich sobald man
den bunten Glanz derselben in Betracht zieht. Da gab es
Kämpfe römischer Krieger, welche ihre antiken Waffen
kunstgerecht zum Takte der Musik bewegten, Fackeltänze
von Mohren, einen Tanz von wilden Männern mit Füllhörnern, aus welchen flüssiges Feuer sprühte; sie bildeten das
Ballett zu einer Pantomime, welche die Rettung eines Mädchens von einem Drachen darstellte. Dann tanzten Narren
in Pulcinelltracht und schlugen einander mit Schweinsbla-
sen und dergleichen mehr. Es war eine zugestandene Sache
am Hofe von Ferrara, daß jede Komödie »ihr« Ballett
(moresca) habe.[18] Wie man sich vollends die Aufführung
des plautinischen Amphitruo daselbst (1491, bei Alfonso's
erster Vermählung mit Anna Sforza) zu denken habe, ob
vielleicht schon mehr als Pantomime mit Musik, denn als
Drama, bleibt zweifelhaft.[19] Das Eingelegte überwog jedenfalls das Stück selber; da sah man, von einem rauschen-
den Orchester begleitet, einen Chortanz von Jünglingen in
Efeu gehüllt, in künstlich verschlungenen Figuren; dann
erschien Apoll, schlug die Lyra mit dem Plektrum und sang
dazu ein Preislied auf das Haus Este; zunächst folgte,
gleichsam als Intermezzo im Intermezzo, eine bäurische
Genreszene oder Posse, worauf wieder die Mythologie mit
Venus, Bacchus und ihrem Gefolge die Szene in Beschlag
nahm und eine Pantomime – Paris auf dem Ida – vorging.
Nun erst kam die zweite Hälfte der Fabel des Amphitruo,

---

18 Diario Ferrarese, bei Murat. XXIV, Col. 404. Andere Stellen
     über das dortige Theaterwesen Col. 278, 279, 282 bis 285, 361,
     380, 381, 393, 397.
19 Strozii poetae, p. 232, im IV. Buch der Aeolosticha des Tito
     Strozza.

mit deutlicher Anspielung auf die künftige Geburt eines
Herkules aus dem Hause Este. Bei einer frühern Aufführung desselben Stückes im Hof des Palastes (1487) brannte
fortwährend »ein Paradies mit Sternen und andern Rädern«, d. h. eine Illumination vielleicht mit Feuerwerk,
welche gewiß die beste Aufmerksamkeit absorbierte. Offenbar war es besser, wenn dergleichen Zutaten für sich als
eigene Darstellungen auftraten, wie etwa an andern Höfen
geschah. Von den festlichen Aufführungen beim Kardinal
Pietro Riario, bei den Bentivogli zu Bologna usw. wird
deshalb bei Anlaß der Feste zu handeln sein.

Für die italienische Originaltragödie war die nun einmal
gebräuchliche Pracht der Ausstattung wohl ganz besonders
verhängnisvoll. »Man hat früher in Venedig,« schreibt
Francesco Sansovino[20] um 1570, »oft außer den Komödien
auch Tragödien von antiken und modernen Dichtern mit
großem Pomp aufgeführt. Um des Ruhmes der Ausstattung (apparati) willen strömten Zuschauer von fern und
nahe dazu herbei. Heutzutage jedoch finden Festlichkeiten,
die von Privatleuten veranstaltet werden, zwischen vier
Mauern Statt und seit einiger Zeit hat sich von selbst der
Gebrauch so festgesetzt, daß die Karnevalszeit mit Komödien und andern heitern und schätzbaren Vergnügungen
hingebracht wird.« Das heißt, der Pomp hat die Tragödie
töten helfen.

Die einzelnen Anläufe und Versuche dieser modernen
Tragiker, worunter die Sofonisba des Trissino (1515) den
größten Ruhm gewann, gehören in die Literaturgeschichte.
Und auch von der vornehmern, dem Plautus und Terenz
nachgebildeten Komödie läßt sich dasselbe sagen. Selbst
ein Ariost konnte in dieser Gattung nichts Ausgezeichnetes
leisten. Dagegen hätte die populäre Komödie in Prosa, wie
sie Macchiavelli, Bibiena, Aretino behandelten, gar wohl
eine Zukunft haben können, wenn sie nicht um ihres Inhal-

---

20 Franc. Sansovino: Venezia, fol. 169. Statt parenti ist wohl
   pareti zu lesen. Seine Meinung ist auch sonst nicht ganz klar.

tes willen dem Untergang verfallen gewesen wäre. Dieser
war nämlich einstweilen teils äußerst unsittlich, teils gegen
einzelne Stände gerichtet, welche sich seit etwa 1540 nicht
mehr eine so öffentliche Feindschaft bieten ließen. Wenn in
der Sofonisba die Charakteristik vor einer glanzvollen De- 5
klamation hatte weichen müssen, so war sie hier, nebst ihrer
Stiefschwester, der Karikatur, nur zu rücksichtslos gehandhabt gewesen. Immerhin waren diese italienischen Lust-
spiele, wenn wir nicht irren, die frühesten in Prosa und in
völlig realistischem Ton gedichteten, so daß die europäi- 10
sche Literaturgeschichte ihrer nicht vergessen darf.

Nun dauert das Dichten von Tragödien und Komödien
unaufhörlich fort, und auch an zahlreichen wirklichen Aufführungen antiker und moderner Stücke fehlt es fortwährend nicht; allein man nimmt davon nur Anlaß und Gelegen- 15
heit, um bei Festen die standesmäßige Pracht zu entwickeln,
und der Genius der Nation hat sich davon als von einer
lebendigen Gattung völlig abgewandt. Sobald Schäferspiel
und Oper auftraten, konnte man jene Versuche vollends entbehren. 20

National war und blieb nun nur Eine Gattung: die ungeschriebene Commedia dell' Arte, welche nach einem vorliegenden Szenarium improvisiert wurde. Sie kommt der höhern Charakteristik deshalb nicht sonderlich zu Gute, weil
sie wenige und feststehende Masken hat, deren Charakter 25
Jedermann auswendig weiß. Die Begabung der Nation
aber neigte so sehr nach dieser Gattung hin, daß man auch
mitten in den Aufführungen geschriebener Komödien sich
der eigenen Improvisation überließ,[21] so daß eine förmliche
Mischgattung sich hie und da geltend machen konnte. In 30
dieser Weise mögen die Komödien gehalten gewesen sein,
welche in Venedig Burchiello und dann die Gesellschaft des
Armonio, Val. Zuccato, Lod. Dolce usw. aufführte;[22] von

---

21 Dies meint wohl Sansovino, Venezia fol. 168, wenn er klagt,
die recitanti verdürben die Komödien »con invenzioni o per-
sonaggi troppo ridicoli«.
22 Sansovino, a.a.O.

Burchiello erfährt man bereits, daß er die Komik durch
einen mit Griechisch und Slawonisch versetzten venezianischen Dialekt zu steigern wußte. Eine fast oder ganz vollständige Commedia dell' Arte war dann die des Angelo
Beolco, genannt il Ruzzante (1502-1542), dessen stehende
Masken paduanische Bauern (Menato, Vezzo, Billora u. A.)
sind; ihren Dialekt pflegte er zu studieren wenn er auf der
Villa seines Gönners Luigi Cornaro zu Codevico den Sommer zubrachte.[23] Allmählich tauchen dann all die berühmten Lokalmasken auf, an deren Überresten Italien sich noch
heute ergötzt: Pantalone, der Dottore, Brighella, Pulci-
nella, Arlecchino usw. Sie sind gewiß großenteils sehr viel
älter, ja möglicherweise im Zusammenhang mit den Masken altrömischer Farsen, allein erst das 16. Jahrhundert
vereinigte mehrere von ihnen in einem Stücke. Gegenwärtig geschieht dies nicht mehr leicht, aber jede große Stadt
hält wenigstens ihre Lokalmaske fest: Neapel seinen Pulci-
nella, Florenz den Stenterello, Mailand den bisweilen herrlichen Meneking.[24]

Ein dürftiger Ersatz freilich für eine große Nation, welche vielleicht vor allen die Gabe gehabt hätte, ihr Höchstes
im Spiegel des Drama's objektiv zu schildern und anzu-
schauen. Aber dies sollte ihr auf Jahrhunderte verwehrt
bleiben durch feindselige Mächte, an deren Aufkommen sie
nur zum Teil Schuld war. Nicht auszurotten war freilich das
allverbreitete Talent der dramatischen Darstellung und mit
der Musik hat Italien vollends Europa zinspflichtig gehalten. Wer in dieser Tonwelt einen Ersatz oder einen verhüll-

---

23 Scardeonius, de urb. Patav. antiq. bei Graevius, Thes. VI, III,
    Col. 288 s. Eine wichtige Stelle auch für die Dialektliteratur
    überhaupt.

24 Daß letzterer mindestens im 15. Jahrhundert schon vorhanden
    ist, läßt sich aus dem Diario Ferrarese schließen, indem dieses
    aus den in Ferrara 1501 aufgeführten Menächmen des Plautus
    mißverständlich einen Menechino macht. Diar. Ferr. bei Mu-
    rat. XXIV, Col. 393.

ten Ausdruck für das verwehrte Drama erkennen will, mag
sich damit nach Gefallen trösten.

Was das Drama nicht geleistet hatte, darf man es etwa vom
Epos erwarten? Gerade das italienische Heldengedicht
wird scharf darob angeklagt, daß die Haltung und Durchführung der Charaktere seine allerschwächste Seite sei.
      Andere Vorzüge sind ihm nicht abzustreiten, u⟨nter⟩
a⟨ndern⟩ der, daß es seit vierthalb Jahrhunderten wirklich
gelesen und immer von Neuem abgedruckt wird, während
fast die ganze epische Poesie der übrigen Völker zur bloßen
literargeschichtlichen Kuriosität geworden ist. Oder liegt
es etwa an den Lesern, die etwas anderes verlangen und
anerkennen als im Norden? Wenigstens gehört für uns
schon eine teilweise Aneignung des italienischen Gesichtskreises dazu, um diesen Dichtungen ihren eigentümlichen
Wert abzugewinnen, und es gibt sehr ausgezeichnete Menschen, welche erklären nichts damit anfangen zu können.
Freilich wer Pulci, Bojardo, Ariosto und Berni auf den
reinen sogenannten Gedankengehalt hin analysiert, der
muß dabei zu kurz kommen. Sie sind Künstler der eigen-
sten Art, welche für ein entschieden und vorherrschend
künstlerisches Volk dichten.
      Die mittelalterlichen Sagenkreise hatten nach dem all-
mählichen Erlöschen der Ritterdichtung teils in Gestalt
von gereimten Umarbeitungen und Sammlungen, teils als
Prosaromane weitergelebt. Letzteres war in Italien während des 14. Jahrhunderts der Fall; doch wuchsen die neu
erwachenden Erinnerungen des Altertums riesengroß daneben empor und stellten alle Phantasiebilder des Mittelalters in tiefen Schatten. Boccaccio z. B. in seiner Visione
amorosa nennt zwar unter den in seinem Zauberpalast
dargestellten Heroen auch einen Tristan, Artus, Galeotto
usw. mit, aber ganz kurz, als schämte er sich ihrer, und die
folgenden Schriftsteller aller Art nennen sie entweder gar
nicht mehr oder nur im Scherz. Das Volk jedoch behielt sie
im Gedächtnis, und aus seinen Händen gingen sie dann

wieder an die Dichter des 15. Jahrhunderts über. Dieselben
konnten ihren Stoff nun ganz neu und frei empfinden und
darstellen; sie taten aber noch mehr, indem sie unmittelbar
daran weiter dichteten, ja sogar bei weitem das meiste neu
erfanden. Eines muß man nicht von ihnen verlangen: daß
sie einen so überkommenen Stoff hätten mit einem vorwelt-
lichen Respekt behandeln sollen. Das ganze neuere Europa
darf sie darum beneiden, daß sie noch an die Teilnahme
ihres Volkes für eine bestimmte Phantasiewelt anknüpfen
konnten, aber sie hätten Heuchler sein müssen, wenn sie
dieselbe als Mythus verehrt hätten.[25]

Statt dessen bewegen sie sich auf dem neu für die Kunst-
poesie gewonnenen Gebiete als Souveräne. Ihr Hauptziel
scheint die möglichst schöne und muntere Wirkung des
einzelnen Gesanges beim Rezitieren gewesen zu sein, wie
denn auch diese Gedichte außerordentlich gewinnen wenn
man sie stückweise und vortrefflich, mit einem leisen Anflug von Komik in Stimme und Gebärde hersagen hört.
Eine tiefere, durchgeführte Charakterzeichnung hätte zur
Erhöhung dieses Effekts nicht sonderlich beigetragen; der
Leser mag sie verlangen, der Hörer denkt nicht daran, da er
immer nur ein Stück hört. In betreff der vorgeschriebenen
Figuren ist die Stimmung des Dichters eine doppelte: seine
humanistische Bildung protestiert gegen das mittelalterliche Wesen derselben, während doch ihre Kämpfe als Sei-
tenbild des damaligen Turnier- und Kriegswesens alle mögliche Kennerschaft und poetische Hingebung erfordern
und zugleich eine Glanzaufgabe des Rezitanten sind. Deshalb kömmt es selbst bei Pulci[26] zu keiner eigentlichen
Parodie des Rittertums, wenn auch die komisch derbe
Redeweise seiner Paladine oft daran streift. Daneben stellt

---

25 Pulci in seinem Mutwillen fingiert für seine Geschichte des
Riesen Margutte eine feierliche uralte Tradition. (Morgante,
canto XIX, str. 153 s.) – Noch drolliger lautet die kritische
Einleitung des Limerno Pitocco (Orlandino, cap. 1, str. 12-22).
26 Der Morgante zuerst gedruckt vor 1488. – Das Turnierwesen
s. unten.

er das Ideal der Rauflust, seinen drolligen und gutmütigen
Morgante, der mit seinem Glockenschwengel ganze Armeen bändigt; ja er weiß auch diesen wiederum relativ zu
verklären durch die Gegenüberstellung des absurden und
dabei höchst merkwürdigen Monstrum's Margutte. Ein
besonderes Gewicht legt aber Pulci auf diese beiden derb
und kräftig gezeichneten Charaktere keinesweges, und
seine Geschichte geht auch, nachdem sie längst daraus
verschwunden sind, ihren wunderlichen Gang weiter.
Auch Bojardo[27] steht ganz bewußt über seinen Gestalten
und braucht sie nach Belieben ernst und komisch; selbst mit
den dämonischen Wesen treibt er seinen Spaß und schildert
sie bisweilen absichtlich als tölpelhaft. Es gibt aber eine
künstlerische Aufgabe, mit welcher er es sich so sehr ernst
sein läßt wie Pulci; nämlich die äußerst lebendige und, man
möchte sagen technisch genaue Schilderung aller Hergänge. – Pulci rezitierte sein Gedicht, sobald wieder ein
Gesang fertig war, vor der Gesellschaft des Lorenzo magnifico, und gleichermaßen Bojardo das seinige vor dem
Hofe des Ercole von Ferrara; nun errät man leicht, auf was
für Vorzüge hier geachtet wurde und wie wenig Dank die
durchgeführten Charaktere geerntet haben würden. Natürlich bilden auch die Gedichte selbst bei sobewandten Umständen kein geschlossenes Ganzes und könnten halb oder
auch doppelt so lang sein als sie sind; ihre Komposition ist
nicht die eines großen Historienbildes, sondern die eines
Frieses oder einer von bunten Gestalten umgaukelten
prachtvollen Fruchtschnur. So wenig man in den Figuren
und dem Rankenwerk eines Frieses durchgeführte individuelle Formen, tiefe Perspektiven und verschiedene Pläne
fordert oder auch nur gestattet, so wenig erwartete man es
in diesen Gedichten.

Die bunte Fülle der Erfindungen, durch welche besonders Bojardo stets von Neuem überrascht, spottet aller
unserer jetzt geltenden Schuldefinitionen vom Wesen der

---

27 Der Orlando inamorato zuerst gedruckt 1496.

epischen Poesie. Für die damalige Zeit war es die angenehmste Diversion gegenüber der Beschäftigung mit dem
Altertum, ja der einzig mögliche Ausweg wenn man überhaupt wieder zu einer selbständigen erzählenden Dichtung
gelangen sollte. Denn die Poetisierung der Geschichte des
Altertums führte doch nur auf jene Irrpfade, welche Petrarca betrat mit seiner »Africa« in lateinischen Hexametern
und anderthalb Jahrhunderte später Trissino mit seinem
»von den Goten befreiten Italien« in versi sciolti, einem
enormen Gedichte von tadelloser Sprache und Versifika-
tion, wo man nur im Zweifel sein kann, ob die Geschichte
oder die Poesie bei dem unglücklichen Bündnis übler weg-
gekommen sei. Und wohin verlockte Dante diejenigen, die
ihn nachahmten? Die visionären Trionfi des Petrarca sind
eben noch das letzte, was dabei mit Geschmack zu erreichen
war, Boccaccio's »verliebte Vision« ist schon wesentlich
bloße Aufzählung historischer und fabelhafter Personen
nach allegorischen Kategorien. Andere leiten dann, was sie
irgend vorzubringen haben, mit einer barocken Nachahmung von Dante's erstem Gesang ein und versehen sich
dabei mit irgendeinem allegorischen Begleiter, der die
Stelle des Virgil einnimmt; Uberti hat für sein geographi-
sches Gedicht (Dittamondo) den Solinus gewählt, Giovanni Santi für sein Lobgedicht auf Federigo von Urbino
den Plutarch.[28] Von diesen falschen Fährten erlöste einstweilen nur diejenige epische Dichtung, welche von Pulci
und Bojardo vertreten war. Die Begierde und Bewunderung, mit der man ihr entgegenkam – wie man vielleicht bis
an der Tage Abend mit dem Epos nicht mehr tun wird –
beweist glänzend, wie sehr die Sache ein Bedürfnis war. Es
handelt sich gar nicht darum, ob in diesen Schöpfungen die
seit unserm Jahrhundert aus Homer und den Nibelungen
abstrahierten Ideale des wahren Heldengedichtes verwirklicht seien oder nicht; ein Ideal ihrer Zeit verwirklichten sie
jedenfalls. Mit ihren massenhaften Kampfbeschreibungen,

----

28 Vasari VIII, 71, im Kommentar zur Vita di Raffaello.

die für uns der am meisten ermüdende Bestandteil sind,
begegneten sie überdies, wie gesagt, einem Sachinteresse,
von dem wir uns schwer eine richtige Vorstellung machen,[28a] so wenig als von der Hochschätzung des lebendigen momentanen Schilderns überhaupt.

So kann man denn auch an Ariosto keinen falschern
Maßstab legen, als wenn man in seinem Orlando Furioso[29]
nach Charakteren suchen geht. Sie sind hie und da vorhanden und sogar mit Liebe behandelt, allein das Gedicht
stützt sich keinen Augenblick auf sie und würde durch ihre
Hervorhebung sogar eher verlieren als gewinnen. Jene
Anforderung hängt aber mit einem allgemeinern Begehren
zusammen, welchem Ariosto nicht im Sinne unserer Zeit
genügt; von einem so gewaltig begabten und berühmten
Dichter nämlich hätte man gerne überhaupt etwas Anderes
als Rolandsabenteuer u. dgl. Er hätte sollen in einem großen Werke die tiefsten Konflikte der Menschenbrust, die
höchsten Anschauungen der Zeit über göttliche und
menschliche Dinge, mit einem Worte: eines jener abschließenden Weltbilder darstellen wie die Göttliche Komödie
und der Faust sie bieten. Statt dessen verfährt er ganz wie
die damaligen bildenden Künstler und wird unsterblich,
indem er von der Originalität in unserm jetzigen Sinne
abstrahiert, an einem bekannten Kreise von Gestalten wei-
terbildet und selbst das schon dagewesene Detail noch
einmal benützt, wo es ihm dient. Was für Vorzüge bei einem
solchen Verfahren noch immer erreicht werden können, das
wird Leuten ohne künstlerisches Naturell um so viel schwerer begreiflich zu machen sein je gelehrter und geistreicher
sie sonst sein mögen. Das Kunstziel des Ariosto ist das
glanzvoll lebendige »Geschehen«, welches sich gleichmäßig durch das ganze große Gedicht verbreitet. Er bedarf

---

28a Wie vieles der Art würde nicht der jetzige Geschmack selbst
      in der Ilias entbehrlich finden? Aber was uns ermüdet, ist
      deshalb noch nicht unecht und späterer Zusatz.
29   Die erste Ausgabe 1516.

dazu einer Dispensation nicht nur von der tiefern Charakterzeichnung sondern auch von allem strengern Zusammenhang der Geschichten. Er muß verlorene und vergessene Fäden wieder anknüpfen dürfen wo es ihm beliebt;
seine Figuren müssen kommen und verschwinden, nicht
weil ihr tieferes persönliches Wesen sondern weil das Gedicht es so verlangt. Freilich innerhalb dieser scheinbar
irrationellen, willkürlichen Kompositionsweise entwickelt
er eine völlig gesetzmäßige Schönheit. Er verliert sich nie
ins Beschreiben, sondern gibt immer nur so viel Szenerie
und Personenschilderung als mit dem Vorwärtsrücken der
Ereignisse harmonisch verschmolzen werden kann; noch
weniger verliert er sich in Gespräche und Monologe,[30]
sondern er behauptet das majestätische Privilegium des
wahren Epos, Alles zu lebendigen Vorgängen zu gestalten.
Das Pathos liegt bei ihm nie in den Worten,[31] vollends nicht
in dem berühmten dreiundzwanzigsten Gesang und den
folgenden, wo Rolands Raserei geschildert wird. Daß die
Liebesgeschichten im Heldengedicht keinen lyrischen
Schmelz haben, ist ein Verdienst mehr, wenn man sie auch
von moralischer Seite nicht immer gut heißen kann. Bisweilen besitzen sie dafür eine solche Wahrheit und Wirklichkeit
trotz allem Zauber- und Ritterwesen, das sie umgibt, daß
man darin unmittelbare Angelegenheiten des Dichters
selbst zu erkennen glaubt. Im Vollgefühl seiner Meisterschaft hat er dann unbedenklich noch manches andere aus
der Gegenwart in das große Werk verflochten und den
Ruhm des Hauses Este in Gestalt von Erscheinungen und
Weissagungen mit hineingenommen. Der wunderbare
Strom seiner Ottaven trägt dieses alles in gleichmäßiger
Bewegung vorwärts.

Mit Teofilo Folengo oder, wie er sich hier nennt, Li-

---

30 Die eingelegten Reden sind nämlich wiederum nur Erzählun-
    gen.
31 Was sich Pulci wohl erlaubt hatte. Morgante, Canto XIX, Str.
    20 s.

merno Pitocco, tritt dann die Parodie des ganzen Ritter-
wesens in ihr längst ersehntes Recht,[32] zudem aber meldet
sich mit der Komik und ihrem Realismus notwendig auch
das strengere Charakterisieren wieder. Unter den Püffen
und Steinwürfen der wilden Gassenjugend eines römischen
Landstädtchens, Sutri, wächst der kleine Orlando sichtbarlich zum mutigen Helden, Mönchsfeind und Raisonneur
auf. Die konventionelle Phantasiewelt, wie sie sich seit
Pulci ausgebildet und als Rahmen des Epos gegolten hatte,
springt hier freilich in Splitter auseinander; Herkunft und
Wesen der Paladine werden offen verhöhnt, z. B. durch
jenes Eselturnier im zweiten Gesange, wobei die Ritter mit
den sonderbarsten Rüstungen und Waffen erscheinen. Der
Dichter zeigt bisweilen ein komisches Bedauern über die
unerklärliche Treulosigkeit, die in der Familie des Gano
von Mainz zu Hause gewesen, über die mühselige Erlan-
gung des Schwertes Durindana u. dgl., ja das Überlieferte
dient ihm überhaupt nur noch als Substrat für lächerliche
Einfälle, Episoden, Tendenzausbrüche (worunter sehr
schöne, z. B. der Schluß von Cap. VI) und Zoten. Neben
alledem ist endlich noch ein gewisser Spott auf Ariosto
nicht zu verkennen, und es war wohl für den Orlando
furioso ein Glück, daß der Orlandino mit seinen lutheri-
schen Ketzereien ziemlich bald der Inquisition und der
künstlichen Vergessenheit anheim fiel. Eine kenntliche Parodie scheint z. B. durch, wenn (Cap. VI, Str. 28) das Haus
Gonzaga von dem Paladin Guidone abgeleitet wird, sintemal von Orlando die Colonnesen, von Rinaldo die Orsinen
und von Ruggieri – laut Ariost – die Estenser abstammen
sollten. Vielleicht war Ferrante Gonzaga, der Patron des
Dichters, dieser Anzüglichkeit gegen das Haus Este nicht
fremd.

Daß endlich in der Gerusalemme liberata des Torquato
Tasso die Charakteristik eine der höchsten Angelegenheiten des Dichters ist, beweist allein schon, wie weit seine

---

32 Sein Orlandino, erste Ausg. 1526. – Vgl. oben S. 165.

Denkweise von der um ein halbes Jahrhundert früher herrschenden abweicht. Sein bewundernswürdiges Werk ist
wesentlich ein Denkmal der inzwischen vollzogenen Gegenreformation und ihrer Tendenz.

––––––––

Außerhalb des Gebietes der Poesie haben die Italiener
zuerst von allen Europäern den historischen Menschen
nach seinen äußern und innern Zügen und Eigenschaften
genau zu schildern eine durchgehende Neigung und Begabung gehabt.

Allerdings zeigt schon das frühere Mittelalter bemerkenswerte Versuche dieser Art, und die Legende mußte als
eine stehende Aufgabe der Biographie das Interesse und das
Geschick für individuelle Schilderung wenigstens bis zu
einem gewissen Grade aufrecht halten. In den Kloster- und
Domstiftsannalen werden manche Hierarchen, wie z. B.
Meinwerk von Paderborn, Godehard von Hildesheim usw.
recht anschaulich beschrieben, und von mehrern unserer
deutschen Kaiser gibt es Schilderungen, nach antiken Mustern, etwa Sueton, verfaßt, welche die kostbarsten Züge
enthalten; ja diese und ähnliche profane »vitae« bilden allmählich eine fortlaufende Parallele zu den Heiligenge-
schichten. Doch wird man weder Einhard noch Radevicus[1]
nennen dürfen neben Joinville's Schilderung des heiligen
Ludwig, welche als das erste vollkommene Geistesbildnis
eines neu-europäischen Menschen allerdings sehr vereinzelt dasteht. Charaktere wie St. Ludwig sind überhaupt
selten, und dazu gesellt sich noch das seltene Glück, daß ein
völlig naiver Schilderer aus allen einzelnen Zügen und
Ereignissen eines Lebens die Gesinnung heraus erkennt
und sprechend darstellt. Aus welch kümmerlichen Quellen
muß man das innere Wesen eines Friedrich II., eines Philipp

––––––––

1 Radevicus, de gestis Friderici imp., bes. II, 76. – Die ausgezeichnete Vita Heinrici IV. enthält gerade wenig Personalschilderung
und ebenso die Vita Chuonradi Imp. von Wippo.

des Schönen zusammen erraten. Vieles, was sich dann bis zu Ende des Mittelalters als Biographie gibt, ist eigentlich nur Zeitgeschichte und ohne Sinn für das Individuelle des zu preisenden Menschen geschrieben.

Bei den Italienern wird nun das Aussuchen der charakteristischen Züge bedeutender Menschen eine herrschende Tendenz, und dies ist es, was sie von den übrigen Abendländern unterscheidet, bei welchen dergleichen mehr nur zufällig und in außerordentlichen Fällen vorkömmt. Diesen entwickelten Sinn für das Individuelle kann überhaupt nur derjenige haben, welcher selbst aus der Race herausgetreten und zum Individuum geworden ist.

Im Zusammenhang mit dem weitherrschenden Begriff des Ruhmes (S. 148) entsteht eine sammelnde und vergleichende Biographik, welche nicht mehr nötig hat, sich an Dynastien und geistliche Reihenfolgen zu halten wie Anastasius, Agnellus und ihre Nachfolger, oder wie die Dogenbiographen von Venedig. Sie darf vielmehr den Menschen schildern wenn und weil er bedeutend ist. Als Vorbilder wirken hierauf außer Sueton auch Nepos, die viri illustres und Plutarch ein, soweit er bekannt und übersetzt war; für literaturgeschichtliche Aufzeichnungen scheinen die Lebensbeschreibungen der Grammatiker, Rhetoren und Dichter, welche wir als Beilagen zu Sueton kennen,[2] wesentlich als Vorbilder gedient zu haben, auch das vielgelesene Leben Virgil's von Donatus.

Wie nun biographische Sammlungen, Leben berühmter Männer, berühmter Frauen, mit dem 14. Jahrh⟨undert⟩ aufkamen, wurde schon oben (S. 153 ff.) erwähnt. Soweit sie

---

2 Wie früh auch Philostratus, wage ich nicht zu entscheiden. Sueton war allerdings von frühe an ein leicht nachzuahmendes Vorbild gewesen; außer Einhards Leben Karls des Großen ist hiefür aus dem 12. Jahrhundert besonders belehrend Guilielm. Malmesbur. mit seinen Schilderungen Wilhelms des Eroberers (p. 446 ss., 452 ss.), Wilhelms II. (p. 494, 504) und Heinrichs I. (p. 640).

nicht Zeitgenossen schildern, hängen sie natürlich von den
frühern Darstellern ab; die erste bedeutende freie Leistung
ist wohl das Leben Dante's von Boccaccio. Leicht und
schwungvoll hingeschrieben und reich an Willkürlichkei-
ten, gibt diese Arbeit doch das lebhafte Gefühl von dem
Außerordentlichen in Dante's Wesen. Dann folgen, zu
Ende des 14. Jahrhunderts, die »vite« ausgezeichneter Florentiner, von Filippo Villani. Es sind Leute jedes Faches:
Dichter, Juristen, Ärzte, Philologen, Künstler, Staats- und
Kriegsmänner, darunter noch lebende. Florenz wird hier
behandelt wie eine begabte Familie, wo man die Sprößlinge
notiert, in welchen der Geist des Hauses besonders kräftig
ausgesprochen ist. Die Charakteristiken sind nur kurz, aber
mit einem wahren Talent für das Bezeichnende gegeben
und noch besonders merkwürdig durch das Zusammenfas-
sen der äußern Physiognomie mit der innern. Fortan[3] haben
die Toscaner nie aufgehört, die Menschenschilderung als
eine Sache ihrer speziellen Befähigung zu betrachten, und
von ihnen haben wir die wichtigsten Charakteristiken der
Italiener des 15. und 16. Jahrhunderts überhaupt. Giovanni
Cavalcanti (in den Beilagen zu seiner florentinischen Geschichte, vor 1450) sammelt Beispiele bürgerlicher Trefflichkeit und Aufopferung, politischen Verstandes, sowie
auch kriegerischer Tüchtigkeit, von lauter Florentinern.
Papst Pius II. gibt in seinen Kommentarien wertvolle Lebensbilder von berühmten Zeitgenossen; neuerlich ist auch
eine besondere Schrift seiner frühern Zeit[4] wieder abgedruckt worden, welche gleichsam die Vorarbeiten zu jenen
Porträts, aber mit eigentümlichen Zügen und Farben enthält. Dem Jakob von Volterra verdanken wir pikante Porträts der römischen Kurie[5] nach Pius. Von Vespasiano Fio-

---

3 Hier ist wieder auf jene oben, S. 145 f., exzerpierte Biographie
   des L. B. Alberti hinzuweisen, sowie auf die zahlreichen florentinischen Biographien bei Muratori, im Archivio storico u. a.a.O.
4 De viris illustribus, in den Schriften des Stuttgarter literarischen
   Vereins.
5 Sein Diarium bei Murat. XXIII.

rentino war schon oft die Rede, und als Quelle im ganzen
gehört er zum Wichtigsten, was wir besitzen, aber seine
Gabe des Charakterisierens kommt noch nicht in Betracht
neben derjenigen eines Macchiavelli, Nicolò Valori,
Guicciardini, Varchi, Francesco Vettori und anderer, von ⁵
welchen die europäische Geschichtschreibung vielleicht so
nachdrücklich als von den Alten auf diesen Weg gewiesen
wurde. Man darf nämlich nicht vergessen, daß mehrere
dieser Autoren in lateinischen Übersetzungen frühe ihren
Weg nach dem Norden fanden. Und eben so gäbe es ohne ¹⁰
Giorgio Vasari von Arezzo und sein unvergleichlich wichtiges Werk noch keine Kunstgeschichte des Nordens und
des neuern Europa's überhaupt.

Von den Oberitalienern des 15. Jahrhunderts soll Bartolommeo Fazio (von Spezzia) höhere Bedeutung haben ¹⁵
(S. 156 Anm.). Platina, aus dem Cremonesischen gebürtig,
repräsentiert in seinem »Leben Pauls II.« (S. 227) bereits die
biographische Karikatur. Vorzüglich wichtig aber ist die
von Piercandido Decembrio verfaßte Schilderung des letzten Visconti,[6] eine große erweiterte Nachahmung des Sue- ²⁰
ton. Sismondi bedauert, daß so viele Mühe an einen solchen
Gegenstand gewandt worden, allein für einen größern
Mann hätte vielleicht der Autor nicht ausgereicht, während
er völlig genügt, um den gemischten Charakter des Filippo
Maria und an und in demselben mit wunderwürdiger Ge- ²⁵
nauigkeit die Voraussetzungen, Formen und Folgerungen
einer bestimmten Art von Tyrannis darzustellen. Das Bild
des 15. Jahrhunderts wäre unvollständig ohne diese in ihrer
Art einzige Biographie, welche bis in die feinsten Miniatur-
pünktchen hinein charakteristisch ist. — Späterhin besitzt ³⁰
Mailand an dem Geschichtschreiber Corio einen bedeutenden Bildnismaler; dann folgt der Comaske Paolo Giovio,
dessen größere Biographien und kleinere Elogien weltberühmt und für Nachfolger aller Länder ein Vorbild gewor-

---

6 Petri Candidi Decembrii Vita Philippi Mariae Vicecomitis, bei
   Murat. XX. Vgl. oben S. 45.

den sind. Es ist leicht, an hundert Stellen Giovio's Flüchtigkeit und auch wohl (doch nicht so häufig als man glaubt)
seine Unredlichkeit nachzuweisen, und eine ernste höhere
Absicht liegt ohnehin nie in einem Menschen wie er war.
Allein der Atem des Jahrhunderts weht durch seine Blätter,
und sein Leo, sein Alfonso, sein Pompeo Colonna leben
und bewegen sich vor uns mit völliger Wahrheit und Notwendigkeit, wenngleich ihr tiefstes Wesen uns hier nicht
kund wird.

Unter den Neapolitanern nimmt Tristan Caracciolo
(S. 43), soweit wir urteilen können, ohne Frage die erste
Stelle ein, obwohl seine Absicht nicht einmal eine streng
biographische ist. Wundersam verflechten sich in den Gestalten, die er uns vorführt, Schuld und Schicksal, ja man
könnte ihn wohl einen unbewußten Tragiker nennen. Die
wahre Tragödie, welche damals auf der Szene keine Stätte
fand, schritt mächtig einher durch die Paläste, Straßen und
Plätze. – Die »Worte und Taten Alfons des Großen«, von
Antonio Panormita bei Lebzeiten des Königs geschrieben,
sind merkwürdig als eine der frühsten derartigen Sammlungen von Anekdoten und weisen wie scherzhaften Reden.

Langsam nur folgte das übrige Europa den italienischen
Leistungen in der geistigen Charakteristik,[7] obschon die
großen politischen und religiösen Bewegungen so manche
Bande gesprengt, so viele Tausende zum Geistesleben geweckt hatten. Über die wichtigsten Persönlichkeiten der
damaligen europäischen Welt sind wiederum im Ganzen
unsere besten Gewährsmänner Italiener, sowohl Literaten
als Diplomaten. Wie rasch und unwidersprochen haben in
neuester Zeit die venezianischen Gesandtschaftsberichte
des 16. und 17. Jahrhunderts in betreff der Personalschil-
derungen die erste Stelle errungen.

Auch die Selbstbiographie nimmt bei den Italienern hie
und da einen kräftigen Flug in die Tiefe und Weite und
schildert neben dem buntesten Außenleben ergreifend das

---

7 Über Comines vgl. S. 105 Anm.

eigene Innere, während sie bei andern Nationen, auch bei
den Deutschen der Reformationszeit, sich an die merkwürdigen äußern Schicksale hält und den Geist mehr nur aus
der Darstellungsweise erraten läßt. Es ist als ob Dante's vita
nuova mit ihrer unerbittlichen Wahrheit der Nation die 5
Wege gewiesen hätte.

Den Anfang dazu machen die Haus- und Familienge-
schichten aus dem 14. und 15. Jahrhundert, welche noch in
ziemlicher Anzahl namentlich in den florentinischen Bibliotheken handschriftlich vorhanden sein sollen; naive, im 10
Interesse des Hauses und des Schreibenden abgefaßte Lebensläufe, wie z. B. der des Buonaccorso Pitti.

Eine tiefere Selbstkritik ist auch nicht gerade in den
Kommentarien Pius II. zu suchen; was man hier von ihm
als Menschen erfährt, beschränkt sich sogar dem ersten 15
Anschein nach darauf, daß er meldet, wie er seine Karriere
machte. Allein bei weiterm Nachdenken wird man dieses
merkwürdige Buch anders beurteilen. Es gibt Menschen,
die wesentlich Spiegel dessen sind was sie umgibt; man tut
ihnen Unrecht, wenn man sich beharrlich nach ihrer Über- 20
zeugung, nach ihren innern Kämpfen und tiefern Lebens-
resultaten erkundigt. So ging Aeneas Sylvius völlig auf in
den Dingen, ohne sich um irgendeinen sittlichen Zwiespalt
sonderlich zu grämen; nach dieser Seite deckte ihn seine
gutkatholische Orthodoxie soweit als nötig war. Und nach- 25
dem er in allen geistigen Fragen die sein Jahrhundert beschäftigten, mitgelebt und mehr als einen Zweig derselben
wesentlich gefördert hatte, behielt er doch am Ende seiner
Laufbahn noch Temperament genug übrig, um den Kreuzzug gegen die Türken zu betreiben und am Gram ob dessen 30
Vereitelung zu sterben.

Auch die Selbstbiographie des Benvenuto Cellini geht
nicht gerade auf Beobachtungen über das eigene Innere aus.
Gleichwohl schildert sie den ganzen Menschen, zum Teil
wider Willen, mit einer hinreißenden Wahrheit und Fülle. 35
Es ist wahrlich kein Kleines, daß Benvenuto, dessen bedeutendste Arbeiten bloßer Entwurf geblieben und unterge-

gangen sind, und der uns als Künstler nur im kleinen
dekorativen Fach vollendet erscheint, sonst aber, wenn
man bloß nach seinen erhaltenen Werken urteilt, neben so
vielen größern Zeitgenossen zurückstehen muß, – daß Benvenuto als Mensch die Menschen beschäftigen wird bis an's
Ende der Tage. Es schadet ihm nicht, daß der Leser häufig
ahnt, er möchte gelogen oder geprahlt haben; denn der
Eindruck der gewaltig energischen, völlig durchgebildeten
Natur überwiegt. Neben ihm erscheinen z. B. unsere nordischen Selbstbiographien, so viel höher ihre Tendenz und
ihr sittliches Wesen bisweilen zu achten sein mag, doch als
ungleich weniger vollständig in der Darstellung. Er ist ein
Mensch, der Alles kann, Alles wagt und sein Maß in sich
selber trägt.[7a] Ob wir es gerne hören oder nicht, es lebt in
dieser Gestalt ein ganz kenntliches Urbild des modernen
Menschen.

Und noch ein Anderer ist hier zu nennen, der es ebenfalls
mit der Wahrheit nicht immer soll genau genommen haben:
Girolamo Cardano von Mailand (geb. 1500). Sein Büchlein
de propria vita[8] wird selbst sein großes Andenken in der
Geschichte der Naturforschung und der Philosophie überleben und übertönen wie die vita Benvenuto's dessen Werke,
obwohl der Wert der Schrift wesentlich ein anderer ist.
Cardano fühlt sich als Arzt selber den Puls und schildert
seine physische, intellektuelle und sittliche Persönlichkeit
samt den Bedingungen, unter welchen sich dieselbe entwickelt hatte, und zwar aufrichtig und objektiv, soweit ihm
dies möglich war. Sein zugestandenes Vorbild, Marc Aurel's Schrift auf sich selbst, konnte er in dieser Beziehung
deshalb überbieten, weil ihn kein stoisches Tugendgebot

7a Von den nordischen Selbstbiographien wird man vielleicht am
    ehesten hier die (freilich bedeutend spätere) des Agrippa d'Au-
    bigné vergleichen können, wenn es sich um den völlig runden,
    sprechenden Ausdruck der Individualität handelt.

8   Verfaßt in hohem Alter, um 1576. – Über Cardano als Forscher
    und Entdecker vgl. Libri, Hist. des sciences mathém. III,
    p. 167 s.

genierte. Er begehrte weder sich noch die Welt zu schonen; beginnt doch sein Lebenslauf damit, daß seiner Mutter die versuchte Abtreibung der Leibesfrucht nicht gelang. Es ist schon viel, daß er den Gestirnen, die in seiner Geburtsstunde gewaltet, nur seine Schicksale und seine intellektuellen Eigenschaften auf die Rechnung schreibt und nicht auch die sittlichen; übrigens gesteht er (Kapitel 10) offen ein, daß ihm der astrologisch erworbene Wahn, er werde das vierzigste und höchstens das fünfundvierzigste Jahr nicht überleben, in seiner Jugend viel geschadet habe. Doch es ist uns hier nicht erlaubt, ein so stark verbreitetes, in jeder Bibliothek vorhandenes Buch zu exzerpieren. Wer es liest, wird in die Dienstbarkeit jenes Mannes kommen, bis er damit zu Ende ist. Cardano bekennt allerdings, daß er ein falscher Spieler, rachsüchtig, gegen jede Reue verhärtet, absichtlich verletzend im Reden gewesen; – er bekennt es freilich ohne Frechheit wie ohne fromme Zerknirschung, ja ohne damit interessant werden zu wollen, vielmehr mit dem einfachen, objektiven Wahrheitssinn eines Naturforschers. Und was das Anstößigste ist, der 76jährige Mann findet sich nach den schauerlichsten Erlebnissen,[9] bei einem sehr erschütterten Zutrauen zu den Menschen, gleichwohl leidlich glücklich: noch lebt ihm ja ein Enkel, noch besitzt er sein ungeheures Wissen, den Ruhm wegen seiner Werke, ein hübsches Vermögen, Rang und Ansehen, mächtige Freunde, Kunde von Geheimnissen, und was das beste ist: den Glauben an Gott. Nachträglich zählt er die Zähne in seinem Munde; es sind ihrer noch fünfzehn.

Doch als Cardano schrieb, sorgten auch in Italien Inquisitoren und Spanier bereits dafür, daß solche Menschen entweder sich nicht mehr ausbilden konnten oder auf irgend eine Weise umkamen. Es ist ein großer Sprung von da bis auf die Memoiren des Alfieri.

Es wäre indes ungerecht, diese Zusammenstellung von

---

9 Z. B. die Hinrichtung seines ältesten Sohnes, der seine verbuhlte Gemahlin vergiftet hatte, Kap. 27, 50.

Selbstbiographen zu schließen ohne einen sowohl achtba-
ren als glücklichen Menschen zu Worte kommen zu lassen.
Es ist dies der bekannte Lebensphilosoph Luigi Cornaro,
dessen Wohnung in Padua schon als Bauwerk klassisch und
⁵ zugleich eine Heimat aller Musen war. In seinem berühmten Traktat »vom mäßigen Leben«¹⁰ schildert er zunächst
die strenge Diät, durch welche es ihm gelungen, nach
früherer Kränklichkeit ein gesundes und hohes Alter, damals von 83 Jahren zu erreichen; dann antwortet er denje-
¹⁰ nigen, welche das Alter über 65 Jahren hinaus überhaupt
als einen lebendigen Tod verschmähen; er beweist ihnen,
daß sein Leben ein höchst lebendiges und kein totes sei.
»Sie mögen kommen, sehen und sich wundern über mein
Wohlbefinden, wie ich ohne Hilfe zu Pferde steige, Treppen
¹⁵ und Hügel hinauf laufe, wie ich lustig, amüsant und zufrieden bin, wie frei von Gemütssorgen und widerwärtigen
Gedanken. Freude und Friede verlassen mich nicht . . .
Mein Umgang sind weise, gelehrte, ausgezeichnete Leute
von Stande, und wenn diese nicht bei mir sind, lese und
²⁰ schreibe ich, und suche damit wie auf jede andere Weise
Andern nützlich zu sein nach Kräften. Von diesen Dingen
tue ich jedes zu seiner Zeit, bequem, in meiner schönen
Behausung, welche in der besten Gegend Padua's gelegen
und mit allen Mitteln der Baukunst auf Sommer und Win-
²⁵ ter eingerichtet, auch mit Gärten am fließenden Wasser
versehen ist. Im Frühling und Herbst gehe ich für einige
Tage auf meinen Hügel in der schönsten Lage der Euga-
neen, mit Brunnen, Gärten und bequemer und zierlicher
Wohnung; da mache ich auch wohl eine leichte und ver-
³⁰ gnügliche Jagd mit, wie sie für mein Alter paßt. Einige Zeit
bringe ich dann in meiner schönen Villa in der Ebene¹¹ zu;
dort laufen alle Wege auf einen Platz zusammen, dessen

---

10 Discorsi della vita sobria, bestehend aus dem eigentlichen
   trattato, einem compendio, einer esortazione und einer lettera
   an Daniel Barbaro. – Öfter gedruckt.
11 Ist dies wohl die S. 318 erwähnte Villa von Codevico?

Mitte eine artige Kirche einnimmt; ein mächtiger Arm der
Brenta strömt mitten durch die Anlagen, lauter fruchtbare,
wohl angebaute Felder, Alles jetzt stark bewohnt, wo früher nur Sumpf und schlechte Luft und eher ein Wohnsitz
für Schlangen als für Menschen war. Ich war's, der die
Gewässer ableitete; da wurde die Luft gut und die Leute
siedelten sich an und vermehrten sich, und der Ort wurde
so ausgebaut wie man ihn jetzt sieht, so daß ich in Wahrheit
sagen kann: an dieser Stätte gab ich Gott einen Altar und
einen Tempel und Seelen um ihn anzubeten. Dies ist mein
Trost und mein Glück so oft ich hinkomme. Im Frühling
und Herbst besuche ich auch die nahen Städte und sehe und
spreche meine Freunde und mache durch sie die Bekanntschaft anderer ausgezeichneter Leute, Architekten, Maler,
Bildhauer, Musiker und Landökonomen. Ich betrachte was
sie Neues geschaffen haben, betrachte das schon Bekannte
wieder und lerne immer vieles, was mir dient, in und an
Palästen, Gärten, Altertümern, Stadtanlagen, Kirchen und
Festungswerken. Vor allem aber entzückt mich auf der
Reise die Schönheit der Gegenden und der Ortschaften, wie
sie bald in der Ebene, bald auf Hügeln, an Flüssen und
Bächen mit ihren Landhäusern und Gärten ringsum dalie-
gen. Und diese meine Genüsse werden mir nicht geschmä-
lert durch Abnahme des Auges oder des Ohres; alle meine
Sinne sind Gott sei Dank in vollkommen gutem Zustande,
auch der Geschmack, indem mir jetzt das Wenige und
Einfache, was ich zu mir nehme, besser schmeckt, als einst
die Leckerbissen zur Zeit da ich unordentlich lebte.«

Nachdem er hierauf die von ihm für die Republik betriebenen Entsumpfungsarbeiten und die von ihm beharrlich
vorgeschlagenen Projekte zur Erhaltung der Lagunen erwähnt hat, schließt er: »Dies sind die wahren Erholungen
eines durch Gottes Hülfe gesunden Alters, das von jenen
geistigen und körperlichen Leiden frei ist, welchen so manche jüngere Leute und so manche hinsiechende Greise
unterliegen. Und wenn es erlaubt ist, zum Großen das
Geringe, zum Ernst den Scherz hinzuzufügen, so ist auch

das eine Frucht meines mäßigen Lebens, daß ich in diesem meinem 83sten Altersjahre noch eine sehr ergötzliche Komödie voll ehrbarer Spaßhaftigkeit geschrieben habe. Dergleichen ist sonst Sache der Jugend, wie die Tragödie Sache des Alters; wenn man es nun jenem berühmten Griechen zum Ruhm anrechnet, daß er noch im 73sten Jahre eine Tragödie gedichtet, muß ich nicht mit zehn Jahren darüber gesunder und heiterer sein als jener damals war? – Und damit der Fülle meines Alters kein Trost fehle, sehe ich eine Art leiblicher Unsterblichkeit in Gestalt meiner Nachkommenschaft vor Augen. Wenn ich nach Hause komme, habe ich nicht einen oder zwei, sondern eilf Enkel vor mir, zwischen zwei und achtzehn Jahren, alle von einem Vater und einer Mutter, alle kerngesund und (soviel bis jetzt zu sehen ist) mit Talent und Neigung für Bildung und gute Sitten begabt. Einen von den kleinern habe ich immer als meinen Possenmacher (buffoncello) bei mir, wie denn die Kinder vom dritten bis zum fünften Jahre geborene Buffonen sind; die größern behandle ich schon als meine Gesellschaft, und freue mich auch, da sie herrliche Stimmen haben, sie singen und auf verschiedenen Instrumenten spielen zu hören; ja ich selbst singe auch und habe jetzt eine bessere, hellere, tönendere Stimme als je. Das sind die Freuden meines Alters. Mein Leben ist also ein lebendiges und kein totes, und ich möchte mein Alter nicht tauschen gegen die Jugend eines Solchen, der den Leidenschaften verfallen ist.«

In der »Ermahnung«, welche Cornaro viel später, in seinem 95sten Jahre beifügte, rechnet er zu seinem Glück unter andern auch, daß sein »Traktat« viele Proselyten gewonnen habe. Er starb zu Padua 1565, mehr als hundertjährig.

Neben der Charakteristik der einzelnen Individuen entsteht auch eine Gabe des Urteils und der Schilderung für ganze Bevölkerungen. Während des Mittelalters hatten sich im ganzen Abendlande Städte, Stämme und Völker gegensei-

tig mit Spott- und Scherzworten verfolgt, welche meistens
einen wahren Kern in starker Verzerrung enthielten. Von
jeher aber taten sich die Italiener im Bewußtsein der geistigen Unterschiede ihrer Städte und Landschaften besonders
hervor; ihr Lokalpatriotismus, so groß oder größer als bei 5
irgendeinem mittelalterlichen Volke, hatte frühe schon eine
literarische Seite und verband sich mit dem Begriff des
Ruhmes; die Topographie entsteht als eine Parallele der
Biographie (S. 153). Während sich nun jede größere Stadt
in Prosa und Versen zu preisen anfing,[12] traten auch Schrift- 10
steller auf, welche sämtliche wichtigere Städte und Bevölkerungen teils ernsthaft neben einander beschrieben, teils
witzig verspotteten, auch wohl so besprachen, daß Ernst
und Spott nicht scharf von einander zu trennen sind.

Nächst einigen berühmten Stellen in der Divina Com- 15
media kommt der Dittamondo des Uberti in Betracht (um
1360). Hier werden hauptsächlich nur einzelne auffallende
Erscheinungen und Wahrzeichen namhaft gemacht: das
Krähenfest zu St. Apollinare in Ravenna, die Brunnen in
Treviso, der große Keller bei Vicenza, die hohen Zölle von 20
Mantua, der Wald von Türmen in Lucca; doch finden sich
dazwischen auch Lobeserhebungen und anzügliche Kritiken anderer Art; Arezzo figuriert bereits mit dem subtilen
Ingenium seiner Stadtkinder, Genua mit den künstlich ge-
schwärzten Augen und Zähnen (?) der Weiber, Bologna mit 25
dem Geldvertun, Bergamo mit dem groben Dialekt und
den gescheiten Köpfen u. dgl.[13] Im 15. Jahrhundert rühmt
dann jeder seine eigene Heimat auch auf Kosten anderer
Städte. Michele Savonarola z. B. läßt neben seinem Padua

---

12 Dies zum Teil schon sehr früh, in den lombardischen Städten
schon im 12. Jahrhundert. Vgl. Landulfus senior, Ricobaldus
und (bei Murat. X.) den merkwürdigen Anonymus De laudibus Papiae, aus dem 14. Jahrhundert. – Sodann (bei Murat.
I, b) Liber de situ urbis Mediol.

13 Über Paris, welches damals noch dem Italiener vom Mittelalter
her weit mehr galt als hundert Jahre später, s. Dittamondo IV,
cap. 18.

nur Venedig und Rom als herrlicher, Florenz höchstens als
fröhlicher gelten,[14] womit denn natürlich der objektiven
Erkenntnis wenig gedient war. Am Ende des Jahrhunderts
schildert Jovianus Pontanus in seinem »Antonius« eine
fingierte Reise durch Italien nur um boshafte Bemerkungen
dabei vorbringen zu können. Aber mit dem 16. Jahrhundert beginnt eine Reihe wahrer und tiefer Charakteristiken,[15] wie sie damals wohl kein anderes Volk in dieser Weise
besaß. Macchiavell schildert in einigen kostbaren Aufsätzen die Art und den politischen Zustand der Deutschen und
Franzosen, so daß auch der geborene Nordländer, der seine
Landesgeschichte kennt, dem florentinischen Weisen für
seine Lichtblicke dankbar sein wird. Dann zeichnen die
Florentiner (S. 81, 88) gerne sich selbst[16] und sonnen sich
dabei im reichlich verdienten Glanze ihres geistigen Ruhmes; vielleicht ist es der Gipfel ihres Selbstgefühls, wenn sie
z. B. das künstlerische Primat Toscanas über Italien nicht
einmal von einer besondern genialen Begabung, sondern
von der Anstrengung, von den Studien herleiten.[17] Huldigungen berühmter Italiener anderer Gegenden wie z. B.
das herrliche sechzehnte Capitolo des Ariost, mochte man
wohl wie einen schuldigen Tribut in Empfang nehmen.

Von einer, wie es scheint, sehr ausgezeichneten Quelle

---

14 Savonarola, bei Murat. XXIV, Col. 1186. – Über Venedig s.
    oben S. 69 f.
15 Der Charakter der rastlos tätigen Bergamasken voll Argwohn
    und Neugier ist sehr artig geschildert bei Bandello, Parte I,
    Nov. 34.
16 So Varchi, im IX. Buch der Storie Fiorentine (Vol. III,
    p. 56 s.).
17 Vasari, XII, p. 158, v. di Michelangelo, Anfang. Andere Male
    wird dann doch laut genug der Mutter Natur gedankt, wie
    z. B. in dem Sonett des Alfonso de' Pazzi an den Nicht-
    Toscaner Annibal Caro (bei Trucchi, I, c. III, p. 187):
            Misero il Varchi! e più infelici noi,
            Se a vostri virtudi accidentali
            Aggiunto fosse 'l natural, ch'è in noi!

über die Unterschiede der Bevölkerungen Italiens können wir nur den Namen angeben.[18] Leandro Alberti[19] ist in der Schilderung des Genius der einzelnen Städte nicht so ausgiebig als man erwarten sollte. Ein kleiner anonymer[20] Commentario enthält zwischen vielen Torheiten auch manchen wertvollen Wink über den unglücklichen zerfallenen Zustand um die Mitte des Jahrhunderts.[21]

Wie nun diese vergleichende Betrachtung der Bevölkerungen, hauptsächlich durch den italienischen Humanismus, auf andere Nationen eingewirkt haben mag, sind wir nicht im Stande näher nachzuweisen. Jedenfalls gehört Italien dabei die Priorität wie bei der Kosmographie im großen.

Allein die Entdeckung des Menschen bleibt nicht stehen bei der geistigen Schilderung der Individuen und der Völker; auch der äußere Mensch ist in Italien auf ganz andere Weise das Objekt der Betrachtung als im Norden.[1]

Von der Stellung der großen italienischen Ärzte zu den Fortschritten der Physiologie wagen wir nicht zu sprechen, und die künstlerische Ergründung der Menschengestalt

---

18 Landi: Quaestiones Forcianae, Neapoli 1536, benützt von Ranke, Päpste I, S. 385.
19 Descrizione di tutta l'Italia.
20 Commentario delle più notabili et mostruose cose d'Italia etc., Venezia 1569. (Wahrscheinlich vor 1547 verfaßt.)
21 Possenhafte Aufzählungen der Städte gibt es fortan häufig; z. B. Macaroneide, Phantas. II. – Für Frankreich ist dann Rabelais, welcher die Macaroneide gekannt hat, die große Quelle lokaler und provinzialer Späße, Anspielungen und Bosheiten.
1 Freilich auch sinkende Literaturen sind wohl eifrig im peinlich genauen Beschreiben. Vgl. etwa bei Sidonius Apollinaris die Schilderung eines Westgotenkönigs (Epist. I, 2), die eines persönlichen Feindes (Epist. III, 13), oder in den Gedichten die Typen der einzelnen Germanenvölker.

gehört nicht hieher sondern in die Kunstgeschichte. Wohl
aber muß hier von der allgemeinen Bildung des Auges die
Rede sein, welche in Italien ein objektives, allgültiges Urteil
über körperliche Schönheit und Häßlichkeit möglich
5 machte.

Fürs Erste wird man bei der aufmerksamen Lesung der
damaligen italienischen Autoren erstaunen über die Genau-
igkeit und Schärfe in der Bezeichnung der äußern Züge und
über die Vollständigkeit mancher Personalbeschreibungen
10 überhaupt.[2] Noch heutzutage haben besonders die Römer
das Talent, einen Menschen, von dem die Rede ist, in drei
Worten kenntlich zu machen. Dieses rasche Erfassen des
Charakteristischen aber ist eine wesentliche Vorbedingung
für die Erkenntnis des Schönen und für die Fähigkeit
15 dasselbe zu beschreiben. Bei Dichtern kann allerdings das
umständliche Beschreiben ein Fehler sein, da ein einziger
Zug, von der tiefern Leidenschaft eingegeben, im Leser ein
viel mächtigeres Bild von der betreffenden Gestalt zu erwecken vermag. Dante hat seine Beatrice nirgends herrli-
20 cher gepriesen als wo er nur den Reflex schildert, der von
ihrem Wesen ausgeht auf ihre ganze Umgebung. Allein es
handelt sich hier nicht um die Poesie, welche als solche
ihren eigenen Zielen nachgeht, sondern um das Vermögen,
spezielle sowohl als ideale Formen in Worten zu malen.

25 Hier ist Boccaccio Meister, nicht im Decamerone, da die
Novelle alles lange Beschreiben verbietet, sondern in seinen
Romanen, wo er sich die Muße und den nötigen Schwung
dazu nehmen darf. In seinem Ameto schildert er[3] eine
Blonde und eine Braune ungefähr wie ein Maler sie hundert
30 Jahre später würde gemalt haben – denn auch hier geht die
Bildung der Kunst lange voran. Bei der Braunen (oder
eigentlich nur weniger Blonden) erscheinen schon einige
Züge, die wir klassisch nennen würden: in seinen Worten
»la spaziosa testa e distesa« liegt die Ahnung großer For-

---

2 Über Filippo Villani, vgl. S. 328.
3 Parnasso teatrale, Lipsia 1829. Introd., p. VII.

men, die über das Niedliche hinausgehen; die Augbraunen
bilden nicht mehr wie beim Ideal der Byzantiner zwei
Bogen, sondern zusammen eine geschwungene Linie; die
Nase scheint er sich der sogenannten Adlernase genähert zu
denken;[4] auch die breite Brust, die mäßig langen Arme, die
Wirkung der schönen Hand, wie sie auf dem Purpurge-
wande liegt – all diese Züge deuten wesentlich auf das
Schönheitsgefühl einer kommenden Zeit, welches zugleich
dem des hohen klassischen Altertums unbewußt sich nähert. In anderen Schilderungen erwähnt Boccaccio auch
eine ebene (nicht mittelalterlich gerundete) Stirn, ein ernstes langgezogenes braunes Auge, einen runden, nicht aus-
gehöhlten Hals, freilich auch das sehr moderne »kleine
Füßchen«, und, bei einer schwarzhaarigen Nymphe bereits
»zwei schelmisch rollende Augen«.[5] U. a. m.

Ob das 15. Jahrhundert schriftliche Rechenschaft über
sein Schönheitsideal hinterlassen hat, weiß ich nicht zu
sagen; die Leistungen der Maler und Bildhauer würden
dieselbe nicht so ganz entbehrlich machen, wie es auf den
ersten Anblick scheint, da gerade ihrem Realismus gegenüber in den Schreibenden ein spezielles Postulat der Schönheit fortgelebt haben könnte.[6] Im 16. Jahrhundert tritt
dann Firenzuola hervor mit seiner höchst merkwürdigen
Schrift über weibliche Schönheit.[7] Man muß vor Allem

---

4 Die Lesart ist hier offenbar verdorben.
5 Due occhi ladri nel loro movimento. Die ganze Schrift ist reich
   an solchen Beschreibungen.
6 Das sehr schöne Liederbuch des Giusto de' Conti: la bella mano
   meldet nicht einmal von dieser berühmten Hand seiner Geliebten so viel Spezielles wie Boccaccio an zehn Stellen seines
   Ameto von den Händen seiner Nymphen erzählt.
7 Della bellezza delle donne, im I. Band der Opere di Firenzuola,
   Milano 1802. – Seine Ansicht über die Körperschönheit als
   Anzeige der Seelenschönheit vgl. vol. II, p. 48 bis 52, in den
   ragionamenti vor seinen Novellen. – Unter den vielen andern,
   welche dies, zum Teil nach Art der Alten, verfechten, nennen
   wir nur Castiglione, il Cortigiano, L. IV, fol. 176.

ausscheiden, was er nur von antiken Autoren und von
Künstlern gelernt hat, wie die Maßbestimmungen nach
Kopflängen, einzelne abstrakte Begriffe usw. Was übrig
bleibt ist eigene echte Wahrnehmung, die er mit Beispielen
von lauter Frauen und Mädchen aus Prato belegt. Da nun
sein Werkchen eine Art von Vortrag ist, den er vor seinen
Prateserinnen, also den strengsten Richterinnen hält, so
muß er dabei sich wohl an die Wahrheit angeschlossen
haben. Sein Prinzip ist zugestandenermaßen das des Zeuxis
und Lucian: ein Zusammensuchen von einzelnen schönsten
Teilen zu einer höchsten Schönheit. Er definiert die Ausdrücke der Farben, die an Haut und Haaren vorkommen,
und gibt dem biondo den Vorzug als der wesentlichen und
schönsten Haarfarbe,[8] nur daß er darunter ein sanftes, dem
Bräunlichen zugeneigtes Gelb versteht. Ferner verlangt er
das Haar dicht, lockig und lang, die Stirn heiter und doppelt so breit als hoch, die Haut hell leuchtend (candido),
aber nicht von toter Weiße (bianchezza), die Brauen dunkel, seidenweich, in der Mitte am stärksten und gegen Nase
und Ohr abnehmend, das Weiße im Auge leise bläulich, die
Iris nicht gerade schwarz, obwohl alle Dichter nach occhi
neri als einer Gabe der Venus schreien, während doch das
Himmelblau selbst Göttinnen eigen gewesen und das
sanfte, fröhlich blickende Dunkelbraun allbeliebt sei. Das
Auge selbst soll groß gebildet sein und vortreten; die Lider
sind weiß mit kaum sichtbaren roten Äderchen am schönsten; die Wimpern weder zu dicht noch zu lang, noch zu
dunkel. Die Augenhöhle muß die Farbe der Wangen haben.[9] Das Ohr, von mittlerer Größe, fest und wohl ange-

---

8 Worüber jedermann einverstanden war, nicht bloß die Maler aus
   Gründen des Kolorits.
9 Bei diesem Anlaß etwas über das Auge der Lucrezia Borgia, aus
   den Distichen eines ferraresischen Hofpoeten, Ercole Strozza
   (Strozii poetae, p. 85, 86). Die Macht ihres Blickes wird auf eine
   Weise bezeichnet, die nur in einer künstlerischen Zeit erklärlich
   ist, und die man sich jetzt verbitten würde. Bald heißt dies Auge
   entflammend, bald versteinernd. Wer die Sonne lange ansieht,

setzt, muß in den geschwungenen Teilen lebhafter gefärbt
sein als in den flachern, der Saum durchsichtig und rotglän-
zend wie Granatenkern. Die Schläfe sind weiß und flach
und nicht zu schmal am schönsten.[10] Auf den Wangen muß
das Rot mit der Rundung zunehmen. Die Nase, welche 5
wesentlich den Wert des Profiles bestimmt, muß nach oben
sehr sanft und gleichmäßig abnehmen; wo der Knorpel
aufhört, darf eine kleine Erhöhung sein, doch nicht, daß
daraus eine Adlernase würde, die an Frauen nicht gefällt;
der untere Teil muß sanfter gefärbt sein als die Ohren, nur 10
nicht erfroren weiß, die mittlere Wand über der Lippe leise
gerötet. Den Mund verlangt der Autor eher klein, doch
weder gespitzt noch platt, die Lippen nicht zu subtil, und
schön aufeinander passend; beim zufälligen Öffnen (d. h.
ohne Lachen oder Reden) darf man höchstens sechs Ober- 15
zähne sehen. Besondere Delikatessen sind das Grübchen in

---

wird blind; wer Medusa betrachtete, wurde Stein; wer aber
Lucreziens Angesicht schaut:
　　　Fit primo intuitu caecus et inde lapis.
Ja der marmorne schlafende Cupido in ihren Sälen soll von
ihrem Blick versteinert sein:
　　　Lumine Borgiados saxificatus Amor.
Man kann nun darüber streiten, ob der sogenannte praxiteli-
sche oder derjenige von Michelangelo gemeint sei, da sie beide
besaß.
　　Und derselbe Blick erschien einem andern Dichter, dem
Marcello Filosseno, nur mild und stolz, mansueto e altero
(Roscoe, Leone X, ed. Bossi, VII, p. 306).
　　Vergleichungen mit antiken Idealgestalten kommen damals
nicht selten vor (S. 39, 187). Von einem zehnjährigen Knaben
heißt es im Orlandino (II, Str. 47): er hat einen antiken Kopf,
ed ha capo romano.
10 Bei diesem Anlaß, da das Aussehen der Schläfe durch die
Anordnung der Haare modifiziert werden kann, erlaubt sich F.
einen komischen Ausfall gegen die allzuvielen Blumen im
Haar, welche dem Gesicht ein Ansehen geben, »gleich einem
Topf voll Nelken oder einem Geißviertel am Bratspieß«. Überhaupt versteht er recht wohl zu karikieren.

der Oberlippe, ein schönes Anschwellen der Unterlippe, ein liebreizendes Lächeln im linken Mundwinkel usw. Die Zähne sollen sein: nicht zu winzig, ferner gleichmäßig, schön getrennt, elfenbeinfarbig; das Zahnfleisch nicht zu dunkel, ja nicht etwa wie roter Sammet. Das Kinn sei rund, weder gestülpt noch spitzig, gegen die Erhöhung hin sich rötend; sein besonderer Ruhm ist das Grübchen. Der Hals muß weiß und rund und eher zu lang als zu kurz sein, Grube und Adamsapfel nur angedeutet; die Haut muß bei jeder Wendung schöne Falten bilden. Die Schultern verlangt er breit und bei der Brust erkennt er sogar in der Breite das höchste Erfordernis der Schönheit; außerdem muß daran kein Knochen sichtbar, alles Zu- und Abnehmen kaum bemerklich, die Farbe »candidissimo« sein. Das Bein soll lang und an dem untern Teil zart, doch am Schienbein nicht zu fleischlos und überdies mit starken weißen Waden versehen sein. Den Fuß will er klein, doch nicht mager, die Spannung (scheint es) hoch, die Farbe weiß wie Alabaster. Die Arme sollen weiß sein und sich an den erhöhten Teilen leise röten; ihre Konsistenz beschreibt er als fleischig und muskulös, doch sanft wie die der Pallas, da sie vor dem Hirten auf Ida stand, mit einem Worte: saftig, frisch und fest. Die Hand verlangt er weiß, besonders oben, aber *groß* und etwas voll, und anzufühlen wie feine Seide, das rosige Innere mit wenigen, aber deutlichen, nicht gekreuzten Linien und nicht zu hohen Hügeln versehen, den Raum zwischen Daumen und Zeigefinger lebhaft gefärbt und ohne Runzeln, die Finger lang, zart und gegen das Ende hin kaum merklich dünner, mit hellen wenig gebogenen und nicht zu langen noch zu viereckigen Nägeln, die beschnitten sein sollen nur bis auf die Breite eines Messerrückens.

Neben dieser speziellen Ästhetik nimmt die allgemeine nur eine untergeordnete Stelle ein. Die tiefsten Gründe des Schönfindens, nach welchen das Auge »senza appello« richtet, sind auch für Firenzuola ein Geheimnis, wie er offen eingesteht, und seine Definitionen von Leggiadria, Grazia,

Vaghezza, Venustà, Aria, Maestà sind zum Teil, wie bemerkt, philologisch erworben, zum Teil ein vergebliches
Ringen mit dem Unaussprechlichen. Das Lachen definiert
er – wahrscheinlich nach einem alten Autor – recht hübsch
als ein Erglänzen der Seele. 5

Alle Literaturen werden am Ausgange des Mittelalters
einzelne Versuche aufweisen, die Schönheit gleichsam dogmatisch festzustellen.[11] Allein neben Firenzuola wird
schwerlich ein anderes Werk irgend aufkommen. Der um
ein starkes halbes Jahrhundert spätere Brantome z. B. ist 10
ein geringer Kenner dagegen, weil ihn die Lüsternheit und
nicht der Schönheitssinn leitet.

———

Zu der Entdeckung des Menschen dürfen wir endlich auch
die schildernde Teilnahme an dem wirklichen bewegten
Menschenleben rechnen. 15

Die ganze komische und satirische Seite der mittelalterlichen Literaturen hatte zu ihren Zwecken das Bild des
gemeinen Lebens nicht entbehren können. Etwas ganz
anderes ist es, wenn die Italiener der Renaissance dieses Bild
um seiner selber willen ausmalen, weil es an sich interes- 20
sant, weil es ein Stück des großen allgemeinen Weltlebens
ist, von welchem sie sich zauberhaft umwogt fühlen. Statt
und neben der Tendenzkomik, welche sich in den Häusern,
auf den Gassen, in den Dörfern herumtreibt, weil sie Bürgern, Bauern und Pfaffen eines anhängen will, treffen wir 25
hier in der Literatur die Anfänge des echten Genre, lange
Zeit bevor sich die Malerei damit abgibt. Daß beides sich
dann oft wieder verbindet, hindert nicht, daß es verschiedene Dinge sind.

Wie viel irdisches Geschehen muß Dante aufmerksam 30
und teilnehmend angesehen haben, bis er die Vorgänge

———

11 Das Schönheitsideal der Minnesinger s. bei Falke, Die deutsche Trachten- und Modenwelt, I, S. 85 ff.

seines Jenseits so ganz sinnlich wahr schildern konnte.[1] Die
berühmten Bilder von der Tätigkeit im Arsenal zu Venedig,
vom Aneinanderlehnen der Blinden vor den Kirchtüren[2]
u. dgl. sind lange nicht die einzigen Beweise dieser Art;
schon seine Kunst, den Seelenzustand in der äußern Gebärde darzustellen, zeigt ein großes und beharrliches Studium des Lebens.

Die Dichter, welche auf ihn folgen, erreichen ihn in
dieser Beziehung selten und den Novellisten verbietet es
das höchste Gesetz ihrer Literaturgattung, bei dem Einzelnen zu verweilen (vgl. S. 301, 341). Sie dürfen so weit-
schweifig präludieren und erzählen als sie wollen, aber
nicht genrehaft schildern. Wir müssen uns gedulden bis die
Männer des Altertums Lust und Gelegenheit finden, sich in
der Beschreibung zu ergehen.

Hier tritt uns wiederum *der* Mensch entgegen, welcher
Sinn hatte für Alles: Aeneas Sylvius. Nicht bloß die Schönheit der Landschaft, nicht bloß das kosmographisch oder
antiquarisch Interessante (S. 184, 282, 298) reizt ihn zur
Darstellung, sondern jeder lebendige Vorgang.[3] Unter den
sehr vielen Stellen seiner Memoiren, wo Szenen geschildert
werden, welchen damals kaum jemand einen Federstrich
gegönnt hätte, heben wir hier nur das Wettrudern auf dem
Bolsener See hervor.[4] Man wird nicht näher ermitteln können, aus welchen antiken Epistolographen oder Erzählern
die spezielle Anregung zu so lebensvollen Bildern auf ihn
übergegangen ist, wie denn überhaup die geistigen Berüh-
rungen zwischen Altertum und Renaissance oft überaus
zart und geheimnisvoll sind.

---

1 Über die Wahrheit seines Raumsinns vgl. S. 294, Anm.
2 Inferno XXI, 7. Purgat. XIII, 61.
3 Man muß es nicht zu ernst nehmen, daß er an seinem Hofe eine
   Art Spottdrossel, den Florentiner Greco hatte, hominem certe
   cuiusvis mores, naturam, linguam cum maximo omnium qui
   audiebant risu facile exprimentem. Platina, Vitae Pontiff. p. 310.
4 Pii II. Comment. VIII, p. 391.

Sodann gehören hieher jene beschreibenden lateinischen Gedichte, von welchen oben (S. 257) die Rede war: Jagden, Reisen, Zeremonien u. dgl. Es gibt auch Italienisches dieser Gattung; wie z. B. die Schilderungen des berühmten mediceischen Turniers von Poliziano und Luca Pulci. Die eigentlichen epischen Dichter, Luigi Pulci, Bojardo und Ariost, treibt ihr Gegenstand schon rascher vorwärts, doch wird man bei allen die leichte Präzision in der Schilderung des Bewegten als ein Hauptelement ihrer Meisterschaft anerkennen müssen. Franco Sacchetti macht sich einmal das Vergnügen, die kurzen Reden eines Zuges hübscher Weiber aufzuzeichnen,[5] die im Wald vom Regen überrascht werden.

Andere Beschreibungen der bewegten Wirklichkeit findet man am ehesten bei Kriegsschriftstellern u. dgl. (vgl. S. 108). Schon aus früherer Zeit ist uns in einem umständlichen Gedicht[6] das getreue Abbild einer Söldnerschlacht des 14. Jahrhunderts erhalten, hauptsächlich in Gestalt der Zurufe, Kommandos und Gespräche, die während einer solchen vorkommen.

Das Merkwürdigste dieser Art aber ist die echte Schilderung des Bauernlebens, welche besonders bei Lorenzo magnifico und den Dichtern in seiner Umgebung bemerklich wird.

Seit Petrarca[7] gab es eine falsche, konventionelle Bukolik oder Eklogendichtung, eine Nachahmung Virgils, mochten die Verse lateinisch oder italienisch sein. Als ihre Ne-

---

5 Diese sogenannte Caccia ist abgedruckt im Kommentar zu Castigliones Ekloge.

6 Siehe die Serventese des Giannozzo von Florenz, bei Trucchi, Poesie italiane inedite, II, p. 99. Die Worte sind zum Teil ganz unverständlich, d. h. wirklich oder scheinbar aus den Sprachen der fremden Söldner entlehnt. – Auch Macchiavells Beschreibung von Florenz während der Pest von 1527 gehört gewissermaßen hieher. Lauter lebendig sprechende Einzelbilder eines schrecklichen Zustandes.

7 Laut Boccaccio (Vita di Dante, p. 77) hätte schon Dante zwei, wahrscheinlich lateinische, Eklogen gedichtet.

bengattungen traten auf der Hirtenroman von Boccaccio
(S. 255) bis auf Sannazaro's Arcadia, und später das Schäferspiel in der Art des Tasso und Guarini, Werke der allerschönsten Prosa wie des vollendetsten Versbaues, worin
jedoch das Hirtenwesen nur ein äußerlich übergeworfenes
ideales Kostüm für Empfindungen ist, die einem ganz
andern Bildungskreis entstammen.[8]

Daneben aber tritt gegen das Ende des 15. Jahrhunderts
jene echt genrehafte Behandlung des ländlichen Daseins in
die Dichtung ein. Sie war nur in Italien möglich, weil nur
hier der Bauer (sowohl der Kolone als der Eigentümer)
Menschenwürde und persönliche Freiheit und Freizügig-
keit hatte, so hart bisweilen auch sein Los sein mochte. Der
Unterschied zwischen Stadt und Dorf ist bei Weitem nicht
so ausgesprochen wie im Norden; eine Menge Städtchen
sind ausschließlich von Bauern bewohnt, die sich des
Abends Städter nennen können. Die Wanderungen der
comaskischen Maurer gingen fast durch ganz Italien; das
Kind Giotto durfte von seinen Schafen hinweg und konnte
in Florenz zünftig werden; überhaupt war ein beständiger
Zustrom vom Lande nach den Städten und gewisse Berg-
bevölkerungen schienen dafür eigentlich geboren.[9] Nun
sorgen zwar Bildungshochmut und städtischer Dünkel
noch immer dafür, daß Dichter und Novellisten sich über
den villano lustig machen,[10] und die Improvisier-Komödie

8 Boccaccio gibt in seinem Ameto schon eine Art von mythisch
   verkleidetem Decamerone und fällt bisweilen auf komische
   Weise aus dem Kostüm. Eine seiner Nymphen ist gut katholisch
   und wird in Rom von den Prälaten lüstern angesehen; eine
   andere heiratet. Im Ninfale Fiesolano zieht die schwangere
   Nymphe Mensola eine »alte, weise Nymphe« zu Rate, u. dgl.
9 Nullum est hominum genus aptius urbi, sagt Battista Mantovano (Ecl. VIII) von den zu allen Dingen brauchbaren Bewoh-
   nern des Monte Baldo und der Val Sassina. Bekanntlich haben
   einzelne Landbevölkerungen noch heute ein Vorrecht auf gewisse Beschäftigungen in großen Städten.
10 Vielleicht eine der stärksten Stellen: Orlandino, cap. V., str.
   54-58.

(S. 317) tat vollends das übrige. Aber wo fände sich ein Ton von jenem grausamen, verachtungsvollen Racenhaß gegen die vilains, der die adlichen provenzalischen Dichter und stellenweise die französischen Chronisten beseelt? Vielmehr[11] erkennen italienische Autoren jeder Gattung das Bedeutende und Große, wo es sich im Bauernleben zeigt, freiwillig an und heben es hervor. Gioviano Pontano erzählt[12] mit Bewunderung Züge von Seelenstärke der wilden Abruzzesen; in den biographischen Sammelwerken wie bei den Novellisten fehlt auch das heroische Bauermädchen[13] nicht, welches sein Leben dran setzt um seine Unschuld oder seine Familie zu verteidigen.[14]

---

11 In der Lombardie scheuten sich zu Anfang des 16. Jahrh⟨underts⟩ die Edelleute nicht, mit den Bauern zu tanzen, zu ringen, zu springen und um die Wette zu laufen. Il cortigiano, L. II, fol. 54. – Ein Gutsbesitzer, der sich über Gier und Trug seiner Pachtbauern damit tröstet, daß man sich dabei in die Leute schicken lerne, ist A. Pandolfini, im Trattato del governo della famiglia, p. 86.

12 Jovian. Pontan. de fortitudine, lib. II.

13 Die berühmte veltlinische Bäurin Bona Lombarda als Gemahlin des Condottiere Pietro Brunoro lernt man kennen aus Jacobus Bergomensis und aus Porcellius, bei Murat. XXV, Col. 43. – Vgl. oben S. 155, Anm.

14 Über das Schicksal der damaligen italienischen Bauern überhaupt und je nach den Landschaften insbesondere sind wir außerstande, Näheres hier beizubringen. Wie sich der freie Grundbesitz damals zum gepachteten verhielt, welches die Belastung beider im Verhältnis zur jetzigen Zeit war, müssen Spezialwerke lehren, die uns nicht zu Gebote stehen. In stürmischen Zeiten pflegen die Bauern bisweilen schrecklich zu verwildern (Arch. stor. XVI. I, p. 451 s. – Corio, fol. 259. – Annales Foroliv. bei Murat. XXII, Col. 227), aber nirgends kommt es zu einem großen gemeinsamen Bauernkrieg. Von einiger Bedeutung und an sich sehr interessant ist der Bauernaufstand um Piacenza 1462. Vgl. Corio, Storia di Milano, fol. 409. Annales Placent. bei Murat. XX, Col. 907. Sismondi, X, p. 138.

Unter solchen Voraussetzungen war eine poetische Betrachtung des Bauernlebens möglich. Zunächst sind hier zu
erwähnen die einst viel gelesenen und noch heute lesens-
werten Eklogen des Battista Mantovano (eines seiner frühern Werke, etwa um 1480). Sie schwanken noch zwischen
echter und konventioneller Ländlichkeit, doch überwiegt
die erstere. Im wesentlichen spricht daraus der Sinn eines
wohldenkenden Dorfgeistlichen, nicht ohne einen gewissen aufklärerischen Eifer. Als Karmelitermönch mag er viel
mit Landleuten verkehrt haben.

Allein mit einer ganz andern Kraft versetzt sich Lorenzo
magnifico in den bäurischen Gesichtskreis hinein. Seine
Nencia di Barberino[15] liest sich wie ein Inbegriff echter
Volkslieder aus der Umgegend von Florenz, zusammenge-
gossen in einen großen Strom von Ottaven. Die Objektivität des Dichters ist der Art, daß man im Zweifel bleibt, ob
er für den Redenden (den Bauerburschen Vallera, welcher
der Nencia seine Liebe erklärt) Sympathie oder Hohn empfindet. Ein bewußter Gegensatz zur konventionellen Bukolik mit Pan und Nymphen ist unverkennbar; Lorenzo ergeht sich absichtlich im derben Realismus des bäurischen
Kleinlebens und doch macht das Ganze einen wahrhaft
poetischen Eindruck.

Ein zugestandenes Seitenstück zur Nencia ist die Beca da
Dicomano des Luigi Pulci.[16] Allein es fehlt der tiefere
objektive Ernst; die Beca ist nicht sowohl gedichtet aus
innerem Drang, ein Stück Volksleben darzustellen, als vielmehr aus dem Verlangen, durch etwas der Art den Beifall
gebildeter Florentiner zu gewinnen. Daher die viel größere,
absichtlichere Derbheit des Genrehaften und die beige-

---

15 Poesie di Lorenzo magnif., I, p. 37 s. – Die sehr merkwürdigen
    Gedichte aus der Zeit des deutschen Minnegesanges, welche
    den Namen des Neithard von Reuenthal tragen, stellen das
    Bauernleben doch nur dar, insoweit sich der Ritter zu seinem
    Vergnügen darauf einläßt.
16 Ebenda, II, p. 149.

mischten Zoten. Doch wird der Gesichtskreis des ländlichen Liebhabers noch sehr geschickt festgehalten.

Der dritte in diesem Verein ist Angelo Poliziano mit seinem Rusticus[17] in lateinischen Hexametern. Er schildert, unabhängig von Virgil's Georgica, speziell das toscanische Bauernjahr, beginnend mit dem Spätherbst, da der Landmann einen neuen Pflug schnitzt und die Wintersaat bestellt. Sehr reich und schön ist die Schilderung der Fluren im Frühling und auch der Sommer enthält vorzügliche Stellen; als eine Perle aller neulateinischen Poesie aber darf das Kelterfest im Herbste gelten. Auch auf italienisch hat Poliziano einzelnes gedichtet, woraus hervorgeht, daß man im Kreise des Lorenzo bereits irgendein Bild aus dem leidenschaftlich bewegten Leben der untern Stände realistisch behandeln durfte. Sein Liebeslied des Zigeuners[18] ist wohl eines der frühsten Produkte der echt modernen Tendenz, sich in die Lage irgendeiner Menschenklasse mit poetischem Bewußtsein hineinzuversetzen. Mit komischer Absicht war dergleichen wohl von jeher versucht worden[19] und in Florenz boten die Gesänge der Maskenzüge sogar eine bei jedem Karneval wiederkehrende Gelegenheit hiezu. Neu aber ist das Eingehen auf die Gefühlswelt eines Andern, womit die Nencia und diese »Canzone zingaresca« einen denkwürdigen neuen Anfang in der Geschichte der Poesie ausmachen.

Auch hier muß schließlich darauf hingewiesen werden, wie die Bildung der Kunst vorangeht. Von der Nencia an dauert es wohl achtzig Jahre bis zu den ländlichen Genremalereien des Jacopo Bassano und seiner Schule.

---

17 U. a. in den Deliciae poetar. ital. und in den Werken Polizianos.
   – Die Lehrgedichte des Rucellai und Alamanni, welche einiges Ähnliche enthalten sollen, stehen mir nicht zu Gebote.
18 Poesie di Lorenzo m., II, p. 75.
19 Dahin gehört schon das Nachmachen verschiedener Dialekte, wozu das der Landesmanieren sich gesellt haben muß. Vgl. S. 161.

Im nächsten Abschnitt wird es sich zeigen, daß in Italien damals die Geburtsunterschiede zwischen den Menschenklassen ihre Geltung verloren. Gewiß trug hiezu viel bei, daß man hier zuerst die Menschen und die Menschheit in ihrem tiefern Wesen vollständig erkannt hatte. Schon dieses eine Resultat der Renaissance darf uns mit ewigem Dankgefühl erfüllen. Den logischen Begriff der Menschheit hatte man von jeher gehabt, aber sie kannte die Sache.

Die höchsten Ahnungen auf diesem Gebiet spricht Pico della Mirandola aus in seiner Rede von der Würde des Menschen,[20] welche wohl eines der edelsten Vermächtnisse jener Kulturepoche heißen darf. Gott hat am Ende der Schöpfungstage den Menschen geschaffen, damit derselbe die Gesetze des Weltalls erkenne, dessen Schönheit liebe, dessen Größe bewundere. Er band denselben an keinen festen Sitz, an kein bestimmtes Tun, an keine Notwendigkeiten, sondern er gab ihm Beweglichkeit und freien Willen. »Mitten in die Welt, spricht der Schöpfer zu Adam, habe ich dich gestellt, damit du um so leichter um dich schauest und sehest alles was darinnen ist. Ich schuf dich als ein Wesen weder himmlisch noch irdisch, weder sterblich noch unsterblich allein, damit du dein eigener freier Bildner und Überwinder seiest; du kannst zum Tier entarten und zum gottähnlichen Wesen dich wiedergebären. Die Tiere bringen aus dem Mutterleibe mit was sie haben sollen, die höhern Geister sind von Anfang an oder doch bald hernach[21] was sie in Ewigkeit bleiben werden. Du allein hast eine Entwicklung, ein Wachsen nach freiem Willen, du hast Keime eines allartigen Lebens in dir.«

---

20 Jo. Pici oratio de hominis dignitate, in den Opera und in besondern Abdrücken.

21 Eine Anspielung auf den Sturz Lucifers und seiner Genossen.

FÜNFTER ABSCHNITT

DIE GESELLIGKEIT UND DIE FESTE

Jede Kulturepoche, die in sich ein vollständig durchgebildetes Ganze vorstellt, spricht sich nicht nur im staatlichen
Zusammenleben, in Religion, Kunst und Wissenschaft
kenntlich aus, sondern sie drückt auch dem geselligen Dasein ihren bestimmten Stempel auf. So hatte das Mittelalter
seine nach Ländern nur wenig verschiedene Hof- und
Adelssitte und Etikette, sein bestimmtes Bürgertum.

Die Sitte der italienischen Renaissance ist hievon in den
wichtigsten Beziehungen das wahre Widerspiel. Schon die
Basis ist eine andere, indem es für die höhere Geselligkeit
keine Kastenunterschiede mehr, sondern einen gebildeten
Stand im modernen Sinne gibt, auf welchen Geburt und
Herkunft nur noch dann Einfluß haben, wenn sie mit
ererbtem Reichtum und gesicherter Muße verbunden sind.
In absolutem Sinne ist dies nicht zu verstehen, indem die
Standeskategorien des Mittelalters bald mehr bald weniger
sich noch geltend zu machen suchen, und wäre es auch nur,
um mit der außeritalienischen, europäischen Vornehmheit
in irgendeinem Rangverhältnis zu bleiben; aber der allgemeine Zug der Zeit war offenbar die Verschmelzung der
Stände im Sinn der neuern Welt.

Von erster Wichtigkeit war hiefür das Zusammenwohnen von Adlichen und Bürgern in den Städten mindestens
seit dem 12. Jahrhundert,[1] wodurch Schicksale und Vergnügungen gemeinschaftlich wurden und die Anschauung
der Welt vom Bergschloß aus von vornherein am Entste-

---

[1] Bei dem piemontesischen Adel fiel das Wohnen auf den Landschlössern als eine Ausnahme auf. Bandello, Parte II, Nov. 12.

hen verhindert war. Sodann ließ sich die Kirche in Italien
niemals zur Apanagierung der jüngern Söhne des Adels
brauchen wie im Norden; Bistümer, Domherrnstellen und
Abteien wurden oft nach den unwürdigsten Rücksichten,
aber doch nicht wesentlich nach Stammtafeln vergeben,
und wenn die Bischöfe viel zahlreicher, ärmer und aller
weltlichen Fürstenhoheit in der Regel bar und ledig waren,
so blieben sie dafür in der Stadt wohnen, wo ihre Kathedrale stand, und bildeten samt ihrem Domkapitel ein Element der gebildeten Bevölkerung derselben. Als hierauf
absolute Fürsten und Tyrannen emporkamen, hatte der
Adel in den meisten Städten allen Anlaß und alle Muße, sich
ein Privatleben zu schaffen (S. 139), welches politisch gefahrlos und mit jeglichem feinern Lebensgenusse geschmückt, dabei übrigens von dem der reichen Bürger
gewiß kaum zu unterscheiden war. Und als die neue Poesie
und Literatur seit Dante Sache eines Jeden[2] wurde, als
vollends die Bildung im Sinne des Altertums und das Interesse für den Menschen als solchen hinzutrat, während Condottieren Fürsten wurden und nicht nur die Ebenbürtig-
keit, sondern auch die eheliche Geburt aufhörten Requisite
des Thrones zu sein (S. 28), da konnte man glauben, ein
Zeitalter der Gleichheit sei angebrochen, der Begriff des
Adels völlig verflüchtigt.

Die Theorie, wenn sie sich auf das Altertum berief,
konnte schon aus dem einen Aristoteles die Berechtigung
des Adels bejahen oder verneinen. Dante z. B. leitet noch[3]
aus der einen aristotelischen Definition »Adel beruhe auf
Trefflichkeit und ererbtem Reichtum« seinen Satz her: Adel
beruhe auf eigener Trefflichkeit oder auf der der Vorfahren.
Aber an andern Stellen gibt er sich damit nicht mehr zufrie-

---

2 Dies schon lange vor dem Bücherdruck. Eine Menge Manuskripte, und von den besten, gehörten florentinischen Arbei-
tern. Ohne Savonarola's Opferbrand wären noch viel mehr
davon vorhanden. Vgl. S. 202.

3 Dante, de monarchia L. II, cap. 3.

den; er tadelt sich,[4] weil er selbst im Paradies, im Gespräch
mit seinem Ahn Cacciaguida, der edlen Herkunft gedacht
habe, welche doch nur ein Mantel sei, von dem die Zeit
beständig abschneide, wenn man nicht täglich neuen Wert
hinzusetze. Und im Convito[5] löst er den Begriff nobile und
nobiltà fast gänzlich von jeder Bedingung der Geburt ab
und identifiziert ihn mit der Anlage zu jedem sittlichen und
intellektuellen Vorrang; ein besonderer Akzent wird dabei
auf die höhere Bildung gelegt, indem die nobiltà die Schwester der filosofia sein soll.

Je konsequenter hierauf der Humanismus sich die An-
schauungsweise der Italiener dienstbar machte, desto fester
überzeugte man sich auch, daß die Abstammung über den
Wert des Menschen nicht entscheide. Im 15. Jahrhundert
war dies schon die herrschende Theorie. Poggio in seinem
Gespräch »vom Adel«[6] ist mit seinen Interlokutoren –
Niccolò Niccoli und Lorenzo Medici, Bruder des großen
Cosimo – schon darüber einverstanden, daß es keine andere
Nobilität mehr gebe als die des persönlichen Verdienstes.
Mit den schärfsten Wendungen wird Manches von dem
persifliert, was nach dem gewöhnlichen Vorurteil zum adlichen Leben gehört. »Vom wahren Adel sei einer nur um so
viel weiter entfernt, je länger seine Vorfahren kühne Missetäter gewesen. Der Eifer für Vogelbeize und Jagd rieche
nicht stärker nach Adel als die Nester der betreffenden
Tiere nach Balsam. Landbau, wie ihn die Alten trieben,
wäre viel edler als dies unsinnige Herumrennen in Wald
und Gebirge, wobei man am meisten den Tieren selber
gleiche. Eine Erholung dürfe dergleichen etwa vorstellen,
nicht aber ein Lebensgeschäft.« Vollends unadlich erscheine das französische und englische Ritterleben auf dem
Lande oder in Waldschlössern, oder gar das deutsche Raub-
rittertum. Der Medici nimmt hierauf einigermaßen die Par-

---

4 Paradiso XVI, Anfang.
5 Dante, Convito, fast der ganze Trattato IV. u. m. a. Stellen.
6 Poggii opera, Dial. de nobilitate.

tei des Adels, aber – bezeichnend genug – nicht mit Berufung auf ein angeborenes Gefühl, sondern weil Aristoteles
im V. Buch der Politica den Adel als etwas Seiendes aner-
kenne und definiere, nämlich eben als beruhend auf Trefflichkeit und ererbtem Reichtum. Allein Niccoli erwidert:
Aristoteles sage dies nicht als seine Überzeugung, sondern
als allgemeine Meinung; in der Ethik, wo er sage was er
denke, nenne er Denjenigen adlich, welcher nach dem wahren Guten strebe. Umsonst hält ihm nun der Medici den
griechischen Ausdruck für Adel, nämlich Wohlgeborenen-
heit, Eugeneia entgegen; Niccoli findet das römische Wort
nobilis, d. h. bemerkenswert, richtiger, indem selbiges den
Adel von den Taten abhängig mache.[7] Außer diesen Rai-
sonnements wird die Stellung des Adels in den verschiedenen Gegenden Italiens folgendermaßen skizziert. In Neapel
ist der Adel träge und gibt sich weder mit seinen Gütern
noch mit dem als schmachvoll geltenden Handel ab; entweder tagediebt er zu Hause[8] oder sitzt zu Pferde. Auch der
römische Adel verachtet den Handel, bewirtschaftet aber
seine Güter selbst; ja wer das Land baut, dem eröffnet sich
von selbst der Adelsrang;[9] »es ist eine ehrbare, wenn auch
bäurische Nobilität«. Auch in der Lombardie leben die
Adlichen vom Ertrag der ererbten Landgüter; Abstammung und Enthaltung von gewöhnlichen Geschäften machen hier schon den Adel aus.[10] In Venedig treiben die

---

7 Dieselbe Verachtung des Geburtsadels findet sich dann bei den
   Humanisten häufig. Vgl. die scharfen Stellen bei Aen. Sylvius,
   Opera, p. 84 (Hist. bohem., cap. 2) und 640 (Gesch. von Lu-
   cretia und Euryalus).

8 Und zwar in der Hauptstadt. Vgl. Bandello, Parte II, Nov. 7. –
   Joviani Pontani Antonius (wo der Verfall der Adelskraft erst
   von den Aragonesen an datiert wird).

9 In ganz Italien galt wenigstens soviel, daß wer bedeutende
   Landrenten hatte, vom Adel nicht mehr zu unterscheiden war.

10 Für die Taxierung des Adels in Oberitalien ist Bandello mit
   seiner mehrmaligen Polemik gegen die Mißheiraten nicht ohne
   Bedeutung. Parte I, Nov. 4, 26. Parte III, 60. IV, 8. Der

Nobili, die regierende Kaste, sämtlich Handel; ebenso sind in Genua Adliche und Nichtadliche sämtlich Kaufleute und Seefahrer und nur durch die Geburt unterschieden; einige freilich lauern auch als Wegelagerer in Bergschlössern. In Florenz hat sich ein Teil des alten Adels dem Handel ergeben; ein anderer Teil (gewiß der weit kleinere) erfreut sich seines Ranges und gibt sich mit gar nichts ab als mit Jagd und Vogelbeize.[11]

Das Entscheidende war, daß fast in ganz Italien auch die, welche auf ihre Geburt stolz sein mochten, doch gegenüber der Bildung und dem Reichtum keinen Dünkel geltend machen konnten, und daß sie durch ihre politischen oder höfischen Vorrechte zu keinem erhöhten Standesgefühl provoziert wurden. Venedig macht hier nur eine scheinbare Ausnahme, weil das Leben der Nobili durchaus nur ein bürgerliches, durch wenige Ehrenrechte bevorzugtes war. Anders verhält es sich allerdings mit Neapel, welches durch die strengere Ausscheidung und die Pompsucht seines Adels mehr als aus irgendeinem andern Grunde von der geistigen Bewegung der Renaissance abgeschnitten blieb. Zu einer starken Nachwirkung des langobardischen und normannischen Mittelalters und des spätfranzösischen Adelswesens kam hier schon vor der Mitte des 15. Jahrhunderts die aragonesische Herrschaft, und so vollzog sich hier am frühsten, was erst hundert Jahre später im übrigen Italien überhandnahm: die teilweise Hispanisierung des

Mailändische Nobile als Kaufmann ist eine Ausnahme. Parte III, Nov. 37. – Wie die lombardischen Adlichen an den Spielen der Bauern teilnahmen, vgl. S. 349, Anm.
11 Das strenge Urteil Macchiavell's, Discorsi I, 55, bezieht sich bloß auf den noch mit Lehnsrechten versehenen, völlig untätigen und politisch zerstörenden Adel. – Agrippa von Nettesheim, der seine merkwürdigsten Ideen wesentlich seinem Leben in Italien verdankt, hat doch einen Abschnitt über Adel und Fürstentum (de incert. et vanitate scient., cap. 80), der an radikaler Bitterkeit stärker als alles ist und wesentlich der nordischen Geistergärung angehört.

Lebens, deren Hauptelement die Verachtung der Arbeit und die Sucht nach Adelstiteln war. Der Einfluß hievon zeigte sich schon vor dem Jahre 1500 selbst in kleinen Städten; aus La Cava wird geklagt: der Ort sei sprichwörtlich reich gewesen, so lange dort lauter Maurer und Tuchweber lebten; jetzt, da man statt Maurerzeug und Webstühlen nur Sporen, Steigbügel und vergoldete Gürtel sehe, da Jedermann Doktor der Rechte oder der Medizin, Notar, Offizier und Ritter zu werden trachte, sei die bitterste
Armut eingekehrt.[12] In Florenz wird eine analoge Entwicklung erst unter Cosimo dem ersten Großherzog konstatiert; es wird ihm dafür gedankt, daß er die jungen Leute, welche jetzt Handel und Gewerbe verachteten, zur Ritterschaft in seinem Stephansorden heranziehe.[13] Es ist das direkte Gegenteil jener frühern florentinischen Denkweise,[14] da die Väter den Söhnen eine Beschäftigung zur Bedingung des Erbes machten (S. 86 f.).

Aber eine besondere Art von Rangsucht kreuzt namentlich bei den Florentinern den gleichmachenden Kultus von
Kunst und Bildung auf eine oft komische Weise; es ist das Streben nach der Ritterwürde, welches als Modetorheit erst recht in Schwung kam, als es bereits jeden Schatten von eigentlicher Geltung eingebüßt hatte.

»Vor ein paar Jahren, schreibt Franco Sacchetti[15] gegen
Ende des 14. Jahrhunderts, hat jedermann sehen können wie sich Handwerker bis zu den Bäckern herunter, ja bis zu

---

12 Massuccio, nov. 19.

13 Jac. Pitti an Cosimo I, Archiv. stor. IV, II, p. 99. – Auch in Oberitalien kam ähnliches erst mit der spanischen Herrschaft auf. Bandello, Parte II, Nov. 40, stammt aus dieser Zeit.

14 Wenn sich im 15. Jahrh⟨undert⟩ Vespasiano Fiorentino (p. 518, 632) dahin ausspricht, daß die Reichen ihr ererbtes Vermögen nicht vermehren, sondern jährlich ihre ganze Einnahme ausgeben sollten, so kann dies im Munde eines Florentiners nur von den großen Grundbesitzern gelten.

15 Franco Sacchetti, Nov. 153. Vgl. Nov. 82 und 150.

den Wollekratzern, Wucherern, Wechslern und Halunken zu Rittern machen ließen. Weshalb braucht ein Beamter, um als Rettore in eine Landstadt gehen zu können, die Ritterwürde? Zu irgendeinem gewöhnlichen Broterwerb paßt dieselbe vollends nicht. O wie bist du gesunken un- glückliche Würde! von all der langen Liste von Ritter- pflichten tun diese Ritter das Gegenteil. Ich habe von diesen Dingen reden wollen, damit die Leser inne werden, daß das Rittertum gestorben ist.[16] So gut wie man jetzt sogar Verstorbene zu Rittern erklärt, könnte man auch eine Figur von Holz oder Stein, ja einen Ochsen zum Ritter machen.« — Die Geschichten, welche Sacchetti als Beleg erzählt, sind in der Tat sprechend genug; da lesen wir wie Bernabò Visconti den Sieger eines Saufduells und dann auch den Besiegten höhnisch mit jenem Titel schmückt, wie deutsche Ritter mit ihren Helmzierden und Abzeichen zum Besten gehalten werden u. dgl. Später moquiert sich Pog- gio[17] über die vielen Ritter ohne Pferd und ohne Kriegs- übung. Wer die Ehrenrechte des Standes, z. B. das Ausrei- ten mit Fahnen, geltend machen wollte, hatte in Florenz sowohl gegenüber der Regierung als gegen die Spötter eine schwere Stellung.[18]

Bei näherer Betrachtung wird man inne, daß dieses von allem Geburtsadel unabhängige verspätete Ritterwesen al- lerdings zum Teil Sache der bloßen lächerlichen, titelsüch- tigen Eitelkeit ist, daß es aber auch eine andere Seite hat. Die Turniere dauern nämlich fort und wer daran teilneh- men will, muß der Form wegen Ritter sein. Der Kampf in geschlossener Bahn aber, und zwar das regelrechte, je nach Umständen sehr gefährliche Lanzenrennen ist ein Anlaß, Kraft und Mut zu zeigen, welchen sich das entwickelte Individuum — abgesehen von aller Herkunft — nicht will entgehen lassen.

---

16 Che la cavalleria è morta.
17 Poggius, de nobilitate, fol. 27.
18 Vasari III, 49 und Anm., Vita di Dello.

Da half es nichts, daß schon Petrarca sich mit dem lebhaftesten Abscheu über das Turnier als über einen gefährlichen Unsinn ausgelassen hatte; er bekehrte die Leute nicht mit seinem pathetischen Ausruf: »man liest nirgends, daß Scipio oder Cäsar turniert hätten!«[19] Die Sache wurde gerade in Florenz förmlich populär; der Bürger fing an, sein Turnier – ohne Zweifel in einer weniger gefährlichen Form – als eine Art von regelrechtem Vergnügen zu betrachten, und Franco Sacchetti[20] hat uns das unendlich komische Bild eines solchen Sonntagsturnierers aufbehalten. Derselbe reitet hinaus nach Peretola, wo man um ein Billiges turnieren konnte, auf einem gemieteten Färbergaul, welchem dann durch Bösewichter eine Distel unter den Schwanz gebunden wird; das Tier nimmt den Reißaus und jagt mit dem behelmten Ritter in die Stadt zurück. Der unvermeidliche Schluß der Geschichte ist die Gardinenpredigt der über solche halsbrechende Streiche empörten Gattin.[21]

Endlich nehmen die ersten Medici sich des Turnierwesens mit einer wahren Leidenschaft an, als wollten sie, die unadlichen Privatleute, gerade hierin zeigen, daß ihr geselliger Kreis jedem Hofe gleich stehe.[22] Schon unter Cosimo

---

19 Petrarca, epist. senil. XI, 13, p. 889. Eine andere Stelle, in den Epist. famil. schildert das Grausen, das er empfand, als er bei einem Turnier in Neapel einen Ritter fallen sah.

20 Nov. 64. – Deshalb heißt es auch im Orlandino (II. Str. 7) von einem Turnier unter Karl dem Großen ausdrücklich: da stritten nicht Köche und Küchenjungen, sondern Könige, Herzoge und Markgrafen.

21 Immerhin eine der frühsten Parodien des Turnierwesens. Es dauerte dann wohl noch 60 Jahre, bis Jacques Cœur, der bürgerliche Finanzminister Karls VII., an seinem Palast zu Bourges ein Eselturnier ausmeißeln ließ (um 1450). Das Glänzendste in dieser Art, der eben zitierte zweite Gesang des Orlandino, ist erst im Jahre 1526 herausgegeben.

22 Vgl. die schon genannten Gedichte des Poliziano und Luca Pulci. Ferner Paul. Jov. Vita Leonis X, L. I. – Macchiav. Storie fiorent. L. VII. – Paul. Jov. Elogia, bei Anlaß des Petrus Medices und des Franc. Borbonius. – Vasari IX, 219, v. di

(1459), dann unter Pietro dem ältern fanden weitberühmte
große Turniere in Florenz statt; Pietro der jüngere ließ über
solchen Bestrebungen sogar das Regieren liegen und wollte
nur noch im Harnisch abgemalt sein. Auch am Hofe Alexanders VI. kamen Turniere vor. Als Kardinal Ascanio
Sforza den Türkenprinzen Dschem (S. 117, 125) fragte, wie
ihm dies Schauspiel gefalle, antwortete derselbe sehr weise:
in seiner Heimat lasse man dergleichen durch Sklaven aufführen, um welche es, wenn sie fielen, nicht Schade sei. Der
Orientale stimmt hier unbewußt mit den alten Römern
zusammen, gegenüber der Sitte des Mittelalters.

Abgesehen von diesem nicht unwesentlichen Anhalt der
Ritterwürde gab es auch bereits, z. B. in Ferrara (S. 61)
wahre Hoforden, welche den Titel Cavaliere mit sich führten.

Welches aber auch die einzelnen Ansprüche und die Eitel-
keiten der Adlichen und Cavaliere sein mochten, immerhin
nahm der italienische Adel seine Stellung in der Mitte des
Lebens und nicht an einem äußern Rande desselben. Jeden
Augenblick verkehrt er mit allen Ständen auf dem Fuße der
Gleichheit, und das Talent und die Bildung sind seine

Granacci. – Im Morgante des Pulci, welcher unter Lorenzo's
Augen gedichtet wurde, sind die Ritter oft komisch in ihrem
Reden und Tun, aber ihre Hiebe sind echt und kunstgerecht.
Auch Bojardo dichtet für genaue Kenner des Turniers und des
Krieges. Vgl. S. 322. – Turniere in Ferrara 1464, Diario Ferrar.
Muratori XXIV, Col. 208 – in Venedig, Sansovino, Venezia
fol. 153 s. – in Bologna 1470, seqq., Bursellis Annal. Bonon.,
Murat. XXIII, Col. 898, 903, 906, 908, 909, wobei eine wunderliche Vermischung mit dem Pathos zu bemerken ist, welches sich damals an die Aufführung römischer Triumphe
knüpfte. – Federigo von Urbino (S. 52) verlor bei einem
Turnier das rechte Auge ab ictu lanceae. – Über das damalige
nordische Turnierwesen ist statt aller andern Autoren zu vergleichen: Olivier de la Marche, Mémoires, passim, bes. Kap. 8,
9, 14, 16, 18, 19, 21 usw.

Hausgenossen. Allerdings wird für den eigentlichen Cortigiano des Fürsten der Adel einbedungen,[23] allein zugestandenermaßen hauptsächlich um des Vorurteils der Leute
willen (per l'oppenion universale) und unter ausdrücklicher
Verwahrung gegen den Wahn, als könnte der Nichtadliche
nicht denselben innern Wert haben. Der sonstige Aufenthalt von Nichtadlichen in der Nähe des Fürsten ist damit
vollends nicht ausgeschlossen; es handelt sich nur darum,
daß dem vollkommenen Menschen, dem Cortigiano, kein
irgend denkbarer Vorzug fehle. Wenn ihm dann eine gewisse Zurückhaltung in allen Dingen zum Gesetze gemacht
wird, so geschieht dies nicht, weil er von edlerm Geblüte
stammt, sondern weil seine zarte individuelle Vollendung
es so verlangt. Es handelt sich um eine moderne Vornehmheit, wobei doch Bildung und Reichtum schon überall die
Gradmesser des gesellschaftlichen Wertes sind, und zwar
der Reichtum nur insofern er es möglich macht, das Leben
der Bildung zu widmen und deren Interessen im Großen zu
fördern.

Je weniger nun die Unterschiede der Geburt einen bestimmten Vorzug verliehen, desto mehr war das Individuum als solches aufgefordert, all seine Vorteile geltend zu
machen; desto mehr mußte auch die Geselligkeit sich aus
eigener Kraft beschränken und veredeln. Das Auftreten des
Einzelnen und die höhere Form der Geselligkeit werden ein
freies, bewußtes Kunstwerk.

Schon die äußere Erscheinung und Umgebung des Menschen und die Sitte des täglichen Lebens ist vollkommener,
schöner, mehr verfeinert als bei den Völkern außerhalb
Italiens. Von der Wohnung der höhern Stände handelt die
Kunstgeschichte; hier ist nur hervorzuhehen, wie sehr dieselbe an Bequemlichkeit und harmonischer, vernünftiger
Anlage das Schloß und den Stadthof oder Stadtpalast der
nordischen Großen übertraf. Die Kleidung wechselte dergestalt, daß es unmöglich ist, eine durchgehende Parallele

---

23 Bald. Castiglione, il Cortigiano, L. I, fol. 18.

mit den Moden anderer Länder zu ziehen, zumal da man sich seit Ende des 15. Jahrhunderts häufig den letztern anschloß. Was die italienischen Maler als Zeittracht darstellen, ist insgemein das Schönste und Kleidsamste, was damals in Europa vorkam, allein man weiß nicht sicher, ob sie das Herrschende und ob sie es genau darstellen. So viel bleibt aber doch wohl außer Zweifel, daß nirgends ein so großer Wert auf die Tracht gelegt wurde wie in Italien. Die Nation war und ist eitel; außerdem aber rechneten auch ernste Leute die möglichst schöne und günstige Kleidung mit zur Vollendung der Persönlichkeit. Einst gab es ja in Florenz einen Augenblick, da die Tracht etwas Individuelles war, da jeder seine eigene Mode trug (S. 138 Anm.), und noch bis tief ins 16. Jahrhundert gab es bedeutende Leute, die diesen Mut hatten;[24] die Übrigen wußten wenigstens in die herrschende Mode etwas Individuelles zu legen. Es ist ein Zeichen des sinkenden Italiens, wenn Giovanni della Casa vor dem Auffallenden, vor der Abweichung von der herrschenden Mode warnt.[25] Unsere Zeit, welche wenigstens in der Männerkleidung das Nichtauffallen als höchstes Gesetz respektiert, verzichtet damit auf Größeres als sie selber weiß. Sie erspart sich aber damit viele Zeit, wodurch allein schon (nach unserm Maßstab der Geschäftigkeit) jeder Nachteil aufgewogen würde.

In Venedig[26] und Florenz gab es zur Zeit der Renaissance für die Männer vorgeschriebene Trachten und für die Frauen Luxusgesetze. Wo die Trachten frei waren, wie z. B. in Neapel, da konstatieren die Moralisten, sogar nicht ohne Schmerz, daß kein Unterschied mehr zwischen Adel und

---

24 Paul. Jovii Elogia, sub. tit. Petrus Gravina, Alex. Achillinus, Balth. Castellio etc.

25 Casa, il Galateo, p. 78.

26 Hierüber die venezian. Trachtenbücher und Sansovino: Venezia, fol. 150 s. Die Brauttracht bei der Verlobung – weiß, mit aufgelöst über die Schultern wallendem Haare – ist die von Tizians Flora.

Bürger zu bemerken sei.[27] Außerdem beklagen sie den bereits äußerst raschen Wechsel der Moden und (wenn wir die
Worte richtig deuten) die törichte Verehrung alles dessen,
was aus Frankreich kommt, während es doch oft ursprünglich italienische Moden seien, die man nur von den Franzosen zurückerhalte. Insofern nun der häufige Wechsel der
Kleiderformen und die Annahme französischer und spanischer Moden[28] der gewöhnlichen Putzsucht diente, haben
wir uns damit nicht weiter zu beschäftigen; allein es liegt
darin außerdem ein kulturgeschichtlicher Beleg für das rasche Leben Italiens überhaupt in den Jahrzehnden um 1500.

Eine besondere Beachtung verdient die Bemühung der
Frauen, durch Toilettenmittel aller Art ihr Aussehen wesentlich zu verändern. In keinem Lande Europa's seit dem
Untergange des römischen Reiches hat man wohl der Gestalt, der Hautfarbe, dem Haarwuchs von so vielen Seiten
zugesetzt wie damals in Italien.[29] Alles strebt einer Normal-
bildung zu, selbst mit den auffallendsten, sichtbarsten Täuschungen. Wir sehen hiebei gänzlich ab von der sonstigen
Tracht, die im 14. Jahrhundert[30] äußerst bunt und schmuck-

27 Jovian. Pontan. de principe: Utinam autem non eo impuden-
tiae perventum esset, ut inter mercatorem et patricium nullum
sit in vestitu ceteroque ornatu discrimen. Sed haec tanta licen-
tia reprehendi potest, coerceri non potest, quanquam mutari
vestes sic quotidie videamus, ut quas *quarto ante mense* in deliciis
habebamus, nunc repudiemus et tanquam veteramenta abiicia-
mus. Quodque tolerari vix potest, nullum fere vestimenti genus probatur, quod e Galliis non fuerit adductum, in quibus
levia pleraque in pretio sunt, tametsi nostri persaepe homines
modum illis et quasi formulam quandam praescribant.
28 Hierüber z. B. Diario Ferrarese, bei Murat. XXIV., Col. 297,
320, 376, 399, hier auch deutsche Mode.
29 Man vgl. damit die betr. Stellen bei Falke: Die deutsche Trach-
ten- und Modenwelt.
30 Über die Florentinerinnen vgl. die Hauptstellen bei Giov. Villani X, 10 und 152; Matteo Villani I, 4. Im großen Modenedikt
von 1330 werden u. a. nur eingewirkte Figuren auf den Frauen-
gewändern erlaubt, die bloß »aufgemalten« (dipinto) dagegen
verboten. Soll man hiebei etwa an Modeldruck denken?

beladen, später von einem mehr veredelten Reichtum war,
und beschränken uns auf die Toilette im engern Sinne.

Vor allem werden falsche Haartouren, auch aus weißer
und gelber Seide,[31] in Masse getragen, verboten und wieder
getragen, bis etwa ein Bußprediger die weltlichen Gemüter
rührt; da erhebt sich auf einem öffentlichen Platz ein zierlicher Scheiterhaufen (talamo), auf welchen neben Lauten,
Spielgeräten, Masken, Zauberzetteln, Liederbüchern und
anderm Tand auch die Haartouren[32] zu liegen kommen;
die reinigende Flamme nimmt Alles mit in die Lüfte. Die
Idealfarbe aber, welche man in den eigenen, wie in den
aufgesetzten Haaren zu erreichen strebte, war blond. Und
da die Sonne im Rufe stand, das Haar blond machen zu
können,[33] so gab es Damen, welche bei gutem Wetter den
ganzen Tag nicht aus der Sonne gingen,[34] sonst brauchte
man auch Färbemittel und außerdem Mixturen für den
Haarwuchs. Dazu kommt aber noch ein Arsenal von
Schönheitswassern, Teigpflastern und Schminken für jeden
einzelnen Teil des Gesichtes, selbst für Augenlider und
Zähne, wovon unsere Zeit keinen Begriff mehr hat. Kein
Hohn der Dichter,[35] kein Zorn der Bußprediger, keine
Warnung vor frühem Verderben der Haut, konnte die Wei-

---

31 Diejenigen aus echten Haaren heißen capelli morti. – Falsche
   Zähne aus Elfenbein, die ein ital. Prälat, doch nur um der
   deutlichen Aussprache willen, einsetzt, bei Anshelm, Berner
   Chronik, IV, S. 30 (1508).
32 Infessura, bei Eccard. scriptores II, Col. 1874. – Allegretto, bei
   Murat. XXIII, Col. 823. – Dann die Autoren über Savonarola,
   s. unten.
33 Sansovino, Venezia, fol. 152: capelli biondissimi per forza di
   sole. – Vgl. S. 342.
34 Wie auch in Deutschland geschah. – Poesie satiriche, p. 119, in
   der Satire des Bern. Giambullari: per prender moglie. Ein
   Inbegriff der ganzen Toilettenchemie, welche sich offenbar
   noch sehr an Aberglauben und Magie anlehnt.
35 Welche sich doch alle Mühe gaben, das Ekelhafte, Gefährliche
   und Lächerliche dieser Schmiererei hervorzuheben. Vgl. Ariosto, Satira III, vs. 202 s. – Aretino, il marescalco, Atto II, scena

ber von dem Gebrauch abwendig machen, ihrem Antlitz eine andere Farbe und sogar eine teilweis andere Gestalt zu geben. Es ist möglich, daß die häufigen und prachtvollen Aufführungen von Mysterien, wobei Hunderte von Menschen bemalt und geputzt wurden,[36] den Mißbrauch im täglichen Leben fördern halfen; jedenfalls war er ein allgemeiner und die Landmädchen hielten dabei nach Kräften mit.[37] Man konnte lange predigen, daß dergleichen ein Abzeichen von Buhlerinnen sei; gerade die ehrbarsten Hausfrauen, die sonst das ganze Jahr keine Schminke anrührten, schminkten sich doch an Festtagen, wo sie sich öffentlich zeigten.[38] – Möge man nun diese ganze Unsitte betrachten als einen Zug von Barbarei, wofür sich das Schminken der Wilden als Parallele anführen läßt, oder als eine Konsequenz des Verlangens nach normaler jugendlicher Schönheit in Zügen und Farbe, wofür die große Sorgfalt und Vielseitigkeit dieser Toilette spräche – jedenfalls haben es die Männer an Abmahnungen nicht fehlen lassen.

Das Parfümieren ging ebenfalls über alles Maß hinaus und erstreckte sich auf die ganze Umgebung des Menschen. Bei Festlichkeiten wurden sogar Maultiere mit Salben und Wohlgerüchen behandelt,[39] und Pietro Aretino dankt dem Cosimo I. für eine parfümierte Geldsendung.[40]

---

5 und mehrere Stellen in den Ragionamenti. Dann Giambullari a.a.O. – Phil. Beroald. sen. Carmina.

36 Cennino Cennini, Trattato della pittura gibt Kap. 161 ein Rezept des Bemalens von Gesichtern, offenbar für Mysterien oder Maskeraden, denn Kap. 162 warnt er ernstlich vor Schminken und Schönheitswassern im allgemeinen.

37 Vgl. La Nencia di Barberino, Str. 20 und 40. Der Geliebte verspricht ihr Schminke und Bleiweiß aus der Stadt in einer Düte mitzubringen. Vgl. oben S. 350.

38 Agn. Pandolfini, Trattato del governo della famiglia. p. 118.

39 Tristan. Caracciolo, bei Murat. XXII, Col. 87. – Bandello, Parte II, Nov. 47.

40 Capitolo I. an Cosimo: Quei cento scudi nuovi e profumati che l'altro dì mi mandaste a donare. Gegenstände aus jener Zeit riechen noch jetzt bisweilen.

Sodann waren die Italiener damals überzeugt, daß sie reinlicher seien als die Nordländer. Aus allgemeinen kultur-geschichtlichen Gründen kann man diesen Anspruch eher billigen als verwerfen, indem die Reinlichkeit mit zur Voll-endung der modernen Persönlichkeit gehört, diese aber bei den Italienern am frühsten durchgebildet ist; auch daß sie eine der reichsten Nationen der damaligen Welt waren, spräche eher dafür als dagegen. Ein Beweis wird sich je-doch natürlich niemals leisten lassen, und wenn es sich um die Priorität von Reinlichkeitsvorschriften handelt, so möchte die Ritterpoesie des Mittelalters deren ältere auf-weisen können. Immerhin ist soviel gewiß, daß bei einigen ausgezeichneten Vertretern der Renaissance die ausgezeich-nete Sauberkeit ihres ganzen Wesens, zumal bei Tische, mit Nachdruck hervorgehoben wird[41] und daß als Inbegriff alles Schmutzes nach italienischem Vorurteil der Deutsche gilt.[42] Was Massimiliano Sforza von seiner deutschen Erzie-hung für unreinliche Gewohnheiten mitbrachte und wie sehr dieselben auffielen, erfahren wir aus Giovio.[43] Es ist dabei auffallend, daß man wenigstens im 15. Jahrhundert die Gastwirtschaft wesentlich in den Händen der Deut-schen ließ,[44] welche sich wohl hauptsächlich um der Rom-pilger willen diesem Geschäfte widmeten. Doch könnte in der betreffenden Aussage vorzugsweise nur das offene Land gemeint sein, da in den größern Städten notorisch italienische Wirtschaften den ersten Rang behaupteten.[45]

41 Vespasiano Fiorent., p. 458 im Leben des Donato Acciajuoli, und p. 625 im Leben des Niccoli.
42 Giraldi, Hecatommithi, Introduz., Nov. 6.
43 Paul. Jov. Elogia.
44 Aeneas Sylvius (Vitae Paparum, ap. Murat. III, II, Col. 880) sagt bei Anlaß von Baccano: pauca sunt mapalia, eaque hospitia fa-ciunt Theutonici; hoc hominum genus totam fere Italiam hospi-talem facit; ubi non repereris hos, neque diversorium quaeras.
45 Franco Sacchetti, Nov. 21. – Padua rühmte sich um 1450 eines sehr großen palastähnlichen Gasthofes zum Ochsen, welcher Ställe für 200 Pferde hatte. Michele Savonar. ap. Murat.

Der Mangel an leidlichen Herbergen auf dem Lande würde sich auch durch die große Unsicherheit erklären.

Aus der ersten Hälfte des 16. Jahrhunderts haben wir dann jene Schule der Höflichkeit, welche Giovanni della Casa, ein geborner Florentiner, unter dem Titel: Il Galateo herausgab. Hier wird nicht nur die Reinlichkeit im engern Sinne, sondern auch die Entwöhnung von allen Gewohnheiten, die wir »unschicklich« zu nennen pflegen, mit derselben untrüglichen Sicherheit vorgeschrieben, mit welcher der Moralist für die höchsten Sittengesetze redet. In andern Literaturen wird dergleichen weniger von der systematischen Seite, als vielmehr mittelbar gelehrt, durch die abschreckende Schilderung des Unflätigen.[46]

Außerdem aber ist der Galateo eine schön und geistvoll geschriebene Unterweisung in der guten Lebensart, in Delikatesse und Takt überhaupt. Noch heute können ihn Leute jedes Standes mit großem Nutzen lesen und die Höflichkeit des alten Europa's wird wohl schwerlich mehr über seine Vorschriften hinauskommen. Insofern der Takt Herzenssache ist, wird er von Anfang aller Kultur an bei allen Völkern gewissen Menschen angeboren gewesen sein und einige werden ihn auch durch Willenskraft erworben haben, allein als allgemeine gesellige Pflicht und als Kennzeichen von Bildung und Erziehung haben ihn erst die Italiener erkannt. Und Italien selbst hatte seit zwei Jahrhunderten sich sehr verändert. Man empfindet deutlich, daß die Zeit der bösen Späße zwischen Bekannten und Halbbekannten, der burle und beffe (S. 161) in der guten Gesell-

---

XXIV, Col. 1175. – Florenz hatte vor Porta S. Gallo eine von den größten und schönsten Osterien, die man kannte, doch wie es scheint, nur als Erholungsort für die Leute aus der Stadt. Varchi, Stor. fiorent. III, p. 86.

46 Man vgl. z. B. die betreffenden Partien in Sebastian Brants Narrenschiff, in Erasmus Colloquien, in dem lateinischen Gedicht Grobianus etc. – Aus dem Altertum: Theophrasts Charaktere.

schaft vorüber ist,[47] daß die Nation aus den Mauern ihrer
Städte heraustritt und eine kosmopolitische, neutrale Höflichkeit und Rücksicht entwickelt. Von der eigentlichen,
positiven Geselligkeit wird weiterhin die Rede sein.

Das ganze äußere Dasein war überhaupt im 15. und
beginnenden 16. Jahrhundert verfeinert und verschönert
wie sonst bei keinem Volke der Welt. Schon eine Menge
jener kleinen und großen Dinge, welche zusammen die
moderne Bequemlichkeit, den Komfort ausmachen, waren
in Italien zum Teil erweislich zuerst vorhanden. Auf den
wohlgepflasterten Straßen italienischer Städte[48] wurde das
Fahren allgemeiner, während man sonst überall ging oder
ritt oder doch nicht zum Vergnügen fuhr. Weiche elastische
Betten, köstliche Bodenteppiche, Toilettengeräte, von welchen sonst noch nirgends die Rede ist, lernt man besonders
bei den Novellisten kennen.[49] Die Menge und Zierlichkeit
des Weißzeugs wird öfter ganz besonders hervorgehoben.
Manches gehört schon zugleich in das Gebiet der Kunst;
man wird mit Bewunderung inne, wie sie von allen Seiten
her den Luxus adelt, wie sie nicht bloß das mächtige Buffet
und die leichte Etagere mit herrlichen Gefäßen, die Mauern
mit der beweglichen Pracht der Teppiche, den Nachtisch
mit endlosem plastischem Konfekt schmückt, sondern vorzüglich die Schreinerarbeit auf wunderbare Weise völlig in
ihren Bereich zieht. Das ganze Abendland versucht sich in
den spätern Zeiten des Mittelalters, sobald die Mittel reichen, auf ähnlichen Wegen, allein es ist dabei teils in kindlicher, bunter Spielerei, teils in den Fesseln des einseitigen

---

47 Die Mäßigung der Burla geht u. a. aus den Beispielen im
   Cortigiano, L. II, fol. 96 s. hervor. In Florenz hielt sich die
   bösartige Burla doch so lange sie konnte. Die Novellen des
   Lasca sind ein Zeugnis hievon.
48 Für Mailand eine Hauptstelle: Bandello, Parte I, Nov. 9. Es
   gab über 60 vierspännige und zahllose zweispännige Wagen,
   zum Teil reich vergoldet und geschnitzt, mit seidenen Decken,
   vgl. ebenda Nov. 4. – Ariosto, sat. III, vs. 127.
49 Bandello, Parte I, Nov. 3. III. 42. IV, 25.

gotischen Dekorationsstiles befangen, während die Renaissance sich frei bewegt, sich nach dem Sinn jeder Aufgabe richtet und für einen viel größern Kreis von Teilnehmern und Bestellern arbeitet. Womit dann auch der leichte Sieg dieser italienischen Zierformen jeder Art über die nordischen im Lauf des 16. Jahrhunderts zusammenhängt, obwohl derselbe noch seine größern und allgemeinern Ursachen hat.

———

Die höhere Geselligkeit, die hier als Kunstwerk, als eine höchste und bewußte Schöpfung des Volkslebens auftritt, hat ihre wichtigste Vorbedingung und Grundlage in der Sprache.

In der Blütezeit des Mittelalters hatte der Adel der abendländischen Nationen eine »höfische« Sprache für den Umgang wie für die Poesie zu behaupten gesucht. So gab es auch in Italien, dessen Dialekte schon frühe so weit auseinander gingen, im 13. Jahrhundert ein sogenanntes »Curiale«, welches den Höfen und ihren Dichtern gemeinsam war. Die entscheidende Tatsache ist nun, daß man dasselbe mit bewußter Anstrengung zur Sprache aller Gebildeten und zur Schriftsprache zu machen suchte. Die Einleitung der noch vor 1300 redigierten »hundert alten Novellen« gesteht diesen Zweck offen zu. Und zwar wird hier die Sprache ausdrücklich als von der Poesie emanzipiert behandelt; das Höchste ist der einfach klare, geistig schöne Ausdruck in kurzen Reden, Sprüchen und Antworten. Dieser genießt eine Verehrung wie nur je bei Griechen und Arabern: »Wie viele haben in einem langen Leben doch kaum ein einziges bel parlare zu Tage gebracht!«

Allein die Angelegenheit, um welche es sich handelte, war um so schwieriger, je eifriger man sie von sehr verschiedenen Seiten aus betrieb. In diesen Kampf führt uns Dante mitten hinein; seine Schrift »von der italienischen Sprache«[1] ist

———

1 De vulgari eloquio ed. Corbinelli, Parisiis 1577. Laut Boccaccio, vita di Dante, p. 77, kurz vor seinem Tode verfaßt. – Über die rasche und merkliche Veränderung der Sprache bei seinen Lebzeiten äußert er sich im Anfang des Convito.

nicht nur für die Frage selbst wichtig, sondern auch das
erste raisonnierende Werk über eine moderne Sprache überhaupt. Sein Gedankengang und seine Resultate gehören in
die Geschichte der Sprachwissenschaft, wo sie auf immer
einen hochbedeutenden Platz einnehmen. Hier ist nur zu
konstatieren, daß schon lange Zeit vor Abfassung der
Schrift die Sprache eine tägliche wichtige Lebensfrage gewesen sein muß, daß alle Dialekte mit parteiischer Vorliebe
und Abneigung studiert worden waren und daß die Geburt
der allgemeinen Idealsprache von den stärksten Wehen
begleitet war.

Das Beste tat freilich Dante selber durch sein großes
Gedicht. Der toscanische Dialekt wurde wesentlich die
Basis der neuen Idealsprache.[2] Wenn damit zu viel gesagt
sein sollte, so darf der Ausländer um Nachsicht bitten,
indem er schlechtweg in einer höchst bestrittenen Frage der
vorherrschenden Meinung folgt.

In Literatur und Poesie mag nun der Hader über diese
Sprache, der Purismus eben so viel geschadet als genützt, er
mag manchem sonst sehr begabten Autor die Naivetät des
Ausdruckes geraubt haben. Und andere, die der Sprache im
höchsten Sinne mächtig waren, verließen sich hinwiederum
auf den prachtvoll wogenden Gang und Wohllaut derselben als auf einen vom Inhalt unabhängigen Vorzug. Auch
eine geringe Melodie kann nämlich von solch einem Instrument getragen, herrlich klingen. Allein wie dem auch sei, in
gesellschaftlicher Beziehung hatte diese Sprache einen hohen Wert. Sie war die Ergänzung zu dem edeln, stilgemä-

---

2 Das allmähliche Vordringen derselben in Literatur und Leben
könnte ein einheimischer Kenner leicht tabellarisch darstellen.
Es müßte konstatiert werden, wie lange sich während des 14.
und 15. Jahrhunderts die einzelnen Dialekte in der täglichen
Korrespondenz, in den Regierungsschriften und Gerichtspro-
tokollen, endlich in den Chroniken und in der freien Literatur
ganz oder gemischt behauptet haben. Auch das Fortleben der
ital. Dialekte neben einem reinern oder geringern Latein, welches dann als offizielle Sprache diente, käme dabei in Betracht.

ßen Auftreten überhaupt, sie nötigte den gebildeten Menschen, auch im Alltäglichen Haltung und in ungewöhnli-
chern Momenten äußere Würde zu behaupten. Schmutz
und Bosheit genug hüllten sich allerdings auch in dies
klassische Gewand wie einst in den reinsten Attizismus,
allein auch das Feinste und Edelste fand in ihr einen gültigen Ausdruck. Vorzüglich bedeutend aber ist sie in nationaler Beziehung, als ideale Heimat der Gebildeten aller
Staaten des früh zerrissenen Landes.[3] Zudem gehört sie
nicht nur den Adlichen oder sonst irgendeinem Stande,
sondern der Ärmste und Geringste hat Zeit und Mittel
übrig sich ihrer zu bemächtigen, sobald er nur will. Noch
heutzutage (und vielleicht mehr als je) wird der Fremde in
solchen Gegenden Italiens, wo sonst der unverständlichste
Dialekt herrscht, bei geringen Leuten und Bauern oft durch
ein sehr reines und rein gesprochenes Italienisch überrascht
und besinnt sich vergebens auf Ähnliches bei denselben
Menschenklassen in Frankreich oder gar in Deutschland,
wo auch die Gebildeten an der provinzialen Aussprache
festhalten. Freilich ist das Lesenkönnen in Italien viel verbreiteter als man nach den sonstigen Zuständen, z. B. des
[bisherigen] Kirchenstaates, denken sollte, allein wie weit
würde dies helfen ohne den allgemeinen, unbestrittenen
Respekt vor der reinen Sprache und Aussprache als einem
hohen und werten Besitztum? Eine Landschaft nach der
andern hat sich derselben offiziell anbequemt, auch Venedig, Mailand und Neapel noch zur Zeit der Blüte der
Literatur und zum Teil wegen derselben. Piemont ist erst in
unserm Jahrhundert durch freien Willensakt ein recht italienisches Land geworden, indem es sich diesem wichtigsten Kapital der Nation, der reinen Sprache, anschloß.[4] Der
Dialektliteratur wurden schon seit Anfang des 16. Jahrhunderts gewisse Gegenstände freiwillig und mit Absicht über-

---

3 So empfindet es schon Dante: De vulgari eloquio I, c. 17, 18.
4 Man schrieb und las in Piemont schon lange vorher toscanisch,
   aber man schrieb und las eben wenig.

lassen, und zwar nicht etwa lauter komische, sondern auch ernste.[5] Der Stil, welcher sich darin entwickelte, war allen Aufgaben gewachsen. Bei andern Völkern findet eine bewußte Trennung dieser Art erst sehr viel später Statt.

Die Denkweise der Gebildeten über den Wert der Sprache als Medium der höhern Geselligkeit stellt der Cortigiano[6] sehr vollständig dar. Es gab schon damals, zu Anfang des 16. Jahrhunderts, Leute, welche geflissentlich die veralteten Ausdrücke aus Dante und den übrigen Toscanern seiner Zeit festhielten, bloß weil sie alt waren. Für das Sprechen verbittet sich der Autor dieselben unbedingt und will sie auch für das Schreiben nicht gelten lassen, indem dasselbe doch nur eine Form des Sprechens sei. Hierauf folgt dann konsequent das Zugeständnis: dasjenige Reden sei das Schönste, welches sich am meisten den schön verfaßten Schriften nähere. Sehr klar tritt der Gedanke hervor, daß Leute, die etwas Bedeutendes zu sagen haben, ihre Sprache selber bilden und daß die Sprache beweglich und wandelbar, weil sie etwas Lebendiges ist. Man möge die schönsten beliebigen Ausdrücke brauchen, wenn nur das Volk sie noch brauche, auch solche aus nichttoscanischen Gegenden, ja hie und da französische und spanische, wenn sie der Gebrauch schon für bestimmte Dinge angenommen habe.[7] So entstehe, mit Geist und Sorgfalt, eine Sprache,

---

5 Man wußte auch recht wohl, wohin im täglichen Leben der Dialekt gehörte und wohin nicht. Gioviano Pontano darf den Kronprinzen von Neapel ausdrücklich vor dessen Gebrauch warnen (Jov. Pontan. de principe). Bei den Lazzaroni wurde man freilich nicht so populär wie die jetzige Dynastie. [Bekanntlich waren die letzten Bourbons darin weniger bedenklich.] – Den Hohn über einen mailänd. Kardinal, der in Rom seinen Dialekt behaupten wollte, s. bei Bandello, Parte II, Nov. 31.
6 Bald. Castiglione, il cortigiano, L. I, fol. 27 s. Aus der dialogischen Form leuchtet doch überall die eigene Meinung hervor.
7 Nur durfte man darin nicht zu weit gehen. Die Satiriker mischen spanische und Folengo (unter dem Pseudonym Limerno Pitocco, in seinem Orlandino) französische Brocken immer nur

welche zwar nicht eine rein antik toscanische, wohl aber
eine italienische wäre, reich an Fülle wie ein köstlicher
Garten voller Blumen und Früchte. Es gehört sehr wesentlich mit zu der allgemeinen Virtuosität des Cortigiano, daß
nur in diesem ganz vollkommenen Gewande seine feine
Sitte, sein Geist und seine Poesie zu Tage treten.

Da nun die Sprache eine Angelegenheit der lebendigen
Gesellschaft geworden war, so setzten die Archaisten und
Puristen trotz aller Anstrengung ihre Sache im Wesentlichen nicht durch. Es gab zu viele und treffliche Autoren
und Konversationsmenschen in Toscana selbst, welche sich
über das Streben Jener hinwegsetzten oder lustig machten;
letzteres vorzüglich, wenn ein Weiser von draußen kam
und ihnen, den Toscanern, dartun wollte, sie verständen
ihre eigene Sprache nicht.[8] Schon das Dasein und die Wirkung eines Schriftstellers wie Macchiavelli riß alle jene
Spinnweben durch, insofern seine mächtigen Gedanken,
sein klarer, einfacher Ausdruck in einer Sprache auftraten,
welche eher alle andern Vorzüge hatte als den eines reinen
Trecentismo. Andererseits gab es zu viele Oberitaliener,
Römer, Neapolitaner usw., welchen es lieb sein mußte,
wenn man in Schrift und Konversation die Ansprüche auf
Reinheit des Ausdruckes nicht zu hoch spannte. Sie verleugnen zwar Sprachformen und Ausdrücke ihres Dialek-

---

Hohnes wegen ein. In den Komödien spricht etwa ein Spanier ein
lächerliches Kauderwelsch von Spanisch und Italienisch. Es ist
schon sehr außergewöhnlich, daß eine Straße in Mailand, welche
zur Franzosenzeit, 1500 bis 1512, 1515 bis 1522, Rue belle hieß,
noch heute Rugabella heißt. Von der langen span⟨ischen⟩ Herrschaft ist an der Sprache fast keine Spur, an Gebäuden und Straßen
höchstens hie und da der Name eines Vizekönigs haften geblieben.
Erst im 18. Jahrhundert drangen mit den Gedanken der französischen Literatur auch viele französische Wendungen und Einzel-
ausdrücke ins Italienische ein; der Purismus unseres Jahrhunderts
war und ist noch bemüht, sie wieder wegzuschaffen.

8 Firenzuola, opere I, in der Vorrede zur Frauenschönheit, und II,
in den Ragionamenti vor den Novellen.

tes völlig, und ein Ausländer wird es leicht für falsche
Bescheidenheit halten, wenn z. B. Bandello öfter hoch und
teuer protestiert: »ich habe keinen Stil; ich schreibe nicht
florentinisch sondern oft barbarisch; ich begehre der Sprache keine neuen Zierden zu verleihen; ich bin nur ein
Lombarde und noch dazu von der ligurischen Grenze
her.«[9] Allein gegenüber der strengen Partei behauptete man
sich in der Tat am ehesten, indem man auf höhere Ansprüche ausdrücklich verzichtete und sich dafür der großen
allgemeinen Sprache nach Kräften bemächtigte. Nicht Jeder konnte es Pietro Bembo gleichtun, welcher als gebore-
ner Venezianer Zeitlebens das reinste Toscanisch, aber fast
als eine fremde Sprache schrieb, oder einem Sannazaro, der
es als Neapolitaner ebenso machte. Das Wesentliche war,
daß jeder die Sprache in Wort und Schrift mit Achtung
behandeln mußte. Daneben mochte man den Puristen ihren
Fanatismus, ihre Sprachkongresse[10] u. dgl. lassen; schädlich im Großen wurden sie erst später, als der originale
Hauch in der Literatur ohnehin schwächer war und noch
ganz andern, viel schlimmern Einflüssen unterlag. Endlich
stand es der Academia della Crusca frei, das Italienische wie
eine tote Sprache zu behandeln. Sie war aber so machtlos,
daß sie nicht einmal die geistige Französierung desselben im
vorigen Jahrhundert verhindern konnte. (Vgl. S. 373, Anm.)

Diese geliebte, gepflegte, auf alle Weise geschmeidig gemachte Sprache war es nun, welche als Konversation die
Basis der ganzen Geselligkeit ausmachte. Während im Norden der Adel und die Fürsten ihre Muße entweder einsam
oder mit Kampf, Jagd, Gelagen und Zeremonien, die Bür-

---

9 Bandello, Parte I, Proemio und Nov. 1 und 2. – Ein anderer
   Lombarde, der eben genannte Teofilo Folengo in seinem Orlandino, erledigt die Sache mit heiterm Spott.
10 Ein solcher fand, wie es scheint, in Bologna zu Ende 1531
   unter Bembos Vorsitz statt. S. den Brief des Claud. Tolomei,
   bei Firenzuola, opere, vol. II, Beilagen.

ger die ihrige mit Spielen und Leibesübungen, allenfalls
auch mit Verskünsten und Festlichkeiten hinbrachten, gab
es in Italien zu all diesem noch eine neutrale Sphäre, wo
Leute jeder Herkunft, sobald sie das Talent und die Bildung
dazu hatten, der Unterredung und dem Austausch von
Ernst und Scherz in veredelter Form oblagen. Da die Be-
wirtung dabei Nebensache war,[11] so konnte man stumpfe
und gefräßige Individuen ohne Schwierigkeit fern halten.
Wenn wir die Verfasser von Dialogen beim Wort nehmen
dürften, so hätten auch die höchsten Probleme des Daseins
das Gespräch zwischen auserwählten Geistern ausgefüllt;
die Hervorbringung der erhabensten Gedanken wäre nicht,
wie bei den Nordländern in der Regel, eine einsame, sondern eine Mehrern gemeinsame gewesen. Doch wir beschränken uns hier gerne auf die spielende, um ihrer selbst
willen vorhandene Geselligkeit.

Sie war wenigstens zu Anfang des 16. Jahrhunderts eine
gesetzlich schöne und beruhte auf einem stillschweigenden,
oft aber auch auf einem laut zugestandenen und vorgeschriebenen Übereinkommen, welches sich frei nach der
Zweckmäßigkeit und dem Anstand richtet und das gerade
Gegenteil von aller bloßen Etikette ist. In derbern Lebens-
kreisen, wo dergleichen den Charakter einer dauernden
Korporation annahm, gab es Statuten und förmlichen Eintritt, wie z. B. bei jenen tollen Gesellschaften florentinischer Künstler, von welchen Vasari erzählt;[12] ein solches

---

11 Luigi Cornaro klagt gegen 1550 (zu Anfang seines Trattato della
vita sobria): erst seit nicht langer Zeit nehmen in Italien über-
hand: Die (spanischen) Zeremonien und Komplimente, das Luthertum und die Schlemmerei. (Die Mäßigkeit und die freie,
leichte Geselligkeit schwanden zu gleicher Zeit.) Vgl. S. 353.
12 Vasari XII, p. 9 und 11, Vita di Rustici. – Dazu die medisante
Clique von verlumpten Künstlern, XI, 216 s. Vita d'Aristotile.
– Macchiavell's Capitoli für eine Vergnügensgesellschaft (in
den opere minori p. 407) sind eine komische Karikatur von
Gesellschaftsstatuten, im Stil der verkehrten Welt. – Unvergleichlich ist und bleibt die bekannte Schilderung jenes römischen Künstlerabends bei Benvenuto Cellini, I, cap. 30.

Beisammenbleiben machte denn auch die Aufführung der
wichtigsten damaligen Komödien möglich. Die leichtere
Geselligkeit des Augenblickes dagegen nahm gern die Vorschriften an, welche etwa die namhafteste Dame aussprach.
Alle Welt kennt den Eingang von Boccaccio's Decamerone
und hält das Königtum der Pampinea über die Gesellschaft
für eine angenehme Fiktion; um eine solche handelt es sich
auch gewiß in diesem Falle, allein dieselbe beruht auf einer
häufig vorkommenden wirklichen Übung. Firenzuola, der
fast zwei Jahrhunderte später seine Novellensammlung auf
ähnliche Weise einleitet, kommt gewiß der Wirklichkeit
noch viel näher, indem er seiner Gesellschaftskönigin eine
förmliche Thronrede in den Mund legt, über die Einteilung
der Zeit während des bevorstehenden gemeinsamen Land-
aufenthaltes: zuerst eine philosophische Morgenstunde
während man nach einer Anhöhe spaziert; dann die Tafel[13]
mit Lautenspiel und Gesang; darauf, in einem kühlen
Raum, die Rezitation einer frischen Canzone, deren Thema
jedesmal am Vorabend aufgegeben wird; ein abendlicher
Spaziergang zu einer Quelle, wo man Platz nimmt und
Jedermann eine Novelle erzählt; endlich das Abendessen
und heitere Gespräche »von solcher Art, daß sie für uns
Frauen noch schicklich heißen können und bei euch Männern nicht vom Weine eingegeben scheinen müssen«. Bandello gibt in den Einleitungen oder Widmungen zu den
einzelnen Novellen zwar nicht solche Einweihungsreden,
indem die verschiedenen Gesellschaften, vor welchen seine
Geschichten erzählt werden, bereits als gegebene Kreise
existieren, allein er läßt auf andere Weise erraten, wie reich,
vielartig und anmutig die gesellschaftlichen Voraussetzungen waren. Manche Leser werden denken, an einer Gesellschaft, welche so unmoralische Erzählungen anzuhören
imstande war, sei nichts zu verlieren noch zu gewinnen.
Richtiger möchte der Satz so lauten: auf welchen sichern

---

13 Die man sich wohl vormittags um 10-11 Uhr zu denken hat.
   Vgl. Bandello, Parte II, Nov. 10.

Grundlagen mußte eine Geselligkeit ruhen, die trotz jener
Historien nicht aus den äußern Formen, nicht aus Rand und
Band ging, die zwischen hinein wieder der ernsten Diskus-
sion und Beratung fähig war. Das Bedürfnis nach höhern
Formen des Umganges war eben stärker als Alles. Man
braucht dabei nicht die sehr idealisierte Gesellschaft als
Maßstab zu nehmen, welche Castiglione am Hofe Guidobaldo's von Urbino, Pietro Bembo auf dem Schloß Asolo
selbst über die höchsten Gefühle und Lebenszwecke reflektieren lassen. Gerade die Gesellschaft eines Bandello mitsamt den Frivolitäten, die sie sich bieten läßt, gibt den
besten Maßstab für den vornehm leichten Anstand, für das
Großweltswohlwollen und den echten Freisinn, auch für
den Geist und den zierlichen poetischen und andern Dilettantismus, der diese Kreise belebte. Ein bedeutender Wink
für den Wert einer solchen Geselligkeit liegt besonders
darin, daß die Damen, welche deren Mittelpunkte bildeten,
damit berühmt und hochgeachtet wurden ohne daß es
ihrem Ruf im geringsten schadete. Von den Gönnerinnen
Bandellos z. B. ist wohl Isabella Gonzaga, geborne Este
(S. 51) durch ihren Hof von lockern Fräulein,[14] aber nicht
durch ihr eigenes Benehmen in ungünstige Nachrede geraten; Giulia Gonzaga Colonna, Ippolita Sforza vermählte
Bentivoglio, Bianca Rangona, Cecilia Gallerana, Camilla
Scarampa u. a. waren entweder völlig unbescholten oder es
wurde auf ihr sonstiges Benehmen kein Gewicht gelegt
neben ihrem sozialen Ruhm. Die berühmteste Dame von
Italien, Vittoria Colonna, war vollends eine Heilige. Was
nun Spezielles von dem zwanglosen Zeitvertreib jener
Kreise in der Stadt, auf der Villa, in Badeorten gemeldet
wird, läßt sich nicht so wiedergeben, daß daraus die Superiorität über die Geselligkeit des übrigen Europa's buchstäblich klar würde. Aber man höre Bandello an[15] und frage

14 Prato, Arch. stor. III, p. 309.
15 Die wichtigern Stellen: Parte I, Nov. 1, 3, 21, 30, 44. II, 10, 34,
    55. III, 17 etc.

sich dann nach der Möglichkeit von etwas Ähnlichem z. B.
in Frankreich, bevor diese Art von Geselligkeit eben durch
Leute wie er aus Italien dorthin verpflanzt worden war. —
Gewiß wurde auch damals das Größte im Gebiet des Geistes hervorgebracht ohne die Beihilfe solcher Salons und
ohne Rücksicht auf sie; doch täte man Unrecht, ihren Wert
für die Bewegung von Kunst und Poesie gar zu gering zu
schätzen, wäre es auch nur, weil sie das schaffen halfen, was
damals in keinem Lande existierte: eine gleichartige Beurteilung und Teilnahme für die Produktionen. Abgesehen
davon ist diese Art von Geselligkeit schon als solche eine
notwendige Blüte jener bestimmten Kultur und Existenz,
welche damals eine italienische war und seitdem eine europäische geworden ist.

In Florenz wird das Gesellschaftsleben stark bedingt von
seiten der Literatur und der Politik. Lorenzo magnifico ist
vor Allem eine Persönlichkeit, welche nicht, wie man glauben möchte, durch die fürstengleiche Stellung, sondern
durch das außerordentliche Naturell seine Umgebung vollständig beherrscht, eben weil er diese unter sich so verschiedenen Menschen in Freiheit sich ergehen läßt.[16] Man
sieht z. B. wie er seinen großen Hauslehrer Poliziano
schonte, wie die souveränen Manieren des Gelehrten und
Dichters eben noch kaum verträglich waren mit den notwendigen Schranken, welche der sich vorbereitende Für-
stenrang des Hauses und die Rücksicht auf die empfindliche
Gemahlin vorschrieben; dafür ist aber Poliziano der Herold
und das wandelnde Symbol des mediceischen Ruhmes.
Lorenzo freut sich dann auch recht in der Weise eines
Medici, sein geselliges Vergnügen selber zu verherrlichen,
monumental darzustellen. In der herrlich improvisierten
»Falkenjagd« schildert er seine Genossen scherzhaft, in dem
»Gelage« sogar höchst burlesk, allein so, daß man die

---

16 Vgl. Lor. magnif. de' Medici, Poesie I, 204 (das Gelage); 291
    (die Falkenjagd). — Roscoe, Vita di Lorenzo, III, p. 140 und
    Beilagen 17 bis 19.

Fähigkeit des ernsthaftesten Verkehrs deutlich durch-
fühlt.[17] Von diesem Verkehr geben dann seine Korrespondenz und die Nachrichten über seine gelehrte und
philosophische Konversation reichlich Kunde. Andere
spätere gesellige Kreise in Florenz sind zum Teil theoreti-
sierende politische Klubs, die zugleich eine poetische und
philosophische Seite haben wie z. B. die sogenannte platonische Akademie, als sie sich nach Lorenzo's Tode in den
Gärten der Ruccellai versammelte.[18]

An den Fürstenhöfen hing natürlich die Geselligkeit von
der Person des Herrschers ab. Es gab ihrer allerdings seit
Anfang des 16. Jahrhunderts nur noch wenige und diese
konnten nur geringerenteils in dieser Beziehung etwas bedeuten. Rom hatte seinen wahrhaft einzigen Hof Leo's X.,
eine Gesellschaft von so besonderer Art, wie sie sonst in der
Weltgeschichte nicht wieder vorkommt.

Für die Höfe, im Grunde aber noch viel mehr um seiner
selber willen bildet sich nun der Cortigiano aus, welchen
Castiglione schildert. Es ist eigentlich der gesellschaftliche
Idealmensch, wie ihn die Bildung jener Zeit als notwendige, höchste Blüte postuliert, und der Hof ist mehr für ihn
als er für den Hof bestimmt. Alles wohl erwogen, könnte
man einen solchen Menschen an keinem Hofe brauchen,

---

17 Der Titel Simposio ist ungenau; es sollte heißen: die Heimkehr
    von der Weinlese. Lorenzo schildert in höchst vergnüglicher
    Weise, nämlich in einer Parodie nach Dante's Hölle, wie er,
    zumeist in Via Faenza, alle seine guten Freunde nacheinander
    mehr oder weniger benebelt vom Lande her kommend antrifft.
    Von der schönsten Komik ist im 8. Capitolo das Bild des
    Piovano Arlotto, welcher auszieht seinen verlorenen Durst zu
    suchen und zu diesem Endzweck an sich hängen hat: dürres
    Fleisch, einen Häring, einen Reif Käse, ein Würstchen und vier
    Sardellen, e tutte si cocevan nel sudore.
18 Über Cosimo Ruccellai als Mittelpunkt dieses Kreises zu An-
    fang des 16. Jahrhunderts vgl. Macchiavelli, Arte della guerra,
    L. I.

weil er selber Talent und Auftreten eines vollkommenen
Fürsten hat und weil seine ruhige, unaffektierte Virtuosität
in allen äußern und geistigen Dingen ein zu selbständiges
Wesen voraussetzt. Die innere Triebkraft, die ihn bewegt,
bezieht sich, obwohl es der Autor verhehlt, nicht auf den
Fürstendienst, sondern auf die eigene Vollendung. Ein
Beispiel wird dies klar machen: im Kriege nämlich verbittet
sich[19] der Cortigiano selbst nützliche und mit Gefahr und
Aufopferung verbundene Aufgaben, wenn dieselben stillos
und unschön sind, wie etwa das Wegfangen einer Herde;
was ihn zur Teilnahme am Kriege bewegt, ist ja nicht die
Pflicht an sich, sondern »l'honore«. Die sittliche Stellung
zum Fürsten, wie sie im vierten Buch verlangt wird, ist eine
sehr freie und selbständige. Die Theorie der vornehmen
Liebschaft (im dritten Buche) enthält sehr viele feine psychologische Beobachtungen, die aber bessernteils dem allgemein menschlichen Gebiet angehören, und die große,
fast lyrische Verherrlichung der idealen Liebe (am Ende des
vierten Buches) hat vollends nichts mehr zu tun mit der
speziellen Aufgabe des Werkes. Doch zeigt sich auch hier
wie in den Asolani des Bembo die ungemeine Höhe der
Bildung in der Art, wie die Gefühle verfeinert und analysiert auftreten. Dogmatisch beim Worte nehmen darf man
diese Autoren allerdings nicht. Daß aber Reden dieser Art
in der vornehmern Gesellschaft vorkamen, ist nicht zu
bezweifeln, und daß nicht bloßes Schöntun sondern auch
wahre Leidenschaft in diesem Gewande erschien, werden
wir unten sehen.

Von den äußerlichen Fertigkeiten werden beim Cortigiano zunächst die sogenannten ritterlichen Übungen in
Vollkommenheit verlangt, außerdem aber auch noch manches Andere, das nur an einem geschulten, gleichmäßig
fortbestehenden, auf persönlichstem Wetteifer begründeten Hofe gefordert werden konnte, wie es damals außerhalb
Italiens keinen gab; Mehreres beruht auch sichtlich nur auf

---

19 Il cortigiano, L. II, fol. 53. – Vgl. oben S. 362, 373.

einem allgemeinen, beinahe abstrakten Begriff der individuellen Vollkommenheit. Der Cortigiano muß mit allen
edlen Spielen vertraut sein, auch mit dem Springen, Wett-
laufen, Schwimmen, Ringen; hauptsächlich muß er ein guter Tänzer sein und (wie sich von selbst versteht) ein nobler
Reiter. Dazu aber muß er mehrere Sprachen, mindestens
italienisch und latein besitzen, und sich auf die schöne
Literatur verstehn, auch über die bildenden Künste ein
Urteil haben; in der Musik fordert man von ihm sogar einen
gewissen Grad von ausübender Virtuosität, die er überdies
möglichst geheimhalten muß. Gründlicher Ernst ist es natürlich mit nichts von allem, ausgenommen die Waffen; aus
der gegenseitigen Neutralisierung des Vielen entsteht eben
das absolute Individuum, in welchem keine Eigenschaft
aufdringlich vorherrscht.

So viel ist gewiß, daß im 16. Jahrhundert die Italiener
sowohl als theoretische Schriftsteller wie als praktische
Lehrer das ganze Abendland in die Schule nahmen für alle
edlern Leibesübungen und für den höhern geselligen Anstand. Für Reiten, Fechten und Tanzen haben sie durch
Werke mit Abbildungen und durch Unterricht den Ton
angegeben; das Turnen, abgelöst von der Kriegsübung wie
vom bloßen Spiel, ist vielleicht zu allererst von Vittorino da
Feltre (S. 211) gelehrt worden, und dann ein Requisit der
höhern Erziehung geblieben.[20] Entscheidend ist dabei, daß

---

20 Coelius Calcagninus (Opera, p. 514) schildert die Erziehung
eines jungen Italieners von Stande um 1500 (in der Leichenrede
auf Antonio Costabili) wie folgt: zuerst artes liberales et ingenuae
disciplinae; tum adolescentia in iis exercitationibus acta, quae ad
rem militarem corpus animumque praemuniunt. Nunc *gymnastae*
(d. h. dem Turnlehrer) operam dare, luctari, excurrere, natare,
equitare, venari, aucupari, ad palum et apud lanistam ictus inferre
aut declinare, caesim punctimve hostem ferire, hastam vibrare,
sub armis hyemem iuxta et aestatem traducere, lanceis occursare,
veri ac communis Martis simulacra imitari. – Cardanus (de propria vita, c. 7) nennt unter seinen Turnübungen auch das Hinauf-
springen auf das hölzerne Pferd. – Vgl. Gargantua I, 23, 24: die
Erziehung überhaupt, und 35: die Künste der Gymnasten.

es kunstgemäß gelehrt wird; welche Übungen vorkamen,
ob die jetzt vorwiegenden auch damals gekannt waren,
können wir freilich nicht ermitteln. Wie sehr aber außer der
Kraft und Gewandtheit auch die Anmut als Zweck und
Ziel galt, geht nicht nur aus der sonst bekannten Denk- 5
weise der Nation, sondern auch aus bestimmten Nachrichten hervor. Es genügt an den großen Federigo von Montefeltro (S. 53) zu erinnern, wie er die abendlichen Spiele der
ihm anvertrauten jungen Leute leitete.

Spiele und Wettübungen des Volkes unterschieden sich 10
wohl nicht wesentlich von den im übrigen Abendlande
verbreiteten. In den Seestädten kam natürlich das Wettrudern hinzu und die venezianischen Regatten waren schon
früh berühmt.[21] Das klassische Spiel Italiens war und ist
bekanntlich das Ballspiel, und auch dieses möchte schon zur 15
Zeit der Renaissance mit viel größerm Eifer und Glanze
geübt worden sein als anderswo in Europa. Doch ist es
nicht wohl möglich, bestimmte Zeugnisse für diese Annahme zusammenzubringen.

An dieser Stelle muß auch von der Musik[22] die Rede sein. 20

21 Sansovino, Venezia, fol. 172 s. Sie sollen entstanden sein bei Anlaß des Hinausfahrens zum Lido, wo man mit der Armbrust zu
schießen pflegte; die große allgemeine Regatta am St. Paulstag
war gesetzlich seit 1315. – Früher wurde in Venedig auch viel ge-
ritten, ehe die Straßen gepflastert und die ebenen hölzernen
Brücken in hochgewölbte steinerne verwandelt waren. Noch Petrarca (Epist. seniles, IV, 2, p. 783) schildert ein prächtiges Reit-
turnier auf dem Marcusplatz, und der Doge Steno hielt um 1400
einen Marstall so herrlich wie der irgendeines italienischen Fürsten. Doch war das Reiten in der Umgegend jenes Platzes schon
seit 1291 in der Regel verboten. – Später galten die Venezianer
natürlich für schlechte Reiter. Vgl. Ariosto, Sat. V, vs. 208.
22 Über Dante's Verhältnis zur Musik und über die Weisen zu
Petrarca's und Boccaccio's Gedichten vgl. Trucchi, poesie ital.
inedite II, p. 139. – Über Theoretiker des 14. Jahrhunderts
Filippo Villani, vite, p. 46, und Scardeonius, de urb. Patav.
antiq. bei Graev. Thesaur. VI, III, Col. 297. – Über die Musik

Die Komposition war noch um 1500 vorherrschend in den
Händen der niederländischen Schule, welche wegen der
ungemeinen Künstlichkeit und Wunderlichkeit ihrer
Werke bestaunt wurde. Doch gab es schon daneben eine
italienische Musik, welche ohne Zweifel unserm jetzigen
Tongefühl etwas näher stand. Ein halbes Jahrhundert später tritt Palestrina auf, dessen Gewalt sich auch heute noch
alle Gemüter unterwirft; wir erfahren auch, er sei ein großer Neuerer gewesen, allein ob er oder Andere den entscheidenden Schritt in die Tonsprache der modernen Welt
hinein getan haben, wird nicht so erörtert, daß der Laie sich
einen Begriff von dem Tatbestand machen könnte. Indem
wir daher die Geschichte der musikalischen Komposition
gänzlich auf sich beruhen lassen, suchen wir die Stellung
der Musik zur damaligen Gesellschaft auszumitteln.

Höchst bezeichnend für die Renaissance und für Italien
ist vor allem die reiche Spezialisierung des Orchesters, das
Suchen nach neuen Instrumenten, d. h. Klangarten, und –
in engem Zusammenhang damit – das Virtuosentum, d. h.
das Eindringen des Individuellen im Verhältnis zu be-

am Hofe des Federigo von Urbino umständlich Vespasiano
Fior., p. 122. – Die Kinderkapelle Ercoles I, Diario Ferrarese,
bei Murat. XXIV, Col. 358. – Außerhalb Italiens war den
angesehenen Leuten das persönliche Musizieren noch kaum
gestattet; am niederländischen Hofe des jungen Carl V. kommt
es darüber zu gefährlichem Streit; vgl. Hubert. Leod. de vita
Frid. II. Palat., L. III. – Heinrich VIII. von England machte
eine Ausnahme.

Eine merkwürdige und umfangreiche Stelle über die Musik
findet sich, wo man sie nicht suchen würde, Macaroneide,
Phant. XX. Es wird ein Quartettgesang komisch geschildert,
wobei man erfährt, daß auch französische und spanische Lie-
der gesungen wurden, daß die Musik bereits ihre Feinde hatte
(um 1520), und daß Leo's X. Kapelle und der noch frühere
Komponist Josquin des Prés das Höchste waren, wofür man
schwärmte; die Hauptwerke des letztern werden genannt. Derselbe Autor (Folengo) legt auch in seinem (unter dem Namen
Limerno Pitocco herausgegebenen) Orlandino III, 23 s. einen
ganz modernen Musikfanatismus an den Tag.

stimmten Zweigen der Musik und zu bestimmten Instrumenten.

Von denjenigen Tonwerkzeugen, welche eine ganze
Harmonie ausdrücken können, ist nicht nur die Orgel frühe
sehr verbreitet und vervollkommnet, sondern auch das 5
entsprechende Saiteninstrument, das gravicembalo oder
clavicembalo; Stücke von solchen aus dem Beginn des 16.
Jahrhunderts werden bekanntlich noch aufbewahrt, weil
die größten Maler sie mit Bildern schmückten. Sonst nahm
die Geige den ersten Rang ein und gewährte bereits große 10
persönliche Zelebrität. Bei Leo X., der schon als Kardinal
sein Haus voller Sänger und Musiker gehabt hatte und der
als Kenner und Mitspieler eine hohe Reputation genoß,
wurden der Jude Giovan Maria und Jacopo Sansecondo
berühmt; ersterem gab Leo den Grafentitel und ein Städt- 15
chen;[23] letztern glaubt man in dem Apoll auf Rafaels Parnaß
dargestellt zu sehen. Im Verlauf des 16. Jahrhunderts bildeten sich dann Renommeen für jede Gattung, und Lomazzo
(um 1580) nennt je drei namhaft gewordene Virtuosen für
Gesang, Orgel, Laute, Lyra, Viola da Gamba, Harfe, Zi- 20
ther, Hörner und Posaunen; er wünscht, daß ihre Bildnisse
auf die Instrumente selbst gemalt werden möchten.[24] Solch
ein vielseitiges vergleichendes Urteil wäre wohl in jener

---

23 Leonis vita anonyma, bei Roscoe, ed. Bossi, XII, p. 171. Ob
   dies vielleicht der Violinspieler der Galerie Sciarra ist? – Ein
   Giovan Maria da Cornetto wird gepriesen im Orlandino
   (S. 165, 325) III, 27.
24 Lomazzo, Trattato dell' arte della pittura, etc., p. 347. – Bei der
   Lyra ist Lionardo da Vinci mitgenannt, auch Alfonso (Herzog?) von Ferrara. Der Verf⟨asser⟩ nimmt überhaupt die Berühmtheiten des Jahrhunderts zusammen. Mehrere Juden sind
   darunter. – Die größte Aufzählung von berühmten Musikern
   des 16. Jahrhunderts, in eine frühere und eine spätere Generation getrennt, bei Rabelais im »neuen Prolog« zum IV. Buche.
   – Ein Virtuose, der blinde Francesco von Florenz (st. 1390),
   wird schon frühe in Venedig von dem anwesenden König von
   Cypern mit einem Lorbeerkranze gekrönt.

Zeit außerhalb Italiens ganz undenkbar, wenn auch fast
dieselben Instrumente überall vorgekommen sein mögen.

Der Reichtum an Instrumenten sodann geht besonders
daraus hervor, daß es sich lohnte, aus Kuriosität Sammlungen derselben anzulegen. In dem höchst musikalischen
Venedig[25] gab es mehrere dergleichen, und wenn eine Anzahl Virtuosen sich dazu einfanden, so ergab sich gleich an
Ort und Stelle ein Konzert. (In einer dieser Sammlungen
sah man auch viele nach antiken Abbildungen und Beschreibungen verfertigte Tonwerkzeuge, nur wird nicht
gemeldet, ob sie jemand spielen konnte und wie sie klan-
gen.) Es ist nicht zu vergessen, daß solche Gegenstände
zum Teil ein festlich prachtvolles Äußeres hatten und sich
schön gruppieren ließen. Auch in Sammlungen anderer
Raritäten und Kunstsachen pflegen sie sich deshalb als
Zugabe einzufinden.

Die Exekutanten selbst sind außer den eigentlichen Virtuosen entweder einzelne Liebhaber oder ganze Orchester
von solchen, etwa als »Akademie« korporationsmäßig zu-
sammengesellt.[26] Sehr viele bildende Künstler waren auch
in der Musik bewandert und oft Meister. – Leuten von
Stande wurden die Blasinstrumente abgeraten aus denselben Gründen,[27] welche einst den Alcibiades und selbst
Pallas Athene davon abgeschreckt haben sollen; die vornehme Geselligkeit liebte den Gesang entweder allein oder

---

25 Sansovino, Venezia, fol. 138. Natürlich sammelten dieselben
    Liebhaber auch Notenbücher.

26 Die Accademia de' filarmonici zu Verona erwähnt schon Vasari
    XI, 133 im Leben des Sanmichele. – Um Lorenzo magnifico
    hatte sich bereits 1480 eine »Harmonieschule« von 15 Mitglie-
    dern gesammelt, darunter der berühmte Organist Squarcia-
    lupi. Vgl. Delécluze, Florence et ses vicissitudes, Vol. II,
    p. 256. Von Lorenzo scheint sein Sohn Leo X. die Musikbegei-
    sterung geerbt zu haben. Auch sein ältester Sohn Pietro war
    sehr musikalisch.

27 Il cortigiano, fol. 56; vgl. fol. 41.

mit Begleitung der Geige; auch das Streichquartett[28] und um der Vielseitigkeit willen das Klavier; aber nicht den mehrstimmigen Gesang, »denn eine Stimme höre, genieße und beurteile man weit besser«. Mit andern Worten, da der Gesang trotz aller konventionellen Bescheidenheit (S. 382) eine Exhibition des einzelnen Gesellschaftsmenschen bleibt, so ist es besser, man höre (und sehe) Jeden besonders. Wird ja doch die Wirkung der süßesten Gefühle in den Zuhörerinnen vorausgesetzt und deshalb den alten Leuten eine ausdrückliche Abmahnung erteilt, auch wenn sie noch so schön spielten und sängen. Es kam sehr darauf an, daß der Einzelne einen aus Ton und Gestalt harmonisch gemischten Eindruck hervorbringe. Von einer Anerkennung der Komposition als eines für sich bestehenden Kunstwerkes ist in diesen Kreisen keine Rede. Dagegen kommt es vor, daß der Inhalt der Worte ein furchtbares eigenes Schicksal des Sängers schilderte.[29]

Offenbar ist dieser Dilettantismus, sowohl der vornehmern als der mittlern Stände, in Italien verbreiteter und zugleich der eigentlichen Kunst näher verwandt gewesen als in irgendeinem andern Lande. Wo irgend Geselligkeit geschildert wird, ist auch immer und mit Nachdruck Gesang und Saitenspiel erwähnt; Hunderte von Porträts stellen die Leute, oft Mehrere zusammen, musizierend oder doch mit der Laute usw. im Arm dar, und selbst in Kirchenbildern zeigen die Engelkonzerte, wie vertraut die Maler mit der lebendigen Erscheinung der Musizierenden waren. Bereits erfährt man z. B. von einem Lautenspieler Antonio

---

28 Quattro viole da arco, gewiß ein hoher und damals im Ausland sehr seltener Grad von Dilettantenbildung.

29 Bandello, Parte I, Nov. 26. Der Gesang des Antonio Bologna im Hause der Ippolita Bentivoglia. Vgl. III, 26. In unserer zimperlichen Zeit würde man dies eine Profanation der heiligsten Gefühle nennen. – (Vgl. das letzte Lied des Britannicus, Tacit. Annal. XIII, 15.) – Die Rezitation zur Laute oder Viola ist in den Aussagen nicht leicht vom eigentlichen Gesang zu scheiden.

Rota in Padua (st. 1549), der vom Stundengeben reich
wurde und auch eine Lautenschule drucken ließ.[30]

In einer Zeit, da noch keine Oper den musikalischen
Genius zu konzentrieren und zu monopolisieren angefangen hatte, darf man sich wohl dieses Treiben geistreich,
vielartig und wunderbar eigentümlich vorstellen. Eine andere Frage ist, wie weit wir noch an jener Tonwelt teilhät-
ten, wenn unser Ohr sie wieder vernähme.

———

Zum Verständnis der höhern Geselligkeit der Renaissance
ist endlich wesentlich zu wissen, daß das Weib dem Manne
gleich geachtet wurde. Man darf sich ja nicht irre machen
lassen durch die spitzfindigen und zum Teil boshaften Untersuchungen über die vermutliche Inferiorität des schönen
Geschlechtes, wie sie bei den Dialogenschreibern hin und
wieder vorkommen, auch nicht durch eine Satire wie die
dritte des Ariosto,[1] welcher das Weib wie ein gefährliches
großes Kind betrachtet, das der Mann zu behandeln wissen
müsse, während es durch eine Kluft von ihm geschieden
bleibt. Letzteres ist allerdings in einem gewissen Sinne
wahr; gerade *weil* das ausgebildete Weib dem Manne gleich-
stand, konnte in der Ehe das, was man geistige und Seelen-
gemeinschaft oder höhere Ergänzung nennt, nicht so zur
Blüte gelangen wie später in der gesitteten Welt des Nordens.

Vor Allem ist die Bildung des Weibes in den höchsten
Ständen wesentlich dieselbe wie beim Manne. Es erregt den
Italienern der Renaissance nicht das geringste Bedenken,
den literarischen und selbst den philologischen Unterricht
auf Töchter und Söhne gleichmäßig wirken zu lassen
(S. 217); da man ja in dieser neuantiken Kultur den höchsten
Besitz des Lebens erblickte, so gönnte man sie gerne auch

———

30 Scardeonius, a.a.O.
 1 An Annibale Maleguccio, sonst auch als fünfte und sechste
    bezeichnet.

den Mädchen. Wir sahen, bis zu welcher Virtuosität selbst
Fürstentöchter im lateinischen Reden und Schreiben gelangten (S. 224, 231). Andere mußten wenigstens die Lektüre der Männer teilen, um dem Sachinhalt des Altertums,
wie er die Konversation großenteils beherrschte, folgen zu 5
können. Weiter schloß sich daran die tätige Teilnahme an
der italienischen Poesie durch Canzonen, Sonette und Improvisation, womit seit der Venezianerin Cassandra Fedele
(Ende des 15. Jahrhunderts) eine Anzahl von Damen berühmt wurden;[2] Vittoria Colonna kann sogar unsterblich 10
heißen. Wenn irgend etwas unsere obige Behauptung beweist, so ist es diese Frauenpoesie mit ihrem völlig männlichen Ton. Liebessonette wie religiöse Gedichte zeigen eine
so entschiedene, präzise Fassung, sind von dem zarten
Halbdunkel der Schwärmerei und von allem Dilettanti- 15
schen, was sonst der weiblichen Dichtung anhängt, so weit
entfernt, daß man sie durchaus für die Arbeiten eines Mannes halten würde, wenn nicht Namen, Nachrichten und
bestimmte äußere Andeutungen das Gegenteil besagten.

Denn mit der Bildung entwickelt sich auch der Indivi- 20
dualismus in den Frauen höherer Stände auf ganz ähnliche
Weise wie in den Männern, während außerhalb Italiens bis
auf die Reformation die Frauen, und selbst die Fürstinnen,
noch sehr wenig persönlich hervortreten. Ausnahmen wie
Isabeau von Baiern, Margarethe von Anjou, Isabella von 25
Castilien usw. kommen auch nur unter ganz ausnahmswei-
sen Verhältnissen, ja gleichsam nur gezwungen zum Vorschein. In Italien haben schon während des ganzen 15.
Jahrhunderts die Gemahlinnen der Herrscher und vorzüglich die der Condottieren fast alle eine besondere, kennt- 30
liche Physiognomie, und nehmen an der Notorietät, ja am
Ruhme ihren Anteil (S. 139). Dazu kömmt allmählich eine
Schar von berühmten Frauen verschiedener Art (S. 155 f.),
wäre auch ihre Auszeichnung nur darin zu finden gewesen,

---

2 Wogegen die Beteiligung der Frauen an den bildenden Künsten
  nur äußerst gering ist.

daß in ihnen Anlage, Schönheit, Erziehung, gute Sitte und
Frömmigkeit ein völlig harmonisches Ganzes bildeten.[3]
Von einer aparten, bewußten »Emanzipation« ist gar nicht
die Rede, weil sich die Sache von selber verstand. Die Frau
von Stande mußte damals ganz wie der Mann nach einer
abgeschlossenen, in jeder Hinsicht vollendeten Persönlichkeit streben. Derselbe Hergang in Geist und Herz, welcher
den Mann vollkommen macht, sollte auch das Weib vollkommen machen. Aktive literarische Tätigkeit verlangt
man nicht von ihr, und wenn sie Dichterin ist, so erwartet
man wohl irgendeinen mächtigen Klang der Seele, aber
keine speziellen Intimitäten in Form von Tagebüchern und
Romanen. An das Publikum dachten diese Frauen nicht; sie
mußten vor allem bedeutenden Männern imponieren[4] und
deren Willkür in Schranken halten.

Das Ruhmvollste, was damals von den großen Italienerinnen gesagt wird, ist, daß sie einen männlichen Geist, ein
männliches Gemüt hätten. Man braucht nur die völlig
männliche Haltung der meisten Weiber in den Heldengedichten, zumal bei Bojardo und Ariosto, zu beachten, um
zu wissen, daß es sich hier um ein bestimmtes Ideal handelt.
Der Titel einer »virago«, den unser Jahrhundert für ein sehr
zweideutiges Kompliment hält, war damals reiner Ruhm.
Ihn trug mit vollem Glanze Caterina Sforza, Gemahlin,

---

3 So muß man z. B. bei Vespasiano Fiorentino (Mai, Spicileg.
rom. I, p. 593 s.) die Biographie der Alessandra de' Bardi auffas-
sen. Der Autor ist, beiläufig gesagt, ein großer laudator temporis acti und man darf nicht vergessen, daß fast hundert Jahre vor
dem, was er die gute alte Zeit nennt, schon Boccaccio den
Decamerone schrieb.

4 Ant. Galateo, epist. 3, an die junge Bona Sforza, die spätere
Gemahlin des Sigismund von Polen: Incipe aliquid de viro
sapere, quoniam ad imperandum viris nata es ... Ita fac, ut
sapientibus viris placeas, ut te prudentes et graves viri admiren-
tur, et vulgi et muliercularum studia et iudicia despicias etc.
Auch sonst ein merkwürdiger Brief. (Mai, Spicileg. rom. VIII,
p. 532.)

dann Witwe des Girolamo Riario, dessen Erbe Forlì sie
zuerst gegen die Partei seiner Mörder, dann später gegen
Cesare Borgia mit allen Kräften verteidigte; sie unterlag,
behielt aber doch die Bewunderung aller ihrer Landsleute
und den Namen der »prima donna d'Italia«.[5] Eine heroische
Ader dieser Art erkennt man noch in verschiedenen Frauen
der Renaissance, wenn auch keine mehr solchen Anlaß
fand, sich als Heldin zu betätigen. Isabella Gonzaga
(S. 51 f.) verrät diesen Zug ganz deutlich.

Frauen dieser Gattung konnten denn freilich auch in
ihrem Kreise Novellen erzählen lassen wie die des Bandello,
ohne daß darunter die Geselligkeit Schaden litt. Der herrschende Genius der letztern ist nicht die heutige Weiblich-
keit, d. h. der Respekt vor gewissen Voraussetzungen,
Ahnungen und Mysterien, sondern das Bewußtsein der
Energie, der Schönheit, und einer gefährlichen, schicksals-
vollen Gegenwart. Deshalb geht neben den gemessensten
Weltformen ein Etwas einher, das unserm Jahrhundert wie
Schamlosigkeit vorkömmt,[6] während wir nur eben das
Gegengewicht, nämlich die mächtige Persönlichkeit der
dominierenden Frauen des damaligen Italiens uns nicht
mehr vorstellen können.

Daß alle Traktate und Dialoge zusammengenommen

---

5 So heißt sie in dem Hauptbericht Chron. venetum bei Murat.
  XXIV, Col. 128 s. Vgl. Infessura bei Eccard, scriptt. II,
  Col. 1981 und Arch. stor. Append. II, p. 250.
6 Und es zu Zeiten auch ist. – Wie sich die Damen bei solchen
  Erzählungen zu benehmen haben, lehrt der Cortigiano, L. III,
  fol. 107. Daß schon die Damen, welche bei seinen Dialogen
  zugegen waren, sich gelegentlich mußten zu benehmen wissen,
  zeigt z. B. die starke Stelle L. II, Fol. 100. – Was von dem
  Gegenstück des Cortigiano, der Donna di palazzo gesagt wird,
  ist deshalb nicht entscheidend, weil diese Palastdame bei weitem
  mehr Dienerin der Fürstin ist als der Cortigiano Diener des
  Fürsten. – Bei Bandello I, Nov. 44, erzählt Bianca d'Este die
  schauerliche Liebesgeschichte ihres eigenen Ahns Niccolò von
  Ferrara und der Parisina.

keine entscheidende Aussage dieser Art enthalten, versteht
sich von selbst, so weitläufig auch über die Stellung und die
Fähigkeiten der Frauen und über die Liebe debattiert wird.

Was dieser Gesellschaft im Allgemeinen gefehlt zu haben
scheint, war der Flor junger Mädchen,[7] welche man sehr
davon zurückhielt, auch wenn sie nicht im Kloster erzogen
wurden. Es ist schwer zu sagen, ob ihre Abwesenheit mehr
die größere Freiheit der Konversation oder ob umgekehrt
letztere jene veranlaßt hat.

Auch der Umgang mit Buhlerinnen nimmt bisweilen
einen scheinbaren Aufschwung, als wollte sich das Verhältnis der alten Athener zu ihren Hetären erneuern. Die berühmte römische Kurtisane Imperia war ein Weib von
Geist und Bildung und hatte bei einem gewissen Domenico
Campana Sonette machen gelernt, trieb auch Musik.[8] Die
schöne Isabella de Luna, von spanischer Herkunft, galt
wenigstens als amüsant, war übrigens aus Gutherzigkeit
und einem entsetzlich frechen Lästermaul wunderlich zusammengesetzt.[9] In Mailand kannte Bandello die majestätische Caterina di San Celso,[10] welche herrlich spielte und
sang und Verse rezitierte. Und so weiter. Aus allem geht
hervor, daß die berühmten und geistreichen Leute, welche
diese Damen besuchten und zeitweise mit ihnen lebten,
auch geistige Ansprüche an sie stellten, und daß man den
berühmtern Buhlerinnen mit der größten Rücksicht begegnete; auch nach Auflösung des Verhältnisses suchte man

---

7 Wie sehr die gereisten Italiener den freien Umgang mit den
Mädchen in England und den Niederlanden zu würdigen wußten, zeigt Bandello II, Nov. 42 und IV, Nov. 27.

8 Paul. Jov. de rom. piscibus, cap. 5. – Bandello, Parte III, Nov.
42. – Aretin, im Ragionamento del Zoppino, p. 327, sagt von
einer Buhlerin: sie weiß auswendig den ganzen Petrarca und
Boccaccio und zahllose schöne lateinische Verse aus Virgil,
Horaz, Ovid und tausend andern Autoren.

9 Bandello II, 51. IV, 16.

10 Bandello IV, 8.

sich ihre gute Meinung zu bewahren,[11] weil die vergangene
Leidenschaft doch einen bedeutenden Eindruck für immer
zurückgelassen hatte. Im ganzen kommt jedoch dieser Umgang in geistigem Sinne nicht in Betracht neben der erlaubten, offiziellen Geselligkeit, und die Spuren, welche er in
Poesie und Literatur zurückläßt, sind vorherrschend skan-
dalöser Art. Ja man darf sich billig wundern, daß unter den
6 800 Personen dieses Standes, welche man zu Rom im
Jahre 1490 – also vor dem Eintreten der Syphilis – zählte,[12]
kaum irgendein Weib von Geist und höherm Talent hervor-
tritt; die oben genannten sind erst aus der nächstfolgenden
Zeit. Die Lebensweise, Moral und Philosophie der öffentlichen Weiber, namentlich den raschen Wechsel von Genuß, Gewinnsucht und tieferer Leidenschaft, sowie die
Heuchelei und Teufelei Einzelner im spätern Alter schildert
vielleicht am besten Giraldi in den Novellen, welche die
Einleitung zu seinen Hecatommithi ausmachen; Pietro
Aretino dagegen in seinen Ragionamenti zeichnet wohl
mehr sein eigenes Inneres als das jener unglücklichen
Klasse, wie sie wirklich war.

Die Mätressen der Fürsten, wie schon oben (S. 60) bei
Anlaß des Fürstentums erörtert wurde, sind der Gegen-
stand von Dichtern und Künstlern und daher der Mit- und
Nachwelt persönlich bekannt, während man von einer
Alice Perries, einer Clara Dettin (Mätresse Friedrichs des
Siegreichen) kaum mehr als den Namen und von Agnes
Sorel eine eher fingierte als wahre Minnesage übrig hat.
Anders verhält es sich dann schon mit den Geliebten der
Könige der Renaissance, Franz I. und Heinrich II.

---

11 Ein sehr bezeichnendes Beispiel hievon bei Giraldi, Hecatommithi VI, Nov. 7.

12 Infessura, bei Eccard, scriptores, II, Col. 1997. Es sind nur die
öffentlichen Weiber, nicht die Konkubinen mitgerechnet. Die
Zahl ist übrigens im Verhältnis zur vermutlichen Bevölkerung
von Rom enorm hoch, vielleicht durch einen Schreibfehler.

Nach der Geselligkeit verdient auch das Hauswesen der
Renaissance einen Blick. Man ist im Allgemeinen geneigt,
das Familienleben der damaligen Italiener wegen der großen Sittenlosigkeit als ein verlorenes zu betrachten, und
diese Seite der Frage wird im nächsten Abschnitt behandelt
werden. Einstweilen genügt es, darauf hinzuweisen, daß
die eheliche Untreue dort bei weitem nicht so zerstörend
auf die Familie wirkt wie im Norden, solange dabei nur
gewisse Schranken nicht überschritten werden.

Das Hauswesen unseres Mittelalters war ein Produkt der
herrschenden Volkssitte oder, wenn man will, ein höheres
Naturprodukt, beruhend auf den Antrieben der Völkerent-
wicklung und auf der Einwirkung der Lebensweise je nach
Stand und Vermögen. Das Rittertum in seiner Blütezeit ließ
das Hauswesen unberührt; sein Leben war das Herumziehen an Höfen und in Kriegen; seine Huldigung gehörte
systematisch einer andern Frau als der Hausfrau, und auf
dem Schloß daheim mochten die Dinge gehen wie sie
konnten. Die Renaissance zuerst versucht auch das Hauswesen mit Bewußtsein als ein geordnetes, ja als ein Kunstwerk aufzubauen. Eine sehr entwickelte Ökonomie (S. 86)
und ein rationeller Hausbau kömmt ihr dabei zu Hilfe, die
Hauptsache aber ist eine verständige Reflexion über alle
Fragen des Zusammenlebens, der Erziehung, der Einrichtung und Bedienung.

Das schätzbarste Aktenstück hiefür ist der Dialog über
die Leitung des Hauses von Agnolo Pandolfini.[1] Ein Vater
spricht zu seinen erwachsenen Söhnen und weiht sie in
seine ganze Handlungsweise ein. Man sieht in einen großen, reichlichen Hausstand hinein, der, mit vernünftiger
Sparsamkeit und mit mäßigem Leben weitergeführt, Glück
und Wohlergehen auf viele Geschlechter hinaus verheißt.
Ein ansehnlicher Grundbesitz, der schon durch seine Pro-

---

1   Trattato del governo della famiglia. Vgl. oben S. 141, 145. Anm.
    Pandolfini starb 1446, L. B. Alberti, dem das Werk ebenfalls
    zugeschrieben wird, im Jahre 1472. – Vgl. auch S. 301 f., Anm.

dukte den Tisch des Hauses versieht und die Basis des
Ganzen ausmacht, wird mit einem industriellen Geschäft,
sei es Seiden- oder Wollenweberei, verbunden. Wohnung
und Nahrung sind höchst solid; alles was zur Einrichtung
und Anlage gehört, soll groß, dauerhaft und kostbar, das
tägliche Leben darin so einfach als möglich sein. Aller
übrige Aufwand, von den größten Ehrenausgaben bis auf
das Taschengeld der jüngern Söhne, steht hiezu in einem
rationellen, nicht in einem konventionellen Verhältnis. Das
Wichtigste aber ist die Erziehung, die der Hausherr bei
Weitem nicht bloß den Kindern, sondern dem ganzen
Hause gibt. Er bildet zunächst seine Gemahlin aus einem
schüchternen, in vorsichtigem Gewahrsam erzogenen Mädchen zur sichern Gebieterin der Dienerschaft, zur Hausfrau
aus; dann erzieht er die Söhne ohne alle unnütze Härte,[2]
durch sorgfältige Aufsicht und Zureden, »mehr mit Autorität als mit Gewalt«, und endlich wählt und behandelt er
auch die Angestellten und Diener nach solchen Grundsät-
zen, daß sie gerne und treu am Hause halten.

  Noch einen Zug müssen wir hervorheben, der diesem
Büchlein zwar keineswegs eigen, wohl aber mit besonderer
Begeisterung darin hervorgehoben ist; die Liebe des gebildeten Italieners zum Landleben. Im Norden wohnten damals auf dem Lande die Adlichen in ihren Bergschlössern
und die vornehmern Mönchsorden in ihren wohlverschlos-

---

2 Eine gründliche, mit psychologischem Geist gearbeitete Geschichte des Prügelns bei den germanischen und romanischen
   Völkern wäre wohl so viel wert als ein paar Bände Depeschen
   und Unterhandlungen. Wann und durch welchen Einfluß ist das
   Prügeln in der deutschen Familie zu einem alltäglichen Gebrauch geworden? Es geschah wohl erst lange, nachdem Walther gesungen: Nieman kan mit gerten kindes zuht beherten. In
   Italien hört wenigstens das Schlagen sehr früh auf; ein sieben-
   jähriges Kind bekömmt keine Schläge mehr. Der kleine Roland
   (Orlandino, cap. VII, str. 42) stellt das Prinzip auf:
       Sol gli asini si ponno bastonare,
       Se una tal bestia fussi, patirei.

senen Klöstern; der reichste Bürger aber lebte Jahr aus Jahr
ein in der Stadt. In Italien dagegen war, wenigstens was die
Umgebung gewisser Städte[3] betrifft, teils die politische und
polizeiliche Sicherheit größer, teils die Neigung zum Aufenthalt draußen so mächtig, daß man in Kriegsfällen sich
auch einigen Verlust gefallen ließ. So entstand die Land-
wohnung des wohlhabenden Städters, die Villa. Ein köst-
liches Erbteil des alten Römertums lebt hier wieder auf,
sobald Gedeihen und Bildung im Volke weit genug fortge-
schritten sind.

Unser Autor findet auf seiner Villa lauter Glück und
Frieden, worüber man ihn freilich selber hören muß (S. 88).
Die ökonomische Seite der Sache ist, daß ein und dasselbe
Gut womöglich alles in sich enthalten soll: Korn, Wein, Öl,
Futterland und Waldung (S. 84), und daß man solche Güter
gerne teuer bezahlt, weil man nachher nichts mehr auf dem
Markt zu kaufen nötig hat. Der höhere Genuß aber verrät
sich in den Worten der Einleitung zu diesem Gegenstande:
»Um Florenz liegen viele Villen in kristallheller Luft, in
heiterer Landschaft, mit herrlicher Aussicht; da ist wenig
Nebel, kein verderblicher Wind; alles ist gut, auch das
reine, gesunde Wasser; und von den zahllosen Bauten sind
manche wie Fürstenpaläste, manche wie Schlösser anzu-
schauen, prachtvoll und kostbar.« Er meint jene in ihrer
Art mustergültigen Landhäuser, von welchen die meisten
1529 durch die Florentiner selbst der Verteidigung der
Stadt – vergebens – geopfert wurden.

In diesen Villen wie in denjenigen an der Brenta, in den
lombardischen Vorbergen, am Posilipp und Vomero nahm
dann auch die Geselligkeit einen freiern, ländlichen Charakter an als in den Sälen der Stadtpaläste. Das Zusammenwohnen der gastfrei Geladenen, die Jagd und der übrige

---

3 Giovanni Villani XI, 93: Hauptaussage über den Villenbau der
   Florentiner schon vor der Mitte des 14. Jahrhunderts; sie hatten
   schönere Villen als Stadthäuser, und sollen sich damit auch
   überangestrengt haben, onde erano tenuti matti.

Verkehr im Freien werden hie und da ganz anmutig geschildert. Aber auch die tiefste Geistesarbeit und das Edelste der
Poesie ist bisweilen von einem solchen Landaufenthalt datiert.

———

Es ist keine bloße Willkür, wenn wir an die Betrachtung des   5
gesellschaftlichen Lebens die der festlichen Aufzüge und
Aufführungen anknüpfen. Die kunstvolle Pracht, welche
das Italien der Renaissance dabei an den Tag legt,[1] wurde
nur erreicht durch dasselbe Zusammenleben aller Stände,
welches auch die Grundlage der italienischen Gesellschaft   10
ausmacht. Im Norden hatten die Klöster, die Höfe und die
Bürgerschaften ihre besondern Feste und Aufführungen
wie in Italien, allein dort waren dieselben nach Stil und
Inhalt getrennt, hier dagegen durch eine allgemeine Bildung und Kunst zu einer gemeinsamen Höhe entwickelt.   15
Die dekorierende Architektur, welche diesen Festen zu
Hilfe kam, verdient ein eigenes Blatt in der Kunstgeschichte, obgleich sie uns nur noch als ein Phantasiebild
gegenübersteht, das wir aus den Beschreibungen zusam-
menlesen müssen. Hier beschäftigt uns das Fest selber als   20
ein erhöhter Moment im Dasein des Volkes, wobei die
religiösen, sittlichen und poetischen Ideale des letztern eine
sichtbare Gestalt annehmen. Das italienische Festwesen in
seiner höhern Form ist ein wahrer Übergang aus dem
Leben in die Kunst.   25
    Die beiden Hauptformen festlicher Aufführung sind ur-
sprünglich, wie überall im Abendlande, das Mysterium,
d. h. die dramatisierte heilige Geschichte oder Legende und
die Prozession, d. h. der bei irgendeinem kirchlichen Anlaß
entstehende Prachtaufzug.   30
    Nun waren in Italien schon die Aufführungen der Myste-

———

1 Man vgl. S. 313, wo diese Pracht der Festausstattung als ein
   Hindernis für die höhere Entwicklung des Drama's nachgewiesen wurde.

rien im ganzen offenbar prachtvoller, zahlreicher und
durch die parallele Entwicklung der bildenden Kunst und
der Poesie geschmackvoller als anderswo. Sodann scheidet
sich aus ihnen nicht bloß wie im übrigen Abendlande
zunächst die Posse aus und dann das übrige weltliche
Drama, sondern frühe schon auch eine auf den schönen und
reichen Anblick berechnete Pantomime mit Gesang und
Ballett.

Aus der Prozession aber entwickelt sich in den eben
gelegenen italienischen Städten mit ihren breiten,[2] wohlgepflasterten Straßen der Trionfo, d. h. der Zug von Kostümierten zu Wagen und zu Fuß, erst von überwiegend geistlicher, dann mehr und mehr von weltlicher Bedeutung.
Fronleichnamsprozession und Karnevalszug berühren sich
hier in einem gemeinsamen Prachtstil, welchem sich dann
auch fürstliche Einzüge anschließen. Auch die übrigen Völker verlangten bei solchen Gelegenheiten bisweilen den
größten Aufwand, in Italien allein aber bildete sich eine
kunstgerechte Behandlungsweise, die den Zug als sinnvol-
les Ganzes komponierte und ausstattete.

Was von diesen Dingen heute noch in Übung ist, kann
nur ein armer Überrest heißen. Kirchliche sowohl als fürstliche Aufzüge haben sich des dramatischen Elementes, der
Kostümierung, fast völlig entledigt, weil man den Spott
fürchtet und weil die gebildeten Klassen, welche ehemals
diesen Dingen ihre volle Kraft widmeten, aus verschiedenen Gründen keine Freude mehr daran haben können.
Auch am Karneval sind die großen Maskenzüge außer
Übung. Was noch weiterlebt, wie z. B. die einzelnen geistlichen Masken bei Umzügen von Bruderschaften, ja selbst
das pomphafte Rosalienfest zu Palermo, verrät deutlich,
wie weit sich die höhere Bildung von diesen Dingen zurückgezogen hat.

---

2 Dies im Vergleich mit den Städten des Nordens.

Die volle Blüte des Festwesens tritt erst mit dem entschiedenen Siege des Modernen, mit dem 15. Jahrhundert ein,[3]
wenn nicht etwa Florenz dem übrigen Italien auch hierin
vorangegangen war. Wenigstens war man hier schon früh
quartierweise organisiert für öffentliche Aufführungen, [5]
welche einen sehr großen künstlerischen Aufwand voraussetzen. So jene Darstellung der Hölle auf einem Gerüst und
auf Barken im Arno, 1. Mai 1304, wobei unter den Zu-
schauern die Brücke alla Carraja zusammenbrach.[4] Auch
daß später Florentiner als Festkünstler, festaiuoli, im übri- [10]
gen Italien reisen konnten,[5] beweist eine frühe Vervollkommnung zu Hause.

Suchen wir nun die wesentlichsten Vorzüge des italienischen Festwesens gegenüber dem Auslande vorläufig auszumitteln, so steht in erster Linie der Sinn des entwickelten [15]
Individuums für Darstellung des Individuellen, d. h. die
Fähigkeit, eine vollständige Maske zu erfinden, zu tragen
und zu agieren. Maler und Bildhauer halfen dann bei weitem nicht bloß zur Dekoration des Ortes, sondern auch
zur Ausstattung der Personen mit, und gaben Tracht, [20]
Schminke (S. 365 f.) und anderweitige Ausstattung an. Das
zweite ist die Allverständlichkeit der poetischen Grundlage. Bei den Mysterien war dieselbe im ganzen Abendlande
gleich groß, indem die biblischen und legendarischen Historien von vornherein Jedermann bekannt waren, für alles [25]
übrige aber war Italien im Vorteil. Für die Rezitationen
einzelner heiliger oder profan-idealer Gestalten besaß es
eine volltönende lyrische Poesie, welche groß und klein

3 Die Festlichkeiten bei der Erhebung des Visconti zum Herzog
   von Mailand 1395 (Corio, fol. 270) haben bei größter Pracht
   noch etwas roh Mittelalterliches, und das dramatische Element
   fehlt noch ganz. Vgl. auch die relative Geringfügigkeit der
   Aufzüge in Pavia während des 14. Jahrhunderts. (Anonymus de
   laudibus Papiae, bei Murat. XI, Col. 34 s.)
4 Gio. Villani, VIII, 70.
5 Vgl. z. B. Infessura, bei Eccard, scriptt. II, Col. 1896. – Corio,
   fol. 417, 421.

gleichmäßig hinreißen konnte.[6] Sodann verstand der größte Teil der Zuschauer (in den Städten) die mythologischen
Figuren und erriet wenigstens leichter als irgendwo die
allegorischen und geschichtlichen, weil sie einem allver-
breiteten Bildungskreise entnommen waren.

Dies bedarf einer nähern Bestimmung. Das ganze Mittelalter war die Zeit des Allegorisierens in vorzugsweisem
Sinne gewesen; seine Theologie und Philosophie behandelte ihre Kategorien dergestalt als selbständige Wesen,[7]
daß Dichtung und Kunst es scheinbar leicht hatten, dasjenige beizufügen, was noch zur Persönlichkeit fehlte. Hierin
stehen alle Länder des Okzidents auf gleicher Stufe; aus
ihrer Gedankenwelt können sich überall Gestalten erzeu-
gen, nur daß Ausstattung und Attribute in der Regel rätsel-
haft und unpopulär ausfallen werden. Letzteres ist auch in
Italien häufig der Fall, und zwar selbst während der ganzen
Renaissance und noch über dieselbe hinaus. Es genügt
dazu, daß irgendein Prädikat der betreffenden allegorischen Gestalt auf unrichtige Weise durch ein Attribut übersetzt werde. Selbst Dante ist durchaus nicht frei von solchen falschen Übertragungen,[8] und aus der Dunkelheit
seiner Allegorien überhaupt hat er sich bekanntlich eine

---

6 Der Dialog der Mysterien bewegte sich gern in Ottaven, der
   Monolog in Terzinen.
7 Wobei man nicht einmal an den Realismus der Scholastiker zu
   denken braucht. – Schon um 970 schrieb Bischof Wibold von
   Cambray seinen Klerikern statt des Würfelspiels etwas wie ein
   geistliches Tarockspiel vor, mit nicht weniger als 56 Namen
   abstrakter Eigenschaften und Zustände. Vgl. Gesta episcopor.
   Cameracens. Pertz, Scriptt. VII, p. 433.
8 Dahin darf man es z. B. rechnen, wenn er Bilder auf Metaphern
   baut, wenn an der Pforte des Fegefeuers die mittlere, geborstene
   Stufe die Zerknirschung des Herzens bedeuten soll (Purgat. IX,
   97), während doch die Steinplatte durch das Bersten ihren Wert
   als Stufe verliert; oder wenn (Purgat. XVIII, 94) die auf Erden
   Lässigen ihre Buße im Jenseits durch Rennen bezeigen müssen,
   während doch das Rennen auch ein Zeichen der Flucht usw.
   sein könnte.

wahre Ehre gemacht.[9] Petrarca in seinen Trionfi will wenigstens die Gestalten des Amor, der Keuschheit, des
Todes, der Fama usw. deutlich, wenn auch in Kürze schildern. Andere dagegen überladen ihre Allegorien mit lauter
verfehlten Attributen. In den Satiren des Vinciguerra[10]
z. B. wird der Neid mit »rauhen eisernen Zähnen«, die
Gefräßigkeit als sich auf die Lippen beißend, mit wirrem,
struppigem Haar usw. geschildert, letzteres wahrscheinlich, um sie als gleichgültig gegen alles, was nicht Essen ist,
zu bezeichnen. Wie übel sich vollends die bildende Kunst
bei solchen Mißverständnissen befand, können wir hier
nicht erörtern. Sie durfte sich wie die Poesie glücklich
schätzen, wenn die Allegorie durch eine mythologische
Gestalt, d. h. durch eine vom Altertum her vor der Absur-
dität gesicherte Kunstform ausgedrückt werden konnte,
wenn statt des Krieges Mars, statt der Jagdlust Diana[11]
usw. zu gebrauchen war.

   Nun gab es in Kunst und Dichtung auch besser gelun-
gene Allegorien, und von denjenigen Figuren dieser Art,
welche bei italienischen Festzügen auftraten, wird man
wenigstens annehmen dürfen, daß das Publikum sie deutlich und sprechend charakterisiert verlangte, weil es durch
seine sonstige Bildung angeleitet war, dergleichen zu verstehen. Auswärts, zumal am burgundischen Hofe, ließ man
sich damals noch sehr undeutsame Figuren, auch bloße
Symbole gefallen, weil es noch eine Sache der Vornehmheit
war, eingeweiht zu sein oder zu scheinen. Bei dem berühmten Fasanengelübde von 1453[12] ist die schöne junge Reite-
rin, welche als Freudenkönigin daherzieht, die einzige

   9 Inferno IX, 61. Purgat. VIII, 19.
  10 Poesie satiriche, ed. Milan. p. 70, s. – Vom Ende des 15.
     Jahrhunderts.
  11 Letzteres z. B. in der venatio des Kard. Adriano da Corneto. Es
     soll darin Ascanio Sforza durch das Jagdvergnügen über den
     Sturz seines Hauses getröstet werden. – Vgl. S. 257 f.
  12 Eigentlich 1454. Olivier de la Marche, mémoires, chap. 29.

erfreuliche Allegorie; die kolossalen Tischaufsätze mit
Automaten und lebendigen Personen sind entweder bloße
Spielereien oder mit einer platten moralischen Zwangsaus-
legung behaftet. In einer nackten weiblichen Statue am
Buffet, die ein lebendiger Löwe hütete, sollte man Konstantinopel und seinen künftigen Retter, den Herzog von Burgund, ahnen. Der Rest, mit Ausnahme einer Pantomime
(Jason in Kolchis), erscheint entweder sehr tiefsinnig oder
ganz sinnlos; der Beschreiber des Festes, Olivier selbst, kam
als »Kirche« kostümiert in dem Turme auf dem Rücken
eines Elefanten, den ein Riese führte, und sang eine lange
Klage über den Sieg der Ungläubigen.[13]

Wenn aber auch die Allegorien der italienischen Dichtungen, Kunstwerke und Feste an Geschmack und Zusammenhang im Ganzen höher stehen, so bilden sie doch nicht
die starke Seite. Der entscheidende Vorteil[14] lag vielmehr
darin, daß man hier außer den Personifikationen des Allgemeinen auch historische Repräsentanten desselben Allgemeinen in Menge kannte, daß man an die dichterische
Aufzählung wie an die künstlerische Darstellung zahlreicher berühmter Individuen gewöhnt war. Die Göttliche
Komödie, die Trionfi des Petrarca, die Amorosa Visione
des Boccaccio – lauter Werke welche hierauf gegründet
sind – außerdem die ganze große Ausweitung der Bildung
durch das Altertum hatten die Nation mit diesem historischen Element vertraut gemacht. Und nun erschienen diese

13 Für andere französische Feste s. z. B.: Juvénal des Ursins ad a.
1389 (Einzug der Königin Isabeau); – Jean de Troyes ad a.
1461 (Einzug Ludwigs XI.). Auch hier fehlt es nicht ganz an
Schwebemaschinen, an lebendigen Statuen u. dgl., aber Alles
ist bunter, zusammenhangloser und die Allegorien meist uner-
gründlich. – Höchst pomphaft und bunt die vieltägigen Feste
zu Lissabon 1452 bei der Abreise der Infantin Eleonora, als
Braut Kaiser Friedrichs III. Siehe Freher-Struve, rer. german.
scriptores, II, fol. 51, die Relation des Nic. Lanckmann.
14 D. h. ein Vorteil für sehr große Dichter und Künstler, die
etwas damit anzufangen wußten.

Gestalten auch bei Festzügen entweder völlig individuali-
siert, als bestimmte Masken, oder wenigstens als Gruppen,
als charakteristisches Geleite einer allegorischen Haupt-
figur oder Hauptsache. Man lernte dabei überhaupt grup-
penweise komponieren, zu einer Zeit, da die prachtvollsten
Aufführungen im Norden zwischen unergründliche Symbolik und buntes, sinnloses Spiel geteilt waren.

Wir beginnen mit der vielleicht ältesten Gattung, den
Mysterien.[15] Sie gleichen im ganzen denjenigen des übrigen
Europa; auch hier werden auf öffentlichen Plätzen, in Kirchen, in Klosterkreuzgängen große Gerüste errichtet, welche oben ein verschließbares Paradies, ganz unten bisweilen
eine Hölle enthalten und dazwischen die eigentliche Scena,
welche sämtliche irdische Lokalitäten des Dramas nebeneinander darstellt; auch hier beginnt das biblische oder
legendarische Drama nicht selten mit einem theologischen
Vordialog von Aposteln, Kirchenvätern, Propheten, Sibyllen und Tugenden und schließt je nach Umständen mit
einem Tanz. Daß die halbkomischen Intermezzi von Ne-
benpersonen in Italien ebenfalls nicht fehlen, scheint sich
von selbst zu verstehen, doch tritt dies Element nicht so
derb hervor wie im Norden.[16] Für das Auf- und Nieder-
schweben auf künstlichen Maschinen, einen Hauptreiz aller
Schaulust, war in Italien wahrscheinlich die Übung viel
größer als anderswo, und bei den Florentinern gab es schon
im 14. Jahrhundert spöttische Reden, wenn die Sache nicht

15 Vgl. Bartol. Gamba, Notizie intorno alle opere di Feo Belcari,
    Milano 1808, und bes. die Einleitung der Schrift: le rappresen-
    tazioni di Feo Belcari ed altre di lui poesie, Firenze 1833. – Als
    Parallele die Einleitung des Bibliophile Jacob zu seiner Aus-
    gabe des Pathelin.
16 Freilich schloß ein Mysterium vom bethlehemit. Kindermord
    in einer Kirche von Siena damit, daß die unglücklichen Mütter
    einander bei den Haaren nehmen mußten. Della Valle, lettere
    sanesi, III, p. 53. – Es war ein Hauptstreben des eben genann-
    ten Feo Belcari (st. 1484), die Mysterien von solchen Aus-
    wüchsen zu reinigen.

ganz geschickt ging.[17] Bald darauf erfand Brunellesco für
das Annunziatenfest auf Piazza S. Felice jenen unbeschreiblich kunstreichen Apparat einer von zwei Engelkreisen
umschwebten Himmelskugel, von welcher Gabriel in einer
mandelförmigen Maschine niederflog, und Cecca gab Ideen
und Mechanik für ähnliche Feste an.[18] Die geistlichen Brüderschaften oder die Quartiere, welche die Besorgung und
zum Teil die Aufführung selbst übernahmen, verlangten je
nach Maßgabe ihres Reichtums wenigstens in den größern
Städten den Aufwand aller erreichbaren Mittel der Kunst.
Eben dasselbe darf man voraussetzen, wenn bei großen
fürstlichen Festen neben dem weltlichen Drama oder der
Pantomime auch noch Mysterien aufgeführt werden. Der
Hof des Pietro Riario (S. 114), der von Ferrara usw. ließen
es dabei gewiß nicht an der ersinnlichsten Pracht fehlen.[19]
Vergegenwärtigt man sich das szenische Talent und die
reichen Trachten der Schauspieler, die Darstellung der Örtlichkeiten durch ideale Dekorationen des damaligen Bau-
stils, durch Laubwerk und Teppiche, endlich als Hintergrund die Prachtbauten der Piazza einer großen Stadt oder
die lichten Säulenhallen eines Palasthofes, eines großen
Klosterhofes, so ergibt sich ein überaus reiches Bild. Wie
aber das weltliche Drama eben durch eine solche Ausstattung zu Schaden kam, so ist auch wohl die höhere poetische
Entwicklung des Mysteriums selber durch dieses unmäßige
Vordrängen der Schaulust gehemmt worden. In den erhaltenen Texten findet man ein meist sehr dürftiges dramati-

---

17 Franco Sacchetti, Nov. 72.
18 Vasari III, 232 s., Vita di Brunellesco, V, 36 s. Vita del Cecca.
    Vgl. V, 52. Vita di Don Bartolommeo.
19 Arch. stor. Append. II, p. 310. Das Mysterium von Mariä
    Verkündigung in Ferrara bei der Hochzeit des Alfonso, mit
    kunstreichen Schwebemaschinen und Feuerwerk. Die Auffüh-
    rung der Susanna, des Täufers Johannes und einer Legende
    beim Kard. Riario s. bei Corio, fol. 417. Das Mysterium von
    Constantin d. Gr., im päpstl. Palast, Carneval 1484, s. bei Jac.
    Volaterran., Murat. XXIII, Col. 194.

sches Gewebe mit einzelnen schönen lyrisch-rhetorischen
Stellen, aber nichts von jenem großartigen symbolischen
Schwung, der die »Autos sagramentales« eines Calderon
auszeichnet.

Bisweilen mag in kleinern Städten, bei ärmerer Ausstattung, die Wirkung dieser geistlichen Dramen auf das Gemüt eine stärkere gewesen sein. Es kommt vor,[20] daß einer
jener großen Bußprediger, von welchen im letzten Abschnitt die Rede sein wird, Roberto da Lecce, den Kreis
seiner Fastenpredigten während der Pestzeit 1448 in Perugia mit einer Karfreitagsaufführung der Passion beschließt;
nur wenige Personen traten auf, aber das ganze Volk weinte
laut. Freilich kamen bei solchen Anlässen Rührungsmittel
zur Anwendung, welche dem Gebiet des herbsten Naturalismus entnommen waren. Es bildet eine Parallele zu den
Gemälden eines Matteo da Siena, zu den Tongruppen eines
Guido Mazzoni, wenn der den Christus vorstellende Autor
mit Striemen bedeckt und scheinbar Blut schwitzend, ja aus
der Seitenwunde blutend auftreten mußte.[21]

Die besondern Anlässe zur Aufführung von Mysterien,
abgesehen von gewissen großen Kirchenfesten, fürstlichen
Vermählungen usw. sind sehr verschieden. Als z. B. S.
Bernardino von Siena durch den Papst heilig gesprochen
wurde (1450), gab es, wahrscheinlich auf dem großen Platz
seiner Vaterstadt, eine Art von dramatischer Nachahmung

---

20 Graziani, Cronaca di Perugia, Arch. stor. XVI, I, p. 598. Bei
   der Kreuzigung wurde eine bereit gehaltene Figur untergeschoben.
21 Für letzteres z. B. Pii II. comment, L. VIII., p. 383, 386. –
   Auch die Poesie des 15. Jahrh⟨underts⟩ stimmt bisweilen
   denselben rohen Ton an. Eine Canzone des Andrea da Basso
   konstatiert bis ins einzelne die Verwesung der Leiche einer
   hartherzigen Geliebten. Freilich in einem Klosterdrama des 12.
   Jahrh⟨underts⟩ hatte man sogar auf der Szene gesehen, wie
   König Herodes von den Würmern gefressen wird. Carmina
   Burana, p. 80 s.

(rappresentazione) seiner Kanonisation,[22] nebst Speise und
Trank für Jedermann. Oder ein gelehrter Mönch feiert
seine Promotion zum Doktor der Theologie durch Aufführung der Legende des Stadtpatrons.[23] König Karl VIII. war
kaum nach Italien hinabgestiegen, als ihn die Herzogin
Witwe Blanca von Savoyen zu Turin mit einer Art von
halbgeistlicher Pantomime empfing,[24] wobei zuerst eine
Hirtenszene »das Gesetz der Natur«, dann ein Zug der
Erzväter »das Gesetz der Gnade« vorzustellen zensiert war;
darauf folgten die Geschichten des Lancelot vom See, und
die »von Athen«. Und so wie der König nur in Chieri
anlangte, wartete man ihm wieder mit einer Pantomime auf,
die ein Wochenbette mit vornehmem Besuch darstellte.

Wenn aber irgend ein Kirchenfest einen allgemeinen
Anspruch auf die höchste Anstrengung hatte, so war es
Fronleichnam, an dessen Feier sich ja in Spanien jene be-
sondere Gattung von Poesie (S. 405) anschloß. Für Italien
besitzen wir wenigstens die pomphafte Schilderung des
Corpus Domini, welches Pius II. 1462 in Viterbo abhielt.[25]
Der Zug selber, welcher sich von einem kolossalen Pracht-
zelt vor S. Francesco durch die Hauptstraße nach dem
Domplatz bewegte, war das wenigste dabei; die Kardinäle
und reichern Prälaten hatten den Weg stückweise unter sich
verteilt und nicht nur für fortlaufende Schattentücher,
Mauerteppiche,[26] Kränze u. dgl. gesorgt, sondern lauter
eigene Schaubühnen errichtet, wo während des Zuges
kurze historische und allegorische Szenen aufgeführt wurden. Man ersieht aus dem Bericht nicht ganz klar, ob Alles

---

22 Allegretto, Diarî sanesi, bei Murat. XXIII, Col. 767.

23 Matarazzo, Arch. stor. XVI, II, p. 36.

24 Auszüge aus dem Vergier d'honneur bei Roscoe, Leone X, ed.
Bossi, I, p. 220 und III, p. 263.

25 Pii II, Comment. L. VIII, p. 382 s. – Ein ähnliches besonders
prächtiges Fronleichnamsfest wird erwähnt von Bursellis, Annal. Bonon., bei Murat. XXIII, Col. 911, zum Jahre 1492.

26 Bei solchen Anlässen mußte es heißen: Nulla di muro si potea
vedere.

von Menschen oder einiges von drapierten Figuren dargestellt wurde,[27] jedenfalls war der Aufwand sehr groß. Da
sah man einen leidenden Christus zwischen singenden Engelknaben; ein Abendmahl in Verbindung mit der Gestalt
des S. Thomas von Aquino; den Kampf des Erzengels
Michael mit den Dämonen; Brunnen mit Wein und Orchester von Engeln; ein Grab des Herrn mit der ganzen Szene
der Auferstehung; endlich auf dem Domplatz das Grab der
Maria, welches sich nach dem Hochamt und dem Segen
eröffnete; von Engeln getragen schwebte die Mutter Gottes singend nach dem Paradies, wo Christus sie krönte und
dem ewigen Vater zuführte.

In der Reihe jener Szenen an der Hauptstraße sticht
diejenige des Kardinal Vizekanzlers Roderigo Borgia – des
spätern Alexander VI. – besonders hervor durch Pomp und
dunkle Allegorie.[28] Außerdem tritt dabei die damals beginnende Vorliebe für festlichen Kanonendonner[29] zutage,
welche dem Haus Borgia noch ganz besonders eigen war.

Kürzer geht Pius II. hinweg über die in demselben Jahr
zu Rom abgehaltene Prozession mit dem aus Griechenland
erworbenen Schädel des h. Andreas. Auch dabei zeichnete
sich Roderigo Borgia durch besondere Pracht aus, sonst
aber hatte das Fest etwas Profanes, indem sich außer den nie
fehlenden Musikengeln auch noch andere Masken zeigten,
auch »starke Männer«, d. h. Herkulesse, welche allerlei
Turnkünste mögen vorgebracht haben.

---

27 Dasselbe gilt von manchen ähnlichen Schilderungen.
28 Fünf Könige mit Bewaffneten, ein Waldmensch, der mit einem
   (gezähmten?) Löwen kämpfte, letzteres vielleicht mit Bezug
   auf den Namen des Papstes, Sylvius.
29 Beispiele unter Sixtus IV., Jac. Volaterran., bei Murat. XXIII,
   Col. 134, 139. Auch beim Amtsantritt Alexanders VI. wurde
   furchtbar kanoniert. – Das Feuerwerk, eine schönere Erfindung des italienischen Festwesens, gehört samt der festlichen
   Dekoration eher in die Kunstgeschichte als hieher. – Ebenso die
   prächtige Beleuchtung (vgl. S. 316), welche bei manchen Festen
   gerühmt wird, und selbst die Tischaufsätze und Jagdtrophäen.

Die rein oder überwiegend weltlichen Aufführungen waren besonders an den größern Fürstenhöfen ganz wesentlich auf die geschmackvolle Pracht des Anblicks berechnet,
dessen einzelne Elemente in einem mythologischen und
allegorischen Zusammenhang standen, soweit ein solcher
sich gerne und angenehm erraten ließ. Das Barocke fehlte
nicht; riesige Tierfiguren, aus welchen plötzlich Scharen
von Masken herauskamen, wie z. B. bei einem fürstlichen
Empfang (1465) zu Siena[30] aus einer goldenen Wölfin ein
ganzes Ballett von zwölf Personen hervorstieg; belebte
Tafelaufsätze, wenn auch nicht in der sinnlosen Dimension
wie beim Herzog von Burgund (S. 401 f.); das Meiste aber
hatte einen künstlerischen und poetischen Zug. Die Vermischung des Drama's mit der Pantomime am Hofe von
Ferrara wurde bereits bei Anlaß der Poesie (S. 315) geschildert. Weltberühmt waren dann die Festlichkeiten, welche
Kardinal Pietro Riario 1473 in Rom gab, bei der Durchreise
der zur Braut des Prinzen Ercole von Ferrara bestimmten
Lianora von Aragon.[31] Die eigentlichen Dramen sind hier
noch lauter Mysterien kirchlichen Inhalts, die Pantomimen
dagegen mythologisch; man sah Orpheus mit den Tieren,
Perseus und Andromeda, Ceres von Drachen, Bacchus und
Ariadne von Panthern gezogen, dann die Erziehung des
Achill; hierauf ein Ballett der berühmten Liebespaare der
Urzeit und einer Schar von Nymphen; dieses wurde unterbrochen durch einen Überfall räuberischer Centauren, welche dann Herkules besiegte und von dannen jagte. Eine
Kleinigkeit, aber für den damaligen Formensinn bezeichnend, ist folgende: Wenn bei allen Festen lebendige Figuren
als Statuen in Nischen, auf und an Pfeilern und Triumphbogen vorkamen und sich dann doch mit Gesang und
Deklamation als lebend erwiesen, so waren sie dazu durch

---

30 Allegretto, bei Murat. XXIII, Col. 772. – Vgl. außerdem
    Col. 770, den Empfang Pius II, 1459.
31 Corio, fol. 417, s. – Infessura, bei Eccard, scriptt. II, Col. 1896.
    – Strozii poetae, p. 193, in den Aeolostichen. Vgl. S. 55 f., 59.

natürliche Farbe und Gewandung berechtigt; in den Sälen des Riario aber fand sich unter andern ein lebendes und doch völlig vergoldetes Kind, welches aus einem Brunnen Wasser um sich spritzte.[32]

Andere glänzende Pantomimen dieser Art gab es in Bologna bei der Hochzeit des Annibale Bentivoglio mit Lucrezia von Este;[33] statt des Orchesters wurden Chöre gesungen, während die Schönste aus Dianens Nymphenschar zur Juno Pronuba hinüberfloh, während Venus mit einem Löwen, d. h. hier nur einem täuschend verkappten Menschen sich unter einem Ballett wilder Männer bewegte; dabei stellte die Dekoration ganz naturwahr einen Hain vor. In Venedig feierte man 1491 die Anwesenheit estensischer Fürstinnen[34] durch Einholung mit dem Bucintoro, Wettrudern und eine prächtige Pantomime »Meleager« im Hof des Dogenpalastes. In Mailand leitete Lionardo da Vinci[35] die Feste des Herzogs und auch diejenigen anderer Großen; eine seiner Maschinen, welche wohl mit derjenigen des Brunellesco (S. 404) wetteifern mochte, stellte in kolossaler Größe das Himmelssystem in voller Bewegung dar; jedesmal wenn sich ein Planet der Braut des jüngern Herzogs, Isabella, näherte, trat der betreffende Gott aus der Kugel hervor[36] und sang die vom Hofdichter Bellincioni gedichteten Verse (1489). Bei einem andern Feste (1493) paradierte unter andern schon das Modell zur Reiterstatue des Fran-

---

32 Vasari XI, p. 37, Vita di Puntormo erzählt, wie ein solches Kind 1513 bei einem florentinischen Fest an den Folgen der Anstrengung – oder vielleicht der Vergoldung? – starb. Der arme Knabe hatte »das goldene Zeitalter« vorstellen müssen.

33 Phil. Beroaldi orationes; nuptiae Bentivoleae.

34 M. Anton. Sabellici Epist. L. III. fol. 17.

35 Amoretti, Memorie etc. su Lionardo da Vinci p. 38 s.

36 Wie die Astrologie dies Jahrhundert bis in die Feste hinein verfolgte, zeigen auch die (undeutlich geschilderten) Planetenaufzüge beim Empfang fürstlicher Bräute in Ferrara. Diario Ferrarese, bei Muratori XXIV, Col. 248, ad a. 1473. Col. 282, ad a. 1491. – Ebenso in Mantua. Arch. stor. append. II, p. 233.

cesco Sforza, und zwar unter einem Triumphbogen auf dem
Kastellplatz. Aus Vasari ist weiter bekannt, mit welch sinn-
reichen Automaten Lionardo in der Folge die französischen
Könige als Herrn von Mailand bewillkommen half. Aber
auch in kleinern Städten strengte man sich bisweilen sehr
an. Als Herzog Borso (S. 57) 1453 zur Huldigung nach
Reggio kam,[37] empfing man ihn am Tor mit einer großen
Maschine, auf welcher S. Prospero, der Stadtpatron zu
schweben schien, überschattet durch einen von Engeln
gehaltenen Baldachin, unter ihm eine drehende Scheibe mit
acht Musikengeln, deren zwei sich hierauf von dem Heiligen die Stadtschlüssel und das Szepter erbaten, um beides
dem Herzog zu überreichen. Dann folgte ein durch verdeckte Pferde bewegbares Gerüst, welches einen leeren
Thron enthielt, hinten eine stehende Justitia mit einem
Genius als Diener, an den Ecken vier greise Gesetzgeber,
umgeben von sechs Engeln mit Fahnen; zu beiden Seiten
geharnischte Reiter, ebenfalls mit Fahnen; es versteht sich,
daß der Genius und die Göttin den Herzog nicht ohne
Anrede ziehen ließen. Ein zweiter Wagen, wie es scheint,
von einem Einhorn gezogen, trug eine Caritas mit brennen-
der Fackel; dazwischen aber hatte man sich das antike
Vergnügen eines von verborgenen Menschen vorwärts ge-
triebenen Schiffwagens nicht versagen mögen. Dieser und
die beiden Allegorien zogen nun dem Herzog voran; aber
schon vor S. Pietro wurde wieder stille gehalten; ein heil.
Petrus schwebte mit zwei Engeln in einer runden Glorie
von der Fassade hernieder bis zum Herzog, setzte ihm einen
Lorbeerkranz auf und schwebte wieder empor.[38] Auch
noch für eine andere rein kirchliche Allegorie hatte der
Klerus hier gesorgt; auf zwei hohen Säulen standen »der

---

37 Annal. Estens. bei Murat. XX, Col. 468 s. Die Beschreibung
    ist undeutlich, und überdies nach einer inkorrekten Abschrift
    gedruckt.

38 Man erfährt, daß die Stricke dieser Maschinerie als Guirlanden
    maskiert waren.

Götzendienst« und die »Fides«; nachdem letztere, ein schönes Mädchen, ihren Gruß hergesagt, stürzte die andere
Säule samt ihrer Puppe zusammen. Weiterhin begegnete
man einem »Cäsar« mit sieben schönen Weibern, welche er
dem Borso als die Tugenden präsentierte, welche derselbe
zu erstreben habe. Endlich gelangte man zum Dom, nach
dem Gottesdienst aber nahm Borso wieder draußen auf
einem hohen goldenen Throne Platz, wo ein Teil der schon
genannten Masken ihn noch einmal bekomplimentierten.
Den Schluß machten drei von einem nahen Gebäude nie-
derschwebende Engel, welche ihm unter holdem Gesange
Palmzweige als Sinnbilder des Friedens überreichten.

Betrachten wir nun diejenigen Festlichkeiten, wobei der
bewegte Zug selber die Hauptsache ist.

Ohne Zweifel gewährten die kirchlichen Prozessionen
seit dem frühen Mittelalter einen Anlaß zur Maskierung,
mochten nun Engelkinder das Sakrament, die herumgetra-
genen heiligen Bilder und Reliquien begleiten, oder Personen der Passion im Zuge mitgehen, etwa Christus mit dem
Kreuz, die Schächer und Kriegsknechte, die heiligen
Frauen. Allein mit großen Kirchenfesten verbindet sich
schon frühe die Idee eines städtischen Aufzuges, der nach
der naiven Art des Mittelalters eine Menge profaner Bestandteile verträgt. Merkwürdig ist besonders der aus dem
Heidentum herübergenommene[39] Schiffwagen, carrus na-
valis, der, wie schon an einem Beispiel bemerkt wurde, bei
Festen sehr verschiedener Art mitgeführt werden mochte,
dessen Name aber vorzugsweise auf dem »Carneval« haften
blieb. Ein solches Schiff konnte freilich als heiter ausgestat-
tetes Prachtstück die Beschauer vergnügen, ohne daß man
sich irgend noch der frühern Bedeutung bewußt war, und
als z. B. Isabella von England mit ihrem Bräutigam Kaiser

---

39 Eigentlich das Isisschiff, das am 5. März als Symbol der wieder
    eröffneten Meerfahrt ins Wasser gelassen wird. – Die Analogie
    im deutschen Kult s. bei Jac. Grimm, deutsche Mythologie.

Friedrich II. in Köln zusammenkam, fuhren ihr eine ganze
Anzahl von Schiffwagen mit musizierenden Geistlichen,
von verdeckten Pferden gezogen, entgegen.

   Aber die kirchliche Prozession konnte nicht nur durch
Zutaten aller Art verherrlicht, sondern auch durch einen
Zug geistlicher Masken geradezu ersetzt werden. Einen
Anlaß hiezu gewährte vielleicht schon der Zug der zu
einem Mysterium gehenden Schauspieler durch die Haupt-
straßen einer Stadt, frühe aber möchte sich eine Gattung
geistlicher Festzüge auch unabhängig hievon gebildet haben. Dante schildert[40] den »trionfo« der Beatrice mit den
vierundzwanzig Ältesten der Offenbarung, den vier mystischen Tieren, den drei christlichen und den vier Kardinaltugenden, S. Lucas, S. Paulus und andern Aposteln in einer
solchen Weise, daß man beinahe genötigt ist, das wirkliche
frühe Vorkommen solcher Züge vorauszusetzen. Dies verrät sich hauptsächlich durch den Wagen, auf welchem Beatrice fährt und welcher in dem visionären Wunderwald
nicht nötig wäre, ja auffallend heißen darf. Oder hat Dante
etwa den Wagen nur als wesentliches Symbol des Trium-
phierens betrachtet? Und ist vollends erst sein Gedicht die
Anregung zu solchen Zügen geworden, deren Form von
dem Triumph römischer Imperatoren entlehnt war? Wie
dem nun auch sei, jedenfalls haben Poesie und Theologie an
dem Sinnbilde mit Vorliebe festgehalten. Savonarola in
seinem »Triumph des Kreuzes« stellt[41] Christus auf einem
Triumphwagen vor, über ihm die leuchtende Kugel der
Dreifaltigkeit, in seiner Linken das Kreuz, in seiner Rechten die beiden Testamente; tiefer hinab die Jungfrau Maria;
vor dem Wagen Patriarchen, Propheten, Apostel und Prediger; zu beiden Seiten die Märtyrer und die Doktoren mit
den aufgeschlagenen Büchern; hinter ihm alles Volk der

40 Purgatorio XXIX, 43 bis Ende, und XXX, Anfang. – Der
   Wagen ist laut Vs. 115 herrlicher als der Triumphwagen des
   Scipio, des Augustus, ja als der des Sonnengottes.
41 Ranke, Gesch. der roman. und german. Völker, S. 119.

Bekehrten; in weiterer Entfernung die unzähligen Haufen der Feinde, Kaiser, Mächtige, Philosophen, Ketzer, alle besiegt, ihre Götzenbilder zerstört, ihre Bücher verbrannt. (Eine als Holzschnitt bekannte große Komposition Tizian's kommt dieser Schilderung ziemlich nahe.) Von Sabellico's (S. 69 ff.) dreizehn Elegien auf die Mutter Gottes enthalten die neunte und die zehnte einen umständlichen Triumphzug derselben, reich mit Allegorien ausgestattet, und hauptsächlich interessant durch denselben antivisionären, räumlich wirklichen Charakter, den die realistische Malerei des 15. Jahrhunderts solchen Szenen mitteilt.

Weit häufiger aber als diese geistlichen Trionfi waren jedenfalls die weltlichen, nach dem unmittelbaren Vorbild eines römischen Imperatorenzuges, wie man es aus antiken Reliefs kannte und aus den Schriftstellern ergänzte. Die Geschichtsanschauung der damaligen Italiener, womit dies zusammenhing, ist oben (S. 148, 179) geschildert worden.

Zunächst gab es hie und da wirkliche Einzüge siegreicher Eroberer, welche man möglichst jenem Vorbilde zu nähern suchte, auch gegen den Geschmack des Triumphators selbst. Francesco Sforza hatte (1450) die Kraft, bei seinem Einzug in Mailand den bereit gehaltenen Triumphwagen auszuschlagen, indem dergleichen ein Aberglaube der Könige sei.[42] Alfonso der Große, bei seinem Einzug[43] in Neapel (1443) enthielt sich wenigstens des Lorbeerkranzes, welchen bekanntlich Napoleon bei seiner Krönung in Notredame nicht verschmähte. Im übrigen war Alfonso's Zug (durch eine Mauerbresche und dann durch die Stadt bis zum Dom) ein wundersames Gemisch von antiken, allegorischen und rein possierlichen Bestandteilen. Der von

---

42 Corio, fol. 401: dicendo, tali cose essere superstitioni de' Re. – Vgl. Cagnola, Arch. stor. III, p. 127.

43 S. oben S. 223 f. – Vgl. S. 19, Anm. – Triumphus Alphonsi, als Beilage zu den Dicta et Facta, von Panormita. – Eine Scheu vor allzugroßem triumphalem Glanz zeigt sich schon bei den tapferen Komnenen. Vgl. Cinnamus I, 5. VI, 1.

vier weißen Pferden gezogene Wagen, auf welchem er thronend saß, war gewaltig hoch und ganz vergoldet; zwanzig
Patrizier trugen die Stangen des Baldachins von Goldstoff,
in dessen Schatten er einherfuhr. Der Teil des Zuges, den
die anwesenden Florentiner übernommen hatten, bestand
zunächst aus eleganten jungen Reitern, welche kunstreich
ihre Speere schwangen, aus einem Wagen mit der Fortuna
und aus sieben Tugenden zu Pferde. Die Glücksgöttin[44]
war nach derselben unerbittlichen Allegorik, welcher sich
damals auch die Künstler bisweilen fügten, nur am Vorder-
haupt behaart, hinten kahl, und der auf einem untern Absatz des Wagens befindliche Genius, welcher das leichte
Zerrinnen des Glückes vorstellte, mußte deshalb die Füße
in einem Wasserbecken stehen (?) haben. Dann folgte, von
derselben Nation ausgestattet, eine Schar von Reitern in
den Trachten verschiedener Völker, auch als fremde Fürsten und Große kostümiert, und nun auf hohem Wagen,
über einer drehenden Weltkugel ein lorbeergekrönter Julius Cäsar,[45] welcher dem König in italienischen Versen alle
bisherigen Allegorien erklärte und sich dann dem Zuge
einordnete. Sechzig Florentiner, alle in Purpur und Schar-
lach, machten den Beschluß dieser prächtigen Exhibition
der festkundigen Heimat. Dann aber kam eine Schar von
Catalanen zu Fuß, mit vorn und hinten angebundenen
Scheinpferdchen und führten gegen eine Türkenschar ein
Scheingefecht auf, ganz als sollte das florentinische Pathos
verspottet werden. Darauf fuhr ein gewaltiger Turm einher, dessen Tür von einem Engel mit einem Schwert be-

---

44 Es gehört zu den rechten Naivetäten der Renaissance, daß man
   der Fortuna eine solche Stelle anweisen durfte. Beim Einzug
   des Massimiliano Sforza in Mailand (1512) stand sie als Haupt-
   figur eines Triumphbogens *über* der Fama, Speranza, Audacia
   und Penitenza; lauter lebendige Personen. Vgl. Prato, Arch.
   stor. III, p. 305.
45 Der oben S. 410 geschilderte Einzug des Borso von Este in
   Reggio zeigt, welchen Eindruck der alfonsinische Triumph in
   ganz Italien gemacht hatte.

wacht wurde; oben standen wiederum vier Tugenden, welche den König, jede besonders, ansangen. Der übrige Pomp des Zuges war nicht besonders charakteristisch.

Beim Einzug Ludwigs XII. in Mailand 1507[46] gab es außer dem unvermeidlichen Wagen mit Tugenden auch ein lebendes Bild: Jupiter, Mars und eine von einem großen Netz umgebene Italia; hernach kam ein mit Trophäen beladener Wagen usw.

Wo aber in Wirklichkeit keine Siegeszüge zu feiern waren, da hielt die Poesie sich und die Fürsten schadlos. Petrarca und Boccaccio hatten (S. 402) die Repräsentanten jeder Art von Ruhm als Begleiter und Umgebung einer allegorischen Gestalt aufgezählt; jetzt werden die Zelebritäten der ganzen Vorzeit zum Gefolge von Fürsten. Die Dichterin Cleofe Gabrielli von Gubbio besang[47] in diesem Sinne den Borso von Ferrara. Sie gab ihm zum Geleit sieben Königinnen (die freien Künste nämlich, mit welchen er einen Wagen besteigt, ferner ganze Scharen von Helden, welche zu leichterer Unterscheidung ihre Namen an der Stirn geschrieben tragen; hernach folgen alle berühmten Dichter; die Götter aber kommen auf Wagen mitgefahren. Um diese Zeit ist überhaupt des mythologischen und allegorischen Herumkutschierens kein Ende, und auch das wichtigste erhaltene Kunstwerk aus Borso's Zeiten, der Freskenzyklus im Palast Schifanoja, weist einen ganzen Fries dieses Inhalts auf.[48] Rafael, als er die Camera della Segnatura auszumalen hatte, bekam überhaupt diesen ganzen Gedankenkreis schon in recht ausgelebter, entweih-

---

46 Prato, Arch. stor. III, p. 260.

47 Ihre drei Capitoli in Terzinen, Anecdota litt. IV, p. 461 s.

48 Auch Tafelbilder ähnlichen Inhalts kommen nicht selten vor, gewiß oft als Erinnerung an wirkliche Maskeraden. Die Großen gewöhnten sich bald bei jeder Feierlichkeit an's Fahren. Annibale Bentivoglio, der älteste Sohn des Stadtherrn von Bologna, fährt als Kampfrichter von einem ordinären Waffenspiel nach dem Palast cum triumpho more romano. Bursellis, l. c. Col. 909, ad a. 1490.

ter Gestalt in seine Hände. Wie er ihm eine neue und letzte
Weihe gab, wird denn auch ein Gegenstand ewiger Bewunderung bleiben.

Die eigentlichen triumphalen Einzüge von Eroberern
waren nur Ausnahmen. Jeder festliche Zug aber, mochte er
irgendein Ereignis verherrlichen oder nur um seiner selber
willen vorhanden sein, nahm mehr oder weniger den Charakter und fast immer den Namen eines Trionfo an. Es ist
ein Wunder, daß man nicht auch die Leichenbegängnisse in
diesen Kreis hineinzog.[49]

Für's Erste führte man am Karneval und bei andern
Anlässen Triumphe bestimmter altrömischer Feldherrn
auf. So in Florenz den des Paulus Aemilius (unter Lorenzo
magnifico), den des Camillus (beim Besuch Leo's X.), beide
unter der Leitung des Malers Francesco Granacci.[50] In Rom
war das erste vollständig ausgestattete Fest dieser Art der
Triumph des Augustus nach dem Siege über Cleopatra,[51]
unter Paul II., wobei außer heitern und mythologischen
Masken (die ja auch den antiken Triumphen nicht fehlten)
auch alle andern Requisite vorkamen: gefesselte Könige,
seidene Schrifttafeln mit Volks- und Senatsbeschlüssen, ein
antik kostümierter Scheinsenat nebst Ädilen, Quästoren,
Prätoren usw., vier Wagen voll singender Masken, und
ohne Zweifel auch Trophäenwagen. Andere Aufzüge ver-
sinnlichten mehr im allgemeinen die alte Weltherrschaft
Roms, und gegenüber der wirklich vorhandenen Türkengefahr prahlte man etwa mit einer Kavalkade gefangener
Türken auf Kamelen. Später, im Carneval 1500, ließ Cesare

---

49 Bei der merkwürdigen Leichenfeier des 1437 vergifteten Malatesta Baglione zu Perugia (Graziani, Arch. stor. XVI, I, p. 413)
wird man beinahe an den Leichenpomp des alten Etruriens
erinnert. Indes gehören die Trauerritter u. dgl. der allgemeinen
abendländischen Adelssitte an. Vgl. z. B.: Die Exequien des
Bertrand Duguesclin bei Juvénal des Ursins, ad a. 1389. – S.
auch Graziani, l. c. p. 360.
50 Vasari, IX, p. 218, Vita di Granacci.
51 Mich. Cannesius, Vita Pauli II, bei Murat. III. II, Col. 1018 s.

Borgia, mit kecker Beziehung auf seine Person, den Triumph Julius Cäsar's, eilf prächtige Wagen stark, aufführen,[52] gewiß zum Ärgernis der Jubiläumspilger (S. 125). – Sehr schöne und geschmackvolle Trionfi von allgemeiner Bedeutung waren die von zwei wetteifernden Gesellschaften in Florenz 1513 zur Feier der Wahl Leo's X. aufgeführten:[53] der eine stellte die drei Lebensalter der Menschen dar, der andere die Weltalter, sinnvoll eingekleidet in fünf Bilder aus der Geschichte Roms und in zwei Allegorien, welche das goldene Zeitalter Saturns und dessen endliche Wiederbringung schilderten. Die phantasiereiche Verzierung der Wagen, wenn große florentinische Künstler sich dazu hergaben, machte einen solchen Eindruck, daß man eine bleibende, periodische Wiederholung solcher Schauspiele wünschbar fand. Bisher hatten die Untertanenstädte am alljährlichen Huldigungstag ihre symbolischen Geschenke (kostbare Stoffe und Wachskerzen) einfach überreicht; jetzt[54] ließ die Kaufmannsgilde einstweilen zehn Wagen bauen (wozu in der Folge noch mehrere kommen sollten), nicht sowohl um die Tribute zu tragen als um sie zu symbolisieren, und Andrea del Sarto, der einige davon ausschmückte, gab denselben ohne Zweifel die herrlichste Gestalt. Solche Tribut- und Trophäenwagen gehörten bereits zu jeder festlichen Gelegenheit, auch wenn man nicht viel aufzuwenden hatte. Die Sienesen proklamierten 1477 das Bündnis zwischen Ferrante und Sixtus IV., wozu auch sie gehörten, durch das Herumführen eines Wagens, in welchem »Einer als Friedensgöttin gekleidet auf einem Harnisch und andern Waffen stand«.[55]

Bei den venezianischen Festen entwickelte statt der Wagen die Wasserfahrt eine wundersame, phantastische

---

52 Tommasi, Vita di Cesare Borgia, p. 251.
53 Vasari, XI, p. 34 s. Vita di Puntormo. Eine Hauptstelle in ihrer Art.
54 Vasari VIII, p. 264, Vita di A. del Sarto.
55 Allegretto, bei Murat. XXIII, Col. 783. Daß ein Rad zerbrach, galt als böses Vorzeichen.

Herrlichkeit. Eine Ausfahrt des Bucintoro zum Empfang
der Fürstinnen von Ferrara 1491 (S. 409) wird uns als ein
ganz märchenhaftes Schauspiel geschildert;[56] ihm zogen
voran zahllose Schiffe mit Teppichen und Girlanden, besetzt mit prächtig kostümierter Jugend; auf Schwebemaschinen bewegten sich ringsum Genien mit Attributen der
Götter; weiter unten waren Andere in Gestalt von Tritonen
und Nymphen gruppiert; überall Gesang, Wohlgerüche
und das Flattern goldgestickter Fahnen. Auf den Bucintoro
folgte dann ein solcher Schwarm von Barken aller Art, daß
man wohl eine Miglie weit das Wasser nicht mehr sah. Von
den übrigen Festlichkeiten ist außer der schon oben genannten Pantomime besonders eine Regatta von fünfzig
starken Mädchen erwähnenswert als etwas Neues. Im 16.
Jahrhundert[57] war der Adel in besondere Korporationen
zur Abhaltung von Festlichkeiten geteilt, deren Haupt-
stück irgendeine ungeheure Maschine auf einem Schiff ausmachte. So bewegte sich z. B. 1541 bei einem Fest der
Sempiterni durch den großen Kanal ein rundes »Weltall«, in
dessen offenem Innern ein prächtiger Ball gehalten wurde.
Auch der Karneval war hier berühmt durch Bälle, Aufzüge
und Aufführungen aller Art. Bisweilen fand man selbst
den Marcusplatz groß genug, um nicht nur Turniere (S. 360,
383), sondern auch Trionfi nach festländischer Art darauf
abzuhalten. Bei einem Friedensfest[58] übernahmen die frommen Brüderschaften (scuole) jede ihr Stück eines solchen
Zuges. Da sah man zwischen goldenen Kandelabern mit
roten Wachskerzen, zwischen Scharen von Musikern und
von Flügelknaben mit goldenen Schalen und Füllhörnern
einen Wagen, auf welchem Noah und David beisammen

---

56 M. Anton. Sabellici Epist. L. III, fol. 17.
57 Sansovino, Venezia, fol. 151 s. − Die Gesellschaften heißen:
     Pavoni, Accesi, Eterni, Reali, Sempiterni; es sind wohl diesel-
     ben, welche dann in Akademien überginge.
58 Wahrscheinlich 1495. Vgl. M. Anton. Sabellici Epist. L. V. fol.
     28.

thronten; dann kam Abigail, ein mit Schätzen beladenes
Kamel führend, und ein zweiter Wagen mit einer Gruppe
politischen Inhalts: Italia zwischen Venezia und Liguria,
und auf einer erhöhten Stufe drei weibliche Genien mit den
Wappen der verbündeten Fürsten. Es folgte unter andern 5
eine Weltkugel mit Sternbildern ringsum, wie es scheint.
Auf andern Wagen fuhren jene Fürsten in leibhaftiger Darstellung mit, samt Dienern und Wappen, wenn wir die
Aussage richtig deuten.

Der eigentliche Carneval, abgesehen von den großen 10
Aufzügen, hatte vielleicht im 15. Jahrhundert nirgends eine
so vielartige Physiognomie als in Rom.[59] Hier waren zunächst die Wettrennen am reichsten abgestuft; es gab solche
von Pferden, Büffeln, Eseln, dann von Alten, von Bur-
schen, von Juden usw. Paul II. speiste auch wohl das Volk 15
in Masse vor Palazzo di Venezia, wo er wohnte. Sodann
hatten die Spiele auf Piazza Navona, welche vielleicht seit
der antiken Zeit nie ganz ausgestorben waren, einen kriegerisch prächtigen Charakter; es war ein Scheingefecht von
Reitern und eine Parade der bewaffneten Bürgerschaft. 20
Ferner war die Maskenfreiheit sehr groß und dehnte sich
bisweilen über mehrere Monate aus.[60] Sixtus IV. scheute
sich nicht, in den volkreichsten Gegenden der Stadt, auf
Campo Fiore und bei den Banchi, durch Schwärme von
Masken hindurch zu passieren, nur einem beabsichtigten 25
Besuch von Masken im Vatikan wich er aus. Unter Innocenz VIII. erreichte eine schon früher vorkommende Unsitte der Kardinäle ihre Vollendung; im Carneval 1491
sandten sie einander Wagen voll prächtig kostümierter

59 Infessura, bei Eccard, scriptt. II, Col. 1893, 2000. – Mich.
Cannesius, Vita Pauli II, bei Murat. III, II, Col. 1012. – Platina,
Vitae pontiff. p. 318. – Jac. Volaterran. bei Muratori XXIII,
Col. 163, 194. – Paul. Jov. Elogia, sub Juliano Caesarino. –
Anderswo gab es auch Wettrennen von Weibern; Diario Fer-
rarese, bei Murat. XXIV, Col. 384.
60 Unter Alexander VI. einmal vom Oktober bis zu den Fasten.
Vgl. Tommasi, l. c. p. 322.

Masken, Buffonen und Sängern zu, welche skandalöse
Verse hersagten; sie waren freilich von Reitern begleitet. –
Außer dem Carneval scheinen die Römer zuerst den Wert
eines großen Fackelzuges erkannt zu haben. Als Pius II.
1459 vom Kongreß von Mantua zurückkam,[61] wartete ihm
das ganze Volk mit einem Fackelritt auf, welcher sich vor
dem Palast in einem leuchtenden Kreise herum bewegte.
Sixtus IV. fand indes einmal für gut, eine solche nächtliche
Aufwartung des Volkes, das mit Fackeln und Ölzweigen
kommen wollte, nicht anzunehmen.[62]

Der florentinische Carneval aber übertraf den römischen
durch eine bestimmte Art von Aufzügen, welche auch in
der Literatur ihr Denkmal hinterlassen hat.[63] Zwischen
einem Schwarme von Masken zu Fuß und zu Roß erscheint
ein gewaltiger Wagen in irgendeiner Phantasieform, und
auf diesem entweder eine herrschende allegorische Gestalt
oder Gruppe samt den ihr zukommenden Gefährten, z. B.
die Eifersucht mit vier bebrillten Gesichtern an Einem
Kopfe, die vier Temperamente (S. 304) mit den ihnen
zukommenden Planeten, die drei Parzen, die Klugheit thronend über Hoffnung und Furcht, die gefesselt vor ihr
liegen, die vier Elemente, Lebensalter, Winde, Jahreszeiten
usw.; auch der berühmte Wagen des Todes mit den Särgen,
die sich dann öffneten. Oder es fuhr einher eine prächtige
mythologische Szene, Bacchus und Ariadne, Paris und He-
lena usw. Oder endlich ein Chor von Leuten, welche zusammen einen Stand, eine Kategorie ausmachten, z. B. die
Bettler, die Jäger mit Nymphen, die armen Seelen, welche

---

61 Pii II. Comment. L. IV, p. 211.
62 Nantiporto, bei Murat. III, II, Col. 1080. Sie wollten ihm für
    einen Friedensschluß danken, fanden aber die Tore des Palastes
    verschlossen und auf allen Plätzen Truppen aufgestellt.
63 Tutti i trionfi, carri, mascherate, o canti carnascialeschi, Cos-
    mopoli 1750. – Macchiavelli, Opere minori, p. 505. – Vasari,
    VII, p. 115 s., vita di Piero di Cosimo, welchem letztern ein
    Hauptanteil an der Ausbildung dieser Züge zugeschrieben
    wird.

im Leben unbarmherzige Weiber gewesen, die Eremiten, die Landstreicher, die Astrologen, die Teufel, die Verkäufer bestimmter Waren, ja sogar einmal il popolo, die Leute als solche, die sich dann in ihrem Gesang als schlechte Sorte überhaupt anklagen müssen. Die Gesänge nämlich, welche gesammelt und erhalten sind, geben bald in pathetischer, bald in launiger, bald in höchst unzüchtiger Weise diese Erklärung des Zuges. Auch dem Lorenzo magnifico werden einige der schlimmsten zugeschrieben, wahrscheinlich, weil sich der wahre Autor nicht zu nennen wagte, gewiß aber ist von ihm der sehr schöne Gesang zur Szene mit Bacchus und Ariadne, dessen Refrain aus dem 15. Jahrhundert zu uns herübertönt wie eine wehmütige Ahnung der kurzen Herrlichkeit der Renaissance selbst:

> Quanto è bella giovinezza,
> Che si fugge tuttavia!
> Chi vuol esser lieto, sia:
> Di doman non c'è certezza.

SECHSTER ABSCHNITT

SITTE UND RELIGION

Das Verhältnis der einzelnen Völker zu den höchsten Dingen, zu Gott, Tugend und Unsterblichkeit, läßt sich wohl
bis zu einem gewissen Grade erforschen, niemals aber in
strenger Parallele darstellen. Je deutlicher die Aussagen auf
diesem Gebiete zu sprechen scheinen, desto mehr muß man
sich vor einer unbedingten Annahme, einer Verallgemeinerung derselben hüten.

Vor Allem gilt dies von dem Urteil über die Sittlichkeit.
Man wird viele einzelne Kontraste und Nuancen zwischen
den Völkern nachweisen können, die absolute Summe des
Ganzen aber zu ziehen ist menschliche Einsicht zu schwach.
Die große Verrechnung von Nationalcharakter, Schuld
und Gewissen bleibt eine geheime, schon weil die Mängel
eine zweite Seite haben, wo sie dann als nationale Eigenschaften, ja als Tugenden erscheinen. Solchen Autoren,
welche den Völkern gerne allgemeine Zensuren und zwar
bisweilen im heftigsten Tone schreiben, muß man ihr Vergnügen lassen. Abendländische Völker können einander
mißhandeln, aber glücklicherweise nicht richten. Eine
große Nation, die durch Kultur, Taten und Erlebnisse mit
dem Leben der ganzen neuern Welt verflochten ist, überhört es, ob man sie anklage oder entschuldige; sie lebt
weiter mit oder ohne Gutheißen der Theoretiker.

So ist denn auch, was hier folgt, kein Urteil, sondern eine
Reihe von Randbemerkungen, wie sie sich bei mehrjährigem Studium der italienischen Renaissance von selber ergaben. Ihre Geltung ist eine um so beschränktere, als sie
sich meist auf das Leben der höhern Stände beziehen, über
welche wir hier im Guten wie im Bösen unverhältnismäßig

reichlicher unterrichtet sind als bei andern europäischen Völkern. Weil aber Ruhm und Schmach hier lauter tönen als sonst irgendwo, so sind wir deshalb der allgemeinen Bilanz der Sittlichkeit noch um keinen Schritt näher.

Wessen Auge dringt in die Tiefen, wo sich Charaktere und Schicksale der Völker bilden? wo Angeborenes und Erlebtes zu einem neuen Ganzen gerinnt und zu einem zweiten, dritten Naturell wird? wo selbst geistige Begabungen, die man auf den ersten Blick für ursprünglich halten würde, sich erst relativ spät und neu bilden? Hatte z. B. der Italiener vor dem 13. Jahrh⟨undert⟩ schon jene leichte Lebendigkeit und Sicherheit des ganzen Menschen, jene mit allen Gegenständen spielende Gestaltungskraft in Wort und Form, die ihm seitdem eigen ist? – Und wenn wir solche Dinge nicht wissen, wie sollen wir das unendlich reiche und feine Geäder beurteilen, durch welches Geist und Sittlichkeit unaufhörlich in einander überströmen? Wohl gibt es eine persönliche Zurechnung und ihre Stimme ist das Gewissen, aber die Völker möge man mit Generalsentenzen in Ruhe lassen. Das scheinbar kränkste Volk kann der Gesundheit nahe sein und ein scheinbar gesundes kann einen mächtig entwickelten Todeskeim in sich bergen, den erst die Gefahr an den Tag bringt.

Zu Anfang des 16. Jahrh⟨underts⟩, als die Kultur der Renaissance auf ihrer Höhe angelangt und zugleich das politische Unglück der Nation soviel als unabwendbar entschieden war, fehlte es nicht an ernsten Denkern, welche dieses Unglück mit der großen Sittenlosigkeit in Verbindung brachten. Es sind keine von jenen Bußpredigern, welche bei jedem Volke und zu jeder Zeit über die schlechten Zeiten zu klagen sich verpflichtet glauben, sondern ein Macchiavell ist es, der mitten in einer seiner wichtigsten Gedankenreihen[1] es offen ausspricht: ja, wir Italiener sind

[1] Discorsi L. I, c. 12. Auch c. 55: Italien sei verdorbener als alle andern Länder; dann kommen zunächst Franzosen und Spanier.

vorzugsweise irreligiös und böse. – Ein Anderer hätte
vielleicht gesagt: wir sind vorzugsweise individuell entwickelt; die Race hat uns aus den Schranken ihrer Sitte und
Religion entlassen, und die äußern Gesetze verachten wir
weil unsere Herrscher illegitim und ihre Beamten und Richter verworfene Menschen sind. – Macchiavell selber setzt
hinzu: weil die Kirche in ihren Vertretern das übelste Beispiel gibt.

Sollen wir hier noch beifügen: »weil das Altertum ungünstig einwirkte?« – jedenfalls bedürfte eine solche Annahme sorgfältiger Beschränkungen. Bei den Humanisten
(S. 269) wird man am ehesten davon reden dürfen, zumal
in betreff ihres wüsten Sinnenlebens. Bei den übrigen
möchte sich die Sache ungefähr so verhalten haben, daß an
die Stelle des christlichen Lebensideals, der Heiligkeit, das
der historischen Größe trat seit sie das Altertum kannten
(S. 154, Anm.). Durch einen naheliegenden Mißverstand
hielt man dann auch die Fehler für indifferent, trotz welcher
die großen Männer groß gewesen waren. Vermutlich geschah dies fast unbewußt, denn wenn theoretische Aussagen dafür angeführt werden sollen, so muß man sie wieder
bei den Humanisten suchen wie z. B. bei Paolo Giovio, der
den Eidbruch des Giangaleazzo Visconti, insofern dadurch
die Gründung eines Reiches ermöglicht wurde, mit dem
Beispiel des Julius Cäsar entschuldigt.[2] Die großen florentinischen Geschichtschreiber und Politiker sind von so
knechtischen Zitaten völlig frei, und was in ihren Urteilen
und Taten antik erscheint, ist es, weil ihr Staatswesen eine
notwendig dem Altertum einigermaßen analoge Denkweise hervorgetrieben hatte.

Immerhin aber fand Italien um den Anfang des 16. Jahrhunderts sich in einer schweren sittlichen Krisis, aus welcher die Bessern kaum einen Ausweg hofften.

Beginnen wir damit, die dem Bösen auf's Stärkste entge-
genwirkende sittliche Kraft namhaft zu machen. Jene hoch-

---

2 Paul. Jov. viri illustres; Jo. Gal. Vicecomes.

begabten Menschen glaubten sie zu erkennen in Gestalt des Ehrgefühls. Es ist die rätselhafte Mischung aus Gewissen und Selbstsucht, welche dem modernen Menschen noch übrig bleibt auch wenn er durch oder ohne seine Schuld alles Übrige, Glauben, Liebe und Hoffnung eingebüßt hat. Dieses Ehrgefühl verträgt sich mit vielem Egoismus und großen Lastern und ist ungeheurer Täuschungen fähig; aber auch alles Edle, das in einer Persönlichkeit übrig geblieben, kann sich daran anschließen und aus diesem Quell neue Kräfte schöpfen. In viel weiterm Sinne als man gewöhnlich denkt, ist es für die heutigen individuell entwickelten Europäer eine entscheidende Richtschnur des Handelns geworden; auch viele von denjenigen, welche noch außerdem Sitte und Religion treulich festhalten, fassen doch die wichtigsten Entschlüsse unbewußt nach jenem Gefühl.[2a]

Es ist nicht unsere Aufgabe nachzuweisen, wie schon das Altertum eine eigentümliche Schattierung dieses Gefühles kannte und wie dann das Mittelalter die Ehre in einem speziellen Sinne zur Sache eines bestimmten Standes machte. Auch dürfen wir mit denjenigen nicht streiten, welche das Gewissen allein statt des Ehrgefühls als die wesentliche Triebkraft ansehen; es wäre schöner und besser, wenn es sich so verhielte, allein sobald man doch zugeben muß, daß die bessern Entschlüsse aus einem »von Selbstsucht mehr oder weniger getrübten Gewissen« hervorgehen, so nenne man lieber diese Mischung mit ihrem Namen. Allerdings ist es bei den Italienern der Renaissance bisweilen schwer, dieses Ehrgefühl von der direkten Ruhmbegier zu unterscheiden, in welche dasselbe häufig übergeht. Doch bleiben es wesentlich zwei verschiedene Dinge.

An Aussagen über diesen Punkt fehlt es nicht. Eine besonders deutliche mag statt vieler hier ihre Stelle finden;

2a Über diese Stellung des Ehrgefühls in der jetzigen Welt vgl. die tiefernste Auseinandersetzung bei Prévost-Paradol, la France nouvelle, Livre III, chap. 2 (verfaßt 1868).

sie stammt aus den erst neuerlich an den Tag getretenen[3]
Aphorismen des Guicciardini. »Wer die Ehre hochhält,
dem gelingt Alles, weil er weder Mühe, Gefahr noch Kosten scheut; ich habe es an mir selbst erprobt und darf es
sagen und schreiben: eitel und tot sind diejenigen Handlungen der Menschen, welche nicht von diesem starken Antrieb ausgehen.« Wir müssen freilich hinzusetzen, daß nach
anderweitiger Kunde vom Leben des Verfassers hier durchaus nur vom Ehrgefühl und nicht vom eigentlichen Ruhme
die Rede sein kann. Schärfer aber als vielleicht alle Italiener
hat Rabelais die Sache betont. Zwar nur ungern mischen
wir diesen Namen in unsere Forschung; was der gewaltige,
stets barocke Franzose gibt, gewährt uns ungefähr ein Bild
davon, wie die Renaissance sich ausnehmen würde ohne
Form und ohne Schönheit.[4] Aber seine Schilderung eines
Idealzustandes im Thelemitenkloster ist kulturgeschichtlich entscheidend, so daß ohne diese höchste Phantasie das
Bild des 16. Jahrhunderts unvollständig wäre. Er erzählt[5]
von diesen seinen Herren und Damen vom Orden des
freien Willens unter andern wie folgt:

En leur reigle n'estoit que ceste clause: *Fay ce que vouldras.*
Parce que gens liberes, bien nayz,[6] bien instruictz, conver-

---

3 Franc. Guicciardini, Ricordi politici e civili, N. 118. (Opere
   inedite, vol. I.)
4 Seine nächste Parallele ist Merlinus Coccajus (Teofilo Folengo),
   dessen Opus Macaronicorum (S. 165 und 267) Rabelais erweislich gekannt und mehrmals zitiert hat (Pantagruel L. II, ch. 1
   und ch. 7, Ende). Ja die Anregung zum Gargantua und Pantagruel möchte überhaupt aus Merlinus Coccajus stammen.
5 Gargantua L. I, chap. 57.
6 D. h. wohlgeboren im höhern Sinn, denn Rabelais, der Wirts-
   sohn von Chinon, hat keine Ursache, dem Adel als solchem hier
   ein Vorrecht zu gestatten. – Die Predigt des Evangeliums, von
   welcher in der Inschrift des Klosters die Rede ist, würde zu dem
   sonstigen Leben der Thelemiten wenig passen; sie ist auch eher
   negativ, im Sinne des Trotzes gegen die römische Kirche zu
   deuten.

sans en compaignies honnestes, ont par nature ung instinct
et aguillon qui tousjours les poulse à faictz vertueux, et
retire de vice: lequel ilz nommoyent *honneur*.

Es ist derselbe Glaube an die Güte der menschlichen
Natur, welcher auch die zweite Hälfte des 18. Jahrhunderts
beseelte und der französischen Revolution die Wege bereiten half. Auch bei den Italienern appelliert Jeder individuell
an diesen seinen eigenen edeln Instinkt, und wenn im
Großen und Ganzen – hauptsächlich unter dem Eindruck
des nationalen Unglückes – pessimistischer geurteilt oder
empfunden wird, gleichwohl wird man immer jenes Ehrgefühl hochhalten müssen. Wenn einmal die schrankenlose
Entwicklung des Individuums eine welthistorische Fügung, wenn sie stärker war als der Wille des Einzelnen, so
ist auch diese gegenwirkende Kraft, wo sie im damaligen
Italien vorkömmt, eine große Erscheinung. Wie oft und
gegen welch heftige Angriffe der Selbstsucht sie den Sieg
davontrug, wissen wir eben nicht, und deshalb reicht unser
menschliches Urteil überhaupt nicht aus, um den absoluten
moralischen Wert der Nation richtig zu schätzen.

Was nun der Sittlichkeit des höher entwickelten Italieners
der Renaissance als wichtigste allgemeine Voraussetzung
gegenübersteht, ist die Phantasie. Sie vor allem verleiht
seinen Tugenden und Fehlern ihre besondere Farbe; unter
ihrer Herrschaft gewinnt seine entfesselte Selbstsucht erst
ihre volle Furchtbarkeit.

Um ihretwillen wird er z. B. der frühste große Hazard-
spieler der neuern Zeit, indem sie ihm die Bilder des künftigen Reichtums und der künftigen Genüsse mit einer solchen Lebendigkeit vormalt, daß er das Äußerste daran
setzt. Die mohammedanischen Völker wären ihm hierin
ohne allen Zweifel vorangegangen, hätte nicht der Koran
von Anfang an das Spielverbot als die notwendigste Schutz-
wehr islamitischer Sitte festgestellt, und die Phantasie seiner Leute an Auffindung vergrabener Schätze gewiesen. In
Italien wurde eine Spielwut allgemein, welche schon da-

mals häufig genug die Existenz des Einzelnen bedrohte
oder zerstörte. Florenz hat schon zu Ende des 14. Jahrhunderts seinen Casanova, einen gewissen Buonaccorso Pitti,
welcher auf beständigen Reisen als Kaufmann, Parteigänger, Spekulant, Diplomat und Spieler von Profession
enorme Summen gewann und verlor und nur noch Fürsten
zu Partnern gebrauchen konnte, wie die Herzoge von Bra-
bant, Baiern und Savoyen.[7] Auch der große Glückstopf,
welchen man die römische Kurie nannte, gewöhnte seine
Leute an ein Bedürfnis der Aufregung, welches sich in den
Zwischenpausen der großen Intriguen notwendig durch
Würfelspiel Luft machte. Franceschetto Cybò verspielte
z. B. einst in zweien Malen an Kardinal Raffaele Riario
14 000 Dukaten und klagte hernach beim Papst sein Mitspieler habe ihn betrogen.[8] In der Folge wurde bekanntlich
Italien die Heimat des Lotteriewesens.

   Die Phantasie ist es auch, welche hier der Rachsucht
ihren besondern Charakter gibt. Das Rechtsgefühl wird
wohl im ganzen Abendland von jeher eins und dasselbe
gewesen und seine Verletzung, so oft sie ungestraft blieb,
auf die gleiche Weise empfunden worden sein. Aber andere
Völker, wenn sie auch nicht leichter verzeihen, können
doch leichter vergessen, während die italienische Phantasie
das Bild des Unrechts in furchtbarer Frische erhält.[9] Daß
zugleich in der Volksmoral die Blutrache als eine Pflicht gilt
und oft auf das Gräßlichste geübt wird, gibt dieser allgemeinen Rachsucht noch einen besondern Grund und Boden. Regierungen und Tribunale der Städte erkennen ihr
Dasein und ihre Berechtigung an und suchen nur den
schlimmsten Exzessen zu steuern. Aber auch unter den

---

7 Dessen Tagebuch im Auszug bei Delécluze, Florence et ses
   vicissitudes, vol. 2. – Vgl. S. 331.
8 Infessura, ap. Eccard, scriptt. II, Col. 1892. Vgl. oben S. 116 f.
9 Dieses Raisonnement des geistreichen Stendhal (la chartreuse de
   Parme, ed. Delahays, p. 355) scheint mir auf tiefer psychologischer Beobachtung zu ruhen.

Bauern kommen thyesteische Mahlzeiten und weit sich
ausbreitender Wechselmord vor; hören wir nur einen Zeugen.[10]

In der Landschaft von Acquapendente hüteten drei Hir-
tenknaben das Vieh, und Einer sagte: wir wollen versuchen
wie man die Leute henkt. Als der eine dem andern auf der
Schulter saß und der dritte den Strick zuerst um dessen Hals
schlang und dann an eine Eiche band, kam der Wolf, so daß
die Beiden entflohen und jenen hängen ließen. Hernach
fanden sie ihn tot und begruben ihn. Sonntags kam sein
Vater, um ihm Brot zu bringen, und einer von den beiden
gestand ihm den Hergang und zeigte ihm das Grab. Der
Alte aber tötete diesen mit einem Messer, schnitt ihn auf,
nahm die Leber und bewirtete damit zu Hause dessen Vater;
dann sagte er ihm, wessen Leber er gegessen. Hierauf
begann das wechselseitige Morden zwischen den beiden
Familien, und binnen einem Monat waren 36 Personen,
Weiber sowohl als Männer, umgebracht.

Und solche Vendetten, erblich bis auf mehrere Generationen, auf Seitenverwandte und Freunde, erstreckten sich
auch weit in die höhern Stände hinauf. Chroniken sowohl
als Novellensammlungen sind voll von Beispielen, zumal
von Racheübungen wegen entehrter Weiber. Der klassische
Boden hiefür war besonders die Romagna, wo sich die
Vendetta mit allen erdenklichen sonstigen Parteiungen verflocht. In furchtbarer Symbolik stellt die Sage bisweilen die
Verwilderung dar, welche über dieses kühne, kräftige Volk
kam. So z. B. in der Geschichte von jenem vornehmen
Ravennaten, der seine Feinde in einem Turm beisammen
hatte und sie hätte verbrennen können, statt dessen aber sie
herausließ, umarmte und herrlich bewirtete, worauf die
wütende Scham sie erst recht zur Verschwörung antrieb.[11]
Unablässig predigten fromme, ja heilige Mönche zur Ver-

---

10 Graziani, Cronaca di Perugia, zum Jahr 1437 (Arch. stor. XVI,
      I, p. 415).
11 Giraldi, Hecatommithi, I, Nov. 7.

söhnung, aber es wird Alles gewesen sein, was sie erreichten, wenn sie die schon im Gange befindlichen Vendetten
einschränkten; das Entstehen von neuen werden sie wohl
schwerlich gehindert haben. Die Novellen schildern uns
nicht selten auch diese Einwirkung der Religion, die edle
Aufwallung und dann deren Sinken durch das Schwergewicht dessen, was vorangegangen und doch nicht mehr zu
ändern ist. Hatte doch der Papst in Person nicht immer
Glück im Friedenstiften: »Papst Paul II. wollte, daß der
Hader zwischen Antonio Caffarello und dem Hause Alberino aufhöre und ließ Giovanni Alberino und Antonio
Caffarello vor sich kommen und befahl ihnen, einander zu
küssen und kündigte ihnen 2 000 Dukaten Strafe an, wenn
sie einander wieder ein Leid antäten, und zwei Tage darauf
wurde Antonio von demselben Giacomo Alberino, Sohn
des Giovanni, gestochen, der ihn vorher schon verwundet
hatte, und Papst Paul wurde sehr unwillig und ließ dem
Alberino die Habe konfiszieren und die Häuser schleifen
und Vater und Sohn aus Rom verbannen.«[12] Die Eide und
Zeremonien, wodurch die Versöhnten sich vor dem Rück-
fall zu sichern suchen, sind bisweilen ganz entsetzlich; als
am Silvesterabend 1494 im Dom von Siena[13] die Parteien
der Nove und der Popolari sich paarweise küssen mußten,
wurde ein Schwur dazu verlesen, worin dem künftigen
Übertreter alles zeitliche und ewige Heil abgesprochen
wurde, »ein Schwur so erstaunlich und schrecklich wie
noch keiner erhört worden«; selbst die letzten Tröstungen
in der Todesstunde sollten sich in Verdammnis verkehren
für den, welcher ihn verletzen würde. Es leuchtet ein, daß
dergleichen mehr die verzweifelte Stimmung der Vermitt-
ler als eine wirkliche Garantie des Friedens ausdrückte, und
daß gerade die wahrste Versöhnung am wenigsten solcher
Worte bedurfte.

Das individuelle Rachebedürfnis des Gebildeten und des

---

12 Infessura, bei Eccard, scriptt. II, Col. 1892, zum Jahr 1464.
13 Allegretto, Diarî sanesi, bei Murat. XXIII, Col. 837.

Hochstehenden, ruhend auf der mächtigen Grundlage einer analogen Volkssitte, spielt nun natürlich in tausend Farben und wird von der öffentlichen Meinung, welche hier aus den Novellisten redet, ohne allen Rückhalt gebilligt.[14] Alle Welt ist darüber einig, daß bei denjenigen Beleidigungen und Verletzungen, für welche die damalige italienische Justiz kein Recht schafft, und vollends bei denjenigen, gegen die es nie und nirgends ein genügendes Gesetz gegeben hat noch geben kann, Jeder sich selber Recht schaffen dürfe. Nur muß Geist in der Rache sein und die Satisfaktion sich mischen aus tatsächlicher Schädigung und geistiger Demütigung des Beleidigers; brutale plumpe Übermacht allein gilt in der öffentlichen Meinung für keine Genugtuung. Das ganze Individuum, mit seiner Anlage zu Ruhm und Hohn muß triumphieren, nicht bloß die Faust.

Der damalige Italiener ist vieler Verstellung fähig um bestimmte Zwecke zu erreichen, aber gar keiner Heuchelei in Sachen von Prinzipien, weder vor andern noch vor sich selber. Mit völliger Naivetät wird deshalb auch diese Rache als ein Bedürfnis zugestanden. Ganz kühle Leute preisen sie vorzüglich dann, wenn sie, getrennt von eigentlicher Leidenschaft, um der bloßen Zweckmäßigkeit willen auftritt, »damit andere Menschen lernen dich unangefochten zu lassen«.[15] Doch werden solche Fälle eine kleine Minderzahl gewesen sein gegenüber von denjenigen, da die Leidenschaft Abkühlung suchte. Deutlich scheidet sich hier diese Rache von der Blutrache; während letztere sich eher noch innerhalb der Schranken der Vergeltung, des ius talionis hält, geht die erstere notwendig darüber hinaus, indem sie nicht nur die Beistimmung des Rechtsgefühls verlangt,

---

14 Diejenigen, welche die Vergeltung Gott anheimstellen, werden u. a. lächerlich gemacht bei Pulci, Morgante, canto XXI, Str. 83, s. 104 s.

15 Guicciardini, Ricordi, l. c. N. 74.

sondern die Bewunderer und je nach Umständen die Lacher
auf ihrer Seite haben will.

Hierin liegt denn auch der Grund des oft langen Auf-
schiebens. Zu einer »bella vendetta« gehört in der Regel ein
Zusammentreffen von Umständen, welches durchaus abge-
wartet werden muß. Mit einer wahren Wonne schildern die
Novellisten hie und da das allmähliche Heranreifen solcher
Gelegenheiten.

Über die Moralität von Handlungen, wobei Kläger und
Richter eine Person sind, braucht es weiter keines Urteils.
Wenn diese italienische Rachsucht sich irgendwie rechtfertigen wollte, so müßte dies geschehen durch den Nachweis
einer entsprechenden nationalen Tugend, nämlich der
Dankbarkeit; dieselbe Phantasie, welche das erlittene Unrecht auffrischt und vergrößert, müßte auch das empfangene Gute im Andenken erhalten.[16] Es wird niemals möglich sein, einen solchen Nachweis im Namen des ganzen
Volkes zu führen, doch fehlt es nicht an Spuren dieser Art
im jetzigen italienischen Volkscharakter. Dahin gehört bei
den gemeinen Leuten die große Erkenntlichkeit für honette
Behandlung und bei den höhern Ständen das gute gesellschaftliche Gedächtnis.

Dieses Verhältnis der Phantasie zu den moralischen Eigenschaften des Italieners wiederholt sich nun durchgängig. Wenn daneben scheinbar viel mehr kalte Berechnung
zutage tritt in Fällen, da der Nordländer mehr dem Gemüte
folgt, so hängt dies wohl davon ab, daß der Italiener häufiger sowohl als früher und stärker individuell entwickelt ist.
Wo dies außerhalb Italiens ebenfalls stattfindet, da ergeben
sich auch ähnliche Resultate; die zeitige Entfremdung vom
Hause und von der väterlichen Autorität z. B. ist der italienischen und der nordamerikanischen Jugend gleichmäßig
eigen. Später stellt sich dann bei den edlern Naturen das

---

16 So schildert sich Cardanus (de propria vita, cap. 13) als äußerst
rachsüchtig, aber auch als verax, memor beneficiorum, amans
justitiae.

Verhältnis einer freien Pietät zwischen Kindern und Eltern
ein.

Es ist überhaupt ganz besonders schwer, über die Sphäre
des Gemütes bei andern Nationen zu urteilen. Dasselbe
kann sehr entwickelt vorhanden sein, aber in so fremdarti- 5
ger Weise, daß der von draußen Kommende es nicht erkennt, es kann sich auch wohl vollkommen vor ihm verstecken. Vielleicht sind alle abendländischen Nationen in
dieser Beziehung gleichmäßig begnadigt.

Wenn aber irgendwo die Phantasie als gewaltige Herrin 10
sich in die Moralität gemischt hat, so ist dies geschehen im
unerlaubten Verkehr der beiden Geschlechter. Vor der gewöhnlichen Hurerei scheute sich bekanntlich das Mittelalter überhaupt nicht bis die Syphilis kam, und eine vergleichende Statistik der damaligen Prostitution jeder Art 15
gehört nicht hieher. Was aber dem Italien der Renaissance
eigen zu sein scheint, ist daß die Ehe und ihr Recht vielleicht mehr und jedenfalls bewußter als anderswo mit
Füßen getreten wird. Die Mädchen der höhern Stände,
sorgfältig abgeschlossen, kommen nicht in Betracht; auf 20
verheiratete Frauen bezieht sich alle Leidenschaft.

Dabei ist bemerkenswert, daß die Ehen doch nicht nachweisbar abnahmen und daß das Familienleben bei weitem
nicht diejenige Zerstörung erlitt, welche es im Norden
unter ähnlichen Umständen erleiden würde. Man wollte 25
völlig nach Willkür leben, aber durchaus nicht auf die
Familie verzichten, selbst wenn zu fürchten stand, daß es
nicht ganz die eigene sei. Auch sank die Race deshalb weder
physisch noch geistig – denn von derjenigen scheinbaren
geistigen Abnahme, welche sich gegen die Mitte des 16. 30
Jahrhunderts zu erkennen gibt, lassen sich ganz bestimmte
äußere Ursachen politischer und kirchlicher Art namhaft
machen, selbst wenn man nicht zugeben will, daß der Kreis
der möglichen Schöpfungen der Renaissance durchlaufen
gewesen sei. Die Italiener fuhren fort, trotz aller Aus- 35
schweifung zu den leiblich und geistig gesundesten und

wohlgeborensten Bevölkerungen Europa's zu gehören,[17] und behaupten diesen Vorzug bekanntlich bis auf diesen Tag, nachdem sich die Sitten sehr gebessert haben.

Wenn man nun der Liebesmoral der Renaissance näher nachgeht, so findet man sich betroffen von einem merkwürdigen Gegensatz in den Aussagen. Die Novellisten und Komödiendichter machen den Eindruck, als bestände die Liebe durchaus nur im Genusse und als wären zu dessen Erreichung alle Mittel, tragische wie komische, nicht nur erlaubt, sondern je kühner und frivoler, desto interessanter. Liest man die bessern Lyriker und Dialogenschreiber, so lebt in ihnen die edelste Vertiefung und Vergeistigung der Leidenschaft, ja der letzte und höchste Ausdruck derselben wird gesucht in einer Aneignung antiker Ideen von einer ursprünglichen Einheit der Seelen im göttlichen Wesen. Und beide Anschauungen sind damals wahr und in einem und demselben Individuum vereinbar. Es ist nicht durchaus rühmlich, aber es ist eine Tatsache, daß in dem modernen gebildeten Menschen die Gefühle auf verschiedenen Stufen zugleich nicht nur stillschweigend vorhanden sind sondern auch zur bewußten, je nach Umständen künstlerischen Darstellung kommen. Erst der moderne Mensch ist, wie der antike, auch in dieser Beziehung ein Mikrokosmus, was der mittelalterliche nicht war und nicht sein konnte.

Zunächst ist die Moral der Novellen beachtenswert. Es handelt sich in den meisten derselben, wie bemerkt, um Ehefrauen und also um Ehebruch.

Höchst wichtig erscheint nun hier jene oben (S. 388) erwähnte Ansicht von der gleichen Geltung des Weibes mit dem Manne. Die höher gebildete, individuell entwickelte Frau verfügt über sich mit einer ganz andern Souveränetät als im Norden, und die Untreue macht nicht jenen furchtbaren Riß durch ihr Leben, sobald sie sich gegen die äußern

---

17 Mit der völlig entwickelten spanischen Herrschaft trat allerdings eine relative Entvölkerung ein. Wäre sie Folge der Entsittlichung gewesen, so hätte sie viel früher eintreten müssen.

Folgen sichern kann. Das Recht des Gemahles auf ihre Treue hat nicht denjenigen festen Boden, den es bei den Nordländern durch die Poesie und Leidenschaft der Werbung und des Brautstandes gewinnt; nach flüchtigster Bekanntschaft, unmittelbar aus dem elterlichen oder klösterlichen Gewahrsam tritt die junge Frau in die Welt und nun erst bildet sich ihre Individualität ungemein schnell aus. Hauptsächlich deshalb ist jenes Recht des Gatten nur ein sehr bedingtes, und auch wer es als ein ius quaesitum ansieht, bezieht es doch nur auf die äußere Tat, nicht auf das Herz. Die schöne junge Gemahlin eines Greises z. B. weist die Geschenke und Botschaften eines jungen Liebhabers zurück, im festen Vorsatz, ihre Ehrbarkeit (honestà) zu behaupten. »Aber sie freute sich doch der Liebe des Jünglings wegen seiner großen Trefflichkeit, und sie erkannte, daß ein edles Weib einen ausgezeichneten Menschen lieben darf ohne Nachteil ihrer Ehrbarkeit.«[18] Wie kurz ist aber der Weg von einer solchen Distinktion bis zu völliger Hingebung.

Letztere erscheint dann soviel als berechtigt, wenn Untreue des Mannes hinzukömmt. Das individuell entwickelte Weib empfindet dieselbe bei Weitem nicht bloß als einen Schmerz, sondern als Hohn und Demütigung, namentlich als Überlistung, und nun übt sie, oft mit ziemlich kaltem Bewußtsein, die vom Gemahl verdiente Rache. Ihrem Takt bleibt es überlassen, das für den betreffenden Fall richtige Strafmaß zu treffen. Die tiefste Kränkung kann z. B. einen Ausweg zur Versöhnung und zu künftigem ruhigem Leben anbahnen, wenn sie völlig geheim bleibt. Die Novellisten, welche dergleichen dennoch erfahren oder es gemäß der Atmosphäre ihrer Zeit erdichten, sind voll von Bewunderung, wenn die Rache höchst angemessen, wenn sie ein Kunstwerk ist. Es versteht sich, daß der Ehemann ein solches Vergeltungsrecht doch im Grunde nie anerkennt

---

18 Giraldi, Hecatommithi III, Nov. 2. – Ganz ähnlich: Cortigiano, L. IV, fol. 180.

und sich nur aus Furcht oder aus Klugheitsgründen fügt.
Wo diese wegfallen, wo er um der Untreue seiner Gemahlin
willen ohnehin erwarten oder wenigstens besorgen muß,
von dritten Personen ausgehöhnt zu werden, da wird die
Sache tragisch. Nicht selten folgt die gewaltsamste Gegen-
rache und der Mord. Es ist höchst bezeichnend für die
wahre Quelle dieser Taten, daß außer dem Gemahl auch die
Brüder[19] und der Vater der Frau sich dazu berechtigt, ja
verpflichtet glauben; die Eifersucht hat also nichts mehr
damit zu tun, das sittliche Gefühl wenig, der Wunsch,
dritten Personen ihren Spott zu verleiden das Meiste.
»Heute«, sagt Bandello,[20] »sieht man Eine um ihre Lüste zu
erfüllen den Gemahl vergiften, als dürfte sie dann, weil sie
Witwe geworden, tun was ihr beliebt. Eine andere, aus
Furcht vor Entdeckung ihres unerlaubten Umganges läßt
den Gemahl durch den Geliebten ermorden. Dann erheben
sich Väter, Brüder und Gatten, um sich die Schande aus den
Augen zu schaffen, mit Gift, Schwert und andern Mitteln,
und dennoch fahren viele Weiber fort, mit Verachtung des
eigenen Lebens und der Ehre, ihren Leidenschaften nach-
zuleben.« Ein andermal, in milderer Stimmung, ruft er aus:
»Wenn man doch nur nicht täglich hören müßte: dieser hat
seine Frau ermordet, weil er Untreue vermutete, Jener hat
die Tochter erwürgt, weil sie sich heimlich vermählt hatte,
Jener endlich hat seine Schwester töten lassen, weil sie sich
nicht nach seinen Ansichten vermählen wollte! Es ist doch
eine große Grausamkeit, daß wir alles tun wollen, was uns
in den Sinn kömmt und den armen Weibern nicht dasselbe

19 Ein besonders greuliches Beispiel der Rache eines Bruders, aus
    Perugia vom Jahr 1455, findet man in der Chronik des Gra-
    ziani, Arch. stor. XVI, I, p. 629. Der Bruder zwingt den Galan,
    der Schwester die Augen auszureißen und jagt ihn mit Schlä-
    gen von dannen. Freilich die Familie war ein Zweig der Oddi
    und der Liebhaber nur ein Seiler.
20 Bandello, Parte I, Nov. 9 und 26. – Es kommt vor, daß der
    Beichtvater der Gemahlin sich vom Gatten bestechen läßt und
    den Ehebruch verrät.

zugestehen. Wenn sie etwas tun, was uns mißfällt, so sind wir gleich mit Strick, Dolch und Gift bei der Hand. Welche Narrheit der Männer, vorauszusetzen, daß ihre und des ganzen Hauses Ehre von der Begierde eines Weibes abhänge!« Leider wußte man den Ausgang solcher Dinge bisweilen so sicher voraus, daß der Novellist auf einen bedrohten Liebhaber Beschlag legen konnte, während derselbe noch lebendig herumlief. Der Arzt Antonio Bologna[21] hatte sich insgeheim mit der verwitweten Herzogin von Malfi, vom Hause Aragon, vermählt; bereits hatten ihre Brüder sie und ihre Kinder wieder in ihre Gewalt bekommen und in einem Schloß ermordet. Antonio, der letzteres noch nicht wußte und mit Hoffnungen hingehalten wurde, befand sich in Mailand, wo ihm schon gedungene Mörder auflauerten, und sang in Gesellschaft bei der Ippolita Sforza die Geschichte seines Unglückes zur Laute. Ein Freund des genannten Hauses, Delio, »erzählte die Geschichte bis zu diesem Punkte dem Scipione Atellano und fügte bei, er werde dieselbe in einer seiner Novellen behandeln, da er gewiß wisse, daß Antonio ermordet werden würde«. Die Art, wie dies fast unter den Augen Delio's und Atellano's eintraf, ist bei Bandello (I, 26) ergreifend geschildert.

Einstweilen aber nehmen die Novellisten doch fortwährend Partei für alles Sinnreiche, Schlaue und Komische, was beim Ehebruch vorkömmt: mit Vergnügen schildern sie das Versteckspiel in den Häusern, die symbolischen Winke und Botschaften, die mit Kissen und Konfekt zum voraus versehenen Truhen, in welchen der Liebhaber verborgen und fortgeschafft werden kann, u. dgl. m. Der betrogene Ehemann wird je nach Umständen ausgemalt als eine ohnehin von Hause aus lächerliche Person oder als ein furchtbarer Rächer; ein drittes gibt es nicht, es sei denn, daß das Weib als böse und grausam und der Mann oder Liebhaber als unschuldiges Opfer geschildert werden soll. Man wird

---

21 S. oben S. 387 und Anmerkung.

indes bemerken, daß Erzählungen dieser letztern Art nicht
eigentliche Novellen, sondern nur Schreckensbeispiele aus
dem wirklichen Leben sind.[22]

Mit der Hispanisierung des italienischen Lebens im Verlauf des 16. Jahrhunderts nahm die in den Mitteln höchst
gewaltsame Eifersucht vielleicht noch zu, doch muß man
dieselbe unterscheiden von der schon vorher vorhandenen,
im Geist der italienischen Renaissance selbst begründeten
Vergeltung der Untreue. Mit der Abnahme des spanischen
Kultureinflusses schlug dann die auf die Spitze getriebene
Eifersucht gegen Ende des 17. Jahrhunderts in ihr Gegenteil um, in jene Gleichgültigkeit, welche den Cicisbeo als
unentbehrliche Figur im Hause betrachtete und außerdem
noch einen oder mehrere Geduldete (Patiti) sich gefallen
ließ.

Wer will es nun unternehmen, die ungeheure Summe
von Immoralität, welche in den geschilderten Verhältnissen
liegt, mit dem zu vergleichen, was in andern Ländern
geschah. War die Ehe z. B. in Frankreich während des 15.
Jahrhunderts wirklich heiliger als in Italien? Die Fabliaux
und Farcen erregen starke Zweifel, und man sollte glauben,
daß die Untreue ebenso häufig, nur der tragische Ausgang
seltener gewesen, weil das Individuum mit seinen Ansprüchen weniger entwickelt war. Eher möchte zugunsten der
germanischen Völker ein entscheidendes Zeugnis vorhanden sein, nämlich jene größere gesellschaftliche Freiheit der
Frauen und Mädchen, welche den Italienern in England
und in den Niederlanden so angenehm auffiel (S. 392,
Anm.). Und doch wird man auch hierauf kein zu großes
Gewicht legen dürfen. Die Untreue war gewiß ebenfalls
sehr häufig und der individuell entwickeltere Mensch treibt
es auch hier bis zur Tragödie. Man sehe nur, wie die damaligen nordischen Fürsten bisweilen auf den ersten Verdacht hin mit ihren Gemahlinnen umgehen.

Innerhalb des Unerlaubten aber bewegte sich bei den

---

22 Ein Beispiel Bandello, Parte I, Nov. 4.

damaligen Italienern nicht nur das gemeine Gelüste, nicht
nur die dumpfe Begier des gewöhnlichen Menschen, sondern auch die Leidenschaft der Edelsten und Besten; nicht
bloß weil die unverheirateten Mädchen sich außerhalb der
Gesellschaft befanden, sondern auch weil gerade der vollkommene Mann am stärksten angezogen wurde von dem
bereits durch die Ehe ausgebildeten weiblichen Wesen.
Diese Männer sind es, welche die höchsten Töne der lyrischen Poesie angeschlagen und auch in Abhandlungen und
Dialogen von der verzehrenden Leidenschaft ein verklärtes
Abbild zu geben versucht haben: l'amor divino. Wenn sie
über die Grausamkeit des geflügelten Gottes klagen, so ist
damit nicht bloß die Hartherzigkeit der Geliebten oder ihre
Zurückhaltung gemeint, sondern auch das Bewußtsein der
Unrechtmäßigkeit der Verbindung. Über dieses Unglück
suchen sie durch jene Vergeistigung der Liebe sich zu
erheben, welche sich an die platonische Seelenlehre anlehnt
und in Pietro Bembo ihren berühmtesten Vertreter gefunden hat. Man hört ihn unmittelbar im dritten Buch seiner
Asolani, und mittelbar durch Castiglione, welcher ihm jene
prachtvolle Schlußrede des vierten Buches des Cortigiano
in den Mund legt. Beide Autoren waren im Leben keine
Stoiker, aber in jener Zeit wollte es schon etwas heißen,
wenn man ein berühmter und zugleich ein guter Mann war
und diese Prädikate kann man beiden nicht versagen. Die
Zeitgenossen nahmen das, was sie sagten, für wahrhaft
gefühlt und so dürfen auch wir es nicht als bloßes Phrasen-
werk verachten. Wer sich die Mühe nimmt, die Rede im
Cortigiano nachzulesen, wird einsehen, wie wenig ein Exzerpt einen Begriff davon geben könnte. Damals lebten in
Italien einige vornehme Frauen, welche wesentlich durch
Verhältnisse dieser Art berühmt wurden, wie Giulia Gon-
zaga, Veronica da Coreggio und vor allen Vittoria Colonna.
Das Land der stärksten Wüstlinge und der größten Spötter
respektierte diese Gattung von Liebe und diese Weiber:
Größeres läßt sich nicht zu ihren Gunsten sagen. Ob etwas
Eitelkeit dabei war, ob Vittoria den sublimierten Ausdruck

hoffnungsloser Liebe von seiten der berühmtesten Männer
Italiens gerne um sich herum tönen hörte, wer mag es
entscheiden? Wenn die Sache stellenweise eine Mode
wurde, so war es immerhin kein Kleines, daß Vittoria
wenigstens nicht aus der Mode kam und daß sie in der
spätesten Zeit noch die stärksten Eindrücke hervorbrachte.
– Es dauerte lange, bis andere Länder irgend ähnliche
Erscheinungen aufwiesen.

Die Phantasie, welche dieses Volk mehr als ein anderes
beherrscht, ist dann überhaupt eine allgemeine Ursache
davon, daß jede Leidenschaft in ihrem Verlauf überaus
heftig und je nach Umständen verbrecherisch in den Mitteln wird. Man kennt eine Heftigkeit der Schwäche, die sich
nicht beherrschen kann; hier dagegen handelt es sich um
eine Ausartung der Kraft. Bisweilen knüpft sich daran eine
Entwicklung ins Kolossale; das Verbrechen gewinnt eine
eigene, persönliche Konsistenz.

Schranken gibt es nur noch wenige. Der Gegenwirkung
des illegitimen, auf Gewalt gegründeten Staates mit seiner
Polizei fühlt sich Jedermann, auch das gemeine Volk, innerlich entwachsen, und an die Gerechtigkeit der Justiz glaubt
man allgemein nicht mehr. Bei einer Mordtat ist, bevor man
irgend die nähern Umstände kennt, die Sympathie unwillkürlich auf seiten des Mörders.[23] Ein männliches, stolzes
Auftreten vor und während der Hinrichtung erregt vollends solche Bewunderung, daß die Erzähler darob leicht
vergessen zu melden, warum der Betreffende verurteilt
war.[24] Wenn aber irgendwo zu der innerlichen Verachtung

---

23 Piaccia al Signore Iddio che non si ritrovi, sagen bei Giraldi III,
    Nov. 10 die Frauen im Hause, wenn man ihnen erzählt, die Tat
    könne den Mörder den Kopf kosten.
24 Dies begegnet z. B. Gioviano Pontano (de fortitudine, L. II.);
    seine heldenmütigen Ascolaner, welche noch die letzte Nacht
    hindurch tanzen und singen, die abruzzesische Mutter, welche
    den Sohn auf dem Gang zum Richtplatz aufheitert, usw. gehö-
    ren vermutlich in Räuberfamilien, was er jedoch übergeht.

der Justiz und zu den vielen aufgesparten Vendetten noch die Straflosigkeit hinzutritt, etwa in Zeiten politischer Unruhen, dann scheint sich bisweilen der Staat und das bürgerliche Leben auflösen zu wollen. Solche Momente hatte Neapel beim Übergang von der aragonesischen auf die französische und auf die spanische Herrschaft, solche hatte auch Mailand bei der mehrmaligen Vertreibung und Wiederkehr der Sforza. Da kommen jene Menschen zum Vorschein, welche den Staat und die Gesellschaft insgeheim niemals anerkannt haben und nun ihre räuberische und mörderische Selbstsucht ganz souverän walten lassen. Betrachten wir beispielshalber ein Bild dieser Art aus einem kleinern Kreise.

Als das Herzogtum Mailand bereits um 1480 durch die innern Krisen nach dem Tode des Galeazzo Maria Sforza erschüttert war, hörte in den Provinzialstädten jede Sicherheit auf. So in Parma,[25] wo der mailändische Gubernator, durch Mordanschläge in Schrecken gesetzt, sich die Freilassung furchtbarer Menschen abdringen ließ, wo Einbrüche, Demolitionen von Häusern, öffentliche Mordtaten etwas Gewöhnliches wurden, wo zuerst maskierte Verbrecher einzeln, dann ohne Scheu jede Nacht große bewaffnete Scharen herumzogen; dabei zirkulierten frevelhafte Späße, Satiren, Drohbriefe und es erschien ein Spottsonett gegen die Behörden, welches dieselben offenbar mehr empörte als der entsetzliche Zustand selbst. Daß in vielen Kirchen die Tabernakel samt den Hostien geraubt wurden, verrät noch eine besondere Farbe und Richtung jener Ruchlosigkeit. Nun ist es wohl unmöglich zu erraten, was in jedem Lande der Welt auch heute geschehen würde, wenn Regierung und Polizei ihre Tätigkeit einstellten und dennoch durch ihr Dasein die Bildung eines provisorischen Regimentes unmöglich machten; allein was damals in Italien bei solchen Anlässen geschah, trägt doch wohl einen besondern Charakter durch starke Einmischung der Rache.

---

25 Diarium Parmense, bei Murat. XXII, Col. 330 bis 349 passim.

Im allgemeinen macht das Italien der Renaissance den
Eindruck, als ob auch in gewöhnlichen Zeiten die großen
Verbrechen häufiger gewesen wären als in andern Ländern.
Freilich könnte uns wohl der Umstand täuschen, daß wir
hier verhältnismäßig weit mehr Spezielles davon erfahren
als irgend anderswo und daß dieselbe Phantasie, welche auf
das tatsächliche Verbrechen wirkt, auch das nichtgesche-
hene ersinnt. Die Summe der Gewalttaten war vielleicht
anderswo dieselbe. Ob der Zustand z. B. in dem kraftvol-
len, reichen Deutschland um 1500, mit seinen kühnen
Landstreichern, gewaltigen Bettlern und wegelagernden
Rittern im Ganzen sicherer gewesen, ob das Menschenleben wesentlich besser garantiert war, läßt sich schwer ermitteln. Aber so viel ist sicher, daß das prämeditierte,
besoldete, durch dritte Hand geübte, auch das zum Gewerb
gewordene Verbrechen in Italien eine große und schreckliche Ausdehnung gewonnen hatte.

Blicken wir zunächst auf das Räuberwesen, so wird vielleicht Italien damals nicht mehr, in glücklichern Gegenden
wie z. B. Toscana sogar weniger davon heimgesucht gewesen sein als die meisten Länder des Nordens. Aber es gibt
wesentlich italienische Figuren. Schwerlich findet sich anderswo z. B. die Gestalt des durch Leidenschaft verwilderten, allmählich zum Räuberhauptmann gewordenen Geistlichen, wovon jene Zeit unter andern folgendes Beispiel
liefert.[26] Am 12. August 1495 wurde in einen eisernen Käfig
außen am Turm von S. Giuliano zu Ferrara eingeschlossen
der Priester Don Nicolò de' Pelegati von Figarolo. Derselbe hatte zweimal seine erste Messe gelesen; das erstemal
hatte er an demselben Tage einen Mord begangen und war
darauf in Rom absolviert worden; nachher tötete er vier
Menschen und heiratete zwei Weiber, mit welchen er her-
umzog. Dann war er bei vielen Tötungen anwesend, not-

---

26 Diario Ferrarese, bei Murat. XXIV, Col. 312. Man erinnert
    sich dabei an die Bande des Priesters, welcher einige Jahre vor
    1837 die westliche Lombardie unsicher machte.

züchtigte Weiber, führte andere mit Gewalt fort, übte Raub
in Masse, tötete noch viele und zog im Ferraresischen mit
einer uniformierten bewaffneten Bande herum, Nahrung
und Obdach mit Mord und Gewalt erzwingend. – Wenn
man sich das Dazwischenliegende hinzudenkt, so ergibt
sich für den Priester eine ungeheure Summe des Frevels. Es
gab damals überall viele Mörder und andere Missetäter
unter den so wenig beaufsichtigten und so hoch privilegier-
ten Geistlichen und Mönchen, aber kaum einen Pelegati.
Etwas Anderes, obwohl auch nichts Rühmliches, ist es,
wenn verlorene Menschen sich in die Kutte stecken dürfen,
um der Justiz zu entgehen, wie z. B. jener Korsar, den
Massuccio in einem Kloster zu Neapel kannte.[27] Wie es sich
mit Papst Johann XXIII. in dieser Beziehung verhielt, ist
nicht näher bekannt.[28]

Die Zeit der individuell berühmten Räuberhauptleute
beginnt übrigens erst später, im 17. Jahrhundert, als die
politischen Gegensätze, Guelfen und Ghibellinen, Spanier
und Franzosen, das Land nicht mehr in Bewegung setzten;
der Räuber löst den Parteigänger ab.

In gewissen Gegenden von Italien, wo die Kultur nicht
hindrang, waren die Landleute permanent mörderisch gegen jeden von draußen, der ihnen in die Hände fiel. So
namentlich in den entlegenern Teilen des Königreiches
Neapel, wo eine uralte Verwilderung vielleicht seit der
römischen Latifundienwirtschaft sich erhalten hatte, und
wo man den Fremden und den Feind, hospes und hostis,
noch in aller Unschuld für gleichbedeutend halten mochte.
Diese Leute waren gar nicht irreligiös; es kam vor, daß ein

---

27 Massuccio, Nov. 29. Es versteht sich, daß der Betreffende auch
    in der Liebschaft am meisten Glück hat.
28 Wenn er in seiner Jugend als Korsar in dem Kriege der beiden
    Linien von Anjou um Neapel auftrat, so kann er dies als
    politischer Parteigänger getan haben, was nach damaligen Be-
    griffen keine Schande brachte. Der Erzbischof Paolo Fregoso
    von Genua war abwechselnd auch Doge und Korsar und
    späterhin obendrein Kardinal, vgl. oben S. 95, Anm. 58.

Hirt voll Angst im Beichtstuhl erschien, um zu bekennen, daß ihm während der Fasten beim Käsemachen ein paar Tropfen Milch in den Mund gekommen. Freilich fragte der sittenkundige Beichtvater bei diesem Anlaß auch noch aus ihm heraus, daß er oft mit seinen Gefährten Reisende beraubt und ermordet hatte, nur daß dies als etwas Landübliches keine Gewissensbisse rege machte.[29] Wie sehr in Zeiten politischer Unruhen die Bauern auch anderswo verwildern konnten, ist bereits (S. 349) angedeutet worden.

Ein schlimmeres Zeichen der damaligen Sitte als die Räuberei ist die Häufigkeit der bezahlten, durch dritte Hand geübten Verbrechen. Darin ging zugestandenermaßen Neapel allen andern Städten voran. »Hier ist gar nichts billiger zu kaufen als ein Menschenleben«, sagt Pontano.[30] Aber auch andere Gegenden weisen eine furchtbare Reihe von Missetaten dieser Art auf. Man kann dieselben natürlich nur schwer nach den Motiven sondern, indem politische Zweckmäßigkeit, Parteihaß, persönliche Feindschaft, Rache und Furcht durcheinander wirkten. Es macht den Florentinern die größte Ehre, daß damals bei ihnen, dem höchstentwickelten Volke von Italien, dergleichen am wenigsten vorkömmt,[31] vielleicht weil es für berechtigte Beschwerden noch eine Justiz gab, die man anerkannte, oder weil die höhere Kultur den Menschen eine andere Ansicht verlieh über das verbrecherische Eingreifen in das Rad des Schicksals; wenn irgendwo so erwog man in Florenz, wie

29 Poggio, Facetiae fol. 164. Wer das heutige Neapel kennt, hat vielleicht eine ähnliche Farce aus einem andern Lebensgebiet erzählen hören.

30 Jovian. Pontani Antonius: nec est quod Neapoli quam hominis vita minoris vendatur. Freilich meint er, das sei unter den Anjou noch nicht so gewesen; sicam ab iis – den Aragonesen – accepimus. Den Zustand um 1534 bezeugt Benv. Cellini I, 70.

31 Einen eigentlichen Nachweis wird niemand hierüber leisten können, allein es wird wenig Mord erwähnt und die Phantasie der florentinischen Schriftsteller der guten Zeit ist nicht mit Verdacht dieser Art erfüllt.

eine Blutschuld unberechenbar weiter wirkt und wie wenig der Anstifter auch bei einem sogenannten nützlichen Verbrechen eines überwiegenden und dauernden Vorteils sicher ist. Nach dem Untergang der florentinischen Freiheit scheint der Meuchelmord, hauptsächlich der gedungene, rasch zugenommen zu haben, bis die Regierung Cosimo's I. soweit zu Kräften kam, daß seine Polizei[32] allen Missetaten gewachsen war.

Im übrigen Italien wird das bezahlte Verbrechen häufiger oder seltener gewesen sein, je nachdem zahlungsfähige hochgestellte Anstifter vorhanden waren. Es kann Niemanden einfallen, dergleichen statistisch zusammenzufassen, allein wenn von all den Todesfällen, die das Gerücht als gewaltsam herbeigeführt betrachtete, auch nur ein kleiner Teil wirkliche Mordtaten waren, so macht dies schon eine große Summe aus. Fürsten und Regierungen gaben allerdings das schlimmste Beispiel: sie machten sich gar kein Bedenken daraus, den Mord unter die Mittel ihrer Allmacht zu zählen. Es bedurfte dazu noch keines Cesare Borgia; auch die Sforza, die Aragonesen, später auch die Werkzeuge Karls V. erlaubten sich, was zweckmäßig schien.

Die Phantasie der Nation erfüllte sich allmählich dergestalt mit Voraussetzungen dieser Art, daß man bei Mächtigen kaum mehr an einen natürlichen Tod glaubte. Freilich machte man sich von der Wirkungskraft der Gifte bisweilen fabelhafte Vorstellungen. Wir wollen glauben, daß jenes furchtbare weiße Pulver (S. 124) der Borgia auf bestimmte Termine berechnet werden konnte, und so mag auch dasjenige Gift wirklich ein venenum atterminatum gewesen sein, welches der Fürst von Salerno dem Kardinal von Aragon reichte mit den Worten: »in wenigen Tagen wirst du sterben, weil dein Vater, König Ferrante, uns alle hat zertreten wollen.«[33] Aber der vergiftete Brief, welchen Ca-

---

32 Über diese s. die Relation des Fedeli bei Albèri, Relazioni serie II, vol. I, p. 353 s.

33 Infessura, bei Eccard, scriptores II, Col. 1956.

terina Riario an Papst Alexander VI. sandte,[34] würde diesen
schwerlich umgebracht haben, auch wenn er ihn gelesen
hätte; und als Alfons der Große von den Ärzten gewarnt
wurde, ja nicht in dem Livius zu lesen, den ihm Cosimo de'
Medici übersandte, antwortete er ihnen gewiß mit Recht:
höret auf so töricht zu reden.[35] Vollends hätte jenes Gift nur
sympathetisch wirken können, womit der Sekretär Piccinino's den Tragstuhl des Papstes Pius II. nur ein wenig
anstreichen wollte.[36] Wie weit es sich durchschnittlich um
mineralische oder Pflanzengifte handelte, läßt sich nicht
bestimmen; die Flüssigkeit, mit welcher der Maler Rosso
Fiorentino (1541) sich das Leben nahm, war offenbar eine
heftige Säure,[37] welche man keinem andern hätte unbe-

---

34 Chron. venetum, bei Murat. XXIV, Col. 131. – Im Norden
    gab man sich über die Giftkunst der Italiener noch stärkeren
    Phantasien hin; s. bei Juvénal des Ursins ad a. 1382 (ed.
    Buchon p. 336) die Lanzette des Giftmischers, welchen König
    Karl von Durazzo in seinen Dienst nahm; schon wer sie starr
    ansah mußte sterben.
35 Petr. Crinitus de honesta disciplina, L. XVIII, cap. 9.
36 Pii II. comment. L. XI, p. 562. – Jo. Ant. Campanus: vita Pii
    II, bei Murat. III, II, Col. 988.
37 Vasari IX, 82, vita di Rosso. – Ob in unglücklichen Ehen mehr
    wirkliche Vergiftungen oder mehr Besorgnisse vor solchen
    vorherrschten, mag unentschieden bleiben. Vgl. Bandello II,
    Nov. 5 und 54. Sehr bedenklich lautet II, Nov. 40. In einer und
    derselben westlombardischen Stadt, die nicht näher bezeichnet
    wird, leben zwei Giftköche; ein Gemahl, der sich von der
    Echtheit der Verzweiflung seiner Frau überzeugen will, läßt sie
    einen vermeintlich giftigen Trank, der aber nur ein gefärbtes
    Wasser ist, wirklich austrinken und darauf versöhnt sich das
    Ehepaar. – In der Familie des Cardanus allein waren vier
    Vergiftungen vorgekommen. De propria vita, cap. 30.50. –
    Selbst bei einem päpstlichen Krönungsmahl brachten die Kar-
    dinäle jeder seinen eigenen Kellermeister und Wein mit, »viel-
    leicht weil man aus Erfahrung wußte, daß sonst Gift in den
    Trank gemischt wurde«. Und diese Sitte war in Rom allgemein
    und galt sine iniuria invitantis! – Blas Ortiz, Itinerarium
    Adriani VI., ap. Baluz. Miscell. (ed. Mansi) I, 380.

merkt beibringen können. – Für den Gebrauch der Waffen, zumal des Dolches, zu heimlicher Gewalttat hatten die Großen in Mailand, Neapel und anderswo leider einen unaufhörlichen Anlaß, indem unter den Scharen von Bewaffneten, welche sie zu ihrem eigenen Schutze nötig hatten, schon durch den bloßen Müßiggang hie und da sich eine wahre Mordlust ausbilden mußte. Manche Greueltat wäre wohl unterblieben, wenn der Herr nicht gewußt hätte, daß es bei diesem und jenem aus seinem Gefolge nur eines Winkes bedürfe.

Unter den geheimen Mitteln des Verderbens kommt – wenigstens der Absicht nach – auch die Zauberei vor,[38] doch nur in sehr untergeordneter Weise. Wo etwa maleficii, malie u. dgl. erwähnt werden, geschieht es meist, um auf ein ohnehin gehaßtes oder abscheuliches Individuum alle erdenklichen Schrecken zu häufen. An den Höfen von Frankreich und England im 14. und 15. Jahrhundert spielt der verderbliche, tödliche Zauber eine viel größere Rolle als unter den höhern Ständen von Italien.

Endlich erscheinen in diesem Lande, wo das Individuelle in jeder Weise kulminiert, einige Menschen von absoluter Ruchlosigkeit, bei welchen das Verbrechen auftritt um seiner selber willen, nicht mehr als Mittel zu einem Zweck, oder wenigstens als Mittel zu Zwecken, welche sich aller psychologischen Norm entziehen.

Zu diesen entsetzlichen Gestalten scheinen zunächst auf den ersten Anblick einige Condottieren zu gehören,[39] ein

---

38 Malefizien z. B. gegen Leonello von Ferrara s. Diario Ferrarese, bei Murat. XXIV, Col. 194 ad a. 1445. Während man dem Täter, einem gew. Benato, der auch sonst übelberüchtigt war, auf der Piazza das Urteil vorlas, erhob sich ein Lärm in der Luft und ein Erdbeben, sodaß männiglich davon lief oder zu Boden stürzte. – Was Guicciardini (L. I.) über den bösen Zauber des Lodovico Moro gegen seinen Neffen Giangaleazzo sagt, mag auf sich beruhen.

39 Man könnte vor Allem Ezzelino da Romano nennen, wenn derselbe nicht offenbar unter der Herrschaft ehrgeiziger Zwecke und eines starken astrologischen Wahns gelebt hätte.

Braccio von Montone, ein Tiberto Brandolino, und schon
ein Werner von Urslingen, dessen silbernes Brustschild die
Inschrift trug: Feind Gottes, des Mitleids und der Barmherzigkeit. Daß diese Menschenklasse im Ganzen zu den frühsten völlig emanzipierten Frevlern gehörte, ist gewiß. Man
wird jedoch behutsamer urteilen, sobald man inne wird,
daß das allerschwerste Verbrechen derselben – nach dem
Sinne der Aufzeichner – im Trotz gegen den geistlichen
Bann liegt und daß die ganze Persönlichkeit erst von da aus
mit jenem fahlen, unheimlichen Lichte bestrahlt erscheint.
Bei Braccio war diese Gesinnung allerdings soweit ausgebildet, daß er z. B. über psallierende Mönche in Wut geraten konnte und sie von einem Turm herunterwerfen ließ,[40]
»allein gegen seine Soldaten war er doch loyal und ein
großer Feldherr«. Überhaupt werden die Verbrechen der
Condottieren doch wohl meist um des Vorteils willen begangen worden sein, auf Antrieb ihrer höchst demoralisie-
renden Stellung, und auch die scheinbar mutwillige Grausamkeit möchte in der Regel ihren Zweck gehabt haben,
wäre es auch nur der einer allgemeinen Einschüchterung
gewesen. Die Grausamkeiten der Aragonesen hatten, wie
wir (S. 43) sahen, ihre Hauptquelle in Rachsucht und
Angst. Einen unbedingten Blutdurst, eine teuflische Lust
am Verderben wird man am ehesten bei dem Spanier Cesare
Borgia finden, dessen Greuel die vorhandenen oder denkbaren Zwecke in der Tat um ein Bedeutendes überschreiten
(S. 120 ff.). Sodann ist eine eigentliche Lust am Bösen in
Sigismondo Malatesta, dem Gewaltherrscher von Rimini
(S. 41 und 225 f.) erkennbar; es ist nicht nur die römische
Kurie,[41] sondern auch das Urteil der Geschichte, welches
ihm Mord, Notzucht, Ehebruch, Blutschande, Kirchen-
raub, Meineid und Verrat, und zwar in wiederholten Fällen
Schuld gibt; das Gräßlichste aber, die versuchte Notzucht
am eigenen Sohn Roberto, welche dieser mit gezücktem

---

40 Giornali napoletani, bei Muratori XXI, Col. 1092, ad a. 1425.
41 Pii II, comment. L. VII, p. 338.

Dolche zurückwies,[42] möchte doch wohl nicht bloß Sache der Verworfenheit sondern eines astrologischen oder magischen Aberglaubens gewesen sein. Dasselbe hat man schon vermutet, um die Notzüchtigung des Bischofs von Fano[43] durch Pierluigi Farnese von Parma, Sohn Pauls III., zu erklären.

Wenn wir uns nun erlauben dürfen, die Hauptzüge des damaligen italienischen Charakters, wie er uns aus dem Leben der höhern Stände überliefert ist, zusammenzufassen, so würde sich etwa folgendes ergeben. Der Grundmangel dieses Charakters erscheint zugleich als die Bedingung seiner Größe: der entwickelte Individualismus. Dieser reißt sich zuerst innerlich los von dem gegebenen, meist tyrannischen und illegitimen Staatswesen, und was er nun sinnt und tut, das wird ihm zum Verrat angerechnet, mit Recht oder mit Unrecht. Beim Anblick des siegreichen Egoismus unternimmt er selbst, in eigener Sache, die Verteidigung des Rechtes und verfällt durch die Rache, die er übt, den dunkeln Gewalten, während er seinen innern Frieden herzustellen glaubt. Seine Liebe wendet sich am ehesten einem andern entwickelten Individualismus zu, nämlich der Gattin seines Nächsten. Gegenüber von allem Objektiven, von Schranken und Gesetzen jeder Art hat er das Gefühl eigener Souveränetät und entschließt sich in jedem einzelnen Fall selbständig, je nachdem in seinem Innern Ehrgefühl und Vorteil, kluge Erwägung und Leidenschaft, Entsagung und Rachsucht sich vertragen.

Wenn nun die Selbstsucht im weitern wie im engsten Sinne Wurzel und Hauptstamm alles Bösen ist, so wäre schon deshalb der entwickelte Italiener damals dem Bösen näher gewesen als andere Völker.

---

42 Jovian. Pontan. de immanitate, wo auch von Sigismondos Schwängerung der eigenen Tochter u. dgl. die Rede ist.

43 Varchi, Storie fiorentine, am Ende. (Wenn das Werk unverstümmelt abgedruckt ist, wie z. B. in der Mailänder Ausgabe.)

Aber diese individuelle Entwicklung kam nicht durch
seine Schuld über ihn, sondern durch einen weltgeschichtlichen Ratschluß; sie kam auch nicht über ihn allein, sondern wesentlich vermittelst der italienischen Kultur auch
über alle andern Völker des Abendlandes und ist seitdem
das höhere Medium, in welchem dieselben leben. Sie ist an
sich weder gut noch böse, sondern notwendig; innerhalb
derselben entwickelt sich ein modernes Gutes und Böses,
eine sittliche Zurechnung, welche von der des Mittelalters
wesentlich verschieden ist.

Der Italiener der Renaissance aber hatte das erste gewaltige Daherwogen dieses neuen Weltalters zu bestehen. Mit
seiner Begabung und seinen Leidenschaften ist er für alle
Höhen und alle Tiefen dieses Weltalters der kenntlichste,
bezeichnendste Repräsentant geworden; neben tiefer Verworfenheit entwickelt sich die edelste Harmonie des Persönlichen und eine glorreiche Kunst, welche das individuelle Leben verherrlichte, wie weder Altertum noch
Mittelalter dies wollten oder konnten.

———

Mit der Sittlichkeit eines Volkes steht in engstem Zusammenhange die Frage nach seinem Gottesbewußtsein, d. h.
nach seinem größern oder geringern Glauben an eine göttliche Leitung der Welt, mag nun dieser Glaube die Welt für
eine zum Glück oder zum Jammer und baldigen Untergang
bestimmte halten.[1] Nun ist der damalige italienische Unglaube im Allgemeinen höchst berüchtigt und wer sich
noch die Mühe eines Beweises nimmt, hat es leicht, Hunderte von Aussagen und Beispielen zusammenzustellen.

———

[1] Worüber natürlich je nach Ort und Menschen ganz verschiedene
Stimmungen laut werden. Die Renaissance hat Städte und Zeiten gehabt, wo ein entschiedener, frischer Genuß des Glückes
vorherrschte. Eine allgemeine Verdüsterung der Denkenden
beginnt erst mit der entschiedenen Fremdherrschaft im 16.
Jahrhundert sich kenntlich zu machen.

Unsere Aufgabe ist auch hier, zu sondern und zu unterscheiden; ein abschließendes Gesamturteil werden wir uns auch hier nicht erlauben.

Das Gottesbewußtsein der frühern Zeit hatte seine Quelle und seinen Anhalt im Christentum und in dessen äußerer Machtgestalt, der Kirche gehabt. Als die Kirche ausartete, hätte die Menschheit distinguieren und ihre Religion trotz Allem behaupten sollen. Aber ein solches Postulat läßt sich leichter aufstellen als erfüllen. Nicht jedes Volk ist ruhig oder stumpfsinnig genug, um einen dauernden Widerspruch zwischen einem Prinzip und dessen äußerer Darstellung zu ertragen. Die sinkende Kirche ist es, auf welche jene schwerste Verantwortlichkeit fällt, die je in der Geschichte vorgekommen ist: sie hat eine getrübte und zum Vorteil ihrer Allmacht entstellte Lehre mit allen Mitteln der Gewalt als reine Wahrheit durchgesetzt, und im Gefühl ihrer Unantastbarkeit sich der schwersten Entsittlichung überlassen; sie hat, um sich in solchem Zustande zu behaupten, gegen den Geist und das Gewissen der Völker tödliche Streiche geführt und viele von den Höherbegabten, welche sich ihr innerlich entzogen, dem Unglauben und der Verbitterung in die Arme getrieben.

Hier stellt sich uns auf dem Wege die Frage entgegen: warum das geistig so mächtige Italien nicht kräftiger gegen die Hierarchie reagiert, warum es nicht eine Reformation gleich der deutschen und vor derselben zustande gebracht habe?

Es gibt eine scheinbare Antwort: die Stimmung Italiens habe es nicht über die Verneinung der Hierarchie hinausgebracht, während Ursprung und Unbezwingbarkeit der deutschen Reformation den positiven Lehren, zumal von der Rechtfertigung durch den Glauben und vom Unwert der guten Werke, verdankt werde.

Es ist gewiß, daß diese Lehren erst von Deutschland her auf Italien wirkten, und zwar viel zu spät, als die spanische Macht bei weitem groß genug war, um teils unmittelbar, teils durch das Papsttum und dessen Werkzeuge Alles zu

erdrücken.[2] Aber schon in den frühern religiösen Bewegungen Italiens von den Mystikern des 13. Jahrhunderts bis
auf Savonarola war auch sehr viel positiver Glaubensinhalt,
dem zur Reife nichts als das Glück fehlte, wie es ja dem sehr
5 positiv christlichen Hugenottentum auch fehlte. Kolossale
Ereignisse wie die Reform des 16. Jahrhunderts entziehen
sich wohl überhaupt, was das Einzelne, den Ausbruch und
Hergang betrifft, aller geschichtsphilosophischen Deduktion, so klar man auch ihre Notwendigkeit im großen und
10 ganzen erweisen kann. Die Bewegungen des Geistes, ihr
plötzliches Aufblitzen, ihre Verbreitung, ihr Innehalten
sind und bleiben unsern Augen wenigstens insoweit ein
Rätsel, als wir von den dabei tätigen Kräften immer nur
diese und jene, aber niemals alle kennen.

15 Die Stimmung der höhern und mittlern Stände Italiens
gegen die Kirche zur Zeit der Höhe der Renaissance ist
zusammengesetzt aus tiefem, verachtungsvollem Unwillen,
aus Akkommodation an die Hierarchie insofern sie auf alle
Weise in das äußere Leben verflochten ist, und aus einem
20 Gefühl der Abhängigkeit von den Sakramenten, Weihen
und Segnungen. Als etwas für Italien speziell Bezeichnendes dürfen wir noch die große individuelle Wirkung heiliger Prediger beifügen.
Über den antihierarchischen Unwillen der Italiener, wie
25 er sich zumal seit Dante in Literatur und Geschichte offenbart, sind eigene umfangreiche Arbeiten vorhanden. Von
der Stellung des Papsttums zur öffentlichen Meinung haben wir selber oben (S. 111 f., 219) einige Rechenschaft
geben müssen, und wer das Stärkste aus erlauchten Quellen

---

2 Was wir den Geist der Gegenreformation nennen, das war in
  Spanien entwickelt geraume Zeit vor der Reformation selbst,
  und zwar durch die scharfe Überwachung und teilweise Neuein-
  richtung alles Kirchlichen unter Ferdinand und Isabel. Hauptquelle hiefür ist Gomez, Leben des Kard. Ximenez, bei Rob.
  Belus, Rer. hispan. scriptores.

schöpfen will, der kann die berühmten Stellen in Macchiavell's Discorsi und in (dem unverstümmelten) Guicciardini nachlesen. Außerhalb der römischen Kurie genießen noch am ehesten die bessern Bischöfe einigen sittlichen Respekt,[3] auch manche Pfarrer; dagegen sind die bloßen Pfründner, Chorherren und Mönche fast ohne Ausnahme verdächtig und oft mit der schmachvollsten Nachrede, die den ganzen betreffenden Stand umfaßt, übel beladen.

Man hat schon behauptet, die Mönche seien zum Sündenbock für den ganzen Klerus geworden, weil man nur über sie gefahrlos habe spotten dürfen.[4] Allein dies ist auf alle Weise irrig. In den Novellen und Komödien kommen sie deshalb vorzugsweise vor, weil diese beiden Literaturgattungen stehende, bekannte Typen lieben, bei welchen die Phantasie leicht das nur Angedeutete ergänzt. Sodann schont die Novelle auch den Weltklerus nicht.[5] Drittens beweisen zahllose Aufzeichnungen aus der ganzen übrigen

---

3 Man beachte, daß die Novellisten und andere Spötter der Bischöfe beinahe gar nicht gedenken, während man sie, allenfalls mit verändertem Ortsnamen, hätte durchziehen können wie die andern. Dies geschieht z. B. bei Bandello II, Nov. 45; doch schildert er II. 40 auch einen tugendhaften Bischof. Gioviano Pontano im »Charon« läßt den Schatten eines üppigen Bischofs mit »Entenschritt« daherwatscheln. – Wie gering die Qualität der italienischen Bischöfe damals im allgemeinen war, vgl. Janus S. 387.

4 Foscolo, Discorso sul testo del Decamerone: Ma de' preti in dignità niuno poteva far motto senza pericolo: onde ogni frate fu l'irco delle iniquità d'Israele etc.

5 Bandello präludiert z. B. II, Nov. 1, damit: das Laster der Habsucht stehe niemanden schlechter an als den Priestern, welche ja für keine Familie usw. zu sorgen hätten. Mit diesem Raisonnement wird der schmähliche Überfall eines Pfarrhauses gerechtfertigt, wobei ein junger Herr durch zwei Soldaten oder Banditen einem zwar geizigen aber gichtbrüchigen Pfarrer einen Hammel stehlen läßt. Eine einzige Geschichte dieser Art zeigt die Voraussetzungen, unter welchen man lebte und handelte, genauer an als alle Abhandlungen.

Literatur, wie keck über das Papsttum und die römische
Kurie öffentlich geredet und geurteilt wurde; in den freien
Schöpfungen der Phantasie muß man aber dergleichen
nicht erwarten. Viertens konnten sich auch die Mönche
bisweilen furchtbar rächen.

So viel ist immerhin richtig, daß gegen die Mönche der
Unwille am stärksten war, und daß sie als lebendiger Beweis figurierten von dem Unwert des Klosterlebens, der
ganzen geistlichen Einrichtung, des Glaubenssystems, ja
der Religion überhaupt, je nachdem man die Folgerungen
mit Recht oder Unrecht auszudehnen beliebte. Man darf
hiebei wohl annehmen, daß Italien eine deutlichere Erinnerung von dem Aufkommen der beiden großen Bettelorden
bewahrt hatte als andere Länder, daß es noch ein Bewußtsein davon besaß, dieselben seien ursprünglich die Träger
jener Reaktion[6] gegen das, was man die Ketzerei des 13.
Jahrhunderts nennt, d. h. gegen eine frühe starke Regung
des modernen italienischen Geistes. Und das geistliche Po-
lizeiamt, welches den Dominikanern insbesondere dauernd
anvertraut blieb, hat gewiß nie ein anderes Gefühl rege
gemacht als heimlichen Haß und Hohn.

Wenn man den Decamerone und die Novellen des
Franco Sacchetti liest, sollte man glauben, die frevelhafte
Rede gegen Mönche und Nonnen wäre erschöpft. Aber
gegen die Zeit der Reformation hin steigert sich dieser Ton
noch um ein Merkliches. Gerne lassen wir Aretino aus dem
Spiel, da er in den Ragionamenti das Klosterleben nur zum
Vorwand braucht, um seinem eigenen Naturell den Zügel
schießen zu lassen. Aber einen Zeugen statt aller müssen
wir hier nennen: Massuccio in den zehn ersten von seinen
fünfzig Novellen. Sie sind in der tiefsten Entrüstung und
mit dem Zweck dieselbe zu verbreiten geschrieben und den
vornehmsten Personen, selbst dem König Ferrante und
dem Prinzen Alfonso von Neapel dediziert. Die Geschich-

---

6 Giov. Villani ⟨IV, 30⟩ sagt dies sehr deutlich ein Jahrhundert
später.

ten selbst sind zum Teil älter und einzelne schon aus
Boccaccio bekannt; anderes aber hat eine furchtbare neapolitanische Aktualität. Die Betörung und Aussaugung der
Volksmassen durch falsche Wunder, verbunden mit einem
schändlichen Wandel, bringen hier einen denkenden Zu-   5
schauer zu einer wahren Verzweiflung. Von herumziehenden Minoriten Konventualen heißt es: »Sie betrügen, rauben und huren, und wo sie nicht mehr weiter wissen, stellen
sie sich als Heilige und tun Wunder, wobei der Eine das
Gewand von S. Vincenzo, der Andere die Schrift[7] S. Ber-   10
nardino's, ein Dritter den Zaum von Capistrano's Esel
vorzeigt . . .« Andere »bestellen sich Helfershelfer, welche,
scheinbar blind oder totkrank, durch Berührung des Sau-
mes ihrer Kutte oder der mitgebrachten Reliquien plötzlich
mitten im Volksgewühl genesen; dann schreit Alles Mise-   15
ricordia! man läutet die Glocken und nimmt lange feierliche
Protokolle auf.« Es kommt vor, daß ein Mönch auf der
Kanzel von einem andern, welcher unter dem Volke steht,
keck als Lügner angeschrien wird; dann aber fühlt sich der
Rufende plötzlich von Besessenheit ergriffen, worauf ihn   20
der Prediger bekehrt und heilt – Alles reine Komödie. Der
Betreffende mit seinem Helfershelfer sammelte so viel
Geld, daß er von einem Kardinal ein Bistum kaufen konnte,
wo beide gemächlich auslebten. Massuccio macht keinen
besonderen Unterschied zwischen Franziskanern und   25
Dominikanern, indem beide einander wert seien. »Und da
läßt sich das unvernünftige Publikum noch in ihren Haß
und ihre Parteiung hineinziehen und streitet darüber auf
öffentlichen Plätzen[8] und teilt sich in Franceschiner und
Domenichiner!« Die Nonnen gehören ausschließlich den   30
Mönchen; sobald sie sich mit Laien abgeben, werden sie

7 L'Ordine. Wahrscheinlich ist seine Tafel mit dem Motto I H S
   gemeint.
8 Er fügt hinzu: und in den seggi, d. h. den Vereinen, in welche der
   neapolitanische Adel geteilt war. – Die Rivalität der beiden Orden wird häufig lächerlich gemacht, z. B. Bandello III, Nov. 14.

eingekerkert und verfolgt, die andern aber halten mit Mönchen förmlich Hochzeit, wobei sogar Messen gesungen,
Kontrakte aufgesetzt und Speise und Trank reichlich genossen werden. »Ich selber, sagt der Verfasser, bin nicht ein
sondern mehrere Male dabei gewesen, habe es gesehen und
mit Händen gegriffen. Solche Nonnen gebären dann entweder niedliche Mönchlein oder sie treiben die Frucht ab.
Und wenn Jemand behaupten möchte, dies sei eine Lüge,
so untersuche er die Kloaken der Nonnenklöster und er
wird darin einen Vorrat von zarten Knöchlein finden nicht
viel anders als in Bethlehem zu Herodes Zeiten.« Solche
und andere Sachen birgt das Klosterleben. Freilich machen
einander die Mönche es in der Beichte bequem und dikti-
ren ein Paternoster für Dinge, um derentwillen sie einem
Laien alle Absolution versagen würden gleich einem Ketzer. »Darum öffne sich die Erde und verschlinge solche
Verbrecher lebendig samt ihren Gönnern.« An einer andern
Stelle äußert Massuccio, weil die Macht der Mönche doch
wesentlich auf der Furcht vor dem Jenseits beruhe, einen
ganz merkwürdigen Wunsch: »Es gäbe keine bessere Züchtigung für sie, als wenn Gott recht bald das Fegefeuer
aufhöbe; dann könnten sie nicht mehr von Almosen leben
und müßten wieder zur Hacke greifen.«

Wenn man unter Ferrante und an ihn so schreiben durfte,
so hing dies vielleicht damit zusammen, daß der König
durch ein auf ihn gemünztes falsches Wunder erbittert war.[9]
Man hatte ihn durch eine bei Tarent vergrabene und hernach gefundene Bleitafel mit Inschrift zu einer Judenverfol-
gung ähnlich der spanischen zu zwingen gesucht, und, als
er den Betrug durchschaute, ihm Trotz geboten. Auch
einen falschen Faster hatte er entlarven lassen, wie schon
früher einmal sein Vater König Alfonso tat. Der Hof hatte
wenigstens am dumpfen Aberglauben keine Mitschuld.[10]

---

9 Für das Folgende vgl. Jovian. Pontan. de sermone, L. II. und
   Bandello, Parte I, Nov. 32.
10 Weshalb auch sonst in seiner Nähe dies Wesen offen denunziert
   werden durfte. Vgl. auch Jovian. Pontan.: Antonius und Charon.

Wir haben einen Autor angehört, dem es ernst war, und er ist lange nicht der einzige in seiner Art. Spott und Schimpf über die Bettelmönche sind vollends massenweise vorhanden und durchdringen die ganze Literatur.[11] Man kann kaum daran zweifeln, daß die Renaissance binnen kurzem mit diesen Orden aufgeräumt haben würde, wenn nicht die deutsche Reformation und die Gegenreformation darüber gekommen wäre. Ihre populären Prediger und ihre Heiligen hätten sie schwerlich gerettet. Es wäre nur darauf angekommen, daß man sich mit einem Papst, der die Bettelorden verachtete, wie z. B. Leo X., zu rechter Zeit verabredet hätte. Wenn der Zeitgeist sie doch nur noch entweder komisch oder abscheulich fand, so waren sie für die Kirche weiter nichts mehr als eine Verlegenheit. Und wer weiß, was damals dem Papsttum selber bevorstand, wenn die Reformation es nicht gerettet hätte.

Die Machtübung, welche sich fortwährend der Pater Inquisitor eines Dominikanerklosters über die betreffende Stadt erlaubte, war im spätern 15. Jahrhundert gerade noch groß genug, um die Gebildeten zu genieren und zu empören, aber eine dauernde Furcht und Devotion ließ sich nicht mehr erzwingen.[12] Bloße Gesinnungen zu strafen wie vor Zeiten (S. 286 f.) war nicht mehr möglich, und vor eigentlichen Irrlehren konnte sich auch derjenige leicht hüten, der sonst gegen den ganzen Klerus als solchen die loseste Zunge führte. Wenn nicht eine mächtige Partei mithalf (wie bei Savonarola) oder böser Zauber bestraft werden sollte (wie öfter in den oberitalischen Städten), so kam es am Ende des 15. und Anfang des 16. Jahrhunderts nur noch selten bis zum Scheiterhaufen. In mehrern Fällen begnüg-

---

11 Beispielshalber: der VIII. Gesang der Maccaroneide.
12 Die Geschichte in Vasari V, p. 120, vita di Sandro Botticelli, zeigt, daß man bisweilen mit der Inquisition Scherz trieb. Allerdings kann der hier erwähnte Vicario sowohl der des Erzbischofs als der des dominikanischen Inquisitors gewesen sein.

ten sich die Inquisitoren, wie es scheint, mit höchst oberflächlichem Widerruf, andere Male kam es sogar vor, daß
man ihnen den Verurteilten auf dem Gange zum Richtplatz
aus den Händen nahm. In Bologna (1452) war der Priester
Nicolò da Verona als Nekromant, Teufelsbanner und Sa-
kramentsschänder bereits auf einer hölzernen Bühne vor
San Domenico degradiert worden und sollte nun auf die
Piazza zum Scheiterhaufen geführt werden, als ihn unterwegs eine Schar von Leuten befreite, welche der Johanniter
Achille Malvezzi, ein bekannter Ketzerfreund und Non-
nenschänder, gesandt hatte. Der Legat (Kardinal Bessarion) konnte hernach von den Tätern nur Einen habhaft
werden, der gehenkt wurde; Malvezzi lebte ungestört weiter.[13]

Es ist bemerkenswert, daß die höhern Orden, also die
Benediktiner mit ihren Abzweigungen, trotz ihres großen
Reichtums und Wohllebens weit weniger perhorresziert
waren als die Bettelorden; auf zehn Novellen, die von frati
handeln, kommt höchstens eine, welche einen monaco zum
Gegenstand und Opfer hat. Nicht wenig kam diesen Orden
zugute, daß sie älter und ohne polizeiliche Absicht gegründet waren und sich nicht in das Privatleben einmischten. Es
gab darunter fromme, gelehrte und geistreiche Leute, aber
den Durchschnitt schildert einer von ihnen, Firenzuola,[14]
wie folgt: »Diese Wohlgenährten in ihren weiten Kutten
bringen ihr Leben nicht hin mit barfüßigem Herumziehen
und Predigen, sondern in zierlichen Corduanpantoffeln
sitzen sie in ihren schönen Zellen mit Zypressengetäfel, und
falten die Hände über dem Bauch. Und wenn sie je einmal
sich von der Stelle bemühen müssen, so reiten sie gemäch-

---

13 Bursellis, Ann. Bonon. ap. Murat. XXIII, Col. 886, cf. 896.
14 Vgl. S. 341 f. Er war Abt der Vallombrosaner. Die Stelle, hier
frei übersetzt, findet sich Opere, vol. II, p. 208 in seiner zehnten Novelle. – Eine einladende Schilderung des Wohllebens
der Kartäuser in dem S. 339 zitierten Commentario d'Italia,
fol. 32 s.

lich auf Maultieren und fetten Pferdchen wie zur Erholung herum. Den Geist ermüden sie nicht zu sehr durch Studium vieler Bücher, damit das Wissen ihnen nicht statt ihrer mönchischen Einfalt einen Luzifershochmut beibringe.«

Wer die Literatur jener Zeiten kennt wird zugeben, daß hier nur das zum Verständnis des Gegenstandes Notwendigste mitgeteilt ist.[15] Daß eine solche Reputation von Weltklerus und Mönchen bei Unzähligen den Glauben an das Heilige überhaupt erschüttern mußte, springt in die Augen.

Was für schreckliche Gesamturteile bekommt man da zu hören! Wir teilen schließlich nur eines davon mit, weil es erst neuerlich gedruckt und noch wenig bekannt ist. Guicciardini, der Geschichtschreiber und vieljährige Beamte der mediceischen Päpste, sagt (1529) in seinen Aphorismen:[16] »Keinem Menschen mißfällt mehr als mir der Ehrgeiz, die Habsucht und die Ausschweifung der Priester, sowohl weil jedes dieser Laster an sich hassenswert ist, als auch weil jedes allein oder alle sich wenig ziemen bei Leuten, die sich zu einem von Gott besonders abhängigen Stand bekennen, und vollends weil sie unter sich so entgegengesetzt sind, daß sie sich nur in ganz absonderlichen Individuen vereinigt finden können. Gleichwohl hat meine Stellung bei mehrern Päpsten mich gezwungen, die Größe derselben zu wollen meines eigenen Vorteils wegen. Aber ohne diese Rücksicht hätte ich Martin Luther geliebt, wie mich selbst, nicht um mich loszumachen von den Gesetzen, welche das Christentum, so wie es insgemein erklärt und verstanden wird, uns auferlegt, sondern um diese Schar von Nichtswürdigen (questa caterva di scelerati) in ihre gebührenden Grenzen gewiesen zu sehen, so daß sie entweder ohne Laster oder ohne Macht leben müßten.«

---

15 Pius II. war aus Gründen für Abschaffung des Zölibates; Sacerdotibus magna ratione sublatas nuptias maiori restituendas videri, war eine seiner Lieblingssentenzen. Platina, Vitae Pontiff. p. 311.
16 Ricordi, N. 28, in den Opere inedite, Vol. I.

Derselbe Guicciardini hält denn auch dafür,[17] daß wir in betreff alles Übernatürlichen im Dunkel bleiben, daß Philosophen und Theologen nur Torheiten darüber vorbringen, daß die Wunder in allen Religionen vorkommen, für keine besonders beweisen und sich am Ende auf noch unbekannte Naturphänomene zurückführen lassen. Den bergeversetzenden Glauben, wie er sich damals bei den Nachfolgern Savonarolas zu erkennen gab, konstatiert er als ein kurioses Phänomen, doch ohne bittere Bemerkung.

Gegenüber von solchen Stimmungen hatten Klerus und Mönchtum den großen Vorteil, daß man an sie gewöhnt war und daß ihr Dasein sich mit dem Dasein von Jedermann berührte und verflocht. Es ist der Vorteil, den alle alten und mächtigen Dinge von jeher in der Welt gehabt haben. Jedermann hatte irgendeinen Verwandten im Priesterrock oder in der Kutte, irgendeine Aussicht auf Protektion oder künftigen Gewinn aus dem Schatz der Kirche, und in der Mitte von Italien saß die römische Kurie, welche ihre Leute bisweilen plötzlich reich machte. Doch muß man sehr hervorheben, daß dies Alles die Zunge und die Feder nicht band. Die Autoren der lästerlichen Komik sind ja selber meist Mönche, Pfründner usw.; Poggio, der die Fazetien schrieb, war Geistlicher, Francesco Berni hatte ein Kanonikat, Teofilo Folengo war Benediktiner,[18] Matteo Bandello, der seinen eigenen Orden lächerlich macht, war Dominikaner und zwar Nepot eines Generals dieses Ordens. Treibt sie ein Übermaß des Sicherheitsgefühles? oder ein Bedürfnis, die eigene Person von der Verrufenheit des Standes zu sondern? oder jene pessimistische Selbstsucht mit dem Wahlspruch: »uns hält's noch aus«? Vielleicht war etwas von Allem dabei. Bei Folengo wirkt freilich schon das Luthertum kenntlich ein.[19]

---

17 Ricordi, N. 1, 123, 125.
18 Freilich ein sehr unbeständiger.
19 Vgl. dessen u. d. Namen Limerno Pitocco gedichteten Orlandino, cap. VI, Str. 40 s. cap. VII, Str. 57 cap. VIII, Str. 3 s., bes. 75.

Die Abhängigkeit von Segnungen und Sakramenten, von welcher bereits (S. 110 ff.) bei Anlaß des Papsttums die Rede gewesen ist, versteht sich bei dem gläubigen Teil des Volkes von selbst; bei den Emanzipierten bedeutet und bezeugt sie die Stärke der Jugendeindrücke und die gewaltige magische Kraft altgewohnter Symbole. Das Verlangen des Sterbenden – wer er auch sein mochte – nach priesterlicher Absolution beweist einen Rest von Höllenfurcht, selbst bei einem Menschen wie jener Vitellozzo (a.a.O.) war. Ein belehrenderes Beispiel als das seinige wird schwer zu finden sein. Die kirchliche Lehre von dem Character indelebilis des Priesters, woneben seine Persönlichkeit indifferent wird, hat soweit Früchte getragen, daß man wirklich den Priester verabscheuen und doch seine geistlichen Spenden begehren kann. Freilich gab es auch Trotzköpfe wie z. B. Fürst Galeotto von Mirandola,[20] der 1499 in einer bereits sechzehnjährigen Exkommunikation starb. Während dieser ganzen Zeit war auch die Stadt um seinetwillen im Interdikt gewesen, so daß weder Messe noch geweihtes Begräbnis stattfand.

Glänzend tritt endlich neben all diesen Zweideutigkeiten hervor das Verhältnis der Nation zu ihren großen Bußpredigern. Das ganze übrige Abendland ließ sich von Zeit zu Zeit durch die Rede heiliger Mönche rühren, allein was wollte dies heißen neben der periodischen Erschütterung der italienischen Städte und Landschaften? Zudem ist z. B. der einzige, der während des 15. Jahrhunderts in Deutschland eine ähnliche Wirkung hervorbrachte,[21] ein Abruzzese von Geburt gewesen, nämlich Giovanni Capistrano. Diejenigen Gemüter, welche einen so gewaltigen Ernst und einen solchen religiösen Beruf in sich tragen, sind damals

---

20 Diario Ferrarese, bei Murat. XXIV, Col. 362.
21 Er hatte einen deutschen und einen slawischen Dolmetscher bei sich. Auch S. Bernhard hatte einst am Rhein desselben Mittels bedurft.

im Norden intuitiv, mystisch; im Süden expansiv, praktisch, verbündet mit der hohen Achtung der Nation vor
Sprache und Rede. Der Norden bringt eine Imitatio Christi
hervor, welche im Stillen, anfangs nur in Klöstern, aber auf
Jahrhunderte wirkt; der Süden produziert Menschen, welche auf Menschen einen kolossalen Eindruck des Augenblickes machen.

Dieser Eindruck beruht wesentlich auf Erregung des
Gewissens. Es sind Moralpredigten, ohne Abstraktion,
voll spezieller Anwendung, unterstützt von einer geweihten, aszetischen Persönlichkeit, woran sich dann von selbst
durch die erregte Phantasie das Mirakel anschließt, auch
gegen den Willen des Predigers.[22] Das gewaltigste Argument war weniger die Drohung mit Fegefeuer und Hölle,
als vielmehr die höchst lebendige Entwicklung der maledi-
zione, des zeitlichen, in der Person wirkenden Fluches, der
sich an das Böse knüpft. Die Betrübung Christi und der
Heiligen hat ihre Folgen im Leben. Nur so konnte man die
in Leidenschaft, Racheschwüre und Verbrechen verrannten
Menschen zur Sühne und Buße bringen, was bei Weitem
der wichtigste Zweck war.

So predigten im 15. Jahrhundert Bernardino da Siena,
Alberto da Sarzana, Giovanni Capistrano, Jacopo della
Marca, Roberto da Lecce (S. 405) und Andere; endlich
Girolamo Savonarola. Es gab kein stärkeres Vorurteil als
dasjenige gegen die Bettelmönche; sie überwanden es. Der
hochmütige Humanismus kritisierte und höhnte;[23] wenn

---

22 Capistrano z. B. begnügte sich, über die Tausende von Kranken, die man ihm brachte, das Kreuz zu machen und sie im
Namen der Dreieinigkeit und seines Meisters S. Bernardino zu
segnen, worauf hie und da eine wirkliche Genesung erfolgte,
wie in solchen Fällen zu geschehen pflegt. Der Chronist von
Brescia deutet dies so an: »er tat schöne Wunder, doch erzählte
man viel mehr als wirklich war.«

23 So z. B. Poggio, de avaritia, in den Opera, fol. 2. Er findet, sie
hätten es leicht, da sie in jeder Stadt dasselbe vorbrächten und
das Volk dümmer entlassen dürften als es gekommen sei usw.

sie ihre Stimme erhoben, so dachte man seiner nicht mehr. Die Sache war nicht neu, und ein Spöttervolk wie die Florentiner hatte schon im 14. Jahrhundert die Karikatur davon, wo sie sich auf seinen Kanzeln blicken ließ, malträtieren gelernt;[24] als Savonarola auftrat, riß er sie doch soweit hin, daß bald ihre ganze geliebte Bildung und Kunst in dem Glutfeuer, das er entzündete, zusammengeschmolzen wäre. Selbst die stärkste Profanation durch heuchlerische Mönche, welche mit Hilfe von Einverstandenen die Rührung beliebig in ihren Zuhörern hervorzubringen und zu verbreiten wußten (vgl. S. 455), war nicht im Stande, der Sache selbst zu schaden. Man fuhr fort, über gemeine Mönchspredigten mit erdichteten Wundern und Vorzeigung falscher Reliquien[25] zu lachen und die echten großen Bußprediger hochzuachten. Dieselben sind eine wahre italienische Spezialität des 15. Jahrhunderts.

Der Orden – in der Regel der des heiligen Franciscus und zwar von der sogenannten Observanz – schickt sie aus je nachdem sie begehrt werden. Dies geschieht hauptsächlich bei schwerer öffentlicher oder Privatzwietracht in den Städten, auch wohl bei schrecklicher Zunahme der Unsicherheit und Unsittlichkeit. Ist dann aber der Ruhm eines Predigers gewachsen, so begehren ihn die Städte alle auch ohne besondern Anlaß; er geht wohin ihn die Obern senden. Ein besonderer Zweig dieser Tätigkeit ist die Kreuzpredigt gegen die Türken;[26] wir haben es aber hier wesentlich mit der Bußpredigt zu tun.

Die Reihenfolge der Predigten, wenn eine solche methodisch beobachtet wurde, scheint sich einfach an die kirchliche Aufzählung der Todsünden angeschlossen zu haben;

---

24 Franco Sacchetti, Nov. 72. Verfehlte Bußprediger sind bei allen Novellisten ein häufiges Thema.

25 Vgl. die bekannte Posse im Decamerone VI, Nov. 10.

26 Wobei die Sache wieder ganz eigentümliche Farben annahm. Vgl. Malipiero, Ann. venet., Arch. stor. VII, I, p. 18. – Chron. venetum, bei Murat. XXIV, Col. 114. – Storia bresciana, bei Murat. XXI, Col. 898.

je dringender aber der Moment ist, um so eher geht der
Prediger unmittelbar auf das Hauptziel los. Er beginnt
vielleicht in einer jener gewaltig großen Ordenskirchen
oder im Dom; binnen kurzem ist die größte Piazza zu klein
für das von allen Gegenden herbeiströmende Volk, und das
Kommen und Gehen ist für ihn selbst mit Lebensgefahr
verbunden.[27] In der Regel schließt die Predigt mit einer
ungeheuern Prozession, allein die ersten Stadtbeamten,
welche ihn in die Mitte nehmen, können ihn auch da kaum
vor den Leuten sichern, welche ihm Hände und Füße
küssen und Stücke von seiner Kutte schneiden.[28]

Die nächsten Erfolge, welche sich am leichtesten ergeben, nachdem gegen Wucher, Vorkauf und unehrbare Moden gepredigt worden, sind das Eröffnen der Gefängnisse,
d. h. wohl nur die Freilassung ärmerer Schuldgefangenen,
und das Verbrennen von Luxussachen und Werkzeugen
gefährlichen sowohl als unschuldigen Zeitvertreibes: als da
sind Würfel, Karten, Spiele aller Art, »Maskengesichter«,
Musikinstrumente, Gesangbücher, geschriebene Zauberformeln,[29] falsche Haartouren usw. Dies alles wurde auf
einem Gerüste (talamo) ohne Zweifel zierlich gruppiert,
oben drauf etwa noch eine Teufelsfigur befestigt, und dann
Feuer angelegt (vgl. S. 365).

Nun kommen die härtern Gemüter an die Reihe; wer

---

27 Stor. Bresciana bei Murat. XXI, Col. 865.

28 Allegretto, Diarî sanesi, bei Murat. XXIII, Col. 819.

29 Infessura (bei Eccard, scriptores II, Col. 1874) sagt: canti,
    brevi, sorti. Ersteres könnte auf Liederbücher gehen, derglei-
    chen wenigstens Savonarola wirklich verbrannt hat. Allein
    Graziani (Cron. di Perugia, Arch. stor. XVI, I, p. 314) sagt bei
    einem ähnlichen Anlaß, brieve incante, was ohne Zweifel brevi
    e incanti zu lesen ist, und eine ähnliche Emendation ist viel-
    leicht auch bei Infessura ratsam, dessen sorti ohnehin irgend-
    eine Sache des Aberglaubens bezeichnen, etwa ein wahrsagen-
    des Kartenspiel. – Zur Zeit des Bücherdruckes sammelte man
    auch z. B. alle Exemplare des Martial für den Scheiterhaufen
    ein. Bandello III, Nov. 10.

längst nicht mehr gebeichtet hat, beichtet nunmehr; ungerecht vorenthaltenes Gut wird zurückgegeben, unheilschwangere Schmähreden werden zurückgenommen. Redner wie Bernardino da Siena[30] gingen sehr emsig und genau auf den täglichen Verkehr der Menschen und dessen Sittengesetz ein. Wenige unserer heutigen Theologen möchten wohl eine Morgenpredigt zu halten versucht sein »über Kontrakte, Restitutionen, Staatsrenten (monte) und Ausstattung von Töchtern«, wie er einst im Dom von Florenz eine hielt. Unvorsichtigere Prediger begingen dabei leicht den Fehler, so stark gegen einzelne Menschenklassen, Gewerbe, Beamtungen loszuziehen, daß sich das aufgeregte Gemüt der Zuhörer sofort durch Tätlichkeiten gegen diese entlud.[31] Auch eine Predigt des Bernardino da Siena, die er einmal in Rom (1424) hielt, hatte außer dem Brand von Putz- und Zaubersachen auf dem Kapitol noch eine andere Folge: »Hernach, heißt es,[32] wurde auch die Hexe Finicella verbrannt, weil sie mit teuflischen Mitteln viele Kinder tötete und viele Personen verhexte, und ganz Rom ging hin es zu sehen.«

Das wichtigste Ziel der Predigt aber ist, wie oben bemerkt, die Versöhnung von Streit und Verzichtung auf die Rache. Sie wird wohl in der Regel erst gegen Ende des Predigtkurses erfolgt sein, wenn der Strom allgemeiner Bußfertigkeit allmählich die ganze Stadt ergriff, wenn die Luft erbebte[33] von dem Geschrei des ganzen Volkes: mise-

---

30 S. dessen merkwürdige Biographie bei Vespasiano Fiorent. p. 244 s. – und die bei Aen. Sylvius, de viris illustr., p. 24.

31 Allegretto, l. c., Col. 823; ein Prediger hetzt das Volk gegen die Richter (wenn nicht statt giudici etwa giudei zu lesen ist), worauf dieselben bald in ihren Häusern wären verbrannt worden.

32 Infessura, l. c. Im Todestag der Hexe scheint ein Schreibfehler zu liegen. – Wie derselbe Heilige vor Arezzo ein verrufenes Wäldchen umhauen ließ, erzählt Vasari III, 148; v. di Parri Spinelli. Oft mag sich der erste Bußeifer an Lokalen, Symbolen und Werkzeugen so ziemlich erschöpft haben.

33 Pareva che l'aria si fendesse, heißt es irgendwo.

ricordia! – Da kam es zu jenen feierlichen Friedensschlüssen
und Umarmungen, auch wenn schon Wechselmord zwischen den streitenden Parteien lag. Man ließ wohl die
bereits Verbannten zu so heiligem Vorhaben absichtlich in
die Stadt kommen. Es scheint, daß solche »paci« im ganzen
beobachtet worden sind, auch wenn die gehobene Stimmung vorüber war, und dann blieb das Andenken des
Mönches im Segen auf viele Geschlechter hinaus. Aber es
gab wilde, furchtbare Krisen wie die der Familien della
Valle und Croce zu Rom (1482), wobei selbst der große
Roberto da Lecce seine Stimme umsonst erhob.[34] Kurz vor
der Karwoche hatte er noch auf dem Platz vor der Minerva
zahllosem Volk gepredigt; da erfolgte in der Nacht vor dem
grünen Donnerstag die schreckliche Straßenschlacht vor
Palazzo della Valle beim Ghetto; am Morgen gab Papst
Sixtus den Befehl zu dessen Schleifung, und hielt dann die
gewohnten Zeremonien dieses Tages ab; am Karfreitag
predigte Roberto wieder, in den Händen ein Kruzifix; er
und seine Zuhörer konnten aber nichts als weinen.

Gewaltsame, mit sich zerfallene Gemüter faßten häufig unter dem Eindruck der Bußpredigten den Entschluß, ins Kloster zu treten. Es waren darunter Räuber und Verbrecher aller
Art, auch wohl brotlose Soldaten.[35] Dabei wirkt die Bewunderung mit, welche dem heiligen Mönche sich wenigstens in
der äußern Lebensstellung nach Kräften zu nähern sucht.

----

34 Jac. Volaterran. bei Murat. XXIII, Col. 167. Es wird nicht aus-
    drücklich gesagt, daß er sich mit dieser Fehde abgab, allein wir
    dürfen nicht daran zweifeln. – Auch Jacopo della Marca hatte
    einst (1445) nach ungeheuren Erfolgen kaum Perugia verlassen,
    als ein schrecklicher Rachemord in der Familie Ranieri geschah.
    Vgl. Graziani, l. c. p. 565 s. – Bei diesem Anlaß muß darauf hin-
    gewiesen werden, daß jene Stadt auffallend oft von solchen Pre-
    digern besucht wird, vgl. p. 597, 626, 631, 637, 647.

35 Capistrano kleidete nach einer Predigt fünfzig Soldaten ein;
    Stor. bresciana, l. c. – Graziani, l. c. p. 565 s. – Aen. Sylvius (de
    viris illustr. p. 25) war in seiner Jugend einmal nach einer
    Predigt S. Bernardinos nahe daran, in dessen Orden zu treten.

Die Schlußpredigt ist dann ein lauterer Segensspruch, der sich in den Worten zusammenfaßt: la pace sia con voi! Große Scharen begleiten den Prediger nach der nächsten Stadt und hören daselbst seinen ganzen Kreis von Reden noch einmal an.

Bei der ungeheuern Macht, welche diese heiligen Männer ausübten, war es dem Klerus und den Regierungen erwünscht, sie wenigstens nicht zu Gegnern zu haben. Ein Mittel hiezu war, daß man darauf hielt, nur Mönche[36] oder Geistliche, welche wenigstens die mindern Weihen hatten, in solcher Qualität auftreten zu lassen, so daß der Orden oder die betreffende Korporation einigermaßen für sie haftbar war. Aber eine scharfe Grenze ließ sich auch hier nicht festhalten, da die Kirche und also auch die Kanzel längst für allerlei Zwecke der Öffentlichkeit, gerichtliche Akte, Publikationen, Vorlesungen usw. in Anspruch genommen war, und da selbst bei eigentlichen Predigten bisweilen dem Humanisten und Laien das Wort gelassen wurde (S. 232). Nun gab es ohnehin eine zwitterhafte Menschenklasse,[37]

36 Daß es an Reibungen zwischen den berühmten Observantenpredigern und den neidischen Dominikanern nicht fehlte, zeigt der Streit über das vom Kreuz auf die Erde geflossene Blut Christi (1463). Über Fra Jacopo della Marca, der dem dominikanischen Inquisitor durchaus nicht nachgeben wollte, äußert sich Pius II. in seinem ausführlichen Bericht (Comment. L. XI, p. 511) mit einer ganz hübschen Ironie: Pauperiem pati et famem et sitim et corporis cruciatum et mortem pro Christi nomine nonnulli possunt; iacturam nominis vel minimam ferre recusant, tanquam sua deficiente fama Dei quoque gloria pereat.

37 Ihr Ruf schwankte schon damals zwischen Extremen. Man muß sie von den Eremitanermönchen unterscheiden. – Überhaupt waren die Grenzen in dieser Beziehung nicht fest gezogen. Die als Wundertäter herumziehenden Spoletiner beriefen sich immer auf San Antonio und, ihrer Schlangen wegen, auf den Apostel Paulus. Sie brandschatzten schon seit dem 13. Jahrh⟨undert⟩ die Bauern mit halbgeistlicher Magie und ihre Pferde waren dressiert niederzuknien, wenn man San Antonio nannte. Dem Vorgeben nach sammelten sie für Hospitäler.

welche weder Mönche noch Geistliche waren und doch der
Welt entsagt hatten, nämlich die in Italien sehr zahlreichen
Einsiedler, und solche erschienen bisweilen ohne allen Auf-
trag und rissen die Bevölkerungen hin. Ein Fall dieser Art
ereignete sich zu Mailand nach der zweiten französischen
Eroberung (1516), freilich in einer Zeit großer öffentlicher
Unordnung; ein toscanischer Einsiedler, vielleicht von der
Partei Savonarolas, behauptete mehrere Monate lang die
Kanzel des Domes, polemisierte auf das Heftigste gegen die
Hierarchie, stiftete einen neuen Leuchter und einen Altar
im Dom, tat Wunder, und räumte nur nach heftigen Kämp-
fen das Feld.[38] In jenen für das Schicksal Italiens entschei-
denden Dezennien erwacht überall die Weissagung und
diese läßt sich, wo sie vorkömmt, nirgends auf einen be-
stimmten Stand einschränken. Man weiß z. B., wie vor der
Verwüstung Roms die Einsiedler mit einem wahren Trotze
der Prophetie auftraten (S. 131). In Ermanglung eigener
Beredsamkeit schicken solche Leute auch wohl Boten mit
Symbolen wie z. B. jener Aszet bei Siena, der (1496) ein
»Eremitlein«, d. h. einen Schüler in die geängstigte Stadt
sandte mit einem Totenkopf auf einem Stecken, woran ein
Zettel mit einem drohenden Bibelspruch hing.[39]

Aber auch die Mönche selber schonten oft Fürsten, Behörden, Klerus und ihren eigenen Stand durchaus nicht.
Zwar eine direkte Predigt zum Sturz eines Tyrannenhauses,
wie die des Fra Jacopo Bussolaro zu Pavia im 14. Jahrhundert gewesen war,[40] trifft man in den folgenden Zeiten

---

Massuccio, Nov. 18. Bandello III, Nov. 17. Firenzuola in
seinem asino d'oro läßt sie die Stelle der Bettelpfaffen des
Apulejus vertreten.

38 Prato, Arch. stor. III, p. 357. Burigozzo, ibid., p. 431.

39 Allegretto, bei Murat. XXIII, Col. 855 s.

40 Matteo Villani VIII, I s. Er predigte zuerst gegen die Tyrannis
überhaupt, dann, als ihn das herrschende Haus der Beccaria
hatte wollen ermorden lassen, änderte er in einer Predigt selbst
die Verfassung und die Behörden und nötigte die Beccaria zur
Flucht (1357).

nicht mehr an, wohl aber mutigen Tadel, selbst gegen den
Papst in dessen eigener Kapelle (S. 235, Anm.), und naive
politische Ratschläge in Gegenwart von Fürsten, die dessen
nicht zu bedürfen glaubten.[41] Auf dem Kastellplatz zu
Mailand durfte 1494 ein blinder Prediger aus der Incoronata (also ein Augustiner) dem Lodovico Moro von der
Kanzel her zurufen: »Herr, zeige den Franzosen den Weg
nicht, denn Du wirst es bereuen!«[42] Es gab weissagende
Mönche, welche vielleicht nicht direkt politisierten, aber so
schreckliche Bilder der Zukunft entwarfen, daß den Zuhörern die Besinnung verging. Ein ganzer Verein von solchen, zwölf Franziskaner Konventualen, durchzogen bald
nach der Wahl Leo's X. (1513) die verschiedenen Landschaften Italiens, wie sie dieselben unter sich verteilt hatten.
Derjenige von ihnen, welcher in Florenz predigte,[43] Fra
Francesco di Montepulciano, erregte ein steigendes Entsetzen unter dem ganzen Volke, indem seine Äußerungen,
gewiß eher verstärkt als gemildert, auch zu denjenigen
gelangten, welche vor Gedränge nicht selber in seine Nähe
kommen konnten. Nach einer solchen Predigt starb er
plötzlich »an einem Brustwehe«; Alles kam, der Leiche die
Füße zu küssen, weshalb man sie nachts in aller Stille
begrub. Aber den neu entzündeten Geist der Weissagung,
der nun selbst Weiber und Bauern ergriff, konnte man nur
mit größter Mühe dämpfen. »Um die Leute wieder einigermaßen heiter zu stimmen, veranstalteten hierauf die Medici,
Giuliano (Bruder Leo's) und Lorenzo auf St. Johannistag
1514 jene prächtigen Feste, Jagden, Aufzüge und Turniere,
wozu sich von Rom her außer einigen großen Herrn auch
sechs Kardinäle, diese allerdings verkleidet, einfanden.«

---

41 Bisweilen stellte auch das regierende Haus in bedrängten Zeiten Mönche an, um das Volk für Loyalität zu begeistern. Ein
   Beispiel aus Ferrara bei Sanudo (Murat. XXII, Col. 1218).
42 Prato, Arch. stor. III, p. 251. – Spätere fanatisch antifranzösi-
   sche Prediger, nach der Vertreibung der Franzosen erwähnt
   Burigozzo, ibid., pag. 443, 449, 485; ad a. 1523, 1526, 1529.
43 Jac. Pitti, Storia fior. L. II. p. 112.

Der größte Bußprediger und Prophet aber war in Florenz schon 1498 verbrannt worden: Fra Girolamo Savonarola von Ferrara.[44] Hier müssen uns einige Winke über ihn genügen.

Das gewaltige Werkzeug, durch welches er Florenz umgestaltet und beherrscht (1494-1498), ist seine Rede, wovon die erhaltenen, meist an Ort und Stelle ungenügend nachgeschriebenen Predigten offenbar nur einen beschränkten Begriff geben. Nicht als ob die äußern Mittel seines Auftretens sehr groß gewesen wären, denn Stimme, Aussprache, rhetorische Redaktion und dgl. bildeten vielmehr eher die schwache Seite, und wer einen Stil- und Kunstprediger verlangte, ging zu seinem Rivalen Fra Mariano da Ghinazzano – aber in Savonarola's Rede lag jene hohe persönliche Gewalt, welche wohl von da bis auf Luther nicht wieder vorgekommen ist. Er selber hielt es für Erleuchtung und taxierte deshalb ohne Unbescheidenheit das Predigtamt sehr hoch: über dem Prediger folge in der großen Hierarchie der Geister unmittelbar der unterste der Engel.

Diese völlig zu Feuer und Flammen gewordene Persönlichkeit vollbrachte zunächst noch ein anderes, größeres Wunder; das eigene Kloster S. Marco Dominikaner Ordens und dann alle Dominikanerklöster Toscanas werden desselben Sinnes und unternehmen eine freiwillige große Reform. Wenn man weiß, was die Klöster damals waren und wie unendlich schwer die geringste Veränderung bei Mönchen durchzusetzen ist, so wird man doppelt erstaunen über eine völlige Sinnesänderung wie diese. Als die Sache im Gange war, befestigte sie sich dadurch, daß Gleichgesinnte jetzt in bedeutender Zahl Dominikaner wurden. Söhne aus den ersten Häusern traten in S. Marco als Novizen ein.

Diese Reform des Ordens für ein bestimmtes Land war

---

44 Perrens: Jérôme Savonarole, 2 voll., unter den vielen frühern Spezialwerken vielleicht das methodisch bestgeordnete und nüchternste. – Seither P. Villari, La storia di Girol. Savonarola (2 voll. 8. Firenze, Lemonnier).

nun der erste Schritt zu einer Nationalkirche, zu welcher es
bei längerer Dauer dieses Wesens unfehlbar hätte kommen
müssen. Savonarola selber wollte freilich eine Reform der
ganzen Kirche und schickte deshalb noch gegen Ende
seiner Wirksamkeit an alle großen Potentaten dringende
Mahnungen, sie möchten ein Konzil versammeln. Allein
sein Orden und seine Partei waren bereits für Toscana das
allein mögliche Organ seines Geistes, das Salz der Erde
geworden, während die Nachbargegenden im alten Zustande verharrten. Mehr und mehr baut sich aus Entsagung
und Phantasie ein Zustand auf, der Florenz zu einem Reiche
Gottes auf Erden machen will.

Die Weissagungen, deren teilweises Eintreffen dem Savonarola ein übermenschliches Ansehen verlieh, sind derjenige Punkt, auf welchem die allmächtige italienische
Phantasie auch das bestverwahrte, liebevollste Gemüt bemeisterte. Anfangs meinten die Franziskaner von der Observanz, im ,Widerschein des Ruhmes, welchen ihnen S.
Bernardino da Siena vermacht hatte, sie könnten den großen Dominikaner durch Konkurrenz bändigen. Sie ver-
schafften einem der Ihrigen die Domkanzel, und ließen die
Unglücksprophezeiungen Savonarola's durch noch schlimmere überbieten, bis Pietro de' Medici, der damals noch
über Florenz herrschte, einstweilen Beiden Ruhe gebot.
Bald darauf, als Karl VIII. nach Italien kam und die Medici
vertrieben wurden, wie Savonarola mit klaren Worten geweissagt hatte, glaubte man nur noch ihm.

Und hier muß nun zugestanden werden, daß er gegen
seine eigenen Ahnungen und Visionen keine Kritik übte
und gegen diejenigen Anderer eine ziemlich strenge. In der
Leichenrede auf Pico della Mirandola geht er mit dem
verstorbenen Freunde etwas unbarmherzig um. Weil Pico
trotz einer innern Stimme, die von Gott kam, doch nicht in
den Orden treten wollte, habe er selber Gott gebeten, Jenen
etwas zu züchtigen; seinen Tod aber habe er wahrlich nicht
gewünscht; nun sei durch Almosen und Gebet so viel
erwirkt, daß die Seele sich einstweilen im Fegefeuer be-

finde. In betreff einer tröstlichen Vision, die Pico auf dem
Krankenbette gehabt, wobei ihm die Madonna erschien
und versprach, er solle nicht sterben, gesteht Savonarola, er
habe es lange für eine dämonische Täuschung gehalten, bis
ihm geoffenbart worden sei, die Madonna habe den zweiten
Tod, nämlich den ewigen gemeint. – Wenn dies und Ähnliches Überhebung war, so hat dieses große Gemüt wenigstens dafür gebüßt so bitter es dafür büßen konnte; in
seinen letzten Tagen scheint Savonarola die Nichtigkeit
seiner Gesichte und Weissagungen erkannt zu haben, und
doch blieb ihm innerer Friede genug übrig um in heiliger
Stimmung zum Tode zu gehen. Seine Anhänger aber hielten außer seiner Lehre auch seine Prophezeiungen noch
drei Jahrzehnde hindurch fest.

Als Reorganisator des Staates hatte er nur gearbeitet,
weil sonst statt seiner feindselige Kräfte sich der Sache
bemächtigt haben würden. Es ist unbillig, ihn nach der
halbdemokratischen Verfassung (S. 91, Anm.) vom Anfang
des Jahres 1495 zu beurteilen. Sie ist nicht besser und nicht
schlechter als andere florentinische Verfassungen auch.[45]

Er war zu solchen Dingen im Grunde der ungeeignetste
Mensch, den man finden konnte. Sein wirkliches Ideal war
eine Theokratie, bei welcher sich Alles in seliger Demut vor
dem Unsichtbaren beugt und alle Konflikte der Leidenschaft von vornherein abgeschnitten sind. Sein ganzer Sinn
liegt in jener Inschrift des Signorenpalastes, deren Inhalt
schon Ende 1495 sein Wahlspruch war,[46] und die 1527 von
seinen Anhängern erneuert wurde: »Jesus Christus Rex
populi florentini S. P. Q. decreto creatus.« Zum Erden-

---

45 Savonarola wäre vielleicht der Einzige gewesen, der den Un-
    tertanenstädten die Freiheit wiedergeben und dennoch den
    Zusammenhalt des toscanischen Staates irgendwie retten
    konnte. Daran aber kam ihm der Gedanke nicht. Und Pisa
    haßte er wie ein Florentiner.
46 Ein merkwürdiger Kontrast zu den Sienesen, welche 1483 ihre
    entzweite Stadt feierlich der Madonna geschenkt hatten. Alle-
    gretto, ap. Murat. XXIII, Col. 815.

leben und seinen Bedingungen hatte er so wenig ein Verhältnis als irgend ein echter und strenger Mönch. Der
Mensch soll sich nach seiner Ansicht nur mit dem abgeben
was mit dem Seelenheil in unmittelbarer Verbindung steht.

Wie deutlich verrät sich dies bei seinen Ansichten über
die antike Literatur. »Das einzige Gute, predigt er, was
Plato und Aristoteles geleistet haben, ist, daß sie viele
Argumente vorbrachten, welche man gegen die Ketzer
gebrauchen kann. Sie und andere Philosophen sitzen doch
in der Hölle. Ein altes Weib weiß mehr vom Glauben als
Plato. Es wäre gut für den Glauben, wenn viele sonst
nützlich scheinende Bücher zernichtet würden. Als es noch
nicht so viele Bücher und nicht so viele Vernunftgründe
(ragioni naturali) und Disputen gab, wuchs der Glaube
rascher als er seither gewachsen ist.« Die klassische Lektüre
der Schulen will er auf Homer, Virgil und Cicero beschränkt und den Rest aus Hieronymus und Augustin ergänzt wissen; dagegen sollen nicht nur Catull und Ovid,
sondern auch Tibull und Terenz verbannt bleiben. Hier
spricht einstweilen wohl nur eine ängstliche Moralität, allein er gibt in einer besondern Schrift die Schädlichkeit der
Wissenschaft im Allgemeinen zu. Eigentlich sollten, meint
er, einige wenige Leute dieselbe erlernen, damit die Tradition der menschlichen Kenntnisse nicht unterginge, besonders aber, damit immer einige Athleten zu Bekämpfung
ketzerischer Sophismen vorrätig wären; alle übrigen dürften nicht über Grammatik, gute Sitten und Religionsunter-
richt (sacrae literae) hinaus. So würde natürlich die ganze
Bildung wieder an Mönche zurückfallen, und da zugleich
die »Wissendsten und Heiligsten« auch Staaten und Reiche
regieren sollten, so wären auch dieses wiederum Mönche.
Wir wollen nicht einmal fragen, ob der Autor so weit
hinaus gedacht hat.

Kindlicher kann man nicht raisonnieren. Die einfache
Erwägung, daß das wiederentdeckte Altertum und die riesige Ausweitung des ganzen Gesichtskreises und Denk-
kreises eine je nach Umständen ruhmvolle Feuerprobe für

die Religion sein möchten, kommt dem guten Menschen nicht in den Sinn. Er möchte gern verbieten was sonst nicht zu beseitigen ist. Überhaupt war er nichts weniger als liberal; gegen gottlose Astrologen z. B. hält er denselben Scheiterhaufen in Bereitschaft, auf welchem er hernach selbst gestorben ist.[47]

Wie gewaltig muß die Seele gewesen sein, die bei diesem engen Geiste wohnte! Welch ein Feuer bedurfte es, um den Bildungsenthusiasmus der Florentiner vor dieser Anschauung sich beugen zu lehren!

Was sie ihm noch von Kunst und von Weltlichkeit preiszugeben bereit waren, das zeigen jene berühmten Opferbrände, neben welchen gewiß alle talami des Bernardino da Siena und Anderer nur wenig besagen wollten.

Es ging dabei allerdings nicht ab ohne einige tyrannische Polizei von seiten Savonarola's. Überhaupt sind seine Eingriffe in die hochgeschätzte Freiheit des italienischen Privatlebens nicht gering, wie er denn zum Beispiel Spionage der Dienerschaft gegen den Hausherrn verlangte, um seine Sittenreform durchführen zu können. Was später in Genf dem eisernen Calvin, bei dauerndem Belagerungszustande von außen, doch nur mühsam gelang, eine Umgestaltung des öffentlichen und Privatlebens, das mußte in Florenz vollends nur ein Versuch bleiben und als solcher die Gegner auf das äußerste erbittern. Dahin gehört vor Allem die von Savonarola organisierte Schar von Knaben, welche in die Häuser drangen und die für den Scheiterhaufen geeigneten Gegenstände mit Gewalt verlangten; sie wurden hie und da mit Schlägen abgewiesen, da gab man ihnen, um die Fiktion einer heranwachsenden heiligen Bürgerschaft dennoch zu behaupten, Erwachsene als Beschützer mit.

Und so konnten am letzten Carnevalstage des Jahres 1497 und an demselben Tage des folgenden Jahres die großen Autodafés auf dem Signorenplatz stattfinden. Da

---

47 Von den impii astrologi sagt er: non è da disputar (con loro) altrimenti che col fuoco.

ragte eine Stufenpyramide, ähnlich dem rogus, auf welchem römische Imperatorenleichen verbrannt zu werden pflegten. Unten zunächst der Basis waren Larven, falsche Bärte, Maskenkleider u. dgl. gruppiert; drüber folgten die Bücher der lateinischen und italienischen Dichter, unter andern der Morgante des Pulci, der Boccaccio, der Petrarca, zum Teil kostbare Pergamentdrucke und Manuskripte mit Miniaturen; dann Zierden und Toilettengeräte der Frauen, Parfüms, Spiegel, Schleier, Haartouren; weiter oben Lauten, Harfen, Schachbretter, Triktraks, Spielkarten; endlich enthielten die beiden obersten Absätze lauter Gemälde, besonders von weiblichen Schönheiten, teils unter den klassischen Namen der Lucretia, Cleopatra, Faustina, teils unmittelbare Porträts wie die der schönen Bencina, Lena Morella, Bina und Maria de' Lenzi. Das erstemal bot ein anwesender venezianischer Kaufmann der Signorie 20 000 Goldtaler für den Inhalt der Pyramide; die einzige Antwort war, daß man ihn ebenfalls porträtieren und das Bild zu den übrigen hinauf stellen ließ. Beim Anzünden trat die Signorie auf den Balkon; Gesang, Trompetenschall und Glockengeläute erfüllte die Lüfte. Nachher zog man auf den Platz vor S. Marco, wo die ganze Partei eine dreifache konzentrische Runde tanzte: zu innerst die Mönche dieses Klosters abwechselnd mit Engelknaben, dann junge Geistliche und Laien, zu äußerst endlich Greise, Bürger und Priester, diese mit Olivenzweigen bekränzt.

Der ganze Spott der siegreichen Gegenpartei, die doch wahrlich einigen Anlaß und überdies das Talent dazu hatte, genügte später doch nicht, um das Andenken Savonarola's herabzusetzen. Je trauriger die Schicksale Italiens sich entwickelten, desto heller verklärte sich im Gedächtnis der Überlebenden die Gestalt des großen Mönches und Propheten. Seine Weissagungen mochten im Einzelnen unbewährt geblieben sein – das große allgemeine Unheil, das er verkündet hatte, war nur zu schrecklich in Erfüllung gegangen.

So groß aber die Wirkung der Bußprediger war und so

deutlich Savonarola dem Mönchsstande als solchem das
rettende Predigtamt vindizierte,[48] so wenig entging dieser
Stand doch dem allgemeinen verwerfenden Urteil. Italien
gab zu verstehen, daß es sich nur für die Individuen begeistern könne.

Wenn man nun die Stärke des alten Glaubens, abgesehen
von Priesterwesen und Mönchtum, verifizieren soll, so
kann dieselbe bald sehr gering, bald sehr bedeutend erscheinen, je nachdem man sie von einer bestimmten Seite, in
einem bestimmten Lichte anschaut. Von der Unentbehr-
lichkeit der Sakramente und Segnungen ist schon die Rede
gewesen (S. 111, 461); überblicken wir einstweilen die
Stellung des Glaubens und des Kultus im täglichen Leben.
Hier ist die Masse und ihre Gewöhnung und die Rücksicht
der Mächtigen auf beides von bestimmendem Gewicht.

Alles was zur Buße und zur Erwerbung der Seligkeit
mittelst guter Werke gehört, war bei den Bauern und bei
den untern Klassen überhaupt wohl in derselben Ausbildung und Ausartung vorhanden wie im Norden, und auch
die Gebildeten wurden davon stellenweise ergriffen und
bestimmt. Diejenigen Seiten des populären Katholizismus,
wo er sich dem antiken, heidnischen Anrufen, Beschenken
und Versöhnen der Götter anschließt, haben sich im Bewußtsein des Volkes auf das hartnäckigste festgesetzt. Die
schon bei einem andern Anlaß zitierte achte Ekloge des
Battista Mantovano[1] enthält unter andern das Gebet eines
Bauern an die Madonna, worin dieselbe als spezielle Schutz-
göttin für alle einzelnen Interessen des Landlebens angerufen wird. Welche Begriffe machte sich das Volk von dem
Werte bestimmter Madonnen als Nothelferinnen! was
dachte sich jene Florentinerin,[2] die ein Fäßchen von Wachs

---

48 S. die Stelle aus der 14. Predigt über Ezechiel, bei Perrens, l. c.,
   vol. I, pag. 30, Nota.
 1 Mit dem Titel: De rusticorum religione.
 2 Franco Sacchetti, Nov. 109, wo noch anderes der Art.

als ex voto nach der Annunziata stiftete, weil ihr Geliebter,
ein Mönch, allmählich ein Fäßchen Wein bei ihr austrank,
ohne daß der abwesende Gemahl es bemerkte. Ebenso
regierte damals ein Patronat einzelner Heiligen für bestimmte Lebenssphären gerade wie jetzt noch. Es ist schon 5
öfter versucht worden, eine Anzahl von allgemeinen ritua-
len Gebräuchen der katholischen Kirche auf heidnische
Zeremonien zurückzuführen, und daß außerdem eine
Menge örtlicher und volkstümlicher Bräuche, die sich an
Kirchenfeste geknüpft haben, unbewußte Reste der ver- 10
schiedenen alten Heidentümer Europa's sind, gibt Jedermann zu. In Italien aber kam auf dem Lande noch dies und
jenes vor, worin sich ein bewußter Rest heidnischen Glaubens gar nicht verkennen ließ. So das Hinstellen von Speise
für die Toten, vier Tage vor Petri Stuhlfeier, also noch am 15
Tage der alten Feralien, 18. Februar.[3] Manches andere dieser Art mag damals noch in Übung gewesen und erst seither
ausgerottet worden sein. Vielleicht ist es nur scheinbar
paradox zu sagen, daß der populäre Glaube in Italien ganz
besonders fest gegründet war, so weit er Heidentum war. 20

Wie weit nun die Herrschaft dieser Art von Glauben sich
auch in die obern Stände erstreckte, ließe sich wohl bis zu
einem gewissen Punkte näher nachweisen. Derselbe hatte,

---

3 Bapt. Mantuan. de sacris diebus, L. II. ruft aus:
       Ista superstitio, ducens a Manibus ortum
       Tartareis, sancta de religione facessat
       Christigenûm! vivis epulas date, sacra sepultis.
Ein Jahrhundert vorher, als das Exekutionsheer Johanns XXII.
gegen die Ghibellinen in der Mark zog, geschah es unter ausdrücklicher Anklage auf eresia und idolatria; Recanati, das sich
freiwillig ergeben, wurde doch verbrannt, »weil daselbst Idole
angebetet worden waren«. Giov. Villani, IX, 139, 141. – Unter
Pius II. kommt ein hartnäckiger Sonnenanbeter, Urbinate von
Geburt, zum Vorschein. Aen. Sylvii opera p. 289. Hist. rer. ubique gestar. c. 12. – Das Erstaunlichste geschah unter Leo X. auf
dem Forum in Rom: wegen einer Pest wurde ein Stier feierlich
auf heidnische Weise geopfert; Paul. Jovius, Hist. XXI, 8.

wie bereits bei Anlaß des Verhältnisses zum Klerus bemerkt
wurde, die Macht der Gewöhnung und der frühen Eindrücke für sich; auch die Liebe zum kirchlichen Festpomp
wirkte mit, und hie und da kam eine jener großen Bußepidemien hinzu, welchen auch Spötter und Leugner schwer
widerstehen konnten.

Es ist aber bedenklich, in diesen Fragen rasch auf durchgehende Resultate hinzusteuern. Man sollte z. B. meinen,
daß das Verhalten der Gebildeten zu den Reliquien von
Heiligen einen Schlüssel gewähren müsse, der uns wenigstens einige Fächer ihres religiösen Bewußtseins öffnen
könnte. In der Tat lassen sich Gradunterschiede nachweisen, doch lange nicht so deutlich wie es zu wünschen wäre.
Zunächst scheint die Regierung von Venedig im 15. Jahrhundert durchaus diejenige Andacht zu den Überresten
heiliger Leiber geteilt zu haben, welche damals durch das
ganze Abendland herrschte (S. 80). Auch Fremde, welche
in Venedig lebten, taten wohl, sich dieser Befangenheit zu
fügen.[4] Wenn wir das gelehrte Padua nach seinem Topographen Michele Savonarola (S. 154) beurteilen dürften, so
wäre es hier nicht anders gewesen als in Venedig. Mit einem
Hochgefühl, in welches sich frommes Grausen mischt, erzählt uns Michele, wie man bei großen Gefahren des Nachts
durch die ganze Stadt die Heiligen seufzen höre, wie der
Leiche einer heiligen Nonne zu S. Chiara beständig Nägel
und Haare wachsen, wie sie bei bevorstehendem Unheil
Lärm macht, die Arme erhebt, u. dgl.[5] Bei der Beschreibung der Antoniuskapelle im Santo verliert sich der Autor
völlig ins Stammeln und Phantasieren. In Mailand zeigte
wenigstens das Volk einen großen Reliquienfanatismus,

---

4 So Sabellico, de situ venetae urbis. Er nennt zwar die Namen der
   Kirchenheiligen, nach Art mehrerer Philologen, ohne sanctus
   oder divus, führt aber eine Menge Reliquien an und tut sehr
   zärtlich damit, rühmt sich auch bei mehrern Stücken, sie geküßt
   zu haben.
5 De laudibus Patavii, bei Murat. XXIV, Col. 1149 bis 1151.

und als einst (1517) die Mönche in S. Simpliciano beim
Umbau des Hochaltars sechs heilige Leichen unvorsichtig
aufdeckten und mächtige Regenstürme über das Land kamen, suchten die Leute[6] die Ursache der letztern in jenem
Sakrilegium und prügelten die betreffenden Mönche auf
öffentlicher Straße durch, wo sie sie antrafen. In andern
Gegenden Italiens aber, selbst bei den Päpsten, sieht es mit
diesen Dingen schon viel zweifelhafter aus, ohne daß man
doch einen bündigen Schluß ziehen könnte. Es ist bekannt,
unter welchem allgemeinen Aufsehen Pius II. das aus Griechenland zunächst nach S. Maura geflüchtete Haupt des
Apostels Andreas erwarb und (1462) feierlich in S. Peter
niederlegte; allein aus seiner eigenen Relation geht hervor,
daß er dies tat aus einer Art von Scham, als schon viele
Fürsten sich um die Reliquie bewarben. Jetzt erst fiel es ihm
ein, Rom zu einem allgemeinen Zufluchtsort der aus ihren
Kirchen vertriebenen Reste der Heiligen zu machen.[7] Unter
Sixtus IV. war die Stadtbevölkerung in diesen Dingen
eifriger als der Papst, so daß der Magistrat sich (1483) bitter
beklagte, als Sixtus dem sterbenden Ludwig XI. Einiges
von den lateranensischen Reliquien verabfolgte.[8] In Bologna erhob sich um diese Zeit eine mutige Stimme, welche
verlangte, man solle dem König von Spanien den Schädel
des h. Dominicus verkaufen und aus dem Erlös etwas zum
öffentlichen Nutzen dienendes stiften.[9] Die wenigste Reli-

---

6 Prato, Arch. stor. III, p. 408. – Er gehört sonst nicht zu den
   Aufklärern, aber gegen diesen Kausalnexus protestiert er denn
   doch.
7 Pii II. Comment. L. VIII, p. 352 s. Verebatur Pontifex, ne in
   honore tanti apostoli diminute agere videretur etc.
8 Jac. Volaterran. bei Murat. XXIII, Col. 187. Ludwig konnte das
   Geschenk noch anbeten, starb aber dennoch. – Die Katakom-
   ben waren damals in Vergessenheit geraten, doch sagt auch
   Savonarola, l. c. Col. 1150 von Rom: velut ager Aceldama
   Sanctorum habita est.
9 Bursellis, Annal. Bonon., bei Murat. XXIII, Col. 905. Es war
   einer der 16 Patrizier, Bartol. della Volta, st. 1485.

quienandacht zeigen die Florentiner. Zwischen ihrem Beschluß, den Stadtheiligen S. Zanobi durch einen neuen
Sarkophag zu ehren, und der definitiven Bestellung bei
Ghiberti vergehen 19 Jahre (1409-1428) und auch dann
erfolgt der Auftrag nur zufällig, weil der Meister eine
kleinere ähnliche Arbeit schön vollendet hatte.[10] Vielleicht
war man der Reliquien etwas überdrüssig, seitdem man
(1352) durch eine verschlagene Äbtissin im Neapolitanischen
mit einem falschen, aus Holz und Gips nachgemachten Arm
der Schutzpatronin des Domes, S. Reparata, war betrogen
worden.[11] Oder dürfen wir etwa annehmen, daß der ästhetische Sinn es war, welcher sich hier vorzüglich entschieden
von den zerstückelten Leichnamen, den halbvermoderten
Gewändern und Geräten abwandte? oder gar der moderne
Ruhmessinn, welcher lieber die Leichen eines Dante und
Petrarca in den herrlichsten Gräbern beherbergt hätte als alle
zwölf Apostel miteinander? Vielleicht war aber in Italien
überhaupt, abgesehen von Venedig und dem ganz exzeptionellen Rom, der Reliquiendienst schon seit langer Zeit mehr
zurückgetreten[12] vor dem Madonnendienst, als irgendwo
sonst in Europa, und darin läge dann zugleich, wenn auch
verhüllt, ein frühes Überwiegen des Formsinnes.[12a]

---

10 Vasari III, 111 s. et N. Vita di Ghiberti.

11 Matteo Villani III, 15 und 16.

12 Man müßte überdies unterscheiden zwischen dem in Italien
    blühenden Kultus der Leichen historisch noch genau bekann-
    ter Heiligen aus den letzten Jahrhunderten, und zwischen dem
    im Norden vorherrschenden Zusammensuchen von Körper-
    und Gewandfragmenten usw. aus der heiligen Urzeit. Letzte-
    rer Art, und vorzüglich für Pilger wichtig, war dann auch der
    große Vorrat der lateranensischen Reliquien. Allein über den
    Sarkophagen des h. Dominicus und des h. Antonius von Pa-
    dua und über dem mysteriösen Grabe des h. Franz schimmert
    außer der Heiligkeit auch schon der historische Ruhm. Vgl.
    oben S. 151.

12a Es wäre nicht ohne Interesse, genau auszuscheiden, wie vieles
    in den religiösen Entscheiden der Päpste und Theologen jener
    Zeit von spezifisch italienischen Antrieben ausging. Dahin

Man wird fragen, ob denn im Norden, wo die riesenhaf-
testen Kathedralen fast alle Unser Frauen gewidmet sind,
wo ein ganzer reicher Zweig der Poesie im Lateinischen wie
in den Landessprachen die Mutter Gottes verherrlichte,
eine größere Verehrung derselben auch nur möglich gewe- 5
sen wäre? Allein diesem gegenüber macht sich in Italien
eine ungemein viel größere Anzahl von wundertätigen
Marienbildern geltend, mit einer unaufhörlichen Intervention in das tägliche Leben. Jede beträchtliche Stadt besitzt
ihrer eine ganze Reihe, von den uralten oder für uralt 10
geltenden »Malereien des St. Lucas« bis zu den Arbeiten
von Zeitgenossen, welche die Mirakel ihrer Bilder nicht
selten noch erleben konnten. Das Kunstwerk ist hier gar
nicht so harmlos wie Battista Mantovano[13] glaubt; es gewinnt je nach Umständen plötzlich eine magische Gewalt. 15
Das populäre Wunderbedürfnis, zumal der Frauen, mag

gehört etwa die Parteinahme Sixtus IV. für die unbefleckte
Empfängnis (Extravag. commun. L. III, Lit. XII). Dagegen
in dem zunehmenden Kultus des Joseph und der Eltern der
Maria ist eher nordischer Einfluß zu erkennen; in Nordfrank-
reich war derselbe schon zu Anfang des 15. Jahrhunderts
populär und wurde 1414 durch einen Legaten Johanns
XXIII. offiziell erlaubt (Baluz. Miscell. III, p. 111). Erst über
ein halbes Jahrhundert später stiftete dann Sixtus IV. für die
ganze Kirche das Fest der Darstellung Mariä im Tempel, das
der h. Anna und des h. Joseph (Trithem. Ann. Hirsaug. II,
p. 518).

13 Die merkwürdige Aussage, aus seinem späten Werke de sacris
diebus (L. I.) bezieht sich freilich auf weltliche und geistliche
Kunst zugleich. Bei den Hebräern, meint er, sei mit Recht
alles Bildwerk verdammt gewesen, weil sie sonst in den rings-
herrschenden Götzen- oder Teufelsdienst wieder zurückge-
fallen wären:
  Nunc autem, postquam penitus natura Satanum
  Cognita, et antiqua sine maiestate relicta est,
  Nulla ferunt nobis statuae discrimina, nullos
  Fert pictura dolos; iam sunt innoxia signa;
  Sunt modo virtutum testes monimentaque laudum
  Marmora, et aeternae decora immortalia famae . . .

dabei vollständig gestillt worden sein und schon deshalb der
Reliquien wenig mehr geachtet haben. Inwiefern dann noch
der Spott der Novellisten gegen falsche Reliquien auch den
für echt geltenden Eintrag tat,[14] mag auf sich beruhen.

Das Verhältnis der Gebildeten zum Mariendienst zeichnet sich dann schon etwas klarer als das zum Reliquiendienst. Es darf zunächst auffallen, daß in der Literatur
Dante mit seinem Paradies[15] eigentlich der letzte bedeutende Mariendichter der Italiener geblieben ist, während im
Volk die Madonnenlieder bis auf den heutigen Tag neu
hervorgebracht werden. Man wird vielleicht Sannazaro,
Sabellico[16] und andere lateinische Dichter namhaft machen
wollen, allein ihre wesentlich literarischen Zwecke bench-
men ihnen ein gutes Teil der Beweiskraft. Diejenigen italienisch abgefaßten Gedichte des 15. Jahrhunderts und des
beginnenden 16., aus welchen eine unmittelbare Religiosität zu uns spricht, könnten meist auch von Protestanten
geschrieben sein; so die betreffenden Hymnen usw. des
Lorenzo magnifico, die Sonette der Vittoria Colonna, des
Michelangelo, der Gaspara Stampa usw. Abgesehen von
dem lyrischen Ausdruck des Theismus redet meist das
Gefühl der Sünde, das Bewußtsein der Erlösung durch den
Tod Christi, die Sehnsucht nach der höhern Welt, wobei die
Fürbitte der Mutter Gottes nur ganz ausnahmsweise erwähnt[17] wird. Es ist dasselbe Phänomen, welches sich in der

---

14 So klagt Battista Mantovano (de sacris diebus, L. V.) über
   gewisse »nebulones«, welche an die Echtheit des heiligen Blu-
   tes zu Mantua nicht glauben wollten. Auch diejenige Kritik,
   welche bereits die Schenkung Constantin's bestritt, war sicher
   den Reliquien ungünstig, wenn auch im Stillen.

15 Besonders Paradiso XXXIII, 1, das berühmte Gebet des h.
   Bernhard: Vergine madre, figlia del tuo figlio.

16 Vielleicht auch Pius II., dessen Elegie auf die heilige Jungfrau
   in den opera, p. 964, abgedruckt ist und der sich von Jugend
   auf unter dem besondern Schutz der Maria glaubte. Jac. Card.
   Papiens., de morte Pii, p. 656.

17 Höchst belehrend sind hiefür die wenigen und kühlen Madon-
   nensonette der Vittoria. (N. 85 u. ff.)

klassischen Bildung der Franzosen, in der Literatur Ludwigs XIV. wiederholt. Erst die Gegenreformation brachte in Italien den Mariendienst wieder in die Kunstdichtung zurück. Freilich hatte inzwischen die bildende Kunst das Höchste getan zur Verherrlichung der Madonna. Der Heiligendienst endlich nahm bei den Gebildeten nicht selten (S. 64 f., 261) eine wesentlich heidnische Farbe an.

Wir könnten nun noch verschiedene Seiten des damaligen italienischen Katholizismus auf diese Weise prüfend durchgehen und das vermutliche Verhältnis der Gebildeten zum Volksglauben bis zu einem gewissen Grade von Wahrscheinlichkeit ermitteln, ohne doch je zu einem durchgreifenden Resultat zu gelangen. Es gibt schwer zu deutende Kontraste. Während z. B. an und für Kirchen rastlos gebaut, gemeißelt und gemalt wird, vernehmen wir aus dem Anfang des 16. Jahrhunderts die bitterste Klage über Erschlaffung im Kultus und Vernachlässigung derselben Kirchen: Templa ruunt, passim sordent altaria, cultus Paulatim divinus abit![18] . . . Es ist bekannt, wie Luther in Rom durch das weihelose Benehmen der Priester bei der Messe geärgert wurde. Und daneben waren die kirchlichen Feste mit einer Pracht und einem Geschmack ausgestattet, wovon der Norden keinen Begriff hatte. Man wird annehmen müssen, daß das Phantasievolk im vorzugsweisen Sinne das Alltägliche gern vernachlässigte, um dann von dem Außergewöhnlichen sich hinreißen zu lassen.

Durch die Phantasie erklären sich auch jene Bußepidemien, von welchen hier noch die Rede sein muß. Sie sind wohl zu unterscheiden von den Wirkungen jener großen Bußprediger; was sie hervorruft, sind große allgemeine Kalamitäten oder die Furcht vor solchen.

Im Mittelalter kam von Zeit zu Zeit über ganz Europa irgendein Sturm dieser Art, wobei die Massen sogar in

---

18 Bapt. Mantuan. de sacris diebus, L. V., und besonders die Rede des jüngern Pico, welche für das lateranensische Konzil bestimmt war, bei Roscoe, Leone X, ed. Bossi, vol. VIII, p. 115.

strömende Bewegung gerieten, wie z. B. bei den Kreuzzügen und Geißelfahrten. Italien beteiligte sich bei beiden; die
ersten ganz gewaltigen Geißlerscharen traten hier auf,
gleich nach dem Sturze Ezzelino's und seines Hauses, und
zwar in der Gegend desselben Perugia,[19] das wir bereits
(S. 466, Anm.) als eine Hauptstation der spätern Bußprediger kennen lernten. Dann folgten die Flagellanten[20] von
1310 und 1334 und dann die große Bußfahrt ohne Geiße-
lung, von welcher Corio[21] zum Jahre 1399 erzählt. Es ist
nicht undenkbar, daß die Jubiläen zum Teil eingerichtet
wurden, um diesen unheimlichen Wandertrieb religiös aufgeregter Massen möglichst zu regulieren und unschädlich
zu machen; auch zogen die inzwischen neu berühmt gewordenen Wallfahrtsorte Italiens, wie z. B. Loreto, einen Teil
jener Aufregung an sich.[22]

Aber in schrecklichen Augenblicken erwacht hie und da
ganz spät die Glut der mittelalterlichen Buße, und das
geängstigte Volk, zumal wenn Prodigien hinzukommen,
will mit Geißelungen und lautem Geschrei um Barmherzigkeit den Himmel erweichen. So war es bei der Pest von 1457

---

19 Monach. Paduani chron. L. III, Anfang. Es heißt von dieser
   Buße: invasit primitus Perusinos, Romanos postmodum,
   deinde fere Italiae populos universos. – Dagegen Guil. Ventura
   (de gestis Astensium, col. 701) nennt die Geißelfahrt admirabilis Lombardorum commotio; Eremiten seien aus ihren Höh-
   len gekommen und hätten die Städte zur Buße aufgerufen.
20 Giov. Villani VIII, 122. XI, 23.
21 Corio, fol. 281; Sismondi VII, 397 s.
22 Entferntere Wallfahrten werden schon sehr selten. Diejenigen
   der Fürsten vom Hause Este nach Jerusalem, S. Yago und
   Vienne sind aufgezählt im Diario Ferrarese bei Murat. XXIV,
   Col. 182, 187, 190, 279. Die des Rinaldo Albizzi in's heil. Land
   bei Macchiavelli, Stor. fior., L. V. Auch hier ist bisweilen die
   Ruhmlust das Bestimmende; von Lionardo Frescobaldi, der
   mit einem Gefährten (gegen 1400) nach dem heiligen Grabe
   pilgern wollte, sagt der Chronist Giov. Cavalcanti (II, p. 478):
   Stimarono di eternarsi nella mente degli uomini futuri.

zu Bologna,[23] so bei den innern Wirren von 1496 in Siena,[24] um aus zahllosen Beispielen nur zwei zu wählen. Wahrhaft erschütternd aber ist, was 1529 zu Mailand geschah, als die drei furchtbaren Geschwister Krieg, Hunger und Pest samt der spanischen Aussaugerei die höchste Verzweiflung über das Land gebracht hatten.[25] Zufällig war es ein spanischer Mönch, Fra Tommaso Nieto, auf den man jetzt hörte; bei den barfüßigen Prozessionen von Alt und Jung ließ er das Sakrament auf eine neue Weise mittragen, nämlich befestigt auf einer geschmückten Bahre, welche auf den Schultern von vier Priestern im Linnengewande ruhte – eine Nachahmung der Bundeslade,[26] wie sie einst das Volk Israel um die Mauern von Jericho trug. So erinnerte das gequälte Volk von Mailand den alten Gott an seinen alten Bund mit den Menschen, und als die Prozession wieder in den Dom einzog und es schien, als müsse von dem Jammerruf misericordia! der Riesenbau einstürzen, da mochte wohl mancher glauben, der Himmel müsse in die Gesetze der Natur und der Geschichte eingreifen durch irgend ein rettendes Wunder.

Es gab aber eine Regierung in Italien, welche sich in solchen Zeiten sogar an die Spitze der allgemeinen Stimmung stellte und die vorhandene Bußfertigkeit polizeilich ordnete: die des Herzogs Ercole I. von Ferrara.[27] Als Savonarola in Florenz mächtig war und Weissagung und Buße in weiten Kreisen, auch über den Apennin hinaus, das Volk zu ergreifen begannen, kam auch über Ferrara großes freiwil-

23 Bursellis, Annal. Bon. bei Murat. XXIII, Col. 890.
24 Allegretto, bei Murat. XXIII, Col. 855 s.
25 Burigozzo, Arch. stor. III, p. 486. – Für das damalige Elend in der Lombardie ist Galeazzo Capella (de rebus nuper in Italia gestis) die klassische Quelle; Mailand litt im ganzen kaum weniger als Rom beim Sacco litt.
26 Man nannte es auch l'arca del testimonio, und war sich bewußt, die Sache sei conzado (eingerichtet) con gran misterio.
27 Diario Ferrarese, bei Murat. XXIV, Col. 317, 322, 323, 326, 386, 401.

liges Fasten (Anfang 1496); ein Lazarist verkündete nämlich von der Kanzel den baldigen Eintritt der schrecklich-
sten Krieges- und Hungersnot, welche die Welt gesehen;
wer jetzt faste, könne diesem Unheil entgehen, so habe es
die Madonna einem frommen Ehepaar verkündigt. Darauf
konnte auch der Hof nicht umhin zu fasten, aber er ergriff
nun selber die Leitung der Devotion. Am 3. April (Oster-
tag) erschien ein Sitten- und Andachtsedikt gegen Lästerung Gottes und der h. Jungfrau, verbotene Spiele, Sodomie, Konkubinat, Häuservermieten an Huren und deren
Wirte, Öffnung der Buden an Festtagen mit Ausnahme der
Bäcker und Gemüsehändler usw.; die Juden und Maranen,
deren viele aus Spanien hergeflüchtet waren, sollten wieder
ihr gelbes O auf der Brust genäht tragen. Die Zuwiderhan-
delnden wurden bedroht nicht nur mit den im bisherigen
Gesetz verzeichneten Strafen, sondern auch »mit den noch
größern, welche der Herzog zu verhängen für gut finden
wird«. Darauf ging der Herzog samt dem Hofe mehrere
Tage nacheinander zur Predigt; am 10. April mußten sogar
alle Juden von Ferrara dabei sein. Allein am 3. Mai ließ der
Polizeidirektor – der schon oben (S. 58) erwähnte Gregorio
Zampante – ausrufen: wer den Schergen Geld gegeben
habe, um nicht als Lästerer verzeigt zu werden, möge sich
melden, um es samt weiterer Vergütung zurückzuerhalten;
diese schändlichen Menschen nämlich hatten von Unschuldigen bis auf 2, 3 Dukaten erpreßt durch die Anordnung
der Denunziation, und einander dann gegenseitig verraten,
worauf sie selbst in den Kerker kamen. Da man aber eben
nur bezahlt hatte, um nicht mit dem Zampante zu tun zu
haben, so möchte auf sein Ausschreiben kaum Jemand
erschienen sein. – Im Jahr 1500, nach dem Sturze des
Lodovico Moro, als ähnliche Stimmungen wiederkehrten,
verordnete Ercole von sich aus[28] eine Folge von neun
Prozessionen, wobei auch die weißgekleideten Kinder mit

---

28 Per buono rispetto a lui noto e perchè sempre è buono a star
    bene con Iddio, sagt der Annalist.

der Jesusfahne nicht fehlen durften; er selber ritt mit im Zuge, weil er schlecht zu Fuße war. Dann folgte ein Edikt ganz ähnlichen Inhaltes wie das von 1496. Die zahlreichen Kirchen- und Klosterbauten dieser Regierung sind bekannt, aber selbst eine leibhaftige Heilige, die Suor Colomba,[29] ließ sich Ercole kommen, ganz kurz bevor er seinen Sohn Alfonso mit der Lucrezia Borgia vermählen mußte (1502). Ein Kabinettskurier[30] holte die Heilige von Viterbo mit 15 andern Nonnen ab und der Herzog selber führte sie bei der Ankunft in Ferrara in ein bereitgehaltenes Kloster ein. Tun wir ihm Unrecht, wenn wir in all diesen Dingen die stärkste politische Absichtlichkeit voraussetzen? Zu der Herrscheridee des Hauses Este, wie sie oben (S. 54 ff.) nachgewiesen wurde, gehört eine solche Mitbenützung und Dienstbarmachung des Religiösen beinahe schon nach den Gesetzen der Logik.

Um aber zu den entscheidenden Schlüssen über die Religiosität der Menschen der Renaissance zu gelangen, müssen wir einen andern Weg einschlagen. Aus der geistigen Haltung derselben überhaupt muß ihr Verhältnis sowohl zu der bestehenden Landesreligion als zu der Idee des Göttlichen klar werden.

Diese modernen Menschen, die Träger der Bildung des damaligen Italiens, sind religiös geboren wie die Abendländer des Mittelalters, aber ihr mächtiger Individualismus macht sie darin wie in andern Dingen völlig *subjektiv*, und die Fülle von Reiz, welche die Entdeckung der äußern und der geistigen Welt auf sie ausübt, macht sie überhaupt vorwiegend *weltlich*. Im übrigen Europa dagegen bleibt die Religion noch länger ein objektiv Gegebenes und im Leben

29 Vermutlich die S. 37 in Perugia erwähnte.
30 Die Quelle nennt ihn einen Messo de' cancellieri del Duca. Die Sache sollte recht augenscheinlich vom Hofe und nicht von Ordensobern oder sonstigen geistlichen Behörden ausgehen.

wechselt Selbstsucht und Sinnengenuß unmittelbar mit Andacht und Buße; letztere hat noch keine geistige Konkurrenz wie in Italien, oder doch eine unendlich geringere.

Ferner hatte von jeher der häufige und nahe Kontakt mit Byzantinern und mit Mohammedanern eine neutrale *Toleranz* aufrecht erhalten, vor welcher der ethnographische Begriff einer bevorrechteten abendländischen Christenheit einigermaßen zurücktrat. Und als vollends das klassische Altertum mit seinen Menschen und Einrichtungen ein Ideal des Lebens wurde, weil es die größte Erinnerung Italiens war, da überwältigte die antike Spekulation und *Skepsis* bisweilen den Geist der Italiener vollständig.

Da ferner die Italiener die ersten neuern Europäer waren, welche sich schrankenlos dem Nachdenken über Freiheit und Notwendigkeit hingaben, da sie dies taten unter gewaltsamen, rechtlosen politischen Verhältnissen, die oft einem glänzenden und dauernden Siege des Bösen ähnlich sahen, so wurde ihr Gottesbewußtsein schwankend, ihre Weltanschauung teilweise *fatalistisch*. Und wenn ihre Leidenschaftlichkeit bei dem Ungewissen nicht wollte stehen bleiben, so nahmen manche vorlieb mit einer Ergänzung aus dem antiken, orientalischen und mittelalterlichen *Aberglauben*; sie wurden Astrologen und Magier.

Endlich aber zeigen die geistig Mächtigen, die Träger der Renaissance, in religiöser Beziehung eine häufige Eigenschaft jugendlicher Naturen: sie unterscheiden recht scharf zwischen gut und böse, aber sie kennen keine Sünde; jede Störung der innern Harmonie getrauen sie sich vermöge ihrer plastischen Kraft wiederherzustellen und kennen deshalb keine Reue; da verblaßt denn auch das Bedürfnis der Erlösung, während zugleich vor dem Ehrgeiz und der Geistesanstrengung des Tages der Gedanke an das Jenseits entweder völlig verschwindet oder eine poetische Gestalt annimmt statt der dogmatischen.

Denkt man sich dieses Alles vermittelt und teilweise verwirrt durch die allherrschende *Phantasie*, so ergibt sich ein Geistesbild jener Zeit, das wenigstens der Wahrheit näher kommt als bloße unbestimmte Klagen über modernes Heidentum. Und bei näherm Forschen wird man erst noch inne werden, daß unter der Hülle dieses Zustandes ein starker Trieb echter Religiosität lebendig blieb.

Die nähere Ausführung des Gesagten muß sich hier auf die wesentlichsten Belege beschränken.

Daß die Religion überhaupt wieder mehr Sache des einzelnen Subjektes und seiner besondern Auffassung wurde, war gegenüber der ausgearteten, tyrannisch behaupteten Kirchenlehre unvermeidlich und ein Beweis, daß der europäische Geist noch am Leben sei. Freilich offenbart sich dies auf sehr verschiedene Weise; während die mystischen und aszetischen Sekten des Nordens für die neue Gefühlswelt und Denkart sogleich auch eine neue Disziplin schufen, ging in Italien Jeder seinen eigenen Weg und Tausende verloren sich auf dem hohen Meer des Lebens in religiöse Indifferenz. Um so höher muß man es denjenigen anrechnen, welche zu einer individuellen Religion durchdrangen und daran festhielten. Denn daß sie an der alten Kirche, wie sie war und sich aufdrang, keinen Teil mehr hatten, war nicht ihre Schuld; daß aber der Einzelne die ganze große Geistesarbeit, welche dann den deutschen Reformatoren zufiel, in sich hätte durchmachen sollen, wäre ein unbilliges Verlangen gewesen. Wo es mit dieser individuellen Religion der Bessern in der Regel hinaus wollte, werden wir am Schlusse zu zeigen suchen.

Die Weltlichkeit, durch welche die Renaissance einen ausgesprochenen Gegensatz zum Mittelalter zu bilden scheint, entsteht zunächst durch das massenhafte Überströmen der neuen Anschauungen, Gedanken und Absichten in bezug auf Natur und Menschheit. An sich betrachtet, ist sie der Religion nicht feindlicher als das was jetzt ihre Stelle vertritt, nämlich die sogenannten Bildungsinteressen, nur daß diese, so wie wir sie betreiben, uns bloß ein schwaches Abbild geben von der allseitigen Aufregung, in welche damals das viele und große Neue die Menschen versetzte.

So war diese Weltlichkeit eine ernste, überdies durch Poesie und Kunst geadelte. Es ist eine erhabene Notwendigkeit des modernen Geistes, daß er dieselbe gar nicht mehr abschütteln kann, daß er zur Erforschung der Menschen und der Dinge unwiderstehlich getrieben wird und dies für seine Bestimmung hält.[1] Wie bald und auf welchen Wegen ihn dies Forschen zu Gott zurückführen, wie es sich mit der sonstigen Religiosität des Einzelnen in Verbindung setzen wird, das sind Fragen, welche sich nicht nach allgemeinen Vorschriften erledigen lassen. Das Mittelalter, welches sich im ganzen die Empirie und das freie Forschen erspart hatte, kann in dieser großen Angelegenheit mit irgendeinem dogmatischen Entscheid nicht aufkommen.

Mit dem Studium des Menschen, aber auch noch mit vielen andern Dingen, hing dann die Toleranz und die Indifferenz zusammen, womit man zunächst dem Mohammedanismus begegnete. Die Kenntis und Bewunderung der bedeutenden Kulturhöhe der islamitischen Völker, zumal vor der mongolischen Überschwemmung, war gewiß den Italienern seit den Kreuzzügen eigen; dazu kam die halbmohammedanische Regierungsweise ihrer eigenen Fürsten, die stille Abneigung, ja Verachtung gegen die Kirche, wie sie war, die Fortdauer der orientalischen Reisen und des Handels nach den östlichen und südlichen Häfen des Mittelmeeres.[2] Erweislich schon im 13. Jahrhundert offenbart sich bei den Italienern die Anerkennung eines mohammedanischen Ideals von Edelmut, Würde und Stolz, das am liebsten mit der Person eines Sultans verknüpft wird. Man hat dabei insgemein an ejubidische oder mamelukische Sultane von Ägypten zu denken; wenn ein Name genannt wird, so ist es höchstens Saladin.[3] Selbst die osma-

---

1 Vgl. das Zitat aus Pico's Rede von der Würde des Menschen, S. 352.

2 Abgesehen davon, daß man bei den Arabern selbst bisweilen auf eine ähnliche Toleranz oder Indifferenz stoßen konnte.

3 So bei Boccaccio. – Sultane ohne Namen bei Massuccio, Nov. 46, 48, 49.

nischen Türken, deren zerstörende aufbrauchende Manier wahrlich kein Geheimnis war, flößen dann den Italienern, wie oben (S. 101 ff.) gezeigt wurde, doch nur einen halben Schrecken ein, und ganze Bevölkerungen gewöhnen sich an den Gedanken einer möglichen Abfindung mit ihnen.

Der wahrste und bezeichnendste Ausdruck dieser Indifferenz ist die berühmte Geschichte von den drei Ringen, welche unter andern Lessing seinem Nathan in den Mund legte, nachdem sie schon vor vielen Jahrhunderten zaghafter in den »hundert alten Novellen« (Nov. 72 oder 73) und etwas rückhaltsloser bei Boccaccio[4] vorgebracht worden war. In welchem Winkel des Mittelmeeres und in welcher Sprache sie zuerst Einer dem Andern erzählt haben mag, wird man nie herausbringen; wahrscheinlich lautete sie ursprünglich noch viel deutlicher als in den beiden italienischen Redaktionen. Der geheime Vorbehalt, der ihr zu Grunde liegt, nämlich der Deismus, wird unten in seiner weitern Bedeutung an den Tag treten. In roher Mißgestalt und Verzerrung gibt der bekannte Spruch von »den dreien, die die Welt betrogen«, nämlich Moses, Christus und Mohammed, dieselbe Idee wieder. Wenn Kaiser Friedrich II., von dem diese Rede stammen soll, ähnlich gedacht hat, so wird er sich wohl geistreicher ausgedrückt haben. Ähnliche Reden kommen auch im damaligen Islam vor.

Auf der Höhe der Renaissance, gegen Ende des 15. Jahrhunderts, tritt uns dann eine ähnliche Denkweise entgegen bei Luigi Pulci, im Morgante maggiore. Die Phantasiewelt, in welcher sich seine Geschichten bewegen, teilt sich, wie bei allen romantischen Heldengedichten, in ein christliches und ein mohammedanisches Heerlager. Gemäß dem Sinne des Mittelalters war nun der Sieg und die Versöhnung zwischen den Streitern gerne begleitet von der Taufe des unterliegenden mohammedanischen Teiles, und die Improvisatoren, welche dem Pulci in der Behandlung

4 Decamerone I, Nov. 3. Er zuerst nennt die christliche Religion mit, während die 100 novelle ant. eine Lücke lassen.

solcher Stoffe vorangegangen waren, müssen von diesem
Motiv reichlichen Gebrauch gemacht haben. Nun ist es
Pulci's eigentliches Geschäft, diese seine Vorgänger, besonders wohl die schlechten darunter zu parodieren, und dies
geschieht schon durch die Anrufungen an Gott, Christus
und die Madonna, womit seine einzelnen Gesänge anheben.
Noch viel deutlicher aber macht er ihnen die raschen Be-
kehrungen und Taufen nach, deren Sinnlosigkeit dem Leser
oder Hörer ja recht in die Augen springen soll. Allein dieser
Spott führt ihn weiter bis zum Bekenntnis seines Glaubens
an die relative Güte aller Religionen,[5] dem trotz seiner
Beteurungen der Orthodoxie[6] eine wesentlich theistische
Anschauung zugrunde liegt. Außerdem tut er noch einen
großen Schritt über alles Mittelalter hinaus nach einer andern Seite hin. Die Alternativen der vergangenen Jahrhunderte hatten gelautet: Rechtgläubiger oder Ketzer, Christ
oder Heide und Mohammedaner; nun zeichnet Pulci die
Gestalt des Riesen Margutte,[7] der sich gegenüber von aller
und jeglicher Religion zum sinnlichsten Egoismus und zu
allen Lastern fröhlich bekennt und sich nur das Eine vor-
behält: daß er nie einen Verrat begangen habe. Vielleicht
hatte der Dichter mit diesem auf seine Manier ehrlichen
Scheusal nichts Geringes vor, möglicherweise eine Erziehung zum Bessern durch Morgante, allein die Figur verlei-
dete ihm bald und er gönnte ihr bereits im nächsten Gesang
ein komisches Ende.[8] Margutte ist schon als Beweis von
Pulci's Frivolität geltend gemacht worden; er gehört aber
notwendig mit zu dem Weltbilde der Dichtung des 15.

---

5 Freilich im Munde des Dämons Astarotte, Ges. XXV, Str. 231
   u. ff. Vgl. Str. 141 u. ff.

6 Ges. XXVIII, Str. 38 u. ff.

7 Ges. XVIII, Str. 112 bis zu Ende.

8 Pulci nimmt ein analoges Thema, obwohl nur flüchtig, wieder
   auf in der Gestalt des Fürsten Chiaristante (Ges. XXI, Str. 101
   s. 121 s. 145 s. 163 s.), welcher nichts glaubt und sich und seine
   Gemahlin göttlich verehren läßt. Man ist versucht, dabei an
   Sigismondo Malatesta (S. 41, 225, 448) zu denken.

Jahrhunderts. Irgendwo mußte sie in grotesker Größe den
für alles damalige Dogmatisieren unempfindlich gewordenen, wilden Egoismus zeichnen, dem nur ein Rest von
Ehrgefühl geblieben ist. Auch in andern Gedichten wird
den Riesen, Dämonen, Heiden und Mohammedanern in
den Mund gelegt was kein christlicher Ritter sagen darf.

Wieder auf eine ganz andere Weise als der Islam wirkte das
Altertum ein, und zwar nicht durch seine Religion, denn
diese war dem damaligen Katholizismus nur zu homogen,
sondern durch seine Philosophie. Die antike Literatur, die
man jetzt als etwas Unvergleichliches verehrte, war ganz
erfüllt von dem Siege der Philosophie über den Götterglau-
ben; eine ganze Anzahl von Systemen und Fragmente von
Systemen stürzten über den italienischen Geist herein, nicht
mehr als Kuriositäten oder gar als Häresien, sondern fast als
Dogmen, die man nun nicht sowohl zu unterscheiden als
miteinander zu versöhnen bestrebt war. Fast in all diesen
verschiedenen Meinungen und Philosophemen lebte irgendeine Art von Gottesbewußtsein, aber in ihrer Gesamtheit bildeten sie doch einen starken Gegensatz zu der christlichen Lehre von der göttlichen Weltregierung. Nun gibt es
eine wahrhaft zentrale Frage, um deren Lösung sich schon
die Theologie des Mittelalters ohne genügenden Erfolg
bemüht hatte, und welche jetzt vorzugsweise von der Weisheit des Altertums eine Antwort verlangte: Das Verhältnis
der Vorsehung zur menschlichen Freiheit und Notwendigkeit. Wenn wir die Geschichte dieser Frage seit dem 14.
Jahrhundert auch nur oberflächlich durchgehen wollten, so
würde hieraus ein eigenes Buch werden. Wenige Andeutungen müssen hier genügen.

Hört man Dante und seine Zeitgenossen, so wäre die
antike Philosophie zuerst gerade von derjenigen Seite her
auf das italienische Leben gestoßen, wo sie den schroffsten
Gegensatz gegen das Christentum bildete; es stehen nämlich in Italien Epikureer auf. Nun besaß man Epikur's
Schriften nicht mehr und schon das spätere Altertum hatte

von seiner Lehre einen mehr oder weniger einseitigen Begriff; immerhin aber genügte schon diejenige Gestalt des
Epikureismus, welche man aus Lucretius und ganz besonders aus Cicero studieren konnte, um eine völlig entgötterte
Welt kennen zu lernen. Wie weit man die Doktrin buchstäblich faßte, und ob nicht der Name des rätselhaften
griechischen Weisen ein bequemes Schlagwort für die
Menge wurde, ist schwer zu sagen; wahrscheinlich hat die
dominikanische Inquisition das Wort auch gegen solche
gebraucht, welchen man sonst auf keine andere Weise bei-
kommen konnte. Es waren hauptsächlich frühentwickelte
Verächter der Kirche, welche man doch schwer wegen
bestimmter ketzerischer Lehren und Aussagen belangen
konnte; ein mäßiger Grad von Wohlleben mag dann genügt
haben, um jene Anklage hervorzubringen. In diesem konventionellen Sinne braucht z. B. Giovanni Villani das Wort,
wenn er[9] bereits die florentinischen Feuersbrünste von
1115 und 1117 als göttliche Strafe für die Ketzereien geltend macht, »unter andern wegen der liederlichen und
schwelgerischen Sekte der Epikureer«. Von Manfred sagt
er: »Sein Leben war epikureisch, indem er nicht an Gott
noch an die Heiligen und überhaupt nur an leibliches Vergnügen glaubte.«

Deutlicher redet Dante im neunten und zehnten Gesang
der Hölle. Das furchtbare, von Flammen durchzogene Grä-
berfeld mit den halb offenen Sarkophagen, aus welchen
Töne des tiefsten Jammers hervordringen, beherbergt die
zwei großen Kategorien der von der Kirche im 13. Jahrhundert Besiegten oder Ausgestoßenen. Die Einen waren
Ketzer und setzten sich der Kirche entgegen durch be-

---

9 Gio. Villani ⟨IV, 30⟩ VI, 46. Der Name kommt auch im Norden
   sehr früh vor; schon vor 1150 bei Anlaß einer um etwa 90 Jahre
   früher vorgefallenen Schreckensgeschichte (der zwei Geistlichen aus Nantes). Die Definition des Guil. Malmesbur. L. III,
   § 237 (Ed. Londin. 1840, p. 405): Epicureorum . . . qui opinan-
   tur animam corpore solutam in aerem evanescere, in auras
   effluere.

stimmte mit Absicht verbreitete Irrlehren; die Andern waren Epikureer und ihre Sünde gegen die Kirche lag in einer allgemeinen Gesinnung, welche sich in dem Satze sammelt, daß die Seele mit dem Leib vergehe.[10] Die Kirche aber wußte recht gut, daß dieser eine Satz, wenn er Boden gewänne, ihrer Art von Macht verderblicher werden müßte als alles Manichäer- und Paterinerwesen, weil er ihrer Einmischung in das Schicksal des einzelnen Menschen nach dem Tode allen Wert benahm. Daß sie selber durch die Mittel, welche sie in ihren Kämpfen brauchte, gerade die Begabtesten in Verzweiflung und Unglauben getrieben hatte, gab sie natürlich nicht zu.

Dante's Abscheu gegen Epikur oder gegen das was er für dessen Lehre hielt, war gewiß aufrichtig; der Dichter des Jenseits mußte den Leugner der Unsterblichkeit hassen, und die von Gott weder geschaffene noch geleitete Welt sowie der niedrige Zweck des Daseins, den das System aufzustellen schien, waren dem Wesen Dante's so entgegengesetzt als möglich. Sieht man aber näher zu, so haben auch auf ihn gewisse Philosopheme der Alten einen Eindruck gemacht, vor welchem die biblische Lehre von der Weltlenkung zurücktritt. Oder war es eigene Spekulation, Einwirkung der Tagesmeinung, Grauen vor dem die Welt beherrschenden Unrecht, wenn er[11] die spezielle Vorsehung völlig aufgab? Sein Gott überläßt nämlich das ganze Detail der Weltregierung einem dämonischen Wesen, der Fortuna, welche für nichts als für Veränderung, für das Durcheinanderrütteln der Erdendinge zu sorgen hat und in indifferenter Seligkeit den Jammer der Menschen überhören darf. Dafür hält er aber die sittliche Verantwortung des Menschen unerbittlich fest: er glaubt an den freien Willen.

Der Populärglaube an den freien Willen herrscht im Abendlande von jeher, wie man denn auch zu allen Zeiten

---

10 Man vgl. die bekannte Beweisführung im dritten Buche des Lucretius.

11 Inferno, VII, 67 bis 96.

Jeden persönlich für das was er getan, verantwortlich gemacht hat, als verstehe sich die Sache ganz von selbst. Anders verhält es sich mit der religiösen und philosophischen Lehre, welche sich in der Lage befindet, die Natur des menschlichen Willens mit den großen Weltgesetzen in Einklang bringen zu müssen. Hier ergibt sich ein Mehr oder Weniger, wonach sich die Taxierung der Sittlichkeit überhaupt richtet. Dante ist nicht völlig unabhängig von den astrologischen Wahngebilden, welche den damaligen Horizont mit falschem Lichte erhellen, aber er rafft sich nach Kräften empor zu einer würdigen Anschauung des menschlichen Wesens. »Die Gestirne, läßt er[12] seinen Marco Lombardo sagen, geben wohl die ersten Antriebe zu euerm Tun, aber Licht ist euch gegeben über Gutes und Böses, und freier Wille, der nach anfänglichem Kampf mit den Gestirnen alles besiegt, wenn er richtig genährt wird.«

Andere mochten die der Freiheit gegenüberstehende Notwendigkeit in einer andern Potenz suchen als in den Sternen – jedenfalls war die Frage seitdem eine offene, nicht mehr zu umgehende. Soweit sie eine Frage der Schulen, oder vollends nur eine Beschäftigung isolierter Denker blieb, dürfen wir dafür auf die Geschichte der Philosophie verweisen. Sofern sie aber in das Bewußtsein weiterer Kreise überging, wird noch davon die Rede sein müssen.

Das 14. Jahrhundert ließ sich vorzüglich durch die philosophischen Schriften Cicero's anregen, welcher bekanntlich als Eklektiker galt, aber als Skeptiker wirkte, weil er die Theorien verschiedener Schulen vorträgt ohne genügende Abschlüsse beizufügen. In zweiter Linie kommen Seneca und die wenigen in's Lateinische übersetzten Schriften des Aristoteles. Die Frucht dieses Studiums war einstweilen die Fähigkeit, über die höchsten Dinge zu reflektieren, wenig-

---

12 Purgatorio XVI, 73. Womit die Theorie des Planeteneinflusses im Convito zu vergleichen. – Auch der Dämon Astarotte bei Pulci (Morgante XXV, Str. 150) bezeugt die menschliche Willensfreiheit und die göttliche Gerechtigkeit.

stens außerhalb der Kirchenlehre, wenn auch nicht im Widerspruch mit ihr.

Mit dem 15. Jahrhundert vermehrte sich, wie wir sahen, der Besitz und die Verbreitung der Schriften des Altertums außerordentlich; endlich kamen auch die sämtlichen noch vorhandenen griechischen Philosophen wenigstens in lateinischer Übersetzung unter die Leute. Nun ist es zunächst sehr bemerkenswert, daß gerade einige der Hauptbeförderer dieser Literatur der strengsten Frömmigkeit, ja der Aszese ergeben sind. (Vgl. S. 269). Von Fra Ambrogio Camaldolese darf man nicht sprechen, weil er sich ausschließlich auf das Übertragen der griechischen Kirchenväter zurückzog und nur mit großem Widerstreben auf Andringen des ältern Cosimo Medici den Diogenes Laertius ins Lateinische übersetzte. Aber seine Zeitgenossen Niccolò Niccoli, Giannnozzo Manetti, Donato Acciajuoli, Papst Nicolaus V. vereinigen[13] mit allseitigem Humanismus eine sehr gelehrte Bibelkunde und eine tiefe Andacht. An Vittorino da Feltre wurde bereits (S. 211) eine ähnliche Richtung hervorgehoben. Derselbe Maffeo Vegio, welcher das dreizehnte Buch zur Aeneide dichtete, hatte für das Andenken S. Augustins und dessen Mutter Monica eine Begeisterung, welche nicht ohne höhern Bezug gewesen sein wird. Frucht und Folge solcher Bestrebungen war dann, daß die platonische Akademie zu Florenz sich es förmlich zum Ziele setzte, den Geist des Altertums mit dem des Christentums zu durchdringen; eine merkwürdige Oase innerhalb des damaligen Humanismus.

Letzterer war im Ganzen eben doch profan und wurde es bei der Ausdehnung der Studien im 15. Jahrhundert immer mehr. Seine Leute, die wir oben als die rechten Vorposten des entfesselten Individualismus kennen lernten, entwickelten in der Regel einen solchen Charakter, daß uns selbst ihre Religiosität, die bisweilen mit sehr bestimmten

---

13 Vespasiano fiorent. p. 26, 320, 435, 626, 651. – Murat. XX, Col. 532.

Ansprüchen auftritt, gleichgültig sein darf. In den Ruf von
Atheisten gelangten sie etwa, wenn sie indifferent waren
und dabei ruchlose Reden gegen die Kirche führten; einen
irgendwie spekulativ begründeten Überzeugungsatheismus hat keiner aufgestellt,[14] noch aufzustellen wagen dürfen. Wenn sie sich auf einen leitenden Gedanken besannen,
so wird es am ehesten eine Art von oberflächlichem Rationalismus gewesen sein, ein flüchtiger Niederschlag aus den
vielen widersprechenden Ideen der Alten, womit sie sich
beschäftigen mußten, und aus der Verachtung der Kirche
und ihrer Lehre. Dieser Art war wohl jenes Raisonnement,
welches den Galeottus Martius[15] beinahe auf den Scheiterhaufen brachte, wenn ihn nicht sein früherer Schüler Papst
Sixtus IV. eilends aus den Händen der Inquisition heraus-
gerissen hätte. Galeotto hatte nämlich geschrieben: wer
sich recht aufführe und nach dem innern angeborenen
Gesetz handle, aus welchem Volk er auch sei, der komme in
den Himmel.

Betrachten wir beispielsweise das religiöse Verhalten eines der Geringern aus der großen Schar, des Codrus Urceus,[16] der erst Hauslehrer des letzten Ordelaffo, Fürsten
von Forlì, und dann lange Jahre Professor in Bologna
gewesen ist. Über Hierarchie und Mönche bringt er die
obligaten Lästerungen im vollsten Maß; sein Ton im allgemeinen ist höchst frevelhaft, dazu erlaubt er sich eine beständige Einmischung seiner Person nebst Stadtgeschichten und Possen. Aber er kann auch erbaulich von dem
wahren Gottmenschen Christus reden und sich brieflich in
das Gebet eines frommen Priesters empfehlen. Einmal fällt
es ihm ein, nach Aufzählung der Torheiten der heidnischen
Religion also fortzufahren: »auch unsere Theologen wak-

---

14 Über Pomponazzo vgl. die Spezialwerke, unter andern Ritter,
    Geschichte der Philosophie, Bd. IX.
15 Paul. Jovii Elogia lit.
16 Codri Urcei opera, vorn sein Leben von Bart. Bianchini, dann
    in seinen philologischen Vorlesungen p. 65, 151, 278 usw.

keln oft und zanken de lana caprina, über unbefleckte
Empfängnis, Antichrist, Sakramente, Vorherbestimmung
und einiges andere, was man lieber beschweigen, als her-
auspredigen sollte«. Einst verbrannte sein Zimmer samt
fertigen Manuskripten da er nicht zu Hause war; als er es
vernahm, auf der Gasse, stellte er sich gegen ein Madon-
nenbild und rief an dasselbe hinauf: »Höre, was ich dir sage,
ich bin nicht verrückt, ich rede mit Absicht! wenn ich dich
einst in der Stunde meines Todes zu Hilfe rufen sollte, so
brauchst du mich nicht zu erhören und zu den Deinigen
hinüberzunehmen! denn mit dem Teufel will ich wohnen
bleiben in Ewigkeit!« Eine Rede, auf welche hin er doch für
gut fand, sich sechs Monate hindurch bei einem Holzhacker
verborgen zu halten. Dabei war er so abergläubisch, daß
ihn Augurien und Prodigien beständig ängstigten; nur für
die Unsterblichkeit hatte er keinen Glauben übrig. Seinen
Zuhörern sagte er auf Befragen: was nach dem Tode mit
dem Menschen, mit seiner Seele *oder* seinem Geiste geschehe, das wisse man nicht und alle Reden über das Jenseits seien Schreckmittel für alte Weiber. Als es aber an's
Sterben ging, empfahl er doch in seinem Testament seine
Seele *oder* seinen Geist[17] dem allmächtigen Gott, vermahnte
auch jetzt seine weinenden Schüler zur Gottesfurcht und
insbesondere zum Glauben an Unsterblichkeit und Vergeltung nach dem Tode, und empfing die Sakramente mit
großer Inbrunst. – Man hat keine Garantie dafür, daß
ungleich berühmtere Leute desselben Faches, auch wenn
sie bedeutende Gedanken ausgesprochen haben, im Leben
viel konsequenter gewesen seien. Die meisten werden innerlich geschwankt haben zwischen Freigeisterei und Fragmenten des anerzogenen Katholizismus, und äußerlich
hielten sie schon aus Klugheit zur Kirche.

Insofern sich dann ihr Rationalismus mit den Anfängen

---

17 Animum meum seu animam, eine Unterscheidung, durch welche damals die Philologie gerne die Theologie in Verlegenheit
setzte.

der historischen Kritik verband, mochte auch hie und da
eine schüchterne Kritik der biblischen Geschichte auftauchen. Es wird ein Wort Pius II. überliefert,[18] welches wie
mit der Absicht des Vorbauens gesagt ist: »wenn das Christentum auch nicht durch Wunder bestätigt wäre, so hätte
es doch schon um seiner Moralität willen angenommen
werden müssen«. Über die Legenden, insoweit sie willkürliche Übertragungen der biblischen Wunder enthalten, erlaubte man sich ohnehin zu spotten,[19] und dies wirkte dann
weiter zurück. Wenn judaisierende Ketzer erwähnt werden,
so wird man dabei vor Allem an Leugnung der Gottheit
Christi zu denken haben; so verhielt es sich vielleicht mit
Giorgio da Novara, welcher um 1500 in Bologna verbrannt
wurde.[20] Aber in demselben Bologna mußte um diese Zeit
(1497) der dominikanische Inquisitor den wohl protegierten Arzt Gabrielle da Salò mit einer bloßen Reuerklärung[21]
durchschlüpfen lassen, obwohl derselbe folgende Reden zu
führen pflegte: Christus sei nicht Gott gewesen, sondern
Sohn des Joseph und der Maria aus einer gewöhnlichen
Empfängnis; er habe die Welt mit seiner Arglist ins Verderben gebracht; den Kreuzestod möge er wohl erlitten haben
wegen begangener Verbrechen; auch werde seine Religion
nächstens aufhören; in der geweihten Hostie sei sein wahrer
Leib nicht; seine Wunder habe er nicht vollbracht aus
göttlicher Kraft, sondern sie seien durch Einfluß der Him-

---

18 Platina, Vitae pontiff., p. 311: christianam fidem, si miraculis
   non esset approbata, honestate sua recipi debuisse.
19 Besonders wenn die Mönche dergleichen auf der Kanzel frisch
   ersannen, doch auch das längst Anerkannte blieb nicht ohne
   Anfechtung. Firenzuola (opere, vol. II, p. 208, in der 10. Novelle) spottet über die Franziskaner von Novara, welche aus
   erschlichenem Geld eine Kapelle an ihre Kirche bauen wollen,
   dove fusse dipinta quella bella storia, quando S. Francesco
   predicava agli uccelli nel deserto; e quando ei fece la santa
   zuppa, e che l'agnolo Gabriello gli portò i zoccoli.
20 Einiges über ihn bei Bapt. Mantuan. de patientia, L. III,
   cap. 13.
21 Bursellis, Ann. Bonon., bei Murat. XXIII, Col. 915.

melskörper geschehen. Letzteres ist wiederum höchst bezeichnend; der Glaube ist dahin, aber die Magie behält man
sich vor.[22]

In betreff der Weltregierung raffen sich die Humanisten
insgemein nicht weiter auf als bis zu einer kalt resignierten
Betrachtung dessen, was unter der ringsum herrschenden
Gewalt und Mißregierung geschieht. Aus dieser Stimmung
sind hervorgegangen die vielen Bücher »vom Schicksal«
oder wie die Varietäten des Titels lauten mögen. Sie konstatieren meist nur das Drehen des Glücksrades, die Unbestän-
digkeit der irdischen, zumal der politischen Dinge; die
Vorsehung wird herbeigezogen, offenbar nur weil man sich
des nackten Fatalismus, des Verzichtens auf Erkenntnis von
Ursachen und Wirkungen, oder des baren Jammers noch
schämt. Nicht ohne Geist konstruiert Gioviano Pontano
die Naturgeschichte des dämonischen Etwas, Fortuna genannt, aus hundert meist selbsterlebten Erfahrungen.[23]
Mehr scherzhaft, in Form eines Traumgesichtes, behandelt
Aeneas Sylvius den Gegenstand.[24] Poggio's Streben dagegen, in einer Schrift seines Greisenalters,[25] geht dahin, die
Welt als ein Jammertal darzustellen und das Glück der
einzelnen Stände so niedrig als möglich zu taxieren. Dieser
Ton bleibt dann im Ganzen der vorherrschende; von einer
Menge ausgezeichneter Leute wird das Soll und Haben
ihres Glückes und Unglückes untersucht und die Summe
daraus in vorwiegend ungünstigem Sinn gezogen. In
höchst würdiger Weise, fast elegisch, schildert uns vorzüglich Tristan Caracciolo[26] das Schicksal Italiens und der

---

22 Wie weit die frevelhaften Reden bisweilen gingen, hat Giese-
   ler, Kirchengeschichte II, IV, § 154 Anm. mit einigen sprechenden Beispielen dargetan.
23 Jov. Pontanus, de fortuna. Seine Art von Theodizee II, p. 286.
24 Aen. Sylvii opera, p. 611.
25 Poggius, de miseriis humanae conditionis.
26 Caracciolo, de varietate fortunae, bei Murat. XXII. Eine der
   lesenswertesten Schriften jener sonst so reichen Jahre. Vgl.
   S. 330. – Die Fortuna bei festlichen Aufzügen, S. 414 und
   Anm.

Italiener, soweit es sich um 1510 überschauen ließ. Mit spezieller Anwendung dieses herrschenden Grundgefühls auf die Humanisten selber verfaßte dann später Pierio Valeriano seine berühmte Abhandlung (S. 273 ff.) Es gab einzelne ganz besonders anregende Themata dieser Art, wie z. B. das Glück Leo's X. Was von politischer Seite darüber Günstiges gesagt werden kann, das hat Francesco Vettori in scharfen Meisterzügen zusammengefaßt; das Bild seines Genußlebens geben Paolo Giovio und die Biographie eines Ungenannten;[27] die Schattenseiten dieses Glückes verzeichnet unerbittlich wie das Schicksal selbst der ebengenannte Pierio.

Daneben erregt es beinahe Grauen, wenn hie und da sich Jemand öffentlich in lateinischer Inschrift des Glückes rühmt. So wagte Giovanni II. Bentivoglio, Herrscher von Bologna, an dem neuerbauten Turme bei seinem Palaste es in Stein hauen zu lassen: sein Verdienst und sein Glück hätten ihm alle irgend wünschbaren Güter reichlich gewährt[28] – wenige Jahre vor seiner Verjagung. Die Alten, wenn sie in diesem Sinne redeten, empfanden wenigstens das Gefühl vom Neid der Götter. In Italien hatte es wahrscheinlich die Condottieren (S. 33) aufgebracht, daß man sich laut der Fortuna rühmen durfte.

Der stärkste Einfluß des wiederentdeckten Altertums auf die Religion kam übrigens nicht von irgendeinem philosophischen System oder von einer Lehre und Meinung der Alten her, sondern von einem alles beherrschenden

---

27 Leonis X. Vita anonyma, bei Roscoe, ed. Bossi, XII, p. 153.
28 Bursellis, Ann. Bonon., bei Murat. XXIII, Col. 909: monimentum hoc conditum a Joanne Bentivolo secundo Patriae rectore, cui virtus et fortuna cuncta quae optari possunt affatim praestiterunt. Es ist indes nicht ganz klar, ob diese Inschrift außen angebracht und sichtbar, oder wie die zunächst vorher mitgeteilte in einem Grundstein verborgen war. Im letztern Fall verbände sich wohl damit eine neue Idee: das Glück sollte durch die geheime Schrift, die vielleicht nur noch der Chronist kannte, magisch an das Gebäude gefesselt werden.

Urteil. Man zog die Menschen und zum Teil auch die Einrichtungen des Altertums denjenigen des Mittelalters vor, strebte ihnen auf alle Weise nach und wurde dabei über den Religionsunterschied völlig gleichgültig. Die Bewunderung der historischen Größe absorbierte Alles. (Vgl. S. 154, Anm., 424.)

Bei den Philologen kam dann noch manche besondere Torheit hinzu, durch welche sie die Blicke der Welt auf sich zogen. Wie weit Papst Paul II. berechtigt war, das Heidentum seiner Abbreviatoren und ihrer Genossen zur Rechenschaft zu ziehen, bleibt allerdings sehr zweifelhaft, da sein Hauptopfer und Biograph Platina (S. 227, 329) es meisterlich verstanden hat, ihn dabei als rachsüchtig wegen anderer Dinge und ganz besonders als komische Figur erscheinen zu lassen. Die Anklage auf Unglauben, Heidentum,[29] Leugnung der Unsterblichkeit usw. wurde gegen die Verhafteten erst erhoben, nachdem der Hochverratsprozeß nichts ergeben hatte; auch war Paul, wenn wir recht berichtet werden, gar nicht der Mann dazu, irgend etwas Geistiges zu beurteilen, wie er denn die Römer ermahnte, ihren Kindern über Lesen und Schreiben hinaus keinen weitern Unterricht mehr geben zu lassen. Es ist eine ähnliche priesterliche Beschränktheit wie bei Savonarola (S. 473), nur daß man Papst Paul hätte erwidern können, er und seinesgleichen trügen mit die Hauptschuld, wenn die Bildung den Menschen von der Religion abwendig mache. Daran aber ist doch nicht zu zweifeln, daß er eine wirkliche Besorgnis wegen der heidnischen Tendenzen in seiner Nähe verspürte. Was mögen sich vollends die Humanisten am Hofe des heidnisch ruchlosen Sigismondo Malatesta (S. 492, Anm.) erlaubt haben? Gewiß kam es bei diesen meist haltungslosen Menschen wesentlich darauf an, wie weit ihre Umgebung ihnen zu gehen gestattete. Und wo sie das Christentum anrühren, da paganisieren sie es (S. 256, 261). Man muß sehen, wie weit z. B. ein Gioviano Pontano die

---

29 Quod nimium gentilitatis amatores essemus.

Vermischung treibt; ein Heiliger heißt bei ihm nicht nur Divus, sondern Deus; die Engel hält er schlechtweg mit den Genien des Altertums für identisch,[30] und seine Ansicht von der Unsterblichkeit gleicht einem Schattenreiche. Es kommt zu einzelnen ganz wunderbaren Exzessen in dieser Beziehung. Als 1526 Siena[31] von der Partei der Ausgetriebenen angegriffen wurde, stand der gute Domherr Tizio, der uns dies selber erzählt, am 22. Juli vom Bette auf, gedachte dessen, was im dritten Buch des Macrobius[32] geschrieben steht, las eine Messe, und sprach dann die in jenem Autor aufgezeichnete Devotionsformel gegen die Feinde aus, nur daß er statt Tellus mater teque Jupiter obtestor sagte: Tellus teque Christe Deus obtestor. Nachdem er damit noch an den zwei folgenden Tagen fortgefahren, zogen die Feinde ab. Von der einen Seite sieht dergleichen aus, wie eine unschuldige Stil- und Modesache, von der andern aber wie ein religiöser Abfall.

Doch das Altertum hatte noch eine ganz besonders gefährliche Wirkung und zwar dogmatischer Art: es teilte der Renaissance seine Art des Aberglaubens mit. Einzelnes davon hatte sich in Italien durch das Mittelalter hindurch am Leben erhalten; um so viel leichter lebte jetzt das Ganze neu auf. Daß dabei die Phantasie mächtig mitspielte, versteht sich von selbst. Nur sie konnte den forschenden Geist der Italiener so weit zum Schweigen bringen.

Der Glaube an die göttliche Weltregierung war, wie gesagt, bei den einen durch die Masse des Unrechtes und Unglückes erschüttert; die Andern, wie z. B. Dante, gaben

---

30 Während doch die bildende Kunst wenigstens zwischen Engeln und Putten unterschied und für alle ernsten Zwecke die erstern anwandte. – Annal. Estens. bei Murat. XX, Col. 468 heißt der Amorin oder Putto ganz naiv: instar Cupidinis angelus.

31 Della Valle, Lettere sanesi, III, 18.

32 Macrob. Saturnal. III, 9. Ohne Zweifel macht er auch die dort vorgeschriebenen Gesten dazu.

wenigstens das Erdenleben dem Zufall und seinem Jammer
preis, und wenn sie dabei dennoch einen starken Glauben
behaupteten, so kam dies daher, daß sie die höhere Bestimmung des Menschen für das Jenseits festhielten. Sobald nun
auch diese Überzeugung von der Unsterblichkeit wankte,   5
bekam der Fatalismus das Übergewicht – oder wenn letzteres geschah, so war ersteres die Folge davon.

In die Lücke trat zunächst die Astrologie des Altertums,
auch wohl die der Araber. Aus der jedesmaligen Stellung
der Planeten unter sich und zu den Zeichen des Tierkreises 10
erriet sie künftige Ereignisse und ganze Lebensläufe und
bestimmte auf diesem Wege die wichtigsten Entschlüsse. In
vielen Fällen mag die Handlungsweise, zu welcher man sich
durch die Gestirne bestimmen ließ, an sich nicht unsittli-
cher gewesen sein als diejenige, welche man ohnedies be-   15
folgt haben würde; sehr oft aber muß der Entscheid auf
Unkosten des Gewissens und der Ehre erfolgt sein. Es ist
ewig lehrreich zu sehen, wie alle Bildung und Aufklärung
gegen diesen Wahn lange Zeit nicht aufkam, weil derselbe
seine Stütze hatte an der leidenschaftlichen Phantasie, an   20
dem heißen Wunsch, die Zukunft vorauszuwissen und zu
bestimmen, und weil das Altertum ihn bestätigte.

Die Astrologie tritt mit dem 13. Jahrhundert plötzlich
sehr mächtig in den Vordergrund des italienischen Lebens.
Kaiser Friedrich II. führt seinen Astrologen Theodorus mit   25
sich, und Ezzelino da Romano[33] einen ganzen stark besoldeten Hof von solchen Leuten, darunter den berühmten
Guido Bonatto und den langbärtigen Sarazenen Paul von
Bagdad. Zu allen wichtigen Unternehmungen mußten sie
ihm Tag und Stunde bestimmen, und die massenhaften   30
Greuel, welche er verüben ließ, mögen nicht geringen Teils
auf bloßer Deduktion aus ihren Weissagungen beruht ha-

---

33 Monachus Paduan. L. II, bei Urstisius, scriptores I, p. 598, 599,
   602, 607. – Auch der letzte Visconti (S. 46) hatte eine ganze
   Anzahl solcher Leute bei sich. Vgl. Decembrio bei Muratori
   XX, Col. 1017.

ben. Seitdem scheut sich Niemand mehr, die Sterne befragen zu lassen; nicht nur die Fürsten sondern auch einzelne Stadtgemeinden[34] halten sich regelmäßige Astrologen, und an den Universitäten[35] werden vom 14. bis zum 16. Jahrhundert besondere Professoren dieser Wahnwissenschaft, sogar neben eigentlichen Astronomen angestellt. Die Päpste[36] bekennen sich großenteils offen zur Sternbefragung; allerdings macht Pius II. eine ehrenvolle Ausnahme,[37] wie er denn auch Traumdeutung, Prodigien und Zauber verachtete; aber selbst Leo X. scheint einen Ruhm seines Pontifikates darin zu finden, daß die Astrologie blühe,[38] und Paul III. hat kein Konsistorium gehalten,[39] ohne daß ihm die Sterngucker die Stunde bestimmt hätten.

Bei den bessern Gemütern darf man nun wohl voraussetzen, daß sie sich nicht über einen gewissen Grad hinaus in ihrer Handlungsweise von den Sternen bestimmen ließen, daß es eine Grenze gab, wo Religion und Gewissen Einhalt geboten. In der Tat haben nicht nur treffliche und fromme Leute an dem Wahn Teil genommen, sondern sind selbst als Repräsentanten desselben aufgetreten. So Maestro Pagolo

34 So Florenz, wo der genannte Bonatto eine Zeitlang die Stelle versah. Vgl. auch Matteo Villani XI, 3, wo offenbar ein Stadtastrolog gemeint ist.

35 Libri, Hist. d. sciences math. II, 52, 193. In Bologna soll diese Professur schon 1125 vorkommen. – Vgl. das Verzeichnis der Professoren von Pavia bei Corio, fol. 290. – Die Professur an der Sapienza unter Leo X., vgl. Roscoe, Leone X, ed. Bossi, V, p. 283.

36 Schon um 1260 zwingt Papst Alexander IV. einen Kardinal und verschämten Astrologen, Bianco, mit politischen Weissagungen herauszurücken. Giov. Villani, VI, 81.

37 De dictis etc. Alphonsi, opera p. 493. Er fand es sei pulchrius quam utile. Platina, Vitae Pont. p. 310. – Für Sixtus IV. vgl. Jac. Volaterran. bei Murat. XXIII, Col. 173, 186.

38 Pier. Valeriano, de infelic. literat. bei Anlaß des Franc. Priuli, der über Leo's Horoskop schrieb und dabei mehrere Geheimnisse des Papstes erriet.

39 Ranke, Päpste, I, p. 247.

von Florenz,[40] bei welchem man beinahe diejenige Absicht auf Versittlichung des Astrologentums wiederfindet, welche bei dem späten Römer Firmicus Maternus kenntlich wird.[41] Sein Leben war das eines heiligen Aszeten; er genoß beinahe nichts, verachtete alle zeitlichen Güter und sammelte nur Bücher; als gelehrter Arzt beschränkte er seine Praxis auf seine Freunde, machte ihnen aber zur Bedingung, daß sie beichten mußten. Seine Konversation war der enge aber berühmte Kreis, welcher sich im Kloster zu den Engeln um Fra Ambrogio Camaldolese (S. 497) sammelte, – außerdem die Unterredungen mit Cosimo dem ältern, zumal in dessen letzten Lebensjahren; denn auch Cosimo achtete und benutzte die Astrologie, wenn gleich nur für bestimmte, wahrscheinlich untergeordnete Gegenstände. Sonst gab Pagolo nur den vertrautesten Freunden astrologischen Bescheid. Aber auch ohne solche Sittenstrenge konnte der Sterndeuter ein geachteter Mann sein und sich überall zeigen; auch gab es ihrer ohne Vergleich viel mehrere als im übrigen Europa, wo sie nur an bedeutendern Höfen, und selbst da nicht durchgängig, vorkommen. Wer in Italien irgendein größeres Haus machte, hielt sich auch, sobald der Eifer für die Sache groß genug war, einen Astrologen, der freilich bisweilen Hunger leiden mochte.[42] Durch die schon vor dem Bücherdruck stark verbreitete Literatur dieser Wissenschaft war überdies ein Dilettantismus entstanden, der sich soviel als möglich an die Meister des Faches anschloß. Die schlimme Gattung der Astrologen war die, welche die Sterne nur zu Hilfe nahm, um

---

40 Vespas. Fiorentino p. 660, vgl. 341. – Ebenda, p. 121 wird ein anderer Pagolo als Hofmathematiker und Astrolog des Federigo von Montefeltro erwähnt, und zwar merkwürdigerweise ein Deutscher.

41 Firmicus Maternus, Matheseos Libri VIII, am Ende des zweiten Buches.

42 Bei Bandello III. Nov. 60 bekennt sich der Astrolog des Alessandro Bentivoglio in Mailand vor dessen ganzer Gesellschaft als einen armen Teufel.

Zauberkünste damit zu verbinden oder vor den Leuten zu verdecken.

Doch selbst ohne eine solche Zutat ist die Astrologie ein trauriges Element des damaligen italienischen Lebens. Welchen Eindruck machen all jene hochbegabten, vielseitigen, eigenwilligen Menschen, wenn die blinde Begier, das Künftige zu wissen und zu bewirken, ihr kräftiges individuelles Wollen und Entschließen auf einmal zur Abdikation zwingt! Dazwischen, wenn die Sterne etwa gar zu Ungünstiges verkünden, raffen sie sich auf, handeln unabhängig und sprechen dazu: Vir sapiens dominabitur astris,[43] der Weise wird über die Gestirne Meister; – um bald wieder in den alten Wahn zurückzufallen.

Zunächst wird allen Kindern angesehener Familien das Horoskop gestellt und bisweilen schleppt man sich hierauf das halbe Leben hindurch mit irgend einer nichtsnutzigen Voraussetzung von Ereignissen, die nicht eintreffen.[44] Dann werden für jeden wichtigen Entschluß der Mächtigen, zumal für die Stunde des Beginnens die Sterne befragt. Abreisen fürstlicher Personen, Empfang fremder Gesandten,[45]

---

43 Einen solchen Anfall von Entschlossenheit hatte Lodovico Moro, als er das Kreuz mit jener Inschrift machen ließ, welches sich jetzt im Churer Münster befindet. Auch Sixtus IV. sagte einmal, er wolle versuchen, ob der Spruch wahr sei.

44 Der Vater des Piero Capponi, selber Astrolog, steckte den Sohn in den Handel, damit er nicht die gefährliche Kopfwunde bekomme, die ihm angedroht war. Vita di P. Capponi, Arch. stor. IV, II, 15. – Das Beispiel aus dem Leben des Cardanus S. 332. – Der Arzt und Astrolog Pierleoni von Spoleto glaubte, er werde einst ertrinken, mied deshalb alle Gewässer und schlug glänzende Stellungen in Padua und Venedig aus. Paul. Jov. Elog. liter.

45 Beispiele aus dem Leben des Lodovico Moro: Senarega, bei Muratori XXIV, Col. 518, 524. Benedictus, bei Eccard II, Col. 1623. Und doch hatte sein Vater, der große Francesco Sforza, die Astrologen verachtet, und sein Großvater Giacomo sich wenigstens nicht nach ihren Warnungen gerichtet. Corio, fol. 321, 413.

Grundsteinlegungen großer Gebäude hängen davon ab. Ein gewaltiges Beispiel der letztern Art findet sich im Leben des obengenannten Guido Bonatto, welcher überhaupt durch seine Tätigkeit sowohl als durch ein großes systematisches Werk[46] der Wiederhersteller der Astrologie im 13. Jahrhundert heißen darf. Um dem Parteikampf der Guelfen und Ghibellinen in Forlì ein Ende zu machen, beredete er die Einwohner zu einem Neubau ihrer Stadtmauern und zum feierlichen Beginn desselben unter einer Konstellation, die er angab; wenn dann Leute beider Parteien in demselben Moment Jeder seinen Stein in das Fundament würfen, so würde in Ewigkeit keine Parteiung mehr in Forlì sein. Man wählte einen Guelfen und einen Ghibellinen zu diesem Geschäfte; der hehre Augenblick erschien, beide hielten ihre Steine in der Hand, die Arbeiter warteten mit ihrem Bauzeug, und Bonatto gab das Signal – da warf der Ghibelline sogleich seinen Stein hinunter, der Guelfe aber zögerte und weigerte sich dann gänzlich, weil Bonatto selber als Ghibelline galt und etwas Geheimnisvolles gegen die Guelfen im Schilde führen konnte. Nun fuhr ihn der Astrolog an: Gott verderbe dich und deine Guelfenpartei mit euerer mißtrauischen Bosheit! dies Zeichen wird 500 Jahre lang nicht mehr am Himmel über unserer Stadt erscheinen! In der Tat verdarb Gott nachher die Guelfen von Forlì, jetzt aber (schreibt der Chronist um 1480) sind Guelfen und Ghibellinen hier doch gänzlich versöhnt und man hört ihre Parteinamen nicht mehr.[47]

Das Nächste, was von den Sternen abhängig wird, sind

---

46 Dasselbe ist öfter gedruckt, mir aber nie zu Gesichte gekommen. – Das hier Mitgeteilte aus Annal. foroliviens. bei Murat. XXII, Col. 233 s. – Leonbattista Alberti sucht die Zeremonie der Grundsteinlegung zu vergeistigen. Opere volgari, Tom. IV, p. 314 (oder de re aedific. L. I).

47 Bei den Horoskopen der zweiten Gründung von Florenz (Giov. Villani III, 1, unter Karl dem Großen) und der ersten von Venedig (oben, S. 69) geht vielleicht eine alte Erinnerung neben der Dichtung des spätern Mittelalters einher.

die Entschlüsse im Kriege. Derselbe Bonatto verschaffte
dem großen Ghibellinenhaupt Guido da Montefeltro eine
ganze Anzahl von Siegen, indem er ihm die richtige Sternenstunde zum Auszug angab; als Montefeltro ihn nicht
mehr bei sich hatte,[48] verlor er allen Mut seine Tyrannis
weiter zu behaupten und ging in ein Minoritenkloster; noch
lange Jahre sah man ihn als Mönch terminieren. Die Florentiner ließen sich noch im pisanischen Krieg von 1362
durch ihren Astrologen die Stunde des Auszuges bestimmen;[49] man hätte sich beinahe verspätet, weil plötzlich ein
Umweg in der Stadt befohlen wurde. Frühere Male war
man nämlich durch Via di Borgo S. Apostolo ausgezogen
und hatten schlechten Erfolg gehabt; offenbar war mit
dieser Straße, wenn man gegen Pisa zu Felde zog, ein übles
Augurium verknüpft, und deshalb wurde das Heer jetzt
durch Porta rossa hinausgeführt; weil aber dort die gegen
die Sonne ausgespannten Zelte nicht waren weggenommen
worden, so mußte man – ein neues übles Zeichen – die
Fahnen gesenkt tragen. Überhaupt war die Astrologie vom
Kriegswesen schon deshalb nie zu trennen, weil ihr die
meisten Condottieren anhingen. Jacopo Caldora war in der
schwersten Krankheit wohlgemut weil er wußte, daß er im
Kampfe fallen würde wie denn auch geschah;[50] Bartolommeo Alviano war davon überzeugt, daß seine Kopfwunden

---

48 Ann. foroliv. l. c. – Filippo Villani, Vite. – Macchiavelli, Stor.
    fior. L. I. – Wenn siegverheißende Konstellationen nahten,
    stieg Bonatto mit Astrolab und Buch auf den Turm von San
    Mercuriale über der Piazza, und ließ, sobald der Moment kam,
    gleich die große Glocke zum Aufgebot läuten. Doch wird
    zugestanden, daß er sich bisweilen sehr geirrt und das Schick-
    sal des Montefeltro und seinen eigenen Tod nicht vorausge-
    kannt habe. Unweit Cesena töteten ihn Räuber, als er von Paris
    und italienischen Universitäten, wo er gelehrt hatte, nach Forlì
    zurück wollte.
49 Matteo Villani XI, 3.
50 Jovian. Pontan. de fortitudine, L. I. – Die ersten Sforza als
    ehrenvolle Ausnahmen S. 508, Anm. ⟨45⟩.

ihm so gut wie sein Kommando durch Beschluß der Gestirne zu Teil geworden;[51] Nicolò Orsini-Pitigliano bittet sich für den Abschluß seines Soldvertrages mit Venedig (1495) von dem Physikus und Astrologen Alessandro Benedetto[52] eine gute Sternenstunde aus. Als die Florentiner den 1. Juni 1498 ihren neuen Condottiere, Paolo Vitelli feierlich mit seiner Würde bekleideten, war der Kommandostab, den man ihm überreichte, mit der Abbildung von Konstellationen versehen,[53] und zwar auf Vitellis eigenen Wunsch.

Bisweilen wird es nicht ganz klar, ob bei wichtigen politischen Ereignissen die Sterne vorher befragt wurden, oder ob die Astrologen nur nachträglich aus Kuriosität die Konstellation berechneten, welche den betreffenden Augenblick beherrscht haben sollte. Als Giangaleazzo Visconti (S. 21) mit einem Meisterstreich seinen Oheim Bernabò und dessen Familie gefangennahm (1385), standen Jupiter, Saturn und Mars im Hause der Zwillinge – so meldet ein Zeitgenosse,[54] aber wir erfahren nicht, ob dies den Entschluß zur Tat bestimmte. Nicht selten mag auch politische Einsicht und Berechnung den Sterndeuter mehr geleitet haben als der Gang der Planeten.[55]

51 Paul. Jov. Elog., sub v. Livianus.
52 Welcher dies selber erzählt. Benedictus, bei Eccard II, Col. 1617.
53 So wird wohl die Aussage des Jac. Nardi, Vita d'Ant. Giacomini p. 65 zu verstehen sein. – An Kleidern und Geräten kommt dergleichen nicht selten vor. Beim Empfang der Lucrezia Borgia in Ferrara trug das Maultier der Herzogin von Urbino eine schwarzsamtne Decke mit goldenen astrologischen Zeichen. Arch. stor. append. II, p. 305.
54 Azario, bei Corio, Fol. 258.
55 Etwas der Art könnte man selbst bei jenem türkischen Astrologen vermuten, der nach der Schlacht von Nicopolis dem Sultan Bajazeth I. riet, den Loskauf des Johann von Burgund zu gestatten: »um seinetwillen werde noch viel Christenblut vergossen werden.« Es war nicht zu schwer den weitern Verlauf des innern französischen Krieges vorauszuahnen. Magn. chron. belgicum, p. 358. Juvénal des Ursins ad a. 1396.

Hatte sich Europa schon das ganze spätere Mittelalter hindurch von Paris und Toledo aus durch astrologische Weissagungen von Pest, Krieg, Erdbeben, großen Wassern u. dgl. ängstigen lassen, so blieb Italien hierin vollends nicht zurück. Dem Unglücksjahr 1494, das den Fremden für immer Italien öffnete, gingen unleugbar schlimme Weissagungen nahe voraus,[56] nur müßte man wissen, ob solche nicht längst für jedes beliebige Jahr bereit lagen.

In seiner vollen, antiken Konsequenz dehnt sich aber das System in Regionen aus, wo man nicht mehr erwarten würde ihm zu begegnen. Wenn das ganze äußere und geistige Leben des Individuums von dessen Genitura bedingt ist, so befinden sich auch größere geistige Gruppen, z. B. Völker und Religionen, in einer ähnlichen Abhängigkeit, und da die Konstellationen dieser großen Dinge wandelbar sind, so sind es auch die Dinge selbst. Die Idee, daß jede Religion ihren Welttag habe, kommt auf diesem astrologischen Wege in die italienische Bildung hinein. Die Konjunktion des Jupiter, hieß[57] es, mit Saturn habe den hebräischen Glauben hervorgebracht, die mit Mars den chaldäischen, die mit der Sonne den ägyptischen, die mit Venus den mohammedanischen, die mit Mercur den christlichen, und die mit dem Mond werde einst die Religion des Antichrist hervorbringen. In frevelhaftester Weise hatte schon Cecco d'Ascoli die Nativität Christi berechnet und seinen Kreuzestod daraus deduziert; er mußte deshalb 1327 in Florenz auf dem Scheiterhaufen sterben.[58] Lehren dieser Art führten in ihren weitern Folgen eine förmliche Verfinsterung alles Übersinnlichen mit sich.

56 Benedictus, bei Eccard II, Col. 1579. Es hieß unter anderm 1493 vom König Ferrante: er werde seine Herrschaft verlieren sine cruore, sed sola fama, wie denn auch geschah.

57 Bapt. Mantuan. de patientia, L. III, cap. 12.

58 Giov. Villani, X, 39, 40. Es wirkten noch andere Dinge mit, unter anderm kollegialischer Neid. – Schon Bonatto hatte Ähnliches gelehrt und z. B. das Wunder der göttlichen Liebe in S. Franz als Wirkung des Planeten Mars dargestellt. Vgl. Jo. Picus adv. Astrol. II, 5.

Um so anerkennenswerter ist aber der Kampf, welchen
der lichte italienische Geist gegen dieses ganze Wahnge-
spinst geführt hat. Neben den größten monumentalen Ver-
herrlichungen der Astrologie, wie die Fresken im Salone zu
Padua[59] und diejenigen in Borso's Sommerpalast (Schifanoja) zu Ferrara, neben dem unverschämten Anpreisen, das
sich selbst ein Beroaldus der ältere[60] erlaubt, tönt immer
wieder der laute Protest der Nichtbetörten und Denkenden. Auch auf dieser Seite hatte das Altertum vorgearbeitet,
doch reden sie hier nicht den Alten nach, sondern aus ihrem
eigenen gesunden Menschenverstande und aus ihrer Beobachtung heraus. Petrarca's Stimmung gegen die Astrologen, die er aus eigenem Umgang kannte, ist derber Hohn,[61]
und ihr System durchschaut er in seiner Lügenhaftigkeit.
Sodann ist die Novelle seit ihrer Geburt, seit den cento
novelle antiche, den Astrologen fast immer feindlich.[62] Die
florentinischen Chronisten wehren sich auf das Tapferste,
auch wenn sie den Wahn, weil er in die Tradition verflochten ist, mitteilen müssen. Giovanni Villani sagt es mehr als
einmal:[63] »keine Konstellation kann den freien Willen des
Menschen unter die Notwendigkeit zwingen, noch auch
den Beschluß Gottes«; Matteo Villani erklärt die Astrologie
für ein Laster, das die Florentiner mit anderm Aberglauben
von ihren Vorfahren, den heidnischen Römern, geerbt hät-

59 Es sind die von Miretto zu Anfang des 15. Jahrhunderts
    gemalten; laut Scardeonius waren sie bestimmt ad indicandum
    nascentium naturas per gradus et numeros, ein populäreres
    Beginnen als wir uns jetzt leicht vorstellen. Es war Astrologie
    à la portée de tout le monde.
60 Er meint (Orationes, fol. 35, in nuptias) von der Sterndeutung:
    haec efficit ut homines parum a Diis distare videantur! – Ein
    anderer Enthusiast aus derselben Zeit ist Jo. Garzonius, de
    dignitate urbis Bononiae, bei Murat. XXI, Col. 1163.
61 Petrarca, epp. seniles III, 1 (p. 765) u. a.a.O. Der genannte Brief
    ist an Boccaccio gerichtet, welcher ebenso gedacht haben muß.
62 Bei Franco Sacchetti macht Nov. 151 ihre Weisheit lächerlich.
63 Gio. Villani III, l. X, 39.

ten. Es blieb aber nicht bei bloß literarischer Erörterung,
sondern die Parteien, die sich darob bildeten, stritten öffentlich; bei der furchtbaren Überschwemmung des Jahres
1333 und wiederum 1345 wurde die Frage über Sternen-
schicksal und Gottes Willen und Strafgerechtigkeit zwischen Astrologen und Theologen höchst umständlich diskutiert.[64] Diese Verwahrungen hören die ganze Zeit der
Renaissance hindurch niemals völlig auf,[65] und man darf sie
für aufrichtig halten, da es durch Verteidigung der Astrologie leichter gewesen wäre sich bei den Mächtigen zu empfehlen als durch Anfeindung derselben.

In der Umgebung des Lorenzo magnifico, unter seinen
namhaftesten Platonikern, herrschte hierüber Zwiespalt.
Marsilio Ficino verteidigte die Astrologie und stellte den
Kindern vom Hause das Horoskop, wie er denn auch dem
kleinen Giovanni geweissagt haben soll, er würde ein Papst
– Leo X. – werden.[66] Dagegen macht Pico della Mirandola
wahrhaft Epoche in dieser Frage durch seine berühmte
Widerlegung.[67] Er weist im Sternglauben eine Wurzel aller
Gottlosigkeit und Unsittlichkeit nach; wenn der Astrologe
an irgend Etwas glauben wolle, so müsse er am ehesten die
Planeten als Götter verehren, indem ja von ihnen alles
Glück und Unheil hergeleitet werde; auch aller übrige
Aberglaube finde hier ein bereitwilliges Organ, indem
Geomantie, Chiromantie und Zauber jeder Art für die Wahl
der Stunde sich zunächst an die Astrologie wendeten. In

---

64 Gio. Villani XI, 2. XII, 4.

65 Auch jener Verfasser der Annales Placentini (bei Murat. XX,
    Col. 931), der S. 237, 238, Anm. erwähnte Alberto di Ripalta
    schließt sich dieser Polemik an. Die Stelle ist aber anderweitig
    merkwürdig, weil sie die damaligen Meinungen über die neun
    bekannten, und hier mit Namen genannten Kometen enthält.
    – Vgl. Gio. Villani, XI, 67.

66 Paul. Jov. Vita Leonis X. L. III, wo dann bei Leo selbst
    wenigstens ein Glaube an Vorbedeutungen usw. zum Vor-
    schein kommt.

67 Jo. Pici Mirand. adversus astrologos libri XII.

betreff der Sitten sagt er: eine größere Förderung für das Böse gäbe es gar nicht, als wenn der Himmel selbst als Urheber desselben erscheine, dann müsse auch der Glaube an ewige Seligkeit und Verdammnis völlig schwinden. Pico hat sich sogar die Mühe genommen, auf empirischem Wege die Astrologen zu kontrollieren; von ihren Wetterprophezeiungen für die Tage eines Monats fand er drei Vierteile falsch. Die Hauptsache aber war, daß er (im IV. Buche) eine positive christliche Theorie über Weltregierung und Willensfreiheit vortrug, welche auf die Gebildeten der ganzen Nation einen größern Eindruck gemacht zu haben scheint als alle Bußpredigten, von welchen diese Leute oft nicht mehr erreicht wurden.

Vor Allem verleidet er den Astrologen die weitere Publikation ihrer Lehrgebäude,[68] und die, welche bisher dergleichen hatten drucken lassen, schämten sich mehr oder weniger. Gioviano Pontano z. B. hatte in seinem Buche »vom Schicksal« (S. 501) die ganze Wahnwissenschaft anerkannt und sie in einem eigenen großen Werke[69] theoretisch in der Art des alten Firmicus vorgetragen; jetzt, in seinem Dialog »Aegidius« gibt er zwar nicht die Astrologie, wohl aber die Astrologen Preis, rühmt den freien Willen und beschränkt den Einfluß der Sterne auf die körperlichen Dinge. Die Sache blieb in Übung, aber sie scheint doch nicht mehr das Leben so beherrscht zu haben wie früher. Die Malerei, welche im 15. Jahrhundert den Wahn nach Kräften verherrlicht hatte, spricht nun die veränderte Denkweise aus: Rafael in der Kuppel der Kapelle Chigi[70] stellt ringsum die Planetengötter und den Fixsternhimmel dar, aber bewacht und geleitet von herrlichen Engelgestalten, und von oben

---

68 Laut Paul. Jov. Elog. lit., sub tit. Jo. Picus, war seine Wirkung diese, ut subtilium disciplinarum professores a scribendo deterruisse videatur.

69 De rebus coelestibus.

70 In S. Maria del popolo zu Rom. – Die Engel erinnern an die Theorie Dantes zu Anfang des Convito.

herab gesegnet durch den ewigen Vater. Noch ein anderes
Element scheint der Astrologie in Italien feindlich gewesen
zu sein: die Spanier hatten keinen Teil daran, auch ihre
Generale nicht, und wer sich bei ihnen in Gunst setzen
wollte,[71] bekannte sich auch wohl ganz offen als Feind der
für sie halbketzerischen, weil halbmohammedanischen
Wissenschaft. Freilich noch 1529 meint Guicciardini: wie
glücklich doch die Astrologen seien, denen man glaube,
wenn sie unter hundert Lügen eine Wahrheit vorbrächten,
während andere, die unter hundert Wahrheiten eine Lüge
sagten, um allen Kredit kämen.[72] Und überdies schlug die
Verachtung der Astrologie nicht notwendig in Vorse-
hungsglauben um, sie konnte sich auch auf einen allgemeinen, unbestimmten Fatalismus zurückziehen.

Italien hat in dieser wie in andern Beziehungen den
Kulturtrieb der Renaissance nicht gesund durch- und aus-
leben können, weil die Eroberung und die Gegenreformation dazwischen kam. Ohne dieses würde es wahrscheinlich
die phantastischen Torheiten völlig aus eigenen Kräften
überwunden haben. Wer nun der Ansicht ist, daß Invasion
und katholische Reaktion notwendig und vom italienischen Volk ausschließlich selbst verschuldet gewesen seien,
wird ihm auch die daraus erwachsenen geistigen Verluste
als gerechte Strafe zuerkennen. Nur Schade, daß Europa
dabei ebenfalls ungeheuer verloren hat.

Bei weitem unschuldiger als die Sterndeutung erscheint
der Glaube an Vorzeichen. Das ganze Mittelalter hatte
einen großen Vorrat desselben aus seinen verschiedenen
Heidentümern ererbt und Italien wird wohl darin am wenigsten zurückgeblieben sein. Was aber die Sache hier

---

71 Dies ist wohl der Fall mit Antonio Galateo, der in einem Brief
   an Ferdinand den Katholischen (Mai, spicileg. rom. vol. VIII,
   p. 226, vom Jahr 1510) die Astrologie heftig verleugnet, in
   einem andern Brief an den Grafen von Potenza jedoch (ibid.,
   p. 539) aus den Sternen schließt, daß die Türken heuer Rhodus
   angreifen würden.
72 Ricordi, l. c. N. 57.

eigentümlich färbt, ist die Unterstützung, welche der Humanismus diesem populären Wahn leistet; er kommt dem ererbten Stück Heidentum mit einem literarisch erarbeiteten zu Hülfe.

Der populäre Aberglaube der Italiener bezieht sich bekanntlich auf Ahnungen und Schlüsse aus Vorzeichen,[73] woran sich dann noch eine meist unschuldige Magie anschließt. Nun fehlt es zunächst nicht an gelehrten Humanisten, welche wacker über diese Dinge spotten und sie bei diesem Anlaß berichten. Derselbe Gioviano Pontano, welcher jenes große astrologische Werk (S. 515) verfaßte, zählt in seinem »Charon« ganz mitleidig allen möglichen neapolitanischen Aberglauben auf: den Jammer der Weiber, wenn ein Huhn oder eine Gans den Pips bekömmt; die tiefe Besorgnis der vornehmen Herrn, wenn ein Jagdfalke ausbleibt, ein Pferd den Fuß verstaucht; den Zauberspruch der apulischen Bauern, welchen sie in drei Samstagsnächten hersagen, wenn tolle Hunde das Land unsicher machen usw. Überhaupt hatte die Tierwelt ein Vorrecht des Ominösen gerade wie im Altertum, und vollends jene auf Staatskosten unterhaltenen Löwen, Leoparden u. dgl. (S. 288) gaben durch ihr Verhalten dem Volke um so mehr zu denken, als man sich unwillkürlich gewöhnt hatte, in ihnen das lebendige Symbol des Staates zu erblicken. Als während der Belagerung 1529 ein angeschossener Adler nach Florenz hereinflog, gab die Signorie dem Überbringer vier Dukaten, weil es ein gutes Augurium sei.[74] Dann waren bestimmte Zeiten und Orte für bestimmte Verrichtungen günstig oder ungünstig oder überhaupt entscheidend. Die Florentiner glaubten, wie Varchi meldet, der Sonnabend sei ihr Schicksalstag, an welchem alle wichtigen Dinge, gute

---

73 Eine Masse solchen Wahnes beim letzten Visconti zählt Decembrio (Murat. XX, Col. 1016 s.) auf.
74 Varchi, Stor. fior. L. IV. (p. 174). Ahnung und Weissagung spielten damals in Florenz fast dieselbe Rolle wie einst in dem belagerten Jerusalem. Vgl. ibid. III, 143, 195. IV, 43, 177.

sowohl als böse zu geschehen pflegten. Ihr Vorurteil gegen
Kriegsauszüge durch eine bestimmte Gasse wurde schon
(S. 510) erwähnt; bei den Peruginern dagegen gilt eines
ihrer Tore, die Porta eburnea, als glückverheißend, so daß
die Baglionen zu jedem Kampfe dort hinaus marschieren
ließen.[75] Dann nehmen Meteore und Himmelszeichen dieselbe Stelle ein wie im ganzen Mittelalter, und aus sonderbaren Wolkenbildungen gestaltet die Phantasie auch jetzt
wieder streitende Heere und glaubt deren Lärm hoch in der
Luft zu hören.[76] Schon bedenklicher wird der Aberglaube,
wenn er sich mit heiligen Dingen kombiniert, wenn z. B.
Madonnenbilder die Augen bewegen[77] oder weinen, ja
wenn Landeskalamitäten mit irgendeinem angeblichen Fre-
vel in Verbindung gebracht werden, dessen Sühnung dann
der Pöbel verlangt (S. 479). Als Piacenza 1478 von langem
und heftigem Regen heimgesucht wurde, hieß es, derselbe
werde nicht aufhören, bis ein gewisser Wucherer, der unlängst in S. Francesco begraben worden war, nicht mehr in
geweihter Erde ruhe. Da sich der Bischof weigerte, die
Leiche gutwillig ausgraben zu lassen, holten die jungen
Bursche sie mit Gewalt, zerrten sie in den Straßen unter
greulichem Tumult herum und warfen sie zuletzt in den
Po.[78] Freilich auch ein Angelo Poliziano läßt sich auf dieselbe Anschauungsweise ein, wo es Giacomo Pazzi gilt,
einen Hauptanstifter der nach seiner Familie benannten

---

75 Matarazzo, Arch. stor. XVI, II, p. 208.

76 Prato, Arch. stor. III, p. 324, zum Jahr 1514.

77 Wie die Madonna dell' arbore im Dom von Mailand 1515 tat,
    vgl. Prato, l. c., p. 327. Freilich erzählt derselbe Chronist
    p. 357, daß man beim Graben der Fundamente für den Bau der
    triulzischen Grabkapelle (bei S. Nazaro) einen toten Drachen
    so dick wie ein Pferd gefunden habe; man brachte den Kopf in
    den Palast Triulzi und gab den Rest preis.

78 Et fuit mirabile quod illico pluvia cessavit. Diarium Parmense
    bei Murat. XXII, Col. 280. Dieser Autor teilt auch sonst jenen
    konzentrierten Haß gegen die Wucherer, wovon das Volk
    erfüllt ist. Vgl. Col. 371.

Verschwörung zu Florenz in demselben Jahre 1478. Als man ihn erdrosselte, hatte er mit fürchterlichen Worten seine Seele dem Satan übergeben. Nun trat auch hier Regen ein, so daß die Getreideernte bedroht war; auch hier grub ein Haufe von Leuten (meist Bauern) die Leiche in der Kirche aus und alsobald wichen die Regenwolken und die Sonne erglänzte – »so günstig war das Glück der Volksmeinung«, fügt der große Philologe bei.[79] Zunächst wurde die Leiche in ungeweihter Erde verscharrt, des folgenden Tages aber wiederum ausgegraben und nach einer entsetzlichen Prozession durch die Stadt in den Arno versenkt.

Solche und ähnliche Züge sind wesentlich populär und können im 10. Jahrhundert so gut vorgekommen sein als im 16. Nun mischt sich aber auch hier das literarische Altertum ein. Von den Humanisten wird ausdrücklich versichert, daß sie den Prodigien und Augurien ganz besonders zugänglich gewesen und Beispiele davon (S. 498) wurden bereits erwähnt. Wenn es aber irgendeines Beleges bedürfte, so würde ihn schon der eine Poggio gewähren. Derselbe radikale Denker, welcher den Adel und die Ungleichheit der Menschen negiert (S. 355), glaubt nicht nur an allen mittelalterlichen Geister- und Teufelspuk (fol. 167, 179), sondern auch an Prodigien antiker Art, z. B. an diejenigen, welche beim letzten Besuch Eugen's IV. in Florenz berichtet wurden.[80] »Da sah man in der Nähe von Como des Abends 4 000 Hunde, die den Weg nach Deutschland nahmen; auf diese folgte eine große Schar Rinder, dann ein Heer von Bewaffneten zu Fuß und zu Roß, teils ohne Kopf, teils mit kaum sichtbaren Köpfen, zuletzt ein riesiger Rei-

---

79 Coniurationis Pactianae commentarius, in den Beilagen zu Roscoe, Leben des Lorenzo. – Poliziano war sonst wenigstens Gegner der Astrologie.

80 Poggii facetiae, fol. 174. – Aen. Sylvius: De Europa c. 53, 54 (Opera, p. 451, 455) erzählt wenigstens wirklich geschehene Prodigien, z. B. Tierschlachten, Wolkenerscheinungen usw. und gibt sie schon wesentlich als Kuriositäten, wenn er auch die betreffenden Schicksale daneben nennt.

ter, dem wieder eine Herde von Rindern nachzog.« Auch
an eine Schlacht von Elstern und Dohlen (fol. 180) glaubt
Poggio. Ja er erzählt, vielleicht ohne es zu merken, ein ganz
wohlerhaltenes Stück antiker Mythologie. An der dalmati-
nischen Küste nämlich erscheint ein Triton, bärtig und mit
Hörnchen, als echter Meersatyr, unten in Flossen und in
einen Fischleib ausgehend; er fängt Kinder und Weiber
vom Ufer weg, bis ihn fünf tapfere Waschfrauen mit Steinen und Prügeln töten.[81] Ein hölzernes Modell des Unge-
tüms, welches man in Ferrara zeigt, macht dem Poggio die
Sache völlig glaublich. Zwar Orakel gab es keine mehr und
Götter konnte man nicht mehr befragen, aber das Aufschlagen des Virgil und die ominöse Deutung der Stelle auf die
man traf (sortes virgilianae) wurde wieder Mode.[82] Außerdem blieb der Dämonenglauben des spätesten Altertums
gewiß nicht ohne Einfluß auf denjenigen der Renaissance.
Die Schrift des Jamblichus oder Abammon über die Mysterien der Ägypter, welche hiezu dienen konnte, ist schon zu
Ende des 15. Jahrhunderts in lateinischer Übersetzung gedruckt worden. Sogar die platonische Akademie in Florenz
z. B. ist von solchem und ähnlichem neuplatonischem
Wahn der sinkenden Römerzeit nicht ganz frei geblieben.
Von diesem Glauben an die Dämonen und dem damit
zusammenhängenden Zauber muß nunmehr die Rede sein.

Der Populärglaube an das, was man die Geisterwelt
nennt,[83] ist in Italien so ziemlich derselbe wie im übrigen

---

81 Poggii facetiae, fol. 160, cf. Pausanias IX, 20.
82 Varchi III, p. 195. Zwei Verdächtige entschließen sich 1529 zur
    Flucht aus dem Staate, weil sie Virg. Aen. III, vs. 44, aufschlu-
    gen. Vgl. Rabelais, Pantagruel, III, 10.
83 Phantasien von Gelehrten, wie z. B. den splendor und den
    spiritus des Cardanus und den Daemon familiaris seines Vaters
    lassen wir auf sich beruhen. Vgl. Cardanus, de propria vita,
    cap. 4, 38, 47. Er selber war Gegner der Magie, cap. 39. Die
    Prodigien und Gespenster, die ihm begegnet, cap. 37, 41. –
    Wieweit die Gespensterfurcht des letzten Visconti ging, vgl.
    Decembrio, bei Muratori XX, Col. 1016.

Europa. Zunächst gibt es auch dort Gespenster, d. h. Erscheinungen Verstorbener, und wenn die Anschauung von der nordischen etwas abweicht, so verrät sich dies höchstens durch den antiken Namen ombra. Wenn sich noch heute ein solcher Schatten erzeigt, so läßt man ein paar Messen für seine Ruhe lesen. Daß die Seelen böser Menschen in furchtbarer Gestalt erscheinen, versteht sich von selbst, doch geht daneben noch eine besondere Ansicht einher, wonach die Gespenster Verstorbener überhaupt bösartig wären. Die Toten bringen die kleinen Kinder um, meint der Kaplan bei Bandello.[84] Wahrscheinlich trennt er hiebei in Gedanken noch einen besondern Schatten von der Seele, denn diese büßt ja im Fegefeuer und wo *sie* erscheint, pflegt sie nur zu flehen und zu jammern. Andere Male ist, was erscheint, nicht sowohl das Schattenbild eines bestimmten Menschen, als das eines Ereignisses, eines vergangenen Zustandes. So erklären die Nachbarn den Teufelsspuk im alten viscontinischen Palast bei S. Giovanni in Conca zu Mailand; hier habe einst Bernabò Visconti unzählige Opfer seiner Tyrannei foltern und erdrosseln lassen, und es sei kein Wunder, wenn sich etwas erzeige.[85] Einem ungetreuen Armenhausverwalter zu Perugia erschien eines Abends, als er Geld zählte, ein Schwarm von Armen mit Lichtern in den Händen und tanzten vor ihm herum; eine große Gestalt aber führte drohend das Wort für sie, es war S. Alò, der Schutzheilige des Armenhauses.[86] – Diese Anschauungen verstanden sich so sehr von selbst, daß auch Dichter ein allgemein gültiges Motiv darin finden konnten.

---

84 Molte fiate i morti guastano le creature. Bandello II, Nov. 1.
85 Bandello III, Nov. 20. Freilich war es nur ein Amant, der den Gemahl seiner Dame, den Bewohner des Palastes, erschrecken wollte. Er und die Seinigen verkleideten sich in Teufel; einen, der alle Tierstimmen nachmachen konnte, hatte er sogar von auswärts kommen lassen.
86 Graziani, Arch. stor. XVI, I, p. 640, ad a. 1467. Der Verwalter starb vor Schrecken.

Sehr schön gibt z. B. Castiglione die Erscheinung des er-
schossenen Lodovico Pico unter den Mauern des belagerten Mirandola wieder.[87] Freilich die Poesie benutzt dergleichen gerade am liebsten, wenn der Poet selber schon dem
5   betreffenden Glauben entwachsen ist.

Sodann war Italien mit derselben Volksansicht über die
Dämonen erfüllt wie alle Völker des Mittelalters. Man war
überzeugt, daß Gott den bösen Geistern jedes Ranges bisweilen eine große zerstörende Wirkung gegen einzelne
10 Teile der Welt und des Menschenlebens zulasse; alles, was
man einbedang, war, daß wenigstens der Mensch, welchem
die Dämonen als Versucher nahten, seinen freien Willen
zum Widerstand anwenden könne. In Italien nimmt zumal
das Dämonische der Naturereignisse im Mund des Volkes
15 leicht eine poetische Größe an. In der Nacht vor der großen
Überschwemmung des Arnotales 1333 hörte einer der heiligen Einsiedler oberhalb Vallombrosa in seiner Zelle ein
teuflisches Getöse, bekreuzte sich, trat unter die Tür und
erblickte schwarze und schreckliche Reiter in Waffen vor-
20 überjagen. Auf sein Beschwören stand ihm einer davon
Rede: »wir gehen und ersäufen die Stadt Florenz um ihrer
Sünden willen, wenn Gott es zuläßt.«[88] Womit man die fast
gleichzeitige venezianische Erscheinung (1340) vergleichen mag, aus welcher dann irgend ein großer Meister der
25 Schule von Venedig, wahrscheinlich Giorgione, ein wundersames Bild gemacht hat: jene Galeere voller Dämonen,
welche mit der Schnelligkeit eines Vogels über die stürmi-
sche Lagune daherjagte um die sündige Inselstadt zu verderben, bis die drei Heiligen, welche unerkannt in die Barke
30 eines armen Schiffers gestiegen waren, durch ihre Beschwörung die Dämonen und ihr Schiff in den Abgrund
der Fluten trieben.

Zu diesem Glauben gesellt sich nun der Wahn, daß der

---

87 Balth. Castilionii carmina. Prosopopeja Lud. Pici.
88 Gio. Villani XI, 2. Er hatte es vom Abt der Vallombrosaner,
    dem es der Eremit eröffnet hatte.

Mensch sich durch Beschwörung den Dämonen nähern, ihre Hülfe zu seinen irdischen Zwecken der Habgier, Machtgier und Sinnlichkeit benützen könne. Hiebei gab es wahrscheinlich viele Verklagte früher als es viele Schuldige gab; erst als man vorgebliche Zauberer und Hexen verbrannte, begann die wirkliche Beschwörung und der absichtliche Zauber häufiger zu werden. Aus dem Qualm der Scheiterhaufen, auf welchen man jene Verdächtigen geopfert, stieg erst der narkotische Dampf empor, der eine größere Anzahl von verlorenen Menschen zur Magie begeisterte. Ihnen schlossen sich dann noch resolute Betrüger an.

Die populäre und primitive Gestalt, in welcher dieses Wesen vielleicht seit der Römerzeit[88a] ununterbrochen fortgelebt hatte, ist das Treiben der Hexe (strega). Sie kann sich so gut als völlig unschuldig gebärden, solange sie sich auf die Divination beschränkt,[89] nur daß der Übergang vom bloßen Voraussagen zum Bewirkenhelfen oft unmerklich und doch eine entscheidende Stufe abwärts sein kann. Handelt es sich einmal um wirkenden Zauber, so traut man der Hexe hauptsächlich die Erregung von Liebe und Haß zwischen Mann und Weib, doch auch rein zerstörende, boshafte Malefizien zu, namentlich das Hinsiechen von kleinen Kindern, auch wenn dasselbe noch so handgreiflich von Verwahrlosung und Unvernunft der Eltern herrührt. Nach Allem bleibt dann noch die Frage übrig, wie weit die Hexe durch bloße Zaubersprüche, Zeremonien und unverstandene Formeln, oder aber durch bewußte Anrufung der Dämonen gewirkt haben soll, abgesehen von den Arzneien

---

88a Von dem, was die Zauberinnen in der antiken römischen Zeit vermochten, ist doch nur ein geringer Rest übrig. Die vielleicht letzte Verwandlung eines Menschen in einen Esel, im 11. Jahrhundert unter Leo IX. s. bei Guil. Malmesbur. II, § 171 (vol. I, p. 282).

89 Dies möchte der Fall gewesen sein bei der merkwürdigen Besessenen, welche um 1513 in Ferrara u. a.a.O. von lombardischen Großen um der Weissagung willen konsultiert wurde; sie hieß Rodogine. Näheres bei Rabelais, Pantagruel IV, 58.

und Giften, die sie in voller Kenntnis von deren Wirkung mag verabfolgt haben.

Die unschuldigere Art, wobei noch Bettelmönche als Konkurrenten aufzutreten wagen, lernt man z. B. in der Hexe von Gaeta kennen, welche Pontano[90] uns vorführt. Sein Reisender Suppatius gerät in ihre Wohnung, während sie gerade einem Mädchen und einer Dienstmagd Audienz gibt, die mit einer schwarzen Henne, neun am Freitag gelegten Eiern, einer Ente und weißem Faden kommen, sintemal der dritte Tag seit Neumond ist; sie werden nun weggeschickt und auf die Dämmerung wieder herbeschieden. Es handelt sich hoffentlich nur um Divination; die Herrin der Dienstmagd ist von einem Mönch geschwängert, dem Mädchen ist sein Liebhaber untreu geworden und ins Kloster gegangen. Die Hexe klagt: »Seit meines Mannes Tode lebe ich von diesen Dingen und könnte es bequem haben, da unsere Gaetanerinnen einen ziemlich starken Glauben besitzen, wenn nicht die Mönche mir den Profit vorwegnähmen, indem sie Träume deuten, den Zorn der Heiligen sich abkaufen lassen, den Mädchen Männer, den Schwangern Knaben, den Unfruchtbaren Kinder versprechen und überdies des Nachts, wenn das Mannsvolk auf dem Fischfang aus ist, die Weiber heimsuchen, mit welchen sie des Tages in der Kirche Abreden getroffen haben.« Suppatius warnt sie vor dem Neid des Klosters, aber sie fürchtet nichts, weil der Guardian ihr alter Bekannter ist.

Der Wahn jedoch schafft sich nun eine schlimmere Gattung von Hexen; solche, die durch bösen Zauber die Menschen um Gesundheit und Leben bringen. Bei diesen wird man auch, sobald der böse Blick usw. nicht ausreichte, zuerst an Beihilfe mächtiger Geister gedacht haben. Ihre Strafe ist, wie wir schon bei Anlaß der Finicella (S. 465) sahen, der Feuertod, und doch läßt der Fanatismus damals noch mit sich handeln; im Stadtgesetz von Perugia z. B.

---

90 Jovian. Pontan. Antonius.

können sie sich mit 400 Pfund loskaufen.[91] Ein konsequenter Ernst wurde damals noch nicht auf die Sache gewendet. Auf dem Boden des Kirchenstaates, im Hochapennin,
und zwar in der Heimat des heiligen Benedikt, zu Norcia,
behauptete sich ein wahres Nest des Hexen- und Zauber-
wesens. Die Sache war völlig notorisch. Es ist einer der
merkwürdigsten Briefe des Aeneas Sylvius,[92] aus seiner
frühern Zeit, der hierüber Aufschluß gibt. Er schreibt an
seinen Bruder: »Überbringer dieses ist zu mir gekommen,
um mich zu fragen, ob ich nicht in Italien einen Venusberg
wüßte? in einem solchen nämlich würden magische Künste
gelehrt, nach welchen sein Herr, ein Sachse und großer
Astronom,[93] Begierde trüge. Ich sagte, ich kenne ein Porto
Venere unweit Carrara an der ligurischen Felsküste, wo ich
auf der Reise nach Basel drei Nächte zubrachte; auch fand
ich, daß in Sizilien ein der Venus geweihter Berg Eryx
vorhanden sei, weiß aber nicht, daß dort Magie gelehrt
werde. Unter dem Gespräch jedoch fiel mir ein, daß in
Umbrien, im alten Herzogtum (Spoleto) unweit der Stadt
Nursia eine Gegend ist, wo sich unter einer steilen Fels-
wand eine Höhle findet, in welcher Wasser fließt. Dort sind,
wie ich mich entsinne gehört zu haben, Hexen (striges),
Dämonen und nächtliche Schatten, und wer den Mut hat,
kann Geister (spiritus) sehen und anreden und Zauberkünste lernen.[94] Ich habe es nicht gesehen, noch mich bemüht

---

91 Graziani, Arch. stor. XVI, I, p. 565, ad a. 1445, bei Anlaß einer
    Hexe von Nocera, welche nur die Hälfte bot und verbrannt
    wurde. Das Gesetz beschlägt solche, die: facciono le fature ov-
    vero venefitie ovvero encantatione d'immundi spiriti a nuocere.
92 Lib. I, ep. 46. Opera, p. 531 s. Statt umbra, p. 532, ist Umbria,
    statt lacum locum zu lesen.
93 Später nennt er ihn Medicus Ducis Saxoniae, homo tum dives
    tum potens.
94 Eine Art von Höllenloch kannte man im 14. Jahrhundert
    unweit Ansedonia in Toscana. Es war eine Höhle, wo man im
    Sande Tier- und Menschenspuren sah, welche, auch wenn man
    sie verwischte, des folgenden Tages doch wieder sichtbar wa-
    ren. Uberti, il Dittamondo, L. III, cap. 9.

es zu sehen, denn, was man nur mit Sünden lernt, das kennt
man besser gar nicht.« Nun nennt er aber seinen Gewährs-
mann und ersucht den Bruder, den Überbringer des Briefes
zu jenem hinzuführen, wenn er noch lebe. Aeneas geht hier
in der Gefälligkeit gegen einen Hochstehenden sehr weit,
aber für seine Person ist er nicht nur freier von allem
Aberglauben als seine Zeitgenossen (S. 479, 506), sondern
er hat darüber auch eine Prüfung bestanden, die noch heute
nicht jeder Gebildete aushalten würde. Als er zur Zeit des
Basler Konzils zu Mailand 75 Tage lang am Fieber darnie-
derlag, konnte man ihn doch nie dazu bewegen auf die
Zauberärzte zu hören, obwohl ihm ein Mann ans Bett
gebracht wurde, der kurz vorher 2 000 Soldaten im Lager
des Piccinino auf wunderbare Weise vom Fieber kuriert
haben sollte. Noch leidend reiste Aeneas über das Gebirge
nach Basel und genas im Reiten.[95]

Weiter erfahren wir etwas von der Umgegend Norcias
durch den Nekromanten, welcher den trefflichen Benvenuto Cellini in seine Gewalt zu bekommen suchte. Es
handelt sich darum[96] ein neues Zauberbuch zu weihen, und
der schicklichste Ort hiefür sind die dortigen Gebirge; zwar
hat der Meister des Zauberers einmal ein Buch geweiht in
der Nähe der Abtei Farfa, aber es ergaben sich dabei
Schwierigkeiten, die man bei Norcia nicht anträfe; überdies
sind die nursinischen Bauern zuverlässige Leute, haben
einige Praxis in der Sache und können im Notfall mächtige
Hülfe leisten. Der Ausflug unterblieb dann, sonst hätte
Benvenuto wahrscheinlich auch die Helfershelfer des Gau-
ners kennengelernt. Damals war diese Gegend völlig
sprichwörtlich. Aretino sagt irgendwo von einem verhex-
ten Brunnen: es wohnten dort die Schwester der Sibylle
von Norcia und die Tante der Fata Morgana. Und um
dieselbe Zeit durfte doch Trissino in seinem großen Epos[97]

---

95 Pii II. comment. L. I., p. 10.
96 Benv. Cellini, L. I, cap. 65.
97 L'Italia liberata da' Goti, canto XXIV. Man kann fragen, ob

jene Örtlichkeit mit allem möglichen Aufwand von Poesie und Allegorie als den Sitz der wahren Weissagung feiern.

Mit der berüchtigten Bulle Innocenz VIII. (1484)[98] wird dann bekanntlich das Hexenwesen und dessen Verfolgung zu einem großen und scheußlichen System. Wie die Hauptträger desselben deutsche Dominikaner waren, so wurde auch Deutschland am meisten durch diese Geißel heimgesucht und von Italien in auffallender Weise diejenigen Gegenden, welche Deutschland am nächsten lagen. Schon die Befehle und Bullen der Päpste selber[99] beziehen sich z. B. auf die dominikanische Ordensprovinz Lombardia, auf die Diözesen Brescia und Bergamo, auf Cremona. Sodann erfährt man aus Sprengers berühmter theoretisch-praktischer Anweisung, dem Malleus Maleficarum, daß zu Como schon im ersten Jahre nach Erlaß der Bulle 41 Hexen verbrannt wurden; Scharen von Italienerinnen flüchteten auf das Gebiet Erzherzog Sigismunds, wo sie sich noch sicher glaubten. Endlich setzt sich dies Hexenwesen in einigen unglücklichen Alpentälern, besonders Val Camonica,[100]

Trissino selber noch an die Möglichkeit seiner Schilderung glaubt oder ob es sich bereits um ein Element freier Romantik handelt. Derselbe Zweifel ist bei seinem vermutlichen Vorbild Lucan (Ges. VI) gestattet, wo die thessalische Hexe dem Sextus Pompejus zu Gefallen eine Leiche beschwört.

98 Septimo Decretal. Lib. V. Tit. XII. Sie beginnt: summis desiderantes affectibus etc. Beiläufig glaube ich mich zu der Bemerkung veranlaßt, daß hier bei längerer Betrachtung jeder Gedanke an einen ursprünglichen objektiven Tatbestand, an Reste heidnischen Glaubens usw. verschwindet. Wer sich überzeugen will, wie die Phantasie der Bettelmönche die einzige Quelle dieses ganzen Wahns ist, verfolge in den Memoiren von Jaques du Clerc den sog. Waldenserprozeß von Arras im Jahr 1459. Erst durch hundertjähriges Hineinverhören brachte man auch die Phantasie des Volkes auf den Punkt, wo sich das ganze scheußliche Wesen von selbst verstand und sich vermeintlich neu erzeugte.

99 Alexanders VI., Leo's X., Hadrians VI., a.a.O.

100 Sprichwörtlich als Hexenland genannt z. B. im Orlandino, cap. I, str. 12.

ganz unaustilgbar fest; es war dem System offenbar gelungen, Bevölkerungen, welche irgendwie speziell disponiert
waren, bleibend mit seinem Wahn zu entzünden. Dieses
wesentlich deutsche Hexentum ist diejenige Nuance, an
welche man bei Geschichten und Novellen aus Mailand,
Bologna usw.[101] zu denken hat. Wenn es in Italien nicht
weiter um sich griff, so hing dies vielleicht davon ab, daß
man hier bereits eine ausgebildete Stregheria besaß und
kannte, welche auf wesentlich andern Voraussetzungen beruhte. Die italienische Hexe treibt ein Gewerbe und braucht
Geld und vor Allem Besinnung. Von jenen hysterischen
Träumen der nordischen Hexen, von weiten Ausfahrten,
Incubus und Succubus ist keine Rede; die Strega hat für das
Vergnügen anderer Leute zu sorgen. Wenn man ihr zutraut,
daß sie verschiedene Gestalten annehmen, sich schnell an
entfernte Orte versetzen könne, so läßt sie sich dergleichen
insofern gefallen, als es ihr Ansehen erhöht; dagegen ist es
schon überwiegend gefährlich für sie, wenn die Furcht vor
ihrer Bosheit und Rache, besonders vor der Verzauberung
von Kindern, Vieh und Feldfrüchten überhandnimmt. Es
kann für Inquisitoren und Ortsbehörden eine höchst populäre Sache werden, sie zu verbrennen.

Weit das wichtigste Feld der Strega sind und bleiben, wie
schon angedeutet wurde, die Liebesangelegenheiten, wor-
unter die Erregung von Liebe und Haß, das rachsüchtige
Nestelknüpfen, das Abtreiben der Leibesfrucht, je nach
Umständen auch der vermeintliche Mord des oder der
Ungetreuen durch magische Begehungen und selbst die

---

101 Z. B. Bandello III, Nov. 29, 52. Prato, Arch. stor. III, p. 408,
     – Bursellis, Ann. Bonon. ap. Murat. XXIII, Col. 897, erzählt
     bereits zum Jahr 1468 die Verurteilung eines Priors vom
     Servitenorden, welcher ein Geisterbordell hielt; cives Bono-
     nienses coire faciebat cum Daemonibus in specie puellarum.
     Er brachte den Dämonen förmliche Opfer. – Eine Parallele
     hierzu bei Procop. Hist. arcana, c. 12, wo ein wirkliches
     Bordell von einem Dämon frequentiert wird, der die andern
     Gäste auf die Gasse wirft.

Giftküche[102] begriffen sind. Da man sich solchen Weibern nur ungern anvertraute, so entstand ein Dilettantismus, der ihnen dieses und jenes im stillen ablernte und auf eigene Hand damit weiteroperierte. Die römischen Buhlerinnen z. B. suchten dem Zauber ihrer Persönlichkeit noch durch anderweitigen Zauber in der Art der horazischen Canidia nachzuhelfen. Aretino[103] kann nicht nur etwas über sie wissen, sondern auch in dieser Beziehung Wahres berichten. Er zählt die entsetzlichen Schmierereien auf, welche sich in ihren Schränken gesammelt vorfinden: Haare, Schädel, Rippen, Zähne, Augen von Toten, Menschenhaut, der Nabel von kleinen Kindern, Schuhsohlen und Gewandstücke aus Gräbern; ja sie holen selbst von den Kirchhöfen verwesendes Fleisch und geben es dem Galan unvermerkt zu essen (nebst noch Unerhörterem). Haare, Nestel, Nägelabschnitte des Galans kochen sie in Öl, das sie aus ewigen Lämpchen in den Kirchen gestohlen. Von ihren Beschwörungen ist es die unschuldigste, wenn sie ein Herz aus heißer Asche formen, und hineinstechen unter dem Gesang:

> Prima che'l fuoco spenghi
> Fa ch'a mia porta venghi;
> Tal ti punga il mio amore
> Quale io fo questo cuore.

Sonst kommen auch Zauberformeln bei Mondschein, Zeichnungen am Boden und Figuren aus Wachs oder Erz vor, welche ohne Zweifel den Geliebten vorstellen und je nach Umständen behandelt werden.

Man war an diese Dinge doch so sehr gewöhnt, daß ein Weib, welches ohne Schönheit und Jugend gleichwohl einen großen Reiz auf die Männer ausübte, ohne Weiteres in

---

102 Die ekelhaften Vorräte der Hexenküche vgl. Macaroneide, Phant. XVI, XXI, wo das ganze Treiben erzählt wird.
103 Im Ragionamento del Zoppino. Er meint die Buhlerinnen lernten ihre Weisheit besonders von gewissen Judenweibern, welche im Besitz von malìe seien.

den Verdacht der Zauberei geriet. Die Mutter des Sanga[104]
(Sekretärs bei Clemens VII.) vergiftete dessen Geliebte, die
in diesem Falle war; unseligerweise starb aber auch der
Sohn und eine Gesellschaft von Freunden, die von dem
vergifteten Salat mitaßen.

Nun folgt, nicht als Helfer, sondern als Konkurrent der
Hexe, der mit den gefährlichern Aufgaben noch besser
vertraute Zauberer oder Beschwörer, incantatore. Bisweilen ist er ebensosehr oder noch mehr Astrolog als Zauberer;
öfter mag er sich als Astrologen gegeben haben, um nicht
als Zauberer verfolgt zu werden, und etwas Astrologie zur
Ermittlung der günstigen Stunden konnte der Zauberer
ohnehin nicht entbehren (S. 507 f., 514). Da aber viele
Geister gut[105] oder indifferent sind, so kann auch ihr Beschwörer bisweilen noch eine leidliche Reputation behaupten, und noch Sixtus IV. hat 1474 in einem ausdrücklichen
Breve[106] gegen einige bolognesische Karmeliter einschrei-
ten müssen, welche auf der Kanzel sagten, es sei nichts
Böses, von den Dämonen Bescheid zu begehren. An die
Möglichkeit der Sache selber glaubten offenbar sehr viele;
ein mittelbarer Beweis dafür liegt schon darin, daß auch die
Frömmsten ihrerseits an erbetene Visionen guter Geister
glaubten. Savonarola ist von solchen Dingen erfüllt, die
florentinischen Platoniker reden von einer mystischen Vereinigung mit Gott und Marcellus Palingenius (S. 260) gibt
nicht undeutlich zu verstehen, daß er mit geweihten Geistern umgehe.[107] Ebenderselbe ist auch überzeugt vom
Dasein einer ganzen Hierarchie böser Dämonen, welche,
vom Mond herwärts wohnend, der Natur und dem Menschenleben auflauern,[108] ja er erzählt von einer persönlichen

---

104 Varchi, Stor. fior. II, p. 153.
105 Diese Reservation wurde dann ausdrücklich betont. Corn.
       Agrippa, de occulta philosophia, cap. 39.
106 Septimo Decretal. l. c.
107 Zodiacus vitae, XII, 363 bis 539, cf. X, 393 s.
108 Ibid. IX, 291 s.

Bekanntschaft mit solchen und da der Zweck unseres Buches eine systematische Darstellung des damaligen Geister-
glaubens ohnehin nicht gestattet, so mag wenigstens der
Bericht des Palingenius als Einzelbeispiel folgen.[109]

Er hat bei einem frommen Einsiedler auf dem Soracte, zu
S. Silvestro, sich über die Nichtigkeit des Irdischen und die
Wertlosigkeit des menschlichen Lebens belehren lassen und
dann mit einbrechender Nacht den Weg nach Rom angetre-
ten. Da gesellen sich auf der Straße bei hellem Vollmond
drei Männer zu ihm, deren einer ihn beim Namen nennt
und ihn fragt, woher des Weges er komme? Palingenio
antwortet: von dem Weisen auf jenem Berge. O du Tor,
erwidert Jener, glaubst du wirklich, daß auf Erden jemand
weise sei? Nur höhere Wesen (Divi) haben Weisheit, und
dazu gehören wir drei obwohl wir mit Menschengestalt
angetan sind; ich heiße Saracil, und dieser hier Sathiel und
Jana; unser Reich ist zunächst beim Mond, wo überhaupt
die große Schar von Mittelwesen haust, die über Erde und
Meer herrschen. Palingenio fragt nicht ohne inneres Beben,
was sie in Rom vor hätten? – Die Antwort lautet: »einer
unserer Genossen, Ammon, wird durch magische Kraft
von einem Jüngling aus Narni, aus dem Gefolge des Kardinals Orsini, in Knechtschaft gehalten; denn merkt euch's
nur, Menschen, es liegt beiläufig ein Beweis für eure eigene
Unsterblichkeit darin, daß ihr unser einen zwingen könnt;
ich selbst habe einmal, in Kristall eingeschlossen, einem
Deutschen dienen müssen, bis mich ein bärtiges Mönchlein
befreite. Diesen Dienst wollen wir nun in Rom unserm
Genossen zu leisten suchen und bei dem Anlaß ein paar
vornehme Herren diese Nacht in den Orkus befördern.«
Bei diesen Worten des Dämons erhebt sich ein Lüftchen,
und Sathiel sagt: »Höret, unser Remisses kommt schon von
Rom zurück, dies Wehen kündigt ihn an.« In der Tat
erscheint noch Einer, den sie fröhlich begrüßen und über
Rom ausfragen. Seine Auskunft ist höchst antipäpstlich;

109 Ibid. X, 770 s.

Clemens VII. ist wieder mit den Spaniern verbündet und hofft Luthers Lehre nicht mehr mit Gründen sondern mit dem spanischen Schwerte auszurotten; lauter Gewinn für die Dämonen, welche bei dem großen bevorstehenden Blutvergießen die Seelen Unzähliger zur Hölle führen werden. Nach diesen Reden, wobei Rom mit seiner Unsittlichkeit als völlig dem Bösen verfallen dargestellt wird, verschwinden die Dämonen und lassen den Dichter traurig seine Straße ziehen.[110]

Wer sich von dem Umfang desjenigen Verhältnisses zu den Dämonen einen Begriff machen will, welches man noch öffentlich zugestehen durfte trotz des Hexenhammers usw., den müssen wir auf das vielgelesene Buch des Agrippa von Nettesheim »von der geheimen Philosophie« verweisen. Er scheint es zwar ursprünglich geschrieben zu haben ehe er in Italien war,[111] allein er nennt in der Widmung an Trithemius unter andern auch wichtige italienische Quellen, wenn auch nur, um sie nebst den andern schlecht zu machen. Bei zweideutigen Individuen, wie Agrippa eines war, bei Gaunern und Narren, wie die meisten andern heißen dürfen, interessiert uns das System, in welches sie sich etwa hüllen, nur sehr wenig, samt seinen Formeln, Räucherungen, Salben, Pentakeln, Totenknochen[112] usw. Allein fürs erste ist

---

110 Das mythische Vorbild der Zauberer bei den damaligen Dichtern ist bekanntlich Malagigi. Bei Anlaß dieser Figur läßt sich Pulci (Morgante, canto XXIV, Str. 106 s.) auch theoretisch aus über die Grenzen der Macht der Dämonen und der Beschwörung. Wenn man nur wüßte, wie weit es ihm Ernst ist. (Vgl. Canto XXI.)

111 Polydorus Virgilius war zwar Italiener von Geburt, allein sein Werk de prodigiis konstatiert wesentlich nur den Aberglauben von England, wo er sein Leben zubrachte. Bei Anlaß der Präszienz der Dämonen macht er jedoch eine kuriose Anwendung auf die Verwüstung von Rom 1527.

112 Doch ist wenigstens der Mord nur höchst selten (S. 448) Zweck und vielleicht gar nie Mittel. Ein Scheusal wie Gilles de Retz (um 1440), der den Dämonen über 100 Kinder opferte, hat in Italien kaum eine ferne Analogie.

dies System mit Zitaten aus dem Aberglauben des Altertums ganz angefüllt; sodann erscheint seine Einmischung
in das Leben und in die Leidenschaft der Italiener bisweilen
höchst bedeutend und folgenreich. Man sollte denken, daß
nur die verdorbensten Großen sich damit eingelassen hät- 5
ten, allein das heftige Wünschen und Begehren führt den
Zauberern hie und da auch kräftige und schöpferische
Menschen aller Stände zu und schon das Bewußtsein, daß
die Sache möglich sei, raubt auch den Fernstehenden immer
etwas von ihrem Glauben an eine sittliche Weltordnung. 10
Mit etwas Geld und Gefahr schien man der allgemeinen
Vernunft und Sittlichkeit ungestraft trotzen zu können und
die Zwischenstufen zu ersparen, welche sonst zwischen
dem Menschen und seinen erlaubten oder unerlaubten Zielen liegen. 15

Betrachten wir zunächst ein älteres, im Absterben begrif-
fenes Stück Zauberei. Aus dem dunkelsten Mittelalter, ja
aus dem Altertum bewahrte manche Stadt in Italien eine
Erinnerung an die Verknüpfung ihres Schicksals mit gewissen Bauten, Statuen usw. Die Alten hatten einst zu erzählen 20
gewußt von den Weihepriestern oder Telesten, welche bei
der feierlichen Gründung einzelner Städte zugegen gewesen waren und das Wohlergehen derselben durch bestimmte Denkmäler, auch wohl durch geheimes Vergraben
bestimmter Gegenstände (Telesmata) magisch gesichert 25
hatten. Wenn irgend etwas aus der römischen Zeit münd-
lich und populär überliefert weiter lebte, so waren es Tra-
ditionen dieser Art; nur wird natürlich der Weihepriester
im Lauf der Jahrhunderte zum Zauberer schlechthin, da
man die religiöse Seite seines Tuns im Altertum nicht mehr 30
versteht. In einigen neapolitanischen Virgilswundern[113]

---

113 Vgl. die wichtige Abhandlung von *Roth* »über den Zauberer
Virgilius« in Pfeiffers Germania, IV. – Das Aufkommen
Virgils an der Stelle des ältern Telesten mag sich am ehesten
dadurch erklären, daß etwa die häufigen Besuche an seinem
Grabe schon während der Kaiserzeit dem Volk zu denken
gaben. – Das Telesma von Paris, Gregor. Turon. VIII, 33.

lebt ganz deutlich die uralte Erinnerung an einen Telesten
fort, dessen Name im Laufe der Zeit durch den des Virgil
verdrängt wurde. So ist das Einschließen des geheimnisvol-
len Bildes der Stadt in ein Gefäß nichts anderes als ein
echtes antikes Telesma; so ist Virgil der Mauerngründer
von Neapel nur eine Umbildung des bei der Gründung
anwesenden Weihepriesters. Die Volksphantasie spann mit
wucherndem Reichtum an diesen Dingen weiter, bis Virgil
auch der Urheber des ehernen Pferdes, der Köpfe am No-
laner Tor, der ehernen Fliege über irgendeinem andern
Tore, ja der Grotte des Posilipp usw. geworden war – lauter
Dinge, welche das Schicksal in einzelnen Beziehungen magisch binden, während jene beiden erstgenannten Züge das
Fatum von Neapel überhaupt zu bestimmen scheinen.
Auch das mittelalterliche Rom hatte verworrene Erinnerungen dieser Art. In S. Ambrogio zu Mailand befand sich
ein antiker marmorner Herkules; solange derselbe an seiner
Stelle stehe, hieß es, werde auch das Reich dauern, wahrscheinlich das der deutschen Kaiser, deren Krönungskirche
S. Ambrogio war.[114] Die Florentiner waren überzeugt,[115]
daß ihr (später zum Baptisterium umgebauter) Marstempel
stehen werde bis ans Ende der Tage, gemäß der Konstellation, unter welcher er zur Zeit des Augustus erbaut war; die
marmorne Reiterstatue des Mars hatten sie allerdings daraus entfernt, als sie Christen wurden; weil aber die Zer-
trümmerung derselben großes Unheil über die Stadt gebracht haben würde – ebenfalls wegen einer Konstellation –
so stellte man sie auf einen Turm am Arno. Als Totila
Florenz zerstörte fiel das Bild ins Wasser und wurde erst
wieder herausgefischt, als Karl der Große Florenz neu
gründete; es kam nunmehr auf einen Pfeiler am Eingang
des Ponte vecchio zu stehen – und an dieser Stelle wurde

---

114 Uberti: Dittamondo L. III, cap. 4.
115 Das Folgende s. bei Gio. Villani I, 42, 60. II, 1. III, 1. V, 38.
XI, 1. Er selber glaubt an solche gottlosen Sachen nicht. –
Vgl. Dante, Inferno XIII, 146.

1215 Bondelmonte umgebracht und das Erwachen des gro
ßen Parteikampfes der Guelfen und Ghibellinen knüpft
sich auf diese Weise an das gefürchtete Idol. Bei der Überschwemmung von 1333 verschwand dasselbe für immer.[115a]
    Allein dasselbe Telesma findet sich anderswo wieder.
Der schon erwähnte Guido Bonatto begnügte sich nicht,
bei der Neugründung der Stadtmauern von Forlì jene symbolische Szene der Eintracht der beiden Parteien (S. 509) zu
verlangen; durch ein ehernes oder steinernes Reiterbild, das
er mit astrologischen und magischen Hülfsmitteln zustande
brachte und vergrub,[116] glaubte er die Stadt Forlì vor
Zerstörung, ja schon vor Plünderung und Einnahme geschützt zu haben. Als Kardinal Albornoz (S. 110) etwa
sechs Jahrzehnde später die Romagna regierte, fand man
das Bild bei zufälligem Graben und zeigte es, wahrscheinlich auf Befehl des Kardinals, dem Volke, damit dieses
begreife, durch welches Mittel der grausame Montefeltro
sich gegen die römische Kirche behauptet habe. Aber wiederum ein halbes Jahrhundert später (1410), als eine feindliche Überrumpelung von Forlì mißlang, appelliert man
doch wieder an die Kraft des Bildes, das vielleicht gerettet
und wieder vergraben worden war. Es sollte das letztemal
sein, daß man sich dessen freute; schon im folgenden Jahr
wurde die Stadt wirklich eingenommen. – Gründungen
von Gebäuden haben noch im ganzen 15. Jahrhundert
nicht nur astrologische (S. 509) sondern auch magische
Anklänge mit sich. Es fiel z. B. auf, daß Papst Paul II. eine
solche Masse von goldenen und silbernen Medaillen in die

115a Laut einem Fragment bei Baluz. Miscell. IV, 119 haben einst
    in alten Zeiten die Leute von Pavia gegen die von Ravenna
    Krieg geführt, et militem marmoreum, qui iuxta Ravennam
    se continue volvebat ad solem, usurpaverunt et ad eorum
    civitatem victoriosissime transtulerunt. Wahrscheinlich eine
    ähnliche Schicksalsfigur.
116 Den Ortsglauben hierüber geben Annal. Foroliviens. ap.
    Muratori XXII, Col. 207, 238; mit Erweiterungen ist die
    Sache erzählt bei Fil. Villani, Vite, p. 43.

Grundsteine seiner Bauten versenkte,[117] und Platina hat keine üble Lust, hierin ein heidnisches Telesma zu erkennen. Von der mittelalterlich religiösen Bedeutung eines solchen Opfers[118] hatte wohl freilich Paul so wenig als sein Biograph ein Bewußtsein.

Doch dieser offizielle Zauber, der ohnedies großenteils ein bloßes Hörensagen war, erreichte bei weitem nicht die Wichtigkeit der geheimen, zu persönlichen Zwecken angewandten Magie.

Was davon im gewöhnlichen Leben besonders häufig vorkam, hat Ariost in seiner Komödie vom Nekromanten zusammengestellt.[119] Sein Held ist einer der vielen aus Spanien vertriebenen Juden, obgleich er sich auch für einen Griechen, Ägypter und Afrikaner ausgibt und unaufhörlich Namen und Maske wechselt. Er kann zwar mit seinen Geisterbeschwörungen den Tag verdunkeln und die Nacht erhellen, die Erde bewegen, sich unsichtbar machen, Menschen in Tiere verwandeln usw., aber diese Prahlereien sind nur der Aushängeschild; sein wahres Ziel ist das Ausbeuten unglücklicher und leidenschaftlicher Ehepaare, und da gleichen die Spuren, die er zurückläßt, dem Geifer einer Schnecke, oft aber auch dem verheerenden Hagelschlag. Um solcher Zwecke willen bringt er es dazu, daß man glaubt, die Kiste, worin ein Liebhaber steckt, sei voller Geister, oder er könne eine Leiche zum Reden bringen u. dgl. Es ist wenigstens ein gutes Zeichen, daß Dichter und Novellisten diese Sorte von Menschen lächerlich machen durften und dabei auf Zustimmung rechnen konnten. Bandello behandelt nicht nur das Zaubern eines lombardischen Mönches als eine kümmerliche und in ihren Folgen

117 Platina, Vitae Pontiff., p. 320: veteres potius hac in re quam Petrum, Anacletum et Linum imitatus.
118 Die man z. B. bei Sugerius, de consecratione ecclesiae (Duchesne, scriptores IV, p. 355) und Chron. Petershusanum I, 13 und 16 recht wohl ahnt.
119 Vgl. auch die Calandra des Bibiena.

schreckliche Gaunerei,[120] sondern er schildert auch[121] mit
wahrer Entrüstung das Unheil, welches den gläubigen
Toren unaufhörlich begleitet. »Ein solcher hofft mit dem
Schlüssel Salomonis und vielen andern Zauberbüchern die
verborgenen Schätze im Schoß der Erde zu finden, seine
Dame zu seinem Willen zu zwingen, die Geheimnisse der
Fürsten zu erkunden, von Mailand sich in einem Nu nach
Rom zu versetzen und ähnliches. Je öfter getäuscht, desto
beharrlicher wird er . . . Entsinnt Ihr Euch noch, Signor
Carlo, jener Zeit, da ein Freund von uns, um die Gunst
seiner Geliebten zu erzwingen, sein Zimmer mit Totenschä-
deln und Gebeinen anfüllte wie einen Kirchhof?« Es kommen die ekelhaftesten Verpflichtungen vor, z. B. einer Leiche drei Zähne auszuziehen, ihr einen Nagel vom Finger zu
reißen usw. und wenn dann endlich die Beschwörung mit
ihrem Hokuspokus vor sich geht, sterben bisweilen die
unglücklichen Teilnehmer vor Schrecken.

Benvenuto Cellini, bei der bekannten großen Beschwörung (1532) im Kolosseum zu Rom[122] starb nicht, obgleich
er und seine Begleiter das tiefste Entsetzen ausstanden; der
sizilianische Priester, der in ihm wahrscheinlich einen
brauchbaren Mithelfer für künftige Zeiten vermutete,
machte ihm sogar auf dem Heimweg das Kompliment,
einen Menschen von so festem Mute habe er noch nie
angetroffen. Über den Hergang selbst wird sich jeder Leser
seine besondern Gedanken machen; das Entscheidende waren wohl die narkotischen Dämpfe und die von vornherein
auf das schrecklichste vorbereitete Phantasie, weshalb denn
auch der mitgebrachte Junge, bei welchem dies am Stärk-

---

120 Bandello III, Nov. 52.
121 Ebenda III, Nov. 29. Der Beschwörer läßt sich das Geheim-
    halten mit hohen Eiden versprechen, hier z. B. mit einem
    Schwur auf dem Hochaltar von S. Petronio in Bologna, als
    gerade sonst niemand in der Kirche war. – Einen ziemlichen
    Vorrat von Zauberwesen findet man auch Macaroneide,
    Phant. XVIII.
122 Benv. Cellini I, cap. 64.

sten wirkt, weit das Meiste allein erblickt. Daß es aber
wesentlich auf Benvenuto abgesehen sein mochte, dürfen
wir erraten, weil sonst für das gefährliche Beginnen gar
kein anderer Zweck als die Neugier ersichtlich wird. Denn
auf die schöne Angelika muß sich Benvenuto erst besinnen
und der Zauberer sagt ihm nachher selbst, Liebschaften
seien eitle Torheit im Vergleich mit dem Auffinden von
Schätzen. Endlich darf man nicht vergessen, daß es der
Eitelkeit schmeichelte, sagen zu können: die Dämonen
haben mir Wort gehalten, und Angelika ist genau einen
Monat später, wie mir verheißen war, in meinen Händen
gewesen (Kap. 68). Aber auch wenn sich Benvenuto allmählich in die Geschichte hineingelogen haben sollte, so
wäre sie doch als Beispiel der damals herrschenden Anschauung von bleibendem Werte.

Sonst gaben sich die italienischen Künstler, auch die
»wunderlichen, capricciosen und bizarren«, mit Zauberei
nicht leicht ab; wohl schneidet sich einer bei Gelegenheit
des anatomischen Studiums ein Wams aus der Haut einer
Leiche, aber auf Zureden eines Beichtvaters legt er es
wieder in ein Grab.[123] Gerade das häufige Studium von
Kadavern mochte den Gedanken an magische Wirkung
einzelner Teile derselben am gründlichsten niederschlagen,
während zugleich das unablässige Betrachten und Bilden
der Form dem Künstler die Möglichkeit einer ganz andern
Magie aufschloß.

Im Allgemeinen erscheint das Zauberwesen zu Anfang
des 16. Jahrhunderts trotz der angeführten Beispiele doch
schon in kenntlicher Abnahme, zu einer Zeit also, wo es
außerhalb Italiens erst recht in Blüte kommt, so daß die
Rundreisen italienischer Zauberer und Astrologen im Norden erst zu beginnen scheinen seitdem ihnen zu Hause
Niemand mehr großes Vertrauen schenkte. Das 14. Jahr-

---

123 Vasari VIII, 143, Vita di Andrea da Fiesole. Es war Silvio
    Cosini, der auch sonst »den Zaubersprüchen und ähnlichen
    Narrheiten« nachging.

hundert war es, welches die genaue Bewachung des Sees auf
dem Pilatusberg bei Scariotto nötig fand, um die Zauberer
an ihrer Bücherweihe zu verhindern.[124] Im 15. Jahrhundert
kamen dann noch Dinge vor wie z. B. das Anerbieten
Regengüsse zu bewirken, um damit ein Belagerungsheer zu
verscheuchen; und schon damals hatte der Gebieter der
belagerten Stadt – Niccolò Vittelli in Città di Castello – den
Verstand, die Regenmacher als gottlose Leute abzuwei-
sen.[125] Im 16. Jahrhundert treten solche offizielle Dinge
nicht mehr an den Tag, wenn auch das Privatleben noch
mannigfach den Beschwörern anheimfällt. In diese Zeit
gehört allerdings die klassische Figur des deutschen Zau-
berwesens, Dr. Johann Faust; die des italienischen dagegen, Guido Bonatto, fällt bereits ins 13. Jahrhundert.

Auch hier wird man freilich beifügen müssen, daß die
Abnahme des Beschwörungsglaubens sich nicht notwendig in eine Zunahme des Glaubens an eine sittliche Ordnung des Menschenlebens verwandelte, sondern daß sie
vielleicht bei vielen nur einen dumpfen Fatalismus zurück-
ließ, ähnlich wie der schwindende Sternglaube.

124 Uberti, il Dittamondo, III, cap. 1. Er besucht in der Mark
   Ancona auch Scariotto, den vermeintl⟨ichen⟩ Geburtsort
   des Judas und bemerkt dabei: »An dieser Stelle darf ich auch
   nicht den Pilatusberg übergehen, mit seinem See, wo den
   Sommer über regelmäßige Wachen abwechseln; denn wer
   Magie versteht, kommt hier heraufgestiegen, um sein Buch
   zu weihen, worauf großer Sturm sich erhebt, wie die Leute
   des Ortes sagen.« Das Weihen der Bücher ist, wie schon S. 526
   erwähnt wurde, eine besondere, von der eigentlichen Beschwörung verschiedene Zeremonie. – Im 16. Jahrhundert
   war das Besteigen des Pilatusberges bei Luzern »by lib und
   guot« verboten, wie der Luzerner Diebold Schilling (S. 67)
   meldet. Man glaubte, in dem See auf dem Berge liege ein
   Gespenst, welches »der Geist Pilati« sei. Wenn Leute hinauf-
   kamen, oder etwas in den See warfen, erhoben sich furchtbare
   Gewitter.
125 De obsidione Tiphernatium 1474. (Rerum ital. scriptt. ex
   florent. codicibus, Tom. II.)

Ein paar Nebengattungen des Wahns, die Pyromantie,
Chiromantie,[126] usw., welche erst mit dem Sinken des Beschwörungsglaubens und der Astrologie einigermaßen zu
Kräften kamen, dürfen wir hier völlig übergehen, und selbst
die auftauchende Physiognomik hat lange nicht das Interesse, das man bei Nennung dieses Namens voraussetzen
sollte. Sie erscheint nämlich nicht als Schwester und Freun-
din der bildenden Kunst und der praktischen Psychologie,
sondern wesentlich als eine neue Gattung fatalistischen
Wahnes, als ausdrückliche Rivalin der Sterndeuterei, was sie
wohl schon bei den Arabern gewesen sein mag. Bartolommeo Cocle z. B., der Verfasser eines physiognomischen
Lehrbuches, der sich einen Metoposkopen nannte,[127] und
dessen Wissenschaft, nach Giovio's Ausdruck, schon wie
eine der vornehmsten freien Künste aussah, begnügte sich
nicht mit Weissagungen an die klügsten Leute, die ihn täglich zu Rate zogen, sondern er schrieb auch ein höchst be-
denkliches »Verzeichnis Solcher, welchen verschiedene
große Lebensgefahren bevorständen«. Giovio, obwohl
gealtert in der Aufklärung Roms – in hac luce romana! – findet doch, daß sich die darin enthaltenen Weissagungen nur
zu sehr erwahrt hätten.[128] Freilich erfährt man bei dieser Gelegenheit auch, wie die von diesen und ähnlichen Voraus-
sagungen Betroffenen sich an den Propheten rächten; Giovanni Bentivoglio ließ den Lucas Gauricus an einem Seil, das
von einer hohen Wendeltreppe herabhing, fünfmal hin und
her an die Wand schmeißen, weil Lucas ihm[129] den Verlust

---

126 Diesen unter den Soldaten stark verbreiteten Aberglauben
(um 1520) verspottet Limerno Pitocco, im Orlandino, cap. V,
Str. 60.

127 Paul Jov. Elog. lit. sub voce Cocles.

128 Aus Giovio spricht hier vernehmlich der begeisterte Porträt-
sammler.

129 Und zwar aus den Sternen, denn Gauricus kannte die Physiognomik nicht; für sein eigenes Schicksal aber war er auf die
Weissagung des Cocle angewiesen, da sein Vater versäumt
hatte, sein Horoskop zu notieren.

seiner Herrschaft vorhersagte; Ermes Bentivoglio sandte
dem Cocle einen Mörder nach, weil der unglückliche Meto-
poskop ihm, noch dazu wider Willen, prophezeit hatte, er
werde als Verbannter in einer Schlacht umkommen. Der
Mörder höhnte, wie es scheint, noch in Gegenwart des
Sterbenden: Dieser habe ihm ja selber geweissagt, er würde
nächstens einen schmählichen Mord begehn! — Ein ganz
ähnliches jammervolles Ende nahm der Neugründer der
Chiromantie, Antioco Tiberto von Cesena,[130] durch Pandolfo Malatesta von Rimini, dem er das Widerwärtigste
prophezeit hatte, was ein Tyrann sich denken mag: den Tod
in Verbannung und äußerster Armut. Tiberto war ein geistreicher Mann, dem man zutraute, daß er weniger nach einer
chiromantischen Methode als nach einer durchdringenden
Menschenkenntnis seinen Bescheid gebe; auch achteten ihn
seiner hohen Bildung wegen selbst diejenigen Gelehrten,
welche von seiner Divination nichts hielten.[131]

Die Alchymie endlich, welche im Altertum erst ganz
spät, unter Diocletian, erwähnt wird, spielt zur Zeit der
Blüte der Renaissance nur eine untergeordnete Rolle.[132]
Auch diese Krankheit hatte Italien früher durchgemacht,
im 14. Jahrhundert, als Petrarca in seiner Polemik dagegen
es zugestand: das Goldkochen sei eine weitverbreitete
Sitte.[133] Seitdem war in Italien diejenige besondere Sorte
von Glauben, Hingebung und Isolierung, welche der Betrieb der Alchymie verlangt, immer seltener geworden,
während italienische und andere Adepten im Norden die
großen Herrn erst recht auszubeuten anfingen.[134] Unter

---

130 Paul. Jov. l. c., s. v. Tibertus.
131 Das Notwendigste über diese Nebengattungen der Mantik
    gibt Corn. Agrippa, de occulta philosophia, cap. 52, 57.
132 Libri, Hist. des sciences mathém. II, p. 122.
133 Novi nihil narro, mos est publicus. (Remed. utriusque fortu-
    nae, p. 93, eine der sehr lebendig und ab irato geschriebenen
    Partien dieses Buches.)
134 Hauptstelle bei Trithem. Ann. Hirsaug. II, p. 286 s.

Leo X. hießen bei den Italienern die wenigen,[135] die sich
noch damit abgaben, schon »Grübler« (ingenia curiosa),
und Aurelio Augurelli, der dem großen Goldverächter Leo
selbst sein Lehrgedicht vom Goldmachen widmete, soll als
Gegengeschenk eine prächtige, aber leere Börse erhalten
haben. Die Adeptenmystik, welche außer dem Gold noch
den allbeglückenden Stein der Weisen suchte, ist vollends
erst ein spätes nordisches Gewächs, welches aus den Theorien des Paracelsus usw. emporblüht.

Mit diesem Aberglauben sowohl als mit der Denkweise des
Altertums überhaupt hängt die Erschütterung des Glaubens an die Unsterblichkeit eng zusammen. Diese Frage hat
aber überdies noch viel weitere und tiefere Beziehungen zu
der Entwicklung des modernen Geistes im Großen und
Ganzen.

Eine mächtige Quelle aller Zweifel an der Unsterblichkeit war zunächst der Wunsch, der verhaßten Kirche, wie
sie war, innerlich nichts mehr zu verdanken. Wir sahen daß
die Kirche diejenigen, welche so dachten, Epikureer nannte
(S. 494). Im Augenblick des Todes mag sich Mancher wieder nach den Sakramenten umgesehen haben, aber Unzählige haben während ihres Lebens, zumal während ihrer
tätigsten Jahre unter jener Voraussetzung gelebt und gehandelt. Daß sich daran bei Vielen ein allgemeiner Unglaube hängen mußte, ist an sich einleuchtend und überdies
geschichtlich auf alle Weise bezeugt. Es sind Diejenigen,
von welchen es bei Ariost heißt: sie glauben nicht über das
Dach hinaus.[136] In Italien, zumal in Florenz, konnte man
zuerst als ein notorisch Ungläubiger existieren, wenn man

135 Neque enim desunt, heißt es bei Paul. Jov. Elog. lit., s. v.
Pompon. Gauricus. Vgl. Ibid., s. v. Aurel. Augurellus. –
Macaroneide, Phant. XII.

136 Ariosto, Sonetto 34 . . . non creder sopra il tetto. Der Dichter
sagt es mit Bosheit von einem Beamten aus, der in einer Sache
von Mein und Dein gegen ihn entschieden hatte.

nur keine unmittelbare Feindseligkeit gegen die Kirche
übte. Der Beichtvater z. B., der einen politischen Delin-
quenten zum Tode vorbereiten soll, erkundigt sich vorläufig, ob derselbe glaube? »denn es war ein falsches Gerücht
gegangen, er habe keinen Glauben.«[137]

Der arme Sünder, um den es sich hier handelt, jener S. 66
erwähnte Pierpaolo Boscoli, der 1513 an einem Attentat
gegen das eben hergestellte Haus Medici teilnahm, ist bei
diesem Anlaß zu einem wahren Spiegelbild der damaligen
religiösen Konfusion geworden. Von Hause aus der Partei
Savonarola's zugetan, hatte er dann doch für die antiken
Freiheitsideale und anderes Heidentum geschwärmt; in seinem Kerker aber nimmt sich jene Partei wiederum seiner an
und verschafft ihm ein seliges Ende in ihrem Sinne. Der
pietätvolle Zeuge und Aufzeichner des Herganges ist einer
von der Künstlerfamilie della Robbia, der gelehrte Philologe Luca. »Ach, seufzt Boscoli, treibet mir den Brutus aus
dem Kopf, damit ich meinen Gang als Christ gehen kann!«
– Luca: »Wenn Ihr wollt, so ist das nicht schwer; Ihr wisset
ja, daß jene Römertaten uns nicht schlicht, sondern idealisiert (con arte accresciute) überliefert sind.« Nun zwingt
Jener seinen Verstand, zu glauben, und jammert daß er
nicht freiwillig glauben könne. Wenn er nur noch einen
Monat mit guten Mönchen zu leben hätte, dann würde er
ganz geistlich gesinnt werden! Es zeigt sich weiter, daß
diese Leute vom Anhang Savonarola's die Bibel wenig
kannten; Boscoli kann nur Paternoster und Avemaria be-
ten, und ersucht nun den Luca dringend, den Freunden zu
sagen, sie möchten die heilige Schrift studieren, denn nur
was der Mensch im Leben erlernt habe, das besitze er im
Sterben. Darauf liest und erklärt ihm Luca die Passion nach
dem Evangelium Johannis; merkwürdigerweise ist dem
Armen die Gottheit Christi einleuchtend, während ihm

---

137 Narrazione del caso del Boscoli, Arch. stor. I, p. 273 s. – Der
    stehende Ausdruck war non aver fede, vgl. Vasari, VII,
    p. 122, Vita di Piero di Cosimo.

dessen Menschheit Mühe macht; diese möchte er gerne so sichtbar begreifen, »als käme ihm Christus aus einem Walde entgegen« – worauf ihn sein Freund zur Demut verweist, indem dies nur Zweifel seien, welche der Satan sende. Später fällt ihm ein ungelöstes Jugendgelübde einer Wallfahrt nach der Impruneta ein; der Freund verspricht es zu erfüllen an seiner Statt. Dazwischen kommt der Beichtvater, ein Mönch aus Savonarola's Kloster, wie er ihn erbeten hatte, gibt ihm zunächst jene oben erwähnte Erläuterung über die Ansicht des Thomas von Aquino wegen des Tyrannenmordes, und ermahnt ihn dann, den Tod mit Kraft zu ertragen. Boscoli antwortet: »Pater, verlieret damit keine Zeit, denn dazu genügen mir schon die Philosophen; helfet mir, den Tod zu erleiden aus Liebe zu Christus.« Das Weitere, die Kommunion, der Abschied und die Hinrichtung, wird auf sehr rührende Weise geschildert; besonders hervorzuheben ist aber der eine Zug, daß Boscoli, indem er das Haupt auf den Block legte, den Henker bat, noch einen Augenblick mit dem Hieb zu warten: »Er hatte nämlich die ganze Zeit über (seit der Verkündigung des Todesurteils) nach einer engen Vereinigung mit Gott gestrebt, ohne sie nach Wunsch zu erreichen, nun gedachte er in diesem Augenblick durch volle Anstrengung sich gänzlich Gott hinzugeben.« Offenbar ist es ein Ausdruck Savonarola's, der – halbverstanden – ihn beunruhigt hatte.

Besäßen wir noch mehr Bekenntnisse dieser Art, so würde das geistige Bild jener Zeit um viele wichtige Züge reicher werden, die uns keine Abhandlung und kein Gedicht gibt. Wir würden noch besser sehen, wie stark der angeborene religiöse Trieb, wie subjektiv und auch wie schwankend das Verhältnis des Einzelnen zum Religiösen war und was für gewaltige Feinde dem letztern gegenüberstanden. Daß Menschen von einem so beschaffenen Innern nicht taugen, um eine neue Kirche zu bilden, ist unleugbar, aber die Geschichte des abendländischen Geistes wäre unvollständig ohne die Betrachtung jener Gärungszeit der Italiener, während sie sich den Blick auf andere Nationen, die am Gedanken keinen Teil hatten, getrost ersparen darf. Doch wir kehren zur Frage von der Unsterblichkeit zurück.

Wenn der Unglaube in dieser Beziehung unter den höher Entwickelten eine so bedeutende Stellung gewann, so hing dies weiter davon ab, daß die große irdische Aufgabe der Entdeckung und Reproduktion der Welt in Wort und Bild alle Geistes- und Seelenkräfte bis zu einem hohen Grade für sich in Anspruch nahm. Von dieser notwendigen Weltlichkeit der Renaissance war schon (S. 489) die Rede. Aber überdies erhob sich aus dieser Forschung und Kunst mit derselben Notwendigkeit ein allgemeiner Geist des Zweifels und der Frage. Wenn derselbe sich in der Literatur wenig kund gibt, wenn er z. B. zu einer Kritik der biblischen Geschichte (S. 500) nur vereinzelte Anläufe verrät, so muß man nicht glauben er sei nicht vorhanden gewesen. Er war nur übertönt durch das soeben genannte Bedürfnis des Darstellens und Bildens in allen Fächern, d. h. durch den positiven Kunsttrieb; außerdem hemmte ihn auch die noch vorhandene Zwangsmacht der Kirche, sobald er theoretisch zu Werke gehen wollte. Dieser Geist des Zweifels aber mußte sich unvermeidlich und vorzugsweise auf die Frage vom Zustand nach dem Tode werfen, aus Gründen welche zu einleuchtend sind als daß sie genannt zu werden brauchten.

Und nun kam das Altertum hinzu und wirkte auf diese ganze Angelegenheit in zwiefacher Weise. Fürs erste suchte man sich die Psychologie der Alten anzueignen und peinigte den Buchstaben des Aristoteles um eine entscheidende Auskunft. In einem der lucianischen Dialoge jener Zeit[138] erzählt Charon dem Mercur, wie er den Aristoteles bei der Überfahrt im Nachen selber um seinen Unsterblichkeitsglauben befragt habe; der vorsichtige Philosoph, obwohl selber bereits leiblich gestorben und dennoch fortlebend, habe sich auch jetzt nicht mit einer klaren Antwort kompromittieren wollen; wie werde es erst nach vielen

138 Jovian. Pontan. Charon.

Jahrhunderten mit der Deutung seiner Schriften gehen! –
Nur um so eifriger stritt man über seine und anderer alten
Schriftsteller Meinungen in betreff der wahren Beschaffenheit der Seele, ihren Ursprung, ihre Präexistenz, ihre Ein-
5   heit in allen Menschen, ihre absolute Ewigkeit, ja ihre
Wanderungen, und es gab Leute die dergleichen auf die
Kanzel brachten.[139] Die Debatte wurde überhaupt schon im
15. Jahrh⟨undert⟩ sehr laut; die einen bewiesen, daß Aristoteles allerdings eine unsterbliche Seele lehre;[140] andere
10   klagten über die Herzenshärte der Menschen, welche die
Seele gern breit auf einem Stuhl vor sich sitzen sähen um
überhaupt an ihr Dasein zu glauben;[141] Filelfo in seiner
Leichenrede auf Francesco Sforza führt eine bunte Reihe
von Aussagen antiker und selbst arabischer Philosophen
15   zugunsten der Unsterblichkeit an und schließt dies im
Druck[142] anderthalb enge Folioseiten betragende Gemisch
mit zwei Zeilen: »überdies haben wir das Alte und Neue
Testament, was über alle Wahrheit ist.« Dazwischen kamen
die florentinischen Platoniker mit der Seelenlehre Plato's,
20   und, wie z. B. Pico, mit sehr wesentlicher Ergänzung derselben aus der Lehre des Christentums. Allein die Gegner
erfüllten die gebildete Welt mit ihrer Meinung. Zu Anfang
des 16. Jahrh⟨underts⟩ war das Ärgernis, das die Kirche
darob empfand, so hoch gestiegen, daß Leo X. auf dem
25   lateranensischen Konzil (1513) eine Konstitution[143] erlas-
sen mußte zum Schutz der Unsterblichkeit und Individualität der Seele, letzteres gegen Die, welche lehrten, die Seele
sei in allen Menschen nur eine. Wenige Jahre später erschien aber das Buch des Pomponazzo, worin die Unmög-
30   lichkeit eines philosophischen Beweises für die Unsterb-

---

139   Faustini Terdocei triumphus stultitiae, L. II.
140   So Borbone Morosini um 1460, vgl. Sansovino, Venezia, L.
       XIII, p. 243.
141   Vespas. Fiorentin., p. 260.
142   Orationes Philelphi, fol. 8.
143   Septimo Decretal. Lib. V. Tit. III, cap. 8.

lichkeit dargetan wurde, und nun spann sich der Kampf mit
Gegenschriften und Apologien fort und verstummte erst
gegenüber der katholischen Reaktion. Die Präexistenz der
Seelen in Gott, mehr oder weniger nach Plato's Ideenlehre
gedacht, blieb lange ein sehr verbreiteter Begriff und kam
z. B. den Dichtern[144] gelegen. Man erwog nicht näher,
welche Konsequenz für die Art der Fortdauer nach dem
Tode daran hing.

Die zweite Einwirkung des Altertums kam ganz vorzüglich von jenem merkwürdigen Fragment aus Cicero's sech-
stem Buche vom Staat her, welches unter dem Namen
»Traum des Scipio« bekannt ist. Ohne den Kommentar des
Macrobius wäre es wahrscheinlich untergegangen wie die
übrige zweite Hälfte des ciceronischen Werkes; nun war es
wieder in unzähligen Abschriften[145] und von Anfang der
Typographie an in Abdrücken verbreitet und wurde mehrfach neu kommentiert. Es ist die Schilderung eines verklärten Jenseits für die großen Männer, durchtönt von der
Harmonie der Sphären. Dieser Heidenhimmel, für den sich
allmählich auch noch andere Aussagen der Alten fanden,
vertrat allmählich in demselben Maße den christlichen
Himmel, in welchem das Ideal der historischen Größe und
des Ruhmes die Ideale des christlichen Lebens in den Schatten stellte, und dabei wurde doch das Gefühl nicht beleidigt
wie bei der Lehre von dem gänzlichen Aufhören der Persönlichkeit. Schon Petrarca gründet nun seine Hoffnung
wesentlich auf diesen »Traum des Scipio«, auf die Äußerungen in andern ciceronischen Schriften und auf Plato's Phä-

144 Ariosto, Orlando, canto VII, Str. 61. – Ins Lächerliche gezogen: Orlandino, cap. IV, Str. 67, 68. (Vgl. S. 325) – Cariteo,
ein Mitglied der neapolitanischen Akademie des Pontanus,
benützt die Präexistenz der Seelen, um die Sendung des Hauses Aragon damit zu verherrlichen. Roscoe, Leone X. ed.
Bossi, II, p. 288.
145 Orelli ad Cic. de republ. L. VI. – Vgl. auch Lucan. Pharsal.
IX, Anfang.

don, ohne die Bibel zu erwähnen.[146] »Warum soll ich, frägt
er anderswo, als Katholik eine Hoffnung nicht teilen, welche ich erweislich bei den Heiden vorfinde?« Etwas später
schrieb Coluccio Salutati seine (noch handschriftlich vorhandenen) »Arbeiten des Hercules«, wo am Schluß bewiesen wird, daß den energischen Menschen, welche die ungeheuern Mühen der Erde überstanden haben, der Wohnsitz
auf den Sternen von Rechtswegen gehöre.[147] Wenn Dante
noch strenge darauf gehalten hatte, daß auch die größten
Heiden, denen er gewiß das Paradies gönnte, doch nicht
über jenen Limbus am Eingang der Hölle hinauskamen,[148]
so griff jetzt die Poesie mit beiden Händen nach den neuen
liberalen Ideen vom Jenseits. Cosimo der ältere wird, laut
Bernardo Pulci's Gedicht auf seinen Tod, im Himmel empfangen von Cicero, der ja auch »Vater des Vaterlandes«
geheißen, von den Fabiern, von Curius, Fabricius und
vielen Andern; mit ihnen wird er eine Zierde des Chores
sein, wo nur tadellose Seelen singen.[149]

Aber es gab in den alten Autoren noch ein anderes,
weniger gefälliges Bild des Jenseits, nämlich das Schatten-
reich Homer's und derjenigen Dichter, welche jenen Zustand nicht versüßt und humanisiert hatten. Auf einzelne
Gemüter machte auch dies Eindruck. Gioviano Pontano
legt irgendwo[150] dem Sannazar die Erzählung einer Vision
in den Mund, die er früh Morgens im Halbschlummer

---

146 Petrarca, epp. fam. IV, 3 (p. 629). IV, 6 (p. 632).

147 Fil. Villani, Vite, p. 15. Diese merkwürdige Stelle, wo Werk-
     dienst und Heidentum zusammentreffen, lautet: che agli uo-
     mini fortissimi, poichè hanno vinto le mostruose fatiche della
     terra, debitamente sieno date le stelle.

148 Inferno, IV, 24 s. – Vgl. Purgatorio VII, 28. XXII, 100.

149 Dieser Heidenhimmel findet sich deutlich auch in der Grab-
     schrift des Tonbildners Niccolò dell' Arca:
          Nunc te Praxiteles, Phidias, Polycletus adorant
          Miranturque tuas, o Nicolae, manus.
     (Bei Bursellis, ann. Bonon., Murat. XXIII, Col. 912.)

150 In seiner späten Schrift Actius.

gehabt habe. Es erscheint ihm ein verstorbener Freund Ferrandus Januarius, mit dem er sich einst oft über die Unsterblichkeit der Seele unterhalten hatte; jetzt frägt er ihn, ob die Ewigkeit und Schrecklichkeit der Höllenstrafen eine Wahrheit sei? Der Schatten antwortet nach einigem Schweigen ganz im Sinne des Achill als ihn Odysseus befragte: »soviel sage und beteure ich dir, daß wir vom leiblichen Leben Abgeschiedenen das stärkste Verlangen tragen wieder in dasselbe zurückzukehren.« Dann grüßt und verschwindet er.

Es ist gar nicht zu verkennen, daß solche Ansichten vom Zustande nach dem Tode das Aufhören der wesentlichsten christlichen Dogmen teils voraussetzen teils verursachen. Die Begriffe von Sünde und Erlösung müssen fast völlig verduftet gewesen sein. Man darf sich durch die Wirkung der Bußpredigt und durch die Bußepidemien, von welchen oben (S. 461 u. f., 483 u. f.) die Rede war, nicht irre machen lassen; denn selbst zugegeben, daß auch die individuell entwickelten Stände daran Teil genommen hätten wie alle andern, so war die Hauptsache dabei doch nur das Rührungsbedürfnis, die Losspannung heftiger Gemüter, das Entsetzen über großes Landesunglück, der Schrei zum Himmel um Hülfe. Die Weckung des Gewissens hatte durchaus nicht notwendig das Gefühl der Sündhaftigkeit und des Bedürfnisses der Erlösung zur Folge, ja selbst eine sehr heftige äußere Buße setzt nicht notwendig eine Reue im christlichen Sinne voraus. Wenn kräftig entwickelte Menschen der Renaissance uns erzählen, ihr Prinzip sei: nichts zu bereuen,[151] so kann dies allerdings sich auf sittlich indifferente Angelegenheiten, auf bloß Unkluges und Unzweckmäßiges beziehen, aber von selbst wird sich diese Verachtung der Reue auch auf das sittliche Gebiet ausdehnen, weil ihre Quelle eine allgemeine, nämlich das indivi-

---

151 Cardanus, de propria vita, cap. 13: non poenitere ullius rei quam voluntarie effecerim, etiam quae male cessisset; ohne dieses wäre ich der unglücklichste Mensch gewesen.

duelle Kraftgefühl ist. Das passive und kontemplative Christentum mit seiner beständigen Beziehung auf eine jenseitige höhere Welt beherrschte diese Menschen nicht mehr. Macchiavell wagt dann die weitere Konsequenz: dasselbe könne auch dem Staat und der Verteidigung von dessen Freiheit nicht förderlich sein.[152]

Welche Gestalt mußte nun die trotz Allem vorhandene starke Religiosität bei den tiefern Naturen annehmen? Es ist der Theismus oder Deismus, wie man will. Den letztern Namen mag diejenige Denkweise führen, welche das Christliche abgestreift hat, ohne einen weitern Ersatz für das Gefühl zu suchen oder zu finden. Theismus aber erkennen wir in der erhöhten positiven Andacht zum göttlichen Wesen, welche das Mittelalter nicht gekannt hatte. Dieselbe schließt das Christentum nicht aus und kann sich jederzeit mit dessen Lehre von der Sünde, Erlösung und Unsterblichkeit verbinden, aber sie ist auch ohne dasselbe in den Gemütern vorhanden.

Bisweilen tritt sie mit kindlicher Naivetät, ja mit einem halbheidnischen Anklang auf; Gott erscheint ihr als der allmächtige Erfüller der Wünsche. Agnolo Pandolfini erzählt,[153] wie er nach der Hochzeit sich mit seiner Gemahlin einschloß und vor dem Hausaltar mit dem Marienbilde niederkniete, worauf sie aber nicht zur Madonna sondern zu Gott beteten, er möge ihnen verleihen die richtige Benützung ihrer Güter, langes Zusammenleben in Fröhlichkeit und Eintracht und viele männliche Nachkommen; »für mich betete ich um Reichtum, Freundschaften und Ehre, für sie um Unbescholtenheit, Ehrbarkeit und daß sie eine gute Haushälterin werden möge.« Wenn dann noch eine starke Antikisierung im Ausdruck hinzukömmt, so hat man es bisweilen schwer, den heidnischen Stil und die theistische Überzeugung auseinander zu halten.[154]

---

152 Discorsi, L. II, cap. 2.
153 Del governo della famiglia, p. 114.
154 Als Beispiel die kurze Ode des M. Antonio Flaminio aus den Coryciana (vgl. S. 265 f.):

Auch im Unglück äußert sich hie und da diese Gesinnung mit ergreifender Wahrheit. Es sind aus der spätern Zeit des Firenzuola, da er jahrelang am Fieber krank lag, einige Anreden an Gott vorhanden, in welchen er sich beiläufig mit Nachdruck als einen gläubigen Christen geltend macht und doch ein rein theistisches Bewußtsein an den Tag legt.[155] Er faßt sein Leiden weder als Sündenschuld noch als Prüfung und Vorbereitung auf eine andere Welt; es ist eine Angelegenheit zwischen ihm und Gott allein, der die mächtige Liebe zum Leben zwischen den Menschen und seine Verzweiflung hineingestellt hat. »Ich fluche, doch nur gegen die Natur, denn Deine Größe verbietet mir, Dich selbst zu nennen . . . gib mir den Tod, Herr, ich flehe Dich, gib mir ihn jetzt!«

Einen augenscheinlichen Beweis für einen ausgebildeten, bewußten Theismus wird man freilich in diesen und ähnlichen Aussagen vergebens suchen; die Betreffenden glaubten zum Teil noch Christen zu sein und respektierten außerdem aus verschiedenen Gründen die vorhandene Kirchenlehre. Aber zur Zeit der Reformation, als die Gedanken gezwungen waren, sich abzuklären, gelangte diese Denkweise zu einem deutlichern Bewußtsein; eine Anzahl der italienischen Protestanten erwiesen sich als Antitrinitarier und die Sozinianer machten sogar als Flüchtlinge in

---

Dii quibus tam Corycius venusta
Signa, tam dives posuit sacellum,
Ulla si vestros animos piorum
    Gratia tangit,
Vos iocos risusque senis faceti
Sospites servate diu; senectam
Vos date et semper viridem et Falerno
    Usque madentem.
At simul longo satiatus aevo
Liquerit terras, dapibus Deorum
Laetus intersit, potiore mutans
    Nectare Bacchum.

155 Firenzuola, opere, vol. IV, p. 147 s.

weiter Ferne den denkwürdigen Versuch, eine Kirche in
diesem Sinn zu konstituieren. Aus dem bisher Gesagten
wird wenigstens so viel klar geworden sein, daß außer dem
humanistischen Rationalismus noch andere Geister in diese
Segel wehten.

Ein Mittelpunkt der ganzen theistischen Denkweise ist
wohl in der platonischen Akademie von Florenz und ganz
besonders in Lorenzo magnifico selbst zu suchen. Die theoretischen Werke und selbst die Briefe jener Männer geben
doch nur die Hälfte ihres Wesens. Es ist wahr, daß Lorenzo
von Jugend auf bis an sein Lebensende sich dogmatisch
christlich geäußert hat[156] und daß Pico sogar unter die
Herrschaft Savonarola's und in eine mönchisch aszetische
Gesinnung hinein geriet.[157] Allein in den Hymnen Lorenzo's,[158] welche wir als das höchste Resultat des Geistes jener
Schule zu bezeichnen versucht sind, spricht ohne Rückhalt
der Theismus, und zwar von einer Anschauung aus, welche
sich bemüht, die Welt als einen großen moralischen und
physischen Kosmos zu betrachten. Während die Menschen
des Mittelalters die Welt ansehen als ein Jammertal, welches
Papst und Kaiser hüten müssen bis zum Auftreten des
Antichrist, während die Fatalisten der Renaissance abwechseln zwischen Zeiten der gewaltigen Energie und Zeiten
der dumpfen Resignation oder des Aberglaubens, erhebt

---

156 Nic. Valori, Vita di Lorenzo, passim. – Die schöne Instruktion an seinen Sohn Kardinal Giovanni, bei Fabroni, Laurentius, Adnot. 178, und in den Beilagen zu Roscoe, Leben des
Lorenzo.

157 Jo. Pici vita, auct. Jo. Franc. Pico. – Seine Deprecatio ad
Deum, in den Deliciae poetar. italor.

158 Es sind die Gesänge: Orazione (»Magno Dio, per la cui
costante legge etc.«, bei Roscoe, Leone X., ed. Bossi, VIII,
p. 120); – der Hymnus (»Oda il sacro inno tutta la natura etc.«,
bei Fabroni, Laurentius, Adnot. 9); – L'altercazione (Poesie
di Lorenzo magn. I, p. 265; in letzterer Sammlung sind auch
die übrigen hier genannten Gedichte mit abgedruckt).

sich hier, im Kreise[159] auserwählter Geister, die Idee, daß die sichtbare Welt von Gott aus Liebe geschaffen, daß sie ein Abbild des in ihm präexistierenden Vorbildes sei, und daß er ihr dauernder Beweger und Fortschöpfer bleiben werde. Die Seele des einzelnen kann zunächst durch das Erkennen Gottes *ihn* in ihre engen Schranken zusammenziehen, aber auch durch Liebe zu ihm *sich* ins Unendliche ausdehnen, und dies ist dann die Seligkeit auf Erden.

Hier berühren sich Anklänge der mittelalterlichen Mystik mit platonischen Lehren und mit einem eigentümlichen modernen Geiste. Vielleicht reifte hier eine höchste Frucht jener Erkenntnis der Welt und des Menschen, um derentwillen allein schon die Renaissance von Italien die Führerin unseres Weltalters heißen muß.

---

159 Wenn es dem Pulci in seinem Morgante irgendwo mit religiösen Dingen Ernst ist, so wird dies von Ges. XVI, Str. 6, gelten: diese deistische Rede der schönen Heidin Antea ist vielleicht der greifbarste Ausdruck der Denkweise, welche unter Lorenzo's Genossen geltend war; die oben (S. 492, 496, Anm.) zitierten Reden des Dämons Astarotte bilden dann gewissermaßen die Ergänzung dazu.

GENAUERE TITELANGABEN
einiger häufiger zitierten Werke

Archivio storico italiano, nebst Appendice. Firenze, Vieusseux.

Muratori: Scriptores rerum Italicarum.

Fabroni: Magni Cosmi Medicei vita.

Desselben: Laurentii Med. magnifici vita.

Roscoe: Leben des Lorenzo Medici.

Poesie del magnifico Lorenzo de' Medici, Londra 1801.

Roscoe: Vita e pontificato di Leone X, trad. da Luigi Bossi, Milano 1816 s., 12 voll. in 8., mit vielen Beilagen, die dem englischen Original fehlen.

Petrarca: Gesamtausgabe seiner lateinischen opera, Basileae 1581, fol.

Poggii opera, Straßburger Ausgabe von 1513, fol.

Philelphi orationes, ed. Venet. 1492, fol.

M. Anton. Sabellici opera, ed. Venet. 1502, fol.

Pii II. P. M. commentarii, ed. Romana 1584.

Aeneae Silvii opera, ed. Basil. 1551, fol.

Platina: De vitis pontificum romanor., Coloniae Agrippinae 1626.

Anecdota literaria e mss. codd. eruta, herausg. von Amaduzzi und Bianconi, Rom 1773 bis 1783, vier Bände in 8.

Corio: Historia di Milano, ed. Venet. 1554.

Macchiavelli: Opere minori, Firenze, Lemonnier, 1852.

Varchi: Storia fiorentina, Milano 1803, 5 voll. in 8.

Tommaso Gar: Relazioni della corte di Roma (der dritte Band der zweiten Serie der Relazioni degli ambasciatori veneti, raccolte da Eug. Albèri, Firenze).

Boccaccio: Opere volgari, Firenze 1829, s., presso Ign. Moutier, 17 voll. in 8.

Filippo Villani: Le vite d'uomini illustri fiorentini, Firenze 1826.

Agnolo Pandolfini: Trattato del governo della famiglia, Torino, Pomba, 1829.

Trucchi, Poesie italiane inedite, Prato 1846, 4 voll. in 8.

Raccolta di Poesie satiriche, Milano 1808. 1 vol.

Firenzuola: Opere, Milano 1802. in 8.

Castiglione: Il cortigiano, Venezia, 1549.

Vespasiano fiorentino, außer der hier benützten Ausgabe von Mai, im I. Bande des Spicilegium romanum ist eine neuere von Bartoli, Firenze 1859, zu erwähnen.

Vasari: Le vite de' più eccellenti pittori, scultori e architetti, Firenze, Lemonnier, seit 1846, dreizehn Bände.

NAMENREGISTER

(Hauptstellen sind durch Kursivsatz hervorgehoben)

DIE KUNST DER RENAISSANCE
IN ITALIEN

ERSTES BUCH
ARCHITEKTUR

I. KAPITEL
DER MONUMENTALE SINN DER ITALIENISCHEN ARCHITEKTUR

[§ 1]
Der Ruhmsinn und die Stiftungen der Frömmigkeit.

Die italienische Baukunst wird seit dem Erwachen der höhern Kultur wesentlich bedingt durch den hier viel früher als anderswo entwickelten individuellen Geist der Bauherrn wie der Künstler. Im Zusammenhang mit demselben erstarkt der moderne Ruhmsinn, welcher nicht nur mit seinesgleichen wetteifern, sondern sich unterscheiden will und von einer früh beginnenden Reihe von Aufzeichnungen begleitet ist, welche im Norden fehlen.

Der Norden hat beinahe nur einzelne Rechnungen und Indulgenzbriefe, während in Italien Inschriften, Chronikangaben und Urkunden reich an tendenziösen Ausdrücken sowohl die Tatsachen als die Gesinnungen überliefern.

Diese monumentale Baugesinnung, bald mehr auf das Mächtige, bald mehr auf das Schöne oder Zierliche gerichtet, bleibt eine der ersten, bewußtesten Lebensregungen der ganzen Zeit vom 11. bis ins 16. Jahrhundert und begleitet den Versuch der Wiedererweckung der antiken Baukunst im 12., die Aufnahme des Gotischen seit dem 13. und die Renaissance seit dem 15. Jahrhundert fast gleichmäßig, als höchste Triebkraft.

Beim Kirchenbau natürlich nicht genau auszuscheiden vom Bedürfnis der Frömmigkeit. Der sichtbare Aus-

druck der letztern, Ablaß, Kollekten und Almosen auch
für Kathedralen nicht entbehrlich und für Bauten von
Ordenskirchen die wichtigste Geldquelle. Doch hatte
der Ablaß in Italien politische Grenzen; wenn die nordischen Kathedralen während ihres Baues jede auch im
Gebiet der andern kollektieren ließen, so wären Pisaner,
Bolognesen, Sienesen, Florentiner, Venezianer einander
wohl sonderbar vorgekommen, wenn eine dieser Städte
Ähnliches versucht hätte.

Ablaß Bonifaz IX. für den Dombau zu Mailand 1391,
den Besuch der dortigen fünf Hauptkirchen dem der
römischen Patriarchalkirchen gleichstellend, höchst ein-
träglich, Corio, storia di Milano, fol. 269. Ebenso die
jährliche Oblation am Fronleichnamsfest; Petri Candidi
Decembrii vita Phil. Mariae Vicecom., bei Muratori XX,
Col. 998.

Ungeheure Kollekten an einzelnen Wallfahrtsstätten,
Gaben einer bunt gemischten Pilgerschaft; die alljährliche am Grab des heiligen Antonius zu Padua warf oft bis
400 Goldstücke ab; Mich. Savonarola, de laudibus Patavii, bei Murat. XXIV, Col. 1148. (Geschrieben nach
1445.)

In Venedig S. Maria de' miracoli 1480 aus einer bloß
örtlichen raschen Kollekte von 30 000 Dukaten erbaut;
S. Giovanni Crisostomo 1497 meist aus Ablaßgeldern;
Malipiero, ann. veneti, archiv. stor. VII, II, p. 705.

Besonders zahlreiche Stiftungen und Herstellungen von
Kirchen und Klöstern in Schreckenszeiten, z. B. zu Ende
des 15. Jahrhunderts in Perugia; Matarazzo, cronaca,
archiv. stor. XVI, II, p. 6.

Doch die Oblationen bisweilen nur scheinbar freiwillig;
Diario Ferrarese, bei Murat. XXIV, Col. 197, die für den
Domturm von Ferrara seit 1451, tatsächlich vorgeschrie-
ben.

[§ 2]
Die Baugesinnung der Florentiner.

In den freien Städten will vor Allem der municipale Stolz in einem mächtigen Dombau sich selber ein Genüge tun und die Nachbarn übertreffen. Die bloße Devotion, dem An-schwellen und Abnehmen unterworfen, tritt zurück neben Staatsbeschlüssen und Steuern.

Von Venedig und Pisa im 11. Jahrhundert ist das Nähere hierüber nicht bekannt. Aber 1153 werden die Kosten für das Baptisterium zu Pisa durch eine städtische Auf-lage gedeckt und dann, der Sage nach, Säulen, Pfeiler und Bogen binnen 15 Tagen aufgesetzt; Vasari I, p. 210, im Proemio, c. 14. – Arezzo, welches das für den Dom-bau bestimmte Legat Gregors X. (st. 1276) mit Kriegen ausgegeben, beschloß eine Abgabe seines ganzen Gebie-tes auf alle Zukunft; Vasari I, p. 305 s., vita di Margari-tone.

Insbesondere ergreift der florentinische Staat sowohl als jede einzelne Behörde desselben jeden Anlaß, um ihren monumentalen Ruhmsinn auch schriftlich auszusprechen, sogar durch Lob der Künstler.

Der Auftrag Arnolfos zum Dombau 1298 lautet: »auf solche höchste und kostbarste Pracht, daß menschliches Streben und Vermögen nichts Größeres noch Schöneres hervorbringen könne«. Del Migliore, bei Libri, hist. des sciences mathém. II, p. 164. Vasari I, p. 252 s., vita di Arnolfo. Man verstand sich dafür zu einer Abgabe vom Verkehr und zu einer alljährlichen Kopfsteuer. Bei der Wiederaufnahme des Baues nach längerer Unterbre-chung, in dem Glücksjahr 1331, wurde zu der Steuer eine Quote von den verpachteten Zöllen und Steuern hinzu-gefügt und in jeder Bude ein Kästchen für »das Gottes-geld« aufgestellt; Gio. Villani X, cap. ⟨192⟩.

Weil der Dom seit vielen Generationen als Höchstes galt, konnte und mußte sich das mächtige Verlangen und

Vermögen zu seiner Vollendung in einem Florentiner konzentrieren: in Brunellesco. »Zwei große Dinge trug er von Anfang an in sich: die Wiedererweckung der guten Baukunst und den Kuppelbau von S. Maria del fiore.« Vasari III, p. 202.

Giottos Ernennung zum Dom- und Stadtbaumeister 1334 mit feuriger Anerkennung desselben als ersten Künstlers der damaligen Welt; Gaye, carteggio I, p. 481.

Daß ein bisheriges Gebäude durch Unschönheit eine Schmach für die Stadt sei, ein künftiges ihr zur Ehre und Zierde gereichen solle, wird gesagt u. a. bei Anlaß des Neubaues von Orsanmichele 1336; Gaye, carteggio I, p. 47, 5. Gio. Villani XI, cap. 66 und 93. Die Nischen der einzelnen Pfeiler wurden den Zünften auszuschmücken übergeben. Die Gold- und Silbermünzen, die man in den Grundstein legte, hatten die Inschrift: ut magnificentia populi florent. artium et artificum ostendatur.

Der Neubau einer Ordenskirche wird durch einen besonders verehrten Fastenprediger den Vornehmen und Reichen des betreffenden Stadtquartiers in's Gewissen geschoben. Vita anonima di Brunellesco, ed. Moreni, p. 207, bei Anlaß von S. Spirito 1428.

In welchen Händen auch der Staat sich befinden mochte, immer blieb die höchste Ambition die Seele des öffentlichen Bauwesens, nur daß mit der Zeit weniger Worte davon gemacht werden, weil sich die Sache von selbst verstand.

Der florentinische Theoretiker Leon Battista Alberti um 1450 leitet Größe und Macht des alten Roms großenteils von dessen Bauten her und zitiert Thukydides, welcher die Athener mit Recht darob rühme, daß sie durch Befestigungen viel mächtiger schienen, als sie waren. Arte edificatoria, Introd. (Opere volgari, vol. IV, p. 198.)

Die großen Medici, als sie ihre Personen der Staatsgewalt substituierten, wußten, daß sie damit eine allgemeine Baupflicht übernahmen. Cosimo (st. 1464) wollte vielen Leuten zu verdienen geben, zahlte genau und reichlich, freute sich, daß das Geld in der Stadt blieb, und bereute nur daß er nicht 10 Jahre früher zu bauen angefangen. Sein gesamter Aufwand an Bauten, Almosen und Steuern 400 000 Goldgulden, laut der authentischen Rechnung bei Fabroni, Laurent. Med. magnif. vita, Adnot. 2 & 25. Höhere, aber übertriebene Schätzungen in Campani vita Pii II, bei Murat. III, II, Col. 976, und bei Vespasiano Fiorentino, p. 332 bis 338; hier auch Cosimo's Weissagung: in fünfzig Jahren werde von Besitz und Herrlichkeit des Hauses Medici nur übrig sein, was er gebaut habe. Vgl. auch Jovian. Pontan. de magnificentia. – Das Wort seines Sohnes Pietro über die Badia von Fiesole: so viel Geld wir hier verbauen, ist extra petulantiam ludumque fortunae gesichert; vgl. Matteo Bossi, bei Roscoe, vita di Lorenzo d. M. vol. IV, Beilage 5. – Lorenzo magnifico, Pietro's Sohn, freute sich beim Überschlag der gewaltigen Kosten, daß das Geld so gut ausgegeben sei; vgl. Kultur der Renaissance, S. 86. Daß die 3 Genannten die Bauten von Kirchen und Klöstern vielleicht auch für ein politisch sichreres Kapital denn Geld gehalten, deutet Alessandro de' Pazzi an, Archiv. stor. I, p. 422. Der Ruhm der mediceischen Bauten unter Lorenzo, Matteo Bossi, l. c.

Die Venezianer wußten wohl, weshalb sie dem bei ihnen im Exil (1433) weilenden Cosimo verboten, die Fassade von S. Giorgio maggiore zu bauen. Sansovino, Venezia, fol. 81.

In welchen Ausdrücken sich der florentinische Staat auch für andere seiner Künstler, z. B. für einen Bildhauer im J⟨ahr⟩ 1461 nach außen verwendet, s. bei Gaye, carteggio I, p. 196.

[§ 3]
Die Baugesinnung der Sienesen.

Der Bau-Ehrgeiz Siena's nimmt in den offiziellen Äußerungen oft eine wahre Heftigkeit an und blickt unruhig nach außen. Eine eigene Verschönerungsbehörde wacht nament-

lich über den Straßenkorrektionen. Petitionen von Bürgern
in Bau- und Kunstsachen sind nichts seltenes.

Vgl. Milanesi, documenti per la storia dell' arte Senese,
bes. I, p. 161 bis 164, 180 u. f., 188, 193. II, p. 39, 183,
301, 337, 339, 345, 353. III, p. 100 u. f., 139, 273, 275,
280, 310 u.a.a.O. Allegretto, Diarî Sanesi, bei Murat.
XXIII, Col. 770 ss.

Das Stillestehen des Dombaues heißt eine Schande; –
1298 Weiterbau aus städtischen Mitteln; – der sogenannte
neue Dom 1321 wird dekretiert als ecclesia pulcra, magna
et magnifica. – Die bisherige Domsakristei »für eine
Dorfkirche passend« wird 1407 für eine Schmach der
Stadt erklärt. – Bürgerpetition von 1389 um Vollendung
des Domes und Beifügung eines Campo santo in der Art
des pisanischen, welches eine der vornehmsten geweihten Bauten der ganzen Christenheit sei.

Schon 1286 verlangen die Minoriten fast trotzig städtische Beihülfe für eine Fassade, weil es der Gemeinde von
Siena nicht zur Ehre gereiche, wenn vornehme fremde
Geistliche und Städteboten kämen und die provisorische,
»das Ding von Backstein und Mörtel«, sähen. – Im J⟨ahr⟩
1329 Staatsbeitrag an die Karmeliter für eine Tafel des Lo-
renzetti, welcher dabei urkundlich gerühmt wird.

Der Staat befiehlt 1288 der Dombaubehörde, dem Skulp-
tor Ramo di Paganello einen großen und schönen Auftrag zu geben, woran er könne suum magisterium osten-
dere et industrium suum opus. – Nach 1527 braucht die
eifrige Bürgerpetition um Anstellung des von dem verwüsteten Rom hergeflüchteten Baldassar Peruzzi u. a.
den Ausdruck: daß Ehre und Name der Stadt dadurch in
andern Städten zunehmen würden; außerdem hofft man,
daß Siena durch ihn eine Kunstschule werde.

Die Ufficiali dell' Ornato begutachteten u. a. 1469 eine
Expropriation zur Bildung eines Platzes mit der Erwägung: Platz und Stadt müßten davon solche Würde gewinnen, daß jeder Bürger täglich mehr davon erbaut sein
werde.

Einer Landstadt des sienesischen Gebietes, Grosseto, wird 1540 für den Bau ihrer Kathedrale ein bestimmter Baumeister und ein approbierter Plan desselben vorgeschrieben.

Bürgerbeschwerden gegen eine ungenügende Fresko- madonna an Porta nuova; – gegen das Feueranmachen in dem neu und herrlich gemalten großen Saal im Pal. del Podestà, zum Teil aus betonter Rücksicht auf die Fremden (1316).

Die verzögerte Vollendung der Fonte gaja heißt 1419 amtlich eine Schande der Stadt; Gaye, carteggio I, p. 94.

Um Beiträge zum Ausbau des Oratoriums der Ortsheiligen Katharina wird 1469 der Staat angegangen im Hinblick auf die Ehre der Stadt, auf die Meinung der andächtigen Fremden, auf die Verdienste der Patronin, auf den Ruhm Siena's durch sie, auf die gegenwärtige Friedenszeit, endlich »weil wir einige der wenigen Städte der Welt sind, welche noch die Himmelsgabe der süßen Freiheit genießen«.

Ein wahrer Inbegriff des sienesischen Pathos ist die schöne Beschreibung der Zeremonie, mit welcher Duccio's Altarwerk 1310 in den Dom geführt wurde, Milanesi I, p. 169.

[§ 4]
Baugesinnung anderer Städte.

Auch in halbfreien und fürstlichen Städten, sobald sie eigene städtische Bauentschlüsse fassen können, äußert sich ein ähnliches Gefühl in klaren Worten. Venedig schweigt beinahe völlig; wo es spricht, tönen seine Worte am stolzesten.

Orvieto nennt 1420 seinen Dom eine herrliche Kirche ohne Gleichen in der Welt; – 1380 die Ambition, die größte Orgel der Welt bauen zu lassen; Della Valle, storia del Duomo di Orvieto, p. 118, und docum. 50 und 63.

In Perugia ist es 1426 der päpstliche Governator, welcher
die Bürger beredet, eine so vornehme Stadt brauche einen
viel mächtigern und schönern Dom als der bisherige sei;
die Kosten zwischen Papst, Bürgerschaft und Domkapitel geteilt. – Einem Neubau von S. Domenico zu Liebe
wurde eine Verkehrssteuer beschlossen; Graziani, cronaca, im Archiv. stor. XVI, I, p. 318, 418, 575, 620.

Auf dem herabgekommenen Piacenza lastete aus besseren Zeiten, seit 200 Jahren, das Gelübde eine Madonnenkirche zu bauen; die merkwürdige Beratung 1467, mit
besorglicher Einrede, der Herzog Galeazzo Sforza
möchte die Stadt plagen, wenn sie Geldmittel sehen lasse;
die Ausführung hauptsächlich durch Kollekte mit Hülfe
eines großen Predigers, Fra Giovanni da Lugo, begleitet
von Wundern und Zeichen; Annales Placentini, bei Murat. XX, Col. 921 ss.

In Venedig bekam Sanmicheli (gegen 1540) den Auftrag
zum Bau der prächtigen Wasserveste S. Andrea am Lido
mit der Bemerkung: da er in weiter Ferne die Festungen
der Republik (auf Corfu, Candia, Cypern) neu gebaut
habe, möge er nunmehr wohl erwägen, was seine neue
große Verpflichtung mit sich bringe bei einem Bau, welcher *ewig* vor den Augen des Senates und so vieler Herren
dastehen müsse. Vasari XI, p. 115, v. di Sanmicheli.

[§ 5]
Denkweise der Gewaltherrscher.

Die Herrscher, fast alle illegitim und gewaltsam, waren
kraft psychologischer Notwendigkeit meist so baulustig,
als ihre Mittel es zuließen. Bauten waren ein dauerndes
Sinnbild der Macht und konnten für die Fortdauer einer
Dynastie und für ihre Wiederkehr, wenn sie vertrieben war,
von hohem Werte sein.

Über das Verhältnis des usurpierten Fürstentums zum
Ruhm und zur Intelligenz vgl. Kultur der Renaissance,
S. 16 und 137 ff.; das Verhältnis zur Kunst, bes⟨onders⟩

zum Bauwesen, umfaßte Beides. Vgl. d. Verf. Zeit Constantins d. Gr., S. 464. – Die Baupolitik der Medici s⟨iehe⟩ § 2.

Gleich der Anfang der ital⟨ischen⟩ Tyrannis ist bezeichnet durch den Baugeist des schrecklichen Ezzelino da Romano (st. 1259), der Paläste über Paläste baute um nie darin zu wohnen, und Bergschlösser und Stadtburgen, als erwarte er täglich eine Belagerung; alles um Schrecken und Bewunderung einzuflößen und den Ruhm seines Namens jedem Gemüt so einzuprägen, daß für ihn keine Vergessenheit mehr möglich wäre; Monachus Paduanus, in fine L. II, u. a. in der Sammlung des Urstisius.

Bald nehmen die Herrscher von Mailand, die Visconti wie die Sforza, mit Bewußtsein die erste Stelle unter den bauenden Fürsten ein.

Giangaleazzo Visconti (st. 1402), mit seinem spezifischen Sinn für das Kolossale, gründet »das wunderbarste aller Klöster«, die Certosa bei Pavia, und »die größte und prächtigste Kirche der Christenheit«, den Dom von Mailand, »der gegen das ganze Altertum in die Schranken treten kann« (Urkunde von 1490, bei Milanesi II, p. 438) und baute weiter an dem schon von seinem Oheim Bernabò begonnenen Kastell von Pavia (§ 21), der herrlichsten Residenz der damaligen Welt. – Filippo Maria Visconti (st. 1447) baute Lustschlösser und richtete das Kastell von Mailand zu einer prachtvollen Wohnung ein.

Von den Sforza ist Lodovico Moro (gestürzt 1500) beraten von Bramante und Lionardo, der Wichtigste. Große Korrektionen von Mailand und Pavia; Neubau von Vigevano mit Gärten, Aquaedukten und zierlicher Piazza. Cagnola, im Archiv. stor. III, p. 188; über Vigevano auch Decembrio (vgl. § 1) Col. 998. Der Moro ernannte 1490 (Milanesi II, p. 431 s.) die Meister für Errichtung einer Domkuppel, »welche schön, würdig und ewig sein soll, wenn sich auf dieser Welt etwas Ewiges hervorbringen läßt«.

Auch die Gonzagen von Mantua geben ihren Baugeist deutlich kund, außerdem etwa noch ein geldreicher Kondottiere.

Für Mantua besonders wichtig erst die Regierung des Herzogs Federigo; Umbau von ganzen Quartieren 1529 bis 1546, Bau des Palazzo del Te usw. Vasari X, p. 109 ss., v. di Giulio Romano.

Bei Gaye, carteggio II, p. 326 ss. die merkwürdigen Aktenstücke über den Bau eines neuen Domes zu Mantua (1545), welcher von der Herrscherfamilie wesentlich als weltliche Ehrensache betrieben und den Untertanen auf höchst glimpfliche Weise zu einer nur mäßigen Beihülfe empfohlen wird.

Der Feldherr Colleoni (st. 1475), im Bewußtsein daß ihn die Republik Venedig erben werde, baute drei Kirchen nebst seiner prachtvollen Grabkapelle in Bergamo (§ 80) und das schöne Landschloß Malpaga; Paul. Jovii elogia, sub Bartol. Colleonio. – Vgl. Kultur der Renaissance, S. 31.

[§ 6]
Romagna, Mark und Umbrien.

Südlich vom Po, in der Romagna und Mark Ancona und weiter in Umbrien, entwickelte sich in der relativ langen Friedenszeit von 1465 bis nach 1480 der fürstliche und zugleich der städtische Bausinn vorzüglich stark, offenbar durch Wetteifer.

Um diese Zeit mögen in Oberitalien die Riegelwände verschwunden sein, von welchen Lomazzo (trattato dell' arte, ed. Milan. 1585, p. 649) als von einer dort früher allgemeinen Bauweise spricht.

In Faenza baute nach Kräften Fürst Carlo Manfreddi, in Ravenna die venezian⟨ische⟩ Regierung, in Forli Fürst Pino Ordelaffo, der auch den bauenden Privatleuten mit Hülfe, Rat und Gunst beistand und sein neues Palatium 1472 durch einen feierlichen Ritterschlag einweihte; Ann. Foroliviens. bei Murat. XXII, Col. 227, 230.

In Bologna (Annalen des Mönches Bursellis, bei Murat.
XXIII) bauten damals, besonders seit 1460, um die Wette
die Geistlichen, der päpstliche Legat, das halbfürstliche
Haus der Bentivogli, die Stadtbehörde, die Zünfte, die
Privatleute und namentlich die reichen Professoren; Pri-   5
vatpaläste, »eines Fürsten würdig«; der Palast der Bentivogli »königlich«; die großen und teuern Straßenkorrektionen s. § 112.

In Pesaro tat Fürst Costanzo Sforza (Vetter des Moro)
das Mögliche für Korrektion und Ausbau der Stadt und   10
schuf die zierliche Veste daselbst per sua fantasia.

Der Ruhmsinn verbunden mit einer entsetzlichen Ge-
mütsart in Sigismondo Malatesta, Fürsten von Rimini
(st. 1467), dem Zerstörer dessen, was Andere gebaut, um
das Material neu zu vernutzen und kein Andenken als das   15
eigene am Leben zu lassen. Für sein S. Francesco (1447),
das er eigentlich sich selbst und der schönen Isotta zu Ehren baute, wurde der Hafen und viele andere Gebäude,
Grabmäler, ein Stiftshaus und ein Glockenturm zu
Rimini zerstört und zu Ravenna der Marmor aus 3 alten   20
Kirchen (S. Severo, S. Apollinare in Classe und Galla Placidia) geraubt. Vasari IV, p. 56, Nota, v. di Alberti. Vgl.
Kultur der Renaissance, S. 225 f. – Unten § 63.

Auch die Kleinsten strengten sich an. Simonetto Baglione, der das Städtchen Diruta verwaltete, ließ wenig-   25
stens die Piazza pflastern und wollte auf kühnem Bogen
von Fels zu Fels Wasser herleiten, lauter Dinge »zu ewigem Andenken«, als ihn (1500) sein Schicksal ereilte.
Matarazzo, cronaca, archiv. stor. XVI, II, p. 107. Vgl.
Kultur der Renaissance, S. 38 f.   30

Bei den Herzogen vom Haus Este zu Ferrara, Borso
(st. 1471) und Ercole I. (st. 1505) sind die eigenen Bauten
zahlreich, mäßig und zweckmäßig, das letzte Ziel weniger
monumental als politisch: eine reiche, feste, starkbevöl-
kerte große Stadt zu schaffen. Sie bauten gerade so viel   35
selbst und regierten dabei so, daß Andere, auch eingewanderte Fremde, veranlaßt (und wohl auch genötigt) wurden,

ebenfalls und zwar nach der vorgeschriebenen Richtung zu bauen.

Diario Ferrarese, bei Murat. XXIV, und Annales Estenses, bei Murat. XX, passim. – Einmal schaut bei Borso eine babylonische Denkart hervor, als er frohndweise in seiner Po-Ebene den großen künstlichen Monte santo aufschütten ließ. – Die Korrektionen und Quartieranlagen § 112. – Um den herzog⟨lichen⟩ Palast Schifanoja herum entstand ein Palastquartier u. a. durch eingewanderte florentinische Verbannte. Für bestimmte Zwecke wurde bisweilen a furia, über Hals und Kopf gebaut und die Expropriation sehr teuer bezahlt.

Der große Federigo von Montefeltro, Herzog von Urbino (st. 1482), Kenner der Architektur, baute außer vielen Festungen seinen berühmten Palast, welcher als einer der vollkommensten seiner Zeit galt.

Vespasiano fiorentino, p. 121 s., p. 146. Vgl. Kultur der Renaissance. – An dem Palast (§ 93) könnte er leicht selber das Meiste getan haben.

[§ 7]
Monumentaler Sinn Papst Nikolaus V.

In dem zerrütteten Rom erhoben sich die ersten Päpste nach dem Schisma kaum über Reparaturen. In Nikolaus V. (1447 bis 1455) aber war Bauen und Büchersammeln zu Einer übermächtigen Leidenschaft gediehen, zu deren Gunsten der Papst selber erhabene sowohl als praktische Gesichtspunkte geltend machte.

Vitae Paparum, bei Murat. III, II, Col. 925 ss., bes. 949. – Platina, in vita Nicol. V. – Außer vielen Bauten in Landstädten die fünf großen, nur geringstenteils ausgeführten Projekte für Rom: Herstellung der Stadtmauern und der 40 Stationskirchen, Umbau des Borgo zur Wohnung für die gesamte Kurie, Neubau des Vatikans und der Peterskirche.

Die Motive nach den Biographen: Ehre und Glanz des

apostolischen Stuhles, Förderung der Devotion der
Christenheit und Sorge für den eigenen Ruhm durch
unvergängliche Bauten.
Laut der eigenen Rede des Papstes an die um sein Sterbe-
bett versammelten Kardinäle: das monumentale Bedürf-
nis der Kirche, nicht in betreff der Gelehrten, welche
Entwicklung und Notwendigkeit der Kirche auch ohne
Bauten verständen, wohl aber gegenüber den turbae
populorum, welche nur durch Größe dessen was sie
sähen in ihrem schwachen und bedrohten Glauben be-
stärkt werden könnten. Dazu dienten besonders ewige
Denkmäler, die von Gott selbst erbaut schienen. Die
Festungen im ganzen Staat habe er errichtet gegen
Feinde von außen und gefährliche Neuerer im Innern.
(Vgl. Kultur der Renaissance, S. 112, 184 f., 192) »Hätten
Wir Alles, Kirchen und andere Bauten, vollenden kön-
nen, wahrlich Unsere Nachfolger würden mit größerer
Verehrung aller Christenvölker angebetet werden und
sicherer vor innern und äußern Feinden in Rom wohnen.
Also nicht aus Ehrgeiz, aus Prachtliebe, aus leerer Ruhm-
sucht und Begier Unsern Namen zu verewigen haben
Wir dieses große Ganze von Gebäuden angefangen, sondern zu Erhöhung des Ansehens des apostolischen Stuhles bei der ganzen Christenheit, und damit künftig die
Päpste nicht mehr vertrieben, gefangen genommen, be-
lagert und sonst bedrängt werden möchten.« Die letzte
(vergebliche) Bitte an die Kardinäle, man möge fortfahren und vollenden, prosequi, perficere, absolvere!

[§ 8]
Die übrigen Päpste bis auf Julius II.

Von den nächstfolgenden Päpsten Calixt III. (bis 1458),
Pius II. (bis 1464), Paul II. (bis 1471), Sixtus IV. (bis 1484),
Innocenz VIII. (bis 1492) und Alexander VI. (bis 1503)
verrät keiner mehr diesen hohen Eifer für das Allgemeine.
Wohl aber offenbart sich der Prachtsinn weltlicher Fürsten

und die Rücksicht auf Rom als Residenz. Seit Pius II.
beginnen die reichern Kardinäle um die Wette Paläste zu
bauen, und Sixtus IV. fordert sie sogar dazu auf; auch ihre
Titularkirchen zu schmücken wird für sie Ehrensache.

Pius II. hatte Bausinn und edeln Geschmack, aber nicht
so sehr für Rom als für seinen Geburtsort Corsignano,
den er zur Stadt, zum Bischofssitz, Amtsort und Festort
erhob und nach seinem Namen Pientia nannte, wie Alexander, die Diadochen und die Imperatoren so manche
Städte nach ihrem Namen benannt hatten.

Sixtus IV. mit vorherrschend profanem Bausinn errichtete die längst schwer entbehrte mittlere Tiberbrücke,
den Ponte Sisto mit der naiven Inschrift, und gewann die
Aqua virgo (Acqua di Trevi) wieder für Rom. Doch
stellte er, zumal bei Anlaß des Jubiläums 1475, auch
mehrere Kirchen her.

Über die Bauten der Päpste und Kardinäle: Pii II., Comment. L. VIII, p. 366, vgl. L. VI, p. 308. Vitae Papar. bei
Murat. III, II, Col. 1018, 1031, 1034 ss., 1046, 1064 s.,
1098. Ferner Platinae continuator (Onuphr. Panvinius),
passim. Albertini, de mirabilibus Romae, im III. Buch.
Die Kardinäle und Prälaten bauten wohl auch (vgl. § 95)
weil sie wußten, die Kurie würde ihre bewegliche Habe
gewaltsam erben. Mit ihren Prachtgräbern (§ 138) verhält es sich wohl ebenso.

Der gewaltige Julius II. (1503 bis 1513), schon als Kardinal
baulustig bis zur höchsten Anstrengung seiner Kräfte, unternahm den Neubau von S. Peter (§ 66) und dem Vatikan
in einem freien und großen Sinne wie ihn kaum je ein
Bauherr gehabt hat.

Onuphrius Panvinius, de vaticana basilica, bei Mai, spicileg. romanum, Tom. IX, p. 365 ss. Vgl. Ranke, Päpste,
I, S. 69. Folgendes der Inhalt:

Hohen Mutes, in Kampf und Krieg gegen die Feinde der
Kirche unerschütterlich und hartnäckig, pflegte Julius
von allen Dingen, die ihn einmal ergriffen, dergestalt
entflammt zu werden, daß er das kaum Erdachte auch

gleich durchgeführt zu sehen erwartete. Unter andern großen Gaben besaß er nun auch eine wunderbare Begeisterung des Bauens, mochte sie auch die Schuld sein an mehr als einem Unterbau, der nicht weiter geführt wurde. (Anspielung auf das angefangene Gerichtsge- 5 bäude an der Via Giulia.) Überdies hatte er Männer um sich, wie Bramante, Rafael, Baldassar Peruzzi, Antonio Sangallo, Michelangelo und Andere. Bramante, damals als der größte von allen geltend, hatte endlich an ihm einen Papst gefunden wie er ihn wünschte; beredt, wie er 10 war, gewann er ihn für einen Neubau von S. Peter, welcher der Größe des päpstlichen Namens und der Majestät des Apostels würdig wäre; er ließ den Papst bald Ansichten bald andere Zeichnungen für die künftige Kirche sehen, kam immer von Neuem darauf zurück und 15 schwur dem Papst, daß dieser Bau ihm einen ewigen Ruhm sichern werde. Julius II. in seinem hohen und weiten Sinn, wo für kleine Dinge keine Stelle war, stets auf das Kolossale gerichtet – magnarum semper molium avidus –, ließ sich von dem Meister gewinnen und beschloß 20 die Zerstörung der alten und den Aufbau einer gewaltigen neuen Peterskirche. Dabei hatte er gegen sich die Leute fast aller Stände, zumal die Kardinäle, welche auch gerne eine prachtvolle neue Kirche gehabt hätten, aber den Untergang der alten, für den ganzen Erdkreis ehrwürdigen 25 Basilika mit ihrer Menge von Heiligengräbern und großen Erinnerungen bejammerten. Der Papst aber blieb beharrlich, warf die Hälfte der alten Kirche nieder und legte die Fundamente der neuen (15. April 1507).

Mit diesem Bau, so schwankend dessen Schicksale einstwei- 30 len waren, stellte sich das Papsttum auf lange Zeit an die Spitze alles Monumentalen im ganzen Abendlande. Zur Zeit der Gegenreformation hatte dies nicht bloß formale, sondern auch weltgeschichtliche Folgen.

Wogegen kaum in Betracht kommt, daß unter Leo X. der 35 Bau Einiges zum Ausbruch der Reformation mit beigetragen hatte.

Alt S. Peter war schon um 1450 fast 6 Fuß aus dem Lot
gewichen und hielt schon nur noch durch die Veranke-
rungen des Daches zusammen; Alberti, arte edificatoria,
L. I (opere volgari, vol. IV, p. 242). Das nächste Erdbeben hätte die Kirche umgeworfen.

[§ 9]
Gesinnung des Privatbaues.

Auch bei Privatleuten zeigt sich in Italien frühe eine begeisterte Baugesinnung. Schöne und große Bauwerke sind
eine natürliche Äußerung des veredelten italienischen
Lebens, bei einigen Bauherrn wohl auch eine Vorstufe zur
fürstlichen Macht. Venedig ist wiederum schweigsam, Florenz beinahe gesprächig.

Der Venezianer, welcher Ambition an den Tag legte, war
ein solcher, der kein gutes Ende nahm (1457), der Doge
Francesco Foscari. Auf den Palast der fortan seinen Namen trug, baute er das obere Stockwerk, damit man
denselben nicht mehr wie früher Casa Giustiniana nenne;
Sansovino, Venezia, fol. 149.

Für Florenz ein frühes, lautes Bekenntnis in den Briefen
des Niccolò Acciajuoli, der aus einem Kaufmann Groß-
seneschal von Neapel geworden und aus der Ferne seinen
Bruder mit dem Bau der mächtigen Kartause bei Florenz
beauftragt, im J. 1356. Gaye, carteggio I, p. 61, 64. Vgl.
Matteo Villani III, c. 9. ». . . Was mir Gott sonst gegeben,
geht an meine Nachkommen über und ich weiß nicht an
wen, nur dies Kloster mit seinem Schmuck gehört mein
auf alle Zeiten und wird meinen Namen in der Heimat
grünen und dauern machen. Und *wenn* die Seele unsterblich ist, wie Monsignor der Kanzler sagt, so wird meine
Seele, wohin ihr auch befohlen werde zu gehen, sich
dieses Baues freuen.«

Frömmer war der in Kaiser Sigismund's Dienst als Rat
und Feldherr gegen die Türken viel geltende Filippo
Scolari oder Pippo Spano. Er baute in Ungarn etc. an-

geblich 180 Kapellen, in Florenz aber stiftete er eine
Vergabung für die Polygonkirche bei S. Maria degli
angeli, damit ein Denkmal und eine Erinnerung an ihn
bei den Nachkommen in der Heimat vorhanden sei. Vita
di Fil. Scolari, archiv. stor. IV, p. 181. Der florentinische 5
Staat vergeudete das Geld und von Brunellesco's Plan
blieb nur eine kleine Abbildung übrig. (§ 63.)
Die höchste Ambition, die der Privatbau auf Erden an
den Tag gelegt hat: Palazzo Pitti, für Luca Pitti gebaut.
Über Palazzo Strozzi, gegründet 1489 von Filippo 10
Strozzi, einer der glänzenden Gestalten des damaligen
Florenz, eine zum Teil apokryphe, zum Teil aber sehr
bezeichnende Erzählung, Gaye, carteggio I, p. 354 s.
Vgl. II, p. 497. Strozzi, bauverständig und mehr auf
Ruhm als auf Besitz gerichtet, nachdem er für die Seinen 15
reichlich gesorgt, will durch einen Bau sich und seinem
Geschlecht einen Namen machen auch über Italien hinaus. Der tatsächliche Staatsherrscher, Lorenzo magnifico, der ein gar zu majestätisches Auftreten der großen
Geschlechter nicht liebte, aber doch ein prachtvolles 20
Florenz haben wollte, ließ sich die Pläne vorlegen, nötigte jenen angeblich zu einer »allzuvornehmen« Rusticafassade und verbot ihm die Buden im Erdgeschoß.
(Strozzi hätte dem Lorenzo gar nie glaubhaft machen
können, daß er die Rustica fürchte, per non esser cosa 25
civile, während so viele andere Florentiner sie anwandten, und vollends nicht, daß er unten Buden anbringen
wolle.) Der Bau sollte ohne Eingriff in das Kapital, aus
den bloßen Einkünften bestritten werden, was auch,
trotz anderer Bauten und Überteuerung beim Platzan- 30
kauf, gelungen wäre, wenn nicht Strozzi's Tod 1491 eine
Stockung herbeigeführt hätte. Sein Testament verpflich-
tete die Söhne zum Ausbau, unter Bedrohung, daß sonst
der Palast an Lorenzo magnifico und eventuell an die
Zunft der Kaufleute oder an das Spital S. Maria nuova 35
fallen solle. Sie ließen sich es gesagt sein und der berühmte Filippo Strozzi der Jüngere (Varchi, stor. fiorent.
L. IV, p. 321) vollendete den Bau 1533.

An einem anmutigen Privatbau zu Mailand (Casa Frigerio bei San Sepolcro) steht geschrieben: elegantiae publicae, commoditati privatae.

Die Sinnesweise des vornehmen Privatbaues wird gegen 1500 auch theoretisch besprochen und auf bestimmte Grundlagen und Ziele zurückgeführt.

Die Schrift des Neapolitaners Jovianus Pontanus de magnificentia definiert den Prachtliebenden, den magnificus, besonders auch in bezug auf das Bauen, mit Belegen aus Neapel und Sizilien. Vier Sachen bedingen die höhere Würde eines Baues, der Schmuck, den man eher übertreiben, die Größe, in der man sich eher mäßigen soll, die Trefflichkeit des Materials als Beweis daß keine Kosten gescheut worden, und die ewige Dauer welche allein den von Jedem ersehnten unvergänglichen Ruhm sichert. Anekdote von einem Catanesen, welcher sich an enormen Fundamenten arm baute, und sich damit tröstete, schon daraus werde wenigstens die Nachwelt schließen, daß er ein großer Herr gewesen. – Das Geld muß nicht bloß tatsächlich ausgegeben, sondern sichtbarlich gerne und mit der wahren Verachtung ausgegeben worden sein. Nur von vollkommenen Gebäuden geht die Bewunderung auch auf die Erbauer über, man kommt aus fernen Ländern, um sie zu bestaunen, und Dichter und Geschichtschreiber müssen deren Ruhm verbreiten.

[§ 10]
Die Gegenreformation.

Dem Kirchenbau kommt um die Mitte des 16. Jahrh⟨underts⟩ als neue Triebkraft die Gegenreformation zu Statten, welche nicht viel Worte von sich macht, aber gleich mit bedeutenden Bauten auftritt.

Noch kurz vorher (um 1540) die Klage des Serlio über das Erlöschen des kirchlichen Baueifers, im V. Buche.

Ein besonders auffallendes Steigen desselben seit 1563,

d. h. seit der Publikation der Beschlüsse des tridentini-
schen Konzils; Armenini, de' veri precetti della pittura,
Ravenna 1587, p. 19: in der ganzen Christenheit wettei-
fere man seither im Bau von schönen und kostbaren
Tempeln, Kapellen und Klöstern, wobei nichts zu wün- 5
schen übrig bleibe als eine ebenso große und lebendige
Malerei und Skulptur; d. h. die Schwesterkünste unter
der Herrschaft des Manierismus erschienen der Baukunst
nicht ebenbürtig.

II. KAPITEL   10
BAUHERRN, DILETTANTEN UND BAUMEISTER

[§ 11]
Kunstgelehrte Bauherrn des 15. Jahrhunderts.

Bei dem so ganz persönlichen Verhältnis vieler Bauherrn zu
ihren Bauten, welche bisweilen als Hauptlebenszwecke und 15
als Garantien des Nachruhms behandelt werden, mußte
sich eine eigene Kennerschaft oder ein Dilettantismus entwickeln, welcher hie und da die wahre Urheberschaft zweifelhaft macht. Der Bauherr wird stellenweise zum Baumeister.   20
    Nikolaus V. (§ 7) wird beim projektierten Neubau von
S. Peter geradezu selbst der Architekt genannt und deshalb nicht mit Salomo, sondern mit Hiram Abif verglichen, als wäre Bernardo Rossellino nur sein Exekutant
gewesen; Vitae Papar., bei Murat. III, II, Col. 938.   25
Pius II. verrät bei der Schilderung seiner Bauten in
Pienza (§ 8) eine solche Detailkenntnis, daß anzunehmen
ist, es möchte manches daran nicht von Bernardo Rossellino, sondern vom Papste selbst angegeben sein; Pii II.
comment., besonders L. IX, p. 425 ss.; über Rossellino, 30
p. 432.
Federigo von Urbino (§ 6) erschien, wenn man ihn hörte,
als Baumeister von Hause aus und nicht nur kein anderer

Fürst, sondern auch kein Privatmann war ihm darin
gleich. Nicht nur für seine Festungen, sondern auch für
seinen Palast »gab er die Maße und Alles (übrige) an«;
Vespasiano fiorent., p. 121. Dagegen spricht er in der
Urkunde von 1468 bei Gaye, carteggio I, p. 214 zwar als
Verehrer und stolzer Kenner der Architektur, ernennt
aber doch für den Palastbau zu seinem Alter ego den
Luciano da Laurana, einen Illyrier, da er in Toscana, der
Quelle der Architekten, keinen geeigneten Mann gefunden habe. Der schöne Hallenhof gilt als das Werk des
Baccio Pintelli, ebenda, p. 276.
Wie groß mag der Anteil des Chorherrn Timoteo Maffei
an der Badia zu Fiesole gewesen sein, welche Cosimo
durch Brunellesco bauen ließ? Nach Vespas. fiorent.,
p. 265 wäre die Hauptsache von Timoteo gewesen.
Lorenzo magnifico (st. 1492) mischte sich in das ganze
florentinische Bauwesen (§ 9), führte so scharfe Urteile
über die Architekten von Toscana wie Federigo (sein
Brief an den Kronprinzen Alfonso von Neapel, Gaye I,
p. 300), verschaffte denselben dann wieder Aufträge in
der Ferne (ebenda, p. 301), präsidierte und entschied die
Beratung über eine neue Domfassade 1491 (Vasari VII,
p. 238 ss., im Kommentar zur v. di Giul. Sangallo),
scheint aber selber nicht gezeichnet zu haben. (Es ist
bedenklich, die Worte bei Vasari VIII, p. 267, v. di A. del
Sarto, in betreff der Scheinfassade des Domes beim Einzug Leo's X. 1515, auf eine hinterlassene Zeichnung
Lorenzo's zu beziehen.) Daß er es sehr liebte und beförderte, wenn junge Adliche Künstler oder Kunstdilettan-
ten wurden, kam wohl schwerlich daher, daß er dem
edeln Geblüt eine höhere Begabung zutraute (Vasari VII,
p. 203 s., v. di Torrigiano); eher mochte er wünschen,
daß die Adlichen den Einfluß im Staat vergäßen, die
Stadt verschönerten und sich gelegentlich dabei verblu-
teten.
In Siena beweisen mehrere, schon einer frühen Zeit an-
gehörende auffallend genaue Kontrakte für Palastbauten

eine genaue Kennerschaft der Betreffenden; Milanesi I, p. 232 (für Pal. Sansedoni, schon 1339), II, p. 303 ss. (für Pal. Marsigli, 1459).

Für Arezzo ebenda I, p. 200, der Kontrakt zum Bau der Pieve 1332.

Für Pistoja ebenda I, p. 229, der Kontrakt zum Bau des Baptisteriums 1339.

[§ 12]
Baudilettanten des 16. Jahrhunderts.

Im 16. Jahrhundert wird die Baukunst von manchen vornehmen Dilettanten fortwährend mit Ernst und Eifer betrieben. Publikationen von Abbildungen erleichtern bald auch Unberufenen die Teilnahme. Unter den weltlichen Fürsten zeigt Cosimo I. (1537 bis 1574), Herzog, dann Großherzog von Toscana, am meisten Absicht und Verständnis, wenn auch einseitiges; bei den Päpsten ist viel Baugeist, eigener Dilettantismus aber wohl nur bei Julius III.

Luigi Cornaro, der Verfasser der vita sobria (Kultur der Renaissance, S. 376, vgl. 334 ff.) nahm emsig an allen baulichen Studien teil, hatte den berühmten Falconetto 21 Jahre bis zu dessen Tode bei sich im Hause und nahm ihn auch nach Rom mit. Die Frucht hievon waren die beiden Ziergebäude im Hof des jetzigen Pal. Giustiniani beim Santo zu Padua, datiert 1524. Vasari IX, p. 205, 208, v. di Fra Giocondo; – Anonimo di Morelli; – vgl. auch die Dedikation zum IV. Buche des Serlio (1544), wo dem Cornaro an seiner Stadtwohnung sowohl als an seinen Villen ein eigener Anteil vindiziert wird.

Patriarch Giovanni Grimani von Venedig ließ seinen Palast bei S. M. formosa durch Sanmicheli bauen, half aber »als trefflicher Architekt« durch »Anweisung« nach; Anonimo di Morelli.

Francesco Zeno machte selbst das »Modello« für den Palast seiner Familie; – Anonimo di Mor., und: Sansovino, Venezia, fol. 143.

Der Dichter Trissino, Verfasser der Italia liberata da'
Goti (Kultur der Renaissance, S. 322 u. 306, Anm. 5)
baute seine Villa zu Cricoli (§ 119) selber. Seine Studien-
zeit in Mailand muß mit dem Aufenthalt Bramantes und
Lionardo's zusammengefallen sein. Roscoe, Leone X,
ed. Bossi VII, p. 341.

Er sowohl als Cornaro schrieben auch über die Architektur.

Serlio's Werk (seit 1540): veramente ha fatto più mazza-
cani architetti che non haveva egli peli in barba, sagt
Lomazzo, trattato dell' arte, p. 407, vgl. p. 410. Auch die
sich rasch drängenden Ausgaben des Vitruv (s. unten)
weckten ohne Zweifel den Dilettantismus. Als ein Opfer
desselben erscheint jener ferraresische Krämer, welcher
sich in Bücher von Bausachen vertiefte, zu pfuschen
anfing und sich als den nächsten, den »dritten« nach
Bramante und Ant. Sangallo betrachtete; man nannte ihn
daher Messer Terzo; – vgl. Benv. Cellini, Trattato secondo, Schlußkapitel.

Michelangelos Hohn gegen einen vornehmen römischen
Dilettanten, Vasari XII, p. 280, v. di Michelangelo.

Von den Vitruvianern ist weiter unten die Rede, ebenso
vom Kunstsinn des Herzogs Cosimo I.

Die Baugrillen Julius III., der bei Anlaß seiner Villa
täglich die Entschlüsse wechselte, Vasari I, p. 40 in seinem eigenen Leben, außerdem in der vita di Taddeo
Zucchero.

[§ 13]
Beratungen und Behörden.

Unsere Kunde von der Sinnesweise der damaligen Architektur wird auch vermehrt durch Beratungen und Abstimmungen von Behörden sowohl als von Versammlungen der
Fachleute, von welchen eine mehr oder weniger genaue
Rechenschaft auf uns gekommen ist, während im Norden
ähnliche Aufzeichnungen fehlen.

Der Kongreß der fremden Architekten wegen der Domkuppel in Florenz 1419 ist, so wie ihn Vasari III, p. 206 ss.
schildert, nichts als eine Allegorie vom Siege des Genius
über die Besserwisser. In der vita anonima di Brunellesco, ed. Moreni, p. 164 ss. nimmt sich die Sache viel ⁵
einfacher aus.

Beratungen ohne nähere Angabe der Behörden: Vasari
VII, p. 130, v. di Bramante: resoluzione, consiglio, deli-
berazione, bei Anlaß der Cancelleria in Rom und zweier
Kirchen. ₁₀

Abstimmungen der Fachleute über Baufragen, nach der
Kopfzahl, u. a. in Florenz 1486, Gaye, carteggio II,
p. 450. – Protokolle von Sitzungen und Beschlüssen verschiedener Art bei Milanesi. Ein besonders instruktives
über einen Konkurs zu einer neuen Domfassade in Flo- ₁₅
renz 1490, Vasari VII, p. 243 s. im Kommentar zu v. di
Giul. Sangallo; unter den 46 Konkurrenten, fast lauter
Florentiner, finden sich Maler, Goldschmiede, Holzschnitzer, Schmiede, ein Herold und ein Stadtpfeifer.

[§ 14] ₂₀
Vielseitigkeit der Architekten.

Die Vielseitigkeit der meisten damaligen Künstler, welche
unserm Jahrhundert der Arbeitsteilung wie ein Rätsel vorkommt, war für die Baukunst von besonderm Werte.

Ghiberti sagt bei Anlaß Giottos (Comment., p. XVIII): ₂₅
quando la natura vuole concedere alcuna cosa, la concede
senza veruna avarizia.

Die schöne frische Erscheinung der Renaissancebauten
hängt wesentlich davon ab, daß die Meister nicht bloß
die Reißfeder führten, sondern als Bildhauer, Maler und ₃₀
Holzarbeiter jeden Stoff und jede Art von Formen in
ihrer Wirkung kannten. Sie vermochten einen ganzen
Bau und dessen ganzen Schmuck zusammen zu empfinden und zu berechnen.

Im Mittelalter war die Vielseitigkeit um so viel leichter ₃₅

zu erreichen, als die Aufgaben in allen Künsten homoge-
ner und einfacher, und besonders in Skulptur und Malerei konventionelle Ausdrucksweisen herrschend waren.
Das Außerordentliche beginnt, sobald ein Meister mehrere, in gewaltigem Aufschwung begriffene, auf neue
Probleme gerichtete Künste umfaßt, d. h. mit den berühmten Toscanern des 14. Jahrhunderts, welche eine
neue Welt der malerischen Darstellung, eine Skulptur
von zartester Vollendung, einen ganz eigenen Stil des
großartigsten Kirchenbaues und dann noch eine bisher
unerhörte Entwicklung des Nutzbaues, der Hydraulik
und Mechanik in ihrer Person vereinigten. Dies gilt mehr
oder weniger von Giotto, von Agostino und Agnolo
(Vasari II, p. 8), Taddeo Gaddi (Vasari II, 113 s.), Maestro Lando (Milanesi I, p. 228 bis 232). Mit dem 15.
Jahrhundert tritt dann ein Brunellesco auf, zuerst als
Goldschmied, dann als Mechaniker, Bildhauer, Architekt, Perspektiviker, Meister kolossaler Kriegsbauten
und Danteausleger. (Er rechnete dem Dichter die Räume
seines Jenseits geometrisch nach.) Neben ihm Leon Battista Alberti, vgl. Kultur der Renaissance, S. 145.
Merkwürdig bleibt, daß noch spät sich Niemand von Anfang an speziell der Baukunst widmete. Vasari sagt von
seiner eigenen Zeit (IX, p. 223, v. di Baccio d'Agnolo):
meist von der Bildhauerei, Malerei oder Holzarbeit aus
gelange man jetzt zur Architektur, und zwar löblicher als
gewisse frühere Künstler, welche vom Ornamentmei-
ßeln oder von der Perspektivik aus zu Architekten wurden. (Dies im Ganzen der Sinn.)
Giulio Romano bildete sich zum Architekten über der
Ausführung der baulichen Hintergründe in Rafaels vatikanischen Fresken. Vasari X, p. 89, v. di Giulio. – Über
die gewaltige Lücke, welche durch Giulios Tod 1546 im
mantuanischen Kunstleben entstand, s. den schönen
Brief des Kardinals Ercole Gonzaga, bei Gaye, carteggio
II, p. 501. – Ein ganz besonders glänzendes Beispiel von
Vielseitigkeit bietet bei Vasari XI, p. 86 ss. das Leben des

Girol. Genga dar, welcher, von der Malerei beginnend,
sich aller wesentlichen Zweige der Kunst bemächtigte.
Daß Bildhauer »müde von den Schwierigkeiten ihrer
Kunst«, oft Baumeister wurden, sagt Doni, Disegno, fol.
14, vgl. fol. 34, wahrscheinlich nicht ohne Spott. Viel- 5
leicht zogen die Bildhauer, wenn sie älter wurden, ein-
fach das solidere Geschäft vor, wie z. B. Tribolo.
Besonders nahe war die Verwandtschaft des Architekten
mit dem legnaiuolo in den beiden Bedeutungen dieses
Namens: Zimmermeister sowohl als Holzschnitzer und 10
Meister in eingelegter Arbeit (Intarsia); beides letztere
konnte auch wieder in einer Person vereinigt sein. Die
beiden da Majano z. B. begannen als Holzdekoratoren,
Vasari IV, p. 1 und V, p. 128. Ebenso Cronaca; Vasari
VIII, p. 116, v. di Cronaca. – Ein trefflicher dorischer 15
Klosterhof bei S. Pietro in Cremona ist oder war von
dem Intarsiator Filippo del Sacca erbaut; Anonimo di
Morelli. Es gab jedoch auch *Unberufene* dieser Art.
Eine ganze Anzahl von berühmten Meistern jedes Faches
(vgl. § 180) begannen als Goldschmiede, z. B. Brunel- 20
lesco.
In Venedig, wo es sich oft um kostbare, schwer zu
bearbeitende Steinarten handelte, blieb während des ganzen 15. Jahrhunderts der Name Steinhauer, tagiapiera
(tagliapietra) genügend ehrenvoll für die Architekten; 25
Malipiero, annali veneti, arch. stor. VII, II, p. 674, 689.
Endlich empfahlen sich die Architekten den Mächtigen
oft vorzüglich als Festungsbaumeister und Ingenieure
(§ 108 ff.) mehr denn als Künstler.
Bei Rafael und Michelangelo war die Baukunst das Spä- 30
teste; Lionardo (§ 198) aber war von Anfang an ein
Tausendkünstler, und seine Bestimmung mag ihm selber
ein Rätsel geblieben sein. – In auffallendem Gegensatz:
Tizian und Correggio nur Maler.
Während die Macht des künstlerischen Individuums seit 35
Nicolò Pisano und schon vor ihm alle Schranken zwischen
den Künsten niederreißt, hält die zünftische Einrichtung

sie auf ihre Weise wieder aufrecht, doch nicht ohne Zuge-
ständnisse.

Bei Milanesi I, p. 122, das merkwürdige Abkommen
zwischen den sienesischen Architekten und Holzarbeitern 1447, worin sie einander gegenseitige Eingriffe erlauben.

[§ 15]
Leben der Architekten.

Örtliche Schranken hatte es für die Architektur nie gegeben; lombardische Maurer, zumal Comasken, wanderten
seit unvordenklichen Zeiten durch ganz Italien und ver-
wandelten sich später oft in berühmte Baumeister; die großen Florentiner des 15. Jahrhunderts, die unentbehrlichen
Träger des neuen Stiles, arbeiteten in ganz Italien und
sandten auch Zeichnungen in die Ferne.

Michelozzo arbeitete u. a. in Mailand und übersandte
Zeichnungen zu Kirchenfenstern nach Rom (Vasari III,
p. 281); Filarete in Mailand; Alberti in Rimini; Agostino
di Duccio in Perugia; Pintelli in Rom, Turin und Urbino;
die drei Sangallo in Rom; Giuliano da Majano in Neapel;
Mormandi ebenda; um nur einige der bekanntesten Beispiele zu wählen.

Die Comasken und Tessiner treten im 16. Jahrhundert in
den Vordergrund und herrschen vollends zur Zeit des
Barockstiles.

Mit den wärmsten Ausdrücken der Anerkennung und
Bewunderung empfahlen einander Regierungen und Behörden einzelne Architekten; Milanesi II, 430, 431, 439,
443, bei Anlaß des Francesco di Giorgio.

Als liebenswürdigste Ergänzung zu dem kosmopolitischen
Leben der Baumeister mögen die Häuser gelten, welche sie
in spätern Jahren für sich selbst in der Heimat bauen.

Es würde der Mühe lohnen, alle Reste und Nachrichten
von sämtlichen Künstlerhäusern in Italien überhaupt zu
sammeln.

Vasari V, 167, Nota und 179, Nota, v. di Mantegna, über
dessen von ihm selbst gebautes und ausgemaltes Haus zu
Mantua und über seine Kapelle.

Vasari VIII, p. 171, v. di Andrea Sansovino, welcher in
seinem Alter zu Monte Sansovino sein eigenes Haus   5
baute und den Landsleuten sonst gefällig war.

Vasari I, p. 33, in seinem eigenen Leben: sein ziemlich
wohl erhaltenes Haus zu Arezzo, jetzt Casa Montauti; der
Saal mit reichem Kamin enthält mythologische und allegorische Gemälde; in andern Zimmern u. a. die Porträts   10
der mit ihm bekannten Künstler, auch weibliche Genre-
figuren, welche besser sind als alle idealen, die V. malte.
Ferner: IV, p. 71 s., v. di Lazzaro Vasari: die Familien-
kapelle und das Familiengrab.

Das noch vorhandene Haus des Giulio Romano in Man-   15
tua, Vasari X, p. 109, v. di Giulio. Außen und innen
stukkiert und bemalt und (ehemals) voll von Altertümern.

Das Haus des Bildhauers Leone Leoni in Mailand, von
ihm erbaut, außen mit Hermen (den sog. Omenoni),   20
innen damals mit schön angeordneten Abgüssen nach
Antiken; Vasari XIII, p. 115.

III. KAPITEL
DIE PROTORENAISSANCE UND DAS GOTISCHE

[§ 16]   25
Die Protorenaissance in Toscana und Rom.

Die italienischen Städte, welche sich im 12. Jahrh⟨undert⟩
beinahe als Republiken fühlen, sind frühe überschattet von
dem Bilde des alten Rom. Ihr stark geweckter Ortsstolz
sucht nach monumentaler Äußerung. Allein zur sofortigen   30
Nachbildung der römischen Formenwelt war in den meisten Gegenden Italiens teils die eben überwundene Barbarei
noch zu nahe, teils der eigene Formentrieb zu stark.

Oberitalien schließt sich dem mitteleuropäischen romanischen Stil an; Venedig und Unteritalien beharren wesentlich auf dem byzantinischen.

Vereinzelte Nachahmungen antiker Gebäude kommen
hie und da vor; S. Fedele in Como z. B. wäre nicht
denkbar ohne S. Lorenzo in Mailand (§ 62).

In Rom und in Toscana dagegen zeigen sich denkwürdige
frühe Versuche zur Wiedererweckung der Bauformen des
alten Rom, nur immer mit derjenigen Selbständigkeit, welche dem modernen italienischen Geiste dann bei seinem
Bündnis mit dem Altertum stets eigen geblieben ist.

Das Wort rinascita vielleicht zum erstenmal bei Vasari
(III, p. 10) im Proemio des zweiten Teiles, und zwar in
einem chronologisch schwer zu bestimmenden Sinne
und zufällig nur bei Anlaß der Skulptur; doch ist ohne
Zweifel die große Kunstbewegung seit dem 12. Jahrhundert im allgemeinen darunter verstanden.

Der Ausdruck ist seither über alle Gebiete des Lebens
ausgedehnt worden, bleibt aber in sich einseitig, weil
er nur die eine Hälfte der Tatsache betont. Die freie
Originalität, womit das wiedergewonnene Altertum aufgenommen und verarbeitet wird, die Fülle ganz eigentümlichen modernen Geistes, welche bei der großen Bewegung sich mit offenbart, kommen dabei nicht zu
ihrem Rechte.

Rom und Toscana bleiben zunächst der altchristlichen
flachgedeckten Säulenkirche, der Basilika, treu; sie vernutzen viel mehr antike Bauteile oder müssen dieselben,
wo sie fehlen, genauer nachbilden. So stirbt besonders
die Begeisterung für die Säule nie aus; die Fassaden der
toscanischen Kirchen bedecken sich mit mehrern Säulenreihen über einander oder mit deren Nachahmung als
Blindgalerien von Halbsäulen.

Am Turm von Pisa die schönste Verklärung, deren seine
zylindrische Form fähig war: 6 lichte Säulenhallen über
einander.

Die römischen Basiliken des 12. Jahrh⟨underts⟩ nehmen

statt des Bogens wieder das gerade Gebälke an; andere
Bauten und kleinere Zierarbeiten zeigen eine wahre Renaissance bis ins Einzelnste.

Die Kirchen: S. Maria in Trastevere, S. Crisogono, das
neue Langhaus von S. Lorenzo fuori.   5

An den Bauten der Cosmaten um 1200: den Klosterhöfen
beim Lateran und bei S. Paul und der Vorhalle des
Domes von Civita castellana, das Detail teilweise ganz
getreu nach dem Altertum, anderes stark abweichend.
Der Hof von S. Paul der anmutigste Zusammenklang   10
von Strenge und Phantastik.

[§ 17]
San Miniato und das Baptisterium.

Für die Florentiner, welche sich hätten der allgemeinen
romanischen Formenwelt anschließen können, war es   15
Sache eines sehr bewußten, von einem geschichtlichen Vorurteil getragenen Entschlusses, als sie sich den altrömischen
Formen zuwandten.

Sie glaubten sich als ehemalige stets getreue Kolonie dem
alten Rom besonders verpflichtet. Vgl. Kultur der Re-   20
naissance, S. 186.

Die betreffenden Denkmäler sind:
die Säulenstellungen und Bogen in S. Apostoli (gegen
1200);
die Fassade der Badia bei Fiesole;   25
die Kirche S. Miniato (1207), wo die Form der Basilika
eine letzte und höchste Weihe erhält durch melodische
Raumeinteilung und Proportionen; die mit Maß angewandten antiken Einzelformen geben sich wie von selbst
zur Ausdeutung dieses schönen Baues her.   30

Ihre Kathedrale bauten sie um 1150 formell abhängig,
konstruktiv unabhängig vom Pantheon zu Rom und er-
klärten damit den Zentralbau (§ 62 f.) zu ihrem Ideal.

Es ist das jetzige Baptisterium S. Giovanni, ein Achteck
welches mit seinem innern Durchmesser von 78 (n. a. 84)   35

Fuß alle Kuppelbauten der nächstvorhergegangenen Jahrhunderte weit hinter sich läßt, und auch von seinem Vorbild wesentlich abweicht; im Pantheon ruht eine halbsphärische Kuppel auf einer enorm dicken Stockmauer mit gefahrlosen Nischen; im Baptisterium eine stark zugespitzte Kuppel auf einer viel mäßigern und überdies durch untere und obere Galerien verringerten Mauermasse. Diese Galerien sind wesentlich nur für das Auge da, ein Zugeständnis an den schönen Schein, wie es sonst nur der spätantike und der moderne Stil kennen. (Die Triforien nordisch-gotischer Kirchen haben ihre praktische Bedeutung.)

Später, als man das wahre Datum dieser Bauten vergessen hatte und doch das Weiterleben der antiken Formen daran bemerkte, bildete sich die Ansicht: das Baptisterium sei ein antiker Tempel (Vasari I, p. 206 ss. Proemio; – ib. p. 282, v. di Tafi) und sogar einst oben offen gewesen wie das Pantheon (Gio. Villani I, 60); S. Apostoli habe Karl der Große, der mythische Neugründer von Florenz erbaut; S. Miniato sei von 1013. Die Vita anonima di Brunellesco, ed. Moreni, p. 160 meint: als Karl Italien reinigte von den Langobarden und von den Kollegien (d. h. wohl den Zünften lombardischer Maurer) und sich mit den Päpsten und dem Rest römischer Republik ins Einvernehmen setzte, habe er Architekten von Rom mitgebracht, welche zwar keine großen Meister aber an den antiken Formen gebildet gewesen, und daher sehe man einen Abglanz des alten Rom an S. Apostoli und (dem seither zerstörten) S. Piero Scheraggio.

[§ 18]
Eindringen und Machtumfang des Gotischen.

Mit dem 13. Jahrh⟨undert⟩ drang der neue, in Frankreich entstandene Baustil, welchen man den gotischen nennt, auch in Italien ein. Sein Erfolg beruhte nirgends und auch hier nicht auf den Vorzügen seiner dekorativen Erschei-

nung; er siegte als gewaltigste Form des gewölbten Hochbaues mit möglichst wenig Material.

Das Dekorative war anfangs in Frankreich selbst wenig
entwickelt und die frühsten Boten brachten nicht einmal
dies Wenige nach dem Ausland. (Vgl. die ältesten gotischen Teile des Freiburger Münsters, mit beinahe gar
keinem oder noch romanischem Detail.) Italien hätte für
die bloße Pracht ohnehin schon Mosaiken und Marmor
voraus gehabt.

Daß nicht Franzosen sondern Deutsche das Gotische
nach Italien brachten, mochte daher kommen, daß in
Frankreich, beim gleichzeitigen Bau so vieler Kathedra-
len, kein Fachmann entbehrlich war. Weshalb lassen die
Editoren Vasaris (I, p. 247, Nota, v. di Arnolfo) den
Jacopo Tedesco, welcher S. Francesco in Assisi und den
Dom von Arezzo baute, aus Veltlin *oder* von den oberita-
lienischen Seen stammen?

Die Herrschaft des Gotischen in Italien traf zusammen mit
der höchsten monumentalen Begeisterung, als nicht nur
Kathedralen, sondern auch Bettelordenskirchen im Begriff
waren, den größten Maßstab anzunehmen; da aber jede
Stadt und jeder Architekt etwas Besonderes, Eigentümliches wollte und niemand sich prinzipiell an den neuen Stil
gebunden fühlte, so nahm derselbe hier viele einzelne Gestalten an, welche allen Zusammenhang mit der ebenfalls
aus dem Norden überlieferten Sprache der Detailformen
verloren. Es wird eine gärende, nirgends ganz harmonische
Übergangsepoche.

S. Franz und S. Dominicus hatten es noch erlebt, daß
trotz ihres Protestes ihre Orden von dem allgemeinen
Bausinn mitgerissen wurden. Hierüber die fast neidische
Klage eines Benediktiners, Matth. Paris ad a. 1243.

Jetzt erst beginnt in Italien die Zeit der großen Probe-
stücke; man nimmt dem Jacopo Tedesco und den übrigen die neuen konstruktiven Prinzipien aus den Händen,
um etwas ganz anderes damit anzufangen.

Das gotische Detail wird ohne Respekt vor seinem

eigentlichen Sinn gemißbraucht oder weggelassen; es
muß sich mit seinem Todfeind, der Inkrustation, vertragen. (Die ergötzliche Geschichte, wie die Peruginer bei
einer Fehde 1335 den Aretinern die für deren Dom fertig
liegenden Inkrustationsplatten raubten und auf festlich
geschmückten Wagen mit nach Hause nahmen, ja dieselben angeblich für die Inkrustation ihres eigenen Domes
verwandten, Archiv. stor. XVI, I, p. 618; — Mariotti,
lettere pittoriche perugine, p. 107, Nota.) Was von goti-
schem Detail in Italien schön ist (Werke Giottos und
Orcagnas), ist es aus andern Gründen als im Norden. Die
Ausdrücke für dasselbe sind italienisch oder lateinisch,
höchstens mit Ausnahme von gargolle, d. h. gargouilles,
Wasserspeier, bei Milanesi I, p. 209, Urk. v. 1336. Die
übrige Terminologie z. B. ebenda, p. 223, 227, 232, 253,
263 s., II, p. 235.

Nicolò Pisano und Arnolfo bauten nach Belieben im
frühern wie im neuen Stil. Wenn es die Architekten so
hielten, so wurden die Bauherrn vollends unsicher in
ihrem Urteil; die Kapelle am Pal. pubblico zu Siena
wurde viermal niedergerissen, bis sie 1376 befriedigend
ausfiel; Milanesi I, p. 268. Beim Andringen der Renaissance verlauten dann wahrhaft komische Klagen, sogar
bei Anlaß ganz untergeordneter Bauten; Milanesi II,
p. 105, vom Jahre 1421: uno die initiatur et fit una opera,
et alio die destruitur, et quolibet die datur nova forma . . .
quod quis eorum vellet sequi uno modo, alter alia forma,
et nullam concordiam habent . . . et etiam cives variis
modis loquuntur . . .; schließlich wird eine Bürgerkom-
mission von 15 Mann ad hoc vorgeschlagen.

[§ 19]
Charakter der italienischen Gotik.

Ohne genauer scheiden zu wollen, was durch das Gotische
und was trotz desselben in die Kunst hineinkam, darf
demselben doch wohl der neue Sieg des Longitudinalbaues
an den Kirchen zugeschrieben werden.

Er erneuerte jenes Abkommen mit dem Zentralbau, welches schon beim Dom von Pisa geschlossen worden war:
die Kuppel über der Vierung.
Im Longitudinalbau aber wird das eben übernommene
konstruktive Programm sofort nach allen Seiten hin verändert, ja völlig gesprengt, und weite Spannungen, geringe
Zahl der Stützen, oblonge Einteilung der Nebenschiffe,
geringe Höhe der Obermauern des Mittelschiffes treten an
die Stelle des unbedingten Hochbaues, der Vielheit der
Stützen, des hohen Mittelschiffes und der quadratischen
Einteilung der Nebenschiffe. Statt der Entwicklung der
Form nach oben wird die Schönheit der Räume, Flächen
und Massen das Ziel der italienischen Gotik und dann der
italienischen Architektur überhaupt.
Schon Jacopo Tedesco stellt mit dem Dom von Arezzo
die Grundzüge fest.
Das sichtbare Gerüstwesen der nordischen Gotik, Stre-
bepfeiler und Strebebogen etc. wird hier kaum angedeutet, ja eher versteckt und damit ein Hauptanlaß zur Entwicklung des Details abgeschnitten. Über den breiten
Mauerteilen hätten die Spitzgiebel, über den kaum vortretenden Strebepfeilern die Pyramiden keinen Sinn
mehr; statt ersterer starke horizontale Kranzgesimse,
statt letzterer Statuen, auch Tiere. Auf den Dom von
Florenz sollten gigantische Heilige zu stehen kommen (s.
die Urkunden Gaye, carteggio, II, p. 454 s., 466); auf die
Ecken des Signorenpalastes kamen vergoldete Löwen
(Vasari II, p. 135, v. di Orcagna). Freilich auch auf die
Spitztürmchen an vorherrschend nordgotischen Bauten,
z. B. am Dom von Mailand, war man der Statuen statt
der Kreuzblumen gewohnt. Im Innern wurde der nordische Bündelpfeiler und das ganze Gurtwesen der Gewölbe völlig umgestaltet.
Der Kuppelbau als stärkster Ausdruck politisch-monu-
mentalen Hochgefühls versuchte sich in riesigen Dimensionen und machte eine große Vorschule durch, allerdings
jetzt in Verbindung mit dem Langschiff, nicht für sich

allein. Als höchste Potenz, welche die Architektur kennt, machte er die Mitherrschaft des Turmbaues unmöglich, so daß die Fassaden frei und für jede Art von Schmuck zur Verfügung blieben.

Arnolfo muß sich über den Ausbau der Kuppel des neuen Domes von Florenz genaue Rechenschaft gegeben haben, da er 1310 ein Modell hinterließ. Brunellesco (s. dessen vita anon., ed. Moreni, 167) hatte an demselben nur zu tadeln, daß es ein vom Boden auf zu errichtendes Gerüst voraussetze, was er bei seinem Projekt bekanntlich vermied. Vgl. § 58.

Der Turm bleibt getrennt oder wird bloß an die Kirche angelehnt. Eine so ernste Konkurrenz, wie am florentiner Dom, wird ihm sonst nirgends mehr gegönnt.

Die Fassade, wegen hoher Ansprüche (Siena, Orvieto) nur zu häufig im Rohbau gelassen, hat wie in der vorhergehenden Epoche den Charakter einer vorgesetzten Prachtdekoration.

[§ 20]
Verhältnis zu den anderen Künsten.

Die italienische Gotik wird von Anfang an genötigt, den beiden Schwesterkünsten eine viel freiere und größere Mitwirkung zu gestatten als die nordische, weniger wegen eines höhern Stilwertes der italienischen Malerei und Skulptur als weil deren Sachinhalt deutlich und bequem zu Worte kommen sollte.

Vgl. die Skulpturen und Mosaiken der Fassaden. Daß das Innere auch jetzt wieder der historischen und sinnbildlichen Wandmalerei gehören solle, entschied sich vielleicht wesentlich bei Anlaß von S. Francesco zu Assisi (seit 1228); auch der neue Dom von Florenz war ohne Zweifel auf Fresken von Anfang an berechnet. Auf mühsam erzählende Glasgemälde wollte man sich durchaus nicht verlassen. Die Zugabe von Kapellenreihen neben dem Langhaus, mit dem strengen nordisch-gotischen System

unverträglich, wird hier zu einer wahren baulichen
Schönheit (z. B. an S. Petronio in Bologna) und zugleich
zu einer Heimatstätte für Skulptur und Malerei.

Auch an kleineren dekorativen Bauten, Grabmälern,
Altären, Kanzeln, darf in Italien das Architektonische ₅
sich nicht so einseitig geltend machen und das Bildliche
auf einen Notteil beschränken wie im Norden.

[§ 21]
Der italienisch-gotische Profanbau.

Dem gotischen Profanbau in Italien fehlt das liebliche ₁₀
phantastische Formenspiel einiger nordischen Bauten.

Den Dachzieraten, Erkern, Wendeltreppen etc. deutscher und niederländischer Rathäuser und französischer
Schlösser wird man kaum hie und da etwas entgegenzu-
stellen haben, wie etwa die Porta della Carta am Dogen- ₁₅
palast von Venedig (1439 von Mastro Bartolommeo), wo
der im Verduften begriffene Stil seine volle Freiheit und
weltliche Munterkeit offenbart.

Dafür ist er auch frei von der partiellen Einschleppung
kirchlicher Formen und steht im vollen Gegensatz zum ₂₀
Norden durch die rationelle Anlage. Am italienischen Palast entwickeln sich am frühesten aus und mit der Regelmäßigkeit die Schönheit und Bequemlichkeit. Vgl. § 88.

Das 13. und 14. Jahrhundert bereits eine Zeit der herrlichsten Stadtpaläste (Piacenza 1281) mitten in den Par- ₂₅
teifehden, und zugleich sehr ansehnlicher fürstlicher und
Privatpaläste. Schlösser Friedrichs II. in Unteritalien;
Palast in Orvieto.

Arnolfo empfand es schmerzlich, daß er den Signorenpalast in Florenz nicht so symmetrisch anlegen konnte ₃₀
wie das von seinem Vater (richtiger: Kollegen) Lapo
erbaute Schloß der Grafen von Poppi; Vasari I, p. 254, v.
di Arnolfo.

In Florenz der äußere Charakter trotzig und burgartig;
die Höhe der Gemächer als leitendes Prinzip zugestanden ₃₅

von Acciajuoli (§ 9) in Betreff seiner eigenen Wohnung
in der Certosa: »Die Gewölbe können nicht hoch und
räumig genug sein, denn eins der herrlichsten Dinge im
Bauwesen ist die Höhe der Stockwerke.«

In dem vor Überfall und Bürgerzwist gesicherten Venedig die ersten Häuserfassaden im höhern Sinn, mit wohl-
gefälliger Abstufung der Stockwerke und schöner Gruppierung der hohen Rosettenfenster, in der Mitte als
zweite Loggia, auf den Flanken einzeln oder zu zweien.
(Daß in den Loggien eine Säule statt eines Intervalls auf
die Mitte kommt, wird dann noch spät in der Renaissance
von Daniele Barbaro, ad Vitruv. IV, 2, als vulgaris error
getadelt.) Vgl. § 42, 43, 94.

Das Kastell der Visconti zu Pavia, begonnen 1360 (§ 5),
nie vollendet und übel entstellt, eine völlig symmetrische
Anlage von gleichmäßiger, nicht übergroßer Pracht; domus cui nulla in Italia par est, sagt Decembrio (vgl. § 1)
bei Murat. XX, Col. 1006; il primo dell' universo, sagt
Corio, fol. 237. Und doch soll Francesco Sforza das
Schloß Ezzelin's in Padua (vgl. § 5) noch vorgezogen
haben; Savonarola, bei Murat. XXIV, Col. 1176; ebenda
Col. 1174 eine weitläufige Beschreibung der Residenz
der Fürstenfamilie Carrara zu Padua.

Die viscontinische Residenz in Mailand bei S. Giovanni
in Conca, mit weiten Hallenhöfen zu Turnieren, ist nicht
mehr vorhanden. Corio, fol. 235. Die Säulen bestanden
zum Teil aus schwarzen und weißen Marmorschichten,
Decembrio (vgl. § 1) Col. 998.

Den Palast der avignonesischen Päpste zu Montefiascone
rühmt Pius II. (comment. L. IV, p. 204).

Auch Bauten des öffentlichen Nutzens erhalten in Italien
frühe eine rationelle Anlage.

Der erste Kasernenbau in Florenz 1394, nachdem bisher
das Aufgebot in den Kirchen einquartiert worden war;
Gaye, carteggio I, p. 537.

Unter den Spitälern galt das von Siena als unvergleichlich; reisende Fürsten besuchten es und Kaiser Sigis-

mund erbat sich eine genaue Aufnahme; Uberti, il Ditta-
mondo L. III, c. 8; – Gaye, I, p. 92; – Milanesi II, p. 63;
– Diarî sanesi bei Murat. XXIII, Col. 798. – Das Spital
von Fabriano bei d'Agincourt, Archit., Taf. 72.
Ob bereits am italienisch-gotischen Zivilbau der Sym-
metrie wegen falsche Fenster und Türen vorkommen?
Das frühste, mir bekannte Beispiel ist doch erst aus der
Zeit der Renaissance, um 1460. Vgl. Pii II. comment. L.
IX, p. 426.

[§ 22]
Der spätere Haß gegen das Gotische.

Das spätere Bewußtsein der Italiener von dieser ihrer gotischen Bauperiode wurde von allen Seiten verwirrt und
getrübt, und die mangelhafte historische Kenntnis des wahren Herganges verband sich mit den stärksten Vorurteilen.
Noch Aeneas Sylvius spricht 1444 bewundernd von der
Baukunst in Deutschland (Aeneas Sylvii opera, ed. Basil.
1551, p. 740, vgl. p. 718; ein Brief des Fra Ambrogio
über den Palast von Ofen, p. 830), und rühmt das saubere
und neue Ansehen der deutschen Städte (Apol. ad Martinum Mayer, p. 696). Das deutsche Element an der Kirche von Pienza, § 77.
Sonst war es der Renaissance ein lästiger Gedanke, daß
dieser Stil aus Deutschland gekommen sei, sie kehrte
daher an den gotischen Bauten der eigenen Landsleute
immer die Seiten hervor, welche sich der »guten«, nämlich der antiken Architektur genähert hätten. Vgl. Vasari
II, p. 16, v. di Stefano, u. a.a.O.
Am Bau und an der Ausschmückung des Domes von
Orvieto (Della Valle, storia del duomo di Orv., p. 118 ss.,
Docum. 54, 55, 59, 61) waren noch zu Anfang des 15.
Jahrhunderts eine Anzahl Deutscher beschäftigt, und es
ergingen noch Briefe durch das ganze Abendland, daß
treffliche Künstler sich hier für Arbeit melden könnten.
Nach dem Siege des neuen Stiles dagegen heißt es 1446

(Doc. 70, 71) bei der Anstellung eines Franzosen bereits:
»es fehle an Inländern nicht«, und ein zu Ausbesserungen
verurteilter Glasmaler, Gasparre da Volterra, appelliert
schon nur noch ad quemcunque magistrum ytalicum
expertum in dicta arte. – Ein Deutscher in der zweiten
Generation, wie Vito di Marco Tedesco, Milanesi II,
p. 271, 429, mochte schon als Italiener gelten.

Um 1460 in Filarete's Baulehre die feierliche Verwünschung: »verflucht der diese Pfuscherei (praticuccia) erfand! ich glaube, nur Barbarenvolk konnte sie nach Italien bringen.« Gaye, carteggio I, p. 204. – Siehe jedoch
unten § 44.

Umständliche Erörterungen, auf sehr wunderliche Ansichten gebaut, doch noch immer unter der Voraussetzung, daß man es mit einem deutschen Stil zu tun habe,
finden sich in der vita anonima di Brunellesco, ed. Moreni, p. 159 ss. und in dem berühmten Briefe (angeblich)
von Castiglione oder Rafael an Leo X., 1514 oder 1515.
(Abgedruckt u. a. bei Quatremère, storia di Raffaello,
trad. Longhena, p. 531 ss.) In Mailand, wo der Dom
notorisch von einem Deutschen erbaut war und ein beständiger Verkehr deutscher Meister Statt fand, bekam
der »Anonymus des Morelli« die in § 23 zu erwähnenden
Notizen; ein feiner Kenner, der u. a. nordischen und
italienischen Spitzbogenstil unterscheidet und erstern
ponentino nennt. (Bei Anlaß des Hintergrundes eines
flandrischen Madonnenbildchens.)

Die Konfusion stieg auf das höchste, als auf einem weiteren
Gebiet, dem der Kultur überhaupt, sich der Ausdruck
»gotisch« festsetzte und von da aus auch in die Baugeschichte eindrang.

Die vielleicht älteste Aussage bei Hector Boëthius, Scotorum Historia (die Dedikation datiert 1526), fol. 382:
... meliores literae quae Gothorum immanitate simul
cum romano imperio perierant, per totum paene terra-
rum orbem (scil. saeculo XV.) revixerunt ...

Die Goten als Zerstörer der edeln Literatur, ihre Zeiten

Jahrhunderte des Unglücks: Rabelais, Pantagruel II, c. 8
und im Prolog des V. Buches; – dieselbe Ansicht maßlos
erweitert um 1550 bei Scardeonius, de urbis Patav. antiquitate, in Graevii thesaur. VI, III, p. 259, 295; – un-
verzeihlich wenn man erwägt, daß schon 1533 Cassio- 5
dor's Briefsammlung gedruckt war, aus welcher man den
großen Ostgoten Theodorich anders kennenlernen
konnte.

Das Entscheidende für Übertragung des Ausdruckes auf
das Kunstgebiet tat dann Vasari in den heftigen Stellen I, 10
p. 121 s., 201, 203 ss., Proemio und Introduzione, und
III, p. 194, v. di Brunellesco. Nach einer langen und
höhnischen Schilderung des Stiles des 14. Jahrh⟨un-
derts⟩ heißt es: Diese Manier wurde von den Goten
erfunden etc. 15

Sein Haß war groß. Das Schlimmste, was er von Bauten
gewisser Zeitgenossen sagt, ist: »schlechter als die Deutschen«. (Womit zu vgl. X, p. 17, v. di Ant. Sangallo, wo
dessen Modell von S. Peter kritisiert wird.)

Wie Vasari schon frühe (1544) mit einem spitzbogigen 20
Klosterrefektorium umging, s. I, p. 23 in der Selbstbiographie.

Ihm redete nach Francesco Sansovino (Venezia, bes. fol.
140, vgl. fol. 17, 144), der das Eindringen des vermeintlichen Gotenstiles in Venedig bejammert und nur zaghaft 25
entschuldigt.

Mit der Zeit bestärkt dann Einer den Andern in der
Erbitterung gegen die gestürzte Größe.

[§ 23]
Das Gotische zur Zeit der Renaissance. 30

Der gotische Stil arbeitete eine Zeitlang in gewissen Gegenden noch neben der Renaissance freiwillig weiter, obwohl
müde und im Ganzen ohne die heitere dekorative Ausartung der späten nordischen Gotik. (Vgl. § 130.)

In Venedig 1457 der Chorbau von S. Zaccaria; – in 35

Bologna 1440 S. Giovanni in monte neu gebaut »nach dem Vorbild von S. Petronio«, vgl. Bursellis, ann. Bonon. bei Murat. XXII, Col. 894; – die Annunziata ebenda, nach 1480, vielleicht der späteste freiwillig gotische Bau Italiens; – in Mailand: die Incoronata, unter Franc. Sforza erbaut; – in Siena 1459 zwischen den herrlichen Palästen der Frührenaissance ein gotischer neu verdungen, vielleicht durch Wunderlichkeit des Bauherrn Nanni Marsigli, der eine Fassade mit Details haben wollte genau wie an einem bestimmten ältern Gebäude; Milanesi II, p. 303 ss.

Außerdem wurde unfreiwillig gotisch weitergebaut an unvollendeten Kirchen, und Architekten ersten Ranges versetzten sich so objektiv, als sie es vermochten, in einen für sie widrigen Stil zurück.

In Frankreich, welches von den gotischen Durchschnittstypen einen gewaltigen Vorrat besaß, war es 1601 bis 1790 viel leichter die Kathedrale von Orleans gotisch zu bauen (Kugler, Geschichte der Baukunst III, S. 114 ff.), da man nicht innerhalb des Gotischen selbst anarchisch herumgeworfen wurde, wie in Italien.

Für S. Petronio zu Bologna verzichtete man zwar auf die riesige Anlage von Querschiff, Kuppel und Chor, allein die gotisch angefangene Fassade war ein Gegenstand täglicher Parteiung. Der hart angegriffene Baumeister Ariguzzi klagt 1514: »Leute von jeder Art, Priester, Mönche, Handwerker, Bauern, Schulmeister, Weibel, Geschirrmacher, Spindelmacher, Facchini und selbst Wasserträger tun sich als Baukünstler auf und sagen ihre Meinung . . . Aber noch ist keiner auf den Kampfplatz getreten mit Modellen oder Zeichnungen, deren ich mit Sehnsucht gewärtig bin.« Gaye, carteggio II, p. 140 s. (Vgl. § 18, über Siena.)

In der Folge blieb die Fassade unvollendet, vielleicht weniger wegen mangelnder Mittel, als weil man zwischen einer wachsenden Menge von Entwürfen (allmählich bei 30, jetzt im Bauarchiv der Kirche) in der Tat nicht

mehr zu einem Entschluß kommen konnte; darunter
zwei gotische Projekte von Baldassar Peruzzi (der auch
noch Zeichnungen für den Kuppelausbau lieferte) und
von Giulio Romano. Vgl. Gaye, carteggio II, p. 152;
Milanesi III, p. 311; Vasari VIII, p. 225, Nota, v. di ₅
Peruzzi.
Die wichtigste Leistung dieser Art ist die Kuppel des Domes von Mailand, ein Weihegeschenk des Renaissance-
Humors am Grabe der verblichenen Gotik, welche einer
solchen Lösung von sich aus kaum fähig gewesen wäre. ₁₀
Nach vielen vergeblichen Entwürfen und nach Bauan-
fängen, die man wieder abreißen mußte, erbaut seit 1490
zufolge dem Plan des eigens nach Mailand berufenen
Francesco di Giorgio mit Hülfe des Omodeo und des
Dolcebuono (Gaye, carteggio I, p. 289; Lettere Sanesi ₁₅
III, p. 85; Milanesi II, p. 429 bis 439). Wir nehmen an,
daß auch die geistreiche und prächtige äußere Bekrönung der Kuppel in der Folge nach Francesco's Entwurf
ausgeführt sei. Der Anonymus des Morelli (§ 22) sah sie
um 1525 noch unvollendet, als sie sogar von einer Um- ₂₀
gestaltung im modernen Stil bedroht war; der »Deutsche« aber, dem man wunderlicherweise das schon dazu
gefertigte Modell übergab, »verlor« dasselbe (zum
Glück). An den obern Teilen sehr munteres Detail, z. B.
Genien, welche an dem gotischen Maßwerk herumklet- ₂₅
tern, ähnlich wie an der Porta della Carta (§ 21).
An der Fassade sind die Renaissancebestandteile von
Pellegrino Tibaldi (Pellegrini) das älteste und alles Goti-
sche neuer, wie ein Bild im Palazzo Litta beweist, wo die
Fassade als Rohbau bloß mit den Anfängen von Pellegri- ₃₀
no's Prachtbekleidung dargestellt ist.
Gotisches Maßwerk um 1500 in eigentümlich genialer
Verwilderung, goldfarbig auf dunkelblau gemalt, am
Gewölbe von Monastero maggiore zu Mailand (von
Dolcebuono, vgl. § 48, 76). ₃₅
Eine italienische Renaissance-Idee in französisch-goti-
schen Formen, der unter Ludwig XII. (nach 1504?) er-

baute Arc de Gaillon (Ecole des beaux arts, Paris) soll
von Fra Giocondo herrühren; Vasari IX, p. 160, Nota, v.
di Giocondo. Das Gegenteil der bald darauf beginnenden französischen Renaissance, welche wieder gotische
Ideen, aber mit Renaissancedetail verwirklicht.

IV. KAPITEL
STUDIUM DER ANTIKEN BAUTEN UND DES VITRUV

[§ 24]
Allgemeiner Charakter der Neuerung.

In Italien geht die Kultur der bildenden Kunst zeitlich
voran. Letztere beginnt und rüstet sich lange, ehe sie dasjenige zum Ausdruck bringt, was Bildung und Poesie schon
vorher auf ihre Weise ans Licht getragen. So war auch das
Altertum längst ein Ideal alles Daseins, bevor man es in der
Baukunst ernstlich und durchgreifend ergründete und
reproduzierte.

   Vgl. Kultur der Renaissance, S. 180 ff. Vor einer bloßen
   Bewunderung der antiken Bauten (woran es nie gefehlt
   hatte), vor einer bloß ästhetischen Opposition wäre überdies der gotische Stil nicht gewichen; es bedurfte dazu
   einer außerordentlichen Stadt und eines gewaltigen Menschen, welche das Neue tatsächlich einführten.
Zu Florenz, in einer Zeit hohen Gedeihens, wird zuerst das
Gefühl lebendig, daß die große Kunst des 13. und 14.
Jahrh⟨underts⟩ ihre Lebenskräfte aufgebraucht habe und
daß etwas Neues kommen mußte.

   Florenz am Anfang des 15. Jahrhunderts, Macchiavelli,
   storie fiorent., Eingang des IV. Buches; – Poggius, Hist.
   flor. populi, L. V, ad a. 1422.
Jenes Gefühl sehr deutlich 1435 ausgesprochen bei Leon
Battista Alberti (geb. 1404) in der Schrift della pittura,
opere volgari, ed. Bonucci, vol. IV.; es sei ihm früher
vorgekommen, »als ob die Natur alt und müde geworden

wäre und keine großen Geister wie keine Riesen mehr
hervorbringen möchte«; jetzt aus langer Verbannung
nach Florenz zurückgekehrt, ist er froh erstaunt, in Brunellesco, dem er diese Schrift widmet, in Donatello,
Ghiberti, Luca della Robbia, Masaccio eine neue Kraft zu 5
finden, die den erlauchtesten alten Meistern nichts nach-
gebe. – (Um 1460, als der Stil der Renaissance das Gotische bereits aus seinen letzten Zufluchtsorten vertrieb,
durfte Filarete sagen: wenn unser Stil nicht schöner und
zweckmäßiger wäre, so würde man ihn in Florenz nicht 10
brauchen, a Firenze non s'usaria.)
Die neue Kunst tritt gleich auf mit dem Bewußtsein, daß sie
mit der Tradition breche und daß außer der Freiheit die
höchste Anspannung aller Kräfte, aber auch der höchste
Ruhm ihre Bestimmung sei. 15
Alberti fährt an obiger Stelle fort: »Ich sehe nun auch,
daß alles Große nicht bloß Gabe der Natur und der
Zeiten ist, sondern von unserm Streben, unserer Uner-
müdlichkeit abhängt. Die Alten hatten es leichter, groß
zu werden, da eine Schultradition sie erzog zu jenen 20
höchsten Künsten, die uns jetzt so große Mühe kosten,
aber um so viel größer soll auch unser Name werden, da
wir ohne Lehrer, ohne Vorbild Künste und Wissenschaften finden, von denen man früher nichts gehört noch
gesehen hatte.« – Über die Vielseitigkeit s. § 14. 25
Die Entscheidung zu Gunsten des Neuen konnte nur kommen durch eine große Tat eines außerordentlichen Mannes,
welcher mit dieser Tat auch für sein und seiner Genossen
sonstiges Streben die Bahn öffnete.
Filippo Brunellesco von Florenz (1377 bis 1446) und die 30
Domkuppel, seine von Jugend auf erkannte Aufgabe
(§ 2). Mit dieser wesentlich konstruktiven Leistung und
mit seiner sonstigen Meisterschaft in aller Mechanik siegt
zugleich die große formale, stilistische Neuerung, zu
welcher ihn die vor 1407 in Rom begonnenen Studien 35
befähigten. Dazu noch sein Ruhm als Bildhauer und
Dekorator.

[§ 25]
Vernachlässigung der griechischen Baureste.

Griechenland existierte im 15. Jahrh⟨undert⟩ nur für Sammler, nicht für die Architekten. Auffallender erscheint es, daß
auch die griechischen Tempel auf italischem Boden, in
Pästum, Selinunt, Agrigent etc. ignoriert wurden.

Der paduanische Maler Squarcione brachte von seiner
griechischen Reise viel Merkwürdiges tum mente, tum
chartis mit, aber wahrscheinlich nur Skulptursachen;
Scardeonius, ap. Graev. thes. VI, III, p. 422. – Ob Polifilo (§ 32) in Griechenland zeichnete?

Später schickte Rafael, laut Vasari, VIII, 41, v. di Raffaello, Zeichner bis nach Griechenland, mit welchem
Erfolg, wird nicht gesagt.

Der Hundertsäulenbau »aus Griechenland« im III. Buche
des Serlio (fol. 96) ist wohl reine Fabel. – Eine ägyptische
Pyramide und eine palästinensische Grotte, nach Aufnahmen des Patriarchen Grimani, ibid. (fol. 93 s.).

Ob die Renaissance etwas mit den echten dorischen Formen Großgriechenlands, wo ja kein Gewölbe vorkam,
hätte anfangen können? Immerhin wären die Griechen-
bauten, wenn sie schon kein Gewölbe lehrten, des Studiums würdig gewesen so gut wie Vitruv, der es auch
nicht lehrt. Die Vernachlässigung derselben kam aber
überhaupt nicht von einem ästhetischen Bedenken her.
Das viel stärkere Vorurteil redete zugunsten von Rom, als
geschichtlicher Macht, als alter Mutter der italischen
Städte, als größter Erinnerung der Nation, welche man
durch die Kunst erneuern mußte.

Auch diesseits der Alpen wurde das wahre Verhältnis der
griechischen Kunst und Kultur zur römischen erst seit
Winckelmann erkannt.

Merkwürdigerweise war doch Serlio (Architettura, ed.
Venez. 1584, p. 69) um 1540 durch einen bloßen historischen Schluß zu der Annahme gelangt, daß die Griechen-
bauten die römischen weit übertroffen haben müßten.

Rom, welches selber kaum Einen großen Künstler liefert, wird seit Beginn des 15. Jahrhunderts von allen namhaften Architekten einstweilen des Studiums wegen besucht; unter den Päpsten von Nikolaus V. an (§ 7) wird es dann eine Hauptstätte der ausübenden Baukunst.

Daß Rom auf allen geistigen Gebieten beinahe keine einheimischen Zelebritäten aufzuweisen hat, liegt zum Teil an der Malaria und an den starken Schwankungen der Bevölkerung gerade in den entscheidenden Kunstzeiten, zum größten Teile aber an dem von Jugend auf gewohnten Anblick des häufigen Parvenierens durch Protektion. Florenz hatte eine gesunde, nicht einschläfernde Luft und eine große Stetigkeit gerade in denjenigen Familien, welche die großen Künstler erzeugten; auch war man von Jugend auf gewohnt, den Genius und die Willenskraft siegen zu sehen.

Außerdem kommt, wenn man billig sein will, in Betracht, daß das kräftige 14. J⟨ahrhundert⟩, welches im übrigen Italien den Grund zu der ganzen seitherigen Kultur legte, für Rom nicht vorhanden war. Ohne das avignonesische Exil würde Rom damals eine ganz andere Stelle im Geistesleben der Nation eingenommen haben, und zwar dauernd. Von Urban IV. bis auf Bonifaz VIII. war in Rom eine sehr bedeutende künstlerische Tätigkeit gewesen; merkwürdigerweise ließen dann auch die avignonesischen Päpste, obwohl Franzosen, italienische Künstler und Kunstwerke kommen; Vasari II, p. 131, v. di Orcagna, u. a.a.O.

[§ 26]
Studien des 15. Jahrhunderts nach den römischen Bauresten.

Gleichzeitig mit den gelehrten Antiquaren Poggio, Blondus, Aeneas Sylvius u. a. und wohl nicht ohne Berührung mit denselben beginnen die Aufnahmen der Architekten in Rom und der Umgegend.

Der allgemeine Ruinenkultus, vgl. Kultur der Renaissance, S. 180 ff.

Brunellesco's Vermessungen in Gesellschaft Donatello's, schon vor 1407, wobei sie als Schatzgräber galten und als Goldschmiede sich durchbrachten; sein zweiter und dritter Aufenthalt, letzterer bis 1420. Sein Hauptstudium die römische Bautechnik, der struktive Organismus, zumal der Gewölbe; doch auch »die musikalischen Proportionen« der antiken Bauten, und, wie der Erfolg zeigt, die ganze Formensprache, die er groß und frei auffaßte. Vasari schöpft hier wesentlich aus der vita anonima di Br., ed. Moreni, p. 152 (wenn diese älter ist).

L. B. Alberti's Aufenthalt in Rom, de re aedificatoria, L. III, c. 5. Auch er grub bis zu Fundamenten hinab.

Filarete in Rom unter Eugen IV. (1431 bis 1447); seine Baulehre (vgl. Gaye, carteggio I, p. 200 bis 206) möchte in ihren Abbildungen außer den eigenen Phantasien auch Aufnahmen enthalten.

Nikolaus V. beschäftigte vorzüglich den Bernardo Rossellino, dessen Tätigkeit ohne Aufnahmen nicht zu denken ist.

Francesco di Giorgio rühmt sich bereits, die meisten antiken Reste in ganz Italien untersucht und mit Vitruv verglichen zu haben. Bei Della Valle, lettere sanesi, III, p. 108.

Domenico Ghirlandajo (geb. 1449) zeichnete in Rom nur von Auge, aber so richtig, daß beim Nachmessen nichts fehlte; Vasari V, p. 81. Treffliche bauliche Hintergründe in seinen Gemälden.

Cronaca (geb. 1457) maß genau und kehrte nach Florenz heim als lebendige »Chronik« der Wunder von Rom; Vasari VIII, p. 116.

Venezianische Miniatoren machten aus solchen frühen Aufnahmen, die ihnen in die für Alles geübten Hände gerieten, zierliche Zeichnungen in Silberstift. Sammlungen solcher in venez⟨ianischen⟩ Kabinetten, siehe den Anonymus des Morelli, bei Anlaß des Kabinetts Vendramin.

Im übrigen Italien bilden besonders die Ruinen von Verona eine Art von Schule um sich her.

Auffallende Ausnahme: das Zeichnungsbuch Bramantinos, welches auch romanische Bauten (aus Mailand und Pavia) enthielt; Vasari XI, p. 269, v. di Garofalo.
Die Reste von Verona, Theater, Amphitheater, Prachttore etc. zwar herausgegeben von Giov. Carotto (Holzschnittwerk von 1540, mit Text Saraina's, vgl. Vasari IX, p. 179, Nota, v. di Giocondo), aber nach den Zeichnungen des berühmten Gio. Maria Falconetto (geb. 1458, starb 1534, vgl. Vasari I. c. 203, 206, 207). Dieser hatte außerdem die Reste von Pola aufgenommen und zuerst das Prinzip der römischen Schaubauten ergründet; er hatte 12 Jahre lang in Rom die Altertümer studiert, indem er je die halbe Woche bei Malern arbeitete, um seinen Unterhalt zu gewinnen; auch die Campagna, das Neapolitanische und Umbrien hatte er durchsucht. Ihm zuerst gelangen überzeugende Restaurationen. Später besuchte er Rom noch oft, auch in Gesellschaft Cornaro's (§ 12). Seine Praxis betraf nur kleinere Bauten, er machte sich aber Luft durch das Entwerfen kolossaler Phantasiepläne, welche seinen römischen Eindrücken entsprachen.
Fra Giocondo von Verona (geb. 1433?) ging ebenfalls von den dortigen Resten zu denjenigen von Rom über. Sein Jammer über die hier noch immer fortlaufende Zerstörung, selbst zum Behuf des Kalkbrennens, in einem Brief an Lorenzo magnifico, Fabroni, Laur. Med. vita, Adnot. 146.

[§ 27]
Studien des 16. Jahrhunderts.

Mit dem 16. Jahrhundert steigt der Eifer auf das Höchste; es geschieht ein Versuch zur vollständigen idealen Restauration des alten Rom, in Verbindung mit Aufnahmen in allen Gegenden. Die Abnahme dieses Strebens trifft zusammen mit dem neuen aktiven Bautrieb der Gegenreformation (§ 10). Keinem Architekten war das eigene Messen

erspart, was auf ihre Kunstübung den größten Einfluß
hatte; spät und unvollständig melden sich die Abbildungs-
werke.

Bramante in Rom (vgl. § 49) unter Alexander VI. (um
1501), schon bejahrt, »einsam und gedankenvoll«; seine
Studien bis Neapel; Vasari VII, p. 129, 134, Nota, v. di
Bramante; in Florenz Aufnahmen von ihm, einiges mit
genauer Maßangabe. Nach Lomazzo, tratt. dell' arte,
p. 410 wies er besonders die verschiedenen Behandlungs-
weisen an den römischen Gebäuden, d. h. die wahre
Freiheit innerhalb des Normalen durch genaue Vermes-
sung nach, und der ihm ebenbürtige Peruzzi teilte dies
Streben.

Auch Rafael erweist sich als wahren Menschen der Renaissance, indem er von der kostbaren Zeit seiner letzten
Jahre einen Teil dem alten Rom widmet. Hiebei ist zu
unterscheiden wie folgt:

a. In den ersten Jahren Leo's X. sollten Aufgrabungen
und Aufnahmen zu einer offiziellen Sache werden. Der
berühmte Brief von 1514 oder 1515, mag er von Castiglione, Rafael oder sonst einem Beauftragten herrühren
(§ 22), beklagt die Zerstörungen, schreibt sie nicht bloß
den Barbaren, sondern auch den Päpsten zu, beschwört
Leo um Schutz für das noch Vorhandene, mahnt ihn zu
eigenen, römerwürdigen Bauten, und stellt dann als Ziel
die Restauration auf »nach den Resten, die man heute
noch sieht, mit den Gebäuden, von welchen noch so viel
erhalten ist, daß man sie infallibilmente so restaurieren
kann, wie sie gewesen sein müssen«. Es folgt eine Andeutung über einen hiefür wichtigen spätantiken Autor
(wahrscheinlich ein Regionenbuch); endlich wird die
Methode des Aufnehmens festgestellt und zum erstenmal
Plan, Aufriß und Durchschnitt gesondert verlangt. Es ist
möglich, daß Rafael an diesem Brief und damals noch an
der ganzen Sache gar keinen Teil hatte, obwohl er sich
bereits mit Vitruv beschäftigte (§ 28).

b. Wahrscheinlich war die Angelegenheit ins Stocken

geraten, obwohl das Ernennungsbreve Rafaels zum Direktor der Altertümer und Ausgrabungen bereits vom 27. August 1516 datiert ist; sie wurde aber nach einigen Jahren auf einmal rasch unter Rafaels Leitung gefördert; schon waren sehr bedeutende Ausgrabungen gemacht und große Teile der gezeichneten Restauration fertig (Coelii Calcagnini opera, ed. Basil. 1544, p. 101), als Rafael mitten im Vermessen und Restaurieren 1520 starb (Paul Jov. elogium Raphaelis, bei Tiraboschi, Stor. della litteratura ital., ed. Venez 1796, Tom. VII, Parte IV, p. 1643; – und bei Quatremère, trad. Longhena, p. 551). Fulvius behauptet, Rafaels Zeichnungsstift geleitet zu haben (siehe dessen Antiquitates urbis); größere Ansprüche besaß jedenfalls Fabio Calvi von Ravenna (Kultur der Renaissance, S. 275).

c. Rafael schickte Zeichner durch ganz Italien. Winckelmann (Anmerkungen über die Baukunst der Alten, S. 35 f.) kannte Aufnahmen des Tempels von Cora, die er dem R. selber zuschrieb und wußte von einem Band ähnlicher Zeichnungen bei Lord Leicester. Wahrscheinlich waren auch die Aufnahmen aus Rom, Neapel, Pozzuoli und der Campagna, welche Giulio Romano 1544 dem Vasari (X, p. 112, v. di Giulio) in Mantua vorwies, in Rafaels Auftrag »von Giulio und Andern« gemacht worden; die Zeichner werden sich in die Aufgabe geteilt und dann Kopien untereinander ausgetauscht haben.

Mit Serlios Werk beginnen um 1540 Publikationen von dauernder Bedeutung; in der Widmung des III. Buches behält er sich auch die Veröffentlichung der ihm noch unbekannten Überreste in Südfrankreich vor.

In den Aufnahmen des jüngern Ant. Sangallo, die sich noch in der florentinischen Sammlung vorfinden, bemerkt man bereits Projekte zur Verbesserung einzelner Fehler der Alten, z. B. des Bogens der Schlußnische im Pantheon (Vasari X, p. 46, im Kommentar zur v. di Ant. da Sangallo). Das zu Durchschnittsregeln durchgedrungene Studium übt seine Kritik an den Denkmälern selbst.

Gegen die Mitte des Jahrhunderts wandten namhafte
Architekten noch immer eine Reihe von Jahren auf die
römischen Ruinen, so Bartol. Genga (Vasari XI, p. 96, v.
di Genga) und Andrea Palladio.

[§ 28]
Einfluß des Vitruv.

Mit dem 16. Jahrhundert erreicht auch der Einfluß des
Baulehrers der goldenen augusteischen Zeit M. Vitruvius
Pollio seinen Höhepunkt. Fortan glaubte man vor Allem
das Altertum nach seinen eigenen Aussagen richten zu
können; Vitruv nahm in der Baukunst bald eine ähnliche
Stelle ein wie schon vorher Cicero in der Latinität, und es
bildete sich eine höchst eifrige Partei in seinem Namen.

Vitruv war nie ganz vergessen, aber zur Zeit der Frührenaissance schadete ihm vor der Hand die schlechte Beschaffenheit des Textes, die schwierige Auslegung und
die innere Mangelhaftigkeit, da er z. B. keine Lehre vom
Gewölbebau (oder nur vom falschen, VII, 3) enthält.
Alberti, de re aedificatoria benutzt ihn ohne ihm irgend
eine Ehre anzutun und überbietet ihn sehr an Vielseitigkeit.

Francesco di Giorgio, der (um 1480?) zuerst die Ruinen
mit Vitruv verglich (§ 26) und in seinem Traktat die
Säulenordnungen nach Vitruv behandelte, fügte doch
ein Wort bei, welches für die ganze Renaissance gilt: seine
Regeln seien mühsam aus den Alten gezogen, die Kompositionen aber, welche er mitteilt, sein Eigentum. Die
Renaissance hat das Altertum nie anders denn als Ausdrucksmittel für ihre eigenen Bauideen behandelt.

Francesco und sein damaliger Herr, Federigo von Urbino, berieten alle Gelehrten über die Erklärung Vitruv's.

Die erste Ausgabe 1511 ⟨war⟩ die des Fra Giocondo,
welcher damit bis in sein hohes Alter gewartet hatte;
Vasari IX, p. 158 s. und Nota, v. di Giocondo, wo auch

seine übrigen archäologischen Arbeiten verzeichnet
sind.

Rafael schrieb 1514 oder 1515 in einem unbezweifelten
Briefe: »ich möchte gerne die schönen Formen der anti-
ken Gebäude wieder finden, weiß aber nicht, ob mein 5
Flug nicht ein Ikarus-Flug sein wird; Vitruv gibt mir viel
Licht, aber nicht so viel als genug wäre«. Lettere pitto-
riche I, 52; II, 5.

In seiner letzten Zeit hatte er eine freie Ansicht gewonnen und verteidigte und widerlegte den Vitruv mit 10
Gründen, im liebenswürdigsten Eifer. Coel. Calcagnini
opera, ed. Basil. 1544, p. 101.

Baldassar Peruzzi entwarf den Dom von Carpi »nach
Vitruv's Regeln« und zeichnete nach 1527 fortlaufende
Illustrationen zu diesem Autor. Vasari VIII, p. 226, vgl. 15
231, v. di Peruzzi.

Höchst fanatisch redet Serlio in seiner Architettura (ed.
Venez. in 4, 1584, p. 69, 99, 112, 159 b, wozu aus der
venez⟨ianischen⟩ Folioausgabe 1544 die Stelle S. 155
nachzutragen ist). Das hochheilige und unantastbare 20
Buch hat immer Recht, auch gegen Römerbauten; diese
sind nach Vitruv zu beurteilen; die ihm Zuwiderhandeln-
den sind Ketzer usw. Am Schluß des III. Buches die
Aufzählung aller eifrigen Vitruvianer.

Die sich allgemach ansammelnde Vitruvliteratur mußte 25
sich der italienischen Sprache bedienen, weil lateinische
Erklärungen die Sache nur noch mehr erschwert hätten.

Übersetzungen des Vitruv mit Erklärungen und meist
auch mit Abbildungen:

Cesariani 1521, Vasari VII, p. 126 v. di Bramante, mit der 30
stark berichtigenden Nota;

Fabio Calvi, Manuskript in München, Vasari VIII, p. 56,
Nota;

Caporali 1536, Vasari VI, p. 57 Nota, 58 Nota, v. di
Perugino; ebenda p. 145 Nota, v. di Signorelli; 35

Daniele Barbaro 1567, unter den spätern die berühmteste; manche richtige und geistreiche Idee findet sich hier

zuerst, vgl. ad Vitr. III, 2 und IV, 2, wo von der Säulen-
schwellung und von den Konsolen in den Giebelschrä-
gen die Rede ist.

Über einzelne schwierige Partien schrieb Gio. Batt. Bertano 1558, der sich auch z. B. um die Theorie der ionischen Volute bemühte; Vasari XI, p. 248, Nota, v. di
Garofalo.

Battista da Sangallo, Bruder des im § 27 genannten, hinterließ Erläuterungen, deren Herausgabe unterblieb;
Vasari X, p. 21, v. di Ant. Sangallo. Über die Bemühungen des florentinischen Chorherrn Gio. Norchiati siehe
Vasari XII, p. 234, Nota, v. di Michelangelo.

[§ 29]
Die spätern Vitruvianer.

Im Jahr 1524 trat in Rom die vitruvianische Akademie
zusammen, welche es indes nicht weit über ein kolossales
Programm hinaus brachte. Die in dieser Richtung eifrig-
sten Bauherrn waren damals reiche Venezianer. Zu der
Abnahme dieses Fanatismus trugen die Werke und auch die
Worte Michelangelo's nicht Weniges bei.

Der Verein und das Programm: Lettere di Claudio Tolomei, ed. Venez. 1589, fol. 103 ss.; – Lettere pittoriche II, 1
samt Bottari's Anmerkung. – Über Kardinal Marcello
Cervini, spätern Papst Marcellus II., ein Hauptmitglied,
vgl. Ranke, Päpste I, S. 281, 502; Vasari XII, p. 132, v. di
T. Zucchero, und X, p. 81, im Kommentar zu v. di
Antonio Sangallo, welcher ein Bad im antiken Stil für
den Kardinal entwarf, s⟨iehe⟩ unten.

Den besten Gewinn mag der damals noch junge Vignola
gehabt haben, der im Dienst der Akademie noch einmal
die Ruinen von Rom vermaß.

In Venedig beseitigte Jacopo Sansovino die Frührenaissance als angeblicher Vertreter der strengern vitruvi-
schen Richtung; diese wurde gerühmt sowohl an seinen
Privatpalästen als an seiner Biblioteca. Bei Anlaß der

Ecke des Gebälkes (vgl. § 53) der untern dorischen Ordnung der letztern geriet aber das ganze antiquarische
Italien in Bewegung; Kardinal Bembo schickte die Lösungen verschiedener Baukenner ein, und auch Tolomei,
der Sekretär der vitruvianischen Akademie, gab im Namen derselben eine Meinung ab; allein Sansovino hatte
schon eine Lösung bereit, durch welche er Alles zufrie-
denstellte. Vasari XIII, p. 84, v. di Jac. Sansovino; –
Franc. Sansovino (Sohn des Meisters), Venezia, fol. 44
und 113, wo die Geschichte nicht ohne Übertreibung
erzählt wird.

Michelangelo's Bestreben, »die Ketten und Schlingen
wieder zu zerreißen«, welche die Baukunst sich anlegen
ließ; man wurde inne, daß er sich überhaupt »weder auf
ein antikes noch auf ein modernes architektonisches Gesetz verpflichtet halte«. Bei Anlaß seines schönsten Ent-
wurfes von fünfen für S. Giovanni de' Fiorentini in Rom
sagte er selbst: »Weder Römer noch Griechen haben in
ihren Tempeln etwas Ähnliches erreicht.« Vasari XII,
p. 205, 239, 265, v. di Michelangelo; sein Hohn über
einen vornehmen Vitruvianer, p. 280.

Er befreite die Kunst mehr als gut war. Sie hatte vielleicht keine einzige wahrhaft große Kombination eingebüßt gehabt aus Rücksicht auf ein Buch, das keinen
Bogen wölben lehrte und selbst für das im 16. Jahrh⟨un-
dert⟩ Alltägliche keine Vorschrift enthielt, wohl aber vor
Verwilderung der Einzelformen warnte.

Ein verspätetes Bedauern, daß nicht auch für die Malerei
ein solches antikes Regelbuch erhalten geblieben, bei
Armenini, de' veri precetti della pittura, p. 22.

V. KAPITEL

DIE THEORETIKER

[§ 30]
Leon Battista Alberti.

Da nach einem allgemeinen Gesetz jener Zeiten die Bildung der Kunst vorangeht (§ 24), so befremdet es nicht, wenn ihre Botin, die literarische Darstellung, auch schon an der Wiege der neugeborenen Architektur zu finden ist. Schon erhebt sie sich von der Beobachtung zur Regel und zur Theorie bei dem großen Leon Battista Alberti.

Vgl. § 24 und Kultur der Renaissance, S. 145. Auf jene Jugendschrift über die Malerei folgte sein Hauptwerk über das Bauwesen. Die noch eigenhändig vorhandene italienische Bearbeitung, arte edificatoria (in den opere volgari di L. B. Alberti, ed. Bonucci, Tom. IV) reicht bis ins III. Buch, und so weit glaube ich diese zitieren zu müssen; von da an aber den ebenfalls von ihm redigierten lateinischen Text de re aedificatoria; das fertige Werk überreichte er 1452 dem Papst Nicolaus V. Vgl. Vasari IV, p. 54 Nota. Die italienischen Ausgaben seit dem 16. Jahrh⟨undert⟩ sind Übersetzungen Späterer.

Die betreffenden Hauptstellen: arte edificatoria p. 229, 238, 240 (im I. Buche) und de re aedificatoria, L. VI, cap. 2 und 5, L. IX, c. 3 und 5.

Die gotische Baukunst war lauter Rhythmus der Bewegung, die der Renaissance ist Rhythmus der Massen; dort sprach sich der Kunstgehalt im Organismus aus, hier liegt er wesentlich in den geometrischen und kubischen Verhältnissen. Alberti beruft sich daher nicht auf Triebkräfte, die im Einzelnen ausgedrückt sein müßten, sondern auf das Bild, welches der Bau gewährt und auf das Auge, das dieses Bild betrachtet und genießt.

In der genannten Jugendschrift della pittura (op. volgari IV, p. 41) leitet er sogar die Baukunst von einer präexistierenden Malerei ab: der Baumeister habe erst von dem Maler seine Säulen und Gebälke gelernt; – die stärkste Aussage für den malerischen Standpunkt der Frührenaissance gegenüber den Bauformen.

Im Hauptwerk: das Gesetz der Abwechselung, des anmutigen Kontrastes (vgl. § 286) in Verbindung mit der Symmetrie (varietà und parilità delle cose); in Betracht der Abwechselung geht er sehr weit, vielleicht im Hinblick auf römische Kaiserthermen, Paläste etc. Es soll z. B. nicht Eine Linie das Ganze beherrschen, da gewisse Teile schöner erscheinen, wenn sie groß, andere wenn sie klein gebildet sind, die einen wenn sie in geraden, die andern wenn sie in geschwungenen Linien laufen etc. Von der Schönheit der Säule ist A. wie die spätern Theoretiker (z. B. Serlio, p. 98) bis zum lauten Enthusiasmus durchdrungen.

Die Hauptschilderung einer trefflichen Komposition im VI. Buche, vorwiegend eher negativ; am Ende omnia ad certos angulos paribus lineis adaequanda, was verschiedene Deutungen zuläßt. Sehr bedeutend ist eine ästhetische Festsetzung der kubischen Verhältnisse der Innenräume. Vgl. § 89.

Sein Versuch einer allgemeinen Bauästhetik im IX. Buch, getrübt durch Einmischung älterer Definitionen, doch nicht unwichtig. Sein höchster Ausdruck: concinnitas, d. h. wohl das völlige Harmonische. Das Grundgefühl, welches das Schlußurteil über einen Bau spricht, will er nicht genauer untersuchen, er nennt es ein unergründliches Etwas, »Quippiam«, quod quale ipsum sit, non requiro. Doch hatte er sich (VI, c. 4) sehr gegen die Ignoranten verwahrt, die da meinten, das Urteil über Bauschönheit beruhe nur auf einer soluta et vaga opinio und die Bauformen seien gesetzlos und wandelbar wie es Jedem beliebe.

[§ 31]
Die Nachfolger bis auf Serlio.

Die nächsten Theoretiker nach Alberti scheinen, so weit sich urteilen läßt, ihn benützt zu haben. Aufzeichnungen über Mechanik und Konstruktion, über Wasserbauten und den mathematischen Teil der Kunst überhaupt mehren sich gegen Ende des 15. Jahrhunderts. Später absorbiert eine Zeitlang die Bearbeitung des Vitruv (§ 28) diese Kräfte, worauf wiederum große neue Sammelwerke sowohl als Bauenzyklopädien entstehen.

Das reichillustrierte Manuskript der Baulehre des Antonio Averulino, genannt Filarete, verfaßt 1460, auf der Marcusbibliothek zu Venedig; die Textproben bei Gaye, carteggio I, p. 200 bis 206 enthalten außer jenem Fluch über das Gotische (§ 22) einen Segensspruch über die Renaissance, sodann ein merkwürdiges Verzeichnis aller damaligen berühmten Künstler der neuen Richtung. Vgl. § 91.

Aus dem um 1480 verfaßten Trattato des Francesco di Giorgio (§ 28) Auszüge bei Della Valle, Lettere sanesi, III, p. 108; die etwas vorgerücktere Zeit erkennbar durch das seitherige Erwachen verschiedener Richtungen, wovon nur das Wenigste die Billigung des Autors hat; er findet lauter »Irrtümer, schlechte Proportionen und Fehler gegen die Symmetrie«.

In Lionardos Papieren Vieles über Mechanik; sein Mühlenbuch etc.

Über Fra Giocondo, seinen Wasser- und Brückenbau und seine theoretische und allseitige Gelehrsamkeit vgl. Vasari, IX, p. 156, 160, 162, 166, v. di Fra Giocondo, Text und Noten.

Präzise Geister achteten an der Baukunst überhaupt mehr die mathematische als die künstlerische Seite. Federigo von Urbino (§ 11) schreibt 1468: »die Architektur ist gegründet auf Arithmetik und Geometrie, welche zu

den vornehmsten unter den sieben freien Künsten gehören, weil sie den höchsten Grad von Gewißheit in sich
haben« (Gaye, carteggio I, p. 214, vgl. 276).

Sebastiano Serlio von Bologna und sein Sammelwerk
dell' architettura (mit verschiedenen Titeln der einzelnen
Bücher); die erste Ausgabe in Folio, Venedig seit 1540;
wir zitieren die verbreitetere Quartausgabe, Venedig
1584. Nicht in theoretischer, sondern mehr in zufälliger
Ordnung Aufnahmen aus dem Altertum und eine große
Anzahl von Bauten und Entwürfen der Renaissance, zum
Teil von der Erfindung des Autors, zum Teil nach Zeichnungen des Baldassar Peruzzi, den er mehrmals dankbar
nennt. Die Wirkung des Buches nach der ungünstigen
Seite § 12.

[§ 32]
Polifilo.

Neben der Theorie und der mathematischen Begründung
hat auch der Gegenpol, die bauliche Phantastik, in der
Literatur ein Denkmal hinterlassen.

Der architektonisch-allegorische Roman Hypnerotomachia des Polifilo, d. h. des im Orient gereisten Domini-
kaners Fra Francesco Colonna von Venedig, geb. um
1433, gest. erst 1527. Die Abfassung des Werkes nach
1485, der erste Druck 1499; seither mehrere Ausgaben,
mit den Originalholzstöcken gedruckt, ohne Seitenzahlen; Auszüge bei Temanza, vite de' più celebri architetti
e scultori veneziani. Vgl. Kultur der Renaissance, S. 190.
Es ist eine Liebesgeschichte in mythologischem und mär-
chenhaftem Kostüm, welche wesentlich als Anlaß dient
zur Beschreibung und Abbildung idealer Gebäude und
Räumlichkeiten. Vgl. § 25, 64 ⟨Abb. 1⟩.

Indes werden weder Theoretiker noch Poeten so klar, als
wir es wünschen möchten, von dem großen Übergang
reden, der sich unter ihren Augen und zum Teil durch sie
selber vollzieht. Teils sind sie sich der Dinge nicht bewußt,

teils verstehen sich diese für sie von selbst. Eine spätere Zeit
erst konnte die Renaissance als den Stil der Verhältnisse in
Raum und Flächen im Gegensatz zu allem früheren erkennen.

Der Raumstil, der das neue Weltalter in der Baukunst mit
sich führt, ist ein exkludierender Gegensatz der organischen Stile, was ihn nicht hindert, die von diesen hervor-
gebrachten Formen auf seine Weise aufzubrauchen.

Die organischen Stile haben immer nur Einen Haupttypus, der griechische den oblongen rechtwinkligen
Tempel, der gotische die mehrschiffige Kathedrale mit
Fronttürmen. Sobald sie zur abgeleiteten Anwendung,
namentlich zu kombinierten Grundplänen übergehen,
bereiten sie sich vor, in Raumstile umzuschlagen. Der
spätrömische Stil ist schon nahe an diesem Übergang und
entwickelt eine bedeutende Raumschönheit, die dann im
byzantinischen, romanischen und italienisch-gotischen
Stil (§ 19) in ungleichem Grade weiter lebt, in der Renaissance aber ihre volle Höhe erreicht.

[§ 32a]
Die Baulichkeiten in den Gemälden.

Eine weitere Kunde des Baugeistes der Renaissance in ihren
jeweiligen Wandlungen ist zu gewinnen aus den in der
Malerei dargestellten Architekturen, indem dieselben un-
gehemmt auch solche Gedanken verwirklichen, welchen
die Ausführung versagt war.

Perspektivische Idealansichten seit Brunellesco, welcher
laut Vasari (III, p. 197, vita di Brunellesco) zunächst
vorhandene Gebäudegruppen, wie z. B. die Umgebung
des Baptisteriums und des Signorenpalastes vollkommen
linienrichtig aufnahm, daneben aber den Intarsiatoren
(§ 151, 152) die Darstellung von Gebäuden beibrachte,
und diese waren und blieben perspektivisch genaue
Idealbauten. (Verzeichnis bis ins 16. Jahrhundert
a.a.O.)

In Urbino (Belle Arti) das Tafelbild eines fast symmetrischen menschenleeren Platzes mit Prachtbauten, von Piero della Francesca oder Luciano da Laurana, wahrscheinlich zur Staffierung mit einer Historie bestimmt. Im ganzen 15. Jahrhundert reichlicher Gebrauch von oft sehr prächtigen, ersonnenen Baulichkeiten in Fresken und auf Tafelbildern, teils als von außen gesehen, teils als Räumlichkeit für den dargestellten Vorgang selbst; für uns eine sehr wesentliche Ergänzung des wirklich Ausgeführten. (Übersicht im Cicerone.)

Mit dem 16. Jahrhundert sofort bei Rafael die berühmte Räumlichkeit der Schule von Athen, nach einer Skizze von Bramante; bei seinen Schülern die der Taufe Konstantin's, der Schenkung von Rom.

Zugleich an Wänden von Sälen gemalte Hallenprospekte als Scheinerweiterungen des Raumes, ja mit der Absicht auf Täuschung. Baldassare Peruzzi im ersten obern Saal der Farnesina; schon bei ihm dieselbe Kunst im Zusammenhang mit der Szenenmalerei für die Theater (§ 193); eine Gattung, welche zwar der Sitte des Behängens der Wandflächen mit gewirkten Teppichen nachstehen mußte und bisweilen in geringe Hände geriet (§ 169), dennoch aber sich bis in die Spätzeit des Barocco behauptete, teils bloß mit baulichen und dekorativen Formen, teils belebt mit Figuren und etwa auch mit Historien. Durch den fortdauernden Zusammenhang mit der allmählich sehr wichtigen Theatermalerei blieb auch der Prospekt in Fresko noch immer in einer gewissen Höhe und ergänzt nun für die geschichtliche Betrachtung das allgemeine Bild des Barocco.

VI. KAPITEL

DIE FORMENBEHANDLUNG DER FRÜHRENAISSANCE

[§ 33]
Unvermeidlichkeit des römischen Details.

Die Komposition nach Verhältnissen und für das Auge, welche die Seele der Renaissance (§ 30, 32) ist, hatte schon im 12. Jahrhundert und dann in der gotischen Zeit sich geregt. Sie wurde damals ganz besonders hart betroffen durch das gotische Detail, welches einer entgegengesetzten Gedankenwelt entstammte; dagegen hätte sie sich von der Formensprache der Römer schon deshalb angezogen finden müssen, weil diese ihr Detail bereits als freies dekoratives Gewand gehandhabt hatten. Mit aller Anstrengung suchte man sich nun von jenem schweren formalen Widerspruch zu befreien.

Dazu kam aber noch das stärkste allgemeine Vorurteil für das alte Rom. Es ist ganz unnütz zu fragen, ob die Italiener ein neues eigentümliches Detail hätten schaffen sollen oder können. Ihre ganze Bildung, die Vorgängerin der Kunst, drängte längst auf den allgemeinen Sieg des Antiken hin; die Sache war im Großen völlig entschieden, ehe man die Baukunst irgend um ihre Beistimmung fragte.

Für Mittelitalien handelte es sich zugleich um einen Sieg der Form über den Stoff: eine bunte Inkrustation von Marmor aller Farben und von Mosaik an den wichtigsten Kirchenfassaden mußte weichen vor der ernsten Plastik des römischen Details, mochte auch letzteres tatsächlich ebenfalls nur äußerlich einem Kernbau aus anderem Stoffe angefügt werden, wie schon bei den alten Römern selbst.

Außerdem adoptierte man nach Kräften auch die Gesetze der römischen Konstruktion. Dabei wußte man jedoch nichts Anderes, als daß Anlage, Hauptformen und Verhältnisse gemäß dem jedesmaligen Zweck und der Schönheit erfunden werden müßten.

Die Renaissance kennt beinahe gar keine Nachahmungen bestimmter einzelner Römerbauten. Sie hat z. B. trotz aller Bewunderung keinen einzigen Tempel repetiert und überhaupt das Antike nur im Sinn der freisten Kombination verwertet. Vgl. § 28 das Wort des Franc. di Giorgio. Die Proportionen sind vollends ohne Ausnahme frei gewählt und der Einfluß der antiken Ordnungen auf sie nur ein scheinbarer. In Tat und Wahrheit hängt die Behandlung der Ordnungen eher von den Proportionen ab.

[§ 34]
Das Verhältnis zu den Zierformen.

Anfangs schied man nicht, was der guten oder der gesunkenen Römerzeit, was Gebäuden höchsten Ranges oder bloßen Verkehrsbauten etc. angehörte; auch vergrößerte und verkleinerte man nach Belieben das für einen bestimmten Maßstab Geschaffene.

Ein in Fiesole gefundenes wunderliches ionisches Kapitäl wird von Giuliano Sangallo zum durchgehenden Muster genommen für die Kolonnade des Hofes von S. M. Maddalena de' Pazzi in Florenz; Vasari VII, p. 211, v. di Giul. Sangallo. Vieles dergleichen namentlich in den Kranzgesimsen, s. unten. Formen des römischen Dekorationsstiles, von Altären, Sarkophagen, Kandelabern etc. wurden anfangs in die Architektur verschleppt.

Eine größere Gefahr lag in der plötzlichen und sehr hohen Wertschätzung der klassischen Zierformen. Daß dieselben nicht die Architektur überwucherten, verdankt man einzig den großartigen Bauabsichten und der hohen Mäßigung der Florentiner.

Man erwäge die allgemeine Zierlust und Prachtliebe des 15. Jahrh⟨underts⟩, die rasch wachsende Zahl behender Dekoratoren und die Hingebung der großen Florentiner selbst an die Dekoration, sobald es ihnen die strenge Kunst erlaubte.

Michelozzo meißelte selber Kapitäle, wenn ihn der Eifer ergriff; so z. B. für eine Tür im Signorenpalast zu Florenz; Vasari III, p. 275, v. di Michelozzo. Schön gearbeitete Kapitäle führten bisweilen zu größern Aufträgen; Andrea Sansovino bekam darauf hin die Durchgangshalle zwischen Sakristei und Kirche in S. Spirito zu bauen; Vasari VIII, p. 121, v. di Cronaca, und p. 162, v. di A. Sansovino.

In der Theorie weist z. B. um 1500 der Neapolitaner Gioviano Pontano (§ 9) dem Ornament die erste Stelle an und gestattet selbst dessen Übertreibung: et in ornatu quidem, cum hic maxime opus commendet, modum excessisse etiam laudabile est; – der Florentiner Alberti dagegen, der es in seinen Bauten liebte, weist ihm doch in seinem Lehrbuch schon 50 Jahre früher einen nur sekundären Rang an. L. VI, c. 2: Die Schönheit liege in einer solchen Harmonie aller Teile, die bei jedem Hinzufügen oder Weglassen verlieren würde; weil es aber tatsächlich noch immer scheine, als müsse etwas hinzugefügt oder weggelassen werden, und doch das Vollkommnere schwer anzugeben sei, so habe man die Zierformen eingeführt, als eine subsidiaria lux, als complementum der Schönheit. Letztere müsse dem Ganzen eingeboren sein und es durchströmen, während das Ornament die Natur von etwas äußerlich Angeheftetem behalte. L. IX, c. 8 s. nochmalige Ermahnung, den Schmuck zu mäßigen und weise abzustufen.

[§ 35]
Die Säule, der Bogen und das gerade Gebälk.

Die Säule war in Italien niemals ernstlich durch den gegliederten Pfeiler verdrängt worden; jetzt wurde sie ihrer echten Bildung zurückgegeben und wieder mit ihrer alten Zubehör von Basen und Gebälken in Verbindung gebracht.

Die Begeisterung für die Säule als solche § 30. Von den Gesetzen ihrer optischen Erscheinung weiß Alberti u. a.:

daß Säulen, wenn sie sich von der Luft abheben, schlanker erscheinen als vor einer Wand und daß schon deshalb die Ecksäule entweder dicker gebildet werden oder mehr Kannelüren erhalten müsse, was optisch denselben Dienst tue. (Letzteres aus Vitruv IV, 4, aber in neuer Anwendung).

Gegen das Kannelieren überhaupt zeigt die Renaissance eher Widerwillen (§ 134). Entscheidendes Beispiel: die 4 glatten Portalsäulen an der prächtigen Fassade der Certosa bei Pavia. (Dagegen kannelierte später die nordische Renaissance ihre Säulen und Pilaster wieder.)

Glücklicher Weise ließ sich Italien seine Bogen auf Säulen nicht mehr nehmen, obwohl es an Einwendungen dagegen nicht fehlte. Am Innenbau sowohl als an der fortlaufenden Halle des Klosterhofes, wie des städtischen Platzes, wird der Bogen ohne Vergleich häufiger angewandt als das gerade Gebälk.

Schon Brunellesco gab bekanntlich dem Bogen seine antike Archivolte wieder, glaubte sich indes doch an feierlichern Bauten (S. Lorenzo, S. Spirito in Florenz) zu einer Art von Gebälkstück zwischen Kapitäl und Bogenansatz verpflichtet. (Vgl. schon in der gotischen Zeit die Überhöhung der Bogen der Loggia de' Lanzi durch eine Art Aufsatz über den Pfeilerkapitälen.)

Alberti verlangt für den Bogen eine Überhöhung bis zu 1/3 des Radius, damit er schlanker und belebter aussehe und weil für die Untensicht (durch Simse, Deckplatten) etwas davon verloren gehe.

Allein L. VI, c. 15 verlangt er für die Säule immer das gerade Gebälk, indem der Bogen nur auf Pfeiler passe. Auch das Einschieben eines Gebälkstückes über dem Säulenkapitäl versöhnt den Mann nicht, welcher imstande war, italienische Hexameter und Pentameter zu konstruieren. Von seinen eigenen Bauten haben die Halle am Pal. Stiozzi und die Kapelle des hl. Grabes an S. Pancrazio gerades Gebälk. Seine schlaue Insinuation L. IX, c. 4: für Loggien sehr vornehmer Bürger (§ 104)

gezieme sich gerades Gebälk, für die von mittelmäßigen
Familien Bogen.

Es half nichts; Bogen auf Säulen sind bei richtiger Behandlung vollkommen entsündigt und werden herrschen bis an's Ende der Tage. Sobald man die Halle
wölbte (wie Alberti a.a.O. doch auch verlangt), hatte das
gerade Gebälk keinen Wert mehr; es machte das Gewölbe nur dunkel und war dabei nicht tragfähig. Denn
auf die Weite der Intervalle konnte man doch nicht verzichten. Es blieb beschränkt auf oberste Stockwerke von
Hallen, wo es dann meist von Holz konstruiert wurde
und eine hölzerne Flachdecke trug.

In der höhern Kunst wird das gerade Gebälke bisweilen angewandt zur Erzweckung eines Kontrastes mit den Bogen.

Brunellesco unterbricht an der Vorhalle der Capella de'
Pazzi bei S. Croce in Florenz, Giuliano Sangallo am
Klosterhof von S. M. Maddalena de' Pazzi höchst wir-
kungsreich das gerade Gebälk durch Einen großen Bogen in der Mitte.

Sehr im großen und majestätisch wirksam: an Vasari's
Uffizien das Versparen des Bogens auf den hintern
Durchgang ⟨Abb. 2⟩.

Bramante's (nicht ausgeführtes) drittes Stockwerk um den
großen vatikanischen Hof, eine offene Säulenhalle mit
geradem Gebälk und oblongen Mauerflächen darüber, als
Kontrast gedacht zu den Bogen und Pfeilermassen der
zwei unteren Stockwerke. d'Agincourt, Archit. T. 57
⟨Abb. 15⟩.

In kleinen Dimensionen, wo die antiken Intervalle leicht
zu behaupten waren, findet sich bisweilen eine anmutige
und strenge Anwendung des geraden Gebälkes; Hof des
Pal. Massimi in Rom, von Peruzzi; das Tonnengewölbe
erhellt durch Öffnungen, welche nach der Lichtseite
durchgebrochen sind.

Daß halbrunde Hallen ein gerades Gebälk forderten,
versteht sich von selbst; vgl. den Hof der Vigna di Papa
Giulio.

Michelangelo's Konservatorenpalast auf dem Kapitol: die Hallen mit geradem Gebälk auf Pfeilern, welche zur Versüßung des Eindruckes Säulen hart neben sich haben; ein wunderliches Kompromiß verschiedener Elemente. Neue Herrschaft des geraden Gebälkes in der Schule Palladio's. Man vergesse nicht, daß bis nach 1585 in Rom noch das Septizonium des Severus vorhanden war: drei offene Hallen übereinander, alle korinthisch und mit geradem Gebälk. Palladio's Pal. Chieregati in Vicenza ist sichtbar davon inspiriert. – Unter den Werken der Nachfolger das riesigste Beispiel: die zwei Höfe des Collegio elvetico (jetzige Contabilità) zu Mailand, nach 1600 von Fabio Mangone.

Um die Mitte des 16. Jahrhunderts werden zwei schöne Motive häufiger: zwei gerade Gebälkstücke, auf Säulen ruhend, nehmen einen Bogen in die Mitte (schon an Bauten der diokletianischen Zeit; jetzt an Palladio's Basilica zu Vicenza); – oder: gerade Gebälkstücke auf zwei Säulen wechseln mit Bogen ab (Lieblingsform des Galeazzo Alessi und seiner Schule; über den Gebälkstücken verzierte runde oder ovale Vertiefungen mit Büsten).

[§ 36]
Die antiken Ordnungen im 15. Jahrhundert.

Unter den Säulenordnungen der Römer nahm die häufigste, in ihrer Art freiste und reichste, die korinthische, auch jetzt die erste Stelle ein. Doch wurde sie nur ausnahmsweise den feierlichern Mustern nachgebildet. Seltener erscheint einstweilen die ionische und die Composita; erst im 16. Jahrhundert wird die dorische ernstlich angewandt, unter beständiger Konkurrenz einer vermeintlichen toscanischen.

Von Alberti, außer de re aedificatoria L. VII, c. 6 bis 10 und 15, eine frühere Schrift I cinque ordini (opere volgari, Tom. IV). Vgl. auch Vasari IV, p. 54, 58, v. di Alberti. – Unabhängig von Vitruv gibt er das Resultat selbständiger Vermessungen und eigenen Nachdenkens.

Der dorische Echinus ist ihm eine lanx (Schüssel); die
ionische Volute erscheint ihm wie eine Rolle von Baum-
bast, welche über eine solche lanx herabhängt. (Gewiß
dem wahren Ursprung gemäßer als Vitruv's Vergleichung mit Weiberlocken.) Das Stylobat oder Piedestal
heißt bei ihm (z. B. L. IX, c. 4) arula, Altärchen; ein
falsches Bild, das sich auch wohl formal, durch falsche
Ausbildung des betreffenden Stückes rächen konnte,
und doch hätte jede andere Ableitung vielleicht noch
mehr irregeführt.

Die Composita zuerst im Hof von Pal. Medici in Florenz?
Dann in Pal. Gondi. Alberti nennt sie die italische, »damit wir nicht gar Alles als Anleihe von außen gelten
lassen«.

Die schönsten korinthischen Kapitäle sind in der Regel
die florentinischen einblättrigen, mit Delphinen u. a.
Phantasieformen.

In den Hallenhöfen wird durchaus nicht immer abge-
wechselt, sondern eher dieselbe Ordnung durch zwei,
drei Stockwerke beibehalten.

[§ 37]
Die Halbsäulen und vortretenden Säulen.

Halbsäulenordnungen auf Stylobaten, als Einfassung von
Pfeilern mit Bogen, hauptsächlich in größern Palasthöfen,
auch im Innern von Kirchen, hatten ihr Vorbild an den
untern Stockwerken der römischen Schaubauten, hauptsächlich des Kolosseums und des Marcellustheaters. Vortretende Säulen, mit vorgekröpften Gebälken, wie man sie
an den Triumphbogen vorfand, wurden vorderhand nur an
Portalen angebracht.

Eine der frühsten Halbsäulenordnungen diejenige an
Alberti's Fassade von S. Francesco zu Rimini (1447);
dann die ziemlich schlanke im Hofe des Pal. di Venezia zu
Rom (seit 1455), von Francesco di Borgo San Sepolcro;
Vasari IV, p. 9, im Komment. zu v. di Giul. da Majano.
Das berühmteste Beispiel, Pal. Farnese, s. unten.

Von den Kirchen des Florentiners Baccio Pintelli: S. Agostino und S. Maria del Popolo zu Rom, das Innere.
Selten wurde die Halbsäulenordnung auch für Fassaden angewendet; erst mit Rafael und dann besonders um 1550 mit Alessi und Palladio mehren sich die Beispiele. Vgl. § 54.
Die erste Kirchenfassade mit frei vortretenden Säulen wäre (erst 1514) diejenige von S. Lorenzo in Florenz nach dem Plane Michelangelo's geworden; die schon sehr weit gediehenen Vorbereitungen dazu Vasari I, p. 106, Introduzione. – Die vortretenden Säulen neben oberitalischen Kirchenportalen zählen nicht, weil sie nur Umdeutung eines mittelalterlichen Motives sind und keine Ordnung bilden.

[§ 38]
Der Pilaster und das Kranzgesimse.

Wie für die Pfeilerhöfe die untern Stockwerke der römischen Schaubauten, so wurde für die Fassaden das oberste Stockwerk jener zum einflußreichen Vorbild. Vom Obergeschoß des Kolosseums hauptsächlich stammen die Pilasterordnungen.
Der römische Pilaster, eine in Flachdarstellung übertragene Säule (was die griechische Ante nicht war), hatte vortretende Säulen akkompagnieren helfen, sich zu jedem Mauerabschluß, zur Ecke hergegeben, auch wohl die Halbsäule oder vortretende Säule schlechthin ersetzt (z. B. an Prachttoren). Reihenweise hatten ihn die Römer an jenen Schaubauten angewandt, um, nach Abschluß der untern Hallenstockwerke mit Halbsäulen, das Auge über die geschlossene Wandmasse des obersten Stockwerkes aufwärts zu leiten und letzterer ihre Schwere zu benehmen.
Amphitheater in der Provinz (Pola, Nimes) hatten auch wohl bloß Pilaster von unten auf.
Außer dem Kolosseum kommt auch das Amphitheatrum

Castrense in Betracht, dessen obere Ordnung damals laut alten Abbildungen viel besser erhalten war.

Endlich hatte auch das Mittelalter (und nicht bloß in Italien) die Gewöhnung an jede Art vertikaler Wandgliederung durch Mauerstreifen wach erhalten.

Die Renaissance verwandte nun den Pilaster im Innern wie am Äußern der Gebäude ohne alles Bedenken und massenhaft; sie schätzte ihn schon als Repräsentanten ihrer geliebten Säule. – (Wenn Palladio bisweilen auch Schwellung und Verjüngung von der Säule auf den Pilaster übertrug, so gab es auch dafür Vorbilder; Propyläen von Baalbek etc.)

Der Pilaster wird der Ausdruck des Strebenden und Überleitenden. Sein Einfluß auf die Stockwerkhöhen ist viel geringer als der der letztern auf ihn. Über Kirchen- und Palastfassaden wird er bald einzeln, bald zu zweien gruppiert verteilt, und diese können sich näher oder ferner stehen. – Alberti erwähnt (L. VI., c. 12) den Pilaster, aber nicht die Pilasterordnung, die er doch anwandte.

Der Pilaster tritt in verschiedene Verhältnisse zu der toscanischen Rustica, der venezianischen Inkrustation und dem oberitalienischen Backsteinbau, sowohl an Kirchen- als an Palastfassaden. In jeder der drei Richtungen verlangt dann insbesondere die Frage der Gesimse, zumal des obersten Kranzgesimses, eine eigene Lösung.

Es ist eine Sache des feinsten Taktes, die Gesimse, welche sich nicht in Flachdarstellung umsetzen lassen, wie die zum Pilaster umgedeutete Säule, richtig zu den Pilastern und zugleich zum Ganzen zu stimmen.

Für das Kranzgesimse tritt die Frage ein: ob es mehr ein Gesimse des obersten Stockwerkes oder des ganzen Gebäudes sei? Ferner kommt eine allgemeine Voraussetzung in Betracht, welche während der ganzen guten Bauperiode herrschte: daß das Kranzgesimse eins sein müsse und keine Unterbrechung vertrage. Prinzipielle Aussage hierüber bei Serlio L. IV, fol. 178, und zwar mit Berufung auf Bramante.

Außerdem verlangen in die allgemeine Harmonie verschmolzen zu werden: die Wucht des Sockels, die Mas-
sigkeit des Erdgeschosses, die Nuancierung der Fenster
nach Stockwerken u. A. m.; namentlich bedingen sich
Fenster und Pilaster in hohem Grade. Aus diesen und ₅
andern Elementen entsteht ein Scheinorganismus, der im
Detail aus dem Altertum entlehnt, in der Kombination
völlig neu ist und höchstwahrscheinlich als der bestmög-
liche Ausdruck für den Rhythmus der Massen, für die
Architektur der Proportionen betrachtet werden darf. ₁₀
Gemäß dem Charakter der Zeit, welche das Individuelle
auf das Höchste entwickelte, offenbart sich auch hier eine
freie Vielgestaltigkeit, aber eine gesetzliche, von aller
Phantastik entfernte.
Über die Formen der Fenster und Pforten vgl. unten ₁₅
§ 81.

[§ 39]
Die Rusticafassade von Florenz und Siena.

Der florentinische Burgenbau aus Quadern wird von jeher
die Vorderseite der letzteren in der Regel roh gelassen ₂₀
haben; es genügte die genaue und scharfe Arbeit an den
Kanten. Als die Burgen zu Palästen wurden, behielt man
diese sogenannte Rustica bei, und das Gebäude war damit
als ein adliches oder öffentliches bezeichnet. Mit der Zeit
gesellte sich hiezu Absicht und künstlerisches Bewußtsein, ₂₅
und so wurde der florentinische Palast ein gewaltiges Stein-
haus, dessen Eindruck auf Wenigkeit und Mächtigkeit der
einzelnen Elemente beruht.
Die stolze Festigkeit dieser Fassaden und ihre Wirkung
auf die Phantasie. Ihre Vornehmheit: non esser cosa ₃₀
civile, vgl. § 9, bei Anlaß des Pal. Strozzi.
Nach einer Rechtfertigung aus unfertigen, irrig für vollendet gehaltenen Römerbauten (Porta maggiore in Rom,
Amphitheater von Pola und Verona etc.) sah sich erst das
16. Jahrhundert um; die Frührenaissance behandelte die ₃₅

Rustica ohne alle kümmerliche Rücksicht auf Rom als
Hauptausdrucksmittel des mächtigsten monumentalen
Willens und machte damit erst recht einen wahrhaft
römischen Eindruck.

Die wichtigsten florentinischen und sienesischen Paläste
sind diejenigen mit Rustica ohne Pilaster. Die Rustica in
ihren verschiedenen Abstufungen, je nach den Stockwerken und auf andere Weise, ist hier ein freies, nach Belieben
verwendbares Element der Kunst geworden. Den einzigen
großen Gegensatz bildet das Kranzgesimse, neben welchem jedoch ein weit vortretendes Sparrendach sich noch
lange behauptet. Vgl. § 91.

Ein Verzeichnis von dreißig zwischen 1450 und 1478
erbauten Palästen bei Varchi III, p. 107, worauf noch ein
Nachtrag folgt, beweist die allgemeine Verbreitung des
Baugeistes. – Von Michelozzo: der jetzige Pal. Riccardi,
ehemals Medici, mit unsymmetrischer Fassade, abgestuf-
ter Rustica und prachtvoll schwerem Kranzgesimse.

Brunellesco: Pal. Pitti, eine völlig regelmäßige Anlage,
deren einziges Prädikat die geringere Ausdehnung des
obersten Stockwerkes ist; höchst majestätische Wirkung;
ein Bild der höchsten Willenskraft bei Verzichtung auf
allen Schmuck.

Giuliano da Majano und Cronaca: Pal. Strozzi, leichter
und schwungvoller mit schönstem Verhältnis der Stockwerke und einem glatten Fries unter dem berühmten
Kranzgesimse.

Giuliano da Sangallo: Pal. Gondi und vielleicht Pal.
Antinori u. a. m.

In Siena: angeblich von Bern. Rossellino: Pal. Nerucci.
Angeblich von Cecco di Giorgio: Pal. Piccolomini und
Pal. Spannocchi.

Siena hatte bis jetzt sehr am Backstein gehangen; diese
Bauten sind die ersten großen Steinpaläste. Anderes, wie
z. B. der niedliche Pal. Bandini-Piccolomini und die kleinen Kirchen dieser Zeit, zeigt am Backsteinbau steinerne
Gliederungen.

Nuancen der Rustica: das Weglassen der vertikalen Fugen; das Glattbleiben des obersten Stockwerkes; Cronaca gibt gerne bloß den Ecken die volle Rustica, den Flächen aber eine gedämpfte, oder überhaupt nur Rustica an den Ecken.

Das florentinische Kranzgesimse hatte zum Vorgänger gehabt einen Zinnenkranz über weit vorragenden Konsolen (so noch im 15. Jahrhundert am Pal. di Venezia zu Rom); daher war das Auge schon an eine mächtige Bildung und starke Schattenwirkung gewöhnt. Vollendet und unübertrefflich dasjenige an Pal. Strozzi; Cronaca ahmte ein in Rom befindliches Gesimsstück in richtiger Vergrößerung nach; Vasari VIII, p. 117 s., v. di Cronaca, wo er deshalb auf das höchste gerühmt, Baccio d'Agnolo aber, wegen seines Kranzgesimses an Pal. Bartolini bitter getadelt wird; letzteres war ebenfalls aus Rom, aber in unrichtiger Proportion entlehnt.

Neben diesen vorherrschend korinthischen, sehr kostspieligen Steinkränzen behauptet sich das vorragende Dach auf hölzernen, oft reich und schön gebildeten Sparren. Dieselben setzen fast unmittelbar über dem Mauerabschluß, etwa über einem Eierstab an (Pal. Antinori etc.). Merkwürdige Nachwirkung in Stein: Die Vorhalle von S. Maria delle Grazie bei Arezzo, mit hängenden verzierten Steinplatten, die drei Braccien weit vortreten; Vasari V, p. 136 s., v. di Ben. da Majano.

Durch diesen Zwiespalt kam in die Bildung aller Kranzgesimse überhaupt ein starkes Schwanken. Der edelzierlichen Porta S. Pietro in Perugia (§ 109) fehlen die Teile von Zahnschnitt und Eierstab aufwärts, wahrscheinlich weil 1481 die Behörde plötzlich andere Details verlangte als die, welche der Meister, Agostino von Florenz, wollte; Mariotti, Lettere pittoriche perugine, p. 98.

[§ 40]
Die Rustica mit Pilasterordnungen.

Von Florenz ging dann auch der erste Versuch aus, die
Rusticafassade durch Pilasterordnungen, und zwar mehrere übereinander, samt ihren Gesimsen und Sockeln, auf
neue Weise zu beleben. Zu völliger Reife gedieh das Motiv
erst durch Bramante.

Ob dies die frühsten Pilasterordnungen überhaupt sind?
oder ob es etwa noch frühere an Palästen mit glatten
Mauern gab?

Bern. Rossellino oder eher Bernardo di Lorenzo: Palast
Pius' II. in Pienza (1462), wo Rustica und Pilaster auf
einen Kernbau inkrustiert sein sollen; Campani vita Pii
II., bei Murat. III, II, Col. 985. (In den Comment. Pii II.,
L. IX, p. 425 wird man darüber im Ungewissen gelas-
sen.)

L. B. Alberti: Pal. Ruccellai in Florenz (etwa 1460 bis
1466); die Rustica sehr gemäßigt, um die Pilaster nicht zu
übertönen. Der Versuch fand zunächst keine Nachfolge.
§ 53.

Bramante, von seiner oberitalischen Zeit her sehr an die
Anwendung der Pilaster gewöhnt, gab nach 1500 in Rom
an den Fassaden der Cancelleria und des Pal. Giraud das
Vollendete. Das Erdgeschoß bloße Rustica; an den Ober-
geschossen die Pilaster zu zweien gruppiert und zur
Rustica und zu den Fenstern auf das Feinste gestimmt;
das Kranzgesimse das des ganzen Gebäudes, und doch
mit den Pilastern des obersten Geschosses in völliger
Harmonie; ein Problem, zu dessen Lösung einstweilen
nur Bramante befähigt war.

[§ 41]
Die Rustica außerhalb Toscanas.

Im 15. Jahrhundert tritt die Rustica außerhalb Toscanas unsicher und nur wie eine florentinische Mode auf und mischt sich gerne mit fremdartigen Elementen.

Neapel: Pal. Colobrano 1466, mit zaghafter Zierlichkeit des Gebälkes und des Portals.

Bologna: Erdgeschoß des Pal. del Podestà 1485 mit geblümter Rustica in modum rosarum und Halbsäulen dazwischen; Bursellis, bei Murat. XXIII, Col. 906. — Erdgeschoß des Pal. Bevilacqua, mit diamantierter Rustica.

Ferrara: noch preziöser, Pal. de' Diamanti 1493.

Rom: einzelne gute und auch schon mit Pilastern versehene vorbramantische Bauten wie z. B. Einiges an der via del governo vecchio.

Venedig: die unglückliche Fassade von S. Michele 1466; das Erdgeschoß des edeln Palazzo Corner-Spinelli.

[§ 42]
Venedig und die Inkrustation.

So wie Florenz die Stadt der Rustica, so ist das sichere und ruhige, auf enge Pracht und daher auf kostbares Material angewiesene, selbst an Mosaik gewöhnte Venedig die Stadt der Inkrustation.

Nachdem sich der Kirchenbau derselben lange Zeit mäßig und der Profanbau (mit Ausnahme des marmornen Teppichmusters am Dogenpalast) gar nicht bedient, sondern den Backstein gezeigt hatte, brachen mit einer letzten und höchsten Steigerung des Luxus alle Schleusen der Stoffverschwendung auf.

Pii II. comment. L. III, p. 148, etwa 1460: Urbs tota latericia pulcherrimis aedificiis exornata; verum si stabit imperium, brevi marmorea fiet; etiam nobilium patricio-

rum aedes marmore undique incrustatae plurimo fulgent
auro. – Die Vergoldung des Helmes am Markusturm
hatte schon viele tausend Dukaten gekostet.

Sabellico's Besuch in der Bauhütte der Certosa S. Andrea, wo die Steine wahrscheinlich für die Fassade fertig
lagen, um 1490: lauter inländische Arten aus verschiedenen Gruben am Fuß der Alpen, wetteifernd mit dem
laconischen, synnadischen, thasischen, numidischen, augusteischen Stein, auch mit dem Ophit; Sabellicus, de
situ venetae urbis, L. III, fol. 92 (ed. Venez. 1502). Über
diese Namen, deren richtige Anwendung der Autor verantworten mag, vgl. Ottfr. Müller, Archäologie, § 268.
Außerdem aber bezog man noch immer vielen Marmor
von Paros und Steine verschiedener Art von andern
Inseln des Archipels; Sabellicus, l. c. fol. 85, 87; Sansovino, Venezia, fol. 141.

Auch Lieferungen von Inkrustationen für andere Städte
gingen über Venedig; so Gaye, carteggio, I, p. 176 für
S. Petronio in Bologna im Jahre 1456.

Es bildete sich bei den vornehmen Venezianern eine
Steinkennerschaft aus. Die sonst so kunstsinnigen venezianischen Gesandten bei Hadrian VI. (1523) kommen
doch in die größte Ekstase beim Anblick von Porphyr,
Serpentin u. a. römischen Prachtsteinen; Tommaso Gar,
relazioni etc. I, p. 104 s.

An Kenner dieser Art dachte vielleicht Serlio bei seinem
Projekt einer mit bunten Inkrustationsfragmenten zu
verzierenden Loggia; L. VII, p. 106.

Im damaligen Rom ist die Inkrustation an Bauten, zumal
profanen, schon eine fast unerhörte Ausnahme und nur
bei einem nahen päpstlichen Verwandten möglich; Lettere pittoriche I, 33, über einen inkrustierten Palasthof
des Lorenzo Medici. Die Fundstücke von Porphyr, Serpentin, Giallo, Paonazetto, Breccien etc. aus den Ruinen
wurden sonst bereits für den Schmuck von Altären
u. dgl. aufgehoben, und Peruzzi brauchte 1532 eine Spe-
zialerlaubnis, um nur vier Saumtierlasten von derglei-

chen nach Siena bringen zu dürfen, für den Hochaltar des
Domes; Milanesi III, p. 114.

Florenz hatte die Inkrustation gehabt und sie überwunden; Alberti, welcher L. VI, c. 10, vgl. c. 5, die Technik
angibt, hatte sie an der Fassade von S. M. novella ange- 5
wandt, nur weil schon das 13. Jahrhundert unten damit
begonnen hatte.

In Venedig wollte sich sogar die Vergoldung, im Innern
der Paläste viel gebraucht, auch der Fassaden bemächtigen; nur ein Staatsverbot verhinderte es; Sabellicus, l. c. 10
L. II, fol. 90. Comines fand 1494 am Dogenpalast wenigstens den Rand der Steine zollbreit vergoldet (L. VII,
chap. 15, oder n. a. Zählung Charles VIII, chap. 21). Vgl.
§ 162. – Flüchtige Vergoldung einzelner Bauteile bei
Festen kommt auch sonst vor, z. B. an Fenstern, Konso- 15
len und Oberschwellen bei einer fürstlichen Hochzeit zu
Bologna, Ende des 15. Jahrhundert; Beroaldi orationes
fol. 27, Nuptiae Bentivolorum; an Säulen, Simsen und
Pforten des Palazzo Medici in Florenz 1536 beim Empfang Karls V.; Lettere pittoriche III, 12. (Das schönste 20
Privathaus von Ferrara war 1452 tutta mettuda, d. h.
messa ad oro di ducato, doch wohl nur im Innern. Diario
ferrar., bei Murat. XXIV, Col. 199.)

An und für sich war manche Inkrustation so teuer als eine
ganz solide Vergoldung, und das Verbot der letztern 25
hatte wohl nur den Zweck, den Neid gegen Venedig
nicht zu steigern.

[§ 43]
Verhältnis der Inkrustation zu den Formen.

Die Inkrustation neigt sich unvermeidlich dem Dekorati- 30
ven zu auf Kosten des Architektonischen. Der Stil der
Frührenaissance in Venedig verdient sogar kaum noch den
Namen eines Baustiles.

Es fehlte an eigentlichen Architekten, oder wenn sie
vorhanden waren, so konnten sie nicht aufkommen. Auch 35

bei der höchsten Stoffpracht hätte man edler und kräftiger komponieren können. Die Architekturen auf den Bildern Mantegna's und seiner Schule, auch auf den Legendenbildchen Pisanello's in der Sakristei von S. Francesco zu Perugia stellen öfter Inkrustationsbauten dar, wie sie Venedig nicht hat. – Die richtige Anwendung der Inkrustation an der Certosa bei Pavia, § 71.

Alles geht aus von der schönen, polierten Erscheinung der einzelnen Platte von Marmor irgend einer Farbe, von Porphyr, Serpentin etc. Sie werden symmetrisch gruppiert und mit Streifen kontrastierender Farben umgeben. Der Pilaster als Ordnung fände hier keine Gunst; er dient nur als Abschluß der verzierten Massen, als Ecke, und wenn man die horizontalen Gesimse und Sockel dazurechnet, als Einrahmung. Die prachtvollen Arabesken, womit man ihn häufig anfüllt, sind deshalb auch oft identisch mit denjenigen der Friese, das vertikale Ziermotiv mit dem horizontalen. Immer erhält der Pilaster ein eigenes Rahmenprofil und oft in seiner Mitte eine runde Scheibe aus irgend einem farbigen Steine, deren Stelle auch wohl ein Relief einnimmt.

Der Ruhm der Gebäude hängt mehr von diesen Arabesken ab als von dem baulichen Gehalt; ihre Urheber werden gerne genannt, z. B. Sansovino, Venezia, fol. 86 bei Anlaß der Pforte von S. Michele, deren Zieraten von Ambrogio da Urbino herrührten.

Als Tullio Lombardo seine Friese (für welchen Bau wird nicht gesagt) in Treviso vollendet hatte, wurden sie im Triumph durch die Stadt geführt; Pompon. Gauricus de sculptura, bei Jac. Gronov. thesaur. graec. antiqq. Tom. IX, Col. 773.

Der Stil dieser Arabesken ist von der Dekoration höchsten Ranges entlehnt. Oft geht unter dem Fries noch ein zweites, ebenfalls verziertes Band hin.

Die eigentliche Gesimsbildung bleibt vernachlässigt, wie Alles, was nicht zur Pracht gehört. Zwischen Pilastern oberer und unterer Stockwerke ist kein Unterschied.

Die einzelnen Gebäude: S. Zaccaria, S. M. de' Miracoli,

S. Giovanni Crisostomo u. a. Kirchen desselben Typus;
die Paläste Trevisan, Malipiero, Manzoni-Angarani,
Dario, Corner-Spinelli, Grimani a San Polo u. a.; die
ältern Scuole. Die Paläste werden gerettet durch die
Schönheit des aus der gotischen Zeit ererbten Komposi-
tionsmotives (§ 21, 94). Wo dieses nicht vorhält, wie z. B.
im Hof des Dogenpalastes, zeigt sich der Prachtsinn in
seiner vollen Ratlosigkeit. Der einzige Palast mit ernste-
rer Durchführung der antiken Ordnungen, und zwar
zum Teil in Halbsäulen, läßt bei allem Luxus und Geschmack die florentinische Schule schmerzlich entbehren: Pal. Vendramin-Calergi, 1481 von Pietro Lombardo.
An den Fronten der Kirchen (S. Zaccaria) und der Scuole
(bes. Scuola di S. Marco) wird unbedenklich der ganze
Vorrat von Inkrustationen, Pilastern u. a. Zierformen im
Dienst von kindlich spielenden Kompositionen aufgebraucht; halbrunde oder sonst geschwungene Mauerab-
schlüsse, bisweilen prächtig durchbrochen als Freibo-
gen. An der Scuola di S. Rocco (1517) wurde das neue
Motiv freivortretender Säulen aufgegriffen (§ 37) und
dieselben gleich mit Blumen umwunden.
Wo wäre die moderne Baukunst geblieben, wenn sie dem
venezianischen Kunstschreinergeist und Juweliergeist
dauernd in die Hände gefallen wäre? Wie sehr würde man
in Venedig selbst die Bauten des Florentiners Jacopo
Sansovino und seiner Schule vermissen, durch welche
erst die ausgebildete Hochrenaissance sich hier Bahn
brach.

[§ 44]
Oberitalien und der Backsteinbau.

Der Backsteinbau hat seit Anbeginn aller Kunst wohl nie
selbständig seine eigenen Formen geschaffen. Seit Ägypten
für Steinbalken über Steinpfeilern eine bestimmte Ausdrucksweise hervorbrachte, gab der Steinbau im Ganzen
überhaupt die Formen an. Der Backstein, durch jene ur-

alten Präzedentien befangen und Jahrtausende hindurch als
bloßer Ersatz des Steines gebraucht und nach Kräften verhehlt, spricht auch in den wenigen römischen Beispielen,
wo er zu Tage tritt, die Formen des Steines nach.

Rom wendet den Backstein bei seinen riesigsten Bauten
wie bei seinen Privathäusern (Pompeji) an, aber dort mit
einer marmornen, hier mit einer Stucco-Hülle. Monumental behandelt und offen zugestanden findet man ihn
fast nur am Amphitheatrum Castrense (§ 38), an dem
Denkmal beim Tavolato und am sogenannten Tempio
del Dio ridicolo bei Rom. An diesen beiden Grabmälern
sind die reichern klassischen Formen auf eine so kostspielige Weise hervorgebracht, daß man annehmen darf,
der Backstein sei vorgezogen worden, nur um künftige
Grabschänder durch Unwert des Stoffes abzuhalten. Die
bei Vitruv und Pausanias erwähnten Backsteinbauten
waren teils erweislich, teils wahrscheinlich mit Mörtel
oder mit Inkrustation bedeckt, und selbst am Philippeion
(Pausan. V, 20 s.) möchten wenigstens die Gliederungen
von Stein gewesen sein.

Vielleicht den höchsten Grad von relativer Unabhängigkeit
erreichte zur gotischen Zeit der Backsteinbau in Oberitalien, sowohl südlich vom Po (Via Aemilia von Piacenza bis
Ancona), als auch im Mailändischen und Venezianischen,
obwohl hier mit stärkerer Zutat steinerner Gliederungen.

Man begann wohl anfänglich mit Backstein, weil der
Stein teuer war, fuhr aber dann mit eigener Lust und in
hoher Vollendung der Technik fort. Der Verpflichtung
auf Spitztürmchen, Giebel und Strebebogen so viel als
ledig, gestaltete man Fenster, Gesimse und Portale im
Geist des Stoffes auf das Prachtvollste um. Der Steinbau
entlehnte jetzt sogar Formen vom Backsteinbau (so einige Details an der Marmorfassade des Domes von
Monza).

Das stolze Vorurteil für diese Prachtformen war stark
genug, um das Eindringen der Renaissance zu verzögern
und selbst einen Filarete (§ 22, 31), trotz seinem Fluch

über das Gotische, am Ospedal maggiore zu Mailand zu
spitzbogigen Fenstern zu nötigen; er füllte wenigstens
das Detail desselben mit seinem geschmackvollen Re-
naissencezierat an. Dasselbe tat er oder ein ungenannter
Nachfolger an einem höchst zierlichen Privatpalast, der
im vorigen Jahrhundert demoliert wurde, aber in einer
Abbildung bei Verri, Storia di Milano, weiterlebt.

[§ 45]
Die Backsteinfassade.

Allein auch die Renaissance wird in diesen Gegenden und
in diesem Stoffe mit einem freien Sinn auf höchst eigentümliche Weise gehandhabt, so daß das Auge von dem, was sie
hier nicht gibt, nichts vermißt. Dem großen Reichtum an
Kompositionsgedanken entspricht ein feiner und heiterer
Schönheitssinn im Einzelnen.

Man muß sich hier immer von Neuem sagen, daß ohne
die großen Florentiner auch die Bolognesen und Lombarden doch nicht aus ihrer zwar reichen, aber schon
zweifelhaft gewordenen Gotik herausgekommen wären.
An den Palastfassaden war eine Einschränkung der antiken
Formen schon vorgeschrieben durch die notwendig zarte,
aus kleinen Teilen bestehende Gesimsbildung. Auf Pilaster,
deren Größe sich doch hätte nach der Höhe der Stockwerke
richten müssen, verzichtete man gerne.

Überhaupt wäre jede strengere antiquarische Logik hier
vom Übel gewesen.

Bei den Palästen von Bologna gehören die Erdgeschosse
zu den fortlaufenden Straßenhallen; für ihre backsteiner-
nen Säulen mit den reichen, fröhlichen Sandsteinkapitä-
len irgend eine bestimmte dorische oder korinthische
Proportion zu verlangen, wäre Torheit; schon das Auge
würde bei der Größe der Intervalle durch eine zu
schlanke Bildung nur beunruhigt werden.

(Man mußte ohnehin solche Backsteinsäulen später oft
zu Pfeilern verstärken; Serlio L. VII, p. 156 beschreibt

das Verfahren. Wo die Mittel reichten, ersetzte man sie auch wohl im Laufe der Zeit durch Marmorsäulen, so 1495 in einem Klosterhof zu Ferrara; Diario ferrar. bei Murat. XXIV, Col. 314.)

Die Archivolten der Bogen sind reich, aber nicht sonderlich antik profiliert; über einem Sims folgen die (im Backstein sehr vorherrschend) rundbogigen Prachtfenster mit ihrem Palmettenschmuck oben und auf den Seiten; über einem zweiten Sims in der Regel ein Fries mit kleinen Fenstern und dann das Kranzgesimse aus lauter kleinen und dichtstehenden Konsolen.

So ist über eine meist glücklich eingeteilte Fassade an den gehörigen Stellen und mit weiser Ökonomie ein gleichartiger Reichtum von Zierformen ausgebreitet, alles innerhalb Eines liebevoll behandelten monumentalen Stoffes.

Pilasterordnungen würden hier einen unerträglichen Zwiespalt zwischen den untern Hallen und dem Kranzgesims hervorgerufen haben. Wo sie, unter besonderen Umständen, doch vorkommen, da meint der Stadtchronist zum Jahre 1496 (Murat. XXIII, Col. 913), das sei more romano gebaut.

Graziös und reich, aber sehr unharmonisch durch Pilaster und andern Schmuck: Pal. Roverella in Ferrara.

[§ 46]
Backsteinhöfe und Kirchenfassaden.

In den Höfen der Paläste und Klöster sind die Formen meist architektonisch reicher, auch wohl mit eigentlicher Dekoration gemischt, die Säulen fast immer von Stein.

Die zwei berühmten Backsteinhöfe der Certosa bei Pavia mit Medaillons und vortretenden Statuen und kräftigstem Reichtum aller Zierformen.

In Mailand nicht sowohl die Höfe der öffentlichen Gebäude (Broletto, ältere Höfe des Ospedal maggiore) und der Klöster des 15. Jahrh⟨underts⟩ wichtig als vielmehr diejenigen einiger Privatpaläste, z. B. Casa Frigerio bei S. Sepolcro; über der Säulenhalle die Backsteinbogen mit Medaillons dazwischen; die Fenster, obwohl Backstein, doch bisweilen schon geradlinig geschlossen; Simse und Kranzgesimse sehr schön zum Ganzen komponiert. [5]

In Pavia: ein herrlicher, nur teilweise erhaltener Palasthof gegenüber vom Carmine.

In Bologna: über der Hofhalle statt des geschlossenen Stockwerkes gerne eine Oberhalle von doppelter Säulenzahl. [10]

Das edelste und zierlichste Beispiel: der Hof von Pal. Bevilacqua (§ 41), nach meiner Vermutung von Gaspero Nadi, welcher 1483 das Motiv des Erdgeschosses fast genau wiederholte an der Halle bei S. Giacomo. Von Klosterhöfen: der bei S. Martino maggiore. [15]

In Ferrara: Fragment des Hofbaues an Pal. della Scrofa. Die Pilasterordnungen wurden einstweilen für die Kirchen verspart, hier aber nicht selten von Stein aufgesetzt.

Über die Komposition der Kirchenfassaden § 70. Bramante in den ihm zugeschriebenen mailändischen Bauten [20] schwankt: am Äußern von S. Satiro die schöne und ziemlich strenge korinthische Pilasterordnung rein in Backstein (?); am Chorbau alle Grazie sind Pilaster, Wandkandelaber, Gesimse und Medaillons von Stein aufgesetzt; am Vorhof von S. Maria presso S. Celso, einer [25] klassisch reinen Backsteinhalle, die Halbsäulen doch von Stein, ihre Kapitäle von Erz.

Durchgeführte ganze Kirchenbauten in reichern Backsteinformen: die Kartause S. Cristoforo zu Ferrara (Lübke, Gesch. der Architektur, 5. Aufl., Bd. II, S. [30] 696 f.), die phantastisch zierliche Rundkirche S. Maria della Croce zu Crema (ibid. S. 690 bis 692) etc.

[§ 47]
Die Formen des Innern.

Von dem Innern antiker Gebäude war, als die Studien der
Florentiner begannen, zwar sehr viel mehr als jetzt, doch
außer dem Pantheon kaum mehr ein unverletztes Beispiel
erhalten, und ohnehin war die antike Innenbaukunst wesentlich eine nach innen gewandte Außenbaukunst gewesen. Den einzigen sehr wesentlichen Einfluß mußten jetzt
die antiken Gewölbe üben.

Vgl. Kultur der Renaissance, S. 181, über die Erhaltung
der Thermen.

Für Gesims- und Pilasterbildung des Innern, für Wand-
einteilung u. dgl. war das Pantheon in seinem damaligen
Bestande bei Weitem die Haupturkunde. Für die Tonnengewölbe kam die bessere Erhaltung des Venus- und
Romatempels in Betracht.

Die größte konstruktive Aufgabe nimmt Brunellesco mit
seiner florentinischen Domkuppel gleich vorweg; neben
dieser scheint alles Andere leicht und kommt nur als
teurere oder wohlfeilere, dauerhaftere oder flüchtigere
Praxis in Frage. (Über den Bau der Kuppel ist außer
Vasari zu beachten die vita anonima di Brunellesco, ed.
Moreni, p. 151 bis 182, vielleicht ein modernes Werk,
aber stellenweise auf ältern Quellen beruhend; laut p. 162
und 164 war das Zwischenstockwerk mit den Rundfenstern schon vor B.'s Anstellung vorhanden.)

Frühste schriftliche Theorie des Wölbens überhaupt bei
L. B. Alberti, de re aedificatoria, L. III, c. 14, vgl. V, c.
18 und VII, c. 11, nach den Kategorien: fornix (Tonnengewölbe), camera (Kreuzgewölbe) und recta sphaerica,
scil. testudo (Kuppel); er verlangt das Wölben für die
Kirchen wegen der dignitas und Dauer, und auch für die
Erdgeschosse der Paläste.

[§ 48]
Die Gewölbe der Frührenaissance.

Das Erste und Bezeichnendste ist der Widerwille der Renaissance gegen das Kreuzgewölbe, dessen wesentlichster Vorteil jetzt allerdings wegfiel, da oblonge Räume, für deren harmonische Bedeckung es so wesentlich ist, entweder nicht mehr gebildet oder mit andern Gewölben bedeckt wurden.

Das Gotische des Nordens hatte seine eigentümlichste Schönheit in oblongen Raum-Einteilungen entwickelt. Vielleicht ist das oblonge Kreuzgewölbe an sich schöner als das quadratische.

Nun braucht man das Kreuzgewölbe fortwährend, aber verhehlt. Der einzige Florentiner, der es in seinen meisten Kirchen offen anwendet, Baccio Pintelli (§ 76, 77), gerät damit in Nachteil gegen die Gotik, schon weil er das kräftig sprechende Gurtwerk entbehrt.

Der letzte, welcher mit Gurtwerk und mit oblongen quer über ein Kirchenschiff laufenden Kreuzgewölben eine leichte und edle Wirkung erzielt, ist Dolcebuono, im Monastero maggiore zu Mailand, um 1500, vgl. § 23, 76. Echte Kreuzgewölbe derselben Zeit (?) auch noch im Appartamento Borgia, Vatican.

Der eigentliche Lebensausdruck des gotischen Gewölbes waren die aus den Pfeilern emporsteigenden Gurte und Rippen, zwischen welchen die Kappen nur als leichte Füllungen eingespannt wurden. Für die Renaissance dagegen, welche über den Stützen ein antikes Gebälk herrschen läßt und überhaupt alle schwebenden Teile durch starke Horizontalen von ihren Trägern trennt, ist das Gewölbe eine deckende Masse. Der strengere Detail-Ausdruck derselben ist die römische Kassette; den reichern Ausdruck übernimmt eine rasch und hoch entwickelte dekorative Kunst (§ 171).

Letztere ist eine besondere Todfeindin des Kreuzgewöl-

bes in seiner strengern Form; dagegen kann sie sich in das
verhehlte, in der Mitte zur sphärischen Fläche ausgebildete, sehr gut schicken.

Die Kassetten jeder Art, auch die sich konzentrisch ver-
jüngenden, rechnete Alberti (l. c. L. VII, c. 11) auf dem
Papier aus, selbst für sechsseitige und achtseitige Räume,
und ermittelte deren Ausführung in Ziegeln und Stucco.
Vgl. § 173.

Seine Kassetten in der Bogenleibung der Tür von S. M.
novella vielleicht die frühsten der modernen Kunst? –
Die Darstellung der Kassetten in Stucco scheint dann
Bramante besonders vervollkommnet zu haben; Vasari
VII, p. 136, 139, v. di Bramante. – Statt aller Gurten und
Rippen jetzt bald nur Ränder, oft abgestumpft und mit
Festons bemalt.

Indes hat die Frührenaissance, die Kreuzgewölbe abgerechnet, noch durchgängig die konstruktive Form des Gewölbes zu Tage treten lassen.

Vorherrschende Formen: das Tonnengewölbe von halb-
rundem oder elliptischem Durchschnitt, hie und da bereits mit einschneidenden Kappen von beiden Seiten;

Das kuppelichte, sog⟨enannte⟩ böhmische Gewölbe,
ebenfalls mit einschneidenden Kappen;

Die Reihenfolge von flachern oder höhern Kuppeln oder
kuppelichten Gewölben;

Das Tonnengewölbe, in seiner Mitte durch Eine Kuppel
unterbrochen; ungemein schön im kleinen, z. B. ⟨Abb. 2⟩
an den Vorhallen der Cap. de' Pazzi in Florenz (Brunellesco) und der Umilta in Pistoja (Vitoni); größer im
Hauptschiff einzelner oberitalischer Kirchen (§ 74).

(Das Tonnengewölbe in Oberitalien schon zur romanischen Zeit heimisch: S. Babila, S. Celso, d. h. die alte
Kirche, S. Sepolcro, sämtlich zu Mailand, Anderes
a.a.O.)

Cupoletten verschiedener Art, auch backofenförmige sogenannte Klostergewölbe.

Eigentümlich eine Anzahl kleinerer Kuppeln des 15.

Jahrhunderts in der Art stark aufgewehter Regenschirme, oder an die Muschelgewölbe gotischer Chöre erinnernd, mit kleinen Rundfenstern ringsum.

Die wesentlichen Detailformen des modernen Kuppelbaues (Pfeilergesimse, Profile der Hauptbogen, Pendentifs, Kranzgesimse über den Hauptbogen, Einteilung oder Gliederung des Zylinders, oberes Gesimse desselben, Gliederung der Kuppel) schon jetzt bei den Toscanern ausgebildet, vgl. Madonna delle Carceri in Prato; für die Lanterna war bereits auf der Domkuppel von Florenz im 15. Jahrh⟨undert⟩ ein Vorbild aufgestellt. Dagegen bleiben die übrigen Außenformen der Kuppel noch sehr inkonstant, vgl. § 63 bis 65.

VII. KAPITEL

DIE FORMENBEHANDLUNG DES 16. JAHRHUNDERTS

[§ 49]
Vereinfachung des Details.

Mit dem Eintritt des 16. Jahrhunderts vereinfacht und verstärkt sich das bauliche Detail. Es war ein neuer Sieg des florentinischen Kunstgeistes über das übrige Italien.

Das außertoscanische Italien der Frührenaissance war mehr von den ornamentalen Arbeiten der Florentiner als von der einfachen Größe ihrer Bauten berührt worden; jetzt erst siegt, nicht die Einzelform, sondern der Geist eines Pal. Pitti, Pal. Gondi, Pal. Strozzi (§ 39) überall. Bramante (1444 bis 1514), von welchem nun das meiste abhing, war allerdings ein Urbinate, und die große Veränderung, die um 1500 in ihm vorging, wird bei Vasari mit seinen Vermessungen in Rom (§ 27) und a.a.O. in Verbindung gebracht, allein dies schließt die unvermeidliche Einwirkung der florentinischen Bauten auf ihn nicht aus.

Das gesteigerte Studium des Vitruv (§ 28) ist von dieser

neuen Richtung teils Wirkung, teils Ursache, je nach dem einzelnen Fall.

Die Vereinfachung der Form wurde teils aus bestimmten Römerbauten, teils aus allgemeinen Gesichtspunkten gerechtfertigt. Damit war untrennbar verbunden ein stärkeres plastisches Hervortreten, um sich an den zum Teil gewaltigen neuen Bauten vernehmbar zu machen, vermöge des stärkern Schattenschlages.

Serlio, architettura, L. III, fol. 104, vgl. L. VII, fol. 120, 126. Er beruft sich auf das Kolosseum, auf den Bogen von Ancona und selbst auf das Pantheon, dessen korinthische Ordnung nur sehr weniges, aber wohlverteiltes Detail habe, und polemisiert gegen die »dem Geschmack der Menge huldigenden« Baumeister, welche die ornamentalen Glieder vollständig nach den reichen Beispielen gäben. Durch das viele »Gemeißelte« (intagli) würden die Fassaden nur verwirrt und affektiert.

In der Tat gab man die vegetabilische Ausdeutung, welche die reichere antike Baukunst ihren Profilen verliehen (Blattreihen, Perlstab etc.) und welche schon die Frührenaissance nur sehr ungleich (und vielleicht nur am Triumphbogen des Alfons im Castello nuovo zu Neapel, § 109, vollständig ⟨Abb. 19⟩) angewandt hatte, jetzt völlig preis und beschränkte auch die Kapitälformen auf das Notwendige. (Das Kannelieren, vgl. § 35.) Ja man fand den Reichtum, auch wo man ihn ausdrücklich suchte (hauptsächlich im Innern), doch nicht in den reichern römischen Formen, sondern in gemalten Füllungen, stuckierten Pilastern, am Äußern in Girlanden, Masken, Bandwerk u. dgl. an Fenstern und Türen. Selbst an kleinern Zierarbeiten (Grabmälern, Altären) mochte man dann nicht mehr auf die entsprechenden vollständigen römischen Prachtformen zurückgehen. Der Barockstil fand endlich jenen Rückweg vollends nicht mehr und vervielfache lieber seine Gliederungen, als daß er sie in jener ganz erlaubten Weise bereichert hätte.

[§ 50]
Detailproben und Einwirkung der Festdekoration.

Auf jede Weise suchte man sich des wahrhaft Wirksamen zu versichern. Außer den Probemodellen einzelner Bauteile in wirklicher oder nicht viel geringerer Größe war auch die baulische Dekoration bei Festen jetzt eine sehr wichtige Quelle der Belehrung.

Michelangelo's 6 Braccien hohes Modell einer Ecke des Kranzgesimses für Pal. Farnese; Vasari XII, p. 231, v. di Michelangelo. Auch Fenster, Säulen, Bogen etc. modellierte er seinen Bauführern und Steinmetzen gerne aus Ton vor, ohne Zweifel in einiger Größe; Lettere pittoriche I, 15, Benv. Cellini al Varchi 1546. Seine Gebäude scheinen dieses Verfahren durch eigenen Formenausdruck zu verraten.

Die wichtigste Seite der Festdekoration lag darin, daß man sich in Holz, Gips und Karton rasche Rechenschaft von dem gab, was auch in Stein und in demselben Maßstab wirken könne. Vgl. § 189.

Sichtbar ist aus derselben in die Architektur herübergenommen u. a. der sogenannte Cartoccio, ein versteinertes geschwungenes, auch wohl verschlungenes Band oder Blatt von Karton. Vgl. Serlio, L. VII, p. 78 s., und Lomazzo, trattato dell' arte, L. VI, p. 421, wo die namhaften Arbeiter des 16. Jahrhunderts für Cartocci, Girlanden, Masken usw. aufgezählt sind.

Mit dem Wert der Festdekoration als Bauprobe hängt dann auch zusammen, daß man sie bald mit mehr als gebührlicher Strenge architektonisierte und ihre Freiheit nicht auf die wahre Weise achtete, vgl. § 56 und 190.

[§ 51]
Verstärkung der Formen.

Zu den neuen Wirkungsmitteln des 16. Jahrhunderts gehört die Nische an den Fassaden sowohl als an Pfeilern und
Mauermassen des Innern, und die kräftigere Einfassung
von Fenstern und Türen mit Pilastern, Halbsäulen, vortretenden Säulen und Giebeln, letztere im stumpfen Winkel
oder im Kreissegment.

Hier ist nicht von der Nische als wesentlichem Teil eines
Grundplans die Rede, also nicht von Apsiden, auch nicht
von jenen Nischen- oder Kapellenreihen, in welche bisweilen die ganze Langwand einer Kirche aufgelöst wird
(§ 74, 76), sondern von der Nische für das Auge. Sie
wechselt fortan gerne an Palastfassaden mit den Fenstern
ab, gleichviel ob ihr eine Statue gegönnt sei oder nicht.
Wie die stärkere Plastik der vortretenden Teile, so wirkt
sie zurücktretend; ihr Schatten ist wie der aller Rundflä-
chen der schönste.

An den Kirchenfassaden des 15. Jahrhunderts standen
die Statuen auf Konsolen *vor* den sehr flachen Nischen
(Certosa von Pavia, § 71), oder unter Tabernakeln mit
Flachnischen (S. Bernardino zu Perugia); im 16. Jahr-
hundert erhalten sie die halbzylindrische, vollständige
Nische.

Im Innern der Kirchen, an geraden wie an zylindrischen
Mauerflächen, ergab sich die Anlage von Nischen von
selbst, um der Erweiterung des Raumes und der Mate-
rialersparnis willen wie zur Aufnahme von Statuen und
Altären. Wo die Pfeiler des Schiffes mit zwei Pilastern
bekleidet werden, kommen zwischen die letztern eine
oder auch zwei Nischen übereinander. Die frühste vollständige Durchführung des Nischenwesens bei Bramante (Tempietto von S. Pietro in Montorio, Plan von S.
Peter) und bei Rafael (Langhausplan von S. Peter; vgl.
§ 66 ⟨Abb. 3 u. 4⟩).

Die Fenster des 15. Jahrhunderts (über deren Verhältnisse nach Alberti's Lehre vgl. § 89), meist rundbogig,
hatten nur ihr ringsumgehendes Profil, welches z. B. im
Backsteinbau sehr reich sein konnte; dazu als Schmuck
die Palmetten (§ 45).

Die rechtwinkligen Fenster, im 15. Jahrhundert noch
Ausnahmen, bekamen mehrmals noch Steinkreuze (Hof
im Palast Pius II. in Pienza; Palazzo di Venezia zu Rom);
in solchen Fällen hatte sich dann zaghaft und wenig
bemerklich an den Pfosten der Pilaster gemeldet, hie und
da mit Arabesken ausgefüllt.

Dagegen waren die wichtigeren Türen an Kirchen und
weltlichen Gebäuden, nach innen sowohl als nach außen,
an ihren Pfosten schon regelmäßig mit Pilastern bekleidet worden, welchen man reiche Füllungen mit Arabesken, auch wohl sehr sorgfältige Kannelüren und bisweilen ein kostbares Material (Paonazetto u. dgl.) gönnte.

Über die Ordnungen solcher Pilaster: Alberti de arte
aedif., L. IX, c. 3: fenestras ornabis opere corinthio,
primarium ostium ionico, fores tricliniorum et cellarum
et eiusmodi dorico, was im 15. Jahrh⟨undert⟩ nur von
Pilastern zu verstehen ist. (Nach der Vorschrift richtete
sich kaum jemand.)

Die schönsten damaligen Pforten von Rom: an der Kirche S. Marco beim Pal. di Venezia, und vor Allem am
Hospital S. Spirito, mit kannelierten Pilastern.

Außer aller Linie stehen die vier höchst prachtvollen
Fenster der Fassade der Certosa von Pavia; eigentlich als
Pforten gedacht; ihre Pfosten und Oberschwellen anti-
ken Türeinfassungen nachgebildet; über dem reichen
Fries und Gesims die Giebel in Gestalt von Voluten mit
Figuren u. a. Schmuck; innerhalb der Pfosten, als Stüt-
zen der eingesetzten je zwei Bogen die berühmten mar-
mornen Kandelaber.

(Die frei und ziemlich weit vortretenden Säulen neben
dem Hauptportal der Certosa, neben demjenigen von S.
Maria delle Grazie zu Mailand etc. sind eine oberitalische
Tradition des Mittelalters, § 37.)

Über der Oberschwelle der Tür folgte die altgewohnte Lunette, wie sie sich aus dem Entlastungsbogen schon seit Römerzeiten entwickelt hatte, ausgefüllt durch Skulptur oder Malerei; bereits nicht immer ein volles Halbrund, sondern gedrückt, mit Palmetten an den Enden und über der Mitte.

Und indem man dem gotischen Spitzgiebel eilig den Abschied gab, trat an Kirchen und andern geistlichen Gebäuden des 15. Jahrhunderts auch schon der niedrige antike Giebel an die Stelle der Lunette. (Als frühster Türgiebel der Renaissance gilt derjenige im Noviziat von S. Croce in Florenz; Vasari III, p. 279, v. di Michelozzo; – Flachgiebel über Fenstern oder Fassadennischen z. B. an der Fassade des Domes von Pienza.)

Diesem Allem gegenüber sind folgendes die Neuerungen der Hochrenaissance:

Das Rundbogenfenster weicht im ganzen dem rechtwinkligen, und wo es sich behauptet, erhält es doch eine rechtwinklige Einfassung (Bramante, Cancelleria).

Aus dem rechtwinkligen Fenster verschwindet das Steinkreuz; unter dem kenntlichen Einfluß der Altartabernakel im Innern des Pantheon wird das Fenster zu einer ernsten, mächtigen Erscheinung; die Pfosten erhalten regelmäßig Pilaster oder Halbsäulen, ja vortretende Säulen; jetzt erst wird auch die Fensterbank ausgebildet; in den Fensterfriesen behaupten sich die (schon früher vorgekommenen) Inschriften.

An den Türpfosten der Kirchen sowohl als der Paläste weicht die reiche Dekoration einer Ausdrucksweise, welche auf das Einfach-Mächtige gerichtet ist; statt der Zieraten sind jetzt die Profile das Sprechende; häufig vortretende Säulen oder Halbsäulen namentlich dorischer Ordnung; als klassisch geltende Beispiele: Vasari VIII, p. 171, v. di A. Sansovino; – ib. p. 224, v. di Peruzzi; – IX, p. 205, v. di Fra Giocondo. (Dem angeblichen Entwurf Bramantes für die Pforte seiner Cancelleria, bei Letarouilly III, Tab. 351, kann ich nicht trauen.)

Sodann wird jetzt der Giebel nicht mehr den geistlichen Gebäuden vorbehalten, sondern auch auf Fenstern und Türen der Paläste angebracht. Als Baccio d'Agnolo dies an Pal. Bartolini in Florenz bald nach 1500 zum erstenmal versuchte, gab es Spottsonette, und man hängte Laubgewinde daran wie an Kirchenpforten bei hohen Festen; Vasari IX, p. 225, v. di Baccio d'Agnolo. Bald aber wurde es allgemeine Sitte, wobei man zwischen dem stumpfen Winkel und dem Kreissegmente abwechselte. Auf das mittlere Fenster von dreien oder fünfen kommt bald der stumpfe Winkel, bald das Kreissegment; für Beides stehen sich die Autoritäten ziemlich gleich.

[§ 52]
Die dorische und falschetruskische Ordnung.

Mit der jetzt herrschenden Neigung zur Vereinfachung der Formen kam endlich auch die dorische Ordnung zu ihrem Rechte, allerdings in nachteiliger Vermischung sowohl als Konkurrenz mit einer vermeintlichen toscanischen.

Die echte griechisch-dorische kannte man nicht und hätte sie schwerlich zu brauchen verstanden, § 25.

Schon die Römer hatten eine Umgestaltung derselben nicht entbehren können, zumal als sie das Dorische als Bekleidungsordnung ihrer großen Bogenbauten brauchten. Hauptbeispiel: das Erdgeschoß des Marcellustheaters.

Schon ihnen war dabei auch das Vorhandensein einer etruskischen Ordnung verhängnisvoll geworden, welche einst wohl unter Einfluß der griechisch-dorischen entstanden war, und nun die römisch-dorische mit ihrem unschönen Gebälk und Säulenhals, unkannelliertem Schaft und eigener Basis gleichsam ansteckte, daneben auch selber noch für sakrale Zwecke fortdauerte.

Das 16. Jahrhundert nahm nicht nur die römisch-dorische wieder an, sondern restaurierte auch (z. B. Serlio) nach dem Rezept Vitruv's (IV, 7) die etruskische als

ordine toscano, was den Florentinern angenehm klingen
mochte. Das hölzerne Gebälk mit seinen peinlichen pri-
mitiven Formen blieb weg; vielmehr sieht der ordine
toscano dem römisch-dorischen ähnlich; nur schwerer
und ohne Triglyphen, Metopen und Mutuli; beliebt an
rustizierten Erd- und Sockelgeschossen, Festungsbauten
u. dgl.; im Bewußtsein der Künstler selbst nie rein vom
Dorischen ausgeschieden.

[§ 53]
Das Dorische bei Bramante und Sansovino.

Vereinzelte frühere Anwendungen abgerechnet, hat vor
Allen Bramante die dorische Ordnung als Werkzeug der
hohen Strenge seiner letzten Jahre mit Vorliebe gebraucht
und die größten seiner Kunstgenossen mit sich gezogen.
Die dorische Pilasterordnung am Erdgeschoß von Alberti's Pal. Ruccellai zu Florenz, seit 1460, § 40.
Giuliano und der ältere Antonio Sangallo, welchen
Vasari VII, p. 228, besondere Verdienste um die dorische
Ordnung zuschreibt, mögen bei ihren Festungsbauten
sich damit befreundet haben. Antonio's Kirche zu Montepulciano aber, mit sehr eigentümlicher Behandlung des
Dorischen, ist erst 1518 begonnen, ibid. p. 226, Nota.
Bramante: die dorischen Pilaster des Erdgeschosses im
großen vatikanischen Hauptbau (seit 1503); –
die beiden untern Säulenordnungen um den Hof der
Cancelleria (§ 97); darüber ein geschlossenes Obergeschoß mit korinthischen Pilastern; –
der runde Tempietto bei S. Pietro in Montorio (§ 66), der
eleganteste Zierbau ohne ein Laub von Vegetation, die
Rosetten in den Kassetten des Umgangs ausgenommen
⟨Abb. 3⟩ –
in der Consolazione zu Todi (§ 66) sind die vier mächtigen Hauptpfeiler unter der Kuppel als dorische Pilaster
gestaltet, als Ausdruck der Stärke, wahrscheinlich aber
noch mehr, weil Bramante zuerst die Unschönheit korin-

thischer Pilasterkapitäle des betreffenden großen Maßstabes fühlte. (Man vergleiche S. Giustina in Padua, S. M.
di Carignano in Genua, ja schon das Pantheon; die große
Blätterfläche durchlöchert gleichsam jede Komposition.)
Oder ahnte er sogar, daß bei einer gewissen Größe jede
ursprüngliche Verpflichtung des Pilasters auf bestimmte
Ordnungen erlischt? War er auf dem Wege zu einer
echten und zwar auf den Gewölbebau berechneten Ante?
Jedenfalls wird durch ihn das Dorische auf längere Zeit
die Pilasterordnung im vorzugsweisen Sinne.

Peruzzi's dorische Pilaster 1509 an beiden Stockwerken
der Farnesina.

Giulio Romano bringt über einem Hauptstockwerk mit
dorischen Pilastern bereits ein Obergeschoß, welches in
einfach umrahmte quadratische Flächen geteilt ist.

Bei der § 51 erwähnten Ausstattung der Portale wurde
die dorische Ordnung jetzt mit Vorliebe angewandt.

Seit 1536 erbaute Jacopo Sansovino zu Venedig die Biblioteca, das prächtigste profane Werk des modernen Europa,
als wahre Exhibition der ionischen und besonders der dorischen Ordnung.

Das Motiv ist bekanntlich eine Doppelhalle von Bogen-
pfeilern mit Halbsäulen; in der obern Halle ruht der
Bogen auf einer besondern kleinern kannelierten ionischen Ordnung. Die Venezianer wollten sich endlich an
der echten römischen Formenbildung ersättigen, nachdem sie bis dahin eine Renaissance mehr auf Hörensagen
gehabt.

Die Wirkung ist so schön, daß Sansovino auch für gewisse Freiheiten Recht behält, z. B. für die Vergrößerung
der Metopen auf Kosten des Durchmessers der Triglyphen und des Architravs.

Der berühmte Streit über die Ecke § 29. Sansovino traf
das einzig Richtige. Die feinern Freiheiten des echten
Griechisch-Dorischen – gleichviel ob sie optischen oder
konstruktiven Ursprunges seien – wozu auch das Vorrücken der letzten Triglyphe auf die Ecke gehört, finden

auf eine bloße Bekleidungsordnung, die ihrer Pfeilerhalle
gehorchen muß, gar keine Anwendung; hier gehört die
Triglyphe auf die Mitte ihrer Stütze, ob sie die letzte sei
oder nicht und ob Vitruv etwas von Halbmetopen berichte oder nicht. Sansovino brauchte mindestens den
Raum einer halben Metope, wegen der unvermeidlichen
Stärke seines mit Pilastern bekleideten Eckpfeilers, und
bog also seine Metope in der Mitte um die Ecke. Vitruv
hatte wohl mit seinen Semimetopia nur irgendein Seg-
ment einer Metope überhaupt gemeint; die fanatischen
Vitruvianer aber, welche Sansovino umringten, gaben
sich glücklicherweise mit seiner buchstäblichen Deutung
zufrieden.

[§ 54]
Vermehrung der Kontraste.

In dieser Periode geschieht es häufiger, daß man statt der
Pilasterordnungen Halbsäulen, und zwar stark vortretend,
ja verdoppelt anwendet, und zwar über einem Erdgeschoß
in Rustica.
Rafael's Pal. Vidoni-Caffarelli in Rom, Pal. Uguccioni in
Florenz. (Vgl. Michelangelo's Entwurf für die Fassade
von S. Lorenzo, § 37.)
An einigen Palastfronten wird schon eine ganze Fülle von
Kontrasten um des höhern Reizes willen zusammengestellt.
Die dazwischen befindlichen Flächen beginnen der einfa-
chen Übermörtelung anheimzufallen (§ 56).
S. unten § 96 bei Anlaß der Paläste. Schon Rafael gibt zu
den kräftigsten Fensterformen (§ 51) und den doppelten
Halbsäulen gerne das eben erwähnte Erdgeschoß von
derber Rustica, läßt auch schon Fenster mit Nischen
(§ 51) und mit eigentümlich eingerahmten quadratischen
Feldern abwechseln etc.
Die Rustica jetzt überhaupt mit sehr geschärftem Bewußt-
sein ihrer Wirkung angewandt, häufig vermischt mit den
Formen der dorischen und toscanischen Ordnung.

Vorzüglich in Rom wird mit der Rustica an Erdgeschossen, welche Kaufladen enthalten und daher des eigentlichen Schmuckes ledig sein sollten, mehr als Eine Neuerung versucht: quadratische Fenster, horizontale Keilsteinwölbung, verschiedene Nuancierung der Rustica etc., alles aus Travertinblöcken.

Anderswo: Beschränkung der Rustica auf die Ecken, Weglassung der Vertikalfugen etc.

Aus einem Mißverständnis, das sich an den Namen hängte, brauchte man sie in Gartenarchitekturen (§ 125), wo das Zierlichste und Schmuckreichste eher hingepaßt hätte. Serlio, L. IV.

Ihre berechtigte Anwendung an den Festungsarchitekturen (§ 108 f.) und an Bauten ernsten Charakters überhaupt, z. B. an Sansovinos Zecca (Münzgebäude) in Venedig, wo die Rustica beinahe etwas Neues war; Vasari XIII, p. 86, v. di Jacopo Sansovino; – Franc. Sansovino, Venezia, fol. 115. Der Gegensatz von rustico ist (ebenda) gentile.

Der Mörtel tritt an wichtigen Bauten des 15. Jahrh⟨underts⟩ wohl nur mit dekorativer Bemalung auf. Im 16. Jahrh⟨undert⟩ dagegen überläßt man ihm oft Alles, was Fläche bleibt (§ 96), ohne ihn zu bemalen.

[§ 55]
Die Gewölbe der Hochrenaissance.

Die vielleicht größte Neuerung, welche das Detail des Innern erleidet, liegt in den schönen Scheinformen der Gewölbe, welche mit Hilfe der Stukkatur und zum Zwecke derselben sowie der Bemalung eingeführt werden. Die Renaissance gibt jetzt das Gewölbe rein in den Dienst des Schönen.

Das Nähere siehe unten bei Anlaß der Dekoration. – Erst mit der Vervollkommnung des Stucco (§ 174) werden die großen, reich kassettierten Gewölbe mit voller altrömischer Pracht der Profilierung möglich.

Das Tonnengewölbe mit vollem Radius, ja überhöht (§ 48), wird zugestanden und als solches dekoriert besonders in Mittelschiffen von Langkirchen (§ 76, 77).

Das niedrigere, halbelliptische dagegen, wie es zumal in Sälen und Galerien vorkommt, wird jetzt oft einer Scheinform untertan: es erhält in der Mitte eine Fläche (Specchio) oder eine Aufeinanderfolge von Flächen; die Enden der von beiden Seiten her einschneidenden Kappen berühren den Rahmen derselben.

In der sixtin⟨ischen⟩ Kapelle, einem Bau des 15. Jahrh⟨underts⟩, ist die konstruktive Form des Tonnengewölbes noch völlig sichtbar, und die scheinbaren Specchî gehören wie die ganze übrige Einteilung dem Maler (Michelangelo) an.

Ebendies gilt von der berühmten Halle im Erdgeschoß der Farnesina (1509) mit den Malereien Rafaels und seiner Schule.

Mit der Zeit aber wird der Specchio gerne zur Fläche ausgeebnet, während seine Ränder sowohl als die der Kappen durch Stukkatur ein (oft sehr starkes) Relief erhalten.

Am schönsten wirkt der Specchio natürlich als Mitte des Gewölbes von Räumen gleichseitigen Quadrates, wo er zugleich den Abschluß einer gemalten oder stuckierten Dekoration bildet (Rafaels Loggien).

Über die Formen des Innern der Kuppeln siehe § 65 u. ff. Außerdem aber beginnen bereits verschalte Gewölbe, deren Konstruktion überhaupt nur Schein ist und über welchen eine Balkendecke hingeht. Sie kommen vor entweder in breiten Räumen, in welchen die Ansätze echter Gewölbe zu weit hätten herabgerückt werden müssen, oder wenn Ökonomie und Bequemlichkeit es vorschrieben, oder wenn eine große mittlere Fläche verlangt wurde, um welche die Gewölbeansätze dann nur als Zierde herumgehen.

Diese Ansätze sind in Holz konstruiert und mit aufgenageltem Rohr zum Halten des Stucco versehen. Serlio (L. VII, p. 89) rühmt sie bereits; Vasari (I, p. 41 in seinem

eigenen Leben) entschuldigt sie noch. Ähnliches schon
bei Vitruv VII, 3.

Manche dieser Gewölbe sind schwer von den echten zu
unterscheiden, siehe die Decken in Pal. Doria zu Genua,
von Perino del Vaga und seiner Schule, meist nur ver- 5
schalt.

Endlich wird jetzt erst im Innern der Paläste das System der
Pilaster und Gesimse vollständiger durchgeführt.

Das 15. Jahrh⟨undert⟩ hatte sich noch gerne mit bloßen
Wandkonsolen begnügt, auf welchen die Gewölbekap- 10
pen ruhten. Jetzt erhalten namentlich Korridore und
Treppen eine strengere Gliederung durch Pilaster.
Prachtbeispiel: Rafaels Loggien.

[§ 56]
Die Formen der Nachblüte. 15

Das Detail der Zeit von 1540 bis 1580 ist im Ganzen wieder
um einen merklichen Grad derber, aber schon ohne Liebe,
wesentlich nur auf die Wirkung im Großen hin gebildet.

Michelangelo's verhängnisvolle Freiheiten, worunter
das Vorrücken der Mauermassen zwischen den Säulen in 20
der Vorhalle der Laurenziana zu Florenz, so daß die
Säulen, zu zweien gruppiert, in Kasten zu stehen scheinen; ein offener Hohn gegen die Formen. – Vasari meint
von Michelangelo's neuerfundenen Formen freilich, sie
seien nicht nur schön, sondern maravigliose; I, p. 120, 25
Introduzione. Vgl. § 29.

Das bekannte Werk des Vignola verbreitete überall diejenige Redaktion der antiken Ordnungen, welche fortan
die konventionelle wurde; daneben Palladio und später
Scamozzi u. A. 30

Späte vereinzelte Eiferer für die echten Formen des Ionischen: Gio. Battista Bertano, Vasari XI, p. 248, v. di
Garofalo, – und Giuseppe Porta, Vasari XII, p. 83, Nota,
v. di Salviati. Die spätern Vitruvianer § 28.

Die Allgemeinheit und Gleichgültigkeit der Formen 35

stand im Zusammenhang mit der Notwendigkeit, rasch, viel und monumental mit beschränkten Mitteln zu bauen.

Der Backstein, noch in Bramante's spätern Bauten herrlich wirkend auch wo die Gliederungen von Stein sind (Seitenfronte der Cancelleria, ursprüngliche Gestalt des Obergeschosses um den vatikanischen Giardino della Pigna) und ebenso noch in Baldassar Peruzzi's kleinern Bauten zu Siena, wird jetzt als vermeintlich unedlerer Stoff in der Regel übermörtelt. Palladio fügt sich sogar in bemörtelte Backsteinsäulen. (Anderswo in Oberitalien aber läßt man den Backstein noch bis in's 17. Jahrh⟨undert⟩ an einigen trefflichen Bauten offen sehen.)

Vasari darf in seiner Introduktion, wo er das Baumaterial bespricht, den Backstein schon völlig beschweigen.

Der Charakter freudloser Großartigkeit, welcher dieser Bauzeit im Vergleich mit der frühern eigen ist, kam zum Teil auch von der Sinnesweise einzelner Fürsten her.

Der Herzog (spätere Großherzog) Cosimo I. (1537 bis 1574) zog die dorische Ordnung vor, »weil sie sicherer und fester sei als die andern«, weshalb Vasari sie an den Uffizien (1560) anwenden mußte; Ammanati aber bekam die dreiseitige, dreistöckige Hofhalle des Pal. Pitti mit lauter Rusticaordnungen zu verzieren.

Cosimo's Einmischung in alles Bauwesen, z. B. Gaye, carteggio II, p. 498 und zahlreiche andere Aussagen und Korrespondenzen.

Sein Sinn für Regelmäßigkeit § 83. Selbst die Girandola entsagte unter ihm den phantastischen Spielformen und lernte einen klassischen achteckigen Tempel in Feuerwerk darstellen; Vasari X, p. 275, v. di Tribolo. Vgl. § 195.

Die Rustica galt jetzt als Ausdruck des höhern Ernstes überhaupt. Versuche, ihr ein freies, sprechendes eigenes Detail zu schaffen, im Hof des erzbischöfl⟨ichen⟩ Palastes zu Mailand, von Pellegrini; zaghafter an den Prigioni zu Venedig.

Die schönen neuen Motive des Säulenbaues durch Abwechselung von Bogen und geraden Gebälken, § 35.

Ferner jetzt häufiger die Kuppelung (enge Zusammenstellung) von zwei Säulen, sobald Verstärkung (etwa wegen Weite der Bogen) nötig und doch der Pfeiler nicht erwünscht ist. So zumal in der genuesischen Schule.

[§ 57]
Die Verhältnisse.

Mit Anwendung der bisher betrachteten Formen samt den eigentlichen Zierformen komponiert die Renaissance ihre Bauten nach einem geheimen Gesetz, dem der Verhältnisse (§ 30, 33, 38). Dieselben sind von allen, auch den römischen Vorbildern unabhängig und ein wesentlicher Besitz des modernen Weltalters, welches nie mehr ungestraft sich denselben entziehen wird.

Auf rein mathematischem Wege kann man nie zu durchgreifenden Regeln gelangen, weil außer den Proportionen auch die stärkere oder schwächere Plastik der Formen die Wirkung entscheiden hilft, sodaß bei denselben Verhältnissen ein Bau schlanker oder schwerer erscheinen kann. Es wäre zu wünschen, daß ein Wort existierte, welches ausdrücklich die Verhältnisse (worunter man gewöhnlich bloß Höhe, Breite und Tiefe versteht) und die Plastik zugleich umfaßte.

L. B. Alberti braucht bei Anlaß seiner Fassade an S. Francesco zu Rimini für die geheimnisvolle Harmonie der Teile zum Ganzen bereits das Wort »tutta quella musica«. (Lettera sulla cupola etc., opere volgari, Tom, IV.) Die »musikalischen Proportionen« (§ 26) auch bei dem Biographen Brunellesco's.

Verhältnisangaben für bestimmte einzelne Fälle teilt z. B. Serlio häufig mit, läßt sich aber auf keine prinzipiellen Erörterungen ein.

Schon damals fehlte es nicht an Leuten, welche der Sache auf spekulativem Wege beizukommen suchten. Dem Jac.

Sansovino korrigierte 1534 ein Mönch Francesco Giorgio die Proportionen seiner Kirche S. Francesco della Vigna zu Venedig nach einer platonischen Zahlentheorie, wovon ein kleines Muster Vasari XIII, p. 85, Nota, v. di Jac. Sansovino.

Die Anwendung der antiken Ordnungen hat vielleicht an keinem einzigen Renaissancebau über die Verhältnisse entschieden. Der Bogenbau war von vornherein an nichts gebunden und die Wandpilasterordnung hatte schon bei den Römern völlige Freiheit der Intervalle. Dazu die Sockel und Attiken nach Gutbefinden.

Die Verhältnisse in ihrer Beziehung zu den Formen und diese zu jenen bleiben daher Sache des höchsten und feinsten künstlerischen Vermögens. Es handelt sich um einen Stil, bei welchem das wirkliche Leben nicht in der (wenn auch an sich sehr schönen) Einzelbildung der Formen, sondern in ihrer Proportionalität zum Ganzen liegt. Wer dieses Gesetz nicht wenigstens nachempfinden kann, der wende sich vom Stil der Renaissance ab und suche sein Ergötzen anderswo.

VIII. KAPITEL

DAS BAUMODELL

[§ 58]
Die Modelle der gotischen Zeit.

Während im übrigen Europa der Bauriß (oft in kühner Abwechselung von rein geometrischer und perspektivischer Darstellung) genügt, tritt in der italienischen Baukunst das Modell in den Vordergrund.

Im Altertum müssen komplizierte Anlagen wie z. B. die Thermen wohl schon zu Modellen Anlaß gegeben haben. – Die silbernen Tempelchen der ephesinischen Artemis? vgl. Acta Apost. XIX, v. 24 ss. – Im Mittelalter häufig das flüchtige Modell einer Kirche in der linken Hand der

Statue eines Stifters. – Das silberne Modell einer ganzen Stadt als Votivstück, ohne Zweifel mit deutlicher Angabe der Hauptgebäude: Parma 1248 (Raumer, Hohenstaufen, IV, S. 182); Ferrara vor 1441 (Diario ferrarese, bei Murat. XXIV, Col. 451).

Modello bedeutet freilich oft auch Zeichnung, und wir dürfen nur Aussagen benützen, welche deutlich in anderem Sinne gemeint sind. Andererseits kann disegno auch wohl ein wahres Modell bedeuten, wie z. B. Milanesi II, p. 272 disegno de la cera, für einen Prachtaltar.

Der nordisch-gotische Aufriß auf Pergament gibt die Entwicklung in die Höhe und auch der dazu gehörende Grundriß zeigt stenographisch zusammengedrängt, wie sich bei wachsender Höhe die einzelnen Teile vom Kern ablösen werden. Das Modell der Italiener dagegen zeigt kubisch, wie die Räume sich innen und außen gestalten, teilen und folgen sollen und welches ihre große plastische Gesamterscheinung in Luft und Licht sein wird.

Es ist eine Rechenschaft, die der Künstler nicht sich selber, sondern dem Bauherrn gibt, um der Phantasie desselben nachzuhelfen in einer Zeit, da bei jedem großen Bau nach dem Originellen, Abweichenden und selbst nach dem Ungeheuern gestrebt wird; unentbehrlich zumal bei Kuppelbauten und beim Zentralbau überhaupt.

In Italien zur gotischen Zeit genügt für einfachere Kirchen und für Paläste einstweilen die bloße Zeichnung; Milanesi I, p. 227 s., 232, 246 und selbst z. B. beim neuen Dom von Siena werden nur Pergamentzeichnungen erwähnt.

Für den florentinischen Domkuppelbau dagegen (1298) war nur durch ein Modell die nötige Überzeugung und Begeisterung hervorzubringen. Über Arnolfo's Modell und die davon vorhandenen Reste Vasari I, p. 256, 257 Nota, v. di Arnolfo; – vita anonima di Brunellesco, ed. Moreni, p. 167. Vgl. § 19. – Nach diesem Modell wohl die Abbildung in dem Fresko der rechten Wand in der Cap. degli Spagnuoli, bei S. M. novella vom Jahre 1322.

Außer aller Linie steht, was in Bologna um 1390 für
S. Petronio geschah, weil man sich der Ausführbarkeit
und des Effektes vorher versichern wollte; im Palast des
Giacomo Pepoli wurde ein Modell in $^{1}/_{12}$ der wirklichen
Größe, also 53 Fuß lang aus Stein und Gips errichtet, und
dieses 1406 wieder abgebrochen, nachdem ein anderes
von 10 Fuß aus Holz und Papier verfertigt worden war;
erst auf letzteres, welches ebenfalls zu Grunde ging,
folgte 1514 das jetzt noch im Bauarchiv (§ 23) vorhandene, von Arduino Ariguzzi. Vgl. (Bianconi) Guida per
la città di Bologna 1845, p. 91, 104.

Ganz spät, zu Anfang des 16. Jahrhunderts, gibt es auch
im Norden hie und da Modelle, wie z. B. im Stadthaus zu
Löwen dasjenige für den Turmbau von S. Pierre.

[§ 59]
Die Modelle der Frührenaissance.

Im 15. Jahrhundert gleich mit Brunellesco wird das Modell
zur allgemeinen Regel, weil der neue Stil seine ungewohnte
Erscheinung rechtfertigen muß und kraft seiner innern
Gesetze sich zu einer Darstellung dieser Art vorzugsweise
eignet. Es kam hinzu, daß viele Architekten (§ 14) als Holzdekoratoren begonnen hatten und leicht Modelle arbeiteten. Für Festungsbauten wurden wohl von jeher Modelle
verlangt.

Brunellesco modelliert beständig im Großen wie im
Kleinen und schneidet seinen Steinmetzen die Muster für
die schwierig zu messenden Quader der Domkuppel
nötigenfalls aus Rüben zurecht.

Für die ganze Domkuppel machte er mehrere Modelle,
von dem kleinen, das er unter dem Mantel tragen konnte,
bis zu dem größten in Backstein, und Reste von verschiedenen sind noch erhalten; Vasari III, p. 58, v. di Nanni;
p. 208, 214, 218, 219 bis 222, v. di Brunellesco; – Vita
anonima, ed. Moreni, p. 174.

Bei S. Lorenzo genügten seine Aufsicht und seine Zeich-

nungen; dagegen machte er Modelle für die Cap. de'
Pazzi, für S. Spirito (welche Kirche 24 Jahre nach seinem
Tode ohne das mahnende Modell vielleicht kaum wäre
begonnen worden), für das Polygon bei den Angeli, für
den Palast des Cosimo Medici (welches er selbst in Stücke
schlug, als Cosimo aus Furcht vor dem Bürgerneid von
dem Bau abstand); endlich große Entwürfe in Ton und
Holz für Festungsbauten. Vita anonima, p. 183, 202, 204.
Vasari III, p. 224, 225, 229, v. di Brunellesco. Für die
Halle bei den Innocenti machte er laut der vita anon. kein
Modell; dasjenige, welches Vasari sah, mochte die Arbeit
eines Spätern sein.
Seine Modelle gaben alles Wesentliche, aber keine Zierformen an, »damit ihm Unberufene dieselben nicht vorweg nähmen«, eher wohl um nicht durch die Niedlich-
keit, die man solchen Arbeiten geben kann, die Augen zu
bestechen.
So dachte wenigstens Alberti (arte edificatoria L. II,
opere volgari IV, p. 261), welcher Jedermann vor Modellen warnte, welche mit Malerei, Flittergold und andern Zierlichkeiten aufgeputzt seien, eine Sache eitler
ehrgeiziger Ignoranten, welche auf andere Ignoranten
rechneten; nur modelli nudi e semplici gäben den Beweis
von dem Genius des Erfinders. Auch bei bloßen Zeichnungen verbittet er sich alles Malen und sogar das Schat-
tieren, indem sich der Architekt durch den Grundplan
auszuweisen habe.
Wenn hiemit Unwürdige abgewiesen werden sollten, so
gab es doch auch solche Dekoratoren, welche große,
wenigstens geachtete Baumeister wurden und dann ihre
Modellfertigkeit nach Kräften anwandten.
Giuliano Sangallo's Modelle für die Villa Poggio a Cajano, für ein Prachtschloß des Kronprinzen von Neapel,
für einen Palast des Lodovico Moro, für den Anbau an S.
Pietro in vincoli zu Rom und für einen Palast in Savona;
letzteres in reichornamentierter Ausarbeitung mußte er
in Person nach Lyon zu Karl VIII. bringen, dem es der

Besteller (Kardinal Giuliano della Rovere, später Julius
II.) geschenkt hatte; auch nach Neapel und Mailand hatte
er jene Modelle selber begleitet. – Antonio Sangallo's
d. ä. Modelle für die Madonnenkirche in Cortona (nicht
ausgeführt) und in Montepulciano. Vasari VII, p. 209 ss.
v. di Giuliano Sangallo.

Vecchietta nahm 1460 ein hölzernes Modell für die Loggia del Papa von Siena nach Rom mit, erhielt aber die
Bestellung nicht; Milanesi II, p. 308.

Francione, »lignarius«, Architekt und Lehrer des Baccio
Pintelli, lieferte beim Konkurs von 1491 für eine neue
Domfassade in Florenz (§ 70), wo alle 45 andern nur
Zeichnungen brachten, ein Modell; ebenso für die Kup-
pel der Sakristei bei S. Spirito 1493, welche jedoch ein-
fiel, als man die Baustützen wegnahm; Gaye, carteggio I,
p. 276; Vasari VIII, p. 121, Nota, v. di Cronaca. – Ein
Kirchenmodell Pintelli's, Vasari IV, p. 136, v. di Paolo
Romano.

Für die Domkuppel in Mailand (§ 23) lieferten um 1490
viele Meister Modelle ein, Milanesi II, p. 430, und auch
Francesco di Giorgio wird kaum ohne ein solches aufgetreten sein. Er hatte bereits 1484 bei der Madonnenkirche
zu Cortona mit einem Modell gesiegt; Lettere sanesi III,
p. 88.

Im Dom von Pavia das wohl erhaltene und restaurierte
große hölzerne Modell dieser Kirche, wahrscheinlich
von Cristoforo Rocchi 1486.

[§ 60]
Die Modelle der Hochrenaissance.

Im 16. Jahrhundert scheint sich das Modellieren mehr auf
große und komplizierte Bauten, auf wichtige Neuerungen
und Konkurse beschränkt zu haben, indem für die gewöhnlichen Durchschnittsformen der Renaissance jetzt schon die
Zeichnungen genügten. Festungsbauten wurden, wie gesagt, immer modelliert.

Julius II., der Sage nach umdrängt von Holzarbeitern
mit lauter Modellen für S. Peter, die wie Scheunen anzusehen waren, antwortet lachend: Wir habend nit mehr
dann ein Kirchen zu bawen, darzu ist Uns ein Model
genugsam, ein sollichen habend wir zum volkomnesten, ₅
was wolt ihr dann mit disen ewern Hüttlen machen? (So
die alte Übersetzung von Bernardini Ochini Apologen,
Buch I, Apol. 23; das italienische Original ist kaum mehr
aufzufinden.)
Auf das unvollendete Modell für S. Peter, welches Bra- ₁₀
mante hinterließ, folgten diejenigen des Rafael, Peruzzi,
Ant. Sangallo d. j. und Michelangelo; Vasari X, p. 17 ss.
v. di Ant. Sangallo; XII, p. 227, 252, v. di Michelangelo.
Bramante hatte auch für den vatikanischen Hauptbau ein
»wunderbares« Modell geliefert; Vasari VII, p. 133, v. di ₁₅
Bramante; Panvinio l. c. (§ 8) p. 365 s. – Rafael's hölzer-
nes Modell für den Hof der Loggien; Vasari VIII, p. 41,
v. di Raffaello.
Vitoni's Holzmodell für die Kirche dell' Umiltà, womit
er die Pistojesen hinriß (1509); Vasari VII, p. 139, v. di ₂₀
Bramante.
Unter Leo X. konkurrierten die Künstler für die Fassaden des Domes und der Kirche S. Lorenzo in Florenz mit
Modellen und Zeichnungen; Vasari XII, p. 201, v. di
Michelangelo; XIII, p. 77 s. v. di Jacopo Sansovino. ₂₅
Michelangelo's beständiges Modellieren (§ 50). Das Modell des reichsten seiner 5 Entwürfe für S. Giovanni de'
Fiorentini in Rom binnen 10 Tagen von Tib. Calcagni
unter Aufsicht des 85jährigen Meisters in Ton model-
liert; verloren samt der Holzkopie danach und den übri- ₃₀
gen Entwürfen; Vasari XII, p. 265, v. di Michelangelo.
Sein Modell der Treppe für die Laurenziana 1559 kam »in
einem Schächtelchen« von Rom nach Florenz; Gaye,
carteggio III, p. 12.
Vasari mußte ein hölzernes Modell seiner Umbauten am ₃₅
Signorenpalast auf Befehl des präzisen Cosimo I. nach
Rom mit sich nehmen, damit Michelangelo darüber ur-

teilen konnte; Vasari I, p. 44 sein eigenes Leben; III,
p. 277, v. di Michelozzo; XII, p. 261, v. di Michelangelo.
Das große Korkmodell von ganz Florenz, vielleicht das
frühste in seiner Art; Varchi, stor. fior. III, p. 56 ss.;
Vasari, X, p. 249, v. di Tribolo.

IX. KAPITEL
DIE KOMPOSITION DER KIRCHEN

[§ 61]
Mangel eines besondern kirchlichen Formensystems.

Die Renaissance konnte keinen eigenen organischen und
auch keinen eigenen sakralen Stil ausbilden im Sinne des
griechischen Tempelstils und des nordisch-gotischen Kir-
chenstils. Sie wendet im Kirchenbau die antiken Formen
und Anlagen an aus Bewunderung, weil sie dieselben für
das Vollkommenste hält, braucht sie dann aber ohne Bedenken auch im Profanbau.

Die Schöpfung eines organischen Stiles hängt von hoher
Anlage und hohem Glück ab, namentlich von einem
bestimmten Grade unbefangener Naivität und frischer
Naturnähe, und es hat seine Gründe, daß das Phänomen
nur zweimal in der Kunstgeschichte vorgekommen ist.
Einen bloßen sakralen Baustil aber haben auch die rohen
Urvölker und es ist ein Aberglaube, daß ein solcher
einem Volke oder einer Kulturepoche größere Ehre
bringe als ein abgeleiteter Stil, welcher ja im Dienst einer
nicht minder starken religiösen Absicht stehen und in
entlehnten Einzelformen eigene und neue Gesamtgedanken ausdrücken kann. So hatte die altchristliche Baukunst nicht bloß die Einzelformen, sondern sogar die
Baustücke von profanen wie von heiligen Römerbauten
entlehnt und damit ihr großes Neues geschaffen.
Nun hat aber der abgeleitete Stil seine eigenen und großen Aufgaben, welche ein organischer Stil gar nicht
würde innerhalb seiner Gesetze lösen können.

Er hat zunächst als *Raumstil* (§ 30, 32) ein *Recht* auf die Formen der vor ihm dagewesenen organischen und anderen Stile und soll sie nach seinem innern Bedürfnis aufbrauchen, wobei ihn sein Genius führen wird. Er kann vielleicht einzelne dieser Formen noch für spezifisch sakral halten, und auch die Renaissance hat einige Fenster- und Türformen anfangs wirklich dafür angesehen, bis der Palastbau dem Kirchenbau diese Formen und sogar (mit Palladio) den Frontgiebel abnahm. Charakter und Bestimmung des Baues sind hier nur in der Gesamtform ausgedrückt; das Detail ist dem Heiligen und dem Profanen gemeinsam.

Sehr bedenklich aber ist es, sich auf die geringere Religiosität des damaligen Italiens im Vergleich mit der gotischen Blütezeit des Nordens zu berufen, ganz als ob man Religiosität und kirchliche Rechtgläubigkeit unserer nordischen Baumeister des 13. und 14. Jahrh⟨underts⟩ genau messen könnte. Auf der andern Seite haben auch die sehr frommen Italiener der Renaissance nicht heiliger gebaut als ihre Zeit- und Kunstgenossen.

Im Süden ist das Große und Schöne von selber heilig. Jeder mag entscheiden, ob dabei der Begriff des Heiligen niedrig oder der der Kunst hoch genommen sei. (Vgl. das Wort Michelangelo's in der Relation des Francesco d'Olanda 1549, bei Raczynski, les arts en Portugal, p. 14: »Die wahre Malerei ist edel und fromm von selbst, denn schon das Ringen nach der Vollkommenheit erhebt die Seele zur Andacht, indem es sich Gott nähert und vereinigt« – im Sinne des Sprechenden gewiß für die Kunst überhaupt geltend.)

Wenn dann irgend etwas die religiöse Unsicherheit unserer Zeit beweist, so ist es die ungemeine Empfindlichkeit gegen angeblich nicht heilige Formen.

[§ 62]
Wesen des Zentralbaues.

Wohl aber hat die Renaissance die höchste, allem Gotischen
wesentlich überlegene kirchliche Bauform, den Zentralbau,
bis nahe an die absolute Vollendung ausgebildet und einer
künftigen Religiosität zum Vermächtnis hinterlassen.

Der Zentralbau ist das letzte im Reich der absoluten
Bauformen wie der griechische Tempel das erste. Seine
Möglichkeiten sind noch lange nicht erschöpft; es mag
Zwischenperioden geben wie unser 19. Jahrhundert,
welches das Pensum des 13. noch einmal aufsagen muß –
immer von neuem wird jene große Aufgabe auftauchen,
wobei die Versuche der Renaissance als unentbehrliche
Vorstufen glänzend in ihr Recht eintreten werden.

Im Norden schuf die spätromanische Phantasie in denselben Jahren (bald nach 1200) das Zehneck von S. Gereon
zu Köln und das Idealbild des Graltempels und bald
folgte der fast einzige großartige gotische Versuch, die
Liebfrauenkirche zu Trier. – Ein reines Achteck, die
Karlshofer Kirche zu Prag, s. bei Lübke, Gesch. d. Architektur, 5. Aufl., S. 588.

Für Italien ist wichtig die Bewunderung und der mythische Ruhm, welche das Pantheon genoß (s. die Mirabilia
Romae in den verschiedenen Redaktionen) und noch
mehr die hohe Stellung, welche man S. Lorenzo in Mailand anwies. Benzo von Alba im 11. Jahrhundert sagt (ad
Heinrich IV, ap. Pertz XIII, p. 680) von dem im Verfall
begriffenen Urbau: numquid est in toto mundo aula tam
mirabilis? – Arnulf von Mailand (gesta archiepp. Med.
III, 24, ap. Pertz X) bei Anlaß des großen Brandes:
templum cui nullum in mundo simile. – Fazio degli
Uberti um 1360 (Dittamondo, L. III, c. 4) glaubt sich in
dem »großen und schönen Bau« nach Rom versetzt.
Auch der wahrste Beweis der Bewunderung, die Nachahmung, fehlt nicht (§ 16). Der Eindruck beruhte auf der

geistvollen und imposanten Anordnung des obern und
untern Umganges um den Kuppelraum. (S. Lorenzo
erscheint mir noch immer dem Grundplan nach, welcher
hier entscheidet, als ein Palast- oder Thermenraum Maximian's des Herkulischen, um 300; unter Galla Placidia ₅
im 5. Jahrh⟨undert⟩ nur umgeweiht zur Kirche. Die
Gründe muß ich hier schuldig bleiben.)

Die Baptisterien, zum Teil mit Umgängen, hielten die
Übung des Zentralbaues wach; in Florenz erhielt sogar
die Kathedrale diese Form (§ 17, 19). Vgl. den »alten ₁₀
Dom« zu Brescia. Erst das Gotische gab dem Langbau
wieder das Übergewicht.

Im Zentralbau herrscht der Mittelraum, womöglich in Gestalt einer hohen Kuppel, gleichmäßig über alles übrige,
mögen es vier gleiche Kreuzarme oder ein Kranz von ₁₅
Kapellen oder von Umgängen sein. Er soll innen schön
über dem lichten Unterbau schweben, außen mächtig darüber ragen.

Bei der Anordnung von vier gleichen Kreuzarmen, welche mit der Zeit die vorherrschende wurde, fiel auch ₂₀
jedes Bedenken weg in Betreff des Hochaltars, dem man
auf diese Weise einen verschließbaren, besonders geweihten Raum ersten Ranges, den hintern Kreuzarm geben
konnte. In der Mitte des Baues wollte man ihn nämlich
niemals anbringen, und eine Stelle innerhalb eines bloßen ₂₅
Umganges von Hallen u. dgl. war nicht ehrenvoll genug.
Bei achteckigen Kirchen widmete man ihm daher einen
besondern Ausbau, opferte aber die Einheit des Planes,
die man beim griechischen Kreuz retten konnte.

Mit dem Zentralbau ist das Wölben wesentlich und unver- ₃₀
meidlich verbunden.

Alle runden und polygonen Räume verlangen einen
obern Abschluß, der ihrem Grundplan analog ist. Die
oft überaus zusammengesetzten Zentralbauten enthalten
bisweilen alle möglichen echten und gemischten Wöl- ₃₅
bungsarten, welche in der Hauptkuppel gleichsam ihre
Herrin finden. Doch erhält diese erst spät den hohen

lichtbringenden Zylinder und im Äußern die Kalottenform.

Diese Bauweise in ihrer Vollkommenheit verwirklicht alle
Ideale der Renaissance: absolute Einheit und Symmetrie,
vollendet schöne Gliederung und Steigerung des Raumes,
harmonische Durchbildung im Innern und Äußern ohne
müßige Fassaden und die herrlichste Anordnung des Lichtes.

Wir nehmen bei unserer Betrachtung auch solche Bauten
mit, welche zwar den Chorbau einer Langkirche bilden,
aber offenbar eher im Sinne von Zentralanlagen und mit
dem Wunsche danach komponiert sind. Letztere waren
und blieben die höchste Angelegenheit dieser großen
Bauepoche, welche alle ihre Kräfte dafür aufwandte,
sobald sie irgend durfte. Ihre schwachen Seiten beginnen
erst da, wo ihr dies hohe Ziel aus äußern Gründen versagt wird.

[§ 63]
Die frühesten Zentralbauten der Renaissance.

Die Phantasie des 15. Jahrhunderts war schon mit Rund-
und Polygonbauten erfüllt, als Brunellesco an zwei nur
untergeordneten Kirchen den Zentralbau in ganz neuer
Gestalt zur Erscheinung brachte.

Bauten dieser Art auf Hintergründen der Altargemälde
und Reliefs; Vasari III, p. 117, v. di Ghiberti; IV, p. 147,
v. di Castagno. Dann besonders in peruginischen Bildern, in Intarsien an Chorstühlen (§ 151) etc.

Oft wiederkehrend zumal ein achteckiger Kuppelbau,
einfache Reminiszenz der schlichtern Baptisterien des
Mittelalters.

Ein solcher wirklich im 15. Jahrhundert ausgeführt: S.
Giacomo in Vicovaro oberhalb Tivoli, mit dem bekann-
ten, noch überwiegend gotischen Prachtportal. (Vgl.
Vasari III, p. 241 u. Nota, vita di Brunellesco.)

Dann die neuen Motive: Brunellesco's nur angefangenes

Polygon bei den Angeli in Florenz, § 9. Die Abbildung
bei d'Agincourt, Archit., T. 50; – Vasari III, p. 229 s.,
242, v. di Brunellesco; – vita anonima, p. 187: Achtseiti-
ger Kuppelraum mit ebensovielen hochgeöffneten Kapellen, wovon 6 der Verehrung der 12 Apostel geweiht
sein sollten; reines Oberlicht durch 8 Fenster; in den
Mauerdicken die ersten Nischen der modernen Baukunst, gewiß nicht bloß zur Stoffersparnis, sondern damit das Prinzip des Kuppelbaues auch im Einzelraum
ausklinge.

Wirklich ausgeführt: die Capella de' Pazzi im ersten Klosterhof bei S. Croce, wo eine leichte niedrige Kuppel auf
zwei Seitenbogen ruht. Die Vorhalle vgl. § 35.

Alberti fördert die wahre Aufgabe einer über lichtem Unterbau schwebenden Kuppel nicht; seine zwei Kuppeln,
wesentlich als Denkmäler eines Gewaltherrschers und eines
Condottiere entworfen, sollten in römischer Weise auf her-
untergehenden Stockmauern ruhen.

Die für S. Francesco in Rimini (1447), den Bau des
Sigismondo Malatesta (§ 6), ist nur aus einer Denkmünze
(bei D'Agincourt, T. 51) und aus der Lettera sulla cupola
(opere volgari, Tom. IV) bekannt, aber nicht ausgeführt.
A. mußte einen Vorderbau, und zwar einen gotischen mit
Kapellen beibehalten und neu dekorieren; auf diesen
wäre eine Kuppel von den Proportionen des Pantheon
oder der Thermenrundsäle gefolgt; umsonst stellte A.'s
Bauführer Manetti die Theorie auf, eine Kuppel sollte
doppelt so hoch als breit sein.

Der Kuppelbau an der Annunziata zu Florenz, gestiftet
1451 von dem Feldherrn des Staates, Lodovico Gonzaga
von Mantua, welcher darin Beute, Waffen und Fahnen
seiner Kriegszüge anbringen wollte; eine Nische oder
Kapelle sollte wahrscheinlich sein Grab enthalten. Es ist
eine Nachbildung des Thermenraumes Minerva medica
zu Rom, rings oben mit Fenstern, unten mit Nischen,
gegen die Kirche mit einem großen Bogen geöffnet,
außen Rohbau, innen modernisiert. Vasari IV, p. 59,

Nota, v. di Alberti, und Gaye, carteggio I, p. 225 ss. Im
Nachlaß Manettis, welcher auch hier Bauführer war,
kommt das Modell eines »Rundtempels« vor, Gaye, l. c.
I, p. 171, ohne Zweifel von einem dieser beiden Bauten.
– Auch im Lehrbuch de re aedificatoria L. VII, c. 10 vgl.
15, übergeht Alberti den wahren Zentralbau; höchstens
daß er von runden Basiliken, d. h. Bauten wie S. Stefano
rotondo redet. Er vermischt absichtlich christliche und
heidnische Rundbauten und gibt die Proportionen der
Höhe zum Durchmesser nach seinen Vermessungen an.

[§ 64]
Spätere Zentralbauten des 15. Jahrhunderts.

In der zweiten Hälfte des 15. Jahrhunderts kommen Versuche, Nachrichten und Idealpläne, doch auch bedeutende
noch vorhandene Lösungen des Problems vor.

Bei Polifilo (§ 32) der Durchschnitt eines runden, innen
auf einem Kreis von Pfeilern mit vortretenden Säulen
ruhenden Kuppelbaues mit Umgang; außen Pfeiler mit
Halbsäulen und von diesen gegen die Kuppel hinauf
reiche Strebebögen ⟨Abb. 1⟩. – Eine zweite Beschreibung gilt einer Ruine in der Art der Minerva medica.
Was ist aus der berühmten Rotunde Mantegnas geworden?
Vasari V, p. 231 im Kommentar zur v. di Mantegna.

Francesco di Giorgio in seinem Traktat (§ 31), Lettere
sanesi III, p. 117: »Es gibt drei Hauptgestalten der Kirchen, auf welche man die unzählig vielen vorhandenen
zurückführen kann: die vollkommenste ist die runde, die
zweite ist die viereckige oder mit einzelnen Fassaden, die
dritte ist aus beiden zusammengesetzt.« Jedenfalls gilt
der Zentralbau auch hier als das Höchste.

Das ältere Brüderpaar Sangallo reicht in der Form des
griechischen Kreuzes bei kleinerem Maßstabe bereits nahe
an die Vollkommenheit.

Madonna delle carceri zu Prato, 1485 begonnen von
Giuliano; über den kurzen Kreuzarmen mit geraden Ab-

schlüssen schwebt auf niedrigem Zylinder die leichte
Kuppel mit 12 kleinen Rundfenstern; höchster Zauber
des Raumes und edelgemäßigte Dekoration.

Madonna zu Montepulciano, 1518 erbaut von Antonio,
ein ähnlicher Grundplan, aber stark in die Höhe getrie- 5
ben und mit der derben Plastik des 16. Jahrhunderts. Vgl.
§ 79.

Andere Florentiner: Cronacas achteckige, mit vier Eck-
nischen versehene Sakristei bei S. Spirito 1493 voll Adel
und Zierlichkeit; – 10

Pintellis (?) Oktogon in S. Maria della Pace zu Rom, auf
alle Weise mißlungen.

Venedig hilft wenigstens die Erinnerung an den lichtbringenden Zylinder und an die Kalottenform der Kuppel wach
halten, bis sich die große Baubewegung dieses byzantini- 15
schen Elementes bemächtigt.

Es sind die vielen kleinen Kirchen quadratischer Anlage
mit einer Kuppel über den vier Mittelpfeilern gemeint,
deren Haupttypus S. Giovanni Crisostomo ist (1483, von
Tullio Lombardo). Für die konstruktiven Fragen eines 20
großen zentralen Hochbaues war hier nichts zu lernen
und für die formalen nicht viel, aber das einzige Vermächtnis des Byzantinismus an die Renaissance, welches
über Venedig kommt, ist an sich höchst wichtig.

Von einem der betreffenden venezianischen Baumeister 25
(Pietro Lombardo? oder Scarpagnino?) rührt auch das
tolle Prachtstück S. M. de' Miracoli zu Brescia her, welches man scherzweise einen Zentrifugalbau nennen
könnte, indem die Kuppeln (zwei unter sich ungleiche
größere und zwei kleinere) der Mitte des Baues förmlich 30
ausweichen.

[§ 65]
Bramante und seine ersten Zentralbauten.

Für Bramante wird der Zentralbau schon in seiner frühern
Zeit die wesentlichste Lebensaufgabe. Er hatte das erha- 35

bene Glück, die höchste Bauidee seiner Zeit zuerst (in
Oberitalien) in reichen und heitern Formen und später in
majestätischer Würde und Größe zu verwirklichen.

Vasari VII, p. 128, Nota, v. di Bramante. Sein frühster
bekannter Bau (1474) war ein rundes Madonnenkirchlein
am Fluß Metaurus, dann folgen, in Mailand und Umgebung, teils sicher, teils nur nach der Tradition (die ihn zu
einem Gattungsbegriff macht) ihm zugeschrieben:

Oktogon als Chorbau der Kirche zu Canobbio am Lago
maggiore;

S. Maria in Piazza zu Busto Arsizio unweit Mailand,
Oktogon mit Kuppel, außen im Erdgeschoß zum Qua-
drat gestaltet, während im Innern Nischen in die vier
Ecken hinaustreten;

Incoronata zu Lodi, Achteck mit eigentümlich schräg
vertieften Nischen und oberm Umgang, prächtig dekoriert, Chor und Vorhalle als besondere Anbauten;

Kirche Canepanova zu Pavia, fast dasselbe Motiv, ver-
edelt und gereinigt;

achteckige Sakristei bei S. Satiro in Mailand, § 80; –

endlich der Kuppelbau von S. M. delle Grazie, außen
von originell schönem Aufbau und reicher Ausführung
(§ 46), innen von hohem Zauber des Raumes; die Kuppel
auf einem quadratischen Unterbau ruhend, von welchem
auf beiden Seiten Nischen, im Hintergrund ein Chorbau
vortreten.

Michelozzo's Schlußkapelle an S. Eustorgio (§ 80) blieb
wohl nicht ohne Einfluß auf Bramante.

Die genannten Bauten zum Teil klein und versteckt; wo
das Äußere ausgebildet ist: ein Zeltdach über einer offenen polygonen Halle, aus welcher durch Rundfenster
Licht in die Kuppel dringt.

Diese polygone Halle mit Zeltdach wurde dann auch auf
Kuppeln von Langkirchen angewandt, z. B. an S. M.
presso S. Celso, angeblich (doch schwerlich) ebenfalls von
Bramante, und an der Kirche von Saronno, einem in seinen
ältern Teilen wertvollen Bau, zum Teil aus Backstein.

An der Kuppel der Certosa bei Pavia (von Borgognone?) eine Abstufung von drei Galerien, dagegen nirgends eine Kalotte.

Gleichzeitig mit Bramante (1490) der Beginn von S. Maria della Croce bei Crema, innen achteckig, außen rund mit Ausbauten in sehr wirksamen Backsteinformen, von Giov. Batt. Battagli.

Eine Anlage aus nicht viel späterer Zeit: Madonna di Campagna zu Piacenza, mit achteckiger Kuppel über griechischem Kreuz, über den vier Eckräumen kleinere achteckige Kuppeln.

Auf Bramante's lombardischen Oktogonen beruht die Form von S. M. dell' Umilta zu Pistoja, von Vitoni, der dem Meister doch angeblich erst in Rom zusah. Unvergleichlich das Innere der Vorhalle (§ 48); die Kirche selbst etwas befangen, ihre Kuppel, der man die Unlust ansieht, von Vasari.

Der schöne Polygontempel auf Rafael's Sposalizio (1504) ist hier wenigstens zu erwähnen.

[§ 66]
Bramante und S. Peter in Rom.

Mit dem Wechsel des Jahrhunderts offenbarte Bramante in Rom nicht nur eine Wandlung seines Stiles (§ 27, 49), sondern er tat auch in der Anlage seiner Kirchen die großen Schritte, deren Folgen sich bis in die späteste Zukunft der Kunst erstrecken werden. Vom Achteck geht er über zu der Kuppel mit Zylinder, über griechischem Kreuz mit halbrunden Abschlüssen.

Beim Achteck mit Nischen und Umgängen gerät die Kuppel bald sehr breit und ist dabei unmöglich hoch in die Luft zu bringen. Schon die Kuppel alle Grazie zu Mailand ruht tatsächlich auf 4 Bogen.

Madonna della Consolazione zu Todi; d'Agincourt, Archit., T. 58; über den vier Hauptbogen ein bedeutender lichtbringender Zylinder und eine echte Kalottenkuppel

mit Lanterna, auch die hier noch polygonen Kreuzarme
mit halbkuppelartiger Bedeckung; innen von großartig-
ster Wirkung durch Höhe, Einheit des Raumes und
Oberlicht; unten rings Nischen für Altäre. Fassaden bedarf diese Kirche keine. Vgl. § 53. Die Ausführung zum
Teil beträchtlich später.

Der Tempietto bei S. Pietro in Montorio zu Rom (§ 53)
samt der (nicht ausgeführten, aber bei d'Agincourt a.a.O.
nach Serlio, L. III abgebildeten) Hofhalle, Alles in Rund-
formen; die Mauermasse durchgängig mit Nischen belebt, deren Einschneiden in die größern zylindrischen
Wandflächen dem B. gar keine Sorge machte ⟨Abb. 3⟩.

Der Bau von *S. Peter* (§ 8). Neuere Literatur:

Große Publikation von H. v. Geymüller: Die ursprünglichen Entwürfe für S. Peter in Rom (einstweilen mit
bloß vorläufigem Text, Wien und Paris, seit 1875). –
C. A. Jovanovits: Forschungen über den Bau der St.
Peterskirche zu Rom, Wien 1877. – Mehrere Aufsätze
von R. Redtenbacher. – Über Michelangelo's Anteil u. a.
Garnier, in dem Jubiläumsheft der Gazette des beaux arts
1874.

Bei der Unmöglichkeit, eine sehr schwierig und streitig
gewordene Untersuchung hier auch nur im kürzesten
Abriß wiederzugeben, begnügen wir uns mit Folgen-
dem.

Außer allem Zweifel steht, daß Bramante einen Zentralbau gewollt hat und daß der herrliche Grundriß (Geym.
T. 4 ⟨Abb. 4⟩) sein Werk ist: die vier Arme des griechischen Kreuzes innen mit Apsiden, außen mit geraden
Abschlüssen; der Grundriß des Innern aus lauter Rund-
formen bestehend, mit Nischen durch und durch belebt;
die vier Ecken mit mächtigen Kapellen und Türmen
ausgefüllt. Diesen Entwurf stellt auch eine Schaumünze
Julius II. (mit der Umschrift: Templi Petri Instauracio,
samt ihren Repetitionen abgebildet bei Geym. T. 2) sicher vor; er möchte demnach wenigstens einige Zeit als
der angenommene gegolten haben. – Dann scheint eben-

falls von Bramante derjenige umgearbeitete Plan herzu-
rühren, welcher die vier Kreuzarme abgerundet und von
mächtigen Umgängen umgeben darstellt, ohne Zweifel
mit Erd- und Obergeschoß (Geym. T. 12); vielleicht eine
Erinnerung an S. Lorenzo in Mailand, vielleicht auch 5
eine als notwendig erkannte Verstärkung der vier großen
Kuppelpfeiler und ihrer Bogen. – Für einen dieser Entwürfe erfand Bramante diejenige Gestalt der Kuppel,
welche Serlio (L. III) mitteilt: der Zylinder außen mit
einer prachtvollen freien Säulenhalle umgeben. – Wirk- 10
lich ausgeführt wurden noch von Bramante selbst die
vier Kuppelpfeiler und die sie verbindenden Bogen, welche noch jetzt modifiziert vorhanden sind.

Daß sich Michelangelo später »esecutore« von Bramante's Plan nannte (Vasari VII, p. 137, v. di Bramante), 15
bezieht sich am ungezwungensten auf die Zentralanlage,
die ihm mit Bramante gemeinsam war.

Allein Bramante hat zunächst den unter Nikolaus V. von
Bernardo Rossellino begonnenen Chor, der zu keinem
dieser Entwürfe stimmt, ausgebaut – ob als einen provi- 20
sorischen? – oder (Ansicht von Jovanovits), indem er
sich definitiv darein fügte?

Sodann gibt es eine alte Aussage (bei Panvinio § 8),
wonach Bramante doch auch ein Langhaus entwarf; erst
Peruzzi »eiusdem exemplar decurtavit, ex oblongo qua- 25
dratum fecit«. Wir dürfen vermuten, daß Bramante in diesem Falle sehr wider Willen gehorcht habe. – Dieses
Langhaus scheint dann Rafael, als er 1515 die Oberleitung
des Baues erhielt, im wesentlichen angenommen zu haben. (Plan bei Serlio. ⟨Abb. 4⟩) Chor und Querarme ent- 30
sprechen in den Hauptsachen dem zweiten Zentralplan
Bramante's; dann folgt ein dreischiffiger Langbau mit
mächtigen Pfeilern und tiefen Seitenkapellen; alle Flächen mit Nischen; endlich eine Vorhalle mit dreifacher
Säulenreihe. Nach außen erscheint die Anlage des Gan- 35
zen sehr vereinfacht; gewaltige gerade Mauern mit Pilastern würden dasselbe (mit Ausnahme der drei Apsiden)

abgeschlossen haben. – Leo X. in seinem Ernennungsbreve an Rafael vom 1. August 1515 (bei Quatremère, ed.
Longhena, p. 529; s. auch Lettere pittoriche VI, 2) appelliert: alla propia stima e al vostro buon nome ... e
finalmente alla dignità e alla fama di questo tempio.
Von diesem Langbau ist vielleicht auch der Plan des
Giuliano da Sangallo nur ein mißverstandenes Echo;
statt des Chors mit Umgängen wollte er den Chor Nikolaus V. beibehalten, der zu der ganzen übrigen Masse so
wenig stimmen würde.
Der angebliche Plan des Fra Giocondo (Geym. T. 41)
erscheint mir als ein Hohn des jüngern Antonio da Sangallo, als Karikatur oberitalienischer Eigentümlichkei-
ten, welche dem Frate ankleben mochten. Antonio mag
es verantworten, daß er auf diesen Plan schrieb: opinione
e disegnio di Fra Jocondo etc. – Den echten Plan des
Frate gibt vielleicht die Zeichnung bei Geym. T. 37.
Zum Zentralbau kehrte dann Peruzzi (nach anfänglichem Zögern, worüber besonders Jovanovits S. 76 ff.)
zurück; sein wunderschöner Grundriß (bei Serlio L. III
⟨Abb. 5⟩), wesentlich eine Umarbeitung von Bramante's
zweitem Entwurf, mit Hinzunahme von Rafaels Gestaltung der halbrunden Abschlüsse mit Umgängen; die
Pfeiler sehr verstärkt, die Nebenräume weiter und mächtiger. Ausgeführt wurde nichts nach diesem Plan.
Gleichzeitig mit Peruzzi und vollends nach ihm waltete
über dem Bau Antonio da Sangallo (bis 1546), welcher
die Kirche nach vorn mit einem enormen Prunkbau
verlängern wollte. Fast die Hälfte des Raumes wäre nun
mit völlig abgetrennten Vor- und Nebenräumen vergeu-
det worden, wo sich, wie Michelangelo (Lettere pittoriche VI, 9) scherzte, sogar Falschmünzer hätten festsetzen
können. Das erhaltene hölzerne Modell und ein großer
Kupferstich der Vorderansicht beweisen außerdem eine
Vorliebe für Einteilung in viele kleine Teile und für ein
schon sehr zweifelhaftes Detail. Nur Weniges ist von
Antonio ausgeführt.

Endlich übernahm Michelangelo 1547 in seinem 72. Lebensjahre den Bau, weil ihn Gott dazu bestellt hatte (Lettere pittor. VI, 10), aus Liebe zu Gott und Andacht zum Fürsten der Apostel (Breve Pauls III.), und behielt denselben bis an sein Ende (1564), damit nicht durch seinen Rücktritt einigen Schurken ein Gefallen geschehe, ja der Bau völlig liegen bleibe (Lett. pittor. I, 6). Nur ein bereits errungener höchster und alter Ruhm des Meisters machte es möglich, daß Paul III. ihm eine absolute Vollmacht gab und daß die folgenden Päpste bei Michelangelo's Lebzeiten sowohl als nach seinem Tode seinen Plan ⟨Abb. 5⟩ schützten und weiterführten, bis Sixtus V. 1590 die Kuppel vollenden konnte. Die Anlage des Ganzen zeigt die schönste und wirkungsvollste Vereinfachung der Zentralpläne des Bramante und Peruzzi; die Fassade mit prachtvoller freier Säulenstellung würde sich der Kuppel völlig untergeordnet haben. (Abgebildet, so wie sie werden sollte, u. a. auf den Kupferstichen des Jubiläums von 1600.) Die äußere Bekleidung der ganzen übrigen Kirche nicht durchaus glücklich, übrigens jetzt auch dadurch beeinträchtigt, daß die so wesentlich dazu gehörende abschließende Balustrade nur an wenigen Stellen ausgeführt ist. Über diesem Allem ragt die in ihrer nunmehrigen Gestalt dem Meister allein gehörende Kuppel. Die welthistorische Stellung Michelangelo's beruht auf den verschiedensten Tätigkeiten, sein Größtes aber ist doch wohl, daß er die Sehnsucht der ganzen Renaissance erfüllte durch den Bau dieser vollendet herrlichen Riesenkuppel mit dem lichtströmenden Zylinder.

So war durch den Genius und die Willenskraft der größten Meister die Kirche als Zentralbau nahezu vollendet und wirkte als solcher vierzig Jahre lang auf das Abendland. Erst Paul V. ließ seit 1606 das jetzige unglückliche Langhaus davor bauen.

[§ 67]
Andere Zentralbauten des 16. Jahrhunderts.

Während dieses Baues entstanden überall in Italien vorherrschend zentrale Kirchenanlagen im größten wie im kleinen
Maßstabe, einige in ihrer Art sehr vollkommen, andere
merkwürdig als Zeugnisse einer starken künstlerischen
Gärung.

Der jüngere Ant. Sangallo pflegte bei seinen zahlreichen
Kirchenbauten nur die zentrale Form: S. M. di Loreto in
Rom (schon 1507) als Achteck, die beiden Tempietti im
Bolsener See, zwei Projekte für S. Giacomo degli Incu-
rabili zu Rom, Kirchen in Foligno und Montefiascone
etc. Vasari X, p. 3, 7, 35, 44, 64, 66, v. di Ant. Sangallo,
samt Kommentar.

Jacopo Sansovino, der 60 Kirchenentwürfe fertig liegen
hatte, konnte doch nur eine ovale und eine quadratische
Kirche (S. Martino in Venedig) mit zentraler Anlage
ausführen; Vasari XIII, p. 88, v. di Jac. Sansovino; –
Francesco Sansovino, Venezia, fol. 97. Sein Plan für S.
Giovanni de' Fiorentini zu Rom, mit einer großen Mit-
telkuppel und vier halben (oder ganzen?) Kuppeln auf
den Armen des griechischen Kreuzes, wurde von Leo X.
ausdrücklich um dieser Form willen den Plänen der Mit-
bewerber vorgezogen, aber nicht ausgeführt; Vasari l. c.,
p. 80. Seine ausgeführten Kirchen sind sonst lauter
Langbauten. (Von den fünf Plänen, welche Michelangelo
für die eben genannte Kirche entwarf, vgl. § 60, glaubt
Létarouilly, édifices de Rome moderne, Texte, p. 541,
einen ermittelt zu haben, und zwar einen großen Kuppelbau.)

Bernardino Zaccagni 1521: la Steccata in Parma, griechisches Kreuz mit runden Abschlüssen, Kuppel und niedrigen Eckkapellen, als Masse von schöner Wirkung.

Sanmicheli: die runde Kapelle an S. Bernardino zu
Verona, innen die antiken Formen geistvoll und prächtig

durchgeführt bis in die Kassetten der sphärischen Kuppel; –

Madonna di Campagna, vor Verona gelegen, erst nach S.'s Tode (1559) und ungenau ausgeführt, große Rundkirche von sehr eigentümlicher Anordnung; Vasari XI, p. 121, v. di Sanmicheli. Vgl. p. 123, Nota, die achteckige Hauskapelle einer Villa.

Cristoforo Solari, gen. il Gobbo: S. M. della Passione zu Mailand 1530, gewaltiges Oktogon mit untern Ausbauten und Zeltdachkuppel, bis 1692 reiner Zentralbau; die untern Teile so edel und einfach, daß sie einem frühern Bauanfang von 1483 angehören könnten; –

von demselben Solari der zierliche achteckige Hochbau bei Riva (Tessin), außen unvollendet.

(Girol. Genga: S. Giovanni Battista in Pesaro, von Vasari XI, p. 91, v. di Genga, höchlich gerühmt, ebenfalls Zentralbau?)

Galeazzo Alessi: S. M. di Carignano zu Genua 1552, von hoher Raumschönheit des Innern; das Motiv von S. Peter in völlig freier und neuer Anwendung ⟨Abb. 6⟩.

Im V. Buche des Serlio 13 Idealpläne von Kirchen, darunter 11 Zentralbauten, meist weihelose Phantasien seiner Reißfeder und seines Zirkels, profan und wunderlich, z. B. ein Fünfeck und (zum ersten Male?) zwei Ovale. Der Zylinder gering oder ganz weggelassen, doch fast lauter Oberlicht, das Serlio auch sonst (z. B. L. III, fol. 50) hoch zu schätzen wußte; die Kuppelhöhe kaum gleich dem Halbdurchmesser, wie fast überall vor der wundervollen, mehr parabolischen St. Peterskuppel. – Serlio's Klage über die unfromme Zeit, um 1540 (§ 10); er selber war andächtig; Gaye, carteggio II, p. 170).[1]

Campanella, gegen Ende des Jahrhunderts, beschreibt in seiner Sonnenstadt einen prächtigen auf Säulen ruhenden

---

[1] Die Ovale des Serlio sind nicht etwa rechtwinklige Tonnengewölbe mit halbrunden Abschlüssen, sondern wirkliche Ellipsen.

Rundtempel; der einzige Altar, mit Erd- und Himmels-
globus, steht in der Mitte.

Der Barockstil hielt nicht nur das griechische Kreuz, oft
mit Eckkapellen, sondern auch die Rundkirche mit Nischen, leider auch die Ovalkirche durch ziemlich häufige
Anwendung am Leben, und noch aus seinen spätesten
Zentralbauten würde sich manches lernen lassen, wenn
man lernen wollte.

Erst der Barockstil drang hier zu übereinkömmlichen
Durchschnittsformen durch, wobei nur die größern oder
geringern Baumittel über das Einzelne entschieden. (Äußere und innere Ausstattung des Zylinders mit Pilastern,
Säulen etc.; Überhöhung durch eine Attika; Vorzug der
Rundform vor dem Polygon, der Kalotte vor dem Zeltdach; geistvolle Behandlung der untern Hauptstützen,
zumal in Gestalt von Schrägpfeilern mit Pilastern oder
vortretenden Säulen; das Ganze womöglich ein Hochbau
auf relativ geringer Grundfläche, mit reinem Oberlicht
aus Kuppel, Kreuzarmen und Fenstern des Chorgewölbes. – Reihe von kühnen Kombinationen des Zentralbaues beim Pater Guarini im 17. Jahrh⟨undert⟩.)

[§ 68]
Sieg des Langhaues zu Gunsten der Fassaden.

Die Macht der Gewohnheit seit dem Mittelalter und der
Wunsch im Anbau von Kapellen und Nebenräumen nicht
geniert zu sein, sicherten, trotz aller Sehnsucht der wahren
Kunst, dem Langbau doch das Übergewicht über den Zen-
tralbau, dessen Äußeres gegen jede Störung höchst emp-
findlich ist. Man benützte fortwährend das System des
Zentralbaues für Chorbau und Kuppel, befreite aber die
Fassade von jeder Rücksicht auf das Ganze.

Die Einbuße war größer, als es beim ersten Anblick
scheint. Im Bewußtsein, daß eine Harmonie zwischen
einem solchen Chorbau und der Fassade unmöglich sei,
gab man die Durchbildung des Äußern am Langhaus

überhaupt preis; Kunst und Mittel konzentrieren sich auf
zwei von einander entfernte, disparate Stücke, Kuppel
und Fassade. Der Zentralbau hatte entweder die Fassaden zu entbehren (durch halbrunde Abschlüsse) oder
vermöge der Kuppel die sämtlichen Fronten so zu beherrschen gewußt, daß deren fassadenartige Ausbildung
sich von selbst ergab und von aller müßigen Formen-
schaustellung und isolierten Verherrlichung frei blieb.

[§ 69]
Fassaden des L. B. Alberti.

Wie in der gotischen Zeit, so blieben auch im 15. Jahrh⟨un-
dert⟩ die Fassaden der wichtigsten Kirchen vor lauter
großen Absichten provisorischer Rohbau.
  Mit Ausnahme Venedigs, dessen Fassaden (§ 43) nicht
maßgebend sind. Es gibt keine bedeutende Fassade von
Brunellesco, Michelozzo, Rossellino, beiden ältern Sangallo, Cronaca etc. – Daß die Fassade, wesentlich jetzt
nur eine Umdeutung der mittelalterlichen, so wenig wie
diese dem wirklichen Durchschnitt des Langhauses entsprach, sondern beliebig über die Dächer emporragte,
versteht sich von selbst.
Durch L. B. Alberti stellt sich der Typus im allgemeinen
fest: eine oder zwei Ordnungen, in Halbsäulen oder Pilastern, dazwischen die Türen und Fenster; bisweilen ein
Giebel nach antikem Tempelvorbild; die Vermittlung des
schmalern obern Stockwerkes mit dem untern öfter durch
große Seitenvoluten statt durch einfachen Ansatz der Pult-
dächer.
  Alberti faßt a.a.O. (§ 57) bei Anlaß von S. Francesco
(1447) die Fassade schon prinzipiell als besonders mas-
kierendes Prachtstück; wer ihm an den Ordnungen etwas
ändern wollte, würde tutta quella musica verstimmen.
Ausgeführt ist jene Fassade nur bis etwas über das Erdgeschoß, welches eine prächtige korinthische Halbsäulenordnung, dem nahen Augustusbogen nachgeahmt,
enthält.

S. Andrea zu Mantua, erstes Beispiel einer erzwungenen
scheinbaren Tempelfronte; vier Pilaster fassen eine mächtige Türnische und auf den Seiten rundbogige Fenster
und kleinere Nischen ein; darüber ein Giebel. (Über die
Proportionen solcher Giebel: de re aedificatoria L. VII,
c. 11.)

An S. M. novella in Florenz inkrustierte A. über dem
mittelalterlichen Erdgeschoß den obern Teil der Fassade
und gab das erste Beispiel der vielleicht nur im Stil der
Inkrustation erlaubten Seitenvoluten. Unten ist die
schöne Einfassung der Haupttüre (vgl. § 48) von ihm.

Eine Vorschrift, welcher A. selber nie nachgelebt hat: de
re aedif. VII, c. 4, wo er einen vor der ganzen Fronte
hinlaufenden Portikus mit einem größern und irgendwie
auszuzeichnenden mittlern Intervall verlangt.

[§ 70]
Andere Fassaden der Frührenaissance.

Die Gesamtbehandlung dieser Fassaden des 15. Jahrhunderts hat meist etwas Zaghaftes und Spielendes, da man sich
noch auf den vermeintlichen absoluten Wert der antiken
Einzelformen verließ und sie noch nicht auf die Wirkung
hin gestaltete und kombinierte. Die kleinsten sind in der
Regel die besten.

Bisweilen hilft der Stoff und das schöne Detail. In Rom
hat der ernste Travertin immer Würde; Baccio Pintelli: S.
M. del Popolo, S. Agostino (berüchtigt durch Häßlichkeit der Voluten, die auch Pintelli's geringsten Bau, die
Kathedrale von Turin, verunzieren).

Die Fassade des Domes von Pienza, um 1460 von dem
Florentiner Bernardo di Lorenzo (?), einem Langhaus
von 3 gleich hohen Schiffen entsprechend, in sehr mäßigen Formen kräftig gegliedert; hier zum erstenmal gehen
durch den Giebel zwei Pilaster hindurch, welche eine
Fortsetzung der untern Wandpilaster sind.

In Venedig geben Inkrustation und verzierte Friese und

Pilaster immer eine festiva et hilaris facies; vgl. Sabellicus, de situ Ven. urbis, fol. 84, 87; selbst vom Lazarett heißt es fol. 92: usus tristis, sed frons loci laetissima.

In den Backsteingegenden (§ 44 f.) bald mehr originelle und freie Umdeutung der klassischen Formen (S. Pietro in Modena, Madonna di Galliera in Bologna, bald liebevolle und solide Übertragung derselben (Fassade von S. Satiro in Mailand, § 46).

Kleine Fassaden werden geradezu zu Prachtpforten: die originelle Misericordia zu Arezzo; die Confraternità di S. Bernardino zu Perugia, 1456 oder 1461 von Agostino di Duccio; S. Spirito in Bologna.

Anspruchslos anmutig: die kleinen Fassaden des Francesco di Giorgio zu Siena, S. Caterina, S. M. delle nevi.

Größere Fassaden haben immer etwas Mageres und Schwächliches, z. B. an den Kirchen aus jener Zeit in Neapel, Ferrara etc., selbst an S. M. dell' Anima zu Rom (1500, angeblich von Giul. da Sangallo), obgleich hier die Backsteinflächen, die steinernen Pilaster und andere Gliederungen und die schöne mittlere Pforte fein zusammengestimmt sind.

Von dem Konkurs (1491) für eine neue Domfassade in Florenz (§ 59) ist nur das Protokoll erhalten; Vasari VII, p. 238 ss., im Kommentar zu v. di Giul. Sangallo. Florenz hielt es mit diesem Bau wie mit seinen Verfassungen; im 14. Jahrhundert hatte Arnolfo's Entwurf wegen zu großer Einfachheit der Fassade des Giotto weichen müssen; jetzt, zu Ende des 15. Jahrhunderts, hieß letztere »regelwidrig«, sine aliqua ratione aut iure architecturae, doch riß man, was davon vollendet war, noch nicht ab, wie dies 1586 bei einem ähnlichen Konkurs geschah.

Teils das Vorbild altchristlicher Basiliken, teils wohl eigene Ratlosigkeit, teils Alberti's Vorschrift (§ 69) mag gewisse Architekten vermocht haben, Vorhallen vor die Kirchen zu legen. Doch benehmen dieselben, zumal wenn sie ein Obergeschoß erhalten, dem Gebäude leicht den kirchlichen Charakter.

S. Pietro in Vincoli und SS. Apostoli zu Rom, von
Pintelli; – S. Marco zu Rom, vielleicht von Francesco di
Borgo S. Sepolcro; – S. Bartolommeo a Porta ravegnana
zu Bologna, von Formigine.

An der kleinen Karmeliterkirche S. Maria bei Arezzo
tritt die Vorhalle, ein schöner Bau des Benedetto da
Majano (?), auf beiden Seiten zwei Bogen weit über die
Fassade vor.

Bei Verdoppelung der Halle wird die Fassade leicht zur
profanen Loggia, was das Mittelalter (an S. Ambrogio zu
Mailand) und später sogar der Barockstil (an S. M. maggiore und an S. M. in via lata zu Rom) recht wohl zu
vermeiden wußten, während die Doppelhalle am Querbau des Laterans, sonst ein schöner Bau des beginnenden
Barockstils, gegen den Obelisken hin, etwas Profaneres
hat.

Auch ältere Kirchen erhielten überhaupt jetzt neue Vorhallen: der Dom von Narni 1497, der Dom von Spoleto
(diese von edler Pracht, angeblich von Bramante) und
etwas später S. M. in navicella zu Rom (einfach schön,
von Rafael).

[§ 71]
Die Fassade der Certosa bei Pavia.

Außer aller Analogie steht die Fassade der Certosa von Pavia,
weltberühmt durch ihren überreichen Schmuck (§ 51 und
§ 136), und abgesehen von demselben vielleicht die bestge-
dachte des 15. Jahrhunderts. Ihr Motiv, unabhängig von den
antiken Ordnungen, ist das der romanisch-lombardischen,
abgestuften Kirchenfronten mit vortretenden Pfeilern und
querdurchlaufenden Bogengalerien; innerhalb dieser festge-
schlossenen Formen beherbergt sie allen erdenklichen Reichtum in weiser Abstufung des Ausdruckes.

Verf⟨asser⟩ bekennt, diesem Gebäude früher Unrecht
getan und nach mehrmaligem Besuch seine Meinung
geändert zu haben.

Urheber war nach allgemeiner Annahme der Maler Ambrogio Borgognone 1473. Die Pfeiler lösen sich wie schon in der lombardischen Gotik z. B. am Dom von Como, in lauter Nischen mit Statuen (§ 51) auf. Die Abstufung des Schmuckes ist folgende: am Erdgeschoß, dem Auge am nächsten, Skulptur und gemeißelte Dekoration in weißem Marmor; im mittlern (jetzt obersten) Stockwerk Flächen und Einfassungen mit Marmor verschiedener Farben inkrustiert, hier ganz am rechten Orte; ein oberster Aufsatz sollte konsequenterweise ein kolossales Mosaikbild in einer kräftigen, giebelgekrönten Einfassung enthalten, wie man aus einer alten Abbildung sieht. (Palazzi diversi nell' alma città di Roma, ed. Gio. Batt. de' Rossi 1655, auf einem der letzten Blätter.) Eine ähnliche, nur viel bescheidenere Umdeutung des romanischen Prinzips: die Marmorfassade der Kathedrale von Lugano, wahrscheinlich von Tommaso Rodari.

[§ 72]
Fassaden der Hochrenaissance.

Im 16. Jahrh⟨undert⟩ ist die Kirchenfassade ein Hauptgegenstand der verstärkten, wirksam gemachten Formensprache (§ 49). Nur wurden die besten Kräfte zunächst wiederum ausgegeben an Entwürfe, welche nicht zu Stande kamen und an Dekorationsfassaden bei Festen (§ 50).

Konkurs von 1514 im Auftrage Leo's X. für die Fassade von S. Lorenzo in Florenz; unter den Entwürfen des Rafael, des einen Sangallo, der beiden Sansovino und des Michelangelo muß der des letztern einige Zeit sicher als der auszuführende gegolten haben; die frühste Fassade mit vortretenden Säulen wenigstens im Erdgeschoß (§ 37, vgl. 43) und mit bisher unerhört starker Mitwirkung von Reliefs und Statuen (laut der unvollständigen Skizze im Pal. Buonarotti). Vgl. Vasari XII, p. 201, Nota, v. di Michelangelo; XIII, p. 77 s., v. di Jac. Sansovino. –

Beide Motive, vortretende Säulen und Zutat von Skulpturen, längst vorbereitet z. B. in den Architekturen pa-
duanischer und ferraresischer Gemälde und in den Fest-
bauten, zumal Triumphbogen.

Eine analoge, noch viel größere Pracht muß gewaltet
haben in der Dekorationsfassade am Dom, bei demselben
Besuch Leo's X. 1514, einem riesigen Triumphbogen mit
einer Masse von Scheinreliefs und Statuen.

Als die herrlichste Arbeit dieser Zeit bezeichnet Vasari
anderswo den nicht ausgeführten Entwurf des Girol.
Genga für den Dom von Mantua (XI, p. 91, v. di Genga;
vgl. oben § 5, 67).

Über die Fassaden, welche die verschiedenen Meister für
S. Peter in Rom ausgedacht hatten, ist auf das Werk v.
Geymüller's zu verweisen.

Serlio's damalige Theorie über die Ordnungen an Fassaden (L. IV): die dorische für Kirchen heldenmütiger und
ritterlicher Heiligen, die korinthische für Kirchen der
Madonna und heiliger Jungfrauen, die ionische für Heilige fra il robusto et il tenero, z. B. für heilige Matronen.
Serlio gibt den Gliederungen gerne ein starkes Relief,
wie z. B. der Aufriß L. VII, p. 110 mit Dreiviertelsäulen
und vorgekröpften Gebälken beweist.

Die Obelisken, Kandelaber, Statuen etc., welche Ecken
und Mitte der Fassaden krönen und gleichsam eine überschüssige Kraft derselben in die Luft ausklingen lassen,
werden besonders reichlich in dieser Zeit angewandt;
s⟨iehe⟩ die mit Obelisken beladene Fassade von S. M.
dell' Orto zu Rom (Giulio Romano?) und des jüngern
Sangallo's Projekt für S. Peter, wo man freilich in den
vielen »aguglie« ein gotisches Element erkannte; Vasari
X, p. 17, v. di Ant. Sangallo. In der Tat hatte schon die
Frührenaissance solchen Schmuck, zum Teil als Erbstück
aus dem Gotischen, hie und da gebraucht (§ 19).

[§ 73]
Fassaden der Nachblüte.

In der Periode von 1540 bis 1580 (vgl. § 56) stellt sich hauptsächlich in Rom derjenige Durchschnittstypus der Fassaden fest, welcher dann auf den Flügeln der Gegenreformation in alle Welt getragen wurde. In all seinen verschiedenen Schattierungen strebt derselbe jedesmal nach einer konventionellen Harmonie, welche für jene Zeit eine vollkommene Wirklichkeit hatte.

Die wahrste Aufgabe der Renaissance, der Zentralbau konnte, wie hier absichtlich wiederholt werden muß, entweder die Fassaden entbehren oder er ordnete sie dem Ganzen, zumal der Kuppel, unter. Die einseitige Ausbildung der hievon emanzipierten Fassade war ein Unglück. Allein sie bildet nun einmal, wie Alberti ominöser Weise schon 1447 gesagt hatte, eine musica, und man wird dereinst wieder von ihr lernen, wenn gewisse Täuschungen aus der Architektur unseres Jahrhunderts geschwunden sein werden.

Die Fassade Einer Ordnung, wie sie jetzt besonders Palladio liebte, ist von der Bauwahrheit um einen Schritt weiter entfernt als die von zwei Ordnungen, weil sie auf den Breitenunterschied von Oberbau (Mittelschiff) und Unterbau (Nebenschiffe oder Kapellenreihen) keine Rücksicht nimmt; dazu ist sie schweren Disharmonien des Einzelnen unterworfen.

Die nunmehrigen Elemente der Fassade von zwei Ordnungen, wie sie sich damals festsetzen und bis tief in die Barockzeit behaupten, sind folgende:

Die Ordnungen, unten meist korinthisch oder dorisch, oben Komposita, sind ausgedrückt vorzugsweise in bloßen Pilastern, seltener in Halb- oder Dreiviertelssäulen oder isolierten Säulen mit Begleitung von Pilastern; – ihre Gruppierung dient dazu, die Fassade zu gliedern; – Friese und Architrave schmucklos; – leises Vortreten des

mittlern Teiles der Fassadenfläche und folgerichtig auch
des Giebels; – kräftige Bildung der Hauptpforte, etwa
mit vortretenden Säulen, wenn sonst die Wandordnun-
gen nur aus Pilastern bestehen; – Nischen, – vertiefte
quadratische Felder, welche als Andeutung von Reliefs
gelten mögen; – mächtige Bildung des Hauptfensters; –
Schmuck von Laubwerk und Kartuschen, etwa von Kapitäl zu Kapitäl gehend; – hie und da der Dachrand mit
Balustraden, Statuen und Akroterien geschmückt; – die
Voluten derb gebildet; – dies Alles proportional zusammengestimmt sowohl in Beziehung auf die Größe als auf
die stärkere oder mäßigere Plastik der sämtlichen Teile.
Besonders einflußreich: die Fassaden von S. Spirito in
Rom (von Ant. Sangallo d. J.); –
S. Caterina de' Funari und S. M. de' Monti (von Giacomo
della Porta, der unter Michelangelo's Einfluß stand); –
S. M. traspontino (von Sallustio Peruzzi, dem Sohn des
Baldassar); – lauter mittlere und selbst kleine Bauten, und
desto brauchbarer als Vorbilder.

Häufig hat, zumal an kleinern Kirchen, das Obergeschoß
der Fassade die volle Breite des untern, sodaß große Teile
davon in der Luft stehen.

Das 17. Jahrhundert vervielfachte dann die Glieder, be-
tonte sie stärker und begann sie endlich zu brechen und
zu schwingen.

[§ 74]
Innere Anlagen der Langkirchen; Basiliken.

Unter den longitudinalen Anlagen schien zu Anfang der
Renaissance die Basilika oder flachgedeckte Säulenkirche
die erste Stelle einnehmen zu wollen. Sie trat indes bald
zurück, weil sie sich nur schwer an einen Chorbau mit
Kuppel, die begünstigte Form, anschließen ließ.

Italien besaß damals noch die gewaltigen Basiliken der
christlichen Urzeit, alt S. Peter und S. Paul in Rom, den
Dom von Ravenna etc. Man erkannte auch den Wert

dieser Bauweise wohl. Die venezianischen Gesandten
von 1523 (§ 42) nennen S. M. maggiore in Rom die
schönste der sieben Patriarchalkirchen, chiesa molto alle-
gra. Julius II., der als Kardinal die Kirche SS. Apostoli
zu Rom herstellte, fand einen Stolz darin, die Tribuna
riesig groß neu zu bauen; Vitae Papar., bei Murat. III, II,
Col. 1064.
Alte Basiliken erhielten jetzt bisweilen herrliche Kasset-
tendecken, so S. Marco zu Rom (durch Giuliano da
Majano?), S. M. maggiore (durch Giul. Sangallo). Vgl.
§ 158.
Auf Brunellesco machten notorisch die florentinischen
Basiliken der Protorenaissance (§ 17) großen Eindruck.
Offenbar hielt er die Basilika für die angemessenste Gestalt der Langkirche.
S. Lorenzo in Florenz unter seiner Aufsicht, S. Spirito
später nach seinem Modell (§ 59) gebaut. Vorzüglich an
S. Lorenzo entwickelt er die ganze Macht und Bedeutung seines Säulenbaues mit Bogen (§ 35) und die volle
Reife des Raumgefühls. (Das Intervall von Säule zu Säule
gleich dem von der Säule zum entsprechenden Wandpfeiler und gleich der Hälfte des Mittelschiffes.) In den
rechteckig gestalteten Nischen der Langwände sollten
Malereien die ganze Tiefe ausfüllen; Vasari I, p. 38, in
seinem eigenen Leben. Die Kreuzungskuppeln in beiden
Kirchen anspruchslos und nicht B⟨runellescos⟩ Werk.
Der Chor in S. Lorenzo einfach quadratisch nach Art
mancher Bettelordenskirchen; in S. Spirito die Säulenhalle um Querschiff und Chor herumgeführt, mit reichem Durchblick aber profan wirkenden zweiteiligen
Abschlüssen; die sämtlichen Wände hier in halbrunde
Nischen aufgelöst. Außen hat S. Lorenzo römisches Gebälk über der glatten Mauer; sonst beide Kirchen ganz
schlicht, die Fassaden Rohbau.
In Toscana sonst aus dem 15. Jahrh⟨undert⟩ nur noch
der Dom von Cortona mit (falschem oder echtem?) Tonnengewölbe.

Alberti (L. VII), der auch hier Heidnisches und Christliches vermengt, rühmt doch deutlich an der Basilika (gegenüber der gewölbten Bauweise) die bessere Akustik, gestattet gegen sein sonstiges Vorurteil (§ 35) hier Bogen über den Säulen, redet sogar von Basiliken mit Obergeschoß und großen Fenstern in der Mauer darüber, verlangt für letztere metallenes Gitterwerk, und beschreibt Profilierung und Zierat der Deckenkassetten und deren wohltätige Abwechselung mit Rundfeldern. Doch zieht er das Wölben vor wegen größerer dignitas und Sicherheit gegen Brände.

In Oberitalien gibt es eine bedeutende Gruppe von Säulenkirchen mit Tonnengewölben, welche von niedrigen Kuppeln unterbrochen werden oder damit beginnen und schließen.

Vgl. hierüber Lübke, Geschichte der Architektur, 5. Aufl., S. 693 f.

S. Francesco in Ferrara, 1494, von Pietro Benvenuti; –

S. Benedetto ebenda, um 1500, von Gio. Battista und Alberto Tristani; –

S. Sisto in Piacenza, gegen 1500, vermutlich von Bern. Zaccagni. (Vgl. § 80.)

Die Nebenschiffe, mit lauter Kupoletten bedeckt, öffnen sich gegen Reihen von tiefen Kapellen; reiche Rundschlüsse des Chores und der Querarme, üppige Dekoration, aber fast gänzlicher Mangel an Oberlicht.

Einfachere Basiliken mit Tonnengewölbe: S. M. in Organo zu Verona, 1481, – und S. Bartolommeo a Porta ravegnana zu Bologna.

Flachgedeckte Basiliken: S. M. in vado zu Ferrara, 1475 von Biagio Rossetti und Bart. Tristani, – S. Michele zu Venedig, 1466 von Moro Lombardo (§ 41, 43), – SS. Piero e Paolo auf Murano, 1509.

S. Zaccaria in Venedig, 1457 von Martino Lombardo, noch halbgotische Parallele zu den nordischen Hallenkirchen mit Kreuzgewölben auf Rundsäulen.

Servi (oder Concezione) in Siena, Säulenkirche mit

Kreuzgewölben, in den Seitenschiffen sogar noch spitz-
bogig, angeblich von Baldassar Peruzzi. (Vgl. die Details
§ 36.)
Später nahm sich (in Genua und Neapel) der beginnende
Barockstil wieder der Basilika an. Die in ihrer Art groß- 5
artige Annunziata zu Genua, von Giacomo della Porta;
S. Filippo in Neapel etc.

[§ 75]
Flachgedeckte einschiffige Kirchen.

Viel häufiger tritt die flachgedeckte einschiffige Kirche mit 10
Kapellenreihen zu beiden Seiten auf. Es wird dies die wesentliche Form der meisten Ordenskirchen, welche in Italien von jeher einschiffig und Anfangs wie es der Zufall
brachte, in der Folge aber symmetrisch mit angebauten
Seitenkapellen versehen wurden. 15
So S. Francesco und S. Domenico in Siena etc. Jetzt
öffnete man die Mauer regelmäßig in lauter Kapellen,
verstärkte aber die Pfeiler dazwischen zu seitwärts hin-
auslaufenden Mauern, welche die Balkendreiecke des
Daches mit Sicherheit trugen. Man erreichte dabei ein 20
Hauptziel der Renaissance: die freie Breite des Mittelschiffes, und gewöhnte das Auge so daran, daß es dieselbe dann auch in den Gewölbekirchen verlangte.
Das künstlerische Problem liegt wesentlich in dem Verhältnis der Breite des Schiffes zur Höhe und Länge und 25
in der Gestalt der Kapelleneingänge. (Albertis Annahmen de re aedific. L. VII, c. 4, die Kapellen müßten in
ungerader Zahl und von dieser und jener bestimmten
Öffnungsweite sein, sind ganz willkürlich.) Letztere von
einfachster Pilasterordnung bis zu triumphbogenartigem 30
Reichtum. Die Kapellen selbst können kleiner und zahlreicher oder größer und weniger sein, – größere oder
geringere Tiefe besitzen; – der Altar kann jedesmal an der
Ostwand stehen und dann das volle Licht eines Seiten-
fensters genießen, – oder die Mitte der Kapelle, sei es eine 35

flache Hinterwand oder eine halbrunde Nische einnehmen, wobei er kein eigenes Licht oder das von zwei
Seitenfenstern hat. Die Kapellen sind bisweilen Schatz-
kammern der Malerei und Skulptur, während sich hier
die Baukunst auf ein Notteil beschränkt, wenn ihr nicht
besondere Ausbauten, Kapellen mit eigenen Kuppeln
u. dgl. bewilligt werden.

Die Obermauern erhalten eine zweite Pilasterordnung
oder dekorative Malereien. Der Eingang zum Chor geschieht gerne durch einen großen Bogen. Den Fassaden
ist diese Anlage günstiger als die Basilika, wegen Breite
des Mittelschiffes.

Einige große Baumeister haben auch diesem bescheidenen
Typus einen unvergänglichen Wert verliehen.

Giul. da Sangallo: S. M. Maddalena de' Pazzi in Florenz,
etwa 1470-1480.

Cronaca um 1500: S. Francesco al monte ebenda, »la bella
villanella«. – Heißt auch S. Salvatore del monte.

Jacopo Sansovino: S. Marcello in Rom und später, vielleicht unter dem Einfluß eines Pedanten (§ 57), S. Francesco della Vigna in Venedig, 1534.

Ant. Sangallo d. J.: S. Spirito in Rom (§ 73).

In Neapel ist dies die vorherrschende Kirchenform der
guten Zeit: Kirche Monteoliveto etc.; – in S. M. delle
Grazie, von Desanctis um 1530, triumphbogenartige
Kapelleneingänge. – In Neapel die Kassetten der Flachdecke durchgängig durch größere Felder mit Malereien
auf Tuchflächen verdrängt.

[§ 76]
Einschiffige Gewölbekirchen.

Einschiffige Gewölbekirchen mit Kapellenreihen erreichen
im 15. Jahrh⟨undert⟩ selten eine genügende Ausbildung,
werden aber um die Mitte des 16. Jahrhunderts in einer
glücklichen Umgestaltung zum vorherrschenden und bald
in der ganzen katholischen Welt gültigen Typus.

Alles hing hier von den Schicksalen des Gewölbes ab.
Das reine Tonnengewölbe, welches eigentlich nur dann
schön ist, wenn es als dunkler Durchgang zwischen zwei
lichten Räumen wirkt (siehe die Halle in Rafaels Schule
von Athen), bleibt entweder zu dunkel, oder es erhält ein   5
fatales Unterlicht. Brunellesco's Badia bei Fiesole, mit
Tonnengewölbe über Haupt- und Querschiff und kuppelichtem Gewölbe über der Kreuzung gibt als Bau der
höchsten Einfachheit keinen Maßstab; selbst die Kapellen öffnen sich einzeln gegen das Schiff, ohne einfassende   10
Ordnung. Vgl. § 81.
Albertis Langhaus von S. Andrea in Mantua, d'Agincourt, T. 52, mit kassettiertem Tonnengewölbe von 53
Fuß Diameter und 95 Fuß Höhe, über je 3 durch Mauermassen geschiedenen Kapellen, die durch reiche Pilaster   15
eingefaßt sind. Die bemalte Kassettierung scheint gleichzeitig; das Hauptschiff zwar dunkel; aber mächtig wirkend der Lichteinfall durch die (neuere) Kuppel.
S. Giorgio in Verona, von Sanmicheli.
Kreuzgewölbe, welche Oberfenster gestatteten (§ 48),   20
bei Pintelli, welcher in S. Pietro in Montorio zu Rom
(1500) auf je eine Abteilung derselben unten je zwei
Rundnischen hinaustreten läßt, – im Langhaus von S. M.
della Pace, wenn dasselbe von ihm ist, nur je eine (1484).
Der geistreichste Bau: Monastero maggiore zu Mailand,   25
von Dolcebuono (§ 23, 48), für lauter Fresken und Dekoration gebaut und doch schon ohne Rücksicht darauf
schön. Über den Nischen des Erdgeschosses läuft ein
oberer Gang ringsum, der nach außen durch die Fenster-
wand, nach innen durch eine graziöse Säulenstellung   30
eingefaßt ist; darüber die leicht gespannten, oblongen,
bemalten (§ 23) Kreuzgewölbe.
Der Umbau von S. Giacomo maggiore zu Bologna 1497:
zwischen die nach innen vortretenden Wandpfeiler wurden je drei zierliche Kapellennischen gelegt und das   35
Schiff mit einer Folge von kuppelichten Gewölben bedeckt.

Der wesentlichste Schritt zu einer Normalform war, daß man zwar das Tonnengewölbe wieder vorzog, dasselbe aber mit Fenstern durchschnitt und die so entstehenden irrationellen Formen durch reiche Stukkaturen in Harmonie brachte.

Noch aus dem 15. Jahrhundert: il Carmine zu Padua, Tonnengewölbe mit Reihen von Stichkappen und Halbrundfenstern.

Mit dem Beginn der Gegenreformation vollendet sich jener höchst einflußreiche Bautypus, welcher ein nur mäßig langes, aber möglichst breites und hohes Mittelschiff (erhellt durch Fenster im Tonnengewölbe, begleitet von großen, aber nicht tiefen Kapellen) in die innigste Verbindung setzt mit derjenigen Kuppelanlage, welche oben (§ 67) als die des Zentralbaues der Barockzeit geschildert worden ist. Die Kreuzarme treten im Grundriß kaum oder gar nicht über die Kapellen des Hauptschiffes vor.

Der entscheidende Bau als Vorbild für größere Kirchen: il Gesù in Rom, von Vignola.

Für kleinere Kirchen: S. Maria de' Monti, von Giac. della Porta, mit besonders schön stuckiertem Tonnengewölbe. Die Einschnitte der Fenster bilden auf der zylindrischen Fläche des Gewölbes sog. Ohren. Auch die Halbkuppel des Chores erhält jetzt gerne Fenster. Sämtliche Gewölbe jetzt nur noch selten rein konstruiert und gleichartig kassettiert, vielmehr einer freiern Konstruktion und Dekoration anheimgegeben.

(Palladio's Redentore zu Venedig, ohne Gewölbedekoration.)

Daneben dauern auch in einzelnen einschiffigen Kirchen die Reihen von kuppelichten Gewölben fort; S. Fedele zu Mailand, von Pellegrini, und dessen genaue Nachahmung: das Langhaus von S. Gaudenzio zu Novara.

[§ 77]
Dreischiffige Gewölbekirchen.

Die dreischiffigen gewölbten Kirchen zeigen alle möglichen
Formen, Ausschmückungs- und Beleuchtungsweisen. Die
schönsten darunter sind solche, die aus relativ wenigen, den ⁵
Formen des Zentralbaues sich nähernden Teilen bestehen.
    Der Neubau von S. Peter, wie ihn Nikolaus V. haben
wollte (um 1450), wäre eine riesige drei-, oder mit den
Kapellenreihen fünfschiffige Kirche geworden, mit
Kreuzgewölben und Rundfenstern an den Obermauern. ₁₀
Vitae Papar. bei Murat. III, II, Col. 933 ss.
    Unter dem gewiß nicht glücklichen Eindruck dieses Ent-
wurfes scheint Pintelli S. M. del Popolo in Rom (1471)
und S. Agostino (1488) komponiert zu haben; Kreuzgewölbe; Oberlicht; die Pfeiler mit Halbsäulen. Vgl. § 48. ₁₅
Außerdem Einwirkung des Friedenstempels? – Von Serlio's Entwürfen im V. Buch gehört der elfte hieher, der
zwölfte zum vorigen Paragraphen.
    Der mächtigste Bau dieser Art, der 1486 von Cristoforo
Rocchi (vgl. Milanesi II, 435, nach A. von Bramante) ₂₀
entworfene Dom von Pavia dreischiffig mit Kreuzgewölben und einem achteckigen Kuppelraum vom Durchmesser des ganzen Langhauses, blieb Fragment und ist in
seiner Vollständigkeit nur durch das erhaltene Modell
(§ 59) bekannt. ₂₅
    S. Giovanni in Parma, dreischiffig mit Kreuzgewölben,
von Bernardino Zaccagni, mit polygonen Kapellen am
Langhaus; reiche Bemalung der Bauglieder.
    Drei Schiffe von gleicher Höhe mit Kreuzgewölben gab
Pius II. seiner Kirche zu Pienza, weil er diese Anordnung ₃₀
in einer österreichischen Kirche gesehen und schöner
und der Beleuchtung günstiger gefunden hatte; Pii II.
Comment., L. IX, p. 430. Vgl. § 8, 22, 83.
    (Damals war auch der gotische Dom von Perugia noch
im Bau?) ₃₅

S. M. dell' Anima zu Rom 1500, das Innere von einem
nordischen Baumeister; auch hier gleiche Schiffhöhen,
Kreuzgewölbe – und hohe mißgeschaffene Wandni-
schen.

Unter den Kirchen mit Tonnengewölben ist die Annunziata zu Arezzo vom ältern Ant. Sangallo sehr schön; er
wagte es, zwischen die Pfeilerstellungen und das Gewölbe eine Mauer mit Fenstern zu setzen. Dazu die
geistvoll angeordnete Vorhalle, die zierliche niedrige
Kuppel, die Eleganz und weise Ökonomie des Schmuk-
kes.

Dagegen verliert jedes Tonnengewölbe, das bloß aus den
Nebenschiffen Licht empfängt, die kirchliche Weihe, so
edel die Formen gebildet sein mögen:

S. M. presso S. Celso zu Mailand, angeblich von Bramante, dem n. A. bloß die Vorhalle (§ 46), n. A. auch
diese nicht gehört (die Fassade von Gal. Alessi); –

auch Rafael mit seinem Tonnengewölbe über dem Mittelschiff von S. Peter (§ 66) würde diesem Übelstand
nicht entgangen sein; der jüngere Ant. Sangallo kritisierte dies Schiff als lang, eng, hoch und überaus dunkel;
Vasari X, p. 25, im Kommentar zu v. di Ant. da Sangallo.
Auch würden Rafael's Pfeiler, als Stützen eines so hohen
Tonnengewölbes, schon ziemlich tiefe Kulissen gebildet,
d. h. kaum mehr einen Schrägeinblick in die Seitenschiffe
gestattet haben.

Die glücklichen Lösungen beginnen da, wo die Longitudi-
nalbewegung des Gewölbes (die Aufgabe des Gotischen)
im Wesentlichen aufgegeben wird und das Langhaus sich in
lauter einzelne kuppelartige Räume gliedert.

Zuerst ein Unikum des Bramante: die in seine Cancelleria
zu Rom eingeschlossene Kirche S. Lorenzo in Damaso;
ein länglicher Mittelraum, an beiden Enden mit Tonnengewölben, in der Mitte mit einer runden Flachkuppel
bedeckt, welcher links das einzige Hauptlicht (ein großes
Halbrundfenster) entspricht; unten auf 3 Seiten Hallen;
der Schluß eine Apsis.

S. Giustina in Padua, 1516 vollendet von Andrea Riccio;
Vasari IV, p. 113, Nota, v. di Vellano. Das Langhaus: die
von Kapellenreihen begleiteten Seitenschiffe tragen Tonnengewölbe, diese aber die drei Flachkuppeln des Mittelschiffes; – Querbau und Chor: in reichster Anordnung,
mit runden Abschlüssen aller Räume und vier Hochkup-
peln. Großartigste Raum- und Lichtwirkung. (Die Kapitäle § 53.)
S. Salvatore zu Venedig um 1534 von Giorgio Spavento
⟨Abb. 7⟩, außerordentlich schön, ohne eine solche
pomphafte Chorpartie; das Motiv von S. Marco, die
Kuppeln (hier drei nacheinander) auf je vier breiten Bogen ruhend, die Eckräume als freie Durchgänge auf
schlanken Pfeilern; die Kuppeln mit selbständigem Licht
durch Lanternen.
(Dasselbe Hauptmotiv, aber mit drei Kreuzgewölben
statt Kuppeln, schon um 1500 an S. Fantino.)
(Ähnlich an S. Sepolcro zu Piacenza.)
Der Dom von Padua, um 1550 von Righetto und della
Valle, beruht auf Inspirationen von diesen Gebäuden,
von den § 74 genannten oberitalischen Säulenkirchen
und von Michelangelo her.
(Dreischiffige Benediktinerkirchen von verschiedener
Anlage aus dieser und etwas späterer Zeit: S. Benedetto
zu Mantua, – S. Giorgio maggiore zu Venedig, von
Palladio, – la Badia de' Cassinensi zu Arezzo, von Vasari,
eine originelle, aber profane Anlage.)
(Als kolossaler Wallfahrtsdom für die wieder katholisch
werdende Welt: Madonna degli Angeli bei Assisi, dreischiffig mit Tonnengewölbe und mit mächtiger Kuppel
über der Steinhütte des heiligen Franz; von Vignola.)

[§ 78]
Der Glockenturm der Frührenaissance.

Der Glockenturm, im Mittelalter meist getrennt von der
Kirche, aber bisweilen als mächtiges Prachtstück behandelt,
ist für die Renaissance im Ganzen nur ein notwendiges Übel.

Giotto's Campanile zu Florenz und der Turm von Pisa genossen dauernder Bewunderung. – Der in mythischer Zeit begonnene Torrazzo von Cremona, der höchste Turm Italiens; auf einer obern Galerie waren im 16. Jahrhundert Linien angegeben, welche nach allen Ortschaften in der Runde zielten (Anonimo di Morelli).

Der Markusturm zu Venedig, fast formlos, kostete 1498 schon über 50 000 Dukaten (Malipiero). Sein vergoldeter Helm strahlte dem heimkehrenden Venezianer viele Meilen weit über das Meer entgegen velut saluberrimum sidus; Sabellicus, de situ Ven. urbis, fol. 89.

Doch gab es Fälle, wo der Kirchturm zugleich als Stadtturm eine edlere Gestalt verlangte, und jedenfalls durfte er mit der Kirche nicht in allzugroßer Disharmonie stehen. Die Renaissance suchte auch ihn mit antiken Ordnungen und zwar mit mehrern über einander zu bekleiden, bewies aber große Ratlosigkeit, zumal in Betreff des obern Abschlusses.

Hier erscheint das nordisch Gotische, dessen Turm lauter organisches Leben und das Vorbild der ganzen Formenwelt ist, im unvergleichlichen Vorteil. Die antiken Ordnungen, schön abgestuft und mit wirksamer Abwechselung von Pilastern, Halbsäulen und Freisäulen, können zwar einen relativ schönen Turm hervorbringen helfen, obwohl man immer fühlen wird, daß der Turmbau nicht auf diese Weise entstanden ist. Aber auch dieses mäßige Ziel wurde kaum erreicht.

Alberti's Turmtheorie, de re aedificatoria, L. VIII, c. 5, ein neutrales Produkt seiner Phantasie; viereckige Türme sollen 6, runde 4 Diameter Höhe haben, oder jene mindestens 4, diese 3; der schönste Turm aber (turris decentissima) ist aus beiden Formen so zu mischen, daß über einem quadratischen Sockel und Erdgeschoß 3 Rundgeschosse, dann ein Quadrat von 4 lichten Bogen und endlich ein runder Monopteros mit sphärischem Kuppelchen folgt; für Alles werden Proportionen und Details angegeben.

Natürlich folgte ihm Niemand. Die runden oder polygonen Formen kamen höchstens am obern Abschluß vor, so an zwei profanen Türmen zu Bologna; Bursellis, anal. Bonon. bei Murat. XXIII, Col. 909, 911. (Ebenda, Col. 888, die Nachricht, wie 1455 ein Kirchturm 4 Klafter von der Stelle gerückt wurde.)

Phantasieformen turmartiger Prachtbauten in den Fresken des Benozzo (Campo Santo von Pisa) u. dgl. m.

Der bestausgestattete Turm des 15. Jahrh⟨underts⟩ (Halbsäulenordnungen mit Bogen, kräftige Eckpilaster, alles Marmor von Schichten verschiedener Farbe) derjenige am Dom von Ferrara.

Ganz armselig diejenigen Türme, welche nur magere Eckpilaster zur Einrahmung der Stockwerke haben.

Das Beste war, wenn man die Pilaster entweder ganz aufgab und Wandbänder ohne Verpflichtung auf anderswoher gebotene Proportionen anwandte, z. B. an mehreren Türmen von Venedig (deren lotrechte Stellung Sabellico a.a.O., L. II, fol. 86, etwas zu früh rühmt); – oder wenn man die Pilaster frei behandelte, so daß sie z. B. zweien Stockwerken entsprechen und also eine mächtigere Bildung erhalten.

So an dem Backsteinturm von S. Spirito in Rom (von Pintelli?), welcher in seiner kräftigen Einfachheit vielleicht der edelste Turm der Frührenaissance ist.

[§ 79]
Der Glockenturm des 16. Jahrhunderts.

Das 16. Jahrhundert gab den Türmen seine kräftigere Formensprache und nahm sie bisweilen zu zweien oder zu vieren in die Komposition des Kirchenbaues auf, mit dessen Ordnungen nunmehr die ihrigen in strengerer Harmonie stehen.

Einzelne damals bewunderte Türme: Vasari IX, p. 226, Nota, v. di Baccio d'Agnolo; – XI, p. 122 s., v. di Sanmicheli.

Bisweilen scheute man sich doch vor den Türmen, die
man in die Komposition aufnahm, wie vor fremden
Gästen. An der Kirche zu Montepulciano (§ 64), wo sie
in den vordern Ecken des griechischen Kreuzes stehen
und den Ordnungen des Hauptbaues völlig gehorchen,
bleiben sie doch durch Gäßchen von demselben getrennt. (Nur der eine ist ausgeführt.)

Bei Geymüller, T. 42, der Entwurf einer Fassade für S.
Peter (jetzt in der Albertina zu Wien) angeblich von
Rafael, eher von Perin del Vaga; die Türme würden zu
den geistreichern der Renaissance gehören.

Dagegen der Entwurf des jüngern Ant. Sangallo (§ 66)
für S. Peter (im speculum romanae magnificentiae) mit
Türmen, an welchen Säulen, Halbsäulen und Obelisken
auf das Törichteste gehäuft sind.

Von Serlio's Kirchenplänen im V. Buche gehören hieher
der 11. und 12. (Vgl. § 67.)

Der obere Abschluß gehört bisweilen einer ganz anarchi-
schen Phantasie an, welche sich auch jeder Beschreibung
entzieht. Ist aber das oberste Stockwerk viereckig, so
folgt doch meist nur ein vierseitiges ziemlich flaches
Dach wie auf den Türmen römischer Basiliken; und so
auch an S. Spirito, § 78, – oder ein Spitzhelm von Stein,
oder von Zimmerwerk mit bleierner Bedachung. Dan.
Barbaro, der seinen Markusturm vor Augen hatte, verlangt (ad Vitruv. L. IV, c. 8) für die Höhe solcher Helme
das Anderthalbfache der Basis.

Wie an der Fassade, so weiß dann auch am Turm der
Barockstil seine guten und schlechten Mittel viel wirksamer zu brauchen. Mächtige Fenster, Rustica an den
Ecken, derbe Konsolen unter den Gängen, starke plastische Zutaten (Guirlanden, Löwenköpfe etc.), gebro-
chene und geschmückte Giebel, Abwechselung von
Stein und Backstein etc.

Der unvollendete, einfach tüchtige Turm neben S. Chiara
in Neapel, früher als Werk des 14. Jahrhunderts für die
Priorität Neapels in der Renaissance geltend gemacht, ist
notorisch erst nach 1600 erbaut. D'Agincourt, T. 54.

[§ 80]
Einzelne Kapellen und Sakristeien.

Die einzelnen an Kirchen angebauten Kapellen und Sakristeien gehören zum Teil zu den besten Leistungen der Renaissance, schon weil dieselbe hier innerhalb ihres wahrsten Elementes arbeitet, indem es nämlich größtenteils zentrale Anlagen sind. Im 15. Jahrhundert herrscht besonders ein von Florenz ausgehender Typus: ein größerer viereckiger Raum mit Kuppel, dahinter ein kleinerer mit Kupolette; daneben kommt auch das Achteck vor.

Die Sakristei ist tatsächlich zugleich Kapelle durch ihren Altar.

Von berühmten Kapellen ist nur die des hl. Antonius im Santo zu Padua ein Langbau, und zwar an der einen Langseite geöffnet.

Der florentinische Typus am einfachsten in Michelozzo's Sakristei von S. Marco 1437, wo der Hauptraum sogar nur ein Kreuzgewölbe, –

und in der Sakristei von S. Felicita, wo er ein kuppelichtes, sogenanntes böhmisches Gewölbe hat (zierliche Pilaster und Gesimse); –

reicher und großartiger, mit eigentlicher, sogar lichtbringender Kuppel: in Brunellesco's alter Sakristei bei S. Lorenzo und Cap. de' Pazzi bei S. Croce (§ 63), sowie an Michelozzo's Schlußkapelle hinter S. Eustorgio zu Mailand (§ 65), wo der kleinere Ausbau mit Kupolette den Prachtsarg des S. Pietro martire enthält; das Äußere ein beachtenswerter Backsteinbau.

Gradation der außerdem üblichsten Formen: einfache viereckige Kapelle mit kuppelichtem Gewölbe (so die des Kardinals von Portugal an S. Miniato bei Florenz, seit 1459 erbaut von Rossellino, geschmückt von den Robbia und Ant. Pollajuolo); –

oder mit einer flachen Kuppel; –

oder derselbe Raum mit einem lichtbringenden Ausbau,

welcher dann ein Kuppelchen trägt (so einige Kapellen
an bolognesischen Kirchen); –

oder man vermag dem Hauptraum selber halbrunde,
sogenannte Lunettenfenster zu geben; –

oder der Kuppel desselben einen Kreis kleiner Rundfenster; –

oder sogar einen Zylinder mit Fenstern (so die Cap. S.
Biagio in SS. Nazaro e Celso zu Verona); –

oder es entsteht, indem man die Wände hinausrückt, ein
griechisches Kreuz; so ruht in der graziösen Johanneskapelle des Domes von Genua der Zylinder auf 3 Tonnengewölben und einem vordern, triumphbogenähnli-
chen, noch halbgotischen Eingang.

Das Zierlichste in Venedig: der Chorbau von S. M. de'
miracoli, 1480 von Pietro Lombardo; – die Kapellchen
des Guglielmo Bergamesco, sowohl das viereckige mit
Ecksäulen und Kuppel an SS. Apostoli, als das sechs-
eckige bei S. Michele 1530, ein geistlicher Pavillon.

Die Cap. Colleoni zu Bergamo (§ 5) außen reich inkrustiert, innen stark verändert.

In den zwei Eingangskapellen in S. Sisto zu Piacenza
(§ 74) ist eine große Zentralkomposition auf einem Raum
zusammengepreßt, der mindestens dreimal so groß sein
müßte.

Achtecke: die Sakristei Cronaca's (§ 64), – und die des
Bramante bei S. Satiro zu Mailand, auf engem, rings
eingeschlossenem Raum, mit Nischen unten, einem herrlichen Fries in der Mitte, einem zierlichen obern Umgang
und dem schönsten Oberlicht. »E perchè veniva ad essere
oscura, come quella che era triplicata, escogitò luminarla
d'alto.« Anonimo di Morelli (§ 136).

Im 16. Jahrhundert wird das griechische Kreuz oder
wenigstens ein System von 4 Bogen mit Hochkuppel die
beliebteste Form für Prachtkapellen. Rafael gab ihr die
höchste Vollendung in der Cap. Chigi an S. M. del
Popolo zu Rom (die schräglaufenden Pfeiler mit ihren
Nischen und den trapezoidischen Pendentifs sind bereits

ein S. Peter im kleinen). Auch der Barockstil offenbart an solchen Bauten seinen besten Schönheitssinn: Kapellen Sixtus' V. und Paul's V. an S. M. maggiore, Cap. Corsini am Lateran.

Michelangelo's Sagrestia nuova (oder mediceische Kapelle) an S. Lorenzo in Florenz ⟨Abb. 8⟩ schließt sich dagegen in der Anlage wieder an das Motiv Brunellesco's und Michelozzo's an, erreicht aber in den kubischen Verhältnissen und in der allgemeinen Wirkung (trotz schwerer Willkür des Details) die allergrößte Schönheit. Architektur und Skulptur sind so zusammengedacht, als hätte der Meister aus einem und demselben Ton Sarkophage, Statuen, Pilaster, Simse, Nischen, Türen und Fenster vormodelliert. Höchste Einheit von Raum, Licht und Formen. (Doch sind eine ganze Anzahl von Nischen, für Statuen bestimmt, leer geblieben; Vasari XII, p. 214, Nota, v. di Michelangelo, und die Madonna und die beiden Heiligen waren ursprünglich für eine andere Stelle bestimmt.)

Außerdem kommen auch einige Rundkapellen aus dem Anfang des 16. Jahrhunderts vor: Cap. S. Giovanni im Dom von Siena, Cap. Caraccioli in S. Gio. a Carbonara zu Neapel (1516, sehr hübsch); dann die schon genannte Kapelle Sanmicheli's an S. Bernardino zu Verona, das Meisterwerk dieser Art, vgl. § 67.

[§ 81]
Das Äußere der Langkirchen.

Die Durchbildung des Äußern an den Langkirchen, abgesehen von der Fassade und vom Chor- und Kuppelbau, der vom Zentralbau entlehnt wird, blieb im ganzen ziemlich vernachlässigt.

Neben dem in § 68 erwähnten Grunde kam sehr in Betracht: die häufige Durchbrechung der Langseiten durch Anbau von Kapellen; auch wirkte das Nichtvollenden der Fassaden übel auf die Langseiten zurück.

Brunellesco ließ seine Basiliken (§ 74) außen fast glatt, gab jedoch seiner Badia bei Fiesole (§ 76) eine einfach schöne Bekleidung von Wandbändern und Konsolen, vielleicht auf Anregung von S. Frediano in Lucca hin.

Die Bekleidung mit Pilasterordnungen an den Mauern der Nebenschiffe und auch wohl noch des Oberbaues ist nur in sehr wenigen Beispielen des 15. Jahrhunderts vorhanden: S. Severino zu Neapel (von Mormandi, 1490), das Kirchlein des Pontanus ebenda, einige oberitalienische Backsteinkirchen etc. Selbst in Venedig hat nur S. M. de' miracoli auch an den Seiten die volle Prachtinkrustation mit Pilastern.

Von hohem und einzigem Werte: die weißmarmorne Kathedrale von Como. Die musterhaft vollständige Inschrift am äußern Chorende: Cum hoc templum vetustate confectum esset, a populo Comensi renovari coeptum est MCCCLXXXXVI. Huius vero posterioris partis iacta sunt fundamenta MDXIII, XXII. Decembris, frontis et laterum iam opere perfecto. Thomas de Rodariis faciebat. — Gotisch begonnen und langsam von der Fassade her gebaut, bleibt das Langhaus im Innern gotisch, doch so, daß die anfangs engen Intervalle weiter und schönräumiger werden; außen Umdeutung in einen prachtvollen Renaissancebau; die vortretenden Streben erhalten Sokkel und Kranzgesimse in freier antiker Bildung, darüber statt der Spitztürmchen kandelaberartige Prachtzierden von sehr viel schönerer Form als alle ähnlichen französischen Übersetzungen aus dem Gotischen; die Wandflächen mit Rahmenprofilen umfaßt. Querbau und Chor, der Bau Rodari's seit 1513, mit polygonen Abschlüssen, eines der schönsten Bauwerke Italiens, außen mit den Formen des Langhauses in gereinigter und veredelter Gestalt (die Kuppel modern).

Im Verlauf des 16. Jahrh⟨underts⟩ wird die Pilasterbekleidung der Langseiten zwar zur Regel, aber meist in kalter und gleichgiltiger Form. Seit Michelangelo's korinthischer Ordnung und oberer Attika am Äußern von

S. Peter (einem Motiv von streitigem Werte) hatte der
Barockstil ein Vorbild für Eine Pilasterordnung, sowie
seit S. Fedele in Mailand (von Pellegrini) für zwei Halb-
säulen- oder Pilasterordnungen über einander.

Häufig jetzt statt der Pilaster etwas vortretende Streben,
auf welche dann vom Oberschiff ähnliche Voluten nie-
derrollen wie die der Fassade (§ 69, 70).

Einzelne besonders reiche Anlagen haben am Dachrand
eine durchgehende Balustrade. An S. Peter war eine
solche schon von Michelangelo beabsichtigt, und die
wenigen Stellen, wo sie wirklich ausgeführt ist, zeigen,
wie sehr auf ihre Wirkung gerechnet war (§ 66).

[§ 82]
Allgemeine Ansicht vom Kirchenbau.

Die Renaissance verläßt sich beim Kirchenbau darauf, daß
durch Hoheit und Schönheit des architektonischen Eindruckes ein wahres Gefühl alles Höchsten hervorzubringen
sei. Sie bedarf keines sakralen Stiles (§ 61, 62); ihr souveränes Werk zumal, der Zentralbau, wäre ein Heiligtum in
ihrem Sinne auch abgesehen von allem Zweck und auch
ohne Kirchenweihe.

Alberti, de re aedificatoria L. VII, c. 3, 5, 10, 12, 13, 15,
gibt dies Gefühl stärker heidnisch gefärbt als ein anderer.
In den Tempel steigt das Göttliche (superi) nieder, um
unsere Opfer und Gebete in Empfang zu nehmen. Sollte
aber auch das Göttliche sich um der Menschen hinfälliges
Bauwesen nicht kümmern, so trägt es doch viel für die
Frömmigkeit aus, daß die Tempel Etwas an sich haben,
was das Gemüt erfreut und durch Bewunderung fesselt.
Der Eintretende soll von Erstaunen und Schauer hinge-
rissen sein, daß er laut ausrufen möchte: dieser Ort ist
Gottes würdig! – Die Wirkung soll eine solche sein, daß
man ungewiß bleibe, ob die Kunst oder der Verewi-
gungssinn größer gewesen. – Die Lage verlangt er isoliert, in der Mitte eines Platzes oder breiter Straßen, auf

hohem Unterbau. Im Innern redet er dem Einen Altar
das Wort, sintemal das Sakrament von den Liebesmahlen
der ersten Christen abstamme und erst die spätere Zeit
»Alles mit Altären vollgepropft« habe. Auch seine Lobrede auf nächtliche Beleuchtung ist vielleicht eine ur-
christliche Reminiszenz, obgleich er dabei von den Alten
redet, welche »in den Schalen ihrer Kandelaber große
wohlduftende Flammen anzündeten«.

Höchst bezeichnend für die Herrschaft der Bauform ist
seine Polemik gegen Fresken, welche höchstens in die
Vorhalle gehören; statt derselben verlangt er Tafelbilder
und noch lieber Statuen für das Innere. Zweimal empfiehlt er die Inkrustation, vielleicht nur um den Fresken
zu entgehen (vgl. § 265).

Die Fenster verlangt er mäßig groß und in der Höhe, so
daß man durch dieselben nur den Himmel erblicke. Ja der
Schauer eines gewissen Dunkels vermehre die Andacht.
(Gleichzeitig, gegen 1450, spricht M. Savonarola sogar
von einem Verhältnis der dunkeln Gassenhallen zur andächtigen Stimmung, und zwar bei Anlaß von Padua; bei
Murat. XXIV, Col. 1179. Dagegen rühmt Pius II., Comment. L. IX, p. 431, an seiner Kirche zu Pienza die
Helligkeit.)

[§ 83]
Die Symmetrie des Anblickes.

Zu dem beabsichtigten Eindruck gehört vor Allem, daß die
Symmetrie des Anblickes (§ 30) wenigstens im Innern nicht
gestört werde. Das 15. und 16. Jahrh⟨undert⟩ bringen
derselben sowohl in schon bestehenden Kirchen als auch in
Neubauten sehr namhafte Opfer. Die Schwesterkünste sollen sich zwar einfinden, aber der architektonischen Gesamt-
wirkung unterordnen.

Die bisherigen Kirchen waren voller Einbauten, z. B.
vortretender Grabmäler und Altäre; man »repurgierte«
sie und stellte für die Neubauten strenge Gesetze auf.

Schon 1391 wurde im Dom von Florenz die Errichtung
eines Prachtaltars am zweiten Pfeiler rechts nur gestattet,
wenn der Altar nicht breiter werde als der Pfeiler und
keine Wappen daneben aufgehängt würden; Gaye, carteggio, I, p. 534.
Im 15. Jahrhundert sind namentlich die Päpste streng
hierin. Nikolaus V. (1447-1455) verfügte zum voraus für
seinen Neubau von S. Peter, daß keine Gräber, auch
nicht von Päpsten und Prälaten, diesen Tempel beflecken
sollten; Vitae Papar., bei Murat. III, II, Col. 935.
Pius II. (1458-1464) ließ zwar den alten Bau stehen,
demolierte aber die sehr ungleichen Kapellen und baute
sie nach der Schnur um, wodurch der Anblick des Innern
augustior et patentior wurde. Als er für den Schädel des
hl. Andreas eine große Kapelle anbaute, mußte rings
Alles weichen, auch Papst- und Kardinalsgräber, welche
den Raum der Kirche »willkürlich in Beschlag genommen« hatten; Platina, de vitis pontiff., p. 312; – Vitae
Papar., l. c. Col. 985.
In der Kirche seiner neuen Stadt Pienza (§ 8) sollte man
gleich beim Eintritt den ganzen dreischiffigen Bau (§ 77)
mit allen Kapellen und Altären, wohl beleuchtet und
trefflich ausgestattet wie er war, überblicken; Alles, mit
Ausnahme der bunten Gewölbe, hatte entweder die
Steinfarbe oder einen ganz hellen Ton; auch hier waren
die Fresken ausgeschlossen (vgl. § 82) und die Malerei
auf die Tafeln der Altäre, Werke sienesischer Meister,
beschränkt, und dabei hatten die ziemlich großen Fenster
nur weißes Glas. In Pienza selbst erließ Pius den 14.
September 1462 eine Bulle im Zwölftafelstil: Niemand
solle hier, abgesehen von der Kapitelsgruft, einen Toten
begraben, niemand die helle Farbe der Wände und der
Pfeiler verletzen, Malereien anbringen, Tafeln aufhän-
gen, Kapellen anbauen oder mehr Altäre errichten als
die, welche da seien etc. Vgl. obige Stellen und Pii II.
Comment. L. IX, p. 430 ss.
Sixtus IV. (1471-1484) »reinigte« nochmals S. Peter und

den Lateran und machte S. Peter heller durch Erneuerung der Fenster aus dünnen Marmorplatten und Glas;
Vitae Papar., l. c. Col. 1064.

Dieser Geist der Regelmäßigkeit wurde namentlich in Toscana zur Zeit des Herzogs Cosimo I. und zum Teil durch
ihn vielen alten Kunstwerken verderblich (§ 56).

Der Dom von Pisa, bis 1540 voll alter Altarwerke verschiedener Herkunft und Größe, erhielt jetzt lauter Altäre von gleichmäßiger Marmoreinfassung, in deren
Gemälden (von meist untergeordneten Leuten) nur dieselben Heiligen vorzukommen brauchten wie auf den
entsprechenden frühern Bildern: Vasari IX, p. 45, v. di
Sogliani.

Auf Cosimo's Befehl mußten auch die neuen Altäre in
S. M. novella zu Florenz den Pfeilerintervallen entsprechen. Er ließ den Dom austünchen. Vasari I, p. 54, in
seinem eigenen Leben; – X, p. 299, v. di Bandinelli.

Bei diesem Anlaß ist noch der schon früh vorkommenden Scheinerweiterung des Raumes durch perspektivisch
einwärts vertiefte Verzierung der Wand zu gedenken.
Bramante ging dieser Grille zweimal nach, in der Scheinhalle über dem Hochaltar von S. Satiro zu Mailand und
in den Nischen der Incoronata zu Lodi.

X. KAPITEL

KLÖSTER UND BRUDERSCHAFTSGEBÄUDE

[§ 84]
Die Klöster im Norden und im Süden.

In den Klosteranlagen hatte schon das Mittelalter eine
ziemlich hohe Vollkommenheit erreicht. Auch haben dieselben im Norden nicht selten eine größere monumentale
Ausbildung aufzuweisen als irgendwo in Italien vor der
Renaissance.

Die bekannte Gesamtheit von Räumen: Kapitelhaus,

Dormitorium, Refektorium, Skriptorium, Wohnung des
Abtes oder Priors, Kreuzgänge, Vorratsgebäude, Kran-
kenwohnung, Gastwohnung, Ställe usw. – im Kloster-
plan von S. Gallen (830) noch über ein großes Quadrat
hin verzettelt; –   5
schon eine mehr geschlossene, von römischen Villen
abgeleitete Anlage hatten vielleicht im 9. Jahrhundert
die stattlichsten Klöster Italiens: Farfa und Nonantula;
Historia Farfens., bei Pertz, Monum. XIII, p. 530, 533,
546; –   10
im 12. Jahrh⟨undert⟩ dagegen war bereits der Norden
im Vorsprung für die Größe der Anlage sowohl als für
die monumentale Durchführung. Vgl. Caumont, Abécé-
daire und die Publikationen des Comité historique des
arts et monuments. Eine belgische Abtei hatte z. B.   15
schon gleiche Scheitelhöhen für den ganzen Hauptbau;
Gesta abbatum Trudonens., bei Pertz, Monum. XII,
beim Umbau seit 1160.
In Italien wird aus dem 12. bis 14. Jahrhundert kaum ein
Klosterbau vom Rang der reichern nordischen Abteien   20
nachzuweisen sein. Eine catonische Stimme für Einfach-
heit der Klöster und selbst ihrer Kirchen Matteo Villani
L. VIII, c. 10.
Indes besaß der italienische Klosterbau ein Element, wel-
ches ihm mit der Zeit jede große und freie Kombination   25
sehr erleichterte, nämlich die Säulenhalle statt des geschlossenen, bloß mit Fenstern und Türen nach außen geöffneten
Kreuzganges.
    Auch bei geschlossenen Gängen mit Brustwehrmauern,
wie z. B. den Klosterhöfen am Lateran und an S. Paul   30
(§ 16), und sogar bei eigentlichen Mauern mit Fenstern,
z. B. dem Camposanto zu Pisa bleibt der Einfall von
Licht und Luft beträchtlich stärker als im Norden.
Weit das häufigste aber sind seit der Römerzeit die offe-
nen Bogenhallen; mit antiken Säulen z. B. die prächtigen   35
Atrien der Dome von Capua und Salerno, welche wir
wohl hier mit anführen dürfen (11. Jh.).

Der Charakter der offenen Halle, von Säulen oder Pfeilern, lag wesentlich darin, daß sie zum Erdgeschoß des
Hauptbaues des Klosters gehörte (während der nordische Kreuzgang viel feierlicher abgeschlossen war), daß
sie bei geringerem Aufwand eine sehr viel größere Freiheit der Anordnung, namentlich der Intervalle gestattete
und daß der Inhalt der Halle (Fresken, Grabmäler) auch
vom Hofe aus sichtbar war.

Während ferner das nordische Kloster bloß Einen
Kreuzgang hat, wird in Italien die Halle um alle Höfe
herumgeführt und dient als Ausdruck auch für einzelne
Gänge in allen Teilen und Stockwerken des Klosters.
Hauptbeispiele der gotischen Zeit: die Höfe des Santo zu
Padua; die Höfe und Außengalerien etc. an S. Francesco
zu Assisi. – Alla Quercia zu Viterbo über einem gotischen Erdgeschoß eine schöne obere Halle in Renaissance.

[§ 85]
Übersicht des Klosterbaues.

Die Renaissance bekam in Italien wieder größere und
prächtigere Klöster zu bauen als die nordischen des 15.
Jahrh⟨underts⟩ sind. Die treffliche rationelle Anlage und
die Schönheit und Vielgestaltigkeit ihres Hallenbaues geben denselben eine hohe Bedeutung. Einzelne Haupträume
des Innern erreichten hie und da eine Ausbildung, welche
schon damals als klassisch galt.

Die damalige Zerrüttung des Benediktinerordens im
Norden ist bekannt. – Für Italien kommen außer den
großen Kartausen, Camaldulenser- und Cassinenserklö-
stern wahrscheinlich auch in künstlerischer Beziehung
Vallombrosa und Alla Vernia in Betracht, die dem Ver-
f⟨asser⟩ nicht bekannt sind.

Der Hallenbau, auf Säulen oder Pfeilern, schafft aus dem
Kontrast der Stockwerke – mag das Obergeschoß eine
Mauer mit Fenstern oder wieder eine Halle sein –, aus

dem Längen- und Breitenverhältnis zur Höhe, aus den
dichten oder weiten Intervallen, aus der Behandlung der
Bogen, Simse und Füllungsmedaillons mit beständig
neuer Begeisterung ein edles und zierliches Werk nach
dem andern. – Viele einzelne Klosterhöfe aufgezählt in ₅
des Verf⟨assers⟩ Cicerone, a.m.O.
Besondere Motive: § 35 (Giul. Sangallo), § 46 (Certosa
von Pavia). Für ländliche Chorherrnresidenzen war Brunellesco's Badia bei Fiesole ein unübertreffliches Muster;
für Dominikanerklöster dasjenige von S. Marco zu Flo- ₁₀
renz, 1437 bis 1443 erbaut von Michelozzo; Vasari III,
p. 277 und 279, Nota, v. di Michelozzo. (Die Lobsprüche
sind relativ, als von einem Mendikantenkloster zu verstehen, denn die höhern Orden bauten viel prächtiger.)
Unter Brunellesco's Säulenhöfen der schönste: der ₁₅
zweite in S. Croce. – In Rom bei S. M. degli Angeli
(Kartause) der einfache Hundertsäulenhof Michelangelo's.
Von Pfeilerhöfen sind unübertrefflich schön und dabei
sehr einfach: das Atrium von S. Maria presso S. Celso in ₂₀
Mailand (§ 46), vielleicht von Dolcebuono; – ferner der
Hof des Bramante im Chorherrnstift bei S. M. della Pace
zu Rom ⟨Abb. 9⟩; zwischen die viel niedrigern Pfeiler
des Obergeschosses kommt je eine Säule, also über die
Mitte des untern Bogens (wie in einigen bolognesischen ₂₅
Palästen, § 46). Pedanten verurteilten das reizende Motiv, und Serlio, L. IV, fol. 176, bringt es nur mit schüchternen Entschuldigungen wieder vor. An seinen früheren Säulenhöfen, wenigstens an zweien bei S. Ambrogio
zu Mailand, hatte Bramante dem obern geschlossenen ₃₀
Stockwerk eine Pilasterordnung gegeben, wo ebenfalls
zwei Intervalle auf eines der untern Säulenhalle kommen.
Schöne Hofzisternen: der Pozzo von S. Pietro in Vincoli
zu Rom; ehemals auch der des Jesuatenklosters bei Florenz. ₃₅
Berühmte Bibliothekräume: die von Cosimo im Exil
gestiftete Bibliothek in S. Giorgio maggiore zu Venedig

(1433) und die von S. Marco in Florenz (1437-1443), beide von Michelozzo (letztere unverändert vorhanden). – Vgl. den Einblick in die vatikanische Bibliothek, und zwar den Bau Pintelli's unter Sixtus IV. (Vasari IV, p. 135, v. di Paolo Romano) als Hintergrund des bekannten Fresko in der vatikanischen Gemäldesammlung, wo Platina kniend vor dem Papste dargestellt ist.

Ein berühmtes Refektorium: das von Eugen IV. 1442 in S. Salvatore zu Venedig gestiftete, samt reichskulpiertem Kreuzgang; Sansovino, Venezia, fol. 48. (Jetzt nicht mehr vorhanden?)

Klöster höhern Ranges, zumal auf dem Lande oder in bequemen Städten gelegene, erhielten bisweilen eine gewaltige bauliche Ausdehnung nebst weiten Gartenanlagen.

S. Giustina in Padua, mit seinen fünf Höfen, hatte einst mit seinen Gärten, Wiesen und Fischereien eine Miglie Umfang; ganz von Mauern und Wasser umgeben, mehr castrum als claustrum zu nennen; M. Savonarola, bei Murat. XXIV, Col. 1143. –

Gewaltig groß: S. Severino zu Neapel; S. Ambrogio zu Mailand; Monte Cassino (mit imposantem Atrium) etc.

Sehr vollständig: die Certosen bei Pavia und bei Florenz, letztere mit Ausnahme der Kirche fast ganz Renaissance; der Grundriß bei Grandjean und Famin, archit. toscane, willkürlich verändert.

Von den 1529 zerstörten Klöstern bei Florenz begeisterte Schilderungen bei Vasari VI, p. 33 ss., v. di Perugino (das Kloster der kunstliebenden Jesuaten, § 269, mit einem Durchblick durch alle Hallen bis in den Garten), und bei Varchi, stor. fiorent. III, p. 86 (Kloster S. Gallo).

Bibliotheken, Refektorien und Haupttreppen sind nicht selten im 17. Jahrh⟨undert⟩ dem Kolossalgeschmack des Barockstils zuliebe umgebaut worden.

[§ 86]
Bischofshöfe und Universitäten.

Von bischöflichen Residenzen, die sich wohl einigermaßen
den klösterlichen Anlagen nähern mochten, ist aus dem 15.
Jahrh⟨undert⟩ wenig, aus dem 16. Einiges Treffliche erhal- 5
ten.

> Die von Padua, 1445 vom Bischof Pietro Donato erbaut,
> übertraf sogar die damaligen päpstlichen Wohnungen;
> sie enthielt 2 sehr große Säle, 2 Kapellen, eine Menge
> reicher Zimmer, große Vorratsräume, Ställe für 50 10
> Pferde, einen prächtigen Garten; Savonarola, l. c.
> Col. 1171.
> Der Bischofshof zu Pienza vielleicht normal für jene
> Zeit?
> Im erzbischöflichen Palast zu Pisa die Hofhalle in der Art 15
> von Brunellesco's Klosterhallen, nur in größern Verhält-
> nissen und weißem Marmor. (Ende 15. Jahrh⟨undert⟩)
> Am Vescovato zu Vicenza eine zierliche Halle vom Jahre
> 1494.
> Aus der ersten Hälfte des 16. Jahrh⟨underts⟩ das einfach 20
> gute Vescovato zu Pavia.
> Aus der Zeit von 1540 bis 1580 die Arcivescovati zu
> Mailand und Bologna, von Pellegrini, – und zu Florenz,
> von Gio. Ant. Dosio; ersteres düster, imposant (§ 56),
> letzteres mit geistreicher Hofanlage. 25
> Von den weltlichen Palästen unterscheiden sich solche
> Gebäude auch außen durch eine kenntliche, aber schwer
> zu bestimmende Nuance. Die Büros um den Hof herum
> geben ihnen zum Teil einen Charakter von Verwaltungs-
> gebäuden. 30

Ebenso nähern sich dem Kloster die Baulichkeiten von
Schulen und Universitäten, indem sowohl Konvikte als
Komplexe von Hörsälen sich am besten um einen Hallen-
hof gruppierten.

> Aus dem 15. Jahrh⟨undert⟩ der Hof der Universität Pisa, 35

den Klosterhöfen Brunellesco's entsprechend. – Vom
Collegio del Cardinale zu Padua eine unklare Beschreibung bei Savonarola, l. c. Col. 1182. Spanien und England besitzen viel Prächtigeres.

Aus dem 16. Jahrh⟨undert⟩ Sansovino's schöner jetziger Hof der Universität zu Padua 1552, Doppelhalle mit
geradem Gebälk; – und der majestätische Hof der Sapienza zu Rom, vielleicht nach einem Entwurf Michelangelo's; nach der Straße zu ist das Gebäude charakterisiert
durch die geschlossene fensterlose Mauer des Erdgeschosses.

In den Jesuitenkollegien, und zwar schon in den frühsten,
sind die Höfe wahre Schulhöfe, und ihre hohen Hallen
führen deutlich in Klassen, nicht in Mönchszellen.

Der frühste große: im Collegio romano, von Ammanati;
die schönsten des 17. Jahrh⟨underts⟩ die der Brera in
Mailand und der Universität zu Genua, beides ehemals
Jesuitenkollegien.

[§ 87]
Bauten der geistlichen Bruderschaften.

Die Confraternitäten oder Scuole, gestiftet für zünftische
Gemeinschaft, für Pflege der Landsmannschaft in einer
fremden Stadt, für gemeinsame menschenfreundliche Tätigkeit oder für Zwecke der Andacht, oft sehr reich durch
regelmäßige Beiträge wie durch Vermächtnisse, zeigten
sich nicht nur in prächtigen Aufzügen, sondern auch in
monumentaler Gestaltung ihrer Vereinsgebäude.

Man bedurfte irgend einen großen Hauptraum zur Versammlung, Beratung, Aufstellung von Prozessionen
usw., – einen Altar in diesem Raum oder in einer angebauten Kapelle, – eine Garderobe für Gewänder und
Gonfaloni (Fahnen), – bei größerem Reichtum auch
Schreibstuben, Kassenstuben etc.

Unter den Kunstformen für diese Requisite sind zu nennen:

Eine bloße Kapelle, die zugleich als Versammlungsraum dient; überschüssige Mittel z. B. auf eine edelprächtige Fassade verwendet an der Misericordia zu Arezzo, an der Confrat. di S. Bernardino zu Perugia (§ 70, vgl. § 51). Oder zwei Oratorien übereinander, in reicher Ausstattung; so S. Bernardino und S. Caterina in Siena; – daneben kleine oder auch mittelgroße Hallenhöfe; so Peruzzi's einfach schönes Höfchen bei S. Caterina.

Durchschnittsform für Mittelitalien: ein Oratorium und ein Säulenhof; recht schön in S. Giovanni decollato zu Rom, und in mehreren Confraternitäten zu Florenz, besonders lo Scalzo, wo außer A. del Sarto's Fresken auch die geistreiche Anordnung des kleinen Säulenhofes Beachtung verdient; – oder der Verein baut seine Kapelle an einen schon vorhandenen Klosterhof, z. B. die Cap. de' Pittori im Kloster der Annunziata daselbst.

In Venedig früher nur einfache große Säle, angefüllt mit den Tafelbildern der altvenezianischen Schule; Sabellicus, de situ venetae urbis, L. I, fol. 84; L. II, fol. 87. Später wird der Bau zum geschlossenen Palast, der, abgesehen von Nebenräumen und Treppe, aus einer großen untern Halle und einem ebensogroßen obern Saal mit Altar besteht: Scuola di S. Marco 1485, unten Säulenhalle mit Holzdecke; – Scuola di S. Rocco seit 1517, unten ein mächtiger Saal wie oben, höchste Pracht der Dekoration, mit einer Fülle von Tuchbildern auch an den Decken; – bei S. Giovanni Evangelista ein zierlicher Vorhof von 1481; die übrigen Scuole fast alle erst aus der Barockzeit. – In S. Rocco die schönste Treppe.

Die korporative Einrichtung und Bedeutung der venezianischen Scuole: Sansovino, Venezia, fol. 99 ss., eine Hauptstelle, die wir ungern übergehen. Vgl. fol. 57 die Confraternität der Lucchesen, welche ihr Lokal schon im 14. Jahrhundert bestmöglich ausgestattet hatte.

Außerdem stifteten die Scuole noch oft Kunstwerke aller Art in die Stadtkirchen, ganz wie die Zünfte; etwa ein heiliges Grab in den Dom der betreffenden Stadt (Diario

ferrarese, bei Murat. XXIV, Col. 390, zum Jahr 1500);
oder ein Gemälde oder Relief, auf welchem die oft zahlreichen Vorsteher der Brüderschaft knien unter dem von
Engeln ausgespannten Mantel der Gnadenmutter (Vasari
II, p. 189, v. di Spinello; IX, p. 75, v. di Rosso), oder vor
einer thronenden Madonna mit Schutzheiligen, oder zu
beiden Seiten eines leidenden Christus (Fresko des Luini
in der Ambrosiana zu Mailand).

XI. KAPITEL
DIE KOMPOSITION DES PALASTBAUES

[§ 88]
Rückblick auf den frühern Palastbau Italiens.

Die Zivilbaukunst der Renaissance, welche bis heute diejenige aller nichtbarbarischen Völker tatsächlich beherrscht,
besaß ihre wichtigste Eigenschaft, die regelmäßige Anlage,
als Erbschaft aus der italienisch-gotischen Zeit (§ 21).
Das heutige Bauen regelmäßiger Häuser und Paläste mit
nordisch-gotischem Detail ist reiner Undank gegen die
italienische Baukunst, ohne welche es gar keine symmetrische Anlage gäbe.
Verpflanzt man aber schon venezianische Gotik nach
dem Norden, welche mit der Regelmäßigkeit allerdings
in Harmonie steht, so bleibt man damit nicht deutsch-
nationaler, als wenn man die reifere Gestaltung derselben
Triebkraft, die Renaissance, wieder adoptierte.
In nordisch-gotischen Formen möge man unsymme-
trisch bauen, wozu wir Glück, Geld und den wahren
Humor wünschen, sowie gänzliche Freiheit von eng-
lisch-gotischem Detail, da auf dem Kontinent die anmu-
tigere und flüssigere Ausdrucksweise für dieselben Gedanken an manchen spätgotischen Zivilbauten, freilich
zerstreut, zu finden ist.
Der italienisch-gotische Palastbau hatte von vornherein

mit dem Bergschloß und seinem meist unvermeidlich
unregelmäßigen Grundplan nichts zu tun gehabt, da seit
dem 11. Jahrh⟨undert⟩ die Hauptwohnungen des Adels
immer in den Städten gewesen waren.

Er zuerst hatte die Fronten gerade gezogen und nicht   5
beliebig gebrochen; – er hatte für alle Räume eines Geschosses dasselbe Niveau festgehalten, so daß man nicht
aus einem Zimmer über halsbrechende Stufen in das
andere gelangen mußte; – er hatte regelmäßige Korridore an den Gemächern herumgeführt und sich nicht auf   10
schmale winklige Gänge und auf beständiges Aushelfen
mit Wendeltreppen verlassen. Bereits war die Einheit der
Fronte und des Grundplans die Mutter aller andern Einheit und Baulogik.

Für den vornehmern Privatbau galt bereits ein gewisses   15
Maß höherer Form und Ausstattung als unerläßlich,
wenn auch im 14. Jahrh⟨undert⟩ der Name Palast noch
ganz den fürstlichen und öffentlichen Gebäuden vorbehalten ist.

(Ein fester für ganz Italien gültiger Sprachgebrauch exi-   20
stierte auch im 15. Jahrh⟨undert⟩ und später nicht, wohl
aber für einzelne Städte. Im Diario ferrarese, bei Murat.
XXIV, bes. Col. 220, 337, 390 wird durchgängig scharf
unterschieden zwischen palazzi, palazzotti und case. In
Venedig hieß offiziell Alles mit Ausnahme des Dogenpa-   25
lastes nur casa, tatsächlich aber nannte man sehr viele
Privatgebäude palazzi; Sansovino, Venezia, fol. 139.)

[§ 89]
Entstehung gesetzmäßiger kubischer Proportionen.

Der Theoretiker Alberti gibt statt des ästhetischen Gesetzes   30
für den Palastbau nur ein Programm für den Inhalt desselben. Außerdem aber stellt er nach eigenen Beobachtungen
die ersten Gesetze für die kubischen Verhältnisse der einzelnen Binnenräume auf.

Das Gemeingut der Palastanlage, das sich schon seit dem   35

14. Jahrhundert von selbst verstand, mochte ihm nicht
des Mitteilens wert erscheinen. Er selber baute wenigstens Pal. Ruccelai. Vgl. § 30, 40.

Die Hauptstellen: de re aedific. L. V, c. 2, 3, 18; L. IX, c.
2, 3, 4. Es scheint mehr ein Bauherr als ein Baumeister zu
sprechen. (Vgl. Kultur der Renaissance, S. 141, 145, 394.)
Er verlangt mancherlei, sowohl Zweckmäßiges als
Schickliches, aber er gibt keine Lösung und möchte am
liebsten alles zu ebener Erde bauen, da die Treppen die
Gebäude nur störten, scalas esse aedificiorum perturbatrices. Gegenüber der florentinischen Sitte und Notwendigkeit des Hochbaues blieben dies natürlich bloße Wünsche.

Die kubischen Raumgesetze bespricht er nicht bei Anlaß
des Palastes, sondern bei der Vorstadtvilla (IX, 3), was
für unsere Betrachtung keinen Unterschied macht. Wenn
auch er und andere sich tatsächlich kaum daran banden,
ja wenn es sich um ein bloßes Postulat oder Gedanken-
bild handeln sollte, so wird sich doch hier die Renaissance zum erstenmal ganz deutlich bewußt als die Architektur des Raumes und der Massen. Aus einer Menge
von Angaben mögen einige Proben folgen. Alberti gibt
die Proportionen modifiziert, je nachdem die Räume
rund oder quadratisch, flachgedeckt oder gewölbt sind.
Größere oblonge rechtwinklige Räume erhalten, wenn
gewölbt, $^5/_4$ Diam. Höhe, wenn flachgedeckt, $^7/_5$ Diam.
Höhe – beide Male unter Voraussetzung, daß die Breite
zur Länge sei wie 1 zu 2, denn bei 1 zu 3 träten wieder
andere Verhältnisse ein. Bei großen Dimensionen gelten
überdies andere Proportionen als bei kleinen, weil der
Gesichtswinkel ein anderer ist. Höfe sollen höchstens
doppelt so lang als breit sein. Zimmer am besten $^1/_3$
schmaler als lang. Proportionen wie 3 oder 4 zu 1 geben
schon nur noch Hallen (porticus), und auch da werde
man das Verhältnis von 6 zu 1 kaum überschreiten dürfen. An die Schmalseite eines Raumes gehört Ein Fenster, welches entweder entschieden breiter als hoch oder

entschieden höher als breit sein muß. (In der Tat blieb das
gleichseitige viereckige Fenster aus den Hauptstockwer-
ken verbannt und wurde nur als Luke im Fries oder als
Gitterfenster eines absichtlich sehr strengen Erdgeschosses mit Rustica angewandt.) Ist das Fenster höher als
breit, so soll seine Öffnung $1^1/_2$mal so hoch als breit sein
und nicht unter $1/_4$ der ganzen innern Wandfläche betragen; sie soll beginnen zwischen $2/_9$ und $4/_9$ der Zimmer-
höhe über dem Boden. Ist das Fenster breiter als hoch
und also auf zwei Säulchen gestützt, so muß seine Öffnung zwischen $1/_2$ und $2/_3$ der Breite der Wand betragen.
An die Langwand gehört womöglich eine ungerade Zahl
von Fenstern, etwa 3 wie bei den Alten; man teile die
Wand in 5 oder 7 Teile und setze in 3 derselben die
Fenster, deren Höhe $7/_4$ oder $9/_5$ der Breite betragen soll
etc.
Verglichen mit den dürftigen ähnlichen Angaben bei
Vitruv (L. VI, c. 4 bis 6), der weder Gewölbe noch
Fenster mit in Rechnung zieht, zeigt sich hier ein unge-
mein großer Fortschritt.

[§ 90]
Wesen und Anfang des Palastes der Renaissance.

Die ideale, allgemeine Aufgabe des Zivilbaues spricht sich
weniger klar an Residenzen und öffentlichen Gebäuden
aus, welche ihre besonderen und verschiedenartigen
Zwecke zu verwirklichen haben, als an den Privatpalästen,
welche die Einheit des Willens und des Zweckes an der
Stirne tragen und durch ihre Gleichartigkeit bestimmte
Stilgruppen bilden können.

Der Palazzo in diesem bestimmten Sinne ist ein monumentaler Bau, an welchem jede oder wenigstens die
Hauptfronte nur Einen Gedanken, diesen aber mit der
vollsten Kraft ausspricht, und dessen Grundplan in einer
regelmäßigen geometrischen Form beschlossen ist.

Dieser Einheit fügen sich auch die einzelnen Zwecke, die

unter Einem Dache erreicht werden sollen, mindestens
eben so gut als einer verzettelten Anlage; auch lohnte es
bei der Gleichartigkeit der Aufgabe der Mühe, die gün-
stigern Arten der innern Anordnung immer zweckmäßiger und schöner auszubilden und zum Gemeingut zu
machen.

Einen Organismus im strengern Sinne kann man von
dem Palazzo nicht verlangen, da das Viele und Verschiedene, das er umfaßt, sich eben nicht als Vieles, als Kon-
gregat ausdrücken darf, sondern einer großen künstlerischen Fiktion untertan wird.

Bald nach Anfang des 15. Jahrhunderts, noch unabhängig
von dem Formalen der Renaissance, zeigt sich eine Bewegung im Palastbau, welche wesentlich auf einen Fortschritt
im Zweckmäßigen und Bequemen hinstrebte.

Vgl. bei Milanesi II, p. 144 den wichtigen Brief des in
Bologna weilenden Jacopo della Quercia 1428 an die
Behörden seiner Heimat Siena, welche sich bedeutender
Bauten halber um einen Meister erkundigte: der Betref-
fende, Giovanni da Siena, sei beim Marchese (Nicolò)
von Este in Ferrara mit 300 Dukaten jährlich und freier
Station für 8 Personen zum Bau eines großen und starken
Schlosses in der Stadt angestellt, »kein Meister mit der
Kelle in der Hand, sondern ein chonponitore e giengiero,
d. h. Ingenieur«; in Bologna selbst sei der treffliche Fio-
ravante, der den zierlichen Palast des Legaten und in
Perugia das Schloß des Braccio da Montone gebaut habe;
in der Form neige er sich mehr als der andere dem
pelegrino zu, d. h. dem damals Fremden, Neuen, der
Renaissance (wie es auch gebraucht wird Vita anon. di
Brunellesco, ed. Moreni, p. 185); auch er greife weder
Kelle noch eine andere Handarbeit an.

Sehr namhafte Paläste dieser Zeit: derjenige der Colonnesen in Genazzano; vgl. Pii II. Comment. L. VI, p. 308,
– und besonders der des Patriarchen Vitelleschi (st. 1440)
zu Corneto, als Absteigquartier großer Herrn, auch der
Päpste errichtet, mit dichtschattigen und wasserreichen

Gärten; Paul. Jovii elogia, sub. Jo. Vitellio, – Jac. Volaterran., bei Murat. XXIII, Col. 152. (Wie viel davon
noch vorhanden?)

Es kommt für die Geschichte der Frührenaissance sehr in
Betracht, daß die Paläste der aragonesischen Könige
verschwunden, die der Päpste und der Sforzas umgebaut
und alle übrigen Reste der damaligen Fürstenbauten, mit
Ausnahme von Urbino und Mantua, noch nicht im Zusammenhang untersucht sind.

[§ 91]
Der toscanische Typus.

Unter den entschiedener ausgebildeten Palasttypen nimmt
der florentinisch-sienesische, der frühste, zugleich für lange
Zeit den ersten Rang ein und wird für ganz Italien zugleich
mit der von Florenz ausgehenden neuen Formensprache
das wesentlich Maßgebende.

Die Ausbildung der Fassaden vgl. § 39, 40, wo die
Hauptbauten aufgezählt sind.

Der bestimmende Bau war der vielleicht erst um 1440
begonnene Palast des Cosimo Medici, jetzt Pal. Riccardi
an der Via larga zu Florenz, von Michelozzo ⟨Abb. 10⟩;
jetzt innen stark umgebaut, doch sind u. A. noch vorhanden die wohlangelegten Treppen neben dem vortrefflichen Hallenhof.

(Francesco Sforza hatte dem Cosimo einen Palast in Mailand geschenkt; dieser sandte Michelozzo hin und ließ
einen neuen Bau, bloß Erdgeschoß und Obergeschoß
errichten, der an geschickter Aufeinanderfolge, richtiger
Anlage und Schmuck der Räume als ein Wunder galt.
Umständliche, aber nicht anschauliche Beschreibung aus
dem XXI. Buch des Filarete (§ 31), abgedruckt in den
Beilagen zum Anonimo di Morelli. Jetzt Casa Vismara;
erhalten ist nur das Portal mit der spielenden Pracht
seiner Skulpturen, und die untere Halle des ersten Hofes,
Rundbogen auf achteckigen Pfeilern.)

Das Lebensprinzip der toscanischen Fassade ist die völlig gleichmäßige Behandlung, das Verschmähen jeder besondern Charakteristik der Mittelpartie oder der Ecken, des sog⟨enannten⟩ Gruppierens.

Beweis einer hohen Anlage der florentinischen Kunst, die in einem schmuckliebenden Zeitalter auf Alles, was irgend die Aufmerksamkeit teilen konnte, auch auf Prachtpforten verzichtete, und die Mittel gleichmäßig auf das Eine Ganze verwandte.

Selbst wo etwa die Fenster prächtiger gestaltet sind, wie z. B. am Palast Pius II. zu Pienza, sind sie doch unter sich gleich.

Von der Anlage des Innern und den dabei waltenden Absichten gibt Pius II. bei Anlaß seines Palastes zu Pienza die wichtigste Rechenschaft.

Pii II. Comment. L. IX, p. 425 ss. Andere Stellen über Pienza II, p. 78. IV, p. 200. VIII, p. 377, 394. IX, p. 396. Vgl. § 8, 11, 40.

Säle jeder Bestimmung, darunter Speisesäle für drei verschiedene Jahreszeiten, liegen bequem um den Hallenhof, teils in dem gewölbten Erdgeschoß, teils darüber. – Rechts an der Halle liegt (wie im Pal. Medici) die sachte Haupttreppe; 20 breite Stufen jede aus Einem Stein führen zu einem Absatz mit eigenem Fenster, und 20 von da rückwärts in den obern Korridor; dasselbe gilt auch von der Treppe des zweiten Geschosses. (Wendeltreppen, damals ein Hauptanlaß zur Pracht in nordischen Königsburgen, galten den Toscanern nur noch für erlaubt in den Diensträumen, wie jene Schilderung von Casa Vismara andeutet, und als geheime Hülfstreppen.) – Der erste Stock hat nach dem Hof zu keine Halle mehr, sondern einen geschlossenen Korridor mit viereckigen Fenstern und flacher Kassettendecke; von ihm aus führen Türen rechts in einen Saal, zu welchem zwei Zimmer und ein Kabinett gehören, links in den Sommerspeisesaal, an welchen die Kapelle stößt. An der hintern Seite, welche nach außen der schönen Aussicht zu Liebe in 3 Hallen

übereinander geöffnet[1] ist, findet sich jener große Saal
mit mehrern (hier 6) symmetrischen Türen, welcher seither in den italienischen Palästen gewöhnlich als Warte-
saal, festlich mit Teppichen geschmückt aber als Zeremo-
niensaal dient; die Türen der Schmalseiten führten hier in ₅
2 Prunkzimmer. Das oberste Geschoß hatte dieselbe
Anlage wie das mittlere, nur in weniger reichen Formen.
Der Bau voller Licht und Bequemlichkeit (nur für die
Küchen ein besonderer Ausbau hinten); überall Gleichheit des Niveau's und nirgends eine Stufe zu steigen. Der ₁₀
Blick der Hauptachse geht durch Vestibul, Hallenhof,
Hinterbau und Außenhalle bis an's Ende des Gartens.
(Vgl. § 97.)
In den Höfen blieb die toscanische Schule im Ganzen der
Säule getreu, bis tief in die Zeiten des Barockstiles; ein ₁₅
Urbild besonnener Eleganz z. B. der Hof von Pal. Gondi
in Florenz (von Giul. Sangallo). Der Charakter des Stei-
nes, pietra serena, paßte trefflich zu der einfachen Zier-
lichkeit sämtlicher Formen solcher Höfe ⟨Abb. 11⟩.

[§ 92]   ₂₀
Einfluß des toscanischen Palastbaues.

Es bildete sich eine allgemeine Voraussetzung zugunsten
toscanischer Palastbaumeister. Gegen Ende des 15. Jahr-
h⟨underts⟩ erhielt auch das florentinische Haus durch
Baccio d'Agnolo diejenige Weihe der Form, welche Größe ₂₅
und Pracht des Palastes vergessen läßt.

---

1 Diese Öffnung eines Palastes nach der Gartenseite hin ist noch
   bis in die neuere Zeit an italienischen Palästen nicht selten
   gewesen, nur hat man hie und da das schon Geöffnete wieder
   zugemauert, um geschlossene Räume zu gewinnen. Am Pal.
   Farnese in Rom enthielten alle 3 Geschosse der Gartenseite
   große offene Hallen, allein die des Mittelstockwerkes wurde
   zugemauert, als die Galeria des Annibale Caracci an dieser Stelle
   entstand. Ein anderes recht schönes Beispiel: die Gartenseite des
   Pal. di Firenze in Rom, von Vignola.

Die Verbreitung der toscanischen Meister durch Italien
§ 15. Die Ungenügsamkeit des Federigo von Urbino und
Lorenzo magnifico § 11. Giuliano Sangallo's vielseitige
Tätigkeit § 59. Offenbar verlangte man weniger die toscanische Fassade als vielmehr die treffliche Anordnung
des Innern.

Wer in Franc. Maria Grapaldus de partibus aedium, über
die Kunstform des Hauses Belehrung erwartet, wird sich
getäuscht finden.

Über Baccio d'Agnolo (1460 bis 1543), den Vater zweier
nicht unwürdiger Söhne, siehe Vasari IX, p. 225, 227 und
§ 152. Über seine seither zum Namen Palazzi emporge-
drungenen Häuser: Bartolini, Serristori, Levi, Rosselli
etc. vgl. den Cicerone d. Verf., S. 316 f. – In Siena eine
besonders edle Hausfassade: Pal. della Ciaja, von Cecco
di Giorgio, ebenda, S. 184. – Im Ganzen ist wohl das
Wegbleiben der Rustica (§ 9, 39) für das Haus im Gegen-
satze zum Palazzo bezeichnend, doch durchaus nicht
immer. Die Beschränkung des Umfanges und der Formen zugleich war und blieb in jedem einzelnen Falle
Sache des feinern künstlerischen Gefühls.

[§ 93]
Der Palast von Urbino und die Bauten der Romagna.

Neben Palazzo Medici galt im 15. Jahrhundert besonders
der Palast von Urbino als in seiner Art klassisch; später
gesellte sich als dritter hinzu der gewaltige Backsteinpalast
der Bentivoglî zu Bologna.

Über den Palast von Urbino Vasari IV, p. 137 s., Nota, v.
di Paolo Romano, und p. 205, Nota, v. di Franc. di
Giorgio, sowie das Prachtwerk von Arnold. Der große
Federigo von Montefeltro (§ 6) baute und schmückte seit
1447 beständig daran, zuerst mit Hilfe des Illyriers Luciano da Lauranna (§ 11); erst um 1480 kam Baccio Pintelli hinzu, von welchem wesentlich der schöne Hallenhof herrühren soll, ebenso wie derjenige in dem kleinen

herzoglichen Palast zu Gubbio, »einem der schönsten, die man sehen könne«, wie die im § 42 erwähnten venezian⟨ischen⟩ Gesandten urteilten. – Der Pal. von Urbino, auf schroffem und ungleichem Grund und daher außen unregelmäßig, genoß den höchsten Ruhm durch seine vollkommen zweckmäßige Anlage und fürstliche Pracht. Lorenzo magnifico erbat sich eine genaue Aufnahme davon; Gaye, carteggio, I, p. 274. Die Haupttreppe, laut Vasari die trefflichste, die es bis damals gab, ist doch auf eine Weise, die noch sehr das in Treppen bescheidene 15. Jahrhundert bezeichnet, dem Auge entzogen.

Neben dem Pal. von Urbino und dem Pal. di Venezia zu Rom rühmt Filippo de Lignamine (schr. 1474, abgedruckt bei Eccard, scriptores, I, Col. 1312) noch insbesondere die Paläste des Grafen Tagliacozzo in Bracciano und des Gio. Orsini, Erzb⟨ischof⟩ von Trani, in Vicovaro, welche an Pracht, Gartenanlagen, Wasserleitungen, Hallen und Größe der Säle miteinander wetteiferten. Der Palast der Bentivoglî zu Bologna, schon 1506 zerstört, nicht Vorbild, aber vermutlich höchste Blüte des romagnolischen Backsteinbaues; Paul. Jovii elogia, sub Jo. Bentivolo; vgl. Kultur der Renaissance, S. 502. – Mehrere Mitglieder dieses halbfürstlichen Hauses hatten noch ihre besondern Paläste.

Über Bologna und die Romagna überhaupt § 6, 45. Die bolognesischen Fassaden bilden in ihrer Längenrichtung keine geschlossenen Kompositionen, da ihre Erdgeschosse den fortlaufenden Straßenhallen gehören. In Ermanglung einer bestimmten Mitte kann dann auch die Pforte, ohnehin im Schatten der Halle und daher kein Gegenstand des Schmuckes, angebracht werden, wie es bequem ist. Höfe und Treppen, auch abgesehen von der oft großen Schönheit der Formen, meist glücklich auf nicht großem Raum angeordnet, und zwar bis spät in die Barockzeit hinein. (Die Höfe vgl. § 46.)

In Ferrara der unvollendete und halb verfallene Pal.

Scrofa, mit prachtvollem Hallenhof, an welchem nach
dem Garten eine Säulenloggia und ein quadratischer, mit
trefflichen Fresken ausgemalter Saal stößt.

[§ 94]

Der venezianische Typus.

Venedig, welches in betreff der Palastkomposition eine
fertige gotische Erbschaft antrat, ist die Heimat des Gruppierens und auch in diesem Sinne Gegensatz und Ergänzung von Florenz.

Für das Folgende Sansovino, Venezia, fol. 139 ss. und
Serlio, L. III, fol. 79, auch L. IV, passim. Sabellico ist nur
für die Dekoration, nicht für die Anlage ergiebig. Über
die gotischen Paläste § 21, über die Inkrustation der
Fassaden und deren Konsequenzen § 42, 43.

Ein großer Raum mit zwei Reihen von Nebenräumen
geht durch die üblichen 3 Stockwerke hindurch und
öffnet sich ziemlich gleichartig nach einer Kanalseite und
einer Gassen- oder Platzseite. Im Erdgeschoß eine Tür,
respektive Wasserpforte und kleinere Fenster; die Nebenräume zum Teil als Keller dienend. In den 2 obern
Geschossen ist der Hauptraum ein durchgehender Saal
mit jenen großen Loggien oder Fenstergruppen an beiden Enden und symmetrischen Türen zu beiden Seiten;
daneben auf beiden Seiten Zimmer mit je 2 Fenstern.

Die Fenster haben meist Balkone. (Die strengere Architektur verwarf die auf Konsolen schwebenden Balkone,
vgl. § 102, und Serlio gibt im IV. Buch deshalb eine schöne
venez⟨ianische⟩ Fassade, an welcher die Balkone durch
das Zurücktreten der obern Mauer ganz sicher und fest
auf die Mauer des Erdgeschosses zu ruhen kommen.)

Die Treppen, meist in den Nebenräumen, bedeuten hier
nicht viel; um so mehr wurden einige nicht in Privatpalästen befindliche bewundert: die in der Scuola di S.
Marco und die glücklich angelegte und würdevoll verzierte in der Scuola di S. Rocco (§ 87), sowie die Scala
d'oro im Dogenpalast.

Höfe, wo sie vorhanden sind, gewinnen lange Zeit keine selbständige Bedeutung und dienen nur dazu, einiges Licht zu schaffen für das Gebäude sowohl als für die Zisterne, deren Wasser nur dann für gesund gilt, wenn Luft und Licht Zutritt haben.

Zu Anfang des 16. Jahrhunderts seit der letzten großen Steigerung des Bauaufwandes (§ 42) wurde auch der kostbare Raum weniger gespart, und Sansovino und Sanmicheli durften Höfe mit Pfeilerhallen anlegen und auch am Äußern die klassischen Formen im größten Maßstab auf das gegebene Kompositionsmotiv anwenden.

Diese Höfe hießen alla romana gebaut. – Jac. Sansovino baute »nach den Regeln Vitruv's« Pal. Delfino, Pal. Cornaro etc.

Sanmicheli, noch freier, öffnete am Palazzo Grimani die Obergeschosse zu Riesenfenstern gleich Triumphbogen. Auch an seinem Palast Bevilacqua zu Verona ⟨Abb. 13⟩ gab er dem Obergeschoß, über einem Rusticaerdgeschoß, den Charakter hoher Festlichkeit; am Palast Pompei ebenda den Charakter ernster Pracht.

Mailand hat bei einer Fülle trefflicher Bauten doch keinen besondern Palasttypus und Genua erhält den seinigen erst später. Neapel ist auffallend arm an Palästen der guten Zeit. Die mailändischen Backsteinhöfe § 46. Über Genua § 105. – In Neapel ist schon im 15. Jahrh⟨undert⟩ die Vorliebe für große Einfahrten bemerklich; das einzige wahrhaft klassische Gebäude, Pal. Gravina von Gabriele d'Agnolo, ist so umgebaut, daß es besser nicht mehr vorhanden wäre.

[§ 95]
Rom und seine Bauherrn.

Rom, welches sich die Kräfte von ganz Italien aneignet, hat nicht nur wegen verschiedener Herkunft der Künstler, sondern wegen sehr verschiedener Absichten der Bauherrn Anfangs keinen herrschenden Palasttypus. Es ist in den

Jahren 1500 bis 1540 die Stadt des stets Neuen und Abweichenden, der größte Tauschplatz architektonischer Ideen.

Létarouilly, édifices de Rome moderne, III Tomes.

Die Bauherrn: die vornehmen Häuser, welche sich früher
mit dem Bauwesen von Landbaronen begnügt hatten; ihr
Maßstab steigt seit 1470, da z. B. ein Orsini den Palast zu
Bracciano baute non tam ad frugalitatem romani proceris
(Barons) quam ad romanor. pontificum dignitatem; Jac.
Volaterran. bei Murat. XXIII, Col. 147.

Die reichern Kardinäle und ihr wachsender Bauluxus seit
Pius II., vgl. § 8. – Unter Sixtus IV. dessen verschwen-
derischer Nepot Kardinal Pietro Riario; bei einem fürstlichen Empfang in dessen Palast die frühste bekannte
Ventilation, freilich nur als Vorrichtung des Augenblicks, mit Blasebälgen (1471), vgl. Corio, storia di Milano, fol. 417 ss. (Vgl. unten § 158.)

Seit 1500: Palazzo della Cancelleria (erbaut für Kardinal
Rafael Riario), – Pal. Giraud (für Kard. Hadrian von
Corneto) –, dann Pal. Farnese (für Paul III. als Kardinal)
u. a. m.

Von Prälaten jedes Ranges, Schreibern der päpstlichen
Kurie usw. sind mehrere der wichtigsten kleinern Paläste
und Häuser gebaut. Zum Teil wohl, weil es keine sichere
Anlage des Vermögens gab und weil man keine Leibeser-
ben hatte. Dazu die Baulust und die Sorge für Unvergänglichkeit des Namens, den man gerne in allen Friesen
wiederholte.

Der Bauwetteifer weltlicher Familien sucht einen bestimmten Rang gleichartig auszudrücken; derjenige
geistlicher Herrn ist frei der Originalität hingegeben.

Auch wer sein Erdgeschoß zu Buden vermietete, wollte
doch einen Palast haben, sodaß die Miete den größern
Bauaufwand decken half. So an Pal. Vidoni-Caffarelli
und am Hause des Branconio d'Aquila (Rafael, s. unten),
an Pal. Maccarani und Cicciaporci (Giulio Romano), an
Pal. Niccolini (Jacopo Sansovino); meist Prälatenbauten.
Die bedeutenden Palastbauten der Päpste wirkten natür-

lich in manchen Punkten auch auf den Stil der Privatpaläste ein.

[§ 96]
Die römischen Fassadentypen.

Rom besitzt zunächst die edelsten Rusticafassaden mit Pilastern an Palästen Bramante's.

Pal. Giraud und die Cancelleria, § 40, 56, 95. – Die vor-
bramantesken Fassaden, § 41.

Den geraden Gegensatz hiezu bilden eine Anzahl Fassaden
mit konsequenter Scheidung von Stein und Mauerwerk, so
daß Sockel, Fenster, Türen, Simse und Ecken, sämtlich aus
Stein in kräftigster plastischer Bildung (§ 54), aus einer
Mörtelfläche vortreten, die Ordnungen von Pilastern und
Halbsäulen aber wegbleiben.

Wenn man von einem römischen Palasttypus sprechen
will, so ist es am ehesten dieser.

Das größte und einflußreichste Beispiel, Pal. Farnese,
vom jüngern Ant. Sangallo, begonnen vor 1534 ⟨Abb.
12⟩. Früher: Pal. di Venezia und Pal. Sora, mit Unrecht
letzterer dem Bramante zugeschrieben. Später: Pal.
Sciarra u. A. Als man den Fenstern kräftige Einfassungen und selbst vortretende Säulen gab (§ 51), konnte das
Auge die Pilasterordnungen sehr wohl entbehren.

Rafael dagegen, welcher die stärkste und vielartigste plastische Ausdrucksweise vertritt, fügt gerne Halbsäulenordnungen, sogar verdoppelte, und Nischen hinzu; Flächen
werden als quadratische Mauerfelder eingerahmt.

Noch ohne solche Zutaten, aber majestätisch kräftig in
der Bildung der Fenster, Ecken, Simse etc.: Pal. Pandolfini in Florenz.

Mit gedoppelten Halbsäulen im Obergeschoß über einem Rusticaerdgeschoß: Pal. Vidoni-Caffarelli in Rom,
und Pal. Uguccioni in Florenz, letzterer mit doppeltem
Obergeschoß.

Ein Inbegriff aller Formen, welche Rafael nach den Ge-

setzen des Schönen in Eine Fassade zusammenzudrängen
sich getraute: das im Jahr 1667 zerstörte, durch einen
Kupferstich (sehr klein bei d'Agincourt, T. 57, größer
bei Létarouilly) bekannte Haus des Branconio d'Aquila,
eines päpstlichen Camerlengo, sonst fälschlich als Rafael's eigenes Haus bezeichnet; Vasari VIII, p. 43, Nota,
v. di Raffaello. Unten, in fünf großen Bogen mit dorischen Halbsäulen, die Buden nebst den Fenstern eines
kleinen Halbstockwerkes darüber; im Mittelstockwerk 5
Fenster mit kräftigen Giebeln und Halbsäulen, dazwischen Nischen für Statuen; über den Giebeln liefen
prächtige Stukkoguirlanden hin, zwischen welchen sich
die Luken eines zweiten Halbstockwerkes befanden;
endlich die 5 Fenster des Obergeschosses mit oblongen,
besonders eingerahmten Mauerfeldern dazwischen.
Die äußere Fassade des Pal. Spada (Vasari XII, p. 102, v.
di Dan. da Volterra), von Mazzoni, ist trotz ihrem Effekt
nur eine mißverstandene Nachahmung hievon; doch die
Hoffassade beträchtlich besser. –
Im Gegensatz zu diesem allem zeigen die in § 95 genannten Fassaden des Giulio und Sansovino eine kräftige und
angenehme Wirkung durch die einfachsten Mittel; oben
meist eingerahmte Mauerfelder.
Die möglichste Einheit des Kranzgesimses (§ 38) wird in
Rom an den verschiedensten Fassaden nach Kräften behauptet.
An der hintern Fronte des Pal. Farnese nimmt die große
dreibogige Loggia des Giacomo della Porta die Mitte
ein, ohne vor- oder zurückzutreten; sie erhielt ein besonderes, leichteres Kranzgesimse, dessen oberster Rand
jedoch mit dem des ganzen Palastes (von Michelangelo,
§ 50) in Einer Linie fortläuft.
Der Barockstil hat erst um die Mitte des 17. Jahrhunderts
diese Sitte völlig sprengen können.

[§ 97]
Römische Palasthöfe.

Die Palasthöfe Roms umfassen alle innerhalb dieses Stiles denkbaren Kombinationen, den erhabensten Pfeilerbau mit Halbsäulen, die schönsten Säulenhallen, die geistvollsten Fiktionen, welche große Motive in einen kleinen Raum zaubern, endlich die genialsten Hilfsmittel, um mit wenigem Stoff und Raum einen noch immer monumentalen Eindruck hervorzubringen. Es sind zum Teil Triumphe des Proportional-Wohltuenden und des Optisch-Schönen.

Pfeilerhallen mit Halbsäulen: Pal. di Venezia (§ 37), und höchst vollkommen: der Hof von Pal. Farnese von Michelangelo; die 2 untern Stockwerke in nahem Anschluß an das Marcellustheater, das oberste geschlossen, mit Fenstern.

Der Säulenhof von Bramante's Cancelleria, von den besten Verhältnissen der Länge zur Breite und Höhe, mit 2 Bogenhallen auf dorischen Säulen ringsum; darüber ein geschlossenes Obergeschoß mit korinthischen Pilastern; die Säulen wahrscheinlich aus der anstoßenden Kirche S. Lorenzo in Damaso, welche dafür Pfeiler und eine neue Gestalt erhielt (§ 77).

Der achteckige Pfeiler, welcher im 15. Jahrhundert zu Pintelli's Zeiten öfter gebraucht wurde, hatte seit Bramante sich nirgendwo mehr blicken lassen.

Andere gute Säulenhöfe der goldenen Zeit: in Pal. della Valle, in Pal. Lante etc.

In mehrern Höfen ⟨Abb. 14⟩, zum Teil von kaum bekannten Architekten, ist die Pfeilerhalle mit Pilastern zwar bloß auf einer oder zwei Seiten wirklich geöffnet, auf den andern Seiten aber als Abbild wiederholt und mit Wänden ausgefüllt, welche Fenster (zum Teil nur falsche) enthalten; auch das obere Stockwerk wird auf dieselbe Weise ringsum geführt; erst durch diese schönste und erlaubteste aller Täuschungen kommt eine strengere

Harmonie in die ganze Anlage. (Hat Peruzzi durch den
Hof von Pal. Massimi die Anregung dazu gegeben?)

Auch in ganz kleinen Dimensionen wird bereits in dieser
Zeit durch weise Benützung eines Durchblickes und
Lichteinfalles, mit Hilfe weniger Säulen, eines Brunnens
oder Garteneinganges ein höherer Eindruck hervorgebracht.

Große, wenigstens beabsichtigte Perspektive: Laut Michelangelo sollte man im Pal. Farnese durch die Einfahrtshalle mit ihren dorischen Säulen, durch den Hof
und die hintere Halle den farnesischen Stier als Brunnengruppe erblicken; in derselben Art sollte eine Brücke
über den Tiber in die Gärten der Farnesina führen; Vasari
XII, p. 232, v. di Michelangelo. Vgl. § 91 den Palast von
Pienza.

Außer aller Linie stehen die beiden Haupthöfe des Vatikans: Cortile di S. Damaso von Rafael (Hof der Loggien,
vgl. § 60), und der ungeheure Haupthof (§ 35, begonnen
1503), leider nie ganz zur Ausführung gelangt; ein unterer Hof und ein oberer Ziergarten, Giardino della
pigna, durch gewaltige doppelte Rampentreppen (§ 117,
126 ⟨Abb. 15⟩) miteinander verbunden, an deren Stelle
sich jetzt Biblioteca, Braccio nuovo etc. befinden; den
letzten Abschluß des Hallenbaues, welcher den Giardino
della pigna umgibt, bildet eine kolossale Apsis, bekrönt
von einem halbkreisförmigen Säulengang.

[§ 98]
Die unregelmäßigen Grundpläne; die Zwischenstockwerke.

Rom ist ferner die Stätte, wo die Architekten auf engem
und unregelmäßigem Grundplan edel und monumental
bauen lernten.

Florenz hatte von jeher zu viele gerade Straßen, als daß
wertvolle Bauten sich hätten in hoffnungslos schiefe und
krumme Bauplätze schicken müssen. In Rom drängte
sich unter Julius II. und Leo X. Alles auf das Marsfeld,

Via Giulia, Umgegend des Pantheon, der Piazza navona etc., mit einem Worte, in das Straßengewirr des verkümmerten mittelalterlichen Roms.

Baldassar Peruzzi wandte alle Schätze des reifsten Studiums auf den in krummer enger Straße gelegenen Pal. Massimi, gab die Fassade als Ganzes preis, erhob aber deren Krümmung zu einem Motiv des höchsten Reizes in der Halle des Erdgeschosses und verteilte Korridore, Treppen, Säle und einen nur kleinen, aber einzig schönen Hof (§ 35) auf den unregelmäßigen Grundplan in bewundernswerter Weise. Alle Einzelformen sind vom Besten der goldenen Zeit.

In Pal. Linotte 〈Abb. 14〉 verstand er es, wenigstens auf geringer, wenn auch nicht unregelmäßiger Grundfläche einen höchst edeln Bau mit zierlichster Anlage des Höfchens und der Treppe zu errichten.

Bei Serlio, L. VII, p. 128, die frühste Anweisung, wie man sich bei unregelmäßigem Grundplan überhaupt zu helfen habe, wahrscheinlich nach Beispielen aus Rom.

In Rom kommen um diese Zeit die Zwischenstockwerke oder Mezzanine mehr in Gebrauch, ohne doch bei den bessern Architekten nach außen den Charakter eines wirklichen Stockwerkes zu erhalten.

Oberste kleinere Geschosse für die Dienerschaft, mit kleinen Fenstern, welche dann gerne den obersten Fries einnehmen, sind längst und überall vorhanden.

Die römische Neuerung besteht darin, daß auch die Herrschaft in der Mitte des Hauses niedrigere Räume verlangt, und zwar für leichtere Heizbarkeit im Winter, wie Serlio ausdrücklich bezeugt.

Wenn ferner irgendein Stockwerk große und kleine Räume nebeneinander enthielt, so mußte in letztern, oft weit unter der wahren Decke, eine falsche eingesetzt werden, und es entstand ein leerer Raum (ein sogenannter vano), den man sonst häufig den Mäusen und dem Dunkel überließ, nunmehr aber gerne zu Zwischenwohnungen benützte. Serlio, L. VII, p. 28: Tutti li luoghi

mediocri et piccoli si ammezzaranno per più commodità,
d. h. sobald ein Raum zu klein ist für die allgemeine
Stockwerkshöhe, halbiert man ihn.

Einstweilen aber werden die betreffenden Fenster nach
außen immer nur beiläufig angebracht in einem Fries
oder im Sockel der nächstobern Ordnung oder innerhalb
derselben Ordnung mit dem darunter befindlichen
Hauptstockwerk (letzteres in den Fassaden Bramante's)
oder in der Füllung eines Bogens. Erst etwa seit 1540
proklamiert sich das Mezzanin nach Außen als besonderes Stockwerk, nicht zum Vorteil der Komposition, welche in der guten Zeit möglichst wenige und große Abteilungen liebte.

(An Sanmicheli's Pälästen zu Venedig und Verona, § 94,
kommen sehr kühne Einteilungen vor; doch hat er das
Mezzanin einstweilen nur im Hof des Pal. Canossa zu
Verona als besonderes Zwischengeschoß gegeben.)

[§ 99]
Die römischen Treppen.

Auch die Treppen (vgl. § 91) verdanken Rom einen bedeutenden Fortschritt in das Bequeme und Imposante, wie dies
in der Stadt der Zeremonien nicht anders sein konnte.

Alle Treppen des 15. Jahrhunderts kamen dem 16. Jahrhundert steil vor; z. B. auch noch die des Cronaca im Pal.
Strozzi und im Signorenpalast zu Florenz; Vasari VIII,
p. 120, 124, v. di Cronaca.

Bramante in verschiedenen (jetzt meist veränderten)
Räumen seines vatikanischen Baues soll sich mit Stiegen
jeder Art recht wohl zu helfen gewußt haben: Vasari VII,
p. 133, v. di Bramante und doch sind die Treppen der
Cancelleria noch relativ steil, ebenso die der Farnesina
von Peruzzi.

Die erste ganz bequeme, breite und mit durchgeführter
Pilasterbekleidung versehene Treppe ist die des Pal. Farnese, vom jüngern Ant. Sangallo.

Von da an wird keine tadelhafte Treppe mehr gebaut, sobald nur irgend die Mittel reichen.

Auch die für die Bedienung, den Transport etc. bestimmten Wendeltreppen, bisweilen ohne Stufen, für Maultiere gangbar, erhielten jetzt eine monumentale Ausstattung; so die des Bramante im Vatikan (d'Agincourt, T. 57), mit wechselnden Ordnungen der Säulen des innern Randes. Andere berühmte Wendeltreppen: die des Giulio im Palast von Mantua, die des Genga in Monte Imperiale bei Pesaro; Vasari XI, p. 106, v. di Giulio; XI, p. 90, v. di Genga.

Michelangelo's in Rom komponierte Treppe für die Vorhalle zur Biblioteca Laurenziana in Florenz, welche soviel Aufsehen machte, ist wie die Vorhalle selbst (§ 56) ein unbegreiflicher Scherz des großen Meisters. Näheres bei Vasari X, p. 273, v. di Tribolo; XII, p. 242, v. di Michelangelo; – Gaye, carteggio III, p. 12; – Lettere pittoriche I, 51; s. oben § 60.

[§ 100]
Die Paläste bei Serlio.

Neben den ausgeführten Bauten kommt vorzüglich Serlio's Sammelwerk (§ 31) in Betracht, welches nicht sowohl eine vielseitige Rechenschaft über den ganzen damaligen Palastbau, als vielmehr zahlreiche teils eigene, teils von Baldassar Peruzzi erhaltene Zeichnungen, oft von sehr hohem Werte enthält.

Hauptsächlich zu Ende des III. sowie im IV. und VII. Buche. Die Wirkung dieser Publikation § 12, 31. Wir zitieren nach der Quartausgabe.

Serlio wendet bereits jene stärkern Ausdrucksmittel an, welche hauptsächlich seit Rafael in Gebrauch gekommen, § 51, 54, 96. Von Mezzaninen macht er reichlichen Gebrauch, doch ohne sie je außen als eigenes Stockwerk anzuerkennen.

Einige Idealfassaden des VII. Buches (S. 120 ff.) sollen

insbesondere den Unterschied lehren zwischen: un' architettura soda, semplice, schietta, dolce e morbida, und:
una debole, gracile, delicata, affettata, cruda, anzi oscura
e confusa.

Sehr schön und zum Teil wahrhaft endgültige Lösungen:
die Hallenfassaden etwa in bolognesischer Weise ⟨Abb.
16 o.⟩ oder für die Umgebung von großen Plätzen
(L. IV); – Säulen mit geradem Gebälk ⟨Abb. 16 u.⟩ – je
2 Säulen mit geradem Gebälk die Bogen tragend ⟨Abb.
17 o.⟩; – einfache Pfeiler mit Bogen; – Bogenpfeiler mit
einer Halbsäulenordnung ⟨Abb. 17 u.⟩; – Pfeilermassen
mit je 2 Halbsäulen und einer Nische dazwischen; – ja
Gebäude, die zu schon vorhandenen allzukurzen oder
allzuschlanken Säulen eigens erfunden sind. Zu all diesem komponiert er den Oberbau jedesmal neu, teils wiederum als (wahre oder scheinbare) Halle, teils als geschlossenen Bau mit oder ohne Ordnungen. – (Auch im
VII. Buch einige Hallenfassaden.)

Unter den Fassaden venezianischer Art (L. IV) sind
ebenfalls einige treffliche.

Im VII. Buche ferner Aufgaben auf unregelmäßigem
Grundplan (S. 128); – Palastbau an Abhängen (S. 160, so
ziemlich das genuesische Prinzip: der Palast vorn, der
Hof gegen den Abhang, der hier eine Mauerwand bildet;
über dieser der Wasserbehälter). – Wie ungleiche Fen-
sterintervalle durch symmetrische Wiederholung das
Störende verlieren können gleich der discordia concor-
dante eines mehrstimmigen Gesanges, lehrt er S. 168 ff.
– Leider ist bei der Besprechung des Innern seine Definition von Sala, Salotto und Saletta (S. 148) durch
Druckfehler unrettbar entstellt.

Seinen französischen Patronen zu Ehren redet er auch
von großen prächtigen Dachschlöten und Dachfenstern,
dergleichen die französische Renaissance, d. h. die mit
Renaissanceformen bekleidete Gotik, aus dem Mittelalter übernommen hatte. In Italien hatte man allenfalls die
flüchtig verzierten venezianischen Schlöte oder solche in

Gestalt von bemalten Zinnentürmchen, wie z. B. auf dem Palast von Pienza, aber ohne daß irgend ein Gewicht darauf gelegt worden wäre. Ein Anblick wie Chambord, wo die wichtigsten charakteristischen Bauformen auf das Dach verlegt sind, hätte in Italien durchaus nur Heiterkeit erregt.

(Alberti, de re aedificatoria, L. VI, c. 11; L. IX, c. 4 läßt als einzig wünschenswerte Dachzierden Obelisken, Laubakroterien und Statuen gelten, und auch dazu ist es im 15. Jahrhundert an weltlichen Gebäuden fast nie und im 16. nur selten gekommen, zum Teil aus Ehrfurcht vor der Herrschaft des Kranzgesimses.)

[§ 101]
Öffentliche Paläste; ihre Säle.

Paläste für öffentliche Zwecke werden besonders charakterisiert durch große Säle und hallenmäßige Öffnung nach außen. Das Mittelalter mit seinem wirklichen politischen Leben hatte die Gestalt solcher Bauten bereits im Großen festgestellt (§ 21).

Wir abstrahieren hier von den verschiedenen Namen und Bestimmungen: Palazzo del comune, – della ragione, – del consiglio, – de' tribunali, – del podestà, – del prefetto etc. Die Bestimmungen haben ohnehin oft gewechselt.

Von den großen Sälen ist kaum einer mehr in derjenigen Gestalt erhalten, welche ihm die goldene Zeit gab; auch die Sala del gran consiglio im Dogenpalast und der obere Saal der Scuola di S. Rocco zu Venedig sind beherrscht von spätvenezianischen Malereien; der große Saal im Signorenpalast zu Florenz war, so wie man ihn bis in unsere Zeiten sah, erst das Werk Vasari's, der ihm indes doch einen reichen hintern Abschluß zu geben wußte. Von demjenigen im Pal. comunale zu Brescia, sowie von dem im Innern des Pal. del Podestà zu Bologna befindlichen (170 auf 74 Fuß, einst zum Konklave Johanns XXIII., später zum Theater und zuletzt zum Ballspiel gebraucht) weiß Verf⟨asser⟩ nichts in betreff des Innern anzugeben. – Die Decken, innen kassettiert oder bemalt, hängen am Dachgerüste.

Den Salone in Padua erreicht keines dieser Gebäude an Umfang. Das Verhältnis der Größe zur Höhe und die Beleuchtung ist kaum irgendwo angenehm, so daß solche Säle neben den großen Sälen namhafter Privatpaläste (§ 91), sowie neben großartigen Klosterrefektorien und Kapitelhäusern mit Oberlicht, zumal gewölbten, zurückstehen müssen.

Der schönste große Saal der Renaissance, freilich schon auf der Neige des Stiles, ist nach meinem Dafürhalten die Sala regia des Vatikans mit ihrem von Perino und Daniele da Volterra herrlich stuckierten Tonnengewölbe (§ 177), ihren 5 Pforten und ihrem einzigen, mächtigen, in der Höhe angebrachten Fenster.

Vasari zählt die großen Säle auf bei Anlaß des florentinischen, den er selber umbaute, VIII, p. 123, v. di Cronaca: einer im Pal. di Venezia zu Rom (?), ein von Pius II. und Innocenz VIII. erbauter im Vatikan (verbaut), einer im Kastell (nuovo) zu Neapel (?), dann die Säle des Palastes von Mailand (jedenfalls verbaut), der Pal. von Urbino (wo sich kein besonders großer Saal befindet), nebst den bekannten von Venedig und Padua.

[§ 102]
Der Hallenbau öffentlicher Paläste.

Der offene Hallenbau ist der sprechende Ausdruck dafür, daß das betreffende Gebäude das Eigentum Aller sei. Nicht nur wurde ihm das Erdgeschoß fortwährend fast ganz oder zum großen Teile überlassen, sondern auch das Obergeschoß nahm, wenigstens dem Scheine nach, die Formen desselben an.

Selbst an schon vorhandene Amtsgebäude wurde wohl eine Halle hingebaut; Annales Placentini, bei Murat. XX, Col. 958, 960, zum Jahre 1479.

Schon im Mittelalter bildet an den Palazzi pubblici, Pal. della Ragione (d. h. Gerichtsgebäude), Broletti etc. von Oberitalien das Erdgeschoß unter dem großen Saal geradezu einen öffentlichen Durchgang. – Idealbild eines solchen Palastes in den Fresken des Benozzo, Campo santo von Pisa, Geschichte Josephs. – Der Pal. del Podestà, früher unten geschlossen (Florenz, Pistoja), erhält nun hie und da ebenfalls eine offene Halle; seine allgemeinen Requisite bei M. Savonarola, ap. Murat. XXIV, Col. 1174: Säle, Kapelle, Kanzlei, Räume aller Art, Wohnungen der Beamten, Ställe etc. – Die wichtigern Gebäude sind folgende:

Pal. Communale zu Brescia, erbaut 1508 von Formentone, mit mächtiger unterer Halle innen auf Säulen, außen auf Pfeilern, und mit reich dekoriertem Äußern. (Das Dachgeschoß später.)

Der zierliche Pal. del Consiglio zu Verona, erbaut vor 1500 von Fra Giocondo, unten wenigstens nach vorn völlig offen, mit einer Balustrade und 2 kleinen Treppen.

Die noch schöner komponierte Loggia del Consiglio zu Padua, von Biagio Rossetti; im Erdgeschoß 7 Säulenintervalle, deren 3 mittlere sich gegen eine stattliche Treppe öffnen.

Der Pal. del Podestà zu Bologna, 1485 umgebaut von Fioravante, mächtige untere und obere Pfeilerhalle, dort mit Halbsäulen (§ 41), hier mit Pilastern. – Über den Saal vgl. § 101.

Pal. Pretorio zu Lucca, mit geschlossenem oberem Stockwerk.

Das Zurücktreten der obern Stockwerke an den meisten dieser Gebäude hat seinen sehr guten Grund darin, daß man sich nicht auf schwebende Balkone über Konsolen verlassen wollte, wenn die Behörden bei feierlichem Anlaß sich oben zeigen mußten. Vgl. § 94. (Auffallendes Zurücktreten des Obergeschosses ohne solchen Grund an Rafael's Pal. Pandolfini, § 96.)

Am Dogenpalast zu Venedig gehört noch das ganze

Äußere und die Anlage überhaupt der gotischen Zeit an,
der Hof aber in den reichsten Formen der Renaissance
und in weißem Marmor ausgeführt (von Bregno, Scarpagnino, Guglielmo Bergamasco) ist für den Charakter
eines öffentlichen Gebäudes von diesem Range nicht
bezeichnend gestaltet und sein Wert liegt mehr in den
glänzenden Einzelheiten (Riesentreppe, Scala d'oro und
einige wenige Räume des Innern, welche noch ihre Ausstattung aus dem 15. und beginnenden 16. Jahrh⟨un-
dert⟩ erhalten haben).

Die alten Prokurazien in Venedig, für lauter Büros und
Amtswohnungen, das Erdgeschoß für Buden, nach der
Platzseite ein fortlaufender Bau offener Hallen, wahrscheinlich weil die festliche Bedeutung des Markusplat-
zes keine geschlossenen Fassaden geduldet hätte. (Die
neuen Prokurazien wiederholen dann das Motiv der Biblioteca, § 103, mit Zutat eines Obergeschosses. – Vgl.
auch § 114.)

Auch die Börsen, loggie de' mercanti, nebst den Zunft-
gebäuden, schließen sich, wenn auch in kleinerm Maßstab, dem Motiv der Stadtpaläste an, indem auch hier
eine untere Halle mit Treppe und Nebenräumen, und ein
oberer Saal für Versammlungen vorgeschrieben waren.
Vgl. das Projekt bei Serlio, L. VII, p. 116, und aus der
gotischen Zeit die Loggia de' mercanti zu Bologna. Bisweilen gehörte auch eine Kapelle dazu, wo jeden Morgen
ad devotionem et commodum mercatorum eine Messe
gelesen wurde. So im Palazzo della Mercanzia zu Siena,
welcher samt der Kapelle (Urk. v. 1416 bei Milanesi II,
p. 82, vgl. p. 93) gegen die Piazza hin schaut; auf der
Rückseite gegen eine höherliegende Straße wurde diejenige Loggia angebaut, welche jetzt Casino de' Nobili
ist.

[§ 103]
Sansovino und Palladio.

Wie schon in einigen der genannten Paläste das Längenverhältnis und die Zahl der Hallenbogen willkürlich ist, so wurde an zwei ganz exzeptionellen Gebäuden, an Jacopo Sansovino's Biblioteca zu Venedig und an Andrea Palladio's Basilica zu Vicenza der Doppelhalle als solcher, freilich in ihrer höchsten monumentalen Ausbildung, die Herrschaft völlig überlassen.

Die Biblioteca § 53. Es war eine ungerechte Kritik, wenn man dem Gebäude vorwarf, es sei zu niedrig für seine Länge, da dasselbe als Hallenbau keine bestimmte Länge haben will. Der Architekt aber gab bei seiner Verantwortung statt dieses wahren Grundes Scheingründe an, vorausgesetzt, daß die Aufzeichnung des Sohnes (Franc. Sansovino, Venezia, fol. 115) das vom Vater Vorgebrachte genau wiedergebe. Derselbe gab z. B. ohne Not zu, daß sein Bau im Vergleich mit dem Dogenpalast niedrig, aber ohne Rücksicht auf denselben entworfen sei; denn der Dogenpalast, welcher die Majestät der Republik darstellte, verlangte eine solche Rücksicht allerdings, und zwar in Gestalt einer Unterordnung der Biblioteca. Daß die geringe Höhe durch die geringe Tiefe entschuldigt wird, ist ebenfalls eine Ausrede; die geringe Tiefe hätte einen mächtig gruppierten Hochbau nicht ausgeschlossen und die Schmalseite gegen die Riva hätte sich schon maskieren lassen. Venedig wollte ein Meisterwerk nicht der Komposition, sondern der Durchführung.

Während des Baues publizierte 1544 Serlio (L. IV, fol. 154 oder 155), angeblich nur für ein raumsparendes venezianisches Wohnhaus mit Buden in der untern Halle, einen Entwurf, der Sansovino's Idee sehr schön in das Einfache, Schlankere und Edlere umdeutet.

Palladio umbaute seit 1549 den alten Palazzo della Ra-

gione seiner Vaterstadt Vicenza, ein nicht ganz regelmäßiges Oblongum, rings mit einer untern dorischen und
einer obern ionischen Halle; beidemale ist zwischen den
Halbsäulen der Hauptordnung ein Bogen auf freistehenden kleinern Säulen derselben Ordnung eingesetzt. So
entstand die »Basilica«, das öffentliche Gebäude als solches, wie man es in ganz Italien gerne gehabt hätte, ganz
in Hallen aufgelöst, gleich dem Marmorturm von Pisa.
An den Ecken wurden die Ungleichheiten auf das Ge-
schickteste verdeckt.

[§ 104]
Die Familienloggien.

Endlich mußte das 15. Jahrhundert einer eigentümlichen
Sitte genügen, dem Bau dreibogiger offener Loggien, wo
sich bei feierlichen Anlässen Korporationen oder bestimmte Familien versammelten oder Aufwartung annahmen.

Um 1450 erwähnt M. Savonarola (l. c. col. 1179) zu
Padua die prächtige, verzierte, auf vier Marmorsäulen
gestütze »Lodia, welche der Sitz der Rektoren und der
Adlichen ist«.

Schon das 16. Jahrh⟨undert⟩ verstand den Brauch offenbar nicht mehr; Vasari XI, p. 306, v. di Udine: »die
Loggia Medici sei erbaut zur Bequemlichkeit und zur
Versammlung der Bürger, wie es die vornehmsten Bürger damals zu halten pflegten.« Laut Lettere sanesi III,
p. 75 baute Pius II. die seinige, damit die Piccolomini
sich daselbst versammeln könnten »per esercizî pubblici
di lettere o di affari«. Lateinisch heißt sie urkundlich
theatrum; Milanesi II, p. 322. Laut Vitae Papar., Murat.
III, II, Col. 985 hätte noch ein Palast daran gebaut werden sollen.

Florenz hatte 1478 schon 21 solcher Familien-Loggien,
wobei noch ein halbes Dutzend vergessen sein sollen;
Varchi III, p. 107 ss.

Als formales Urbild mochte die gewaltige Loggia de'
Lanzi in Florenz gelten, wo die feierlichsten Akte der
Republik vollzogen wurden; erbaut 1375 von Orcagna,
nachdem man noch 1356 gemeint hatte, daß eine Loggia
sich für einen Tyrannen und nicht für einen Freistaat ,
schicke; Matteo Villani, L. VII, c. 41.

Doch mußten die Familien-Loggien des 15. Jahrhunderts, meist gegenüber dem Palast des betreffenden Geschlechtes, sich mit dem Charakter eines artigen Zier-
baues begnügen.   10

Erhalten: die Loggia der Ruccellai in Florenz, bei deren
Palast, und wie dieser von Alberti erbaut, und zwar trotz
seinem Vorurteil (§ 35) mit Bogen.

In Siena: die Loggia de' nobili als Rückseite des Pal. della
Mercanzia (§ 102), auf vier Pfeilern mit einem Oberbau, ,,
einfach zierlich; –

ferner die eben erwähnte Loggia del Papa, 1460 von
Cecco di Giorgio erbaut, mit dünnen weitgespannten
Bogen auf Säulen, mit der Inschrift: Pius II. den Mitglie-
dern seines Geschlechtes, den Piccolomini.   20

Manches Hallenfragment in italien⟨ischen⟩ Städten mag
eine solche Loggia gewesen sein, die ihren Charakter
eingebüßt hat.

[§ 105]
Palastbau der Nachblüte; das Äußere.   25

Seine definitive Ausbildung erhielt der Palastbau erst durch
die Meister der Zeit von 1540 bis 1580, in einer Zeit der
stillgestellten Politik, der Gegenreformation und der zunehmenden Vornehmheit auf spanische Weise.

Die Meister: Giulio Romano; Giacomo Barozzi, genannt 30
Vignola; Giorgio Vasari; Bartolommeo Ammanati; Ga-
leazzo Alessi; Pellegrino Tibaldi, gen⟨annt⟩ Pellegrini;
Andrea Palladio u. A. m.

Florenz unter Cosimo I., Genua seit Andrea Doria künstlich in Ruhe gehalten und wesentlich der spanischen 35

Politik untertan; Venedig durchaus auf kluge Behauptung des Erworbenen angewiesen.

Cosimo I. beförderte systematisch den Müßiggang der
Reichen, und auch dem Geist der Gegenreformation war
es angenehm, wenn bisher tätige Klassen sich in eine
vornehme Ruhe begaben. In Rom vollendete sich diese
Lebensweise, indem die ältern Häuser und die sich beständig neu bildenden Nepotenfamilien darin förmlich
wetteiferten.

Die nächste bauliche Folge der Vornehmheit ist der zu-
nehmende Weit- und Hochbau, mit noch weiterer Vereinfachung sowohl als Derbheit des Details, jetzt oft
schon bis in's Flüchtige und Rohe.

Galeazzo Alessi hält am längsten eine reiche und gediegene Einzeldurchführung fest.

Von den Fassadentypen gewinnt der römische im engern
Sinne (§ 96), wesentlich abgeleitet von Pal. Farnese, jetzt
eine sehr große Ausdehnung.

Hieher gehört die Masse der spätern römischen Paläste;
etwa von Ammanati's Pal. Ruspoli an (jetzige Banca
nazionale).

Diese freiste Form mußte die beliebteste werden für den
Barockstil, welcher Fenster, Türen, Ecken und Simse
ganz nach Belieben phantastisch umbilden konnte. Sie ist
und bleibt jedoch noch sehr empfindlich in betreff der
Verhältnisse. (Vignola's riesiger farnesischer Palast zu
Piacenza, fast ohne Details, bloß durch die Proportionen
existierend.)

Die quadratischen Fenster der Mezzanine werden ohne
Scheu ziemlich groß über den Fenstern des betreffenden
Hauptstockwerkes angebracht, so daß das Mezzanin for-
mal schon als Zwischenstockwerk wirkt.

Der Typus ist leicht so auszubilden, daß er der mürrischen abgeschlossenen Grandezza zusagt.

Auch das Motiv einer oder zweier Halbsäulenordnungen
(seltener Pilaster), über einem Erd- oder Sockelgeschoß in
Rustica, kommt mehrfach vor, aber nur selten in ganz
sorgfältiger und edler Ausführung.

Hauptsächlich von Rafael (§ 96) ging dieser Typus auf
Giulio und dann auf Palladio über, welche beiden aber
sich auch für Halbsäulen und Säulen meist mit stuckiertem Ziegelbau begnügen mußten. (Pal. del Te zu Mantua, § 119.)

Eine völlig gediegene und reiche Durchführung in ge-
hauenem Stein wird man auch hiefür hauptsächlich bei
Galeazzo Alessi und seinen mailändischen Nachfolgern
suchen müssen. (Pal. Marino zu Mailand, mit Hermen
am Obergeschoß, einer damals nicht seltenen Form; vgl.
die sog. Omenoni, d. h. Riesen am Hause des Bildhauers
Lioni in Mailand.)

Einige reichere Paläste von Venedig behaupten auch noch
die Öffnung der Fassade, jetzt in Gestalt von großartigen
Hallen.

Pal. Contarini, von Scamozzi; wozu aus dem 17. Jahr-
h⟨undert⟩ Longhena's Prachtbauten Pal. Pesaro und
Pal. Rezzonico.

Auch Palladio gab seinem Meisterwerk im Privatbau,
dem Pal. Chieregati (vgl. § 35) zu Vicenza ⟨Abb. 18 o.⟩,
unten und oben fast lauter offene Hallen mit geradem
Gebälke.

In dem Engbau Genua's werden die Proportionen der
Fassade im allgemeinen preisgegeben und die letztere irgendeiner gefälligen Dekoration überlassen.

Letztere geht von der Rustica (auch in phantastischer
Anwendung) bis zu der durchgeführten Bemalung. Mehrere Fassaden Alessi's verzichten indes durchaus nicht
auf die Schönheit der Proportionen.

In Bologna fügt sich der dort heimische Hallenbau eben-
falls in die Formen der florentinisch-römischen Schule.
So an Pal. Malvezzi-Medici von Bart. Triachini, von
vortrefflicher Wirkung und tüchtigen Verhältnissen
⟨Abb. 18 u.⟩. Mit starker Hinneigung zum Barockstil
Pal. Fantuzzi von Formigine ⟨Abb. 18 u.⟩.

Öffentliche Gebäude mit Hallen im Erdgeschoß gelingen
auch dieser Zeit bisweilen noch auf das Herrlichste.

Palladio's Basilica 1549, § 103; mit einfachen Mitteln
höchst wirksam: Vasari's Uffizien, § 35; – reich und edel
das Collegio de' Nobili u. a. Bauten um Piazza de' Mercanti zu Mailand, von Vinc. Seregno, nach dem Motiv
der Höfe des Alessi, § 35, 106.

[§ 106]
Palastbau der Nachblüte; das Innere.

Im Innern gewinnt vor allem das Vestibül, jetzt für eine
zahlreiche wartende Dienerschaft der Besuchenden, eine
große Ausdehnung.

Schon die Pforte jetzt als Einfahrt groß und weit. Das
Vestibül, bei den Florentinern und noch bei Bramante
selten mehr als ein Gang mit Tonnengewölbe, wird ein
großer, hoher, gewölbter Raum, meist mit einschneidenden Lunetten. – Die Einfahrtshalle von Palazzo Farnese,
mit ihrem Tonnengewölbe über dorischen Kolonnaden
wurde freilich nicht wieder erreicht.

Das Vestibül gedeiht zu einer der höchsten Aufgaben, indem der Treppenbau (§ 99), bisher nur erst stattlich und
bequem, nunmehr als Element der Schönheit dem Auge
und der Phantasie absichtlich dargeboten und an das Vestibül unmittelbar angeschlossen wird.

Hauptneuerung: die Verdoppelung der Treppen um der
Symmetrie willen, nachdem man sich in Gärten und
Höfen schon seit Bramante daran gewöhnt hatte (§ 126).
Entweder begann man gleich unten mit 2 verschiedenen
Treppen oder ließ Eine Treppe sich vom ersten Absatz an
in zwei teilen; Absätze (Podeste), Geländer, Säulenstellungen, Überwölbungen etc. erhielten jetzt erst ihr besonderes ästhetisches Gesetz; dazu die Poesie des Lichtes
und der Durchblicke, welche nicht ruhte, bis sie aller
ihrer Mittel sicher war.

Ein begeistertes und gewiß einflußreiches Programm
dieses veredelten Treppenbaues: Vasari I, p. 130, Introduzione. Das vorzüglichste Verdienst hat indes die steile

Treppenstadt Genua, wo man von jeher darauf hatte
denken müssen, dem vielen Steigen eine gute und schöne
Seite abzugewinnen; die Treppe im dortigen Dogenpalast (nach 1550) und in allen folgenden Palästen.
Die Höfe haben nicht mehr die feine Eleganz der besten
unter den frühern, dafür aber bisweilen eine ernste Größe
oder eine geistvolle Pracht.

Der Ernst der Pfeiler- und Säulenhallen Ammanati's und
Palladio's.

Der originelle und prächtige Hof in Alessi's Pal. Marino
zu Mailand; sein schönster Hof ehemals der in Pal. Sauli
zu Genua; das Motiv § 35.

Geistvoll angeordnete Säulenhöfe namentlich auch in
Bologna (§ 93; aus dieser spätern Zeit u. a. Pal. Zuc-
chini), – in Florenz (Pal. non finito); – in Genua: die
meisten Paläste des sinkenden 16. Jahrh⟨underts⟩, vorzugsweise mit gekuppelten Säulen an Höfen und Treppen.

Von Pfeilerhöfen der Paläste ist viel weniger Gutes zu
sagen; der kolossale Hof des Pal. Pitti in Florenz mit
seiner Rusticahalle in 3 Stockwerken, von Ammanati,
reicht als Kunstwerk bei weitem nicht an Pellegrini's
erzbischöflichen Palast in Mailand.

Mit der Zeit aber werden die Höfe gleichgültiger behandelt und der Aufwand überhaupt mehr auf große Dimensionen als auf feinere künstlerische Durchbildung gewandt.
Die Korridore, jetzt hoch, weit und durchgängig gewölbt,
behaupten ihre meist einfachen Pilasterordnungen. – Im
Innern bleibt wesentlich die frühere Disposition herrschend, nur dem größern Maßstab angepaßt.

Einige Veränderung brachte der Hoch- und Weitbau des
Vestibüls mit sich. Von den neuen Räumen ist nur etwa
die »Galeria« zu erwähnen, ein langer und verhältnismäßig schmaler Saal, nach Scamozzi's Aussage aus dem
Norden importiert.

XII. KAPITEL
SPITÄLER, FESTUNGSBAUTEN UND BRÜCKEN

[§ 107]
Spitäler, Gasthöfe und Vergnügungsbauten.

Spitäler und andere Bauten öffentlicher Mildtätigkeit, welches auch ihre innere Einrichtung sei, öffnen sich nach
außen in einer großen Halle, als Sinnbild des einladenden
Empfanges und als Warteort, mit einem geschlossenen
Oberbau.

Alberti de re aedific. L. V, c. 8 gibt nur die umständlichen
Requisite, aber nicht die Kunstform der Spitäler.
Brunellesco's schöne Halle der Innocenti in Florenz,
welche auch die Kirche des Findelhauses verdeckt.
Seine Spitalhalle auf Piazza S. Maria novella.
Ospedale del Ceppo zu Pistoja, mit dem Friese farbiger
Reliefs über der Halle.
Porticus der Putte di Baracano zu Bologna.
Bei den Bädern von Viterbo ließ Nikolaus V. (1447-1455)
mehrere Kurgebäude aufführen, von »fürstlicher« Be-
quemlichkeit und Schönheit. Vitae Paparum, bei Murat.
III, II, Col. 929. Von der Form wird nichts gemeldet.
Sehr bedeutend und noch in großen Partien erhalten: das
Hospital S. Spirito zu Rom, der Hauptbau aus der Zeit
Sixtus IV., mit ehemals offener, erst in neuern Zeiten
geschlossener Fassadenhalle; Kuppel in der Mitte der
zwei langen Hauptsäle; zwei von den vier Höfen ur-
sprünglich.
Ospedale maggiore zu Mailand hat eine geschlossene,
freilich nach Nordwesten gelegene Prachtfassade, § 44.
Innen nur die Nebenhöfe alt; der berühmte Haupthof
erst von Richini.
Einzelne Gasthöfe und Wirtshäuser waren schön genug,
um begeisterte Erwähnung zu veranlassen.
Der Gasthof zum Ochsen in Padua (um 1450) mit Hof,

Sälen, zahllosen Kammern und Ställen für 200 Pferde, vollkommen »herrenmäßig«. Savonarola, bei Murat. XXIV, Col. 1175.

Die schönste und größte Osteria vor Porta S. Gallo zu Florenz, für die Feiertage der Gewerbsleute, zerstört 1529. Varchi, ed. Milan. III, p. 86.

Ein eigener Kreis von Malereien, der sich in und an solchen Gebäuden entwickelte, teils lustiger und leicht-fertiger Art, teils Wappen von Fürsten. Lomazzo, trat-tato dell'arte, p. 349.

Gebäude zu Zwecken des öffentlichen Vergnügens hatten nach außen wahrscheinlich noch keine ausgeprägte Kunst-form, oder es waren bloße Bauten des Augenblickes, oder sie sind, wenn sie schön waren, sonst untergegangen.

Über das ganze Bau- und Dekorationswesen des Thea-ters der Renaissance s. unten § 192-194.

Herzog Galeazzo Maria Sforza von Mailand (1466 bis 1476) ließ für das Ballspiel »weite große Säle bauen und ebenso für die Musik«. Corio, storia di Milano, fol. 426.

Falconetto (vgl. § 26) baute in Padua eine Rotunde für Musikaufführungen, »klein, aber hübsch«. Eine Nachah-mung dieses nicht mehr vorhandenen Gebäudes glaubt Milizia (memorie degli archit. I, p. 269) zu erkennen in Palladio's Rotonda (eigentlich Villa Capra ⟨Abb. 23⟩).

In dem Hause des musikliebenden Luigi Cornaro zu Padua (jetzt Pal. Giustiniani), welcher den Falconetto viele Jahre hindurch bei sich hatte, enthält der zierliche Anbau im Hofe rechts ein Achteck mit Nischen, welches ebenfalls zu solchem Zweck gedient haben soll. Willkür-lich verändert bei Serlio, L. VII, p. 218, 223. Vgl. § 119.

[§ 108]
Der Festungsbau.

In einer Zeit, da selbst der Krieg oft eine Sache der Kunst und der Eleganz wurde, mußte auch der Festungsbau, soviel als möglich war, in den Kreis des Schönen gezogen

werden. Dazu kam, daß einzelne Fürsten und ganze Dynastien, auf langes Wohnen in festen Schlössern angewiesen,
für dieselben Bequemlichkeit und Schönheit verlangten.
Die Zinnen des Mittelalters fallen weg; derbe Gesimse,
bisweilen mit Konsolen, Rustica an den Flächen oder wenigstens an den Kanten werden die durchgehende Ausdrucksweise sowohl für die Mauern der Bastionen und
Schanzen als für die Türme und andere Freibauten, sobald
die Mittel ausreichen.

Die italienische Zinne, oben eingezackt, gibt zum letztenmal die durchgehende Bekrönung ab an den prachtvoll malerischen Festungswerken von Bellinzona, dem
Werk des letzten Visconti (1412-1447).

Statt der »hohen« Festungen führte Federigo von Urbino
(§ 6, 11) die »niedern« ein, welchen das Geschütz weniger
anhaben konnte. Vespasiano fiorent., p. 121.

Die Rustica in zugespitzter (diamantierter) Gestalt an
den zwei riesigen vordern Türmen des Kastells von
Mailand; — mit aufgemeißelten Kugeln als mediceischem
Emblem an der Fortezza da basso zu Florenz.

Große, neben dem kriegerischen Zweck auf den höchsten Phantasieeindruck berechnete Festungsbauten der
guten Zeit: die Burg von Città castellana, von Antonio
da Sangallo dem ältern; das Hafenkastell von Città vecchia, von Antonio da Sangallo dem jüngern, wenn nicht
von Michelangelo.

Das Kastell von Palo angeblich von Bramante. Schöne
einzelne Festungspartien in Nepi und Grotta ferrata.

Fast alle namhaften Architekten waren zugleich Festungsbaumeister und Ingenieure, und empfahlen sich
den Großen als solche oft mehr denn durch ihre Kunst
im engern Sinn (s. die Biographien der drei Sangallo, des
Sanmicheli u. A. bei Vasari, und über Franc. di Giorgio
sowohl Vasari als Milanesi II. p. 416 bis Ende). Der
berühmte Brief, mit welchem sich Lionardo da Vinci bei
Lodovico Moro einführt, zeigt dies klar. Lettere pittoriche I, Append. 1. — Doch machte Girolamo Genga

(1476-1551) kein Hehl daraus, daß ihm die Festungsbau-
kunst, in der er Meister war, »ziemlich wert- und würdelos« erscheine. Vasari XI, p. 90, v. di Genga.
Die Festungsbauten der Päpste des 15. Jahrh⟨underts⟩:
Vitae Paparum, Murat. III, II, Col. 929 (Nikolaus V.),   5
985 (Pius II.), 1018 (Paul II.) etc.

[§ 109]
Die Tore der Renaissance.

Das Prachtstück des Festungsbaues ist das Tor an Außen-
werken sowohl als im Innern. Das 15. Jahrh⟨undert⟩ hatte   10
noch bisweilen den vollen Reichtum der korinthischen und
Komposita-Ordnung an den Pilastern und andern Gliederungen desselben walten lassen. Das naheliegende Vorbild,
der römische Triumphbogen, wurde doch nirgends ängstlich nachgeahmt.   15
    Porta Capuana in Neapel, um 1484, von dem Florentiner
Giuliano da Majano; zwischen zwei Türmen der Bogen
mit Komposita-Säulen eingefaßt, mit hohem Fries, die
Attika neuer.
    Vorzüglich schön: Porta S. Pietro zu Perugia, schon 1448   20
begonnen, aber 1475 neu verdungen an Agostino von
Florenz, 1481 unterbrochen (§ 39) und daher ohne
Kranzgesimse. Mariotti, lettere pittoriche perugine,
p. 98. Graziani, cronaca di Perugia, archiv. stor. XVI, I,
p. 605, und Matarazzo, ib. XVI, II, p. 8, Nota. Zu den   25
Seiten des Tores vortretende Flügel mit Nischen; alle
Ecken mit korinthischen Pilastern.
    Ein Bau von völlig einziger Art ist der prächtige mar-
morne Triumphbogen des Alfons, ein weißer Hochbau
zwischen zwei dunkeln Türmen des Castello nuovo in   30
Neapel ⟨Abb. 19⟩, wahrscheinlich von einem Mailänder
Pietro di Martino, fast das einzige Gebäude der Renaissance, welches die antiken Ordnungen im vollen Reichtum ihrer Formen prangen läßt.
Im 16. Jahrh⟨undert⟩ wird dem Tor eine strengere, selbst   35

düstere Haltung gegeben und die dorische und toscanische Ordnung in ihrer oben (§ 52) angedeuteten Verbindung mit der Rustica angewandt. Sanmicheli (1484 bis 1559) vollendet die konventionelle Formensprache des Festungsbaues.
5   Der Torturm des Mittelalters verschwindet gänzlich.

Die Tore von Padua (1515 u. f.) bilden den Übergang von der zierlichern in die strengere Art; von Falconetto sind Porta Savonarola und S. Giovanni (1528, nach dem Motiv eines eintorigen Triumphbogens, außen mit Halb-
10   säulen, innen mit rohgelassenen Pilastern).

Sanmicheli, als Festungsbaumeister der Republik Venedig, errichtete dort das Fort S. Andrea di Lido mit der schönen Wasserpforte, und in Verona die Porta nuova, Porta S. Zeno und Porta stuppa oder del Palio. Die
15   Komposition jedesmal eigentümlich, die Ausdrucksweise mit großer Energie dazu gestimmt. Die Halbsäulen und Pilaster bisweilen in echter Gestalt, meist aber nach dem unrichtig verstandenen Vorbilde unfertiger Römerbauten rustiziert, während Kapitäl und Fuß samt dem
20   Gebälke regelrecht gebildet sind. Einmischung kräftiger plastischer Elemente, Masken, Löwenköpfe etc., zumal an den Schlußsteinen; mächtige Bildung der einzelnen Keilsteine der Bogen; hie und da horizontal gewölbte Oberschwellen.
25   Eigentliche Mißformen erst im IV. Buche des Serlio, z. B. Säulen, an welchen glatte und rustizierte Teile abwechseln.

Alessi's Tor am Molo vecchio zu Genua auf der Stadtseite mit mäßigen Pilastern, nach außen höchst derb.
30   Bisweilen wird dem Tor eine Dekoration vorgesetzt, welche mit diesem Festungsstil nichts gemein hat.

Porta S. Spirito zu Rom, im Grundriß ein Kreissegment (das frühste Beispiel dieses später so viel gebrauchten Reizmittels), vom jüngern Ant. da Sangallo, unvollen-
35   det; – Porta del Popolo, angeblich von Vignola, triumphbogenartig; – Porta Pia, von Michelangelo, der um 1559 Entwürfe für viele andere Tore von Rom machte (Vasari

XII, p. 263); komponiert in der Absicht, die plastisch
höchst wirksam durchgeführte Toröffnung durch Umgebung mit kleinen Nebenfenstern, Scheinzinnen etc.
möglichst gewaltig erscheinen zu lassen. Die Bildung der
Formen an sich völlig willkürlich und nur diesem ₅
Zwecke untertan.

[§ 110]
Die Brücken.

Brücken von unabhängiger künstlerischer Bedeutung hat
erst die Zeit von 1540 bis 1580 geschaffen.   ₁₀
    Aus dem 15. Jahrhundert: Ponte Sisto zu Rom, bereits
mit Aneignung der Formen antiker Brücken.
    Palladio's prachtvolle Entwürfe für eine dreibogige Rial-
tobrücke zu Venedig. – Ammanati's Ponte della Trinità
zu Florenz; die Formen der drei Bogen mit freister Ge- ₁₅
nialität dem Ansteigen gegen die Mitte zu anbequemt;
statt der Stichbogen Halbellipsen für das Auge; die
Brücke bildet Ein belebtes Ganzes ⟨Abb. 20⟩.
    Bedeckte Brücken werden im 15. Jahrhundert wenig-
stens verlangt von Alberti (de re aedif. L. VIII, c. 6), der ₂₀
auch über die Engelsbrücke zu Rom im Auftrag Nikolaus V. wirklich ein Dach soll erbaut haben. (Vasari IV,
p. 61, v. di Alberti.) – Eine stattliche, ziemlich frühe
Bedachung hat gegenwärtig noch die Brücke des Ticino
zu Pavia.   ₂₅

XIII. KAPITEL
KORREKTIONEN UND NEUE STADTANLAGEN

[§ 111]
Nivellierung und Pflasterung.

Die Renaissance ist die Zeit der Korrektionen im weitesten ₃₀
Sinne, schon weil ihre ganze Richtung auf das Regelmäßige
geht, sodann weil ihre monumentale Architektur ein be-

stimmtes Maß freien Raumes und einige Harmonie mit den umgebenden Baulichkeiten verlangt.

Die nordische Gotik in Städten, deren Verteidigungsfähigkeit mit der Raumersparnis stieg, stellte auf enge, irrationelle Plätze selbst Kirchen ersten Ranges, deren organische Vollkommenheit sich um die Umgebung gar nicht zu kümmern scheint. Die italienische Theorie (z. B. Serlio, L. VII et passim) verlangt dagegen vor jeder Fassade womöglich einen Platz, dessen vier Seiten der Länge derselben entsprechen.

Da jede symmetrisch angelegte Fronte auch einen ebenen Raum vor sich voraussetzt und da bereits im 14. Jahrh⟨undert⟩ in Italien nicht bloß Paläste, sondern auch Häuser eine regelmäßige Gestalt annehmen, so mußten die bessern Straßen nivelliert werden. Die Behauptung des Niveau's aber ist nur zu erreichen durch die Pflasterung, welche außerdem nicht bloß dem Reinlichkeitssinn der damaligen Italiener, sondern womöglich durch Stoff und Anordnung auch ihrem Kunstsinn entsprach.

Zahlreiche Aussagen in allen Stadt- und Fürstengeschichten. Selciare oder salegare das Besetzen mit Flußkieseln, ammattonare mit stehenden Ziegeln; lastricare das Belegen mit Steinplatten. Florenz war am frühsten durchgängig mit stehenden Ziegeln und an allen bevorzugten Stellen mit Platten gepflastert. Sein Pflaster hat sogar eine mythische Urgeschichte: Gio. Villani I, 38. Das Belegen mit Platten schon vor 1250 in Straßen, wo man früher bereits Ziegel gebraucht, Vasari I, p. 249, v. di Arnolfo, eine ziemlich übertriebene Aussage. Der Platz am Baptisterium mit Ziegeln, Via nuova mit Platten 1289, Gaye, carteggio I, p. 418 s. Den Mönchen von S. Spirito wird 1297 gegen ein Geschenk ein Plattenweg längs ihrer Kirche auferlegt, p. 434. Plattenwege um alle öffentlichen Gebäude und Tore beschlossen 1333, p. 478. Der Signorenplatz doch erst 1351 ganz gepflastert, und zwar mit Ziegeln, p. 502, mit urkundlicher Angabe der Zwecke: Schönheit, Verhütung des Schlammes und des

Staubes. – In Siena erhielt der halbrunde mit Ziegeln
gepflasterte Platz 1513 die konzentrisch zusammenlau-
fenden Linien von Travertinplatten, Lettere sanesi III,
p. 12. – In Piacenza wurde die Piazza 1469 gepflastert mit
Marmor und Ziegeln in einer Zeichnung von Vierecken,   5
Annal. Placent. ap. Murat. XX. Col. 927. – Die Pflasterung von Rom erst unter Nikolaus V., Platina, vitae
Pontiff., p. 298; – gründlicher durchgeführt, und zwar
mit Ziegeln, unter Sixtus IV., Infessura, bei Eccard,
scriptores II, Col. 1897; Corio, fol. 416; Julius II. ließ   10
viele Straßen mit Ziegeln pflastern, Albertini, L. III,
fol. 95. – In Venedig erhielt der Markusplatz erst 1382
oder 1394 ein Ziegelpflaster; das jetzige Marmorpflaster
jedenfalls nicht vor dem Ende des 16. Jahrh⟨underts⟩,
Sansovino, Venezia, fol. 105; die Straßen waren lange   15
nicht gepflastert und sehr schmutzig, fol. 172. – Mailand
bekam sein Pflaster seit 1412, Decembrio ap. Murat. XX,
Col. 998, und wiederum seit 1469, Corio Historia di
Milano, fol. 414. Lodovico Moro ließ ganz Vigevano
pflastern, Cagnola, archiv. stor. III, p. 188. – In Ferrara   20
begann man 1417 mit der Piazza, welche, wie in der Folge
die Straßen, ein Kieselpflaster erhielt. Diario ferrarese,
ap. Murat. XXIV, Col. 183, 202, 245 s. Ebenso Bologna
bei der großen Korrektion von 1470, wo nur bevorzugte
Stellen Ziegelpflaster bekamen, Bursellis, ap. Murat.   25
XXIII, Col. 897. – In Perugia wurde seit 1425 Ziegelpflaster gelegt, Graziani cronaca, archiv. stor. XVI, I,
p. 318. – In Neapel führte erst der Vizekönig Pietro di
Toledo seit 1532 die Pflasterung, und zwar mit Ziegeln,
durch, vgl. dessen Leben, archiv. stor. IX, p. 22.   30

[§ 112]
Die Straßenkorrektionen.

Schon vor dem Eintritt der Renaissance und noch mehr
seither werden große Straßenkorrektionen, oft mit bedeutenden Opfern, durchgeführt, teils um der Zweckmäßig-   35

keit, teils zugestandenermaßen um der Schönheit willen, als
deren Vorbedingung bereits die Gradlinigkeit betont wird.

Sehr auffallende Ausnahme: L. B. Alberti, de re aedificatoria L. IV, c. 5, und L. VIII, c. 6, wo zwar für Hauptstra-
ßen die Geradlinigkeit mit Häusern von gleicher Höhe
und gleichen Portiken verlangt, sonst aber aus ästhetischen wie aus praktischen Gründen der Schlangenwin-
dung der Vorzug zuerkannt wird. (Die Stadt werde
größer scheinen, die Häuser sich allmählich und abwechselnd dem Auge darbieten, der Schatten nie ganz fehlen,
der Wind gebrochen, die Verteidigung gegen Feinde
leichter sein.)

In Florenz wird 1349 S. Romolo demoliert, damit ein
freier Platz entstehe, für welchen gerade Fronten einbedungen werden, Gaye, carteggio I, p. 499. – Schon 1319
teure Häuser zum Abbruch wegen Vergrößerung des
Signorenpalastes angekauft, ib. p. 456.

Vorzüglich im 15. Jahrhundert wetteifern die wichtigern
Städte, ihre engen und krummen Straßen breit und gerade
zu machen. Hemmende Vorbauten, Erker, Holzgerüste für
das beliebte Arbeiten im Freien werden beinahe durchgängig abgeschafft.

In Siena eine eigene Verschönerungsbehörde, die ufficiali
dell' ornato, welche die betreffenden Korrektionen und
Expropriationen begutachten, Milanesi II, p. 337 s., 345.
Vgl. 353.

In Bologna 1428 die Erweiterung und Verschönerung
der Piazza, 1470 die Wegräumung der hölzernen Vorbauten; 1496 wird eine Hauptstraße, die der »Rompilger«
(dergleichen es auch in andern Städten, z. B. in Piacenza
gab), mit großen Demolitionen gerade gelegt; 1497 eine
andere ebenso, Bursellis, ann. Bonon. ap. Murat. XXIII,
zu den betreffenden Jahren. Die Ode des Codrus Urceus
(Opera, p. 303) de renovatione Bononiae.

In Ferrara etwa 1480 bis 1490 gerade Straßen vom Palast
zum alten Kastell etc. durchgebrochen, Tito Strozza,
Aeolosticha, p. 188, 199. In den neuen Teilen eine Menge

gerader Straßen angelegt, eine schon mit Pappeln auf
beiden Seiten 1457, Diario ferrarese, ap. Murat. XXIV,
Col. 202.

Wegnahme aller Vorbauten in Perugia 1426; – in Mailand
und Pavia unter Lodovico Moro (um 1490, vgl. § 163).   5
Für Städte der Gewaltherrscher wird dieselbe als unvermeidlich dargestellt von Alberti, de re aedificatoria L. V.,
c. 1, weil von Erkern u. dgl. aus die Gegenwehr gegen
die Soldaten zu leicht wäre. – Hippias der Pisistratide
nahm zwar den Athenern die Vorbauten weg, aber um   10
ihnen dieselben wieder teuer zu verkaufen.

Der Umbau von ganzen Quartieren in Mantua 1526 bis
1546 unter Leitung des mit größter Vollmacht ausgerü-
steten Giulio Romano, Vasari X, p. 109 s., v. di Giulio.

Beiläufig: ein frühes florentinisches Staatsverbot gegen   15
Strohdächer in einem Landstädtchen 1367; Gaye, carteggio I, p. 518.

[§ 113]
Schicksal der Gassenhalle.

Den Gewaltherrschern, die in den Straßen bisweilen   20
Kämpfe liefern mußten oder wenigstens häufig ihre Soldaten durchmarschieren ließen, waren außer den Vorbauten
aller Art besonders die Straßenhallen zuwider, welche früher in mehrern Städten vorgeherrscht haben müssen, wo sie
jetzt nicht mehr sind. Rom und Neapel haben aus politi-   25
schem Grunde keinen Hallenbau.

Als König Ferrante von Neapel 1476 Sixtus IV. besuchte,
machte er dem Papst begreiflich, er könne sich nie wahrhaft als Herrn von Rom fühlen, solange die engen Straßen, die Erker und die Portiken vorhanden seien. Zu-   30
nächst unter dem Vorwand der Pflasterung begann 1480
deren Demolition. Infessura, bei Eccard, scriptores II,
Col. 1897, 1900. Sixtus widmete der Sache den größten
persönlichen Eifer und sparte auch die Gewalttaten
nicht. Jac. Volaterran. bei Murat. XXIV, Col. 166, 185.   35
Senarega, bei Murat. XXIV.

Frühere Korrektionen von Rom unter Nikolaus V., der
u. a. durch Demolitionen den Platz an der Engelsbrücke
schuf, nachdem beim Jubiläum von 1450 Hunderte von
Menschen darauf erdrückt worden waren. Sixtus IV.
baute Ponte Sisto u. a., um bei Jubiläen den Rückstrom
der Pilger auf diesen Weg zu leiten, Vitae Paparum, bei
Murat. III, II, Col. 924, 1064. – Pius II. benützte in
Viterbo 1462 den Anlaß seiner prächtigen Fronleich-
namsfeier (§ 187), um in der Hauptstraße alle Vorbauten
und Erker zu zerstören, »dem öffentlichen Besitz, was
ihm entzogen war, zurückzuerstatten«.
Später korrigierte Clemens VII. in Rom sehr rücksichtslos und ohne Vergütung an die Beeinträchtigten; Varchi,
stor. fiorent. I, p. 45. Paul. Jovii vita Pomp. Columnae.
In Neapel waren auch nach Ferrante noch manche Portiken übrig, darunter antike, grottenähnliche, wo sich
Räuber und Mörder aufhielten. Dieses Alles samt den
noch vorhandenen ebenfalls polizeilich gefährlichen
Vorbauten ließ der Vizekönig Toledo seit 1532 zerstören.
S. dessen Leben, archiv. stor. IX, p. 18. – Wie zur Schad-
loshaltung türmt der neapolitanische Philosoph Campanella in seiner »Sonnenstadt« Hallen auf Hallen.
Landstädte mochten ihre Portiken behaupten, während
Residenzen sie verloren.

[§ 114]
Der Platz im monumentalen Sinne.

Von größern neuen Gesamtanlagen oder Umbauten kommen zunächst die Piazze in Betracht, welche vielleicht seit
dem Altertum die Stelle des Forums der betreffenden Stadt
eingenommen und sowohl durch ihre Hallen als durch die
anstoßende Kirche (oder Hauptkirche) an dessen Portiken
und Tempel erinnert hatten. Auch für Plätze zweiten Ranges und für Märkte wurde eine schöne und regelmäßige
Ausstattung wenigstens erstrebt. Das Vermieten der Lokale hinter den Hallen galt auch für den Staat, wenn er
Eigentümer war, nicht als etwas Unehrenhaftes.

In Venedig hatte der Markusplatz um 1490 gegenüber den alten Prokurazien ein ähnliches Hallengebäude, und in beiden waren die Erdgeschosse als Buden vermietet. An der Piazetta ging, dem Dogenpalast gegenüber, ebenfalls eine Halle hin, welche das Erdgeschoß von Buden und Gasthöfen bildete. Schwerer zu entschuldigen ist, daß auch die obere Halle des Dogenpalastes dem Kram überlassen war; Sabellicus, de situ venetae urbis, fol. 89 s. Selbst um die beiden Säulen herum hatten sich Buden und Ärgeres angenistet; erst 1529 wurde dies alles entfernt und der Blick gegen das Wasser frei gemacht. Vasari XIII, p. 83, v. di Jac. Sansovino; – Sansovino, Venezia, fol. 116.

Das Projekt eines prachtvollen Hallenplatzes als Zentrum des großen, systematisch neu anzulegenden Handelsquartiers am Rialto, Vasari IX, 162 ss., v. di Giocondo; statt seines Plans später die einfachern Bauten des Scarpagnino und Sansovino.

Wie sehr die Piazza als Verkaufsort aufgefaßt wird, zeigt Savonarola, bei Murat. XXIV, Col. 1179, welcher die Plätze von Padua nach der Zahl ihrer Buden klassifiziert.

In Florenz gestaltete sich der Annunziatenplatz erst im Lauf der Zeit symmetrisch, indem zu Brunellesco's Halle der Innocenti ein Gegenstück durch Antonio da Sangallo d. ä. erbaut wurde; die äußere Vorhalle der Kirche selbst, welche die Hauptfronte des Platzes bildet, ist erst seit 1600 hinzugefügt. Die Breite der einmündenden Straßen nötigte hier zur Errichtung von lauter einzelnen Hallen. Anders mag Michelangelo gedacht haben, als er Cosimo I. anriet, das riesige Motiv der Loggia de'Lanzi um den ganzen Signorenplatz herumzuführen. Vasari II, 130, Nota, v. di Orcagna. Man hätte damit alle Straßenzugänge ebenfalls überwölbt.

Die Anlage eines Platzes zugunsten des Anblickes eines Gebäudes wurde in Florenz wenigstens frühe erstrebt; Vasari III, p. 237, v. di Brunellesco, welcher zwischen dem Chor von S. Spirito und dem Arno einen Platz verlangte. (Ähnliches vgl. bei Milanesi II, p. 225, für eine Kapelle zu Siena 1444.)

Der Florentiner Alberti nimmt (L. VIII, c. 6) das Rezept zu seinem Forum aus Vitruv und verlangt für dessen Eingänge Triumphbogen.

Die von Nikolaus V. 1451 schön umgebaute Piazza von Fabriano, Vitae Papar., bei Murat. III, II, Col. 929. – Die Piazza von Pienza.

Die Piazza von Parma, wo in bürgerlichen Unruhen derjenige als Sieger galt, welcher sie innehatte, wird deshalb 1478 von dem mailändischen Gouverneur von neuem mit Mauern, Toren und Wachen versehen. Diarium Parmense, bei Murat. XXII, Col. 282, 296.

In Siena wollte man 1508 die halbrunde Piazza mit einer ringsum laufenden Halle versehen, Gaye II, p. 482. Milanesi III, p. 307.

Unter den Bauten des Lodovico Moro wird die bella et ornata piazza zu Vigevano gerühmt, Cagnola, archiv. stor. III, p. 188.

[§ 115]
Neue Städte und Quartiere.

Neue Anlagen von Städten kamen zwar selten vor, beschäftigten aber doch als Gedankenbilder die berühmtesten Theoretiker.

Alberti, bes. de re aedificatoria, L. IV., c. 5 ss. L. VIII, c. 6 ss.; – Francesco di Giorgio, im Auszug bei Della Valle, lettere sanesi III, p. 112. – Das sehr gesteigerte Phantasiebild einer Stadt: Fresken des Benozzo im Campo Santo zu Pisa, Turmbau zu Babel.

In den vielen Aufzeichnungen über den Umbau von Corsignano zur Stadt Pienza, durch Pius II. (§ 8, 91) werden zwar die einzelnen Hauptgebäude genannt, doch bleibt die Anlage der Stadt als solcher ohne Anschauung unklar. Der Neubau von Ostia durch Kardinal Estouteville unter Sixtus IV., »mit neuen Straßen und Häusern zu Zier und Nutzen«, vitae Papar., l. c. Col. 1064.

In den sehr bedeutenden neuen Quartieren von Ferrara
(§ 112), welche unter Herzog Ercole I. (st. 1505) entstanden, herrscht der geradlinige Bau, womöglich mit
Schneidungen in rechten Winkeln. Zum Jahre 1497 wird
angemerkt, daß die Bauten hinter dem Anwachsen der
Bevölkerung zurückblieben, daß keine Häuser mehr zu
vermieten waren.

Die bedeutendste Gesamtanlage von künstlerischem
Wert im 16. Jahrhundert war die Feste Castro, welche der
Sohn Pauls III., Pierluigi Farnese, durch Ant. Sangallo
d. j. (st. 1546) ausführen ließ. Bei der Demolition des
Ortes 1649 ging zwar alles zugrunde, allein die Zeichnungen des Meisters sind noch in Florenz vorhanden.
Deren Verzeichnis: Vasari X, p. 55 s., v. di Sangallo,
commentario; eine herzogliche Behausung (osteria),
Wohnungen und Paläste für Gefolge und Hauptleute,
wie es scheint, meist mit Hallen; eine Kirche mit Kloster;
ein Münzgebäude etc. – Ob von damaligen Festungen
irgendwo die ganze Anlage kenntlich erhalten? – Palma
nuova ist erst von 1593.

Von dem gewaltigen Plan Nikolaus V., welcher in Rom
den ganzen Borgo von der Engelsbrücke an samt S. Peter
und dem Vatikan völlig neu bauen wollte, ist nur eine
gleichzeitige Beschreibung erhalten: Vitae Papar., bei
Murat. III, II, Col. 931 ss. (Leben des Nikolaus, von
Giannozzo Manetti), wovon Vasari IV, p. 222 s., v. di
Rossellino nur ein Auszug ist. Der neue Borgo, als Wohnung aller derer, welche irgend zur Kurie gehörten,
sollte aus drei parallelen Hallengassen bestehen, sämtlich
auf einen großen Platz vor S. Peter ausmündend; die
mittlere sollte auf die Hauptpforte der Kirche gerichtet
sein, diejenige links auf die Gegend des (damals noch
seitwärts stehenden) Obelisken, diejenige rechts auf die
Porta palatina des Vatikans. Letzterer sowie die Vorbauten von S. Peter verraten eine sich steigernde Pracht, von
welcher hier Rechenschaft zu geben unmöglich ist. Für
einen Architekten von Phantasie ein lohnendes Thema

zum Restaurieren. (Theatrum bedeutet hier eine Loggia
oder offene Halle, coenaculum einen Saal überhaupt.
Nach einer andern Ansicht sollte der Obelisk bereits auf
die Hauptachse von S. Peter versetzt werden.)

XIV. KAPITEL
DIE VILLEN

[§ 116]
Gattungen der Villen.

Die Villen haben in Italien eine frühere und stets größere
Bedeutung gehabt als im übrigen Europa, und Florenz geht
wiederum dem ganzen übrigen Italien voran.

Vgl. Kultur der Renaissance, S. 395 f. – Giov. Villani XI,
c. 93 zum Jahre 1338: auf dem Lande baute, wer es irgend
vermochte, die Villen auf einmal reicher und schöner als
selbst die Wohnungen in der Stadt, so daß Fremde schon
drei Miglien vorher glaubten, sie seien in Florenz angelangt. Man hielt allerdings solche Verschwender einstweilen »für törichte Leute«. Gegen Ende des 15. Jahrh⟨un-
derts⟩ hatten auch die Peruginer schönere Villen als
Stadtwohnungen. Matarazzo, archiv. stor. XVI, II, p. 8.
Frühe werden unterschieden das eigentliche Landhaus zum
längern Aufenthalt und zur Ökonomie – und die villa
suburbana, das Lusthaus vor der Stadt oder in der Vorstadt,
zu flüchtigerem Aufenthalt, doch in der Regel noch zum
Übernachten eingerichtet. Über beide äußert sich die Theorie. Wenn aber auch ihre Requisite verschieden waren, so
mußten sie sich doch in den Kunstformen mannigfach
begegnen.

Leon Battista Alberti, vielleicht der wahre Verfasser jenes Traktates vom Hauswesen, welcher unter Pandolfini's Namen u. a. das Landleben so sehr preist, gibt de re
aedificatoria L. V, c. 15 bis 17 das Bild der Villa und L.
IX, c. 2 bis 4 das der villa suburbana. Für erstere bleibt es

indes beim bloßen Programm, bei der Aufzählung der
Räume, die sich um einen allgemeinen sinus oder Mittel-
raum herumgruppieren sollen. Da auf dem Lande kein
Grund für den Hochbau vorhanden, so ist Alles als Ein
Erdgeschoß gedacht. Das einzelne zum Teil nach Vitruv
und den scriptores rei rusticae.

Das vorstädtische Lusthaus, dessen wesentlicher Wert
nur auf der Kunstform beruhen kann, soll laut Alberti
heiter und einladend gestaltet und auf sanftem Abhang
gelegen sein; Durchsichtigkeit, Alles voll Licht und Luft;
arrideant omnia; Abwechselung von quadratischen Räumen mit runden und wiederum mit eckigen und mit
gemischten aus runden und geraden Linien; eine innere
Verbindungshalle, sinus interior, um welche Alles her-
umgruppiert zu denken ist, Alles mit Einem Niveau,
bloß Erdgeschoß; conclavia = Zimmer, coenacula =
Säle. Als malerischer Wandschmuck werden Landschaften mit bukolischer oder Genrestaffage empfohlen.

Die Abwechselung der Räume auch bei Sannazar, eleg.
L. III, 3, de exstruenda domo (1496 bis 1501): Jungantur
longis quadrata, obliqua rotundis. Den mittlern sinus
denkt er sich bereits oval oder auch rund:

> Aedibus in mediis parvi sinus amphitheatri
> Visendas regum praebeat historias.[1]

Die Villenprojekte im VII. Buche des Serlio, soweit sie
als villae suburbanae zu fassen sind, zeigen lauter abge-
schlossene Einzelräume, deren Verbindung fast nur
durch diesen mittlern Sinus oder Saal geschieht; dieser
rund, oval, achteckig oder viereckig, bereits mit einer
Lanternina auf der Mitte. Ist der Saal oblong, so stehen

---

1 Die Villa, welche Sannazaro dann wirklich am Posilippo baute,
wurde während der folgenden Kriege von den Spaniern unter
Philibert von Oranien verwüstet. Sannazar, darob schwer erkrankt, hatte 1530 noch die Freude zu vernehmen, daß Philibert
umgekommen sei, und erklärte, daß er nunmehr gerne sterbe,
da der den Musen feindliche Barbar seinen Lohn erhalten habe.
Paul. Jov. Elogia, sub Sannazario.

sich an den beiden Langseiten in der Mitte Buffet und
Kamin gegenüber. Was zur Bedienung gehört, im Kel-
lergeschoß; Vorräte etwa in einem verhehlten Obergeschoß mit Luken; die Einstöckigkeit dem Scheine nach
immer noch streng durchgeführt, tatsächlich die kleinern
Räume häufig halbiert. Bisweilen die einzelnen Teile sehr
absichtlich voneinander isoliert und selbst mit dem mittlern Saal nur durch Gänge etc. zusammenhängend.

Noch Palladio und Scamozzi (architettura, L. III) halten
den großen Mittelraum fest und charakterisieren ihn
nach außen bisweilen als Kuppel; Steigerung der Aufgabe durch Zweistöckigkeit und Treppen. Dagegen die
römischen Baumeister der besten sowohl als der sinkenden Zeit komponieren den Bau als Oblongum, so daß
etwa eine vordere und eine hintere Halle parallel laufen
und kein Zentralraum entsteht.

[§ 117]
Weitere Theorie des Villenbaues.

Im Ganzen wird besonders die villa suburbana als wesentlicher Phantasiebau die verschiedensten Formen annehmen. Ihre Räume haben nur den Zweck, eine angenehme
oder hohe Stimmung zu erregen; unvermeidlich wird sich
sowohl beim Bauherrn als beim Architekten neben dem
Originellen auch das Grillenhafte und Extravagante einfinden.

Im VII. Buche des Serlio p. 28 der berüchtigte Plan einer
Villa in Gestalt einer Windmühle; p. 42 das Geständnis,
man müsse sich vor dem allgemeinen Brauch durch neue
Erfindungen zu retten suchen; runde, ja sogar ovale
Villenhöfe mit Pfeilerhallen p. 27, 250. (Vgl. § 120 die
Caprarola.) Andere Torheiten p. 38 usw. Die Überzeugung, daß auf dem Lande überhaupt Lizenzen gestattet
seien, die man sich in luogo civile e nobile nicht erlauben
würde, p. 16.

Den äußern Anblick charakterisiert vorzüglich, im Gegen-

satz zur Stadtwohnung, die Öffnung nach außen in Gestalt
von Hallen, als sichtbarer Ausdruck der Liebe zum Freien,
des Einladenden und Luftigen; zugleich der stärkste Gegensatz zu nordischen Landsitzen.

Serlio VII, p. 46: »Auf dem Lande sind Hallen sehr viel 5
schöner anzusehen als (geschlossene) Fassaden; es liegt
ein stärkerer Reiz (più diletto) darin, das Auge in das Dunkel zwischen den Bogen eindringen zu lassen, als eine
Wand zu bewundern, wo der Blick nicht weiter kann.«

Den stärksten Eindruck des Einladenden erreicht die 10
Architektur auch mit einem ohne Zweifel von Thermen
entlehnten Motiv: der großen einwärtstretenden halbrunden Nische. Bramante allein gebrauchte dasselbe, und
zwar nicht an einer Villa, sondern als hintere Schlußform
seines großen vatikanischen Hofes und Gartens (Giar- 15
dino della Pigna). Aber Pietro da Cortona entlehnte
dasselbe mit voller Absicht anderthalb Jahrhunderte später für die Fassade seiner Villa Sacchetti, genannt il
Pigneto.

Von selbst fällt nun auch die Einheit des Motives hinweg, 20
welche an den Stadtpalästen wenigstens der ältern toscanischen Schule das höchste Gesetz ist. Selbst die Symmetrie
wird bisweilen preisgegeben.

Die Villa hat keine eigentliche Hauptfassade, da sie frei
zu stehen zensiert ist; an jeder ihrer Seiten oder an irgend- 25
einer derselben wird die Halle entweder die Mitte zwischen zwei vortretenden Flanken einnehmen oder sogar
unter Aufhebung der Symmetrie mit verschiedenen Bau-
körpern zusammengruppiert sein. Sehr frühe muß schon
der Turm als Überbleibsel des Schloßbaues und seiner 30
Zwecke, sich an der Villa festgesetzt haben; er bleibt ein
irrationelles Element, wenn man ihn nicht verdoppelt
oder vervierfacht.

Indes hat die Renaissance niemals mit dem Unsymmetrischen als mit einem malerischen Element kokettiert, son- 35
dern dessen immer nur so viel mitgegeben, als unvermeidlich war.

Weshalb es denn auch immer richtig wirkt. Den höchsten
Entscheid hierüber gibt nicht die Theorie, welche in
diesen Dingen gänzlich schweigt, sondern ein Denkmal
der höchsten Zierlichkeit wie die Villa Pia (von Pirro
Ligorio, im vatikanischen Garten). Diesem sonst streng
symmetrischen Bau ist der Turm hinten links beigegeben, als hätte es nur noch eines letzten Klanges bedurft,
um den Eindruck holder Zufälligkeit über das Ganze zu
verbreiten ⟨Abb. 21⟩. Rechts ein besonderer Anbau für
die Treppe, dem Auge beinahe entzogen.

Bisweilen werden die besondern Bedingungen der Lage
auch die Unsymmetrie zur Folge gehabt haben. Vgl. die
unklare aber vielversprechende Beschreibung der in den
Comersee hinausgebauten (jetzt unseres Wissens verschwundenen) Villa des Giovio, Paul. Jov. Elogia literaria, Musei descriptio. Der Hauptsaal, mit Oberlicht von
allen Seiten, enthielt seine berühmte Porträtsammlung.

[§ 118]
Villen der Frührenaissance.

Wie zeitlich, so werden auch im Stil die Florentiner allen
übrigen Erbauern von Villen vorangegangen sein.

Die freiwilligen Demolitionen von 1529 vor der spanischen Belagerung haben in weitem Umkreis das Beste
zernichtet. Vielleicht ergeben die baulichen Hintergründe der Fresken des Benozzo Gozzoli (Campo santo
zu Pisa) einige ergänzende Ideen, hie und da auch die
Intarsien der Chorstühle, welche so viele Ansichten von
Phantasiegebäuden enthalten.

Das wenige aus dem 15. Jahrhundert noch Vorhandene
mehr oder weniger umgebaut; Villa Michelozzi oder
Bellosguardo hat noch die untere Halle und den Turm;
über andere Bauten Michelozzo's, Villa Mozzi, Villa
Ricasoli zu Fiesole, sowie über die mediceischen Villen
Cafaggiulo (noch schloßartig), Trebbio und Careggi, vgl.
Vasari III, p. 280, Note, v. di Michelezzo, und XI, p. 60,

v. di Pontormo. Villa Mozzi, an steilem Abhang, enthielt
unten die Ökonomieräume, oben die Säle, Wohngemä-
cher und besondere Räume für Bücher und Musik.
In größerm und freierm Stil, für Lorenzo magnifico:
Poggio a Cajano, von Giuliano da Sangallo, mit einem 5
großen Saal, dessen Tonnengewölbe erst dann gestattet
wurde, als der Architekt in seinem eigenen Hause zu
Florenz ein ähnliches errichtet hatte. Vasari VII, p. 212,
v. di Giul. Sangallo.
Nach 1481, für Alfonso, Kronprinzen von Neapel, baute 10
Giuliano da Majano das einfach schöne Poggio reale,
Vasari IV, p. 3, v. di Giul. da Majano, und p. 12, Comment., welches besonders auch durch die Vexierwasser
im Hof berühmt war; jetzt von der Erde verschwunden
und nur noch durch die flüchtige Abbildung bei Serlio, 15
L. III, p. 121, bekannt, wo Durchschnitt und Grundriß
nicht ganz stimmen und die Außenhallen hinzugedichtet
sind. Das Gebäude bestand bloß aus zwei Stockwerken
von Hallen um einen quadratischen Hof und aus 24
kleinen Zimmern, welche an den Ecken, je 3 oben und 3 20
unten, angebracht waren; ein sehr durchsichtiges, auf
Schatten und Zugluft berechnetes Ganzes.
Von Villen nichtflorentinischer Baumeister des 15. und
beginnenden 16. Jahrh⟨underts⟩ ist das meiste untergegangen oder schwer entstellt.   25
Die Magliana bei Rom, schon unter Sixtus IV. vorhanden, von Innocenz VIII. umgebaut und ausgeschmückt,
Infessura, bei Eccard, scriptores II, Col. 1948, 2007,
2010. Es war das gewöhnliche Ziel der Landpartien des
Innocenz. – Derselbe ließ Belvedere am Vatikan als einen 30
Erholungsort mit Aufwand von 60 000 Dukaten bauen
(ib. Col. 2007), wovon noch der kleine achteckige Hof
und die jetzt sog⟨enannte⟩ Galeria delle Statue (ehemals
eine gegen die Landschaft offene Halle) stark verändert
vorhanden sind. Nach Platner wäre der Hof erst unter 35
Julius II. durch Bramante erbaut; seine letzte Veränderung unter Clemens XIV.

In Ferrara scheint schon Herzog Borso (1450 bis 1471)
mehrere kleine Landhäuser gebaut zu haben, deren Abbildung in den Fresken des Pal. Schifanoja zu erkennen
sein dürfte. Alfonso I. (1505 bis 1534) baute auf einer
Insel des Po Belvedere mit dichtschattigem Park und
Gehegen fremder Tiere, und auf der andern Seite der
Stadt, an die mit mächtigen Bäumen besetzten Wälle
gelehnt, Montana mit Malereien und springenden Wassern, beides mediocria aedificia, die bei jedem Krieg
aufgeopfert werden konnten.

Wieviel von dem Palazzino della Viola in Bologna (erbaut von Giovanni II. Bentivoglio vor 1506, später von
Innocenzo da Imola mit mythologischen Fresken geschmückt) noch erhalten, ist mir nicht bekannt. Vgl.
(Bianconi) Guida di Bologna, p. 16.

[§ 119]
Villen der Hochrenaissance.

Im 16. Jahrhundert wird vorzüglich die Villa suburbana ein
Gegenstand der größten und edelsten künstlerischen Anstrengung; es entsteht eine Reihe von Denkmälern voll der
anmutigsten Phantasie ohne Phantastik.

Für die Vignen der Kardinäle um 1500, gewiß Anlagen,
welche für die Kunst maßgebend wurden, haben wir
nicht viel mehr als die oberflächliche Aufzählung bei
Albertini (de mirabilibus urbis Romae, L. III, fol. 89 s.),
wo sie mit den Palästen zusammengeworfen sind.

Die Farnesina des Baldassar Peruzzi (1509 für Agostino
Chigi erbaut), non murato, ma veramente nato; Vasari
VIII, p. 22, v. di Peruzzi. Noch ohne Rafaels Fresken in
einer Schrift vom Januar 1512 gepriesen: Suburbanum
Augustini Chisii, per Blosium Palladium, zitiert in den
Anecdota literaria II, p. 172. Die einfachste Anlage, unten vorherrschend Hallen verschiedenen Charakters,
oben Säle; das äußere auf einfarbige Bemalung berechnet
und auch ohne dieselbe vollkommen.

Villa Madama am Fuß des Monte Mario bei Rom, eigentlich la vigna de' Medici, entworfen von Rafael in seinen letzten Jahren für Kardinal Giulio Medici (später Papst Clemens VII.), fragmentarisch ausgeführt von Giulio Romano; die echte Fassade samt Grundriß bei Serlio, L. III, fol. 120, vgl. fol. 131, dem ausgeführten Bau unendlich überlegen; unten neben der dreibogigen Halle nur noch eine Nische auf jeder Seite; ein Obergeschoß von drei Fenstern und zwei Nischen; die Pilaster unten ionisch, oben korinthisch; das Innere der Halle, selbst abgesehen von den Dekorationen, von wunderbar reichem Anblick durch große Nischen und Abwechselung aller Gewölbegattungen; auf der Rückseite Ansätze eines sonderbaren runden Hofes; die Restauration des Ganzen zweifelhaft.

Nahe mit dem echten Entwurf dieser Villa verwandt: Falconetto's Gartenhalle mit Saal darüber, im Hof des Pal. Giustiniani zu Padua, erbaut für Luigi Cornaro, zu dem § 108 erwähnten Bau im rechten Winkel stehend (datiert 1523). Unten fünf offene Bogen, oben fünf Fenster, das Äußere wie die reiche Dekoration des Innern (§ 176) durchaus edel.

In Florenz, Via Gualfonda, das Lusthaus Strozzi-Ridolfi, jetzt Stiozzi, von Baccio d'Agnolo, dem Meister der edlern Häuserbaukunst (§ 92), absichtlich unregelmäßig, mit Säulenhof, Nebenhof, Gartenhalle und Turm.

Diese unregelmäßige Anlage und damit großen malerischen Reiz haben denn auch die kleinen Vignen und Bauernhäuser bei Florenz ⟨Abb. 22⟩. Eine nach Süden schauende Loggia, die zum Trocknen der Früchte bestimmt ist, ein als Taubenhaus dienender Turm, von welchem man zugleich die Arbeiten auf dem Felde übersehen kann, in Verbindung mit wenigen bescheidenen Wohnräumen sind die Elemente dieser oft durch die Anmut der Lage und die naive Benutzung des Terrains anziehenden Gebäude.

Villa Lante in Rom, auf einem Vorsprung des Janiculus,

von Giulio Romano (vor 1524), gegenwärtig unzugänglich und durch Abbildungen nur ungenügend bekannt. Vasari X, p. 91, v. di Giulio.

Pal. del Te in Mantua, begonnen von Demselben vor 1527 für Herzog Federigo Gonzaga, welcher zuerst nur ein Absteigequartier in der Nähe seiner berühmten Stuterei verlangte; nur ein Erdgeschoß mit Mezzanin, mit dorischer Ordnung und starker Anwendung von Rustica, wodurch ohne Zweifel der Zusammenhang mit dem landwirtschaftlichen Institut charakterisiert werden sollte; übrigens in Ermangelung der Steine alles Backsteinbau mit Bewurf. In der Folge wurde der Herzog bewogen, das Gebäude vierseitig um einen Hof herumführen zu lassen; gegen diesen Hof hin eine offene Loggia auf gekuppelten Säulen, zum Schönsten der ganzen Renaissance gehörend; innen reich durchgeführter Schmuck von Fresken und Stukkaturen. Verhängnisvoll als erster monumentaler Bau in unechtem Stoff, während der reine Backstein zu Gebote gestanden hätte, – und als Beispiel der Anwendung der Rustica als vermeintlichen Ausdruckes des Ländlichen.

Marmirolo, welches Giulio ebenfalls baute, nachdem bereits 1523 ein Plan von Michelangelo eingereicht worden war (Vasari XII, p. 361, im Kommentar zu v. di Michelangelo, und Gaye, carteggio II, p. 154), ist von der Erde verschwunden.

Ebenso die »Soranza« des Sanmicheli, unweit Castelfranco, welche damals als die vollkommenste Villa weit und breit galt. Vasari XI, p. 126, v. di Sanmicheli.

Villa Monte Imperiale bei Pesaro, erbaut von Girol. Genga (vor 1528?) für Herzog Francesco Maria della Rovere von Urbino. Nie vollendet, aber noch in dem jetzigen ruinösen Zustand von mächtiger Wirkung; das Gebäude folgt dem steilen Abhang in dreifacher Abstufung; unten ein bedeutendes Hallengeschoß mit einer geschlossenen Pilasterfassade drüber. »Piena di camere, di colonnati e di cortili, di loggie, di fontane e di amenis-

simi giardini«, ehemals von allen reisenden Fürsten besucht. Vasari XI, p. 90, v. di Genga.

Zu Cricoli bei Vicenza die Villa des Hauses Trissino,
nach dem Plan des Gründers Giov. Giorgio Trissino
(§ 12); eine Fassade wiederum (wie die Gartenhalle Cornaro's zu Padua) ganz ähnlich der echten von Villa Madama, aber zwischen zwei vortretende (ältere?) Türme
eingeschlossen. (Il forestiere istruito etc. di Vicenza, Tav.
33.)

Das ästhetische Gesetz der Villenbaukunst der goldenen
Zeit wird sich erst dann vollständig erkennen lassen,
wenn die betreffenden Reste in ganz Italien aufgesucht
und im Zusammenhang studiert sein werden. Eine Aufnahme z. B. der um Siena zerstreuten Villen, welche ganz
oder teilweise von Peruzzi herrühren, fehlt unseres Wissens noch.

[§ 120]
Villen der Nachblüte.

Unter den Villen der Zeit von 1540 bis 1580 sind die
namhaftesten eigentliche Landsitze, und daher für zahlreiche Dienerschaft eingerichtet. Schon zeigt sich hie und da
öde Weitläufigkeit, oder auch der Stil von Stadtpalästen
statt freier ländlicher Anmut. Einzelne kleinere Casino's
gehören jedoch noch zum Besten.

Das riesige Fünfeck Caprarola, die Burg der Farnesen,
einige Stunden von Rom, von Vignola, der sich hier
einer Form der modernen Fortifikation fügte. Mächtige
Rampentreppen, Gräben, fünf Basteien, darüber der
Hauptbau von zwei Ordnungen mit gewaltiger offener
Pfeilerloggia auf der einen Seite. Innen ein großer runder
Hof mit Pfeilerhallen, eine der imposantesten Schöpfun-
gen der ganzen Profanbaukunst. Vasari XII, p. 133, v. di
T. Zucchero.

Wohlerhalten: Villa Lante alla Bagnaja bei Viterbo, von
Vignola, von schönster Abstufung bei mäßigen Mitteln.

Demselben Vignola wird die bedeutendste erhaltene Villa suburbana, die Vigna di Papa Giulio (III.) bei Rom, um 1550, zugeschrieben. (Anteil Vasaris, Michelangelos, Ammanatis und des Papstes selbst.) Am Palast der Vorderbau wertlos; die halbrunde Hofhalle von zweifelhaftem Effekt; die jenseits des Hofes folgende zweite Halle und der das Ganze schließende vertiefte Brunnenhof mit noch tieferem Grottenbau von zierlicher, malerischer Wirkung, doch schon mit gesuchter Abwechselung der Motive.

An Villa d'Este zu Tivoli (1549) der Palast groß, aber unbedeutend und später.

Von den Villen des Herzogs Cosimo I. Medici die von Castello bei Florenz laut allgemeinem Urteil noch jetzt bedeutend (von Tribolo); Pratolino im Apennin hauptsächlich durch Gärten und Wasser berühmt.

In und um Genua ist oder war das Beste von Galeazzo Alessi (1500 bis 1562); der abscheulich umgebaute Pal. Sauli war eine Art vorstädtischer Villa, ebenso die noch wohl erhaltene Villa Pallavicini, deren Äußeres noch der vorhergehenden Periode Ehre machen würde; – die meisten Villen dieser Zeit verfallend oder umgebaut. – Von Alessi auch das Schloß Castiglione im See von Perugia.

Von den Villen Palladio's ist eine Villa suburbana die berühmte Rotonda Capra bei Vicenza (vgl. § 116 ⟨Abb. 23 o.⟩); die meisten übrigen sind große regelmäßige Landsitze, in der Mitte ihrer Ökonomiebauten emporragend und oft von sehr schöner Anlage; nur darin verkannte Palladio die wahre Kunstform der Villa, daß er nicht immer die Fassade selbst als Loggia öffnete, sondern *vor* die geschlossene Mauer einen Tempelportikus, sogar mit Giebel, treten ließ; und auch wo die Fassade selbst sich öffnet, entsteht statt einer echten Loggienform meist wieder eine Tempelhalle, sogar zweistöckig mit Giebel.

Von den Casino's dieser Zeit hat die Palazzina in Ferrara noch einen Schimmer der ehemaligen Grazie, dagegen ist die Villa Pia (§ 117) im großen vatikanischen Garten, von

Pirro Ligorio um 1560 vollständig erhalten: an einer
ovalen Terrasse hinten das Gebäude selbst, vorn ein
Vorpavillon mit Unterbau, an den beiden Rundenden
kleine Eingangshallen; das Ganze berechnet auf Stukkaturen, Brunnen und bestimmte vegetabilische Umgebung; letztere allein fehlt.

[§ 121]
Villen der Barockzeit.

In der Barockzeit von 1580 an wurde Rom und Umgebung
die wichtigste Stätte für die weitere Ausbildung der Land-
villa sowohl als der Villa suburbana. Die erstere fügt sich
im Detail den mürrischen Formen des damaligen Stadtpa-
lastes, rettet sich jedoch die Loggia als Hauptmotiv. Die
letztere, im Grundplan jetzt oft vorzüglich schön und als
Vergnügungsaufenthalt mit luftigen Hallen und bequemen
Treppen mustergültig, dringt doch ebenfalls nirgends mehr
zu einem reinen Ausdruck in den Formen durch. Rustica
und gleichgültige Mauereinfassungen aller Art kontrastie-
ren mit den eingesetzten antiken Reliefs, dem speziellen
Luxus von Rom. – Größern Villen entsprechen jetzt besondere kleine Casino's auf anderm Niveau, aber derselben
Achse.

Einflußreiche Landvillen: Villa Aldobrandini und Villa
Mondragone bei Frascati. Für die Villa suburbana: Villa
Montalto-Negroni (seit Sixtus V.) mit Hauptbau und
Casino, letzteres von Domenichino; Villa Borghese, Villa
Mattei usw.; vielleicht das Wirkungsvollste die Garten-
seite der Villa Medici auf Monte Pincio ⟨Abb. 23 u.⟩.

[§ 122]
Bäder.

In den Villen gewannen auch die Vorrichtungen zum Ba-
den hie und da eine künstlerische Gestalt.
Dahin gehört wohl die stufa in der Villa Lante zu Rom,

Vasari X, p. 97, v. di Giulio Romano, mit den Fresken der Liebschaften der Götter. Der jüngere Sangallo entwarf für Kardinal Marcello Cervini, spätern Papst Marcellus II. (§ 29) einen Plan für ein Bad antiker Art, mit frigidarium tepidarium, calidarium, welches in einer Villa zu Vivo errichtet werden sollte, Vasari X, p. 81 im Kommentar zu v. di Ant. Sangallo.

In der Villa Grimaldi zu Bissagno bei Genua baute Alessi ein rundes Badgemach mit Kuppel, dessen Becken das heiße Wasser aus dem Rachen von Meerwundern, das kalte aus Fröschenmäulern empfing; ringsum ein Gang mit acht Nischen, wovon vier durch besondere Badewannen und vier durch Fenster und Türen in Anspruch genommen waren; dazwischen Hermen, welche das Kranzgesimse trugen; vom Gewölbe hing ein sinnreicher Leuchter nieder, dessen große Schale das Firmament darstellte; die Vorräume und Nebenräume ebenfalls auf das Zierlichste durchgeführt. Vasari XIII, p. 126, v. di Leoni.

Über die »Stufetta« des Kardinals Bibiena (das sog⟨enannte⟩ Bagno di Giulio II.) im Vatikan ist auf die Briefe Bembo's vom Jahr 1516 (Lettere pittor. V, 57, 58) zu verweisen, woraus nur soviel erhellt, daß Rafael die Sujets zu den Wandmalereien von Bibiena erhielt, für eine kleine marmorne Venusstatue aber keine passende Stelle wußte.

<h2 style="text-align:center">XV. KAPITEL
DIE GÄRTEN</h2>

<h3 style="text-align:center">[§ 123]
Gärten unter der Herrschaft des Botanischen.</h3>

Die Gärten der Paläste und besonders der Villen waren ohne Zweifel frühe in regelmäßigen Linien, vielleicht in strengem Bezug auf das betreffende Gebäude angeordnet. Wenn ihrer künstlerischen Behandlung Anfangs Etwas im

Wege stand, so war es das botanische Interesse oder die
Absicht auf Nutzbarkeit.

Vgl. Kultur der Renaissance, S. 287. Der Garten der
mediceischen Villa Careggi zur Zeit des Lorenzo magnifico als Sammlung zahlloser einzelner Gattungen von 5
Bäumen und Sträuchern geschildert.

Der prächtige Garten von Poggio reale bei Neapel vom
Kronprinzen Alfons (§ 118) angelegt, der 1495 noch als
fliehender König der Botanik huldigte, indem er nach
seinem Asyl (Sizilien) »toutes sortes de graines pour faire 10
jardins« mitnahm, Comines, L. VII, ch. 11 oder Charles
VIII, ch. 17. Die Hauptschilderung aus dem Vergier
d'honneur, wörtlich bei Roscoe, Leone X, ed. Bossi,
Tom. IV, p. 226 s. Außer dem Palast eine Menge kleinerer Zierbauten, kleine Wiesen, Quellen, Bäche, antike 15
Statuen; ein geschlossener Park mit allen Fruchtbäumen,
die das Klima erlaubt, mit Lorbeern, Blumen und endlosen Rosenpflanzungen; dann ein besonderes Wildge-
hege, Ställe, Meiereien, Weinpflanzungen mit Reben aller
Sorten und riesigen gewölbten Kellern. Offenbar über- 20
wog die Ökonomie für den Bedarf des Hofes und für den
Blumenverbrauch bei Festen nebst der botanischen Liebhaberei das Künstlerische bei Weitem.

Auch im Vorgarten des vatikanischen Palastes, wie ihn
Nicolaus V. um 1450 haben wollte, sollten herbae et 25
fructus aller Art nebst Wasserwerken ihren Platz finden;
Vitae Papar. bei Murat. III, II, Col. 932.

Im Palastgarten zu Ferrara, welchen Ercole I. (st. 1505)
wahrscheinlich in den 1480er Jahren eilig anlegen ließ,
fehlte zwischen den regelmäßigen Buchshecken, den 30
Weinlauben auf Marmorsäulen, den gemalten und vergoldeten Pavillons und dem Brunnen mit 7 Mündungen
doch kein schöner und kein fruchtbarer Baum, so daß
sich auch hier der Nutzgarten zu erkennen gibt. Titi
Strozzae Aeolostichon L. II, p. 209. 35

Ein anderer Lustgarten in der Stadt, mit einem Absteigequartier (1497), enthielt u. a. einen Fischteich mit

Brücken darüber. Diario ferrarese, bei Murat. XXIV,
Col. 346. Über Belvedere und Montana siehe § 118.
Die großen Parke mit Wildgehegen wird man vollends
kaum zu den Gärten rechnen dürfen.

Ein Park für die fremden Tiere, welche eine Liebhaberei
jener Zeit waren (Kultur der Renaissance, S. 287 f. von
Herzog Ercole 1471 unmittelbar vor der Stadt mit teuren
Expropriationen angelegt, Diario, l. c., Col. 236. Auch
Poggio reale enthielt eine Menagerie. Für Palermo erwähnt schon Otto de S. Blasio ad a. 1194: hortum regalem amplissimum . . . omni bestiarum genere delectabili-
ter refertum.

[§ 124]
Eindringen des Architektonischen.

Indes wird frühe auch die Erzielung eines höhern Phanta-
sieeindruckes sich geltend gemacht haben, wie schon aus
der Begeisterung zu schließen ist, mit welcher von Gärten
überhaupt geredet wird. Dieser Eindruck kann ebensogut
auf architektonischer Strenge der Anlage als auf besonders
schönen Einzelteilen beruhen. Die Wasserwerke darf man
sich jedoch noch bis tief in's 16. Jahrhundert relativ gering
vorstellen, da der große römische Wasserluxus, Vorbild des
europäischen, erst mit Sixtus V. beginnt.

Frühe unbestimmte Erwähnungen ausgezeichneter Gärten hie und da, z. B. Matteo Villani IV, c. 44 ein famoso
giardino beim Pal. Gambacorti in Pisa, wo Kaiser Karl
IV., selber ein großer Gartenfreund, 1354 abstieg.

Phantasiebilder, zum Teil von anregender Schönheit, bei
Aeneas Sylvius (Epistola 108, p. 612 der Garten der
Fortuna) und bei Polifilo (Hypnerotomachia, vgl. § 32,
im Auszug bei Temanza, p. 28, die Insel Cythera).

Einiges in den Fresken des Benozzo Gozzoli (Camposanto
zu Pisa) und auf Tafelbildern des 15. Jahrhunderts.

Einfluß der Gartenbeschreibungen in den Briefen des
Plinius, oder wenn diese noch nicht bekannt waren, in

andern Schriften des Altertums: der Hippodromus in den
Gärten des Kastells von Mailand vor 1447, vita Phil.
Mariae Vicecomitis, auct. Decembrio, bei Murat. XX,
Col. 1008. Vgl. Plin. L. V, Ep. 6.

Leon Battista Alberti (1450) stellt zuerst einige derjeni- 5
gen Züge fest, welche seither für den italienischen
Prachtgarten bezeichnend geworden sind, de re aedificatoria, L. IX, c. 4: Grotten von Tuffstein, welche man
bereits dem Altertum nachahmte, wobei ungeduldige
Besitzer das moosige Grün durch grünes Wachs ersetz- 10
ten; eine Quellgrotte mit Muscheln ausgelegt; ein Gar-
tenportikus, wo man je nach Jahres- und Tageszeit Sonne
oder Schatten sucht; ein freier Platz (area); Vexierwasser;
immergrüne Alleen von Buchs, Myrten und Lorbeer; die
Zypressen mit Epheu bekleidet; die einzelnen Felder des 15
Gartens rund, halbrund und überhaupt in solchen Umrissen, *welche auch einen Bauplan schön machen* (? – cycli et
hemicycli, et quae descriptiones in areis aedificiorium
probentur), eingefaßt von dichten Hecken; aus dem Altertum werden hinzugenommen: die korinthischen Säu- 20
len als Stützen der Weinlauben, die Inschriften in Buchs-
beeten, das Pflanzen der Baumreihen in der Quincunx;
für Hecken werden besonders Rosen empfohlen; von
den Eichen heißt es noch, sie gehörten eher in Nutzvillen
als in Gärten. Schon damals kamen komische Genre- 25
statuen in Gärten vor, Alberti erlaubt sie, sobald sie nicht
obszön seien.

Von ältern Brunnen kaum einer erhalten. Villa d'Este mit
freier Verfügung über die Wasser des Teverone macht
eine Ausnahme unter den Gärten vor Sixtus V. 30

[§ 125]
Antike Skulpturen und Ruinen.

Der italienische Garten schloß frühe ein doppeltes Bündnis
mit den römischen Altertümern: Skulpturfragmente und
Inschriften, welche für das Innere von Gebäuden nicht als 35

Schmuck gelten konnten, machten an Gartenmauern zwischen dem Grün eine große, und wie man wohl bald gefühlt
haben wird, elegische Wirkung; auch an den Gartenfronten
der Villengebäude wurden römische Reliefs oft in Menge
angebracht. Sodann gewann man den baulichen Ruinen
nicht nur ihre poetische Schönheit ab, sondern ahmte sie in
Gärten nach. Ohne Zweifel gaben hiezu römische Gärten
den Anlaß, welche in echten Ruinen angelegt waren.

Poggio im Dialog de nobilitate, den er vor 1440 verlegt
(Poggii opera ed. Argentin. fol. 25) läßt sich noch damit
ausspotten, daß er sein Gärtlein (zu Terranuova bei Florenz) mit kleinen und fragmentarischen Marmorresten
ausgeschmückt habe, um durch die *Neuheit* der Sache
einigen Ruhm bei der Nachwelt zu gewinnen. – Der
kleine, mit Antiken damals ganz angefüllte Garten des
Pal. Medici (Riccardi), die Stätte der Studien des Michelangelo, Vasari VII, p. 203, v. di Torrigiano.

Anwendung im Großen: an der Gartenseite des Pal. della
Valle zu Rom, eine ganze Fassade voller Reliefs und bunt
zusammengesetzter Skulpturfragmente, auch Statuen in
Nischen, Vasari VIII, p. 213, v. di Lorenzetto zur Zeit
Rafaels. – Ebendamals in Rom das giardinetto des Erzbischofs von Cypern »mit schönen Statuen und anderen
Altertümern«, darunter ein Bacchus, Vasari X, p. 145, v.
di Perino, welcher an den Wänden bacchische Szenen
malte; vgl. § 128. – Giulio Romano brachte seine Antiken lieber im Hause selber an, Vasari X, p. 109, v. di
Giulio.

Statuen wurden auch in besondern Lauben aufgestellt,
welchen man die Form von Tempeln etc. gab. Als glücklicher Erfinder der für das emporwachsende Grün besonders geeigneten Holzgerüste war gegen 1550 Girolamo
da Carpi berühmt, der den quirinalischen Garten des
Kardinals von Este (zugleich Gründers der Villa d'Este zu
Tivoli) damit versah. Vasari XI, p. 238, v. di Garofalo.

Über die Ruinensentimentalität vgl. Kultur der Renaissance, S. 190. Die erste ideale Ruinenansicht mit Be-

schreibung bei Polifilo, im Auszug aber ohne das Bild bei
Temanza p. 12; Trümmer mächtiger Gewölbe und Ko-
lonnaden, durchwachsen von alten Platanen, Lorbeern
und Zypressen nebst wildem Buschwerk. Vgl. die Palast-
ruinen in den Bildern des 16. Jahrh⟨underts⟩ von der
Anbetung des Christuskindes. – Bloße Landschaften mit
Ruinen, Vasari XI, p. 31, v. di Gio. da Udine.
Die erste bedeutende künstliche Ruine im Park (bar-
chetto) bei der Residenz zu Pesaro: ein Haus, welches
eine Ruine sehr schön vorstellte, darin eine treffliche
Wendeltreppe ähnlich der vatikanischen (des Bramante);
Vasari XI, p. 90, v. di Genga (um 1528?).
Der Ausdruck schwankt bisweilen zwischen dem Ruinen-
haften, dem Grottenhaften und der anderweitig längst aus-
gebildeten Rustica.
Ein Bild dieser Konfusion in dem Briefe des Annibale
Caro 1538, Lettere pittoriche V, 91, wo wahrscheinlich
von den farnesischen Gärten auf dem Palatin die Rede ist,
bevor Vignola denselben ihre spätere Gestalt gab. Am
Abschluß eines großen Laubenganges erhebt sich eine
Mauer von dunkelm porösem Tuff in absichtlich unor-
dentlichen Blöcken mit beliebigen Erhöhungen und Vertiefungen, in welchen letztern sich Pflanzen ansetzen
sollen; das Ganze stellt vor un pezzo d'anticaglia rosa
(d. h. verwittert) e scantonata; in der Mitte eine Tür, zu
den Seiten mit rohen Blöcken, oben mit hängenden
Steinmassen wie ein Höhleneingang; rechts und links in
rohen Rustica-Nischen Brunnen mit Sarkophagen als
Trögen und mit Statuen liegender Wassergötter darüber;
die Laube mit Epheu und Jasmin an den Seitenmauern,
oben mit Weinlaub über Pfeilern bedeckt; der Charakter
des Ganzen: ritirato, venerando.
Eigentliche künstliche Ruinen blieben doch selten; im
ganzen herrscht teils vollständige Architektur (und zwar
z. B. in den einzelnen Triumphbogen, Quellfassaden etc.
der Villa d'Este in ziemlich reichen Formen, anderswo
vermeintlich ländliche Rustica), teils bloßer Tuffsteinbau

ohne Prätension, teils Belegung mit Muscheln, wie sie
die Alten liebten. Schon Alberti a.a.O. spricht davon.

[§ 126]
Volle Herrschaft der Architektur.

Im 16. Jahrhundert wird die Herrschaft der Architektur
über die Gartenkunst nicht bloß tatsächlich durch Überlas-
sung der letztern an die Baumeister, sondern auch prinzipiell ausgesprochen.

Bandinelli an Guidi 1551, Lettere pittoriche I, 38: le cose
che si murano, debbono essere guida e superiori a quelle
che si piantano.

Serlio's Pläne von Gartenbeeten, Ende des IV. Buches,
»welche auch per altre cose dienen könnten«, sind in der
Tat angelegt wie ein regelmäßiges architektonisches Or-
namentenfeld.

Bei wechselndem Niveau, sobald die Abstufung in ihr
Recht trat, gewannen ohnehin streng symmetrische Anlagen von Terrassen, Balustraden und Treppen die Ober-
hand.

Entscheidend wirkten vielleicht die prächtigen Rampentreppen, welche in Bramante's großem vatikanischen
Hauptbau (§ 97, 117) aus dem untern Hof in den obern
Garten (giardino della pigna) führten, dessen letzten
Abschluß jene kolossale Nische mit oberer Säulenhalle
bildet. Der obere Garten enthielt ohne Zweifel jene pratelli e fontane, welche Bandinelli (ibid.) als Muster auf-
stellt.[1] Daß die Rampen wirklich ausgeführt waren, be-

---

1 Nur von diesem Garten, nicht von dem belvederischen achteckigen Hof, reden wohl die venezianischen Gesandten des
Jahres 1523 (bei Tommaso Gar, relazione della corte di Roma,
p. 114 s.). Damals war die eine Hälfte mit Rosen, Lorbeern,
Maulbeeren und Zypressen bepflanzt, die andere mit Backstein-
platten gepflastert, zwischen welchen regelmäßig angeordnet
die schönsten Orangenbäume emporstiegen; in der Mitte lagen,
einander gegenüber, Tiber und Nil mit Brunnen verbunden; in

weisen alte Abbildungen im Speculum romanae magnificentiae. An ihre Stelle traten später Zeughaus, Bibliothek und Braccio nuovo, so daß die majestätische
Längenperspektive des Hofes und Gartens verlorengegangen ist. Bandinelli erwähnt weiter Anlagen, welche 5
Rafael für Leo X. und für Clemens VII. gemacht habe;
letzteres nur dann richtig, wenn Rafael in Villa Madama
für den Kardinal Giulio Medici, spätern Papst Clemens,
auch den Garten angelegt haben sollte.

Die Treppe, welche bald auch in den Palästen um des 10
symmetrischen Anblickes willen sich zur Doppeltreppe
ausbildet (§ 106), wird in Gärten höhern Stils schon früher
verdoppelt. Die mittlern Absätze, womöglich in der
Hauptachse der ganzen Villa liegend, verlangen nun eine
besondere Ausstattung, hauptsächlich durch Grotten mit 15
Brunnen.

Zwei Doppelrampen übereinander, mit einer Art von
Grotten, in dem ebengenannten großen Hof Bramante's.
Früher symmetrischer Treppenbau mit Marmorbalustra-
den und sogar mit Hallen im untern Garten des Pal. 20
Doria zu Genua, von Montorsoli seit 1529.

Hauptbeispiel auch hiefür: Villa d'Este zu Tivoli (§ 120,
124), wo indes die Doppeltreppen und deren mittlere
Nischen etc. schwerlich alle der ersten Anlage von 1549
angehören mögen. 25

Von Alessi's Villen: Villa Pallavicini.

Die kleinern, mehr zierlichen Elemente, wie Blumenbeete,
Orangenpflanzungen, Statuen, kleinere, schmuckreiche
Fontänen, früher durch den ganzen Garten zerstreut, wer-
den gegen Mitte des 16. Jahrh⟨underts⟩ ausgeschieden zu 30

Nischen standen der Apoll und der Laokoon, in der Nähe des
letztern die vatikanische Venus; an der Halle gegen den hintern
vatikanischen Garten hin (scheint es) war eine Fontäne, welche
die Pflanzen des Gartens tränkte. – Unter Julius und Leo war
dies Alles sehr zugänglich; Hadrian VI. beschloß schon in
Spanien Alles zu sperren; Lettere di principi I, 87.

einem sog⟨enannten⟩ Prunkgarten (auch giardinetto),
d. h. zu einem besonders regelmäßigen Parterre in der Nähe
des betreffenden Palastes oder Villengebäudes. Die Lage ist
womöglich vertieft, windstill und gegen Süden, die Wege
sind mit Steinplatten belegt. Der Stil ist nahe verwandt, ja
fast identisch mit dem der Gärten in Palasthöfen.

Bereits vorhanden in dem großen Garten hinter dem
Vatikan, offenbar als sonniger Spazierort in den kältern
Jahreszeiten. Später allgemeines Requisit der größern
Villen. (Ob dieser äußere vatikanische Garten, welcher
u. a. die Villa Pia, § 117, 120 enthält, eine Anlage des
jüngern Ant. da Sangallo sein mag? Ein Plan »per la
vignia del Papa« ist noch von ihm vorhanden, Vasari X,
p. 31. Kommentar zu der. v. di Sangallo.) Der obenge-
nannte innere vatikanische Garten (Bramante's) wahr-
scheinliches Vorbild.

[§ 127]
Mitwirkung der mächtigern Vegetation.

Wie frühe die mächtigern Bäume als Massen geordnet in die
Komposition aufgenommen wurden, ist nicht auszumitteln; einzeln und in Alleen und kleinern Gruppen hatten sie
nie gefehlt; aber ihr ernstes und großes Zusammenwirken
mit Terrassen, Treppen etc. kann erst eingetreten sein, als
die Gärten überhaupt groß und die architektonischen Prinzipien ihrer Anlage völlig ausgebildet waren.

Leider sind die hiefür entscheidenden Anlagen entweder
nie ganz ausgeführt oder wieder zernichtet worden; Giulio's oder Rafaels Garten bei Villa Madama (Vasari X,
p. 90, v. di Giulio), Vigna di Papa Giulio III. und Orti
farnesiani von Vignola; – Michelangelo's Entwurf für
Marmirolo (§ 119) und zwar »sowohl für den Garten als
für die Wohnung darin« (1523), mußte wahrscheinlich
zurückgelegt werden, weil die Hofkasse von Mantua
durch eine prächtige Theatervorstellung in Anspruch
genommen war. – Auf Sangallo's Plan für den hintern

vatikanischen Garten ist u. a. bezeichnet ein »Ort für
Tannen und Kastanien«. – In Castello bei Florenz wird
als Abschluß des Fruchtgartens ein Tannendickicht angelegt, welches die Wohnungen der Arbeiter und Gärt-
ner maskiert, in der Mitte des Hauptgartens aber ein ₅
Dickicht (salvatico) von hohen Zypressen, Lorbeern und
Strauchwerk, mit Labyrinth und Fontäne in der Mitte,
anderswo ein drittes Dickicht von Zypressen, Tannen,
Lorbeern und Steineichen mit einem Becken in der
Mitte, Vasari X, p. 258 ss., v. di Tribolo. (In Villa Ma- ₁₀
dama führte eine besondere Pforte in ein solches salvatico; sie war flankiert von zwei Giganten Bandinelli's;
Vasari X, p. 302, v. di Bandinelli.) – Die großen Eichen-
massen aber lassen noch einige Zeit auf sich warten. –
Castello a.a.O. beschrieben nicht sowohl wie es war und ₁₅
ist, sondern wie es Tribolo entwarf (seit 1540?). Außer
den Wasserwerken (siehe unten) auch Scherze in der
Gartenanlage selbst, z. B. mehrere Labyrinthe. Eines
wurde damals auch zu Careggi in einem runden Hof
angelegt, Vasari XI, p. 60, v. di Pontormo. Die Idee ₂₀
gewiß uralt und in Schloß- und Klostergärten von jeher
bekannt.

[§ 128]
Gärten von Venedig.

In Venedig, wo Enge und Meerluft die Anlage großer ₂₅
Pflanzungen verbot, Brunnen nur durch Pumpen möglich
waren und Treppen wegen Einheit des Niveaus nicht vorkamen, entschädigte man sich durch Zierlichkeit und durch
Zutat von Malereien und Skulpturen. Der Sinn gereister
Kaufleute blieb auch dem botanischen Sammeln hier länger ₃₀
getreu.

Sansovino, Venezia, fol. 137, wo alle wichtigern Gärten
aufgezählt sind, auch solche mit Brunnen. – Der Garten
Tizian's, in allgemeinen Ausdrücken gerühmt in einem
Briefe des Priscianese bei Ticozzi, vite de' pittori Vecellî, ₃₅
p. 80.

Ohne Zweifel wirkte dieser venezianische Gartenstil auf manchen giardinetto im übrigen Italien ein. Wo ein kleiner Hof im Innern eines Palastes zum Garten gestaltet wurde, mochte bisweilen die Vegetation der geringere Teil sein neben dem übrigen Schmuck. Da sehr Weniges dieser Art erhalten ist, muß auf eine Nachbildung, den kleinen Hofgarten in der Residenz zu München, verwiesen werden.

Über die künstlerische Ausbildung des Holzgerüstes der Lauben, die bes⟨onders⟩ auch in kleineren Gärten vorkamen, vgl. § 125.

Über die Malereien an den Mauern, Loggien, Brunnennischen etc. solcher kleinen Gärten einige späte Notizen bei Armenini, de' veri precetti della pittura, p. 197 ss. Er verlangt besonders Landschaften mit reicher Staffage und Mäßigung des Tones und nennt von den damals erhaltenen Gartenmalereien: die im Garten des Hauses Pozzo zu Piacenza, von Pordenone, – und die schon § 125 angeführten des Perino del Vaga im Garten des Erzbischofs von Cypern zu Rom, wo die Fresken (bacchischen Inhalts) auf die daselbst aufgestellten Statuen berechnet waren. – Einfarbige mythologische Malereien Vasari XI, p. 22, v. di Gherardi. – Übrigens redet schon L. B. Alberti, de re aedific. L. IX, c. 4 auch von Gartenmalereien: amoenitates regionum, et portus (Seehäfen), et piscationes, et venationes, et natationes, et agrestium ludos, et florida et frondosa.

[§ 129]
Gärten der Barockzeit.

Mit den frühsten großen Villen der Barockzeit (§ 120, 121) erst vollendet sich der italienische Gartenstil, nicht ohne bestimmenden Einfluß von Castello u. a. mediceischen Villen, sowie von Villa d'Este.

Gänzliche Ausscheidung des Botanischen; die Fruchtbäume und Spaliere in besondern, verborgenen Abtei-

lungen; das Nutzbare überhaupt dem Auge nach Kräften
entzogen, doch keineswegs verabsäumt; hinter den dichten Lorbeer- und Zypressenwänden der Alleen vermiet-
bare Gemüsefelder u. dgl. Ausbildung der Wasserkünste
ins Großartige, die Scherze beseitigt; große, streng archi- 5
tektonische Komposition; alle Absätze architektonisiert;
die Bäume, besonders Eichen, als Massen wirkend; die
Treppen und Balustraden als sehr wesentlich behandelt;
der Prunkgarten in scharfem Gegensatz zum übrigen;
herrschende Prospekte auf Brunnen, Grotten, Gruppen 10
etc.

ZWEITES BUCH
DEKORATION

I. KAPITEL

WESEN DER DEKORATION DER RENAISSANCE

[§ 130]
Verhältnis zum Altertum und zur gotischen Dekoration.

Die Renaissance wurde von den dekorativen Arbeiten des
römischen Altertums nicht viel weniger angezogen als von
dessen Bauten. Auf jenen beruht die Welt von Zierformen,
welche sie teils an monumentalen, teils an beweglichen
Geräten, teils an den Gebäuden selbst zu entwickeln begann.

Bei dem hohen und kräftigen Sinn der neuen Kunst
schadete es nicht viel, daß man die Werke der guten und
der gesunkenen römischen Zeit Anfangs wenig unterschied. Die Hauptvorbilder waren anfangs eine beschränkte Anzahl prächtiger Türeinfassungen, dann
Altäre, dreifüßige Untersätze, Kandelaber, Vasen, Sarkophage etc. Erst spät kamen die Stukkaturen und Malereien der Titusthermen hinzu.

Die Architektur, mehr als einmal von der Oberherrschaft
eines Dekorationsstiles bedroht, behauptete durch das Verdienst der großen Florentiner den Pfad ihrer hohen Bestimmung (vgl. § 34). Eher konnte sich im 15. Jahrhundert die
Skulptur beschweren, daß ihr die Dekoration einen Teil
ihrer Aufgabe vorwegnehme.

Pompon. Gauricus, De sculptura liber (von 1505), bei
Jac. Gronov. thesaur. graecar. antiquitatum, Tom. IX,
Col. 738: die Hauptaufgabe des Skulptors sei der
Mensch, ut hominem ponat, quo tanquam ad scopum

tota eius et mens et manus dirigenda, quanquam satyris-
cis, hydris, chimaeris, monstris denique, quae nusquam
unquam viderint, fingendis (es sind die figürlichen Bestandteile der Arabesken und diese überhaupt gemeint)
ita praeoccupantur, ut nihil praeterea reliquum esse vi- 5
deatur. Dii Deaeque omnes! neminem unum esse qui,
quo sibi proficiscendum sit, videat! qui ad finem respi-
ciat! etc.

Von der starken Übertreibung abgesehen, hat in der Tat
das einfassende, einrahmende Element einen Grad der 10
Entwicklung erreicht und Mittel in Anspruch genommen, wie in keiner andern Kunstepoche, und doch nicht
so, daß man dies ungeschehen wünschen möchte; das
Verhältnis zu dem Eingefaßten, mag es Skulptur oder
Malerei betreffen, ist ein konsequentes und in sich har- 15
monisches.

Auf keinem andern Gebiete der Kunst und der Kultur
überhaupt zeigt sich die Renaissance dem römischen Altertum so völlig geistesverwandt als hier. Sie bildet an dem
Überlieferten ganz unbefangen weiter als wäre es ihr Eigen- 20
tum, kombiniert es immer von neuem und erreicht stellenweise die höchste Schönheit.

Schon die Cosmaten (§ 16) sind in ihren Dekorations-
arbeiten wahre Vorläufer der Renaissance.

Das gotische Detail muß die Italiener des 14. Jahrh⟨un- 25
derts⟩ in der Dekoration noch mehr unglücklich gemacht haben als in der Architektur; umsonst hatten sie es
mit römischen Horizontalen und Gesimsen, mit antikem
Laubwerk usw. versetzt, wodurch es nur noch irrationel-
ler wurde. Ihre Sehnsucht nach etwas Anderem muß auf 30
das Höchste gestiegen sein schon hundert Jahre bevor im
Norden das Gotische seinen letzten prachtvoll lebendigen Sprößling, den Dekorationsstil des sinkenden 15.
Jahrhunderts trieb. Während nun in der italienischen
Baukunst sich das Gotische noch neben der Renaissance 35
behauptete (§ 23), erlosch es in der Dekoration sogleich
und fast vollständig, als die ersten Arbeiten des neuen

Stiles da waren. (Die sehr wenigen Ausnahmen in Venedig, siehe Cicerone S. 213, 269 und in Genua S. 197,
bestätigen nur die Regel.)

Sogleich wetteiferte man nun mit den kühnsten und
prächtigsten römischen Motiven; das Weihbecken Quercia's (?) im Dom von Siena erreicht mit dem ersten
Sprunge einen Inhalt, der dem reichsten römischen Kandelaber parallel steht, und ist doch völlig unabhängig
von einem bestimmten Vorbilde.

Der höchste Aufwand wird der neuen Dekoration sofort
gegönnt, in geistiger wie in materieller Beziehung.

[§ 131]
Das architektonische Element und die Flächenverzierung.

Indes war die Dekoration der Renaissance durch unsichtbar
mitwirkende Präzedentien verhindert, einen rein von der
Architektur ausgeschiedenen, prinzipiell in sich abgeschlossenen Stil zu entwickeln, wie die des Altertums dies
vermocht hatte.

Die wichtigsten Aufgaben, Grabmäler und Altäre, seit
dem Mittelalter wesentlich als Architekturen gestaltet,
blieben es auch jetzt bis zu einem hohen Grade. Dabei
behauptet sich schon die architektonische Gebälk- und
Sockelbildung, statt der verzierten Wellenprofile des dekorativen römischen Stiles; sodann der Pilaster mit seinem Kapitäl. Auch bei bewegtern Formen wie z. B. an
Kandelabern und Weihbecken erreichte man dann die
antike Freiheit und Flüssigkeit nicht völlig; es fehlt der
Blätterumschlag der obern Ränder, die Vielartigkeit der
vegetabilischen Simse, sowie der Hohlkehlen. Allerdings
wäre man bei der Absicht auf ungeheuern Reichtum
nicht wohl zum Ziele gelangt ohne ein stärkeres architektonisches Element.

Anders im nordisch Gotischen, dessen Dekorationsstil
geradezu eine höchst erleichterte und belebte Architektur ist.

Gegenüber vom Altertum ist es etwas wesentlich Neues, daß die Renaissancedekoration Flächen jeder Art mit Zierformen auf das Wohlgefälligste auszufüllen verstand.

Das Altertum schmückte die Flächen oder Felder mit figürlicher Darstellung (Reliefs oder einzelne Relieffiguren an Altären, an den Seiten der Kandelaber, an Grabzippen etc., Wandmalereien) oder es überließ sie (an den Mauerwänden) der Inkrustation, d. h. es ließ den Stoff sprechen. Neutrale Zierformen kannte nur die Teppichwirkerei mit ihren Dessins, d. h. sich wiederholenden Motiven.

Außerdem mußten die deckenden Teile von jeher durch Schmuck nach dem Ausdruck der Leichtigkeit streben. Die Römer gingen hierin ohne Zweifel noch weiter als wir es aus den vorhandenen Resten (Soffitten zwischen Tempelsäulen, Kassetten an Flachdecken und Gewölben) nachweisen können; ihre sprichwörtlich gewordenen Lacunaria waren gewiß oft mit Pracht überladen. Allein es war bei Weitem nicht genug davon erhalten oder bekannt, um die Renaissance für die Flächenverzierung im Allgemeinen zu fördern.

Im Mittelalter begnügte sich der romanische sowohl als der gotische Stil, wo sie die Flächen nicht den Figuren überließen, mit aufgemalten Teppichmotiven.

Die Dekoration des Islams, gemalt, glasiert oder mosaiziert, ist lauter fortlaufender Teppichstoff ohne Rücksicht auf eine bestimmte begrenzte Fläche. Das Ungenügende des Prinzips wird besonders an den Gefäßen sichtbar. – Von der byzantinischen Flächenverzierung gilt beinahe dasselbe.

Das einzige Präzedens für das, was die Renaissance zu leisten sich anschickte, waren spätrömische Pilaster zumal aus diokletianischer Zeit, welche Arabesken von einem Rahmenprofil umgeben enthalten. (Pilaster am Arco de' Leoni zu Verona; – am Bogen der Goldschmiede zu Rom enthalten die Pilaster nur reichgeschmückte Feldzeichen.)

Die Renaissance zuerst respektierte und verherrlichte eine bestimmte Fläche als solche. Die Verteilung oder Spannung des Ziermotives im Raum, seine Beziehung zum umgebenden Rahmen oder Rand, der Grad seines Reliefs oder seiner Farbe, die richtige Behandlung jedes Stoffes schaffen zusammen ein in seiner Art Vollkommenes.

Daß man jedoch im ganzen die Alten nicht erreicht habe, ist das Gefühl Vasaris; XI, p. 74, v. di Mosca.

[§ 132]
Übersicht der Ausdrucksweisen.

Die Formensprache der Renaissancedekoration ist ungeheuer reich und redet fast an jedem einzelnen Werk aus verschiedenen Tönen zu gleicher Zeit. Das Hauptelement ist ein ideal-vegetabilisches, auf allen Stufen von dem beinahe Wirklichen bis zur traumhaft spielenden Verflüchtigung und andererseits bis nahe an die mathematische Versteinerung. Dazu kommen figürliche Darstellungen, welchen die Dekoration nur als Einfassung dient; dann figürliche Zutaten innerhalb der Dekoration selbst, sowohl Menschen und Tiere als leblose Gegenstände; endlich Übergänge aus dem Vegetabilischen in das Menschliche und Tierische. Dieses alles kann im flachsten wie im stärksten Relief, ja in bloßer Linearzeichnung, einfarbig oder vielfarbig, mit idealer oder fast wirklichkeitsgemäßer Bemalung dargestellt sein, ja in einzelnen Stukkaturwerken können sich fast alle denkbaren Ausdrucksweisen miteinander vereinigen.

Die mehr als hundertjährige Blüte dieser großen und komplizierten Kunstgattung verdankt man wesentlich dem Umstande, daß die größten Baumeister, Bildhauer und Maler sich derselben unaufhörlich annahmen und ihr oft einen großen Teil ihres Lebens widmeten. Vgl. § 14. Die Bildhauer behandelten lange Zeit förmlich das Dekorative und das Figürliche als gleichberechtigt (§ 130), die Maler wurden bei Anlaß des Gewölbemalens unvermeidlich in die Dekoration hineingezogen; die großen Baumeister aber liebten fast alle die ornamentalen Arbeiten, und wenn sie ihre Bauten dennoch einfach und groß komponierten, so ist ihnen dies, und zwar von Brunellesco an, desto höher anzurechnen.

Das Zusammenmünden fast sämtlicher dekorativer Ausdrucksweisen erfolgt dann in Rafaels Loggien. Der Anstoß, welchen die Titusthermen und andere gemalte und stukkierte Räume des Altertums gegeben haben mochten, ist hier in jeder Beziehung gewaltig überboten.

II. KAPITEL
DEKORATIVE SKULPTUR IN STEIN

[§ 133]
Bedeutung des weißen Marmors.

Obgleich jedem Stoff seine wahren Bedingungen abgesehen und keine Surrogate gestattet wurden, war es doch von Wichtigkeit, daß in dem tonangebenden Lande, Toscana, der weiße Marmor das Hauptmaterial der Dekorationen war und blieb.

So schon in der ganzen pisanischen Skulptorenschule. Nur der weiße Marmor fordert zu beständiger Veredlung der Formen auf, nur er konnte mit den antiken Marmorsachen in Wetteifer treten.

Andere Steingattungen, gebrannter Ton (auch mit Glasierung), Stukko, Erz, edle Metalle, Holz und selbst dekorative Malerei empfanden nur wohltätige Folgen von der Führerschaft dieses unvergleichlichen Stoffes.

Im stärksten Gegensatz hiezu ist der spätgotische Dekorationsstil des Norden wesentlich Holzschnitzerei, auch wenn die Ausführung in Stein geschieht und wenn die Formen alle ursprünglich vom Stein abgeleitet sind.

[§ 134]
Die Arabeske.

Wenn auch jede Gattung ihr eigenes Gesetz hat und wenn selbst jedes einzelne Werk von höherer Bedeutung einen besondern Maßstab des Urteils verlangt, so wird doch die Erkenntnis der Geschichte des Ornamentes sich speziell an das in Stein, zumal in Marmor Gemeißelte halten müssen, und innerhalb desselben vorzüglich an die Arabeske.

Rabeschi im engern Sinne sind nur die aufsteigenden Füllungszieraten der Pilaster, wie aus dem Zusammenhang bei Lomazzo, trattato dell' arte, p. 421 (vgl. § 137) hervorgeht, wo sie von den Friesen (fregi) unterschieden werden. Doch bezeichnen schon die Italiener damit jede Art von ausfüllendem, zusammenhängendem Zierat, von Verherrlichung der Fläche.

Die Aufgabe war: die mehr idealen oder mehr realen Pflanzen sowohl in betreff der Blätter als der Verschlingungen und Windungen edel zu bilden, sie mit belebten sowohl als leblosen Gegenständen richtig zu vermischen, oder wenn das Grundmotiv statt einer Pflanze mehr eine Trophäe ist, dieselbe aus schönen und unter sich anmutig zusammenhängenden Gegenständen zu komponieren.

Die Pflanzen, die idealen, meist dem Akanthus und dem Weinlaub sich nähernd, die realistischen, allen möglichen Blättern und Früchten nachgebildet, beginnen unten gerne mit einem Kandelaberfuß oder Gefäß, ja bisweilen bildet der Kandelaber mit Zwischenschalen und andern reichen Absätzen bis oben den Stamm, um welchen die Blätter spielen. An Kirchenpforten erklärt sich das Gefäß als ideales Nachbild der Wassereimer, in welchen die bei Festen an die Türpfosten gelehnten Baumzweige zu stehen pflegen. Nistende und pickende Vögel beleben oft das Ganze. (Benv. Cellini I, 31, bemerkt, daß in der lombardischen Dekoration Epheu und Zaunrübe, in der toscanischen und römischen der Bärenklau, d. h. der Akanthus herrsche.)

Die mehr trophäenartigen Arabesken bestehen zum Teil aus Waffen, die an einem Stabe befestigt sind (so vorherrschend an den Türpfosten im Pal. von Urbino), meist aber aus einer originellen Mischung aller möglichen belebten und toten Gegenstände. Auch an heiligster Stätte, in den Arabesken der Marmoraltäre, war man über das Sachliche ganz unbedenklich; es kommen wohl etwa heilige Geräte, Cherubim u. dgl. vor, aber meist ganz Profanes und Beziehungsloses. – Wiederum verwandelt sich der Träger des Ganzen in einen aus kandelaberartigen Gliedern zusammengesetzten Prachtkörper, an welchem Tiere, Fabelwesen, Tierköpfe, menschliche Gestalten, ja kleine Gruppen als Träger, Draperien, Putzsachen, Wappenschilde, Waffen, Bänder, Kränze mit Medaillons, Füllhörner und andere anmutige Sachen angebracht sind. – Das Altertum hatte es, von seiner Übung in Trophäenfriesen aus, auch wohl einmal zu einer aufsteigenden Trophäenverzierung gebracht, wie z. B. an zwei Pfeilern in der Galerie der Uffizien, welche mißlungen genug sind; es hatte auch wohl (§ 131) Feldzeichen in seine Pilaster aufgenommen; – allein von der Vielartigkeit des Reichtums und von der sichern Behandlung, welche die aufsteigende Verzierung jetzt erreichte, finden sich im Altertum kaum die ersten Anklänge. – Wesentlich hängt damit zusammen, daß die Renaissance das Kannelieren von Anfang an verschmähte (§ 35).

Im 15. Jahrhundert ist die Arabeske meist symmetrisch, d. h. die Tiere und Gegenstände sind entweder verdoppelt oder gerade vorwärts gerichtet dargestellt; im 16. Jahrh⟨undert⟩ findet man sie malerisch verschoben, in Schrägansicht, oft ziemlich unruhig in der Wirkung.

Außerdem leistet die Marmorskulptur das Höchste und Zierlichste auch in Friesen, in leichten, schwungvollen Aufsätzen und Bekrönungen, in Füllungen aller Art, wozu dann noch die Formen der Sarkophage, Urnen, Weihbecken und anderer monumentaler Geräte kommen.

Neben und zwischen dem leichten Phantasieornament, wie

es in der Arabeske herrscht, tritt ein stärker plastisches,
auch der Wirklichkeit sich mehr näherndes Ornament auf
in Gestalt von Fruchtschnüren, Voluten, Masken, Tieren,
Tierfüßen, Tierköpfen, Muscheln etc., nebst menschlichen Gestalten in höherm Relief oder Freiskulptur.

[§ 135]
Siena und Florenz.

Florenz und Siena sind von Anfang an die wichtigsten
Werkstätten, von wo aus der neue Dekorationsstil des Marmors sich über Italien verbreitet. Rom, welches die größte
Menge von ausgezeichneten Arbeiten besitzt, ist darin ganz
von den Toscanern abhängig.
    Siena hat die Priorität mit Jacopo della Quercia, welcher
außer dem (wie es laut Milanesi II, p. 436, scheint, ange-
zweifelten) Weihbecken im Dom von Siena, das Grab der
Ilaria del Carretto im Dom von Lucca 1413 fertigte, das
frühste Werk der entschiedenen Renaissance, mit Genien
und Festons; Vasari III, p. 21, Nota, v. di Quercia. –
Sodann soll das prächtige Weihbecken im Dom von
Orvieto 1417 von einem Matteo Sanese gefertigt sein.
    Die hohe Wichtigkeit, welche Siena den Marmorarbeiten
beilegte, wobei man sich durchaus nicht an Stadtkinder,
wie z. B. Vecchietta (1412 bis 1480), band, erhellt aus den
genauen Kontrakten mit dem Florentiner Bern. Rossellino über eine Tür im Pal. Pubblico 1446 (Milanesi II,
p. 235), sodann mit Urbano da Cortona über einen Prachtaltar im Dom (ibid., p. 271) etc. Der Mailänder Andrea
Fusina arbeitete 1481 bis 1485 den großen Wandaltar des
Kardinals Piccolomini im Dom (ibid., p. 376, vgl. § 144),
und Michelangelo, der später (seit 1501) einige Figuren
für diesen Altar schuf, meißelte vielleicht zugleich das
herrliche marmorne Ziborium für den Hochaltar in S.
Domenico, welches ihm zugeschrieben wird. – Und zu
gleicher Zeit besaß Siena die Künstlerfamilie der Marrini
(nicht Marzini), wovon Lorenzo einer der größten Mei-

ster dieses Faches und ein sehr bedeutender Bildhauer
war. Ihm gehört die Marmorbekleidung des Eingangs
zur Libreria im Dom und der Hochaltar in Fontegiusta,
das vielleicht allerschönste Werk der ganzen Gattung,
sowohl in betreff des Figürlichen als des Dekorativen. 5
(Vasari V, p. 284, v. di Pinturicchio; Milanesi III, p. 76 s.)
Bald. Peruzzi zeichnete ihm vielleicht den schönen Mar-
morsitz vor, den er für die Halle am Casino de' Nobili
arbeitete; ibid., p. 137.
Eine ununterbrochene Übung dieses Zweiges aus eige- 10
nen Kräften hat jedoch nur Florenz, wo im Jahr 1478 sich
54 Werkstätten befanden »für Arbeiten in Marmor und
Sandstein, in Relief, Halbrelief und Laubwerk«; Fabroni
Laurent. Med. magnif. vita, Adnot. 200. Ohne Zweifel
wurde Vieles auswärts versandt. 15
Brunellesco's Zierarbeiten, schön und sehr gemäßigt: die
Lesekanzel im Refektorium der Badia bei Fiesole und der
Brunnen in dessen Vorraum (?); das Weihbecken in S.
Felicita zu Florenz (ob noch vorhanden?), vielleicht auch
der Sakristeibrunnen in S. Lorenzo, ein Werk von ein- 20
fach genialer Erfindung, das indes zwischen B. und Do-
natello und Verrocchio streitig ist; Vasari III, p. 259, v. di
Donatello. Die sonstigen Arbeiten des letztern, nicht frei
von Wunderlichkeiten, haben wenig Einfluß auf die
Gattung als solche gehabt; schon mehr diejenigen des 25
Michelozzo, der sich (Gaye I, p. 117) als Donatellos
»Compagno« zur arte dell'intaglio bekennt, nämlich die
Dekoration der Kapelle im Pal. Medici (Riccardi), seine
Altartabernakel in S. Miniato und der Annunziata etc.;
vgl. § 34; – wiederum weniger die des Bern. Rossellino 30
(Grabmal des Lionardo Aretino in S. Croce).
Was die Zeichnungen in Filarete's Baulehre (§ 31) erge-
ben, ist mir nicht bekannt.
Der vollendete Reichtum und Geschmack in der Anord-
nung und Abstufung: Desiderio da Settignano (Grabmal 35
des Carlo Marzuppini in S. Croce, Wandtabernakel im
Querschiff von S. Lorenzo). – Sein Schüler Mino da

Fiesole, von hoher Bedeutung als Dekorator überhaupt
und insbesondere als der, welcher die vollendete Marmordekoration nach Rom brachte; Vasari IV, p. 232, v.
di Mino, mit einer unbilligen Polemik gegen denselben;
die besten erhaltenen Werke die Grabmäler in der Badia
zu Florenz; in Rom ist außer einigen Originalarbeiten die
Nachwirkung Minos sichtbar an den sehr zahlreichen
Altären, Prälatengräbern und Sakramentbehältern etc.,
zumal in S. M. del Popolo.

Ein ganz freies Meisterwerk von schönster Harmonie: die
Kanzel in S. Croce zu Florenz, von Bened. da Majano
⟨Abb. 24⟩. Den Gipfelpunkt bilden dann die zwei be-
rühmten Prälatengräber im Chor von S. M. del Popolo zu
Rom, Werke des Florentiners Andrea Sansovino (§ 141)
⟨Abb. 26⟩.

Die meiste römische Arbeit ist namenlos; einen Cristoforo da Roma rühmt der Anonimo di Morelli wegen
seines zarten Laubwerkes, bei Anlaß von S. Vincenzo in
Cremona. (Vgl. § 136.) Im Jahr 1506 heißen (Lettere
pittoriche III, 196) Giovan Angelo Romano und Michel
Cristofano aus Florenz i primi scultori di Roma, und
diesen möchte Manches vom Besten angehören.

Die spätesten Florentiner, welche noch berühmte Dekoratoren und Bildhauer zugleich waren: Andrea da Fiesole
(Vasari VIII, p. 137 ss., v. di A. da Fiesole) und Benedetto
da Rovezzano (ibid., p. 176 ss., v. di Rovezzano); letzterer
arbeitete z. B. Kamine, Handbecken, Wappen mit Bandwerk, Grabmäler, Pforten und ein Heiligengrab, welches
jetzt stückweise in den Uffizien aufgestellt ist; seine Arabeske ist schon derber als die der Vorgänger.

Von den Schülern des Andrea, Maso Boscoli und Silvio
Cosini (beide von Fiesole) wurde der letztere mit der Zeit
Exekutant bei Michelangelo und dann in Genua bei
Perino del Vaga, für Stukkaturen.

In den glasierten Tonarbeiten der Schule der Robbia ist
die Arabeske, im Bewußtsein des weniger feinen Stoffes,
bescheidener als in Marmor; allein die kräftige Kompo-

sition des Ganzen, die herrlichen Fruchtschnüre und die
weise Abwechselung von bloß Plastischem, farbig Plastischem und bloß Gemaltem geben diesen Sachen einen
sehr hohen Wert. (Altäre, Heiligennischen; der Sakristeibrunnen in S. M. novella zu Florenz etc.) Ihre Farben ₅
bloß gelb, grün, blau, violett und weiß.

[§ 136]
Das übrige Italien.

Die Dekoration des Palastes von Urbino erscheint als eine
zwischen toscanischer und oberitalienischer Einwirkung ₁₀
geteilte. Neapel und Genua besitzen wenig Einheimisches
von höherm Werte. Oberitalien bildet ein Gebiet für sich.
Im Pal. von Urbino prachtvolle Türeinfassungen (§ 134),
Kamine, Simse etc., zum Teil an Bolognesisches erinnernd; Einiges mit Gold und Blau bemalt. ₁₅
Neapel zehrt im 15. Jahrh⟨undert⟩ von Florenz (Grabmäler von Rossellino, Donatello etc.) und erhält erst spät
im 16. Jahrh⟨undert⟩ mit Giovanni da Nola, Girolamo
Santacroce, Domenico di Auria eine selbständige Schule
von Dekoratoren-Skulptoren, als im übrigen Italien die ₂₀
Gattungen sich bereits schieden. (Grabmäler in vielen
Kirchen, Brunnen des Auria bei S. Lucia.)
Genua nimmt im 15. Jahrhundert wesentlich am oberitalienischen Stil teil; das Beste eine Anzahl Einfassungen,
worunter die prachtvolle von einer Kirche entlehnte in ₂₅
einem Hause auf Piazza Fossatello. Im 16. Jahrh⟨un-
dert⟩ die Arbeiten des Montorsoli und mehr klassizi-
stisch: der Tabernakel der Johanneskapelle im Dom
(§ 80), von Giac. della Porta 1532.
In Venedig war die Inkrustation (§ 42, 43) eine Rivalin ₃₀
der Dekoration; letztere ist wesentlich auf möglichst
reiche Ausfüllung der Pilaster, Friese, Fenstereinfassun-
gen an Gebäuden beschränkt (S. M. de' Miracoli, außen
und innen; Scuola di S. Marco, hintere Teile des Dogenpalastes), während die Altäre und Grabmäler nur mäßi- ₃₅

gen Gebrauch davon machen und vom Anfang des 16.
Jahrh⟨underts⟩ an fast gänzlich darauf verzichten, um
sich rein in plastischen und architektonischen Formen zu
bewegen. So ist hier durchschnittlich die Architektur
dekorativer und die Dekoration architektonischer als
anderswo. Doch bleiben außer einigen phantastisch reichen Kaminen im Dogenpalast (s. unten) die Arbeiten
des Alessandro Leopardo wahre Wunder des von den
herrschenden Manieren unbeirrten Schönheitssinnes: die
Basis der Reiterstatue des Colleoni 1495, das Grabmal
des Dogen Vendramin in S. Giovanni e Paolo etc.
(s. unten § 141). – In der Arabeske hat alles sich schlän-
gelnde Rankenwerk eine ungemein viel bessere Bildung
als die senkrecht aufsprießenden vegetabilischen Motive
und vollends die trophäenartigen.

Im übrigen Oberitalien scheiden sich ein Marmorstil und
ein Stil in Backstein, Stukko u. a. weniger edlem Material. Der letztere hat seinen Hauptanhalt an Bologna, wo
die vorhandenen Marmorsachen sogar weniger eigentümlich sind als diejenigen in den genannten Stoffen; in
diesen das Beste von Formigine und Properzia de' Rossi.
(Es wird jedoch auch ein Marmorarbeiter Jacopo Duca
um seines Laubwerks willen besonders gerühmt; Vasari
IV, p. 251, v. di Ercole Ferrarese). – Sehr eigentümlich
das prächtige Stukkograbmal Gozzadini, in der Serviten-
kirche, von Gio. Zacchio. – Die bedeutendste Back-
steindekoration ist wohl diejenige an der Fassade des
Ospedale maggiore zu Mailand (§ 44, 107) und an den
Hofhallen der Certosa von Pavia (§ 46). Im ganzen ist die
Dekoration in diesen unedlern Stoffen bei aller Kraft und
Fülle weniger fein empfunden und wird besonders im
Stukko mit der Zeit ziemlich schwülstig.

Der Marmorstil hat seine wichtigste Stätte an der Fassade
der Certosa von Pavia (§ 71), wo sehr namhafte Meister
sowohl Dekoration als Bildwerke übernahmen: Gio.
Ant. Amadio, Cristoforo da Roma (§ 135), Andrea Fusina (§ 135), Cristoforo Solari, genannt il Gobbo (§ 67),

Agostino Busti, genannt Bambaja u. a. m. Von einziger
Pracht und Schönheit sind besonders die Kandelaber als
Fensterstützen und die Ausstattung der Fenster über-
haupt ⟨Abb. 25⟩.

Dazu kommt noch manches von der Dekoration des
Innern; – ferner eine Anzahl von Altären und Grabmälern in mailändischen Kirchen (S. M. delle Grazie etc.),
Arbeiten im und am Dom von Como, an der Fassade von
Lugano, die Cap. Colleoni zu Bergamo, Altareinfassungen in den Kirchen von Vicenza, auch zu Verona; –
endlich im Santo zu Padua die Dekoration der Pfeilerhalle, welche den Eingang der Antoniuskapelle bildet,
von Matteo und Tommaso Garvi aus dem Mailändischen, mit Hilfe des Vicentiners Pironi. (Über diesen und
den Giovanni von Vicenza, welche in ihrer Heimat viel
gearbeitet haben, Vasari XIII, p. 105, v. di Jac. Sansovino.)

Das Gemeinsame dieses oberitalischen Marmorstiles, gegenüber dem florentinischen, liegt in seiner reichen, un-
bedenklichen Fülle, welche sich auch auf die Umdeutung
gotischer Formen einläßt. Die Pyramiden des Domes zu
Como § 81; die vortretenden Portalsäulen § 37, 51, jetzt
bisweilen zu prachtvollen, selbst mit Figuren reich besetzten Kandelabern umgestaltet, z. B. am Seitenportal
des Domes zu Como, und an der oben erwähnten Tür auf
Piazza Fossatello zu Genua. Das Relief der Zierformen
ist stärker, die Grundfläche mehr angefüllt, ja mit Sachen
überfüllt. Der Stil des Einzelnen aber ist in den bessern
Werken so edel, fein und ideal als an den bessern florentinischen.

Die unedlern Stoffe gerieten eben durch Mitmachen dieses vollen Reichtums in Nachteil; ihre Schönheit würde
viel eher in einer gewissen Strenge, namentlich in mäßiger Anwendung der unbelebten Gegenstände zu finden
gewesen sein, wie das wundervolle Rankenwerk der Pilaster in der Sakristei von S. Satiro zu Mailand deutlich
zeigt. (Wahrscheinlich mit dem Gebäude von Bramante,

vgl. § 80.) Hier vermißt man den weißen Marmor nicht,
sowenig als bei den Robbia (§ 135).

Für die Anfänge dieses ganzen oberitalischen Dekorationsstiles müßte wichtig sein das noch von Lomazzo
(trattato dell' arte, p. 423) zitierte inhaltsreiche »Grottes-
kenbuch« des Troso von Monza, eines Malers um 1450.

[§ 137]
Dekorativer Geist des 16. Jahrhunderts.

Schon beinahe vom Beginn des 16. Jahrhunderts an absorbiert an Grabmälern und Altären die zum Lebensgroßen
und Halbkolossalen fortgeschrittene Skulptur die Mittel
und die Aufmerksamkeit. Das architektonische Gerüste
verliert mehr und mehr die Arabesken und anderen Zierden
und wird wieder zur bloßen Architektur. Die Dekoration
verwendet bald ihre wesentlichen Kräfte auf die Gewölbe.
Michelangelo's Feindschaft gegen die Arabeske an
Skulpturwerken: gli intagli ... se bene arrichiscono
l'opere, confondone le figure; Vasari XI, p. 83, v. di
Mosca. (Wenn Michelangelo wollte, bildete er das Dekorative sehr schön; sein Ciborium in Siena § 135; von
seinem Mörser und dem Salzfaß für den Herzog von
Urbino ist leider jede Spur verloren; Vasari XII, p. 282,
Nota, p. 385, Comment., v. di Michelangelo. Vgl. § 177.)
– Die Arbeiten Mosca's selbst bei aller Geschicklichkeit,
welche Vasari a.a.O. so sehr überschätzt, stehen im Stil
den frühern bessern Sachen weit nach und gewinnen
durch die starken Unterhöhlungen einen Schattenschlag,
welcher der wirklichen Bestimmung der Arabeske zuwider ist. (Bekleidung einer Kapelle in S. M. della Pace
zu Rom etc.). Ähnliches gilt von den Leistungen des
Stagi im Dom zu Pisa. Vortrefflich sind Arbeiten dieser
Zeit am ehesten an denjenigen Stellen, wo die wirklichkeitsgemäße Behandlung am Platze ist, z. B. in Girlanden, Teilen von Tieren, Stierschädeln (Bandinellis Basis
bei S. Lorenzo in Florenz), auch in Wappen.

Die veränderte Sinnesweise der Zeit zeigt sich sehr deutlich an der Santa Casa in der Kirche von Loreto, deren bauliches Gerüste (vom jüngern Ant. Sangallo) eine Menge Teile architektonisiert zeigt, welche einige Jahrzehnte früher durchaus der Dekoration anheimgefallen wären. (Inkrustation der Stylobaten, Kannelierung der Säulen, strengere Antikisierung aller Formen.) Von Mosca sind hier die sehr schönen Festons.

Auch der achteckige sog⟨enannte⟩ Coro unter der Kuppel im Dom von Florenz, unter Bandinelli's Leitung angeblich nach dem Vorbild des hölzernen von Brunellesco hingestellten gearbeitet, wäre gewiß im 15. Jahrhundert viel schmuckreicher gestaltet worden. Vasari X, p. 328 s., v. di Bandinelli.

Allein das Bedürfnis nach reichern Formen schlug dann doch wieder durch, nur auf unglückliche Weise. Da wo die echte Renaissance noch eigene Zierformen angewandt hatte, brauchte der Barockstil nun zwar Bauformen, aber in widersinniger Verkleinerung, Häufung und Brechung. Der theoretische Ausdruck hiefür in Armenini's Schilderung eines isolierten Hochaltars (De' veri precetti della pittura, Ravenna 1587, p. 164): derselbe muß rund oder achteckig sein, um von allen Seiten einen gleich günstigen Anblick zu gewähren, mit tribune, mensole, partimenti, nicchie, risalti, rompimenti di cornice, con diversi ordini variati, finestre, figurine et maschere di rilievo, festoni, balaustri, piramidi etc., alles womöglich mit bunten Steinen eingelegt, mit Gold eingefaßt etc.

Die namhaften Dekoratoren etwa der Zeit von 1525 bis 1550 zählt Lomazzo auf, leider ohne irgend genau die Gattungen zu scheiden, und ohne weit über die Lombardei hinaus zu blicken; Trattato dell' arte, p. 421: In den Friesen der Kapellengewölbe (also Stukko und Malerei) und der Fassaden (Stein), mit Kinderfiguren und Masken, zeichneten sich zu unsern Zeiten besonders aus Ferrari (ohne Zweifel Gaudenzio), Perino (del Vaga), Rosso, (Giulio) Romano, der Fattore (Penni), Parmi-

giano, Correggio, (Gio. da) Udine, Pordenone; – in sonderbaren Masken und in Laubwerk: Soncino; – in Laubwerk allein: Niccolò Picinino und Vincenzo da Brescia
(diese letztern wahrscheinlich Stukkatoren); – und der
das Laubwerk am trefflichsten, außer dem Altertum meißelte, ist Marco Antonio (?) gewesen. (Das Bisherige
bezieht sich alles auf die Friese oder horizontalen Glieder.) – In Betreff der Arabesken (§ 134) wäre viel zu
sagen; wenn auch Stefano Scotto ohne Zweifel der aus-
gezeichnetste war, so hat ihn doch hierin Gaudenzio
übertroffen, welcher sein erster Schüler und zugleich der
des Lovino (Bern. Luini) war. – (Nun kommt er nochmals auf die Friese zurück, insofern dieselben in der
damaligen ausgearteten Weise gemalte Historien, eingefaßt von stukkierten oder gemalten Cartouchen, Kinderfiguren, Schilden, Masken, Fruchtschnüren, Inschriften
etc. enthielten, und sagt von diesen einfassenden Zutaten:) Hierin waren, abgesehen von den eigentlichen Grot-
teskenverfertigern, besonders erfindungsreich Gio. Batt.
Bergamo und Evangelista Lovini, Bruder des Aurelio,
welcher (letztere?) in dieser und in andern Beziehungen
ausgezeichnet ist, ferner Lazaro und Pantaleo Calvi, Otta-
vio Semino, Bruder des Andrea, Vincenzo Moietta, und
im Altertum (aus Plin. H. N. XXXV, 37) Serapion. – Später wird Silvio Cosini nur beiläufig genannt.
Der Abschnitt über Lampen, Kandelaber, Brunnen etc.,
p. 426, behandelt fast nur die späte Zeit, in welcher L.
schrieb; der für seine Gefäße, Geräte und Wagen berühmte Ambrogio Maggiore z. B. gehört in die Zeit des
Buches selbst (1585).

[§ 138]
Das Grabmal und der Ruhm.

Das Prachtgrab der Renaissance, ohne Vergleich die wichtigste Aufgabe der mit der Skulptur verschmolzenen dekorativen Kunst, entsteht wesentlich unter Einwirkung des

Ruhmsinnes. Die Sehnsucht des einzelnen nach Unvergänglichkeit seines Namens und der Eifer einer Stadt oder Korporation für die Ehre eines berühmten Angehörigen bedürfen gleichmäßig der Kunst.

Das Heiligengrab, im 13. und 14. Jahrhundert eine besondere Gattung der Skulptur, nimmt im 15. Jahrhundert nur eine untergeordnete Stelle ein. Nach der Beschreibung zu urteilen, ist nur das Grab des hl. Savinus im Dom zu Faenza, von Benedetto da Majano, ein Werk höhern Ranges: Vasari V, p. 132 und Nota, v. di Ben. da Majano. – Ein hübsches Werk ist die Arca di S. Apollonio im Dom von Brescia, ein Sarkophag mit drei figurenreichen Reliefs, darüber ein Tabernakel mit Figuren und einer Madonna in Lunette. – In S. Tommaso zu Cremona befindet oder befand sich das Grab des S. Pietro Marcellino, von Zuandomenego da Vercelli, – und in S. Lorenzo ebenda dasjenige des S. Mauro (richtiger SS. Mario e Marta), 1482, von dem berühmten Gio. Ant. Amadio (§ 136), – beide von dem Anonimo di Morelli gerühmt. – Das Gemeinsame aller dieser Arbeiten sind die vom mittelalterlichen Heiligengrab her übernommenen erzählenden Reliefs, in welchen das 15. Jahrhundert sehr redselig ist; von andern Grabmälern unterscheiden sie sich auch durch Abwesenheit der liegenden Statue, indem der Heilige viel eher stehend oder thronend über dem Sarkophag dargestellt sein wird. – An der Arca des h. Dominikus in dessen Kirche zu Bologna ist der obere Aufsatz eigentlich nur die Umdeutung eines gotischen Ziermotives. – Aus dem beginnenden 16. Jahrh⟨undert⟩ (um 1510) das Grab des h. Johannes Gualbertus, von Rovezzano, der Absicht nach eine sehr große Anlage; von dem, was vollendet wurde, sind nur einige Reliefs in die Uffizien gerettet; Vasari VIII, p. 177, v. di Rovezzano. – Das Grab des Gamaliel im Dom von Pisa, unbedeutend. – Das mittelalterliche Motiv, den Sarkophag durch Statuen tragen zu lassen, kommt an diesen Heiligengräbern nirgends mehr vor.

An die Stelle der Heiligkeit waren andere Ideale des Lebens
getreten, welche ihre Verherrlichung verlangten. Theologische und praktische Bedenken gegen das Begraben in
Kirchen blieben ohne Folgen.

Schon im 14. Jahrh⟨undert⟩ hatte das Grab zur Verherrlichung der politischen Macht und des geistigen Ruhmes
gedient. Abgesehen von den Gräbern der Anjou in Neapel: das Grabmal des Bischofs Guido Tarlati im Dom von
Arezzo, ein großes politisches Tendenzwerk; Vasari I,
p. 330, v. di Giotto; II, p. 5, v. di Agostino e Agnolo; –
dann die bekannte Gruppe von freistehenden gotischen
Tabernakeln mit den Gräbern der Herrscherfamilie della
Scala in Verona. – Giangaleazzo Visconti (st. 1402)
wollte in der Certosa bei Pavia thronend über 7 Stufen
dargestellt sein, rechts ein Grabmal der ersten Frau mit
ihren Kindern, links eines der zweiten ebenso; Corio, fol.
286. – Der Typus der Gräber berühmter Juristen, Ärzte,
Astrologen zu Florenz im 14. Jahrh⟨undert⟩ heißt monumento rilevato, sepultura rilevata, bei Filippo Villani
vite, p. 19, 26, 45; es ist der frei auf untergestützten
Säulen oder Wandkonsolen schwebende Sarkophag gemeint.

Die Städte legten einen wahren Kultus der Gräber berühmter Mitbürger und auch Fremder an den Tag (Kultur der Renaissance, S. 151 ff.), und allen ging Florenz
voran, wo der Staat große Denkmäler wenigstens zu
dekretieren pflegte. Im Jahr 1396 der Beschluß, im Dom
für Accorso, Dante, Petrarca, Boccaccio und Zanobi
della Strada »hohe und prächtige, mit Marmorskulpturen
und anderer Zier geschmückte Grabmäler« zu errichten,
und zwar, wenn deren Gebeine nicht zu erhalten wären,
auch als bloße Kenotaphien. Doch blieb die Sache liegen;
1430 wurde der Beschluß für Dante und Petrarca erneuert und blieb wiederum liegen; Gaye, carteggio I, p. 123.
Es gab eine Art von Anwartschaft, indem man ein
Prachtgrab wenigstens im Dom einfarbig an die Wand
malen ließ, so die noch sichtbaren des Theologen Marsili

und des Kardinals Corsini (nach 1405), bereits im Stil der Renaissance; Vasari II, p. 231, v. di Bicci.

Ganz eigentümlich verfuhr man mit den Condottieren. Für den schrecklichen John Hawkwood wurde 1393, als er noch lebte, ein marmornes Prachtgrab beschlossen, wo er begraben werden solle quando morietur; Gaye, carteggio I, p. 536; man begnügte sich aber später doch damit, ihn durch Paolo Uccello groß zu Pferde in Chiaroscuro an die Wand malen zu lassen, samt einem andern Condottiere Piero Farnese; Vasari III, p. 94 und Nota, v. di Uccello. Wahrscheinlich mußte dieser Farnese 1455 der großen gemalten Reiterfigur des Nic. da Tolentino (st. 1434) weichen, welche jetzt das Gegenstück zu der des Hawkwood ausmacht; der Staat rühmt sich dabei etwas kühl seiner Gewohnheit gegen verdiente Soldhauptleute: aliquid (sic) ad eorum honorem et gloriam retribuere; Gaye, l. c., p. 562. Laut Fabroni, magni Cosmi vita, Adnot. 52 hätte zu dem Fresko wenigstens ein einfaches Marmorgrab unten in der Kirche gehören sollen, welches fehlt. – Beispiel eines bloß gemalten Reiterdenkmals in Siena, Vasari III, p. 20, Nota, v. di Quercia; – desgleichen auf der Piazza zu Lucca, Paul. Jov. Elogia, bei Anlaß des Picinino; – ja König Matthias Corvinus von Ungarn war zu Rom als Reiterbild in Fresko gemalt an Campo Fiore, ibid., bei Anlaß desselben. – Man hielt in Florenz fortwährend darauf, daß Zelebritäten im Dom begraben wurden, wie z. B. Brunellesco, obschon dessen Familiengruft in S. Marco lag; Vasari III, p. 239 s. Allein sein und einiger Anderer Denkmäler sind sehr bescheiden.

Bei weitem prächtiger: die Gräber der beiden Staatssekretäre in S. Croce (§ 135), Lionardo Aretino und Carlo Marzuppini.

In Venedig hatte der Staat bestimmte Kategorien des Denkmalsetzens und machte wenigstens mit dem Reiterbild für seine Condottieren wirklich Ernst. – Altar und Grab der Cap. Zeno in S. Marco sind der Dank des

Staates für das große Vermächtnis des Kardinals Gio. Batt. Zeno; Sansovino, Venezia, fol. 32. Sein ganzer Nachlaß betrug laut Malipiero 200 000 Dukaten.

Fortwährend blieb in Italien das Denkmal die sichtbare Gestalt einer Art von Ruhm; zahlreiche Gräber von Dichtern, Gelehrten, großen Beamten und Juristen, namhaften Soldaten etc. (Selbst das Prachtgrab einer berühmten Buhlerin; Vasari X, p. 166, v. di Perino.)

Die vergeblichen Verbote der Gräber in Kirchen vgl. § 83. Aus sittlichen und theologischen Gründen ereiferte sich ein spanischer Bischof dagegen, Vespasiano Fiorentino, p. 307; aus sanitarischen Alberti, de re aedific. L. VIII, c. 1, wo er sogar dem Leichenverbrennen das Wort redet.

[§ 139]
Die Grabmäler der Reichen und Vornehmen.

Sehr frühe nehmen auch Reichtum und Rang die Kunst in Anspruch, um an geweihter Stätte dem Ruhme gleichzustehen. Namentlich drängt in der zweiten Hälfte des 15. Jahrhunderts der steigende Prachtsinn auf eine große Verallgemeinerung des Gräberluxus hin.

Schon Petrarca klagt um 1350, daß der Reichtum den Ruhm verdränge; de remediis utriusque fortunae, p. 39: fuere aliquando statuae insignia virtutum, nunc sunt illecebrae oculorum; ponebantur his quae magna gessissent, aut mortem pro republica obiissent . . . ponebantur ingeniosis ac doctis viris . . . nunc ponuntur divitibus, magno pretio marmora peregrina mercantibus.

In Padua und in Bologna scheinen die gotischen Professorengräber, auf welche hier wohl auch gestichelt sein könnte, in der Regel durch testamentarische Verfügung des Betreffenden und kaum je durch Staatsbeschluß entstanden zu sein. Aufzählungen bei Mich. Savonarola, Murat. XXIV, Col. 1151 ss., bes. Col. 1165 das prächtige Grab eines Arztes, an welchem seine Ahnen, eine ganze

Asclepiadenfamilie, mit verewigt wurden; – und bei Bursellis, anal. Bonon., Murat. XXIII, passim. Letzterer sagt es mehrmals (z. B. Col. 877) ausdrücklich bei Gräbern des 15. Jahrhunderts. – Von den adlichen Gräbern versteht es sich von selbst, daß sie Sache der Familie waren. – Wohl aber war das Grabmal des berühmten Juristen Mariano Socino (wovon die Bronzestatue, ein Werk Vecchietta's, sich jetzt in den Uffizien zu Florenz befindet) eine Stiftung seiner Vaterstadt Siena; Vasari IV, p. 212, Nota, v. di Franc. di Giorgio.

Mit der Zeit wurde es Standessache und von seiten der Erben oder der betreffenden Korporation etc. Sache der Pflicht, der Ergebenheit, der Höflichkeit, prächtige Denkmäler zu setzen; mancher sorgte testamentarisch für sich, und wer völlig sicher sein wollte, ließ das Grabmal bei Lebzeiten anfertigen und selbst aufstellen, wie jener Prälat, an dessen Grabe man liest:

> Certa dies nulli est, mors certa; incerta sequentum
> cura; locet tumulum, qui sapit, ante sibi.

Für die römischen Prälaten war das Prachtgrab wie der Palastbau (§ 8) ein Mittel, wenigstens einen Teil ihres Erbes der Konfiskation zu entziehen. – Als Standessache galt das Prachtgrab gegen 1500 hin auf besonders ängstliche Weise in Neapel; Jovian. Pontan. Charon: »man sei mehr um das Grab als um die Wohnung bemüht etc.«. Sannazaro (Epigrammata, de Vetustino) spottet eines Solchen, der das kümmerlichste Leben führt, aber für seine Grabkapelle spart, früh Morgens schon mit Architekten und Marmorarbeitern bei allen antiken Ruinen herumzieht, sie erst nachmittags todmüde entläßt, und nun über ihre Gesimse, Friese, Säulen etc. schimpft und beständig ändert. »Laß doch die Leute ruhig essen, und wenn du durchaus mit deinem Begräbnis dich abgeben willst, so laß dich an den gemonischen Stufen begraben.« Ein Glückssoldat, Ramazzotto, der sich um 1526 durch Alfonso Lombardi sein Grabmal in S. Michele in Bosco bei Bologna errichten ließ, aber viel später anderswo arm

und vergessen starb; Vasari IX, p. 10 und Nota, v. di A.
Lombardi. Vgl. § 256.

[§ 140]
Die wichtigsten Gräbertypen.

⁵ Die Gräbertypen des 13. und 14. Jahrhunderts wurden
größtenteils aufgegeben und die übrigbleibenden im Sinne
der Renaissance auf das Schönste umgestaltet.

Sie hatten bei einer oft großen Schönheit der Ausführung meist bedeutende Übelstände gehabt:

¹⁰ Der auf Konsolen an einer Wand angebrachte Sarkophag
(das sepolcro in aria; Sansovino, Venezia, fol. 5, 6 etc.)
hatte zwar den Vorzug, die Kommunikation nicht zu
hemmen, allein die darauf liegende Statue blieb entweder
unsichtbar oder mußte, schräg vorwärts gelehnt, einen
¹⁵ sonderbaren Effekt machen.

Varietäten: die bolognesische, mit Statuetten neben und
über der Porträtstatue, auch wohl an den Ecken des mit
Reliefs geschmückten Sarkophages selbst. –

Die paduanisch-veronesische, mit einem ebenfalls aus
²⁰ der Wand vortretenden, auf Konsolen ruhenden Spitzbogen, welcher über dem Sarkophag schwebt, mit Malereien.

(Die christliche Demut hoher Geistlichen verlangte wenigstens, daß die Leiche in die Erde zu liegen komme, so
²⁵ daß der oben dargestellte Sarkophag ein bloßer Schein-
sarg wurde; Benedikt XI., st. 1304 zu Perugia, wird in S.
Domenico begraben sub terra, sicut ipse mandavit dum
adhuc viveret, ne in alto poneretur, sed sub terra, ex
magna humilitate quam habebat. Brevis hist. ord. prae-
³⁰ dic. ap. Martene, coll. ampliss. VI, Col. 373.)

In Neapel war der Typus des Heiligengrabes, nämlich der
von Statuen getragene Sarkophag auch für Große und
fürstliche Personen üblich geworden; über demselben
eine Nische mit Baldachin und mit Vorhängen, welche
³⁵ von Engeln weggezogen werden.

Ganz erlöschen in der Renaissance auch diese Typen
nicht; sogar der letztgenannte kommt vor.

Den ersten Rang aber nimmt nunmehr derjenige Typus
ein, bei welchem der Sarkophag mit der liegenden Statue
in mäßiger Höhe in eine mehr oder weniger verzierte,
nur wenig vertiefte Nische zu stehen kommt; sehr schön
vorgebildet in zwei Gräbern aus der Schule der Cosmaten um 1300 (Grabmal Consalvo in S. M. maggiore,
Grabmal Durantis in S. M. sopra Minerva), wo Engel zu
Häupten und Füßen des Verstorbenen das Leichentuch
halten; die Nische mit Mosaikgemälden ausgefüllt.

Die Renaissance gibt zunächst dem Sarkophag eine freier
bewegte Gestalt, oft voll Anmut und Pracht, mit dem
schönsten Pflanzenschmuck; sie erhebt ihn auf Löwenfüßen vom Boden; sie stellt über denselben eine besondere
Bahre mit Teppich, auf welcher der Verstorbene liegt. In
der portalartigen Nische wird entweder ein Rundrelief
oder ein Lunettenrelief mit der Halbfigur der Madonna,
bisweilen begleitet von Schutzheiligen und Engeln, angebracht; bis tief ins 15. Jahrhundert behauptet sich auch
der Vorhang, welchen die auf dem Sarkophag sitzenden
oder stehenden Engel (jetzt als nackte Kindergenien)
beiseite schieben oder ziehen; die Pfosten der Nische
erhalten bisweilen Statuetten von Tugenden oder Heiligen; bisweilen bleibt auch die Nische über dem Sarkophage frei, und das Madonnenrelief kommt erst in den
obern Aufsatz, welcher überdies mit Kandelabern oder
Figuren gekrönt wird.

Dies ist diejenige Gräberform, welche vielleicht am
meisten zu der langen Dauer des aus Dekoration und
Skulptur gemischten Stiles beigetragen hat. Der Zusammenklang freier und bloß halberhabener Gestalten des
verschiedensten Maßstabes mit einer edelprächtigen Nische und den schönsten Einzelformen der Arabesken war
ein Ziel würdig der höchsten Anstrengung. Kein früherer
Stil hat eine Aufgabe von diesem Werte aufzuweisen.

Dies der vorherrschende Typus der römischen Pracht-

gräber vom Ende des 15. Jahrh⟨underts⟩, zumal derjenigen in S. M. del Popolo. Sie müssen uns die Stelle der
mit Alt S. Peter untergegangenen (Panvinio, vgl. § 8,
p. 287 ss., 361 ss.) vertreten.

Berühmte Vorbilder: das Grabmal des Kardinals von
Portugal, von Antonio Rossellino, in S. Miniato bei
Florenz; (sogleich eine Wiederholung für Neapel bestellt; Vasari IV, p. 218 s., v. di Ant. Rossellino); –
die Gräber des Lionardo Aretino und Carlo Marzuppini
(letzteres von Settignano) in S. Croce, § 135; –
die Arbeiten des Mino da Fiesole in der Badia zu Florenz.

[§ 141]
Nebentypen der Grabmäler.

Auch einfachere Grabanlagen enthalten oft Herrliches,
während große Prachtarbeiten bisweilen nur einen gotischen Gedanken wiedergeben. Isolierte Gräber, ihrer Natur nach selten, bilden keinen eigenen Typus.

Zu den einfachern Typen gehört der vielleicht von Donatello's Bruder Simone stammende, wo die Nische nicht
als Portal, sondern nur als halbrunde, mit Laubwerk
eingefaßte Wandvertiefung gegeben ist, in welcher der
Sarkophag steht; Gräber des Gianozzo Pandolfino
(st. 1457) in der Badia zu Florenz, in S. Trinità ebenda
(von Giul. Sangallo?) etc.

Sehr häufig kommen auch bloße Grabtafeln mit Relief
und Inschrift vor und Manches dieser Art, wie z. B. die
Grabmäler Ponzetti (1505 und 1509) in S. M. della Pace
zu Rom, auch einiges in Mailand, gehört zum Besten
dieser Zeit.

In Venedig behaupten sich mehrere Elemente des mittelalterlichen Grabes in den Formen des neuen Stiles; der
Sarkophag bleibt ein rechtwinkliges Oblongum mit Statuetten an den Ecken oder an der Vorderseite (Grab
Vendramin in S. Gio. e Paolo, Grab Zeno in S. Marco);
er ruht auf Statuen von Helden (Dogengrab Mocenigo

1476 in S. Gio. e Paolo, von den Lombardi, mit reichen Zutaten u. a. m.); bei der meist hohen Lage desselben wird statt der liegenden Statue öfter eine stehende, von kriegerischen Pagen oder Tugenden begleitet, darauf angebracht.

Auch der auf Konsolen schwebende Sarkophag behauptet sich hier wie in Oberitalien überhaupt. (Mailand: schöne Beispiele in S. M. delle Grazie, das Grabmal Brivio in S. Eustorgio etc.)

Über solchen Sarkophagen in Venedig mehrmals die hölzernen Reiterstatuen von Condottieren.

In Neapel ist das Grab des Kard. Brancacci (in S. Angelo a Nilo) von Donatello und Michelozzo noch eine fast vollständige Übertragung aus dem dortigen gotischen Typus (§ 140) in den neuen Stil. – Sonst finden sich die verschiedensten Kombinationen an den Gräbern von Kriegern und Adlichen, welche hier über die Prälatengräber das Übergewicht haben.

Das Höchste, was durch das Bündnis von Dekoration und Skulptur zustande gekommen ist, bleiben immer die beiden Gräber im Chor von S. M. del Popolo zu Rom ⟨Abb. 26⟩, von Andrea Sansovino um 1505; Umdeutung der Nische zu einer Triumphbogenarchitektur mit den schönsten Friesen und Arabesken und mit unvergleichlichen Grabstatuen und Nebenskulpturen.

Das isolierte Grab kommt in Italien nur in einzelnen Beispielen vor; dasjenige Martin's V. im Lateran mit Filarete's Bronzefigur des Papstes in flachem Relief; – das des Kard. Zeno in S. Marco, ebenfalls Bronze, mit Statuetten am Sarkophag etc.; – endlich das vom Motiv des Paradebettes ausgehende eherne Grabmal Sixtus IV. in S. Peter, von Pollajuolo.

Das Grabmal Turriani in S. Fermo zu Verona ist nur noch als Fragment vorhanden (eherne Sphinxe, welche den Sarkophag trugen, von Andrea Riccio).

[§ 142]
Grabmäler des 16. Jahrhunderts.

Bald nach Beginn des 16. Jahrhunderts beginnt die oben
(§ 137) bezeichnete Absorption der Dekoration auch an den
Grabmälern, wenngleich nur allmählich.

Michelangelo's Stellung zur Dekoration a.a.O. Von seinen gewiß sehr eigentümlichen Grabmälerideen für
Dante (1519) und für das Wunderkind Cecchino Bracci
(1544) ist nichts erhalten; das Grab des Marchese di
Marignano im Dom von Mailand, seine letzte Komposition dieser Art (1560), ist eine gleichgültige Architektur
mit guten Skulpturen des Leone Leoni. (Vasari XII,
p. 260, 357, 391, 401, v. di Michelangelo, samt Kommentar.)

Außer aller Linie stand freilich die große Phantasieaufgabe, die das Werk seines Lebens hätte werden sollen, das
Grab Julius II. Die Skizze eines ersten Projektes dazu,
d'Agincourt, Skulptur, T. 46. – Über die Gräber der
Medici bei S. Lorenzo in Florenz s. oben § 80.

Ob die maravigliosa sepultura, für welche Rafael die
Statuen des Jonas und des Elias (Cap. Chigi in S. M. del
Popolo zu Rom) arbeitete oder arbeiten ließ, ein Gegen-
stück zum Grabe Julius II., wenn auch in geringerm
Maßstab, bilden sollte? (Vasari VIII, p. 47, v. di Raf-
faello.)

An den zum Teil riesigen Gräbern des Jac. Sansovino
und seiner Schule in Venedig und Padua ist weniger
dekoratives Detail als z. B. selbst an seiner Biblioteca. Er
teilte ohne Zweifel die Ansicht Michelangelo's.

Unter dem Einfluß nordischer Fürstengräber mit symmetrischen knienden Figuren oben entstand das künstlerisch unbedeutende Prunkgrab des Pietro di Toledo in S.
Giacomo degli Spagnuoli zu Neapel, von Gio. da Nola.
Die Typen der Zeit von 1540 bis 1580, zum Teil auch der
folgenden Barockzeit: der Sarkophag mit großen darauf,

daran, daneben sitzenden, lehnenden oder stehenden Statuen in einer jetzt tiefen, womöglich halbrunden Nische; – und die mit Reliefs überzogene Wandarchitektur mit der sitzenden oder stehenden Porträtstatue in der Mitte. Auch für die Grabmäler werden nicht bloß Zeichnungen, sondern wie für die Bauten Modelle verlangt, meist aus Holz und Wachs.

Hierüber zahlreiche Aussagen; eine Konkurrenz von Modellen, Vasari V, p. 149, Nota, v. di Verrocchio; – andere Erwähnungen: X, p. 246, v. di Tribolo; ib. p. 286, v. di Pierino; ib. 302, 318, 319, v. di Bandinelli. Von profanen Denkmälern kommen Statuen von Fürsten, Reiterstatuen von Feldherrn auf öffentlichen Plätzen vor.

Für die Dekoration sind schon erwähnt: die Basis des Leopardo (§ 136) und die des Bandinelli (§ 137), letztere bestimmt für eine Statue des Giovanni, Vaters des Herzogs Cosimo I.

Charakteristisch für den Geist der Renaissance ist, daß die Bolognesen 1471 ihre neuberichtigte Grenze gegen das Ferraresische hin nicht nach der Weise des Mittelalters mit einem Kreuz oder Kapellchen bezeichneten, sondern mit einer Pyramide, die ihr Wappen trug. Bursellis, ann. Bonon., bei Murat. XXIII, Col. 899. – L. B. Alberti führt unter seinen (durchaus nur vom Altertum entlehnten) Gräberformen auch die Pyramiden auf; de re aedific. L. VIII, c. 3.

[§ 143]
Der isolierte Altar und die an die Wand angelehnte Aedicula.

Von den reichern Altarformen des Mittelalters hat die Renaissance mehrmals die isolierte oder angelehnte Aedicula auf Säulen schön wiedergegeben, doch in den erhaltenen Beispielen selten mit vollem Aufwand der Mittel.

Die Vorbilder aus der frühern Zeit: in den ältern Basiliken; – aus der gotischen Zeit: in S. Paul und im Lateran zu Rom.

Michelozzo's Aedicula in der Annunziata zu Florenz, für
das Gnadenbild neben der Tür, von unsicherm Reichtum; – einfacher und schöner diejenige über dem vordern
Altar in S. Miniato, die Bedeckung ein nach vorn geöff-
netes Tonnengewölbe, innen mit glasierten Kassetten.

Die offenbar sehr prächtigen Altäre dieser Art (1460 bis
1500) in Alt S. Peter, welche Panvinius (§ 8) aufzählt,
sind alle untergegangen. Ebenso die bei Albertini (de
mirabilibus urbis R., L. III, fol. 86 s.) aufgezählten. Der
ehemalige Hauptaltar von S. M. maggiore (1483) hypothetisch hergestellt bei Letarouilly III, Tab. 311.

Der Hochaltar im Dom von Spello, einfach und gut.

Die Aedicula von Erz, als Bedachung einer Bronzegruppe: Cap. Zeno in S. Marco zu Venedig.

Von dem Prachthumor, dessen die Renaissance fähig war
und der sich hauptsächlich in den Aufsätzen hätte zeigen
müssen, gibt kaum ein vorhandenes Denkmal einen Begriff, auch der Tempietto mit dem Volto santo im Dom
von Lucca nicht. – Der isolierte Barockaltar § 137.

[§ 144]
Der Wandaltar.

In den an die Wand gelehnten Altären hatte, was Italien
betrifft, schon zur gotischen Zeit die Malerei das Übergewicht und behauptete dasselbe. Doch erhebt sich auch
der aus Marmor und andern plastischen Stoffen gebildete
Wandaltar zu einer der höchsten Aufgaben der verbündeten
Dekoration und Skulptur. Die Einfassung sowohl der gemalten als der skulpierten Altäre folgt in den reichern
Beispielen gerne, aber mit genialer Freiheit, dem Vorbild
antiker Prachttore und Triumphbogen.

Der Norden hielt bekanntlich den Schrein mit geschnitzten Figuren lange fest und wies der Malerei dann bloß die
Flügel zu, während sie in Italien das Hauptbild liefern
durfte.

Daß in Italien neben den gemalten Altarblättern eine

eigene Gattung plastischer Altäre aufkommen konnte,
mag wesentlich einer ästhetischen Überzeugung von der
besonders hohen Würde der Skulptur seit den Leistungen der pisanischen Schule zuzuschreiben sein.

Die ersten bedeutenden plastischen Wandaltäre der Renaissance sind wohl die glasierten Tonreliefs des Luca
della Robbia und seiner Schule, im Dom von Arezzo und
in mehrern florentinischen Kirchen (S. Croce, SS. Apostoli etc.), meist mit bescheidener dekorativer Einfassung.

Dann werden bisweilen große, aus Malerei und bemal-
tem Stukko, auch wohl gebrannter Erde gemischte
Wandtabernakel versucht, z. B. derjenige in S. Domenico zu Perugia, 1459 von dem Florentiner Agostino di
Duccio. – Zu Padua, in der Eremitanerkirche zwei solche, zwar ohne Altartische, aber sicher dafür bestimmt,
1511. – Bei der Entschlossenheit dieser Kunstepoche in
farbiger Skulptur und Gewölbestukkatur ließe sich wohl
eine häufigere Anwendung dieser Zierweise auf die Altäre erwarten.

Der Marmorwandaltar, oft mit den herrlichsten Arabesken
in seinen dekorativen Teilen, nimmt die verschiedensten
Gestalten an, von dem bloßen umrahmten Relief bis zur
Triumphbogenform, wobei das mittlere Feld einem besonders verehrten Heiligtum (Sakramenthäuschen, Madon-
nenbild), oder einer Relieffigur, oder einer Statue gewidmet sein kann. Eine obere Lunette enthält bisweilen ein
Relief von höchstem Werte.

Altäre des Mino da Fiesole und seiner Schule, in der
Badia zu Florenz, in S. Ambrogio ebenda; in S. M. del
Popolo zu Rom etc.

Im 15. Jahrhundert ist die Skulptur, zumal der Seitenfiguren, in der Regel Hochrelief, doch z. B. auch Freiskulptur an Civitali's St. Regulusaltar im Dom von
Lucca, 1484.

Das Meisterwerk des Marrina in Fontegiusta zu Siena,
§ 135. – Ebenda im Dom: der Altar Piccolomini; eine

große Nische mit Skulpturen ringsum, in deren Tiefe sich der eigentliche Altar mit einem besondern Prachtaufsatz befindet.

Besonders edel und mit den schönsten Engeln in den Füllungen neben dem mittlern Bogen: der Altar des Kard. Borgia, späteren Alexanders VI. in der Sakristei von S. M. del Popolo zu Rom.

Im Dom von Como Rodari's Marmoraltar (1492), und ein prachtvoller großer Schnitzaltar, farbig und vergoldet.

Eine Anzahl von spätern reichdekorierten Marmoraltären zu Neapel, besonders in Monteoliveto. Vasari IX, p. 19, v. di Michelangelo da Siena.

Marmorrahmen um Gemälde, besonders in Venedig, bisweilen reich und schön; als perspektivisch berechnete Fortsetzung der im Bilde dargestellten Architektur; vgl. Cicerone, S. 261, Anm.

[§ 145]
Der Altar des 16. Jahrhunderts.

Im 16. Jahrhundert vereinfacht sich auch in den Altären die Dekoration zur bloßen architektonischen Einfassung, sei es für eine jetzt lebensgroße, selbst kolossale Statue oder für ein Altargemälde, letzteres schon oft von bedeutender Größe.

In Venedig behaupteten mit Jacopo Sansovino und seiner Schule die lebensgroßen Statuen, einzeln oder zu mehrern an eine ziemlich kalte Architektur verteilt, das Feld neben den ruhmvollsten Gemälden Tizians.

Vielleicht die letzten ganz reich ornamentierten Altäre: die beiden des Mosca im Dom von Orvieto.

Die Altäre in Neu S. Peter zu Rom, laut Panvinius (§ 8), p. 374: altarium tympana (Giebel) maximis columnis et capitulis corinthiis pulcherrimis fulciuntur; es sind die ersten ganz großen baulichen Einfassungen für Gemälde.

Dem Vasari (XI, p. 121, 129, v. di Sanmicheli) kommt ein
Altar wie der von S. Giorgio in Verona, wo Sims und
Giebel sich mit der Mauer biegen, noch als etwas Außer-
ordentliches vor (es ist derjenige mit dem Gemälde des
Paolo); dem Barockstil wurden gebogene Grundpläne 5
später etwas Alltägliches.

Andere versuchten statt dieser Säulenstellungen barocke
und reiche, auch farbige Einfassungen von Stukko,
selbst mit Hermen u. dgl.; Vasari XII, p. 87, v. di Daniele
da Volterra (welcher seine Kreuzabnahme so umgab); 10
XIII, p. 12, opere di Primaticcio, in betreff der Einrah-
mungen des Pellegrino Tibaldi.

Das erste, ganz kolossale Altarungetüm, und zwar als
Idee Pius V. 1567, Vasari I, p. 50, in seinem eigenen
Leben. Pius bestellte bei ihm für das Kloster seines Hei- 15
matsortes Bosco »nicht ein Bild wie gewöhnlich, sondern
eine gewaltige machina in der Art eines Triumphbogens,
mit zwei großen Bildern auf der vordern und auf der
Rückseite und mit etwa 30 figurenreichen Historien in
kleinern Abteilungen«. Bald folgen dann die riesigen 20
Jesuitenaltäre mit mehrern Bildern übereinander.

Freigruppen auf Altären, ohne alle weitere Einfassung:
Vasari X, p. 330 bis 339, v. di Bandinelli, dessen Gruppen
im Dom, in S. Croce und in der Annunziata zu Florenz.
Die Gruppen Andrea Sansovino's (in S. Agostino zu 25
Rom) und Michelangelo's (in S. Peter) haben ihre ur-
sprüngliche Umgebung nicht mehr.

Die Mensa des Altares ist in der guten Zeit entweder
einfach verziert oder wesentlich der Skulptur überlassen;
Bronzewerke Donatello's im Santo zu Padua, Ghiberti's 30
Arca des h. Zenobius im Dom zu Florenz als Altartisch;
marmorne Mensa in S. Gregorio zu Rom, Alles mit
erzählenden Reliefs.

[§ 146]
Lettner, Kanzeln, Weihbecken, Kamine etc.

Außer Gräbern und Altären wurden Altarschranken, Lettner, Pulte, Kanzeln, Sakristeibrunnen, Weihbecken und in
5 weltlichen Gebäuden die Kamine von der dekorativen Kunst womöglich in weißem Marmor behandelt. In manchen dieser Werke scheint die schönste denkbare Darstellung der Aufgabe erreicht.

Der herrliche Gesanglettner der sixtinischen Kapelle im
10 Vatikan; — mehrere Kapellenschranken in S. Petronio zu Bologna; — (der reich und kleinlich inkrustierte Lettner in S. Lorenzo zu Florenz kann kaum von Brunellesco sein); — die eine Steinbank der Loggia de' Nobili zu Siena, § 135.

15 Die Kanzeln, jetzt in der Regel nicht mehr auf mehrern Säulen ruhend, sondern auf Einer Stütze, oder hängend an einem Pfeiler oder an einer Wand der Kirche, werden bisweilen zu einer Prachterscheinung höchsten Ranges. Einfach und schön Brunellesco's Lesekanzel im Refekto-
20 rium der Badia bei Fiesole; — das Höchste die Kanzel in S. Croce zu Florenz, von Benedetto da Majano, mit den berühmten Reliefs (§ 135) ⟨Abb. 24⟩; beträchtlich geringer diejenige in S. M. novella, von Maestro Lazzero; — noch recht schön diejenige im Dom zu Lucca, von Mat-
25 teo Civitali 1498. — (Donatello's eherne Kanzeln in S. Lorenzo sind wesentlich um der Reliefs willen da.)

Außenkanzeln, gegen die Plätze vor den Kirchen: am Dom von Prato, mit energischer Dekoration und Donatello's Reliefs; — die beiden am Dom von Spoleto, und
30 zwar an der angeblich bramantesken Vorhalle (§ 70); — diejenige am Dom von Perugia 1439, auf welcher schon 1441 S. Bernardino predigte; Graziani, archiv. stor. XVI, I, p. 442. — Die Predigten, für welche solche Kanzeln überhaupt dienten, siehe Kultur der Renaissance,
35 S. 461 ff. — Dieselben haben Deckel oder Schattendächer, die des Innern dagegen nicht.

Die Brunnen der Sakristeien und Refektorien, deren
Wasser nicht sprang, sondern nur durch Drehen eines
Hahnes herausfloß, stellen meist nur verzierte Nischen
vor; der dem Brunellesco zugeschriebene in S. Lorenzo;
– das Meisterwerk der Robbia in S. M. novella (§ 135); – 5
andere in der Certosa bei Florenz, in der Badia bei Fiesole
(Brunellesco?) im Palast von Urbino u. a.a.O.

Endlich die Weihbecken, die freiste Phantasieaufgabe der
Dekoration und frühe und mit Genialität als solche aufgefaßt in den Becken von Siena und Orvieto § 130, 135, 10
wo das Hauptmotiv aller antiken Dekoration, der Drei-
fuß, schön und eigentümlich wieder belebt auftritt; –
andere mit rund oder polygon gebildeter Stütze, oft von
großem Werte namentlich in den toscanischen Kirchen,
im Dom von Pisa u. a.a.O. 15

Der marmorne Kandelaber, welchen Alberti (de re aedific. L. VII, c. 13) theoretisch und noch dazu irrig, nämlich aus Vasen konstruiert, scheint nur als flüchtiger
Dachzierat vorzukommen; außerdem wenigstens einmal
(§ 51) mit höchstem Prachtgeschmack als Fensterstütze; 20
ferner (§ 136) als Prachtgestalt vorgesetzter Säulen an
Kirchenportalen. – Noch die gotische Zeit hatte die
Osterkerzensäule in Marmor gebildet; jetzt wird diese
Aufgabe dem Erz zugewiesen.

Bei den Kaminen liegt der Akzent bald auf der spielend 25
phantastischen Gesamtkomposition (ältere Gemächer
des Dogenpalastes in Venedig), bald auf dem schönen
Einklang des Friesreliefs und der Stützen (mehrere im
Pal. von Urbino; dann Pal. Gondi in Florenz, Kamin des
Giul. Sangallo; Pal. Rosselli, Kamin des Rovezzano; Pal. 30
Massimi in Rom, Kamin des Peruzzi?). Prachtvolle große
Kamine im Pal. Doria zu Genua. – Serlio's Kamine (L.
IV) sind schon ziemlich barock und von französischem
Einfluß abhängig. –

Die Kaminaufsätze, in der französischen Renaissance 35
und dann zur Barockzeit in Italien sehr umständlich (mit
Büsten, Statuen, ja ganzen Architekturen), fehlen in der

guten Zeit noch, oder beschränken sich auf ein anspruchslos angebrachtes Freskobild. Vgl. § 169. – Büsten
auf Kaminen, anfangs wohl bloß hingestellt als an den
sichersten und besten Ort des Zimmers, Vasari V, p. 152,
v. di Verrocchio.

[§ 146 a]
Die Brunnenverzierung.

Die Verbindung des belebten Wassers mit den Kunstformen der Architektur und Skulptur, ohne Zweifel schon
sehr frühe bei den verschiedenen Völkern des Altertums
erreicht und als eine der erfreulichsten Aufgaben hochge-
schätzt, hat verhältnismäßig in Denkmälern und Aufzeichnungen nur sehr wenige Erinnerungen hinterlassen.

Aller Brunnenschmuck ist hinfällig, schon weil selbst bei
sorgfältigster Ausführung die Feuchtigkeit die Verbindung der Steine im Laufe der Zeit auflöst und weil der
Wasseraufwand wandelbar ist; den bildlichen Zutaten
können Religionswechsel und auch Geschmackswechsel
verderblich werden.

Die Ruhe des römischen Reiches gewährte einst der
Hauptstadt einen sonst wohl nirgends mehr erhörten
Wasserluxus, und auch die Provinzialstädte konnten ihre
Mittel dafür reichlich aufwenden. Die Renaissance hatte
eine mahnende Erinnerung daran vor Augen in Gestalt
von Ruinen der Aquädukte und Thermen. Wie weit sie
auch Brunnen der byzantinischen Welt und der Islamitischen Paläste und Moscheen gekannt haben mag, bleibt
dahin gestellt.

Dauernd aus der christlichen Kaiserzeit überliefert der
Cantharus, d. h. der fließende oder sogar springende
Quell im Vorhof oder am Eingang einer Kirche, bisweilen mit einem Dach auf Säulen (die hervorragendsten
Beispiele bei Holtzinger, die altchristliche Architektur in
systematischer Darstellung, S. 14 ff.). – Vermutliches
frühes Verdienst der Klöster im ganzen Abendlande,

durch gegenseitige Mitteilung sowohl dessen, was die
fortlebende Praxis der Hydraulik als was den etwaigen
Schmuck betraf. Neben dem Hauptbrunnen im Haupt-
hofe kommt der in der Nähe des Refektoriums zum
Händewaschen vor. (Im Kloster Lobbes an der Sambre
war gegen Ende des 10. Jahrhunderts das Vorgemach des
Refektoriums durch unterirdische Leitung mit einem
Brunnen versehen, welcher springend emporquoll über
einer obern Schale und dann durch vier Öffnungen derselben in eine untere Schale abfloß; Pertz, Monumenta,
Scriptores, Tom. VI, Gesta abbatum Lobiensium,
cap. 29). Anderswo mußte für denselben Zweck ein bloßes Gießfaß mit einigen Mündungen genügen, deren
jede ihren schließbaren Hahn, obex, hatte. (So im Kloster
Gorze bei Metz; Pertz a.a.O., vita Johannis Gorziensis,
cap. 63, ebenfalls im 10. Jahrhundert.)
Die Becken der Taufkirchen, nicht durch einen Quell,
sondern durch hineingeschüttetes Wasser gefüllt, konnten durch ornamentalen oder auch figürlichen Schmuck
vorbildlich wirken.
Einfachste Gestalt der Becken: der steinerne Pozzo oder
Sodbrunnen, noch heute in vielen Städten von Italien als
Hausbrunnen allgebräuchlich und in Venedig das einzige. Seine reichere Kunstform im spätern Mittelalter die
eines großen korinthisierenden Kapitäls, auch wohl mit
figürlichen Zutaten. Sein Überbau, zum Tragen der
Rolle für die Eimerkette, von Schmiedeeisen. (Reiches
Beispiel der letztern Art laut Photographie im Palazzo
Saracco in Ferrara.)
Der wichtigste Brunnentypus des Spätmittelalters in Italien
ist der Stadtbrunnen, dessen Wasser meist mit großen Opfern erkauft wurde und erst wenn die Stadt das betreffende
Quellgebiet in Besitz hatte. Ansehnliche Städte haben bis
heute nur einen dieser Art, welcher bei Tag und Nacht als
einziges gutes Trinkwasser heimgesucht wird; künstlerisch
meist nur mäßig ausgestattet.
Im Norden der gotische Brunnstock mit Röhren, von

selbst auf die Formen und auf den bildlichen Schmuck
einer Kirchenfiale angewiesen; später oft ausgehend in
eine größere Heiligenstatue. Ausnahme: der 1408 in Zinn
gegossene Brunnen beim Rathaus in Braunschweig; drei
Schalen übereinander, mit vielfacher Erscheinung des
Wassers.

In Italien besitzt noch Viterbo (bei Aeneas Sylvius als
brunnenreich gerühmt) zwei Brunnstöcke aus gotischer
Zeit: Fontana Pianoscarana und Fontana grande, letztere
bereits mit zwei oberen Schalen, welche besonders
Spritzwasser tragen; das Figürliche beschränkt auf Löwenköpfe.

Siena hat tiefliegende große Becken, von welchen nur
Fonte gaja des plastischen Schmuckes wegen zu erwähnen sein wird. (Über das sienesische Wasserwesen überhaupt: Milanesi, Documenti, I, p. 247; II, p. 44 bis 52;
76-80; 96-101; 374, 447; III, p. 278, 306. Die Stadt war
sehr stolz darauf und hatte es nicht gerne, wenn die
Brunnen bei Anwesenheit angesehener Fremder dürftiges Wasser hatten.) Von den mittelalterlichen Brunnen
von Florenz fehlen die näheren Kunden. (Das Haupt-
quellgebiet, der Monte Murello, ist nicht wasserreich.)

In Perugia die berühmte Fontana grande (1274-1280) mit
drei Becken; der plastische Schmuck, von pisanischen
und florentinischen Meistern, außer dem Kunstwerk
wichtig als reichster Beleg dessen, was damals Fantasie,
Wissen und Religion mit einem Stadtbrunnen zu verbinden wagten.

Mit dem Eintritt der Renaissance geht die reichere Anwendung des Brunnenwesens mehr auf die Wohnungen und
Gärten der Fürsten und Mächtigen über. Als Träger der
jetzt vorgeschrittenen Hydraulik sowohl als der künstlerischen Ausstattung treten vorzüglich Florentiner auf. Die
Auffindung antiker Schalen, zumal reich gebildeter in Marmor, sowie die frühe Prachtanwendung des neuen Stiles in
den oben (§ 146) erwähnten Weihbecken mögen die Zierformen stark beeinflußt haben. Wassergötter und andere

Wasserwesen des Altertums, jetzt in die ganze neue Dekoration ohnehin aufgenommen, waren der Brunnensymbolik besonders günstig, sowie auch die lebendigere Tierbildung. Der sehr frei aufgefaßte sogenannte Delphin wurde ein Symbol alles Wasserlebens, und aus dem Menschenleben kam hinzu der von der Renaissance neu geschaffene Putto, das nackte Kind.

Einstweilen ist jedoch kaum ein Brunnen des 15. Jahrhunderts in seinem vollen Zusammenhang erhalten, und der Nachweis von Abbildungen aus Andachtsbildern, Fresken und Miniaturen bliebe sehr erwünscht.

Für die Hydraulik zahlreiche Angaben und Vorschriften im zehnten Buche des L. B. Alberti de arte aedificatoria. Er verlangt auf einmal sehr viel Zierwasser, so schon im neunten Buche für die Gärten »an vielen Orten und unerwartet springende Wässerlein, praerumpant aquulae« (womit wohl bereits die sog. Vexierwasser gemeint sind). Als Bauratgeber des Papstes Nikolaus V. neben Bernardo (vermutlich B. Rossellino) bei dem großen geplanten vatikanischen Neubau (§ 115) mag er auch das reichliche Wasserprogramm für einen Garten und zwei Höfe verantworten, »zum Brauch und zur Schau«, wie es die umgebenden »Höhen« (vertex montis) schwerlich würden geliefert haben.

Der erste im Geist des 15. Jahrh. geschmückte Brunnen (1409 bis 1419) war die Fonte gaja zu Siena, noch ein Stadtbrunnen, schon 1343 als Tiefbecken angelegt; sie erhielt jetzt einen Mauerrand aus Marmor mit heiligen und allegorischen Reliefs an den Innenseiten; auf der Brustwehr in Freiskulptur zwei (ehemals vier?) Mütter mit je zwei Kindern, sowie auch Löwen und wasserspeiende Wölfinnen (das Wahrzeichen der Stadt), auf welchen Putten ritten; wichtige Schöpfungen des Jacopo della Quercia (Vasari III, p. 26, 27 und Noten v. di Quercia). Die Reste jetzt im Museum; moderne Wiederholung nur der Reliefs an Ort und Stelle.

Für Cosimo Medici führte dann Michelozzo Leitungen

nach den Landsitzen Cafaggiuolo und Careggi und in
Assisi diejenige von der Höhe nach S. Maria degli Angeli
hin, wo sich eine »schöne und reiche« Brunnenhalle erhob (Vasari III, p. 280, 281, v. di Michelozzo). In solcher
Umgebung wird auch diejenige figürliche Ausstattung
entstanden sein, welche auf das übrige Italien Eindruck
machte. – Wahrscheinlich von Donatello das meisterlich
frei behandelte Marmorbecken der Sakristei von S. Lorenzo in Florenz; für die Medici arbeitete er ein bewun-
dertes Granitgefäß mit Wasserstrahl, und ein anderes der
Art für den Garten der Pazzi, welches noch vorhanden
sein soll. Außerdem aber ist in neuerer Zeit (durch Bode)
seine eherne Gruppe der Judith und Holofernes (Loggia
de' Lanzi) als ehemalige Brunnengruppe des Pal. Medici
erkannt worden; das Wasser quoll aus den Ecken des
Weinschlauches und aus den Masken am dreiseitigen
Sitz, dessen Reliefs spielender Putten Trunk und Trun-
kenheit parodieren. (Wahrscheinlich bald nach 1440.)
Nicht mehr vorhanden: der als zierliches Werk gerühmte
Marmorbrunnen des Antonio Rossellino im zweiten Hof
des Pal. Medici, mit Putten (offenbar in Freiskulptur),
welche Delphinen den Rachen zum Speien aufsperrten
(Vasari IX, p. 217, v. di Ant. Rossellino.)
Ebenfalls florentinisch und von bester Arbeit: im South-
kensington-Museum die köstliche Terrakottagruppe
zweier Putten mit einem Delphin, Modell für einen
Brunnenschmuck.
Von Lorenzo magnifico bei Verrocchio für einen Brun-
nen in Careggi bestellt und erst später nach Florenz in
den Hof des Signorenpalastes gesetzt: der springende
Putte mit dem speienden Delphin, in Erz (Vasari V,
p. 144, v. di Verrocchio).
Florentinische Brunnenkunst in der Ferne: Giuliano da
Majano (laut nicht mehr sehr deutlicher Aussage bei
Vasari IV, p. 346) baut in Neapel das königliche Lusthaus Poggio reale »mit den schönen Brunnen und Lei-
tungen, welche sich im Hofe befinden. Und für die Stadt

und die Häuser der Edelleute und für die Plätze lieferte er
Zeichnungen zu vielen Brunnen, mit schönen und originellen (capricciose) Erfindungen«.
Auf Bestellung des Königs Matthias von Ungarn
(st. 1490) ein Brunnen in Florenz gearbeitet; laut Poliziano:
  Tusca manus, Tuscum marmor, Rex Ungarus auctor,
    Aureus hoc Ister surgere fonte velit.
Zu Ferrara im Palastgarten des Herzogs Ercole I. ein
Brunnen (von florentinischer Arbeit?), oben eine Hydra
mit sieben, reichliches Wasser spendenden Köpfen, unten eine reich skulpierte Marmorschale. – Auf der Piazza
daselbst ein Marmorbrunnen, dessen Leitung wenigstens
vielen Aufwand und Änderungen nötig machte (1481-
1492).
Relativer Stillstand im ganzen mediceischen Bauwesen
seit der ersten Vertreibung des Hauses 1494 bis auf die
gesicherte Regierungszeit des 1537 emporgekommenen
Herzogs Cosimo I. Doch arbeitete noch 1515 Giov.
Francesco Rustici als Brunnenfigur wiederum für einen
Hof des Palazzo Medici einen kleinen ehernen Merkur,
welcher dem späteren, berühmten des Giov. Bologna
sehr ähnlich gewesen sein mag, schwebend über einer
Kugel; die Wasserleitung, welche durch die Figur aufwärts ging, brachte dann, sei es diese selbst, sei es nur ein
Werkzeug in ihrer Hand zu einer drehenden Bewegung.
(Worüber unklar Vasari XII, p. 3, v. di Rustici. Vermut-
lich war auch die pag. 8 erwähnte eherne »Grazie«, welche sich die Brust drückte, eine Brunnenfigur.)
In Rom beginnt der tatsächliche größere Wasseraufwand
mit Sixtus IV. (1472-1484) durch spätere Speisung und
Reinigung der antiken Aqua Virgo, nachdem schon Nikolaus V. (durch die Florentiner L. B. Alberti und Bernardo?) damit einen Anfang gemacht und auf Piazza di
Trevi einen Marmorbrunnen mit dem mäßigen Schmuck
eines päpstlichen und eines Stadtwappens errichtet hatte.
Vor St. Peter entstand spätestens unter Innocenz VIII.

ein großer springender Brunnen von zwei Schalen, mit
Bildwerk (lapidibus marmoreis figuratis, Infessura, bei
Eccard, scriptores II, Col. 1993) verbessert oder vollendet unter Alexander VI. »ein Brunnen, wie man ihn in
ganz Italien nicht mehr finde«; er war im Atrium hinter
dem durch Abbildungen bekannten Cantharus mit dem
großen ehernen Pinienapfel aufgestellt.

Unter Alexander VI. durch Kardinal Lopez auch ein
berühmter Brunnen bei S. Maria in Trastevere, bereits
unter Teilnahme des Bramante.

Wer an der Kurie Einfluß hatte, scheint schon damals
sich für Garten oder Vigne Wasser verschafft zu haben.
Bei jener Verstärkung der Acqua di Trevi errichtete ein
Curiale Dossi in seinem anstoßenden Garten einen Marmorbrunnen, an welchem wenigstens Sprüche alter Weisen eingemeißelt waren. Ein späteres allgemeines Urteil
bei Doni, Disegno (ed. Venez. 1549, Fol. 12), nach Erwähnung von Fontänen mit menschlichen und Tierfiguren, Wasserwesen etc.: et chi vuol vedere fontane mirabili, guardi ne' palazzi delle vigne (sic) de' prelati in
Roma.

Bei diesen Besitzern hauptsächlich wird man die vielarti-
gen Weisen, einen mäßigen Vorrat zur Geltung bringen,
voraussetzen dürfen, wovon in den Briefen des Annibale
Caro (1538) und des Claudio Tolomei (1543) die Rede ist.
(Lettere pittoriche, V, p. 29 und p. 91, vgl. § 125.) Das
Wasser wird gebraucht strömend, träufelnd, seufzend, in
versteckte Tongefäße niederdröhnend, steigend und fal-
lend; ein und dasselbe Wasser muß schäumend stürzen,
rieseln, aus Röhren spritzen, als Regen niederfallen und
doch auch in der Mitte des Beckens emporbrodeln; anderes zittert furchtsam, und zwischen hinein melden sich
Vexierstrahlen; mit der Zeit werde man auch das Schwit-
zen, Tauen und Gurgeln nachahmen lernen. – Dazu teils
aus eigener Erfindung, teils aus antiken Trümmern und
Aussagen an und in den Grotten: Rustica in Tuff, Tropf-
stein, antike Fragmente, Muscheln, Korallen, Schnecken

und eine ganze, dazu passende Vegetation. – Für die
beginnende Barockzeit in solchen Dingen vgl. Vasari I,
p. 125, Introduzione.

Julius II. (1503-1513) verstärkte nochmals (1509) die
Aqua Virgo und führte, auch nach dem Neubau des
Vatikans zwei Miglien weit Wasser her, angeblich nur für
einen Brunnen im Belvedere, eher aber für den Neubau
überhaupt, auch wohl für den großen hintern Garten.
Über die Verbindung berühmter vatikanischer Antiken
mit fließendem Wasser vgl. § 126 samt Anmerkung. –
Bramante gedachte all dies im Belvedere, und im oberen
Teil des großen neuen Hofes (dem spätern Giardino della
Pigna) gebrauchte Wasser noch einmal im untern Teil zu
einem sehr schönen Brunnen »zu sammeln«. Vasari VII,
p. 132, v. di Bramante; der jetzige viel neuer.
Michelangelo's Absicht in Betreff der Gruppe des farnesischen Stieres vgl. § 97. – Benützung antiker, auf Urnen
lehnender Wassergötter; Nil und Tiber auf dem Kapitol,
an der von Michelangelo angegebenen äußeren Doppeltreppe des Palazzo del Senatore. – Auch schon moderne
Nachahmung hievon: Vasari X, p. 287, v. di Pierino da
Vinci; bald sehr häufig überall.
Für den Brunnenschmuck der rafaelischen Zeit müssen
besonders ausgiebig gewesen sein die Gartenanlagen der
großen Villa des Kardinals Giulio de' Medici (§ 119),
seither Villa Madama, und zwar weniger in dem Ausgeführten, als in den oft und stark wechselnden Entwürfen,
mitgeteilt bei v. Geymüller, Raffaello studiato come architetto. Über den Anteil des Giovanni da Udine (§ 175)
vgl. Vasari XI, p. 306, v. di Udine; derselbe soll hier
einen kurz vorher in Rom entdeckten antiken Raum mit
lauter Meereswesen und Meeressymbolik, den man für
ein Heiligtum Neptuns nahm, stark nachgeahmt und
doch reichlich überboten haben; ferner ist die Rede von
einem marmornen, wasserspeienden Elefantenkopf, sowie von einem Baum- und Felsdickicht mit Wassern,
welche aus Stalaktiten etc. flossen, alles bekrönt von

einem riesigen Löwenhaupt, umzogen von Frauenhaar und anderen bezüglichen Pflanzen.

Gegen die Mitte des 16. Jahrhunderts hin erhoben sich dekorative Baukunst und Skulptur, meist schon dem beginnenden Manierismus zugewendet, zu großen Brunnengebilden sowohl auf öffentlichen Plätzen als in Gärten, auch wenn das verfügbare Wasser kaum dazu im Verhältnis stand. Von der modernen konventionellen Wasserwelt mythologischen, allegorischen und heraldischen Inhalts sind erst hier die vollständigen Darstellungen als erhalten nachzuweisen: göttliche, menschliche und tierische Gebilde, oft ausgehend in Fischschweife. Das Handhaben von Urnen und die Verbindung mit den Speitieren gewährt lebendige Motive und die mehr dekorative Ausführung erspart der Kunst anspruchsvolle Zierlichkeiten, in welchen sie damals sonst nicht immer glücklich war. Aufbau und Profil des Ganzen, Aufeinanderfolge, Schmuck und Größe der oberen Schalen und des untern Beckens, auch vermittelt durch Stützfiguren, werden öfter mit großem Schönheitssinn behandelt: das Wasserspeien wird jetzt in einer Menge von Erfindungen den verschiedensten Wesen anvertraut. Als einfachere Aufgaben stellen sich ein: der Wandbrunnen und die Nische; in Palästen und Gärten jetzt erhaltene Grotten mit Stalaktiten, Stukkaturen und Skulpturen aller Art.

Der bevorzugte Meister Giov. Agnolo Montorsoli (geb. bei Florenz nach 1500, gest. 1563, Vasari XII, p. 20, 55), im Stil, wie alle folgenden, von Michelangelo abhängig; Hauptwerke die beiden großen Stadtbrunnen in Messina, an der Marina und beim Dom; dieser ein dreischaliger Aufbau mit vier Flußgöttern; acht Meerwundern, Delphinen, Masken, Reliefs, oben die Statue des Orion, alles in carrarischem Marmor.

Allerdings vermaß sich Bandinelli (Brief an Herzog Cosimo 1550, Lettere pittoriche I, 37) einen Brunnen zu schaffen, der nicht nur diesen, sondern alle, welche die Erde trage und welche einst Römer und Griechen hervorgebracht, übertreffen solle.

In Genua war Montorsoli als Baumeister auch für Brunnen, durch das Haus Doria beschäftigt. Ein Seeungetüm, für dieses Haus gearbeitet, ging bereits nach Spanien an Kardinal Granvella. Der Neptun mit Wagen und Seepferden in dem von Adlern umgebenen Becken im großen Garten zunächst hinter dem Palast, soll jedoch nicht von Montorsoli, sondern von Taddeo Carlone sein.

Villa d'Este (§ 124) zu Tivoli, um 1550 unter Pirro Ligorio angelegt, durch unbeschränkte Verfügung über den Teverone ein Vorbild aller Wasserpracht; alle jetzige Einfassung und Skulptur der Brunnen und Grotten erst im Barockstil geschaffen oder überarbeitet, die vielen antiken Statuen, die in der Villa (auch wohl in Verbindung mit den Wassern) standen, im 18. Jahrhundert in den Vatikan übertragen.

In der Vigna di Papa Giulio III. (1550-1555), vor Porta del Popolo zu Rom, hauptsächlich von Vignola, die Wasserwerke nie völlig ausgeführt; auch in dem tief liegenden hintern Hof, einem Asyl alles Kühlen, nur das Nympheum in der Mitte vollständig.

Außerdem von Vignola im wesentlichen herstammend: die Brunnen und Terrassenaufstiege der Villa Lante alla Bagnaja vor Viterbo, – die Wasser der Caprarola, – sowie in Rom der Aufstieg zu den Orti Farnesiani von der großen Pforte am Forum her, mit Treppen und Grotten in Absätzen.

In anderem Sinne einflußreich wurden damals die Brunnenskulpturen der herzoglichen Villa Castello bei Florenz (so benannt nach einem antiken Wasser-Castellum), welche seit 1546 durch Nic. Pericoli, genannt Tribolo, und dessen Gehilfen entstanden; hier sah man (und sieht man zum Teil noch) Kinderfiguren, u. a. dem antiken Kinde mit der Gans nachgebildet, weibliche Gestalten, die sich das Wasser aus dem Haar wanden, Seewidder und andere Meerwunder, den von Herkules erdrückten Antäus als Speifigur, Kolosse von Berggöttern mit triefendem Bart, auch die schon sonst üblichen Flußgötter mit Urnen, Vexierwasser aller Art, träufelnde Grotten und auch wahre Spielereien. Vasari X, p. 256 ss., v. di Tribolo. Ibid. p. 283 ss., v. di Pierino da Vinci. Ibid. XII, p. 29, v. di Montorsoli. (Von Tropfsteinen, tarteri, schaffte Antonio da Sangallo dem Herzog als Probe eine Saumlast; sein Begleitbrief Gaye, Carteggio, II, p. 344, zeigt, daß die Stalaktiten damals in Rom schon sehr in Übung waren und daß man dabei bestimmte antike Ruinen als Vorbilder nannte.) – Gegenüber der oben aufgezählten Gesamtanlage haben hier die Einzelideen und auch die bloßen Einfälle das Übergewicht. Wie weit dies auch von dem Brunnenwesen der übrigen Villen des Cosimo und seiner nächsten Nachfolger gilt, wissen wir nicht näher anzugeben.

Für Schalen sah man sich bereits nach ungeheuren Monolithen um; eine Granitschale von zwölf Braccien aus Elba für den Garten Boboli; Vasari X, p. 278, v. di Tribolo.

In der Folge griff der mächtigste Meister der nachmichelangelesken Plastik, dem man es nie vergessen darf, daß er ein Niederländer war, Giovan Bologna aus Douai (1529 bis 1608) auch in die Brunnenskulptur mit Hauptwerken ein. Sein berühmter schwebender Merkur (Florenz, Museo nazionale) stand einst über einem sprudelnden Becken in der Mitte der Erdgeschoßhalle der Villa Medici in Rom; in Bologna vereinigt der Neptunsbrunnen der Piazza (1564) eine vorzügliche Ausführung mit dem schönsten, elastischen Aufbau in ausgewählten Motiven; im Giardino Boboli zu Florenz ragt über dem Brunnen der Insel (1576) der Pfeiler mit den drei großen Stromgöttern, gekrönt durch den Oceanus, einfach majestätisch wie kein anderes Brunnengebilde von Italien und ganz Abendland.

Auf dem Signorenplatz, mit vielem Aufwand von Erz und Marmor und doch nur von geringer Wirkung, der Neptunsbrunnen des Ammanati. In Rom ist von damaliger florentinischer Kunst die höchst anmutige fontana della tartarughe ein Werk des Taddeo Landini (1585).

Mit dem Eintritt des eigentlichen Barocco (um 1580) trifft
eine nochmalige großartige Steigerung des römischen Was-
seraufwandes zusammen. Sixtus V. (1585-1590) führt die
Acqua Marcia, jetzt nach ihm Acqua Felice genannt, in die
Stadt; unter Paul V. (1605-1621) folgt, zum Teil vom Lago 5
di Bracciano gespeist, die Acqua Paola. Jetzt erst vollendet
Rom seinen neuen Bautypus, und der Barocco, in seiner
nunmehrigen Verbreitung von hier aus über die Welt, wird
in hohem Grade eine Kombination aller vornehmen Architektur mit belebtem Wasser. 10

III. KAPITEL

DEKORATION IN ERZ

[§ 147]
Die Technik und die größten Güsse.

Die Dekoration in Erz ist von ehernen antiken Vorbildern 15
fast gänzlich unabhängig, vielmehr eine freie Äußerung des
Schönheitssinnes und echten Luxus der Renaissance, teilweise auch eine geistreiche Umdeutung der im Marmor
herrschenden Formen.

Antike Bronzegegenstände müssen damals noch sehr 20
selten gewesen und kaum je nachgeahmt worden sein.
Abgesehen von ehernen Pforten, wie die des Pantheon,
ist mir nur Eine hieher zu beziehende Aussage bekannt;
Verrocchio vollendet 1469 einen ehernen Leuchter a similitudine di certo vaso (Gaye, carteggio I, p. 569 s.), 25
worunter doch nur mit Wahrscheinlichkeit ein antikes
Bronzegerät zu verstehen sein mag.

Die Technik des Gusses war schon längst eine vollendete, die Gewöhnung durch das Kanonengießen ununterbrochen; der allgemeine Luxus des 15. Jahrh⟨un- 30
derts⟩, zumal in reichen Städten Oberitaliens, tat das
Übrige. In der Cap. Zeno zu S. Marco in Venedig Altar
und Grab von Erz; Bronzereliefs und ganze bronzene

Wandgräber etc. in Padua, von Donatello, Vellano, Riccio; vgl. auch § 141. Man nimmt sogar an, daß Donatello's zerstreute Bronzewerke im Santo zu Padua Einen großen Hochaltar hätten schmücken sollen. – Die Beschreibung eines großen bronzenen vergoldeten Prachtaltars mit silbernen Figuren, 1521 bis 1526, in S. Maria della Misericordia zu Bergamo, im Anonimo di Morelli (jetzt verschwunden; laut Vasari VII, p. 127, Nota, v. di Bramante, hätte man das leuchtende Metall gewählt, weil der betreffende Chor dunkel war). – In Rom sind einige Papstgräber aus Erz: dasjenige Martins V. von Filarete, Sixtus IV. und Innocenz VIII. von Ant. Pollajuolo (§ 141).

Doch sind die Werke dieser Art, wo das Erz wesentlich den Formen der Marmordekoration folgen muß, bei aller Zierlichkeit nicht das Entscheidende.

[§ 148]
Pforten und Gitter.

Dem Erz ursprünglich eigen sind feierliche Pforten und Gitter. In betreff der erstern folgte die Renaissance nur einem Brauch, welchen das ganze Mittelalter festgehalten hatte.

An den beiden berühmten Pforten Ghiberti's (S. Giovanni in Florenz) herrscht durchaus, was die Türflügel betrifft, die Skulptur. Dagegen sind die Außenseiten der Pfosten und der Oberschwellen an denselben, sowie auch an der dritten Pforte (mit den Flügeln von Andrea Pisano, die er ebenfalls durch neue ersetzen sollte) hochwichtig als vielleicht frühste Beispiele der mehr naturalistischen Arabeske, des Laubgewindes (§ 134). Und zwar ist es hier speziell eine verklärte Darstellung der bei Kirchenfesten um die Pforten gelegten, unten in Gefäßen stehenden Stangen, an welche Laub, Blumen und Früchte angebunden werden ⟨Abb. 27⟩. An der dritten Tür geht der Naturalismus schon beinahe über die erlaubten Grenzen.

Die Türflügel von S. Peter, gegossen 1439-1447 von Filarete und Donatello's Bruder Simone, sind in ihren dekorativen Bestandteilen noch ziemlich unfrei. – Donatello's kleine Türflügel in der Sakristei von S. Lorenzo in Florenz sind nur durch ihre höchst lebendigen Heiligenfiguren bedeutend.

Auch an den ehernen Türen des Jacopo Sansovino im Chor von S. Marco zu Venedig und des Guglielmo Monaco am Triumphbogen des Alfons in Castello nuovo zu Neapel herrscht durchaus das Relief über die Dekoration vor. – Anfang des Barockstils an den Pforten des Domes zu Pisa, von Gio. da Bologna. – Älter, aber nicht bedeutend, die ehernen Türen der Krypta des Domes von Neapel.

Die auffallend geringe Zahl solcher Pforten erklärt sich unter anderem durch die Seltenheit vollendeter Fassaden, § 69. Umsonst entwarf Donatello eine Tür für das Baptisterium von Siena (Vasari III, p. 259 s., v. di Donatello; Milanesi II, p. 297). Ganz einfache eherne Türen übergehen wir. – Laut Malipiero (Archiv. stor. VII, I, p. 339) nahm Carl VIII. 1495 eherne Türen aus dem Kastell von Neapel und sandte sie als Siegeszeichen nach Frankreich.

Das schönste eherne Gitter im Dom von Prato (Cap. della Cintola), von Donatello's Bruder Simone, mit anmutiger Umdeutung gotischer Motive; zierliches Rankenwerk und Figürchen, als Bekrönung Palmetten und Kandelaber. – Über das bronzene Strickgeflecht oberhalb des mediceischen Sarkophages in S. Lorenzo zu Florenz eine echt naturalistische Bewunderung bei Vasari V, p. 143, v. di Verrocchio. – Über die Bronzegitter des Sienesen Antonio Ormanni am Eingang der Libreria und an der Durchsicht in die Unterkirche im Dom von Siena, sowie in S. Agostino, Milanesi II, p. 458; Vasari V, p. 285, im Komment. zu v. di Pinturicchio, und VI, p. 141, Nota, v. di Signorelli. – Über das Gitter und die Kandelaber an Sansovino's Altar in S. Spirito zu Florenz,

Vasari VIII, p. 164, v. di Andrea Sansovino. – Die Gitter
für die Antoniuskapelle im Santo zu Padua, bereits ge-
formt von dem vortrefflichen Dekorator Tiziano Minio,
blieben durch dessen Tod (1552) unausgeführt; Scardeonius, ap. Graev. thesaur. VI, III, Col. 428. Die Stukkaturen derselben Kapelle siehe § 177.

Ein gleichmäßig geltendes ästhetisches Gesetz wird sich
in diesen Arbeiten kaum nachweisen lassen, indem die
Einen mehr herb architektonisch, die Andern mehr spielend dekorativ verfahren. Massenweise sind eherne Gitter, Schranken etc. erst aus der Barockzeit vorhanden.

Die Gitter aus geschmiedetem Eisen, in der gotischen
Zeit bisweilen trefflich und in ihrer Weise vollkommen
(das beste vielleicht in der Sakristei von S. Croce in
Florenz; ein anderes berühmtes im Dom von Orvieto
1337, vgl. Della Valle, storia del duomo di Orvieto,
p. 111 und doc. 35; andere erwähnt bei Milanesi I, p. 309,
II, p. 13, 14, 163) wollen zu der Formenwelt der Renaissance ungleich weniger passen. In der ersten Hälfte des
16. Jahrh⟨underts⟩ war für Eisenzierat ein gewisser Gio.
Batt. Cerabalia berühmt (Lomazzo, p. 423), ob insbesondere für Gitter, wird nicht gesagt.

Zu Ende des 15. Jahrh⟨underts⟩ war in Florenz Niccolò
Grosso, genannt Caparra, eine Spezialität für die eisernen
Fahnen- und Fackelhalter am Erdgeschoß der Paläste;
von ihm sind auch die berühmten Laternen am Pal.
Strozzi. Lorenzo magnifico wollte sogar Arbeiten des
Grosso als Geschenke in's Ausland schicken. Vasari
VIII, p. 118 ss. Komment. zur v. di Cronaca. Diese
energischen, edeln und zugleich derben Zierstücke gehö-
ren freilich nur zum florentinischen Rustikapalast.

[§ 149]
Leuchter und verschiedene Gegenstände.

Der bronzene Stehleuchter der Renaissance ist von dem
antiken sowohl als von dem mittelalterlichen unabhängig;

sein Sinn ist eher der eines in die Bedingungen des Erzes
übertragenen antiken Marmorkandelabers.

Seitdem die Bronzeleuchter, zumal aus Pompeji, massenweise vorhanden sind, kann hierüber kein Zweifel herrschen. Es fehlt ihnen durchaus die vasenartige Ausbau- 5
chung und Einziehung, mit Einem Wort das Gewichtige,
dessen der Altarleuchter schon als Träger einer schweren
Kerze (nicht bloß einer Lampe) bedarf.

Auf den Marmorkandelaber (§ 146) als Vorbild weist
auch das bisweilen üppige Laubwerk und die Ausfüllung 10
solcher Teile hin, welche beim antiken Bronzekandelaber
offen und durchsichtig bleiben, z. B. der Raum zwischen
den hier äußerst kräftig gebildeten Tierfüßen.

Die vorzüglichsten Leuchter, sowohl für Altarkerzen als
für größere: mehrere in der Certosa bei Pavia, auch in 15
einigen venezianischen Kirchen, z. B. alla Salute. Sodann
der große Osterkerzenleuchter des Andrea Riccio im
Santo zu Padua, 1507 bis 1516, von außerordentlichem
Reichtum an Reliefs, Eckfiguren und Zierat jeder Art,
und von schönstem Geschmack in allen Details; nur hat 20
das Ganze zu viele Teile im Verhältnis zur Größe, was
auch von dem Osterkerzenleuchter des Bresciano in der
Salute zu Venedig gilt.

Anderes s⟨iehe⟩ unten bei Anlaß der Goldschmiedekunst. 25

Der allgemein verbreitete monumentale Prachtsinn wies
dem Erzguß viele Gegenstände zu, welche sonst aus Stein
oder Eisen und in weniger edeln Formen wären gebildet
worden.

Die bronzene reichverzierte Basis einer antiken ehernen 30
Statue in den Uffizien, wahrscheinlich von Desiderio da
Settignano (§ 135).

Die Halter für die Fahnenmaste auf dem Markusplatz zu
Venedig, von Alessandro Leopardo (§ 136), vielleicht die
schönste denkbare Lösung der betreffenden Aufgabe. 35

Eine eherne Wahlurne in Padua.

Die schlanken, originell-prächtigen Altartabernakel des

Vecchietta im Dom (1465 bis 1472) und in der Kirche
Fontegiusta zu Siena.

Über die etwas frühern Arbeiten des Gio. Turini in Siena
(st. 1455), das Türchen einer Balustrade, ein Weihbecken, ein Tabernakel etc. Vasari V, p. 105 ss. im Komment. zu v. di Ant. Pollajuolo. Vgl. § 181.

Michelangelo's Ciborium für S. M. degli Angeli zu Rom,
zu Vasari's Zeit schon größtenteils im Guß fertig, scheint
nicht mehr vorhanden zu sein.

Über die Leuchter und den Tabernakel des Girol. Lombardi müssen wir auf Vasari XI, p. 241 und Nota, v. di
Garofalo verweisen.

Die ehernen Türringe und Haken am Pal. del Magnifico
zu Siena, von Giacomo Cozzarelli (um 1500), der auch
schöne Konsolen für Engelfiguren im Dom goß; Milanesi III, p. 28. – Etwas später arbeitete daselbst in ähnlichen Gegenständen Carlo d'Andrea und dessen Sohn
Giovanni, ibid. p. 68. – Kleine bronzene Weihbecken in
Fontegiusta, von Giovanni delle Bombarde 1480, und im
Dom (Sakristei), von Gio. Turini, letzteres emailliert und
auf einen Engel gestützt. – Die Türklopfer in Bologna
sind fast alle späteren Ursprungs.

Von den ehernen (und vollends, bei Paul II., silbernen)
Kühlvasen, Kohlenbecken u. dgl. Geräten, von welchen
besonders Benvenuto Cellini spricht, ist nichts Erhebli-
ches erhalten. – Wo die am schönsten verzierten Glocken
und Kanonen sich befinden, ist dem Verf⟨asser⟩ nicht
bekannt.

Bronzegeräte mit eingelegter Arbeit, all' azimina, in venezianischen Häusern; Sansovino, Venezia, fol. 142.

Von den zwei ehernen Zisternenmündungen im Hof des
Dogenpalastes (1556 und 1559) kann besonders die eine
mit üppigem figürlichem Schmuck vielleicht eine nahe
Idee von Benvenuto's untergegangenen Arbeiten geben.

IV. KAPITEL

ARBEITEN IN HOLZ

[§ 150]
Abnahme der Bemalung seit dem 14. Jahrhundert.

Die Verzierung hölzerner Wandbekleidungen, Sitze und ₅
Geräte hatte im Mittelalter hauptsächlich in Bemalung und
Vergoldung bestanden. Ein höherer dekorativer Stil
konnte erst beginnen, als sich auch die Holzarbeit rein auf
die plastische Form und daneben auf das Einlegen von
Zeichnungen mit Hölzern verschiedener Farbe (Intarsia) ₁₀
verließ.

Wenn selbst die Marmorskulptur der pisanischen Schule
noch bisweilen polychromatisch war und wenn im Norden der hölzerne geschnitzte Schrein bis spät in reichen
Farben prangte, so darf es nicht befremden, daß z. B. in ₁₅
Siena noch 1370 ein Holzleuchter, 1375 ein Stimmzettel-
kasten, 1380 ein Reliquienschrein und 1412 ein Sakristei-
schrank, sowie ein ganzes großes Chorstuhlwerk (s. unten) mit Bemalung vorkommen; Milanesi I, p. 29, 31, 46.
Giotto hatte ja die Sakristeischränke von S. Croce in ₂₀
Florenz mit seinen berühmten Täfelchen (Leben Christi
und des hl. Franz) geschmückt. – Auch der Archiv-
schrank, den die Florentiner 1354 mit 22 Goldgulden
bezahlten, war wohl ein farbiges Prachtwerk; Gaye, carteggio I, p. 507. ₂₅

Die rein plastische Ausbildung des einrahmenden Elementes konnte sich erst vollziehen, als vor allem die
Flächen nicht mehr der Malerei, sondern dem gedämpf-
tern Vortrag der Intarsia gehörten, mit welchem nun die
geschnitzten Teile ein harmonisches Ganzes ausmachen ₃₀
sollten.

Die letzte Werkstatt, aus welcher bemalte Holzarbeit jeder
Gattung in großer Menge hervorging, die des Neri de'
Bicci, vgl. Vasari II, p. 256, Komment. zu v. di Lor. Bicci.

Die Intarsia ist eine jüngere Schwester des Mosaiks und der
Glasmalerei. Sie setzt, wie alles absichtliche Verzichten auf
reichere Darstellungsmittel, schon eine hohe Verfeinerung
des künstlerischen Vermögens voraus.

Eine frühe Stätte derselben war in Orvieto, dessen Mo-
saikfassade auch dem Holzmosaik rufen mochte. Die
frühsten bekannten Arbeiter aber, welche 1331 das Stuhlwerk des Chores mit eingelegter Arbeit aus Ebenholz,
Bux, Nußholz und Albuccio versahen, waren fast lauter
Sienesen, und ebenso der damalige Dombaumeister
Giov. Ammanati, welcher die Vorzeichnung angab;
(Della Valle) storia del duomo di Orvieto, p. 109 und
Doc. 31. Vgl. Milanesi I, p. 199. – Dazwischen kommen
jedoch wieder bemalte Arbeiten, und zwar in Siena
selbst, wo das bereits berühmte Stuhlwerk des Dom-
chors von 1259 (l. c., p. 139) einem seither ebenfalls
verschwundenen späteren, 1363-1397, weichen mußte
(l. c., p. 328 ss.). Dasselbe war reich figuriert und noch
größernteils oder ganz bemalt, auch vergoldet; von Intarsia wird nichts gemeldet. Es mag das letzte gotische
Stuhlwerk gewesen sein. – Auf der Schwelle zum neuern
Stil steht dann das *jetzige* Stuhlwerk im Dom von Orvieto, von dem Sienesen Pietro di Minella (in Arbeit vor
1433), mit sehr vollkommen behandelter Intarsia im Figürlichen sowohl als im Ornament.

Noch um die Zeit des Anfanges der Renaissance finden
sich in Einem sienesischen Meister, Domenico di
Niccolò, die drei verwandten Künste beisammen: Intarsia, Glasmalerei (oder wenigstens Glaserei) und figurier-
tes Bodenmosaik; Milanesi II, p. 238 s.

[§ 151]
Stellung der Intarsia.

Im 15. Jahrhundert ist die Intarsia namentlich der Stuhlwerke anerkannt der wichtigste Teil der Dekoration in
Holz und bestimmt den Ruhm des Holzarbeiters. Außer

heiligen Gestalten und Geschichten vertraut ihr die Renaissance zwei ihrer wesentlichsten Aufgaben an: die Intarsien
stellen teils möglichst schöne freie Ornamente dar, teils
Ansichten von Phantasiegebäuden, welche als unerfüllte
Programme des damaligen Baugeistes (§ 63) betrachtet ₅
werden müssen. Als eigentliches Gewerbe trotz hoher
Preise niemals gewinnbringend, fiel diese Kunstgattung
mit der Zeit besonders Ordensleuten anheim.

Über die Intarsia im allgemeinen und über die farbige
Beizung der Hölzer insbesondere Vasari I, p. 178, Intro- ₁₀
duzione, wo jedoch schon etwas abschätzig davon geredet wird.

Die berühmtesten Meister im 15. Jahrh⟨undert⟩: Domenico di Niccolò von Siena, Giuliano und Benedetto da
Majano, Francione, Giuliano da Sangallo u. a. – Florenz ₁₅
hatte 1478 nicht weniger als 84 Werkstätten von Intarsiatoren u. a. Holzdekoratoren (Fabroni, vgl. § 135).

Dann um 1500 und später: Gio. und Ant. Barili, Baccio
d'Agnolo, die florentinische Familie Tasso; – in Oberitalien die Lendenara, eigentlich Canozzi; Bregaio; Fra Gio- ₂₀
vanni da Verona; Fra Damiano da Bergamo, Schüler
eines schiavonischen Mönches in Venedig; Fra Vincenzo
da Verona; Fra Raffaele da Brescia.

In der Zeit der beginnenden Ausartung: Baccio d'Agnolo's Söhne Giuliano und Domenico; Bartol. Negroni, ₂₅
genannt Riccio (über welchen Näheres Vasari XI, p. 171,
im Komment. zu v. di Sodoma).

In Siena gab seit 1421 der genannte Domenico Lehrlingen Unterricht in dieser Kunst mit Auftrag und Unterstützung des Staates; Milanesi II, p. 103; aber 1446 klagt ₃₀
er, dieselbe trage wenig ein und fast niemand habe dabei
aushalten wollen, ib. p. 237 (und Gaye I, p. 155); zwei
andere Meister klagen 1453, sie seien alt und arm darob
geworden, Mil. II, p. 287. (Supplik eines andern armen
alten Holzdekorators vom Jahr 1521, ib. III, p. 75.) ₃₅
Die Intarsia konnte in der Tat am besten von Mönchen
mit völlig gesicherter Existenz betrieben werden, und
zwar waren es vorzüglich Olivetaner.

In Florenz haben zwei Stadtpfeifer ihre viele Muße auf
diese Kunst gewandt; Vasari V, p. 138, v. di Ben. da
Majano.

Da es sich wesentlich um den Grad der Feinheit in der
Ausführung handelte, ließen die Besteller sich von den
Meistern Proben einsenden; so 1444 die Orvietaner;
Della Valle, duomo di Orv., Doc. 67.

Für figürliche Darstellungen befolgten die Intarsiatoren
nicht selten Kompositionen von andern; so der in seiner
Art große Fra Damiano die Zeichnungen des Bernardo
Zenale, des Troso von Monza, des Bramantino u. a. für
die Chorstühle von S. Domenico in Bergamo (Anonimo
di Morelli); auch von seinem berühmten Stuhlwerk in S.
Domenico zu Bologna mit dem unendlichen Reichtum
von Historien wird man Ähnliches voraussetzen dürfen.
Er arbeitete sonst sogar noch nach Zeichnungen des
Salviati (Vasari XII, p. 56, v. di S.) und des Vignola (ibid.
131 s., v. di T. Zucchero). Zwei seiner Schüler reprodu-
zierten am Stuhlwerk von S. M. maggiore in Bergamo
Kompositionen des Lorenzo Lotto (Anonimo di Morelli). – Für S. Agostino in Perugia soll Perugino dem
Baccio d'Agnolo das Stuhlwerk überhaupt vorgezeichnet haben; Vasari VI, p. 62, Komment. zu v. di Perugino.

[§ 152]
Die Intarsia nach Gegenständen.

Als Frühstes gelten, obwohl nur mit beschränktem Rechte,
solche Intarsien an Stuhlwerken und Kirchenschränken,
welche bauliche Ansichten darstellen.

Vasari I, p. 179, Introduz. Er meint, die Perspektiven
von Gebäuden seien das Frühste gewesen, weil sie vermöge der vorherrschenden Geradlinigkeit am leichtesten
in Holz darzustellen seien. Allein die Kunst beginnt
überhaupt nicht immer mit dem technisch Leichtesten,
und das Stuhlwerk von Orvieto mit seinen sehr schön
ausgeführten Halbfiguren widerlegt ihn. Wahr ist nur,

daß die nichtfigurierten Intarsien im 15. Jahrhundert im ganzen das Übergewicht haben und daß die ganz großen Unternehmungen von reichfigurierten erst um 1500 beginnen.

Dann soll Brunellesco, der Gründer der Perspektivik, die Intarsiatoren ganz besonders auf bauliche Ansichten hingewiesen haben; III, p. 197, v. di Brunellesco. Der dicke Holzarbeiter, der in der bekannten Novelle sein Opfer wird, hieß Manetto Adamantini.

Die wichtigsten erhaltenen Arbeiten ganz oder überwiegend perspektivischer Art sind die Intarsien der Stuhlwerke im Dom von Siena (1503, von Fra Giovanni da Verona), – an den Türen der von Rafael gemalten Zimmer im Vatikan (von Fra Giovanni, die geschnitzten Teile von Gian Barile), – in der Sakristei von S. Marco zu Venedig (1520 u. f. von Antonio und Paolo da Mantova, Fra Vincenzo da Verona u. a., wo die Wunder des hl. Marcus wesentlich als Staffage großer Stadtansichten dienen), – in der Cap. S. Prosdocimo bei S. Giustina in Padua, – in S. M. in Organo zu Verona (1499, von Fra Giovanni), – und ganz besonders in S. Giovanni zu Parma (von Zucchi und Testa); – auch in einer Kapelle von S. Petronio zu Bologna Treffliches (von Fra Raffaele da Brescia); – ebenso in S. Giovanni in Monte ebenda (1523, von Paolo Sacca).

Von Giuliano und Antonio da Sangallo (s. deren Leben Vasari VII, p. 209 s. und Nota, nebst Komment. p. 230 ss.) sind mit Ausnahme der perspektivischen Intarsien im Domchor zu Pisa wohl keine mehr erhalten. – Die Camera della Segnatura hatte Anfangs ringsum unter den Fresken ein Getäfel mit perspektivischen Intarsien, von Fra Giovanni wie die Türen; Vasari VIII, p. 20, v. di Raffaello; X, p. 166 s., v. di Perino. Über diesen Meister überhaupt: IX, p. 196 ss. und Note, v. di Fra Giocondo. – Ebenfalls untergegangen: die ganze reiche Ausstattung von S. Elena zu Venedig, die Sakristeischränke und die Chorstühle, deren Intarsien, von Fra Sebastiano da Rovigno um 1480, nicht weniger als 34 Ansichten berühmter Städte enthielten; Sansovino, Venezia, fol. 76. – Auch das berühmte Stuhlwerk im Chor des Santo zu Padua, von den Brüdern Lendenara, über welches schon im 15. Jahrhundert eigene Schriften erschienen, ist nicht mehr vorhanden; vgl. Selvatico's Note zu Vasari V, p. 175, v. di Mantegna.

Am nächsten hängen hiemit zusammen die Innenansichten von Schränken mit leblosen Gegenständen, gottesdienstlichen Geräten, Büchern, Musikinstrumenten etc.

Sie kommen nicht bloß an Schranktüren vor, sondern häufig auch an Chorstühlen, zumal am untern Teil der Rücklehnen. Es sind vielleicht die frühsten Stilleben der modernen Kunst, oft mit Verlangen nach Illusion und doch noch von einer gewissen Idealität des Stiles.

Sodann werden bisweilen die Hauptfelder mit dem allerschönsten, auf das wohlgefälligste im Raum verteilten Arabeskenwerk geschmückt.

Das Beste in Florenz: das Getäfel der Sakristei von S. Croce, und zwar hier nicht die Mittelfelder, sondern die einfassenden Teile; – sodann das Chorstuhlwerk in S. M. novella in seinen obern Teilen, ein frühes und ausgezeichnetes Werk von Baccio d'Agnolo (§ 92); – zu Venedig das Getäfel im Chor von S. Marco; – zu Verona die untern Teile der Rücklehnen in S. M. in Organo; – zu Mailand die Chorstühle in S. M. delle Grazie (?).

Endlich genossen natürlich die figurierten Intarsien, bisweilen ganze große Reihen von Historien und rings um den ganzen Chor laufende Friese, den größten Ruhm (§ 151).

Im Figürlichen zeichneten sich von den Meistern der Renaissance zuerst Domenico di Niccolò in hohem Grade aus mit seinen Intarsien in der obern Kapelle des Pal. pubblico zu Siena. – Dann die Florentiner Giuliano und Benedetto da Majano; Giuliano's Priesterstuhl, d. h. der ehemalige, nicht der jetzige, neben dem Hochaltar des Domes von Pisa; – seine Tür im Audienzsaal des Pal. vecchio zu Florenz, wobei ihm sein Bruder Benedetto

und Francione (§ 59) halfen, mit den Bildnissen Dante's
und Petrarca's. – Benedetto machte Truhen mit Intarsia
für König Matthias Corvinus von Ungarn, welche wie
seine meisten übrigen Holzarbeiten untergegangen sind.
Vasari IV, p. 2 ss., v. di Giuliano da Majano, V, p. 128 ss.,
v. di Benedetto da M. – Mehrere Intarsiatoren machten
damals ihr Geschäft in Ungarn. – Figurierte Intarsien am
Chorstuhlwerk der Kirche zu Pienza rühmt Pius II.
(Komment. L. IX, p. 431). – Antonio Barile von Siena,
der das jetzt untergegangene Stuhlwerk der Certosa von
Maggiano teils mit Perspektiven, teils mit Figuren
schmückte, durfte sich irgendwo in einer Intarsia selber
porträtieren und seinen Namen und die Worte beifügen:
caelo, non penicillo excussi 1502, indem seine Arbeit wie
gemalt aussah. – Sein Neffe Giovanni Barile, der ihm in
Maggiano half, ist dagegen mehr durch die geschnitzten
Teile berühmt; Milanesi II, p. 398, III, p. 52, 74, und
Vasari VIII, p. 93 s. in den Nachträgen zu v. di Raffaello,
wo die Arbeiten beider Barili verzeichnet sind.
Sodann die berühmtesten Arbeiten in Oberitalien: Fra
Damiano's Stuhlwerk in S. Domenico zu Bologna, mit
zahllosen Historien und mit einem Intarsiafries, dessen
Inschrift (§ 161) von Kinderfiguren umspielt ist; – und
das Stuhlwerk in S. M. maggiore zu Bergamo (vgl.
§ 151). Geringer sind: die figürlichen Teile der Intarsien
in der Sakristei von S. Marco zu Venedig, diejenigen im
Dom von Genua etc., – sehr zierlich historiiert der Bischofsthron im Dom von Pisa, von Giovanni Battista
Cervellesi 1536.

[§ 153]
Das Schnitzwerk der Chorstühle.

Die geschnitzten, einfassenden Teile der Chorstühle stellen
auf ihre Weise eine ideale Architektur dar, wie die Einfassungen der marmornen Altäre und Gräber. Der Stoff gestattet an den Zwischenstützen und an den obern Aufsätzen
die reichste durchbrochene Arbeit.

Letzteres sehr schön am Stuhlwerk im Dom von Genua
und in S. M. maggiore zu Bergamo. – Aus späterer Zeit
und noch vom Trefflichsten: der Bischofsthron samt
den nächsten Reihen im Dom von Siena, 1569 von Bartol. Negroni, genannt Riccio; im Plastischen (Putten,
Meerwunder etc.) vorzüglich edel und reich, das Ganze
von der prächtigsten Wirkung. – Andere ebenfalls sehr
reiche Chorstühle dieser spätern Zeit in S. Martino bei
Palermo.

Von Sitzen weltlicher Behörden die allerschönsten im
Cambio zu Perugia. – Im Museum zu Siena Pilaster von
einer Wandbekleidung des Ant. Barile, reich und sehr
zierlich.

Die schönsten reliefierten Sitzrücken hat dann das berühmte Stuhlwerk in S. Pietro zu Perugia, von Stefano da
Bergamo um 1535, unter Einfluß der Dekoration von
Rafael's Loggien. – Geschnitzte Reliefhistorien kommen
erst in der sinkenden Zeit vor.

Für freistehende mehrseitige Mittelpulte, deren unterer
Teil zugleich als Bücherschrank gelten kann, mochte das
von Paul II. nach Araceli in Rom gestiftete (Vitae Papar.,
Murat. III, II, Col. 1009) als Vorbild dienen; von den erhaltenen die trefflichsten in der Badia zu Florenz und in
S. M. in Organo zu Verona, wo auch die geschnitzten Teile
des Stuhlwerkes von besonderer Eleganz sind; ebenda der
große hölzerne Stehleuchter des Fra Giovanni.

Von hölzernen Lettnern, zumal für Orgeln, finden sich
wohl die besten in Siena; der des Ant. und Gio. Barile
(1511) im Dom über der Sakristeitür, und der prachtvoll
energische des Bald. Peruzzi in der Kirche della Scala. –
Ein reich und elegant behandeltes Orgelgehäuse, ganz
vergoldet, in der Minerva zu Rom. – Über Lettner und
Stuhlwerk in dem untergegangenen Idealkloster der Jesuaten bei Florenz (§ 85), Vasari VI, p. 34, v. di Perugino.
– Mehrmals werden Lettner auch noch bemalt und vergoldet; Milanesi III, p. 187 s.

An den frühsten Stuhlwerken der Renaissance, z. B. Milanesi II, 240, 286, um 1440, kommen noch gorgolle (d. h. gargolle, vgl. § 18, Speitiere) vor, ein Motiv, welches bekanntlich aus der gotischen Architektur auch in die Dekoration übergegangen war. Wahrscheinlich aber waren sie hier schon zu Meerwundern, Delfinen etc. umgedeutet und nicht mehr vorspringend gebildet.

[§ 154]
Hölzerne Pforten und Wandbekleidungen.

Die hölzernen Pforten des 15. Jahrhunderts haben meist einfaches Rahmenwerk und reichverzierte Spiegel, an geschützter Stelle mit Intarsien (§ 152), nach außen mit geschnitzten Ornamenten. Später bleiben die Spiegel öfter unverziert oder erhalten Wappen, während dann gerade das Rahmenwerk eine prachtvolle Profilierung und geschnitztes Laubwerk u. dgl. gewinnt.

Für Kirchenpforten des 15. Jahrhunderts die allgemeine Vorschrift bei Alberti, de re aedif. L. VII, c. 15: sie von Zypressen- oder Zedernholz mit vergoldeten Knöpfen, mehr solid als zierlich zu arbeiten, und ihren Ornamenten ein mäßiges Relief, nicht Intarsia zu geben.

Gute Arbeiten des 15. Jahrh⟨underts⟩: in S. Croce zu Florenz an der Sakristei und Cap. de' Pazzi, am Dom von Lucca, an mehrern Palästen und Kirchen in Neapel, am Dom von Parma etc., sowie die § 152 erwähnte Tür im Pal. vecchio zu Florenz.

Sodann die sehr schöne Verbindung des Geschnitzten (von Gio. Barile) mit den Intarsien (von Fra Giovanni) an den Zwischentüren der Stanzen Rafael's im Vatikan, 1514-1521, vgl. § 152. – Eine treffliche geschnitzte Tür mit dem Wappen Julius II. im Pal. Apostolico zu Bologna.

Vielleicht das Höchste in dieser Gattung die geschnitzten Türen der vatikanischen Loggien, mit dem Wappen Clemens VII. und großen Löwenköpfen in Rundfeldern in der Mitte.

Eine einfachere Tür von Werte in den Uffizien zu Florenz.

Serlio im IV. Buch gibt nur die damals geltende Einteilung der Spiegel, nicht den Schmuck des Einzelnen.

Ganze verzierte Wandbekleidungen aus der besten Zeit sind kaum anderswo erhalten als in Klosterrefektorien und in Sakristeien, wo auch die bloßen Wände eine mit den Wandschränken harmonisch fortlaufende Holzbekleidung verlangten. In weltlichen Gebäuden wird kaum mehr eine Boiserie von höherm Werte vorkommen.

Unter den erhaltenen Boiserien ist der Verf⟨asser⟩ jetzt nicht im Stande, das Beste anzugeben. – Von den florentinischen Stubengetäfeln ist vielleicht kein einziges erhalten; man zerstörte sie, teils weil die Mode wechselte, z. B. wenn man Arazzen an deren Stelle setzen wollte, teils auch, um die in das Getäfel eingelassenen oft miniaturartig zierlichen und wertvollen Malereien herauszunehmen; Vasari III, p. 47, 48, v. di Dello.

Diese, welche eine Art von Fries in der Boiserie ausmachen mochten, sind für die erzählende Komposition im Breitformat und für die mythologische, allegorische und profanhistorische Malerei im Allgemeinen von nicht geringer Bedeutung gewesen. Sandro Botticelli malte für einen solchen Zweck z. B. vier Szenen aus einer Novelle des Boccaccio, Vasari V, p. 113, v. di Sandro; auch die im Kommentar p. 124 erwähnten vier Bildchen mit den Trionfi Petrarca's könnten wohl eine ähnliche Bestimmung gehabt haben. – Vasari VII, p. 119, v. di Pier di Cosimo, dessen »storie di favole« in einem Stubengetäfel, ebenso p. 121 »storie baccanarie«, reiche Bacchanale. – Auch die vier Bilder mit kleinen Figuren, welche Vasari IX, p. 102, v. di Franciabigio erwähnt, hatten vielleicht eine solche Bestimmung. – Die Übernehmer der Holzarbeit verfügten bisweilen je nach Gunst und Ungunst über die Wahl des betreffenden Malers, Vasari VIII, p. 294, v. di A. del Sarto. – In dem Prachtzimmer des Borgherini hätte man bei der Belagerung von 1529 gerne die Wandbildchen Andrea's, ibid. p. 268, weggenommen, um sie nach Frankreich zu verkaufen; sie blieben nur, weil man das ganze Getäfel hätte zerstören müssen. Über diese ganze Frage vgl. bei Kinkel, Mosaik zur Kunstgeschichte, den wichtigen Abschnitt: »Anfänge weltlicher Malerei in Italien auf Möbeln«.

Außerdem mochte am ehesten die Tür mit einem Gemälde geschmückt werden. Der Anonimo di Morelli erwähnt in Venedig zwei solcher Türen von Palma Vecchio, mit einer Ceres und einer Nymphe; ferner Türen, welche von einem Schüler Tizians, Stefano, bemalt waren, in einem Zimmer des Hauses Odoni; Truhen und Bettstatt waren von derselben Hand mit Malereien geschmückt.

[§ 155]
Altareinfassungen.

Das Altarwerk (Ancona) des 14. Jahrh⟨underts⟩ hatte aus einem System von größern und kleinern Tafeln bestanden, zusammengefaßt durch ein gotisches Sacellum von vergoldetem Holz. Das 15. Jahrh⟨undert⟩, welches sich allmählich für die Einheit des Bildes entschied, verlangte nun auch für dieses eine architektonische Einfassung, deren Pracht dem Reichtum und selbst der Buntheit der Darstellung entsprechen mußte. Einige der schönsten dekorativen Ideen der Renaissance finden sich in diesen Bilderrahmen, für welche bisweilen der größte Aufwand in Bewegung gesetzt wurde.

Die mehrteilige Ancona hielt sich bei Fra Angelico da Fiesole bis um die Mitte des 15. Jahrh⟨underts⟩ und bei den Venezianern noch später; bisweilen wird sie in den Stil der Renaissance übergetragen. Von den prächtigen gotischen Rahmen der Muranesenbilder kennt man einen Verfertiger Cristoforo Ferrarese 1446; Sansovino, Venezia, fol. 91.

Von den Rahmen der Renaissance wurden die (wenigen)

weißmarmornen erwähnt § 144. Man bedurfte doch zu sehr der Farbigkeit; die hölzernen meist blau mit Gold, doch auch die Holzfarbe mit nur wenigem Gold. In seltenen, frühen Beispielen kommen auch Intarsien vor; Milanesi II, p. 257.

Die Altarstaffel (Predella) oft mit kleinen Gemälden, doch auch als verzierter Sockel. – Als Seiteneinfassung dienen zwei Pilaster mit Arabesken; diese tragen ein Gebälk mit reichem Fries und bisweilen darüber eine durchbrochene geschnitzte Bekrönung.

Die größte Auswahl bieten die Altäre in S. M. Maddalena de' Pazzi und in Chor und Querschiff von S. Spirito zu Florenz; Filippino Lippi, von welchem vielleicht mehrere der betreffenden Bilder herrühren, pflegte auch die Rahmen anzugeben; Vasari V, p. 252, v. di Filippo Lippi; andere Male besorgten es Antonio Sangallo d. ä. und Baccio d'Agnolo für ihn; die hohen Preise, die der letztere für seine Rahmen erhielt, Vasari IX, p. 226, v. di Baccio, Nota.

In Perugia akkordierten die Augustiner 1495 mit Mattia di Tommaso von Reggio um einen Rahmen für ihr (von Perugino gemaltes) Hochaltarwerk »con colonne, archi, serafini, rosoni e diverse fantasie, sowohl auf der vordern als auf der Rückseite«, und zwar auf 110 Gulden (zu 40 Bologninen); Mariotti, lettere pittoriche perugine, p. 165. (Nicht mehr vorhanden.) Für einen andern Rahmen wurde mit Perugino selbst auf 60 Golddukaten akkordiert; Vasari VI, p. 48, Nota, v. di Perugino. Noch spät hier ein berühmter Rahmenmacher Eusebio Battoni, um 1553; ibid. p. 83, im Kommentar.

Fra Bartolommeo vermied die Prachtrahmen und malte dafür gerne im Bilde eine architektonische Einfassung um die Figuren; Vasari VII, p. 162, v. di Fra Bartol. – In der Regel gaben wohl die Maler die Hauptsache an und zeichneten den Rahmen vor, selbst wenn es sich um große mehrteilige Sacella mit vortretenden Säulen handelte; Vasari VII, p. 199, v. di Raff. del Garbo, Comment.

– Ein Bild desselben Meisters, ebenfalls mit einer Einfassung von vortretenden, reichvergoldeten Säulen, ibid. p. 192. Es war die reichste Form und damals nicht selten, die meisten Maler konnten sie aber des starken Schattenwurfes wegen nicht lieben.

Weit den größten Ruhm hatten in diesem Fache die beiden Barile: Antonio, der seinen Namen in seine Bilderrahmen setzte, auch in solche um einzelne Madonnenbilder für die Hausandacht; – Giovanni, der den Rahmen für Rafael's Transfiguration schuf (jetzt längst nicht mehr vorhanden); Vasari VIII, p. 90, im Kommentar zu v. di Raffaello.

In Venedig war nach 1470 ein gewisser Moranzone namhaft; Sansovino, Venezia, fol. 57, vgl. 59. – Der schönste erhaltene Rahmen hier derjenige um das Bild Bellini's (1488) in der Sakristei der Frari, blau und gold, oben Sirenen und Kandelaber. – Der schönste in Padua um das Bild Romanino's in der Cap. S. Prosdocimo bei S. Giustina (jetzt im städtischen Museum).

Venezianische Porträts, an welchen auch der Rahmen berühmt war: eines mit goldenem Laubwerk in der Sammlung Vendramin (Anonimo di Morelli); – Serlio's Rahmen um Tizians Porträt Franz I. (Aretino's Satire an Franz, 1539: L'ha cinto d'ornamento singolare quel serio Sebastiano architettore).

In den Rahmen kündigt sich dann mit der Zeit das Nahen des Barockstiles früh und empfindlich an. Der Manierismus und Naturalismus der Maler dispensiert die Dekoration vollends von allem Maßhalten.

[§ 156]
Die Möbeln.

In Betreff der hölzernen Geräte der Paläste und reichern Häuser sind Beschreibungen erhalten, welche ahnen lassen, wie jene mit dem ganzen übrigen Schmuck zu einem für unser Urteil überwiegend ernsten Eindruck zusammenstimmten.

In Venedig, wo selbst der perfekte Schiffskapitän seine
Kajüte intagliata, soffitata e dorata, d. h. mit Schnitzwerk, Vergoldung und reicher Decke verlangte (Malipiero, ann. veneti, archiv. stor. VII, II, p. 714, ad a. 1498;
die Staatsbarken; Comines VII, 15), war der Luxus wohl
am gleichartigsten ausgebildet und am meisten über die
verschiedenen Klassen verbreitet.

Schon Sabellico (§ 42) sagt um 1490: nulla ferme est re-
cens domus quae non aurata habeat cubicula (fol. 90).

Zur Zeit des Francesco Sansovino um 1580 (Venezia, fol.
142) war der Bestand folgender: zahllose Gebäude hatten
sowohl in den Zimmern als in den übrigen Räumen
Holzdecken mit Vergoldung und mit gemalten Darstellungen; fast überall waren die Wände bezogen mit gewirkten Teppichen, mit Seidenzug, mit vergoldetem Leder, mit reicher Holzbekleidung ... In den Wohnzim-
mern zierliche Bettstellen und Truhen mit Vergoldung
und Bemalung, zumal mit vergoldeten Simsen ... Die
Buffets mit Geschirren ohne Zahl von Silber, Porzellan,
Zinn und Erz mit eingelegter Arbeit ... In den Sälen der
Großen die Waffengestelle mit den Schilden und Fahnen
derjenigen Vorfahren, welche zu Land oder Meer befeh-
ligt haben ... Ähnliches gilt im Verhältnis von den mittlern und untern Klassen; ... auch bei den Geringsten
Truhen und Bettstellen von Nußbaumholz, grüne Bezüge, Bodenteppiche, Zinn- und Kupfergeschirr, goldene Halskettchen, silberne Gabeln und Ringe.

Anderswo kam dasselbe, nur mehr vereinzelt vor. Bandello, Parte I, Nov. 3, die Schilderung eines Schlafzim-
mers: das Bett mit vier Baumwollenmatratzen, die mit
feinen seide- und goldgestickten Leintüchern bedeckt
sind; die Decke von Karmesinatlas, mit Goldfäden ge-
stickt und mit Fransen umgeben, die aus Goldfäden und
Karmesinseide gemischt sind; vier prächtig gearbeitete
Kissen; ringsum Vorhänge aus Flor (tocca) von Gold
und Karmesin gestreift (hier die Lesart zweifelhaft); an
den Wänden statt gewirkter Teppiche lauter Karmesin-

samt mit herrlichen Stickereien; in der Mitte des Zimmers ein Tisch mit alexandrinischem Seidenteppich;
rings an den Wänden acht reichgeschnitzte Truhen und
vier Stühle mit Karmesinsamt; einige Gemälde von berühmter Hand etc.   5
Parte III, Nov. 42, die Wohnung, welche ein reicher Herr
der berühmten römischen Buhlerin Imperia herrichten
ließ: u. a. eine Sala, eine Camera und ein Camerino mit
lauter Sammet und Brokat und den feinsten Bodentep-
pichen; im Camerino, wo sie nur die vornehmsten Leute   10
empfing, waren die Wände mit lauter Goldstoff (fasson-
niertem oder gesticktem) bezogen; auf einer kunstreichen Etagère (cornice) mit Vergoldung und Ultramarin
befanden sich herrliche Gefäße aus Alabaster, Porphyr,
Serpentin und vielen andern kostbaren Stoffen. Ringsum   15
standen viele reichgeschnitzte Truhen (coffani e forzieri),
sämtlich von hohem Wert. In der Mitte war ein kleiner
Tisch, der schönste, den man sehen konnte, mit grünem
Samt bedeckt; darauf lag immer eine Laute oder Zither u.
dgl. nebst Musikbüchern und einigen reichverzierten   20
kleinen Bänden, welche lateinische und italienische Dichter enthielten.
Parte IV, Nov. 25, noch eine zierliche Schilderung dieser
Art.
Gio. della Casa überließ während einer Abwesenheit 1544 25
dem Kard. Bembo seine schöne römische Wohnung u. a.
con un bellissimo camerino acconcio de' suoi panni
molto ricchi e molto belli, e con un letto di velluto, e
alquante statue antiche e altre belle pitture, darunter ein
Porträt von Tizian.   30
Die Echtheit aller Stoffe, die wahrscheinliche Symmetrie
der Anordnung, die Verachtung der gemeinen Bequemlichkeit mußten solchen Räumen (im Vergleich mit unserem Jahrhundert der Surrogate etc.) einen ernsten Charakter verleihen.   35
Die Ledertapeten mit eingepreßten Golddessins, hauptsächlich Blumenarabesken, welche zu Venedig im 16.

Jahrhundert schon sehr verbreitet waren, galten noch
1462 als ein fremder, und zwar aus Andalusien gekommener Schmuck; Pii II. Comment. L. VIII, p. 384 (ungefähr). Auch ihre Wirkung ist eine überwiegend ernste. –
Das Teppichwesen überhaupt sollte womöglich Wände
und Fußboden dem Auge völlig entziehen. Ariosto, Orl.
fur. XII, 10.
In Florenz mag sich diesem gegenüber doch die Boiserie
mit Malereien länger gehalten haben? – Vgl. § 154.

[§ 157]
Das Prachtbett und die Truhe.

Am meisten monumental von allen Möbeln war das Prachtbett gestaltet, welches nicht eine Ecke, sondern die Mitte
einer Wand einnahm; sodann die Truhen, auf welche die
Kunst bisweilen ihre besten Kräfte wendete.
　　Aufwartung venezianischer Gesandten (§ 42) bei den
Herzoginnen von Urbino in Pesaro: e la camera era
nuova, fatta a volta, la maggior parte di essa profilata
d'oro e arazzata dall' alto in basso, con una lettiera in
mezzo, sotto un padiglione, coperta di seta.
　　Erhalten sind wohl kaum irgendwo solche Bettstellen
aus der besten Zeit. Selbst die genauste Schilderung
(Milanesi III, p. 245) ist erst aus der Zeit des beginnenden Barockstils (1574): die Füße mit Harpyien, Festons
etc., die vier Säulen von Kompositaordnung, mit Laubwerk umwunden; die Friese teils mit Kinderfiguren und
Tieren, teils mit Laubwerk; das Kopfende mit vier Hermen und drei Feldern dazwischen, über welchen (offenbar noch unter dem Betthimmel) ein Giebel mit mehrern
skulpierten Figuren angebracht war.
　　Von den Truhen sind ebenfalls nur noch wenige vorhanden, doch genug, um einen Begriff zu geben von den
schwungvollen, edeln und reichen Formen, die dabei
erreicht wurden. Von denjenigen des Baccio d'Agnolo,
mit Kinderfiguren in Relief, sagt schon nach etwa 40

Jahren Vasari IX, p. 226, man könnte sie zu seiner Zeit
nicht mehr so vollkommen zu Stande bringen. (Eine
besonders schöne Truhe im deutschen Gewerbemuseum
zu Berlin.)

Neben der reinen Schnitzerei dauerte indes doch eine aus
Schnitzwerk und reicher, selbst miniaturartiger Malerei
gemischte Gattung noch lange fort, im Zusammenhang
mit den Malereien im Wandgetäfel; vgl. § 154 und den
dort zitierten Abschnitt bei Kinkel, Mosaik zur Kunstgeschichte.

Gemälde an Bettstellen, ob an den vier Seiten oder im
Betthimmel, ist oft nicht zu ermitteln: Vasari III, p. 96, v.
di Uccello, der selbst hier seine perspektivischen Ansichten anbrachte; – IX, p. 176, v. di Fra Giocondo: Carotto's Herkules am Scheidewege, als Kopfende (testiera)
eines Bettes gemalt; – ib. p. 220, v. di Granacci, die
Geschichten Josephs in Ägypten, sopra un lettuccio, in
dem Prachtzimmer des Borgherini § 154, wo auch die
Truhenmalereien etc. von Pontormo, ib. XI, p. 43, v. di
Pontormo, dasselbe Thema behandelten.

Gemälde an Truhen: Hauptstelle Vasari III, p. 47 s., v. di
Dello; der Inhalt war aus Ovids Metamorphosen, aus der
römischen und griechischen Geschichte, oder es waren
Jagden,. Turniere, Novellenszenen. »Die trefflichsten
Maler schämten sich solcher Arbeiten nicht, wie heute
viele tun würden«. – Ib. IV, p. 69, v. di Lazzaro Vasari;
– ib. p. 181, v. di Pesello, Turnierbilder; – ib. XI, p. 219,
v. di Aristotile, die Arbeiten des Bacchiacca; – Milanesi
II, p. 355, Kontrakte von 1475 u. f. – Mit der Zeit mögen
die Truhen am frühesten ganz plastisch geworden sein.

Gemälde an Schränken, runden Holzscheiben (? rotelle)
u. a. Geräten, sämtlich mythologischen Inhaltes, von
Giorgione, Vasari VII, p. 89, im Kommentar zu v. di
Giorgione.

Gänzlich untergegangene Gattungen dürfen wir hier
bloß nennen: Malereien an Pferdegeschirr, mit Tierfiguren oder mit einem brennenden Wald, aus welchem Tiere

hervorstürzten etc.; Vasari IV, p. 68, v. di Lazz. Vasari;
VI, p. 11, v. di Francia; VIII, p. 154, v. di San Gimi-
gnano; XI, p. 87, v. di Genga. – Sodann die bemalten
Wagen bei dem jährlichen florentinischen Staatsfest,
Vasari VIII, p. 264, v. di A. del Sarto; XI, p. 39, v. di
Pontormo. – Bloßer Karnevalswagen nicht zu gedenken.
Gemälde an Musikinstrumenten: höchst vorzüglich die
Innenseite eines Klavierdeckels mit der Geschichte des
Apoll und Marsyas, angeblich von Coreggio, eher von
Bacchiacca, im Pal. Litta zu Mailand. Laut Vasari XI,
p. 56, v. di Pontormo, malte Bronzino für den Herzog
von Urbino ein Klavier aus. – Lomazzo schlägt vor
(Trattato, p. 347), an den Instrumenten die Bildnisse der
größten Virtuosen, je zu Dreien, anzubringen. – Eine
Prachtharfe in einer Zeichnung aus den Uffizien.

[§ 158]
Die geschnitzte Flachdecke.

Die hölzernen Flachdecken (palchi) in Kirchen und Palasträumen haben im 15. Jahrhundert meist eine nur einfache
Konfiguration, aber eine glänzende Bemalung und Vergoldung. Gegen 1500 werden damit die edlern und feinern
Formen des antiken Kassettenwerkes in Verbindung gesetzt; im 16. Jahrh⟨undert⟩ bleiben einige der herrlichsten
Decken fast oder ganz farblos und werden eine Hauptaufgabe der Dekoration in Holz; daneben aber beginnt schon
das Ausfüllen der Deckenfelder mit eigentlichen Gemälden. Die Wirkung ist überall auf farbige, in den Palästen auf
teppichbedeckte Wände berechnet.
Palchi des 15. Jahrh⟨underts⟩ mehr in regelmäßigen
Kassetten: in S. Marco zu Rom, gold, weiß und blau,
vielleicht von Giuliano da Majano, der laut Vasari IV,
p. 4 auch die vergoldeten Decken im (alten) Vatikan
machte; – dann im Pal. vecchio zu Florenz die Decken
der Sala dell' Udienza und der Sala de' Gigli, letztere mit
sechseckigen Kassetten, beide von Meistern aus der Fa-

milie Tasso; Vasari V, p. 134, Nota, v. di Bened. da
Majano; vgl. p. 137. – (Von denjenigen des Michelozzo,
Vasari III, p. 275, scheint nichts mehr erhalten; ebenso
hat die gewiß wichtige Decke des großen Saales daselbst,
vom Jahr 1497, Vasari IX, p. 224, Nota, v. di Baccio
d'Agnolo, später derjenigen des Vasari selber weichen
müssen. – Die hohen Rechnungen für die Decken in
diesem Palast siehe Gaye, carteggio I, p. 252 s.). – In
Venedig an einigen prächtigen Decken des 15. Jahrh⟨un-
derts⟩ im Dogenpalast und in der Akademie verschwindet die Kassette vor der Rosette, die Einfassung vor dem
Inhalt; letztere als Blume, Schild u. dgl. aus Holz oder
Stukko, meist gold und blau; auch ein ganz vergoldeter
mit Cherubim. – Die Decken in den reichern Privatwoh-
nungen zu Venedig, laut Comines VII, 15 wenigstens in
zwei Zimmern in der Regel vergoldet, vgl. § 156; Armenini (de' veri precetti della pittura, p. 158) höhnt später
über das viele feurige Rot, das man außer der Vergoldung daran bemerke und das jenen »Magnifici«, d. h. den
Nobili von Venedig über die Maßen gefalle. – Zu Mailand, ehemals in Pal. Vismara (§ 91), die Decken meist
blau und Gold, mit den Wappen der Sforza und der
Visconti. – Eine reich kassettierte Decke in Gold und
Farben im Pal. von Urbino.
Decken um 1500, edler architektonisiert und mit gewähl-
tern Ornamenten: in S. M. maggiore zu Rom, weiß und
Gold, von Giuliano Sangallo, mit dem Wappen Alexanders VI.; – in S. Bernardino zu Siena, verdungen 1496 an
Ventura di Ser Giuliano, vorherrschend blau und Gold,
die Cherubim der einzelnen Kassetten hier nicht mehr geschnitzt, sondern aus einer Masse (carta pesta) vielleicht
gepreßt; Milanesi II, p. 456; – diejenigen des Ant. Barile
im Hause Chigi zu Siena, gewiß vorzüglich, schwerlich
mehr erhalten? Vgl. Milanesi III, p. 30. – Ein Verding von
1526, ebenda, p. 85. – Streng und doch von reicher Schönheit: sämtliche Flachdecken in Pal. Massimi zu Rom. –
Eine Menge von florentinischen Palchi, wahrscheinlich

mehr gemalt als geschnitzt, waren das Werk des Andrea
Feltrini; Vasari IX, p. 112, v. di Morto da Feltro.

Dann die farblosen Decken, wo Reichtum und Pracht
der Schnitzarbeit ganz ausdrücklich die Farbe verschmähen. – Das Hauptbeispiel: die der Biblioteca Laurenziana
in Florenz (nach 1529?) sehr schön und frei entworfen
von Michelangelo, ausgeführt von Carota und Tasso; das
Motiv wiederholt in dem von Tribolo ausgeführten Zie-
gelmosaik des Fußbodens; Vasari XII, p. 214, v. di Michelangelo (vgl. § 160). – Sodann der große vordere
Ecksaal im Pal. Farnese zu Rom; – und dann zahlreiche
Decken des beginnenden Barockstiles, der nach solchen
Mustern oft Treffliches leistete.

Serlio's Theorie zu Ende des IV. Buches: im Ganzen
gehöre die Farbe dem Gewölbe, die Einfarbigkeit der
Flachdecke; dem kostspieligen Schnitzwerk wird auch
wohl eine täuschende Malerei in Chiaroscuro substitu-
iert; je niedriger der Raum, desto kleiner die Deckenein-
teilungen; für die Rosetten wird die Vergoldung zugegeben etc. Wichtiger als dieses Alles ist das wunderschöne
Muster der Decke eines großen Saales, welches er mitteilt, sowohl in Betreff der charakteristischen Profilierung und Ausschmückung der Balkenlagen verschiedenen Ranges als in Betreff der zierlichen Füllungen; auch
die folgenden kleinern Muster gehören zu den besten
und zierlichsten ⟨Abb. 28⟩.

Die Ausartung der geschnitzten Decke beginnt in der
zweiten Hälfte des 16. Jahrhunderts damit, daß die natürliche Balkenlage nicht mehr respektiert wird. Ein mittle-
res größeres Feld mit runder oder ovaler Einfassung (für
Wappen oder figürliche Dekoration) hatte man längst
zugegeben; nun aber beginnen die Balken der ganzen
Decke in widersinnigen geschwungenen oder auch
zackigen Linien zu laufen, welche das Gefühl der Trag-
kraft aufheben.

[§ 159]
Die Flachdecke mit Malerei.

Schon frühe im 16. Jahrhundert beginnt auch die Ausfüllung der einzelnen Deckenfelder mit Gemälden, wobei die
Untensicht der Gestalten bald mehr bald weniger beobachtet wurde. Bald meldet sich daneben eine fingierte Perspektive als Scheinerweiterung des Raumes nach oben.

Die Bemalung setzt natürlich größere und freiere Einteilungen oder Felder voraus als die bloße Dekoration.
Auch wird schon zur Vermeidung des Schattenwurfes
der Begriff des Balkens preisgegeben und eine freie, oft
prächtig profilierte und verzierte Einfassung vorgezogen. – Ihr Beginn hauptsächlich in Venedig, aber merkwürdiger Weise meist durch Nichtvenezianer; – die (ehemalige) Decke der Sala de' Pregadi im Dogenpalast mit
12 Tugenden in Untensicht; Vasari IX, p. 37 und Nota, v.
di Pordenone; – Decken im Pal. des Patriarchen Grimani;
Vasari XI, p. 94, v. di Genga, und XII, p. 58, v. di
Salviati; – in einem Pal. Cornaro, ibid. XI, p. 125, v. di
Sanmicheli (Deckenbilder Vasari's selbst); – in einem
Refektorium und noch in einem Saal des Dogenpalastes,
ibid. XII, p. 82, v. di Salviati (Bilder von Giuseppe
Porta).

Erst mit Paolo Veronese (Vasari XI, p. 135 s., v. di
Sanmicheli) und mit Tintoretto nehmen sich die Venezianer selbst eifriger des Soffittenmalens an; Tizians Dek-
kenbilder (jetzt) in der Sakristei der Salute sollen allerdings laut Sansovino, Venezia, fol. 83 »in der ersten Kraft
seiner Jugend« gemalt sein, gehören aber, wie mir
scheint, zu den Arbeiten seiner mittlern oder spätern
Zeit. Noch ein Soffitto von ihm, ib. fol. 100.

Vasari's lastende erzählende Deckenbilder im großen
Saal des Pal. vecchio zu Florenz, auf Befehl Cosimo I.,
Vasari I, p. 46 in seinem eigenen Leben. – Die Flach-
decken aller Kirchen von Neapel mit Gemälden bedeckt.

Von der gemalten Flachdecke in S. M. dell' Orto zu
Venedig, welche vielleicht die frühste mit fingierter und
zwar sehr täuschender Prachthalle war, scheinbar mit
gedoppelten gewundenen Säulen, ist nur noch die über-
schwengliche Beschreibung bei Sansovino, Venezia, fol.
59 und bei Vasari XI, p. 267, v. di Garofalo, vorhanden.
Dieselben Meister, Cristoforo und Stefano von Brescia,
malten noch Mehreres der Art. – Natürlich boten gewölbte Decken diesem Kunstzweig einen ganz andern
Spielraum dar. – Vgl. Bramante's Scheinhallen, § 83. –

V. KAPITEL

FUSSBÖDEN, KALLIGRAPHIE

[§ 160]

Der Fußboden in harten Steinen, Marmor und Backstein.

Die monumentale Behandlung der Fußböden, hauptsächlich in Kirchen, eignet sich die Mittel des Altertums und des
Mittelalters auf originelle und neue Weise an.

In der Nähe der Päpste und in einzelnen besonders prächtigen Kapellen dauert dasjenige rein lineare Mosaik aus
harten Steinen, besonders weißem Marmor, Porphyr und
Serpentin fort, welches schon aus der urchristlichen Zeit
auf die Cosmaten übergegangen war. – Mosaik Martins V. (nach 1419) im Mittelschiff des Laterans, eine der
ersten Arbeiten des vom Schisma befreiten Papsttums;
Vitae Papar., Murat. III, II, Col. 858; – Nikolaus V. (seit
1447) wollte für seinen Neubau von S. Peter ganz dasselbe; ibid. Col. 935. – Boden der sixtinischen Kapelle,
der vatikanischen Stanzen, der Grabkapelle des Kardinals von Portugal in S. Miniato bei Florenz, der Kapelle
im Pal. Medici (Riccardi) ebenda.

Alberti, de re aedificatoria L. VII, c. 10 verlangt im
pavimentum am ehesten »Linien und Figuren, welche
sich auf Musik und Geometrie beziehen«.

Figurierte und zwar erzählende Mosaiken, aus Marmor
von verschiedenen Tönen, hat beinahe nur der Dom von
Siena, dieser aber in größter Masse und aus zwei Jahrhunderten, 1369 bis um 1550. Über dieses Unikum vgl.
Milanesi I, p. 176 s., II, p. 111 s., 265 s., 377, 473 etc. 5
Vasari I, p. 176, Introduzione; X, p. 186 ss., v. di Beccafumi.

Die ästhetische Frage, wie ein Marmorboden von einfacher Konfiguration aus Platten von 2 oder 3 Farben in
Harmonie mit einem großen Bau zu komponieren sei, 10
wurde besonders durch denjenigen des Domes von Florenz beantwortet; – Vasari VIII, p. 128 ss., Kommentar
zu v. di Cronaca, welcher seit 1499 hauptsächlich mit den
Chorkapellen und zwar hier mit einem reicher bewegten
Motiv begann; – IX, p. 227, v. di Baccio d'Agnolo, 15
welcher dann die Hauptsache getan zu haben scheint.
Das Entscheidende war, daß man sich fortan von allen
Teppichmotiven gänzlich emanzipierte, die noch in jenen
römischen Mosaiken kenntlich sind; es handelt sich jetzt
nur noch um Linien, welche das Auge richtig leiten und 20
um Massen, welche den einzelnen Teilen des Raumes
richtig entsprechen.

Daß das Bodendessin, wenn eine reicher verzierte Flachdecke vorhanden ist, dem Deckendessin entsprechen
müsse, wird seit der Laurenziana (§ 158) als etwas sich 25
von selbst Verstehendes angenommen, z. B. bei Armenini, de' veri precetti etc., p. 159. Laut Vasari X, p. 274,
v. di Tribolo, könnte es scheinen, als ob die Idee Letzterem angehört hätte, allein wenn Michelangelo die Decke
entwarf, so sorgte er wahrscheinlich auch für den Fuß- 30
boden.

Der letztere besteht aus einer Zeichnung in weißem und
rotem Backstein, welche damals und später in nichtkirch-
lichen Gebäuden häufig vorkam und eine schöne Wirkung gestattet. Vasari I, p. 177, Introduzione. 35
In buntglasierten Bodenplättchen hatte das Mittelalter
schon das Mögliche geleistet. Die wenigen erhaltenen

Beispiele aus der Renaissance, die dem Verf⟨asser⟩ bekannt sind, zu Bologna, in S. Giacomo maggiore (Cap.
Bentivoglio) und in S. Petronio (5. Kap. links). Im 15.
Jahrhundert ist das Dessin meist noch etwas reliefiert; so
war es in der (nicht mehr vorhandenen) Sakristei von S.
Elena zu Venedig 1479, wo die länglich sechseckigen,
weißen und blauen Plättchen abwechselnd einen schwar-
zen Adler und einen Zettel mit dem Namen der Stifter,
Giustiniani, enthielten; zu den prächtigen Intarsien der
Wandschränke gewiß die zierlichste Ergänzung; Sansovino, Venezia, fol. 76. – Ein Verding solcher Platten zu
Siena 1488, Vasari VI, p. 141, Nota, v. di Signorelli. –
Die jetzt ganz ausgetretenen in den vatikanischen Loggien, welche Rafael bei den Robbia in Florenz bestellte,
Vasari VIII, p. 42, v. di Raffaello, waren glatt. – Diejenigen im unzugänglichen obersten Stockwerk der Log-
gien, aus der Zeit Pius IV., sollen besser erhalten sein.

[§ 161]
Die Inskriptionen und die Schönschreiber.

Die Inschriften, als integrierender Teil von Kunstwerken,
wurden in diesem Zeitalter den römischen Inskriptionen
der besten Zeit nachgebildet. Da der Buchstabe für schön
gilt an sich, so wird er bisweilen in riesiger Größe angewandt, wie eine andere Kunstform.

Die Inschrift an der Fassade von S. M. novella in Florenz,
von L. B. Alberti, in Porphyr inkrustiert; Vasari I, p. 98,
Introduzione.

Die riesige Inschrift außen am vatikanischen Palast (Ost-
seite) nach eigener Angabe Julius II., der den Bramante
wegen seiner beabsichtigten Hieroglyphen oder Rebus
auslachte; Vasari VII, p. 133, v. di Bramante.

Um die Mitte des 16. Jahrh⟨underts⟩ lebte in Padua der
Priester Francesco Pociviano, genannt Mauro, welcher
im Malen und Schreiben alle Kalligraphen und im Meißeln von Buchstaben alle Skulptoren übertraf, und Bem-

bo's Grabschrift im Santo meißeln durfte; auch für Inschriften in Fresken ließ man ihn kommen; Scardeonius,
in Graev. thesaur. IV, III, Col. 429, wo noch ein anderer
dortiger Schönschreiber Fortebraccio erwähnt wird.
Über den Zusammenhang mit der Epigraphik als Litera-
turzweig siehe Kultur der Renaissance, S. 263 ff. – Ein ganzer Kreuzgang, der von S. M. sopra Minerva in Rom, unter
Paul II. »pulcherrimis epigrammatibus historiisque« geschmückt; Vitae Papar., ap. Murat. III, II, Col. 1034. – Inschriften in Schlafzimmern, Ang. Politiani carmina.
Die sehr große Inschrift im obern Friese von Pal. Pandolfini in Florenz. – Häufig in Fensterfriesen seit Pal. di
Venezia zu Rom Motti oder Namen in vielfacher Wiederholung.
Bei Festdekorationen die bekannten hängenden In-
schrifttafeln, welche das jetzige Italien nur noch als Thea-
teraffichen anwendet; z. B. bei dem Possesso Alexanders
VI. 1492: una tavola al modo antico pendente, Corio,
stor. di Milano, fol. 451, wo auch kolossale, von Schnör-
keln reich umgebene Chiffern in dem Schattentuch über
der Straße gerühmt werden.
Ein heiterer Gegensatz zu der Strenge der großen römischen Unzialen wird bisweilen darin gefunden, daß Kinderfiguren dieselben umspielen.
Vielleicht am frühsten in einer Friesmalerei des Pordenone an einem Privathaus in Mantua, Vasari IX, p. 34, v.
di Pordenone und Armenini, l. c. p. 205. – Dann an dem
Friese des Chorstuhlwerkes des Fra Damiano in S. Domenico zu Bologna, § 152.
Die Kalligraphie, in der italienischen Schrift des 15. Jahr-
h⟨underts⟩ auf höchste Einfachheit und Schönheit gerichtet, überlebte auch das Eindringen des Bücherdruckes trotz
der vorherrschenden Eleganz desselben noch lange.
Das Bedürfnis nach Miniaturen hielt sie am Leben. Der
Kalligraph des Miniators Clovio, Monterchi, wird erwähnt Vasari XIII, p. 132, v. di Clovio. Die Kalligraphen
nennen sich in der Regel selbst.

VI. KAPITEL
DIE FASSADENMALEREI

[§ 162]
Ursprung und Ausdehnung.

⁵ Von der gemalten Dekoration ist ein Hauptzweig, die Fassadenmalerei, nur durch verhältnismäßig wenige und für die Herstellung des Ganzen unzureichende Reste vertreten, nachdem sie einst die Physiognomie ganzer Städte wesentlich hatte bestimmen helfen.

¹⁰ Ihr Ursprung ist in den Madonnen und anderen heiligen Darstellungen zu suchen, mit welchen man im Süden von jeher die Mauern geschmückt haben wird. (Sehr alte in Assisi, Perugia etc.; Einzelnes aus dem 14. Jahrh⟨undert⟩, wie z. B. eine Madonna mit Heiligen und blumen-
¹⁵ bringenden Engeln, von Stefano da Zevio, in Verona). Den Rest der Fassade schmückte man etwa mit einem Teppichmuster.

Im 15. Jahrh⟨undert⟩ neben wachsender Fertigkeit im soliden Freskomalen und in der Perspektivik regt sich
²⁰ die Lust an den Zierformen des neuen Baustiles und das Bedürfnis, dieselben gerade dann gemalt im vollen Reichtum an den Fassaden walten zu lassen, wenn die Mittel nicht ausreichten für Rustika oder Inkrustation oder reichere plastische Ausbildung der Bauformen
²⁵ überhaupt, auch wenn man über Symmetrie und deren Proportionen nicht verfügen konnte. Selbst der geringsten Mauer vermochte man jetzt einen hohen Wert zu geben. Dazu die Sinnesweise der Besteller, welche die bunte Fassade so wenig scheuten als die bunte Kleidung;
³⁰ beim Gedanken an die Vergänglichkeit verließ sich jene kräftige Kunstzeit ohne Zweifel darauf, daß die Nachkommen ebenso Treffliches würden hinmalen lassen, und urteilte, daß man genießen müsse, was der Genius der Zeit biete.

Die Künstler aber, darunter einige der größten, ergriffen ohne allen Rückhalt den Anlaß, monumental, mit großer Freiheit in der Wahl und Auffassung der Gegenstände, für den täglichen Anblick einer ganzen Bevölkerung malen zu dürfen. Was sie Treffliches schufen, war lauterer, stets gegenwärtiger Ruhm. Dieser Kunstzweig schwang sich empor zu einer ernsthaften Konkurrenz mit der reinen Architektur, nachdem er anfangs wohl nur als ökonomisches Surrogat derselben gegolten hatte. In Venedig wird es um 1550 zugestanden: molto più dilettano [a] gli occhî altrui le facciate delle case et de' palagî dipinte per mano di buon maestro che con la incrostatura di bianchi marmi, di porfidi et di serpentini fregiati d'oro (§ 42). Lodov. Dolce, Dialogo della pittura, p. 146, ed. fiorent.

Von dem prachtvollen Anblick, welchen solche Fassaden, oft gassenweise, gewähren mußten, gibt jetzt keine Stadt mehr auch nur einen entfernten Begriff. Von dem wenigen Erhaltenen ist das Wichtigste verzeichnet, Cicerone, S. 292 ff.

Im 16. Jahrhundert galten als besonders reich an farbigen Fassaden: Venedig, Genua, Pesaro und Mantua; Armenini, de' veri precetti etc., p. 205.

[§ 163]
Die Besteller.

Es kamen Beispiele vor, da entweder auf Anregung von Fürsten oder auf freiwillige Abrede hin ganze Gebäudereihen oder Gassen einen fortlaufenden gemalten Schmuck erhielten.

Eine gleichartig fortlaufende, wenigstens dekorative Malerei ist vorauszusetzen in Ferrara 1472 unter Ercole I., Diario ferrarese, bei Murat. XXIV, Col. 243: im Dezember fing man an, die Hallen der Geldwechsler vor dem Turm Rigobello zu bauen und die Paläste der Signori und die Buden der Lederhändler (le banche de li

calgari?) zu malen. Nachher, Col. 247 heißt es: den Palast
der Lederbuden mit Paladinen, d. h. wohl mit den Helden Karls d. Gr.

Lodovico Moro ließ in Mailand und Pavia die Vorbauten
(§ 112) in den Gassen wegräumen und die Fassaden ließ
(fece) er malen, schmücken und verschönern; Cagnola,
archiv. stor. III, p. 188.

In Brescia am Corso del teatro sind noch fortlaufende
mythologische Malereien des Lattanzio Gambara erhalten.

Weit häufiger jedoch sind der Natur der Sache nach die von
jedem Eigentümer nach eigenem Geschmack bestellten
Fassadenmalereien.

Schon ihr Ausgang von dem Andachtsbilde, § 162, weist
darauf hin; sie waren gewiß oft der Stolz des Besitzers
und das Kennzeichen seines Hauses, in einer Zeit, da man
sich unterscheiden wollte und das Auffallende noch nicht
mied.

Auch an öffentlichen Gebäuden hie und da sehr früh
Fassadenmalereien als Ausdruck irgendeiner Allen gemeinsamen Idee oder Erinnerung; so war zu Venedig im
14. Jahrh⟨undert⟩ der Pal. del Comune (1324) von allen
Seiten mit Malereien, ohne Zweifel politischen Inhaltes,
bedeckt; am frequentesten Ort der Stadt, den Portiken
des Rialto, war ein Seesieg über König Pipin (Sohn Karls
d. Gr.) und eine Weltkarte gemalt, Sansovino, Venezia,
fol. 133, 134. – Ähnliche Malereien an einigen damaligen
Tyrannenbauten, z. B. am Palastturm der carraresischen
Residenz in Padua, M. Savonarola, bei Murat. XXIV,
Col. 1174; vom Palast des Braccio Baglione zu Perugia
heißt es um 1500: e era tutta quella casa penta (dipinta)
dentro e de fora, de la cima insino a terra, samt beiden
Türmen. – Selbst die großen allegorischen Tendenzbil-
der, durch welche Cola Rienzi bei seinem ersten Auftreten 1347 die Römer aufregte, möchten ebenfalls auf die
Mauer gemalt gewesen sein.

[§ 164]
Darstellungsweisen der Fassadenmaler.

Die Mauermalerei stellt meist eine mehr oder weniger reiche, dekorativ umgedeutete, fingierte Architektur dar, welche durch figürliche Zutaten jeder denkbaren Art belebt
wird. Ohne Zweifel stand auch sie in Wechselwirkung mit
der Festdekoration.

Die schriftlichen Nachrichten, zumal bei Vasari, sind
darin einseitig, daß sie fast nur das figürliche Element
erwähnen und den großen dekorativen Zusammenhang
kaum andeuten.

Eine einzige Gattung blieb, wie es scheint, Hans Holbein
d. J. vorbehalten: die illusionäre Darstellung eines wirklichen Gebäudes in perspektivischer Untersicht, an dessen Fenstern, Gängen etc. menschliche Gestalten in der
Zeittracht auftreten. (Zeichnungen seiner untergegangenen Fassadenmalereien in der öffentlichen Sammlung zu
Basel.) Pompeji enthält Ähnliches, nur ohne das Streben
nach Illusion.

Ein großer Hauptunterschied liegt in den Darstellungsmitteln, indem Vollfarbigkeit, teilweise Farbigkeit, Einfarbigkeit und Sgraffito teils sich ausschließend, teils neben einander (bisweilen im allerschönsten Kontraste) angewandt
werden, je nachdem man den Schein der Architektur und
der dekorierenden Skulptur mehr oder weniger beibehalten
will. Später kam sogar noch reliefierter Stukko hinzu.

Alle Vereinfachungen in der Farbe haben den Vorteil,
daß das Altern und Verbleichen weniger schnell sichtbar
und die Restauration leichter ist als bei der Vollfarbigkeit.

Das Sgraffito wird sogar ohne eigentliches Malen dadurch hervorgebracht, daß die Mauer erst schwarz, dann
weiß überzogen wird und hierauf die Zeichnung durch
teilweises Wegschaben entsteht ⟨Abb. 29⟩. Der Haupt-
nachteil liegt darin, daß sich der Staub daran festsetzt. –

Vgl. Vasari I, p. 169, Introduzione; – IX, p. 110 s., v. di
Morto da Feltre (wo die Erfindung dem Andrea Feltrini
zugeschrieben wird, während sie gewiß viel älter ist).
Die Vollfarbigkeit scheint von Anfang an für die Fassaden von Oberitalien, hauptsächlich Venedig, gegolten zu
haben; Verona besitzt bis heute außer mehrern andern
Fassaden das vielleicht wichtigste Werk dieser Art: Casa
Borella von Mantegna, goldfarbige Pilaster mit Arabesken, davon eingefaßt historische Darstellungen mit
blauem Grunde; Fries mit Festons und Putten etc.
Daneben ein großer Reichtum von Abstufungen und oft
ganz herrlich wirkenden Kombinationen: Farbigkeit der
Einzelfiguren und der historischen Szenen, oder letzterer
allein; dazu das Dekorative in zweierlei Steinfarbe, so
daß z. B. die fingierte Architektur rötlich, die fingierte
Skulptur weiß dargestellt ist; oder erstere weißgrau, letztere, zumal Statuen, Gefäße und Trophäen, gold- oder
erzfarbig; höchst unbefangene Behandlung der Festons,
bald mehr ideal und steinfarbig, bald realistisch und
naturfarbig in Laub und Früchten. – Sehr gute farbige
Fassaden an zwei kleinen Häusern auf Piazza delle Erbe
zu Verona.
Sodann Abwechselung vollfarbiger und steinfarbiger
Partien je nach Stockwerken oder je nach der Bedeutung
der betreffenden Mauerfläche.
Endlich die einfarbige Malerei, Chiaroscuro, pitture di
terretta, in einer beliebigen Farbe; außer grau kommen
auch grün, rot, violett, goldbraun etc. vor, bisweilen
nach Stockwerken und nach einzelnen Teilen derselben
wechselnd. – Zuletzt das Sgraffito, s. oben.
Rafael und seine Schule, zumal die großen Fassadende-
koratoren Polidoro da Caravaggio und Maturino verliehen der Farblosigkeit das Übergewicht und vollendeten
denjenigen Stil der figürlichen Darstellung, welcher eine
gemalte Plastik darstellt, ohne sich doch knechtisch den
strengern Voraussetzungen der letztern zu fügen. – Viktorien, Abundantien etc. an der Tiberseite der Farnesina,

grau in grau, von rafaelischer Erfindung; – Fries mit der
Geschichte der Niobe an einem Hause in Rom, von
Polidoro, grau in grau mit Ausnahme des goldbraunen
Götterbildes in der Mitte.

[§ 165]
Aussagen der Schriftsteller.

In den Gegenständen hielt sich die Fassadenmalerei die
ganze gute Zeit hindurch sehr frei von aller sachlichen
Knechtschaft, indem dieselben Einen großen dekorativen
Eindruck in reicher Gliederung hervorzubringen, nicht
philosophische oder poetische Gesamtgedanken zu verwirklichen hatten.

Letzteres kommt früh genug mit Anbruch der schlechten
Zeit, wo sich dann Vasari mächtig wundert über die
Tendenzlosigkeit eines Giorgione, dem man erlaubt
hatte, lauter Schönheit und Leben auf die Mauer zu
malen, Dinge, die Niemand mehr zu erklären wußte.
Vasari glaubte es besser zu verstehen und pfropfte in eine
Fassade das ganze menschliche Leben (XI, p. 16, v. di
Gherardi) in einer Masse von Allegorien.

Die wichtigern Stellen bei Vasari sind folgende:

V, p. 51 s., v. di Don Bartolommeo; – p. 144, v. di
Verrocchio; – p. 166, 168, 178, 179, v. di Mantegna; –
p. 278, v. di Pinturicchio.

VII, p. 83 ss., v. di Giorgione.

VIII, p. 98 s., v. di Marcilla; – p. 147, v. di San Gimi-
gnano; – p. 222-237, v. di Peruzzi; – p. 275, 295, v. di A.
del Sarto.

IX, p. 22, v. di Alf. Lombardi; – p. 33-38, v. di Pordenone; – p. 51 s., v. di Girol. da Treviso; – p. 56-65, v. di
Polidoro e Maturino; – p. 88, v. di Bagnacavallo; –
p. 110, v. di Morto da Feltre; – p. 181, 185, 193, 198, 199,
203, 204, v. di Fra Giocondo.

X, p. 5, v. di Ant. Sangallo giov.; – p. 144 ss., v. di
Perino; – p. 177 s., v. di Beccafumi; – p. 210, v. di Soggi.

XI, p. 15-22, v. di Gherardi; – p. 39, v. di Pontormo; –
p. 132 ss., v. di Sanmicheli; – p. 146, v. di Sodoma; –
p. 215 s., v. di Aristotile; – p. 228, 237, 265, 270, 276, 282,
v. di Garofalo; – p. 294, v. di Rid. Ghirlandajo.

XII, p. 81 s., v. di Salviati; – p. 106-117, v. di Taddeo
Zucchero.

XIII, p. 11, v. di Primaticcio; – p. 20-22 und 48 s., v. di
Tiziano.

Außerdem zerstreute Notizen bei Gaye, carteggio I,
p. 334 (über die mantuanischen Fassadenmaler Polidoro
und Guerzo 1495) und II, p. 137 (Giorgione's Fresken);
– im Anonimo di Morelli (bei Anlaß der Casa Cornaro in
Padua, und des Pal. del Podestà in Bergamo, sowie der
dortigen Porta pinta); – Lomazzo, trattato dell' arte,
p. 227 s., 264, 271 (zusammenhängende Stellen über lombardische Fassadenmaler); p. 413 (über Dosso Dossi); –
Milanesi III, p. 65 s. (Sodoma's mit einem Pferd bezahlte
Fassade).

Sansovino, Venezia, ergibt außer dem sonst Bekannten
wenig, z. B. fol. 143 eine Fassade des Battista Moro; – fol.
135 über den Fondaco de' Tedeschi. Die Fresken Tizians
an diesem Fondaco beschreibt in Kürze auch Ridolfi (bei
Ticozzi, vite de' pittori Vecellî, p. 22), und zwar ohne
nur eine Deutung zu versuchen, die sich auch in der Tat
unmöglich geben ließ.

Serlio, architettura, fol. 192, im IV. Buche, wichtige
Stelle, hauptsächlich das Lob des Chiaroscuro.

Eine von Albrecht Dürer in Venedig gemalte Fassade
wird unter den großen Sehenswürdigkeiten Italiens aufgezählt. Lettere pittoriche III, 166, in einem Briefe des
Doni an Carnesecchi.

Armenini, S. 202 ff., spricht schon dem Vasari nach.

Einer fast ganz untergegangenen Kunstgattung dürfen
wir hier nicht mit umständlich ergänzenden Hypothesen
nachgehen, zumal da die Nachrichten, wie bemerkt, die
dekorativen Teile kaum erwähnen. Eine rasche Übersicht
des Inhaltes mag genügen.

[§ 166]
Gegenstände der Fassadenmalerei.

Zunächst gehören viele einzelne Figuren dem Gebiete neu-
traler Schönheit an und wirken wesentlich als symmetrisch
füllend, sind auch wohl mit dem fingierten baulichen Gerüste wesentlich verbunden.

Attituden, nackte Gestalten jeder Art und Farbe, bisweilen als Tragfiguren, ja als Hermen; – ferner Genien,
besonders Kinder (Putten) in Menge; Sirenen, Züge von
Tritonen und Nereiden als Friese; – auch Tritone und
Nereiden zu zweien, Medaillons haltend; – einzeln und
scheinbar oft in Nischen: Helden und Philosophen, ohne
Namen und bestimmte Beziehung.

Das Religiöse nimmt bald nur ein Hauptbild nach alter Art,
bald die ganze Fassade in Anspruch.

Hauptbilder: Kruzifixus mit Heiligen, Madonna mit Heiligen; Paradies oder Sündenfall; – alles mit Genreszenen
derber Art verträglich, wie eine Fassade in Verona beweist.

Gehört die ganze Fassade dem christlichen Bilderkreise
an, so erscheinen noch andere biblische Geschichten; –
als Füllfiguren Propheten, christliche Tugenden; – als
Friese: die Völker, welche der Roma-Fides ihren Tribut
bringen, Türkensiege, Taten Simsons u. dgl.

Allegorien kommen in der guten Zeit wenige und offenbar
mehr um der Schönheit des Motives willen gewählte vor.

So am Fondaco de' Tedeschi zu Venedig (seit 1504, mit
den herrlichsten Malereien des Giorgione, Tizian u. A.
ringsum, wovon jetzt kaum mehr ein Schimmer sichtbar)
die berühmte Figur Tizians, welche bald als Judith, bald
als Germania galt; anderswo Venezia als Löwenreiterin.
– Dann die eben genannte Roma mit den Attributen der
Fides.

Zeremonien und Aufzüge finden sich hauptsächlich in Friesen; an Triumphzüge jeder Art waren Poesie und Malerei
längst gewöhnt.

Über die Triumphe vgl. Kultur der Renaissance, S. 411 ff.
Es sind Züge von Kriegern, Gefangenen, Senatoren,
Trägern, welche Beute, zumal kostbare Gefäße, auch
Tribute überwundener Völker bringen usw.; auch antike
Spiele, Wagenrennen, dann als heitere Parodie Triumphe
von Kinderfiguren, Kriegszüge bewaffneter Kinder;
endlich Züge von Pilgern.
Das Profan-Erzählende beginnt mit mythologischen Sze-
nen bisweilen ohne genau bestimmte Beziehung; dann folgt
die Urgeschichte der betreffenden Stadt, endlich römische
und auch wohl idealisierte gleichzeitige Geschichte.
Kämpfe des Herkules, Sturz der Giganten, Geschichte
der Niobe (Polidoro), Ereignisse aus der Odyssee,
Schmiede Vulkans (Rafael), Mars und Venus, und als
Probestück der Verkürzung: der schwebende Merkur.
Urmythen von Rom (an Fassaden aus Polidoro's Zeit),
von Cortona etc.; – Geschichten Alexanders d. Gr., Cä-
sars etc.; – als Verkürzungsprobe: der Sprung des M.
Curtius (auch bei Holbein).
Von Zeitereignissen: Karls V. Einnahme von Goletta.
Das Genre ist teils durch antike, teils durch völlige natura-
listische Szenen vertreten, welche sich harmlos auch zum
Heiligen gesellen.
Antike Ringkämpfe und andere Spiele und besonders
Darstellungen von Opfern.
Eine Bauernhochzeit, ein Tanz von Buckligen, eine
Wasserfahrt u. dgl. m.
Tiere und leblose Gegenstände werden bisweilen mit der
größten Meisterschaft an Fassaden dargestellt. Medaillons-
köpfe in Steinfarbe kommen reihenweise vor.
Friese mit Tierkämpfen; – Trophäen und Vasen als Beu-
testücke gedacht (sehr schön bei Polidoro); – Festons
jeder Art, Masken etc.
Medaillons mit den Köpfen der zwölf ersten Kaiser; –
mit Köpfen von Kardinälen etc.
Die Fresken an Gartenmauern § 128.

[§ 167]
Ausgang der Fassadenmalerei.

Die Fassadenmalerei fiel schon geraume Zeit vor der Mitte des 16. Jahrhunderts einem schnellen und gewissenlosen Betrieb anheim, doch gibt die Verwertung der Motive der guten Zeit auch spätern Leistungen einen bedeutenden Wert, wo die Urbilder nicht mehr vorhanden sind.

Armenini, l. c., p. 205: nach dem Tode Polidoro's und Maturino's habe sich der Verfall zunächst im Wiederaufkommen der (in Oberitalien nie aufgegebenen) Vollfarbigkeit geoffenbart.

Aus der Zeit seit 1530 weit das meiste dieser Art in Genua (älter ist etwa eine vortreffliche kleine Fassade auf Piazza dell' Agnello); durchschnittlich von geringer Bedeutung, zumal im dekorativen Teil; – in Florenz einiges Gute aus ganz später Zeit; – in Verona, wo sich die Einfarbigkeit jetzt erst recht durchsetzt, manches Treffliche venezianischer Schule. – Lombardische Landhäuser aus dieser Zeit, bisweilen völlig bemalt, z. B. eine Villa zu Bissuccio, unweit Varese.

Fassaden aus Malerei und Stukko gemischt sind fast nur noch aus der Barockzeit vorhanden und eher an kleinen Kirchen als an Häusern.

(Die bloß stukkierten Fassaden vgl. § 96.)

Auch an den geringern Arbeiten dieser spätern Zeit wird man Wirkungsmittel entdecken, welche darauf hindeuten, was für Kräfte der besten Epoche sich dieser Gattung einst mußten gewidmet haben.

Die ganze Fassadenmalerei, heute eine unverstandene Ruine und von den Reisenden und Künstlern wenig beachtet, müßte im Auftrag einer Regierung in guten Aufnahmen gerettet werden.

Näher verwandt mit der Fassadenmalerei, als man es denken sollte: die dekorative Einfassung mancher Miniaturen und namentlich die Verzierungen vieler Büchertitel

in Holzschnitt. Letztere stellen gewiß häufig nichts anderes dar, als was man in den Malereien um Fenster und
Türen herum zu sehen gewohnt war, und zwar in den
Büchern von etwa 1480 bis 1550 ganz besonders charakteristisch, je nach dem Jahrzehnt.

[§ 168]
Skulptur und Malerei der Wappen.

Die Wappen, von dem strengern Stil nordischer Heraldik
völlig losgesprochen und als freie Prachtaufgabe behandelt,
bilden einen nicht unwichtigen Bestandteil der Fassadenmalerei sowohl als der dekorativen Skulptur.

Italien hatte am wahren heraldischen System sowenig
Anteil als an dem ernstlichen Rittertum, und vermischte
unaufhörlich Embleme und eigentliche Wappen. Für
diese (hier nicht weiter zu verfolgende) Konfusion eine
belehrende Hauptstelle bei Decembrius, Vita Phil. Mariae Vicecomitis, Murat. XX, Col. 996. – Auch was Serlio, Ende des IV. Buches, vorbringt, zeigt, daß er keine
Ahnung von der Sache hat. – Entscheidend für die Kunst
war, daß man sich weder in der Form der Schilde, noch
in den Helmzierden an irgendeine Tradition band und
vollends in Betreff der Wappenhalter durchaus nur dem
Gesetz der Schönheit folgte.

Gemeißelte Wappenschilde schräg an den Ecken von
Rustikapalästen des 15. und 16. Jahrh⟨underts⟩; dann
1537 die kolossalen Wappen Karls V. und des Herzogs
Alessandro Medici an der Fortezza da basso zu Florenz,
ersteres mit zwei nackten lebensgroßen Viktorien, letzte-
res mit zwei andern Figuren; Vasari VIII, p. 185, v. di
Baccio e Raff. da Montelupo; – ein Wappen Clemens
VII., jetzt untergegangen; XI, p. 77, v. di Mosca; –
Veränderung eines gemeißelten Papstwappens unter ei-
nem neuen Pontifikat, ibid., p. 79; – kolossale Wappen
Pauls III. in Perugia, wobei zum erstenmal die Wirkung
der kräftig vortretenden Tiara und der gekreuzten

Schlüssel, in Verbindung mit Festons und Masken hervorgehoben wird, ibid. p. 82. – Das Wappen über dem Hauptfenster des Pal. Farnese in Rom, Vasari XII, p. 231, v. d. Michelangelo.

Weit häufiger waren die gemalten Wappen, deren schon früh sehr prächtige mit allen irgend paßlichen Zutaten versehene vorgekommen sein müssen, wie z. B. das des Giangaleazzo Visconti, welches die Stadt Siena 1393 an Porta Camollia malen ließ für 20 Goldgulden; Milanesi I, p. 33. – Eine besonders reiche Wappengruppe war die bei Anlaß des Empfanges der Lucrezia Borgia 1502 am Palast zu Ferrara gemalte: »die Wappen des Papstes, des Königs von Frankreich und des erlauchten Hauses Este, mit Engeln, Hydren und andern schönen Zieraten«; Diario ferrar., Murat. XXIV, Col. 401. – Beccafumi's Fassade mit dem Wappen Julius II. im Borgo zu Rom, Vasari X, p. 77. – Rosso Fiorentino begann seine Laufbahn mit dergleichen; Vasari IX, p. 68 s., v. di Rosso. – Der größte aber in diesem Fache muß Jacopo Pontormo, und zwar von früh an gewesen sein; Vasari XI, p. 31, 33, 41, 43, v. di Pontormo. Sein Ruhm stellte sich schon 1514 fest, als Leo X. nach Florenz kam und dessen ganzer Anhang lauter mediceische Wappen in pietre, in marmi, in tele ed in fresco machen ließ; Pontormo's Einfassung eines dieser Wappen an der Annunziata, bestehend aus Tugenden, Kinderfiguren etc. entlockte selbst dem Michelangelo einen Ausruf des Entzückens; – andere Wappen von ihm im Kastell, an Casa Lanfredini, in Casa Spina zu Florenz; Alles wohl längst nicht mehr vorhanden, aber ohne Zweifel nachklingend in allen bessern Wappenmalereien des 16. Jahrh⟨underts⟩; vielleicht schon in dem ebenfalls untergegangenen Wappen Pauls III. von Francesco Salviati an einem Palast in Rom, »mit einigen großen und nackten Figuren, welche den größten Beifall fanden«, Vasari XII, p. 55, v. di Salviati.

Von den Wappen, welche die Regierungen in allen Ortschaften ihres Gebiets malen ließen (Milanesi II, p. 397, zum Jahr 1482), und vollends von den fürstlichen Wappen und Devisen, mit welchen Gastwirte ihre Lokale schmückten (Lomazzo, p. 349, mit komischer Entrüstung gegen solchen Mißbrauch), ist hier nicht nötig zu reden. – Auch von Wappen, welche neugewählte Beamte in den betreffenden Gebäuden malen oder meißeln ließen (Pal. de' Tribunali zu Pistoja, Pal. del Podestà zu Florenz) ist keine in künstlerischer Beziehung nennenswerte Reihe vorhanden.

VII. KAPITEL
MALEREI UND STUKKIERUNG DES INNERN

[§ 169]
Friese und Wanddekorationen.

Von der dekorierenden Malerei des Innern sind zunächst zu erwähnen die Friese flachgedeckter Säle und Zimmer, welche als Mittelglied zwischen der kassettierten und bemalten Decke und den mit Teppichen behangenen oder sonst verzierten Wänden meist vollfarbig ausgeführt wurden.

Ob aus dem 15. Jahrh⟨undert⟩ und aus der besten Zeit des folgenden etwas Wichtiges von dieser Art erhalten ist? – Der Fries konnte fortlaufend oder mit Unterbrechung durch wirkliche oder gemalte Tragfiguren gemalt sein; sein Inhalt genreartig, mythologisch, oder historisch; zur Zeit des Barockstiles besonders Schlachten u. a. Szenen aus der römischen Geschichte; seltener Landschaften und Ansichten von Gebäuden. (Letzteres in der obersten Halle der vatikanischen Loggien.)

Von namhaften Meistern werden angeführt: Gio. da Udine, Fries von Kindern, Löwen, Wappen etc. über einer als Scheininkrustation gegebenen Wandbemalung, nicht mehr vorhanden. Vasari XI, p. 305, v. di Udine; – Pordenone's Fries von Kindern mit einer Barke, im Pal. Doria (zu Genua?); – Battista del Moro, Friese mit

Schlachten in Pal. Canossa zu Verona, Vasari IX, p. 185,
v. di Fra Giocondo; – Perin del Vaga, Fries mit weibli-
chen Figuren bei Gianettino Doria zu Genua, ibid. X,
p. 161, v. di Perino; – Dan. da Volterra's Friese im Pal.
Farnese zu Rom, ibid. XII, p. 90, v. di Ricciarelli. – Zu 5
Schnellprodukten werden solche Friese dann mit Taddeo
Zucchero, ibid. XII, p. 107, 112, 118, v. di T. Zucchero.
Erst aus noch späterer Zeit (1587) die Theorie dieser
Friese bei Armenini, de' veri precetti etc., p. 185: ihre
Höhe solle zwischen $1/5$ und $1/6$ des Gemaches betragen, 10
Architrav und Sims eingerechnet; der Inhalt pedantisch
vorgeschrieben etc. Die Wand unter den Friesen, eigent-
lich für Arazzen bestimmt, erhielt doch (Genua ausge-
nommen, wo sie bis auf den marmorierten Sockel weiß
blieb) eine Art von Dekoration, gewiß noch sehr schön 15
(Arabesken) bei Perin del Vaga (Engelsburg), sonst aber
z. B. in der Lombardie nur eine oberflächlich gemalte
Scheinarchitektur von Säulen, Inkrustationen und grünen Festons. – Ibid. p. 197 über die Friese in Garten-
salons.   20
Bisweilen bemalte man die Wände mit Scheinteppichen,
a damaschi, wie in der sixtinischen Kapelle, und wie
Julius II. (Gaye II, p. 488) es anzuordnen drohte, wenn
ihm seine Maler in den vatikanischen Sälen nicht Genüge
leisten würden. Aber auch in solche Scheinteppiche wur- 25
den bisweilen wieder Historien hineingemalt; Lomazzo,
l. c., p. 317.
Skulpierte Friese, wie z. B. der aus Waffen und Trophäen
bestehende im Pal. von Urbino (jetzt nicht mehr an Ort
und Stelle, sondern besonders aufgestellt) blieben natür- 30
lich eine seltene Ausnahme; Vasari IV, p. 206 und Nota,
v. di Franc. di Giorgio; – noch ein Beispiel: im Pal. del Te
zu Mantua ein Fries aus Stukko mit römischen Solda-
tenszenen nach der Trajanssäule, Armenini, p. 185.
Die Malereien über den Kaminen (§ 146) haben öfter 35
irgendeine ungezwungene Beziehung auf das Feuer, z. B.
die Werkstatt des Vulkan mit Venus, Vasari X, p. 107, v.

di Giulio Romano, – die Friedensgöttin, Waffen verbren-
nend, ibid. p. 146, v. di Perino, – »cose ignee«, wie
Armenini, l. c., p. 201, wünscht. – Auch bezuglose Öl-
gemälde, denen man einen Ehrenplatz gönnte, kamen
wohl über das Kamin zu stehen; Vasari XI, p. 229, v. di
Garofalo. – Kaminfresken in Frankreich, ibid. XII,
p. 72, v. di Salviati.

Neben jenen flüchtig gemalten Scheinarchitekturen, von
welchen Lomazzo spricht, gab es doch schon seit Anfang
des 16. Jahrh⟨underts⟩ bessere, von Meistern, welche im
Stande waren, eine gewisse Illusion in reichen Bauformen hervorzubringen. Was von Peruzzi in dieser Weise
Gemaltes noch vorhanden ist, weiß ich nicht anzugeben.
Im Speisesaal von Giovio's Villa (Paul. Jov. Musei descriptio) war eine Scheinhalle sehr täuschend gemalt. Für
die Zeit um die Mitte des 16. Jahrh⟨underts⟩ Vasari XII,
p. 134, v. di Zucchero. – Wie schon Bramante sogar eine
wirkliche Vertiefung zu Hilfe nahm, um einen Hallenef-
fekt hervorzubringen, s. § 83.

[§ 170]
Dekorative Bemalung von Bauteilen.

Gemalte Pilaster, Bogenfüllungen und Friese, welche als
Einfassungen von Fresken des 15. Jahrhunderts häufig
vorkommen, erhalten eine Ausfüllung mit Zierformen,
welche wesentlich von der in der Marmordekoration vorkommenden abgeleitet ist.

Eine Aufzählung solcher einrahmenden Malereien zumal
der peruginischen Schule s. Cicerone, S. 277 ff. – Von
den Florentinern soll Andrea di Cosimo und besonders
Filippino Lippi das größte Verdienst dabei gehabt haben;
Vasari V, p. 32, v. di Cosimo Rosselli; ibid. p. 242, 250,
v. di Filippino Lippi. – Bei den Paduanern, welche schon
in ihren Bildern selbst so viele reichornamentierte Architektur darstellen, mag Squarcione mit seiner Sammlung
(§ 25) den Hauptanstoß gegeben haben, doch malte um

1453 ein Donatello bewunderte Dekorationen im Bi-
schofshof zu Treviso (Memorie trevigiane I, p. 97 und
111), und dies könnte wohl der berühmte Florentiner
gewesen sein; über dessen damaligen Aufenthalt im östlichen Oberitalien, Vasari III, p. 257, Nota, v. di Donato. 5
Schon die Steinfarbe, hie und da mit etwas Gold, bringt
eine nahe Verwandtschaft zur gemeißelten Dekoration
mit sich. Sehr schön in den Einfassungen von Mantegna's Fresken (Eremitani, Padua) der Kontrast des Stein-
farbigen mit den farbigen Festons, an welchen Putten 10
klettern.

Wichtiger ist die Dekoration der wirklichen Pilaster, Friese
etc. zumal in den oberitalienischen Kirchen, wo die Konstruktion aus Backstein mit Mörtel keinen bessern Ersatz
für den mangelnden Adel des Stoffes zu finden wußte als 15
eine oft sehr reich figurierte, vollfarbige Bemalung.

An irgend eine sachliche Beziehung band man sich dabei
nur oberflächlich oder gar nicht (vgl. § 134); die tausend-
fach vorkommenden Putten oft kindlich mutwillig: ein
Nereidenzug als Fries in der Cupolette der von Falco- 20
netto (§ 26) ausgemalten Kapelle in S. Nazario e Celso zu
Verona. Gute bloß ornamentale Arabesken auf dunklem
Grunde, an den Pfeilern dieser Kirche, sowie in der
Incoronata zu Lodi (Bramante); – vorherrschend ornamentale vielleicht von Alessandro Araldi (st. 1528) am 25
ältern Teil der Pilaster von S. Giovanni zu Parma; –
Ähnliches in S. Sisto zu Piacenza; – edel und reich die
Pfeilerbemalung in Monastero maggiore zu Mailand,
dessen hintere Hälfte ein fast völlig rein erhaltenes Beispiel lombardischer Dekoration ist. – Endlich gehören 30
hieher die aus je drei farbigen Pilasterflächen bestehenden Wandpfeiler der Libreria im Dom von Siena.

Unter den vorherrschend figurierten Dekorationen, zum
Teil aus Correggio's Schule, sind zu nennen: der Fries in
S. Giovanni zu Parma und derjenige (mit lauter Genien) 35
in S. Benedetto zu Ferrara. Schon später und schwülsti-
ger: die Sachen in der Steccata zu Parma, in S. Francesco
zu Ferrara (von Girolamo da Carpi) u. A. m.

Ein Unikum sind die ausgedehnten Malereien, welche
Luca Signorelli an den Wänden unterhalb seiner berühmten Weltgerichtsfresken anbrachte; grau in grau gemalt,
ahmen sie Steinskulpturen nach, wie sie S. gerne in
seinen Bildern darstellte, und zwar reiche Arabesken
sowohl als Figürliches, letzteres mit einer Menge von
Beziehungen auf die Hauptbilder; — in der Mitte der
Felder vollfarbig und teils rund, teils quadratisch eingefaßt, die Halbfiguren der Dichter des Jenseits.

[§ 171]
Gewölbemalerei der Frührenaissance.

Die Gewölbemalerei, während des ganzen Mittelalters in
den italienischen Kirchen heimisch, hatte hie und da etwas
von demjenigen dekorativen Charakter, den sie einst bei
den Römern gezeigt hatte.

Es ist hiemit hauptsächlich die Dekoration von Cimabue
in der Oberkirche S. Francesco zu Assisi gemeint (drittes
Kreuzgewölbe des Langhauses, vom Portal an gezählt):
Medaillons mit Brustbildern, Festons aus Vasen hervor-
sprießend, welche von Genien auf dem Haupt getragen
werden etc. Eine deutliche Nachwirkung altchristlicher
Gewölbemalereien.

Sonst aber herrschen, zumal in der Schule Giotto's, an
den Gewölben heilige Gestalten und selbst Historien
(Incoronata zu Neapel) auf blauem Grunde vor, und
auch die Renaissance ging häufig darauf ein. Die Halb-
kuppeln der Chornischen erhielten große Freskodar-
stellungen der himmlischen Herrlichkeit, mit der
Himmelfahrt Christi oder Krönung Mariä (Filippo
Lippi, Borgognone, Melozzo); auch behauptete die Gewölbemalerei im eigentlichen Sinn, wovon unten, einen
sehr hohen Rang.

Eine reichere Blüte dekorativer Gewölbemalerei ergab sich
dann im 15. Jahrhundert, zugleich mit der zunehmenden
Befreiung vom Kreuzgewölbe (welches kein Mittelbild

duldet) und von den Rippen und Gurten (§ 48). Dieselbe
Fähigkeit, gegebene Flächen in denkbar schönster Weise
auszufüllen, welche sich im Marmor (§ 131, 134) und in der
Holzdekoration (§ 159 ff.) offenbart, äußert sich hier im
Gewande der Farbe mit schrankenloser Fülle und Freiheit,
in weltlichen Gebäuden wie in Kirchen. Die Urheber sind
zugleich große Historienmaler.

Zu den frühsten, vielleicht noch halbgotischen Arbeiten
mochten die goldenen Tiere auf blauem Grund an den gewölbten Decken im Kastell von Pavia gehören, welche die
Ergänzung zu den berühmten Wandfresken bildeten (Anonimo di Morelli). Der blaue Grund schon in den schönsten
dekorativen Mosaiken des 5. Jahrh⟨underts⟩.

Das späteste gemalte gotische Maßwerk, gold auf blau,
§ 23.

Zunächst mußte dann die Renaissance schon vorhandene
gotische Gewölbe dekorieren; – herrliche Malereien in
der Chormuschel von Mantegna's Kapelle in den Eremitani zu Padua, grüne Festons mit weißen Bändern auf
blauem Grund, dazwischen Figuren und Medaillons; –
ferner die des Girol. Mazzola an den oblongen Kreuzgewölben im Hauptschiff des Domes von Parma, farbige
Medaillons mit Brustbildern, Putten, Festons etc.; die
Rippen zweifarbig eingerahmt. – Endlich enthält eines
der ältern Zimmer des Appartamento Borgia im Vatikan,
mit Fresken angeblich von Pinturicchio, an den Kappen
seiner noch fast gotischen Kreuzgewölbe prächtige Arabesken mit farbigen Figuren und goldenen Architektur-
motiven auf dunkelblauem Grunde, zum Teil bereits in
Stukko reliefiert (wahrscheinlich vor 1495; vielleicht mit
Beihülfe des Torrigiano, Vasari VII, p. 206, v. di Torrigiano).

Im Einklang mit den freiern Gewölbeformen der Frührenaissance und nach völliger Beseitigung der Rippen
sind dann namentlich eine Anzahl prächtiger Dekorationen in Oberitalien komponiert: diejenigen im Querschiff
der Certosa von Pavia und der Vorhalle des Hofes da-

selbst, letztere höchst zierlich und originell in der Anordnung, vielleicht von Bernardino Luini.

Die Kapelle Falconetto's (§ 170) zu Verona; das Dekorative vorherrschend Steinfarbe, die Figuren vollfarbig;
offenbar mit eifrigem Streben, sich den antiken Zierformen mehr zu nähern.

Von seinem Mitarbeiter Franc. Morone das freier und
leichter komponierte Gewölbe der Sakristei bei S. M. in
Organo zu Verona.

Am Gewölbe eines Gemaches neben dem Pavillon Correggio's im Kloster S. Paolo zu Parma ausgezeichnet
schöne, mäßig figurierte Arabesken auf dunkelblauem
Grunde, von Aless. Araldi.

Auch das prächtige Gewölbemosaik in der Sakristei von
S. Marco zu Venedig, freischwebendes Rankenwerk mit
Medaillons, mag hier wenigstens erwähnt werden.

Endlich ist hier der wenigen erhaltenen kleinen Gewölbe
mit elegantem glasiertem Kassettenwerk aus der Werkstatt der Robbia zu gedenken: über dem Tabernakel des
Altares im Schiff von S. Miniato bei Florenz; in der
Vorhalle der Cap. de' Pazzi bei S. Croce ebenda; in der
Vorhalle des Domes von Pistoja etc. Das Hauptwerk,
nämlich das Gewölbe in dem Prachtstübchen Cosimos
d. ä. mit reicher figürlicher Zutat, ist untergegangen;
Vasari III, p. 65, v. di Robbia.

[§ 172]
Gewölbemalerei der peruginischen Schule.

Die peruginische Schule faßte bei ihren zahlreichen Gewölbemalereien ihre Aufgabe ziemlich unfrei so auf, als hätte
der dekorative Teil vor allem ein Steingerüst zu vergegenwärtigen.

Nachdem man die wirklichen Rippen los geworden,
führt sie ein gemaltes Rippenwerk wieder ein und macht
gar keinen Gebrauch von der schon bei Mantegna vorkommenden Umdeutung der Kanten in Fruchtschnüre.

Ausfüllung der einzelnen Abteilungen durch farbige Gestalten oder Rundbilder, und teils farbige, teils steinfarbene Nebenbilder, Nachahmungen von Reliefs u. dgl. (Ein älterer peruginischer Maler, Benedetto Bonfigli, malte laut Mariotti, lettere pittoriche perugine, p. 225, Nota, in Rom für Innocenz VIII. »schöne und zierliche Grottesken«. Er stand indes außerhalb der Schule Pietro's, mit welcher wir es hier zu tun haben.)

Zum Besten gehören die von Pietro's Schülern gemalten Gewölbe im Cambio zu Perugia; und das von ihm selbst herrührende in der Stanza dell' Incendio (Vatikan), welches Rafael als Werk seines Lehrers schonte, obwohl es sich neben dem großen und freien Stil seiner eigenen Kompositionen sehr ängstlich ausnimmt.

(In der Camera della Segnatura hat Rafael zwar die Einteilung und mehrere kleinere einzelne Darstellungen, von Sodoma, beibehalten, die Hauptfelder des Gewölbes aber neu gemalt. Da diese vatikanischen Räume, und zwar ziemlich sorglos und ungenau, mit Kreuzgewölben gedeckt sind, so können die genannten Dekorationen nicht eigentlich als maßgebend für die Renaissance gelten.)

Pinturicchio (§ 171) ist in der Anordnung seines Chorgewölbes in S. M. del Popolo zu Rom ganz besonders herb und steinern, obwohl das Detail schöne Partien und das Ganze (mit Mariä Krönung und den Kirchenvätern, Evangelisten und Sibyllen) eine ernste Wirkung hat.

Die von ihm ausgemalte Kapelle in Araceli und die Sakristei von S. Cecilia (vielleicht von ihm) sind im Gewölbeschmuck wenigstens beachtenswert.

Einen großen Fortschritt in der Kenntnis der Farbenwirkung, in der Freiheit der Einteilung und in der Fülle und Auswahl der Zierformen zeigt dann sein Gewölbe (eine volta a specchio, § 55) in der Libreria des Domes zu Siena. Der sehr liberale, nur auf möglichste Schönheit dringende Abschnitt des mit ihm 1502 geschlossenen

Kontraktes (§ 174) bei Vasari V, p. 286, Kommentar zu
v. di Pinturicchio und bei Milanesi III, 9. Schon verrät
sich in der Abwechselung der Farbenflächen ein Einfluß
antiker Malereien in der Art der Titusthermen. (P.'s
Malereien in der Engelsburg sind untergegangen.)
Wiederum auf der herbern Tradition der peruginischen
Schule beruhen die Gewölbemalereien Garofalo's in
zwei Räumen des erzbischöflichen Seminars zu Ferrara
(1519); doch gemildert durch eine gewisse Anmut des
Details und gerechtfertigt durch die Strenge des bloß
zweifarbigen Vortrages in den dekorativen Teilen. –
Ernst und vortrefflich: die ganze Gewölbedekoration in
S. Benedetto zu Ferrara (§ 170).

In der Farnesina zu Rom bewunderte man am Gewölbe
der Halle links schon frühe die völlig täuschende Wirkung des gemalten Steingerüstes; Vasari VIII, p. 223, v.
di Peruzzi.

Auch Michelangelo wählte für seine hochernsten Gewölbemalereien in der sixtin⟨ischen⟩ Kapelle ein strenges
Steingerüste zur Einfassung, allein er belebte dasselbe
durch und durch mit den herrlichsten Füllfiguren jedes
Grades und Vortrags und verschiedener Farbe, abgesehen von den Hauptgestalten und Historien.

[§ 173]
Die ersten Stukkaturen.

Neben der Malerei und bald auch in Verbindung mit ihr
hatte sich an den Gewölben schon um die Mitte des 15.
Jahrhunderts eine plastische Dekoration aus Gips oder
Stukko eingefunden, Anfangs wohl zur Darstellung der
Kassetten, später zu stärkerer Betonung der Formen jeder
Art. (Vgl. § 201.)

L. B. Alberti, der sich der Berechnung und Ausbildung
der Stukko-Kassetten für jede Art von Gewölben ausdrücklich rühmt (§ 48), meldet de re aedificatoria L. VI,
c. 9: signa und sigilla (d. h. wohlverzierte Quadrate und

einzelne Figuren) von Gips in Formen gegossen und durch einen Firnis (unguentum) dem Anschein des Marmors genähert, seien in zwei Arten üblich: in Relief (prominens) und in Vertiefung (castigatum et retunsum), erstere mehr für Wände passend, letztere mehr für Gewölbe, da hängende reliefierte Teile leicht abfielen. (Um 1450.)

In farblosem Stukko sind in der Tat Donatello's Reliefs und Ornamente am Gewölbe der Sagrestia vecchia bei S. Lorenzo in Florenz gearbeitet. Es ist die erste vollständige Emanzipation vom Gewölbeschmuck des Mittelalters, wahrscheinlich bereits beruhend auf Studien nach (damals besser als jetzt erhaltenen) römischen Gewölben. Über diese und andere Stukkosachen Vasari III, 244, 253, 260, v. di Donatello.

Sodann liebten es mehrere Maler des 15. Jahrh⟨underts⟩, in ihren Fresken und sogar in Tafelbildern (Carlo Crivelli) gewisse Partien, namentlich Waffen, Attribute und Architekturen erhaben aus Stukko aufzusetzen; wie z. B. in den Fresken der Legende der h. Katharina im Appartamento Borgia (vielleicht von Pinturicchio), wo die Prachtbauten, Triumphbogen etc. erhöht und vergoldet hervortreten; Ähnliches in den Gewölbedekorationen eines dieser Säle, § 171, ist dann schon eigentliches vergoldetes Stukkoornament. Man wünschte außer der Farbe noch ein stärker wirkendes Element, wenigstens für einzelne Teile der Dekoration.

Außerdem war man im 15. Jahrh⟨undert⟩ des Gipses und anderer gießbaren und modellierten Stoffe gewöhnt von der Festdekoration her, wo dergleichen für den Augenblick massenweise verbraucht wurde.

Doch bleibt die Gewölbeverzierung (abgesehen von eigentlichen Malereien) noch das ganze Jahrhundert hindurch wesentlich eine möglichst wohlgefällige Ausfüllung der einzelnen Gewölbeteile mit gemaltem Rankenwerk, Rundbildchen, Putten, Girlanden etc.

[§ 174]
Einwirkung der antiken Grottesken.

Eine allgemeine Veränderung ging in der ganzen Dekoration der Mauern und besonders der Gewölbe vor sich seit
der Entdeckung (oder nähern Prüfung) der sogenannten
Grotten, d. h. verzierter Räume von Thermen und Palästen
des Altertums. Die Verhältnisse von Stukko und Farbe,
sowie die Formen, Einteilungen und Gegenstände, welche
man hier vorfand, machten den stärksten Eindruck auf die
beginnende Hochrenaissance und wurden teils mehr unmittelbar nachgeahmt, teils mit dem bisherigen System
verschmolzen. Die Nachwirkung dehnte sich auch auf alle
übrigen Gattungen der Dekoration aus.

Der Name Grottesken, durch spätern Verfall der Gattung zu einer schiefen Bedeutung herabgekommen, bezeichnete damals die von den antiken Grotten abgeleitete
Dekoration. Der frühste offizielle Gebrauch in dem § 172
erwähnten Kontrakt mit Pinturicchio 1502: er sei verpflichtet, das Gewölbe der Libreria zu schmücken mit
solchen Phantasien, Farben und Einteilungen, die er für
das Zierlichste, Schönste und Wirksamste (vistosa) halte,
in guten, feinen und festhaftenden Farben, nach derjenigen Art (forgia, lies foggia?) und Zeichnung, welche man
jetzt grottesche heißt, mit abwechselndem Schmuck der
einzelnen Felder (con li campi variati) so schön und
zierlich als möglich.

Der Anfang des Studiums der »Grotten« soll geschehen
sein durch einen gew⟨issen⟩ Morto da Feltre, von welchem nur Vasari (IX, p. 106 ss., v. di Morto) etwas weiß.
Derselbe kam jung nach Rom zu der Zeit, als Pinturicchio im Appart. Borgia und in der Engelsburg für Alexander VI. malte, also 1492-1495. Er zeichnete nicht bloß,
was er in Rom »Unterirdisches« erreichen konnte (ohne
Zweifel besonders die Titusthermen), sondern auch, was
in der Villa Adriana bei Tivoli und in Pozzuoli, Bajä und

Umgegend noch vorhanden war. Hierauf soll er nach
einem kurzen Aufenthalt in Rom sich nach Florenz und
später nach Venedig begeben haben. Von seinen dekorativen Arbeiten in beiden Städten ist nichts mehr erhalten
und ebensowenig von denjenigen seines florentinischen
Schülers Andrea Feltrini, eines sehr vielseitigen Dekora-
tors auch für Fassaden, Zimmerdecken, Prachtfahnen,
Laubwerk für kostbare gewirkte Stoffe etc.

Zunächst mußte ein dauerhafterer Stukko wieder erfunden werden, der nicht mehr stückweise abfiel (§ 173). Das
Rezept Vasari's I, p. 124, Introduz., c. 4; – Hauptstelle
Vasari XI, p. 302 s., v. di Udine; – statt des Marmorstau-
bes auch pulverisierte Kiesel, XI, p. 6, v. di Gherardi.
Jetzt erst konnten auch große reich kassettierte Gewölbe
mit Leichtigkeit hervorgebracht werden.

Die Hauptbedeutung des Stukko war aber, daß er erst
das Gewölbe zu einer freien Prachtform (§ 55) erheben
half, daß er den Einteilungen Kraft und Leichtigkeit gab
und in der Darstellung von Formen jeder Art mit der
Malerei abwechselte und wetteiferte, dann wieder mit ihr
gesetzlich teilte, auch leicht in eigentliche Skulptur überging, und alle denkbaren Ziermotive auf jeder Stufe des
Idealen oder Wirklichen farbig, weiß oder golden her-
zauberte.

Rechnet man hinzu, daß gleichzeitig die dekorative Malerei bald in, bald außer Verbindung mit dem Stukko ihr
Höchstes leistete, und daß diese ganze Dekoration bald
mehr für sich, bald mehr für die wichtigsten Fresken
existiert, welchen sie zur Einfassung dient, daß die größten Meister sich ihrer annahmen, und daß jede Schule,
jede Stadt das Problem anders auffaßte, so ergibt sich ein
enormer Reichtum an Motiven, der das aus dem Altertum Erhaltene unendlich überbietet. Letzterm verdankt
man aber den entscheidenden Anstoß, ohne welchen
diese große Bewegung doch nicht zu denken ist.

[§ 175]
Rafael und Giovanni da Udine.

Es war entscheidend für den neu aufblühenden Kunstzweig, daß Rafael sich in hohem Grade an demselben beteiligte, ihn durch eigene Werke auf die volle Höhe hob und
seine wichtigsten Schüler dafür gewann.

Das erste bedeutende Werk, welches den Einfluß der
»Grotten« zeigt, Pinturicchio's Gewölbe der Libreria im
Dom zu Siena (§ 172) muß bereits dem Rafael bekannt
gewesen sein, wenn er dem Pinturicchio Kompositionen
zu den dortigen Fresken lieferte.

In Rom, noch nicht unter Julius II., wohl aber unter
Leo X. beginnt, offenbar im Zusammenhang mit seinen
Altertumsstudien (§ 27), seine große dekorative Tätigkeit, hauptsächlich mit Hülfe des Giovanni da Udine,
welcher aus Giorgione's Schule zu ihm gekommen war,
und auch in Rafaels Gemälden hie und da für die Nebensachen gebraucht wurde. Vasari XI, p. 300 ss., v. di
Udine. Außer den Titusthermen dienten auch die damals
noch erhaltenen Reste in den Diokletiansthermen und im
Kolosseum als Muster. (Faksimile von Udine's Studien
nach letztern in dem Sammelwerke von Basan.)

Loggien des Cortile di S. Damaso im Vatikan: im untern
Gang die Gewölbe von Udine, wahrscheinlich bloß nach
allgemeiner Anweisung Rafaels ausgemalt mit Rebenlau-
ben, welche mit anderem Laubwerk durchzogen und von
allerlei Tieren belebt sind; unabhängig von antiken Mustern, ein Werk der besonderen Meisterschaft des Udine
in solchen Gegenständen.

Der weltberühmte mittlere Gang 〈Abb. 30〉, 14 Arkaden
mit quadratischen Gewölben a specchio, von Rafael erbaut und ohne Zweifel für die betreffende Ausschmückung so entworfen; letztere soll er (Vasari VIII,
p. 41, v. di Raffaello) vollständig selber vorgezeichnet haben; die Ausführung von Udine und dessen Gehülfen,

zum Teil auch von Perin del Vaga (Vasari X, p. 142, v. di
Perino); die biblischen Kompositionen, vier in jedem Gewölbe, sind von andern Schülern ausgeführt. Die Dekoration, mit größter Freiheit zwischen Stukko und Malerei
wechselnd, folgt den antiken Mustern nur in einzelnen
Motiven der Gewölbe, in den Leibungen der Bogen und
in denjenigen Teilen der Pfeiler, welche aus eingerahmten
Einzelbildern bestehen; weit das Meiste ist volle Erfindung Rafaels, namentlich die aufsteigenden, aus Figuren,
allerlei Zierat und Laubwerk jedesmal neu gemischten
Füllungen der Hauptpilaster. Schönste und klarste Gliederung und Abstufung des Schmuckes; unermeßlicher
Reichtum an künstlerischen Ideen jeder Art. Die Fenster,
welche aus dem Gang in das Innere des Palastes schauen,
heben sich ab von einem himmelblauen Grunde und sind
umhängt mit vollfarbigen Fruchtschnüren, welche zu den
besten Sachen des Udine gehören. Die zahllosen einzelnen Bildchen, gemalte und stukkierte (zum Teil wie Ka-
meen), sowie aller figürliche Schmuck überhaupt (absichtlich) ohne Bezug auf die biblischen Darstellungen,
hie und da direkt aus dem Altertum entlehnt ⟨Abb. 31⟩.
Schon um 1550 wurden die Loggien vollständig für
einen Handelsgenossen der Fugger in Antwerpen und
noch einmal für Spanien kopiert, wobei man selbst den
glasierten Fußboden (§ 160) als etwas für die Wirkung
Wesentliches nicht vergaß. Armenini, p. 180.
Mit den genannten Hauptpilastern nahe verwandt: die
drei erhaltenen Seitenrandbilder an Rafael's Tapeten,
herrlich im Raum gedacht; das vorzüglichste mit den drei
Parzen.
Von den bloß mit Dekoration geschmückten Tapeten,
welche Udine entwarf (§ 271), ist nichts erhalten.
Von Udine allein sollen die Stukkaturen und Malereien in
der untern Halle der Villa Madama bei Rom herrühren;
schon als Bauwerk durch die Abwechselung der Gewölbeformen für den vielseitigsten Reichtum der Dekoration und durch ihre Nischen für die Aufnahme von

Statuen bestimmt, gewährt die Halle noch in ihrem jetzigen Ruin eine unvergleichliche Ergänzung zu den Loggien. Vasari X, p. 90, v. di Giulio.

Das dritte Hauptwerk, das gemalte Gewölbe des großen vordern Saales des Appartamento Borgia im Vatikan, mit den Bildchen der Planetengottheiten und dem Mittelbilde von vier schwebenden Viktorien um ein päpstliches Wappen, vielleicht als Ganzes am meisten antik; die Formen und Farben und ihre Verteilung im Verhältnis zu den Proportionen des Saales vollkommen. (Von Udine und Perin del Vaga, erst nach Rafaels Tode; auf Wandfresken berechnet.)

In der Farnesina sind u. a. von Udine die schönen Fruchtschnüre, womit die abgerundeten Kanten der Gewölbe in der vordern Halle (mit Rafaels Geschichten der Psyche) bemalt sind.

Was in der Engelsburg, im Pal. Grimani zu Venedig, in Cividale und in seiner Vaterstadt noch von ihm erhalten ist, weiß der Verfasser nicht anzugeben. Das meiste von dem, was Vasari anführt, ist untergegangen. – Von dekorativen Glasmalereien des Udine sind noch Reste in einem Gang der Certosa bei Florenz.

[§ 176]
Giulio Romano und Perin del Vaga.

Von Rafaels Schülern war Giulio Romano am meisten in die Altertumsstudien (§ 27) und auch in die Kenntnis dieser reichen antiken Dekoration eingeweiht und wurde dafür während seiner spätern Laufbahn zu Mantua besonders bei der Ausschmückung des Palazzo del Te in Anspruch genommen. Perin del Vaga, im Dienste des Andrea Doria zu Genua, schmückte seit 1529 in dessen Palast die Decken und Gewölbe mit ausgesuchten Motiven der verschiedensten Art.

Giulio's Fertigkeit im Stukko überhaupt und seine Vorliebe dafür zeigte sich auch an seinem eigenen Hause zu

Mantua, innen und außen; Vasari X, p. 109, v. di Giulio.
– Noch in Rom von ihm einige Gewölbe in Villa Lante.
Im Pal. del Te (§ 119) zu Mantua massenweise und reiche
Stukkaturen, zum Teil für sich, zum Teil als Einfassung
von Deckengemälden; besonders herrlich das Tonnenge-
wölbe der großen untern Haupthalle; – im Palazzo Du-
cale ebenfalls mehrere ausgezeichnete Räume. – Einzelne
Proben in dem Werke von Gruner.
Perino's Arbeiten im Pal. Doria zu Genua: die untere
Halle mit eigentümlich eingeteiltem und geschmücktem
Soffito und ringsum laufenden Gewölbezwickeln, an
welchen sitzende Göttinnen sehr glücklich angebracht
sind; – die Galeria mit den Wandfresken der Helden des
Hauses Doria und mit einem Gewölbe der allerhöchsten
Pracht, welches alle möglichen flachen und erhabenen,
einfarbigen und vielfarbigen Darstellungsweisen auf relativ kleinem Raume in sich vereinigt; – ein Saal mit dem
Deckenbild des Gigantenkampfes, dessen Rahmen oder
ringsumlaufender Gewölbeansatz ebenso schön als
prachtvoll ist; – mehrere Zimmer mit Mittelbildern an
der Decke und jeder Art figurierten und dekorativen
Schmuckes an den Zwickeln, innern Kappen und Lunetten der Gewölbeansichten ringsum. – (Einige Zimmer,
meist weiß stukkiert, sind von etwas neuerem Stil.) Vgl.
Vasari X, p. 159 ss., v. di Perino. – Seine sonstigen
äußerst zahlreichen Arbeiten dieses und verwandter
Zweige, etwa mit Ausnahme derjenigen in der Engelsburg (ibid. p. 172), sind meist untergegangen, und
ebenso die Kapellen in römischen Kirchen, welche er
zuerst mit »Grottesken« in diesem neuern Sinne geschmückt zu haben scheint (ibid. p. 165, 170). Doch mag
Manches erhalten sein, was seinen Namen nicht trägt, da
er in seinen spätern römischen Zeiten Entwürfe für alle
möglichen Dekorationssachen lieferte, und die Bestellungen zu geringen Preisen an sich riß.
Eine nahe, obwohl nicht genau zu ermittelnde Verwandtschaft mit der rafaelischen Schule verrät auch die

ungemein schöne gewölbte Decke im hintern Garten-
haus des Pal. Giustiniani, ehemals Haus des Luigi Cornaro (§ 119), zu Padua. Die Stelle über dieses Haus beim
Anonimo di Morelli, wo von Rafael die Rede ist, bezieht
sich jedoch nicht auf diesen Nebenbau.

[§ 177]

Der weiße Stukko.

Neben dem farbigen Stukko bildet sich eine besondere
Übung des weißen, höchstens mit Gold mäßig geschmückten aus, für Räume und Gewölbe, welchen man einen
ernsten, feierlich plastischen Charakter geben wollte, sowie
auch für solche, welche der Witterung ausgesetzt waren.

Unvergleichlich schön und von den »Grotten« ganz unabhängig die weiße und goldene Gewölbeverzierung der
Antoniuskapelle im Santo zu Padua, ausgeführt von Tiziano Minio, entworfen entweder von Falconetto oder
von Jacopo Sansovino: Vasari IX, p. 208 und Nota, v. di
Fra Giocondo. – Falconetto's Schwiegersohn, Bartol.
Ridolfi von Verona, galt in der Folge als der trefflichste
Stukkodekorator dieser Gegenden. Die Stelle aus Lomazzo über andere oberitalische Dekoratoren § 137.

Das mächtige kassettierte Tonnengewölbe der Sala regia
des Vatikans (§ 101) mit Wappen und Genien beinahe in
Freiskulptur; ein für diese Stelle und für die sich schon
neigende Kunstzeit sehr schön gedachtes Werk des Perino und des Daniele da Volterra (dessen sonstige dekorative Arbeiten, Vasari XII, p. 85-92, wohl alle zu
Grunde gegangen sind). – Offenbar in naher Verwandtschaft hiemit: die letzte Kapelle im linken Querschiff von
S. M. del popolo.

Über einzelne sehr schöne Motive in farblosem Stukko,
von Baldassar Peruzzi, weiß der Verfasser keine nähere
Auskunft zu geben. (Titelblatt von Gruners Decorations
etc.)

Vorzüglich schön, obwohl nicht mehr ganz rein im Stil,

die weißen Stukkaturen in der hintern untern Halle und
am Treppenhause des Konservatorenpalastes auf dem
Kapitol. Sie entstanden vermutlich noch unter Aufsicht
Michelangelo's, welcher auch für S. Peter das Hauptmotiv der vergoldeten Gewölbekassettierung muß angege- 5
ben haben, obwohl er sonst das Detail der Zierformen
nicht liebte (§ 137) und seine Gewölbemalerei in der
sixtinischen Kapelle davon gänzlich frei hielt.

Ein vorzügliches Ensemble die Kapelle der Cancelleria
zu Rom; an den Wänden unten geringe Malereien in 10
schön gegliederten Rahmen; dann über einem reichen
Konsolengesims große Halbkreisbilder in zierlichen
Rahmen; endlich die elegante reichgeteilte Gewölbe-
decke mit weißen Stukkofiguren auf Goldgrund, dazwischen vier kleine Bilder, Wappen und Embleme, mit 15
sparsamer Anwendung weniger Farbentöne.

Einzelne noch gute weiße Stukkoarabesken an den Wänden des Hofes in der Vigna di Papa Giulio.

[§ 178]
Spätere Dekorationsmalerei und Stukkatur. 20

Als eine Aufgabe des feinsten Taktes und einer eigentümlich glücklichen Phantasie mußte diese Dekorationsweise
merklich leiden, sobald sie bloß Gegenstand des Luxus und
Sache von Künstlern wurde, welche nicht mehr das zum
Ort und zur Gestalt des Baues Passende zu erfinden ver- 25
mochten, schnell arbeiteten und dem Geschmack pomp-
süchtiger Besteller dienten.

Im Dogenpalast zu Venedig die Scala d'oro, hauptsächlich von Battista Franco unter Leitung des Jac. Sansovino 1538, peinlich prächtig und ganz ohne den freien 30
Schwung der rafaelischen Sachen; – von Franco auch
eine Kapelle in S. Francesco della Vigna, mit kleinlich
artig ausgemalten Kassetten, »alla romana«, wie Franc.
Sansovino (Venezia, fol. 14) meint. Vgl. Vasari XI,
p. 324, 328, 330, v. di Batt. Franco. 35

Im öffentlichen Palast zu Siena, Sala del Concistoro, das reich mit Dekorationen und römischen Historien bemalte Gewölbe von Beccafumi 1535, welcher vorher in Genua mit Perino gearbeitet hatte; sehr umständlich bei Vasari VIII, p. 182, v. di Beccafumi. – Über Pastorino's 1552 vollendete Dekoration in der Loggia degli Ufficiali (oder Casino de' Nobili) muß ich auf Vasari VIII, p. 111, Kommentar zu v. di Marcilla verweisen.

Besonders lehrreich ist bei Vasari XI, zu Anfang, das Leben des Cristofano Gherardi; die Dekoration in Stukko und Farben erscheint hier bereits um 1540 im Dienste des schnellen Extemporierens, in verhängnisvoller Komplizität mit der Festdekoration (die das Auge an Vergröberung aller Effekte und an Blendung gewöhnen mußte), und in allzu naher Verwandtschaft mit massenhafter Fassadenmalerei.

Über das Gewölbe einer Kapelle in der Kirche zu Loreto, von Franc. Menzocchi muß auf Vasari XI, p. 94, v. di Genga verwiesen werden, – und über die Arbeiten des Forbicini auf XI, p. 134, v. di Sanmicheli; – über Vasari's Hauptstukkator, den höchst resoluten (terribile) Marco da Faenza auf XIII, p. 15 s., v. di Primaticcio; – über die Arbeiten des Pellegrino Tibaldi ebenda, p. 11 s.; es sind Gewölbestukkaturen und Altareinfassungen seines früheren Stiles, nach 1550; deutlich verraten die von ihm herrührenden Teile der Domfassade von Mailand selbst im Marmor den kühnen Stukkator.

Nach 1550 von unbekannter Hand die graziösen gemalten Arabesken am Gewölbe der Palazzina zu Ferrara.

[§ 179]
Verfall der Gattung.

In der zweiten Hälfte des 16. Jahrhunderts erlischt der von den antiken Thermen und Palasträumen ausgegangene Antrieb mehr und mehr; die beginnende Gegenreformation dringt dem Gewölbe und dem Wandzierat eine Menge

erzählender Darstellungen und sachlicher Beziehungen auf,
welche nicht so frei in Schönheit sich auflösen lassen, wie
einst das Figürliche in den Loggien; die naturalistische
Auffassung kommt hinzu, um diesen Szenen das schöne
leichte Dasein im dekorierten Raum und den Zusammen- 5
klang mit demselben unmöglich zu machen. Dagegen wird
erst jetzt der Stukko mit der vollen Pracht, Freiheit und
Energie als einfassendes, elastisch spannendes und tragen-
des Element in den Gewölben gehandhabt. Auch die will-
kürlichste Einfassungsform, der Cartoccio (§ 50) wird mas- 10
senweise gebraucht.

Die gemalten Deckenarabesken im ersten Gang der Uffizien zu Florenz 1581, von Poccetti; – diejenigen in der
vatikanischen Bibliothek und in der Sala ducale des
Vatikans, heiter und reich, aber schon sehr unrein; – 15
diejenigen der Galeria geografica ebenda, mit kirchenge-
schichtlichen Szenen von Ant. Tempesta überladen.

Poccetti's sonstige Arbeiten, immer vom Besten dieser
Zeit: das mittlere Gewölbe in der Vorhalle der Innocenti
zu Florenz, dann aus Stukko und Malerei gemischt: das 20
Gewölbe der S. Antoniuskapelle in S. Marco und die
kleine Hofhalle (links) in Pal. Pitti. – Ebenfalls relativ
trefflich: ein von den beiden Alberti gemaltes Kapellengewölbe in S. M. sopra Minerva zu Rom, – und einiges
in den Kupoletten des rechten Seitenschiffes in S. Maria 25
presso S. Celso zu Mailand, von Cerano-Crespi, Campi
etc.

Von den vorherrschend stukkierten Gewölben, unter
welchen die bloß einfarbigen, etwa mit Gold, den Vorzug haben, ist wahrscheinlich dasjenige von S. Maria a' 30
monti zu Rom (von Giac. della Porta?) das einflußreichste geworden, wie es denn wohl das schönste dieser
späten Zeit sein mag. Nächst diesem, obwohl erst aus
dem Anfang des 17. Jahrh⟨underts⟩, das Gewölbe der
Vorhalle von S. Peter, von Carlo Maderna. 35

Menge von einzelnen Prachtkapellen, zumal in Rom, seit
etwa 1560; die Gewölbe um soviel derber und bunter als

der Stil der Altar- und Wandgemälde naturalistischer, ihr
vorherrschender Ton dunkler wird.

Um 1587 war ein Räsonnement möglich wie das des
Armenini (de' veri precetti della pittura, p. 193): die
Alten seien auf die Idee der Grottesken gekommen durch
den Anblick zufälliger Mauerflecke, daher sei diese Gattung ohne alle Regel und voll jeglicher Freiheit; allerdings (p. 195) seien sie jetzt nach kurzer Blüte rasch
heruntergekommen, weil man den Ignoranten gefallen
wolle, perciochè le si dipingono crude, confuse et piene
di sciocchi invenzioni, per li molti campi troppo carichi
di bei colori che sono fuor di misura etc. (Woher soll aber
Maß und Schönheit kommen, wenn man einen bloß
zufälligen Ursprung zugibt und nicht ahnt, daß die antiken Dekorationen von verzierten Bauformen abgeleitet
sind? Schon aus Vitruv VII, 5 wäre etwas Anderes zu
lernen gewesen.)

In Venedig und Neapel siegten inzwischen vollständig
die Flachdecken mit großen Einteilungen für Gemälde
(§ 159).

VIII. KAPITEL

GOLDSCHMIEDEARBEIT UND GEFÄSSE

[§ 180]

Allgemeine Stellung dieser Kunst.

Die Goldschmiedekunst der Renaissance aus den vielen
Nachrichten und wenigen und unzugänglichen Überresten
für die Betrachtung einigermaßen vollständig herzustellen,
ist uns unmöglich. Die Aufgaben bleiben meist dieselben
wie zur gotischen Zeit, in den Nachrichten aber wird auf
die große Stilveränderung kaum hingewiesen.

Was für die Welt verlorengegangen durch spätern Raub
und durch Einschmelzung (vgl. z. B. Varchi, stor. fior.
IV, 89), läßt sich ahnen, wenn man erwägt, daß Brunel-

lesco, Ghiberti, L. della Robbia, Masolino, Pollajuolo,
Verrocchio, Finiguerra, Domenico Ghirlandajo, Sandro
Botticelli, Andrea del Sarto u. a. teils als Goldschmiede
begannen, teils es blieben. Die Goldschmiede waren in
den wichtigern Kunstorten ein großes Gewerbe von
erstem Rang. Die Statuten derjenigen von Siena 1361 bei
Milanesi I, p. 57 und bei Gaye, carteggio I, p. 1 zeigen
dies deutlich. Florenz hatte um das Jahr 1478 zwar nur 44
botteghe d'orefici, argenterie, gioiellieri (Fabroni, Laurent. magn. Adnot. 200), aber es waren darunter mehrere
der angesehensten Künstler der Stadt. – Bei Franco Sacchetti, Nov. 215, die Prahlerei eines florentinischen
Goldschmiedes, daß schon der Kehricht seiner Bude
jährlich 800 Gulden wert sei.

Das 14. Jahrhundert hatte so viel in dieser Kunst gearbeitet und Email und Edelsteine schon mit solchem Raf-
finement angewandt, daß technische Fortschritte kaum
mehr möglich waren. Das Einzige, was die spätere Zeit
in dieser Beziehung hinzutat, mag die leichtere Bearbeitung kostbarer Steinarten zu Prachtgefäßen gewesen
sein, auch wohl die Bereicherung des Emails mit einzelnen neuen Farben.

Antike Goldsachen waren so gut wie gar nicht vorhanden, so daß die Meister der Frührenaissance aus ihrem
allgemeinen neuen Stil auch den der Goldarbeit entwickeln mußten. Die Skulptur der neuen Zeit, resolut
und vielseitig wie sie war, kam ihnen auf wesentlich
andere Weise zu Hülfe, als dies in frühern Jahrhunderten
geschehen war.

Wie sie die Flächen einteilten, das Relief behandelten,
Laubwerk, Tierköpfe, Tierfüße, Masken etc. bildeten,
Gold, Silber und Email in Kontrast setzten, Edelsteine
und Gemmen einlegten etc., muß sich die Phantasie bei
jeder einzelnen Aufgabe vorzustellen suchen, so gut sie
kann. Im 15. Jahrh⟨undert⟩ war sowohl der edlere
Prachtsinn als die Lust am höchsten Prunk und Putz
gewaltig gestiegen und eine flüchtige Übersicht der

wichtigern Nachrichten, nach Gegenständen geordnet, wird zeigen, welch ein Feld dieser Kunst offen war.

[§ 181]
Kirchliche Arbeiten der Frührenaissance.

Während ganze silberne Statuen noch immer und bisweilen in bedeutender Größe verfertigt wurden, hörte die Verfertigung silberner Altarschreine auf, höchstens beschränkte man sich auf weitere Ausschmückung und Vollendung schon früher angefangener.

Über silberne Heiligenfiguren verliert Vasari kaum irgendwo ein Wort; wahrscheinlich war das Meiste davon, als er schrieb, schon wieder eingeschmolzen. Ellenhohe Heilige, Engel etc., teilweise emailliert, auch eine silberne Gruppe von Mariä Himmelfahrt mit Engeln, auf einem Untersatz mit emaillierten Historien, Werke des Gio. Turini (§ 149) aus den Jahren 1414 bis 1444, im Kommentar zu v. di Pollajuolo, Vasari V, p. 105 ss. – Siena, um welches es sich hier handelt, besonders die Sakristei des Domes, war reich an solchen Arbeiten; Milanesi II, p. 184, 220 s., 278, 291 ss., 328, 350 s., wo zum Teil die Werke Turini's ebenfalls erwähnt sind. – Ein silberner Christus eine Elle hoch (vom Jahr 1474) bei Sansovino, Venezia, fol. 97.

Köpfe von Silberblech oder vergoldetem Erz für Schädel von Heiligen scheinen um diese Zeit außer Gebrauch gekommen zu sein, doch ließen die Sienesen noch 1466 das Haupt ihrer Ortspatronin S. Caterina so einfassen, Milanesi II, p. 332.

Eine Ausnahme durch Gewicht und Größe mag die silberne Statue gebildet haben, welche der frevelhafte Kardinal Pietro Riario kurz vor seinem Ende (1473) in den Santo nach Padua schenkte; Vitae Papar., ap. Murat. III, II, Col. 1060. – Auch die silbernen Apostel der päpstlichen Kapelle, wovon Verrocchio einige verfertigte (Vasari V, p. 140, v. di Verrocchio) mögen von besonderer Größe gewesen sein.

Für silberne und goldene Altarschreine besaß namentlich
Venedig noch mehrere Vorbilder in Gestalt seiner byzantinischen »pale«; Sansovino, Venezia, fol. 63, 74, u.
a.a.O.; Sabellicus, de situ venetae urbis, fol. 85, 90. –
Doch ging diese Gattung jetzt völlig ein; höchstens   5
wurde an den berühmten silbernen Schreinen des Baptisteriums von Florenz und der Kathedrale von Pistoja
(Vasari II, p. 11, 12 und Nota, v. di Agostino e Agnolo)
noch hie und da etwas gearbeitet. (Vasari V, p. 92, v. di
Pollajuolo). – Die Krönung Mariä mit Engeln, 150 10
Pfund an Silber, welche Julius II. nach S. M. del Popolo
stiftete (Albertini, de mirabilibus urbis Romae, L. III,
fol. 86), mag eher eine Freigruppe gewesen sein. – Die
Herrlichkeit der Marmoraltäre (§ 144) ließ die silbernen
völlig vergessen. Ein Bronzealtar § 147. – Die Florenti- 15
ner sollen 1498 aus Geldnot die pala ihres Domes und alle
Silbersachen der Annunziata eingeschmolzen haben; Ma-
lipiero, archiv. stor. VII, I, p. 526.
Auch von Monstranzen ist kaum die Rede, etwas häufiger
von silbernen Leuchtern und Reliquienbehältern.   20
    Ob auch nur eine einzige bedeutende Monstranz der
Frührenaissance, ja der italienischen Renaissance überhaupt vorhanden ist? Das dekorative Vermögen der Zeit
müßte sich daran auf entscheidende Weise zeigen. Ein
Kontrakt für eine Monstranz 1449, Milanesi II, p. 259. 25
Von den Hängelampen der Annunziata in Florenz
(Vasari V, p. 66, v. di Ghirlandajo) und von den gewiß
außerordentlich schönen, drei Ellen hohen Leuchtern
des Ant. Pollajuolo (ib. p. 93, v. di Pollajuolo) ist nichts
mehr erhalten. Dagegen in S. Marco zu Venedig eine 30
elegant geschmückte Hängelampe. – Ein Kontrakt für
einen silbernen Prachtkandelaber in Siena 1440 bei Milanesi II, 193. – Zwei Leuchter von Jaspis, zu dem oben
erwähnten silbernen Christus gehörend, mit dem Wappen des Dogen Marcello 1474.   35
    An den sog⟨enannten⟩ Paci des Tommaso Finiguerra
sind besonders die Niellozeichnungen bedeutend, doch

auch die Einfassung zierlich; Vasari V, p. 92 und Nota, v.
di Pollajuolo.

Silberne und selbst goldene Votivgegenstände werden
mit der Zeit unvermeidlich, und zwar von den Kirchen-
behörden selbst eingeschmolzen.

Reliquiarien aus Gold und Silber müssen noch immer,
und bisweilen in schönster Kunstform gebildet worden
sein; man erwäge, daß ein Filippo Maria Visconti, daß
der Staat von Venedig und die Päpste Reliquien sammelten und daß wenigstens einzelne bronzene Reliquiarien
der edelsten Kunst angehören (Ghiberti, Cassa di S.
Giacinto, Uffizien). Erhalten ist indes aus dem 15. Jahr-
h⟨undert⟩ sehr wenig; z. B. die silberne cassetta für das
Gewand S. Bernardino's, letzte Arbeit des Gio. Turini
(1448) mit Zutaten eines gew. Francesco d'Antonio
(1460), welche noch in der Osservanza zu Siena vorhanden ist; Vasari V, p. 108, im Komment. zu v. di Pollajuolo; Milanesi II, p. 314. – (Beiläufig mag ein artiges
Motiv aus dem vorhergehenden Jahrhundert, silberne
Figuren von Heiligen, welche Kästchen mit den Reliquien derselben in den Händen tragen, ibid. I, p. 289,
zum Jahr 1381, erwähnt werden.)

Über die verschiedenen päpstlichen Tiaren Vitae Papar.
ap. Murat. III, II, Col. 887 und 1009; die berühmte Pauls
II., von dem römischen Goldschmied Paolo Giordano; –
Jac. Volaterran. ap. Murat. XXIII, Col. 195: diejenige
Sixtus IV., durch ihre Juwelen höchst ausgezeichnet. –
Vasari V, p. 140, v. di Verrocchio: dessen (nicht mehr
vorhandene) Agraffen für bischöfliche Meßgewänder. –
Die Schätze der päpstlichen Sakristei, unter Julius II.
noch durch eine neue Reihe von silbervergoldeten Aposteln bereichert, oberflächlich verzeichnet bei Albertini,
de mirabilibus urbis Romae, L. III, fol. 86.

[§ 182]
Weltliche Arbeiten der Frührenaissance.

Unter den weltlichen Aufgaben der Goldschmiedekunst des 15. Jahrhunderts mögen einzelne Becken und Schalen zum Gebrauch bei Abstimmungen verschiedener Art, auch ₅ Becken zum Händewaschen in öffentlichen Palästen einen hohen Rang eingenommen haben.

Pollajuolo's großes silbernes Becken für die Signoria von Florenz 1473; die Bestellung, Gaye, carteggio I, p. 571; – eine silbervergoldete Glocke ebenda. – Das Handwasch- ₁₀ becken für den Staatspalast zu Siena 1437, mit 4 Email- wappen, die Bestellung Milanesi II, p. 174; – die Schale (zum Trinken?) für die Gesellschaft der Mercanzia 1475, mit Laubwerk und kannelierten Vertiefungen, ibid. p. 355. – Vielleicht gehörten hieher auch die zwei schö- ₁₅ nen großen Schalen Verrocchio's, die eine mit Tieren und Laubwerk, die andere mit tanzenden Kindern, Vasari V, p. 140, v. di Verrocchio. – Die ganz großen silbervergoldeten Vasen, welche Paul II. u. a. für »feier- liche Gastmähler« machen ließ und deren zwei (zusam- ₂₀ men?) 118 Pfund wogen, müssen Kühlgeschirre gewesen sein; Vitae Papar. ap. Mur. III, II, Col. 1009.

In Perugia gab es für die solennen Gastmähler des Ma- gistrats eine silberne Nave, welche entweder als Tisch- aufsatz oder als rollbarer Weinbehälter zu denken ist. ₂₅ Schon 1449 wurde eine Nave bestellt, 1489 eine (viel- leicht eben diese) an einen Nepoten Alexanders VI. ge- schenkt, und 1512 eine neue, nach Perugino's prachtvol- ler Zeichnung bei dem Goldschmied Mariotto Anastagi bestellt; mit 4 Rädern, 2 Pferden (oder Seepferden?) und ₃₀ 19 Figuren, worunter eine Fortuna als Segelhalterin, ein Steuermann, der Stadtpatron S. Ercolano und viele Put- ten erwähnt werden. Archiv. stor. XVI, p. 621, – dessen Appendice IX, p. 615 (mit den Annali decemvirali); – Mariotti, lettere pittor. perugine, p. 171. ₃₅

Ganze fürstliche Buffets, wo die Gefäße von Silber und von Gold sogar je zu einem Dutzend vorhanden waren, mögen zwar nur als stets zur Ausmünzung bereit liegender Schatz gegolten, dennoch aber edle Kunstformen gehabt haben.

Wie für den Norden die Inventare bei De Laborde, les ducs de Bourgogne, so ist z. B. für Mailand das Inventar des Schatzes zu bemerken, welcher 1389 der Valentine Visconti als Braut des Herzogs von Orleans nach Frankreich mitgegeben wurde, bei Corio, stor. di Mil., fol. 266; es sind Tischaufsätze, Becken, Konfektschalen, Tischleuchter, Bestecke, letztere zu vielen Dutzenden, bis auf den silbernen Nachtlichthalter, das meiste mit Email, zusammen an Silber 1667 Mark.

Das Geschirr des 1476 ermordeten Galeazzo Maria Sforza (Diarium Parmense, bei Murat. XXII, Col. 359), welches veräußert wurde, um die Feldhauptleute zu bezahlen, enthielt u. a. ein ganz goldenes Service, wovon jedes Stück zwölffach vorhanden war. – Lodovico Moro besaß dann doch wieder eine Sammlung kostbarer Gefäße, die er 1489 bei einem fürstlichen Empfang feierlich vorwies, Gaye, carteggio I, p. 411. – Moro's Medaillen vgl. Malipiero, Archiv. stor. VII, I, p. 347.

Das Buffet des Borso von Ferrara nur erwähnt Diario ferrar. bei Murat. XXIV, Col. 216.

Bei festlichen Anlässen stellte man etwa zwei improvisierte Statuen wilder Männer als Hüter neben das Buffet; Phil. Beroaldi orationes, nuptiae Bentivolorum.

Für das zum Anblick aufgestellte Buffet verlangt Jovian. Pontan., de splendore, Abwechselung der einzelnen Stücke, an Stoff und Form, auch wenn sie, z. B. Trinkgeschirre, einem und demselben Gebrauche dienten: aliae atque aliae formae, calices, item crateres, gutti, paterae, carchesia, scyphi etc.

Außer den Buffets (ornamenti da camera) hielten die Fürsten für ihren Palastgottesdienst ornamenti della capella, Leuchter, Kelche, Patenen etc.

Den größten Luxus legte 1473 Kardinal Pietro Riario an

den Tag, als er die Lionora von Aragon auf ihrer Durchreise als Braut des Herzogs von Ferrara in seinem Palaste
zu Rom auf Piazza SS. Apostoli beherbergte; die vier
Leuchter der Capella, nebst zwei Engelfiguren von Gold,
der Betstuhl mit Löwenfüßen ganz von Silber und ver- 5
goldet; ein vollständiges Kamingerät ganz von Silber;
ein silberner Nachtstuhl mit goldenem Gefäß darin etc.
Im Speisesaal ein großes Buffet von zwölf Stufen, voll
goldener und silberner Gefäße mit Edelsteinen; außerdem das Tafelgeschirr lauter Silber und.nach jeder Speise 10
gewechselt.

Als Sammler von Edelsteinen werden besonders Alfons
der Große von Neapel und Paul II. genannt; Jovian.
Pontan. de splendore; – Infessura ap. Eccard, scriptores
II, Col. 1894; 1945. 15
Von prachtvollen Waffen ist öfter die Rede, doch möchte
aus dem 15. Jahrhundert kaum etwas Namhaftes davon
erhalten sein.

Silberne Helme als Geschenk von Regierungen an ihre
Condottieren; Siena an Tartaglia 1414, Florenz an Fede- 20
rigo von Urbino 1472, letzteres Werk von Pollajuolo;
Vasari V, p. 100, Nota und p. 105 im Kommentar zu v. di
Pollajuolo. – Die Waffen und Geräte Karls VIII., erbeu-
tet 1495 in der Schlacht am Taro (Malipiero, ann. veneti,
archiv. stor. VII, I, p. 371) gehörten ohne Zweifel nor- 25
discher Kunst an: der goldene, gekrönte Schuppenhelm
mit Email, der Degen, das Siegelkistchen, das goldene
Triptychon, angeblich von Karl d. Gr. stammend.

[§ 183]
Goldschmiedekunst der Hochrenaissance. 30

Die Goldschmiedekunst des 16. Jahrhunderts wird sich im
Verhältnis zu derjenigen der Frührenaissance durch größere Freiheit und Flüssigkeit alles Dekorativen, durch erhöhte Kenntnis des Wirkenden ausgezeichnet haben.
Wir müssen hypothetisch sprechen, da uns eine genü- 35

gende Übersicht der Arbeiten des 15. Jahrh⟨underts⟩
gänzlich und derjenigen des folgenden großen Teils fehlt.
Großer Reichtum an Nachrichten in der Selbstbiographie des Florentiners Benvenuto Cellini (1500-1572), zumal in der ersten Hälfte; seine Arbeiten in jedem Zweige
dieser Kunst: Kelch, Agraffe für das päpstliche Pallium,
Reliquienbehälter, Deckel eines Horenbuches, Siegel,
Trinkgefäße, große Kühlbecken, silberne Gefäße jeder
Art, Salzfässer, wovon eines hochberühmt und noch (in
Wien) erhalten, Leuchter (wovon einige noch im Schatz
von S. Peter vorhanden sein sollen), Kleinodien, weiblicher Schmuck, Ringe, Gürtelschnallen, Golddamaszie-
rung von Stahlklingen etc., der Statuen, Reliefs und
Medaillen nicht zu gedenken. Seine beiden Trattati sind
besonders für letztere Gattungen belehrend. (Tratt. I,
cap. 5: über die kleinen goldenen Kruzifixe, welche bei
den Kardinälen um 1530 Mode wurden, hauptsächlich
Arbeiten Caradosso's.)
Im Ganzen scheint für ihn charakteristisch die bewegte,
quellende, von den Architekturformen endlich völlig
emanzipierte Bildung der Gefäße und Geräte; ihre Auflösung in lauter Laubwerk, Kartuschen, Masken u. dgl.,
und dazwischen kleine Felder mit den zierlichsten Reliefs
etc.
Andere berühmte Namen werden wenigstens genannt als
Vorzeichner von Entwürfen für Metallarbeiter; Rafael
lieferte 1510 die Zeichnung zu einer großen ehernen
Schüssel mit erhabenen Ornamenten, welche ein gew.
Cesarino für Agostino Chigi ausführte; Quatremère, vita
di Raf. ed Longhena, p. 327, N.; – Michelangelo gab
noch 1537 die Zeichnung zu einem silbernen Salzfaß für
den Herzog von Urbino, mit Tieren, Festons, Masken
und einer Figur auf dem Deckel; Vasari XII, p. 385, im
Komment. zu v. di Michelangelo. – Perugino's Nave,
§ 182. – Die gerühmten Entwürfe des Girolamo Genga
für Trinkgeschirre gerieten nicht weiter als bis zum
Wachsmodell; Vasari XI, p. 90, v. di Genga.

[§ 184]
Gefäße aus Stein und Kristall.

Als ein wesentlich neues Thema erscheinen die Gefäße aus harten und kostbaren Steinen[1] und geschliffenem Kristall, deren Fuß, Henkel, Rand, Deckelgriff etc. die zierlichsten Phantasieformen aus Gold, Email und Edelsteinen erhielten.

Wie früh man überhaupt die harten Agate, Jaspen, Lapislazuli etc. in beliebige Formen schliff, wird schwer zu sagen sein; jedenfalls stand das Mittelalter hierin weit hinter dem Altertum zurück, und wiederum in Italien die Frührenaissance hinter der Hochrenaissance.

Statt des Buffets der Fürsten und Großen tritt nun das Kabinett des reichen Liebhabers in den Vordergrund, wo die Vasen aus harten Steinen mit kostbarer Fassung die erste Stelle einnehmen.

Der Zusammenklang der geschwungenen Formen und der Farbe des Steines mit der Einfassung ist nun eines der höchsten Ziele der dekorativen Kunst.

In der Einfassung selbst wechseln zweierlei Darstellungsweisen, flaches Email auf Gold oder Silber, und reliefierte und emaillierte Zierformen um die Edelsteine.

An Fuß und Henkel menschliche und tierische Masken, Drachen, Meerwunder, auch menschliche Figuren verschiedener Art.

In der Farbenzusammenstellung ist die Buntheit des Mittelalters jetzt völlig gewichen, der ganze Schmuck wird sorgfältig zu der Farbe des Gefäßes gestimmt. Die Ökonomie der Kontraste zwischen Email und Relief, Email

---

1 In neuster Zeit hat Brunn (Sitzungsberichte der Königl. Akademie der Wissenschaften in München, 1875, Bd. I, Heft 3) mit sehr starken Gründen sowohl das Onyxgefäß von Braunschweig, als auch die farnesische Onyxschale des Museums von Neapel der Kunst der Renaissance zugewiesen.

und Metall, Glänzend und Matt ist schon eine vollkommene.

An den Kristallgefäßen mit eingeschliffenen Ornamenten und Historien ist die Einfassung auffallend zart und zierlich.

Die wichtigste Sammlung soll noch immer der Tesoro im Pal. Pitti zu Florenz (mit echten Arbeiten Benvenutos) sein, welcher dem Verfasser unzugänglich geblieben ist. Anderes in den Uffizien, wo sich das berühmte Kästchen Clemens VII. mit den in Kristall geschliffenen Historien des Valerio Vicentino befindet. – Eine Onyxvase zu Neapel.

Im 16. Jahrh⟨undert⟩ waren die venezianischen Privatkabinette reich an solchen Sachen. Aufzählung beim Anonimo di Morelli, bei Anlaß der Sammlungen Odoni, Antonio Foscarini, Franc. Zio, Mich. Contarini. Eine Kristallschale aus fünf Stücken in silbervergoldeter Fassung, mit eingeschliffenen Historien des alten Testamentes, war von Cristoforo Romano; – eine größere dreihenklige Porphyrschale von Piermaria da Pescia, welcher 1494 beim Einzug der Franzosen in Rom dies Werk unter die Erde vergrub; nachher wurde dasselbe mehrmals für antik verkauft. (Somit wäre wenigstens die reichere Arbeit in Porphyr schon unter Alexander VI. zu Rom erreicht gewesen.) – Außer den Vasen aus kostbaren Stoffen besaßen dieselben Sammler auch andere von damaszenischer Erzarbeit, von Porzellan, Glas usw. Dagegen noch keine skulpierten Elfenbeingefäße.

Lomazzo (p. 345) rät für den Inhalt der Reliefs an Schalen und Gefäßen Liebesgeschichten der Seegötter und Flußgötter, wobei der Komponist in der Tat am leichtesten der Phantasieform jedes Gefäßes folgt und am freisten über die Linien gebietet. (L. könnte hier vielleicht marmorne Brunnenvasen meinen, seine Ansicht gilt aber auch für silberne Gefäße, welche öfter dergleichen darstellen.)

[§ 185]
Schmuck, Waffen und Siegel.

Die weibliche Festtracht war bisweilen sehr reich an
Schmuck aller Art mit Gemmen; das übliche Prachtstück
der Männertracht war die Medaille am Barett. ₅

Über die Medaillen als besondere Kunstgattung ist hier
nicht die Stelle zu reden. Die goldenen und emaillierten,
deren Figuren oft fast ganz frei vortraten, haben hauptsächlich als Zierde der Barette gedient; der größte Meister darin war Caradosso; Benv. Cellini, trattato I, c. 5. ₁₀
Bei einem römischen Kirchenfest zu Rafaels Zeit (1519,
s. Gaye, carteggio I, p. 408) werden einige auf einer
Estrade anwesende Damen, zum Teil wahrscheinlich
Buhlerinnen, beschrieben: Lucia Bufolina, Kleid von
Silberbrokat, Gürtel von gesponnenem Gold mit vier ₁₅
emaillierten Kaiserköpfen, – Sofonisba Cavaliera, Gürtel
mit antiken Goldmünzen, – Faustina degli Alterii, goldener Stirnreif mit den zwölf emaillierten Zeichen des Tier-
kreises, – Imperia Colonnese (etwa die § 156 erwähnte),
Gürtel von goldenen Knöpfen (vgl. Rafaels Johanna von ₂₀
Aragonien) und eine emaillierte palla (?), worauf alle
Elemente künstlich abgebildet waren, – Sabina Mat-
tuzza, Gürtel von kunstreich verbundenen Goldmünzen,
Carniolen und Jaspen.

Diese einzige Aussage gestattet weitere Schlüsse als alle ₂₅
wirklich erhaltenen Überreste dieser Art.

Ferner ist das 16. Jahrhundert dasjenige der prachtvollsten
Waffen, mochten dieselben auch zum Teil seltene oder gar
keine wirkliche Anwendung finden.

Letzteres gilt besonders von den silbernen Schilden, wel- ₃₀
che gewiß nicht einmal bei solchen Anlässen wirklich
getragen wurden, bei welchen die prächtigsten Helme
und Harnische zum Vorschein kamen.

Die jetzt meist im Ausland (Madrid, Wien, Paris, London, St. Petersburg) zerstreuten Rüstungen und Helme ₃₅

italienischer Arbeit ersten Ranges haben auf dem Stahl
damaszierte oder von Gold und Silber eingelegte ornamentale und figurierte Zeichnungen. (Vasari XII, p. 80,
v. di Salviati, bei Anlaß des Franc. dal Prato.) Bisweilen
ist der Schmuck auch reliefiert, wie z. B. am Helm und
Schild Franz I. in den Uffizien, angeblich von Benvenuto. Auch ein Schild in der Armeria von Turin ihm
zugeschrieben.

Prachtvolle Dolchscheiden, originell aus Figuren und
Laubwerk kombinierte Degengriffe finden sich hie und
da. Die weite Zerstreuung dieser Schätze ist ihrer kunstgeschichtlichen Betrachtung nicht günstig.

Zu den feierlichern Geräten des vornehmen Lebens gehörten auch die meist silbernen Siegel. Zunächst ver-
tauschte Paul II. den barbarisch ehrwürdigen Typus des
Bullensiegels mit einem schönern, artificiosiori sculptura; Vitae Papar., Murat. III, II, Col. 1011. Viel prächtiger waren aber von jeher tausend andere Siegel. Abgesehen von ihrem Gepräge, das z. B. bei den mandelförmigen Kardinalssiegeln schon im 15. Jahrhundert oft
sehr reich war und die Heiligen ihrer Titularkirchen, ja
Ereignisse aus deren Legenden darstellte, war bisweilen
der Griff höchst elegant. Schon Ghiberti (Commentarii,
p. XXXIII) faßte eine antike Gemme als Siegel so, daß
der goldene Griff einen Drachen in Epheulaub darstellte,
und auch Benvenuto gestaltete den Griff des Siegels
gerne als Tier oder Figurine, z. B. am goldenen Siegel
des Kardinals Ercole Gonzaga als sitzenden Herkules;
Benv. Cellini, trattato I, c. 6.

Vielleicht die bedeutendste vorherrschend dekorative
Arbeit dieses ganzen Stiles, die jetzt noch in Italien vorhanden ist: das farnesische Kästchen, von Gio. de' Ber-
nardi, im Museum von Neapel; von Metall mit Eckfiguren, Reliefs und 6 ovalen Glasschliffen; der Deckel mit
der Figurine eines ruhenden Herkules zwischen den
Hälften eines gebrochenen Giebels.

[§ 186]
Majoliken und andere irdene Gefäße.

Die künstlerische Behandlung der Gefäße aus Erde und
Glas hat seit dem Altertum nie und nicht wieder so hoch
gestanden als zur Zeit der Renaissance. Die erste Stelle
nehmen die Majoliken ein mit ihrer Glasur in einer beschränkten Anzahl von Farben.

Ein echtes Porzellan in unserm Sinne, durchscheinend
oder auch nur von völlig weißem Korn, besaß man noch
nicht, und die vielen Porzellane zumal in den venezianischen Sammlungen sind als Majoliken zu verstehen, d. h.
als glasierte irdene Geschirre.

Diese waren schon im Mittelalter oft durch ihre reiche
geschwungene Form und durch Farben und Gold bis an
die Grenze der Kunst vorgerückt; im 15. Jahrh⟨undert⟩
muß ihnen die Vervollkommnung der Glasur durch die
Werkstatt der Robbia zustatten gekommen sein; aber erst
im 16. wurde die volle Freiheit des dekorativen Modellierens und Flachdekorierens darauf angewandt. Dies ist es,
was ihren Wert ausmacht, mehr als die mühselig aufgemalten Historien, auch wenn bei diesen rafaelische und
andere berühmte Motive benützt sind.

Die Hauptaussage: Vasari XI, p. 326, v. di Batt. Franco;
vgl. XII, p. 118, v. di Tadd. Zucchero; – Benv. Cellini,
vita II, c. 8. – Quatremère, vita di Raffaelle, ed. Longhena, p. 290, Nota.

Zwar gab es schon 1526 Liebhaber, welche Porzellane
zu 600 Ducati zu verlieren hatten, wie z. B. Giberti, Sekretär Clemens VII., bei Anlaß der ersten (colonnesi-
schen) Erstürmung Roms; Lettere di principi I, 106,
Negri a Micheli. – Gleichwohl wird angenommen, daß
wenigstens die Majolikawerkstätten von Pesaro und
Castel Durante erst um 1530 den Höhepunkt erreicht
hätten, oder um 1540, als der Herzog Guidobaldo II.
von Urbino den Battista Franco (§ 178) als Vorzeichner

anstellte; außerdem hatte der Herzog eine Menge Skizzen von Rafael, Giulio Romano und ihren Schülern zu Vorlagen erworben. Etwas später gab z. B. Taddeo Zucchero die Zeichnungen zu einem ganzen Service, welches in Castel Durante für Philipp II. gebrannt wurde.

An den Geschirren von Faenza war das gemalte Figürliche gemäßigt und nahm entweder nur die Mitte oder den Rand ein (wenn wir Vasari recht verstehen).

Die wenigen Töne, meist nur blau, violett, grün, gelb, weiß und schwarz, genügten nicht sowohl, um große Kompositionen glücklich wiederzugeben, als vielmehr, um alle Formen und Profile des Gefäßes sowohl als die dazwischenliegenden Flächen schön und charakteristisch zu schmücken. Bisweilen sind Tiere, Laubwerk und andere Zieraten zugleich reliefiert und bemalt.

Das Beste sind große flache Schüsseln, Konfektteller, Salzbüchsen, Schreibzeuge u. dgl.; zumal solche ohne gemalte Figuren, mit zierlichen und sparsamen Arabesken, wonach selbige etwa der Fabrik von Faenza angehören möchten. Schon die Grundform des Gefäßes oder Gerätes ist in der Regel vortrefflich, und eigens für den Zweck gedacht, nicht Reminiszenz.

Schon zu Vasari's Zeit hatte sich übrigens dieser Kunstzweig über ganz Italien verbreitet.

Von den Nachahmungen griechischer Vasen (in rot und schwarz), welche Vasari's Großvater Giorgio im 15. Jahrhundert zu Arezzo versucht hatte, ist nichts auf unsere Zeit gekommen; Vasari IV, p. 70, v. di Lazzaro Vasari.

Auch von der Fabrik in Modena, deren Tongeschirr im 15. Jahrh⟨undert⟩ Codrus Urceus in einem Gedichte feierte (dessen opera, p. 384, ad Lucam Ripam), ist nichts weiter bekannt; er selber besaß eine außerordentlich schöne Tonlampe.

Für Glassachen aller Art waren längst die Fabriken von Murano bei Venedig berühmt, welche nicht nur alle Farben besaßen und alle Edelsteine nachahmten, sondern auch jedenfalls schon im 15. Jahrhundert Millefiori verfertigten; Sabellicus, de situ ven. urbis, L. III, fol. 92: brevi pila includere florum omnia genera.

IX. KAPITEL

DEKORATIONEN DES AUGENBLICKES

[§ 187]
Feste und Festkünstler.

Dekorationen des Augenblickes, bei kirchlichen und weltlichen Festen und Zeremonien, hatten im 15. Jahrhundert den Charakter heiterer Pracht, wobei das reiche Formenspiel der damaligen baulichen Dekoration sich mit den buntesten Zutaten aller Art vertrug.

Über die Feste im allgemeinen vgl. Kultur der Renaissance, S. 397 ff.

Die wichtigsten Schilderungen:

Pii II. comment. L. VIII, p. 382 ss., seine Feier des Fronleichnamsfestes in Viterbo 1462; –

Corio, storia di Milano, fol. 417 ss., der Empfang der Lionora von Aragon bei Kard. Pietro Riario in Rom 1473, vgl. § 182; –

Ibid. fol. 451 ss., Krönung und Possesso (d. h. Zug vom Vatikan nach dem Lateran) Alexanders VI. 1492; –

Phil. Beroaldi orationes fol. 27, Nuptiae Bentivolorum, d. h. die Hochzeit des Annibale Bentivoglio mit Lucrezia von Este (um 1490?).

Die Kunst der Festdekoration ging wie das meiste der neuen Kulturepoche hauptsächlich von Florenz aus; schon im 14. Jahrhundert reisten florentinische festaiuoli in Italien herum (Gio. Villani VIII, 70), welche damals und auch in spätern Zeiten gewiß nicht bloß die Aufführung, sondern auch die dazugehörenden Dekorationen angaben, in welchen ja, soweit sie Baulichkeiten vorstellten, die florentinische Kunst ohnehin dem übrigen Italien voraus war. – Außer Florenz muß namentlich Pistoja hierin etwas bedeutet haben, da für jenes Fronleichnams- fest zu Viterbo der Kardinal Niccolò Fortiguerra, der von Pistoja gebürtig war, für seinen (sehr prächtigen) Anteil an der Ausstattung ludorum artifices von dort kommen ließ.

Außer den großen Festen bot das kirchliche sowohl als das bürgerliche Leben beständige Anlässe für Dekoratio- nen dar; – Apparati bei Hochzeiten und Beerdigungen, für welche um 1500 in Florenz Andrea Feltrini einen besondern Namen hatte; Vasari IX, p. 112 s., v. di Morto da Feltre; – Fahnen aller Art, wovon unten; – Katafalke (cataletti) für Konfraternitäten, deren es sehr schöne von großen Meistern gab, z. B. von Beccafumi und Sodoma, Milanesi III, p. 166, 167, 185; wie denn auch Baldassar Peruzzi einen solchen und außerdem eine »bewunderns- würdige« Totenbahre angab; Vasari VIII, p. 225 und Nota, v. di Peruzzi. (Die Bahre an Marmorgräbern, herr- liches Vorbild hiefür, § 140.) – Sogar bei Verbrennung von Luxussachen verlangte die andächtige Stimmung, daß dieselben auf einem »talamo«, d. h. einem irgendwie stilisierten Scheiterhaufen gruppiert wurden; Infessura, bei Eccard, scriptores II, Col. 1874, vgl. Kultur der Re- naissance, S. 475.

[§ 188]
Festdekoration der Frührenaissance.

Charakteristisch für die Frührenaissance ist die überreiche Verwendung des Grüns, zumal in Gestalt von Girlanden; die freie phantastische Umgestaltung des Triumphbogens zu einem farbenreichen Prachtbau; die an Bändern hängen- den Tafeln; die Anwendung lebendiger, mit reichen Ge- wändern und Attributen ausgestatteter Personen als Sta- tuen. Das Schattentuch, oft über lange Straßen und weite Plätze sich ausbreitend, war womöglich zu glänzenden Dessins geordnet.

Daß jedes einzelne Haus die aus den Fenstern zu hängenden Teppiche vorrätig besaß und, zumal in einer Hallenstadt wie Bologna, den wundervollen Kontrast von Girlanden und Bogen benützte, versteht sich von selbst; flüchtige Vergoldung einzelner Bauteile kam wenigstens vor, § 42. Die Girlanden, nach den Abbildungen zu urteilen, bisweilen von eigentümlich massiger, pomphafter Bildung.

Dann die noch heute üblichen Dessins von Wappen, Namenszügen etc. aus lauter Grün und Blumen an Wänden und auf dem Fußboden. So war Ferrara beim Einzug Pius II. 1459 semenato d'herbe, Diario Ferr. ap. Murat. XXIV, Col. 204, gewiß sehr kunstreich, – e piantati Mai (Maggi, Maibäume oder Maste) per tutto, ohne Zweifel um die vorher erwähnten Girlanden und das wollene Schattentuch zu tragen.

Ganz besonders rühmt Pius II. die Wirkung des von der Sonne durchglühten bunten Tuches bei Anlaß des Prachtzeltes, von welchem sein Fronleichnamszug in Viterbo ausging; unterweges gab es Decktuch, mit dem Dessin einer roten Wolke, dann himmelblaues mit goldnen Sternen, dann blau und weißes, braunrotes von englischer Wolle etc.

Ein Fest wie dieses, wo nicht nur die pomphaftesten Altäre, sondern ganze Bühnen mit unbelebten Gruppen und mit lebenden, redenden, singenden Dekorationsfiguren vorkamen, wo Brunnen mit Wein sprangen, wo 18 grüne Bogenpfeiler jeder einen singenden Engelknaben trugen, wo die Auferstehung Christi und die Himmelfahrt der Maria vollständig dramatisch dargestellt wurden, war natürlich eine seltene Ausnahme.

Die bauliche Hauptform zur Verherrlichung aller Ein- und Aufzüge war natürlich jetzt der römische Triumphbogen, allein, auch wenn es ausdrücklich heißt al rito romano etc. (z. B. bei Corio, fol. 490, zum Jahr 1497), keineswegs in strenger, sondern nur in flüchtiger Nachahmung. So war beim Possesso Papst Alexanders 1492

der größte Bogen angeblich »dem Oktaviansbogen beim
Kolosseum« nachgeahmt, aber mit einem ganz freien
prächtigen Gesimse von Füllhörnern und Girlanden, mit
goldfarbigen Reliefs (?) und der buntesten Bemalung
geschmückt, und im Bogen hing eine Inschrifttafel. Ein
zweiter Triumphbogen hatte innen eine vergoldete Kassettierung mit einem mittlern Zierat in Muschelform; in
12 Nischen standen lebendige singende Mädchen, welche
Oriens, Occidens, Liberalitas, Roma, Justitia, Pudicitia,
Florentia, Caritas, Aeternitas, Victoria, Europa und Religio vorstellten. Einfachere Bögen, mit Trophäen, Meerwundern etc. hatten meist Blau mit Gold. Ein blaues
Schattentuch mit goldgelber, reichumschnörkelter Inschrift wurde besonders gerühmt.

Bei einem Einzug Julius II. wurde sogar ein echter antiker Triumphbogen, der des Domitian auf dem Marsfeld,
mit Statuen und Malereien verziert; Albertini, de mirabilibus urbis Romae, L. II, fol. 78.

Bei einem Feste des Lodovico Moro scheint das Modell
Lionardo's zur Reiterstatue des Francesco Sforza unter
einem Triumphbogen gestanden zu haben.

Im ganzen Abendland, besonders aber in Italien, wurden
im 15. Jahrhundert die Teppiche für die Verherrlichung der
Feste gebraucht, und zwar ohne besondere Rücksicht auf
die Zusammengehörigkeit und den Inhalt ihrer Darstellungen.

Für jenes Fronleichnamsfest hatten die Kardinäle ihr
ganzes, zum Teil berühmtes Teppichzeug nach Viterbo
kommen lassen.

Für den Empfang der Lionora bei Kard. Riario (vgl. § 95)
mußten offenbar die Sakristeien das Allerwertvollste
hergeben, z. B. den Teppich Nikolaus V. mit den Geschichten der Weltschöpfung, il più bello che sia tra' Cristiani; sodann noch einen andern besonders herrlichen
mit der Himmelfahrt. (Unter andern Torheiten kam auch
ein ganz vergoldetes lebendiges Kind vor, welches auf
einer Säule stand und aus einem Brunnen Wasser nach
allen Seiten spritzte.)

An Kirchenfesten wird noch heute, wo Teppiche religiösen Inhaltes nicht ausreichen, mit mythologischen und
selbst mit Jagdszenen nachgeholfen.
Im Ganzen sind Teppiche und Girlanden im 15. Jahr-
h⟨undert⟩ noch das Bestimmende.

[§ 189]
Feste des 16. Jahrhunderts.

Im 16. Jahrhundert wird zunächst ein außerordentliches
Steigen des Aufwandes in der Festdekoration bemerklich.
Es ist die Zeit, da Baumeister, Bildhauer und Maler sich bei
dieser Beschäftigung auf die Effekte im Großen einübten
und Proben für die monumentale Kunst machten (§ 50 und
60), freilich aber auch sich an alles Flüchtige und Grelle
gewöhnten.

Der Possesso Leo's X. in Rom 1513, Relation des Giac.
Penni, bei Roscoe, Leone X, ed. Bossi V, p. 205 ss. –
Hauptthema der Allegorien mußte, da man den neuen
Papst kannte, das zu erwartende Mäzenat sein; an dem
Triumphbogen des Agostino Chigi hieß es, mit bezug auf
das sittenlose Pontifikat Alexanders VI. und das kriege-
rische Julius II.:

Olim habuit Cypris sua tempora, tempora Mavors
Olim habuit, sua nunc tempora Pallas habet.

Leo's X. Einzug in Florenz 30. Novbr. 1515; zwei Rela-
tionen bei Roscoe, l. c. VI, p. 280 ss.; – ferner Vasari
VIII, p. 266 s., v. di A. del Sarto; XI, p. 219, v. di
Granacci; X, p. 299, v. di Bandinelli; XI, p. 38, v. di
Pontormo.

Karls V. Empfang nach dem ersten afrikanischen Feldzug 1536 in Rom, Vasari VIII, p. 185, s., v. di Montelupo; X, p. 14, v. di Ant. Sangallo; XI, p. 317, v. di Batt.
Franco; – in Siena, ib. X, p. 185 s., v. di Beccafumi; Gaye,
carteggio II, p. 245; Milanesi III, p. 167, 185; – in Florenz, Lettere pittoriche III, 12; Vasari X, p. 253, v. di
Tribolo; XII, p. 27, v. di Montorsoli (vgl. auch p. 26); –
in Bologna, ib. I, p. 4, in Vasari's eigenem Leben.

Die Hochzeit Cosimo's I. 1539; Vasari X, p. 269, v. di
Tribolo; XI, p. 321, v. di Batt. Franco.

Die Hauptbestandteile der frühern Dekoration, das Grün,
die Teppiche und die lebenden Statuen nehmen bald völlig
ihren Abschied. Das Klassisch-Architektonische bekommt
das Übergewicht über das Freiphantastische.

Das zwar späte, aber für das ganze 16. Jahrh⟨undert⟩
bezeichnende Gutachten Borghini's 1565, Lettere pittoriche I, 56: »das einzig Wahre ist Holz und gemalte
Leinwand, in Gestalt von Bogen, Fassaden und andern
Baulichkeiten: das Grün und die Teppiche mögen allenfalls passen bei scherzhaften Anlässen oder auch an Kirchenfesten; die lebenden, als Tugenden etc. kostümierten
Figuren sind eine magra invenzione; das Wünschbarste
wäre freilich, etwas Dauerndes aus Stein bauen zu können etc.« – d. h. die überhandnehmende Grandezza kann
den fröhlichen Kirmesstil nicht mehr vertragen.

[§ 190]
Der Triumphbogen.

Die Triumphbogen, jetzt fast nur in Steinfarbe, schließen
sich, wenn nicht bestimmten römischen Mustern, doch
genau der antiken Bildung der Einzelformen an. Eine baldige Konsequenz hievon ist die Steinfarbe auch an den
Statuen und das Chiaroscuro an den Malereien, welche jetzt
durchaus das Relief nachahmen.

Die vorgesetzten Säulen mit Statuen darüber, schon
beim Possesso Alexanders VI. erwähnt, werden jetzt zur
Regel. Versilberte Säulen mit vergoldeten Kapitälen
kommen wohl noch vor, doch herrscht schon die Steinfarbe. Bei Leo's X. Possesso, wo sich der frühere und der
spätere Stil mischten, kamen noch an einzelnen Bogen
lebende Figuren vor, z. B. sogar mitten im kassettierten
Gewölbe eines Bogens, in einer sich plötzlich öffnenden
Kugel ein Kind, welches zwei Distichen hersagte; sonst
sind alle Statuen von Stukko, ja an einem Bogen hatte
man echte antike Statuen und Büsten angebracht.

Die Bogen bei Leo's Empfang in Florenz hatten ohne Zweifel sämtlich streng architektonische Formen; auf dem Signorenplatz war ein vierseitiger, vielleicht nach dem Motiv des Janusbogens, wie denn an Verschiedenheit der Kombinationen gewiß das Mögliche versucht war. Einer schien wie aus lauter Porphyr.

Die Bogen bei spätern Anlässen (ein sehr prächtiger bei einem florentinischen Fest 1525, Vasari XI, p. 216, v. di Aristotile) sind bisweilen so »herrlich und proportioniert«, d. h. in Vasari's Sinn so sehr der strengen Architektur genähert, daß man nur ihre Ausführung in Marmor wünschte, um sie unter die Wunder der Welt zählen zu können. (Cagnola's Simplonbogen in Mailand ist bekanntlich das marmorne Nachbild eines Festbogens, welcher das größte Wohlgefallen erregt hatte.) Auch Serlio's Vorschrift und Vorbild (L. IV, p. 180) ist streng klassisch.

Das tiefste Mißverständnis der Aufgabe, d. h. die weiteste Abwendung von Heiterkeit und Freiheit, zeigte sich 1556 in Venedig bei Anlaß der Einführung einer Dogaressa an einem Triumphbogen der Metzgergilde, dessen Säulen und Pilaster lauter Rustica hatten; Sansovino, Venezia, fol. 154. Rubens hat später dies Motiv aufgegriffen für seine Dekorationen in Antwerpen beim Empfang des Kardinal Infanten, allein er half sich mit einer glücklichen barocken Freiheit durch.

Daß fast alle Malereien der Bogen jetzt nur noch Reliefs nachahmten, d. h. in Chiaroscuro ausgeführt waren, machte sich dann in der ganzen Festdekoration überhaupt geltend, auch wo farbige Darstellungen passend gewesen wären; z. B. Vasari XII, p. 116, v. di Taddeo Zucchero. Die Gewöhnung vom Fassadenmalen her mag mitgewirkt haben.

Außer den Bogen gab es zahlreiche andere Scheinarchitekturen, Prachtfassaden, Dekorationen unvollendeter Kirchenfronten, endlich frei stehende Zierbauten.

Die Exhibition einer großen Menge antiker Statuen am

Hause des Evangelista Rossi beim Possesso Leo's X.
muß man sich wohl an einer großen dekorierten Ni-
schenwand denken.

Als ein Wunder von Schönheit galt dann bei Leo's Einzug in Florenz die Scheinfassade des Domes, mit scheinbar verwittertem Tone, von Jacopo Sansovino und A.
del Sarto.

Außerdem hatte man damals einige römische Denkmäler
in Florenz nachgeahmt: die Trajanssäule, einen Obelisken, die Meta sudans etc., – eine täuschende Scheintür an
der Badia, weil die wahre nicht genau auf der Achse der
Straße lag, – ein Rundtempel mit halbrunder Eingangs-
halle etc.

Kandelaber, scheinbar von Marmor, wahrscheinlich kolossal, kamen wenigstens bei Leo's Possesso vor, vielleicht zum erstenmal.

[§ 191]
Die Festskulptur.

Auch die Skulptur warf sich jetzt mit der vollen Entschlossenheit ihres Modellierens auf die Dekoration von Festen
und rief öfter in weitwirkenden Kolossen diejenigen Ideen
in's Leben, deren Ausführung in dauerndem Stoffe ihr nie
oder nur selten vergönnt war.

Beim Possesso Leo's handelt es sich, abgesehen von den
Statuen der Triumphbogen, mehr um kleinere zierliche
Brunnenfiguren: eine Venus, aus deren Brüsten, ein
Dornauszieher, aus dessen Wunde Wasser sprang.

Dagegen empfingen den Papst seine Landsleute in Florenz 1515 mit zum Teil kolossalen Skulpturen, welche
mit den Dekorationen abwechselten; ein Herkules Bandinelli's, 9½ Braccien hoch, aber mißlungen; ein Rosse-
bändiger in der Art der quirinalischen; ein vergoldetes
Reiterbild in der Art des Marc Aurel.

Massenhaft wurde dann modelliert für den Empfang
Karls V.; da mußte Raffaello da Montelupo von den

kaum vollendeten 14 großen Statuen für die Engelsbrücke hinweg, eilends dem Kaiser voran nach Florenz
reisen, um dort binnen 5 Tagen 2 Flußgötter zu extem-
porieren; außerdem prangten Montorsoli's Hilaritas und
Jason, Tribolo's Friedensgöttin, Herkules und vergolde- 5
tes Reiterbild Karls, drei weitere Flußgötter der beiden
letztgenannten Skulptoren, eine Viktoria von einem gewissen Cesare, Prudentia und Justitia von Franc. Sangallo, alles kolossal und mehreres »außerordentlich
groß«. 10
In Siena arbeitete Beccafumi aus Papiermasse über einem
eisernen Gerippe das höchst kolossale Reiterbild des
Kaisers in antikem Kostüm, über drei Gestalten von
besiegten Provinzen dahin sprengend, nächst Lionardo
eins der ersten sprengenden Pferde der modernen Kunst. 15
(Nach andern statt der Provinzen drei Flußgötter, aus
deren Urnen Wasser strömte.) – Auch Sodoma muß
damals an einem Pferd gearbeitet haben.
Die Reiterstatue, und zwar sprengend, kam später auch
bei Cosimo's I. Hochzeit vor, wo dessen Vater Giovanni 20
dalle Bande nere durch Tribolo auf diese Weise, und zwar
riesengroß, dargestellt wurde.
Man überbot sich dann im Kolossalen; beim ersten Einzug Alfonso's II. von Ferrara in Reggio 1558, stand auf
der Piazza 46 Palmen hoch der Gründer der Stadt, M. 25
Lepidus, aus Stukko verfertigt von Clementi; Lettere
pittoriche I, Append. 39; späterer Kolosse, z. B. in Vasari's Beschreibung der Hochzeit des Prinzen Francesco
Medici 1565 nicht zu gedenken.
Zu all diesem gehörte eine Behendigkeit wie die des 30
Montorsoli, der binnen 24 Stunden eine Fides und eine
Caritas in Lebensgröße modellierte, als Schmuck eines
improvisierten Brunnens, welcher während des General-
kapitels des Servitenordens floß; Vasari XII, p. 26, v. di
Montorsoli. 35
Die Künstler kamen bei solchen pressanten Arbeiten in
eine Art von Taumel hinein, und wenn dann mit gutem

Wein nachgeholfen wurde, meldeten sich Ideen, die wenigstens während des Festjubels als das Brillanteste von
der Welt galten; Vasari XI, p. 319, v. di Batt. Franco. Und
wenn Einer todmüde auf ein Bündel Laub sank, konnte
es ihm begegnen, auf die schmeichelhafteste Weise geweckt zu werden, wie z. B. dem Vasari selbst, Lettere
pittoriche III, 12.

Beim Volk gelangte man durch solche Arbeiten des Augenblickes zu einem ungemeinen Ruhm; Armenini, p. 71.

[§ 192]
Der Theaterbau.

Dramatische Aufführungen, lange nur bei festlichen Anlässen üblich, fanden in Höfen und Sälen der Großen und
Prälaten, auch wohl auf öffentlichen Plätzen statt. Erst spät
beginnen stehende Theater, und diese bringen es dann noch
lange zu keiner äußern Kunstform.

Über das Theaterwesen vgl. Kultur der Renaissance,
S. 251 f., 277, 312 f., 397 f.

Die Tragödie blieb eine Sache des höhern momentanen
Luxus; die ersten Theater, welche wenigstens eine be-
trächtlichere Zeit hindurch als solche eingerichtet blie-
ben, dienten nur für Komödien; Vasari XI, p. 212, v. di
Aristotile (in einem Saal des Kardinals Farnese zu Rom);
– XI, p. 328 v. di Batt. Franco (in einem Gebäude an der
Via Giulia). Schon früher, im Jahr 1515, muß das Lokal
des Giuliano Medici, Bruder Leo's X., wenigstens einige
Zeit in voller Ausstattung dagestanden haben, da dessen
Neffe Lorenzo in dessen Abwesenheit dort ein Stück des
Plautus aufführen ließ; Lettere di principi I, 13. – Palladio
errichtete in Venedig bereits ein halbrundes Theater,
welches nach außen die antiken Formen, »nach Art des
Kolosseum«, allerdings nur in Holz, scheint gehabt zu
haben; dasselbe wurde erbaut für eine einzige Tragödie
während eines Karnevals; Vasari XII, p. 127 v. di Tadd.
Zucchero; dagegen ist Palladio's erhaltenes teatro olim-

pico zu Vicenza (1584) außen ganz formlos; das Auditorium queroval, oben mit einer Halle. Während letzteres notorisch für Komödien sowohl als für Tragödien diente, waren die zwei »sehr schönen, mit größtem Aufwand erbauten« stabilen Theater in Venedig, das ovale ₅ und das runde, welche Francesco Sansovino, Venezia, fol. 75 anführt (um 1580), nur für Aufführungen von Komödien im Karneval bestimmt. Sie faßten eine große Menschenmenge. Der Verf⟨asser⟩ sagt nicht, daß sie Werke seines Vaters Jacopo S⟨ansovino⟩ gewesen. ₁₀ Eine Zeichnung im Louvre (salles des dessins, première vitrine tournante), diese allerdings mit dem Namen Sansovino's, gibt den Längendurchschnitt eines Theaters, welches bereits wie dasjenige im Palast von Parma (1618, von Aleotti) über dem Auditorium obere Hallenordnun- ₁₅ gen in der Art von Sansovino's Biblioteca hat; dann, bevor die Scena beginnt, eine große Eingangspforte mit Fenster drüber. Allein die einzelnen Nischenverzierungen etc. sind für Sansovino schon zu barock. (Im Theater von Parma ist die Scena bereits ein Tiefbau, für einen ₂₀ optisch isolierten Anblick, auch auf Verwandlungen berechnet.)
Die Anordnung der Sitzreihen mag anfangs dem jedesmaligen Zufall überlassen gewesen sein. Mit der Zeit jedoch ermittelte man sowohl ihre richtige Lage zur ₂₅ Bühne, als auch ihre möglichst zweckmäßige Einrichtung zum Sehen und Hören. Welches dabei das spezielle Verdienst des Lionardo gewesen, der bei Giovio deliciarum theatralium mirificus inventor heißt, ist nicht mehr auszumitteln. ₃₀

[§ 193]
Die Scena.

Nachdem früher die Scena auch bei Mysterien nur eine allgemeine dekorative Ausstattung gehabt hatte, begann mit dem 16. Jahrhundert eine bestimmte Bezeichnung der ₃₅

Örtlichkeiten, teils mehr in idealisierendem Sinn, teils mehr wirklichkeitsgemäß.

Theoretische und praktische Darstellung der ganzen Theatereinrichtung um 1540 bei Serlio, im II. Buche, fol. 47 ss. – Ein erster Versuch, nebst der Scena auch den Raum der Zuschauer würdig zu gestalten, Vasari XI, p. 9 s., v. di Gherardi; – vgl. XIII, p. 96, v. di Jac. Sansovino. Die Scena selbst muß *zunächst* häufig einen symmetrischen, idealen Bau dargestellt haben, mit Ausgängen in der Mitte und zu den Seiten, und mit einer Menge von Bildern, welche zusammen einen obern Fries ausmachen mochten; der ganze Raum sich stark perspektivisch verengend; die Gesimse, Kapitäle etc. geschnitzt vortretend. So die Szenen halbgeistlicher Aufführungen Vasari XI, p. 205, v. di Aristotile, »voller Säulenhallen, Nischen, Tabernakel und Statuen, wie man es früher bei solchen Aufführungen nicht gesehen«. (Um 1532.)

So der »königliche Saal mit zwei Nebengemächern, aus welchen die Rezitanten hervortreten«, in der ersten bei Vasari X, p. 82 im Kommentar zu v. di Ant. Sangallo erwähnten Szenenskizze.

Auch die Aufführung des »Königs Hyrcanus von Jerusalem«, in dem obenerwähnten Halbrund Palladio's, wird eine solche Scena gehabt haben.

In ihren einfachsten Elementen ist diese Art von Szenen öfter in figurenreichen erzählenden florentinischen Breitbildern um 1500 dargestellt.

Die *andere* Art von Szenen, diejenige, auf welche sich Serlio bezieht, enthielt verschiedene kulissenartig vortretende Gebäude (wie an einer nicht sehr breiten Straße in der mittlern Achse), »die kleinern vorn, die größern weiter hinten«; so daß man etwa durch die Hallen des einen das andere sah; nebst einem Schlußbau; ebenfalls stark ansteigend und sich verjüngend. Für Komödien wählte man größere und kleinere Häuser (Wirtshaus, Bordell etc.) mit obern Gängen, Erkern oder Fenstern; für Tragödien fürstliche Prachthallen mit Statuen, auch

mit einem Triumphbogen in der Mitte etc.; ja Serlio gibt
auch noch für ein vermeintliches »satyrisches« Drama
eine ländliche Dekoration mit Bäumen und Hütten.
Eine Komödienscena dieser mehr wirklichkeitsgemäßen
Art war 1515 die von Baldassar Peruzzi angegebene, als
die Stadt Rom die Erhebung des Giuliano Medici, Bruder Leo's X., zum Feldherrn der Kirche feierte; man
bewunderte daran die reiche und bunte Erfindung der
Häuser, Hallen, Fenster etc., Vasari VIII, p. 224, v. di
Peruzzi. Auch die Dekoration für Bibiena's Komödie
Calandra, welche vor Leo X. aufgeführt wurde, war voll
von »täuschend« gegebenen Einzelgebäuden, ib. p. 227
s., vgl. 237, Nota. Wenn eine noch vorhandene Zeichnung Peruzzi's diese Scena vorstellt, so enthielt der Hintergrund eine Anzahl von Gebäuden des alten Roms.
(Serlio, Ende des IV. Buches, rühmt, daß Peruzzi's Szenen bei aller Schönheit weniger gekostet hätten als alles
Ähnliche vor ihm und nach ihm.)
Ähnliche Szenen wird man, wo nichts Besonderes bemerkt wird, bei Komödien in der Regel und auch wohl
bei Tragödien vorauszusetzen haben. So Vasari VI,
p. 135, v. di Indaco; – IX, p. 101, v. di Francia Bigio; –
ib. p. 219, v. di Granacci; – X, p. 82 die zweite im
Kommentar zu v. di Ant. Sangallo erwähnte Szenenskizze, wo den einzelnen Häusern die Namen beigeschrie-
ben sind; – ib. p. 204 s., v. di Lappoli; – XI, p. 87 s., 99,
v. di Genga; – ib. p. 203 bis 212, v. di Aristotile, abgesehen von den obenerwähnten Ausnahmen; – ib. p. 293, v.
di Ridolfo Ghirlandajo; – ib. p. 328, v. di Batt. Franco
(obwohl man hier der gemalten Historien und Statuen
wegen auch an einen einheitlichen idealen Bau denken
könnte); – XII, p. 56, 66, v. di Salviati.
Die Scena von Palladio's Teatro olimpico vereinigt dann
Beides: den symmetrischen Prachtbau und (durch 5 Pforten gesehen) die ansteigenden Gassen mit verschiedenen
und unsymmetrischen Einzelgebäuden ⟨Abb. 32⟩.
Daß Ansichten wirklicher Gebäude, ja ganzer Städte

vorkamen, erhellt aus den Stellen über Peruzzi; in einer
Dekoration des Aristotile war Pisa ganz kenntlich dargestellt. Daß man aber solche Aussagen doch nicht zu
buchstäblich nehmen dürfe, lehrt der Prolog von Ariosto's Negromante: die Stadt stelle Cremona dar;

> So che alcuni diranno ch'ella è simile
> E forse ancora ch'ella è la medesima
> Che fu detta Ferrara, recitandosi
> La Lena.

(eine andere Komödie des Dichters), aber es sei eben
Karneval, wo auch Cremona in der Maske auftreten
dürfe, die einst Ferrara trug.

[§ 194]
Künstlerische Absicht der Scena.

Das Höchste, was die Szenenkünstler erstrebten, war indes
noch nirgends die Täuschung in unserm heutigen Sinne,
sondern eine festliche Pracht des Anblickes, hinreißend
genug für jene Zeit, um die Poesie darob vergessen zu
lassen.

Serlio's u. A. Angaben, wie man den Mond steigen lasse,
Blitz und Donner hervorbringe, beliebige Gegenstände
brennen lasse, Flugmaschinen in Bewegung setze etc.;
die Sonne wurde durch eine von hinten beleuchtete Kri-
stallkugel dargestellt (und zwar beweglich) etc.

Ganz kindlich und unserm Begriff von Illusion geradezu
entgegengesetzt, erscheinen jene sog⟨enannten⟩ Edelsteine, womit die Friese der Gebäude auf der Scena
geschmückt waren; es waren fazettiert gegossene Gefäße, entweder mit gefärbten Flüssigkeiten oder aus farbigem Glase, von hinten beleuchtet; an den perspektivisch verkürzten Flächen der Gebäude, heißt es, müsse
man sie natürlich ebenfalls verkürzt darstellen, auch sie
wohl befestigen, damit sie nicht von der Erschütterung
der Ballette herunterfielen.

Auch die Fenster, mit farbigem Glas, Papier oder Tuch

geschlossen, wurden beleuchtet wie etwa jetzt auf Kindertheatern.

Eine ländliche Scena, eingerichtet von Genga für den Herzog von Urbino, hatte lauter Baumlaub und anderes Grün und Blumen von Seide; an den Gestaden des Wassers wimmelte es von echten Seemuscheln und Korallen, wozu die Prachtkostüme der Hirten und Nymphen, die goldenen Fischernetze und die aus verkappten Menschen komponierten Meerwunder trefflich zu passen schienen. Sehr richtig verlangt Serlio für die Bühne reines Oberlicht durch Kronleuchter, statt des zweifelhaft wirkenden Rampenlichtes der modernen Theater.

Vor bloß gemalten Personen warnt er, gibt aber doch Intermezzi von ausgeschnittenen Kartonfiguren zu, deren unterer Rand in einem Falz des Bühnenbodens laufen müsse.

[§ 195]
Feuerwerk und Tischaufsätze.

Auch das Kunstfeuerwerk war in Italien gegen Ende des 15. Jahrhunderts so ausgebildet, daß es den Festlichkeiten einen höhern Charakter verleihen konnte.

(Auch wohl in Spanien, vgl. das Feuerwerk in Barcelona 1501, bei Hubert. Leodius, de vita Friderici II. Palatini, L. II.)

Auch hier sind Florentiner unentbehrlich. Phil. Beroaldus l. c. (§ 187): am letzten Abend des Festes gab es auf dem Platz vor dem Palaste ein neues und ungewohntes Schauspiel, bei den Leuten Girandola, d. h. Flammenkreis, geheißen, von einem florentinischen Machinator. (Es scheint mißlungen zu sein, aber trotz Schreckens und verbrannter Kleider gefiel es um der Neuheit willen.)

Das theoretische Werk des Vannuccio Biringucci von Siena, Pirotechnia (erste Ausg. Venedig 1540) steht uns nicht zu Gebote. Über den Autor vgl. Milanesi III, p. 124.

In Florenz knüpfte sich eine wahrscheinlich schon alte
Ausübung an das Johannesfest. Die Hauptschilderung
der Girandola in den ersten Jahrzehnten des 16. Jahr-
h⟨underts⟩ ziemlich dunkel, bei Vasari X, p. 274, v. di
Tribolo, welcher letztere dann auf Befehl Cosimo's I.
(vgl. § 56) dem Feuerwerk die phantastischen Elemente
benahm und einen klassischen achteckigen Tempel an
deren Stelle leuchten ließ. – Vgl. XI, p. 288, v. di Rid.
Ghirlandajo, dessen Gehülfe Nunziata in diesem Fache
sehr gerühmt wird.

Nach dem Feuerwerk sind wir auch dem Zuckerwerk und
den Tafelaufsätzen eine Notiz schuldig, insofern diese
Dinge bisweilen mit großen dekorativen und plastischen
Ansprüchen auftraten.

Ja bisweilen alle Speisen überhaupt in Phantasieformen.
Ein kolossales Beispiel Corio, stor. di Milano, fol. 239 s.,
bei Anlaß der Hochzeit einer Visconti mit einem englischen Prinzen 1368.

Beim Empfang der Lionora durch Kardinal Pietro Riario
(§ 187), Corio, fol. 417 ss., vergoldete Speisen, trave-
stierte Gerichte, z. B. ein Kalbskopf als Einhorn, dann allmählich lebensgroße mythologische Figuren und Gruppen, Kastelle, Alles eßbar oder mit Delikatessen angefüllt,
Schiffe, Wagen mit Tieren, ja ein Berg, aus welchem ein
lebendiger Mensch herausstieg, um Verse zu rezitieren. –
Mäßiger ging es dann am Hofe von Ferrara bei den Festen
zu Ehren derselben Prinzessin zu, Diario ferrar, bei Murat. XXIV, Col. 249; die in allen möglichen Formen
modellierten Zuckersachen wurden dann dem Volk zum
Raub überlassen.

Beroaldus a.a.O. (§ 187) läßt eine schon etwas veredelte
Stufe dieses Vergnügens erkennen; bei der von ihm geschilderten Hochzeit kam zwar am Hauptgastmahl noch
manche Spielerei vor, z. B. die Tiere noch scheinbar
lebendig, Rehe, die noch hüpften, Stachelschweine, die
noch ihre Stacheln aufrichteten etc.; die eigentliche
Kunst zeigte sich aber zwei Tage später bei einem Dejeu-

ner in engerm Kreise, und zwar mit den niedlichsten
Figuren und Gruppen, wahrscheinlich aus Dragant, welche dann den einzelnen Gästen als Geschenk mitgegeben
wurden.

Als Schlußvignette dieses Abschnittes möge die Erwäh- ₅
nung einer gewiß geschmackvoll angeordneten Trophäe
aus lauter Wildpret dienen, womit ein Abt von Farfa
1476 den nach Rom reisenden König Ferrante von Neapel empfing; Jovian. Pontan. de conviventia.

⟨DRITTES BUCH
SKULPTUR⟩

I. KAPITEL
IHRE ÄUSSERE STELLUNG UND IHR MATERIAL

[§ 196]
Verhältnis zu den Bedürfnissen der Zeit.

Von allen Künsten hat zur Zeit der Renaissance die Skulptur in Italien die am wenigsten gesicherte Stellung. Schon zur gotischen Zeit in hohem Grade und jetzt fast völlig emanzipiert von der Architektur, genießt sie auch nicht mehr den Schutz derselben; außerdem steht sie gegenüber der Malerei im Nachteil, indem sie dem Sachinhalt, welchen das Jahrhundert dargestellt haben will, weniger entspricht als diese und bei dem Stil, welcher zunächst der herrschende wurde, nur schwer ihre ewigen Gesetze behauptet.

Eine leere Renaissancenische beleidigt das Auge nicht, ein leerer gotischer Baldachin, und vollends ein seiner Seitenstatuen beraubtes Portal ist unerträglich. Für jede Renaissancearbeit bedarf es eines besonderen Entschlusses und Beschlusses; in der Gotik des Nordens existiert die Figur entweder überhaupt nicht oder sie muß da sein wo sie ist, so kümmerlich ihr der Raum zugemessen sein mag.

Der bevorzugte Inhalt der Kunst der Frührenaissance im allgemeinen ist das Viele und Charakteristische, sein Hauptausdruck ist mit Notwendigkeit ein realistischer, bei welchem die vorzugsweise ideale Gattung, die Skulptur, in einen Widerspruch mit sich selber gerät.

Gleichwohl tritt sie weit in den Vordergrund alles damaligen Strebens, zum Teil weil eine allem überlegene Voraussetzung, nämlich die Pflicht dem Altertum nachzueifern, die damaligen Italiener beherrschte, und weil ein gewaltiger innerer Trieb zu ihr in den Künstlern vorhanden war.

Petrarca hatte die Skulptur gleichsam im Namen des Altertums herausgefordert, de remediis utriusque fortunae, p. 39 (um 1350 verfaßt): »Unsere Zeit, die in so vielen Dingen irre geht, möchte wenigstens gerne als Erfinderin oder doch als zierliche Vollenderin der Malerei gelten, während sie sich zu der kecken Unverschämtheit, der alten Welt in irgendeiner Gattung der Skulptur gleichzukommen, doch nicht aufzuschwingen wagt.« Sie wagte es später allerdings auf ihre Weise, und zwar, wie sich zeigen wird, mit einem Wetteifer ohne alle Knechtschaft.

Bei den Bestellern aber wirkte dieselbe Lust am Monumentalen, welche die Seele der damaligen Architektur ausmacht, sei es, daß sie der Grabmäler und Denkmäler für sich und ihre Stadt oder Herrschaft bedurften, sei es, daß es ihnen überhaupt würdig schien, die Skulptur zu beschäftigen.

Letzteres wird in ganz moderner Weise betont bei Cosimo dem Älteren (st. 1464); Vespasiano Fiorentino, p. 341: »er begünstigte besonders die Skulptoren, deren Kunst er trefflich verstand, und weil dieselbe damals etwas abnahm und die Meister wenig Bestellungen hatten, gab er dem Donatello, damit derselbe zu tun habe, den Auftrag zu den ehernen Kanzeln und den Sakristeitüren in S. Lorenzo, und ließ ihm wöchentlich soviel auszahlen, daß er mit vier Lehrlingen davon bestehen konnte.« Der Autor kannte Cosimo genau und mag das etwas zu fröhliche Bild von der damaligen Existenz der Skulptur dämpfen helfen, welches aus Vasari sich zu ergeben scheint.

Davon war natürlich keine Rede, daß die Skulptur wieder ein Lebensinteresse ersten Ranges geworden wäre wie bei den Alten, welche von ihr eine beständige Verwirklichung des Göttlichen (das zugleich das schönste

Menschliche in vielen einzelnen Strahlen war) und eine
heitere ideale Darstellung des Irdischen verlangt hatten.
Es wird sich zeigen, daß die Skulptur der Renaissance
sich gewaltig anstrengen mußte.

[§ 197]
Präzedenzstreit mit der Malerei.

Mit dieser mehrfach bedingten Stellung der Skulptur und
mit der daher in die Bildhauer gekommenen Unruhe hängt
es zusammen, daß ein hundertjähriger Streit über den Vorrang zwischen Skulptur und Malerei entbrennen konnte,
welcher im Altertum ganz undenkbar gewesen wäre. Eine
zeitliche Prioritätsfrage konnte zwischen den beiden Künsten nicht aufkommen, weil zu häufig dieselben Meister
beide vertraten.

[§ 198]
Steinskulptur.

Die verschiedenen Stoffe der Skulptur kommen hier insofern kaum mehr in Betracht, als sich schon das italienische
Mittelalter ihrer sämtlich bedient hatte, und zwar nicht
selten in großen monumentalen Unternehmungen. Auch
die Technik im engern Sinn war in den meisten Gattungen
eine vollendete, als die Renaissance sie übernahm. In betreff
des Marmors hatten die Gruben von Carrara längst den
Vorzug.

[§ 199]
Der Erzguß.

Der Erzguß wagt sich an die schwierigsten Aufgaben und
wird mit einem Aufwand und einer Hingebung behandelt
wie keine andere Gattung. Die Methode scheint von Anfang der Renaissance an ungefähr dieselbe gewesen zu sein,
welche dann weiter dauerte.

Die Vergoldung war das ganze 15. Jahrhundert hindurch sehr unvollkommen und wurde im 16. bei großen Arbeiten kaum mehr angewendet.

[§ 200]
Skulptur in gebranntem Ton.

Zu den größeren Arbeiten in gebranntem Ton gab ohne Zweifel die sehr vervollkommnete Anwendung dieses Stoffes in der Architektur den Anlaß. Häufig wurde denselben ein Anstrich gegeben, während in Florenz die Werkstatt der Robbia das Geheimnis einer höchst vollkommenen mehrfarbigen Glasierung anwandte.

[§ 201]
Bildnerei in Ton und Stukko.

Unter dem Namen Stukko werden zusammengefaßt sowohl modellierbare Stoffe als auch gießbare, welche Hohlformen voraussetzen. Erstere werden hauptsächlich angewandt, wenn die Skulptur bei beschränkten Mitteln große erzählende Gruppen bildet.

[§ 202]
Holz und Wachs.

Die Holzschnitzerei, während des Mittelalters auch in Italien heimisch, behauptete sich während der Renaissance schon durch den Anhalt, welchen ihr die hochgeschätzte Dekoration in Holz gewährte, sodann hauptsächlich durch die Notwendigkeit für die Kruzifixe einen andern Stoff als Stein und Erz anzuwenden.

Das Wachs diente hauptsächlich als Skizzierstoff bei kleinern Arbeiten und als Stoff von kleineren Modellen, doch auch als definitives Material zierlicher Kleinkunst. Außerdem fand es eine ganz besondere Verwendung zu Wachsbildern beinahe in unserem Sinne.

II. KAPITEL
ALLGEMEINE RICHTUNG UND STUDIEN

[§ 203]
Der Realismus.

Wie die Renaissance als große Kulturepoche sich der Ergründung der Welt im weitesten Umfang widmet, so ist
auch das zugestandene Ziel all ihrer Kunst die Darstellung
der lebendigen Wirklichkeit und die höchste Bewunderung
wird in den schriftlichen Aufzeichnungen selbst bei den
Dichtern dem täuschend Lebendigen gewidmet. Von dem
starken idealen Gegentrieb, der uns als das Größte in der
Renaissance erscheint, ist kaum irgend die Rede. Die Skulptur, durch ihre vollständigere Darstellung der Körperlichkeit nur um so mehr verpflichtet, gewisse Grenzen des
Wirklichen nicht zu überschreiten, vergegenwärtigt uns
den Kampf streitender Prinzipien und Neigungen noch
nachdrücklicher als die Malerei.

[§ 204]
Die Antiken im 15. Jahrhundert.

Die vorhandenen antiken Statuen von höherem Kunst-
wert, noch im ganzen 15. Jahrhundert nicht zahlreich,
sowie die beträchtlich stärker vertretenen Reliefs genossen
zwar eine hohe Verehrung, konnten aber eine Skulptur von
dieser Richtung nicht von ihrem Wege ableiten.

[§ 205]
Die Antiken im 16. Jahrhundert.

Im 16. Jahrhundert waren sehr viel mehr antike Schätze an
das Licht gefördert als früher; es wurde eine feste Gewohnheit, sie zu restaurieren und als Zierstücke in Palästen und
Gärten aufzustellen; hieran hauptsächlich knüpfte sich

dann eine ausgedehnte Profanskulptur, indem auch Solche, die keine Antiken erwerben konnten, einen plastischen Schmuck an ähnlicher Stelle verlangten. Die innere Einwirkung auf die Skulptur aber blieb eine nur sehr bedingte.

[§ 206]
Die Aktstudien der Frührenaissance.

Da nun die Skulptur nicht das Altertum, sondern die Natur erreichen wollte, so mußten ihr vor allem die Studien nach dem lebendigen Akt hochwichtig sein.

[§ 207]
Die Aktstudien seit Lionardo.

Mit der Wende des Jahrhunderts erreichten die Anstrengungen in der Erforschung der Menschengestalt und ihrer geistigen und leiblichen Bewegung die höchste Stufe und selbst, daß die Kunst dann frühe zu sinken begann, geschah nicht wegen Abnahme dieses Studiums.

[§ 208]
Abgüsse über der Natur.

Abgüsse über den lebendigen Akt als Hilfsmittel des Studiums wurden seit Anfang der Renaissance versucht, namentlich für die Extremitäten, doch auch für größere Teile des Körpers. Auch Totenmasken werden frühe verfertigt mit der Absicht, bei Ausführung der Büste davon Gebrauch zu machen.

[§ 209]
Die Anatomie bis auf Lionardo.

Die Kenntnis des innern Baues des Menschen, soweit sie der Kunst dienstbar wurde, begann im 14. Jahrhundert mit dem Skelett. Frühe im 15. Jahrhundert fing dann die Ana-

tomie der Ärzte an, welche gewiß sehr bald auch die Teilnahme der Künstler nach sich zog, bis endlich die größten
derselben ihre volle Kraft auf die Erforschung des Körpers
zu wenden für unumgänglich hielten.

[§ 210]
Die Anatomie seit Michelangelo.

Den Höhepunkt erreicht das künstlerische Studium der
Anatomie mit Michelangelo, welcher in der vollkommensten Wahrheit und Vielartigkeit der Bewegung seiner Gestalten seine eigentlichste Überlegenheit über alle Zeitgenossen scheint erkannt zu haben. Daß sie ihm nacheiferten,
ohne seine Studien mitgemacht zu haben, und seine bewegten Formen kopierten ohne die Ursachen der Bewegung,
war ein Hauptgrund des Verfalls der Kunst.

[§ 211]
Gewandstudien der Frührenaissance.

Auch die Gewandung beruht ganz auf eigentümlichen Studien und erinnert nur im seltensten Fall an antike Behandlung, so häufig auch die Tracht an sich aus dem Altertum
entlehnt wird. Von Anfang der Renaissance an wird das
Gewand von der feierlichen Stilisierung der Giottesken
Zeit freigemacht und durchaus als Ausdruck des Leibes
und seiner Bewegung behandelt.

[§ 212]
Gewandstudien der Hochrenaissance.

Bei den großen Meistern zu Anfang des 16. Jahrhunderts
durchdringen sich in der Gewandung die höchste Wahrheit
und Idealität. Später tritt ein Suchen nach Effekten ohne
wahre Ursachen ein.

III. KAPITEL
DIE SKULPTUR DER FRÜHRENAISSANCE

[§ 213]
Allgemeiner Charakter der Meister.

Kühner als die übrigen Künstler werfen sich die Skulptoren
der Frührenaissance in die Wellen des Jahrhunderts und
seiner Bildung und zwingen demselben die Aufgaben ab,
indem sie seinem Geist sich vollkommen zu Gebote stellen.
Sie genügen den beiden großen Richtungen dieses Geistes:
dem Monumentalsinn und der Erkundung und höchst
kräftigen Darstellung der Natur.

[§ 214]
Neue Funktion der Kirchenstatuen.

Statuen heiligen Inhaltes, bisher nur in enger Verbindung
mit einem Gebäude, Altargehäuse etc. gebräuchlich, treten
jetzt freier aus ihrer Nische vor und erscheinen auch bisweilen schon völlig isoliert auf Altären, ja ganz vereinzelt in
oder an den Kirchen aufgestellt.

[§ 215]
Grenzen ihres Stiles.

Die kirchlichen Statuen der Frührenaissance können die
höchstmögliche Bedeutung ihrer Gegenstände nicht erreichen, weil das Streben nach vollkommener Belebung vorherrscht, in welchem der wahre Fortschritt dieser Zeit über
das Mittelalter liegt.

[§ 216]
Christus und Maria.

Die Gestalt Christi kommt im 15. Jahrhundert nur selten anders vor denn als Kruzifixus oder als vom Kreuz abgenommen.

Die seltenen größern kirchlichen, nicht für Hausandacht geschaffenen Madonnenstatuen aus jener Zeit zeigen einen Fortschritt hauptsächlich in der leichtern Haltung, sowie in der bereits sehr schönen Bildung des Kindes.

[§ 217]
Die nackten Heiligen.

Aus dem übrigen kirchlichen Gestaltenkreise treten frühe die beiden asketischen Heiligen des neuen Testaments, Johannes der Täufer und Magdalena hervor, als Aufgaben des Ausdruckes sowohl als der geschärften Behandlung des Nackten.

Sodann bemächtigte sich die plastische Kunst bereits der einzigen ganz nackten Figur, welche eine bleibende kirchliche Aufgabe werden konnte: des als Pestheiligen viel verehrten S. Sebastian.

Adam und Eva kamen zwar nicht als Kultusstatuen, wohl aber als Seitenfiguren von Altären und Grabmälern in Behandlung, mit offenbarer Absicht auf Darlegung von Virtuosität.

[§ 218]
Apostel und andere Heilige.

Heiligenstatuen aller Art, an Fassaden und auf Altären, dienen der Skulptur als Probleme der Lebensdarstellung in allen Kostümen und Gestalten. Die Energie, bisweilen mit hoher Würde verbunden, ist die höchste Art von Ausdruck, welche erstrebt und erreicht wird. Besondere Beziehungen auf die Legende der betreffenden Gestalt sind selten erkennbar.

[§ 219]
Die Engel.

Im 15. Jahrhundert vollzieht sich die schon früher hie und da versuchte Scheidung der Engel in erwachsene bekleidete und in nackte Kinder. Die ersteren werden jetzt erst eine der schönsten Aufgaben der Skulptur, welche hier bisweilen eine Gefühlsinnigkeit offenbart, die selbst in der Gestalt der Madonna nur selten vorkommt. Auch als Tragfiguren höherer Art werden die Engel angewandt.

Weit der größte Reichtum an Engelgestalten findet sich jedoch im Relief dargestellt, an Grabmälern, Altären, Sakramentnischen und Pforten.

[§ 220]
Die Putten.

Einer der größten Ruhmesansprüche des 15. Jahrhunderts ist, daß es das Kind in tausend freien und heiteren Gestalten der Skulptur und Malerei zurückgab, welche seit dem Untergang der römischen Kunst beinahe nur ein kümmerliches Christuskind gekannt hatten.

[§ 221]
David und Judith.

Sodann entstanden jetzt in Florenz Statuen, welche zwar biblische Personen vorstellen, allein für profane Aufstellung bestimmt waren und als die ersten, rein aus künstlerischen Gründen geschaffenen Skulpturen gelten können.

[§ 222]
Die Allegorien.

Zwar großenteils für heilige Stätten bestimmt, aber jeder
biblischen Beziehung völlig bar, können auch die weiblichen allegorischen Statuen zumeist an Grabmälern vor-
kommend, als ganz freie künstlerische Themata gelten.

Die Einseitigkeit der Aufgabe wurde etwas gehoben,
indem man an Grabmälern, zumal in Venedig, die Darstellung des Abstrakten weiter faßte und teils Gestalten der
Mythologie in allegorischem Sinne brauchte, teils auch
männliche Allegorien des Heldentums und der politischen
Macht schuf.

[§ 223]
Mythologische Skulptur.

Endlich gibt es seit der Frührenaissance eine reine Profanskulptur, deren Schöpfungen von den Künstlern als poetische Probleme ausgeführt und von den Bestellern nicht
mehr als notwendige Ergänzung der Architektur verlangt,
sondern als wertvoller Besitz im Innern der Paläste aufbewahrt werden.

[§ 224]
Die Gruppen.

Gruppen im höchsten Sinne vermochte die Frührenaissance nicht zu bilden, weil ihr bei Darstellungen aus mehreren Figuren das dramatisch Deutliche und Ergreifende
wesentlicher war als alles übrige, und weil die Wissenschaft
der Linien und die Strenge der Bedingungen, unter welchen eine Gruppe vollkommen sein kann, ihr nur allmählich klar werden konnte.

Schrankenlos erging sich aber die dramatische Skulptur
erst in den lebensgroßen, im 15. Jahrhundert immer bemal-

ten Tongruppen, welche entweder als Bilder für Einen Anblick, und zwar für die Aufstellung in einer Nische komponiert sind oder überhaupt jeden andern Zusammenhang als den sich von selbst verstehenden sachlichen verschmähen.

[§ 225]
Liegende Grabstatuen; Büsten.

Die Porträtskulptur mußte ein Hauptzweig der Kunst des 15. Jahrhunderts werden, schon weil sie der sichtbarste Ausdruck des Ruhmes und die sicherste Garantie der Verewigung war. Außerdem aber konnte hier die Richtung der Kunst auf das Wirkliche und Individuelle ihr volles Genüge finden. Den nächsten Anhaltspunkt gewährten die seit dem Mittelalter im ganzen Abendlande üblichen Grabstatuen.

Der einfachste Ausdruck des profanen Denkmales, die Büste, entsteht im 15. Jahrhundert hauptsächlich auf Anregung der schon nicht mehr seltenen antiken Büsten hin.

[§ 226]
Übergang in das profane Denkmal.

Die Porträtstatue, das Denkmal im modernen Sinne, trennt sich nur schwer und allmählich von dem Grabe und noch schwerer von der Architektur überhaupt, um frei, auf offenem Platze stehend, den Ruhm des Dargestellten ohne alle Nebenbeziehung zu verkünden.

Ein unbegreiflicher Exzeß war es, daß die Florentiner lebensgroße kostümierte und gefärbte Wachsfiguren Verstorbener (und Lebender) in die Kirchen stellen durften.

[§ 227]
Surrogate der Reiterstatue.

Die höchste Ambition verlangte von der Kunst eine Verherrlichung durch Reiterstatuen, mußte sich aber, solange
der Aufwand und die Kunstmittel noch nicht hinreichten,
mit Surrogaten verschiedener Art begnügen.

[§ 228]
Die eherne Reiterstatue.

Bald wurde die monumentale, womöglich eherne Reiterstatue beinahe zur Hauptangelegenheit der ganzen plastischen
Kunst und zur wichtigsten Äußerung militärischen und
dynastischen Hochgefühls.

[§ 229]
Brunnenskulptur.

Der Wirkung und künstlerischen Bedeutung nach schiene
dem öffentlichen Denkmal am nächsten verwandt die
Brunnenskulptur. Doch hat das 15. und beginnende 16.
Jahrhundert nur äußerst wenige Werke dieser Art von
höherer Bedeutung aufzuweisen.

[§ 230]
Tragfiguren und Uhrfiguren.

Menschliche Gestalten in architektonischer Funktion als
Tragfiguren sind im 15. Jahrhundert eine Ausnahme, wahrscheinlich weil eine solche Bestimmung im Widerspruche
stand mit der ganzen realistischen Richtung der Skulptur.

[§ 231]
Das Relief der Frührenaissance.

Das Relief der Frührenaissance erscheint überwiegend malerisch, weil es dasselbe will und zu dürfen glaubt, wie die Malerei; es wetteifert mit ihr in der wirklichkeitsgemäßen Darstellung des Lebens und muß daher auch Nebensachen und Hintergründe in seinen Bereich aufnehmen.

[§ 232]
Das Existenzrelief.

Das Existenzrelief, meist Heilige, Engel, Donatoren um eine mittlere Gestalt, in der Regel die Madonna versammelt darstellend, in seinem einfachsten Ausdruck auch bloßes Madonnenrelief mit zwei Engeln, nimmt meist einen halbrunden oder runden, auch wohl einen rechtwinkligen, oblongen Raum ein.

[§ 233]
Die Friesreliefs.

Das erzählende Relief hatte nur äußerst selten ganze Friese mit seinen Darstellungen anzufüllen, und auch dann löst sich die Erzählung in einzelne Abteilungen auf.

[§ 234]
Das erzählende Relief in Erz.

Bei weitem das Wichtigste war für das erzählende Relief der Frührenaissance die einzelne quadratische oder kaum etwas oblonge Historie mit dem Anspruch, ein Bild des Herganges zu geben, welches neben einem Gemälde nur durch den Mangel der Farbe zurückstehe, dies jedoch aufwiege durch die vielseitigere Darstellung der Gestalten und durch die hohe Würde der Skulptur. Hier vorzugsweise gönnte man der letztern das vornehmste Material, das Erz.

[§ 235]
Das erzählende Relief in Stein.

In Marmor wurden dem erzählenden Relief meist nur Ne-
benpartien, Friese und Sockel an Grabmälern und Altären
zugewiesen, doch bisweilen auch das Altarbild selbst. Außerdem gewährte es hie und da den Fassaden und Portalen
den vorzüglichsten Schmuck. Im Mißverstehen der Aufgabe und in der Zierlichkeit der Exekution wetteifern viele
dieser Arbeiten mit denjenigen in Bronze.

[§ 236]
Das Medaillon.

Das Medaillon als Schmuck der Architektur in Bogenfüllungen, auch in Friesen einzeln oder reihenweise angebracht, nimmt die verschiedenste Behandlungsweise an, je
nach seinem Inhalt, und geht am Ende in imposante Freiskulptur über.

[§ 237]
Die Schaumünzen.

Endlich entsteht neben allem Monumentalem eine Scheide-
münze des Ruhms, das bewegliche Denkmal, nämlich das
geprägte oder gegossene Medaillon, eine der am meisten
charakteristischen Hervorbringungen der Frührenaissance.

[§ 238]
Münzliebhaber und Sammler.

Neben den erzgegossenen Medaillons, welche bald Sammlungen bildeten, gab es einzelne goldene und silberne Ex-
emplare; ferner entstand die auf irgendein bestimmtes Ereignis in Silber oder Gold geprägte, für einen, wenn auch
nur beschränkten Kurs bestimmte Denkmünze; endlich

berührt sich die ganze Gattung auch mit demjenigen Medaillon, das an einer Kette oder am Barett getragen wurde.

[§ 239]
Gemmenschneider.

Die Gemmenschneidekunst beginnt ihre bedeutenderen Leistungen erst mit dem Ende des 15. Jahrhunderts, und zwar sogleich mit einigen wichtigen Stücken.

IV. KAPITEL
SKULPTUR DES 16. JAHRHUNDERTS

[§ 240]
Wachsen der Bestellungen.

Die Wandlung, welche mit dem Wechsel des Jahrhunderts in der ganzen Kunst vorgeht, besteht für die Skulptur in einem Fortschritt aus der einseitigen Lebendigkeit in die Idealität. Zunächst ändern sich alle Vorbedingungen, unter welchen die Skulptur existiert. Die gewaltigen Anstrengungen, welche sie im 15. Jahrhundert gemacht, tragen nunmehr ihre Früchte, so daß sie über viel größere Mittel und Aufgaben und über eine höhere Anerkennung verfügt.

[§ 241]
Vergrößerung des Maßstabes.

Von dem Zusammenarbeiten mit der Dekoration in Marmor und Erz mehr und mehr losgesprochen, darf die Skulptur ihren frei in den Raum vortretenden Gestalten denjenigen Maßstab geben, den sie selber wünscht; das Überlebensgroße und Halbkolossale wird häufig, und auch eigentliche Kolosse kommen nicht selten zur Ausführung.

[§ 242]
Stellung der Künstler.

Auch die gesellschaftliche Stellung der Künstler wird nunmehr eine höhere und mit der Zeit streben manche nach
5   äußerer Vornehmheit und nach der Gunst der Großen auf
eine betrübende Weise.

Seit etwa 1530, als mit dem Untergang der florentinischen Freiheit die Herrschaft Spaniens über Italien besiegelt war, mehren sich nicht nur die Unarten der Künstler
10 und ihre Schmeichelei gegen die Großen, sondern auch
Züge tiefer Bosheit kommen häufiger vor, zumal bei Bildhauern.

[§ 243]
Innere Verwandlung; Herrschaft des Motives.

15 Die innere Veränderung, womit die Skulptur der Hochrenaissance beginnt, ist eine wunderbar zusammengesetzte.
Zunächst drückt sich ein stärkeres ideales Wollen darin aus,
daß außer der Belebung, welche die Aufgabe der vorhergehenden Zeit gewesen, jetzt auch die edlere Beseelung in ihr
20 Recht tritt, also Süßigkeit der vollen Reife. Untrennbar
hängt damit zusammen, daß das einseitig Charakteristische
und Realistische aus dem ganzen Detail weicht und einer
großartigern Behandlung Platz macht. Hiemit kreuzte sich
jedoch auf verhängnisvolle Weise das Überwiegen des Mo-
25 tives über den Gegenstand.

[§ 244]
Das Christusideal.

Die höchsten Gestalten des christlichen Kreises sind in
einigen wenigen unvergänglichen Werken ganz neu auf-
30 gefaßt und den Grenzen des in Marmor Erreichbaren genähert.

[§ 245]
Die Madonna.

Die Madonna, jetzt weniger selten als früher auf Altären als Statue dargestellt, gelangt doch nicht so an die Spitze des Darstellbaren wie in der Malerei.

[§ 246]
Die nackten Kirchenfiguren.

Unter den kirchlichen Statuen nehmen diejenigen Aufgaben, an welchen das 15. Jahrhundert seine Kenntnis des Nackten entwickelt hatte, jetzt eine geringere Stelle ein, indem die mythologische und allegorische Skulptur sich inzwischen vorzugsweise dieses Themas bemächtigt hat.

[§ 247]
Die Heiligen überhaupt.

Von den übrigen Heiligenstatuen auf Altären, in Pfeilernischen und an Fassaden haben die oberitalienischen im ganzen das edlere Gemütsleben, die von Michelangelo abhängigen das äußerliche Leben und die größere plastische Gültigkeit voraus.

[§ 248]
Gruppen in Ton und Marmor.

In den Gruppen spiegelt sich ein ähnliches Verhältnis wider; die oberitalienischen sind bloße Zusammenordnungen von höchst belebten und ausdrucksvollen Figuren, die toscanischen, soweit sie dies nicht sind, zeigen wiederum die Herrschaft des Motives über den Gegenstand.

[§ 249]
David, Bacchus, Herkules.

Bei der einseitigen Richtung auf das Motiv mußten vorzüglich solche Aufgaben aufgesucht und wertgeschätzt werden, in welchen das Motiv völlig frei walten durfte, ohne
Rücksicht auf die Voraussetzungen und das Verlangen einer andächtigen Gemeinde. Es gelang den Skulptoren, in
den Mächtigen und Gebildeten den schon vorhandenen
Eifer für eine profane neutrale Gestaltenwelt bis zu einem
bedeutenden Grade zu entzünden, und auch im Volke fanden sie damit wenigstens mehr entgegenkommendes Verständnis, als sie außerhalb Italiens würden gefunden haben.

[§ 250]
Die Mythologie in der Skulptur.

Wenn die antike Mythologie schon in mehreren dieser Fälle
nur zum Vorwand für allgemeine künstlerische Ideen gedient hatte, so kam noch außerdem in Betracht, daß die
damalige Bildung die Gestalten des Mythus als Hülle allgemeiner Begriffe ansah. Die Kunst achtete weder auf die
mythische Bedeutung noch auf die allegorische Ausdeutung sonderlich.

[§ 251]
Die Allegorie und Michelangelo.

Das neue große Jahrhundert übernahm einerseits die ganze
Voraussetzung der Ausdrucksweise des Allgemeinen durch
allegorische Gestalten, tätige wie ruhende, bildete aber das
Bewußtsein der höchsten Gesetze der plastischen Erscheinung aus und empfand vor allem die Wichtigkeit des bedeutenden neuen oder schönen Motives als Seele der Skulptur. Die Allegorik, welche man auf dem Wege antraf, wurde
nun häufig zur Dienerin oder zum Vorwand dieser neuen
Kraft, vorzüglich des Michelangelo.

[§ 252]
Allegorien der Nachfolger.

Zwar mußten sich die Nachahmer Michelangelos meist
dareinfügen, ihren Allegorien kenntlichmachende Attribute beizugeben, allein die Figuren an sich bleiben bloße
Motive und gewinnen nur im seltensten Fall ein besonderes
individuelles Leben, welches den ihnen beigelegten Sinn
wesentlich ausdrücken hilft.

[§ 253]
Die Brunnenskulptur.

Weit der erfreulichste Zweig der allegorischen Skulptur
sind die Brunnengruppen und die Brunnenfiguren, welche
allerdings erst nach der Mitte des 16. Jahrhunderts stärker
in Aufnahme kommen.

[§ 254]
Die Kleinskulptur.

Mit der einseitigen Herrschaft des Motives, sowohl bei den
Künstlern selbst als in der Wertschätzung der Kenner hängt
auch zusammen die im 16. Jahrhundert mehr überhandnehmende Kleinskulptur, hauptsächlich in Erz, welche bald in
den Sammlungen eine wichtige Stelle einnimmt.

[§ 255]
Die Porträtbüste.

Die Porträtskulptur des 16. Jahrhunderts gibt das Indivi-
duelle nicht idealisiert, aber bisweilen sehr groß und frei.
Zunächst wird die Büste jetzt häufiger, ja eine dauernde
Gattung.

[§ 256]
Liegende und stehende Bildnisstatuen.

Unter den Porträtstatuen sind die liegenden Grabfiguren, jetzt fast ohne Ausnahme schlummernd dargestellt, am freisten von gesuchten Motiven. Einige davon gehören zum trefflichsten der goldenen Zeit und selbst Meister von mittlerem Werte haben in dieser Gattung Vorzügliches geleistet.

Stehende Porträtstatuen an Grabmälern sowohl als auf öffentlichen Plätzen und in Palästen sind zwar in ziemlicher Anzahl vorhanden, allein nicht von vorzüglichen Meistern der besten Zeit.

[§ 257]
Sitzende Bildnisstatuen.

Die sitzende Statue bleibt die Hauptdarstellungsweise für Geistliche, zumal für Päpste, doch findet sie an Grabmälern als Ausdruck des Ruhens auch eine weitere Anwendung.

Durch Fügung des italienischen Schicksals geschah es, daß in der ersten Hälfte des 16. Jahrhunderts keine einzige eherne Reiterstatue mehr zustande kam.

[§ 258]
Das Relief im 16. Jahrhundert.

Das Relief, fortwährend in sehr bedeutender Ausführung, behauptet zum Teil das wesentlich malerische Darstellungsprinzip des 15. Jahrhunderts, nur jetzt in den mehr ideal ausgeprägten Formen der neuen Zeit; zum Teil sucht es sich zu einer völlig plastischen Durchführung aufzuraffen, obwohl fast nirgends mit vollständigem Erfolge.

[§ 259]
Die Medailleurs.

Die Medailleurs, die Gemmenschneider und auch einzelne Kristallschleifer kommen im Ganzen dem reinen plastischen Stil näher als die Bildhauer, indem die antiken Vorbilder und die Kleinheit der Gegenstände sie nötigen, sich auf die wahren Ausdrucksmittel des Reliefs zu beschränken.

⟨VIERTES BUCH
MALEREI⟩

I. KAPITEL
ÄUSSERE STELLUNG DER MALEREI

[§ 260]
Verhältnis zur vorhergehenden Periode.

Die Malerei der Frührenaissance trat ein gewaltigeres Erbe
an als die gleichzeitige Skulptur. In der christlichen Kunst
war es schon seit dem frühesten Mittelalter aus innern
Gründen entschieden, daß die Malerei der Religion die
überwiegend reichere und vielseitigere Verherrlichung ge-
währe, und für Italien hatte im 14. Jahrhundert die Schule
Giottos dies Verhältnis auf das Ruhmvollste festgesetzt.

[§ 261]
Der Ruhm in der Malerei.

Mit hoher ererbter Popularität ausgerüstet und von einem
gewaltigen Drange der Auszeichnung beseelt, gestaltet die
Malerei seit Anfang des 15. Jahrhunderts alle ihre bisherigen Aufgaben im Geist der neuen Zeit um und erweitert
ihre Grenzen nach allen Seiten.

(§ 261 a. Die Besteller.)

[§ 262]
Äußere Stellung und Konkurrenz.

Von zünftischen Schranken war die Malerei nirgends mehr
ernstlich gehemmt, der Bildungsgang ein völlig freier, die

Konkurrenz schrankenlos und bisweilen von den Bestellern in hoher Absicht gefördert.

[§ 263]
Reisen der Maler.

Die künstlerische Existenz ist und bleibt eine höchst bewegliche und mit dem 16. Jahrhundert beginnen auch die Reisen außerhalb Italiens häufiger zu werden.

[§ 264]
Äußere Ursachen des Verfalls.

Der Verfall der Malerei ist äußerlich begleitet von der entschiedenen Knechtschaft Italiens in Verbindung mit der beginnenden Gegenreformation und hat zur wesentlichen Mitursache die gewissenlose Schnellproduktion. Daneben macht sich eine unechte Verbindung mit der Presse geltend.

II. KAPITEL
ÜBERSICHT DER MALWEISEN

[§ 265]
Stellung des Fresko in der Kunst.

Die entscheidende Tatsache in der Geschichte der neuern Malerei ist die, daß in Italien eine große monumentale und doch nicht zu kostspielige Kunstgattung, das Fresko, schon früher und dann während der ganzen Renaissance die erste Stelle behauptete, und daß die Architektur, obwohl nicht ganz gutwillig, sich gegen dasselbe nachgiebig verhalten mußte.

[§ 266]
Fresko und Mauermalerei in Öl.

Die Technik ist bei den Toscanern während der ganzen
Renaissance die des sogenannten guten Fresko, d. h. der
Auftrag geschah auf den frischen feuchten Bewurf, das
Nachmalen auf das getrocknete Werk (al secco) wird jedoch
an geschützter Stelle gestattet und sogar bisweilen einbe-
dungen.

In Oberitalien müssen jedoch verschiedene Bindemittel
und Auftragsweisen in der Wandmalerei versucht worden
sein, welche eine langsame und sehr delikate Ausführung
ermöglichten und einen beinahe spiegelnden Glanz hervor-
brachten.

[§ 267]
Einfarbiges Fresko.

Außer dem vollfarbigen Fresko war schon seit dem 14.
Jahrhundert ein einfarbiges (Chiaroscuro) in Gebrauch gekommen, zum Teil wegen größerer Wohlfeilheit, gleichmä-
ßigerem Verhalten gegen die Einflüsse der Luft und leichterer Erneuerung, zum Teil aber auch als ganz besondere
hohe Aufgabe, auch wohl als Nachahmung oder Surrogat
der Skulptur, und vorzüglich als Kontrast zum Vollfarbigen.

[§ 268]
Das Mosaik.

Von den Kunstgattungen, welche im Gefolge des Fresko
einhergehen, ist zuerst zu erwähnen das Mosaik, welches
einst als heiligste und vornehmste Gattung an der Spitze
der Malerei gestanden hatte.

[§ 269]
Die Glasmalerei.

Auch die Glasmalerei, welche im Norden von Anfang an nur von der Architektur abhängig, sonst aber eine in sich selbständige Gattung gewesen war, folgt in Italien, soweit ihr zur Zeit der Renaissance das Leben vergönnt ist, wesentlich dem Stil des Fresko.

[§ 270]
Teppichwirkerei.

Wichtiger als Mosaik und Glasmalerei, schon durch die viel stärkere Produktion und besonders durch die Beteiligung der größten Maler, war zur Zeit der Renaissance die Teppichwirkerei. Zunächst war man allerdings auf Flandern angewiesen.

[§ 271]
Flandrische Wirkerei nach italienischer Komposition.

Zum Teil um nicht von den Preisen, noch mehr aber um nicht von der Komposition und Zeichnung und von dem Ideenkreise der flandrischen Wirker abhängig zu bleiben, ließ man einige von ihnen nach Italien kommen oder sandte italienische Zeichnungen zur Ausführung nach Flandern. Mit Rafael und seiner Schule wird dann der Teppich für einige Zeit die bewegliche Heimat der großartigsten historischen und dekorativen Komposition, in einem dem Fresko verwandten und doch davon geschiedenen Stil.

[§ 272]
Die Stickerei.

Die Stickerei tritt auf teils als Surrogat der Wirkerei, teils als zierliche Technik des Kleinen, wie die Wirkerei die des

Großen ist. Die Ausführenden gelangten bisweilen zu bedeutender Anerkennung. Für die Komposition hielten sich in der guten Zeit auch große Meister nicht zu gut.

[§ 273]
Malerei auf Tuch. Die Fahnen.

In der übrigen Malerei treffen zusammen, bedingen und kreuzen sich zwei wichtige technische Neuerungen: die Ölmalerei kämpft mit der Malerei in Tempera, das Tuch mit der Tafel, nachdem sich die Malerei auf Tuch schon längst wertvoller Aufgaben versichert hatte.

[§ 274]
Die Tuchmalerei als Ersatz des Fresko.

Der Sieg des Tuches über die Tafel entschied sich wahrscheinlich infolge eines vorangegangenen Sieges des Tuches über das Fresko im östlichen Oberitalien.

[§ 275]
Ölmalerei und Tempera.

Nur unter dem Einfluß der Tuchmalerei konnte auch die flandrische Ölmalerei im Süden, und zwar zunächst im östlichen Oberitalien festen Fuß fassen und von da aus allmählig die Tempera fast vollständig und überall verdrängen.

[§ 276]
Miniaturmalerei und Niello.

Die Miniaturmalerei in Büchern von Pergament, im Mittelalter eine Kunsturkunde ersten Ranges, nimmt seit der Herrschaft des Fresko in Italien nur eine untergeordnete Stellung in dem großen Kunstleben ein, behauptet dann aber dieselbe auch neben dem Bücherdruck in höchst würdiger Weise. Der längst gewohnte Aufwand für den Dienst des Altares und der Hausandacht (Breviarien und Horen-bücher) nahm bis spät sehr vorzügliche Kräfte in An-spruch.

Diejenige Gattung der Kleinkunst, welche (wenigstens auf Augenblicke) die größten künstlerischen Kräfte in An-spruch nahm, ist das Niello, d. h. die in Silberplatten ein-gravierte Zeichnung.

III. KAPITEL
ALLGEMEINE RICHTUNG UND STUDIEN

(§ 276 a. Das Kopieren nach anderen Meistern.)

[§ 277]
Die Perspektiviker des 15. Jahrhunderts.

Im Zusammenhang mit der hohen Bestimmung des Zeital-ters, die Wirklichkeit allseitig zu ergründen, muß auch die Malerei des 15. Jahrhunderts eine realistische sein, d. h. diese Wirklichkeit innerhalb gewisser unsichtbarer Schran-ken nach Kräften anschaulich machen. Der Weg zur Dar-stellung des höchsten Seins führte unerbittlich zunächst durch die Darstellung des äußern Scheins der Dinge, wel-che das Jahrhundert Giottos noch nicht gewollt hatte. Die wesentlichste Vorbedingung hiezu war das Studium der linearen Perspektive.

[§ 278]
Neue Behandlung des Raumes.

Es war damit verbunden eine völlige Umwälzung der Komposition, welche in ihrem tiefsten Grundprinzip, dem Verhältnis der Gestalten zum Raum, etwas wesentlich an-deres wurde, als sie je gewesen war.

[§ 279]
Vormodellierung der Figuren.

Die Forderungen, welche die Malerei als Konsequenzen
der wirklichkeitsgemäßen Erscheinung an sich selber stellen mußte, waren unermeßlich und kamen alle auf einmal.
Was sie errang, wird herrschen bis ans Ende der Tage, und
damit wird auch der Ruhm der Studien des 15. Jahrhunderts nie mehr aus dem Andenken der Menschen verschwinden.

[§ 280]
Die Verkürzung im 15. Jahrhundert.

Zunächst glaubte sich das 15. Jahrhundert verpflichtet, die
Verkürzungen, welche sich beim Anblick des Körpers ergeben, rücksichtslos darzustellen, ja sie aufzusuchen, bis die
Meister der höchsten Blüte auch hierin ein richtiges Maß
fanden. Für Malereien in der Höhe, namentlich Flachdecken und Gewölben blieb jedoch die Frage eine offene.

[§ 281]
Die Verkürzung bei den Meistern der Blütezeit.

Es ist eines der Kennzeichen der höchsten Blütezeit, daß
auf künstliche Verkürzungen und gesuchte Augpunkte verzichtet wird im Namen des gereiften idealen Stils, welcher
wieder imstande ist, von der unbedingten Herrschaft des
optischen Scheines zu abstrahieren, zugunsten eines erhöhten Daseins, ohne daß dabei die vollkommen lebendige
Darstellung Einbuße erleidet.

[§ 282]
Die Untensicht.

In der Malerei der Decken und Gewölbe jedoch dauert der
Kampf um das optische Prinzip auf das hartnäckigste fort
und entscheidet sich mit Correggio auf immer zugunsten 5
der unbedingten Untensicht. Die Denkweise der einzelnen
Maler über die letzten Ziele ihrer Kunst offenbart sich auf
diesem Punkte ohne allen Rückhalt.

[§ 283]
Einführung des konsequenten und des geschlossenen Lichtes. 10

Mit gewaltiger Anstrengung sucht die Malerei seit dem
Anfang des 15. Jahrhunderts auch jeder einzelnen Form
ihre plastische Erscheinung abzugewinnen vermöge der
Modellierung mit Licht und Schatten, nach einiger Zeit
auch mit Hülfe des Helldunkels. Die jetzt wirklichkeitsge- 15
mäß dargestellte Räumlichkeit gestattet und verlangt auch
in großen Kompositionen ein bestimmtes, oft ein geschlossenes Licht.

[§ 284]
Künstliche Beleuchtungen; Höhepunkt der Lichtdarstellung. 20

Während die Darstellungsweise der künstlichen und visionären Beleuchtung ohne große Schwierigkeit hinzuerwor-
ben wurden, bildete die Malerei der Blütezeit die Darstellung des Lichtes überhaupt, je nach der koloristischen
Richtung der einzelnen Schulen weiter aus. 25

[§ 285]
Darstellung der Luft.

Allmählich erreichte auch die Darstellung der Luft im Zusammenhang mit den bisher geschilderten Bemühungen

ihre Vollendung. Außer der Abtönung der Gegenstände
nach dem Entfernungsgrad (Luftperspektive) gehört hieher die Darstellung des Himmels selbst und die Beobachtung und Nachbildung der weichen Erscheinung der Umrisse.

IV. KAPITEL
DIE KOMPOSITION

[§ 286]
Komposition des 15. Jahrhunderts.

Die Komposition, der Zentralpunkt, in welchem die äußern Kunstmittel und die Auffassung sich durchdringen,
konnte, im höchsten Sinne genommen, noch nicht die
Aufgabe des 15. Jahrhunderts sein, welches mit der vollständigen Belebung des einzelnen und mit der Darstellung
des perspektivischen Scheines hinlänglich beschäftigt war.
Doch sind alle Grundlagen zu der vollendeten Kunst in
dieser Zeit gelegt worden.

[§ 287]
Komposition der Blütezeit.

Mit dem Eintritt der höchsten Blüte, um die Zeit der Wende
des Jahrhunderts, im Zusammenhang mit der Zunahme des
geschlossenen Lichtes und mit der Vergrößerung des Maßstabes, erreicht die Komposition im idealen Gebiete ihre
Reife in Gestalt einer höhern Architektonik und einer gesetzlich schönen Gruppenbildung, während zugleich auch
in der mehr realistischen Erzählung das Höchste muß geleistet worden sein.

[§ 288]
Der Wettstreit des Lionardo und Michelangelo.

Die Verbreitung der neuen großen und vereinfachten Darstellungsweise wurde äußerlich mitveranlaßt durch die berühmten Wettkompositionen des Lionardo und des Michelangelo 1504 und 1505 zu Florenz, welche teils als unmittelbarer Gegenstand des Studiums dienten, teils als allgemeiner Maßstab des Erreichbaren Künstler und Laien beherrschten.

[§ 289]
Beginn der Motivmalerei.

Michelangelos Karton brachte über die Malerei das dringende Verlangen nach Aufgaben, welche um des künstlerischen Inhaltes willen vorhanden wären. Während die einen solche erzwangen, füllten andere auch die um des historischen Inhaltes willen vorgeschriebenen Szenen mit Motiven an, welche nur um ihrer selbst willen existieren und also in Beziehung auf das Ganze müßig heißen können. Eine reine Versöhnung des Gegebenen mit dem Motivschönen gewähren nur die höchsten Leistungen Rafaels.

V. KAPITEL
BELEBUNG UND BESEELUNG

[§ 290]
Stoffdarstellung unter flandrischer Einwirkung.

Für die Malerei des 15. Jahrhunderts war die wirklichkeitsgemäße Auffassung eine ebenso heilige Pflicht als für irgendeine andere Periode die ideale. Zu der realistischen Erscheinung der Körper an sich und im Raume und im Lichte gesellt sich zunächst die genaue, selbst täuschende

Darstellung ihrer Stoffe und die Mitgabe vieler Zufälligkei-
ten unter kenntlichem Einfluß der flandrischen Schule.

[§ 291]
Die Bewegung.

5 Die italienische Malerei des 15. Jahrhunderts faßt das Leben vorzugsweise in Gestalt der Bewegung auf und strebt
zugleich aus allen Kräften nach der Darstellung der innern
Bewegung durch die äußere, nach der wahren Identität des
Geistigen und Leiblichen. Die Kraft ihrer Phantasie oder
10 Vorstellungsgabe wird durch diese gewaltige Anstrengung
größtenteils und auf die glücklichste Weise absorbiert.

[§ 292]
Das Momentane auf niedriger und hoher Stufe.

Zum Teil durch die realistische Zeitrichtung an sich, noch
15 mehr aber durch das Bedürfnis lauter besondere vielartige
Bewegung darzustellen, kommen in die kirchlichen Kompositionen des 15. Jahrhunderts eine Menge von Zügen des
äußern Lebens, welche man bald als unedel und grell, bald
als genreartig zu bestreiten versucht ist. Auch die Zeit der
20 höchsten Blüte drängt dies Element nur auf kurze Zeit
zurück.

[§ 293]
Realismus und neuer Idealismus.

Viel mehr für uns als für das damalige Bewußtsein der
25 Kunst selber existiert eine Scheidung in mehr realistische
und mehr idealistische Auffassung. Die Maler suchen alle
die Wirklichkeit, aber in höchst verschiedenem Sinne, und
gerade aus der Steigerung der Studien gegen Ende des 15.
Jahrhunderts geht diejenige erhöhte Wirklichkeit hervor,
30 welche uns als idealer Stil erscheint. Mit der oberflächlichen
Verwertung der von den größten Meistern begonnenen

Formen und Ausdrucksweisen als konventionell-idealen beginnt dann der Manierismus.

[§ 294]
Die ideale Formenbildung.

Unabhängig von diesem ganzen Hergang und ziemlich langsam dringt die volle lebendige Schönheit der körperlichen Bildungen, zumal der Gesichtszüge in die Kunst ein, ohne jemals die absolute Idealität der Griechen zu erreichen.

[§ 295]
Das Ideale zu Ende des 15. Jahrhunderts.

Bei den Griechen, wo die Skulptur herrschte, wurde das Ideale erreicht ohne ein bestimmtes Tun, Wollen oder Fühlen der göttlichen Gestalten. In der Renaissance, wo die Malerei die Anführung hat, ist die erste wichtige Aufgabe der idealen Bildung, um derentwillen sie sogar vorhanden zu sein scheint, daß sie das Gefäß der schönen Seele, der edleren Affekte wird.

[§ 296]
Idealität und Affekt bei den Meistern der Blütezeit.

Mit der Wende des Jahrhunderts tritt in den großen Meistern die höchste Energie und Wissenschaft mit einem Ausdruck auf, in welchem sich die allseitigste Wahrheit mit einer ebenso vielgestaltigen Idealität der Formen verbindet. Jetzt erst erreicht die Darstellung des innern Lebens in dem äußern ihre volle Herrlichkeit. Die Höhe der Kunst dauert so lange als der jedesmalige eigene Erwerb dieser Vorzüge.

ORTS-VERZEICHNIS
in welchem auch die untergegangenen Kunstwerke mit aufgenommen sind

KÜNSTLER-VERZEICHNIS

KOMMENTAR

DIE KULTUR DER RENAISSANCE IN ITALIEN.
EIN VERSUCH

DER GEGENSTAND.
BURCKHARDTS BEGRIFF DER RENAISSANCE

Die Kultur der Renaissance in Italien (1860) ist ein Werk eigener Gattung. Jacob Burckhardt (1818-1897) hat gewiß Vorgänger gehabt, und er hat Nachfolger und Nachahmer gefunden. In der kulturgeschichtlichen Literatur deutscher Sprache steht es aber schon deshalb allein, weil es nicht veraltet ist und weil es gar kein Interesse am Stoff erfordert, die Lektüre zu rechtfertigen. Es ist die Jugendgeschichte des modernen Europäers, und nur aus diesem Grunde handelt es von Erscheinungen des 14. und 15. Jahrhunderts in Italien. Es bietet keine historische Darstellung, und es spricht gar nicht von der bildenden Kunst, derentwegen man nach Italien fuhr und fährt.

Die autobiographische Neugier an der Menschwerdung und an dem Selbstbewußtwerden des modernen Geistes hat diesem Buch seine Leser zugeführt und erhalten. Nur zufällig handelt es von Vergangenem und erwähnt gelegentlich Dinge, die dahin sind. Weil diese Dinge eine Kultur bilden und in der Gegenwart des Schreibenden fehlen oder verkannt werden. Jacob Burckhardt vermag es, seine Sehnsucht mitzuteilen. Aus dem Gefühl eines Mangels und aus dem Mißtrauen gegenüber dem Geläufigen stammen die scharfen Konturen. Aus der Überzeugung von der Geltung des wirklich Schönen und der Verachtung des Relativismus von allem und jedem kommt die lebendige Zeichnung. Es ist ein Buch über die Moderne gegen die Moderne, ein Buch über Kultur gegen deren Vortäuschung, ein Buch der Distanz und Verweigerung eines an deutscher Kultur Gebildeten gegen deren preußisch-deutsche Realität.

Ein europäisches Buch ist damit entstanden, das sich von
aller nationalen Geschichtsschreibung ebenso unterscheidet wie von der aktualisierenden Erkundung des Fremden
und Vergangenen. Es erzählt nicht dem eigenen Volk die
Geschichte eines anderen, sondern es läßt eine Kultur er-
stehen, der sein Leser ebenso angehört wie sein Autor. Alle
Zugehörigkeiten, die Europa teilen, sind hier aufgehoben.
Stand, Nation und Konfession gelten nicht, aber eines
bleibt: der Gegensatz von Kultur und Barbarei. Die italienische Kultur ist im 16. Jahrhundert verwüstet worden.
Die Kultur der Renaissance jedoch ist die der gebildeten
Europäer.

Dabei hatte es das Buch bei seinem Erscheinen nicht
leicht. Das Publikum erwartete von dem Autor des *Cicerone. Eine Anleitung zum Genuß der Kunstwerke Italiens* (1855)
etwas ganz anderes. Eine erzählende Kulturgeschichte des
Künstlerlebens und der Fürstenherrlichkeit etwa, aber
doch keine fast systematisch konstruierte Darstellung verschiedener Lebensbereiche, zu deren Charakterisierung sogar die Begriffe fehlten. Später suchte man das mit Bezeichnungen wie ›morphologische Kulturgeschichte in
Querschnitten‹ zu fassen.

Für alle Historiker, zumal der Schule Rankes, mußte das
Werk aus einem anderen Grunde befremdlich bleiben. Geschichtsschreibung hatte sich durch Quellenforschung zu
legitimieren, und das hieß, mit einer fast bedenklichen
Ausschließlichkeit, Erforschung ungedruckter Quellen
und vor allem Archivmaterialien. Nichts lag Burckhardt
ferner. Er las, wie man es im 17. und 18. Jahrhundert für die
›Historia litteraria‹ zu tun pflegte, ausschließlich gedruckte
Quellen. So hatten Voltaire und Gibbon gearbeitet, so
mochte es bei seiner *Zeit Constantins des Großen* (1853)
angehen, weil die antiken Quellen so gut wie vollständig
gedruckt waren, sofern sie sich überhaupt erhalten hatten.
Das reiche Material in den italienischen Archiven ließ
Burckhardt ungenutzt und beschränkte sich auf die wenigen Quelleneditionen.

Was er las, las er aber gründlich. Und mit der Feder in der Hand. Die Exzerpte, die viele Bände ausmachten, zerschnitt er und ordnete sie nach »Gegenständen und Themen«, nach »Sachen«. Das führt dazu, daß oft zu einem Thema eine Handvoll Zitate aus einem oder zwei Jahrhunderten folgen. Jede thematische Facette ist in sich chronologisch geordnet, aber der an gemächliches Fortschreiten gewöhnte Historiker erhält nicht den Zustand eines Lebensbereiches zu einer bestimmten Zeit, sondern zusammengehörige Einzelheiten über einen weiten Zeitraum hinweg, dessen epochale Grenzen strittig sind.

Folgten die alten Städtechroniken und auch deren humanistische Nachfolgerinnen dem annalistischen Prinzip, das auch noch Sismondis *Histoire des Républiques italiennes au moyen âge* (1807-18) demgemäß bestimmt, so kehrt Burckhardt unter Sachgesichtspunkten dieses Prinzip um und benimmt dadurch manches Mal dem Leser den Atem, der sich chronologisch zu orientieren wünscht.

Die Beschränkung auf das kulturgeschichtlich Bemerkenswerte hat zur Folge, daß viele Literaturgattungen und Disziplinen berührt werden, aber kaum eine abgehandelt wird. So waren die zeitgenössischen und späteren Fachkollegen verwundert, daß ausgerechnet Burckhardts durchgehend benutzte Quellengattung der italienischen Geschichtsschreibung nicht dargestellt wird, sondern einige Notizen zur lateinisch geschriebenen Historiographie und ganz Vereinzeltes selbst zu den Florentinern genügen müssen.

Die politische Geschichte tritt nur in ihren Folgen für das Individuum und für die Kultur in Erscheinung, und es ist die Frage gestellt worden, ob die politische Konstellation in der ersten Hälfte des 16. Jahrhunderts, die zu der von Burckhardt leidenschaftlich beklagten Zerstörung Italiens führte, ihm überhaupt klargeworden ist. Die Wirtschaft eines ökonomisch so entwickelten Zeitalters, das von Manufakturwesen, Fernhandel und Banken lebte, vernachlässigt er so, wie es seine humanistischen Gewährsmänner in der Historiographie der Renaissance taten. Dabei hatte der ökonomische Theoretiker Sismondi hier zwar nicht zusammenhängend, aber im einzelnen präzis vorgearbeitet. Eine auf Archivstudien gegründete Wirtschaftsgeschichte erarbeiteten erst die auf Burckhardt folgenden Generationen (Davidsohn, Doren, Sapori, Lopez, Luzzatto). Sprechen Burckhardts Quellen aber einmal davon, so teilt er in ausführlichen Anmerkungen die großen Zahlen und die florentinische Fähigkeit, Bankkatastrophen gewaltigen Ausmaßes heil zu überstehen, voller Bewunderung mit.

So ließe sich Disziplin für Disziplin durchgehen. Und am Ende stieße man darauf, daß Burckhardt von dem, wovon er am meisten versteht, überhaupt nicht spricht, von der bildenden Kunst. Diese Enthaltsamkeit hat ihren Grund in dem ursprünglichen Plan eines zweiten, ausschließlich und umfassend der Kunst der Renaissance gewidmeten Bandes. Davon ist nur eine Hälfte, »Architektur« und »Dekoration«, ausgearbeitet, die Burckhardt zögernd zum Druck gegeben hat. Von den Büchern »Skulptur« und »Malerei« sind nur die Leitsätze aus dem Nachlaß veröffentlicht worden. Diese unter dem Titel *Die Kunst der Renaissance in Italien* bereits in der Gesamtausgabe von Heinrich Wölfflin veröffentlichten Teile sind hier mit der *Kultur der Renaissance in Italien* zusammen zu der thematischen Einheit verbunden, für die sie vorgesehen waren.

Wenn Burckhardt aber so vieles nicht behandelt, wovon spricht er dann eigentlich? In der frühen Neuzeit hat sich eine Aufteilung der historischen Arbeit durchgesetzt nach Begebenheiten und nach Zuständen, nach dem, was sich verändert, und nach dem, was sich gleichbleibt. Es bildeten sich die Bezeichnungen ›Weltgeschichte‹ und ›Geschichte der Menschheit‹ heraus, und das folgte der alten Teilung in die ›res gestae‹, die Ereignisse, und die ›antiquitates‹, die Altertümer, die man nach Privat- und Staatsaltertümern unterscheidet. Zu den Zuständen, die sich nur langsam verändern und nicht nach den Begebenheiten, gehören Recht und Religion, Kriegs- und Münzwesen, Literatur und Kultur. An ihnen läßt sich das geschichtliche Wesen des handelnden und leidenden Menschen ablesen.

Diesen Menschen, und Geschichte der Menschheit heißt ja Geschichte nicht aller Menschen nach- und nebeneinander, sondern des menschlichen Charakters, wie er sich in einer weltgeschichtlichen Periode ausprägt, stellt die Kulturgeschichte dar. Die berühmt gewordenen Formeln dafür sind erst später in den Vorlesungen *Über das Studium der Geschichte* ausgesprochen worden: »Unser Ausgangspunkt: vom einzigen bleibenden und für uns möglichen Zentrum, vom duldenden, strebenden und handelnden Menschen, wie er ist und immer war und sein wird; daher unsere Betrachtung gewissermaßen pathologisch.« – »Die Geschichtsphilosophen betrachten das Vergangene als Gegensatz und Vorstufe zu uns als Entwickelten; – Wir betrachten das sich Wiederholende, Konstante, Typische, als ein in uns Anklingendes, und Verständliches.« Einige der Schwierigkeiten, welche *Die Kultur der Renaissance in Italien* der historischen Wissenschaft bereitet, beruhen darauf, daß Burckhardt dieses ›weltgeschichtliche‹ Programm im uneigentlichen Sinne, das sich Wiederholende und Typische einer Geschichte der Menschheit im 14. und 15. Jahrhundert in Italien darstellt. Sein geschärfter Blick registriert regionale, lokale und individuelle Unterschiede in großer Zahl, aber er unterwirft sie einer allgemeinen These und einer Epochenabgrenzung, die auf stilistischen Kriterien beruhen.

Der Begriff ›Renaissance‹ hat seine Evidenz zunächst in der Architektur und Dekoration. Danach erst wird er auf die Skulptur und Malerei übertragen, selbst wenn er dort dem späteren Blick als vereinzelt früher auftretend erscheint, wie im Werk des Nicola Pisano und des Giotto. Vergleichbare Bestrebungen sind in der Literatur und in der Wissenschaft des Humanismus – Burckhardt faßt sie unter dem Begriff der ›Bildung‹ oder ›Kultur‹ zusammen – in aller Regel früher und dauerhafter manifest. Die Geschichte der Kunst kennt im 14. Jahrhundert in Italien eine erste Neo-Gotik oder Regotisierung und auch nach dem

›internationalen schönen Stil um 1400‹ einen starken Einfluß der niederländischen Kunst, ehe sich der Stil der Renaissance durchsetzt. Burckhardt hat diese Einflüsse in den
Beiträgen zur Kunstgeschichte von Italien wohl berücksichtigt,
sie aber nicht in sein Bild der Kultur eingetragen.

Es ist deshalb nicht metaphorisch gesprochen, wenn man
sagt, Burckhardt habe die Stilzüge eines Zeitraumes gesammelt und einander zugeordnet. Daß es auch anderes
gab, trifft ihn ebensowenig wie historisch begründete Bedenken, ein einzelner Zug könne auch im französischen
oder niederländischen Spätmittelalter auftreten. Dort, wo
Burckhardt ihn aufgespürt hat, steht er in einer anderen
Zuordnung; dort ist er typisch für die von ihm beschrie-
bene Kultur. Hier zu rechten ist unfruchtbar. Und auf
diesem Gebiet hat Burckhardt die durchschlagende Wirkung gehabt, daß er die Kulturgeschichte der Renaissance
begründete mit einem abschließenden Werk. Die Arbeit
mehrerer Generationen auf diesem Felde hat viel zutage
gebracht, neues Wissen, andere Themen, Berichtigungen
und eigenständige Forschungen. Aber der Versuch, eine
neue *Kultur der Renaissance in Italien* zu schreiben, ist bisher
jedesmal fehlgeschlagen. Nicht daß es an Kenntnissen gefehlt hätte, aber neue Quellen genügen nicht, um eine
Geschichte zu schreiben, es bedarf auch einer Vision und
jener ›inneren Notwendigkeit‹, die Burckhardt verspürte
und der er sich auch einmal zu entziehen versucht hat.

Der Begriff ›Renaissance‹ hatte dabei eine merkwürdige
Wirkung, die er bis heute nicht gänzlich verloren hat. Für
die Historiker vor ihm gruppierten sich die Jahrhunderte
von 500 bis 1500, vom Untergang der Antike bis zum
Beginn des Buchdrucks, zu einer Periode, die zunächst
negativ bestimmt war durch mäßigen lateinischen Stil und
durch Schriften, die man nicht im 16. und 17. Jahrhundert
des Druckes würdigte, und manchmal positiver als ›Mittelalter‹. Von der großartigen Unternehmung Muratoris und
seiner »Societas Palatina«, diese Quellen, nicht ›auctores‹,
sondern *Scriptores rerum Italicarum*, zwischen 500 und 1500

zu drucken (1723-51) und durch Untersuchungen über die ›Altertümer‹ Italiens im Mittelalter und historische Übersichten zu ergänzen, bis zu Sismondis *Geschichte der italienischen Republiken im Mittelalter* (1807-18), war das 14. und 15. Jahrhundert nicht als eigene Epoche der Geschichte wahrgenommen worden. Aber natürlich kannte und schätzte man die humanistische Strömung, die oft von Dante an oder zumindest seit Petrarca gerechnet wurde und die unterschiedlich als Wiederherstellung der Künste und Wissenschaften, als Wiederbelebung des Altertums, als Wiederaufleben oder Wiederaufblühen von Wissenschaften, Literatur oder Bildung bezeichnet wurde.

Das Problem liegt darin, daß sich verschiedene Disziplinen über die gleichen Jahrhunderte einigen müssen. Der meiste Widerspruch, der gegen Burckhardt und den Renaissance-Begriff erhoben wurde, ist nicht neu, sondern stützt sich auf wirtschafts- und sozialgeschichtliche Argumente, die bei Sismondi verarbeitet sind. Die Stadtkultur und wirtschaftliche Expansion ist bereits im 13. Jahrhundert auf ihrem Höhepunkt, muß Mitte des 14. auch, aber nicht nur durch die große Pest einen Rückschlag der Produktion und Bevölkerungszahl hinnehmen, von dem sich Italien erst bis gegen Ende des 15. Jahrhunderts erholt, worauf es schon bald von Invasionen verwüstet und durch den Seehandel um Afrika herum in den Orient und über den Atlantik von Sevilla und Lissabon aus, durch den Wegzug der Banken von Genua und Venedig nach Antwerpen sowie durch die Entwertung des Goldes ökonomisch paralysiert wird.

Die Blüte der bürgerlichen Stadtkultur, ihrer Freiheit und wirtschaftlichen Kraft, liegt vor der Renaissance im Mittelalter, und die von Burckhardt dargestellte Epoche wäre auch in Italien so gesehen eher ein Herbst des Mittelalters. Andere Gründe müssen dagegen so gewichtig gewesen sein, daß ebendiese Zeit trotzdem in Kenntnis aller Einwände als Beginn der Moderne erscheint. Die Malerei dieser Zeit etwa konnte in dem *Handbuch der Kunstgeschichte*

von Burckhardts Lehrer und Freund Franz Kugler als
›moderne‹ Malerei bezeichnet werden, die anderen bildenden Künste konnten dies ebenfalls, und die Literatur war
dem vorausgegangen: stilistische Merkmale also. Wenn
Michelet seine Renaissance in einer Geschichte Frankreichs
mit dem Blick auf Europa begründet, so meint er das 16.
Jahrhundert, das Jahrhundert der großen Männer zwischen Columbus und Galilei. Burckhardts Renaissance hat
mit der von Michelet einige Züge gemeinsam – dankbar
entlehnt er den Begriff »Entdeckung der Welt und des
Menschen« – aber nicht den Zeitraum und den Ort der
Handlung.

›Renaissance‹ ist ebenso wie ›Aufklärung‹ ein Begriff, der
eine Tätigkeit bezeichnet und kein Zeitalter. Beides kann
vereinzelt frühzeitig auftreten und dann als Strömung von
einzelnen Zentren aus stilprägend wirken und die Realität
gestalten. Ganze Jahrhunderte und geographische Räume
lassen sich dadurch nicht charakterisieren; es entsteht eine
unglückliche Konkurrenz zu inhaltlich nicht bestimmten
Periodenbezeichnungen wie ›Altertum‹ und ›Neuzeit‹.
Burckhardts Begriff ›Renaissance‹ ist ein stilistisches und
polemisch gebrauchtes Kennzeichen, das auf einzelne Leistungen und Anstrengungen angewandt wird, die sich von
einem im ganzen statisch gesehenen Mittelalter abheben
und mit der Zeit viele Lebensäußerungen in einem größeren Teil Italiens so weit bestimmen, daß von einer Kultur
dieser Renaissance gesprochen werden kann. Sie ist an
einzelnen Orten frühzeitig und intensiv spürbar und tritt an
anderen, die deshalb nicht ökonomisch rückständig waren,
entschieden später auf.

Die Erscheinungen, die man als Renaissance bezeichnen
kann, treten aber auch in den einzelnen Künsten und Le-
bensbereichen nicht zur gleichen Zeit auf. Burckhardt legt
Gewicht auf die Feststellung, daß Poesie und Literatur den
bildenden Künsten zeitlich vorausgingen, und zwar sowohl in einem selbständigen neuen Stil wie in bezug auf die
Antike. Bei den bildenden Künsten wiederum setzen sich

die neuen und im Kontakt zur Antike gewonnenen Formen in der Architektur und Dekoration rascher durch als in der Skulptur und dort wieder eher als in der Malerei. Im lateinischen Prosastil bietet der Ciceronianismus ziemlich früh und in der Architektur der analoge Vitruvianismus später den Anblick einer etwas puristischen Antikengläubigkeit. Für die meisten Lebensbereiche ist es sehr viel schwerer, das Neue und zugleich das an der Antike geschulte echte Alte zu fassen und vom Mittelalterlichen zu unterscheiden. Da haben auch viele Einzeluntersuchungen kein neues Bild der Renaissance ergeben, sondern den Kontrast nur um so fühlbarer gemacht, der zwischen abgesicherten Detailarbeiten und einer Vision des Zeitalters besteht, die im genauen Aufmerken auf das Individuelle doch das Wagnis einer idealisierenden Zeichnung des Ganzen auf sich nimmt. Und die sich, gerade wenn sie nach Themen und Sachen gruppiert, nie den Dingen ausliefert, wie es sonst die Versuchung der Kulturgeschichte ist, sondern die Haltung des Menschen zur Welt daran zu erkennen versucht.

ENTSTEHUNG

Quellen

Aus manchen Schriften der Sekundärliteratur könnte man den Eindruck gewinnen, der Renaissance-Begriff leite sich aus dem entlegenen und seltenen Auftreten des Wortes ab und ein Werk wie das Burckhardts aus früheren Darstellungen dieses Zeitraums. *Die Kultur der Renaissance in Italien* ist aber nicht aus gelehrten Studien und auch nicht aus historischen Schriften gearbeitet, sondern aus der Anschauung italienischer Kultur und aus der neugierigen und aufmerksamen Lektüre seiner Quellen.

Voran stehen die Dichter, vor allem Dante, den so viele ins Mittelalter verweisen wollen und der doch zu jeder Frage entscheidend spricht. Die *Vita nuova*, die *Commedia divina*, die kleine Schrift *Über die Volkssprache*. Dann Petrarca, besonders in den Briefen, etwa als Entdecker der Landschaft vom Gipfel des Mont Ventoux. Boccaccio mit Idyllen und Mythologischem. Die Lyrik von und um Lorenzo de'Medici, die Epiker um Ariost, die Novellisten. Von den autobiographisch schreibenden Autoren sind es vor allem der weltoffene Enea Silvio Piccolomini, Papst Pius II., mit seinen klar geschriebenen und schön gedruckten *Commentarii* neben den *Opera*, dann die Künstler Leon Battista Alberti, Benvenuto Cellini, der Arzt und Philosoph Girolamo Cardano und der Weise Luigi Cornaro.

Unter den Chronisten steht an erster Stelle Giovanni Villani, der damit beginnt, eine Geschichte seiner Vaterstadt Florenz zu schreiben (1300). Ihm folgen seine humanistischen Fortsetzer (Salutati, Bruni und Poggio), bis die Verfassungskrise die großen Florentiner Geschichtsschreiber Machiavelli, Guicciardini, Varchi hervorbringt. Da können Mailand mit Corio, Venedig mit Sabellico und Neapel mit Pontano nicht recht mithalten. Von besonderer Bedeutung sind die an Nachrichten und Atmosphäre reichen, oft anonymen Städtechroniken, die Muratori in seiner Sammlung (1723-51) und die Historiker um das »Archivio storico Italiano« ab 1843 veröffentlichten. Als besonders ergiebig erwiesen sich die Stadtgeschichten von Ferrara, die Sienas von Allegretti, die Genuas von Senarega, Sanudos Dogengeschichte und Decembrios Biographien des letzten Visconti und des ersten Sforza in Mailand, alle in Muratoris Sammlung. Im »Archivio storico« sind es die Chroniken Perugias von Graziani und Matarazzo, die Venedigs von Malipiero, die Pratos von Cagnola und Vettoris *Sommario* (1511-27), die am häufigsten zitiert werden.

Besondere kulturhistorische Bedeutung haben Werke, die nicht große Literatur sein müssen, aber aus einer persönlichen Vertrautheit die private Welt und ihre Werte beschreiben. Die Keimzelle des Werkes wurde schon 1847 bei einem Rom-Aufenthalt die Lektüre der Biographiensammlung aus dem 15. Jahrhundert von dem Florentiner

Handschriftenhändler Vespasiano da Bisticci. Eine ergänzende Quelle im Rückblick nach dem Sacco di Roma ist Pierio Valerianos Schrift über das Unglück der Gelehrten, *De infelicitate literatorum*. Ganze Lebensbereiche vertreten einzelne Bücher, das Hauswesen Albertis *Della famiglia*, das literarische Gespräch an den kleinen Musenhöfen Castigliones *Buch vom Hofmann*, die Schilderung weiblicher Schönheit bei Firenzuola, die höhere politische Reflexion die gerade herausgegebenen *Ricordi* des Guicciardini, die Philosophie Pico della Mirandola. Daneben stehen die Humanisten, die Redner, wissenschaftliche Schriften, Platinas *Geschichte der Päpste* und, obwohl nicht von Kunst gesprochen wird, für manche biographische Einzelheit Vasaris *Künstlerleben*, journalistischer Klatsch aus Giovio und Aretino.

Von modernen Historikern wird der begeisterte Dilettant William Roscoe mit den italienischen Fassungen seiner Bücher über Lorenzo de' Medici und Leo X. der reichen Quellenbeilagen wegen zitiert und, meist in polemischer Absicht, Sismondi mit seiner *Geschichte der italienischen Republiken im Mittelalter*. Rankes *Geschichten der romanischen und germanischen Völker* und seine *Päpste* handeln erst von der Zeit an (1494), wo Burckhardt bald endet. Und die materialreichen Schriften von Voigt über *Die Wiederbelebung des Altertums* und Gregorovius' *Geschichte der Stadt Rom im Mittelalter* erschienen zu spät, als daß er sie noch hätte nutzen können. Andererseits schloß er seine Beschäftigung mit der Kultur der Renaissance ab, sowie das Buch beendet war, so daß er auf solche Schriften lediglich in einer Anmerkung verweist und sich jeder Auseinandersetzung über abweichende Urteile enthält.

Selbstzeugnisse

Burckhardts durch Erfahrung gemäßigte Leidenschaft für Italien ist vielleicht am wenigsten erklärungsbedürftig. Sie bildet sich aber heraus mit einer gewissen Isolierung innerhalb der Schweiz während der Zeit konfessioneller Unruhen und der eidgenössischen Revolution, über die er als Redakteur von Mitte 1844 bis Ende 1845 in Basel und als Korrespondent für die ›Kölnische Zeitung‹ skeptisch berichtet. Und sie steht im Gegensatz zu einer wachsenden Entfremdung von Deutschland und vor allem Berlin. Dabei hat er dort, im gastfreien Hause seines Lehrers und Freundes Franz Kugler, das einzige Mal in seinem Leben eine künstlerische und geistige Geselligkeit genossen, deren Spuren von fern in die Darstellung der Geselligkeit der Renaissance wirken. Hier schloß er Freundschaft mit Emanuel Geibel und dem jungen Paul Heyse, die seine Liebe für Italien teilten, hier sang er, von einer Nichte Kuglers am Klavier begleitet, mit wohltönender und geübter Stimme. Hier wurde gedichtet, über bildende Kunst aus umfassender Kenntnis gesprochen, es wurde gezeichnet und musiziert.

Aber die Werke bildender Kunst sind fern, die Kultur wirkt nicht in die Gesellschaft hinein, und das Interesse am Staat und an sozialen Fragen dringt vor. Reisen nach Italien sind Reisen in die Vergangenheit staatlicher Macht und in die Gegenwart eines Glücks von Anschauung und Genuß bei abenteuerlicher Verkommenheit sozialer und ökonomischer Zustände, die weder Einheimische noch Fremde ernst nehmen, aber mit einer Würde zu tragen wissen, die im Norden zu fehlen scheint. Zwischen zwei Italienreisen reimt Burckhardt im März 1847: »Was soll mir fürder dieser Norden | Mit seinen trivialen Horden? | Was Schönes auch sein Schoß erzeugt, – | Es stirbt verbittert und gebeugt.« Und die Aufbruchsstimmung klingt aus in einen Reisesegen, in ein Bitten:

> O nimm, du heißgeliebter Süden!
> Den Fremdling auf, den Wandermüden!
> Erfülle seine Seele ganz
> Mit deinem heitern Sonnenglanz!

Laß rings um ihn den Wunderreigen
Der alten Götter leuchtend steigen,
Zeig' ihm aus alt- und neuer Zeit
Gestalten voll Unsterblichkeit!

Laß ihn dein Volk, laß deine Frauen
In abendlichem Tanze schauen!
Mit aller Schönheit Zauberwein
Schläfre die bange Seele ein!

Dabei ist diese Liebe nicht blind. Im Jahr zuvor hatte er aus
Venedig (13. 8. 1846) nach Deutschland geschrieben:
»⟨. . .⟩ aber ich möchte doch in ganz Italien nirgends auch
nur vier Monate bleiben, ausgenommen Rom, welches ich
vor allen Städten, die ich kenne, zu meinem Lebensaufent-
halt machen möchte, und außer dessen Mauern ich nie mehr
ganz glücklich sein werde. Aber was hat auch dazu gehört,
um aus Rom das zu machen, was es ist! Neapel, Florenz und
Venedig haben nicht wie Rom zweimal die οἰκουμένη zu
ihren Füßen gesehen! – «

Drei Städte, die für die Kultur der Renaissance von
größter Bedeutung waren, finden sich hier geringer bewer-
tet. Burckhardt hat sich nie für römische Geschichte erwär-
men können. Ein mühselig und pflichtgemäß ausgearbeitetes Kolleg darüber hält er nie wieder. Aber er entdeckt, wie
Winckelmann, Goethe und Humboldt, in Rom die griechische Antike, der seine Liebe und Arbeitskraft nach Vollendung der *Renaissance in Italien* vor allem gelten wird. Und
er pflückt dort die reifen Früchte der Kunst der Renaissance in einer Umgebung, worin die einstige Weltgeschichte nun Geschichte der Menschheit geworden war.

Auf dem Rückweg nach Norden, wo es gilt, mit der
gewonnenen Anschauung Teile von Kuglers *Handbuch der
Kunstgeschichte* neu zu bearbeiten, streift er seine Vaterstadt.
Basel, so gesteht er Freunden am 11. 9. 1846, »sieht mich
übrigens so langweilig und philiströs an, daß ich meinem
Herrgott selbst für einen Winter in *Berlin* sehr dankbar bin.

Nein, unter *diesen* Geldbrozen hält es kein rechter Mensch aus! Rom! Rom! Rom! – capisce?« Und kaum ist er ein paar Wochen dort, formuliert er (5. 12. 1846) seinen »Gesamteindruck von Berlin: zum Davonlaufen, scheußlich, niederträchtig, gemein bis ins Bösartige und dabei glücklicherweise lächerlich«.

Das Unbehagen an der preußischen Gegenwart mischt sich aus verschiedenen Empfindungen. Sein Eindruck ist (9. 12. 1846), »daß in den jetzigen deutschen Zuständen keine Natur mehr sich harmonisch entwickeln kann. Das Kleinliche, Aengstigende, Zersplitternde ruiniert jetzt auch die Besten, während die Schlechtesten davon profitieren«. Er spürt, daß gewaltsame Unruhen in der Luft liegen, an deren Zeugenschaft auch nur nach den schweizerischen Erfahrungen ihm nicht gelegen ist. Er fühlt sich aber auch fremd unter den Philistern der historischen Schule und amtlichen Gelehrsamkeit. »*Das* wissen diese und andere Leute nicht mehr, daß wahre Geschichtschreibung ein Leben in jenem feinen, geistigen Fluidum verlangt, welches aus Monumenten aller andern Art, aus Kunst und Poesie ebensogut dem Forscher entgegenweht, wie aus den eigentlichen Scriptoren.« (17. 4. 1847 an Gottfried Kinkel.)

Aus der Arbeit an Kuglers Handbuch heraus gibt er dem Freund Gottfried Kinkel einen Rat für kunsthistorisches Darstellen: »Laß Dich wenigstens im XV. Jahrhundert nicht auf dieses verrückte Charakterisieren der Schulen und der Maler ein, wie wir haben tun müssen, sondern greife mit aller Frechheit die *gegenständliche* Betrachtungsweise auf und schreibe *ein* großes, allgemeines Kapitel ⟨. . .⟩. Stelle Dir die Aufgabe so: *wie spricht sich der Geist des XV. Jahrhunderts in der Malerei aus?*«

Burckhardt hat lange geglaubt, sein historisches Arbeitsfeld liege im Mittelalter und er könne auf die wirklich ausgearbeitete *Zeit Constantins des Großen* (1853) eine ganze Reihe kulturgeschichtlicher Monographien durch die Zeit des Mittelalters folgen lassen. Was auch immer die Gründe gewesen sein mögen, die Melancholie des Abschieds von erstrangigen literarischen Quellen schon beim Buch über Constantin, die erneute Beschäftigung mit der Kunst in Italien, die Unabhängigkeit und Reife, er schreibt Paul Heyse (13. 8. 1852):

> Ich habe seit einiger Zeit in meinen Ansichten von der Kunst (en bloc gesprochen) eine langsame ganze Wendung gemacht, wovon viel zu reden sein wird, wenn Du bei mir bist. Ich hätte nicht geglaubt, daß ein so alter, verrotteter Culturhistoriker wie ich, der sich einbildete, alle Standpunkte und Epochen in ihrem Werte gelten zu lassen, zuletzt noch so einseitig werden könnte wie ich bin. Es fällt mir aber wie Schuppen von den Augen ⟨...⟩. Im Ganzen sind es die römischen Elegiker, die mir einen Hauptstoß gegeben haben ⟨...⟩. Es ist für mich die höchste Zeit, von dem allgemeinen, falschobjectiven Geltenlassen von Allem und Jedem endlich frei und wieder recht intolerant zu werden.

Dieses Programm verwirklicht Burckhardt im *Cicerone* (1855), und er ist bei den erneuten Studien und der Ausarbeitung Italien so nah wie nie zuvor, in allen seinen Epochen. Den starken Einfluß der römischen Elegiker zwischen griechischen und italienischen Kunstwerken hatte auch Goethe in Rom erfahren. Bei Burckhardt verbindet sich Skepsis gegenüber der Zunft mit Unsicherheiten seiner akademischen Stellung, die ihn für ein größeres Publikum als ›die Männer der Wissenschaft‹ schreiben lassen, zu einer radikaleren und bewußteren Eigenständigkeit bei der Suche nach objektivem Urteil über das Schöne. Eine feste Besoldung an der Eidgenössischen Technischen Hochschule in Zürich läßt ihn ab Herbst 1855 seine Muße nutzen, Band für Band die Schriften aus Muratoris Sammlung und die übrige Renaissance-Literatur zu exzerpieren. Im November 1856 berichtet er, daß F. Th. Vischer mit Faust- und Shakespeare-Vorlesungen Furore mache: »Unser Einer kann daneben in köstlicher Stille seinen Kohl pflanzen, z. B.: Renaissancestudien treiben, welche schon ein ganzes Fach Exzerpte füllen. Ach wenn es doch noch eine Reihe von Jahren so fortginge, ohne Störung und mit guter Gesundheit! Ich begehre es nicht mehr besser.« Die Intensität der Arbeit ist auch daran abzulesen, daß seine Korrespondenz fast verstummt.

Das »historische Amt« des Lehrstuhls in Basel seit dem Frühjahr 1858 läßt ihn zögern, zumal Paul Heyse nach Franz Kuglers frühem Tod als Nachlaßverwalter Burckhardt zur Fertigstellung unvollendeter Arbeiten bitten will. Ihm schreibt er aus Basel (9. 4. 1858): »Ich habe meiner neuen hiesigen Stellung bereits Ein Opfer gebracht: mein Werk über die Renaissance bleibt ungeschrieben oder es schrumpft doch zu ein paar Aufsätzen zusammen. Die Sammlungen haben mich 2 Jahre hindurch beschäftigt und mich mit den schönsten Illusionen erfüllt, welche nun dahin sind. Nicht als ob die Welt viel dabei verlöre ⟨. . .⟩.«

Aber das ist ein augenblicklicher Anflug. Die Sache läßt Burckhardt nicht los, und die Frage ist eher, ob sein großes Programm, Kultur- und Kunstgeschichte zusammenzubringen, in einem Stück auszuarbeiten gelingt. Aus kurzen Sommerferien schreibt er, wieder an Paul Heyse, am 14. 8. 1858:

⟨. . .⟩ kann ich hoffen, während des Winters meine Arbeit als »Renaissance-Fragmente« nach einem sehr reducierten Plan ausführen zu können. Es ist eine jener Aufgaben, die eigentlich nur von Capitalisten mit gänzlich freier Zeit gelöst werden können. Aber die tun so was nicht. Aus Gründen. Gestern habe ich z. B.: 700 kleine Zettel nur mit Zitaten aus Vasari, die ich in ein Buch zusammengeschrieben hatte, auseinander geschnitten und sortiert zum neuen Aufkleben nach Sachen. Aus andern Autoren habe ich noch etwa 1000 Quartseiten Exzerpte über die Kunst und 2000 über die Kultur. Wie viel von all diesem werde ich wohl wirklich verarbeiten? Zu dieser Frage äußert sich Burckhardt nicht weiter, aber er geht sie an. Die Korrespondenz schrumpft auf das Notwendigste, und zwei Jahre später kann er einem Freund mitteilen (an Heinrich Schreiber, 1. 8. 1860):

Meine Ferien, von welchen nun schon drei Fünfteile verlaufen sind, gehören der Ausfeilung und Korrectur meines Werkes an, wovon bereits 21 Bogen gedruckt sind und etwa 14 noch ausstehen. Die Sorge steigt, je mehr gedruckt, d. h. unwiderruflich herausgeschwatzt ist. Der Titel wird lauten: Die Cultur der Renaissance in Italien.

Sobald der Druck fertig sein wird, werde ich ihnen ein Exemplar zusenden. Mein lieber alter Freund wird vielleicht über den Dilettantismus der Arbeit mit einigem Lächeln den Kopf schütteln, aber doch gewiß zugeben, daß Autor es an Mühe und Schweiß nicht hat fehlen lassen. Es ist eine durchaus wildgewachsene Pflanze, die sich an gar nichts schon vorhandenes anlehnt. *Einen* Lobspruch vernähme ich auch noch gern aus Ihrem Munde, daß nämlich Autor vielen Gelegenheiten, die Phantasie spazieren zu lassen, kräftiglich widerstanden und sich hübsch an die Quellenaussagen gehalten habe. Auch das ist, wie ich meine, zu loben, daß ich das Buch nicht dreimal so dick gemacht habe als es ist. Es wäre die leichteste Sache von der Welt gewesen und hätte mir vielleicht bei vielen Leuten mehr Respect verschafft; ich hätte mich nur meiner natürlichen Gesprächigkeit zu überlassen brauchen, so wären es statt 35 Bogen deren 100 geworden.

Das ist Burckhardts ausführlichste Aussage über das Buch und die einzige, in der er eine breitere Darstellungsform erwägt. Das Buch von 100 Bogen, dem dreifachen Umfang, ist keineswegs das Werk, das neben der allgemeinen Kultur auch die bildenden Künste darstellen würde. Denn Burckhardt, der den *Cicerone* geschrieben hat und seine Exzerptbücher kennt, weiß, daß auf diesem Umfang nur zu skizzieren wäre, wie er es für einen Teil mit der Architektur und Dekoration später getan hat. Was er hier anspricht, ist die gedrängte Kürze, das knappe Andeuten, nur im Vorbeigehen durch ein gerafftes Zitat erläuternd. Wilhelm Dilthey wird das in seiner Rezension »einer Art von künstlerischer

Grille« zuschreiben, daß er so »die äußerste Grenze zusam-
mendrängender und andeutender Darstellung erreicht, wo
nicht überschritten« habe.

Burckhardt rechnet sich diese Kürze und den Verzicht
auf Staffagefiguren und buntes Ausmalen als Verdienst zu.
Was ihm erklärungsbedürftig erscheint, vor allem deutschen Freunden gegenüber, ist das Herausarbeiten der italienischen Prioritäten in der europäischen Kultur, das wie
Parteinahme aussehen könnte. Das erste Freiexemplar sendet er (16. 9. 1860) an Paul Heyse mit der Widmung von
Ovids *Fasten* an Germanicus, um gleich zu erläutern:
»⟨. . .⟩ ärgert Euch nicht, ihr Deutschen, wenn ich den
Welschen einige Prioritäten vindicire die ihnen gehören.
Ich bin noch ziemlich vorsichtig gewesen und habe Einiges
weggelassen was geschrieben stand und anderes in Baumwolle gehüllt, doch immer nur was den Ausdruck belangte,
denn die Sachwahrheit habe ich weder verhüllt noch weg-
gestrichen.«

Drei Tage später verschickt er die Briefe mit anderen
Freiexemplaren. Nach der gewaltigen Anstrengung steht
das Buch ihm ein wenig fremd gegenüber, den Vorwurf,
»flüchtig und dilettantisch zu arbeiten«, fängt er auf: »Es ist
am Ende eben doch ein Schmerzenskind.« Als »Landplage«
schmeichelt er es ein: »Tadelt's nun, aber Eins müßt Ihr
doch gelten lassen, daß ich mich nämlich nach Kräften einer
gewissen Munterkeit beflissen und den baren Schlummer
von den Augen meiner Leser fern zu halten gesucht habe.«
Schließlich sagt er in einer weiteren Zuschrift ein Wort über
sein Vorgehen und die Unausweichlichkeit dieses Buches
für ihn: »Es constatirt auf wildgewachsene, ungeschulte
Weise eine Reihe von Phänomenen des modernen Geistes,
welche wahrscheinlich von Andern schon entdeckt und
besprochen worden sind, ohne daß ich es weiß. Nimm es
gut auf und glaube, daß ich wenigstens einer innern Stimme
zu gehorchen meinte, als ich es schrieb.«

Nun steht es hinter ihm, es verlangt ihn nach Ortswechsel, und er richtet den Blick wieder auf die Welt, deren

künftige Unruhe er seismographisch mit der Sensibilität des Historikers wahrzunehmen glaubt, um gleich munter ans Prophetenamt zu schreiten: »Im Übrigen wird die Welt jetzt sehr unterhaltend, sodaß man mein Buch vielleicht wenig lesen wird. Dies ist mir aber, nun es einmal lancirt ist, gleichgültig. Das Fertigmachen und Herausgeben hat eine solche dumpfe Mattigkeit bei mir hinterlassen, daß ich an das Schicksal des Buches gar nicht denke« (an Paul Heyse, 16. 9. 1860).

Gedanken der Rückschau schreibt er Paul Heyse, der ihm sein eben herausgebrachtes *Italienisches Liederbuch* gewidmet hat. Er fürchtet jetzt, »die wahre Signatur des italienischen Geistes« nicht getroffen zu haben:

Mir ist, ich müßte jetzt viele Stellen meines Buches ausmerzen und umschreiben; ich muß blind gewesen sein um die ganz spezielle Verschmelzung von Geist und Leidenschaft nirgends in meinen bisherigen Studien *so* zu erkennen wie diese Liedersammlung sie handgreiflich offenbart. – Aber da schreibe einmal Einer Culturgeschichte wenn man keinen Menschen um sich hat, der einen aufrüttelt und in die Ohren kneift. Ofionide ⟨Luigi Picchioni, dem *Die Kultur der Renaissance* gewidmet ist⟩ hat mir zwar unbewußt viel geholfen, weil er mir das Maß eines steinalten, kerngesunden, liebenswürdigen Lombarden von großen literarischen Kenntnissen gab, allein auf unsere filtrirten Gesichtspuncte ist er eben deshalb nicht eingeschult weil er naiv vor sich hin lebt. Was ich Gutes habe, das habe ich doch am ehesten von Kugler, der auch in den vielen Gebieten wo er nur Dilettant war, die Ahnung aller wesentlichen Interessen hatte und zu wecken verstand. Mein Gott wie genügsam und wie dünkelhaft sind selbst die meisten *großen* Specialgelehrten im Vergleich mit ihm! Ein panoramatischer Blick wie der seinige war, würde sie freilich nur stören und ihnen ihre Sorte von Arbeit verleiden. ⟨. . .⟩ Billige Leute von einigem »Grütz« werden vielleicht dafür zugeben, daß dieses Buch aus innerer Notwendigkeit geschrieben werden *mußte*, auch wenn die Welt keine Notiz davon nimmt. (16. 11. 1860.)

Damit hat sich das Buch von ihm abgelöst und ist ihm in dem Maße fremd geworden, daß er Emanuel Geibel gegenüber bekennt, er wolle keine Freiexemplare mehr schicken. Der buchhändlerische Erfolg stellte sich langsam ein, bis zu einer 2. Auflage vergingen Jahre, in denen Burckhardt mit verschiedenen Versionen der *Kunst der Renaissance* beschäftigt war, aber keineswegs erneut an irgend kulturgeschichtliches Material heranging oder eingestandene Lücken oder Mängel behoben hätte. Nach den wenigen Änderungen für diese 2. Auflage (1869) überließ Burckhardt die fernere Sorge für das Buch Ludwig Geiger, der in vielen Auflagen einzelne Themen in Exkursen erweiterte und auf den Stand der Forschung zu bringen versuchte. Neben Eingriffen in den Text kamen dabei auch nützliche Zitate und Hinweise zustande. Gerade das von Burckhardt selbst als »wildgewachsen« bezeichnete Verfahren, sprechende und typische Stilzüge mit aufmerksamem Blick bei der Lektüre primärer Quellen zu notieren und nach Sachen zusammenzustellen, widerspricht aber diesem Weiterschreiben eines einmal subjektiv konzipierten Werkes. Ein Versuch, ohne Texteingriffe die Exkurse selbständiger zu gestalten und die nicht behandelten oder nur angedeuteten Themen zu ergänzen, wurde nicht gemacht.

Die Entstehung der *Kultur der Renaissance in Italien* ist hier so knapp und am Leitfaden von Burckhardts eigenen brieflichen Äußerungen skizziert worden, weil sie anderenorts in aller Breite dargestellt ist. Werner Kaegi hat Burckhardts ereignisarmem Leben eine vielbändige Biographie gewidmet, deren 3. Band den großen historischen Werken gilt. Eine vollständige Ausgabe der Briefe erlaubt es, Burckhardts eigenen Kommentar zu seinem Text zu verfolgen. Nur spricht er wenig und scheu oder gar nicht von seiner Arbeit und von seiner Methode.

WIRKUNG

Die Aufnahme des Buches erfolgte zögernd, da das Publikum etwas anderes erwartet hatte und die Fachkollegen bemerken mußten, daß hier einer von ihrer Arbeitsweise abwich. In Sybels ›Historischer Zeitschrift‹ begrüßte es der noch sehr junge Bernhard Erdmannsdörffer voller Bewunderung, ohne es auf dem knappen Raum erörtern zu können. Wilhelm Dilthey schrieb eine Besprechung, in der sich Bewunderung und Skepsis mischen. Er sieht es zunächst als Ergänzung zu Rankes Schriften und empfindet deutlich, daß Burckhardt nicht wie Georg Voigt mit seiner *Wiederbelebung des klassischen Altertums* (1859) etwas Vergangenes beschreibt, sondern die bleibende Bedeutung und das gegenüber dem Einfluß des Altertums Eigenständige der italienischen Kultur. Die Aufgabe der zuvor methodisch unentwickelten Kulturgeschichte scheint ihm zu sein, »Zustände in derselben Weise auf ihre Ursachen zurückzuführen, in der es die politische mit den Begebenheiten tut«. Dabei stößt der Rezensent auf die gleichen Probleme, die Burckhardt zu schaffen gemacht hatten und die es wohl auch waren, die ihn zögern und nach der Drucklegung Distanz nehmen ließen:

> Die größte Schwierigkeit liegt in der eigentümlichen Schwebe der historischen Anschauung Burckhardts zwischen Zurückführung der Erscheinungen auf Allgemeinbegriffe und dem immer wieder hervorbrechenden Mißtrauen gegen dieselben. Es ist dem tiefen kontemplativen Geiste dieses Historikers entschieden Bedürfnis, die innere Bedeutung dieser Periode der Renaissance im Zusammenhang der abendländischen Kultur aufzufassen. Aber die zusammenfassenden Begriffe, durch welche er diese Bedeutung derselben auszudrücken sucht, sind an sich so allgemein und dazu von ihm so wenig erklärt, daß sie die Erscheinung eher verflüchtigen, als zu einer klaren Anschauung fixieren.

Dilthey, der dreißig Jahre später seine Studien zur Anthropologie der Renaissance schreiben wird, die aber kein
einheitliches Bild zeichnen, sondern Züge dieser Zeit für
eine Vorgeschichte der großen philosophischen Systeme
des 17. Jahrhunderts in Anspruch nehmen, bewundert die
künstlerische Gruppierung und den »wahren und strengen
Zusammenhang des vielgestaltigen Lebens dieser Periode«,
kann aber mit den gebotenen Erklärungen nicht einig gehen, besonders bei heiklen Fällen, wie dem Mangel des
Dramas und der Reformation, worin man im 19. Jahrhundert zwei der höchsten Errungenschaften der Neuzeit zu
erblicken glaubte.

Es zusammenzufassen: diese Allgemeinbegriffe treffen
durchaus nicht scharf genug das Eigenartige der Kulturformen der Renaissance. Und auch soweit sie es tun,
bedürfen sie durchaus einer schärferen Verdeutlichung,
als ihnen Burckhardt geben wollte, sollen sie nicht verwirren, anstatt aufzuklären. ⟨. . .⟩ Schwerlich hat Hegel
je ein willkürlicheres Spiel mit Allgemeinbegriffen getrieben, als Burckhardt an manchen Stellen. Burckhardt
freilich will in diesem Spiel nur wie beiläufig die Beziehungen dieser historischen Periode geistreich genießen.
Aber es scheint fast, als ob dasselbe eine Macht über ihn
gewonnen hätte. (Dilthey, *Gesammelte Schriften*, Bd. 11,
1936, S. 75.)
Diese Mischung von Bewunderung und Skepsis blieb charakteristisch auch in der Zeit, als das Buch sich durchzusetzen begann und die Anschauung von der Renaissance
weithin bestimmte. Seine Stellung zwischen Kunst und
Wissenschaft, die seinen Reiz für den Leser ausmacht,
machte es der Forschung schwer. Gewiß war dieses Buch
nicht für die ›Männer der Wissenschaft‹ geschrieben, denn
die sollten das gedruckte Material selber kennen und ihre
eigenen Fragestellungen daran erproben, aber dergleichen
Männer schreiben auch solche Bücher nicht. Kulturgeschichte dieser Art kann man nicht lernen. Kultur müßte
man schon mitbringen, und man muß sie unablässig ausbil-

den. Das Buch konnte wohl Eindruck machen, aber nicht Schule bilden.

Daher ist der Abstand zu anderen Gesamtdarstellungen und Kulturgeschichten der italienischen Renaissance, ob sie nun freudig mit ihm übereinstimmen wie Symonds oder sich an ihm zu reiben versuchen, groß und hat trotz vermehrter Kenntnisse nicht abgenommen. Sein Einfluß macht sich eher dort geltend, wo auf dem gleichen Gebiet und manchmal auch in seinem Geist neue Fragen gestellt wurden, wie in Aby Warburgs Lebenswerk von seiner Botticelli-Dissertation (1893) an.

Über Burckhardts erst aus dem Nachlaß veröffentlichtes Alterswerk, die *Griechische Kulturgeschichte* (1898-1902), äußerte der damals führende Hellenist Ulrich von Wilamowitz-Moellendorf, sie existiere nicht für die Wissenschaft. Damit sagte er vielleicht mehr über das Selbstbewußtsein und den Stand seiner Disziplin als über das in Frage stehende Werk, das man seither anders als Wilamowitz' Schriften zur deutschen Literatur zählt. Es bezeichnet aber den Stand der Erforschung der Renaissance, daß solche Abgrenzungen gar nicht möglich waren. Wohl konnte man, wie Dilthey, Begriffsbildung und Schlußfolgerungen Burckhardts kritisieren, aber seine Quellenkenntnis bewunderte man rückhaltlos. Eine umfassende Wissenschaft vom griechischen und römischen Altertum war seit der Renaissance von vielen Generationen in immer erweiterten Quellenbereichen und erneuerten Methoden ausgebildet worden. Die Erneuerer der klassischen Studien in Deutschland, Friedrich August Wolf (1759-1824) und August Böckh (1785-1867), hatten die Philologie bewußt zu einer enzyklopädischen Wissenschaft des Altertums entwickelt.

Für die Renaissance gab es nichts dergleichen. Sie war noch anhaltende Gegenwart oder jüngst vergangen und damit Vorgeschichte der eigenen Bemühungen in Kunst und allen Sparten der ›Historia litteraria‹. Weil sie noch anwesend war, brauchte und konnte man sie gar nicht so studieren wie das Altertum. Trotz allen unmerklichen und deutlicheren Wandels bewunderte und studierte man das endgültig vergangene Altertum mit ihr und oft noch wie sie. Es war immer noch die Begeisterung Petrarcas, das sprachliche Unterscheidungsvermögen des Lorenzo Valla, Poggios unersättliche Neugier und Polizians überlegene Meisterung der antiken Sprachen, was die Beschäftigung mit dem Altertum anregte. Erst langsam ersetzte man die damals geschaffenen Textausgaben und Studien. In Burckhardts Generation erst wurde die Behandlung des römischen Staatsrechts von Carlo Sigonio wirklich erneuert durch das Werk Theodor Mommsens.

So hatte jeder Historiker und Philologe, hatten die Kunstkenner auf ihre Weise eine mehr oder weniger stückweise oder breitere Kenntnis der Renaissance. Daß daraus ein eigenes, zeitlich abzugrenzendes Forschungsfeld und eine sei es für die allgemeine Bildung maßgebliche oder in sich methodisch ausgebaute Wissenschaft wie die des Altertums werden könnte, schien gar nicht recht vorstellbar. Dafür fehlte es dieser Epoche ja außerhalb ihrer bildenden Kunst anscheinend an Vorbildlichkeit, wie man es aus Burckhardts Darstellung des Staates und der Stellung der Humanisten in der Gesellschaft bestätigt fand.

In der Behandlung der römischen Geschichte hatte Barthold Georg Niebuhr die antiken erzählenden Quellen einer philologischen Kritik unterzogen, und der mit Burckhardt fast gleichaltrige Theodor Mommsen (1817-1903) verband umfassende antiquarische Forschung mit politischer Geschichtsschreibung. So konnte er aus den Überresten des sozialen Lebens, aus Gesetzen, Münzen und Inschriften, die innere Geschichte rekonstruieren und sich von den Werturteilen der erzählenden Quellen unabhängig machen.

Für die Renaissance gab es weder eine Wissenschaft noch eine philologische Kritik ihrer erzählenden Quellen, der Städtechroniken, Biographien und ersten Geschichtswerke, keine antiquarische Erforschung ihrer Realien. Für die Historiker war sie Niedergang des Mittelalters oder Vorgeschichte der Moderne, in beiden Fällen keine Epoche

aus eigenem Recht. Burckhardt ging nicht mit wissenschaftlicher Kritik an die gedruckten Quellen, sondern mit
Neugier, Liebe und gesteigerter Sensibilität. Er erweiterte
den Bereich der Quellen nicht und verschmähte selbst die
vorhandenen Archive, aber er hatte sich eine Anschauung
der Kunstwerke und des italienischen Lebens erworben,
die seinen Blick schärfte und seinen Beobachtungen Tiefe
gab. Er schrieb keine politische Geschichte auf das Ziel
einer nationalen Entwicklung hin, die ihre Fragen und ihr
Pathos aus der Politik der Gegenwart speiste, sondern er
schilderte das Handeln und Dulden von Menschen inmitten
ihrer herrlichen Werke des Geistes und der Kunst in nationaler Zerrissenheit ohne politisches Ziel, nachdem er sich
selbst von den Tendenzen seines Zeitalters gelöst hatte.

Burckhardt hat ein Werk geschaffen, keine Wissenschaft
begründet. Als die Renaissance in Mode kam, und das
geschah in den Jahrzehnten nach dem Erscheinen seines
Buches, das dann hohe Auflagen erreichte, lockte sie Dilettanten und Abenteurer an, die sie alle und möglichst aus
einem Punkte deuten und erklären wollten. Es entstanden
auch vorzügliche wissenschaftliche Arbeiten, die seine Auffassung entweder voraussetzten oder die Sachgebiete behandelten, die er kaum gestreift hatte, und dabei völlig
unabhängig von ihm blieben. Der Umgang mit Burckhardts Werk kann den Blick schärfen und historischen Sinn
entwickeln. Eine kulturgeschichtliche Methode, die sich
auf andere Perioden der Geschichte anwenden ließe, ist
schwerlich daraus zu entwickeln. Schon seine eigne *Griechische Kulturgeschichte* steht in einem anderen Verhältnis zu den
Quellen und dem Stand ihrer Erforschung.

Burckhardt manövriert sich mit dem Eigensinn seiner
›wildgewachsenen‹ Methode in ein Feld zwischen Wissenschaft und Kunst, wo er eher Ernest Renan begegnet als
Theodor Mommsen und in der Art zu sehen Tocqueville
verwandter ist als Ranke. Bei der »Seltenheit classischer
Geschichtschreiber, vorzüglich im Deutschen«, um den
bemerkenswerten Aufsatz Arnold Heerens (1822) zu zitie-

ren, ist Burckhardt die große Ausnahme. Aber er schreibt Geschichte nicht episch erzählend, sondern er beobachtet und erörtert. Er hat die Form des Essays in der Historiographie verwirklicht. Und er hat den Menschen in der Geschichte entdeckt und darzustellen vermocht, was Herder nicht gelungen war und womit Dilthey nicht zu Rande kommen wird. Daher sind es nicht die These und die Schlüssigkeit der Begründungen, die bei seinem Buche zählen, sondern der Aufbau und der innere Reichtum, die Architektur, die es skizziert, wie seinerseits Raffael in der »Schule von Athen« verfuhr, um einer Fülle bewegter Gestalten gegliederten Raum zu schaffen.

KOMMENTARANLAGE

Der Kommentar zu einem ›wildgewachsenen‹ Werke dieser Art darf nicht versuchen, es an das Spalier der seither entwickelten Disziplinen zu binden. Und schon gar nicht darf er aufzufüllen versuchen, was aus äußeren Gründen mangelnder Vorarbeiten oder aus inneren kompositorischer Absicht fehlt oder ausgelassen wurde. Vielmehr geht es darum, das zu ergänzen, an Textkenntnis vor allem, was man damals bei Gebildeten voraussetzte. Die Autoren der italienischen Renaissance sind mit wenigen Ausnahmen mangelhaft oder gar nicht übersetzt, die Lektüre des Italienischen ist weniger verbreitet und die des Lateinischen in Abnahme begriffen. Dabei ist vor allem Burckhardts Quellenbenutzung, die bisher nicht berücksichtigt wurde, an Beispielen aufzuzeigen und eine gewisse Vertrautheit mit seinem Material herzustellen. Einiges wenige ist behutsam zu ergänzen oder zu berichtigen, gelegentlich ein Blick auf die Forschungsarbeit des 20. Jahrhunderts zu richten, auf Arbeiten in der Regel, die sich bereits bewährt haben und mit Burckhardts Verfahren oder Fragen in Bezug stehen.

Ein historisches Werk unterscheidet sich darin von fiktionalen literarischen Schriften, daß es sich auf eine vergangene

Realität bezieht. Burckhardt hat jede Aussage nachgewiesen, die sich auf eine gedruckte Quelle aus der Renaissance stützt. Diese in der Regel und nur mit Ausnahme weniger Verschreibungen oder Irrtümer genau angegebenen Quellen sind hier zum erstenmal nachgeprüft und für die Kommentierung benutzt worden. Die Quellen der *Kultur der Renaissance in Italien* sind die lateinisch und italienisch geschriebenen Werke und Schriften jener Zeit neben den anschaulichen Überresten der Kunstwerke, der Städte und der kultivierten Landschaft, der Lebensformen, Geselligkeit und Sprache dieser Nation. Der Kommentator teilt mit dem Autor das Entsetzen, das die bloße Vorstellung einer Burckhardt-Philologie in ihm erwecken würde. Und da es eine Renaissance-Philologie in dem erforderlichen Ausmaße nicht gibt, kommen so oft wie möglich die Autoren jener Zeit selbst zu Wort. Burckhardt setzte an den Eingang der Manuskripte seiner kulturgeschichtlichen Vorträge drei Sterne ****, und die bedeuteten ihm, wie aus einzelnen Manuskripten hervorgeht: Quod bonum felix faustumque sit.

TEXTGRUNDLAGE

Die Cultur der Renaissance in Italien. Ein Versuch von Jacob Burckhardt war 1860 in der Schweighauserschen Verlagsbuchhandlung in Basel erschienen, wo sie 1869 in einer wenig veränderten, aber fehlerhaft gesetzten 2. Auflage herauskam. Nach dem Tod des Basler Verlegers kam das Buch an den Verlag Seemann in Leipzig, und Burckhardt hatte es zu Änderungen und Erweiterungen freigegeben, die Ludwig Geiger mit Texteingriffen vornahm, bis zur 12. Auflage 1919. Als das Buch nach damaligem Urheberrecht 1928 frei wurde, griff man auf die Erstausgabe zurück. Für den Druck in der Gesamtausgabe, Bd. 5, Stuttgart 1930 konnte Werner Kaegi Burckhardts Handexemplare und Notizen für den italienischen Übersetzer benutzen. Daraus entstand ein Textus receptus, den auch Walther

Rehm seiner Ausgabe zugrunde legte und über den Kaegi in der Einleitung und im textkritischen Anhang (Bd. 5, 1930, mit einer Ergänzung in Bd. 13 der Gesamtausgabe, 1934, S. 521) Bericht erstattet.

Vorliegende Ausgabe bietet einen erneut an der Erstausgabe überprüften Text mit der originalen Interpunktion und der Einfügung der Sätze, die aus zeitgeschichtlichen Gründen in der 2. Auflage gestrichen wurden. Sie setzt die im Erstdruck durch Marginaltitel gegebene Gliederung, die Burckhardts Schema der Exzerptsammlung und des Aufbaus entspricht und noch detaillierter ist als das Inhaltsverzeichnis, als lebende Kolumnentitel über die Seiten. Zum erstenmal sind die von Burckhardt nachgewiesenen Quellen durchgehend überprüft und bei offensichtlichen seltenen Verschreibungen oder Irrtümern berichtigt worden.

STELLENKOMMENTAR

11,3 f. *Titel eines bloßen Versuches*] Burckhardt stellt sich so bescheiden wie stolz in die Reihe der Autoren, die ein gewichtiges Werk des Wagnisses und der unerreichbaren Vollständigkeit oder Sicherheit des Urteils wegen als Essai, seit Montaigne (1580), als Essay, seit Francis Bacon (1597) und John Locke (1690) bezeichnen.

11,12 *Mutter der unsrigen*] Die Behauptung der Modernität und Fortwirkung des Zeitalters und der Kultur der Renaissance wird als Evidenz vorausgesetzt.

11,15 *Auf dem weiten Meere*] Die Metapher der Seefahrt, die seit der Argonautensage in der europäischen Literatur den Aufbruch ins Unbekannte bezeichnet, wurde zu Beginn der Renaissance von Dante mit stärkster Eindringlichkeit gebraucht (*Commedia divina, Paradiso* I 1 ff.).

11,28 *Kategorien*] Die Kategorien, in welche hier »ein großes geistiges Kontinuum« zerlegt wird, sind die gleichen, die später der Vorlesung *Über das Studium der Geschichte* als Aufbauprinzip dienen. Es sind die »drei Potenzen« Staat, Religion und Kultur. In einer Kulturgeschichte sind Staat und Religion insofern Themen, als sie die Kultur bestimmen. Die Kultur der Renaissance wird an ihren Besonderheiten, der Entwicklung des Individuums, der Wiedererweckung des Altertums, der Entdeckung der Welt und des Menschen, schließlich der Geselligkeit und den Festen, anschaulich charakterisiert. In einem weiteren Sinne sind für Burckhardt Kategorien die einzelnen Erscheinungen, nach denen er die Unterabschnitte gliedert, und die Gegenstände, Gattungen, Sachen, typischen Personen, die er als Titel aufführt. Er übt mit vollem Bewußtsein eine »gegenständliche Betrachtungsweise« und verantwortet die Kriterien seiner Auswahl und seines Urteils selber.

11,31 *ein besonderes Werk*] Dieses Werk, soweit es für den Druck ausgeführt wurde (die Teile »Architektur« und »Dekoration«), und die Leitsätze für »Skulptur« und »Malerei« sind hier mit der *Kultur der Renaissance* zu einem Band vereinigt, um die Bezüge und Verweise und in der nüchterneren, weniger ausgearbeiteten Fassung der *Kunst der Renaissance* Burckhardts Arbeitsweise vorzustellen. Das beabsichtigte ganze Werk wird so in seinen Umrissen deutlich erkennbar.

12,15 *das Papsttum*] Der erste Kronzeuge, den Burckhardt für seine Beurteilung der politischen Situation Italiens zitiert, ist Machiavelli (A1). Im ersten Buch der etwa zwischen 1513 und 1522 verfaßten *Discorsi* wird die politische Funktion der römischen Kirche vernichtend charakterisiert. Sie habe in Italien alle Frömmigkeit zerstört, und sie halte das Land in dauernder Zerstückelung. Als experimenteller Denker schlägt er vor, die Kurie zum Beweis seiner These in die moralisch noch integre Schweiz zu verlegen (Buch 1, Kap. 12).

12,A2 *lo stato*] Die Definition des sich erst langsam herausbildenden Begriffs Staat (lo stato) entspricht der im 1. Kap. von Machiavellis Buch vom Fürsten, *Il Principe* (geschrieben 1513, gedruckt 1532 nach dem Tode von Niccolo Machiavelli, 1469-1527).

13,7 *Der innere Zustand*] Der Leser historischer Literatur könnte vermuten, hier auf Friedrich von Raumers *Geschichte der Hohenstaufen und ihrer Zeit* (6 Bde., 1823-25) verwiesen zu werden, und ist vielleicht erstaunt, als erste und seltene Sekundärliteratur Konstantin von Höfler, *Kaiser Friedrich II. Ein Beitrag zur Berichtigung der Ansichten über den Sturz der Hohenstaufen*, München 1844, zu finden. Raumers Buch mit der Verklärung der Herrschergestalten hat mehr auf die Poesie als auf die Geschichtsforschung gewirkt und bleibt völlig blaß in der Beschreibung der inneren Verwaltung. Damit hat auch noch die bedeutende Darstellung von Ernst Kantorowicz, *Kaiser Friedrich der Zweite*, Berlin 1927, [2]1963, ihre Schwierigkeiten. Höfler trat hier mit kritischer Benutzung der Quellen und drastischer Darstellung der zahlreichen Zwangsmaßnahmen zur Erzielung einer zentralen unumschränkten Gewalt ein. Diese rational geplante und mit der Unerbittlichkeit der Sarazenen betriebene Zwingburg stellte aber nicht nur Steuern, Ehe und Studium unter Aufsicht, sondern auch Handel und Ackerbau; sie habe damit schädliche Folgen bewirkt (S. 39-49). Burckhardt zitiert in diesem für seine Exposition wichtigen Abschnitt keine Quellen und zeitgenössischen Autoren, stützt sich mithin weitgehend auf Höflers heute etwas vergessene Darstellung.

13,13 *der erste moderne Mensch*] Die Hauptthesen des Buches erläutern und stützen sich wechselseitig. Der moderne Individualismus einer entwickelten Subjektivität erlaubt doch zuerst die »völlig objektive ⟨. . .⟩ Behandlung der Dinge« (Z. 12 f.) und damit den Staat als »berechnete, bewußte Schöpfung, als Kunstwerk« (S. 13,1) anzusehen. Der Schwung der Schilderung läßt manchen übersehen, daß in diesen Kunstwerken zu leben nicht angenehm ist und daß Burckhardt in seiner altständisch-liberalen Auffassung es für den Grundirrtum der modernen Zeit hält, den Staat konstruieren zu wollen. Entsprechend berechnet und bewußt geschaffen erscheinen ihm auch der Krieg und die Geselligkeit der Renaissance. Was Burckhardt in Friedrichs

II. Staatswesen angedeutet sieht, steht seinen Schreckens-
visionen einer künftigen technokratisch und militärisch
durchgeplanten Moderne nahe, die er in Briefen seiner
späteren Zeit äußert.

14,5 f. *Die fatimidischen Khalifen]* Siziliens arabische Eroberung fand um 830 von Nordafrika aus statt. Die Fati-
miden-Dynastie herrschte seit ihrer Gründung 909 durch
Al Muktadir Billah und unterlag erst ihren eigenen Wesi-
ren, bis Sultan Saladin sie 1171 endgültig stürzte.

14,9 *Ketzerinquisition]* Burckhardt sieht in der Reli-
gionspolitik Friedrichs II. ungerechte Übergriffe des Staates. Ernst Kantorowicz (*Kaiser Friedrich der Zweite*, Berlin
1927, S. 232) versuchte, das »Hieratische des priesterlichen
Kaiserstaats Sizilien« zu würdigen.

14,17 *Sturz Manfreds]* Kaiser Friedrichs Sohn Manfred
(1231-1266) regierte seit 1258 als König von Sizilien und
war Reichsverweser in Italien, bis ihn Karl von Anjou
(1220-1285) besiegte.

14,23 *Ezzelino da Romano]* Ezzelino III. da Romano
(1194-1259) errichtete norditalienische Herrschaften in
Verona, Vicenza und Padua, in der zweiten von drei Ehen
heiratete er 1238 Friedrichs II. Tochter Selvaggia. Er lebte
in der Volkssage als Sohn des Teufels und als Gottesgeißel
fort; Albertino Mussato widmete ihm die erste neulateinische Tragödie *Ecerinis* (um 1300) und Joseph von Eichen-
dorff 1828 ein Drama. Der Vergleich des Staats Friedrichs
II. mit den späteren Fürstenstaaten und der Ezzelinos mit
Cesare Borgia zeigt, daß deren stärkste Ausprägungen sich
am historischen Beginn finden, also keine geschichtliche
Entwicklung nahelegen.

15,3 f. *Thomas von Aquino]* (Um 1225-1274.) Der spätere Kirchenlehrer und »doctor angelicus« wurde als Sohn
eines Grafen von Aquino im Neapolitanischen geboren, als
Untertan Friedrichs II. Seine Staatslehre und politische
Ethik in der unvollendeten Schrift *De regimine principum ad
regem Cypri* (Über die Herrschaft der Fürsten ⟨. . .⟩) ist ein
Konstrukt, das sich an Aristoteles und am Kirchenrecht

orientiert. Burckhardt kontrastiert den Heiligen mit den Novellendichtern, um ein Bild der Realität zu erhalten.

15,12 *»hundert alten Novellen«*] »Le ciento novelle antike« wurden in der Toskana schon um 1250 zusammengestellt und zuerst 1525 in Bologna von Carlo Gualteruzzi in Druck gegeben. Diese Sammlung aus biblischen und antiken Stoffen, Heiligenviten und Ritterromanzen ist anekdotisch, präzis und knapp im Stil. Die kürzere Version hatte Pietro Bembo bearbeitet. Sie hieß bald *Il Novellino* und erschien später unter diesem Titel. Von Ezzelino und Friedrich II. handelt Nr. 84, »Azzolino e l'Imperatore«.

15,19 *Guelfen und Ghibellinen*] Die italienischen Parteinamen bezeichneten ursprünglich die deutschen Kaiserfamilien der Welfen und Waiblinger (Staufer), lösten sich aber in jahrhundertelangen Fehden völlig von dieser Bedeutung.

15,A5 *Thesaurus des Grävius*] Graevius, Johann Georg Greffe (1632-1703) aus Naumburg, gab in Leiden große antiquarische Nachdruckwerke heraus, am berühmtesten wurde der *Thesaurus antiquitatum Romanorum* (1694 ff.), hier ist der *Thesaurus antiquitatum et historiarum Italiae* gemeint, der in 9 Bänden 1704-23 erschien. Burckhardt benützt daraus wiederholt nur die Schrift des Bernardino Scardeoni (1478-1574), *De antiquitate urbis Patavinae, deque claris ejusdem civibus* (Die Geschichte der Stadt Padua und ihrer berühmten Bürger). Die angegebene Stelle im 3. Teilband des 6. Bandes handelt von dem Paduaner Dichter Albertino Mussato.

16,25 *Illegitimität*] Das Verhältnis von Staat und Kultur in den begabten Individuen konstruiert Burckhardt über die Beziehung des ruhmbegierigen Tyrannen zum literarischen Talent, das in der Wiederbelebung antiker Rhetorik und Historiographie »fast« eine neue Legitimität zu schaffen vermöge.

16,29 *Liberalität*] Lat. liberalitas und mhdt. miltekeit bedeutet neben der edlen Gesinnung vor allem Freigebigkeit, die sich in fürstlichen Geschenken zu beweisen hat.

16,A1 *Sismondi*] Jean-Charles-Léonard Simonde de Sismondi (Genf, 1773-1842), Historiker und von Adam Smith beeinflußter Wirtschaftstheoretiker, schrieb von einem föderativ-republikanischen Standpunkt aus in 16 Bänden die Geschichte der italienischen Freistaaten von 500 bis 1500: *Histoire des Républiques italiennes au moyen âge* (1807-18). Er berichtet fast annalistisch die politischen Ereignisse und macht präzise Angaben zur Ökonomie, ohne das in seine gut geschriebene, aber doktrinäre Darstellung integrieren zu können. Burckhardt nimmt in der Folge meist polemisch auf den »Citoyen« Sismondi Bezug, der z. B. Lorenzo Magnifico nach seinen mißglückten Bankgeschäften beurteilt und generell in der kulturellen Blütezeit wie manche neueren Mediävisten oder Wirtschaftshistoriker den Verfall der früheren, vor der Pest 1348 dichter bevölkerten und produktiveren freien Städte. Sein Werk wurde viel gelesen, in Deutschland von Wieland, den beiden Schlegels und Adam Müller rezensiert.

17,2 *Can Grande della Scala*] (1291-1329.) Er war seit 1312 Herr von Verona und vor allem Dantes Gastgeber, der ihm den bedeutenden Brief seiner Selbstauslegung bei der Überreichung des *Paradiso* seiner *Göttlichen Komödie* widmet.

17,5 *Petrarca*] Francesco (1304-1374), war nicht mehr bei Can Grande zu Gast, dankt seinem Gastgeber Francesco Carrara nicht wie Dante mit poetischer Verherrlichung, sondern mit Wünschen für den »vollkommen zu verwaltenden Staat«, die so ins einzelne gehen, daß sie Burckhardt an die Moderne nach der Französischen Revolution« erinnern: »die neuere Staatsallmacht, die Allesfressende« (*Über das Studium der Geschichte*, hg. v. Peter Ganz, München 1978, S. 185, vgl. S. 322). Diese Bezüge quer durch die Chronologie und auf die Gegenwart geben der Darstellung ein rasches Tempo.

17,A4 *Muratori*] Lodovico Antonio (1672-1750), war über ein halbes Jahrhundert Präfekt der Bibliothek in Modena und schrieb über die Geschichte Italiens seit dem

Mittelalter. Mit dem Mailänder Bibliothekar Argelati entwickelte er das Projekt zur Herausgabe der italienischen
Chroniken und Viten der Zeit von 500 bis 1500, der nach
ihm »Muratori« benannten *Rerum Italicarum Scriptores*,
1723-38 in 27 Folio-Bänden. Man gründete mit Gleichge-
sinnten die »Societas Palatina«, legte ein Kapital zusammen,
richtete eine Druckerei ein und begann in stetiger Folge die
schön gedruckten großen Bände herauszugeben, die heute
noch zum stolzen Bestand jeder wissenschaftlichen Bibliothek gehören. Sie sind Burckhardts meistzitierte Quelle
und von ihnen wiederum die Bde. 20-25.

19,1 *die Antwort*] In diesem Fall und häufig in der Folge
wird ein Zitat in einer zusammengefaßten, redigierten,
pointierten Form übersetzt. Der Satz lautet bei Petrarca an
der zitierten Stelle in den *Opera*, Basel 1581, S. 460: »Eisdem
quibus egressus sum, sed non antequam flagitia sua sceleribus meis praeponderare coeperint, tunc me purgatum,
levioremque remeare, illum ponderibus suis descendere, ac
praecipitem agi necesse est.« (»Vor eben denen, vor denen
ich gegangen bin, aber nicht bevor seine Schandtaten meine
Verbrechen überwogen haben werden; dann komme ich
gereinigt und leichter geworden zurück, während er unter
seinen Lasten sinkt, und es tut not, rasch zu handeln.«)

19,23 *Dante*] Dante Alighieri (1265-1321) hat die italienische Literatursprache geschaffen und darüber in dem
Buch *De vulgari eloquentia* (Über das Dichten in der Muttersprache) Rechenschaft abgelegt. In diesem Falle steht das
übersetzte Zitat mit dem in der Anmerkung zitierten Satz
nicht in direkter Beziehung.

19,25-27 *»Was tönen* ⟨. . .⟩ *Raubvögel!«*] »Quid nunc
personat tuba novissimi Federici? quid tintinnabulum secundi Karoli? quid cornua Iohannis et Azzonis marchio-
num potentum? quid aliorum magnatum tibiae? nisi, Venite
carnefices, Venite altriplices, Venite, avaritiae sectatores.«
(»Was tönt jetzt die Drommete des neuesten Friedrich? Was
die Schelle des zweiten Karl? Was die Hörner der mächtigen
Markgrafen Johannes und Azzo? Was die Flöten der ande-

ren Großen als: Kommt, Schurken! kommt, Falsche! kommt, Habsüchtige!« – Übers. v. Franz Dornseiff und Joseph Balogh, Darmstadt 1966, S. 37.) Dante nennt Namen der von ihm verachteten Fürsten: Friedrich II. von Aragon, der 1296-1337 über Sizilien herrschte, Karl II. von Anjou, König von Neapel bis zu seinem Tode 1309, Giovanni von Montferrat, gestorben 1305, Azzo VIII. von Este, 1293-1308.

19,A7 *Matteo Villani]* Der Bruder des Giovanni Villani (1276-1348), der nach dessen Tod durch die große Pest die von ihm begonnene Chronik von Florenz fortsetzte (starb 1363). Matteo II. Visconti wurde 1355 nach einem Regierungsjahr ermordet.

19,A8 *Filippo Villani]* (Ca. 1345-1405), begründete die florentinische Biographie und fügte diese Lebensbeschreibungen der Chronik ein, die er nach dem Tode seines Vaters Matteo fortsetzte.

19,A9 *qui non heroico more* ⟨...⟩] (Lat.) »(Italienische Fürsten,) die nicht auf heroische, sondern auf plebejische Weise dem Hochmut frönen« (Übers. wie 19,25-27).

20,2 *Tyrannendienste]* Aktuelle Erfahrung und humanistische Lektüre haben sich verbunden in der Charakterisierung des sich selbst zerstörenden Tyrannen. Xenophons *Hieron* war eine dieser Quellen; dazu Etienne de La Boétie, *Von der freiwilligen Knechtschaft*, Frankfurt/Main 1980.

20,7-10 *»So wie die Tyrannen* ⟨...⟩ *muß.«]* »Dunque come le tirannie si criano, com'elle esaltando si fortificano e crescono, cosi in esse si nutrica e nasconde la materia della loro confusione e ruina.« (Matteo Villani VI 1, Florenz 1848, S. 468.)

20,19 *Sternglauben]* Eine Darstellung und Erläuterung der für die Renaissance und ihre Kunst so bedeutenden Astrologie liegt vor von Franz Boll (unter Mitwirkung von Carl Bezold), *Sternglaube und Sterndeutung*, Leipzig und Berlin ³1926. Die Schrift ist Aby Warburg zugeeignet, der seit der ikonologischen Deutung des Bildprogramms der Schifanoja-Fresken 1912 wiederholt auf ihre Rolle und besonders die der Saturnfürchtigkeit aufmerksam machte: Aby Warburg, *Gesammelte Schriften*, Leipzig und Berlin 1932; *Ausgewählte Schriften und Würdigungen*, Baden-Baden 1980.

20,20 *der letzte Carrara*] Francesco d. J., regierte 1391-1404.

20,A13 *quelli delle bullette*] (Ital.) »Die mit den Passierscheinen (Zetteln)«.

21,4 *Bernabò*] Bernabò Visconti (1323-1385), regiert seit der Ermordung seines Bruders Matteo II. (1355) neben seinem Bruder Galeazzo.

21,17 f. *Giangaleazzo*] Giangaleazzo Visconti (1351-1402), Sohn des Galeazzo, nach dessen Tod 1378 Signore, herrscht ab 1385, läßt sich von König Wenzel 1395 zum Herzog ernennen.

21,27 f. *»das wunderbarste aller Klöster«*] »Li fece edificare uno mirabile templo e monastero de l'ordine Certosino, che si può nuncupare el piu mirabile che si trova a nostri tempi.« (»Er ließ eine wunderbare Kirche und ein Kloster für den Kartäuserorden errichten, den man feierlich zum Herrlichsten erklären kann, was es in unseren Zeiten gibt«); Giovan Pietro Cagnola, im 3. Bd. des *Archivio storico italiano*, S. 23. Zu diesem Bau vgl. in diesem Bd. *Kunst der Renaissance*, §§ 71, 51 und 136, wo Burckhardt bekennt, diesem Gebäude früher (im *Cicerone*, 1855) »Unrecht getan und nach mehrmaligem Besuch seine Meinung geändert zu haben«.

21,A1 *Corio*] Bernardino Corio (1459-1510), aus vornehmem Mailänder Geschlecht, beginnt 1485 im Auftrage des Lodovico Moro die Geschichte Mailands zu schreiben, die seit 1503 (Mailand) mehrfach gedruckt und aus dem lombardischen Dialekt mehr ins Toskanische verändert wurde. Burckhardt benutzt die Ausgabe Venedig 1554.

21,A2 *Paolo Giovio*] In der Ausgabe der *Elogia virorum illustrium*, Basel 1575, fol. 85.

22,8 *Königtum von Italien*] Poggio in seiner *Florentinischen Geschichte* (Muratori, Bd. 20, col. 289): »animum gloriae cupidum incenderat, ut Italiae Regnum sibi persuaserit:

& cum jam Florentiae sibi imperium animo despondisset coronam, ceteraque Regum insignia praeparaverat, quibus Reges uti consuevere.« (»Sein Sinn war von Ruhmbegierde entbrannt, so daß er auf die Königsherrschaft über Italien rechnete, und da er sich die Herrschaft über Florenz schon versprach, hatte er die Krone und die anderen Herrschaftsinsignien vorbereitet, deren sich Könige zu bedienen pflegen.«) Diese Absicht vereitelte die Pest in Mailand.

22,A5 *Stan le città* ⟨...⟩ *mantello etc.]* (Ital.) »Die lombardischen Städte stehen mit den Schlüsseln in der Hand, sie Euch zu übergeben ⟨...⟩ Rom ruft Euch zu: Mein neuer Caesar, bloß bin ich, und doch lebt die Seele: Nun so bedeckt mich mit Eurem Mantel, usw.«

22,A6 *Ammian. Marcellin.]* Historiker der Spätantike (ca. 330-395), der *Res gestae* im Anschluß an Tacitus schreibt, bis zum Tode des Kaisers Valentinian I. (375).

23,4 *Pace und Guerra]* (Ital.) »Frieden« und »Krieg«.

23,5 f. *statt dona nobis* ⟨...⟩ *tranquillitatem!]* (Lat.) Statt »Gib uns Frieden« zu sagen »Gib uns Ruhe«.

23,8 *Facino Cane]* (Ca. 1350-1412), Condottiere im Dienst des Giangaleazzo Visconti, nach dessen Tod 1402 Herrscher von Mailand. Seine Witwe Beatrice di Tenda heiratet Filippo Maria Visconti, der neue Herzog.

23,16 *Cola Rienzi]* Cola di Rienzo oder Rienzi, eigentlich Nicola di Lorenzo (1313-1354), Notar, Gesandter der römischen Volkspartei am päpstlichen Hof in Avignon 1343/44, will als Volkstribun 1347 die römische Freiheit wiederherstellen, muß aber, vom Papst gebannt, Rom verlassen und lebt am Prager Hof. Petrarca hat sich zu Sympathien hinreißen lassen. Vgl. Karl Brandi, *Cola di Rienzi und sein Verhältnis zu Renaissance und Humanismus*, Darmstadt 1965.

24,15 *Karls des Kühnen]* Karl von Valois, regierte 1467-77 Burgund.

24,30 *Ludwig XI.]* König von Frankreich 1461-83. Beide sind nicht nur im Kontrast italienischer Quellen, sondern durch Philippe de Commynes (1447-1511) in seinen *Mémoires* glänzend charakterisiert.

25,18 *Römerzuge Karls IV.]* Karl IV., deutscher Kaiser (1348-76).

25,23 *im Matteo Villani]* Nur zwei Stellen, V 2: »signori di loro lingua, i quali colla forza teutonica, e col consiglio indiscreto e movimento furioso di quella gente barbara hanno voluto reggere e governare il romano imperio; la qual cosa è strana da qual popolo italiano che a tutto l'universo diede le sue leggi, e' buoni costumi e la disciplina militare.« (»Die Kurfürsten wählten Herren von ihrer Sprache, die mit teutonischer Gewalt, mit unbedachtem Rat und dem wütenden Schwung dieses barbarischen Volkes das Römische Reich beherrschen und regieren wollten, was besonders seltsam ist, weil das italienische Volk der ganzen Welt seine Gesetze und guten Sitten und die militärische Disziplin übermittelt.«) V 54: »di tornare in Alamagna, ove torno colla corona ricevuta senza colpo di spada, e colla borsa piena di danari avendola recata vota, ma con poca gloria delle sue virtuose operazioni, e con assai vergogna in abbassamento dell'imperiale maesta.« (»Nach Deutschland zurückzukehren, wohin man mit der Krone zurückkehrt, die man ohne einen Schwertstreich empfangen hat, und mit dem vollen Säckel von teuer dargebrachten Sporteln, aber mit wenig Ruhm kraftvoller Taten und mit viel Schmach durch die Erniedrigung der kaiserlichen Majestät.«)

26,17-27,1 *150 000 Goldgulden]* In der von Burckhardt benutzten Ausgabe des Vespasiano (da Bisticci), *Le Vite*, steht die genannte Summe in »fiorini« nicht auf S. 54, sondern S. 84 f. Diese oft zitierte Quelle war bei der ersten Lektüre in Rom 1847 der Ausgangspunkt für eine kulturgeschichtliche Darstellung der Renaissance.

26,A6 *Coi passi lunghi* ⟨...⟩ *dilegui? etc.]* (Ital.) »Mit langen Schritten und gesenktem Haupte | Ging ich hinweg und sagte: welche Schande | Für Christen ist der Sarazene hier! | Drauf richtet an den Papst ich diesen Vorwurf: | Was wartest du, der Stellvertreter Christi | Und mästest mit den Mönchen dir das Aas? | Und ähnlich sagte ich dem Rabulisten, | Der Wein und Feigen sich in Böhmen pflanzt, | Und sich nicht um das höchste Gut bekümmert: | Was tust du? Warum folgst du nicht den ersten | Römischen Kaisern nach, und warum nicht, | Sagt ich, dem Otto, Konrad oder Friedrich? | Warum hältst du das Reich in Waffenruhe? | Und hast du nicht das Herz, August zu sein, | Daß du es verweigerst oder dich entfernst? usw.«

27,1 *In Ferrara*] Die in der Folge oft zitierte Quelle ist das *Diario Ferrarese dall' anno 1409 sino all' 1502*, eine der ausführlichsten Chroniken einer bedeutenden Stadt über ein ganzes Jahrhundert. Die Neudrucke der Chroniken, die ebenfalls unter dem Namen Muratori seit 1900 unternommen wurden, folgen der gleichen Bandeinteilung und notieren die Seitenzahlen der alten Ausgabe.

27,6 *conte palatino*] (Ital.) »Pfalzgraf«. Den Titeln entspricht keine Stellung mehr. Die merkwürdigen Qualitäten, die mit diesen Ernennungen verbunden sind, werden so in der Chronik verzeichnet, S. 217 f.

27,8 f. *unehrliche Notare ehrlich zu erklären*] »Fare uno Nodaro falsario, et infamis, de buona fame, e ridurre in primo stato.«

27,18 *Poggio*] Poggio Bracciolini (1380-1459), der Humanist und Aufspürer unbekannter antiker Handschriften, schrieb als Staatskanzler von Florenz am Ende seines Lebens die *Historiarum Florentini populi libri VIII*. Er bezieht sich auf die Krönung Kaiser Sigismunds (1410-37) und erhebt in seiner Kritik das historische Wissen von der Antike zu einer Instanz gegen feudale und sakrale Gebräuche, die in Italien als mittelalterlich erscheinen. »Inolevit autem usus, vel abusus potius, ut ante coronationem Romanorum Reges, postea vero Imperatores dicantur, quasi minoris fuerit Regem esse, quam Imperatorem. Quae summa, ac barbara perversitas dicenda est: nam Regium antiquissimum nomen est ⟨. . .⟩« (»Es riß aber der Gebrauch oder vielmehr Mißbrauch ein, sie vor der Krönung römische Könige und danach Kaiser ⟨Imperator⟩ zu nennen. Welch maßlose und barbarische Verkehrtheit der Bezeichnung: denn der Name der Könige ist der älteste ⟨. . .⟩«) Es ist reinster Humanistenhochmut gegen geschichtliche Formen einer späteren Zeit.

27,25 f. *Nach der modernen Interventionstheorie*] Burckhardt gebraucht die historische Reflexion öfter als Satire auf die Gegenwart und charakterisiert hier mit vollem Zynismus die moderne Politik, wie sie sich vor allem in den polnischen Teilungen gezeigt hatte. Er steht hiermit der älteren Schule deutscher Historiker, Arnold Heeren (1760-1842) und Friedrich Christoph Schlosser (1776-1861), nahe und wird nicht die vor allem von Heinrich von Sybel (1817-1895) betriebene Bewunderung der »Realpolitik« mitvollziehen.

27,A9] (Ital.) »Ein Vermögen wollte er der Bande über die Ohren ziehen.«

27,A10 *Annales Estenses*] Die Seitenangabe (col. 41) ist falsch. Die *Annales Estenses* nehmen in dem zitierten Bd. 20 des Muratori die Col(umnen) 442-472 ein, das Kaiserlob findet sich col. 463 s.

28,2 *Senarega*] Bartolomeo (um 1450-1514), schrieb die genuesische Geschichte von 1488-1514. Obwohl keiner wußte, was der Adler bedeute, war man nicht glücklich über die französischen Lilien: »quae res multis indigna (recentibus tamen) visa est: quis enim prius audeat de ea re conqueri? Nam in quacunque antiquissimorum temporum mutatione, semper inviolatae intactaeque remanserunt; solaeque, aliis deletis, inviolabiles exstiterunt.« (»Die von vielen [allerdings Jüngeren] mit Unwillen gesehen wurden: denn wer hätte sich früher darüber zu beschweren gewagt? [Die Adler] nämlich waren bei jedem Wechsel in alten Zeiten unverletzt und unberührt geblieben; sie allein zeigten sich, wenn anderes zerstört wurde, als unverletzbar.«) Und man bezog sie auf die Rechtsprechung (jurisdictio).

28,6 *camera imperii*] (Lat.) »Hofkammer, Gerichtshof«.

28,16 *Comines*] Philippe de Commynes (1447-1511), in Flandern geboren, im Dienste Karls des Kühnen von Burgund, geht 1472 zu König Ludwig XI. von Frankreich über, schlägt sich nach dessen Tod (1483) zur Partei des

Herzogs von Orléans, wofür er später (1487) eingekerkert wird (bis 1489), bald darauf begnadigt und wieder zu diplomatischen Diensten gebraucht. Seine *Chronique et Histoire* 〈. . .〉 (für die Zeit von 1464-98), später oft *Mémoires* genannt, ist moralische Geschichtsschreibung. Er will an den Ereignissen und seinen Erfahrungen die Aufgaben des Fürsten darstellen und findet bei aller lebendigen Charakterisierung und großem politischem Verstand an seinem Helden Ludwig XI. nicht mehr zu loben, als daß er von allen Fürsten, die er beobachtet hat, am wenigsten Fehler habe. Durch die Intelligenz und den persönlichen Stil hat sie auf die französische Memoirenliteratur gewirkt, ist aber kaum je an Schärfe der politischen Beurteilung erreicht worden.

29,12 *Varchi*] Benedetto (1502-1565), der gründlichste und genau beobachtende unter den Florentiner Historikern, der aber selbst keine politischen Ambitionen hatte. Er erhält von Herzog Cosimo 1546/47 den Auftrag für seine Arbeit und Zugang zu den Archiven und beschreibt das Jahrzehnt der letzten kurzen Republik und ihres Sturzes (1527-38).

29,12-14 *»von der Vernunft* 〈. . .〉 *des Himmels.«*] »Secondo che la ragione voleva e come ab eterno era stato disposto in cielo«.

29,14 *Ippolito Medici*] (1511-1535), regierte gemeinsam mit seinem gleichaltrigen Neffen Alessandro (1511-1537) in den Jahren von 1523 bis zur kurzen Republik (1527-30), Alessandro danach allein von 1531 bis 1537.

29,23 *Condottiere*] Anführer einer Söldnertruppe, der die »condotta«, den Oberbefehl, die Leitung, aufgrund eines Vertrages innehatte.

30,5 *John Hawkwood*] (Ca. 1320-1394), in Italien Giovanni Acuto genannt, war englischer Herkunft; daneben deutsche wie Konrad von Landau und Werner von Urslingen. Söldnerheere zur Unterstützung der eigenen Truppen kamen in den reichen Jahren Mitte des 14. Jh.s auf.

30,14 *beiden Söhne*] Giovanni Maria Visconti regierte formell als Herzog 1402-12, Filippo Maria war bis 1412

Graf von Pavia und erkämpfte dann die Gesamtherrschaft, die er bis 1447 ausübte.

30,16 *Facino Cane*] (Ca. 1350-1412), befriedete gewaltsam das Herzogtum Mailand für Giovanni Maria Visconti und beherrschte es faktisch.

30,19 *Beatrice di Tenda*] Witwe des Facino Cane, wurde Filippo Marias erste Gattin; nach einer Affäre mit einem Hofmusiker wurde sie mit ihrem Liebhaber hingerichtet.

30,A18 *et (Filippo Maria) ⟨...⟩ lei*] (Ital.) »Und Filippo Maria hatte von ihr ein großes Vermögen und flüssiges Geld sowie alle Söldner des Facino, die ihr gehorchten.«

30,A19 *Infessura*] Stefano Infessura (ca. 1440-1500), *Diario della città di Roma* (Römisches Tagebuch), S. 89 der deutschen Übersetzung (Jena 1913, Düsseldorf 1979).

30,A19 *Die Alternative*] Machiavelli rät, entweder sofort das Heer zu verlassen und bescheiden Belohnung entgegenzunehmen oder wenigstens Tadel zu vermeiden oder aber den Sieg für sich selber zu nutzen. Die unendlichen Fehler entspringen daraus, daß die Condottiere sich nicht entscheiden konnten, weil sie wie die meisten Menschen weder ganz boshaft (»tristi«, *Discorsi* I 27: »cattivi«) noch völlig gut zu sein vermögen.

31,7 f. *Roberto Malatesta*] Sohn des Sigismondo Malatesta (1417-1468) und wie dieser Herrscher von Rimini.

31,10 *Carmagnola*] Francesco di Bartolommeo Bussone (ca. 1385-1432), nach seiner Geburtsstadt Carmagnola benannt, einigte für Filippo Maria Visconti das Herzogtum Mailand und ist später in venezianischen Diensten. Sein Ende stellt Manzoni in einer Tragödie *Il Conte di Carmagnola* dar (1820).

31,A20 *Colleoni*] Bartolomeo (1400-1475), Condottiere in venezianischen Diensten, versuchte nach dem Tode des Cosimo de' Medici (1464) die Herrschaft der Medici zu stürzen, scheiterte damit aber 1467. Venedig ließ ihm das Reiterstandbild von Verrocchio (1436-1488) errichten.

33,19 *Francesco*] Sforza (1401-1466), hat in den Jahren

der kurzen »Ambrosischen Republik« (1447-50) das Herzogtum Mailand erobert und bis 1466 beherrscht.

33,25-27 *»In unserm ⟨...⟩ werden.«*] »Nouitate gaudens Italia nihil habet stabile, nullum in ea uetus regnum, facile hic ex seruis reges uideas.«

33,29 *Giacomo Piccinino*] (1420-1465.) Er beschäftigte die Phantasie derart, daß ihm Laudivio di Ferrara gleich eine Tragödie *De captivitate ducis jacopi* widmete.

34,4 f. *»Wenn es ⟨...⟩ bauen.«*] Burckhardt faßt hier einen längeren Satz zusammen: »Animaduerterant bellatores Italici, expugnato captoque Picinino sibi ad excolendos agros redeundum fore, cum pax ubique vigeret: Picininumque quasi Deum colebant, qui solus belli materiam ministraret.« (»Die Krieger Italiens merkten, wenn Piccinino geschlagen und gefangen wäre, könnten sie heimkehren und wieder den Acker bauen, da überall der Friede herrschte: Wie einen Gott verehrten sie Piccinino, der allein über die Fähigkeit, Kriege zu führen, verfügte.«)

34,27 f. *System des Gleichgewichtes*] In der Politik der italienischen Staaten bildete sich zuerst der Gedanke eines Gleichgewichts politischer Mächte, bei dessen Erhaltung sowohl die »Großstaaten«, die es bilden (Neapel, Mailand, Kirchenstaat, Venedig und als fünfter Florenz), wie die Kleinstaaten, die dazwischen geduldet werden, am erspießlichsten fortbestehen könnten. Dieser Gedanke wurde später auf die größeren Staaten Europas bezogen. Er galt als Richtlinie der französischen Außenpolitik seit dem 17. und der englischen seit dem 18. Jh. Er wurde zum leitenden Gesichtspunkt der in Deutschland betriebenen europäischen Staatengeschichte und bestimmte noch Arnold Heerens *Handbuch der Geschichte des Europäischen Staatensystems*, Göttingen 1809 u. ö.

35,3 *seit Sixtus IV.*] Francesco della Rovere regierte als Sixtus IV. von 1471 bis 1484.

35,7 *Innocenz VIII.*] Giovanni Battista Cibo regierte 1484-92.

35,14 f. *Vidovero von Brescia*] Die *Annali Veneti*, die

Burckhardt in diesem Absatz paraphrasiert, schildern ihn als »uomo di 28 anni, gaiardo della vita, e de bella statura« (»ein 28jähriger Mann, todesmutig und von guter Figur«).

35,21 f. *Die Venezianer*] Sie empfahlen dem Pandolfo, »de no guastar i fatti soi per conzar queli de i altri« (»nicht seine eigenen Angelegenheiten zu verderben, indem er die von anderen verrichte«).

36,13 *Alessandro Sforza*] (Starb 1473.) Seine Biographie bei Vespasiano Fiorentino, im 1. Bd. des *Spicilegium Romanum*, hg. v. Kardinal Angelo Mai. Diese 103 Biographien von Päpsten, Prälaten, Fürsten und Literaten ergeben ein besonders anschauliches Bild der Werte und Taten des 15. Jh.s. Vespasiano war Leiter eines Scriptoriums, Verleger und Buchhändler der klassischen Manuskripte in der Zeit kurz vor dem Buchdruck. Er kennt die Lektüre und die geistigen Interessen der Päpste und Tyrannen, die Gelehrsamkeit der Humanisten und war damit ein Ausgangspunkt für die kulturgeschichtliche Darstellung. *Le Vite*, hg. v. Aulo Greco, Florenz 1970, dt. teilweise übers., Jena 1914.

36,27 f. *Graziani und* ⟨. . .⟩ *Matarazzo*] Beide schreiben die Geschichte von Perugia im 15. Jh. Ihre Chroniken sind die Teile 1 und 2 des Bandes 26 des *Archivio storico Italiano*, das im 19. Jh. in der Nachfolge von Muratori große Quelleneditionen in die Wege leitet. Die Anschaulichkeit beider und besonders des Matarazzo macht die Fehde zweier verfeindeter Sippen in einer kleineren Stadt wie Perugia zu einem denkwürdigen Ereignis.

38,20 *Rafael*] Die kulturgeschichtliche Methode verleiht dem durch glänzende Schilderung zum Typischen erhobenen Ereignis in Perugia den weltgeschichtlichen Rang dadurch, daß es zugleich zu den prägenden Jugendeindrücken Raffaels erklärt wird. Das Paraphrasieren einer alten Chronik gewinnt damit zusätzliche Bedeutung.

40,15 *Grablegung*] Raffael (1483-1520) malte im Jahre 1507 »sein erstes großes bewegtes Historienbild; es ist die Grablegung in der Galerie Borghese zu Rom. Ein Werk der höchsten Anspannung aller Kräfte, noch nicht frei von gewissen Befangenheiten ⟨...⟩. Aber ein ewig großes Wunderwerk der Linienführung, der dramatischen und malerischen Gegensätze und des Ausdruckes. Es genügt z. B., die Verteilung der physischen Anstrengung und der Seelenteilnahme zu verfolgen, um Rafael allen Zeitgenossen vorzuziehen.« (Burckhardt, *Cicerone*. Das Werk befand sich früher in S. Francesco de' Conventuali.)

40,29 *Paul III.]* Farnese, Papst von 1534 bis 1549.

41,7 *Verrat von 1530]* 1530 kapitulierte Florenz nach zehn Monaten der Belagerung, zermürbt von Pest, Mangel, Überfällen und Gefechten. Nach der kurzen Republik voll rigoroser Reformen eroberten die Medici ihre inzwischen ziemlich verhaßte Herrschaft zurück. Bei den Befestigungsbauten in Florenz war Michelangelo leitender Ingenieur.

41,31 *Lilio Gregorio Giraldi]* (1479-1552.) Der Literarhistoriker der Humanisten, Poet und Mythograph, dem wir die Quellen für Shakespeares *Othello* und *Maß für Maß* verdanken; vgl. S. 272 f.

41,33 *Giovan Francesco Pico]* (1469-1533), Neffe des nur um wenig älteren bedeutenden Giovanni Pico della Mirandola und Fürsten von Concordia.

41,A34 *Malipiero]* Seine *Annali Veneti* und andere Chroniken, wie die beiden aus Perugia über die Fehde der Baglionen, wurden seit der Mitte des 19. Jh.s in dem *Archivio storico Italiano*, Florenz 1842 ff., veröffentlicht.

42,10 *charakterlose Halbtyrannie]* Eine selten moralisch wertende, sondern Stilzüge charakterisierende Darstellung des Staats als Kunstwerk kann zu einer stilkritischen Verurteilung einer politischen Form geraten, wie in diesem Absatz.

42,22 *Aragonesen]* Alfons V. von Aragon nahm als Herrscher von Neapel (Alfons I.) 1435 das Land in Besitz, das nach den Staufern vom Hause Anjou beherrscht wurde.

42,A35 *Miniaturkatastrophe]* Der Graf Galeotto von Mirandola ließ seinen Bruder Antonio Maria lebendig einmauern wegen Majestätsbeleidigung (»propter crimen laesae Majestatis«).

43,15 *Poggio* / P. Bracciolini (1380-1459), der Humanist und Aufspürer wertvoller unbekannter Handschriften antiker Autoren, war lange Zeit päpstlicher Sekretär und in dieser Funktion Teilnehmer am Konstanzer Konzil (1414-18). Erst spät wurde er Staatskanzler von Florenz und schrieb in diesem Amt wie seine Vorgänger Salutati und Bruni florentinische Geschichte.

43,16 *Xenophon's Cyropädie* / Der athenische Sokratesschüler und Reiteroffizier Xenophon (ca. 430-355 v. Chr.) beschrieb in einer Art Fürstenspiegel die Erziehung des persischen Königs Kyros zum Feldherrn und Herrscher. Das romanhaft geschriebene Buch wurde wegen militärtaktischer Bemerkungen geschätzt, die in der Renaissance nicht als Geschichte, sondern als Handbuch gelesen wurden.

43,18 *Ferrante* / Ferdinand I., genannt Ferrante, regierte von 1458 bis 1494 das Königreich Neapel.

43,20 *Marranen* / So nannte man in Spanien die mit Gewalt zum Christentum genötigten Einwohner moslemischer oder jüdischer Herkunft.

44,13 *seine Gegner* / Von den zitierten Quellen ist Jovius besonders prägnant (*Historiarum sui temporis*, Buch 1, S. 13 f.): »Horret animus recensere, quot proceres, quotque praeclaros duces, interposita fide & sacramenti religione in gratiam receptos, quod antea Gallicarum partium fuissent, violato iure, non modo hospitii, sed ipsius regiae mensae crudeliter enecarint. Horum porrò cadauera, tremendum visu, siccata & condita odoribus in eo habitu quo viui fuerant, ijdemque insignibus exornata adseruariatque ostentari ferunt, ut eo execrabili tyrannicae immanitatis atque perfidiae exemplo, paria timeant qui seruire noluerint.« (»Man schaudert davor, aufzuzählen, wie viele Vornehme und wie viele bedeutende Heerführer, die früher der französischen Partei zugehörten, ohne Treu und Glauben empfangen und unter Verletzung nicht nur des Gastrechts, sondern der königlichen Tafel ermordet wurden. Deren Leichen nun wurden zum Anblick des Entsetzens getrocknet und mit Duftessenzen einbalsamiert in dem Gewand, das sie zu Lebzeiten trugen, und mit den Ehrenzeichen geschmückt aufbewahrt und vorgezeigt, damit nach dem Beispiel dieser fluchwürdigen tyrannischen Ungeheuerlichkeit und Treulosigkeit jene ähnliches fürchteten, die nicht dienen wollten.«)

44,27 *Caracciolo und Porzio*] Tristano Caracciolo (15. Jh.), *de varietate fortunae*, in Bd. 22 des Muratori; Burckhardt charakterisiert ihn als »unbewußten Tragiker« (S. 330) und als ersten der neapolitanischen Schriftsteller. Camillo Porzio (ca. 1526-1580), *Congiura de' Baroni* (1565 u. ö.) beschreibt als mäßiger Historiker mit novellistischem Geschick die Verschwörung der Barone gegen König Ferdinand I. und begründet damit die beliebten Geschichtsromane, die Politik auf Palastintrigen reduzieren.

44,29 *Alfonso Herzog von Calabrien*] Alfonso II. überlebte seinen Vater Ferdinand I. (Ferrante) nur um ein Jahr, bis 1495.

45,16 *jamais homme ⟨...⟩ hardi*] (Franz.) »Nie war ein Grausamer kühn.« Commynes im Kap. 17 der *Mémoires*.

45,21 *Giangaleazzo*] G. Visconti, regiert 1385-1402 das Herzogtum Mailand.

45,A39 *Petri Candidi Decembrii*] Piercandido Decembrio (1399-1477), schrieb nach dem Tode des letzten Visconti, dem er seit 1419 28 Jahre lang als Sekretär gedient hatte, in voller Unabhängigkeit aus genauester Kenntnis seine Biographie. Das nicht umfangreiche Werk (col. 981-1020 in Bd. 20 des *Muratori*) ist anekdotisch wie Suetons Cäsarenviten und unpolitisch, aber nach Sachen beinahe kulturgeschichtlich geordnet und eine erstrangige Quelle individueller Charakteristik. Er hat auch moderne Vorstellungen von tyrannischer Machtausübung und Massenpsychologie (Elias Canetti, *Masse und Macht*) nachhaltig beeinflußt (dt. Übers. Jena 1913).

46,32 *Francesco Sforza*] (1401-1466.) Der Schwiegersohn des Filippo Maria Visconti beherrschte Mailand nach dem kurzen republikanischen Zwischenspiel ab 1450. Sein

Leben ist (bis 1461) ebenfalls von Decembrio beschrieben (*Muratori* 20, col. 1021-1046; dt. Übers. Jena 1913).

47,7 *bei seinem Eintritt*] Cagnola schildert eine der typischen Erörterungen kleiner Republiken, daß die einen die Freiheit, andere den König von Frankreich, andere den Herzog von Savoyen, andere den König Alfonso, andere den Papst als Herren wollten. In einem aber waren sie sich einig: »Tutti avevano in odio i Veniciani, e nessuno ardiva nominare el Conte.« (»Alle haßten die Venezianer und keiner wagte es, den Grafen ⟨Francesco Sforza⟩ zu benennen.«)

48,25 *Lodovico il Moro*] Geb. 1451, regiert 1479-99, stirbt 1508 in französischer Gefangenschaft.

49,4 f. *vor seiner politischen Force*] Franz. force »Kraft«, »Macht« und »Gewalt«.

49,28 *Barre*] Franz. barre »Stange«, »Gerichtsschranke«.

49,A46 *Seine letzte Unterredung*] Bartolomeo Senarega, *de rebus Genuensibus* (1488-1514), bei *Muratori* 24, col. 567 f.: »Satis tibi, Bernardine, nota est conditio status nostri, Galli, qui saepius minati sunt Italiam velle invadere, praesertim Lombardiam, nunc tamdem fecerunt; & quamvis primus ego futurus sim, in quem furor Gallicus se extendat, non quia magis demeruerim ⟨...⟩ opprimor primus ego, inde tota Italia; & devicto & prostrato statu nostro, succumbet Federicus Neapolitanarum Rex, qui eorum vires jam est expertus & solo tubicine cedet. Florentini tamdiu stabunt, quamdiu hostes voluerint. Veneti, quorum vires majores sunt, & multorum malorum causa, qui simulando dissimulandoque non aliud magis umquam studuerunt, quam Italiae dissiduum, divino judicio tunc magis cadent, cum minus timebunt. Mihi verò nunc in tantis turbationibus agitato, consilio auxilioque opus est. Vides, quam effera sit gens haec: montes & alpes tam facilè transcendunt, ut nostri milites planitiem. Omnia cedunt eorum furori.« (»Zur Genüge ist dir, Bernardino, die Lage unseres Staates bekannt, daß die Franzosen, die mehrfach drohten, nach Italien einbrechen zu wollen und vor allem in die Lombardei, es schließlich geschafft haben; und ich werde der erste sein, gegen den sich die Franzosenwut wendet, nicht weil ich es eher verdiente, werde ich doch zuerst bedrängt werden und darauf ganz Italien; und wenn unser Staat besiegt und niedergeworfen ist, wird Friedrich König von Neapel 〈1496-1501〉, der ihre Heere schon kennt und nur der Trompete weichen wird. Die Florentiner werden so lange aushalten, wie die Feinde wollen. Die Venetianer, deren Heere bedeutender und die Ursache vieler Übel sind und die mit Lug und Trug nichts anderes heftiger erstreben als Italiens Trennung, werden unter dem göttlichen Richtspruch um so mehr fallen, je weniger sie es fürchten werden. Ich werde nun von so viel Wirren umgetrieben, daß ich Rat und Hilfe brauche. Sieh, was für ein wildes Volk das ist: Sie überwinden Gebirge und Alpen so leicht wie unsere Soldaten die Ebene. Alles weicht ihrer Wut.«) Die Stelle ist ein Muster außenpolitischer Reflexion und kühler Einschätzung der vorhandenen Streitkräfte.

50,11 *Bramante*] Donato d'Agnolo (1444-1514), gen. B. aus Urbino wie Rafael, dessen Oheim er war, kam 1476 als Ingenieur unter Giangaleazzo nach Mailand und ging 1499 nach Rom, wo er Aufträge der Päpste Alexander VI. und Julius II. erhielt.

50,26 *Mailand*] Das Zentrum Oberitaliens war über seine eigene Bedeutung hinaus strategisch der Schlüssel zum Hafen und der Seemacht Genuas, von wo aus sich das westliche Mittelmeer, die Küste Italiens bis zu den Kornkammern Siziliens beherrschen ließ. Von Frankreich ebenso wie von Österreich und Spanien aus war das damals reiche Italien das Ziel aller Eroberungspolitik, und Mailand war immer das erste Opfer. Diese Stellung im politischen System des späten 15. und des 16. Jh.s arbeitet Burckhardt nicht heraus.

52,5 f. *Bembo* 〈...〉 *Tasso*] Eine Reihe höchst unterschiedlicher Autoren. Pietro Bembo (1470-1547) aus Venedig ist der berühmteste Humanist seiner Zeit, 1505 veröffentlicht er die *Asolani*. Er lebt längere Zeit (1506-12) am

Hof von Urbino, unter Leo X. wird er päpstlicher Sekretär, 1539 Kardinal. Bandello mit seinen Novellen und Ariosto behandelt Burckhardt später noch ausführlicher. Bernardo Tasso ist der Vater des Torquato. Die Ausklammerung der bildenden Kunst in der *Kultur der Renaissance* führt dazu, daß die Rolle des Andrea Mantegna (1431-1506) in Mantua und die des Piero della Francesca (1416-1492) in Urbino nicht eigens erwähnt werden. Mantegna hat den ganzen Hof der Jahre um 1470 in der *Camera degli Sposi* dargestellt und nach der S. 51,25 erwähnten Schlacht am Taro bei Fornovo (1495) die Madonna della Vittoria, heute im Louvre, Paris, nach Wünschen der Isabella. Dort ist der Marchese Francesco als Stifterfigur kniend vor der Madonna und den Heiligen zu sehen. Ihm gegenüber möglicherweise Isabella.

52,16 *Federigo*] 1422 geboren, genoß die beste humanistische Bildung bei Vittorino da Feltre (1378-1446) in Mantua. Ein Doppelbildnis Federigos und seiner Frau Battista Sforza, aus der Mailänder Herzogsfamilie, von Piero della Francesca mit einem allegorischen Triumphzug auf der Rückseite bewahren die Uffizien in Florenz.

52,28 *der Hof*] Wie Staat, Krieg und Geselligkeit erscheint der Hof als »ein wohl berechnetes und organisiertes Kunstwerk«. Der Hof von Urbino gehört zu denen, wo die Hofämter wie ein kunstvolles System ausgebaut wurden. Diese Adelskultur, die in Castigliones Buch vom Hofmann, *Il libro del cortegiano* (1528), verklärt wird, verbindet sich sowohl mit den neueren Formen der Kriegführung wie mit einer Pflege der Künste und einer um die Bibliothek sich versammelnden ernsthaften Lektüre geistlicher und klassischer Autoren. Die verschiedenen Elemente verbinden sich in den sehr unterschiedlichen Zentren italienischer Kultur auf vielfältige Weise. Adelskritik ist in der an Gewerbe und Finanz orientierten Welt von Florenz in einer weitgehend bürgerlich geprägten Kultur und Literatur heftiger und anders begründet als in Urbino oder Mantua.

52,A53 *Vespasiano]* Da Bisticci (1421-1498), der florentinische Handschriftenhändler, fast gleichen Alters mit Federigo, schildert den Herzog nach seiner Bildung und seinem Begehren nach allen bedeutenden Schriften, »alles wolle er haben«, und zwar vollständig.

53,26 *Dio ti mantenga, Signore!]* (Ital.) »Gott erhalte Dich, Herr!«

53,27 *Licht Italiens]* Die Stelle findet sich gleich im 2. Kap. des 1. Buchs von Castigliones *Hofmann,* wo Federigo mit Helden des Altertums verglichen wird in der Mischung von Menschlichkeit, Bildung und militärischer Fähigkeit.

53,28 *Guidobaldo]* Von Montefeltro (1472-1508), 1482 Herzog von Urbino, heiratet 1488 Elisabetta Gonzaga, die Tochter des Marchese Federico. Guidobaldo erkrankt früh an der Gicht, führt aber, obwohl er sich nicht auf den Beinen halten kann, militärische Unternehmungen. Er adoptierte Francesco Maria della Rovere, den Sohn seiner Schwester und Neffen des Papstes Julius II.

54,7 *Baldassar Castiglione]* (1478-1529.) Sein Aussehen ist durch Raffaels Porträt im Louvre überliefert. Er stammt aus einer lombardischen Adelsfamilie, wird in Mantua und Mailand erzogen zwischen Fürsten, Künstlern (Mantegna in Mantua und Leonardo in Mailand) und Humanisten. Er lebte seit 1504 einige Jahre am Hofe von Urbino, dessen Mittelpunkt Elisabetta Gonzaga war, und ließ wirkliche Personen in fingierten Gesprächen die gesellschaftliche und geistige Kultur eines Hofes der Renaissance beschwören. Das 1528 gedruckte Buch erlebte allein im 16. Jh. 50 Auflagen und wurde bald übersetzt in die wichtigsten europäischen Sprachen.

54,A55 *Das Folgende]* Burckhardt kann sich bei seiner Darstellung der Regierung der Este in Ferrara auf zwei ausführlich berichtende Chroniken stützen, die *Annales Estenses* (1409-54) und den *Diario Ferrarese* (1409-1502) in Bd. 20 bzw. 24 von Muratoris Sammlung.

55,7 f. *erste moderne Stadt]* Wie Friedrich II. der erste moderne Mensch auf dem Thron, durchaus kein eindeutiges Lob, sondern Kennzeichnung einer rationalen Planung.

55,26 *Verkauf* ⟨...⟩ *der Ämter*] In Italien jährlich, im Frankreich des Ancien régime auf Lebenszeit, macht die Amtsführung zu einem Gewerbe, das die Kaufsumme mit Gewinn in der betreffenden Zeit einbringen muß.

56,5 *Andar per ventura*] (Ital.) »Glückwunschgang«.

56,8 *Stolz des Herzogs*] Alfons I., 1476 geboren, regierte Ferrara von 1505 bis 1534. Pünktliches Zahlen war bei den kleinen Höfen durchaus nicht die Regel.

57,25 f. *Reiterstatue*] Im *Diario Ferrarese* (Muratori 24, col. 197): »Il comune di Ferrara fece fare la Immagine del Marchexe Nicolò di bronzo«... und zwar »ad perpetuam rei memoriam«, und col. 202 die Statue des »Illustrissimo Duca Borso da Este«.

58,12 *Fremde*] Eine seltene Zitierung des für die *Kunst der Renaissance* vollständig exzerpierten Vasari über das Paßwesen, das der Liberale Burckhardt auch zu seiner Zeit mit Mißtrauen beobachtet.

58,22 *Zampante*] Die Darstellung stützt sich auf den *Diario Ferrarese*, col. 331 ff., besonders 334. Unter dem 18. 7. 1496 wird beschrieben, daß er die Untertanen seines Herrn in Schrecken hielt und daß seine Verurteilungen willkürlich waren, »che'l facesse tremare tutti le Suddditi di epso Signore, & che le sue Condennazioni fussero arbitrali«, und zudem entsetzlich teuer.

59,7 f. *»Heraus, Leute* ⟨...⟩ *umgebracht.«*] »Fora Brigata; correte, che nui havemo ammazato il Zampante.«

59,25 *das offizielle Mitempfinden*] Es wird keineswegs als Menschlichkeit gedeutet, sondern mit dem Hinweis auf Bernabò Visconti als Tyrannenlaune und planvolle Vereinnahmung des seelischen Haushalts der Untertanen in die landesväterliche Ökonomie.

59,30 *Lianora*] Eleanora von Aragon, Schwester des Ferrante, der 1458-94 Neapel beherrschte.

60,2 *völlig moderne Züge*] Hier ist der heutige Leser an die Entstehungszeit des Buches (1860) zu erinnern, als die

Herrscherhäuser religiöse und säkulare Formen mischten, um sich huldigen zu lassen.

60,17 *Angelo Poliziano]* (1454-1494), Humanist und Dichter, der erste, der Griechisch nicht nur las, sondern auch dichtete, ein glänzender Philologe und Poet im Lateinischen wie im Italienischen.

60,18 *Gioviano Pontano]* (1426-1503), eleganter Latinist, antiquarisch gelehrt und in langen Jahren in der Staatskanzlei in Neapel zum erfahrenen Staatsmann geworden, verfaßte auch ein historisches Werk.

61,15 *Bojardo]* Matteo (um 1440-1494), schrieb als komisches Epos den *Orlando innamorato*, zuerst 1496 gedruckt, vgl. S. 301, 321 ff.

61,16 *Ariost]* Lodovico (1474-1533), *Orlando furioso*, zuerst 1516, vgl. S. 301, 323 ff.

61,23 *Torquato Tasso]* (1544-1595.) Sein Schicksal, das Goethe zu einem Drama verarbeitete, beschäftigte früh den psychologischen Scharfsinn. Man sah in dem gewaltsamen Festhalten des Dichters nicht die Folge, sondern die Ursache seines befremdlichen Verhaltens, vgl. S. 325.

61,A67 *Polistore]* Die Chronik des Frater Bartolomeo von Ferrara (1287-1367). An der zitierten Stelle ernennt Nicolò 12 Ritter vom goldenen Sporn auf einmal, darunter fünf Deutsche und einen Ungarn.

62,2 f. *Macchiavell] Discorsi* I 17. Die »unumstößliche Wahrheit«: Ein verderbtes Gemeinwesen (una città corrotta), das unter einem Fürsten lebt, kann niemals wieder die Freiheit gewinnen, selbst wenn es den Fürsten mit seiner ganzen Sippschaft ausrottet.

62,8 *Agrippa von Nettesheim]* Heinrich Cornelius (1486-1535). Es ist das Kapitel »Politica« in dem Werk über die Unsicherheit und Eitelkeit der Wissenschaften, *De incertitudine* ⟨...⟩. In der Ausgabe Paris 1531, fol. IXX v.: »ut Gibellinorum, ac Guelforum factiones in dominatu suo compesceret: fassus est mihi illius factionis occasione, ad duodecim milia ducatorum in mulctis fisco suo quotannis inferri«.

63,12 *Boccaccio*] In der deutschen Ausgabe *Die neun Bücher vom Glück und Unglück berühmter Männer und Frauen*, München 1965, mit Miniaturen von Jean Fouquet, S. 52, »Über die Hoffart der Könige«.

63,20 *Discorsi*] III 6. Das bei weitem längste Kapitel der *Discorsi* will Fürsten wie Privatleuten nützlich sein, da viele Herrscher eines gewaltsamen Todes starben, aber noch mehr Verschwörungen mißlangen.

64,22 f. *»welche der heiligen Orte* ⟨...⟩ *scheuten«.*] Das Zitat lautet vollständig: »des prêtres, que l'habitude de vivre dans l'église rendît indifférens au lieu où ils se trouvaient, et que l'idée du sacrilège n'effrayat pas.« (»Priester, welche die Gewohnheit, in der Kirche zu leben, gleichgültig gegen diesen Ort machte, und welche die Vorstellung einer Gotteslästerung nicht erschreckte.«) Sismondi XI, S. 95.

65,4 *Mörder Galeazzo Sforzas*] Auch Machiavelli, in der *Geschichte von Florenz*, behandelt am Ende des 7. Buchs die Mailänder Verschwörung und zu Beginn des 8. die Pazzi-Verschwörung in Florenz.

66,2 *Catilina*] In Burckhardts Quellen findet sich bei Allegretto, *Diarî Sanesi* (*Muratori*, Bd. 23, col. 778), der Verweis auf Catilina, »con studiare el Catelinario«.

66,15 f. *exemplum* ⟨...⟩ *1495*] (Lat.) »Als Vorbild für das öffentliche Wohl von den Bürgern 1495 errichtet«.

66,A10 *Quisque* ⟨...⟩ *polliceri, etc.*] (Lat.) »Jeder von uns begann, vor allem seine Gefährten und viele andere aufzuwiegeln, zu beunruhigen und untereinander Wohlwollen zu verbreiten. Irgendetwas anderen zu schenken, zusammen mit mehreren zur Nacht zu essen, zu trinken, zu wachen und alle unsere Güter zu versprechen usw.« Corio schreibt selbst lombardisch gefärbtes Italienisch, reiht aber Briefe und Aktenstücke lateinisch in seinen Text ein.

67,3 *S. Thomas*] Die Verschwörungen gehören ebenso in den Abschnitt »Sitte und Religion« wie in den über den »Staat«. Der Usurpator und der Gewaltherrscher genießen vor der Zeit des Absolutismus keinen dogmatischen

Schutz. Und es entsteht eine ganze Kasuistik, wann die Verschwörung gegen den ungerechten Herrscher Rechtens sei. Machiavelli unterscheidet sich völlig davon, weil er nicht nach dem Recht, sondern den heiklen Chancen des Gelingens und den vielen Fehlerquellen bei der Ausführung fragt (*Discorsi* III 6).

67,16 *Timoleon*] (Ca. 411-337 v. Chr.), Korinther, der die Ermordung seines tyrannischen Bruders billigte, seinen Ruhm aber als Feldherr von Syrakus in Kämpfen mit Karthago und der Neubesiedlung sizilischer Städte erwarb. Man kannte ihn aus einer Lebensbeschreibung von Plutarch, der ihn mit Aemilius Paulus, dem Eroberer Makedoniens, vergleicht.

68,10 *Sismondi*] Burckhardt erwähnt den Historiker der italienischen Republiken im Mittelalter namentlich nur, wenn er nicht mit ihm übereinstimmt, wenn er modernistische Mißverständnisse, wirtschaftsliberale Illusionen bei ihm vermutet.

68,11 f. *des Lombardenbundes*] Die lombardische Liga war ein Schwurverband, der wohl doch eher im Rahmen lehensrechtlicher Fehdebündnisse blieb, als Institutionen für einen föderativen Stadtstaatenverband zu schaffen.

68,33 *Geschichte der Menschheit*] Nach dem anekdotisch auslaufenden Teil über die Tyranneien Italiens setzt Burckhardt neu an, um die beiden bedeutendsten Staatsbildungen vorzustellen. Wie hoch oder gering man in der Weltgeschichte ihre Rolle veranschlagen mag, in der »Geschichte der Menschheit« haben sie höchste Bedeutung. In ihnen verkörpern sich zwei Modelle politischen Handelns und politischer Reflexion, die das Interesse beschäftigen werden, solange es denkende Menschen gibt.

69,17 f. *M. Antonio Sabellico*] Marcantonio Coccio (1436-1506), der sich nach seiner Geburtslandschaft südlich von Rom Sabellicus nannte, hatte bei Pomponius Laetus in Rom humanistische Studien betrieben und war Lehrer der Rhetorik, bis er 1483 nach Venedig kam und dort zum Historiographen bestellt wurde. Die Regierung wußte, wie

sehr humanistische Geschichtsschreibung die öffentliche
Meinung bewegte, und da es keine humanistischen Politiker gab, die selber schrieben, wie Bruni in Florenz und
Pontano in Neapel, bestellte man einen politisch ahnungs-
losen Humanisten, der oft die politischen Motivationen erst
erfinden mußte. Sabellicus schreibt schön und in seiner
Weltgeschichte, den *Enneades*, auch gelehrt, aber zwischen
der scharfen Beobachtung in den Berichten venezianischer
Gesandten, die für den politischen Gebrauch bestimmt und
erst sehr viel später veröffentlicht wurden, und der politisch naiven Prunkrhetorik klafft ein Abgrund.

70,A5 *Chron. Venetum*] Die venezianische Chronik der
Jahre 1494-1500 nennt eher religiöse Tugenden als politische: Güte, Unschuld, Eifer der Nächstenliebe, Frömmigkeit, Barmherzigkeit. Und gleichzeitig war doch die venezianische Herrschaft in ganz Italien verhaßt.

70,A5a *Erasmi Colloq.*] *Colloquiorum familiarium opus*,
ein Buch vertrauter Gespräche des Erasmus von Rotterdam
(1469-1536), oft gedruckt. In dem genannten Gespräch
entschuldigt ein kahlgeschorener Kartäusermönch einem
Soldaten gegenüber seine Tonsur mit dem Verweis auf die
Patrizier in Venedig: »Venetiae quam multi patritij totum et
iam caput radunt?«

71,5 f. *Entdeckung des Seeweges*] Die großen Entdeckungen schwächten Venedigs Monopolstellung im Orienthan-
del. So der Seeweg nach Ostindien, den Vasco da Gama
1498 entdeckte. 1517 stürzten die Türken die Mameluken-
herrschaft in Ägypten, mit der Venedig paktiert hatte. Der
Einbruch großer Heere in Italien war eine Gefahr, obwohl
Venedig sich nach der Schlacht bei Agnadello 1509 noch
einmal rasch erholte und die Liga von Cambray (1508) mit
einer »Heiligen Liga« gegen Frankreich beantwortete.

71,9 *Sabellico*] Hier beweist er die Naivität eines Stadt-
fremden. Die jungen Adligen, oft Senatorensöhne, sprechen mit Fremden nicht von Politik. Die zitierte Stelle:
»& quae de hoc Italiae motu sit hominum opinio: qui
sermo: quae expectatio: omnium una vox est: se nihil scire.«

71,24 *Rat der Zehn*] In Venedig tagte jeden Sonntag der
große Rat aller männlichen Adligen über 25, etwa 2600
Mitglieder gegen Ende des 15. Jh.s. Die Regierung führte
ein Senat von 300 Mitgliedern, der wiederum ein Collegio
mit 16 Räten delegierte. Sicherheitsfragen behielt sich der
mächtige Rat der Zehn vor.

72,33 *venezianischen Gemütes*] ›Mentalität‹ nennen heute
Historiker das, was Burckhardt hier zu charakterisieren
versucht.

73,6 *Terraferma*] Besitzungen Venedigs auf dem italienischen Festland, von Padua mit der Universität über
Verona bis Bergamo. Venedig hatte Kolonien und Handels-
plätze zu beiden Seiten der Adria, auf dem Peloponnes und
schließlich die Insel Zypern.

73,21 *venezianischer Cato*] Der strenge Tugendrichter tadelt diese aus »malenconia« erklärte Mutlosigkeit und
fürchtet, daß sie zum Ruin führe: »che sarà cagione della
rovina Veneta« (col. 106).

73,29 *Francesco Foscari*] Der Sohn des Dogen wurde
von der Gegenpartei der Loredani angeklagt, gefoltert und
verbannt, der Doge vorgeblich aus Altersgründen abgesetzt.

74,A11 *Antonio Grimani*] Er hatte es als Handelsherr zu
Reichtum und den höchsten Ämtern gebracht, sein Sohn
Domenico war Kardinal, aber bei aller Weisheit und Groß-
mut ruinierte ihn die Eifersucht und Feindschaft. Als erfolgreicher Admiral stand er unter dem Oberbefehl eines
anderen und entzog sich bei der Rückfahrt in Befehlsver-
weigerung dem General Trivisano. Nun fand er sich mit
eisernen Ketten im Kerker und alle schrien, »kreuziget
ihn«, berichtet die Chronik, col. 126: »Ora sè trova co' ferri
a' piedi nella Prigion forte, e tutti gridano, che sia croce-
fisso.«

75,3 *15 526 Pferde*] Die Liste bei Malipiero, im 7. Bd.
des *Archivio storico*, führt die Kontingente ihrer abnehmen-
den Zahl nach auf. Es sind über 60 Anführer mit oft sehr
kleinen Kontingenten.

75,A14 *Guicciardini]* Die zitierte Reflexion ist die Nr. 150 der zweiten Serie, in der deutschen Ausgabe (Bern 1946), S. 112.

76,11 *Politik des Kardinals Amboise]* Der Erzbischof von Rouen, Georg von Amboise (starb 1510), hat als Staatsminister Ludwigs XII. innenpolitische Verdienste. Er führt die 1494 von Karl VIII. begonnene, für Frankreich wie für Italien unglückliche Kriegspolitik fort, die für zwei Generationen die europäische Politik bestimmt und Italien politisch und wirtschaftlich ruiniert.

77,A17 *passim]* Die zitierte Bevölkerungszahl Venedigs 1422 findet sich bei Muratori, Bd. 22, col. 942.

79,11 *einigermaßen zurück]* Als Marginaltitel (hier Kolumnentitel) formulierte Burckhardt: »Verspätung der Renaissance«. Als kulturelle Bewegung ist die Renaissance von ausgeprägter Ungleichzeitigkeit, nicht nur in Italien, wo sie von einzelnen Zentren ausgeht, sondern auch in ihrer langsamen Bewegung, die philologische Wiederbelebung der antiken Literatur und Klassizismus in der Kunst umfaßt, durch die europäischen Länder.

79,26 f. *Aldo Manucci]* Die großartige Leistung des Aldus Manutius (1449-1515), 27 griechische Autoren in Erstdrucken und die meisten lateinischen in dem von ihm erfundenen Taschenbuchformat herauszubringen, ist hier kaum gewürdigt, wie auch die blühende venezianische Malerei, die ebenfalls erst mit der Wende zum 16. Jh. führend wird.

80,A25 *Guicciardini]* »Ricordi, Nr. 401« gibt es nicht, die von Burckhardt zitierte Serie II hat nur 221 Nummern, und darin findet es sich nicht.

81,6 *des ersten modernen Staates]* Die Reihe der Gegenstände, die jeweils als das erste Moderne bezeichnet werden, Friedrich II. von Hohenstaufen als Mensch auf dem Thron, Ferrara als Stadt usw., sind dies von verschiedenen Gesichtspunkten aus und mit durchaus ambivalenter Wertschätzung.

81,25 *Rom ist im Sinken]* Nach seiner Gewohnheit redigiert Burckhardt den umständlicheren Satzbau Giovanni Villanis und hebt als Zitat klarer und knapper die Aussage für seinen Zusammenhang heraus. Villani schreibt: »Ma considerando che la nostra città di Firenze, figluola e fattura di Roma, era nel suo montare e a seguire grandi cose, siccome Roma nel suo calare, mi parve convenevole di recare in questo volume e nuova cronica tutti i fatti e cominciamenti della città di Firenze, in quanto m'e stato possibile a ricogliere e ritrovare, e seguire per innnanzi stesamente i fatti de' Fiorentini, e dell' altre notabili cose dell' universo in brieve, infino che fia piacere di Dio, alla cui speranza per la sua grazia feci la detta impresa, più che per la mia povera scienza; e cosi negli anni 1300 tornato da Roma, cominciai a compilare questo libro.« (»Erwägend, daß unsere Stadt Florenz, die Tochter und Gründung Roms, im Aufsteigen und zur Ausführung großer Dinge bereit, während Rom im Sinken ist, scheint es mir angemessen, in diesen Band und diese neue Chronik alle Taten und Begebenheiten der Stadt Florenz einzutragen, sofern es mir möglich ist, sie zu sammeln und aufzufinden, und damit bis auf die Gegenwart fortzufahren, die Taten der Florentiner und die übrige Geschichte der Welt kurzgefaßt, so lange es Gott gefällt, auf den hoffend und mit dessen Gnade ich dies mehr als mit meiner schwachen Wissenschaft unternommen habe; und so begann ich, im Jahre 1300 aus Rom zurückgekehrt, dieses Buch zu schreiben.«) Das Bewußtsein der geschichtlichen Situation und der historischen Verantwortung spricht sich formelhafter aus, mit kaufmännischer Umsicht. Der Ruhm von Florenz wuchs, als Humanisten wie Bruni die nüchternere, an finanziellen Fakten reichere und bei Wundergeschichten läßlichere Chronik nach klassischem Stil bearbeiteten.

82,15 *eherne Terzinen*] »Weh dir, Italien, Sklavin, Haus des Jammers, | Schiff ohne Steuermann im stürmischen Meere, | Nicht Herrscherin der Welt, nein, Hurenhaus ⟨...⟩ Italiens Städte stecken voll Tyrannen | ⟨...⟩ | Du, mein Florenz, du magst beruhigt hören | Was ich hier sage, da es dich nicht berührt | Dank deinem Volk, das so viel Kluges sinnt. | In vielen Herzen wohnt Gerechtigkeit | Und spät erst löst sie sich vom Bogen, | Dein Volk trägt auf der Zunge sie. | Dem öffentlichen Amt entziehn sich viele, | Dein Volk schreit ungerufen: Ich nehm's auf mich. | So freue dich, hast du nicht allen Grund, | Bist reich an Gütern, Frieden und Verstand. | Athen und Sparta, die in der Antike | Gesetze schufen und die Lebensart, | Verschwinden völlig neben dir, | Die du Verordnungen ersinnst, so fein, | Daß im November schon zerreißt, was erst | Du im Oktober angezettelt. | Wie viele Male, seit wir uns erinnern, | Hast du Gesetze, Münze, Obrigkeit und Sitten | Gewechselt und die Männer ausgetauscht! | Und wenn du dich besinnst und sehen kannst, | So siehst du, daß du einer Kranken gleichst, | Die keine Ruhe in den Kissen findet | Und sich, die Schmerzen fliehend, wälzt und windet.« (*Purgatorium* VI 76 ff., 124, 127-151.)

82,23 *poetische Größe*] Dantes Traktat *De Monarchia* mischt subtil die scholastische Behandlung der damals noch nicht lange bekannten *Politik* des Aristoteles mit poetischen Begründungen einer einheitlichen kaiserlichen Herrschaft. Die gegen die weltliche Macht der Päpste gerichtete Schrift kam auf den Index und wurde erst 1559 in Basel gedruckt, im gleichen Jahr die Übersetzung von Basilius Johannes Herold (Nachdruck Basel 1965).

83,27 *beim Tode Johann's XXII.*] 1334 starb der Papst französischer Herkunft, der seit 1316 in Avignon regiert hatte.

84,1 f. *Bardi und Peruzzi*] Die Florentiner Bankhäuser hatten aus »Tollheit und Habgier« (»follia e cupidigia«), wie Giovanni Villani geschäftserfahren urteilt, die genannte Summe, die »ein Königreich wert ist« (»che valeva uno reame«), einem einzigen Schuldner geliehen.

84,A38 *die Pestzeit*] Matteo Villani, der nach Giovannis Tod durch Pest die Chronik fortführt, berichtet knapp und nüchtern über den Verlauf, die Planetenstellung, der man sie zuschrieb, die Ausbreitung vom Orient nach Nordeuropa. Die Pest dauerte überall fünf Monate, in Florenz von April bis September 1348, und forderte drei Fünftel der Bevölkerung. Man starb binnen weniger Tage, die Überlebenden schienen demoralisiert.

85,13 f. *Wohltäter*] Man zahlte das Vermächtnis zur gleichen Stunde in den großen Kirchen aus und zählte dabei 17 000 Arme, auch aus der Region, aber ohne Bettelmönche, Spitalinsassen usw.

85,A40 *bei Fabroni*] Die zitierte Stelle in Bd. 2, S. 63.

86,A42 *bei Roscoe*] Die Werke des begeisterten Dilettanten William Roscoe (1753-1831) über Lorenzo de Medici (zuerst 1795) und über Papst Leo X. (1805) zitiert Burckhardt in den um zahlreiche Quellenbeilagen vermehrten italienischen Ausgaben.

87,6 *Varchi*] Benedetto (1502-1565). Seine *Storia fiorentina* behandelt die Ereignisse (der Jahre 1527-38) in sehr viel größerer Ausführlichkeit, als es Machiavelli, Guicciardini und die anderen Historiker tun, die im Gegensatz zu Varchi Staatsmänner waren.

89,7 *Froissart*] (1333-ca. 1400), schrieb die *Chroniques*, die in mehr als 1200 Kapiteln die Kriege des 14. Jh.s anschaulich, aber mit wenig ordnender Kraft beschreiben.

89,29 *Jacopo Pitti*] (1519-1589), *Istorie fiorentine*, unvollendet, *Apologia de' Cappucci*, eine Verteidigung der florentinischen Volkspartei gegen Guicciardinis Vorwürfe, um 1570 geschrieben. Er ist nicht Augenzeuge, sondern berichtet die oft phantastischen Erzählungen der alten Popolanen kritiklos.

89,30 *Segni*] Bernardo (1504-1558), *Istorie fiorentine* (behandeln 1527-55). Sein stilistisches Interesse überwiegt oft das politische.

89,30 *Vettori*] Francesco (1474-1539), befreundet mit Guiccardini und Machiavelli, während der Revolution aristokratischer Parteigänger der Medici, von staatsmännischer Erfahrung. Sein *Sommario della Storia d'Italia dal 1511 al 1527* war 1848 im *Archivio storico italiano* erschienen, jetzt in: Vettori, *Scritti storici e politici*, hg. v. Enrico Niccolini,

Bari 1972. Die florentinische Geschichtsschreibung entwickelt sich unter der Erfahrung der französischen Invasion 1494, die die italienische Politik völlig verwandelt, und
unter dem republikanischen Experiment nach der Vertreibung der Medici, ebenfalls 1494. Das bisherige diplomati-
sche Handeln war gelähmt, und früher nur theoretisch
erörterte Verfassungen waren möglich geworden. In dieser
Situation begannen die politischen Köpfe, Geschichte zu
treiben; Geschichte ging auf bleibende Erkenntnis und
arbeitete mit scharfer Analyse. Machiavelli und Guiccardini
bildeten Schule, und auch unabhängig davon warf man sich
auf diese Studien, die aber nicht länger anhielten als die
Verfassungskämpfe. Mit dem Großherzogtum Toskana
(1537) ging diese Blüte zu Ende.

89,A47 *innere Politik*] Roscoe und Sismondi hatten
beide finanz- und wirtschaftspolitische Interessen gehabt.
Roscoe begeistert sich für die kulturelle Leistung der Medici, Sismondi kritisiert wie auch die Wirtschaftshistoriker
des 20. Jh.s die Finanzpolitik vor allem Lorenzos. Ob
dessen Leistung als Mäzen der Künste das aufwiegt oder
vor dem Urteil der Geschichte überwiegt, ist eine Frage der
Wertsetzung, die für Burckhardt klar entschieden ist.

91,20 *Dante*] Vgl. Anm. 82,15.

91,24 *Der große moderne Irrtum*] Burckhardts altliberale
Überzeugung und seine Lebenserfahrung, daß Verfassungen nicht *gemacht* werden können, stehen doch quer zu den
Erfahrungen in Florenz, wo man eine Verfassung machen
mußte und allerdings ständig neue machen wollte. Die
antike Staatslehre und wieder Machiavelli suchten die rich-
tigen, den vorhandenen Kräften entsprechenden Verfassungen, die dauerhaft und unveränderlich sein sollten. Die
Auffassung, daß Verfassungen gewachsene Überlieferung
seien, ist erst unter dem Eindruck der Französischen Revolution formuliert worden.

92,5 f. *ottimati, aristocrazia*] (Ital.) »Optimaten« nach
der altrömischen Bezeichnung des Adels; »Aristokratie,
Adelsherrschaft« nach der griechischen Verfassungslehre,

vor allem durch die *Politik* des Aristoteles verbreitet, 1527 in Florenz, Mitte des 16. Jh.s vereinzelt in Frankreich; üblich wurde es erst im 18. Jh.

92,18 *Plusmacherei*] Eines der seltenen Jargonwörter des erfahrenen Redakteurs Burckhardt, das er bei der Umarbeitung der oft viel persönlicher und drastischer formulierten Notizen in den fertigen Text nicht getilgt hat.

92,A51 *»Un savio dator delle leggi«*] (Ital.) »Ein weiser Gesetzgeber«, heißt es gleich zu Beginn des 3. Buches von Machiavellis *Geschichte von Florenz*, könnte dort jede beliebige Form der Regierung einführen, während Rom nur noch unter der Herrschaft eines Fürsten zu bestehen vermöchte.

93,9 *Denkschrift an Leo X.*] Diese zuerst 1760 veröffentlichte Schrift trägt in den modernen Ausgaben ihren lat. Titel: *Discursus florentinarum rerum post mortem iunioris Laurentii Medices*, z. B. in: *Arte della guerra e scritti politici minori*, hg. v. Sergio Bertelli, Mailand 1961, S. 261-277.

93,22 *Discorsi*] *Discorsi sopra la prima deca di Tito Livio* (Abhandlungen über die ersten zehn Bücher des Titus Livius); die gängigen deutschen Übersetzungen nennen es »Gedanken über Politik und Staatsführung« oder »Politische Betrachtungen«. Machiavellis bedeutendste Schrift, zwischen 1513 und 1519 verfaßt, nimmt die Geschichte der römischen Republik nach Livius zum Anlaß, eine neue und eigenständige politische Wissenschaft zu skizzieren. Burckhardt zitiert einige der Themen aus den drei Büchern mit ihren 142 Kapiteln.

94,4 *Lob des Volkes*] Buch 1, Kap. 58. Ob Montesquieu (1689-1755), der Machiavelli gelesen hat und ihn in seinem *De l'esprit des lois* (1748) gelegentlich zitiert, gerade dafür eine Quelle braucht (A54), ist ungewiß. Er selbst behauptete, nicht seinen Vorurteilen, sondern der Natur der Sache zu folgen.

95,5 *der Rivierese*] Eine allgemeine Tatsache wird mit einem einzelnen, aber keineswegs beliebigen Zitat belegt. Hier greift Burckhardt auf eine der neben Vespasiano wichtigsten kulturgeschichtlichen Quellen zurück, des Pierio Valeriano *De infelicitate literatorum* (1527), das er S. 273 ff. ausführlich charakterisiert.

95,17-96,27 *Lucca* ⟨. . .⟩ *Norden*] Der Absatz über Lucca ist für die 2. Aufl. hinzugefügt.

96,16 *i soldati* ⟨. . .⟩ *savî*] (Ital.) »Sie sollten sich die Soldaten zu Freunden, Vertrauten und wohlgesittet machen.«

97,12 f. *Behandlung der internationalen Dinge*] Für die Außenpolitik, die doch meist innerhalb Italiens betrieben wird, steht hier das noch sehr junge Wort »international«, das erst durch Jeremy Bentham in die neueren Sprachen Eingang gefunden hat (um 1800).

97,A2 *Galeazzo Maria Sforza*] Bei Malipiero sagt der mailändische Herzog dem venezianischen Gesandten, »daß die Venezianer nach ihrem alten Brauch nichts anderes verfolgen, als Italien im ganzen zu schwächen und stückweise zu verzehren«.

97,A2 *Guicciardini*] Die zitierte Stelle ist Nr. 29 in der Serie II.

98,19 f. *Mit einer grauenerregenden Naivetät*] Das Dokument findet sich bei Fabroni, Bd. 2, S. 200 f. Die Florentiner erniedrigen sich als »devotissimi figliuoli« (»die unterwürfigsten Kindlein«) und bezeichnen Karl VIII. als Vater, Wohltäter und Erhalter unserer Republik.

99,1 *Karl VIII.*] Er regierte 1483-98; Ludwig XII. 1498-1515, Franz I. 1515-47.

99,6 *Ludwig XI.*] Er regierte 1461-83; Karl von Burgund (Karl der Kühne) 1467-77.

99,18 f. *System eines Gleichgewichtes*] Der vier Hauptstaaten Mailand, Venedig, Neapel und Kirchenstaat. In Florenz, dem fünften, ist dieses System eines politischen Gleichgewichts, einer Balance der Mächte, im 15. Jh. erdacht worden, das man später auf die europäische Politik anwandte, vgl. Anm. 34,27 f.

99,26 *sagte er*] Es ist fraglich, ob in diesem Falle die Quelle zuverlässig ist. Valori will das Andenken Lorenzos heben und setzt erfundene Reden ein. Es gibt anderslautende Zeugnisse, Briefe von Lorenzo selbst an Ludwig XI. Auch Burckhardts positive Deutung von Lorenzos Außenpolitik ist bestritten worden, es fehlt aber immer noch an einer umfassenden Darstellung, die auch nur seinen wirklichen Einfluß einzuschätzen erlaubte.

100,15 f. *moderne Großmächte*] Ob Frankreich und Spanien die italienischen Kleinstaaten erst nachahmten, bevor sie diese zerstörten, ist schwer zu belegen. Italienische Kultur haben sie erst danach aufgenommen.

100,A8 *flectere* ⟨...⟩ *movebo*] (Lat.) »Weigern's die droben, so werd ich des Abgrunds Kräfte bewegen.« (Vergil, *Aeneis* VII 312, übers. v. R. A. Schröder.) Daß Papst Innocenz VIII. (1484-92) mit den Worten der heidnischen Göttin Juno spricht, welche eine Furie der Unterwelt heraufbeschwört, ist nicht ohne Ironie.

101,14 *Mohammed II.*] Türkischer Sultan (1451-81), der Konstantinopel unterwarf, Griechenland und Teile des Balkans in Besitz nahm.

101,A10 *Nantiporto*] Ein anonymer Chronist, der »notarius de Antiportu«, Notajo del Nantiporto, schrieb das *Diarium romanum* über die Jahre 1481-92.

102,2 *Sultan Bajazeth II.*] Regierte 1481-1512.

103,4 *Battista Mantovano*] (1448-1516.) Giovan Battista Spagnoli, gen. M. Einer der kleinen, aber kulturgeschichtlich ergiebigen Dichter, Karmelitermönch, später Ordensgeneral.

103,14 f. *ein leidiger* ⟨...⟩ *Trost*] Eine Übung im weltgeschichtlichen Ausgleich wirklicher und möglicher Übel. Leopold von Ranke (1795-1886) steht für eine Rechtfertigung der sonst von Burckhardt verabscheuten spanischen »Unterjochung Italiens«; Jules Michelet (1798-1874) hielt die Türkengefahr nicht für das größere Übel, sondern vermutete deren Assimilation in Italien.

104,1 *die Macht*] Burckhardt war überzeugt, »daß *die Macht an sich böse ist*« (*Über das Studium der Geschichte*, München 1982, S. 260 u. ö.). Die Charakterisierung ihres rationalen Gebrauchs bedeutet deshalb keine Billigung.

104,24 *überzeugen]* Der Mailänder Chronist Corio beschreibt es so: »Per le quai parole Filippo ch'era di gran prudenza hauendo riuoltato nell' animo suo l'arroganza de i Tramontani, i quali di Signoreggiare d'alcun termine non sono contenti, & sopra gli altri, che hanno in odio gli Italiani, deliberò ritornare Alfonso nella sua patria.« (»Auf diese Worte hin beschloß Filippo, der sehr klug war und in seinem Geiste die Anmaßung der Franzosen erwog, die ihrer Herrschaft keine Grenze setzen, und die der übrigen Feinde Italiens, Alfonso in sein Vaterland zurückzuschicken.«)

106,21 *Crécy und Maupertuis]* Französische Niederlagen im englischen Krieg 1346 bei Crécy unter Philipp VI. und 1356 bei Maupertuis, wo Johann II. gefangengenommen wurde.

107,7 *Schioppettieri]* (Ital.) »Schützen«, benannt nach ital. schioppo »Büchse, Flinte«, das nach scoppio »Knall« gebildet ist. Die neue Waffe beschreibt Aeneas Sylvius in seinen *Commentarii*, S. 190: »Instrumentum est Scoppletum in Germania, primum hac demum aetate nostra repertum, ferreum, seu cuprum ad mensuram hominis, longum pugillaris spissitudinis, concauum fere totum, in cuius ore plumbea ponitur pilula ad magnitudinem nucis auellanae, immisso prius puluere, qui ex carbone fici, aut salicis conficitur, sulphure et nitro commixto, mox ignis per foramen paruum in posteriori parte adhibetur, qui receptus à puluere, tantam vim concipit, vt pilulam instar fulminis iaciat, in eius exitu quasi tonitru sonitus exauditur, quem vulgus Scoppium appellat, hinc Scoppeterij appellat: ictum eius tormenti nulla substinet armatura, robora etiam penetrantur.« (»Die Büchse ist ein erst jüngst in unserer Zeit in Deutschland erfundenes eisernes oder kupfernes Instrument von Mannslänge, faustdick, fast gänzlich ausgehöhlt, in dessen Öffnung man eine nußgroße Bleikugel steckt, nachdem man zuvor Pulver eingefüllt hat, das aus der Kohle von Weide oder Feigenbaum bereitet und mit Schwefel und Salpeter vermischt wird, worauf man durch eine kleine Öffnung an der rückwärtigen Seite Feuer legt, das von dem Pulver mit solcher Gewalt angenommen wird, daß es die Kugel wie ein Blitz schleudert und man bei ihrem Ausstoß gleichsam den Donnerschlag hört, den man scoppio, Knall, nennt und daher Scoppeterij: dem Stoß dieses Geschosses hält keine Rüstung stand, er durchdringt sogar Eichenholz.«)

107,23 *Francesco Sforza*] Herzog von Mailand (1401-1466).

107,23 *Jacopo Piccinino*] Condottiere (1420-65) im Dienst Venedigs, Sohn des Niccolò P. (1380-1444), der im Dienste der Mailänder Visconti gegen Venedig gekämpft hatte.

107,30 *Scipio Africanus maior*] (235-183 v. Chr.), römischer Feldherr in den Punischen Kriegen, der schließlich 202 bei Zama entscheidend über Hannibal siegte. Nicht nur Porcellio verwechselte oder kontaminierte ihn mit dem jüngeren Scipio Aemilianus Africanus Numantinus (185-129 v. Chr.), der Numantia eroberte und in Ciceros *Somnium Scipionis* figuriert. Seiner griechischen Bildung wegen wurde er für die Renaissance zu einem Idealbild der Verbindung von Macht und Weisheit.

108,11 f. *Diebold Schillings Burgunderkrieg*] Der Berner Chronist Diebold Schilling (starb 1485) beschrieb die Burgunderkriege, in denen Ludwig XI. von Frankreich (1461-83) mit den Schweizer Kantonen paktierte, um den burgundischen Staat zu zerstören.

109,13 *die teuflische Seite der Natur*] Die Eroberung und Zerstörung italienischer Kultur durch die Spanier mit dem Vorgeplänkel der Familie Borgia (Papst Alexander VI. und seine Kinder) läßt Burckhardt nach den Erklärungsgründen für das Schreckliche suchen, die aber mehr seinen Abscheu bekunden als historische Argumente an die Hand geben.

109,A31 *Baluz.*] Etienne Baluze (Baluzius), *Miscellaneorum liber*, Paris 1678-1700.

110,9 f. *Albornoz*] Egidio (1367 gestorben), Kardinal,

der für den Papst in Avignon den Kirchenstaat eroberte und ordnete.

110,17 *völlige Anomalie*] Die großen Staatsdenker der Renaissance, Machiavelli und Guicciardini, haben die für eine Politik der Einigung Italiens zerstörerische Rolle des Kirchenstaates beklagt und das Doppelspiel analysiert, mit geistlichen Mitteln politische Wirkungen zu erzielen.

111,14 *Vitellozzo Vitelli*] (1502 erdrosselt), Herr von Città di Castello, Condottiere im Dienst der Florentiner, geriet durch Verrat in die Hände Cesare Borgias.

111,A2 *Infessura*] Stefano Infessura (um 1440-1500), *Diario della città di Roma* (Römisches Tagebuch), übers. v. Hermann Hefele, Jena 1913, Nachdruck 1979, beschreibt als leidenschaftlicher Parteigänger der Colonna die Papstgeschichte des 15. Jh.s (S. 39 f.).

111,A3 *Macchiavelli*] Der »bekannte Aufsatz« *Descrizione del modo tenuto* ⟨. . .⟩ in der *Arte della guerra*, hg. v. Sergio Bertelli, Mailand 1961, S. 41-48.

112,20 *Stefano Porcari*] Der »brave Ehrenmann, der das Wohl und die Freiheit Roms liebte« (*Infessura*, S. 46) und deshalb zum Verschwörer wurde, starb 1453 am Galgen. Machiavelli berichtet am Ende des 6. Buches seiner *Geschichte von Florenz* darüber.

112,A4 *Infessura*] S. 58 der deutschen Übersetzung.

112,A5 *omnem* ⟨. . .⟩ *exstinguere*] (Lat.) »Die ganze Prälatenschar mit der Wurzel ausrotten.« »Freilich sehe ich, wo die Dinge in Italien stehen, und begreife, wer die sind, von denen der ganze Aufruhr angezettelt wird«; extrinsecos impulsores: »auswärtige Anstifter«.

113,1 *Lorenzo Valla*] Lorenzo della Valle, latinisiert Laurentius Valla (1407-1457), einer der glänzendsten Humanisten und aus philologischem Unterscheidungsvermögen der erste, der kritisch mit Quellen umzugehen verstand. Die Kritik der ›Konstantinischen Schenkung‹, des Territoriums des Kirchenstaats durch Kaiser Konstantin, betrieben fast gleichzeitig auch Nicolaus Cusanus und der englische Bischof Reginald Peacock, doch schrieb Valla am wirkungsvollsten (1440); Ulrich von Hutten veröffentlichte die Kritik im Jahre 1517.

113,24 *der schreckliche Sixtus IV.*] Francesco della Rovere (regierte 1471-84) war Franziskanergeneral und von einfacher Herkunft, aus dem noch nicht von Kultur durchdrungenen Ligurien, der »Feind aller Gebildeten und Gutgesitteten«, wie Infessura, S. 143, schreibt, der als Anhänger der Colonna Sixtus IV. in den schwärzesten Tönen malt.

114,10 *Pietro Riario*] (1445-1474), Nepote, oder, wie die *Annales Placentini* (A10) melden, »wie manche sagen, der Sohn des Papstes«, starb durch Vergiftung.

114,A9 *venalia nobis* ⟨. . .⟩ *Deusque*] (Lat.) »Käuflich sind bei uns Kirchen und Priester, Altäre, Opfer und Kronen, Feuer, Weihrauch und Fluch, der Himmel ist käuflich und Gott.«

116,A13 *hanno* ⟨. . .⟩ *mondo*](Ital.) »Bei jeder Wahl plündern sie diesen Hof und sind die größten Schurken der Welt.«

117,A17 *Infessura*] Die falsche Todesnachricht S. 241 der deutschen Übersetzung, sein Finanzgebaren S. 208 f., 232 f., 238.

119,5 *zugrunde gehen müssen*] In einem denkwürdigen Gespräch, das Ludwig Pastor bei einem Besuch in Basel mit Burckhardt führte, äußerte dieser lange nach Abschluß des Buches die Schwierigkeit, Alexander VI. zu begreifen. Bei diesem Handeln hätte er doch das Dogma ändern müssen. Um diesen Widerstreit zu verstehen, erwiderte der erfahrene Papsthistoriker, müsse man katholisch sein (Ludwig Pastor, *Tagebücher, Briefe, Erinnerungen*, Heidelberg 1950, S. 273, am 18. 3. 1895).

121,A21 *insidiis* ⟨. . .⟩ *patre*] (Lat.) »Hinterlistig von seinem Bruder Cesare ermordet, wobei der Vater dem Verbrechen zustimmte«.

121,A21 *Piscatorem* ⟨. . .⟩ *tuum*] (Lat.) »Für den Fischer der Menschen halten wir dich, sechster Alexander, wahrhaftig, | Hast du doch den eignen Sohn mit Netzen gefischt.«

121,A23 *e però* ⟨...⟩ *nostra*] (Ital.) »Und deshalb
möchte er, daß die Regierung von Venedig seinen Sohn
unterstütze, und er wolle es so einrichten, daß das Papsttum
entweder an ihn oder an unsere Republik falle.«

122,A24 *cui triplicem* ⟨...⟩ *coronam*] (Lat.) »Dem das
Schicksal die dreifache Krone neidete«.

122,A24 *speraretque* ⟨...⟩ *paterni*] (Lat.) »Und einst er-
hoffte er die hohe Zier des väterlichen Thrones.«

122,A25 *Affore* ⟨...⟩ *etc.*] (Lat.) »Beizustehen dem
Sproß Alexanders, der einst Italien Gesetze gäbe und das
goldene Zeitalter wieder herbeiführe«.

122,A26 *sacrumque* ⟨...⟩ *deposuisse*] (Lat.) »Die geistliche Würde habe er niedergelegt, um eine höhere sich zu
verschaffen.«

123,2 *Grund der geheimen Sympathie*] Machiavelli beobachtet bei seiner Gesandtschaft bei Cesare Borgia in der
Romagna fasziniert den Typus eines konsequent politischen Handelns, das er später theoretisch ausführen wird.
In Rom nach Alexanders VI. Tod erlebt er den Sturz Cesa-
res, der nur noch würdelos und mit gemeinen Intrigen
handelt, bis er als Gefangener 1507 stirbt. Machiavelli registriert kühl die völlige Veränderung. Das politische Ideal,
das er ein Jahrzehnt später konstruiert, im *Fürsten* und in
den *Discorsi*, ist mehr an Beispielen des Handelns orientiert
als an der Sympathie mit Personen.

123,26 *das der Zeitgenossen*] Deren Urteil schwankte.
Matarazzo (A29) berichtet S. 222, daß Astrologen und
Nekromanten ihn einen Sohn des wechselhaften Glücks
nannten, »filium Fortune«.

124,A32 *Roma* ⟨...⟩ *erat*] (Lat.) »Das edle Rom ist
schon zu einer Folter geworden.«

124,A33 *Diario Ferrarese*] Alexander VI. war in die Engelsburg geflohen, »per paura, perchè il Popolo di Roma
havea ammazato molti homini de la Guardia d'esso Papa
per lo latrocinij, & assassinamenti, che si faceano in Roma,
& contra di esso Papa fu dicto assai & assai a suo carico«
(»aus Angst, weil das Volk von Rom viele von der päpst-

lichen Garde erschlagen hatte wegen der Räubereien und Morde, die sie in Rom begingen und welche diesem Papst zur Last gelegt wurden«).

125,20 *»cosa diabolica«*] (Ital.) »Etwas Verteufeltes«. Die Chronisten registrierten aber noch allgemein meteorologische Besonderheiten und Katastrophen und hatten einen Bezug auf die Moral der Herrschenden immer bereit.

125,A38 *Anshelm*] Valerius Rüd, gen. Anshelm (1475-1547), aus Rottweil, schrieb ab 1529 die *Chronik der Stadt Bern*, zusammenhängend die Jahre 1477-1536: eine politisch selbständig aufgefaßte Geschichte, d. h. oft gegen die Berner Politik, aus protestantischem Gesichtspunkt.

126,19 *Pius III.*] Der Neffe des Aeneas Sylvius Piccolomini (Pius II., 1458-64) regierte nur 10 Tage im Jahre 1503, ehe er starb.

126,20 *Julius II.*] Giuliano della Rovere, der Neffe Sixtus' IV., regierte 1503-13. Er setzte seinen früheren Gegner Cesare Borgia matt.

128,2 *»Pontefice terribile«*] (Lat.) Ein »schrecklicher, gewaltiger Papst«.

128,9 *Bramante*] Donato (1444-1514), schuf den konsequentesten Entwurf für die Peterskirche, vgl. in diesem Bd. Abb. 4 und § 66 der *Kunst der Renaissance*.

128,16 *Adriano da Corneto*] A. Castellesi (um 1458-1521), Kardinal unter Alexander VI. und Diplomat, später an einem Aufstand gegen Leo X. beteiligt.

128,17 *Giovan Antonio Flaminio*] Marco Antonio F. (1498-1550), Humanist, bei Leo X. Hofdichter als Nachfolger des Navagero.

128,A42 *a vendicarsi* ⟨...⟩ *ribellione*] (Ital.) »Die Freiheit wiedererlangen durch öffentlichen Aufstand«.

129,5 *Leo X.*] Mit 37 Jahren einer der jüngsten Päpste, regierte von 1513 bis 1521. Er war der zweite Sohn von Lorenzo Magnifico.

130,A46 *Tutti morrete* ⟨...⟩ *appresso*] (Ital.) »Alle müßt ihr sterben, und das Schicksal gebietet, daß euch Leo folgen soll.«

130,A49 *et in te* ⟨...⟩ *parari]* (Lat.) »Und du wirst erfahren, daß von den Feinden unserer Religion gegen dich Krieg geführt wird, ehe du bereit bist.« Der jüngere Pico, Giovan Francesco Pico della Mirandola (1469-1533), sendet mit einem Brief an Dürers Freund Willibald Pirckheimer (1470-1530) seine Rede *Ad Leonem* ⟨...⟩ *de Reformandis Moribus, Oratio* (S. 106-119, das Zitat S. 116).

131,13 *Scirocco]* Der gefürchtete Südostwind, der unerträglich schwüles Wetter bringt.

136,A2 *Schardius]* Simon Schard, *Schardius redivius sive Rerum germanicarum scriptores varii*, 4 Bde., Gießen 1673. Der erste Band enthält Jacob Wimphelings (1450-1528) *Epitoma Germanicarum rerum*, Heinrich Bebels *Oratio ad Maximilian I.*, Gedichte und Abhandlungen von Conrad Celtis, Konrad Peutinger, Ulrich von Hutten und Beatus Rhenanus.

136,A2 *Irenicus]* Franciscus (1495-1559/65), vereinigt in seiner Beschreibung Deutschlands das damals bekannte historische und topographische Material.

137,A1 *uomo singolare]* (Ital.) »Der einmalige Mensch, der einzigartige Mensch«.

138,4 f. *Benzo von Alba]* S. 159,A1 wird dieser Autor und Bischof des 11. Jh.s als »verlogen« charakterisiert.

138,A2 *contro alle nuove foggie]* (Ital.) »Gegen die neue Mode«.

138,A2a *»ils (les Italiens) ont* ⟨...⟩*rien.«]* (Franz.) »Die Italiener haben in der Regel schöne Frauen und weniger häßliche als wir; aber an seltenen und hervorragenden Schönheiten halten wir ihnen wohl die Waage. Und entsprechend beurteile ich die Geister: von gewöhnlicher Art haben sie offensichtlich viel mehr; dabei ist Roheit bei ihnen ohne Vergleich seltner: an einzigartigen Seelen von hoher Art bleiben wir ihnen nichts schuldig.« (Buch III, Kap. 5.)

139,A3 *Virago]* (Lat.) »Heldenjungfrau«.

140,23 f. *Jacob von Arteveldt]* Artevelde (1285-1345), flämischer Staatsmann, der als Stadthauptmann von Gent Geschichte machte.

141,1 *Agnolo Pandolfini]* Die ihm zugeschriebene Schrift über das Hauswesen ist von dem als Architekten berühmten Leon Battista Alberti (1404-1472), vgl. S. 145 ff. und 394 ff. Es ist lediglich eine leicht veränderte Fassung des 3. Buchs, »Oeconomicus«, die unter Pandolfinis Namen lief. Eine deutsche Übersetzung, Zürich 1962, liegt vor sowie italienische kommentierte Einzelausgaben, z. B. Turin 1972.

141,7 *Verbannung]* Seit der Generation von Dante (1265-1321) und Petrarcas Vater ist die Verbannung, in welche die sich befehdenden Parteien der italienischen Städte einander wechselseitig schickten, eine Grunderfahrung politischer Reflexion.

141,22 f. *»meine Heimat ⟨...⟩ überhaupt!«]* Dante, der an dieser Stelle über jene spottet, die ihr Dorf für den Ursprung des Menschengeschlechtes halten, sagt: »Nos autem, cui mundus est patria, velut piscibus aequor, quamquam Sarnum biberimus ante dentes, et Florentiam adeo diligamus, ut quai dileximus, exilium patiamur iniuste, ratione magis, quam sensu, scapulas nostri iudicii podiamus.« (»Wir aber, deren Heimat die Welt ist wie den Fischen das Meer, obwohl wir vor dem Zahnen schon aus dem Arno tranken und Florenz so sehr lieben, daß wir um dieser Liebe willen ungerechte Verbannung leiden, stützen doch unser Urteil lieber auf die Vernunft als auf das Gefühl.«) »Wie den Fischen das Meer« ist ein Zitat aus Ovids *Fasten* I 493, »aus dem Arno tranken« eine Anspielung auf Vergil, *Aeneis* VII 715.

141,A7 *Cardanus]* Girolamo Cardano (1501-1576); vgl. S. 332 ff. »Was heißt Vaterland denn anderes als das stille Zusammenwirken ⟨...⟩ der kleinen Tyrannen zur Unterdrückung der furchtsamen Friedfertigen, die doch meistens unschuldig sind?«

141,A8 *italienische Idealsprache]* Nicht das vorhandene Toskanisch, sondern eine sorgfältig von Rohem und Wirrem gereinigte und ausgebildete Sprache, die dann auch Macht über die menschlichen Herzen gewinne (I 17) und die, so wie in anderen Ländern durch einen königlichen Hof oder Hauptstadt, in Italien durch »das holde Licht der Vernunft vereinigt werden« (»gratiosa lumine rationis unita sunt«, I 18).

141,A8 *das Heimweh*] Aus langer Verbannung stammen die Gleichnisse, *Purgatorio* VIII 1 f.: »Es war die Stunde, in der Seeleute | Heimweh bekommen und das Herz gerührt wird | Am Tag, da man von seinen Lieben Abschied nimmt; | Es ist die Stunde, die den neuen Pilger | Mit seiner Liebe quält, wenn fernes Glockenläuten | Den Tag beweint, der abendlich erstirbt.« *Paradiso* XXV 1 ff.: »Geschähe es, daß dieses heilige Gedicht | An dem die Erde und der Himmel wirkten | Und das an mir seit langen Jahren zehrt, | Die Grausamkeit bezwänge, die mich verjagte | Aus schöner Hürde, wo als Lamm ich ruhte | Den Wölfen feind, die sie bedrohten; | Mit einer anderen Stimme, anderen Tracht | Kehrt ich als Dichter heim, um an dem Brunnen | Wo ich getauft, den Lorbeer zu empfangen.«

142,1-5 *»kann ich nicht das Licht ⟨...⟩ fehlen!«*] »Quidni? nonne solis astrorumque specula ubique conspiciam? Nonne dulcissimis veritates potero speculari ubique sub coelo, ni prius inglorium, immo ignominiosum, populo Florentino, civitati me reddam? Quippe nec panis deficiet.« Es sind die Schlußsätze des 9. Briefs.

142,14 *kulturgeschichtlicher Blick*] Hier benennt Burckhardt das Instrument seiner Arbeit und Erkenntnis. Ob eine einzelne geschichtliche Erscheinung als typisch erkannt und bezeichnend ist, ob sie sich darin gegen andere Fakten und Deutungen zu behaupten vermag, hängt von der Übung im Erfassen des Besonderen, von der Urteilskraft und von der Vision des Historikers ab. Es sind durch Arbeit ausgebildete Vermögen, analog zu künstlerischen. Was Burckhardt zu erfassen und mitzuteilen versucht, sind Stilzüge, die sich jedem anders darstellen und die jeder in eine andere Konzeption der Kulturepoche einordnet. Daher sind, von wenigen Mißdeutungen, falschen Zuschreibungen oder schlecht überlieferten Quellen abgesehen, viele Einwände und Kritiken gegen die *Kultur der Renaissance* auf falschen Ebenen plaziert. Vieles, was anderen wichtig oder deren Thema und Interesse ist, beschäftigt Burckhardt lediglich als kulturelles Phänomen in einem Gesamtbild. Und darin mag jeder andere anders zeichnen.

142,A11 *Ubi bene, ibi patria]* (Lat.) Der berüchtigte Spruch der Cyniker: »Wo es mir wohl geht, da ist mein Vaterland.«

142,A11 *Niebuhr]* Barthold Georg (1776-1831), der bedeutende Historiker der frühen römischen Geschichte und preußische Politiker, hat sehr eigensinnige Urteile gefällt, z. B. Alexander den Großen als einen Räuberhauptmann angesehen, der die freien griechischen Stadtstaaten zerstörte, dabei dessen weltgeschichtliche Leistung der Hellenisierung des Vorderen Orients aber verkannt. Die Urteile über Platon und Xenophon, die nach Universitätspolitik der Befreiungskriege riechen, stehen hier der Pointierung wegen. Ob Burckhardt sie nach seiner *Griechischen Kulturgeschichte* so formuliert hätte, ist fraglich.

142,A11 ἄπολις] (Griech.) »Ohne Stadt«, danach »gesetzlos, verbannt«.

142,A11 *Laertius]* Diogenes Laertius, *Leben und Meinungen berühmter Philosophen* VI 38.

144,A14 *Vespasiano Fiorentino]* Vespasiano da Bisticci (1421-1498), Handschriftenagent, der ganze Bibliotheken besorgte und aus seiner vertrauten Kenntnis von Päpsten, Prälaten, Fürsten und Gelehrten 103 Lebensbeschreibungen verfaßte. Das erst 1838 im 1. Bd. des *Spicilegium Romanum* von Kardinal Angelo Mai veröffentlichte Werk, kein großes Buch, aber ein bezeichnendes, an Nachrichten reiches, ist die Keimzelle der *Kultur der Renaissance*. Burckhardt erhielt es in Rom im Herbst 1847 für einen Tag geliehen und fand die für Kulturgeschichte erforderte mittlere Linie allgemeiner, verbreiteter literarischer Kultur darin dargestellt. Die *Vite di uomini illustri* liegen in kommentierten Ausgaben vor, Florenz 1970, auch englisch, teilweise dt. übers. v. P. Schubring, Jena 1914.

145,A16 *Aeneas Sylvius*] Er beschreibt seinen Sieneser Landsmann Mariano Socini (starb 1467) mit so allgemeinen rhetorischen Würdigungen wie »Philosophiae tam scius quam Plato, Geometer quasi Boëtius« (»ein so kundiger Philosoph wie Platon, ein Geometer wie Boëthius«), daß ungewiß bleibt, ob er es selber geglaubt hat.

146,A19 *verlorene Werk*] Albertis *Libri della famiglia*, das Buch *Vom Hauswesen*, lief früher unter falschem Namen, ist aber keineswegs verloren und empfiehlt sich dringend der kulturgeschichtlichen Lektüre. Die lateinischen kunsttheoretischen Traktate sind ebenfalls verschiedentlich mit Übersetzungen nachgedruckt; vgl. Anm. 141,1.

147,21-26 *Und zu Alberti* 〈. . .〉 *können*] Hier wird eines der Kompositionsprinzipien deutlich. Auf Beispiele einer verbreiteten Vielseitigkeit folgt die ausführliche Schilderung eines bedeutenden »Allseitigen«, um die erwartete des weltbekannten Genies auszusparen, kaum anzudeuten: Lionardo da Vinci.

147,A20 *si modo mare* 〈. . .〉 *exhibebit*] (Lat.) (Ein Weg sei schön,) »wenn er bald das Meer, bald Gebirge, bald ein fließendes Gewässer oder Quellen, bald eine kahle Klippe oder Ebene, bald einen Hain und Talgrund darbietet«.

148,21 *zuerst Dante*] In der Regel rechnet man Dante dem Mittelalter zu. Burckhardt gewinnt aber für seine Darstellung an Kraft und Tiefe daraus, daß er den Dichter, der über das meiste in der »äußern und geistigen Welt« (vgl. S. 143) »die gewichtigste Stimme« ist, den Anfang machen läßt. Dantes Geschichtskonzeption, seine politischen und theologischen Vorstellungen waren nicht mehr die seiner Leser im 15. und 16. Jh., aber er hatte ihre Sprache gebildet, ihr Denken geprägt, ihrem Gefühl Ausdruck gegeben.

148,A2 *Paradiso XXV, Anfang*] Vgl. Anm. 141,A8.

148,A2 *Vaghissimo* 〈. . .〉 *richiesto*] (Ital.) »Er war sehr begierig auf Ehre und Prunk, und er hätte sie nicht aus Zufall eher als wegen seines berühmten Genies begehrt.«

148,A3 *ut palmam* 〈. . .〉 *adipiscar*] (Lat.) »Damit ich die

Palme eines solchen Siegespreises als erster zu meinem Ruhm erlange.«

149,A6 *Inferno*] Der Florentiner Ciacco im Kreis der Schlemmer; Friedrichs II. Kanzler Pier della Vigna im Wald der Selbstmörder; drei Florentiner Feldherrn in der Sandwüste der Sodomiten und Anteus der Riese am Rande des neunten Kreises der Hölle.

149,A7 *Purgatorio*] Die saumseligen Büßer Jacopo del Cassero, der Ghibellinenführer Buonconte da Montefeltro und die Sienesin Pia; weitere säumige Seelen; sein verstorbener Freund, der Richter Nino Visconti; die büßenden Hochmütigen und eine Sienesin aus der Schar der Neidischen.

149,A8 *Purgatorio XI*] Die Vergänglichkeit irdischen Ruhmes wird im *Purgatorio* erläutert an Künstlern und Dichtern, die nacheinander ihren Ruhm überbieten und verdunkeln. Oderisi von Gubbio, der Handschriften illuminierte, erkennt einen Nachfolger an, der leuchtender male, so wie Cimabue von Giotto überboten sei und Guido Guinicelli von Guido Cavalcanti.

149,A8 *perpetuandi* ⟨. . .⟩ *desiderio*] (Lat.) »Aus der Begierde, seinen Namen zu verewigen«.

150,3 *Albertinus Musattus*] Albertino Mussato (1261-1329), der Dichter des von dem Tyrannen Ezzelino handelnden lateinischen Trauerspiels *Ecerinis*, erhielt eine Ehre, ob sie nun in wächsernen Weihgeschenken oder einem Fackelzug bestand, die der Chronist sonst keinem Sterblichen unter den Gelehrten erwiesen fand (Scardeonius, col. 260).

150,A10 *»Franc. Petrarca* ⟨. . .⟩ *salutem«*] (Lat.) »Francesco Petrarca entbietet der Nachwelt seinen Gruß.« Die Wiederentdeckung des Altertums ließ die ersten Humanistengenerationen die Möglichkeit eines langen Nachruhms überhaupt erst gewahr werden. Petrarca aber adressiert wohl als erster Briefe ausdrücklich an die Nachwelt, in herrlicher Naivität und als gezielte Verletzung einer nicht ganz würdigen Mitwelt.

150,A12 / Die Schrift über »Heilmittel des günstigen und widrigen Glücks« war eines der meistgelesenen und in der frühen Zeit des Buchdrucks auch meistgedruckten Bücher literarischer Erbauung, halb weltlich, halb die Eitelkeit des Irdischen aufdeckend.

151,A16 *Grabschrift auf Boccaccio* / »Geboren in Florenz beim Brunnen Toscanelli; begraben außerhalb des eisigen Certaldo«.

151,A17 *Mich. Savonarola* / Daraus, daß Petrarca im Vergleich zu dem in Padua gebürtigen antiken Historiker Livius mehr verehrt werde, schließt der Chronist Paduas und Großvater des Girolamo Savonarola, daß die Historie der Poesie weichen müsse.

152,15 *Kenotaphium* / Leeres Ehrengrab.

152,A20 *Franco Sacchetti* / (1330-1400), Kaufmann, dann Beamter in Florenz; nur zwei Generationen jünger als Dante, dessen Kultus bei einem »wunderlichen Menschen« er in einer seiner Novellen berichtet.

153,3 *Cassius* / Es ist nicht der berühmte Caesarmörder Cassius Longinus, sondern der allerdings mit dessen Schicksal verbundene Cassius Parmensis, der auch als Dichter hervortrat (vgl. A22).

153,3 *Mantuaner* / Den Virgilkultus in Mantua, seine Statuen und Münzen erörtert Erwin Panofsky, *Die Renaissancen der europäischen Kunst*, Frankfurt/Main 1979, S. 104 und 371, Abb. 84-87. Die Münze stellt eine Statue vom Beginn des 13. Jh.s dar, die heute im Palazzo Ducale zu sehen ist. Von der Statue, die Carlo Malatesta 1392 umstürzen ließ, kann man sich keine Vorstellung mehr machen; aus Mantegnas Zeichnung (1499) wurde kein Standbild.

153,6 *Junkerhochmut* / »Nobilitatis fastu«; wie Theodor Mommsen (1817-1903) übersetzt Burckhardt gern mit Bezug auf seine Gegenwart.

153,A23 *sub obtentu religionis* / (Lat.) »Unter dem Vorwand der Frömmigkeit«.

154,22 f. *Pietro von Abano* / Zu Beginn des 14. Jh.s; vgl. S. 286.

154,A28] (Lat.) »Denn auch unsere Vorfahren haben diese entweder Göttlichen oder ewiger Erinnerung Würdigen wohlverdienterweise gerühmt. Daß doch die höchste Kraft mit der Heiligkeit verbunden werde und beide gleich gerühmt werden!«

155,24 f. *Trionfo della fama*] Petrarcas *Triumphzüge* der Liebe, Keuschheit, des Todes, Ruhmes, der Zeit und Ewigkeit, wobei das Folgende immer das Vorhergehende überbietet und verschlingt, gehörten zu seinen bekanntesten Werken. Es ist in der kleinen Form ein merkwürdiger Wettkampf mit Dantes *Commedia divina*. Der *Triumph des Ruhmes* führt erst die römischen Helden auf mit Caesar und Scipio voran und weiter durch die Geschichte der Republik bis zu den guten Kaisern, dann die außerrömische Geschichte mit Hannibal und den Griechen von Achill an, dem Alten Testament und den berühmten Frauen und als Abschluß die Philosophen und Rhetoren. In der Renaissance wurden allegorische Triumphzüge mit großem Aufwand bei Festen veranstaltet und gelegentlich auch in Bildern festgehalten.

156,5 *Filippo Villani*] (1325-nach 1405), Neffe des Chronisten Giovanni Villani, schrieb 1382 eine Sammlung von 35 Biographien berühmter Florentiner.

156,5 *Vespasiano Fiorentino*] Vgl. Anm. 144,A14.

156,5 f. *Bartolommeo Fazio*] (Ca. 1400-1457), Hofhistoriograph bei König Alfons I. von Neapel, schrieb die notizenartigen *Viri illustres*. Er behandelt darin Poeten, Gelehrte, Staatsmänner, Fürsten und Päpste.

156,6 *Paolo Giovio*] (1483-1552), latinisiert Paulus Jovius, schrieb die Geschichte seiner Zeit, Biographien von Fürsten im Auftrag der Familien und Biographien berühmter Kriegs- und Geisteshelden. Er ist der erste Reporter der modernen Literatur, mit journalistischem Spürsinn, geschäftstüchtig, moralisierend als Autor und skrupellos im Leben.

157,6 *Angelo Poliziano*] Angelo Ambrogini, nach seinem Geburtsort Monte Pulciano Poliziano genannt (1454-

1494), der glänzendste Dichter und Philologe im Umkreis des Lorenzo Magnifico. Er beherrschte als erster Italiener das Altgriechische so gut wie die eingewanderten griechischen Gelehrten und schrieb ein wundervolles eigenständiges Latein, das nicht mehr Cicero nachahmte.

157,28 *Amerigo Vespucci*] (1454-1512.) Der Florentiner Kosmograph fuhr 1497 in spanischem Auftrag zu den neuentdeckten Inseln. Seine *Quattuor navigationes* veranlaßten Martin Waldseemüller (1470-1518) und Matthias Ringmann, in ihrer *Cosmographiae introductio* (1507) den neuen Kontinent »America« zu nennen. Die Leistung des Columbus wird in der Literatur erst einige Zeit später anerkannt.

158,11 *Parteiungen*] Lionardo Bruni Aretino und Poggio hatten die inneren Zwiste und Parteifehden verschwiegen. Machiavelli sieht die Besonderheit von Florenz darin, daß es nicht nur einen solchen Konflikt hatte. Jede andere Stadt wäre daran zugrunde gegangen. »Die unsere aber schien jedesmal mächtiger daraus hervorzugehen: so groß war die Tüchtigkeit dieser Bürger und die Kraft ihres Geistes und Mutes, sich und ihre Vaterstadt groß zu machen.«

158,A36 *tristizia*] Die neueren Ausgaben haben an dieser Stelle »malizia« (»Verbrechen«); das aber könne »grandezza« (»Größe«) haben und »in alcuna parte generosa« (»in gewisser Hinsicht großartig, edel, hochherzig«) sein und jede »infamia« (»Ehrlosigkeit, Schande«) überwinden. Statt »onorevolmente tristo« lautet der Text »onorevolmente cattivi« (»auf ehrsame Weise böse«) im Gegensatz zu den vollkommen Guten.

159,13 *Brandstiftung*] Im Jahre 356 v. Chr. wurde der Tempel der Artemis zerstört, aus Ruhmsucht, wie der Täter gestand. Die Ephesier beschlossen deshalb, daß er nie genannt werden solle. Mit feinem Takt hält Burckhardt sich daran und deutet ihn nur im Marginaltitel an.

160,6 *burle und beffe*] Ital. burla »Scherz«, im deutschen »burlesk« bewahrt, und beffa oder beffe »Possen, Streich, Schabernack«.

162,17 *Vorahnung Pietro Aretinos]* Vgl. S. 170.

165,12 *Luigi Pulci]* Vgl. S. 491 ff.

165,13 f. *Bojardos Poesie]* Vgl. S. 321 ff.

165,17 *Folengo]* Vgl. S. 324 f., 384 f.

165,32 *Gioviano Pontano]* (1426-1503), der Dichter und Moralist, Staatsmann und Historiker.

166,5 *Cortigiano]* Im *Buch vom Hofmann* wird im 2. Buch, Kap. 42 ff. von den Scherzen gehandelt, Kap. 46 eine Erklärung versucht. Die Beispiele aller Arten von Scherz, Witz und Schwank setzen sich fort bis zum Ende des 2. Buchs.

167,23 *Poggio's Facetiae]* Poggio Bracciolini (1380-1459), Humanist, Entdecker unbekannter antiker Handschriften und später Staatskanzler in Florenz, schrieb diese Scherze und Witzworte auf, die oft nachgedruckt und nachgeahmt wurden.

167,A19 *gli studî ⟨...⟩ stimato]* (Ital.) »Ihre Wissenschaft bestand darin, in prächtigen Kleidern zu erscheinen und mit klugen und schlauen Reden, und wer dabei gegen die anderen geschickter stichelte, war klüger und am meisten geschätzt.«

168,3 *Schmach]* Im alten Sinne: »Schmähung, Beschimpfung«.

169,2 *Hadrian VI.]* (1459-1523), Papst 1522/23, war Erzieher Karls V. seit 1507, 1516/17 Regent mit Kardinal Ximenez und 1521 Statthalter in Spanien.

169,5 f. *Statue des Pasquino]* An der Nordwestecke des Palazzo Braschi steht in Rom das Bruchstück einer antiken Marmorgruppe (Menelaos mit dem Leichnam des Patroklos), das aber nach dem scharfzüngigen Schneider Pasquino benannt wurde, der dort um 1500 lebte. Dort heftete man jahrhundertelang Spottverse und Epigramme an, die danach »Pasquinaden« oder »Pasquille« heißen.

170,1 *Liberatori ⟨...⟩ S.P.Q.R.]* (Lat.) »Dem Befreier des Vaterlandes, der Senat und das Volk von Rom«.

170,A27 *ricreando ⟨...⟩ imperiali]* (Ital.) »Das Auge erquicken, das erniedrigt war durch den Anblick des päpstlichen Elends, in der Bewunderung kaiserlicher Herrlichkeit«.

171,19 »*Veritas odium parit*«] (Lat.) »Die ›Wahrheit‹ erzeugt Haß.« Der Satz stammt von Terenz, *Andria* I 1,41, und wurde durch Cicero, *Laelius* 89, verbreitet, in der Renaissance häufig zitiert, z. B. Poliziano, *Libretto*, Nr. 179.

171,21 *Pucelle*] Voltaires Versepos über die Jungfrau von Orléans.

171,24 *Ragionamenti*] Die Hetärengespräche Aretinos sind im Laufe der literarischen Entwicklung stofflich eingeholt und bestehen als Werk klassischer Prosa.

173,A34 *L'Aretin* ⟨...⟩ *mano*] (Ital.) »Aretino, Gott sei Dank, lebt und ist gesund, | Aber sein Gesicht trägt edlen Zierat | Und mehr Schläge gab es als Finger einer Hand.«

175,15 »*Renaissance*«] Das Wort, für dessen Verbreitung Burckhardt mit diesem Werk so viel getan hat, gebraucht er selten und hier in Anführungszeichen. Der Titel des Abschnitts vermeidet es, der Vasaris Formel »rinascita« (»dell' antichita«) ins Deutsche überträgt. In diesem Falle verführte die Wortgeschichte dazu, die Bezeichnung der Sache zu vernachlässigen und völlig vereinzelten Belegen, die jahrhundertelang nicht in den Sprachgebrauch aufgenommen wurden, unangemessenes Gewicht zu verleihen. Humanisten, Gelehrte und Publizisten haben seit dem 14. Jh. in Italien und später in anderen europäischen Ländern die Erneuerung von Kunst und Wissenschaft in bezug auf das Altertum propagiert und dargestellt mit verschiedenen Wörtern und Metaphern. Zwei Generationen vor Burckhardts Werk heißen entsprechende Bücher: *Die Wiederherstellung der Wissenschaften* (Christoph Meiners, 1795), *Das Wiederaufleben der Wissenschaften* (Arnold Heeren, 1797), später *Das Wiederaufblühen wissenschaftlicher Bildung* (H. A. Erhard, 1827 ff.); Georg Voigt, der gleichzeitig mit Burckhardt die literarische Strömung des 15. Jh.s beschreibt, nennt es *Die Wiederbelebung des classischen Altertums* (1859). Im *Handbuch der Kunstgeschichte* von Burckhardts Lehrer

und Freund Franz Kugler folgt auf den gotischen, dort
»germanischen« Stil der »moderne«, wie ihn schon Vasari
nennt, während andere nach dem nördlichen Beispiel das
15. Jh. noch dem Mittelalter zurechnen. In den Bildbänden
von Seroux d'Agincourt werden die stilistischen Anleh-
nungen an die Antike »renaissance« genannt, der reife Stil
um und nach 1500 jedoch »renouvellement«. Jules Michelet
hat dem Gebrauch des vorher selten oder nur für architektonische Stilzüge verwendeten Wortes einen mächtigen
Aufschwung gegeben, als er seit den 40er Jahren in seinen
Vorlesungen und 1855 in seiner *Geschichte Frankreichs* nach
politischen Enttäuschungen, die ihn das Mittelalter politischer Romantiker verabschieden ließen, das 16. Jh. in
Frankreich als Beginn der modernen Welt feiert. Seine
»Renaissance« setzt erst mit Columbus ein und endet mit
Galilei; Italien ist nur mehr Lieferant in einem Geschehen,
das sich vor allem nördlich der Alpen und auf See abspielt
und worin Abenteurer, Gelehrte und Verleger, Bankiers
und Reformatoren in tragenden Rollen auftreten. Für
Burckhardt ist »Renaissance« einmal die vereinzelte Erneuerung antiker Formen (vgl. S. 176,32) und dann die alle
Lebensbereiche prägende bewußte Stilisierung, die es erlaubt, von einer Kultur der Renaissance zu sprechen.

176,1 *frühzeitigen Untergang]* Es ist hier entscheidend,
den »Untergang unserer mittelalterlichen Kulturformen
und Vorstellungen« angesichts einer überlegenen Kultur
als geschichtliches Phänomen nicht zu verwechseln mit
der absichtlichen Zerstörung der italienischen Kultur seit
dem Ende des 15. Jh.s durch französische und spanisch-
habsburgische Politik. Die Wirkung und Aufnahme italienischer Kultur beginnt eigentlich erst danach, während
Italien im 15. Jh. selbst noch viel niederländische Kunst
einführt.

176,14 f. *Lebensatmosphäre]* Eine nicht im *Deutschen Wör-
terbuch* der Brüder Grimm belegte Wortverbindung deutet
die Ebene an, auf der Burckhardt seine Beobachtungen zu
Bildern gruppiert. Dieses »neue geistige Medium« ist eine

von der Kirche unabhängige Kultur, die ihrerseits hohe
und niedere Kleriker und Kurialen erfaßt und die oft eine
wiederum fast religiöse Verehrung der Werke und Gedanken des Altertums hervorruft. Burckhardt ist wie »alle
höher gebildeten Europäer« der Überzeugung, daß ein Stil
vor allem der Darstellung des Menschen in den Künsten
und der Literatur geschaffen wurde, der ebenso seine Geltung behält wie die Entdeckungen von Columbus oder
Copernicus.

176,31 *Karl der Große*] Die sog. »Karolingische Renaissance« um 800.

177,3 *Einhard*] (Ca. 770-840), schrieb als Laie die erste,
an Suetons Kaiser-Viten orientierte Biographie eines Laien,
des Kaisers Karl des Großen.

177,24 *das Antike regt*] Zu den Skulpturen des 13. Jh.s
schreibt Burckhardt im *Cicerone* (1855) etwas skeptischer
bei Gelegenheit des Niccolò Pisano: »Sein Stil ist eine ver-
frühte und deshalb bald wieder erloschene Renaissance.«

177,32 *Carmina Burana*] Sammlung von meist anonymen Gedichten, die in einer Handschrift um das Jahr 1230
aufgezeichnet wurden, die nach dem Stift Benediktbeuren
benannt ist, wo sie 1803 entdeckt wurde.

178,3 *Clerici vagantes*] »Fahrende Scholasten«, junge
Kleriker, die noch keine Pfründe besaßen und oft von
Kloster zu Kloster reisten.

178,6 *de Phyllide et Flora*] Das Gedicht von 79 vierzeili-
gen Strophen wird heute nach der Anfangszeile zitiert:
»Exiit diluculo«; vgl. das Zitat S. 293.

178,9 *Dum Dianae vitrea sero lampas oritur*] (Lat.) »Wenn
des Mondes gläserne Leuchte spät am Himmel aufsteigt«.

178,18 *Guilielmus Appulus*] Wilhelm von Apulien (11./
12. Jh.) schreibt die Chronik des Robert Guiscard, *Gesta
Roberti Wiscardi*.

178,22 *Vincenz von Beauvais*] (Gestorben 1264), franz.
Dominikaner, sammelte alles historische Wissen enzyklo-
pädisch in seinem *Speculum historiale*.

178,A1 *unsere Annahme*] Burckhardts These des italienischen Ursprungs wurde bestritten, aber der italienische Einfluß ist sichtbar.

178,A1 *Gualterus de Mapes]* Walter Map (ca. 1140-nach 1208), ein gelehrter Autor (*De nugis curialium*, um 1190), wird nicht mehr als Verfasser der Vagantenlieder betrachtet. Dafür werden einige dem Walter von Châtillon (ca. 1135-nach 1189) zugeschrieben, der nicht mit Walter Map identisch ist.

179,1 *Alanus ab Insulis]* Alain von Lille (ca. 1128-1202), doctor universalis, »ein Dichter von grandioser Sprachkraft; ein spekulativer Theolog, der neue Quellen erschließt« (Ernst Robert Curtius), *Planctus Naturae* (Die Klage der Natur) und *Anticlaudianus de Antirufino* als Gegenstück zu Claudians (um 400) Gedicht *In Rufinum.*

179,3 *Wiedergeburt]* Hier wird die Übernahme antiker Formen unterschieden von der »Renaissance der antiken Weltanschauung« (S. 178,10 f.), die aber vereinzelt im 12. Jh. schon möglich ist. Dieses Problem erörtert ausführlich mit etwas anderem Akzent Erwin Panofsky, *Die Renaissancen der europäischen Kunst*, Frankfurt/Main 1979.

179,A2 *Aeneas Sylvius]* Er stellt sich danach die Frage (S. 604), warum er die neueren Autoren von Hugo von St. Victor (1097-1141) und Albertus Magnus (1193-1280) an »et hanc nouorum turbam« (»und die ganze Schar der Neuen«) nicht nenne: »Nam etsi docti sunt, docere tamen alios nequeunt.« (»Denn wenn sie auch gelehrt sind, so können sie doch andere nicht belehren.«)

180,12 f. *Wilhelm von Malmesbury]* (Um 1125.) Mit ihm beginnt die auf Beda (starb 735) zurückgreifende Geschichtsschreibung nach der normannischen Eroberung in England.

180,A3 *Für das Nähere verweisen wir auf]* Statt »verweisen wir auf« heißt es in der 1. Aufl.: »möchte ich gerne auf eine gute und ausführliche Geschichte der Philologie verweisen, kenne aber die Literatur dieses Faches nicht hinlänglich. Vieles findet sich bei ⟨...⟩«.

180,A3 *Raphael Volaterranus]* Raphael Maffei, gen. Volaterranus (1452-1522), verfaßte mit den *Commentarii urbani* eine Enzyklopädie aller Kenntnisse von der Stadt Rom.

180,A3   *Eine umständliche* ⟨...⟩ *Altertums*] Der Schlußsatz der A3 ist in der 2. Aufl. hinzugefügt. Bei der Niederschrift kannte Burckhardt das Buch von Voigt (1859) noch nicht; abweichende Auffassungen werden deshalb nicht erwähnt.

180,A1]   A1 ist ebenfalls für die 2. Aufl. hinzugefügt.

181,22   *Gibbon*] Edward (1737-1794), berichtet in seinen *Memoirs*: »Am 15. Oktober 1764, als ich in Gedanken versunken zwischen den Ruinen des Kapitols saß, während die barfüßigen Mönche im Tempel des Jupiter die Abendmesse sangen, entstand zum erstenmal in mir der Gedanke, den Niedergang und Fall der Stadt zu schreiben.« Über 22 Jahre später erst legte Gibbon die Feder aus der Hand, als er in 71 umfangreichen Kapiteln die Geschichte des römischen Reiches im westlichen und östlichen Mittelmeer vom 2. bis zum 15. Jh. dargestellt hatte.

181,A2   *Hildebert von Mans*] H. von Lavardin (1056-1133), Leiter der Domschule, Bischof von Le Mans, später Erzbischof von Tours, war 1100/1101 nach Rom gereist, schrieb Gedichte über die Hoheit der römischen Ruinen und die Schönheit antiker Götter, »Par tibi, Roma, nihil« (»Nichts ist, Roma, dir gleich«), die nur durch einen verhaltenen christlichen Widerruf gedämpft wurden.

182,1   *Niebuhr*] Barthold Georg (1776-1831), hatte begonnen, die römische Geschichte der Frühzeit zu schreiben, ehe ein längerer Aufenthalt in Rom als Geschäftsträger Preußens bei der Kurie (1816-23) ihm die Anschauung lieferte, welche die Umarbeitung und Fortsetzung beeinflußte, aber er mochte das Rom seiner Zeit nicht.

182,6   *Solinus*] (3. Jh.), schrieb ein Kompendium alles Wissenswerten, das Theodor Mommsen edierte, *Collectanea rerum memorabilium*.

182,16   *che comprender* ⟨...⟩ *bella!*] (Ital.) »Daß ihr begreifen könnt, wie schön es war!«

182,A6   *per vedere* ⟨...⟩ *Roma*] (Ital.) »Um diese antiken

Herrlichkeiten zu betrachten, die man jetzt in Rom sehen kann.«

183,21 *Fortdauer dieses Kalkbrennens]* »E quali marmi tutto giorno per calcina si disfanno, che è una villania. Le cose moderne ci sono molto triste cioè e muramenti, e il bello di Roma son le cose disfatte.« Burckhardt paraphrasiert und übersetzt fast wörtlich; die Stelle bei Fabroni, Bd. 2, S. 166.

184,7 f. *Blondus von Forli]* Flavio Biondo, lat. Blondus (1388-1463), Stadtschreiber von Forli, später apostolischer Sekretär, schrieb mehrere Werke zur römischen Altertumskunde: die Topographie *Roma instaurata* (1446), ein historisch-geographisches Handbuch *Italia illustrata* (1453) und über die römischen Altertümer *Roma triumphans*, 1459 Pius II. überreicht; alle drei wurden ab 1471 bald auch gedruckt. Daneben eine Geschichte des Mittelalters vom 5. bis zum 15. Jh., *Historiarum ab inclinatione Romanorum imperii decades*, um 1452, kommentierte Quellenexzerpte.

184,9 *Frontinus]* (1. Jh.), schrieb über die Wasserleitungen der Stadt Rom und über Feldmeßkunst.

184,10 *Anastasius]* Genannt Bibliothecarius (um 879), stellte mit Auszügen byzantinischer Historiker eine Papstgeschichte, *Historia ecclesiastica*, zusammen.

185,32 *Ciriaco von Ancona]* Ciriaco de' Pizzicolli (ca. 1390-vor 1457).

186,A14 *Gio. Villani]* Der Chronist von Florenz führt den notorischen inneren Zwist auf diese Mischung zurück: »i Fiorentini sono sempre in guerra e in dissensione tra loro, che non è da maravigliare, essendo stratti e nati di due popoli così contrarii e nemici e diversi di costumi, come furono gli nobili Romani virtudiosi, e' Fiesolani ruddi e aspri di guerra.« (»Die Florentiner sind stets in innerem Zwist und Widerstreit, was gar nicht zu verwundern ist, da sie von zwei so gegensätzlichen, feindlichen und in ihren Sitten verschiedenen Völkern abstammen und geboren sind, wie es die edlen tüchtigen Römer und die rohen und vom Streit verhärteten Fiesolaner waren.«)

186,A16 *de quo* ⟨...⟩ *commemorant*] (Lat.) »Über den die Schriftsteller viel und Verschiedenartiges melden«.

187,A16 *Platonem suum* ⟨...⟩ *refert*] (Lat.) »Seinem Platon gewidmet, von dem er Herkunft und Geist ableitet«.

188,29 *berühmter Brief*] Das ausführliche Schreiben, das im Text knapp referiert ist, kann nur mit wenigen Stellen zitiert werden. Im Zuge einer »vergleichenden Kunstgeschichte« ist es ein Schlüsseltext für den Begriff des Gotischen, der von den Goten angerichteten Verwüstungen und der Architektur der »Deutschen« (»Tedeschi«), die unserer Gotik entspricht:

> Drei Arten von Gebäuden nämlich befinden sich in Rom; die erste machen alle die alten und ältesten aus, die aus der Zeit vor der Zerstörung und Beschädigung Roms durch die Goten stammen; die zweite aus der Zeit der Gotenherrschaft und des nachfolgenden Jahrhunderts; die dritte endlich die von damals bis auf unsere Tage errichteten.
> Die neueren Gebäude also und die unseren Zeiten angehörenden sind sehr leicht erkennbar, sowohl wegen ihrer Neuheit, als auch, weil sie weder einen so schönen Stil zeigen wie die aus der Zeit der Kaiser noch einen so plumpen wie die aus der Zeit der Goten, so daß sie, obwohl der Länge der Zeiten nach entfernter, doch jenen näher stehen und gleichsam zwischen der einen und der anderen Art. Und die aus der Zeit der Goten, obgleich zeitlich denen aus der Kaiserzeit näher in der Zeitfolge, sind doch von jenen ganz abweichend und bilden mit ihnen zwei Extreme, indem sie den neuesten Gebäuden einen Platz zwischen sich lassen. So ist es nicht schwer, die aus der Kaiserzeit zu erkennen, welche die vortrefflichsten sind und in dem schönsten Stil der Architektur errichtet, und die allein will ich erläutern und darstellen. ⟨...⟩
> Obwohl die Wissenschaften, die Skulptur, Malerei und die meisten übrigen Künste untergingen und bis zur Zeit der letzten Kaiser verwilderten, hielt man die Architek-

tur aufrecht auf gute Art und baute so, wie in der Zeit der ersten Kaiser, so daß die Baukunst unter allen Künsten zuletzt zugrunde ging. ⟨...⟩

Die Baukunst der Römer sank auf eine ihrem Elend entsprechende Stufe und wurde allen Maßes und aller Grazie entblößt; es schien, als ob die Menschen jener Zeit mit der Freiheit zugleich auch allen Geist und alle Kunst verloren hätten. Denn sie wurden so roh, daß sie nicht einmal mehr Ziegel zu brennen wußten, geschweige denn Zierat zu machen, vielmehr beraubten sie die antiken Mauern ihrer Bekleidung, um Ziegel zu gewinnen, und zerstampften den Marmor, um damit zu mauern. ⟨...⟩

Danach denn schien es, als ob die Deutschen diese Kunst wieder etwas zu einem neuen Leben zu erwecken begönnen; aber sie waren in den Ornamenten geschmacklos und sehr weit von der schönen Weise der Römer entfernt, diese nämlich hatten außer dem Hauptkörper des ganzen Gebäudes sehr schöne Karniese, Friese und Architrave sowie mit Basen und Kapitellen schön verzierte und nach den Verhältnissen des Mannes und des Weibes berechnete Säulen. Wogegen die Deutschen, deren Stil an einigen Orten noch fortdauert, als Ornament oft nur irgendein zusammengezogenes und übel gebildetes Figürchen, als Tragstein, um einen Balken zu tragen, anbrachten und fabelhafte Tiere und Figuren und Blattwerk – alles plump und außer allem natürlichen Verhältnis. Auch hatte ja ihre Baukunst darin ihren Ursprung, daß sie von noch nicht abgeschnittenen Bäumen abstammte, die, wenn die Äste gebogen und untereinander verbunden werden, damit Spitzbogen bilden; ⟨...⟩

Darauf wendet sich der Brief dem Gebrauch der Magnetnadel zu und der architektonischen, nicht malerischen Aufnahme, die vom Grundriß her das Gebäude begreift, Aufriß und Querschnitt zuordnet. Die Übersetzung nach Ernst Guhl, *Künstler-Briefe*, Berlin 1853, S. 135-149.

189,A21 *curis* ⟨...⟩ *intercludere*] (Lat.) »Den Sorgen und Gemütsleiden auf jede Weise den Zugang versperren«.

189,A22 *Ariostos Satiren*] Die I., »Perc'ho molto« (»Von allen andern Freunden, Hannibal, nur nicht von dir, hör ich«), und die IV., »Poiche, Annibale« (»Du fragst mich, Hannibal, wie mir's ergeht«).

190,23 *Polifilo*] Vgl. in diesem Band: *Kunst der Renaissance*, § 32 und Abb. 1. Die *Hypnerotomachia Poliphili*, Venedig 1499, das mit seinen Holzschnittillustrationen schönste gedruckte Buch der Renaissance, schrieb Francesco Colonna (1433-1527) in einem italienisch-lateinischen Mischstil. Dieser »Traumliebeskampf« ist eine der wichtigen Quellen für die Hieroglyphenleidenschaft der Renaissance, für Symbolsprache, heidnische und Architekturphantasien. Es gibt mehrere moderne Nachdrucke. Seit Carl Giehlows Aufsätzen über humanistische Hieroglyphenkunde und über Dürers »Melencolia I« zieht das Buch das besondere Interesse der Kunstgeschichte auf sich; vgl. Edgar Wind, *Pagan Mysteries in the Renaissance*, London 1958, dt. *Heidnische Mysterien in der Renaissance*, Frankfurt/Main 1981.

191,A27 *Vespasiano*] Die *Vite* sind zum erstenmal im 1. Bd. des *Spicilegium romanum* des Kardinals Angelo Mai (Rom 1839) erschienen. In allen Nachdrucken der *Kultur der Renaissance* hält sich hartnäckig die Verschreibung »im X. Bande«.

191,A28 *Annius von Viterbo*] Giovanni Nanni, lat. Annius (1432 in Viterbo-1502), Dominikaner und Humanist, *Antiquitatum variarum volumina XVII cum commentariis*, Rom 1498, fälschte nicht böswillig, sondern in der Absicht einer Rekonstruktion die verlorenen Geschichtswerke von Berosus, Fabius Pictor, Cato, Manetho u. a. Es scheint bezeichnend, daß er in Italien so gut wie keinen Glauben fand, wohl aber in Spanien und Deutschland, wo man sein Werk auch noch fortsetzte.

192,5 *Nicolaus V.*] Vespasiano schreibt (S. 31), daß er mehr ausgab, als er hatte, weil er in dieser Zeit viele von den

besten Schreibern haben konnte und nicht knauserte. Er
vertraute auf seine Tüchtigkeit.

192,A29 *Tommaso da Serezana* ⟨...⟩ *pontificato*] (Ital.)
»(Der spätere Nicolaus V.) pflegte zu sagen, daß er zwei
Dinge unternähme, wenn er sie bezahlen könnte, Bücher
und Bauten.«

192,A30 *Vespas.*] Niccolo Niccoli schickt die Bücher-
späher mit apostolischen Breven in die Klöster, wo die
Mönche die Bibliotheken zeigen müssen, »sotto pena di
scommunicazione a quegli che non le mostrassino« (»unter
Androhung der Exkommunikation derer, die ihre Bibliotheken nicht zeigen«; S. 666).

193,17 *abgeschrieben*] Burckhardt paraphrasiert Vespasiano, S. 548, der die schöne Handschrift selber sah und als
Kenner bewundernd feststellt: »Iscrisse il dì presso a uno
quinterno« (»Er schrieb pro Tag fast einen Quinterno«,
d. h. einen Faszikel von 5 gefalteten Pergamentbogen, das
sind 20 Seiten mit 2 Kolumnen Text, in schönsten Buchstaben: »d'una bellissima lettera«).

194,20 f. *Vollständigkeit der Schriften*] Vespasiano erläutert S. 130, daß die vielen Bibliotheken, die er gesehen hat,
einzelne Werke in vielen Ausgaben besitzen, aber kaum je
das Gesamtwerk eines Autors, und Federigo wollte nicht
nur alle bedeutenden Schriften, »tutte l'ha volute« (»alle
wollte er«; S. 124 u. ö.), sondern »sämtliche Werke eines
Autors« (»tutte l'opere d'uno scrittore«, S. 130).

195,A36 *Mai bezweifelt*] Angelo Mai vermutete S. 127
einen Irrtum des Vespasiano. Die Werke waren verloren,
und die Menanderfunde des 20. Jh.s stammen von ägyptischen Papyri.

195,A37 *Matthias Corvinus*] (1440-1490), ab 1458 unga-
rischer König, hatte eine der schönsten Handschriftenbi-
bliotheken, deren Reste – es sind 179 Bände – sich in 44
Bibliotheken in aller Welt verstreut finden.

195,A38 *S. D'Agincourt*] Das große Abbildungswerk
der Kunst des Mittelalters bis zur Hochrenaissance, die dort
aber »renouvellement« genannt wird, während »renais-

sance« nur die vorbereitenden Phasen bezeichnet, ist bibliographisch unter Seroux d'Agincourt zu finden.

196,3 *Badia*] (Ital.) »Abtei«; die Badia Fiesolana, die
ehemalige Kathedrale, wurde 1459 im Renaissancestil erneuert. Sie war ein weltliches Kloster, »abitato da uomini
da bene e letterati« (»von Vornehmen und Gelehrten bewohnt«), wie Vespasiano berichtet.

196,26 *in Karmosinsammet*] »Che sia coperto di chermesi
fornito d'ariento« (»eingebunden in Karmesinsamt mit Sil-
berbeschlägen«).

196,31 f. *»hätte sich geschämt«*] »In quella libraria i libri
tutti sono belli in superlativo grado, tutti iscritti a penna, e
non v'è ignuno a stampa, che se ne sarebbe vergognato,
tutti miniati elegantissimamente, e non v'è ignuno che non
sia iscritto in cavretto.« (»In dieser Bibliothek sind alle
Bücher im höchsten Grade schön, alle mit der Feder geschrieben, und kein gedrucktes, dessen er sich geschämt
hätte, alle aufs eleganteste ausgemalt und keines, das nicht
auf Ziegenpergament geschrieben ist.«)

197,A42 *Artes* ⟨. . .⟩ *articulis*] (Lat.) »Künste – welche
Mühe ist den müden Fingern abgenommen.«

198,6 *die Estienne*] Étienne, lat. Stephanus, franz. Verle-
ger- und Druckerfamilie. Henri I. gründete zu Beginn des
16. Jh.s in Paris eine Offizin, sein Sohn Robert (starb 1559)
verlagerte sie zum großen Teil nach Genf, wo sie dessen
Sohn Henri II. (1531-1598) weiterführte, während ein zweiter Sohn Robert das Pariser Stammhaus leitete. Sie sammelten Handschriften, edierten, korrigierten und erarbeiteten
Wörterbücher, Robert den *Linguae Latinae Thesaurus*, das
griechische Neue und das lateinische Alte Testament, für
die er die Verseinteilung einführte. Henri II. brachte 74
griechische Autoren heraus (Platon zitieren wir heute noch
nach seinen Seitenzahlen [1578]) und 58 lateinische, dazu
schrieb er selbst; seine große Leistung ist der *Thesaurus
Graecae Linguae* (1572), für den er sich finanziell ruinierte.

198,6 *Budeus*] Guillaume Budé (1468-1540), Rechtsge-
lehrter und Philologe der gesamten Altertumswissenschaft.

198,7 f. *Manuel Chrysoloras]* (1350-1415), lehrte 1397-1400 zuerst Griechisch in Florenz.

198,9 *Georg von Trapezunt]* (1395-1484), übersetzte Aristoteles' *Rhetorik* und Platons *Gesetze*.

198,10 *Johannes Argyropulos]* (1416-1486), lehrte Griechisch in Florenz 1456-71 und danach in Rom.

198,11 *Theodor Gaza]* (1400-1475), lehrte Philosophie in Rom.

198,11 *Demetrios Chalcondylas]* (1424-1511), edierte den ersten griechischen Homer 1488.

198,A46 *quum literae ⟨...⟩ transierint]* (Lat.) »Daß nicht nur die lateinische Wissenschaft zu unserer Scham, sondern auch die griechische und hebräische bei dieser verhängnisvollen Wanderung in deren Länder übergehen«.

199,8 *Aldo Manucci]* (1449-1515), lat. Aldus Manutius, brachte neben lat. und ital. Autoren allein 27 griech. Erstausgaben heraus.

199,16 *Giannozzo Manetti]* (1396-1459), übersetzte Aristoteles' *Ethik*; seine Vita bei Vespasiono, S. 578-616.

199,22 *Vulgata]* Die lat. Übersetzung des (Alten und) Neuen Testaments durch Hieronymus (ca. 340-419/20), die ihrerseits die alte sog. »Vetus latina« ersetzte, war von Valla in den *Adnotationes* (um 1448) kritisiert worden; erst das Konzil von Trient machte sie 1560 zur gültigen Version.

199,24 *Reuchlin]* Johannes (1455-1522), lernte das Hebräische in Rom, wo er auch die in Paris begonnenen griech. Studien bei Argyropoulos fortsetzte.

199,A50 *Fra Ambrogio Camaldolese]* Ambrogio Traversari (1356-1439), vgl. S. 497.

200,19 *Averrhoes]* Averroës (Ibn Roschd, 1126-1198), arabischer Philosoph, der die Werke des Aristoteles kommentierte.

202,7 f. *Brunetto Latini]* (Ca. 1220-1294/95), Dantes Lehrer, schrieb (altfranzösisch) *Li livres dou tresor*, die dann erst ins Italienische übersetzt wurden (*Il tesoro*).

202,22 f. *munizipiale Recht]* Das ältere Städterecht gewährte mehr Freiheiten als das römische Recht der späten

Kaiserzeit, das man im *Corpus Juris Civilis* seit dem hohen Mittelalter wiederentdeckte und anzuwenden begann.

203,10 *Typen und Antitypen*] Die typologische Geschichtsdeutung bei Dante hat Erich Auerbach in dem Aufsatz *Figura* in ihrer poetischen Funktion und geschichtsphilosophischen Bedeutung erläutert, in: *Gesammelte Aufsätze zur Romanischen Philologie*, Bern 1967, S. 55-92.

205,4 *alles Heidentum vertilgt*] Daß die Antike nicht mehr wie im Mittelalter dämonisch nahestand, sondern in Distanz geraten war, ermöglichte den freien und bewußten Bezug auf ihre Vorstellungswelt, den wir Renaissance nennen. Um dieses Thema kreisen die Studien von Aby Warburg (*Ausgewählte Schriften und Würdigungen*, Baden-Baden 1980) und Erwin Panofsky (*Die Renaissancen der europäischen Kunst*, Frankfurt/Main 1979).

205,17 *ersten Generation*] Man gruppiert im ital. Humanismus die Philologen in Generationen und zählt von Petrarca bis Poliziano deren fünf.

205,A7 *la quale* ⟨...⟩ *ornamento*] (Ital.) »Der Lorbeer vermehrt das Wissen nicht, aber er ist dessen sicherstes Zeugnis und Zierde.«

205,A8 *sopra le fonti* ⟨...⟩ *coronare*] (Ital.) »Über dem Taufbecken von San Giovanni wollte er sich krönen.«

206,17 *Robert von Anjou*] Robert I., König von Neapel (1309-43).

206,A9 *si praestet* ⟨...⟩ *Romuleo*] (Lat.) »Wenn Gott es verleiht, stimmt auch der Senat den Nachkommen des Romulus bei.«

207,8 *Pomponius Laetus*] (1425-1498), vgl. S. 276 ff. Sein Humanistenkreis verband die Lorbeerkrönung mit dem Geburtstag Roms (am 21. April): »In Exquiliis prope Pomponii domum die Dominico, qui sequutus est à Sodalitate literaria celebratum est Romanae Urbis Natale.« (»Auf dem Esquilin beim Hause des Pomponius wurde am darauffolgenden Sonntag von der literarischen Gesellschaft der Geburtstag der Stadt Rom gefeiert.«) Bei einem Gastmahl (»elegans convivium«) wurde der Lorbeer verliehen.

207,10 f. *Carlo Aretino]* Carlo Marzuppini (1398-1453), nach seiner Geburtsstadt Arezzo wie mancher andere Aretino genannt.

207,11 *Lionardo Aretino]* Lionardo Bruni (1369-1444), erst päpstlicher Sekretär bei Innocenz VII. und Gregor XII., dann in Florenz Kanzler und Begründer der humanistischen Geschichtsschreibung in Annalenform in klassisch-lateinischem Stil.

207,12 *Matteo Palmieri]* (1406-1475), schrieb als Historiker die *Eroberung Pisas* und eine florentinische Geschichte.

207,12 *Giannozzo Manetti]* (1396-1459), vgl. S. 214 f., erst Kaufmann, dann Humanist, von den Medici 1453 zum Auswandern genötigt, in Rom und am Hof in Neapel, schrieb unter Brunis Einfluß eine Geschichte Pistojas. Sowohl die Leichenrede als auch die Lorbeerkrönung wurden als Erneuerung eines antiken Gebrauchs angesehen (Vespasiano, S. 575: »una costituzione antica; secondo l'antica consuetudine«).

207,A13 *»ad solatium ⟨...⟩ libertatis«]* (Lat.) »Zum Trost für die verlorene alte Freiheit«.

209,9 *Socini]* Der sienesische Chronist Allegretto berichtet, daß von der Kaution 8000 Gulden in Siena, 10 000 in Florenz aufgebracht werden sollten, wo es aber keiner vorstrecken wollte, »per non dispiacere a Lorenzo« (»um Lorenzo Magnifico nicht zu mißfallen«), so daß ihn der intervenierende Botschafter Sienas erst einmal im Gefängnis lassen mußte.

211,15 *Vittorino da Feltre]* (1378-1446.) Er war ganz Lehrer und Erzieher und schrieb fast nichts. Die Schule nahm größere Ausmaße an und war wissenschaftlich sehr vielseitig.

212,8 f. *Guarino von Verona]* (1374-1460.) Er war Chrysoloras für mehrere Jahre nach Konstantinopel gefolgt und mit 50 griechischen Handschriften heimgekehrt.

213,A23 *a vederlo ⟨...⟩ gentilezza]* (Ital.) »Ihn bei Tisch zu sehen auf so antike Weise, wie er lebte, war eine Freude.«

Der Satz ist unübersetzbar, vor allem deshalb, weil gentilezza sowohl »Liebenswürdigkeit, Anmut und Feinheit« als
auch »Adel« bedeutet.

215,21 *Vespasiano*] Da Bisticci (1421-1498), dessen *Vite
di uomini illustri* für die Humanistenbiographien hier Burckhardts wichtigste Quelle sind und, wie schon bemerkt, die
Keimzelle seiner kulturgeschichtlichen Darstellung, ist
merkwürdig in seiner Stellung als Zwischenhändler im
wörtlichen Sinne. Er vermittelte ganze Bibliotheken und
einzelne Handschriften für Fürsten, Prälaten und Humanisten, ließ von kundigen Schreibern kopieren und hatte
Umgang mit humanistisch Gebildeten jeden Standes, ohne
selber an dieser Bildung teilzuhaben. Er lebte davon, bewunderte ihre öffentliche Stellung und beurteilte als frommer Kleinbürger doch am liebsten ihre Moral; als Kaufmann achtete er diejenigen, die großzügig und dabei an-
spruchsvoll waren. Er schilderte als Augenzeuge und mit
seiner eigenen Sprache das Florenz und Italien des 15. Jh.s.
Seit Angelo Mai's Erstdruck 1839 sind erweiterte und kommentierte Ausgaben erschienen, so Florenz 1970, z. T. in
deutscher Übersetzung Jena 1914 (englisch London 1926).

216,11 *Johannes Argyropulos*] (1416-1486), lehrte 1456-
71 in Florenz und danach in Rom. Der Anstoß zu erneuerten griechischen Studien (Chrysoloras, 1350-1415, hatte in
den Jahren 1396-1400 zum erstenmal Griechisch unterrichtet) war von Georgios Gemistos, gen. Plethon (1356-1450),
ausgegangen, der 1439 über Platon und Aristoteles dispu-
tiert hatte. Bei Argyropoulos lernten Marsilio Ficino
(1433-1499) und, schon als Zehnjähriger, Angelo Poliziano
(1454-1494).

217,11 f. *florentinische Abrechnung*] Wie schon S. 89 und
99 enthält sich Burckhardt aus Takt eines Urteils über den
vielfach gepriesenen und verdammten Lorenzo Magnifico,
den Roscoe lobte seiner kulturellen und poetischen Leistung wegen und den Sismondi wegen der katastrophalen
Geschäftsführung der Medici-Bank und seiner Tyrannen-
politik getadelt hatte. »Ein Ausländer« habe sich nicht

einzumischen, aber die politischen Köpfe in Florenz, die ihn und seine Politik kannten, seien kurz zitiert. Machiavelli beschließt die im Auftrag des Kardinals Giulio de Medici 1520-25 geschriebene *Geschichte von Florenz*, die bis 1492 führt, mit einer Gedenkrede auf Lorenzo, dessen politische Autorität, Bündnis- und Friedenspolitik er rühmt. Sein Ziel sei es gewesen, »die Stadt in Überfluß, das Volk einig und den Adel in Ehren zu erhalten«. Er zog große Geister an und förderte die Talente, hatte Glück bei seinen Unternehmungen und gewann Ansehen in ganz Italien und bei fremden Fürsten. »Dieses Ansehen stieg täglich durch seine Klugheit, denn er war beim Erörtern der Angelegenheiten beredt und scharfsinnig, im Entschluß weise, in der Ausführung rasch und mutig. Man kann nicht sagen, daß Laster solche Fähigkeiten verdunkelt hätten, wenn er sich auch sonderlich mit Liebeshändeln abgab und sich an spaßigen und witzigen Leuten ergötzte und an kindischen Spielen mehr als für einen solchen Mann sich zu schicken scheint.« Guicciardini hat im 9. Kap. seiner *Florentinischen Geschichte*, die er 1509 während der Verbannung der Medici schrieb, als ihre Rückkehr völlig ungewiß war, ohne Rücksicht auf Parteien ein kühleres Urteil gefällt, bei dem er zwischen dem literarischen Ruhm und der politischen Befähigung zu unterscheiden vermag. Er nennt ihn einen Tyrannen, wenngleich einen höchst liebenswürdigen. Er rühmt seinen beweglichen, feinen Geist. Als Politiker stellt er ihn weit unter Cosimo de Medici, der unter äußeren Schwierigkeiten einen Staat gründete, während Lorenzo ihn aufs Spiel setzte. Lorenzo sei hochmütig gewesen, habe Mißtrauen und Spionage herrschen lassen, geringe Leute erhoben, angesehene erniedrigt und die Korruption begünstigt.

219,9 *Nicolaus V.]* Regiert als Papst (1447-55), Calixt III. (ein Borgia, 1455-58), Pius II. (Aeneas Sylvius Piccolomini, 1458-64), Paul II. (1464-71), Sixtus IV. (1471-84), Innocenz VIII. (1484-92), Alexander VI. (1492-1503), Pius III. (1503) und Julius II. (1503-13).

220,1 *Leo X.*] Giovanni Medici, Sohn des Lorenzo Magnifico, geboren 1475, 1513-21 Papst. Hier besonders ausführlich und nicht überholt Ludwig Pastor, *Geschichte der Päpste*, 16 Bde., Freiburg 1886-1932, Bd. 6.

221,14 *Tacitus*] (Ca. 55-116), römischer Historiker, dessen Werke erst im Laufe des 15. und frühen 16. Jh.s durch Handschriftenfunde vervollständigt wurden. Der sog. *Codex Mediceus I* war 1508 im Kloster Corvey gefunden worden, die erste vollständige Ausgabe erschien in Rom 1515.

221,15 *Norm des Lebens, ein Trost im Unglück*] »Norma all' umana vita ⟨. . .⟩ consolatoria nell' aversita.«

222,3 f. *Antonio Panormita*] Antonio Beccadelli, nach seinem Geburtsort Palermo Panormita genannt (1394-1471), seit 1435 einer der Sekretäre des Königs, schrieb 1455 *De dictis et factis Alphonsi regis Aragonum*, zu denen Aeneas Sylvius Glossen verfaßte, die viel bedeutender sind als der Text.

223,A44 *Volle aver* ⟨. . .⟩ *gentile*] (Ital.) »Er wollte von allen Dingen, heiligen wie profanen, umfassende Kenntnis haben.« Vespasiano ist in seinem Urteil über Federigo, den er zu Recht bewundert, nicht sehr differenziert; es geht stets um das Alles-Haben, Alles-Wissen, die größte Kenntnis (»grandissima cognizione delle istorie, grandissima notizia di filosofia«).

224,A45 *Beim letzten Visconti*] Filippo Maria Visconti, 1392 geboren, beherrschte das Herzogtum Mailand 1412-47.

225,15 f. *Sigismondo Malatesta*] (1417-1468), Tyrann von Rimini.

226,14 *Pius II.*] Er schildert den Gesetzesbrecher Sigismondo, den er wegen Raub, Mord und Sodomie anklagte, folgendermaßen: »multa vi animi et corporis fuit, eloquentia, militari & arte praeditus: nouit historias, philosophiae non paruam peritiam habuit, quamcumque rem sectatus est, ad eam natus videbatur, sed mali mores plus apud eum valuere: pauperes, oppressit, diuitibus bona diripuit, nec viduis nec pupillis pepercit, nemo sub eius imperio securus vixit.« (»Er besaß große Kraft des Geistes und des Körpers,

Beredsamkeit und Kriegskunst, kannte das Altertum und war nicht wenig mit der Philosophie vertraut und schien zu allem, was er in die Hände nahm, geboren, aber schlechte Sitten setzten sich bei ihm durch: Er bedrückte die Armen, beraubte die Reichen und verschonte weder Witwen noch Waisen, so daß niemand unter seiner Herrschaft sicher lebte.«)

226,A1 *Vespas. Fior. Passim*] In Vespasiano da Bisticcis *Vite* (S. 547-577) werden die Florentiner Sekretäre als »Letterati« behandelt.

227,22 *Secreta coelestia*] (Lat.) »Himmlische Geheimnisse«, die Apokalypse des Johannes.

227,23 *M. Scävola*] Mucius Scaevola habe im Lager des feindlichen Etruskerkönigs Porsenna den Schreiber ermordet (im Jahre 507 v. Chr.) und sich dann die rechte Hand in den Flammen eines Altars verbrannt, lautet die Legende in Livius' *Römischer Geschichte* (2, 12).

227,A1 *Aeneas Sylvius*] Die »Hauptstelle«, *De Europa*, cap. 54: »Commendanda est multis in rebus Florentinorum prudentia, tum maxime quod in legendis Cancellarijs non iuris scientiam, ut pleraeque ciuitates, sed oratoriam spectant, & quae uocant humanitatis studia. Norunt enim recte scribendi dicendique artem non Bartholum aut Innocentium, sed Tullium, Quintilianumque tradere.« (»Die Klugheit der Florentiner ist in vielen Dingen zu empfehlen, und darin besonders, daß sie bei der Auswahl ihrer Kanzler nicht Rechtswissenschaft erwarteten, wie die meisten Bürgerschaften, sondern Rhetorik und das, was sie Studia Humanitatis nennen. Sie wissen nämlich, daß die Kunst richtiger Schriftsätze und Reden nicht von Bartolo ⟨von Sassoferato⟩ und Innocenz überliefert ist, sondern von Cicero und Quintilian.«)

228,13 *Pietro Bembo*] (1470-1547); Jacopo Sadoleto (1477-1547).

230,A10 *Singuli* ⟨...⟩ *pares*] (Lat.) »Jeder hielt seine Rede einzeln, damit nicht einer besser schiene als der andere, da sie doch nahezu sich an Beredsamkeit gleichkamen.«

232,A15 *Lil. Greg. Gyraldus]* (1479-1552), die zitierte
Stelle in der Erstausgabe, Florenz 1551, S. 83.

235,A27 *Artis rhetoricae praecepta]* Das rhetorische
Lehrbuch nimmt in den *Opera* des Aeneas Sylvius Piccolomini die Seiten 992-1032 ein.

236,32 *Rede eines Professors]* Nicht ohne Ironie sammelte Burckhardt bei seiner Lektüre der Chroniken Beispiele sei es ermüdender, sei es unpassender Reden, um
auch die Randbezirke einer rhetorischen Kultur zu skizzieren, die in anderen Darstellungen des Humanismus fehlen.
Zum Verfasser der *Annales Placentini* vgl. S. 238,A32.

237,A31 *Esto tibi* ⟨. . .⟩ *etc.]* (Lat.) »Du sollst dir selbst
Urbild und Vorbild sein, dich selber nachahmen usw.« Das
ausgerechnet dem Lodovico Moro, über den Corio nicht zu
Unrecht schreibt (vgl. den Zusammenhang S. 228 und A1);
er habe aus größtem Glück und Frieden heraus nicht nur
seine eigene Herrschaft, sondern beinahe ganz Italien ruiniert (»ma anche quasi tutta l'Italia ha roinato«; Corio, fol.
449).

238,A33 *Tenemus adhuc* ⟨. . .⟩ *etc.]* (Lat.) »Bisher halten
wir die die sichere Festung unverfälschter und beständiger
Beredsamkeit.«

239,A34 *Moralien des Plutarch]* Plutarch (ca. 45-120)
schrieb außer den Biographien verschiedene philosophische und lebenspraktische Schriften, die, unter dem Namen
Moralia zusammengefaßt, eine der beliebtesten Lektüren
des späteren Humanismus waren. Seine Werke sind erst seit
1471 lateinisch verbreitet.

240,6 *Vita Sobria des Luigi Cornaro]* Vgl. S. 334 ff. die
ausführliche Darstellung der Schrift vom mäßigen Leben.

240,12 *Geschichtschreibung]* Auf den folgenden fünf Seiten gibt Burckhardt keine Geschichte oder Kritik der Historiographie, sondern äußert sich zunächst einmal über die
von ihm benutzten Quellen und skizziert deren Bedeutung
innerhalb der italienischen Kultur der Renaissance. Die
Opfer, welche die Latinisierung nicht nur an Farbe und
Anschaulichkeit, sondern auch an Sachgehalt und Analyse

fordert, werden deutlich. Die kritische und unersetzte Darstellung findet sich in dem Handbuch von Eduard Fueter, *Geschichte der neueren Historiographie*, München 1911 u. weitere Auflagen und Nachdrucke.

241,4 *Annalisten]* Die von Ferrara im 15. Jh., *Diario Ferrarese* und *Annales Estenses*, in Bd. 24 von Muratori, *Scriptores rerum Italicarum*, gehören zu Burckhardts meistzitierten Quellen.

241,9 *Marin Sanudo]* Die Geschichte der Dogen von Venedig, *Vite de' Duchi di Venezia*, bei *Muratori*, Bd. 22; Bernardino Corio, *Storia di Milano*; Stefano Infessura, *Diarium Romanum* (Das Römische Tagebuch), in Übersetzung Jena 1913, Düsseldorf 1979.

241,10 f. *glanzvolle Reihe]* Die große Geschichtsschreibung zu Beginn des 16. Jh.s ist ein ausschließlich florentinisches Produkt der Zeit der Verfassungskonflikte und der erzwungenen politischen Reflexion. Machiavelli, Guicciardini und Vettori, Nerli, Nardi und Varchi bilden diese Reihe, während die auch genannten Jacopo Pitti und Bernado Segni (vgl. S. 89) nicht ganz mithalten können.

241,A36 *Die Zeit Constantins d. Gr.]* Die zitierte Stelle ist der Beginn des 7. Abschnitts.

242,15 *Platina]* Bartolomeo Sacchi, gen. Platina (1421-1481), schrieb die Papstbiographien, *Vitae Pontificum*, von Christus bis auf Paul II. (1464-72).

242,18 *Tristan Caracciolo]* Schrieb die Geschichte des Ferrante, Ferdinand I. von Neapel (1458-1494), *De varietate fortunae*, bei *Muratori*, Bd. 22, vgl. S. 44.

242,27 *Matteo Palmieri]* (1406-1475), setzte die Weltchronik des Prosper von Aquitanien fort, die dieser vom Jahr 378, bis wohin Hieronymus die Eusebius-Chronik ergänzt hatte, bis 433 führte.

242,28 *Dekaden]* *Historiarum ab inclinatione Romanorum Imperii decades* von Flavio Biondo, gen. Blondus (1388-1463), der mit großem Fleiß, aber ohne Eleganz der Form erst eine Geschichte seiner Zeit begann und dann die 1000 Jahre ergänzte, die seit Paulus Orosius (Anf. 5 Jh., beschreibt die Zeit von Adam, bzw. Abraham, bis 417 n. Chr.) keinen gründlichen Historiker gefunden hatten. Die Dekaden gehörten daher zu den selten genannten, aber oft ausgeschlachteten Werken, bis die großen Gelehrten des 17. Jh.s sie durch Quellenstudien und schließlich Gibbon durch Eleganz der Darstellung entbehrlich machten.

243,3 *diese Ehre*] Georg Voigt regte zwei Leipziger Dissertationen an, von A. Masius (1879) und P. Buchholz (1881 über die Quellen der *Historiarum decades*); inzwischen Denys Hay in den ›Proceedings of the British Academy‹ 45 (1959), S. 97-128.

244,29 *Francesco Vettori*] (1474-1539), *Sommario della Storia d'Italia dal 1511 al 1527*, eher eine Skizze als ein ausgearbeitetes Geschichtswerk, von einem Staatsmann und Parteigänger der Medici geschrieben, der ähnlich scharf beobachtet wie Guicciardini und ebenso kühl rein politisch analysiert wie Machiavelli, vgl. Anm. 89,30.

245,A41 *Ein Kardinal*] Es war der Verfasser der Papstvita selber, der die Philosophie den Köchen vortrug: »Immo & coqui à Gaspare Veronensi Aristotelis Ethica audiverunt.« (»Und sogar die Köche hörten Aristoteles' Ethik von Gaspare von Verona.«)

246,22 *der Maler*] Giovannantonio da Vercelli (ca. 1474-1549), gen. il Sodoma, der 1511 seinen Sohn Apelle nennt; Pate ist Girolamo Genga, ein Maler aus Urbino.

247,5 *Pomponius Laetus*] Vgl. S. 276 ff.

247,A45 *Quasi che'l nome* ⟨. . .⟩ *anni!*] (Ital.) »Als ob der Name gute Richter tröge | Und leichter etwas dich zum Dichter machte, | Was nicht die Mühe langer Jahre schafft!«

248,3 *Patres conscripti*] (Lat.) »Senatoren und Beigeordnete«, Anrede des römischen Senats.

248,4 *Virgines Vestales*] (Lat.) »Vesta-Priesterinnen«.

248,10 *Dirae*] (Lat.) »Verwünschungen«.

248,11 *Lupercalia*] Römisches Fest des Lupercus (Pan) am 15. Februar.

248,A48 *omnibus diris* ⟨. . .⟩ *devocati*] (Lat.) »Mit allen Verwünschungen zur Hölle geschickt«.

248,A49 *Cuius* ⟨...⟩ *postponendum*] (Lat.) »Von welchem es ein berühmtes Gedicht gibt, das, wäre es lateinisch
geschrieben, den antiken Dichtern in keiner Hinsicht nach-
zustellen wäre.«

249,12 *Urbi et orbi*] (Lat.) »Der Stadt (Rom) und dem
Erdkreis«; Formel des päpstlichen Segens.

249,A52 *»sic esse doleo, sed sic est«*] (Lat.) »Daß er so ist,
betrübt mich, aber er ist so.«

250,22 *der ältere Scaliger*] Julius Caesar (1484-1555),
Vater des Josephus Justus (1540-1609), des genialen Philologen, der seinerseits Erasmus von Rotterdam bewunderte.

251,10 f. *»ut lingua latina* ⟨...⟩ *auctior«*] (Lat.) »Daß
man behaupten kann, die lateinische Sprache sei während
unseres Pontifikats mehr verbreitet worden«.

251,19 f. *Plautus und Terenz*] Plautus (ca. 250-184 v.
Chr.), Terentius Afer (ca. 185-159 v. Chr.), Komödiendichter der römischen Vorklassik und wichtigste Quellen für
das der Umgangssprache nahe Latein. Von Plautus haben
sich 20, von Terenz 6 Komödien erhalten, um die sich in der
Renaissance die bedeutendsten Geister wie Nicolaus Cusanus und Erasmus von Rotterdam bemühten.

251,A59 *Seneca*] (4-65 n. Chr.), Politiker, Philosoph
und Dichter. Seine Tragödien über Stoffe aus dem griech.
Mythos waren für die Renaissance und das barocke Drama
die Werke, an denen sich der Begriff der Gattung bildete.
Die attischen Tragiker waren bekannt, setzten sich aber erst
langsam gegen die drastischen Effekte Senecas durch.

252,10 *Vitruvianismus*] Vitruvius (1. Jh. v. Chr.), Verfasser des einzigen erhaltenen antiken Lehrbuchs der Architektur, das großen Einfluß in der Renaissance übte, nicht
immer glücklichen; vgl. *Kunst der Renaissance*, in diesem
Band, Kap. IV, bes. § 28.

253,26 *Africa*] Francesco Petrarca (1304-1374) stand
wie viele Dichter vor der Erwartung, den höchsten Ruhm
nur mit einem Heldenepos erreichen zu können. Er wollte
in lateinischer Sprache und im klassischen Stil mit Vergil
konkurrieren, den Dante sich als Geleiter durch das Jenseits gewählt hatte.

253,32 f. *Silius Italicus*] (Ca. 35-100), röm. Epiker, der nach dem Bericht des Livius den 2. Punischen Krieg behandelte, bis zur Entdeckung des Textes durch Poggio (vgl. S. 193) aber unbekannt blieb für die nachantike Zeit. Epiker und Geschichtsschreiber von der Renaissance an bis ins 18. Jh. bearbeiteten keinen Stoff, der schon eine gültige antike Fassung hatte.

254,8 *Scipio*] (Ca. 235-183 v. Chr.), gen. Africanus; der ältere Scipio war der Renaissance durch die Geschichtswerke des Livius (Bücher 28-30, 34, 37 und 38), Polybios (Buch 15 und 16) und Ciceros Schrift *De republica* gerühmt worden.

255,25 *jeder Dichter*] Burckhardt kannte das Handwerk durch eigene Versuche und gab jungen Dichtern detaillierte Ratschläge, wollte aber vor allem unter seinem Namen nicht als Poet auftreten.

256,8 *Gyraldus*] Lilio Gregorio Giraldi (1479-1552), schrieb 1551 *De poetis nostrorum temporum* (Über die Dichter der Gegenwart).

256,9 *Vida*] Marco Girolamo (1499-1566), war Kritiker (*De arte poetica*, 1527) ebenso wie Dichter (*Christias*, 1535). Im italienisch gebildeten Europa des 18. Jh.s spielte er noch eine Rolle; Alexander Pope schreibt in seinem *Essay on Criticism* (1711) über die Zeit Leos X.: »A Raphael painted, and a Vida sung« (Z. 704).

256,9 f. *Sannazaro*] Jacopo (1458-1530), spanischer Abstammung, in Neapel mit Pontano freundschaftlich wetteifernd in italienischer und lateinischer Poesie.

257,A68 *Angilberts*] A. von St. Riquier (starb 814), Schüler Alkuins und Leiter der Kapelle am Hofe Karls des Großen.

258,1 *Corneto*] Adriano di, lat. Hadrian, vgl. S. 128,16.

258,15 f. *Ercole Strozza*] Strozzi (um 1473-1508), studierte bei Humanisten, war als Richter tätig, unter mysteriösen Umständen ermordet; Dichter von Elegien.

258,20 *Katastrophe*] Beim Tode seines Vaters, des Papstes Alexander VI., war Cesare Borgia krank auf den Tod, womöglich durch die gleiche Vergiftung. Er konnte auf das Konklave keinen Einfluß nehmen und wurde von Julius II. schnell matt gesetzt. Er lebte die wenigen Jahre nur mehr wie ein Schatten seiner selbst, kaum 30 Jahre alt.

258,A70] (Lat.) »Den Papst gab Jupiter in die alles sühnenden Flammen | Und als die Gebrechen des Körpers gereinigt, zu den Göttern der Unterwelt selber.«

258,A71 *Nascere* ⟨...⟩ *patrique*] (Lat.) »Einen Knaben von großer Verheißung der Mutter und dem Vater gebären«.

259,18 *Götterfest des Giovanni Bellini*] Diesem Gemälde und dem Komischen in Antikendarstellungen hat Edgar Wind eine inzwischen klassische Studie gewidmet: *Bellini's Feast of the Gods*, Cambridge/Mass. 1948.

260,23 f. *Marcellus Palingenius*] Vgl. S. 530 f. *Zodiacus vitae* (Der Tierkreis des Lebens).

260,A73 *Teuerdank*] *Der Theuerdank*, teilweise von Kaiser Maximilian geschrieben, von Pfinzing redigiert und mit Holzschnitten von Hans Burgkmair und seinen Nachfolgern in Augsburg illustriert, erschien 1517 in Nürnberg. Er schildert die Brautfahrt Maximilians und die Werbung um Maria von Burgund.

261,8 *Catull*] Catullus (ca. 84-47 v. Chr.), der subjektive und so gelehrte wie kühne Lyriker der Zeit der römischen Bürgerkriege, übte eine große, noch nicht im einzelnen untersuchte Wirkung auf die ital. Poesie aus.

261,13 *Lesbiens Sperling*] Zu Beginn von Catulls *Carmina* eines auf den Sperling seiner Geliebten, die er unter dem Namen Lesbia besang, und eine Totenklage um ihn.

261,23 *Statius*] (Ca. 40-96), einer der vielseitigsten römischen Dichter, der seine Lyrik in den *Silvae* sammelte und dessen Epos *Thebais* schon Dante beeindruckte, der ihn Vergil ablösen läßt als Jenseitsgeleiter.

261,29 *Andrea Navagero*] (1483-1529), venezianischer Gelehrter, Dichter und Diplomat, gab mit Aldus Manutius klassische Autoren heraus, schrieb lateinisch, *Lusus*, und italienisch, *Selve*; sollte die Chronik des Sabellico fortsetzen.

262,A76] (Lat.) »Wenn wir Sturm und Regen genug erduldet | Schicksalsdrohungen und Ränke der Menschen, | Gib, Vater, daß wir über dem elterlichen Dache den Rauch aufsteigen sehen!«

263,9-13 *Salve cura Deûm* ⟨...⟩ *curas!*] (Lat.) »Sei mir gegrüßt, du gottgeliebtes Land, du glücklicheres Erdengestade, | Seid mir gegrüßt, der lieblichen Venus süße Verstecke; | Euch will ich sehen nach so viel Plagen für Seele und Geist | Und gerne sühnen, bei eurem Amte will alle ängstlichen Sorgen ich ganz aus dem Herzen vertreiben!«

263,19 *Mario Molsa*] Francesco Maria Molza (1489-1544), ab 1506 in Rom als Dichter ital. und lat. eleganter Verse, *La ninfa Tiberina*, 1538. Ariost gab ihm den *Orlando* zur Durchsicht.

263,25 *Wesen und Umfang der römischen Elegie*] Es waren die römischen Elegiker, an denen Burckhardt bei seinen Romaufenthalten der Sinn für die Antike erwachte.

264,18 *Lobspruch*] *De mirabili urbe Venetiis* (Das wunderbare Venedig):

> Viderat Adriacis Venetam Neptunus in undis
> Stare urbem et toto ponere jura mari:
> Nunc mihi Tarpejas quantumvis Jupiter arceis
> Objice et illa tui moenia Martis ait,
> Si pelago Tybrim praefers, urbem adspice utramque,
> Illam homines dices, hanc posuisse Deos.
> (Aus den Fluten der Adria sah Neptun Venedig ragen,
> Die Stadt, die dem Meer ihre Gewalt auferlegt:
> Magst du nun, Jupiter, sprach er, auch noch so sehr
> Die tarpejische Feste rühmen und die Mauern des
>   Mars;
> Ziehst du dem Meere den Tiber vor, vergleich doch
>   die Städte,
> Eine ist Menschenwerk, die andere von Göttern
>   erbaut.)

264,A80 *Sint vetera* ⟨...⟩ *erunt*] (Lat.) »Mögen sie anderen alt erscheinen, mir bleiben sie immer neu.«

265,25 *Andrea Sansovino*] (1460-1529), Bildhauer. Die »Anna selbdritt« (ital. »Metatre«) von 1512 beschreibt

Burckhardt im *Cicerone* (1855): »Alles erwogen, ist es das anmutigste Skulpturwerk des Jahrhunderts, schön und frei in den Linien und Formen und vom holdesten Ausdruck der Mütterlichkeit auf zweierlei Stufen.«

265,28 *Johann Goritz*] (Mitte 15. Jh.-1527), wohl aus Luxemburg, päpstlicher Supplikenreferent und unter Alexander VI. apostolischer Protonotarius, vor allem aber als Mäzen und Kunstsammler und großzügiger Gastgeber eines Künstler- und Gelehrtenkreises bekannt. Beim »Sacco di Roma« wurde seine Sammlung verwüstet, er selber starb elend.

265,A82 *Merge, Tyber* ⟨. . .⟩ *Jovi!*] (Lat.) »Versenke, Tiber, als Rächer in deine Fluten die rasenden Kälber; | Zur Hölle stürze der Stier als großes Opfer dem Zeus!«

266,15 *Francesco Sansovino's*] (1521-1586), venezianischer Vielschreiber, bekannt durch sein *Venetia*, 1581.

267,19 *Teofilo Folengo*] (1491-1544), heiterer Epiker, Satiriker und auch religiöser Dichter, schrieb unter dem Pseudonym Limerno Pitocco die Epenparodie *Orlandino* (vgl. S. 324 f.) und schuf unter dem weiteren Pseudonym Merlinus Coccajus in ital.-lat. Mischsprache das *Opus Macaronicorum* (vgl. S. 165).

269,10 *Poggio's Werke*] Die umfassende Darstellung ist von Ernst Walser, *Poggius Florentinus, Leben und Werke*, Leipzig und Berlin 1914, der auch das Verhältnis von Humanismus und Religion sorgfältig zu bestimmen versuchte: *Gesammelte Studien zur Geistesgeschichte der Renaissance*, Basel 1932.

269,A2 *Ariosto, Satira VII*] »Sucht einen Humanisten | Gelehrsamkeit und Herzensgüte muß | Ihn zieren, doch vor allem Herzensgüte.«

271,21 *Philostratus*] Flavius Philostratos (um 200 n. Chr.), griech. philosophischer Schriftsteller, beschreibt anekdotisch das Leben der Sophisten ab etwa 100 n. Chr. und in den *Eikones* Bildprogramme wirklicher oder fingierter Gemälde.

273,12 f. *Pierio Valeriano*] (1477-1558), aus Belluno, der Verfasser der emblematischen Enzyklopädie *Hieroglyphica*, schrieb nach dem »Sacco di Roma« und den anderen Verwüstungen 1527 seine tragische Literaturgeschichte, *De infelicitate literatorum*. Sie wurde mehrfach gedruckt; Burckhardt zitiert die Ausgabe von B. Mencken, *Analecta de calamitate literatorum*, Leipzig 1707. Für die kulturgeschichtliche Auffassung Burckhardts ist sie ähnlich bedeutend wie die Viten des Vespasiano da Bisticci, denen sie aber an Stil und Gehalt weit überlegen ist.

274,21 f. *Fra Urbano Valeriano von Belluno*] (1440-1524), Onkel und Lehrer des Pierio Valeriano.

275,14 *Fabio Calvi*] (Starb 1527), Raffaels gelehrter Freund, der ihm Vitruv übersetzte und den illustrierten Plan des antiken Rom mit ihm erörterte; nahm wohl auch Einfluß auf die Schule von Athen.

275,32 *Schule von Athen*] Raffaels große Komposition, mit der Absicht, die griechischen Philosophen durch Darstellung zeitgenössischer italienischer Künstler in der Architektur der entstehenden Peterskirche zu charakterisieren. Die Überzeugungskraft der individuellen Gestalten, Lionardo als Platon in der Mitte, Michelangelo als Heraklit, Bramante als Euklid, die Gruppenbildung der Figuren und das Verhältnis der Personen zum Raum ist nie wieder in einer ähnlich großen Konzeption so überzeugend gelungen.

276,1 *Gerne möchten wir hier*] Der »Sturz der Humanisten« ist durch den engen Bezug auf die zeitgenössischen Quellen und die geschichtliche Bedeutung des Verrats der Intellektuellen oder ihre soziale Selbstauflösung in großem Ernst als Problem ausgearbeitet. Das Schlußkapitel der »Wiedererweckung des Altertums« führt damit erst das Thema des kurzen Abschnittes »Entwicklung des Individuums« eine Stufe weiter, ehe es am Ende der »Entdeckung der Welt und des Menschen« seine anthropologische Deutung erfährt. Hier macht Burckhardt eine kompositorische Bemerkung über den Aufbau und Abschluß der einzelnen Teile des Werkes. Der Schriftsteller ergreift das Wort, wo Gelehrsamkeit allein nicht weiterkäme.

276,7 *Sanseverinen*] Neapolitanische Adelsfamilie normannischer Herkunft, Fürsten von Salerno und zeitweise von großem Einfluß in Süditalien.

276,9 f. *das berühmte Billet*] »Pomponius grüßt seine Verwandten und Angehörigen. Was ihr wünscht, kann nicht geschehen. Lebt wohl.«

276,18 *Cato, Varro und Columella*] Marcus Porcius Cato, der Zensor (243-149 v. Chr.), der die altrömischen Tugenden vertrat, verfaßte auch historische und praktische Schriften, von denen als einzige *De agri cultura* (Über den Landbau), die älteste lateinische Prosaschrift, erhalten ist. Marcus Terentius Varro (116-27 v. Chr.) verfaßte ein praxisferneres Lehrbuch in Dialogform, *Res rusticae*, über Ackerbau, Weidewirtschaft und alle andere Tierhaltung. Iunius Moderatus Columella (1. Jh. n. Chr.) beschrieb ausführlich und kenntnisreich Ackerbau, Wein- und Baumzucht, Viehwirtschaft und Gartenbau: *Rei rusticae libri*.

277,16 *Gründungstag*] Das von Varro errechnete legendäre Gründungsdatum Roms, nach welchem dann auch Geschichtswerke ihre Chronologie richteten und bis ins 17. Jh. die römische Geschichte datiert wurde, »ab urbe condita«, ist der 21. 4. 753 v. Chr. Pomponius Laetus feierte ihn jährlich mit einem Gastmahl und einer Poetenkrönung; vgl. S. 207,8 u. Anm.

277,33 *Atellanen*] »Atellana fabula« oder »Osci ludi« sind volkstümliche römische Possen oskischen Ursprungs, nach der Stadt Atella benannt. Reste dieser derben kleinen Versdramen mit sprachlichen Vulgarismen in plebejischem Milieu kennt man von Pomponius (1. Jh. v. Chr.)

278,7 f. *Sadoleto*] Jacopo (1477-1547), schrieb über den *Laokoon* (1506) und einen Traktat über Kindererziehung.

280,7 *Entdeckung der äußern Welt*] Der erzählerische Zug des Werkes läßt den Leser leicht die strenge Disposition des Stoffes und die sorgfältige Komposition übersehen. Trotz ungleicher Länge der Teile hat der Verfasser mit dem Ende des Dritten Abschnitts die Mitte des verfügbaren Raumes erreicht. Das scheinbar leicht hingeworfene Porträt des Pomponius Laetus, in dem manche ein kaum verhülltes

Selbstporträt Burckhardts erblicken, wäre, wenn es sich um
das architektonische Ideal des Zentralbaues handelte, die
zierliche Lanterna auf der Kuppel. In einer perspektivisch
gesehenen Komposition folgen nun das Zentrum und der
bleibende Gehalt der Renaissance. Das Individuum, durch
die eigentümlichen Bedingungen von Staat und Herrschaft
herausgefordert (1. Abschnitt »Der Staat als Kunstwerk«),
kann sich hoch entwickeln (der überraschend kurze 2. Abschnitt), wobei das Altertum und seine Wiedererweckung
(3. Abschnitt) weniger Ziel als Mittel sind. Mittel, um die
Außenwelt zu entdecken und seiner selbst bewußt zu werden. Das Interesse an der Welt und am Menschen, das die
Antike in Philosophie und Wissenschaft bekundet hatte,
war von den christlichen Kirchenvätern als nichtig erklärt
und durch die neue Polarität Gott und die Seele ersetzt
worden. Keiner hatte das so machtvoll propagiert wie
Augustinus. Für die italienische Renaissance konnte das
von Dante und Petrarca an trotz Christentum und Verehrung des Augustinus nicht mehr gelten. Die irdische Welt,
der Gehalt und Wert des Menschen mit seinem Verlangen
nach Ruhm waren so stark geworden, daß sich das Weltbild
änderte, ehe man es neu zu bestimmen vermochte. Die
Formel »la découverte du monde, la découverte de
l'homme« ebenso wie den Begriff »Renaissance«, nicht für
architektonische Stilmerkmale, sondern für ein kulturelles
Gesamtphänomen, hatte Jules Michelet (1798-1874) in Um-
lauf gebracht, der seit 1840 in Vorlesungen am Collège de
France und 1855 im 7. Bd. seiner *Histoire de France* die
Renaissance behandelte, nachdem er zuvor das Mittelalter
mit großer Sympathie (seit 1831) und die Revolution dargestellt hatte. Seine ›Renaissance‹ ist wohl ein aus Italien
stammendes europäisches Ereignis, aber sie findet für ihn
im 16. Jh. statt, wie es in Frankreich der Fall war. Seine
Darstellung der Renaissance war zugleich eine Revision
seiner historischen Ansicht und seiner politischen Auffassung. Was immer das Mittelalter gewesen sein mochte,
seine Verherrlichung bedeutete inzwischen eine politische

Stellungnahme für die restaurativen und klerikalen Strömungen des 19. Jh.s. Die Ironie liegt darin, daß Burckhardt bei völlig anderer Beurteilung der Französischen Revolution und der Moderne sich bei seinem gegen die Tendenzen der preußischen Entwicklung, gegen Neugotik in der Kunst und politische Romantik geschriebenen Geschichtswerk mit Michelet in einer liberalen Mitte treffen konnte. Den Nachweis der Formel liefert er S. 303,A1.

280,20 *Mittelmeer*] Über die hier angedeutete erzieherische Funktion des Mittelmeers für seine Anwohner vgl. die einleitenden Kapitel von Fernand Braudel, *La Méditerranée et le monde méditerranéen à l'époque de Philippe II*, Paris 1949, ⁵1982, und viele Übersetzungen, die deutsche Frankfurt/Main 1989.

280,29 *die Polo von Venedig*] Marco Polo (starb 1324) wurde durch seine farbige Schilderung der mongolischen Welt (*Il Millione*, 1298) berühmt; andere wie der Florentiner Francesco Balducci Pegolotti (starb nach 1346), im Dienste des Bankhauses Bardi, redigierte aus Nachrichten der Handelsreisenden ein nüchtern-praktisches Handbuch, *La pratica della mercatura*, hg. v. A. Evans, Cambridge/Mass. 1936.

281,28 *herrlichen Brief*] Es ist die in tiefer Verzweiflung geschriebene »Lettera rarissima« aus der Hölle von Jamaica, als Columbus' Schiff gestrandet war (dt. Übers. von Ernst Gerhard Jacob, *Christoph Columbus. Bordbuch. Briefe. Berichte. Dokumente*, Bremen 1956, S. 286-310). Aus dem umfangreichen Dokument seien einige Passagen zitiert:

> Von Cadiz fuhr ich in vier Tagen nach den Kanarischen Inseln und von dort in sechzehn Tagen nach den Indischen Landen. Meine Absicht war, schnell zu segeln, denn ich hatte gute Schiffe, wohlversehen mit Ausrüstung und Bemannung, und ich steuerte geradenwegs auf die Insel Jamaica zu. Als ich die Insel Dominica erreicht hatte, schrieb ich also ins Buch: Das Wetter, das uns herüberhalf, war so schön, wie wir es uns wünschen konnten. Doch als ich dort einfuhr, erhob sich ein gewaltiges Gewitter, und es verfolgte mich unentwegt. ⟨ . . . ⟩

Der Sturm war schrecklich, und in jener Nacht verstreute er mir die Schiffe. Jedes von ihnen trieb er vor sich her, und es blieb nichts mehr zu erwarten als der Tod. Auf einem jeden von ihnen glaubte man gewißlich, daß alle anderen verloren seien. Ist jemals ein Mensch geboren, Hiob nicht ausgenommen, der so verzweifelt seinem Tod entgegen sah? 〈. . .〉 Achtundachtzig Tage hindurch hatte der schreckliche Sturm nicht von mir gelassen, man sah keine Sonne und keine Sterne auf dem Meer. Die Schiffe leckten, die Segel zerrissen, die Anker und Winden gingen verloren, dazu Taue und viel Proviant; die Mannschaft krankte, alle waren zerknirscht, viele taten ein Gelübde, später ins Kloster zu gehen; 〈. . .〉 Viel Schmerzen litt ich, und oft stand ich nahe am Tode. Eine Lagerstatt, die ich machen ließ, brachte man aufs Deck, und von ihr aus bestimmte ich den Kurs. Mein Bruder befand sich im schlechtesten und gefährlichsten Schiff. Darob litt ich sehr und mehr noch, weil ich ihn gegen seinen Willen mitgenommen hatte. Denn zu meinem Glück möge es sein, aber wenig Gewinn ward mir zuteil in zwanzig Jahren, die ich in Mühsal und Gefahren diente; heut ist nicht ein Ziegel in Kastilien mein eigen. Will ich essen oder schlafen, so weiß ich nicht wo, muß in Herberge und Schenke gehen, und oft fehlt mir das Geld, um zu zahlen. 〈. . .〉 Wie ich schon sagte, war auch ich sterbenskrank, doch hörte ich von Goldgruben in der Provinz Ciamba und machte mich auf, sie zu suchen. Zwei Indianer brachten mich bis Caramburu, wo die Menschen nackend gehen und um den Hals einen goldenen Spiegel tragen, doch wollten sie den nicht verkaufen noch tauschen. 〈. . .〉

Ptolemäus sagt, daß das östliche Ende der Welt den ersten Teil abschließt, und daß dieser nicht weiter hinabreicht als fünfzehn Grad und ein Drittel. Und die Welt ist geringer Größe: Was an ihr trocken ist, sind sechs Teile und nur ein Siebentel bedeckt das Wasser. Die Erfahrung hat dies bewiesen und in anderen Briefen

schrieb ich davon, und ich schmückte meine Worte mit
Stellen aus der Heiligen Schrift und zeigte den Ort des
Paradieses auf Erden, und die Heilige Kirche billigt dies.
Ich sage, die Welt ist nicht so groß, wie es gemeinhin
heißt. ⟨. . .⟩

Eine Berechnung gibt es und die Zeichen des Himmels,
nach denen man alles finden kann, und sie stimmt: Wer
sich darauf versteht, der weiß zur Genüge. Alles das ist
gleichsam eine prophetische Offenbarung. Daß die
Schiffe, die nach den Indischen Landen fahren, nicht
vorwärtskommen, auch wenn sie Rückenwind haben,
liegt nicht an schlechter Bauart oder an Gründen der
Stärke. Wenn die großen Strömungen, die man dort
antrifft, zusammen mit dem Wind in einer Richtung
laufen, so kann niemand geradeaus segeln. In einem Tag
würde man das verlieren, was man vorher in sieben
gewonnen hat. ⟨. . .⟩ Wenn Eure Schiffe dorthin fahren,
so kommen sie in ihr eigenes Haus. Von dort werdet Ihr
Gold herausholen. ⟨. . .⟩ Das Gold ist überaus vortrefflich. Aus Gold sammelt man Schätze, und wer es hat, der
macht damit alles, was er in der Welt nur will. ⟨. . .⟩ Das
was diesmal gewonnen wurde, die Goldgruben mit allen
Ankerplätzen und Hinterland, halte ich für wichtiger als
alles, was bisher in den Indischen Landen geschehen ist.
Das ist kein Kind, das man einer Stiefmutter zum Aufziehen geben darf.

283,23 f. *flüchtige* ⟨. . .⟩ *Werk*] Eine Geschichtsschreibung der Naturwissenschaft und der Mathematik setzte
allerdings erst später ein, so die grundlegende Arbeit von
Moritz Cantor, *Vorlesungen über Geschichte der Mathematik*,
Bd. 2, Leipzig 1900, und Lynn Thorndike, *History of magic
and experimental science*, 6 Bde., New York 1923-41. Es war
eine Weile üblich, die Renaissance im Vergleich zu Hoch-
mittelalter und 17. Jh. als weniger produktiv anzusehen;
das ließ sich aber nicht halten. Ganz kurze, informative
Überblicke über die Wissenschaft der Renaissance geben
George Sarton, in: *The Renaissance*, New York 1962,

S. 55-76, und Alexandre Koyré, in: *Histoire générale des Sciences*, hg. v. René Taton, Bd. 2, Paris 1969, S. 11-105.

284,5 *Gerbert von Rheims]* (Starb 1003 als Papst Sylvester II.), einer der ersten Philosophen der Scholastik.

284,5 *Roger Bacon]* (1214-1294), engl. Franziskanermönch, Mathematiker und Naturwissenschaftler von großer Weite, Offenheit und experimentellem Geist.

286,26 *Paolo Toscanelli]* (1397-1482), Florentiner Arzt, Geograph und Astronom; seine Weltkarte (1474) ließ das Erreichen »Indiens« auf dem Wege nach Westen als möglich erscheinen.

286,26 *Luca Paccioli]* Fra Luca di Pacioli (ca. 1445-1514), schrieb eine *Summa de arithmetica, geometria, proportioni et proportionalità* (1494) auf italienisch, die alles Wissen enthielt, das Kaufleute, Architekten, Künstler, Mathematiker nutzen konnten, und *De divina proportione.* Lionardo da Vinci, der mit ihm in Mailand (1496-99) Umgang pflegte und zusammenarbeitete, zitiert oft daraus.

286,29 f. *Regiomontanus]* (1436-1476.) Johannes Müller aus Königsberg war ein Wunderkind, das Königinnen astrologische Nativitäten stellte; bedeutend aber vor allem für die Entwicklung der Trigonometrie.

286,30 *Copernicus]* Nikolaus (1473-1543), geht nach den ersten Studien in Krakau (1497) einige Jahre nach Italien, wo er in Bologna unter anderem auch Griechisch lernt, ist im heiligen Jahr 1500 in Rom und hält dort Vorlesungen und kommt nach Einführung in seine Würde als Domherr in Frauenburg noch einmal zu weiteren Studien nach Padua.

289,A17 *abgerichtete Leoparden]* Es wird sich um Geparde gehandelt haben, die man zur Jagd erziehen kann.

292,4 *Lücke]* Burckhardts Verfahren, bei seiner Lektüre der Chroniken, Viten und literarischen Werke nach Sachen zu exzerpieren und danach Kulturgeschichte zu schreiben, kann hier nur begrenzt fruchtbar sein. Dazu sind spezielle Studien vor allem an ungedrucktem Archivmaterial nötig, die andere seither betrieben haben.

292,A1 *Humboldts Kosmos]* Alexander von Humboldt (1769-1859), der selbst ein bedeutender Landschaftsschilderer war, eröffnete den 2. Bd. von *Kosmos. Entwurf einer physischen Weltbeschreibung*, Stuttgart 1847, mit einem Kapitel »Dichterische Naturbeschreibung«.

294,1-8 *Immortalis fieret ⟨...⟩ domo]* (Lat.) Es ist die Strophe 66 des Gedichtes der *Carmina burana*, das »Exiit diluculo« beginnt, in der Übersetzung von Ludwig Laister (1845-1896) aus *Golias*, Stuttgart 1879:

> Wer hier lebte, nimmermehr
> Würde der begraben,
> Wo mit süßer Himmelskost
> Alle Bäume laben,
> Myrrhenstaude, Zimmetstrauch
> Spenden ihre Gaben,
> Und der milde Lebenshauch
> Weht des Götterknaben.

294,16 *Dante]* Burckhardt setzt die Lektüre von Humboldts *Kosmos* voraus, die vielleicht nicht überall mehr selbstverständlich ist, Bd. 2 (1847), S. 52:

Unnachahmlich malt Dante am Ende des ersten Gesanges des Purgatorio den Morgenduft und das zitternde Licht des sanft bewegten fernen Meeresspiegels (il tremolar de la marina); im fünften Gesange den Wolkenbruch und das Anschwellen der Flüsse, wobei nach der Schlacht von Compaldino der Leichnam des Buonconte da Montefeltro in den Arno versank. Der Eingang in den dichten Hain des irdischen Paradieses erinnert den Dichter an den Pinienwald bei Ravenna, »la pineta in sul lito di Chiassi«, wo in den Wipfeln der Frühgesang der Vögel erschallt. Mit der örtlichen Wahrheit dieses Naturbildes kontrastiert im himmlischen Paradiese der Lichtstrom, aus welchem Funken sprühen, »die sich in die Blumen des Ufers senken, aber wie von Düften berauscht zurücktauchen in den Strom, während andere sich erheben«. Man möchte glauben, einer solchen Fiktion liege die Erinnerung an den eigentümlichen und seltneren Zustand der

Phosphoreszenz des Oceans zum Grunde, wo leuchtende
Punkte beim Zusammenschlagen der Wellen sich über
der Oberfläche zu erheben scheinen und die ganze flüs-
sige Ebene ein bewegtes Sternenmeer bildet. Die außerordentliche Concision des Stils vermehrt in der Divina
Commedia den Ernst und die Tiefe des Eindrucks.

294,A5 *animum mulcent*] (Lat.) »Sie lindern die Seele.«

294,A5 *mentem in se colligere*] (Lat.) »Sie sammeln den
Geist« (Boccaccio, *Genealogia Deorum*, XIV 11).

295,A8 *Interea utinam* ⟨...⟩ *videre*] (Lat.) »Inzwischen
magst du wissen, mit welcher Lust ich allein und frei
umherstreife und zwischen Bergen und Wäldern, zwischen
Quellen und Flüssen, zwischen Büchern und den Geistern
der größten Männer aufatme, wie sehr ich mich in denen,
die vor uns sind, mit dem Apostel gesagt, ausdehne und
mich bemühe, das Vergangene zu vergessen und das Gegenwärtige nicht zu sehen.«

295,A9 *Jacuit sine carmine sacro*] (Lat.) »Sie lag da, ohne
durch ein Gedicht geweiht zu sein.«

296,8 f. *Mont Ventoux*] Petrarca beschreibt die Besteigung des weithin höchsten Berges im Widerstreit von Er-
kenntnisdrang und Sündenbewußtsein. Der ausführliche
Text, der auf den 26. 4. 1336 datiert ist, aber wesentlich
später redigiert wurde, ist S. 296 f. knapp paraphrasierend
dargestellt.

296,26 *Beschreibung der Aussicht*] Zwar keine Beschreibung, aber ein staunendes erstmaliges Erblicken einer weiten Landschaft von der Höhe aus: »Klar ließen sich zur
Rechten die Gebirge der Provinz Lyon sehen, zur Linken
das Meer bei Marseille und das, welches gegen Aigues-
Mortes brandet, was doch alles einige Tagereisen voneinander entfernt ist; die Rhône lag gerade vor unseren Augen.
Und wie ich diese Dinge eines ums andere bewunderte und
mich bald in irdischen Gedanken erging, bald die Seele
nach dem Beispiel des Körpers zu höheren Gedanken erhob, fiel es mir ein, die Confessiones des Augustinus aufzu-
schlagen.«

296,A10 *colles* ⟨...⟩ *conspicuos]* (Lat.) »Hügel, die sich auszeichneten durch anmutige Rauheit und wunderbare Fruchtbarkeit«.

296,A11 *subito* ⟨...⟩ *percussus]* (Lat.) »Plötzlich vom Anblick des Ortes erschüttert«.

297,6-10 *»Und da gehen die Menschen hin* ⟨...⟩ *darob.«]* Augustinus, *Confessiones* X 8: »Et eunt homines admirari alta montium et ingentes fluctus maris et latissimos lapsus fluminum et oceani ambitum et giros siderum, et relinquunt se ipsos.«

297,26 f. *Hubert und Johann van Eyck]* Um 1370-1426 bzw. um 1385/90-1441.

298,A15 *Homo fuit* ⟨...⟩ *simulati]* (Lat.) »Er war ein wahrheitsliebender, unverdorbener, offener Mensch; es gab bei ihm keine Verstellung und keinen Vorwand.«

300,14 *Monte Amiata]* Der Text paraphrasiert verkürzt die Beschreibung des Aeneas Sylvius in den *Commentarii*, S. 396 ff.

300,32 f. *»novos in convallibus* ⟨...⟩ *electionem.«]* (Lat.) »Er entdeckte neue Quellen in den Tälern und neue Schattenplätze, welche die Wahl schwer machten.«

300,A18 *Silvarum amator* ⟨...⟩ *cupidus]* (Lat.) »Liebhaber der Wälder und begierig, Vielartiges zu sehen« (*Commentarii*, S. 398).

301,A21 *Agnolo Pandolfini]* Der Verfasser des Buches vom Hauswesen ist Leon Battista Alberti, wie Burckhardt vermutet.

302,8 *leider Aretino]* Vgl. S. 170 ff. die Bedenken, die trotz seines Talents gegen seinen Charakter zu erheben sind.

302,14 *Tito Strozza]* Strozzi (1424-1505), Politiker und Lyriker, vor allem eleganter Elegien, vererbte Talent und Amt an den Sohn Ercole.

303,A1 *Michelets Histoire de France]* Vgl. Anm. 280,7. Bd. 7 (1855), unter wenig günstigen Arbeitsbedingungen erst nach der Darstellung der Revolution geschrieben, trägt den Titel *La Renaissance*.

304,5 f. *Aristoteles*] Die Schrift *De anima* (Über die Seele).

304,24 *Gaston de Foix*] Der franz. Kriegsheld, der 1512 in der Schlacht bei Ravenna fiel, ist auf keinem Giorgione mit Sicherheit zuzuschreibenden Gemälde zu sehen, aber mehrere ungesicherte Bilder laufen unter diesem Namen.

304,25 *Bambaja*] Agostino Busti (ca. 1480-1548), Reste des Denkmals des Gaston de Foix in der Ambrosiana und in der Brera in Mailand (vgl. *Cicerone*).

304,26 *saturnisches Gemüt*] Über die Saturnfürchtigkeit der Renaissance und den Einfluß des Saturns auf die Melancholie ist in den Aufsätzen von Aby Warburg und in der Literatur zu Dürers »Melencolia I« viel geschrieben worden; vgl. Raymund Klibansky, Erwin Panofsky und Fritz Saxl, *Saturn and Melancholy. Studies in the History of Natural Philosophy, Religion and Art*, London 1964, dt. Übers. Frankfurt/Main 1989.

304,A3 *Corn. Agrippa*] Heinrich Cornelius Agrippa von Nettesheim (1486-1535) faßte die Natur als magischen Organismus auf, den eine Weltseele beherrsche (*De occulta philosophia*, Köln 1510), und zweifelte skeptisch auch wieder an allem (*De vanitate et incertitudine scientiarum*, Köln 1526; *Über die Eitelkeit und Unsicherheit der Wissenschaften*, dt. hg. v. Fritz Mauthner, München 1913).

309,1 *das allerschönste dieser Gedichte*] In der Übersetzung von August Wilhelm Schlegel:

Ihr Pilger, die ihr in Gedanken gehet,
   Vielleicht an etwas, das euch nicht vorhanden:
   Kommt ihr denn wirklich aus so fernen Landen,
   Als denen nach der Tracht ihr ähnlich sehet?
Daß ihr nicht weint, da ihr inmitten stehet
   Der wehevollen Stadt in Trauerbanden,
   Als wärt ihr Leute, die noch nichts verstanden
   Von der Beschwer, so über sie ergehet?
Wollt ihr verweilen, solches zu erfragen,
   So sagt das Herz der Seufzer mir, und glaubet,
   Daß ihr mit Tränen werdet weiter wandern.

Denn ihre Beatric' ist ihr geraubet,
Und Worten, die von ihr jemand kann sagen,
Wohnt Kraft bei, welche weinen macht die Andern.

310,8 *Absicht eines Verhörrichters*] Bei Petrarca haben die literarischen Untersuchungen des 19. Jh.s so viel Schaden angerichtet oder zumindest die Lektüre erschwert, daß Burckhardt zwischen sanfter Ironie und offenem Hohn mit ihnen und ihren Kategorien verfährt.

311,9 *Boccaccio*] Giovanni (1313-1375). Sein reiches literarisches und wissenschaftliches Werk ist bei der Nachwelt durch die Novellen des *Decamerone* verdunkelt. Ameto, *Ninfale d'Ameto*, steht am Beginn der neueren Pastoraldichtung.

311,17 f. *»Fiammetta«*] *Elogia di Madonna Fiammetta*, 1343. Gerade das, was eine spätere Zeit daran tadelt, Wohlklang und Mythologie, bildete das Entzücken der Zeitgenossen.

311,27 *Aeneide*] Vergils Römerepos *Aeneis*; das 4. Buch behandelt die Liebe der Dido zu Aeneas und ihren Selbstmord nach seiner Abreise von Karthago.

315,18 *Amphitruo*] Eine Mythentravestie, die Plautus der Mischung der Stände (Götter – Könige – Sklaven) wegen als Tragikomödie bezeichnet. Sie ist das Vorbild für Molières und Kleists *Amphitryon*.

316,20 f. *zwischen vier Mauern*] Burckhardt hat den Text leicht verändert, vgl. A20. Da früher fremde Zuschauer kamen, ist durchaus lesbar: »le feste de particolari si fanno fra i parenti« (»private Feste finden unter Verwandten statt«).

316,27 *Trissino*] Giangiorgio (1478-1550); *Sofonisba* (gedruckt 1524) ist die erste reguläre Tragödie der neueren Literatur.

317,18 f. *Schäferspiel und Oper*] Die Verwandlung der dramatischen Gattungen setzte um die Wende zum 17. Jh. ein. Nach verschiedenen Bühnenversuchen, darunter Tassos schönem, heiter-schwermütigen *Aminta*, eroberte Battista Guarini mit dem *Pastor fido* 1590 die Szene für das

Pastoraldrama, das als Tragikomödie gilt. Claudio Monteverdi (1567-1643) führte 1607 in Mantua den *Orfeo* auf und schuf damit die Oper.

317,A21 *»con invenzioni ⟨...⟩ ridicoli«*] (Ital.) »Mit allzu lächerlichen Erfindungen oder Personen«.

318,5 *il Ruzzante*] Angelo Beolco, gen. il Ruzzante (1502-1542); seine Komödien sind aufgezeichnet und in neueren Ausgaben zugänglich.

319,18 *Pulci, Bojardo, Ariosto und Berni*] Luigi Pulci (1432-1484) war der vertraute Freund des Lorenzo Magnifico, der auch öfter mit politischen Aufgaben und Missionen betraut wurde. Er schrieb in volkstümlichem Florentinisch in einer Folge einzelner Abenteuer aus dem Umkreis der Karlssage den *Morgante* (1483). Matteo Maria Bojardo, Conte di Scandiano (um 1440-1494), bearbeitete ebenfalls Stoffe aus der Karlssage, aber weniger die heldenhaften als Minnedienst und Liebesabenteuer in heiter verworrener Handlung *(Orlando innamorato,* 1472 begonnen, später von Berni bearbeitet, 1542 gedruckt). Lodovico Ariosto (1474-1533) setzte mit dem *Orlando furioso* (1516, erweitert 1521 und 1532) das Epos Bojardos fort in vollendeter Verssprache und überlegener Handlungsführung. Er schildert die Abenteuer des Ritters Roland, der vor Liebe wahnsinnig die schöne Angelica zu erobern auszieht und am Ende sogar den Verstand wiedererlangt: aufbewahrt in einer Flasche, die vom Mond geholt wird. Francesco Berni (1497-1535) vollendete die burleske epische Poesie und bearbeitete Bojardos *Orlando innamorato.* – Das Versepos in seiner ernsten und heiteren Variante galt bis über das 18. Jh. hinaus als Summe und Gipfel der Poesie. Immer erneute Versuche der Wiederbelebung, in Deutschland durch Wieland, in England durch Pope und Lord Byron, in Rußland durch Puschkin, konnten nicht verhindern, daß es gegenüber dem Roman den kürzeren zog und nicht nur ästhetisch, sondern auch moralisch im 19. Jh. verurteilt wurde. Burckhardt schreibt deshalb gegen eine verbreitete Mißachtung. Es sei deshalb aus einer Rezension Friedrich Chri-

stoph Schlossers zitiert (Heidelberger Jahrbücher 1824,
S. 700 f.), die dafür aufschlußreich ist:

Es war nämlich in jener Zeit aus dem romantischen
Gesange der Troubadours und Provenzalen eine Art
Bänkelsängerei in Italien entstanden, die auf Gassen und
Plätzen der horchenden Menge von Roland und Karl
dem Großen, von den Fränkischen Paladinen und den
Rittern der Tafelrunde, von Ginevra und Arthur sangen.
Diese Geschichten, damals tragi-komisch abgesungen,
setzt Dante als eben so bekannt voraus, wie die Geschichten der Bibel. 〈...〉 Diese Volkspoesie nutzte Luigi
Pulci. Er, gewandt im Gebrauch der *ottave rime*, unterhielt Lorenzo von Medicis und seine Gesellschaft dadurch, daß er ihnen die Bänkelsängerei in seiner Art
nachmachte, daher die Form der einzelnen Gesänge:
vorn eine Anrufung, ein Spruch, ein Kirchenlied, hinten
ein Segen, eine Entlassungsformel, ein frommer Wunsch;
Scherz überall. So endet der 12te Gesang *l'angel di dio vi
tenga pel ciuffetto* d. h. Gottes Engel halt' euch beim
Schopfe. Wie die geistreiche Gesellschaft die Sache ori-
ginel fand, machte er ein ganzes Gedicht daraus, und mit
dem Morgante Maggiore entstand statt des Burchielles-
ken, das früher war, das Burleske. Da das Gedicht mit
seinen Redensarten und Sprüchwörtern, Witzen und Zoten, Rührenden, Ernsten und Leichtfertigen *Toscanissimo*
ist, so muß ein Ausländer sich hüten, sich durch sein
Urteil nicht etwa bloß zu geben. Die Bewunderer der
Alten sahen ein Epos darin, sie nahmen es nicht für ein
Original, sie meinten, der Spaß ließe sich mildern und
mäßigen, dann werde daraus etwas nach dem Muster der
Alten werden. So entstand Bojardos Orlando innamorato, weder ganz spaßhaft, noch ganz ernst – also langweilig. Seine Erfindung neuer Namen, die der Volks-
gesang nicht kannte, der tönenden Worte Agramante,
Sacripante, Rodomante ist indessen nicht so unbedeutend, als man denken könnte. 〈...〉 So hatte also Pulci
die Anregung zur romantischen Poesie gegeben, Bojardo

und seine beiden Überarbeiter und Fortsetzer den Stoff aus jenen Kaiser Octavianus Büchern geordnet und in ottava rime gebracht, nun gingen die drei Romantiker Ariosto, Berni, Tasso, jeder seinen eignen Weg, jeder gab seiner Gattung einen eigenen Charakter.

329,11 *Giorgio Vasari*] (1511-1574), Maler und Kunstschriftsteller, beschrieb an den Lebensläufen der Künstler die Entwicklung der Architektur, Skulptur und Malerei, die er als erster als zusammengehörig und in einer gemeinsamen Entwicklung seit ihrer »Wiedergeburt« darstellte, die er »la rinascita« nannte. Er war es auch, der die drei Phasen dieser Entwicklung mit dem Beginn der aufeinanderfolgenden Jahrhunderte identifizierte und so ein »Trecento«, »Quattrocento« und »Cinquecento« als Phasen eines fortschreitenden Verlaufs sehen lehrte. Burckhardt hat ihn durchgehend exzerpiert und verweist in der *Kunst der Renaissance* stets auf ihn als grundlegende Quelle.

330,30 *die venezianischen Gesandtschaftsberichte*] Wohl durch einen Hinweis bei Johannes von Müller war Ranke auf die *Venezianischen Relazionen* aufmerksam geworden, die nicht für das Publikum bestimmt waren, sondern der Regierung die Psychologie der fremden Fürsten und Höflinge charakterisierten. Diese Entdeckung war für Ranke entscheidend. Er war nicht mehr auf die humanistische Historiographie angewiesen, sondern konnte die intime Personenkenntnis und subtile Motivierung für seine Erzählung verwenden. Burckhardt, der lieber Kultur und Kunst nach Sachen darstellte, erkannte wohl auch die Grenzen dieser Quellengattung, aus der er kaum schöpfte.

331,32 *Benvenuto Cellini*] (1500-1571.) Der Florentiner Goldschmied und Bildhauer ist mit seinem Leben durch Goethes Übersetzung ein Teil der deutschen Literatur geworden.

332,19 *Girolamo Cardano*] (1501-1576, nicht 1500 geboren, wie B. annimmt.) Die lateinisch geschriebene Autobiographie, *De propria vita*, erschien erst 1643 in Paris im Druck, eine dt. Übersetzung Jena 1914, München 1969.

333,33 *Alfieri]* Vittorio (1749-1803) Der Dramatiker eines italienischen ›Sturm und Drang‹ schildert nach Reisen, unglücklicher Liebe, Duell u. a. sein leidenschaftliches Leben: *Vita* (1803, dt. 1949).

334,3 *Luigi Cornaro]* (1466-1565.) Sein Traktat vom mäßigen Leben, *Discorsi della vita sobria*, war im 18. Jh. auch in dt. Übersetzung verbreitet als diätetische Schrift.

338,9 *Macchiavell]* Die Aufsätze über Frankreich und Deutschland, *Ritratto di cose di Francia* und *Rapporto delle cose della Magna*, sind leicht zugänglich in dem Band *Arte della guerra e scritti politici minori*, hg. v. Sergio Bertelli, Mailand 1961, S. 139-215.

338,21 *Capitolo des Ariost]* Lodovico Ariosto (1474-1533) schrieb neben dem Epos auch Komödien und Lyrik. Capitolo ist eine lyrische Form von unterschiedlicher Länge in Terzinen.

338,A17 *Vasari]* Giorgio Vasari (1511-1574) in den *Vite* ⟨...⟩ (1550), XII, S. 158: »imitare con la eccelenza dell'arte la grandezza della natura, per venire il più che potevano a quella somma cognizione che molti chiamano intelligenza.« (»Mit der Vollkommenheit der Kunst der Größe der Natur nacheifern, um so weit wie möglich jene höchste Erkenntnis zu erreichen, die viele Einsicht nennen.«)

338,A17 *Misero il Varchi!* ⟨...⟩ *noi!]* (Ital.) »Elend ist Varchi! Und wir wären noch unglücklicher, | Wenn sich mit euren zufälligen Talenten | Die natürliche Begabung verbände, die wir haben!«

339,A18 *Landi]* Ortensio Lando (um 1512-1553) machte weite Reisen durch Europa, hinterließ witzige Schriften voll kurioser Gelehrsamkeit und scharfer Beobachtungsgabe, *Libro de Paradossi* (1543), *Oraculi de moderni ingegni* (1550).

340,34 *»la spaziosa testa e distesa«]* (Ital.) »Ihr großer und langgestreckter Kopf«.

341,23 *Firenzuola]* Agnolo (1493-1543). Unstet in geistlichen und weltlichen Berufen. Ahmte lebendig und in schöner Sprache erfolgreiche literarische Gattungen nach:

das *Buch vom Hofmann* in den Dialogen *Della perfetta bellezza d'una donna* (1541).

341,A7 *Castiglione*] Im *Buch vom Hofmann* stehen Pietro Bembos Reden über die Seelenschönheit ganz am Ende, im 4. Buch, Kap. 69 ff.

342,9 *Zeuxis*] (Tätig um 435-390 v. Chr.) Griech. Maler, der, da alle griech. Malerei zerstört ist, vor allem aus Plinius' d. Ä. (23/24-79) *Naturalis historiae* bekannt ist: Buch 35 (»Farben und Malerei«), Kap. 62 ff.

342,10 *Lucian*] (120-nach 180.) Der Satiriker und Sophist Lukian aus Samosata hinterließ 70 Schriften und Dialoge, die Christoph Martin Wieland in der deutschen Literatur heimisch gemacht hat, darunter eine kleine Schrift über Zeuxis.

343,A9 *Fit primo intuitu* ⟨...⟩ *lapis*] (Lat.) »Wird beim ersten Anblick blind und dann zu Stein«.

343,A9 *Lumine* ⟨...⟩ *Amor*] (Lat.) »Der durch das Augenlicht der Borgia versteinerte Amor«.

344,35 *»senza appello«*] (Ital.) »Ohne daß Berufung möglich ist; höchstrichterlich«.

344,37-345,1 *Leggiadria* ⟨...⟩ *Maestà*] Ital. Leggiadria »Anmut, Liebreiz«; Grazia »Reiz, Grazie, Lieblichkeit«; Vaghezza »Lieblichkeit, Wohlgefallen, Wonne«; Venustà »Schönheit, Feinheit, Artigkeit«; Aria »Ausdruck, Stolz, Zurückhaltung«; Maestà »Majestät, Würde, Erhabenheit«. Das sind keineswegs Definitionen, sondern Andeutungen von Begriffen, die in Kunstgesprächen gebraucht wurden, ein »Ringen mit dem Unaussprechlichen«, dem »non so che«, das als »je ne sais quoi« (»das gewisse Etwas«) die beliebteste Verlegenheitslösung der neueren Kunstkritik und der Ästhetik geworden ist. Es mag sich hierbei oft um philologische Prunkstücke handeln, sie dürfen aber nicht über die genaue Vorstellung der Künstler und oft sogar der Auftraggeber und Kunstkenner hinwegtäuschen. Die Bedeutung, die Burckhardt durch sein ungewöhnlich ausführliches Paraphrasieren dem konkreter beschriebenen Schönheitsideal Firenzuolas zuerkennt, beruht darauf, daß wir sonst so wenig Quellen darüber haben, wovon wir auf Gemälden nur das fertige Ergebnis sehen.

345,10 *Brantome]* Pierre de Bourdeille, Seigneur de Brantôme (ca. 1540-1614), Krieger und Hofmann, schrieb *Vies des dames galantes* (1666 gedruckt), kulturgeschichtlich reizvolle Skandalgeschichten.

345,14 f. *bewegten Menschenleben]* Man war lange Zeit in Gefahr, alle Darstellung »wirklichen bewegten« Lebens nur unter dem Stichwort »Realismus« zu begreifen; darauf folgte eine Versuchung, rein formal Darstellungsmittel äußerer Bewegtheit in der Kunst, besonders des Florentiner 15. Jh.s, für Burckhardts Thema zu halten, wenn er von bewegtem Leben spricht. Um so mehr ist auf sein immer wieder betontes zeitliches Primat der Bildung und Literatur vor der Malerei und den übrigen Künsten hinzuweisen. Wie überall in der *Kultur der Renaissance* ist die bildende Kunst ausgespart im Blick auf das geplante Werk über die Kunst der Renaissance.

345,30 *irdisches Geschehen]* Diesem Thema hat Erich Auerbach sein Dante-Buch gewidmet: *Dante als Dichter der irdischen Welt*, Berlin und Leipzig 1929.

346,2 *Arsenal zu Venedig]* Dante, *Inferno* XXI 7: »Gleich wie man in Venedigs Arsenal | Das Pech im Winter sieht aufsiedend wogen, | Womit das lecke Schiff, das manches Mal | Bereits bei Sturmgetos das Meer durchzogen, | Kalfatert wird – da stopft nun *der* in Eil' | Mit Werg die Löcher aus am Seitenbogen, | *Der* klopft am Vorder-, *der* am Hinterteil, | *Der* ist bemüht, die Segel auszuflicken, | *Der* bessert Ruder aus, *der* dreht ein Seil; | So ist ein See von Pech dort zu erblicken ⟨...⟩« (Übers. v. Karl Streckfuß.)

346,3 *Blinden vor den Kirchtüren]* Die blinden Neidischen im Fegefeuer (*Purgatorio* XIII 59 ff.): »Sie lehnten sich an sich, und ihren Rücken | Sie allesamt an jene Felsenwand; | Den Blinden gleich, die Not und Hunger drücken, | Und die an Ablaßtagen bettelnd stehn, | Und, Kopf an Kopf gedrängt, sich kläglich bücken, | Indem sie, um das Mitleid zu erhöhn, | Nicht minder mit den jämmerlichen Mienen, |

Als mit den lauten Jammerworten flehn.« (Übers. v. Karl Streckfuß.)

346,A3 *hominem certe* ⟨. . .⟩ *exprimentem*] (Lat.) »Einen Mann, der treffsicher Eigenarten, Charakter und Sprechweise eines jeden Beliebigen zum großen Gelächter aller, die ihn hörten, leicht darstellte.«

347,5 *Poliziano*] Angelo (1454-1494), schilderte das Turnier in seinem Gedicht *La Giostra*, das für Botticelli eine Quelle der Inspiration wurde. (Aby Warburg, *Ausgewählte Schriften*, Baden-Baden 1980, S. 11-64.)

348,2 *Sannazaro's Arcadia*] Giovanni Boccaccio (1311-1375); mit seinem *Ninfale d' Ameto* und *Ninfale Fiesolano* gab er der Pastoraldichtung ihre für die Folgezeit bestimmende Form. Jacopo Sannazaro (1458-1530) vereint in *Arcadia* (1502) die neugeschätzten Bildungselemente mit den volkstümlichen Überlieferungen, wie es auch Poliziano mit dem *Orfeo* (1477) tat.

348,3 *Tasso*] Torquato (1544-1595); sein Schäferspiel *Aminta* in reimlosen Versen war 1573 uraufgeführt, 1581 gedruckt worden.

348,3 *Guarini*] Battista (1538-1612), hatte ein Jahrzehnt an seinem Schäferspiel, der Tragikomödie *Il Pastor fido*, gearbeitet, die, 1590 gedruckt und 1595 aufgeführt, für einige Generationen Europa eroberte.

348,A9 *Nullum* ⟨. . .⟩ *urbi*] (Lat.) »Keine Menschengattung ist geeigneter für die Stadt.«

349,A11 *Pandolfini*] Es handelt sich um das 3. Buch »Oeconomicus« von L. B. Albertis *Buch vom Hauswesen*, dt. Ausgabe Zürich 1962, S. 252 f.

350,11 f. *Lorenzo magnifico*] Gedichte und Schriften des Lorenzo de'Medici, *Opere*, hg. v. Attilio Simioni, Bari 1913, und *Scritti scelti*, hg. v. E. Bigi, Turin 1955.

351,3 *Angelo Poliziano*] Nach den alten Sammlungen seiner Werke, zuerst Venedig 1498, die umfänglichste Basel 1553, auch nachgedruckt. Die wichtigste neuere Sammlung sind *Prose volgari inedite e poesie Latine e Greche edite e inedite*, hg. v. Isidoro Del Lungo, Florenz 1867.

352,9 f. *Pico della Mirandola*] Giovanni (1463-1494). Die berühmte Rede, ein Manifest der Auffassung des Menschen in der Renaissance und der Beginn der neueren Anthropologie, *De Hominis dignitate*, ist außer in den Nachdrucken der Werke auch in besonderen Ausgaben greifbar, lat. und dt. Bad Homburg 1968. Die schönste Würdigung des Philosophen gab Ernst Cassirer, *Giovanni Pico della Mirandola*, in: Journal of the History of Ideas III, 1942.

352,22 *freier Bildner*] Pico hat die Auffassung vom Menschen als nicht festgelegtem Wesen, als dem Wesen, das sich in Freiheit erst gestaltet, begründet. In der Ausgabe seiner Werke (*Opera*, Basel 1585, S. 314) und allen späteren Drucken heißt die Stelle: »plastes et fictor« (beides sind Ausdrücke der Bildhauerei; »plastes« der Bildner in Ton, »fictor« der Bildschnitzer). Burckhardt hat eine alte Einzelausgabe benutzt, möglicherweise Basel 1530, wo fol. 3v die Lesart »plastes et uictor« steht, die zu der Übersetzung »Bildner und Überwinder« veranlaßte. – Ohne eine Darstellung der Philosophie der Renaissance zu geben, deren Systeme und Schulen, Streitfragen und Lehrkanzeln nicht in die Kulturgeschichte gehören, faßt er das Wesentliche ihrer Lehre vom Menschen und läßt die Darstellung des Menschen in die Rede Picos münden, die der schönste und eigenständigste Beitrag der Renaissance ist und ein Beginn des neueren Denkens, denn das Sein des Menschen geht darin seinem Wesen und dessen Bestimmungen voran.

353,11 *das wahre Widerspiel*] Zu allem feudalen Ritterwesen und gotischen Treiben, das man für mittelalterlich hielt, ist die italienische Gesellschaft in ihrer reifen Stilisierung der Gegensatz. Burckhardt nimmt sich das Recht, alle Anklänge und Reste des Älteren, auch die kulturellen Versuchungen noch des Florentiner Bürgertums im 15. Jh., sich flämisch-französisch zu stilisieren, um der Herausarbeitung des Wesentlichen und Neuen willen zu vernachlässigen.

353,22 f. *Verschmelzung der Stände*] Die Tendenz der neuen Geselligkeit hat in der Vernachlässigung, wenn nicht

Auflösung des Geburtsadels ein politisches Prinzip, an welchem Burckhardt Tyrannen, Humanisten und Künstler gemeinsam wirken ließ.

355,5 *Convito*] Dantes philosophische Schrift *Il Convivio* (Das Gastmahl) enthält im 4. Trattato, der wie die ersten drei eine von Dantes Canzonen Zeile für Zeile erläutert, die heftigste und prinzipielle Adelskritik, um die wahre »nobilità« darzustellen.

356,A7 *die scharfen Stellen bei Aen. Sylvius*] Solche Stellen erschließt das vorzügliche Register der *Opera*. S. 84 wird die Lächerlichkeit der mythologischen Herleitungen der Adelsdynastien vom Babylonischen Turm beklagt, Mitte des 15. Jh.s, während diese Unsitte in Frankreich im 16. und in Deutschland im 17. noch blühen sollte. Mit einem Platon-Zitat stellt Aeneas Sylvius klar: »Omnes reges ex seruis ortos, omnes seruos ex regibus.« (»Alle Könige sind aus Sklaven, alle Sklaven aus Königen entstanden.«) Auf S. 640 verweist das Register mit der Notiz: »nobilitas plerumque ex sceleribus nascitur« (»Adel entsteht meist aus Verbrechen«).

358,24 *Franco Sacchetti*] (Ca. 1330-1400), erst Kaufmann, dann Florentiner Beamter, schrieb am Ende seines Lebens seine Novellen.

358,26-359,2 *wie sich Handwerker*] »Far cavalieri li meccanici, gli artieri, insino à fornai; ancora più giù, gli scardassieri, gli usurai e rubaldi barattieri« lautet der schöne Text, den Burckhardt wörtlich übersetzt.

359,21 *schwere Stellung*] Merkwürdig ist das Beispiel des Malers Dello Delli (1404-1471), der als einer der ersten künstlerischen Botschafter nach Spanien ging, wo er zum Ritter erhoben wurde. Da er sich in Florenz nicht mehr wohl fühlte, kehrte er nach Spanien zurück und malte, wie Vasari berichtet, im Brokatschurz. Paolo Uccello hat ihn in S. Maria Novella in der Geschichte des Noah dargestellt, auf dem Fresko der Sintflut im »Grünen Kreuzgang«, heute im Refektorium.

361,6 *Türkenprinzen Dschem*] Die Antwort über die

Turniere findet sich in Castigliones *Buch vom Hofmann*, Buch 2, Kap. 66.

361,A22 *in Bologna]* Die Stelle spricht von einem »torneamentum« 1470, »hasta concertatum« 1498, der Preis war ein silberner Helm.

361,A22 *ab ictu lanceae]* (Lat.) »Von einem Lanzenwurf«.

362,30 *Wohnung der höhern Stände] Die Kunst der Renaissance*, in diesem Bd., »Architektur«, Kap. XI »Palastbau« und Kap. XIV »Villen«.

363,A26 *Sansovino]* An dieser Stelle ist die Erstausgabe Venezia 1581 fehlpaginiert, die »Habiti« werden fol. 146-148 abgehandelt.

364,A27 *Jovian. Pontan.]* Giovanni Joviano Pontano (1426-1503): »Es möge aber doch nicht aus lauter Schamlosigkeit dahin kommen, daß zwischen einem Kaufmann und einem Patrizier in Gewand und übrigem Schmuck kein Unterschied mehr sei. Denn eine solche Willkür kann getadelt, aber nicht verhindert werden, obgleich die Gewänder so häufig gewechselt werden, daß wir die, welche wir vor dem vierten Monat für Köstlichkeiten hielten, nun verschmähen und als alt wegwerfen. Auch ist es unerträglich, daß fast kein Gewand anerkannt wird, das nicht aus Frankreich eingeführt wäre, wo meist das Leichtfertige geschätzt wird, obwohl oft die unseren ihnen das Maß und gleichsam die Regel vorschreiben.«

364,A30 *Giov. Villani]* Er tadelt »trecce grosse di seta gialla e bianca« (»dicke geflochtene Bänder oder Haarflechten aus gelber und weißer Seide«).

364,A30 *Matteo Villani]* Er verurteilt die weibliche Mode im Jahre 1326 als »disonesto e trasnaturato« (»unanständig und widernatürlich«).

366,A40 *Quei cento scudi ⟨...⟩ donare]* (Ital.) »Die hundert neuen und parfümierten Scudi, die ihr mir anderntags als Geschenk übersandtet«.

367,A44 *pauca sunt ⟨...⟩ quaeras]* (Lat.) »Es sind wenige Hütten, und die Herberge betreiben Deutsche; diese

Leute betreiben das Gastgewerbe in fast ganz Italien; wo du sie nicht findest, suche nicht nach anderen.«

368,4 f. *Giovanni della Casa*] (1503-1556), *Il Galateo* (1558). In dem berühmten Traktat unterweist ein Ungelehrter im Umgang mit Menschen und warnt vor Übertreibungen und spanischem Zeremoniell. Alte dt. Übers. von Chytraeus in einer vielsprach. Ausgabe, Genf 1609.

369,A47 *Novellen des Lasca*] Antonio Francesco Grazzini, gen. il Lasca (1503-1584), behandelt burleske Themen einfach und anmutig, nach dem Vorbild von Boccaccios ›Decamerone‹ *Le cene*, »Liebesnovellen«.

370,15 f. *»Curiale«*] Dante, *De vulgari eloquentia*, Buch 1, Kap. 18. Es ist die ideale Sprache, die an keinen wirklichen Hof gebunden, sondern, durch »das holde Licht der Vernunft vereinigt«, überall dort gesprochen wird, wo Bildung herrscht. Und diese Sprache ist das »vulgare«, die Gemeinsprache, die keinem einzelnen Dialekt folgt.

370,27 *bel parlare*] Das ›Bonmot‹, das schöne, treffende Wort.

372,8 *Heimat der Gebildeten*] Dante, *De vulgari eloquentia*, Buch 1, Kap. 17. Durch Bildung ist diese Sprache erhöht, weil sie von rohen Wörtern, wirren Satzfügungen und fehlerhaften Ausspracheweisen gereinigt ist und nunmehr vorzüglich, geschmeidig, vollendet und urban wie in den schönsten Canzonen des Cino da Pistoia und Dantes selber. Macht habe sie, weil sie menschliche Herzen zu bewegen vermag. Kap. 18 vgl. Anm. 370,15 f.

372,22 *[bisherigen] Kirchenstaates*] Zu den wenigen Änderungen der 2. Aufl. 1868 gehören aktuell politische, die einer veränderten Realität Rechnung tragen.

373,A5 *Bei den Lazzaroni* ⟨...⟩ *Dynastie*] Dieser Satz ist ebenfalls in der 2. Aufl. 1868 gestrichen und ersetzt durch den folgenden (Bekanntlich ⟨...⟩ bedenklich).

373,A6 *il cortigiano*] Im *Buch vom Hofmann* handeln die Kap. 29 ff. des 1. Buchs von der Sprache.

374,16 *Macchiavelli*] Es ist aus den deutschen Übersetzungen nicht immer ersichtlich, daß Machiavelli als Prosaschriftsteller im Italienischen den ersten Rang behauptet, wie Dante als Dichter. In beiden Fällen sind es die Kraft des Gedankens und die politische Leidenschaft, die zur Sprache drängen.

376,25 f. *Gesellschaften florentinischer Künstler*] Vasari schildert *(Vita di Rustici)* die »Gesellschaft vom Kessel« und die »Gesellschaft der Maurerkelle« mit ihren inszenierten Gastmählern mit allegorischen Speisen, die zu Zeiten einen solchen Aufwand erforderten, daß im nächsten Jahr ein Gastmahl in einer kunstvoll erbauten Hölle mit eßbaren Knochen usw. zur Bescheidenheit mahnen sollte.

376,A12 *Cellini, I, cap. 30*] In Goethes Übersetzung ist die Kapiteleinteilung verändert. Das Künstlerfest mit der verkleideten Schönheit findet sich dort am Ende des 5. Kapitels im 1. Buch.

378,8 *Pietro Bembo*] (1470-1547), der als einer der Gesprächspartner in Castigliones *Buch vom Hofmann* (1527) auftritt, hatte selber schon die ideale Gesellschaft auf dem Schloß Asolo in den *Asolanischen Gesprächen* (1505) verewigt.

378,28 *Vittoria Colonna*] (1492-1547.) Michelangelo widmete ihr Sonette; vgl. Anm. 389,10.

380,9 *Gärten der Ruccellai*] Die Gärten der Florentiner Patrizierfamilie, angelegt von Bernardo Rucellai (1449-1514), wurden zum Mittelpunkt eines politisch denkenden Humanistenkreises, dessen bedeutendste Köpfe Machiavelli und Guicciardini gewesen sind. Vgl. Delio Cantimori, *Rhetoric and Politics in Italian Humanism*, in: Journal of the Warburg Institute 1 (1937), und Felix Gilbert, *Machiavelli and Guicciardini*, Princeton 1965.

380,A18 *Cosimo Ruccellai*] (1495-1519), leitete in der zweiten Generation die Gärten »Orti Oricellari«. Machiavelli läßt den früh verstorbenen Freund den Dialog der *Arte della Guerra* mit dem Feldherrn Fabrizio Colonna (1520 gestorben) führen, der Machiavellis Ansichten vertritt. Der Beginn des ersten Buches ist eine Erinnerung an Cosimo Rucellai.

382,A20 *artes liberales* ⟨. . .⟩ *imitari*] (Lat.) »Freie Künste und edle Wissenschaften; dann wird die Jugendzeit mit
den Übungen verbracht, die zum Kriegswesen Körper und
Geist befestigen. Jetzt gibt man dem Sportlehrer die Aufgabe, Ringen, Laufen, Schwimmen, Reiten, Jagen, Vogel-
fangen, am Übungspfahl oder mit dem Fechtmeister Stöße
zu führen und ihnen auszuweichen, mit Hieb und Stich den
Feind zu treffen, den Speer zu schleudern, unter Waffen den
Winter und Sommer zu verbringen, Lanzen entgegenzutre-
ten und ⟨in Manövern⟩ Scheinbilder des wahren und gewöhnlichen Mars nachzuahmen.«

386,A25 *Sansovino*] Francesco (1521-1583), *Venetia città
nobilissima et singolare*, 1581, 8. Buch: »delle fabriche publi-
che, studi di Musica«; eine Orgel aus dem Besitz des unga-
rischen Königs Matthias Corvinus kann ein solches »studio« aufweisen, ein anderes als noch größere Besonderheit
außer modernen Instrumenten auch antike in ziemlich großer Zahl (»stromenti non pure alla moderna, ma alla greca
et all'antica in numero assai grande«).

388,A30] Der Verweis bezieht sich auf A22, die Stelle
findet sich im *Thesaurus* des Graevius VI 3, col. 298.

389,10 *Vittoria Colonna*] (1492-1547), Dichterin aus al-
tem römischen Geschlecht, früh verwitwet, lebte teils in
asketischer Zurückgezogenheit, teils als Mittelpunkt eines
Künstlerkreises, von Michelangelo, Ariost und Castiglione
gefeiert. Sie schrieb Sonette im Stil Petrarcas; *Rime*, hg. v.
Alan Bullock, Bari 1982.

390,22 *»virago«*] (Lat.) »Heldenjungfrau, mannhaftes
Weib«.

390,24 *Caterina Sforza*] (1462-1509), natürliche Tochter
des Galeazzo Maria Sforza, wurde nach dem Tod ihres
Gatten Girolamo Riario 1484 Herrin von Forlì, unterlag
aber 1499 dem Cesare Borgia, nachdem sie wie ein Mann
regiert und die Stadt verteidigt hatte. Sie vermählte sich
einem Medici und lebte in Florenz.

390,A4 *Incipe aliquid* ⟨. . .⟩ *etc.*] (Lat.) »Beginne, etwas
über den Mann zu wissen, da du dazu geboren bist, Männer

zu beherrschen 〈...〉. Schaffe daher, daß du den weisen Männern gefällst, daß dich die klugen und ernsten Männer bewundern, und verachte die Beschäftigungen des Pöbels und der Hausmütterchen usw.«

391,A6 *die Damen]* Buch 3, Kap. 5 in Castigliones *Buch vom Hofmann*; mit leichter Schamröte hört die Dame zügellose Vertraulichkeiten, und spricht man Unehrenhaftes über andere Frauen, so ist sie bestürzt und glaubt es nicht. Die »starke Stelle« Kap. 93 im 2. Buch.

394,27 *Pandolfini]* Das *Buch vom Hauswesen* ist von L. B. Alberti (1404-1472); eine leicht veränderte Fassung des 3. Buchs »Oeconomicus« lief unter dem Namen des Agnolo Pandolfini. *Della Famiglia* ist aber nicht ein Traktat über Hauswirtschaft mit der Ethik des Hauses wie in der späteren deutschen Hausväterliteratur, sondern eines der bedeutendsten Werke über Erziehung, das von Freundschaft und Ehre, dem irdischen Glück und der Verwendung des Reichtums, dem Verhältnis der Generationen und Geschlechter, von Vernunft und Wissenschaft handelt.

395,A2 *Geschichte des Prügelns]* Burckhardt hat den Blick für die Themen der Geschichte des Alltagslebens und der Mentalitäten, die von der historischen Zunft drei Generationen später unter großer Mühe entdeckt wurden.

395,A2 *Sol gli asini* 〈...〉 *patirei]* (Ital.) »Nur die Esel kann man prügeln, | Und wäre ich so ein Vieh, dann duldete ich es«, sagt der kleine Roland in Folengos *Orlandino*.

396,11 f. *lauter Glück und Frieden]* »Ein Landgut«, sagt der Autor, den man selber hören muß, »trägt den größten, ehrenvollsten und sichersten Gewinn, während jede andere Tätigkeit mit tausend Gefahren verbunden ist, Argwohn, Schaden und Reue nach sich zieht. 〈...〉 Der Landbesitz allein 〈...〉 wird immer Ertrag auf Ertrag häufen. Im Frühling gewährt er dir viele Freuden, das Grün der Bäume, der Duft der Blumen, der Gesang der Vögel stimmen dich fröhlich und hoffnungsvoll 〈...〉 im Herbst vergilt dein Landgut die Mühen mit reichem Lohn und gern und treu gewährt er hundertfältige Frucht (Wein

und Trauben, bis in den Winter duftende Äpfel, Birnen
und Nüsse, er gibt Brennholz, Öl, Wacholder und Lorbeer, Hasen, Rehböcke und Hirsche auf der Jagd ⟨...⟩⟩
Er sorgt dafür, daß keine Trübsal ⟨Melancholie⟩ in deinem Herzen aufkomme ⟨...⟩ er will Arbeit voll Beha-
gen, die deiner Gesundheit nicht weniger wohl tut als der
Wirtschaft.«

397,5 *keine bloße Willkür*] Burckhardt muß die Behandlung festlicher Aufzüge und Aufführungen noch als ein
kulturgeschichtliches Thema rechtfertigen. Es scheint allenfalls in einen Winkel oder ans Ende zu gehören, wie in
der *Kunst der Renaissance* als letztes Kapitel des Buches
»Dekoration«: »IX. Dekoration des Augenblicks«. Und es
ließ sich entschuldigen, weil große Künstler daran mitgewirkt hatten. In der weiteren Kulturgeschichte ist gerade
hier der Spürsinn des Autors gewürdigt worden. Nach
einem Menschenalter eigener kulturwissenschaftlicher Bemühungen notierte Aby Warburg für die Burckhardt-
Übungen an der Universität Hamburg 1927/28 Gedanken
über Burckhardts Zögern, das Bewußtsein von Zwang und
Gefährdung in der Erfahrung der »mnemischen Funktion«:

> Er muß mitschwingen, so daß neue Gebiete aus der
> verdeckten Schicht verschollener Tatsachen herausbre-
> chen. Das Festwesen ist durch ihn wieder herausgeholt
> und zwingt ihn zum Widerspiegeln eines Stücks elemen-
> taren Lebens, das vorher nicht da war, vor dessen Gestal-
> tung er sich eigentlich fürchtete. Mit den Begriffen Moral
> und Nichtmoral an diese Gestaltungen heranzugehen, ist
> unzulänglich. Burckhardt war ein Nekromant bei vollem
> Bewußtsein; dabei sind ihm die Gestalten aufgestiegen,
> die ihn ganz ernsthaft bedroht haben. Denen ist er ausge-
> wichen, indem er sich seinen Seherturm erbaut hat.
> (Notizbuch 1927, zit. nach Ernst Gombrich, *Aby Warburg.
> Eine intellektuelle Biographie*, Frankfurt/Main 1981, S. 345.)

399,A5 *Infessura*] In Stefano Infessuras *Römischem Tagebuch* werden die Florentiner Festordner oder Festkünstler
erwähnt, im Zusammenhang mit dem prachtvollen Fest,

das Kardinal Pietro Riario für die Leanora von Aragonien auf dem Wege zu ihrem Gemahl Ercole d'Este ausrichtet, in der dt. Übers. (Jena 1913, Düsseldorf 1979) S. 64.

401,5 *Vinciguerra]* Antonio (um 1440-1503), einer der ersten satirisch-moralischen Dichter im Stil des Horaz, schuf eine eigene Form der italienischen Satire, *Sechs Satiren,* 1527.

403,A15 *Feo Belcari]* (1410-1484), Weltgeistlicher aus dem Medici-Kreis, dichtet religiöse Poesie *(Laude spirituali)* und Mysterien *(Rappresentazioni sacre).*

403,A15 *Pathelin] La Farce de Maître Pierre,* anonyme Burleske, um 1464, vom betrogenen Betrüger. Der Stoff geht auf eine arabische Fabel (10. Jh.) zurück.

404,1 *Brunellesco]* Filippo Brunelleschi (1377-1446) errang unerhörten Ruhm durch diese mechanischen Belustigungen einer avancierten Bühnentechnik, die es auf keiner Bühne vor dem Barock zu sehen gab. Die als Engel verkleideten Kinder waren an soliden Stangen auf diesen großen Metallringen sicher befestigt; all das aber war durch Wolken flockiger Baumwolle verborgen, so daß sie wundersam zu schweben schienen.

405,3 *Calderon]* Pedro Calderón de la Barca (1600-1681) schuf als Fronleichnamsspiele die »Autos sacramentales«. Burckhardt, der sonst in der ital. Kulturgeschichte nur schmerzlich des spanischen Einflusses zu gedenken vermag, verliert doch den poetischen Maßstab keineswegs aus dem Blick.

405,9 *Roberto da Lecce]* R. Caracciolo (1425-1495), aus adliger Familie, durch Bernardino angeregt, Wanderprediger in ganz Italien; Ferrante berief ihn nach Neapel.

405,16 *Matteo da Siena]* M. di Giovanni (um 1435-1495), Maler.

405,17 *Guido Mazzoni]* (Um 1450-1518), Bildhauer expressiver Plastiken.

405,17 *Autor]* Der Schauspieler des »Auto sagramentale«, Akteur.

405,23 *Bernardino da Siena]* (1380-1444), predigte mit

mystischer Glut und zur Buße mahnend, seit 1417 in ganz Italien; wurde 1450 heiliggesprochen.

405,A21 *Andrea da Basso]* (1375-1447), Dichter makabrer Todesvisionen, *Alla donna cruda*.

406,A26 *Nulla ⟨...⟩ vedere]* (Lat.) »Es war nichts von der Mauer mehr zu sehen.«

407,A29 *Feuerwerk]* Ihm ist der letzte Paragraph des Buches »Dekoration« in der *Kunst der Renaissance* gewidmet, § 195 in diesem Bd.

408,17 *Pietro Riario]* (1445-1474.) Dieses Fest ist beschrieben bei Stefano Infessura, *Römisches Tagebuch*, dt. Ausgabe Jena 1913, Düsseldorf 1979, S. 64 f.

409,14 *Bucintoro]* Das venezianische Staatsschiff für Zeremonialzwecke wie die jährliche Vermählung des Dogen mit dem Meer.

409,23 *Bellincioni]* Bernardo (1452-1492), Hofdichter bei Lorenzo Magnifico, bei Federigo Gonzaga in Mantua und bei Lodovico Sforza (Moro) in Mailand, wo er mit Leonardo arbeitete.

412,11 *»trionfo« der Beatrice]* Botticelli hat in seinen Illustrationen zu Dantes *Göttlicher Komödie* diesen Triumphzug mit großer Selbstverständlichkeit gezeichnet. Das Corpus dieser Zeichnungen ist in großen und kleinen Ausgaben publiziert, z. B. als Bildbeigabe zu Dante im Insel Taschenbuch, großformatig und wissenschaftlich kommentiert von Kenneth Clark, London 1976.

412,25 *Savonarola]* Michele (1452-1498); vgl. S. 470 ff.

413,4 f. *Komposition Tizian's]* »Triumph des Glaubens«, vgl. Paul Kristeller, *Il Trionfo della fede*, Berlin 1906; neuere Beschreibung und große Falttafel dieses Holzschnitts nach Tizian in einem Katalog des Kupferstichkabinetts der Staatl. Museen Preußischer Kulturbesitz, *Tizian und sein Kreis. Holzschnitte*, Berlin o. J.

413,A42 *dicendo ⟨...⟩ Re]* (Ital.) Corio schreibt: »Ma Francesco Sforza per la sua modestia ricusò il carro, & il baldachino, dicendo tal cose essere superstitioni de'Re.« (»Francesco Sforza aber verweigerte aus Bescheidenheit den Wagen und den Baldachin und sagte, solche Dinge gehörten zum Aberglauben der Könige.«)

414,8 *Glücksgöttin*] Die »Fortuna«, das wechselhafte Schicksal, das als gutes Glück mit der Zeit davoneilt und deshalb nur von vorn, nicht im Bedauern und eitlen Wünschen hinterher gepackt werden kann, trägt diese auch auf Zeichnungen oft bemerkte Frisur mit dem kahlen Hinterhaupt. Das Bewußtsein der Flüchtigkeit des glücklichen Augenblicks bestimmte Poesie und bildende Künste ebenso wie die politische Reflexion. Die Literatur über die Fortuna seit Petrarca und bei Machiavelli allein ist schon sehr reich.

415,25 *Palast Schifanoja*] Dieser Freskenzyklus mit Triumphwagen für die einzelnen Monate und astronomischen Symbolen, die sich nicht alle entschlüsseln ließen, wurde Anlaß zur Begründung der Ikonologie durch Aby Warburg im Jahre 1912: *Italienische Kunst und internationale Astrologie im Palazzo Schifanoja zu Ferrara*, in: *Ausgewählte Schriften*, Baden-Baden 1980, S. 173-198.

415,A48 *cum triumpho more romano*] (Lat.) »In einem Triumphzug nach römischer Art«.

416,15 *Francesco Granacci*] (1477-1543.) Der außerordentlich junge Künstler war stets für Lorenzo Magnificos »Trionfi« tätig. Lorenzo hatte eine eigene Art Maskeraden-Canti erfunden, bei welchen die Maskierten Gedichte sangen, die »Canti Carnascialeschi«. Noch Goethes oft mißdeutete *Maskenzüge* für den Weimarer Hof und im *Faust II* stellen sich in diese Tradition.

417,A55 *Daß ein Rad zerbrach*] Dabei blieb es nicht: »si ruppe una ruota del Carro, e ruppesi ben due volte, e per questo se ne prese gattivo augurio« (»es zerbrach ein Rad des Wagens, und es zerbrach ein zweitesmal, und deshalb nahm man es als böses Vorzeichen«).

421,15-18 *Quanto è bella giovinezza* ⟨. . .⟩ *certezza*] (Ital.) Der berühmte Vierzeiler des Lorenzo de'Medici eröffnet eine weit längere Canzone des Bacchus, in deren kunstvollem Bau die beiden letzten Zeilen jeden der sieben Achtzeiler beschließen, während die Zeile davor jedesmal mit »tut-

tavia« endet, mit Ausnahme des letzten Achtzeilers (Lorenzo de' Medici, *Opere*, hg. v. Attilio Simioni, Bd. 2, Bari
1914, S. 249 f.). Deutsch heißt es etwa:

> Herrlich ist der Jugend Wonne,
> Doch sie flieht in jedem Falle!
> Heiter seid darum heut alle:
> Scheint uns morgen noch die Sonne?

422,4 *Gott, Tugend und Unsterblichkeit* | Eine leichte Ab-
wandlung der Formel Immanuel Kants von den drei philosophischen Ideen: Gott, Freiheit und Unsterblichkeit, die
aber auch den drei Fragen der Vernunft antworten: 1. Was
kann ich wissen? 2. Was soll ich tun? 3. Was darf ich
hoffen? Es mag eine dem Protestantismus eigene alte Skepsis gegenüber dem Freiheitsbegriff sein – wie sie auch
Lessing ausgesprochen hat –, die Burckhardt seiner eigenen
Lebenserfahrung vertrauen und den konkreteren Begriff
Tugend anstelle der schwer bestimmbaren Freiheit setzen
ließ. Vgl. Kant, *Kritik der reinen Vernunft*, B 833 ff.

422,30 *Leben der höhern Stände* | Aus den überlieferten
gedruckten Quellen folgt eine Beschränkung der Aussagen
über soziale Zustände und noch mehr über so schwer
greifbare Phänomene wie Sittlichkeit, Gewissen oder verbreitete Charakterzüge. Und Quellen über außerordentliche Menschen aus niederen Ständen sind noch vorsichtiger
zu behandeln und vor Verallgemeinerung zu schützen. Die
Versuchung ist groß, von ungewöhnlichen Menschen auf
ihre soziale Schicht Schlüsse zu ziehen, und in der Deutung
historischer Quellen ist dabei oft leichtfertig gehandelt
worden.

423,16 f. *Geist und Sittlichkeit* | Hier sind die beiden
Prinzipien genannt, zwischen denen bestimmte Weltansich-
ten einer Epoche, moralische Auffassungen und Gewohnheiten des Handelns wie des Sprechens darüber lokalisiert
sind. Der neuere Begriff ›Mentalität‹ kann das nur begrenzt
umfassen und unterscheidet gar nicht die sprachliche Ebene
der Quellen von der Ebene des Handelns, der Taten und
Leiden von Menschen einer bestimmten Zeit.

423,32 *Macchiavell]* Niccolò Machiavelli erörtert in den *Discorsi* (I 12) bei Gelegenheit der römischen Religion den Zustand des zeitgenössischen Italien, das gerade durch die Anwesenheit des päpstlichen Hofes alle Gottesfurcht und Frömmigkeit verloren habe (»ha perduto ogni divozione e ogni religione«), die für ein Staatswesen notwendig sei; zudem habe der Kirchenstaat die politische Einigung Italiens selber nicht vollbracht, aber verhindert. Der experimentelle politische Denker schlägt zum Beweis vor, die Kurie in die Schweiz zu verlegen, wo wie in Deutschland (vgl. I 55) noch die Rechtschaffenheit und Frömmigkeit (»questa bontà e questa religione«) herrschten. Die Folgen würden nicht weniger verheerend als in Italien sein, wenn die Kurie dort die gleiche Macht (»autorità«) hätte.

424,23 *Giangaleazzo Visconti]* 1385-1402 Herzog von Mailand, einte das Herzogtum, das sein Großvater Giovanni unter drei Söhne geteilt hatte, nachdem er zwei davon beerbte, dadurch, daß er sich des dritten Stücks durch Mord an seinem Onkel Bernabò bemächtigte.

424,29 f. *dem Altertum ⟨...⟩ analoge Denkweise]* Es waren politische Umwälzungen der inneren Verhältnisse der Stadt und ihrer Außenpolitik seit der Invasion Karls VIII. 1494, welche das florentinische historisch-politische Denken in Gang gesetzt haben. Die große Geschichtsschreibung und politische Reflexion dauerten auch nur so lange wie diese Verfassungskämpfe, bei denen alles möglich schien: jede Regierungsform und jede Verfassungskonstruktion, wie in Athen zur Zeit des Perikles. Die Historiker in Florenz, die im Laufe eines Menschenalters zur Welt kamen, erlebten diese Zeit, kannten sich und nahmen Einfluß aufeinander: Machiavelli (1469-1527), Vettori (1474-1539), Guicciardini (1483-1540), Nerli (1485-1556), Varchi (1502-1565), Segni (1504-1558).

425,A2a *Prévost-Paradol]* Lucien Anatole (1829-1870), franz. liberaler Schriftsteller und Diplomat. Burckhardt zitiert ihn auch in seinen Vorlesungen *Über das Studium der Geschichte* (hg. v. Peter Ganz, München 1978, S. 305, 309,

373), da er ähnlich scharf wie Friedrich Christoph Schlosser die »Ehrlosigkeit Aller derer, die mit der Macht zusammenhängen«, beurteilt, aber ein deutlicheres Bewußtsein der modernen Krise und der Kriegsgefahr ausspricht, *La France nouvelle* (1868). Die zitierte Stelle zur Ersatzfunktion des modernen Ehrbegriffs S. 358: »Ce n'est pas le respect de la loi divine passée depuis longtemps à l'état de problème, ce n'est pas le dévouement philosophique à un devoir incertain, et encore moins à l'être abstrait de l'Etat, bouleversé et discrédité par tant de révolutions, c'est la crainte d'avoir à rougir publiquement d'une action réputée honteuse qui maintient seule parmi nous un désir suffisant de bien faire.« (»Es ist nicht die Achtung vor dem seit langem problematisch gewordenen göttlichen Gesetz und auch nicht die philosophische Hingabe an eine ungewisse Pflicht und noch weniger die an das durch so viele Umwälzungen erschütterte und in Mißkredit geratene abstrakte Wesen des Staates, sondern die Furcht, öffentlich erröten zu müssen wegen einer als schändlich erachteten Handlung, die allein bei uns ein hinreichendes Verlangen gut zu handeln aufrechterhält.«)

426,2 *Guicciardini*] Burckhardt zitiert stets aus der »Serie seconda« der *Ricordi*, die erst 1859 in den *Opere inedite* herausgegeben wurden (vgl. A3).

426,21-427,3 *En leur reigle* ⟨...⟩ *honneur*] (Franz.) Um das »Barocke« an François Rabelais (1483-1553) anzudeuten, empfiehlt sich als Übersetzung Johann Fischarts *Geschichtklitterung* (1575, Ausgabe letzter Hand 1590): »Unnd ihr gantze Regul war inn dem spruch, Thu was du wilt. Was dein Hertz Stillt. Dann ein Adelicher mut, thut ungezwungen das gut: genötet heißt getödtet: was man verbeut, das thun erst die Leut ⟨...⟩« Nur fehlt bezeichnenderweise in Fischarts Fassung der Ehrbegriff: »Ihre Regel enthielt nur eine einzige Vorschrift: Tu, was dir gefällt. Denn freie Menschen, wohlgeboren, gut unterrichtet, die sich in anständiger Gesellschaft unterhalten, haben von Natur aus eine Neigung und Ansporn, die sie immer zu tüchtigem Handeln treibt und vom Laster zurückhält: die nennen sie *Ehre*.«

428,12 *Franceschetto Cybò*] Der Sohn des Papstes Innocenz VIII.; Stefano Infessura berichtet im *Römischen Tagebuch* (dt. Übers. Jena 1913, Düsseldorf 1979, S. 232 f.):

> In diesen Tagen ward auch von allen Leuten erzählt und
> versichert, und so ging das allgemeine Gerede in der
> Stadt, Herr Franceschetto, der Sohn des Papstes, habe
> mit dem hochwürdigen Herrn Camerlengo, dem Kardi-
> nal von Santo Giorgio, Raffaello Riario, dem Neffen des
> Grafen Girolamo, in dessen Palast gespielt und dabei in
> zwei Spielen die Summe von 14 000 Dukaten verloren.
> Und der hochwürdigste Herr Kardinal Balue, der Fran-
> zose, habe auf die gleiche Weise die Summe von achttau-
> send Dukaten verloren.
> Und all dies Geld habe der besagte Kardinal Raffaello
> gewonnen, der dabei sein großes Glück gehabt hat.
> Und jetzt wird erzählt, der genannte Herr Franceschetto
> sei zum Papst gelaufen und habe diesem erklärt, er sei bei
> dem besagten Spiel übervorteilt und betrogen worden,
> und seine Heiligkeit unser Herr schickte nach dem ge-
> nannten Kardinal Riario, er solle zu ihm kommen und
> das besagte Geld mit sich bringen. Doch der genannte
> Camerlengo gab zur Antwort, er habe das Geld schon
> ausgegeben für Holz und Mörtel und Löhnung für seine
> Baumeister.

428,A9 *geistreichen Stendhal*] Es ist kein Zufall, daß aus
der reichen Literatur der Novellen und Romane, die in der
Renaissance spielen, Heinses *Ardinghello* und Tiecks *Vittoria
Accorombona* nicht genannt werden, wohl aber Stendhal mit
La chartreuse de Parma. Der »geschärfte kulturgeschichtli-
che Blick« begegnet »tiefer psychologischer Beobachtung«.

429,1 *thyesteische Mahlzeiten*] Der griechische Mythos
erzählt die grauenvolle Geschichte der Tantalosenkel
Atreus und Thyest. Thyest

> entehrte bald des Bruders Bette, indem er mit der
> Aerope, des Atreus Gattin, zwei Söhne erzeugte. Als
> Atreus die Freveltat erfuhr, verjagte er den Thyest mit
> den von ihm erzeugten Söhnen aus dem Reiche. Thyest,

auf Rache sinnend, hatte seinem Bruder einen Sohn ent-
wandt, welchen er als den seinigen auferzog und, nachdem er mit Haß und Wut gegen den Atreus seine Seele erfüllt hatte, ihn abschickte, um den schrecklichen Mord
unwissend zu begehen. Unter den grausamsten Martern
ließ Atreus den Jüngling hinrichten, dessen Versuch man
entdeckt hatte, und erfuhr zu spät, daß er statt seines Bruders Sohn den eigenen getötet habe. Verstellt und auf
noch höhere Rache sinnend, versöhnte sich Atreus zum
Schein mit seinem Bruder, schlachtete dessen beide Söhne
und tischte das Fleisch dem Thyestes auf, welchem er nach
genossenem Mahle Haupt und Hände entgegenwarf. Die
Sonne, sagt die Dichtung, wandte schnell ihren Lauf zurück, um diese Szene nicht zu beleuchten.
(Karl Philipp Moritz, *Götterlehre*, in: *Werke*, Frankfurt/
Main 1981, Bd. 2, S. 819 f.)

430,22 *am Silvesterabend*] Burckhardt kürzt hier wie
häufig referierend eine sehr viel ausführlichere Erzählung
mit dem Schwur, von welchem der Erzähler sagt: »non
credo, che mai fusse fatto, nè udito il più stupendo, e il più
orribile giuramento di quello.« (»Ich glaube nicht, daß
jemals ein entsetzlicherer und gräßlicherer Schwur weder
geleistet noch erhört ward als dieser.«)

431,A15 *Guicciardini*] Er zieht daraus den Schluß: »Es
ist gut möglich, daß einer Rache nimmt und dabei seinem
Opfer gar nicht einmal grollt.«

431,29 *ius talionis*] (Lat.) »Recht der gleichen Wieder-
vergeltung«.

432,A16 *verax* ⟨. . .⟩ *justitiae*] (Lat.) »Wahrheitsliebend,
dankbar für empfangene Wohltaten und voller Gerechtig-
keitsgefühl«; daneben zählt Cardano im 13. Kap. seiner Lebensbeschreibung noch sehr viele Eigenschaften auf.

433,14 *bis die Syphilis kam*] Die Syphilis kam mit der
Entdeckung des amerikanischen Kontinents und erreichte
Italien im gleichen Jahr wie die französische Invasion, aber
unabhängig davon auch von Neapel aus (1494), und verstärkt mit den von Neapel nördlich heimwärts ziehenden

Soldaten. Sie hieß deshalb die Franzosenkrankheit, bis sich der poetische Name durchsetzte, den Girolamo Fracastoro (um 1478-1553) in einem Lehrgedicht in Hexametern nahelegte, *Syphilis sive morbus gallicus ad Petrum Bembum*, 1530.

436,12 *Bandello*] Matteo (1485-1561), Dominikanermönch, lebte in Herrendiensten lange Jahre in Oberitalien und wurde schließlich Bischof in Agen in Frankreich; vgl. S. 377 ff., 391 f.

437,22 *bei Bandello (I,26)*] Die Novelle *Die Herzogin von Amalfi* wurde dramatisiert von Lope da Vega und von John Webster. Das Ende, »ergreifend geschildert«, sei hier nachgetragen:

> Als Scipione und Delio eines Tages in Mailand bei dem großen Kloster sich zufällig begegneten, kam eben Bologna auf einem ausgezeichnet schönen spanischen Pferde heran auf dem Wege nach San Francesco zur Messe, vor ihm her zwei Diener, von welchen der eine einen Speer, der andere die Stundengebete Unserer lieben Frau in der Hand hatte. Delio sagte sogleich zu dem Attellanen: ›Das ist Bologna!‹ Dem Attellanen aber kam es vor, als sei Bologna ganz verstört im Gesichte, und er sagte zu ihm: ›Bei Gott, er täte besser, in seiner schlimmen Lage statt des Gebetbuchs sich noch eine zweite Lanze vorauftragen zu lassen.‹ Der Attellane und Delio waren nun noch nicht bis zu San Giacomo gelangt, als sie einen großen Lärm hörten, denn Bologna war noch nicht bis San Francesco gekommen, so ward er von dem Hauptmann Daniele von Bozolo mit drei wohlbewaffneten Spießgesellen angefallen und mit einem ihm den Leib durch und durch und durch bohrenden Stiche elendiglich getötet worden, ohne daß ihm irgend jemand hätte Hilfe leisten können.

438,12 *Cicisbeo*] Der offizielle Galan, auf den die Gattin Anspruch hat und der noch im Hause ernährt wird. Herkunft des Wortes unklar, von franz. chiche »Knauser« und beau »Geck«?

439,11 *l'amor divino*] (Ital.) »Die göttliche Liebe«; sie ist Leidenschaft, Inspiration und höchstes Prinzip, Dantes

»l'amor che move il sole e l'altre stelle« (»die Liebe, welche die Sonne und die Sterne bewegt«).

439,18 *Pietro Bembo*] (1470-1547), Humanist, ist Verfasser der *Asolanischen Gespräche* (1505) und tritt als redende Figur auf im *Buch vom Hofmann* (1527) von Baldessar Castiglione (1478-1529), wo er vor allem das 4. Buch beherrscht und es mit einer Rede über die Liebe beschließt, Kap. 50-70. Im Platonismus der Renaissance war die Theorie der Liebe ein Thema, das mit Gelehrsamkeit und Enthusiasmus bearbeitet wurde. Nachzulesen ist die Rede, die kein Exzerpt veranschaulichen kann, in der deutschen Ausgabe, übers. v. Fritz Baumgart, S. 383-410.

440,A23 *Piaccia* ⟨...⟩ *ritrovi*] (Ital.) »Möge es dem Herrgott gefallen, daß man ihn nicht findet.«

441,24 *Spottsonett*] Das Gedicht ist mit seinen lokalen und persönlichen Anspielungen unübersetzbar, aber in seiner Struktur so klar, daß es zitiert zu werden verdient:

> Non sono in Murmirol tante Puttane,
>   Nè tanti Amanti hanne le tre Cammille;
>   Nè tanto Zan Quirino ha del zintille,
>   Nè le Comadre son tanto ruffiane;
>
> Nè tante spose son fatte quest'ane,
>   Nè piu da longo per il Campanille;
>   Nè tanto fà Messèr il Signorille;
>   Nè tanto belle son le Castellane;
>
> Nè tanto senno ha il Zudes del Canale,
>   Nè tanto sterta il Trotto il suo mantello,
>   Nè più per non goder roba và a male;
>
> Nè più vola alla Trombola il cervello,
>   Nè tanto cade chi tropp'alto sale;
>   Nè tanto Cesar pratica in bordello;
>   Nè un Zilio è tanto bello,
>   Nè tanto becchi son li Ludovici
>   Quanto li poci Rossi hanno inimici.

Es zeigt eine der Sonettformen, die gepflegt wurden, ehe sie ganz auf das 14zeilige Schema festgelegt waren. Die Behörden Parmas sind genannt, Messèr il Signorille ist der Bischof, der sich in alles einmischte, Zudes del Canale ist der Richter, Judex de Canali, il Trotto ist Antonio Trotto, der Gouverneur, Cesar ist ein Caesar de Ravalcaldis usw.

443,13 *Massuccio]* Masuccio Salernitano (um 1420-1476). Aus adeliger Familie in Salerno, Sekretär des Prinzen Roberto Sanseverino, sammelte seine Novellen unter dem Titel *Novellino.*

443,14 *Papst Johann XXIII.]* Baldessare Cossa aus neapolitanischem Adel war 1410-15 Gegenpapst von Gnaden Kaiser Sigismunds neben Gregor XII. und Benedikt XIII. Er wurde auf dem Konstanzer Konzil abgesetzt. Er war nie anerkannt, so daß ein Papst des 20. Jh.s sich erneut Johannes XXIII. nennen konnte.

443,27 *hospes und hostis]* Die lat. Begriffe für »Gastfreund« und »Feind« sind stammverwandt, beide bedeuten zunächst »der Fremde«, hospes im gastlichen, hostis im feindlichen Sinn.

444,A30 *sicam ab iis ⟨. . .⟩ accepimus]* (Lat.) »Den Meuchelmord haben wir von ihnen angenommen.« Die Herrschaft der Aragonesen begann 1442 in Neapel.

444,A30 *Cellini I, 70]* In Goethes Übersetzung, die einer anderen Bucheinteilung folgt, ist es im 2. Kap. des 2. Buches:

Noch in der Nacht reiste ich von Neapel weg, damit man mir nicht auflauern und mich berauben sollte, wie es die Gewohnheit in Neapel ist, und doch mußte ich mich, als ich auf den Steinweg kam, mit allen Leibes- und Geisteskräften, gegen mehrere Räuber wehren, die mir nachstellten. Einige Tage darauf ließ ich den Solosmeo bei seiner Arbeit auf Monte Cassino, und stieg bei dem Gasthause von Adananni ab um zu Mittag zu essen; nicht weit von dem Hause schoß ich nach einigen Vögeln und erlegte sie; aber ein Stückchen Eisen, am Schloß meiner Büchse, verletzte mir bei dieser Gelegenheit die rechte Hand, und so wenig es bedeutete, so gefährlich sah es

aus, weil das Blut sehr stark aus der Wunde strömte. Ich
stellte mein Pferd in den Stall, und stieg auf einen Altan,
wo ich viele neapolitanische Edelleute fand, die sich eben
zu Tische setzen wollten, und mit ihnen ein junges Fräulein von der größten Schönheit. Kaum war ich oben, so
stieg hinter mir mein Diener, ein braver Pursche, mit
einer großen Partisane in der Hand, herauf, so daß vor
uns beiden, den Waffen und dem Blute, die guten Edelleute so erschraken, da ohnedem dieser Ort für ein Spitz-
bubennest bekannt war, daß sie vom Tische aufsprangen,
und mit großem Entsetzen Gott um Hülfe anriefen.
Lachend sagte ich zu ihnen: Gott habe ihnen schon
geholfen ⟨...⟩

445,29 *venenum atterminatum*] (Lat.) »Gift mit zeitlich
bestimmter Wirkung«.

445,A33 *Infessura*] Die Morderzählung im *Römischen
Tagebuch* des Stefano Infessura (dt. Übers. S. 168 f.) ist
gewiß Legende, man erzählte es sich aber in Rom 1485 über
den Kardinal Giovanni von Aragon und den Fürsten Antonello San Severino.

446,A37 *Cardanus*] Girolamo Cardano (1501-1576) berichtet im 30. Kap. seiner *Lebensbeschreibung* eine ganze
Folge von Anschlägen neidischer Kollegen auf sein Leben,
wobei Realität und Verfolgungsängste sich mischen und
scharf beobachtet werden.

446,A37 *sine iniuria invitantis!*] (Lat.) »Ohne dem Einladenden Unrecht zu tun!«

447,A38 *Lodovico Moro*] Guicciardini, *Storia d'Italia*,
Buch 1, Kap. 6, berichtet, ganz Italien habe geglaubt, daß
Lodovico »con incantamenti e con malie« (»mit Zauberei
und bösen Mitteln«) gegen seinen Neffen gewirkt habe.

450,16 *edelste Harmonie*] Der erste Teil des 6. Abschnitts,
Sitte oder Moralität betreffend, wird beschlossen mit einer
Verknüpfung der These des früher und stärker als im übri-
gen Europa entwickelten Individualismus mit den kulturel-
len Ergebnissen dieses weltgeschichtlichen Experiments.
Die Ausbildung aller Kräfte einer Persönlichkeit zu einem

harmonischen, sei es gesellschaftlich wirkenden, sei es künstlerisch tätigen Wesen hat es so weder in der Antike noch in der Zeit des Mittelalters gegeben. Dieser »höher gebildete Europäer« hat eine eigentümliche Sittlichkeit entwickelt, die nicht mehr allein in bezug auf die Religion bestimmt ist. Wie seine Individualität durch die übersichtlichen und veränderbaren Staatswesen des 14. und 15. Jh.s in Italien befördert wurde (1. Abschnitt), so ist nach dem Durchgang durch die Sachbereiche, in welchen sich diese Individualität entfaltete (in den darauffolgenden Abschnitten), schließlich ihr Verhältnis zur Religion zu untersuchen. Dabei ist die Religion nicht an sich thematisiert, sondern inwiefern sie diese Bildung hemmt oder fördert. In den Vorlesungen *Über das Studium der Geschichte* wird das in den Abschnitten »Die Kultur in ihrer Bedingtheit von der Religion« und »Die Religion in ihrer Bedingtheit durch die Kultur« erörtert (hg. v. Peter Ganz, München 1982, S. 187-189 und 200-204).

451,13 *schwerste Verantwortlichkeit]* Burckhardts geschichtliches Urteil ist zwar primär der Kultur verantwortlich, aber doch protestantisch geprägt. Es sollte nicht an Verteidigern der anderen Seite fehlen, welche die Renaissance an sich und ihren Einfluß in Deutschland als verfehlt und schädlich verurteilten, etwa Johannes Janssen in seiner *Geschichte des deutschen Volkes* (1876-88). Dessen Schüler Ludwig Pastor, der Verfasser der *Geschichte der Päpste* (1886-1932), trennte eine positive, kulturell fruchtbare und religiös bestimmte Renaissance von ihren gottlosen Abarten.

452,1 f. *religiösen Bewegungen]* Die innerkirchlichen Armutsbewegungen und Reformorden des Franz von Assisi und des Dominikus, mystische Propheten wie Joachim von Fiore, die Waldenser und Häretiker-Bewegungen werden hier zusammengefaßt. Auf diesem Felde ist nach Burckhardt sehr viel Arbeit an den Quellen geleistet worden, seit Ignaz von Döllinger, *Beiträge zur Sektengeschichte des Mittelalters*, München 1890; über Häretiker haben Ernst Walser und Delio Cantimori publiziert, Herbert Grundmann schrieb eine *Ketzergeschichte des Mittelalters*, Göttingen ³1978, und über *Religiöse Bewegungen im Mittelalter*, Hildesheim ²1961.

453,2 *Discorsi*] Die klarste Äußerung über die Rolle des Papsttums in der italienischen Politik in Machiavellis *Discorsi* I 12.

453,A4 *Foscolo*] Ugo (1778-1827). Das Zitat: »Über Priester in Amt und Würde konnte keiner ohne Gefahr scherzen, weshalb jeder Mönch zum Bock für die Sünden Israels wurde.«

454,22 *den Decamerone*] Hier ist in der Zeitfolge die Verschärfung der Kritik zu beobachten: Boccaccio (1313-1375), Sacchetti (um 1330-1400), Masuccio (um 1420-1476), Bandello (1485-1561).

454,A6 *Giov. Villani*] Hier haben die früheren Ausgaben eine Stelle III 29 zitiert, die es bei Villani nicht gibt (das 3. Buch hat nur 5 Kapitel); von den Bettelorden spricht er IV 30, wie hier berichtigt ist.

457,A12 *Vasari*] Die Geschichte von Botticellis (1446-1510) grobem Scherz wird von dem Angeklagten, dem die epikureische Lehre von der Sterblichkeit der Seele zur Last gelegt wurde, ebenso grob erwidert. Er läßt Botticelli vor Gericht kommen und erweist ihn als Tier oder Ketzer, da er, ohne gelehrt zu sein, ja kaum des Lesens kundig, Dante kommentiere und dessen Namen unnütz im Munde führe. Botticelli hatte in der Zeit seiner Dante-Illustrationen sich auch grübelnd am Kommentieren versucht und war nach Savonarolas Hinrichtung für eine Weile seiner Arbeit entfremdet.

458,10 *Achille Malvezzi*] (Starb 1468), gehörte zu den 16 Bologneser Regenten. Burscllis charakterisiert ihn (col. 896) etwas freundlicher: »Hic Haereticorum defensor erat, et quia Uxorem habere non poterat, ex Monialibus filios procreavit.« (»Dieser war ein Verteidiger der Häretiker, und da er keine Gattin haben konnte, zeugte er mit Nonnen Söhne.«)

458,18 *frati*] (Ital.) »Bettelmönche, Brüder«.

458,19 *monaco*] (Ital.) »Mönch«, besonders der höheren Orden wie Augustiner, Benediktiner.

459,A15 *Sacerdotibus* ⟨...⟩ *videri*] (Lat.) »Es scheint, man muß den Priestern die verbotenen Hochzeiten aus gutem Grunde wieder wie früher erlauben.«

460,29 f. *»uns hält's noch aus«*] Grundsatz der Metternichschen Politik, variiert nach Friedrich von Gentz' steter Rede: »Mich und den Metternich hält's noch aus.« Burckhardt nennt das »pessimistische Selbstsucht« und stimmt wohl mit dem Urteil Karl Hillebrands überein, der Metternich als »reines Akkomodationstalent« mit einem »Mangel an schöpferischer Politik« charakterisierte (*Schriften*, Bd. 5, S. 346).

460,A17 *Ricordi*] Wie stets in diesem Band zitiert Burckhardt aus der »Serie seconda« der beiden durchnumerierten Aphorismenreihen.

461,11 f. *Character indelebilis*] (Lat.) »Unvergängliches Wesen« des Priesteramtes.

462,3 *Imitatio Christi*] Thomas von Kempen (starb 1471) schrieb oder redigierte die Erbauungsschrift *De imitatione Christi*, die von der »devotio moderna« der neuen (Laien-)Frömmigkeit der Brüder vom Gemeinsamen Leben Zeugnis gibt.

462,22 *Bernardino da Siena*] Vgl. S. 405.

462,23 *Giovanni Capistrano*] (1386-1456), wird unter dem Einfluß des Bernardino da Siena Wanderprediger und organisiert die »Osservanti«; Inquisitor, ruft zum Türkenkreuzzug 1456.

462,24 *Roberto da Lecce*] Vgl. S. 405.

464,10 *vor den Leuten*] Die Chronik schreibt hier etwas bestimmter, »dalle Donne« (»vor den Damen«) konnten sie sich kaum retten. Es war in Siena 1486, einem Pestjahr, es wurde Buße nicht nur gegen Sünden, sondern auch für den Frieden getan, und die Gefängnisse wurden geöffnet.

464,A29 *canti, brevi, sorti*] Die dt. Übers. v. Hermann Hefele deutet es als »Liederbücher«, »Amulette«, »Wahrsagbücher« (S. 23).

465,17 *Hexe Finicella*] Vgl. S. 524.

467,2 *la pace sia con voi!*] (Ital.) »Der Friede sei mit euch!«

467,A36 *Pauperiem* ⟨. . .⟩ *pereat*] (Lat.) »Armut erdulden und Hunger und Durst und Kreuzigung des Körpers und Tod für den Namen Christi können wenige; Verlust ihres Ansehens oder das Geringste zu tun, weisen sie zurück, als ob auch Gottes Ruhm verginge, wenn ihr eigener Ruf schwindet.«

470,2 f. *Girolamo Savonarola*] (1452-1498.) Die französische Invasion 1494 schien seine prophetischen Worte zu bestätigen und er zum geistlichen Berater einer republikanischen Erneuerung bestimmt zu sein. Über seine Rolle in der Politik D. Weinstein, *Savonarola and Florence: prophecy and patriotism in the Renaissance*, Princeton 1970.

471,31 *Pico della Mirandola*] Giovanni (1463-1494), der alle Weisheit der Religionen und philosophischen Sekten vereinigen wollte, geriet am Ende seines kurzen Lebens unter den Einfluß Savonarolas.

472,28 f. *»Jesus Christus* ⟨. . .⟩ *creatus.«*] (Lat.) »Jesus Christus durch Beschluß von Senat und Volk König des florentinischen Volkes«.

473,15 *Die klassische Lektüre*] Hier findet sich eine Trennung der antiken Überlieferung in moralische und unmoralische Autoren, die selbst im Mittelalter kaum so scharf gezogen wurde, weil man da auch Ovid allegorisch zu lesen vermochte.

474,13 *talami*] (Ital.) »Opferstöße«, eigentlich Brautbetten.

474,21 *Calvin*] Jean (1509-1564), kommt 1536 mit *L'Institution chrétienne* nach Genf und verwandelt diese Stadt, nach der Krise 1538 und zweijährigem Exil, mit den *Ordonnances* 1541 zu einem religiösen Staatswesen; 1553 stirbt Servet auf dem Scheiterhaufen.

474,A47 *non è da disputar* ⟨. . .⟩ *fuoco*] (Ital.) »Mit den (gottlosen Astrologen) kann man nicht anders argumentieren als mit dem Feuer.«

475,1 *rogus]* Der in Altarform geschichtete Holzstoß zur Leichenverbrennung.

477,A3 *Ista superstitio* ⟨...⟩ *sepultis]* (Lat.) »Was macht euer Aberglaube, der seinen Ursprung von den Seelen der Verstorbenen im Tartarus hat, aus der heiligen christlichen Religion! Reicht den Lebendigen Speise, den Begrabenen Seelenmessen.«

479,A7 *Verebatur Pontifex* ⟨...⟩ *etc.]* (Lat.) »Der Papst trug Bedenken, daß er nicht zur Ehre eines so bedeutenden Apostels gering zu handeln schien usw.«

481,A13 *Nunc autem* ⟨...⟩ *famae]* (Lat.) »Jetzt aber, nachdem das Wesen des Satans gründlich bekannt ist und ohne seine alte Majestät verbleibt, bringen uns die Standbilder keine Gefahr und die Gemälde kein Leid: Es sind unschädliche Zeichen; es sind nur Zeugen der Taten, marmorne Denkmäler des Lobwürdigen und unsterbliche Zier eines ewigen Ruhmes ⟨...⟩«

482,A14 *»nebulones«]* (Ital.) »Windbeutel«.

482,A15 *Gebet des h. Bernhard]* Dante, *Paradiso* XXXIII 1 ff. (dt. Übers. v. Stefan George):

> Jungfrau und Mutter! Tochter deines sohnes!
> Voll demut und voll würde wie kein wesen
> Nach vorbestimmtem Rat des ewigen Thrones.
>
> Du machtest unsre menschheit so erlesen
> Und edel dass der schöpfer selbst geruhte
> Geschöpf zu werden dessen du genesen.
>
> Die Liebe ward entfacht in deinem blute
> Damit von ihrem brand in ewiger wonne
> Solch eine wunderbare rose glute! ⟨...⟩

483,18 f. *Templa ruunt* ⟨...⟩ *abit!]* (Lat.) »Die Tempel stürzen ein, weit und breit verfallen die Altäre, und der göttliche Kultus stirbt allmählich!«

483,A18 *Rede des jüngern Pico]* Vgl. S. 130, Anm. 49.

484,4 *nach dem Sturze Ezzelino's*] Im Jahre 1259.

484,A19 *invasit* 〈...〉 *universos*] (Lat.) »Sie ergriff zuerst die Peruginer, darauf die Römer und fast alle Völkerschaften Italiens.«

484,A19 *admirabilis Lombardorum commotio*] (Lat.) »Die wundersame Aufregung der Lombarden«.

484,A22 *Rinaldo Albizzi*] Rinaldo degli Albizzi (1370-1442) hatte unentwegt in den florentinischen Wirren Politik zu machen versucht. Als er sein irdisches Vaterland verloren hatte, so schreibt Machiavelli am Ende des 5. Buches der *Geschichte von Florenz*, suchte er das himmlische und machte aus dem Exil eine Pilgerfahrt ins Heilige Land.

484,A22 *Stimarono* 〈...〉 *futuri*] (Ital.) »Sie glaubten sich im Gedächtnis künftiger Menschen zu verewigen.«

485,A25 *Galeazzo Capella*] (1487-1537), *De rebus gestis restitutione Francisci II. Mediolanensium Ducis libri 8*, 1533, dt. Übers.: *Historia Galeatii Capelle, wie der Hertzog zu Meiland Franciscus, wider eingesetzt ist*, Wittenberg 1538 mit Luthers Vorrede (Weimarer Ausgabe, Bd. 50, S. 382).

485,A26 *l'arca del testimonio*] (Ital.) »Die Bundeslade«; *con gran misterio*: »mit großem Geheimnis«.

486,12 *Maranen*] Aus dem Spanischen (»Marrano«), Abkömmling von Mauren und zwangsgetaufter Moslem oder Jude.

486,A28 *Per buono rispetto* 〈...〉 *Iddio*] (Ital.) »Aus der bei ihm offenbaren großen Ehrfurcht und weil es immer wohlgetan sei, gut mit Gott zu stehen«.

487,19 *einen andern Weg*] Burckhardt strukturiert zu Beginn des neuen Kapitels »Die Religion und der Geist der Renaissance« das Problem, das sich an den äußeren Ereignissen, bei welchen die Religion im Staate sichtbar wird oder mit ihm kollidiert, allein nicht ablesen läßt. Dazu geht er noch einmal, dem Aufbau des ganzen Buches entsprechend, nach dem Staat die Entwicklung des Individuums, die Einwirkung des Altertums und die Öffnung der äußeren und inneren Welt durch sowie die »geistige Konkurrenz« (S. 488,2 f.) einer in der neuen, nicht mehr ständi-

schen Gesellschaft vermittelten Bildung als einer Macht
gegen die mittelalterlichen Institutionen der Religion.

487,A30 *Messo de'cancellieri del Duca]* (Ital.) »Bote der
Kanzler des Herzogs«.

488,5 f. *Toleranz]* Sowie *Skepsis* (Z. 11), *Fatalismus*
(Z. 19), *Aberglauben* (Z. 22 f.) und *Phantasie* (Z. 36) sind die
Begriffe einer Phänomenologie der religiösen Welt der Renaissance, dazu der Mangel an Sündenbewußtsein und
Reue. Diese Begriffe werden mit aller Vorsicht eingeführt.
Toleranz als »neutrale« T., wie sie sich aus dem Nebeneinander mehrerer Religionen ergibt, die sich beim Handel begegnen, ohne zu konkurrieren oder zu missionieren, wie
das orthodoxe Christentum in Byzanz und der Islam, daneben das Judentum. Skepsis ist an der antiken Philosophie,
z. B. dem sog. Epikureismus, geschulter Erkenntniszweifel
an der Unsterblichkeit der Seele und der theologisch begründeten Willensfreiheit, die für das Sündenbewußtsein
und die Schuldzuweisung nötig schien, mit dem philosophischen Freiheitsbegriff aber gar nichts zu tun hat (vgl.
Horst Günther, *Freiheit, Herrschaft und Geschichte*, Frank-
furt/Main 1979, S. 64-108). Aberglauben und Phantasie
sind die kulturgeschichtlich fruchtbaren Begriffe, an denen
der erweiterte Bereich der Spekulation und der überra-
schenden Handlungsmöglichkeiten sichtbar zu machen ist.
Die Inanspruchnahme antiker Wissenschaft in trüber Weis-
sagungspraktik und die Irritation der rechnenden und pla-
nenden Intelligenz in magischer und dämonologischer Spekulation sind bezeichnende Züge der Renaissancekultur.

489,1 f. *modernes Heidentum]* Burckhardt zitiert damit
einen der unspezifischen, »näherem Forschen« nicht stand-
haltenden Begriffe aus den konventionellen Vorwürfen
oder Bedenken des 19. Jh.s gegenüber der Renaissance. Das
Überraschende vielmehr sind Züge wirklicher Religiosität,
solche allerdings, die bei den blutigen Religionskriegen des
16. Jh.s nicht immer die führenden Parteistellungen bestimmten. Die Schwierigkeit der historischen Arbeit liegt
darin, Strömungen herauszufinden, die vor und neben der

deutschen Reformation und der katholischen Reform vorhanden waren, in einem anderen geistigen Klima, das durch diese Auseinandersetzungen dann polarisiert wurde.

490,19 *mongolischen Überschwemmung*] In der Mitte des 13. Jh.s waren die Mongolen weit nach Westen vorgedrungen (1241 Schlacht bei Liegnitz), wandten sich dann aber nach Persien und China. Die mongolischen Eroberungen in Asien im 14. und 15. Jh. unter Timur (1402 Sieg bei Ankara über die Türken) beunruhigten im Mittelmeerraum nicht und schienen eher die türkische Gefahr in Schach zu halten.

490,20 *seit den Kreuzzügen*] Die Orientkenntnis war durch eigene Anschauung erworben seit den ersten Kreuzzügen (1096-99, 1147-49, 1202-04 mit der Eroberung Konstantinopels).

490,31 *Saladin*] (Starb 1193.) Vertrieb 1187 die Johanniter aus Jerusalem. In seiner Gestalt wurden sehr viele Züge orientalischer Ritterlichkeit und arabischen Herrschertums mythisch zusammengefaßt.

491,7 *Geschichte von den drei Ringen*] Eine Quellenuntersuchung dieses Motivs zusammen mit dem von den »drei Betrügern« zurück bis in das 7. Jh. im Vorderen Orient leistet Friedrich Niewöhner, *Veritas sive varietas*, Heidelberg 1988.

491,21 *Wenn Kaiser Friedrich II.*] Urkundlich belegt ist zunächst nicht die Äußerung selbst, sondern der Vorwurf des Papstes Gregor IX., Friedrich habe so etwas gesagt. Die älteste Fassung eines weit verbreiteten Hirtenbriefes, vom 21. 5. 1239 an den Erzbischof von Canterbury, lautet: »Weil aber einige vielleicht nicht glauben könnten, daß er sich in die Worte seines eigenen Mundes verstrickt habe, so sind zum Sieg des Glaubens die Beweise vorhanden, daß dieser König der Pestilenz offen behauptet – und hiermit wollen wir Uns seiner eigenen Worte bedienen –, die ganze Welt sei von drei Schwindlern, nämlich Jesus Christus, Moses und Muhamed betrogen worden.« Gregor IX. behauptet, wörtlich zu zitieren, »ut ejus verbis utamur«. Friedrich antwortete ausführlich im Juni 1239, beschrieb

seinen Gegner als »der da sitzt auf dem Lehrstuhl verkehrten Dogmas, der Pharisäer, gesalbt mit dem Öle der Bosheit
über seine Genossen«, und kommt zur Sache: »Es hat aber
der falsche Statthalter Christi in seine Märchen eingestreut,
daß wir des christlichen Glaubens Bindung nicht richtig
verehrten und gesagt hätten, von drei Verführern sei die
Welt betrogen. Ferne sei, daß das von unsern Lippen gekommen wäre.« (»Inseruit enim falsus Christi vicarius fabu-
lis suis nos christiane fidei religionem recte non colere, ac
dixisse tribus seductoribus mundum esse deceptum: quod
absit de nostris labiis processisse.«) Burckhardt kannte zumindest die Fassung des von ihm als Quelle empfohlenen
Matthäus (Paris.), »tres Baratatores fuisse in mundo Moy-
sem, Christum, et Mahometum«, der als Kleriker der päpstlichen Version folgt. Der Papst wirft Friedrich vor, sich über
den Ursprung dreier Religionen geäußert zu haben, Friedrich verteidigt sich aber gegen einen anderen Vorwurf, gegenwärtig werde die Welt (im Namen dreier Verführer)
betrogen. Diese Äußerung hat er wahrscheinlich getan, als
Gegner von Priesterherrschaft, aber nicht als Religionskriti-
ker. Vgl. die Quellen und ihre ausführliche Erörterung in dem
Band von Friedrich Niewöhner (Anm. 491,7), S. 145-153.

494,3 *Lucretius*] (Ca. 97-55 v. Chr.), stellt in seinem
Lehrgedicht *De rerum natura* die epikureische Physik
(Atomlehre) dar. Sein Werk war in der Renaissance seit
Poggio (1380-1459) bekannt. Von Epikurs Werk selbst
hatten sich nur drei Lehrbriefe in den Philosophenviten des
Diogenes Laertius erhalten sowie 40 Sentenzen. Cicero läßt
in *De natura deorum* epikureische und stoische Auffassungen
konkurrieren.

494,20 *Sekte der Epikureer*] Die antiken Philosophien,
die nicht nur Lehren waren, sondern Lebensformen, die in
freien Gemeinschaften gepflegt wurden, erschienen dem
christlichen Mittelalter als »Sekten«. Diese Auffassung
setzte sich aber in der Philosophiegeschichte bis in das 18.
Jh. fort, zu Johann Jacob Brucker, *Historia critica philosophiae*, Leipzig 1742/44.

494,A9 *Gio. Villani*] Wie S. 454,A6 ist die Quellenangabe III 29 berichtigt in IV 30, wo von der Sekte der Epikureer, »setta degli epicurei« und »resia« (»Häresie«), die Rede ist. VI 46 das von Burckhardt übersetzte Zitat, Z. 21-23: »tutta sua vita fu epicuria, non curando quasi Iddio nè santi, se non a diletto del corpo.«

494,A9 *Epicureorum* ⟨...⟩ *effluere*] (Lat.) »Der Epikureer, die glauben, daß die Seele mit dem Körper aufgelöst in der Luft verschwinde, in einen Lufthauch verströme«.

495,4 *daß die Seele mit dem Leib vergehe*] Dante, *Inferno* X 15: »Che l'anima col corpo morta fanno«. Epikur und seine Jünger liegen im 6. Kreis der Hölle in den glühenden Särgen der Gottesleugner und Ketzer, so auch Friedrich II. von Hohenstaufen (*Inferno* X 119).

495,7 *Manichäer- und Paterinerwesen*] Bezeichnungen für Ketzer.

495,24 *spezielle Vorsehung*] Dante erörtert *Inferno* VII 67-96 durch Vergil die Rolle der Fortuna, die *Paradiso* II 112-148 zusammen mit den anderen »organi del mondo« erläutert wird.

495,26 *Fortuna*] Sie ist immer »beiderlei Glück«, das widrige wie das günstige, und bedeutet zur See den Sturmwind. Aby Warburg hat in seinem Sassetti-Aufsatz merkwürdige Dokumente für ihr Verständnis in der Renaissance mitgeteilt (*Ausgewählte Schriften*, S. 148).

496,12 f. *Marco Lombardo*] Ein Hofmann des 13. Jh.s, über den man nur Anekdoten kennt und der als zornig galt, tritt *Purgatorio* XVI aus der Reihe der Büßenden und lehrt die Freiheit des Willens, wobei aber der Himmel der Gestirne den Anstoß zum Handeln gebe (»Lo cielo i vostri movimenti inizia«); der freie Wille (»libero voler«) entscheide und siege schließlich, nachdem er mühevoll zuerst mit den Sternen gekämpft habe (»se fatica nelle prime battaglie col ciel dura«).

496,27 *Eklektiker*] Cicero (106-43 v. Chr.) ist der angesehenste und meistgelesene lateinische Autor in der Renaissance. Griechische Philosophie ist von ihm in die lateinische Sprache und in Verbindung zu Rhetorik, Staatsdenken und praktischer Lebensweisheit gebracht worden. Er stellt verschiedene Meinungen nebeneinander oder läßt Angehörige verschiedener philosophischer Schulen disputieren, ohne nach scholastischer Methode die eine als richtig zu erweisen und die andere zu widerlegen. Erkenntnistheoretisch und praktisch gehört er selber dem Skeptizismus der jüngeren Akademie zu, trägt aber – eklektizistisch – die Lehren auch der Stoa und Epikurs vor.

496,31 *Aristoteles*] (384-322 v. Chr.) Sein erhaltenes Werk war im hohen Mittelalter über arabische und jüdische Philosophen vermittelt, aber schon im 13. Jh. in Sizilien aus dem griechischen Urtext ins Lateinische übertragen worden. Man kannte also den »ganzen« Aristoteles, wollte ihn aber in ciceronianischen Übersetzungen in reinem Latein. So übersetzte Leonardo Bruni (1369-1444) die *Nikomachische Ethik* (1414) und die *Politik* (1437).

497,10 f. *Fra Ambrogio Camaldolese*] Ambrogio Traversari (1386-1439) übersetzte die Lebensbeschreibungen der griech. Philosophen (das ganze Buch X ist Epikur gewidmet) des Diogenes Laertius, *De vita et moribus philosophorum*, in kürzester Zeit, wie Vespasiano berichtet.

497,20 *Maffeo Vegio*] (1407-1458), Humanist, später Kanonikus von St. Peter in Rom, schrieb außer der Ergänzung der *Aeneis* und mythologischen Dichtungen über Kindererziehung im humanistischen Sinn.

497,25 *platonische Akademie*] Marsilio Ficino (1433-1499), der Platon und Plotin übersetzte und erklärte, suchte seine platonische Philosophie mit der christlichen Theologie zu vereinigen und schrieb neben einer *Theologia Platonica* auch *De christiana religione*; vgl. Paul Oskar Kristeller, *Die Philosophie des Marsilio Ficino*, Frankfurt/Main 1972.

498,4 f. *Überzeugungsatheismus*] Ein theoretisch begründeter Atheismus, der nicht lediglich Spott über konkurrierende Religionen und einander widerlegende Dogmen wäre, ist eine späte Erscheinung. Als Vorwurf gegen andere tritt er in den Streitschriften der Reformatoren auf (um

1530), bedeutet aber in der Regel soviel wie Gottlosigkeit oder Leugnen einzelner Dogmen. Darüber hat Lucien Febvre ein stimulierendes Buch geschrieben: *Le problème de l'incroyance au XVIᵉ siècle*, Paris 1942, ²1968.

498,20 f. *Codrus Urceus*] Antonio Urceo (1446-1500), Humanist, Lehrer des Griechischen, schrieb Verse in gutem Latein.

498,A14 *Pomponazzo*] Pietro Pomponazzi (1462-1525), *De immortalitate animae*, Bologna 1516, leugnete eine Seele ohne physisches Substrat, die lediglich ein Gespenst wäre, lehrte aber dafür eine Ewigkeit des Gedankens, dessen Gehalt zeitlos und allgemeingültig den körperlich bedingten Akt des Denkens überschreite. Auch die Freiheit des Willens besteht bei ihm trotz der Naturkausalität und folgt aus der Autonomie der Vernunft.

499,1 *lana caprina*] (Ital.) »Ziegenwolle«; »disputare de l. c.« heißt soviel wie »um des Kaisers Bart streiten«.

500,A19 *dove fusse dipinta* 〈...〉 *zoccoli*] (Ital.) »Wo die schöne Geschichte gemalt wurde, wie der heilige Franziskus den Vögeln in der Wüste predigt und wie er die Fastensuppe bereitet und der Engel Gabriel ihm die Schinkenbrote bringt«.

501,A25 *Poggius*] Poggio (1380-1459). Die Schrift über das Elend der menschlichen Existenz in den *Opera*, fol. 34-49.

501,A26 *Caracciolo*] Tristano (15. Jh.), aus berühmter neapolitanischer Familie, schrieb die Chronik seiner Stadt und über wechselhaftes Glück, *De varietate fortunae*.

502,7 *Francesco Vettori*] (1474-1539.) Der Historiker und Diplomat im Dienste der Medici, Freund Machiavellis und Guicciardinis, mit denen er die scharfe Beobachtung und kühle Analyse teilt, charakterisiert Leo X. in seinem *Sommario della Storia d'Italia dal 1511 al 1527*.

502,A28 *monimentum* 〈...〉 *praestiterunt*] (Lat.) »Dieses Denkmal errichtete Giovanni II. Bentivoglio, Regent des Vaterlandes, dem seine Tüchtigkeit und sein Glück alles, was man nur wünschen kann, reichlich gewährt haben.«

503,A29] (Lat.) »Daß wir im Übermaß Liebhaber des Heidentums gewesen seien«.

504,9 *Macrobius*] (Anfang 5. Jh.) Die *Saturnalia* handeln in 7 Büchern von diesem römischen Fest, dem Kalender und der neuplatonischen Deutung des Götterhimmels sowie von Vergil und dessen Astronomie, von Augurenkunst, Pontifikalrecht und literarischen Bezügen. Im 3. Buch sind es Beschwörungsformeln, die der Domherr anwendet.

504,12 f. *Tellus mater* ⟨...⟩ *obtestor*] (Lat.) »Mutter Erde und dich, Jupiter, beschwöre ich«; die christianisierte Formel lautete: »Erde und dich, Gott Christus, beschwöre ich.«

504,A30 *instar Cupidinis angelus*] (Lat.) »Ganz wie ein Engel des Amor«.

505,8 *Astrologie des Altertums*] Die mathematische und deutende Sternkunde auf ihrem Wege von Babylon nach Griechenland, von dort in den Orient und zurück in das Italien der Renaissance skizziert Franz Boll, *Sternglaube und Sterndeutung*, Leipzig ³1926.

505,25 *Kaiser Friedrich II.*] Hofastrologe war Michael Scotus (starb 1234), Arzt, Philosoph und Nekromant, der Aristoteles übersetzte und eine averroistisch-astrologische Summa schrieb. Dante versetzte ihn und Guido Bonatto in den 8. Kreis der Hölle zu den Betrügern, *Inferno* XX 116 ff.

505,28 *Guido Bonatto*] (13. Jh.) Gesuchter Astrologe, der vom Turme, wo er die Sterne befragte, mit dem Glockenschlag dem Ghibellinenfeldherrn Guido da Montefeltro Zeichen zur Rüstung, zum Aufsitzen und Abmarsch erteilte; vgl. S. 510,A48. Schrieb *De astronomia tractatus X*. Zu den einzelnen Astrologen in größter Ausführlichkeit Lynn Thorndike, *History of Magic and Experimental Science*, New York 1923-56.

506,A37 *pulchrius quam utile*] (Lat.) »Eher schön als nützlich«.

507,3 *Firmicus Maternus*] Schrieb 335-37 n. Chr. *Matheseos libri 8*. Im 1. Buch eine Verteidigung der Astrologie und in den folgenden die Lehren von den 12 Orten, Himmelsachsen, Horoskopen in den Tierkreiszeichen, schließlich in Buch 8 die »Sphaera barbarica«. Ediert von W. Kroll und F. Skutsch, 1897/1913.

507,A40 *Pagolo]* Paul von Middelburg (in Holland; 1440-1534), zuletzt Bischof von Fossombrone; *Prognostica*, 1480.

508,11 *Vir sapiens dominabitur astris]* (Lat.) »Der Weise gebietet den Sternen.«

508,A44 *aus dem Leben des Cardanus]* Im 2. und 10. Kap. beschreibt Girolamo Cardano sein Horoskop und die verfehlte Todesfurcht.

508,A44 *Elog. liter.]* *Elogia doctorum virorum*, XXXV: *Petrus Leonius*, des Paolo Giovio (1483-1552).

509,4 f. *großes systematisches Werk]* Guido Bonatti (13. Jh.) schrieb das später mehrfach gedruckte Werk *De astronomia tractatus X*; vgl. Lynn Thorndike, *History of Magic and Experimental Science*, Bd. 2, New York ⁴1947, S. 825-838.

511,A51 *sub v. Livianus]* Nicht unter Livianus, sondern unter Bartholomaeus findet man die Stelle, in der Ausgabe Basel 1571, S. 346 f.: »militaris imperii honore, et certa capitis et frontis vulnera« (»die Ehre des militärischen Oberbefehls so gut wie die sicheren Wunden an Kopf und Stirn«).

511,A54 *Azario]* Pietro, ein Notar aus Novara.

512,12 *Genitura]* (Ital.) »Geburt«, dann Konstellation zur Stunde der Geburt, Nativität.

512,25 *Cecco d' Ascoli]* (Starb 1327.) Neben der frevelhaften Berechnung waren es wohl persönliche Gegnerschaften und Anklage wegen Zauberei, die ihn 1327 auf den Scheiterhaufen brachten; vgl. Thorndike, Bd. 2, S. 953-963.

513,4 f. *Salone zu Padua]* Im *Cicerone* (1855) beschreibt Burckhardt ihn so: »die Fresken des ungeheuren Saales im Palazzo della ragione, von Giov. Miretto (nach 1420), ein Riesenunternehmen von beinahe 400 einzelnen Bildern, welche den Einfluß der Gestirne und Jahreszeiten auf das (in wahren Genrebildern geschilderte) Menschenleben darstellen, voll unergründlicher Bezüge aller Art, aber in den malerischen Motiven entweder ungeschickt und kraftlos oder bloße Reminiszenz von Besserm«.

513,5 *Borso's Sommerpalast]* Die Fresken des Cosimo Tura u. a. in dem seit 1470 erbauten Sommerpalast in Ferrara waren der Anlaß zur Begründung der Ikonologie durch Aby Warburg 1912:

Die Wandbilderreihe im Palazzo Schifanoja zu Ferrara stellte die zwölf Monatsbilder dar, von denen uns seit ihrer Wiederaufdeckung unter der Tünche (1840) sieben zurückgewonnen sind. Jedes Monatsbild besteht aus drei parallel übereinander angeordneten Bildflächen mit selbständigem Bildraum und etwa halblebensgroßen Figuren. Auf der obersten Fläche ziehen die olympischen Götter auf Triumphwagen einher, unten wird das irdische Treiben am Hofe des Herzogs Borso erzählt; man erblickt ihn, wie er sich in Staatsgeschäften betätigt oder zu fröhlicher Jagd auszieht; der mittlere Streifen gehört der astralen Götterwelt; darauf deutet schon das Tierkreiszeichen, das von je drei rätselhaften Gestalten umgeben, in der Mitte der Fläche erscheint. Die komplizierte und phantastische Symbolik dieser Figuren hat bisher jedem Erklärungsversuch widerstanden; ich werde sie durch Erweiterung des Beobachtungsfeldes nach dem Orient als Bestandteile nachlebender astraler Vorstellungen der griechischen Götterwelt nachweisen. Sie sind tatsächlich nichts anderes als Fixsternsymbole, die allerdings die Klarheit ihres griechischen Umrisses auf jahrhundertelanger Wanderung von Griechenland durch Kleinasien, Aegypten, Mesopotamien, Arabien und Spanien gründlich eingebüßt haben.

(*Ausgew. Schriften*, Baden-Baden 1980, S. 180 f.)

513,A59 *ad indicandum* ⟨. . .⟩ *numeros]* (Lat.) »Um den Charakter der Geborenen nach Grad und Zahl anzugeben«. Zum Bildprogramm: »Die Wände des Salone in Padua sind gleichsam Großfolioseiten aus einem astrologischen Wahrsagekalender für jeden Tag, von Abano im Geiste der Sphaera barbarica inspiriert.« (Warburg, S. 176.) Der

Astrologe Teukros (1. Jh. v. Chr.) hatte den klassischen Gestirnkatalog in seiner *Sphaera barbarica* um eine Beschreibung des Fixsternhimmels erweitert und durch die *Paranatellonta* eine räumliche Aufteilung der Tierkreisbilder und der Dekane für die Wahrsagepraktik geschaffen. Pietro d'Abano, dessen Bildnis sich am Eingang des Salone befindet, hat mit dem *Astrolabium Magnum* einen ursprünglich kleinasiatischen Wahrsagekalender – der über Ägypten nach Indien gelangte und zurück in das arabische Werk des Abû Ma'shar (starb 886), das über Spanien und eine franz. Übersetzung schließlich 1293 seine lateinische Version fand – zum Gebrauch für jedermann (»à la portée de tout le monde«) bearbeitet.

513,A60 *haec efficit* ⟨...⟩ *videantur*] (Lat.) »Das bewirkt, daß die Menschen nicht genug Abstand von den Göttern zu haben scheinen!«

514,17 *Pico della Mirandola*] (1463-1494.) Gerade der Philosoph, der in seinen 900 Thesen das magische und kabbalistische Wissen mit versammelte, verwirft bei der Suche nach wirklicher Transzendenz ihre magisch-räumliche Verdinglichung. Die Astrologie zerstöre nicht nur die Möglichkeiten der Erkenntnis, sondern die Freiheit des Menschen; vgl. Ernst Cassirer, *Individuum und Kosmos in der Philosophie der Renaissance*, Leipzig 1927, Darmstadt 1977, S. 121 ff.

515,28 *Kuppel der Kapelle Chigi*] Luigi della Pace führte 1516 nach einem Karton von Raffael das Kuppelmosaik der nach Plänen Raffaels 1513-15 erbauten Kapelle aus, das Gottvater als Schöpfer des Firmaments zeigt.

515,A68 *ut subtilium disciplinarum* ⟨...⟩ *videatur*] (Lat.) »Daß er die Lehrer der scharfsinnigen Wissenschaften vom Schreiben abgeschreckt zu haben schien«.

515,A70 *Theorie Dantes*] Es ist der 2. Traktat des *Convivio*, der in der Auslegung der Canzone »Voi che intendendo il terzo ciel movete« den Aufbau der Himmelssphären erörtert.

517,A74 *in dem belagerten Jerusalem*] Iosephos, Flavius

Josephus (um 37-100), schrieb den *Jüdischen Krieg*, aramäisch (73), wenige Jahre darauf griechisch, der in der Renaissance in lateinischen Übersetzungen sehr verbreitet war. Benedetto Varchi (1502-1565) hatte wie Josephus die Belagerung selbst erlebt und mit psychologischem Interesse genau beschrieben.

518,A78 *Et fuit mirabile* ⟨...⟩ *cessavit]* (Lat.) »Und wunderbar war es, wie der Regen sofort aufhörte.«

519,A79 *Coniurationis Pactianae]* Dieselbe Begebenheit wie Polizianos gleich im Jahre 1478 redigiertes *Commentarium* berichtet Machiavelli in der *Geschichte von Florenz*, Buch 8, Kap. 9, ohne den Aberglauben.

520,14 *sortes virgilianae]* (Lat.) »Vergil-Orakel«; wie das Bibelstechen der Pietisten war das Aufschlagen einer Vergilstelle zur Deutung des Schicksals üblich. Der A82 genannte Fund ist schrecklich genug: »heu fuge crudelis terras, fuge litus auarum« (»Wehe dir, flieh dies grausame Land, dies Räubergestade!«; übers. v. R. A. Schröder).

520,17 *Jamblichus]* Iamblichos (4. Jh.), neuplatonischer Philosoph und okkulter Schriftsteller. *De mysteriis Aegyptiorum* erschien in Ficinos Übersetzung mit anderen Schriften 1497 als Aldus-Druck. Vgl. dazu Edgar Wind, *Heidnische Mysterien in der Renaissance*, Frankfurt/Main 1981, [2]1987.

520,25 *Geisterwelt]* Burckhardt hatte in seinem Werk *Die Zeit Constantins des Großen* (1853) ausführlich das Eindringen orientalischer Kulte und die Dämonisierung des Heidentums dargestellt (5. und 6. Abschnitt), deren Reste sich hartnäckig halten.

520,A81 *Pausanias]* (Um 115-nach 180), Schriftsteller, der wirklich unternommene Reisen durch Griechenland, Kleinasien, Syrien, Ägypten beschreibt mit historischen Exkursen und Darstellung der Denkmäler in 10 Büchern; *Beschreibung Griechenlands*, Zürich 1954.

521,A84 *Molte fiate* ⟨...⟩ *creature]* (Ital.) »Oftmals verderben die Toten die kleinen Kinder.«

522,25 *Schule von Venedig]* Das lange umstrittene Bild in der Accademia in Venedig wird eher Palma oder Bordone

zugeschrieben; schon Vasari, der es 1550 Giorgione zuschreibt, hatte es 1568 Palma il Vecchio zugeordnet. Das
erstaunliche Gemälde ist über 4 m breit.

523,4 f. *Verklagte früher als* ⟨...⟩ *Schuldige gab*] Die eigentümliche Kausalität im Hexenwahn, nach der die Anklage erst die Phantasie von Denunzianten und Opfern in
Gang setzt, ist wie der geschichtliche Verlauf dieser Epidemie in ausführlichen Studien bearbeitet worden, z. B. bei
H. R. Trevor-Roper, *The European Witch-Craze*, New York
1956 u. ö., dt. 1977.

525,A91 *facciono* ⟨...⟩ *nuocere*] (Ital.) »Welche Hexerei
betreiben oder Vergiftungen oder Bezauberung irdischer
Geister um zu schaden«.

525,A93 *Medicus Ducis* ⟨...⟩ *potens*] (Lat.) »Leibarzt
des Herzogs von Sachsen, ein Mann, der sowohl reich wie
mächtig ist«.

526,10 *Basler Konzils*] (1431-37.) Das Hussitenpro-
blem, die Liturgie und der Zölibat sowie die Einigung mit
der griechischen orthodoxen Kirche wurden dabei behandelt.

527,3 *Bulle Innocenz VIII.*] *Die Hexenbulle* (*Summis desiderantes affectibus*), hg. v. P. Friedrich, Leipzig 1905, beklagt die Verbreitung des Hexenwesens in Deutschland und
autorisiert die Dominikaner-Inquisitoren Jacob Sprenger
und Heinrich Institoris, die 1486 den *Hexenhammer* (*Malleus
Maleficarum*) druckten (hg. v. J. W. Schmidt, Berlin 1906),
mit dessen Ausrottung.

527,A97 *Lucan*] (39-65 n. Chr.) Sein Epos *Pharsalia*
oder *De bello civile* (Über den Bürgerkrieg), worin mit
Caesar das Verbrechen über das Recht gesiegt habe, gehörte
zu den frühesten Drucken, Rom 1469.

527,A98 *Jaques du Clerc*] J. du Clercq (1420-1475), flämischer Chronist, seine *Mémoirs* behandeln die Jahre 1448-
67 mit wichtigen Nachrichten über den Waldenserprozeß in
Arras 1459/60.

528,13 *Incubus und Succubus*] Männliche und weibliche
Form des Teufels in den sexuellen Phantasien der Dämono-

logen. Eine ausführliche Kasuistik des Sexualverhaltens des Teufels und die Erörterung seiner Zeugungsfähigkeit beschäftigte die Kirchenväter.

528,A101 *cives ⟨...⟩ puellarum]* (Lat.) »Er ließ Bologneser Bürger mit Dämonen in der Gestalt von Mädchen Unzucht treiben.«

528,A101 *Procop.]* Prokopios (6. Jh.), Historiker der Zeit des Justinian (527-565), schrieb neben einer Geschichte der Kriege die *Anekdota*, eine Schmähschrift gegen das Kaiserpaar, die Burckhardt als *Historia arcana* zitiert.

529,6 *Canidia]* Römische Frau, die im Ruf der Giftmischerei und des Zauberns stand, bei Horaz, *Epoden* 3,8 und 5,15: »Canidia mit kleinen Schlangen im Haar und zerzaustem Schopfe läßt Holz der wilden Feige, aus Gräbern geraubt, läßt die Leichenzypresse und Eier, in ekles Froschblut getunkt, mit einer Schuhufeder und Giftkräutern aus Iolcos und Spanien und dem Knochen vom Schädel einer mageren Hündin in die kolchische Flamme werfen.« Auch 17,6; *Satiren* I 8,24 ff., II 1,48 und 8,95.

529,21-24 *Prima che'l fuoco ⟨...⟩ cuore]* (Ital.) »Ehe noch das Feuer aus | Komm' mein Liebster in mein Haus; | So bereitest du ihm Schmerz | Wie ich's tu mit diesem Herz.«

530,25 *Marcellus Palingenius]* Pier Angelo Manzoli aus La Stellata nannte sich Marcellus Stellatus Palingenius (um 1500-1543). Sein *Zodiacus vitae* (Venedig, um 1534 gedruckt) wurde besonders bei Protestanten beliebt und vielfach übersetzt. Postum geriet er in den Verdacht der Häresie und das Buch auf den Index (1558).

532,A111 *Polydorus Virgilius]* (1470-1555), erst Sekretär des Herzogs von Urbino, dann in päpstlichem Auftrag in England, wo er 1507 von König Heinrich VII. den Auftrag erhielt, eine Geschichte Englands zu schreiben, was er in gründlicher Arbeit leistete: *Anglicae historiae libri 27* (bis 1538); *De prodigiis* (Von Wundern und Vorzeichen).

535,13 *Kardinal Albornoz]* Egidio (starb 1367), hielt als span. Kardinal in der Zeit, als französische Päpste in Avi-

gnon regierten, den Kirchenstaat unter päpstlicher Herrschaft, um 1353-63.

535,A115a *et militem marmoreum* ⟨...⟩ *transtulerunt*]
(Lat.) »Und den marmornen Soldaten, der sich in der Nähe
von Ravenna beständig mit der Sonne drehte, eigneten sie
sich an und brachten ihn siegreich in ihre Stadt.«

536,A117 *veteres* ⟨...⟩ *imitatus*] (Lat.) »Die Alten hat er
in dieser Sache viel eher nachgeahmt als den heiligen Petrus, Anacletus und Linus.«

536,A118 *Sugerius*] Abt Suger von St. Denis (ca. 1081-
1151).

537,18 *Benvenuto Cellini*] (1500-1571.) In Goethes Übersetzung ist es Buch 2, Kap. 1:

> Wir gingen zusammen ins Colisee; dort kleidete sich der
> Priester nach Art der Zauberer, zeichnete Zirkel auf die
> Erde mit den schönsten Zeremonien die man sich auf der
> Welt nur denken kann. Er hatte uns Zaffetika (Assa
> foetida) mitbringen lassen, kostbares Räucherwerk und
> Feuer, auch böses Räucherwerk. Da alles in Ordnung
> war, machte er das Tor in den Zirkel und führte uns
> hinein. Dem andern Schwarzkünstler befahl er, das Räu-
> cherwerk nach Bedürfnis ins Feuer zu werfen; uns über-
> ließ er die Sorge das Feuer zu unterhalten und die Speze-
> reien darzureichen, dann fing er seine Beschwörungen
> an, welche über anderthalb Stunden dauerten. Darauf
> erschienen manche Legionen Teufel, so daß das Colisee
> ganz voll ward. Ich war mit den köstlichsten Spezereien
> beschäftigt, und als der Priester eine so große Menge
> Geister bemerkte, wendete er sich zu mir und sagte:
> Verlange was von ihnen! Ich versetzte, sie sollen machen,
> daß ich mit meiner Sizilianerin wieder zusammen-
> komme.

Das zweite Mal geht es ebenso zu, aber ein Knabe ist dabei,
der mehr zu sehen glaubt als die anderen, und die Männer
sind eher komisch als heldenhaft.

541,A132 *Novi nihil* ⟨...⟩ *publicus*] (Lat.) »Ich sage
nichts Neues, es ist eine öffentliche Gepflogenheit.«

542,A135 *Neque enim desunt]* (Lat.) »Jedenfalls fehlen sie nicht.«

546,29 *Buch des Pomponazzo]* Pietro Pomponazzi (1462-1525), *De immortalitate animae*, Bologna 1516; vgl. S. 498.

547,13 *Macrobius]* (Anf. 5. Jh.) Sein Kommentar zu Cicero, *Somnium Scipionis*, deutet aus einzelnen Textstellen die neuplatonische Seelenlehre, Astronomie und Musiktheorie, wobei er Platon mit Cicero in Übereinstimmung bringen will. Seine Kosmologie schöpft aus dem *Timaios*-Kommentar des Porphyrios (3. Jh.). Er gehörte im Mittelalter zu den meistgelesenen Autoren.

547,28-548,1 *Platos Phädon]* Phaidon, der Dialog über die Unsterblichkeit der Seele, den Sokrates in Erwartung des Todes hält.

547,A144 *Ariosto, Orlando]* Im *Rasenden Roland* lautet die Ideenlehre so:

> O hindre nicht die edelsten der Seelen,
> Die je geformt in ewigen Ideen,
> Mit Körperstoff des Stamms sich zu vermählen,
> Der einst in dir soll seine Wurzel sehn!
> O mache nicht die tausend Siege fehlen,
> Womit Italien, nach so langen Wehn,
> Durch deine Söhn' und deiner Kinder Söhne
> Gelangen wird zu seiner vor'gen Schöne!
> (Übers. v. Johann D. Gries, Jena 1804.)

548,6-8 *daß den energischen* ⟨...⟩ *gehöre]* Die wörtliche Übersetzung des Zitats in A147.

548,16 *von den Fabiern]* Die alten Römer der Republik. Die Fabier waren eine der Familien, die immer wieder Feldherrn und Politiker stellten, als berühmtesten den Fabius Maximus Cunctator, der Hannibal durch hinhaltende Taktik nach der Niederlage am Trasimenischen See 217 v. Chr. zu schaden suchte. Curius besiegte 290 v. Chr. die Samniten und 275 v. Chr. den König Pyrrhus. Fabricius in der gleichen Zeit ist das Muster der Unbestechlichkeit und Redlichkeit.

548,A149 *Nunc te Praxiteles* ⟨...⟩ *manus]* (Lat.) »Jetzt

verehren dich Praxiteles, Phidias und Polyklet | Und bewundern deine Hände, o Niccolò.«

549,A151 *non poenitere* ⟨...⟩ *cessisset]* (Lat.) »Hätte ich mich nicht daran gewöhnt, nie eine Sache zu bereuen, die ich freiwillig unternommen habe, und hätte sie auch ein noch so übles Ende genommen, so hätte ich wohl beständig unter der unglücklichsten Stimmung zu leiden gehabt.« (Dt. Übers. v. Hermann Hefele, *Des Girolamo Cardano von Mailand eigene Lebensbeschreibung*, Jena 1914, München 1969, S. 53.)

550,4 *Macchiavell]* In den *Discorsi* II 2 erörtert Machiavelli die Folgen der »falschen Auslegungen« des Christentums für die Politik. Die Verherrlichung von Demut und Versenkung und die Schwächung von Tatkraft und Freiheitswillen habe die Welt schwach gemacht und den Verbrechern in die Hände geliefert.

550,21 *Agnolo Pandolfini]* Es ist Leon Battista Alberti im *Buch vom Hauswesen*, vgl. S. 394.

551,23 f. *Antitrinitarier]* Religiöse Bewegung, welche die Dreieinigkeit leugnet.

551,24 *Sozinianer]* Der Sienese Laelius Socinus (1525-1562) und sein Neffe Faustus (1539-1604) lehrten als humanistische Reformatoren die Einheit Gottes statt der Trinität und den Gebrauch der Vernunft statt des Dogmas. Ihre Lehre verbreitete sich in Polen und in Siebenbürgen.

551,A154 *Dii quibus* ⟨...⟩ *Bacchum]* (Lat.) Die Ode ist an Johann Goritz gerichtet, der die Gruppe der »Anna selbdritt« bei Andrea Sansovino in Auftrag gegeben hatte und den römischen Literatenkreis um sich zu versammeln pflegte: »Ihr Götter, denen Corycius bald liebliche Bildwerke, bald eine reiche Kapelle stiftet, wenn irgendein Dank der Frommen eure Seelen bewegt, | So erhaltet lange die glückbringenden Scherze und das Lachen des heiteren Greises; so gebt ein Alter, das immergrün ist und reichlich genetzt mit Falerner. | Wenn er aber von langem Alter gesättigt die Erde verläßt, so sei er heiter beim Festmahl der Götter und vertausche den Wein mit dem besseren Nektar.«

552,15 *das höchste Resultat]* Um eine Vorstellung von den Hymnen Lorenzos zu geben, sei aus *L'Altercazione*, cap. V, zitiert, wo es um die verschiedenen Arten des Glückes geht, welche die antiken Philosophen lehrten: Aristipp das Sinnenglück, Zeno die tätigen Tugenden, die Erkenntnis der Erde bei Demokrit, die der Himmelskörper bei Anaxagoras, die des Überirdischen bei Aristoteles. Platon allein versetze sich als selige Seele in das Schauen Gottes, und Lorenzo preist deshalb diese Liebe:

> Avviene all'alma nostra, Dio intendendo
> che a sua capacitá tanta amplitudine
> contrae, e Dio in sé vien ristrignendo.
> Amando alla sua immensa latitudine
> amplifichiamo e dilatiam la mente:
> questo par sia vera beatitudine.

> Erkennend zieht in einem Lichtgedanken
> Die Seele Gott den Ewigen zusammen,
> Begrenzend ihn in ihre eigenen Schranken.
> Und liebend wird sie unermeßlich weit,
> Gibt selbst sich dem Unendlichen dahin,
> Und hat in ihm die wahre Seligkeit.

(Nach Carrières Übers., zit. bei Hermann Hettner, *Italienische Studien*, Braunschweig 1879, S. 188; der ital. Text nach Lorenzo de'Medici, *Opere*, hg. v. Attilio Simioni, Bd. 2, Bari ²1939, S. 60; in diesem Bd. sind auch die übrigen von Burckhardt zitierten Hymnen.)

DIE KUNST DER RENAISSANCE IN ITALIEN

ENTSTEHUNG · SELBSTZEUGNISSE

Die Entstehungsgeschichte dieses Werkes ist ein Knäuel von Schwierigkeiten. Unlust, Zaudern, Pflichtgefühl und Selbstüberwindung wechseln miteinander ab. Schon als Burckhardt das erste Freiexemplar der *Kultur der Renaissance* an Paul Heyse sandte (16. 9. 1860), fügte er hinzu:

> Auch noch Eins: auf pag. 2 verspreche ich »in einiger Zeit« ein zweites Werk über *Kunst* der Renaissance. Damit hat es gute Weile, ich habe das Schreiben völlig satt und bereue jenes Versprechen schmerzlich.

Einmal ließ ihn die Erschöpfung nach der *Kultur der Renaissance in Italien* aller ferneren Autorschaft abschwören, ein andermal faßte ihn die Enttäuschung über die literarischen Strömungen derart, daß er (22. 4. 1862) Paul Heyse gestand:

> (Unter uns gesagt, die deutsche Nation verdient vielleicht überhaupt nicht mehr, daß man für sie schreibe, doch dieses behalte für Dich.)

Noch im gleichen Jahr aber berichtete er unter ganz praktischen Gesichtspunkten von seinem Vorgehen (an Paul Heyse, 30. 11. 1862):

> Ich arbeite nun an der »Kunst der Renaissance« die eigentlich ein Werk von 2 oder 3 Bänden werden sollte, nun aber nur als einbändiger »Grundriß« von höchstens 500 Seiten ans Licht treten soll. Ich mag nicht die doppelte Zeit mit Schreiben und Corrigiren verderben und dem Verleger doppelte Kosten machen. Auch hätte ich die Arbeit wohl überhaupt liegen lassen, wenn nicht die Vorarbeiten in sauberer Vollständigkeit in meinem Schubfach gelegen und mich täglich gemahnt hätten. So entschloß ich mich denn diesen Winter daran zu wenden

und alle irgend entbehrlichen Stunden dafür zusammen-
zusparen. In einer solchen Zeit pflege ich eigentlich nicht
zu leben und schlage alles sonstige Dasein in die Schanze
um nur fertig zu werden. Auch thue ich hohe und heilige
Gelübde, nie mehr eine Arbeit welche Jahre verlangt, zu
unternehmen. Das ist gut für unabhängige Leute aber
nicht für unser Einen.

Im Winter erwähnte er den Fortgang der Arbeit
(15. 2. 1863, an Friedrich Samuel Vögelin):

> Ich schreibe gegenwärtig an einer möglichst kurz gefaß-
> ten »Kunst der Renaissance« in §§ und kleiner zu
> druckenden Ausführungen, und wünsche sehnlich, bis
> Ende April damit fertig zu sein und 500 Druckseiten
> nicht zu überschreiten. Es wird Alles *nach Sachen* nicht
> nach Zeiten und Künstlern eingetheilt, was rasend
> schwer, aber nützlich ist.

Wieder läßt ein auf das Nötigste begrenzter Briefwechsel
auf die Intensität der Arbeit schließen. Mitte Juni hatte sich
die Sache aber anders entwickelt als geplant (an Wilhelm
Vischer, 14. 6. 1863):

> Meine große Arbeit über die Kunst der Renaissance,
> begonnen (d. h. die Ausarbeitung) Ende September, im
> Manuscript zu ⅞ fertig, habe ich abermals cassirt und
> mich zu einem kurzen Auszug entschlossen, den ich im
> nächsten Winter mit aller Bequemlichkeit ausarbeiten
> will. Es hieß Etwas, den Valor von c. 550 Druckseiten
> wieder in die Schublade zu legen, aber besser ist besser
> und ich bin nun sehr froh darüber.

Kurze Zeit später variierte er diese Aussage in einem Brief
an Otto Ribbeck (27. 6. 1863):

> ⟨. . .⟩ da wurde ich über gewisse Principien der Einthei-
> lung und sonstigen Behandlung zweifelhaft und cassirte
> die Arbeit ⟨. . .⟩ Vielleicht werde ich die Hauptresultate
> einmal fragmentarisch in 10-20 Bogen veröffentlichen;
> daran stirbt man nicht. Aber einen Winter wie den letzten
> will ich auch nicht mehr erleben wenn es anders zu
> machen ist. Ich war nur noch halb Mensch.

Im folgenden Frühjahr schien er die Sache abgetan zu
haben und malte Paul Heyse die Idylle eines arbeitsamen
Geschichtsprofessors aus, der abends in ein Weinhaus geht,
wochenends über Land wandert und auf seinem Pianino zu
Hause für sich musiziert (3. 4. 1864):

> Meine »Kunst der Renaissance« habe ich im Winter
> 1862/3 zu ⅞ ausgearbeitet, dann aber in Princip und
> Ausführung ungenügend befunden und wieder in den
> Pult gethan, wahrscheinlich für immer, da ich nicht hof-
> fen kann, mit ½ Jahr Italien das Fehlende nachholen zu
> können. Wir haben hier nie mehr als 4, höchstens 5
> Wochen Ferien an einem Stück, und das giebt keine Reise
> wie ich sie brauchte. Mein Trost ist, daß ich mich wenig-
> stens vor der großen Arbeit nicht gefürchtet habe. – Nun
> halte ich meine geringe literarische Laufbahn überhaupt
> für abgeschlossen und befinde mich jetzt beim Quellen-
> lesen sehr viel wohler und zufriedener ⟨. . .⟩

Der Gedanke, sich ganz neu in umfassender Quellenlektüre
auf seine, wie er sagt, »curiose und wildgewachsene Manier« im Griechentum zu ergehen, beschäftigte ihn, und
dabei dachte er nicht an ein Buch, sondern an einen erst
kürzeren, dann längeren akademischen Kurs »vom Geist
der Griechen«. Nun ging es aber darum, die Handbücher
des verstorbenen Franz Kugler neu zu bearbeiten bzw. zu
komplettieren. Neben dem Freund Paul Heyse schaltete
sich der vielgeschäftige Wilhelm Lübke ein. In Burckhardt
rang ein innerer Widerstreit zwischen dem Zaudern und
Verweigern einerseits: »daß ich nicht eine Forschung selber
publizieren will, die, statt in Schlüssen, an allen Enden in
Fragezeichen ausmündet«, der Verpflichtung gegenüber
Kugler und dem »Wunsch, der großen Sache der Renaissance einen Dienst zu erweisen« auf der anderen Seite. So
schlug er vor, Lübke sein Manuskript zur freien Verfügung
zu überlassen.

Wilhelm Lübke (1826-1893) publizierte selbst eilig und
viel und verstand es, die Schwierigkeiten, die Burckhardt
vor sich auftürmte, mit burschikosen Ermunterungen und

praktischer Hilfe bei der Beschaffung von Abbildungen für die Holzschnittillustrationen zu beseitigen. Er übernahm den Band der *Geschichte der Renaissance in Frankreich* (1869), ließ *Die Renaissance in Deutschland* (1873) folgen und war in praktischen Fragen gegenwärtiger Kunst ein Verfechter deutscher Renaissance gegen die Neugotik, bis es offensichtlich wurde, daß man in beiden Stilen geschmacklos bauen konnte.

Bei Burckhardt verstärkte sich der Eindruck, daß die Kunstgeschichte sich nicht länger als kenntnisreiche Leidenschaft betreiben ließ, sondern zum Metier geworden war. Der Schwung, in welchem er einst den *Cicerone* geschrieben hatte, trotz aller Unvollkommenheiten, Reisebeschränkungen und teilweise fehlenden wissenschaftlichen Voraussetzungen, ließ sich nicht wiedergewinnen. Und trotz aller Anerkennung wurden ihm die Grenzen deutlich, an die man notwendig stoßen muß, wenn man mit dem Technischen und der Praxis, vor allem in der Architektur, nicht von Grund auf vertraut ist. Das hatte er gegenüber dem Kollegen in den Jahren in Zürich, Gottfried Semper, empfunden, der eine stilistische Frage aus vertrautem Umgang und überlegener Beherrschung des Metiers mit einer Bauskizze lösen konnte, wo andere sich in historischen Erörterungen verloren.

Aus solchen Erwägungen warnte er den Neffen Jacob Oeri, den späteren Nachlaßverwalter, vor dem Dilettieren in der Kunstgeschichte (18. 12. 1864):

Die Kunstgeschichte verlangt heut zu Tage das ganze Leben, sie verlangt beständige Reisen, Fertigkeiten im Zeichnen jeder Gattung, Bekanntschaft mit Stechern und die Kraft sie zu dirigieren, dabei eine große Geschmeidigkeit in 1000 Dingen des äußern Lebens und Parvenirens ⟨. . .⟩ Und dann kann man, als unbesoldeter und theuer lebender Privatdocent oder (wenns hoch kommt) Professor extraordinarius eines schönen Morgens bei Revolutionen u. a. Calamitäten zwischen 2 falliten Verlegern plötzlich in der Luft schweben.

Dem jungen Architekten und Kunsthistoriker Eduard Paulus gestand er ein »Gefühl des Ungenügens an all meinen
vergangenen kunstgeschichtlichen Arbeiten« und berichtete über den Stand der Publikation (28. 6. 1865):

> war es denn nicht möglich daß ein Mann vom Fach den
> Cicerone schrieb? mußte es denn ich Dilettant sein, der
> auf jeder Seite die stärksten Proben von Unwissenheit in
> den Hauptsachen der Baukunst giebt? Jetzt, in histori-
> sche Studien versenkt, und mit einem Lehramt betraut,
> welches mir wenig Zeit zu Grillen übrig läßt, sehe ich auf
> jene Arbeit mit der Überzeugung zurück, daß ich ganz
> unverhältnismäßig gut durchgekommen bin. – Eine
> 1862/3 verfaßte systematische Darstellung der italieni-
> schen Renaissance hat mir wiederum so wenig genügt
> daß ich sie zurücklegte; erst seit einem halben Jahr habe
> ich dieselbe Prof. Lübke überlassen, welcher sie ergänzen
> und zum Theil umarbeiten und mit einem zweiten Theil:
> »Die Renaissance außerhalb Italiens« vermehren wird;
> das Ganze, zusammen ein Band, reich und schön illu-
> strirt, erscheint bei Ebner & Seubert in Stuttgart, und
> zwar die erste, italienische Hälfte vielleicht schon im
> Spätherbst. Ich lehne so wenigstens jede Verantwortlich-
> keit über Thatsachen und Urteile von mir ab und entgehe
> der in meiner Lage sehr peinlichen Störung von Seite der
> Officin; die Sorge für Illustrationen hätte ich ohnehin nie
> übernehmen können.
> Jetzt ists aber die höchste Zeit daß die Architekten zum
> Worte kommen! und daß neben den Prachtaufnahmen
> der so bedingten und zweifelhaften französischen Re-
> naissance (die in der Regel nicht einmal dem tiefern
> Studium ihrer wahren Vorzüge, sondern der oberfläch-
> lichen Willkür dienen) endlich die großen alten italieni-
> schen Leistungen in den Vordergrund treten!

Burckhardts Erwartungen erfüllten sich nur teilweise.
Lübke hat Burckhardts Text nicht ergänzt oder umgearbei-
tet bzw. die notizenhaften Belege in einen Lesetext umge-
schrieben, und das war wohl besser so. Dagegen hat er sich

um die Illustrationen bemüht, und 1867 ist Burckhardts
»Antheil am vierten Band von Kuglers Baukunst« endlich
erschienen. So allerdings hatte er sich das nicht vorgestellt,
daher entschuldigte er den Band (2. 6. 1867):

> Es ist nicht zum lesen; ich hatte es eigentlich nur als
> Notizensammlung redigiert und Freund Lübke, der es
> hätte umarbeiten und beleben sollen, hat es dann tale
> quale abdrucken lassen. Aber die Illustrationen, an wel-
> chen ich freilich nicht das geringste Verdienst habe, sind
> zum Theil sehr schön.

Mit so vielen apotropäischen Maßnahmen umgab Burckhardt ein Werk, das nicht nur ihm am Herzen lag, sondern
für die Entwicklung der Kunstgeschichte, die nicht nur
Künstlergeschichte sein soll, von hoher und weiterwirken-
der Bedeutung wurde. In diesem Band hat es die besondere
Aufgabe, die Arbeitsweise der *Kultur der Renaissance* zu
veranschaulichen – insofern es in einem Stadium des Roh-
baus blieb und seine Struktur und Bautechnik sehen läßt –
und zu dem ausgeführten Teil die Ergänzung zu einem
Gesamtbild geistiger und künstlerischer Kultur der Renaissance zu bieten.

Einer der stärksten, nicht genannten, Gründe dafür, daß
ihm die Entstehung des Kunstbuches so schwer wurde, war
gewiß der in Begeisterung zügig geschriebene *Cicerone*
(1855). Ihn zu wiederholen, zu komplettieren oder gar
auszuschreiben, war unmöglich. Dem viel nüchterneren
und strengen systematischen Versuch einer Kunstgeschichte nach Aufgaben und Sachen Schwung und Les-
barkeit zu geben, ist schwer, und innerhalb der systematischen Ordnung konsequent zu sein, wenn man so viel über
die reichen Lebensbedingungen der Werke weiß, nicht einfach. Aufbau und Ordnung reichten in die Zeit der Arbeit
an der *Kultur der Renaissance* zurück. Burckhardt hatte für
beide Teile exzerpiert und gesammelt und diese Exzerpte
zur Kunst, nach 170 Überschriften geordnet, in einem
mächtigen Band zusammengeklebt, wie er Paul Heyse
(14. 8. 1858) schrieb. Diese Überschriften entsprechen teil-

weise schon den Kapitel- und Paragraphenüberschriften des späteren Buches.

Das Unternehmen, »der Prosa der Kunst zum Recht zu verhelfen«, in einer Zeit, als das phantasievolle Nachempfinden in diesem Fache blühte, setzte Disziplin voraus. Es bedeutete auch für das eigene Verhältnis zur bildenden Kunst zunächst einen Verzicht, »nicht die einzelnen Kunstwerke zu deuten, sondern die Triebkräfte und Bedingungen, die das Ganze beherrschen, zu veranschaulichen«. Dabei wird einmal, in der frühen Fassung einer Vorrede (1863), auf Otfried Müllers Archäologie verwiesen, später statt dessen auf Winckelmanns epochemachende Leistung, aus dem Einzelnen zum erstenmal die »Geschichte der Kunst des Altertums« als ein Ganzes in den Phasen einer erkennbaren Entwicklung zu begreifen. Hinzu kommt eine Bescheidung, die doch wieder auch Durchsichtigkeit zur Folge hat und das Nachvollziehen erlaubt: »Ohne eigene archivalische Forschung, bloß nach den jedermann zugänglichen gedruckten Quellen und nach den Denkmälern selbst gebe ich hier das Bild jener großen Kunstzeit, wie sie mir erscheint.«

An eine Grenze stieß Burckhardt dort, wo er mit den Künstlern nach ihren Aufgaben argumentieren mußte: »Wer in der Kunst nicht einmal Dilettant ist, kann diese Art von Forschung doch immer nur bis zu einem gewissen Punkte führen.« Die Traktatenliteratur, sofern sie von Künstlern geschrieben ist, gibt manches zu verstehen, sagt aber wenig über das, was hier in Rede steht. Die Briefwechsel mit Auftraggebern sind erst später als eine Quelle hohen Ranges erschlossen worden, bleiben aber in der Regel beim Motiv stehen. Die Aufgaben, die ein Künstler sich selber stellte, auf dem Standpunkt der technischen allgemeinen und seiner individuellen Entwicklung, wenn Auftrag und Vorwurf oder Bildprogramm geklärt waren, lassen sich nur erschließen aus der Reihe der überlieferten Werke. Es muß selbstverständlich immer wieder gedeutet werden, um systematisch ordnen zu können, und »die Masse der wirklich

vorhandenen Kunstwerke und Kunstaussagen« in ihrer
Zufälligkeit bestimmt dabei jede mögliche Gruppierung:
»Außerdem ist es nicht meine Schuld, daß sich alles mit
allem berührt und daher jede Einteilung streitig bleibt.«

Allgemeinen Definitionen ging Burckhardt aus dem
Wege, wo immer es möglich war. Wenn sie ganz unerläßlich
wurden, warf er sie, wie nebenbei, in die Debatte, etwa
wenn er die Eigengesetzlichkeit des Raumstils der Renaissance von den beiden »organischen« Baustilen, dem griechischen und dem gotischen, unterscheiden mußte (§ 33).
Von Problemen der Formenbehandlung her öffnet Burckhardt die Augen und Sinne, er vermittelt das Wohlbehagen,
das ein Raum von glücklichen Verhältnissen gibt, und die
Heiterkeit einer gelungenen Zierform. Nicht der Interpre-
tation, sondern der Wahrnehmung erschließt sich das span-
nungsvolle Zusammenstimmen der Verhältnisse aller Teile
in einem Ganzen, »tutta quella musica«, wie Leon Battista
Alberti es genannt hat. Um zu begreifen, worum es in den
Werkstätten der Renaissance ging, bedarf es viel nüchterner
Sachkenntnis und der Einsicht in den Schwung, mit dem
man die Kunst durch Forschung und Erkenntnis zu neuen
Grenzen trieb. Und reifer Sinnlichkeit.

KOMMENTARANLAGE

Burckhardts Skizze einer systematischen Kunstgeschichte
der Renaissance haben seither viele Studien ins einzelne ausgeführt. Von den Disziplinen, die sich mit der Renaissance
beschäftigen, ist die Kunstgeschichte die einzige, die das intensiv und extensiv tut. Fehlt es auf anderen Gebieten oft
überhaupt an Studien, so häufen und überbieten sie sich hier.
Der Kommentar hat um so sparsamer zu verfahren. Einiges
ist aus Burckhardts Quellen zu erläutern, anderes aus seinen
erzählenden Kunstschriften, dem *Cicerone* vor allem, zu veranschaulichen. Bei der Fülle und dem Fortgang kunstwis-
senschaftlicher Studien wäre eine auch nur allgemeine bi-

bliographische Orientierung fehl am Platze. Die Werke sind
nicht durch Abbildungsbände zu repräsentieren, sondern
müssen aufgesucht werden, die Deutungen lösen sich ab.

Zu den von Burckhardt in den Druck gegebenen Teilen
»Architektur« und »Dekoration« treten hier, wie in der von
Heinrich Wölfflin besorgten Fassung der Gesamtausgabe
(Bd. 6, Stuttgart 1932), die Leitsätze zur »Plastik« und
»Malerei«. Zusätzlich ist dem Bande Burckhardts Register
der Orte und Künstler wieder beigegeben und für die zum
Text der 2. Auflage hinzugekommenen Teile ergänzt wor-
den. Aus den Illustrationen ist das Wichtigste ausgewählt
worden, wo der Holzschnitt die Struktur sichtbar macht
und nicht durch neuere Photographien zu ersetzen wäre.

TEXTGRUNDLAGE

Die Kunst der Renaissance in Italien erschien zuerst 1867 bei
Ebner & Seubert in Stuttgart als Teil der von Franz Kugler
begründeten ›Geschichte der Baukunst‹. Sie bildet den ersten Band der *Geschichte der neueren Baukunst* von Jacob
Burckhardt und Wilhelm Lübke und trägt den Einzeltitel:
Geschichte der Renaissance in Italien. Textvorlage ist die
»Zweite vom Verfasser selbst durchgesehene und vermehrte Auflage«, 1878, mit den erst postum veröffentlichten Zusätzen Burckhardts und den zuerst in der Gesamtausgabe (Bd. 6, Stuttgart 1932) von Heinrich Wölfflin publi-
zierten Leitsätzen zu den im Manuskript ausgearbeiteten,
aber von Burckhardt nicht für den Druck genehmigten
Teilen »Plastik« und »Malerei«. – Die Vorworte beider
Bände lauten wie folgt:

Vorwort
zur ersten Ausgabe der »Geschichte der neueren Baukunst«
von J. Burckhardt und W. Lübke
1867

Acht Jahre nach dem zu frühen Hinscheiden Franz Kuglers folgt hiemit endlich ein letzter Band zu seiner »Geschichte der Baukunst«; eine Zögerung, welche sich wohl schon entschuldigen ließe durch die Sorgen und Bedenken, die sich an die Vollendung eines so imposanten Werkes wie dasjenige Kuglers knüpfen mußten. Dazu hat die Behandlung der Epoche, mit welcher wir es zu tun hatten, ihre besondere Schwierigkeit darin, daß für dieselbe nur vereinzelte Vorarbeiten vorhanden sind, indem die Kunstgeschichte diese Partien bis vor kurzem teils mit Gleichgültigkeit, teils gar mit Geringschätzung übersehn zu dürfen glaubte. Die moderne Architektur, wie sie seit dem 15. Jahrhundert sich entwickelt hat, wird meistenteils heute noch mit derselben Nichtachtung behandelt, welche ehemals, als die antike Kunst ausschließlich die Geister erfüllte, die Werke des Mittelalters traf. Daher kommt es, daß der Bearbeiter dieser Epoche die Materialien, aus denen er seinen Bau aufführen soll, zum guten Teil mit eigenen Händen brechen, zubereiten und herbeitragen muß.

Wir haben uns nun so in die Arbeit geteilt, daß der eine von uns (J. B.) die Darstellung der Architektur und Dekoration der italienischen Renaissance, der andere (W. L.) die Geschichte der außeritalienischen Renaissance und des gesamten Bauschaffens der späteren Epochen liefert. Der erste Teil ließ sich nur in systematischer Anordnung so behandeln, daß die planvoll bewußte Entwicklung der Kunst durch anderthalb Jahrhunderte hindurch zu einem neuen, konsequenten Stil dem Leser klar gemacht wurde. Für den zweiten Teil dagegen tritt die geschichtliche Anordnung in ihr Recht, denn die übrigen Länder empfingen stoßweise von Italien aus Anregung, die sie mit den Über-

lieferungen der eigenen Kunst- und Lebensgewohnheiten
zu einer vielfach anziehenden, wenngleich nichts weniger
als einheitlich durchgebildeten Bauweise verschmolzen.

Außerdem hat der eine Mitarbeiter (W. L.) auch den
ersten Teil durchgesehn, einzelne Nachträge hinzugefügt
und die sämtlichen Illustrationen des ganzen Werkes be-
sorgt. Für diese war nur zum Teil auf die bekannten, meist
von französischen Architekten herrührenden Publikationen zurückzugreifen. Vielmehr mußte nach Kräften Neues,
womöglich Unediertes oder ungenügend Veröffentlichtes
geboten werden. ⟨Folgen nähere Angaben über die Herkunft der Illustrationen des Buches.⟩

W. Lübke

J. Burckhardt

Vorwort

zur »Geschichte der Renaissance in Italien«

von J. Burckhardt.

(Zweite vom Verfasser selbst durchgesehene und

vermehrte Auflage.)

1878

Das Werk, welches im Jahre 1867 als Teil und Fortsetzung
von *Franz Kuglers* Geschichte der Baukunst erschien, tritt
hier mannigfach berichtigt und mit einem sehr viel größeren Reichtum von Illustrationen ans Licht. Der Verfasser
glaubte, es sei wünschbar, daß neben die erzählende Kunstgeschichte auch eine Darstellung nach Sachen und Gattungen trete, gleichsam ein zweiter systematischer Teil, wie
dies seit Winckelmann mit der Kunst des klassischen Altertums geschehen. Es ergeben sich bei einer solchen parallelen Behandlung des Zusammengehörenden manche Resultate, welche die nach Künstlern erzählende Geschichte
nicht zu betonen pflegt. Die Triebkräfte, welche das Ganze
der Kunst beherrschten, die Präzedentien, von welchen der
einzelne Meister bei seinem Schaffen bedingt war, treten

hier in den Vordergrund, während die Künstlergeschichte den großen Vorzug behaupten wird, die Individualitäten in ihrer Macht und Fülle schildern zu dürfen. Vielleicht ließe sich die hier vorliegende Arbeit auch durch ihre Kürze rechtfertigen, indem sie den wesentlichen Kunstgehalt einer Periode in einen kleinern Umfang zusammendrängt als dies die Künstlergeschichte vermag. Dem Verfasser hat sich übrigens sehr klar die Wahrheit aufgedrängt, daß wer in der Kunst nicht einmal Dilettant ist, diese Art von paralleler Forschung und Darstellung immer nur bis zu einem mäßigen Ziele führen kann, und daß Forscher, welche zugleich mit der Ausübung der Kunst vertraut sind, dieselbe mit ganz anderem Erfolge fördern würden.

STELLENKOMMENTAR

576,13 *Corio, storia di Milano*] Bernardino Corio (1459-1510) schrieb die mailändische Geschichte bis 1499, das Werk erschien zuerst 1503, in lombardisch gefärbtem Italienisch.

576,15 *Decembrii vita*] Die beiden Fürstenbiographien des Piercandido Decembrio (1399-1477), vgl. S. 45; in der Sammlung von Muratori, *Scriptores rerum Italicarum*, Bd. 20 (dt. Übers. Jena 1913); hier die des Filippo Maria Visconti, Herzog von Mailand (1402-1447). Auch die anderen Quellen, Michele Savonarola über Padua, Malipieros venezianische Annalen, Matarazzos Chronik von Perugia und das anonyme *Diario Ferrarese*, sind Schriften, die Burckhardt in der *Kultur der Renaissance* oft zitiert. Er hat sie auf kulturgeschichtliche und kunsthistorische Fakten hin exzerpiert. Sie erscheinen hier als bloße Notizen, während sie in der *Kultur der Renaissance* in der Regel in den Text hineingearbeitet wurden.

577,14 *Legat Gregors X.*] Auf dem Wege von Avignon nach Rom (1275) gemachte Schenkung Papst Gregors X. (1271-76) von 30 000 Scudi.

577,22 *Auftrag Arnolfos*] Arnolfo di Cambio (1232-1310) begann vor 1296 mit dem Bau der neuen Domkirche S. Maria del Fiore an Stelle der alten Kathedralkirche S. Reparata. Vasari bezieht sich auf die Chronik des Giovanni Villani in dem Zitat: »di fare una chiesa principale nella loro città, e farla tale che, per grandezza e magnificenza, non si potesse desiderare nè maggiore nè più bella dall' industria e potere degli uomini.«

577,30 *Glücksjahr*] 1330 hatte man die Gebeine des hl. Zenobius gefunden, was dem nach Arnolfos Tod 1310 schleppenden Bau neuen Schwung gab. 1331 wird Pistoja erobert.

578,2 *Brunellesco*] Filippo Brunelleschi (1377-1446) ist mit Ghiberti zusammen Architekt der Kuppel. Das Zitat aus Vasari (2. Aufl. 1568): »Ed aveva in sè due concetti grandissimi: l'uno era il tornare a luce la buona architettura ⟨...⟩ l'altro di trovar modo, se e'si potesse, a voltare la cupola di Santa Maria del Fiore di Fiorenza ⟨...⟩«

578,8 *Gaye, carteggio*] Giovanni Gaye gab in Florenz 1839/40 in 2 Bänden bisher ungedruckte Quellen zur Kunstgeschichte heraus.

578,16 *Inschrift*] »Zum Beweis der hohen Pracht der Künste und Künstler des Volkes von Florenz«.

578,28 *Leon Battista Alberti*] (1404-1472); vgl. S. 145 ff.

578,30 *Thukydides*] Der griechische Historiker des peloponnesischen Krieges war durch Lorenzo Valla (1407-1457) um 1450 ins Lateinische übersetzt worden.

579,7 f. *bei Vespasiano Fiorentino*] *Le vite* – dt. Übers. *Lebensbeschreibungen berühmter Männer* (Jena 1914) – des von Burckhardt so gern zitierten Handschriftenhändlers Vespasiano da Bisticci (1421-1498). Vespasiano veranschlagt die jährlichen Ausgaben auf 15-18 000 Fiorini (S. 319); »Cosimo's Weissagung« S. 321.

579,13 *extra petulantiam* ⟨...⟩ *fortunae*] (Lat.) »Über den Leichtsinn und das Spiel mit dem Glück hinaus«.

579,25 *Sansovino*] Francesco (1521-1583), *Venetia* (1581), Darstellung, Geschichte und Literaturgeschichte Venedigs.

ABB. I

Kuppel aus Polifilo

ABB. 2

Capella Pazzi zu Florenz

ABB. 3

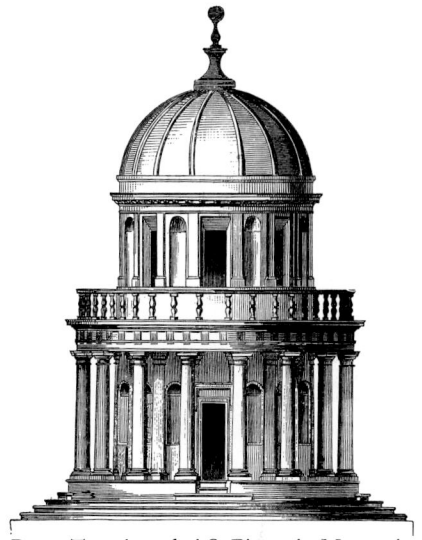

Rom. Tempietto bei S. Pietro in Montorio

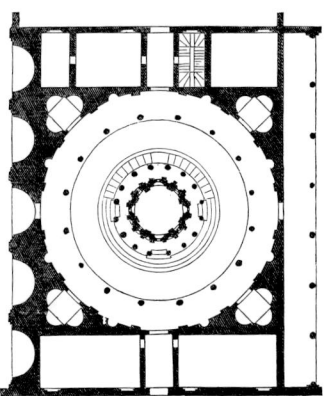

Rom, Tempietto bei S. Pietro in Montorio

ABB. 4

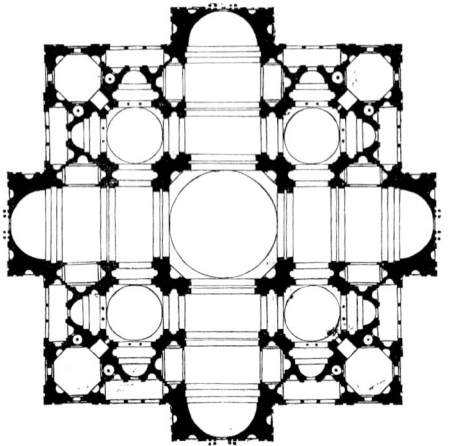

S. Peter. Bramante's erster Grundriß

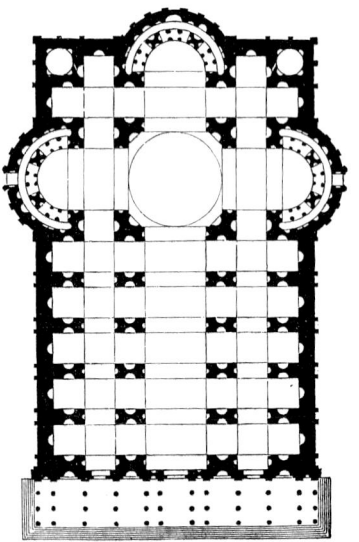

S. Peter. Rafaels Grundriß

ABB. 5

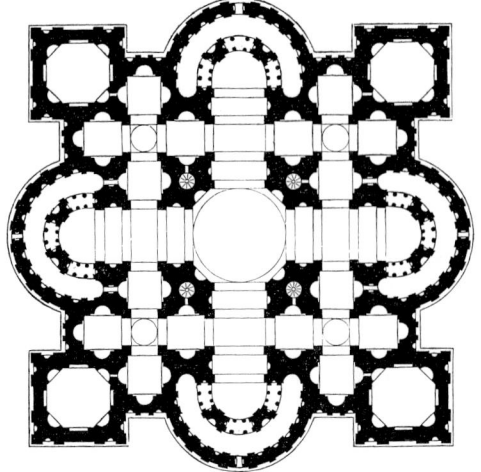

S. Peter. Peruzzi's Grundriß

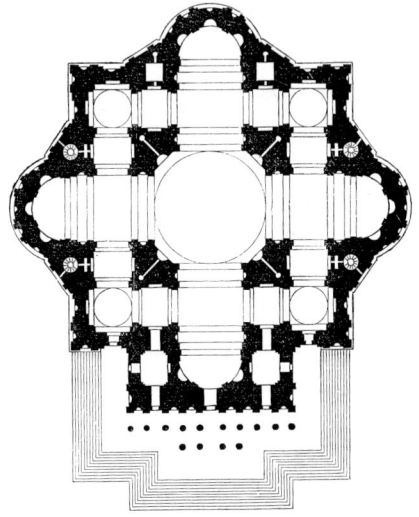

S. Peter. Michelangelo's Grundriß

ABB. 6

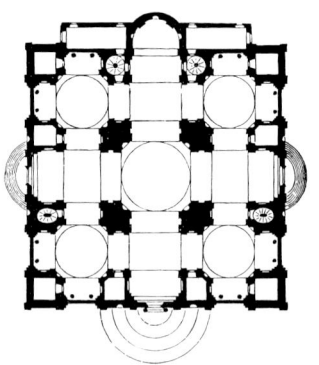

Madonna di Carignano. Durchschnitt

Madonna di Carignano in Genua

ABB. 7

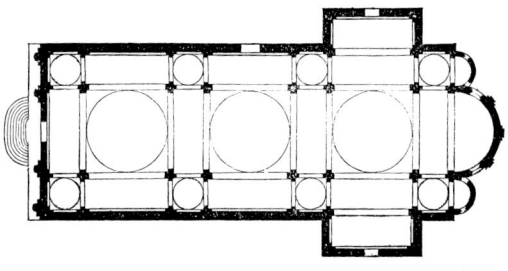

S. Salvatore zu Venedig

S. Salvatore zu Venedig

ABB. 8

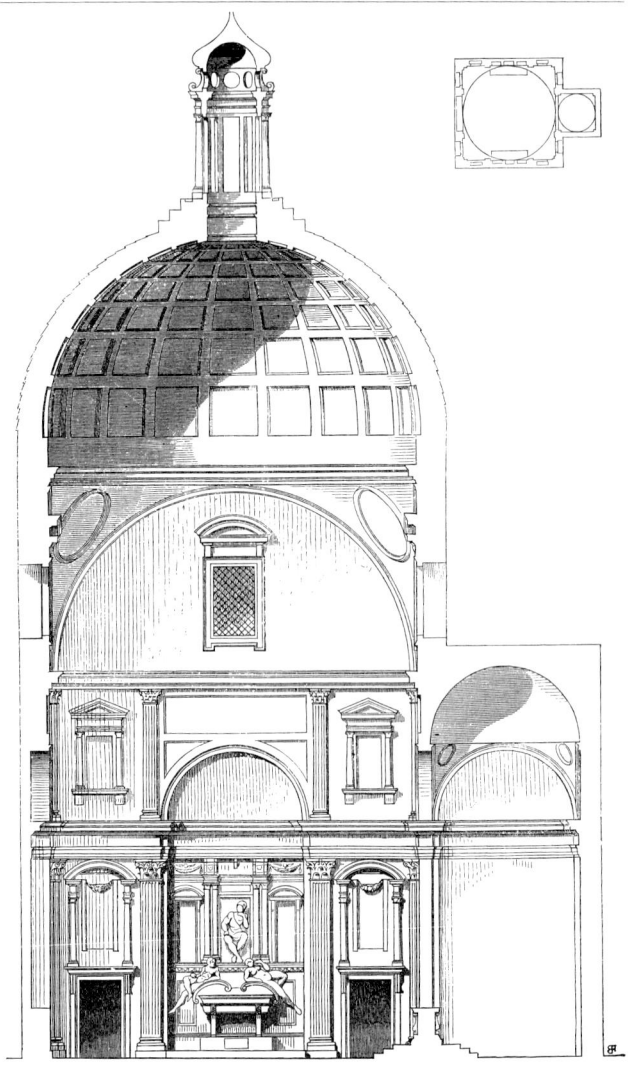

Mediceische Capelle bei S. Lorenzo

ABB. 9

Hof an S. M. della Pace

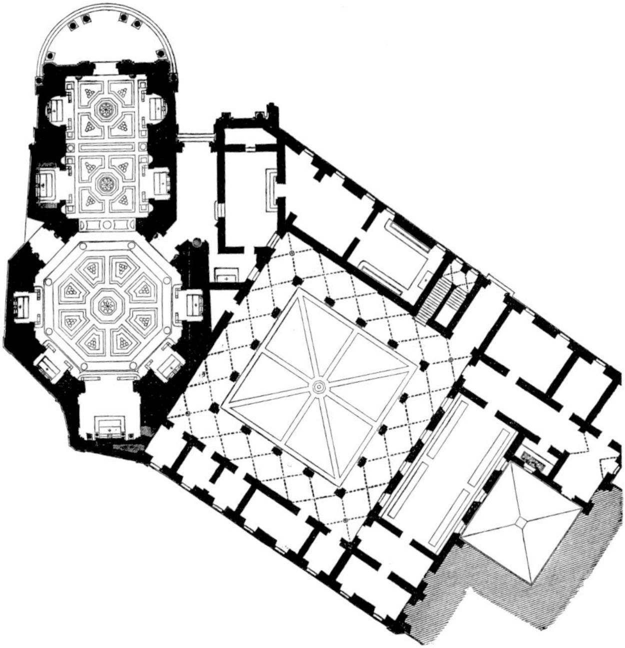

S. M. della Pace

ABB. 10

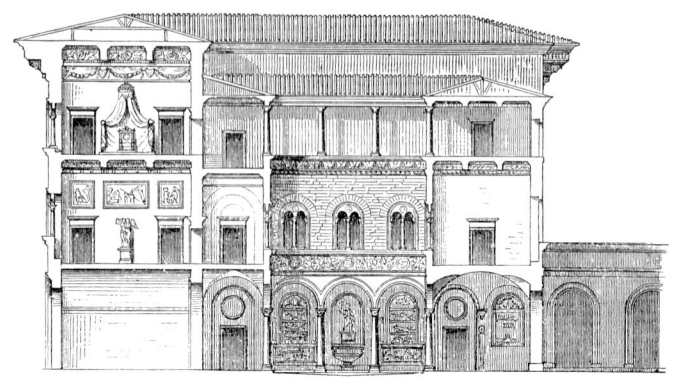

Pal. Riccardi zu Florenz

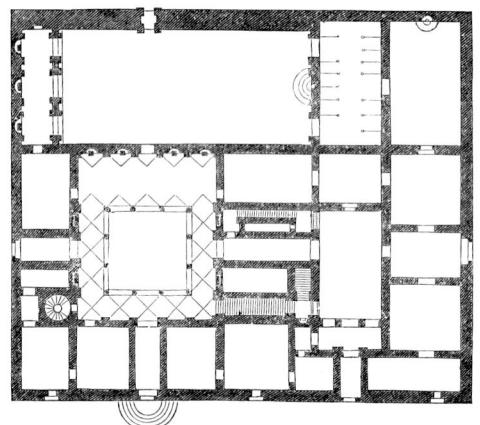

Pal. Riccardi zu Florenz

ABB. 11

Hof von Pal. Gondi zu Florenz

ABB. 12

Pal. Farnese zu Rom

ABB. 13

Pal. Bevilacqua zu Verona

ABB. 14

Pal. Linotte zu Rom

ABB. 15

Querdurchschnitt durch den großen Hof des Vaticans in seinem
ursprünglichen Zustande; oben der Giardino della Pigna

ABB. 16

Fassade nach Serlio

Fassade nach Serlio

ABB. 17

Fassade nach Serlio

Fassade nach Serlio

ABB. 18

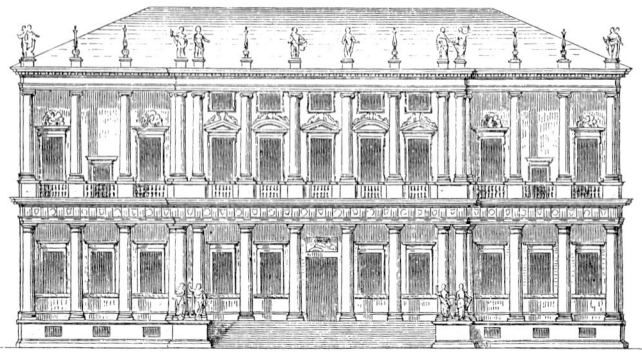

Pal. Chieregati zu Vicenza

Pal. Malvezzi-Medici
zu Bologna

Pal. Fantuzzi zu Bologna

ABB. 19

Triumphbogen des Alfons zu Neapel

ABB. 20

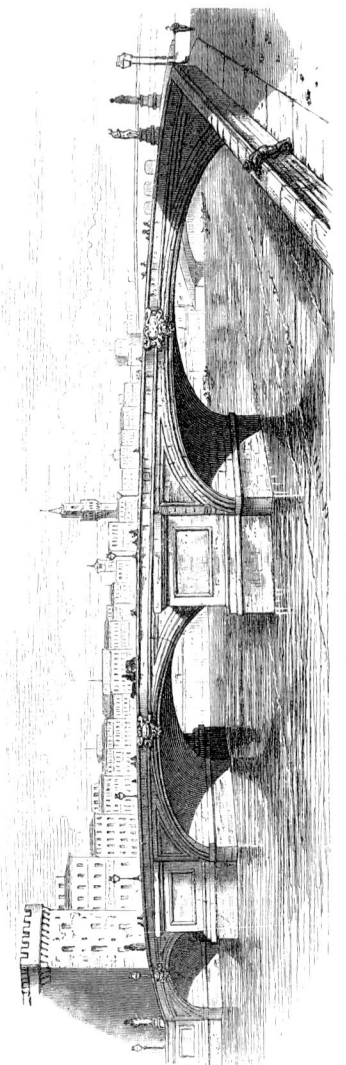

Ponte S. Trinità zu Florenz

ABB. 21

Villa Pia

ABB. 22

Villa bei Florenz

Vigna bei Florenz

ABB. 23

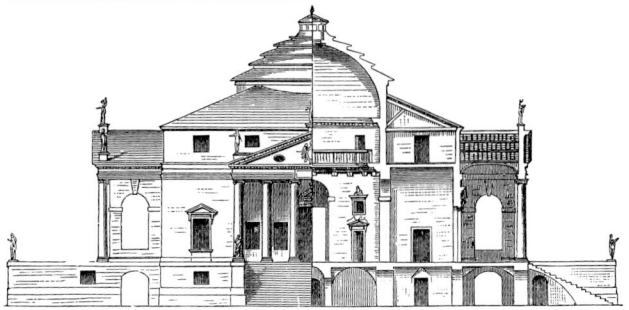

La Rotonda bei Vicenza

Villa Medici zu Rom

ABB. 24

Kanzel in S. Croce zu Florenz

ABB. 25

Fenster der Certosa bei Pavia

ABB. 26

Grabmal in S. Maria del Popolo zu Rom

ABB. 27

Von Ghiberti's zweiter Tür in Florenz

ABB. 28

Decke nach Serlio

Decke nach Serlio

ABB. 29

Sgraffitofassade zu Florenz

ABB. 30

Loggie im Vatican zu Rom

ABB. 3 1

Aus den Loggien des Vaticans in Rom

ABB. 32

Palladio's Teatro olimpico zu Vicenza; Scena

580,3 *Vgl. Milanesi]* Die gedruckten Dokumente zur Geschichte der Kunst in Siena sind so exzerpiert, daß oben die Belegstellen aufgeführt werden, danach unter einzelnen Gesichtspunkten, aber nicht chronologisch, wie oben in der Folge der Dokumente, Ereignisse berichtet werden, aus denen die »Baugesinnung der Sienesen« ersichtlich wird. So ist die Notiz über das »Stillestehen«, das eine Schande sei, »è a grande vergogna di tutta la citta« zu 1407, die nächsten zu 1298 und 1327.

580,26 f. *suum magisterium* ⟨...⟩ *opus]* (Lat.) »Seine Meisterschaft beweisen und das Werk seiner Anstrengungen«.

580,29 *Baldassar Peruzzi]* (1481 in Siena-1536.) Peruzzi hatte besonderes Unglück beim »Sacco di Roma«. Er wurde von den Spaniern gefangengenommen und, als er ihnen entkommen war, auf dem Wege nach Siena noch einmal ausgeplündert, so daß er, wie Vasari schreibt, »im Hemde« nach Siena kam. Seine Freunde sagen in der erwähnten Petition (Milanesi III, S. 101), er werde »dare honore e nome della città vostra in le altre città«.

582,17 *Sanmicheli]* Michele (1484-1559). In diesem Falle ging es nicht nur um den Ruhm, sondern um eine sichere Fundamentierung, die der glänzende Bautechniker, den der unbesiegte Feldherr Federigo von Montefeltro schätzte und beanspruchte, mit einem System von eingerammten Pfählen und bei gestautem Wasser darauf gesetzten Grundsteinen erreichte.

582,23 f. *ewig vor den Augen* ⟨...⟩ *müsse]* »Che in eterno aveva da essere in su gli occhi del senato e di tanti signori.«

582,34 *vgl. Kultur der Renaissance]* Die Verweise zeigen, wie die beiden Bücher ineinander verschränkt sind, wie an der Kunst das erwiesen wird, was in der Kulturgeschichte behauptet und am Verhältnis der Kultur zum Staat herausgearbeitet worden ist.

583,1 f. *Zeit Constantins d. Gr.]* Burckhardt erörtert im 10. Abschnitt seines Buches die Gründung der neuen Hauptstadt Constantinopolis, die Bauleidenschaft Constantins und die »halbheidnische Grundsteinlegung«.

583,5 f. *Ezzelino da Romano*] Vgl. S. 14 f.

583,35-37 *»welche schön* ⟨. . .⟩ *läßt«*] »Quale sia bello, honorevole et eterno; se le cose del mondo se possano fare eterne.«

584,5 *Federigo*] Aus dem Hause Gonzaga, Herzog von Mantua; ließ sich durch Baldesar Castiglione, den Verfasser des *Buches vom Hofmann*, Giulio Romano (1492-1546) aus Rom vermitteln, nach dessen Plänen der Palazzo del Te gebaut und ausgemalt und die Stadt gegen Überschwemmungen gesichert und in vielem neu gebaut wurde. Vasari schreibt von Federigo: »Dieser Herzog liebte Giulios Talent in so hohem Maße, daß er nicht ohne ihn leben konnte.«

585,27 f. *»zu ewigem Andenken«*] »De eterna memoria«.

586,17 *Vespasiano fiorentino*] V. da Bisticci (1421-1498) hat die ausführlichste seiner *Vite* (Lebensbeschreibungen berühmter Männer) dem Herzog Federigo von Montefeltro in Urbino gewidmet (dt. Übers. S. 169-211; zur Architektur seines Palastes S. 191 f.).

587,8 f. *turbae populorum*] (Lat.) »Völkerschwärme«.

587,28 *prosequi, perficere, absolvere!*] (Lat.) »Fortfahren, Ausführen, Vollenden!«

589,5 f. *(Anspielung* ⟨. . .⟩ *Giulia)*] Redaktionelle Erläuterung des Herausgebers Wilhelm Lübke.

589,19 *magnarum semper molium avidus*] (Lat.) »Stets begierig auf große Massen«, auf das Kolossale gerichtet, wie Burckhardt erläutert.

590,16 *Francesco Foscari*] Vgl. S. 73.

590,25 *Matteo Villani*] Aus der Chronik, die er nach Giovanni Villanis Tod bei der Pest 1348 fortsetzt, das Zitat III 9: »imperò che tutte altre sustantie che iddio me ave concedute, rimaranno ali posteri, e non so a cui; solo lo dicto munisterio con tutti li suoi adornamenti sarà mio in ogni tempo, e farà plu essere verzicante e duraturo lo mio nome in cottesta cittate e se l'anima è immortale, come dice mons. lo cancelliero, la mia anima di ciò sarà letificante.«

591,18 f. *Lorenzo magnifico*] (1448-1492.) Lorenzo de' Medici wird hier als »der tatsächliche Staatsherrscher« bezeichnet. Er hatte kein offizielles Amt, und obwohl er auf alle Weise Florentiner Politik machte und von auswärtigen Fürsten als ihresgleichen behandelt wurde, ist es immer noch in vielen Fragen unsicher, wie weit sein tatsächlicher Einfluß ging.

591,25 f. *per non esser cosa civile]* (Ital.) »Weil sie nichts Bürgerliches sei«, d. h., sie gehöre nicht zur bürgerlichen Baukunst, sondern zur herrscherlichen und zu der öffentlicher Bauten.

591,37 *Filippo Strozzi der Jüngere]* (1489-1538), Sohn des Filippo S. d. Ä. (starb 1491), Kaufmann und Politiker, mit den Medici verschwägert und in hohen Ämtern.

592,2 f. *elegantiae publicae, commoditati privatae]* (Lat.) »Dem öffentlichen Geschmack und der häuslichen Bequemlichkeit gewidmet«.

592,7 *Jovianus Pontanus]* Giovanni Pontano (1426-1503) ist der Humanist, Poet und Historiker Neapels, einer der glänzenden Neulateiner, Staatsmann und Gelehrter.

592,33 *Serlio]* Sebastiano (1475-1554), Verfasser des in der Folge oft zitierten Werkes *dell'architettura*, Venedig 1540 ff.; vgl. § 31.

593,23 *Hiram Abif]* Der Erbauer von Salomos Tempel, 1. Kön. 7,13 f.: »Und der König Salomo sandte hin und ließ holen Hiram von Tyrus, Einer Witwe Sohn aus dem Stamm Naphthali, und sein Vater war ein Mann von Tyrus gewesen; der war ein Meister im Erz, voll Weisheit, Verstand und Kunst, zu arbeiten allerlei Erzwerk. Da der zum Könige Salomo kam, machte er alle seine Werke.«

594,26 *Scheinfassade]* Eine aus Holz aufgeführte Fassade vor dem Florentiner Dom nach der Architektur von Jacopo Sansovino und mit Grisaillemalereien des Andrea del Sarto (1515) sei »eine Erfindung des Lorenzo de' Medici, Vaters dieses Papstes, als er noch lebte, gewesen«, schreibt Vasari. Die Stelle ist unklar und umstritten. Es wird sich kaum um eine ausgeführte Zeichnung gehandelt haben, eher um die Idee einer solchen Art Fassade; vgl. S. 702. Lorenzo hatte aber eine Art Akademie zur Ausbildung und

Förderung junger Künstler, die so gut wie alle Ausgezeichnetes leisteten.

595,20 *Falconetto*] Giovanni Maria (1458-1534), baute für Cornaro die sog. Loggia Cornaro (1524), wo die Stücke des Angelo Beolco, gen. Ruzzante (vgl. S. 318), aufgeführt wurden, und den Odeo Cornaro, dessen achteckiger Mittelsaal bereits an Palladios Villa Rotonda anklingt; vgl. § 26.

596,9 f. *veramente ha fatto* ⟨. . .⟩ *barba*] (Ital.) (Er habe) »wahrhaftig mehr hundsföttische Architekten zustande gebracht als er Haare im Barte hatte«, sagt Lomazzo, *Trattato dell'arte*, Ausgabe Mailand 1585.

596,20 *Michelangelos Hohn*] Ein großer Fürst, der gern Baumeister spielte, ließ Nischen mauern mit Ringen darin, wo sich Statuen nicht gut ausnehmen. Michelangelo sagte: »Laßt Bündel Aale an die Ringe hängen.«

597,3 *vom Siege des Genius*] Es ist die als Ei des Columbus bekannte Anekdote, die aber schon Brunelleschi anwendet, und seine Kuppel ist schließlich eiförmig.

597,8 f. *resoluzione, consiglio, deliberazione*] (Ital.) »Beschlußfassung, Beratschlagung, Entscheidung«, alle drei Wörter können etwa die drei Nuancen bedeuten, in diesen Fällen eine Beratung, die in einer Entscheidung endet.

597,26 f. *quando la natura* ⟨. . .⟩ *avarizia*] (Ital.) »Wenn die Natur etwas gewähren will, so gewährt sie es ohne Neid.«

598,35 *Brief des Kardinals Ercole Gonzaga*] Der Tod Giulio Romanos hat ihn erschüttert: »che in vero mi pare d'haver perduta la man destra.« (»Es scheint mir wahrhaftig, als habe ich die rechte Hand verloren.«) Alle Lust zu bauen sei ihm benommen: »penso di sepellir con lui tutti i miei desiderii.« (»Ich gedenke, mit ihm alle meine Wünsche zu begraben.«)

599,1 *Girol. Genga*] (1476-1551.) Girolamo Genga lernte die Malerei bei Luca Signorelli und zusammen mit Raffael bei Perugino.

599,12 f. *Die beiden da Majano*] Giuliano (1432-1490) und Benedetto (1442-nach 1498).

601,13 *Lazzaro Vasari]* (1399-1452), Vorfahre des Giorgio Vasari, ein Sattler in Arezzo, den der pietätvolle Nachfahre zu einem berühmten Maler aufbaut.

602,12 *Das Wort rinascita]* Das Wort und seine Verbindungen hat die Forschung so fasziniert, daß es auf Kosten des Begriffes und der Sache, über die sich die Humanisten seit Petrarca einig waren, mit entlegenen Deutungen beladen und philologisch abstrus mehrfach seit dem späten 19. Jh. untersucht wurde. Abschließend den Begriff R. zu klären und das Wort mit der Sache zu vermitteln versucht Erwin Panofsky, *Renaissance and Renascences in Western Art*, dt. *Die Renaissancen der europäischen Kunst*, Frankfurt/Main 1979; zu Vasaris »rinascita« vgl. S. 43 und 339.

602,18 *Der Ausdruck ist seither* ⟨...⟩] Burckhardt, der mehr als ein anderer – und nicht nur im deutschen Sprachbereich – dafür getan hat, daß »Renaissance« über »alle Gebiete des Lebens ausgedehnt« wurde, ist doch dem Begriff und seinen Konnotationen gegenüber sehr skeptisch. Für ihn bezeichnet die Kultur Italiens im 14. und 15. Jh. und ihre künstlerische Tätigkeit den Beginn der Moderne.

603,35 *innern Durchmesser]* Der achtseitige Zentralbau von S. Giovanni mißt 26,50 m (das Pantheon 43 m).

605,32 *Matth. Paris]* Matthäus Parisensis, engl. Chronist des 13. Jh.s (ca. 1200-1259). Burckhardt empfiehlt ihn als Quellenlektüre für das 13. Jh. in *Über das Studium der Geschichte*, hg. v. Peter Ganz, München 1978, S. 101.

606,25-29 *uno die initiatur* ⟨...⟩ *loquuntur]* (Lat.) »An einem Tag wird ein Bau begonnen und ausgeführt und am anderen Tage wieder zerstört und am ersten besten Tage eine neue Form gegeben ⟨...⟩ denn der eine von ihnen will der einen Bauweise folgen, der andere einer anderen Form, und sie stimmen nicht überein ⟨...⟩ und sogar die Bürger debattieren über verschiedene Baustile ⟨...⟩«

607,27 *vergoldete Löwen]* »Quattro marzocchi di pietra ⟨...⟩ tutti messi d'oro«; »marzocco« ist der Florentiner Wappenlöwe.

608,1 *Als höchste Potenz]* Der Paragraph verbindet das

Registrieren der Phänomene mit einer teleologischen Spe-
kulation der Bauideen. So schon das »Abkommen mit dem
Zentralbau« (S. 607,1), die Wandlung der gotischen Formensprache durch die italienische Bauweise, die politische
Deutung des Zentralbaues und nun seine Charakterisierung als höchste Potenz. Potenz ist (aristotelisch) die reale
Möglichkeit, die Wirklichkeit werden kann. In der Geschichte sieht Burckhardt die drei großen »Potenzen« Staat,
Religion und Kultur (*Über das Studium der Geschichte*, hg. v.
Peter Ganz, S. 173 ff., 296). Für die Architektur bedeutet es
die höchste Form ihrer Verwirklichung.

610,12 *vulgaris error*] (Lat.) »Gemeiner Irrtum«; statt eines Intervalls eine Säule auf die Mitte zu setzen ist z. B. in
der maurischen Architektur und in der der Frührenaissance
möglich, in der antiken nicht.

610,16 f. *domus cui nulla* ⟨...⟩ *est*] (Lat.) »Ein Haus, das
seinesgleichen in Italien nicht hat«.

611,19 *Palast von Ofen*] Im heutigen Budapest.

612,4 f. *ad quemcunque* ⟨...⟩ *arte*] (Lat.) »An jeden italienischen Meister, der in besagter Kunst erfahren ist«.

612,17 *in dem berühmten Briefe*] Dieser Brief war zuerst
1753 in den Werken Castigliones gedruckt, wurde aber
auch Bramante und Baldassare Peruzzi zugeschrieben.
Dt. Übers. bei E. Guhl, *Künstler-Briefe*, Berlin ²1880, Bd. 1,
S. 99 ff. Dort werden Bauten der Goten aus der Zeit ihrer
Herrschaft für den Stil der Gotik verantwortlich gemacht,
und der Spitzbogen findet seine Erklärung im Bauen mit
»grünen Stämmen, deren Zweige gebogen und an der
Spitze miteinander verbunden sind«.

612,32 *Hector Boëthius*] (Um 1465-1536), eigentl. Boyis
oder Bois, der Begründer der humanistischen Geschichtsschreibung in Schottland, Professor in Paris, später Rektor
der Universität Aberdeen, *Scotorum historiae a prima gentis
origine libri 19*, zuerst Paris 1526. Er nimmt unbedenklich
Fabeln alter Chronisten auf und erfindet auch selber, wie
Annius von Viterbo, wo es an Quellen fehlt.

612,34-36 *meliores literae* ⟨...⟩ *revixerunt*] (Lat.) »Die besseren Wissenschaften, die mit dem Goteneinbruch zusammen mit dem römischen Reich untergingen, lebten fast auf der ganzen Erde ⟨im 15. Jh.⟩ wieder auf.«

613,5 f. *Cassiodor's Briefsammlung]* Cassiodor (um 485 bis gegen 580) war als hoher römischer Beamter um Vermittlung zwischen gotischer Herrschaft und römischer Kultur bemüht, und als Klosterstifter begründete er die Überlieferung antiker Literatur durch genaue Abschriften in den Skriptorien. Die Zeit der Konkurrenz zur antiken Philosophie und Bildung (wie bei Augustinus) war vorüber, und durch Cassiodor begann sich antike Literatur in den Klostermauern auszubreiten.

614,26 *Leute von jeder Art]* Ariguzzis bewegte Klage: »tanti in tuto el mondo, e dogni sorte, preti, frati, artexani, contadini, maestri di scola, mandandori, scudelari, fuxari, fachini e fino a quelli dalaqua mostrano architetori, e diceno el suo povere ⟨. . .⟩ e anchora novè sta alchuno che sia venuto a sparangone con medeli o disegni ⟨. . .⟩«

616,10 f. *In Italien geht die Kultur ⟨. . .⟩ voran]* Einer der Hauptsätze der *Kultur der Renaissance*, daß die literarische Bildung den Künsten zeitlich voranging, nicht immer um die gleiche Spanne, aber stets sichtbar. Mal und zu Anfang ist es ein ganzes Jahrhundert, dann nur ein oder zwei Jahrzehnte.

616,31 *Alberti]* Della pittura, hg. v. L. Mallè, Florenz 1950, dt. Übers. *Kleine kunsttheoretische Schriften*, hg. v. H. Janitschek, Wien 1877 und Nachdrucke. Der Traktat über die Malerei ist um 1435 geschrieben.

618,8 f. *tum mente, tum chartis]* (Lat.) »Sowohl im Geiste wie auf dem Skizzenblock«.

618,19 f. *Formen Großgriechenlands]* Großgriechenland, magna Graecia, nannte man in der Antike Sizilien und Unteritalien mit den großen Koloniestädten Syrakus, Neapel und Tarent; hier sind es die Tempelstädte Paestum südlich Neapel und Agrigent und Selinunt an der sizilischen Südküste.

618,32 *Winckelmann]* Johann Joachim (1717-1768), hatte

1764 *Die Geschichte der Kunst des Altertums* veröffentlicht und damit von Rom aus und für die Romreisenden wie Goethe und Humboldt den Vorrang der griech. Kultur und ihre Vorbildlichkeit für die Gegenwart gelehrt; vgl. *Winckelmann und sein Jahrhundert*, in: Goethe, *Historische Schriften*, Frankfurt/Main 1982. Burckhardt schreibt im *Cicerone* (1855) bei Gelegenheit des Domes von Triest: »Sodann schlummert hier, hoch über dem Adriatischen Meer, zwischen den Akazienbüschen die Asche desjenigen Mannes, welchem die Kunstgeschichte vor allen andern den Schlüssel zur vergleichenden Betrachtung, ja ihr Dasein zu verdanken hat.«

618,33 *Serlio*] Die Stelle findet sich in der *Architettura*, Venedig 1619, S. 96.

619,11 f. *Parvenierens durch Protektion*] Burckhardt zeigt sich immer dann, wenn man es nicht mehr vermutet, als Historiker der sozialen Wirklichkeit. Mit einer Allgemeinheit, mit welcher Machiavelli die Gefahr der Kurie für die Religion behauptet (*Discorsi* I 12, II 2), erläutert er an der Gewohnheit der Pfründen und Segnungen der Kirche den Mangel an Begabungen in Rom, im schärfsten Gegensatz zu Florenz, wo es keine Malaria gibt und gearbeitet wird.

619,23 *Von Urban IV. bis auf Bonifaz VIII.*] Urban IV. regierte 1261-64, Bonifaz VIII. 1294-1303.

619,26 *Päpste, obwohl Franzosen*] Die Päpste in Avignon, von Clemens V. (1305-14) bis zu Gregor XI. (1370-78), waren Franzosen.

620,17 *Nikolaus V.*] Papst 1447-55.

620,24 *zeichnete in Rom*] Vasari schreibt: »ritrahendo anticaglie di Roma« (»zeichnete Antiken in Rom«).

620,29 *lebendige »Chronik«*] Der Maler Simone erhielt deshalb den Beinamen »il cronaca« (1457-1508): »contava le maraviglie di Roma e d'altri luoghi con tanta accuratezza, che fu nominato da indi in poi il Cronaca: parendo veramente a ciascuno che egli fusse una cronaca di cose nel suo ragionamento« (»er erzählte die Herrlichkeiten Roms und anderer Orte so genau, daß er deshalb dann il Cronaca, die Chronik, genannt wurde, denn wirklich erschien er jedem so, dem er im Gespräch die Chronik der Dinge darlegte«).

622,8 *Nach Lomazzo]* *Trattato dell'arte*, Buch 6, Kap. 46, in der Ausgabe Rom 1844, Bd. 2, S. 331 f.

624,4 *Andrea Palladio]* (1508-1580.) Er mischt in den wirkungsmächtigen *I quattro libri dell'architettura*, dt. Übers. *Die vier Bücher zur Architektur*, hg. v. Andreas Beyer und Ulrich Schütte, Zürich 1983, die Aufnahmen antiker Bauten mit eigenen Werken.

624,28 *das Altertum]* Es gehört zu Burckhardts schriftstellerischer Technik, Aussagen von höchster Allgemeinheit und weitester Geltung als Nebenbemerkung anzubringen. Sie steht auch nicht im Haupttext des Paragraphen, wo er die Stellung Vitruvs in der Baukunst mit derjenigen Ciceros in der lateinischen Literatur vergleicht (*Kultur der Renaissance*, S. 252). Grundlegend zu Vitruvs Wirkung in der Renaissance: Rudolf Wittkower, *Grundlagen der Architektur im Zeitalter des Humanismus*, München 1969.

626,29 *Vignola]* Giacomo Barozzi da (1507-1573), Architekt und Theoretiker.

626,32 *Jacopo Sansovino]* Über ihn schreibt Burckhardt im *Cicerone* (1855):

> Nur mit einigem Widerstreben reihe ich hier den großen Baumeistern der Blütezeit auch den Florentiner Jacopo Sansovino an. ⟨1479-1570; er hieß Tatti, erhielt aber jenen Beinamen von dem großen Andrea Sansovino, dessen vertrauter Schüler in der Skulptur er war.⟩ Alle Andern in dieser Reihe haben ihre Bauwerke frei und großartig nach einer innern Notwendigkeit zu gestalten gewußt; Jacopo dagegen, der mitten unter den erhabensten Bauten von Rom und Florenz die erste Hälfte seines Lebens zugebracht hatte, bequemt sich in der Folge als bauliches Faktotum von Venedig zu allen Spielereien und Liebhabereien der dortigen Frührenaissance und hilft dieselben verewigen. Es muß ihm bei wahren Gaben des Geistes und Herzens doch am wahren Stolz gefehlt haben, der lieber eine glänzende Bestellung ausschlägt, als sie gegen besseres Wissen durchführt. ⟨. . .⟩ – Wenige Jahre später (1536) begann er die Biblio-

teca an der Piazzetta, welche man wohl als das prächtigste
profane Gebäude Italiens bezeichnen darf. Hier zuerst
erfuhren die Venezianer, welche Fortschritte das übrige
Italien seit den letzten Jahrzehnten in der Ergründung
und Neuanwendung der echten römischen Säulenord-
nung gemacht hatte; alle bisherige venezianische Renaissance war eine Nachfolge des Altertums auf bloßes Hörensagen hin neben diesem einzigen Werke. Von dem
römischen Pilasterbau mit Halbsäulen, wie man ihn von
den Theatern und Amphitheatern her kannte, war hier
nicht bloß das Allgemeine abstrahiert, sondern die sicherste Künstlerhand hatte diese Formen mit der gediegensten plastischen Pracht durch und durch belebt. Wir
dürfen glauben, daß Venedig sich an der grandios-
energischen Behandlung der Halbsäulen und Gesimse,
an dem derben Schattenschlag der Gliederungen, vorzüglich aber an dem ungeheuern Reichtum des Figürlichen kaum satt sehen konnte. Allein das Gebäude ist
seinem innersten Wesen nach eben nicht mehr als eine
prächtige Dekoration, wie die Venezianer sie gerade haben wollten.

627,14-16 *»weder auf ein antikes* ⟨...⟩ *halte«*] »Non s'è
mai voluto obligare a legge antica o moderna di cose d'architettura«.

627,18 f. *»Weder Römer* ⟨...⟩ *erreicht.«*] »Che nè Romani nè Greci mai nè tempi loro feciono una cosa tale«.

627,20 *sein Hohn*] Vgl. Anm. 596,20.

627,22 *mehr als gut war*] Burckhardt deutet hier seine
Bedenken gegen Michelangelos Wirkung bei all seiner
anerkannten Größe an. Es tritt dabei ein Vorbehalt gegenüber der manieristischen Kunst zutage und ein an der
Hochrenaissance gebildetes Urteil, das sich nicht aus Bewunderung vor einem Genie beirren läßt.

628,12 *Hauptwerk*] Die Jugendschrift über die Malerei
wie das Hauptwerk über das Bauwesen liegen in dt. Übers.
vor: Leon Battista Alberti, *Kleinere kunsttheoretische Schriften*,
hg. v. H. Janitschek, Wien 1877 und Nachdrucke.

629,1 *Malerei*] Die Vorläuferschaft der Malerei: »Presse l'architetto, se io non erro, pure dal pittore li architravi, le base, i chapitelli, le colonne, frontispicii et simili tutte altre cose; et con regola et arte del pictore tutti i fabri, i scultori, ogni bottega et ogni arte si regge.« (»Wenn ich mich nicht irre, so hat der Architekt vom Maler seine Säulengebälke, Kapitäle, Säulen, Giebelfelder und andere ähnlichen Dinge entlehnt; und nach dem Verfahren der Maler arbeiten die Kunstschmiede, Bildhauer und jede Werkstatt und Kunst«); vgl. Erwin Panofsky, *Die Renaissancen der europäischen Kunst*, Frankfurt/Main 1979, S. 40 und 338.

629,29 f. *»Quippiam«* ⟨...⟩ *requiro*] (Lat.) »Ein gewisses Etwas, und was dieses selber sei, frage ich nicht.«

629,32 *soluta et vaga opinio*] (Lat.) »Unbestimmten und schwankenden Meinung«.

630,12 *Filarete*] Antonio Averlino, gen. Filarete (1400 bis 1469), *Traktat über die Baukunst*, hg. v. W. von Oettingen, Wien 1890.

631,20 f. *Hypnerotomachia*] *H. Poliphili*, Venedig 1499, das schönste gedruckte Buch der Renaissance von Francesco Colonna (1433-1527) und in neueren Nachdrucken. Die allegorische Erzählung, eine Initiation der Seele in ihre Bestimmung, die Einheit von Liebe und Tod, zwischen den ägyptisierenden, noch nicht entzifferten Hieroglyphen und antiken Bauten ist ein Schlüsselwerk für die Emblematik und bildende Kunst der späten Renaissance. Vgl. Edgar Wind, *Heidnische Mysterien in der Renaissance*, Frankfurt/Main 1981, S. 124 f.

632,2 f. *Stil der Verhältnisse in Raum und Flächen*] Hier nimmt Burckhardt seine eigene Definition (S. 628) zusammenfassend auf und unterscheidet ihn von den organischen Stilen griechischer und gotischer Architektur.

632,14 f. *Der spätrömische Stil*] Einen sehr persönlichen Versuch der ästhetischen und historischen Würdigung spätrömischer Architektur im geschichtlichen Zusammenhang gibt Siegfried Giedion, *Architektur und das Phänomen des Wandels*, Tübingen 1970.

632,20 *[§ 32 a]]* Dieser Paragraph ist ein Zusatz der 4. Aufl. 1904.

633,10 *(Übersicht im Cicerone)]* Neben die Zeichnungen unausgeführter Bauten oder bloßer Entwürfe treten als weitere Quelle für den Baugeist jener Zeit die Gemälde, wobei »viele Maler zugleich Baumeister« waren:

Mantegna und seine ganze Schule ist sehr reich an Hintergründen von Hallen mit Reliefs; von den Ferraresen ahmte ihn Mazzolino hierin mit Übertreibung nach; Pinturricchio ergibt durchgängig Vieles, Dom. Ghirlandajo Einiges und Gutes ⟨Chor von S. M. novella in Florenz⟩; selbst ein Maler dritten Ranges wie Domenico di Bartolo verleiht seinen Werken ⟨Fresken im Hospital della Scala zu Siena⟩ ein großes Interesse durch solche Zutaten. Sandro Botticelli und Filippino Lippi waren vollends unermüdlich darin. Vorzüglich aber offenbaren die Fresken des Benozzo Gozzoli im Campo santo zu Pisa den Geist der Renaissancebauten in reichem Maße. Außerdem möchte ich noch auf die kleinen Legendenbilder Pisanellos in der Sakristei von S. Francesco de'Conventuali zu Perugia aufmerksam machen, welche einen ganzen Kursus idealer Renaissance ohne Phantasterei gewähren. In Rafaels Sposalizio ⟨Brera in Mailand⟩ findet sich dann ein gesetzmäßig schönes Zusammenwirken der geschichtlichen Komposition und des baulichen Hintergrundes, welcher hieraus rasch seinen überreichen Schmuck verliert und in die Dienstbarkeit des malerischen Ganzen tritt. Daneben scheidet sich ⟨schon mit Baldassare Peruzzis Malereien im ersten obern Saal der Farnesina in Rom⟩ eine sog. Prospektmalerei als eigene Gattung aus.

Mehrere der größten Historienmaler haben indes fortwährend dem baulichen Hintergrund alle Sorgfalt zugewendet, wo der Gegenstand denselben irgend zuließ. So vor allem Rafael, welcher schon wegen der Räumlichkeit der ›Schule von Athen‹ und des ›Heliodor‹ den größten Architekten beizuzählen sein würde. Dann zeigt sich

Andrea del Sarto in seinen Fresken ⟨Vorhalle der Annunziata in Florenz⟩ als ein Meister einfach-edler Baukunst. Von den spätern sind die Venezianer in dieser Beziehung am reichsten; Paul Veronese zumal, obschon alle seine Prachthallen das einzige Gebäude der Schule von Athen nicht aufwiegen.

633,12 *Räumlichkeit der Schule von Athen]* Im *Cicerone*: »Oder ist die wunderschöne Halle, welche den Hintergrund ausmacht, nicht bloß ein malerischer Gedanke, sondern ein bewußtes Symbol gesunder Harmonie der Geistes- und Seelenkräfte? Man würde sich in einem solchen Gebäude so wohl fühlen.« Die Ähnlichkeit der offenen Säulenhalle mit dem Neubau von St. Peter darf nicht übersehen lassen, daß Bramante und Raffael den fertigen Bau gezeichnet hätten, wenn sie ihr Werk hätten darstellen wollen. Die lichte Halle und der antike Figurenschmuck schaffen etwas gänzlich anderes.

636,11-13 *et in ornatu* ⟨...⟩ *est]* (Lat.) »Und im Schmuck jedenfalls, wenn das Werk dies großartig heischt, ist es sogar löblich, die Mäßigung zu verlassen.« Pontano, *de magnificentia.*

636,22 *subsidiaria lux]* (Lat.) »Reservelicht«.

638,27 *d'Agincourt]* Das im 19. Jh. unentbehrliche Abbildungswerk der Kunst von der Spätantike bis zur Hochrenaissance ist bibliographisch unter Seroux d'Agincourt zu finden.

640,1 *Echinus]* Der Teil des dorischen und toskanischen Kapitells, der unter der Deckplatte (Abakus) liegt und wirklich schüsselförmig ist, im Profil rundum ein Viertelkreis. Ital. »ovolo«.

640,2 *Volute]* Beim ionischen und Kompositkapitell die schneckenförmige Windung mit dem Volutenauge in der Mitte.

640,33 *Pal. di Venezia]* Die Frage nach den Architekten des Palazzo Venezia läßt sich nicht beantworten; neben Alberti wurden Giuliano da Maiano und Filarete genannt, ohne daß dies stilistisch überzeugen könnte. Zu den Pfeilerhallen mit Halbsäulen bemerkt Burckhardt im *Cicerone*: »Ohne Schwierigkeit wird man darin die ins Hohe und Schmale gezogenen Formen des Kolosseums wieder erkennen, von dem auch die Steine entlehnt sein sollen.«

641,23 *griechische Ante*] Die Ante in der Tempelarchitektur ist der Innenpfeiler, aus den Seitenwänden der Tempelcella verlängert.

642,35 *Kranzgesimse*] »Tutti membri 〈...〉 voglion correre senza esser interrotte.« (»Alle Glieder wollen laufen, ohne unterbrochen zu werden.«)

647,11 f. *diamantierter Rustica*] Wenn die Steine nicht als Quader erscheinen, sondern nach außen stehende Pyramiden bilden, spricht man von diamantiert oder nennt wie in Ferrara den Palazzo danach »de'Diamanti«.

647,31-648,2 *Urbs tota* 〈...〉 *auro*] (Lat.) »Die ganz aus Ziegel erbaute Stadt wurde mit den schönsten Bauten geschmückt; und wahrhaftig, wenn die Herrschaft bestehen bleibt, wird es bald aus Marmor sein; auch sind die Häuser der Nobili meist von Marmor, und von allen Seiten inkrustiert, leuchten sie von Gold.«

648,33 f. *Serpentin*] Schlangenstein; *Giallo*: gelbliche Marmorart; *Paonazetto*: pfauenblauer Stein; *Breccien*: Trümmergestein.

649,21 *tutta mettuda*] (Ital.) »Ganz vergoldet«, mit Blattgold von Dukaten vergoldet.

650,29 *Jac. Gronov.*] Jacob Gronovius (1645-1716) war wie Graevius einer der holländischen Antiquare, die in Nachdrucken ohne erneute Forschung alle wichtigen Publikationen zur Altertumskunde in einem ›Thesaurus‹ zusammenfaßten.

652,10 f. *Tempio del Dio ridicolo*] Würfelförmiger Bau aus roten und gelben Ziegeln nahe der Via Appia, den Herodes Atticus seiner Frau Annia Regilla errichten ließ (2. Jh.), der aber der Legende nach der Gottheit erbaut wurde, die Hannibal zum Rückzug nötigte.

654,22 *more romano*] (Lat.) »Auf römische Weise«.

655,11 f. *Pal. Bevilacqua*] Im *Cicerone* begründet Burckhardt seine Vermutung: »Man hat auf verschiedene Baumeister geraten; wenn aber der reiche Portikus an S. Giacomo (um 1483) urkundlich von Gaspero Nadi erbaut ist, so wird man ihm wenigstens auch den Hof von Pal. Bevilacqua zuschreiben dürfen, der in der Zierweise mit jenem Portikus fast völlig übereinstimmt.«

663,19-21 *fenestras ornabis* ⟨. . .⟩ *dorico*] (Lat.) »Die Fenster verzierst du nach korinthischer Ordnung, das Grundgeschoß und die Tür nach ionischer, die Türen des Speiseraumes, der Schlafzimmer und dergleichen nach dorischer Ordnung.«

666,5 *Triglyphen*] Platte am dorischen Fries mit drei vertikalen Hohlkehlen, die den Balkenkopf der ursprünglichen Holzkonstruktion nachbildet. Metopen sind im dorischen Fries die Felder zwischen zwei Triglyphen; Mutuli die Kragsteine oder kleine Konsolen.

667,18 *Jacopo Sansovino*] Vgl. Anm. 626,32.

671,19 *verhängnisvolle Freiheiten*] Die Vorhalle der Biblioteca Laurenziana hat zu immer neuen Deutungen herausgefordert. Ein merkwürdig schwebend-unklares Verhältnis haftet dem Raum an, der weder klares Innen noch Außen ist. Die Fenster in den Wandfeldern sind weder Fenster noch Nischen, die seitlichen Pilaster verjüngen sich nach unten. Die Säulen stehen in der Wand, allerdings aus statischen Gründen, da das Erdgeschoß Säulen vor der Wand keine Stütze bieten konnte. Diese »Permutationen« faszinierten die Architekten und regten zur Nachahmung an. Burckhardt kommentiert im *Cicerone*: »Die Vorhalle mit der Treppe ist jenes ewig lehrreiche Bauwerk, in welchem zuerst dem Sinn aller Einzelformen absichtlich Hohn gesprochen wurde. Zwischen einwärts vortretenden Mauermassen mit barocken (blinden) Fenstern stehen je zwei Säulen dicht aneinander wie in engen Wandschränken; darunter gewaltige Konsolen; ⟨. . .⟩ – Das Ganze hat wohl einen bestimmten Sinn, der sich deutlich aussprechen würde bei vollendetem Oberbau. Der Künstler hat mit allen, auch den verwerflichsten Mitteln das Gefühl des

Strebenden hervorzubringen gesucht; wir wissen aber nicht mehr, was er damit wollte. Eine baldige Nachahmung blieb nicht aus 〈. . .〉«.

671,25 *maravigliose* | (Ital.) »Wunderbar«.

672,28 *Girandola* | (Ital.) »Feuerwerk, bes. Feuerrad, Feuergarbe«.

673,27 f. *»tutta quella musica«* | (Ital.) »Diese ganze Musik«. Es ist damit kein Aperçu über Ähnlichkeit der Künste oder Synästhesien gemeint, sondern sehr konkret die mathematischen Zahlenverhältnisse der musikalischen Harmonie und umgekehrt die Vermutung, es müsse entsprechend klingen, was sich in reinen Zahlenverhältnissen bewege, wie etwa die Planetensphären, die man sich als kristallene Kugelschalen dachte.

675,3 f. *Raumer, Hohenstaufen* | Friedrich von Raumers *Geschichte der Hohenstaufen und ihrer Zeit* (6 Bde., 1823-25), die Burckhardt aus guten Gründen nicht zitierte, als er über innere Verwaltung und autokratische Herrschaft schrieb (S. 13), findet sich hier wegen einer kunstgeschichtlichen Notiz angeführt.

675,10 *disegno de la cera* | (Ital.) »Wachsmodell«.

677,23 *modelli nudi e semplici* | (Ital.) »Nackte und schlichte Modelle«.

678,10 *»lignarius«* | (Lat.) »Holzarbeiter«.

682,6 *künftigen Religiosität* | Die in der Regel so nüchterne Darstellung der Kunstgeschichte nach Sachen steigert sich hier zum Rühmen einer nahezu vollkommen ausgebildeten Bauform und zu einem Blick in die Zukunft. Burckhardt war stolz darauf, den Relativismus des allgemeinen Geltenlassens hinter sich gebracht zu haben. In der Kunst hat man es mit absoluten Werten zu tun.

682,11 *Pensum des 13.* | Die neugotischen Bauversuche des 19. Jh.s konnte Burckhardt nicht als Rehabilitation einer großartigen und vom Klassizismus verkannten Architektur ansehen. Er bemerkte die Regression, die politische Romantik und die gemachte Frömmigkeit dabei. Wie die *Kultur der Renaissance* an vielen Stellen wird hier auch die Darstellung ihrer Architektur zur Satire auf die Gegenwart.

682,23 *das Pantheon]* Aus dem *Cicerone*: »Im Innern überwältigt vor allem die Einheit und Schönheit des Oberlichtes, welches den riesigen Rundbau mit seinen Strahlen und Reflexen so wunderbar anfüllt. Die Gleichheit von Höhe und Durchmesser, gewiß an sich kein durchgehendes Gesetz der Kunst, wirkt doch hier als geheimnisvoller Reiz mit. – Im einzelnen aber möchte die Gliederung der Wand durch abwechselnd halbrunde und viereckige Nischen fast das einzige sein, was von Agrippas Bau noch übrig ist.« (2. Jh.)

682,25 f. *S. Lorenzo in Mailand]* Im *Cicerone*: »Dagegen besaß Mailand, in seiner Eigenschaft als spätere Residenz, wirkliche Kaiserthermen aus der Zeit des Maximian, Mitregenten Diokletians. Die Vorhalle derselben erkennt man leicht in den 16 korinthischen Säulen vor S. Lorenzo; allein man ahnt nicht sogleich, daß noch der Hauptraum der Thermen selbst, umgebaut und doch im wesentlichen identisch mit dem Urbau, in Gestalt der *Kirche S. Lorenzo* selbst vorhanden ist. Mindestens zweimal, im Mittelalter und wiederum gegen das Ende des 16. Jahrhundert, hat man die alten Bestandteile auseinandergenommen, wieder zusammengesetzt und mit neuer Kuppel versehen, und noch immer ist dieses Innere eines der wichtigsten und schönsten Bauwerke Italiens. ⟨...⟩ An glänzendem perspektivischem Reichtum können sich wenige Gebäude der Welt mit diesem messen, so unscheinbar seine Einzelformen jetzt sein mögen.«

682,28 f. *numquid est* ⟨...⟩ *mirabilis?]* (Lat.) »Gibt es etwa auf der ganzen Welt sonst eine so wunderbare Halle?«

682,31 *templum* ⟨...⟩ *simile]* (Lat.) »Ein Gotteshaus, dem keines auf Erden ähnlich ist.«

684,25 *Ghiberti]* Lorenzo (1378-1455). Einen Zentralbau zeigt die Darstellung der Josephsgeschichte an der »Paradiesestür« des Baptisteriums in Florenz.

684,26 *Castagno*] Andrea del (1390-1457). Vasari rühmt einen freistehenden achteckigen Tempel auf einem nicht mehr erhaltenen Fresko in S. Maria Nuova in Florenz.

685,1 *Polygon bei den Angeli*] S. Maria degli Angeli, eine bis heute unfertig gebliebene Kapelle, eines der bedeutenden Werke des späten Brunelleschi. Außen sechzehneckig, innen achteckig, mit einer Veränderung vom Wand- zum Massenbau, wobei die acht Innenpfeiler raumbildende Körper werden. Die »ersten Nischen der modernen Baukunst« sind acht Nischen in der Außenmauer.

687,19 *S. Giovanni Crisostomo*] Die kleine Kirche ist nicht von Tullio Lombardo (von dem das Reliefretabel in der Capella Bernabò ist), sondern von Mauro Codussi, 1497 begonnen und 1504 geweiht.

687,27 *S. M. de' Miracoli*] Als Baumeister werden Stefano Lamberti und Girolamo da Sanpellegrino genannt; der Bau wurde 1488 begonnen.

688,21 *S. M. delle Grazie*] 1463 begonnen von Guinoforte Solari. Den um 1490 beendeten Chor ersetzte Bramante durch einen monumentalen Kuppelbau. Burckhardt im *Cicerone*: »Das Innere hat eine moderne Mörtelbekleidung und wirkt nur noch durch das Allgemeine der Raumschönheit; im wohlerhaltenen Äußern dagegen spricht sich der echte Geist der Frührenaissance mit seiner ganzen anmutigen Kühnheit aus. Auf engem Unterbau (der südliche Querarm durfte nicht auf die Straße hinaustreten) wollte Bramante eine bedeutende polygone Flachkuppel mit leichter offener Galerie errichten; in schöner und geistvoller Weise bereitet er das Auge darauf vor.«

690,34 *Templi Petri Instauracio*] (Lat.) »Erneuerung der Kirche S. Peter«.

691,14 *»esecutore«*] (Ital.) »Ausführer, Vollstrecker«.

691,25 f. *»eiusdem exemplar* ⟨...⟩ *fecit«*] (Lat.) »Verkürzte dessen Entwurf und machte aus einem länglichen Bau ein Quadrat«.

692,4 f. *alla propria stima* ⟨...⟩ *tempio*] (Ital.) »Auf die eigene Ehre und auf Euren guten Namen (Rücksicht zu nehmen) und schließlich auf die Würde und den Ruhm dieser Zeit«.

692,15 f. *opinione* ⟨...⟩ *Jocondo]* (Ital.) »Meinung und Entwurf des Bruder Jocondo«.

692,31 *Michelangelo]* Er schreibt 1546/47 an Bartolomeo Bettini: »⟨...⟩ daß ein jeder, der von besagter Anordnung des Bramante, wie es Sangallo getan, abgewichen ist, sich zugleich von der Wahrheit entfernt hat ⟨...⟩. Mit dem Kreise, den er außerhalb errichtet, nimmt er zuerst dem Entwurf des Bramante alles Licht, aber das nicht allein, sondern er hat auch an und für sich kein Licht für die vielen Schlupfwinkel ober- und unterhalb der Chöre (Emporen), welche zu unendlichen Bübereien die bequemste Gelegenheit darbieten, indem sich darin Spitzbuben verbergen und Falschmünzerei getrieben werden kann usw., so daß des Abends, wenn die Kirche geschlossen werden soll, an 25 Mann nötig wären um nachzusehen, ob wer darin verborgen geblieben wäre ⟨...⟩« (Übers. v. Ernst Guhl, *Künstler-Briefe*, Berlin 1853, S. 216.)

693,31 *Kirche als Zentralbau]* Die wichtigsten Daten der Baugeschichte seien vergegenwärtigt: Julius II. beauftragte 1506 Bramante mit dem Neubau. Der Entwurf zeigt einen dreischiffigen Zentralbau auf dem Grundriß eines griechischen Kreuzes. Nach Bramantes Tod 1514 – erst die Kuppelpfeiler standen – übernahm Raffael mit Fra Giocondo und Giuliano da Sangallo die Bauleitung. Der neue Plan sah eine dreischiffige Basilika mit Seitenkapellen und Querhaus vor, wurde aber wegen Raffaels frühem Tod (1520) nicht ausgeführt. Baldassare Peruzzi kehrte zu Bramantes Grundform zurück, Antonio da Sangallo d. J. neigte Raffaels Plan zu; er starb 1546. Michelangelo leitete ab 1547 den Bau und entschied sich für Bramantes Entwurf, den er vereinfachte. Er richtete den Plan auf die Kuppel aus, deren Tambour bei seinem Tode (1564) gebaut war. Von seinen Nachfolgern schuf Vignola die rückwärtigen Nebenkuppeln, Giacomo della Porta und Domenico Fontana vollendeten die Kuppel.

695,32 *Campanella* | Tommaso (1568-1639), veröffentlichte 1623 *Civitas Solis*, sein utopisches Gesellschaftsmodell, in dessen Mitte ein kuppelüberwölbter Zentralbau steht.

699,1 *festiva et hilaris facies* | (Lat.) »Ein festliches und heiteres Antlitz«.

699,3 *usus tristis* 〈. . .〉 *laetissima* | (Lat.) »Ein Ort für traurigen Zweck, aber von fröhlichster Fassade«.

699,17 *S. M. dell'Anima* | Die deutsche Nationalkirche in Rom, auf Anregung des Elsässer päpstlichen Zeremonienmeisters Johannes Burkardus ab 1501 gebaut von einem unbekannten, vielleicht deutschen Baumeister. Die Zuschreibung der Fassade an Giuliano da Sangallo ist falsch.

699,29 *sine aliqua ratione* 〈. . .〉 *architecturae* | (Lat.) »Ohne irgendwelche architektonische Vernunft oder Berechtigung«.

700,33 *Verf*〈*asser*〉 *bekennt* | Feierlicher Widerruf der noch im *Cicerone* geäußerten Schelte für diesen Bau.

702,20 *fra il robusto et il tenero* | (Ital.) »Zwischen dem Kraftvollen und Zarten«.

703,16 *musica* | Vgl. § 57, die »musikalischen Proportionen«.

704,34 *alt S. Peter* | Die 326 von Papst Sylvester geweihte Basilika, die Konstantin der Große bauen ließ, stand bis ins 15. Jh. Der Zentralbau von Bramante/Michelangelo bedeckte nur einen Teil der Grundfläche der riesigen fünfschiffigen Basilika, so daß man 1607 den Zentralbau durch ein Langhaus erweiterte. S. Paul, S. Paolo fuori le mura, war bis zum Neubau von S. Peter das größte christliche Gotteshaus, eine fünfschiffige Säulenbasilika mit Querhaus aus dem frühen 5. Jh.

705,3 f. *chiesa molto allegra* | (Ital.) »Eine sehr heitere Kirche«. Das war vor der barocken Ummantelung der Apsis und der großen Freitreppe.

705,4 *SS. Apostoli* | Die letzte der großen römischen Basiliken. Die Tribuna ist eine hohe Triumphbogenwand, die den Chor vom Langhaus trennt.

708,17 *S. Francesco al monte*] Auch S. Salvatore al Monte genannt. Die zärtliche Benennung »la bella villanella« (»das hübsche Landmädchen«) stammt von Michelangelo, der Cronacas, von Lorenzo Magnifico geförderten Bau mit einer den unsicheren Baugrund stützenden Bastion umgab (1529).

710,20 *il Gesù*] Die Mutterkirche der Jesuiten, von Vignola, 1568 Grundsteinlegung. Ein längsgerichteter Kuppelbau, wobei das zentrale Raumsystem der Renaissance mit dem mittelalterlichen Langhaus verbunden ist. Die Fassade von Giacomo della Porta.

710,29 *Palladio's Redentore*] Diese bei der Pest 1576 gelobte Votivkirche auf der Giudecca ist Palladios Spätwerk zuzurechnen. Langhaus und Kuppelchor sind klar getrennt, das Langhaus von der Größe und Einfachheit antiker Thermenarchitektur führt zu dem offenen, lockeren Chorbau mit der leichten Kuppel.

712,21 *lang, eng, hoch*] »Lunga e stretta e alte, che parera uno vicolo«, so daß es wie eine enge Gasse erscheint.

713,19 *Dom von Padua*] In den 1530er Jahren plante man einen Neubau. Nach einem Entwurf von Jacopo Sansovino ein weiterer von Andrea della Valle, den dadurch entstandenen Streit schlichtete eine Zeichnung aus Michelangelos Werkstatt, von Tiberio Calcagni. 1547 begann der Bau unter Leitung von Andrea della Valle und Agostino Righetti mit dem Chor.

714,10 f. *velut saluberrimum sidus*] (Lat.) »Wie ein günstiges Gestirn«.

715,8 *Benozzo*] Benozzo Gozzoli (1424-nach 1484) malte im Camposanto Architekturphantasien in seine von bewegten Gestalten belebten Landschaften.

718,29-31 *»E perchè veniva ⟨...⟩ d'alto.«*] (Ital.) »Und weil es dunkel gewesen wäre, da es dreigeteilt ist, ersann er eine Beleuchtung von oben.«

718,35 *Cap. Chigi*] Raffael baute zum erstenmal einen Raum nicht als Träger für Statuen und Gemälde, sondern als eigene architektonische Struktur für eine Kapelle des Sienesen Agostino Chigi (1513-15).

718,37 *Pendentifs*] Die Pendentif- oder Zwickelkuppel schneidet den Kreis der gewölbten Halbkugelschale nicht an, sondern bildet den Übergang zu dem Quadrat der Grundstruktur durch sphärische Flächen, Dreiecke oder, wie in Raffaels Kapelle Chigi, Trapeze.

719,5 *Sagrestia nuova*] Michelangelos Neue Sakristei oder Medici-Kapelle variiert Brunelleschis Chorwandgliederung der Alten Sakristei von S. Lorenzo. Dazu im *Cicerone*:

> Keinem Künstler ist je freiere Hand gelassen worden; man kann kaum entscheiden, ob er die Kapelle für seine Denkmäler baute oder die Denkmäler für die Kapelle meißelte (um 1529). Als Ganzes ist sie ein leichtes, herrliches Gebäude, welches das Prinzip brunelleschischer Sakristeien auf das geistvollste erweitert und erhöht darstellt. Es ist nicht bloß die reinere und vollständigere Handhabung einer untern und einer obern Pilasterordnung, was hier den ganzen Fortschritt des 16. Jahrhunderts im Verhältnis zum fünfzehnten klar macht, sondern vor allem ein höheres Gefühl der Verhältnisse. Man übersieht daneben einzelne schon überaus bedenkliche Füllformen ⟨...⟩. Seine wahre Größe liegt hier wie überall in den Verhältnissen, die er nirgends, auch nicht von den antiken Bauten kopiert, sondern aus eigener Machtfülle erschafft, wie sie der Gegenstand gestattet. Sein erster Gedanke ist nie die Einzelbildung, auch nicht der konstruktive Organismus, sondern das große Gegeneinanderwirken von Licht- und Schattenmassen, von einwärts- und auswärtstretenden Partien, von obern und untern, mittlern und flankierenden Flächen. Er ist vorzugsweise der im Großen rechnende Komponist.

720,15-19 *Cum hoc templum* ⟨...⟩ *faciebat*] (Lat.) »Da dieses Gotteshaus vor alters erbaut wurde, begann das Volk von Como, ihn 1396 zu erneuern. Aber die Fundamente dieses jüngeren Teiles wurden am 22. Dezember 1513 gelegt, als die Fassade und die Seitenwände schon vollendet waren. Tommaso Rodari war der Architekt.«

723,14 *augustior et patentior*] (Lat.) »Erhabener und offener«.

723,30 *Zwölftafelstil*] Der gedrängte Stil der alten römischen Gesetze, die auf den zwölf Tafeln ausgestellt waren und auswendig gelernt wurden. Pius II. ließ es auch nicht an einer Sanktion fehlen: »si quis contrafecerit, anathema esto« (»Wenn einer zuwiderhandelt, soll er verflucht sein«).

725,1 *Dormitorium, Refektorium, Skriptorium*] Schlafsaal, Speisesaal, Schreibsaal zum Kopieren der heiligen und profanen Texte.

728,6 *Fresko*] Das inzwischen auf Leinwand übertragene Fresko, das den Verfasser der Papstviten, Platina, bei der Überreichung des Werkes an Papst Sixtus IV. zeigt. Das Ereignis fand 1474/75 statt, Melozzo da Forlì (1438-1494) malte es 1476/77; Platina wurde mit der Aufsicht der Vatikanischen Bibliothek betraut.

728,18 *castrum* ⟨. . .⟩ *claustrum*] (Lat.) Mehr »Festung« als »Kloster«.

732,18 *reiner Undank*] Hier sammeln sich einige der Urteile Burckhardts zur Architektur seiner Zeit, als oft ingenieurtechnisch konstruierte Baukörper mit sog. »Stilarchitektur« verkleidet wurden. Dabei versuchte man die Bestimmung des Baus, vor allem der öffentlichen, mit einem passenden historischen Dekor zu versehen, verwandte mittelalterliche Stile für religiöse Bauten, Spätgotik oder Renaissance für Rathäuser, Barock für Theater und Opern, antike Säulenhallen für Parlamente und entsprechende Museen. Burckhardt kann sich dem Einfluß des Historismus nicht ganz entziehen, zieht aber die Arbeiten mit den modernen Formen und Raumverhältnissen der Renaissance der falschen Gotik vor.

733,24 *palazzi, palazzotti und case*] (Ital.) »Paläste, d. h. fürstliche Wohnhäuser, Paläste mittlerer Größe und Häuser«.

734,10 f. *scalas esse aedificiorum perturbatrices*] (Lat.)
»Treppen sind Verwirrerinnen der Gebäude.«

734,20 f. *Architektur des Raumes*] Diese Auffassung der
Renaissance als Architektur des Raumes und der Massen,
die bei Alberti in der Mitte des 15. Jh.s bewußt wird, ist
auch die Burckhardts; vgl. §§ 30, 33, 61.

736,24 *chonponitore e giengero*] (Ital.) »Entwerfer und
Konstrukteur (Ingenieur)«.

736,33 *Paläste dieser Zeit*] Der Palast der Colonnesen in
Genazzano in der Nähe Roms steht als Castel Colonna noch
und überragt das enge Gefüge der Häuser. Der Palast des
Patriarchen Vitelleschi in Tarquinia (Corneto, Viterbo)
wurde 1436-39 errichtet an der dem Tyrrhenischen Meer
zugewandten Seite der Stadt. Der Palazzo Vitelleschi litt
1944 durch Bomben, wurde nach den alten Plänen aber
wieder aufgebaut und dient heute als Nationalmuseum von
Tarquinia mit Sammlungen etruskischer Kunst.

737,20 *Palast des Cosimo Medici*] Der von Michelozzo
erbaute Palast soll nach neueren Funden um 1444 begonnen
sein, im Architekturbuch des Filarete (zwischen 1460 und
1464) ist er als vollendet erwähnt, die Kapelle wurde 1469/
70 von Benozzo Gozzoli ausgemalt. Die beiden Arkaden zu
seiten der Straßenecke waren offen als Loggia.

738,14 *Pienza*] Das alte Corsignano ließ Pius II. von
Cecco di Giorgio, der auch in Urbino den Herzogspalast
baute, und Bernardo Rosellino umbauen.

741,29 *Straßenhallen*] Arkaden, offene Bogenhallen längs
der Straßenfronten.

743,12 *alla romana*] (Ital.) »Auf römische Art«.

743,17 *Palast Bevilacqua*] Michele Sanmicheli überträgt
den Typus des römischen Palastbaus nach Oberitalien,
greift aber bei diesem Palast auch auf antike Vorbilder in
Verona zurück.

744,7 f. *non tam* ⟨. . .⟩ *dignitatem*] (Lat.) »Nicht so sehr
gemäß der Bescheidenheit eines römischen Barons als der
Pracht der römischen Päpste«.

744,12 *Pietro Riario*] Vgl. S. 114 und 408. Die Ventilation bei den großen Festlichkeiten für Lianora von Aragon, die ihrem prinzlichen Gemahl Ercole d'Este von Ferrara entgegenreiste: »tre mantici coperti, che faceuano continoamente uento« (»drei verdeckte Blasebälge, die ununterbrochen die Luft bewegten«).

745,17 *Pal. Farnese]* Der Baubeginn wird erst für 1541 angesetzt. Als Antonio da Sangallo d. J. 1546 starb, übernahm Michelangelo den Bau und führte das Dachgesims und das Obergeschoß im Hof aus.

749,37-750,1 *Tutti li luoghi* ⟨. . .⟩ *commodità]* (Ital.) »Alle mittelgroßen und kleinen Räume halbiert man zu größerer Bequemlichkeit«, d. h. man unterteilt sie durch eine Zwischendecke.

751,12 *Treppe]* Michelangelos Treppe für die Vorhalle der Biblioteca Laurenziana hat Georg Kauffmann anschaulich beschrieben: »Vergessen wir bei den Säulen über der Form ihren eigentlichen Zweck, so gilt dies in noch höherem Grade für die Treppe, die sich wie ein fremdartiges Möbelstück im Raum erhebt (und kennzeichnenderweise zunächst auch von Michelangelo in Holz geplant worden war). Breit und lappig ergießen sich die mittleren Stufen wie ein zäher Lavastrom vom Portal herab. Beim Besteigen der geländerlosen Nebenläufe macht sich ein Gefühl der Unsicherheit bemerkbar, als beträte man ein Lebewesen.« (*Florenz. Reclams Kunstführer Italien*, Bd. 3, bearb. v. Georg Kauffmann, Stuttgart 1962, S. 139.)

752,1-4 *un' architettura* ⟨. . .⟩ *confusa]* (Ital.) »Eine gediegene, schlichte, unverfälschte, leicht zu bearbeitende und schmiegsame Architektur« und »eine kraftlose, schwächliche, verzärtelte, affektierte, rohe, schließlich dunkle und verworrene Architektur«.

752,27 f. *discordia concordante]* (Ital.) »Eine übereinstimmende Zwietracht«, ein aufgelöster Mißklang, entsprechend der musikalischen Dissonanz, die sich in reichere Harmonien entfaltet.

752,30 *Sala, Salotto und Saletta]* (Ital.) »Saal, größeres Zimmer und kleiner Saal«.

753,21 f. *Palazzo del comune* ⟨...⟩ *del prefetto*] Palazzo del comune »Stadthaus«; della ragione »Gerichts- und Rathaus«; del consiglio »Rathaus«; de' tribunali »Gerichtshof«; del podestà »Palast des Stadtherrn«; del prefetto »Präfektur«; die Namen sind oft traditionell, die Bestimmungen wechseln.

754,4 *Salone in Padua*] Der große Saal im Palazzo della Ragione, der durch seine Fresken berühmt ist (vgl. S. 513,A59), mißt 79,5 m mal 27 m und ist fast 27 m hoch.

754,13 *Sala regia*] Paul III. (1534-49) beauftragte Antonio da Sangallo d. J., der die allgemeine Anordnung bestimmte, während die Pracht der Stukkatur von Perin del Vaga und Daniele da Volterra herrührt.

756,27 *ad devotionem* ⟨...⟩ *mercatorum*] (Lat.) »Zur Andacht und Bequemlichkeit der Kaufleute«.

758,6 *»Basilica«*] Andrea Palladio stellt in seinen *Quattro libri dell'architettura* seine Basilika den antiken Stolz zur Seite und erläutert sie Buch III, Kap. 20 (*Die vier Bücher zur Architektur*, hg. v. Andreas Beyer u. Ulrich Schütte, Zürich 1983, S. 259 ff.).

758,28 f. *»per esercizî* ⟨...⟩ *affari«*] (Ital.) »Zu wissenschaftlichen oder geschäftlichen öffentlichen Verhandlungen«.

761,8 *Galeazzo Alessi*] (1500-1572), baute vor allem in Genua und 1558 in Mailand den Palazzo Marino, den man aber dem Manierismus zurechnen würde. Leone Leoni ließ sich 1573 nach eigenen Plänen die Casa degli Omenoni mit den erwähnten Atlanten an der reich skulptierten Fassade bauen.

761,20 *Pal. Chieregati*] Palazzo Chiericati, 1550 von Andrea Palladio für den Kaufmann Girolamo Chiericati in Vicenza erbaut und in den *Quattro libri* abgebildet (Buch II, Kap. 3; dt. Übers. S. 118).

763,11 *Pal. Sauli*] Burckhardt hatte diesen Sommerpalast des Alessi, den er »unvergleichbar schön« nennt, auf früheren Reisen noch gesehen, fand ihn 1853 »im Beginn des Abbruchs und weidete seine Blicke zum letztenmal an dem wunderbaren Hallenhof, in welchem mit ganz einfachen Mitteln auf beschränktem Raum durch die bloße Disposition der höchste Phantasieeindruck hervorgebracht wird«.

766,35 *Lionardo da Vinci]* In dem berühmten Brief empfiehlt er sich dem Herzog durch seine Fähigkeit, transportable Brücken zu bauen, Kanäle abzuleiten, Festungen zu unterminieren, feindliche Heere durch Rauchbomben zu verwirren, durch verdeckte Grabungen, gepanzerte Wagen, Geschützgießerei, Steinwurfmaschinen, Seewaffen und schließlich erst durch Zivilarchitektur, Skulptur, Malerei und Reiterstandbilder in Bronzeguß (die dt. Übers. in Guhls *Künstler-Briefen*, Berlin 1853, S. 87 ff.).

769,13 f. *Rialtobrücke]* Palladios schöner Entwurf in seinen *Quattro libri*, Buch III, Kap. 13 (dt. Übers. S. 239 ff.).

769,14 *Ponte della Trinità]* Bartolommeo Ammanati (1511-1586) baute, nach einem Entwurf von Michelangelo, der die Brückenbogen nach hängenden Ketten zu zeichnen riet, diese Brücke. Burckhardt rühmt im *Cicerone* »die edle, für das Auge überaus wohltuende Spannung der drei Bogen«.

770,16 *Pflasterung]* Goethe in *Flüchtige Schilderung florentinischer Zustände*, im Anhang zur Cellini-Übersetzung, lenkt bereits den kulturgeschichtlichen Blick darauf: »Ja das Stadtpflaster, als eine ungeheure Anlage, verdient mit angeführt zu werden, dessen bloße Unterhaltung gegenwärtig große Summen aufzehrt.«

770,29 *übertriebene Aussage]* Vasari, in der *vita di Arnolfo di Cambio*: »a smaltare tutta la città« (»die ganze Stadt zu bedecken«).

771,16 *Mailand]* Filippo Maria Visconti ließ Mailand ab 1412 pflastern. Decembrio schreibt: »Nam à principio dominatus sui vias publicè sternendas mandavit.« (»Von Beginn seiner Herrschaft an nämlich befahl er, die Straßen öffentlich zu pflastern.«)

771,18 *wiederum seit 1469]* Corio berichtet in der *Geschichte Mailands*: »fu principiato il suolo delle strade in Milano alle spece dei Cittadini; ilche fu molto gravezza.«

(»Man begann die Straßen in Mailand zu pflastern auf Kosten der Bürger, was eine schwere Last war.«)

773,15 f. *Staatsverbot gegen Strohdächer*] »Si commanda al potestà di Bibbiena di assegnare un termine a tutti quelli, che avessero le loro case col tetto di paglia, ad averle coperte di lastre o di tegoli.« (»Man befahl dem Stadtherrn von Bibbiena, all denen einen Termin zu setzen, die Strohdächer auf ihren Häusern hatten, und sie mit Dachsteinen oder Ziegeln zu decken.«)

773,32 *Infessura*] Im *Römischen Tagebuch* berichtet Stefano Infessura: »Im Jahre 1480, am 8. Januar, begann Papst Sixtus den Rat zur Ausführung zu bringen, den ihm König Ferrante gegeben, als er im Februar 1475 in Rom gewesen war: Er begann nämlich die Turmvorsprünge einreißen und die Straßen erweitern zu lassen und begann dabei mit den Buden der Waffenhändler auf der Engelsbrücke.« (Dt. Übers. Jena 1913, Düsseldorf 1979, S. 70.)

776,17 f. *bella et ornata piazza*] (Ital.) Lodovico il Moro ließ 1492-94 – vielleicht nach Plänen Lionardo da Vincis – das mittelalterliche Zentrum unter der alten Visconti-Burg ebenfalls erneuern zu einer rechteckigen Piazza ducale mit einheitlichen Fassaden an drei Seiten mit Arkaden. Der »schöne und geschmückte Platz« gilt als schönster der frühen Renaissance.

778,20 *Matarazzo*] Der Chronist von Perugia schreibt: »erano assai più belli edifizi de cittadini privati in contado che ne la cittade, commo credo si possa vedere al tempo vostro.« (»Es gab viel schönere Gebäude der privaten Bürger auf dem Lande als in der Stadt, wie ich glaube, daß man es zu unserer Zeit sehen kann.«)

778,29 *Alberti*] Er ist, wie öfter bemerkt, der Verfasser des *Buches vom Hauswesen*; vgl. S. 394 ff.

779,11 *arrideant omnia*] (Lat.) »Alles muß einen anlächeln.«

779,20 *Jungantur ⟨...⟩ rotundis*] (Lat.) »Es mögen langgestreckte Räume mit quadratischen verbunden werden und eckige mit runden.«

779,23 f. *Aedibus* 〈...〉 *historias*] (Lat.) »In der Mitte der Gebäude bilde die Verbindungshalle ein kleines Amphitheater, wo man die Dramen der Könige ansieht.«

780,33 *in luogo civile e nobile*] (Ital.) »In städtischer und adliger Umgebung«.

784,9 *mediocria aedificia*] (Lat.) »Mäßige Bauten«.

784,28 *non murato, ma veramente nato*] (Ital.) »Nicht gemauert, sondern wie ein Organismus gewachsen«. Der Bankier Agostino Chigi ließ 1508-11 die Villa von Baldassare Peruzzi (1481-1536) bauen.

784,29 *Rafaels Fresken*] Raffael malte selbst den Triumph der Galatea (um 1514) und leitete die Arbeiten von Giulio Romano und Francesco Penni, die in der Gartenloggia das Märchen von Amor und Psyche darstellten, mit den Fruchtkränzen von Giovanni da Udine dazwischen. Auch Peruzzi und Sodoma schufen Fresken für dieses Gebäude.

786,36-787,1 »*Piena di camere* 〈...〉 *giardini*«] (Ital.) »Voller Zimmer, Säulenhallen, Höfe, Loggien, Brunnen und anmutigster Gärten«.

787,25 *Caprarola*] Der auf einer Festung, die Antonio Sangallo d. J. und Peruzzi ausbauten, von Vignola 1558 ff. errichtete phantastische Schloßbau wird heute als Musterbeispiel manieristischer Architektur betrachtet.

790,5 *frigidarium*] »Kaltbaderaum«; tepidarium »mäßig erwärmter Durchgangsraum«; calidarium »Warmwasserbad«.

791,10 f. »*toutes sortes de graines* 〈...〉 *jardins*«] (Franz.) »Alle Arten von Sämereien, um Gärten anzulegen«.

792,10-12 *hortum regalem* 〈...〉 *refertum*] (Lat.) »Einen weiten königlichen Garten, mit Tieren aller Arten ergötzlich angefüllt«.

795,24 f. *pezzo* 〈...〉 *scontata*] (Ital.) »Ein Antikenstück, das verwittert und abgestoßen war«.

795,32 *ritirato, venerando*] (Ital.) »Abgeschieden, ehrfürchtig«.

796,9-11 *le cose* 〈...〉 *piantano*] (Ital.) »Die Bauten müssen gegenüber den Pflanzen Primat und Überlegenheit haben.«

796,13 *per altre cose*] (Ital.) »Zu anderen Zwecken«.

796,25 f. *pratelli e fontane*] (Ital.) »Rasen und Springbrunnen«.

798,12 f. *»per la vignia del Papa«*] (Ital.) »Für den Weinberg des Papstes«.

799,11 f. *salvatico*] (Ital.) »Wäldchen, Parkwildnis«.

800,25-27 *amoenitates regionum* ⟨...⟩ *frondosa*] (Lat.) »Liebliche Landschaften, Seehäfen, Fischerszenen, Jagdzüge, Schwimmer, ländliche Spiele, Blumen und Laubwerk«.

802,30-803,8 *ut hominem ponat* ⟨...⟩ *etc.*] (Lat.) »Daß er den Menschen darstelle, wie er ihn sieht, und darauf Geist und Hände richte, und nicht mit Satyrn, Hydren, Chimären und Monstern gar, die keiner je gesehen, in der plastischen Arbeit so beschäftigt ist, daß weiter nichts übrigzubleiben scheint. Alle Götter und Göttinnen! es scheint keinen einzigen zu geben, der sieht, wie man voranschreiten muß, der das Ende bedächte! usw.«

804,1 f. *Ausnahmen in Venedig*] *Cicerone*: »Man baut in Venedig noch gotisch in der Zeit, als Mantegna malt, mitten im 15. Jahrhundert (S. Zaccaria, Porta della Carta am Dogenpalast).«

805,15 *Soffitten*] Bezeichnet hier nur die Deckenfläche wie ital. soffitto.

805,18 *Lacunaria*] Kassettierte Zimmerdecken.

805,33 *aus diokletianischer Zeit*] Kaiser Diokletian regierte 284-305.

806,9 *Mosca*] Simone (1492-1553). Vasari leitet dessen Lebensbeschreibung ein mit der Bemerkung: »Seit den alten griechischen und römischen Bildhauern hat kein moderner Künstler ebenso schöne und kunstreiche Bildnereien, wie man sie an Sockeln, Kapitälen, Friesen und Gesimsen findet, geschaffen wie Blumengirlanden, Trophäen, Masken, Leuchter, Vögel, Grotesken und ähnlichen plastischen Schmuck außer Simone Mosca aus Settignano.«

808,9 *Rabeschi]* (Ital.) Es ist das Wort »Arabeske«, leicht entstellt.

808,33 *Cellini I, 31]* Die zitierte Stelle lautet: »i Lombardi fanno bellissimi fogliami ritraendo foglie di elera e di vitalba con bellissimi girari, le quali fanno molto piacevol vedere; li Toscani e i Romani in questo genere presono molto migliore elezione, perché contra fanno le foglie d'acanto, detta branca orsina, con i sua festuchi e fiori, girando in diversi modi.«

811,4 *Hochaltar in Fontegiusta]* Im *Cicerone* rühmt Burckhardt diesem Werk des Lorenzo Marrini (1517) nach, daß »nicht bloß die Ornamente der ebengenannten Arbeit vollkommen gleich am Werte, sondern auch die Figuren von höchster Bedeutung sind. Die Engel und Engelkinder, der Fries von Greifen, ganz besonders das Relief der Lunette – der tote Christus mit drei Engeln – gehören zum Schönsten und Ausdrucksvollsten, was die Skulptur der rafaelischen Epoche geschaffen hat. An keinem der damaligen römischen Grabmäler wüßte ich z. B. eine Lunette von diesem Werte nachzuweisen«.

811,19 f. *S. Felicita]* Die Zuschreibungen an Brunelleschi sind wohl nicht zu halten.

811,21 *S. Lorenzo]* Das Weihwasserbecken in der Alten Sakristei wird doch wohl eher Donatello zugeschrieben als Brunelleschi oder Verrocchio, von dem das Waschbecken im linken Nebenraum stammen soll, wo sich auch der Grundwasserbrunnen befindet.

811,36 *Desiderio da Settignano]* Im *Cicerone* dazu: »Ein bedeutender neuer Anstoß war inzwischen in die Renaissance gekommen durch Desiderio da Settignano. Das einzige große Werk desselben, das Grabmal des Carlo Marzuppini im linken Seitenschiff von S. Croce (nach 1450), wurde früher hauptsächlich wegen der naturalistischen Wahrheit einzelner Ornamente bewundert; wir erkennen darin den höchsten dekorativen Schwung und Stil, der durch griechische, nicht bloß römische Muster geläutert scheint. Hier ist alle Willkür verschwunden; die glücklichste Unter- und

Überordnung macht auch den vollsten Reichtum genießbar. Was vielleicht später nicht wieder in dieser Reinheit
und Pracht erreicht wurde, ist vorzüglich das Rankenwerk
am Sarkophag.«

812,1 f. *Mino da Fiesole*] Im *Cicerone*: »Desiderios Schüler war nun der in Florenz und Rom vielbeschäftigte Mino
da Fiesole, durch welchen, wie es scheint, die florentinische
Renaissance erst recht weit in Italien herumkam. Mino hat
in einzelnen florentinischen Arbeiten seinen Lehrer nahezu
erreicht; man wird namentlich in den beiden Grabmälern
der Badia eine Fülle des herrlichsten dekorativen Lebens in
beinahe griechischen Formen, in den edelsten Profilen
bemerken.«

812,15 *Andrea Sansovino*] Zu den Gräbern in S. Maria
del Popolo (seit 1505) im *Cicerone*: »Sie geben die höchste
und letzte Form, welche das architektonisch angelegte
Wandgrab erreichen kann; der Triumphbogen, auch sonst
für Gräber oft angewandt, ist nirgends mehr mit dieser
leichten Majestät behandelt; unter den Arabesken sind die
des Sockels von den allerschönsten der ganzen Renaissance.«

812,21 *i primi scultori di Roma*] (Ital.) »Die ersten Bildhauer Roms«.

814,10 *Reiterstatue des Colleoni*] Zu Alessandro Leopardo im *Cicerone*: »Seine Basis der Reiterstatue des Feldherrn Colleoni bei S. Giovanni e Paolo, datiert 1495, ist mit
bewundernswertem Takt komponiert; leicht und schlank,
mit sechs vorgelehnten Säulen, mit schönfiguriertem Fries
und Sockel, hebt sie das ihr anvertraute, nichts weniger als
kolossale Bildwerk außerordentlich, ohne doch durch all-
zugroße eigene Ansprüche den Blick zu zerstreuen.«

816,6 *Troso von Monza*] Ein Schüler des Bramante Laz-
zari, arbeitet noch um 1500. Lomazzo erwähnt ihn im
Trattato dell arte, 6. Buch, Kap. 49.

816,17 f. *gli intagli* ⟨...⟩ *figure*] (Ital.) »Die Zierreliefs
mögen wohl das Werk bereichern, verwirren aber die Figuren.«

817,24-27 *tribune* ⟨. . .⟩ *piramidi etc.*] (Ital.) »Mit Stand-
flächen, Konsolen, Abteilungen, Muscheln, Vorsprüngen,
Unterbrechungen des Gesimses, mit verschiedenen Säulenordnungen, Fenstern, Figuren und Masken in Relief, Girlanden, Geländern, Pyramiden usw.«

818,32 *Das Grabmal und der Ruhm*] In der Darstellung
der Dekoration folgt auf die Paragraphen über das Wesen
der Dekoration nun der Bezug auf das 1. Kap. des Buches
»Architektur« und auf den 2. Abschnitt der *Kultur der
Renaissance*, die den modernen Ruhmsinn des Individuums
behandeln. Das Buch »Dekoration« setzt die Erörterungen
über Architektur voraus, besonders die über Stilentwick-
lung, Bauherrn, Antikenstudium und Formenbehandlung.
Es kann sich somit zügiger den einzelnen Materialien und
Techniken zuwenden.

820,9 *Arezzo*] Im Dom das Werk von Agostino und
Angelo von Siena; dazu im *Cicerone*: »Die Skulptur ist schon
seit der Trajanssäule immer in Verlegenheit gewesen, wenn
sie eine Übermasse von Tatsachen an einem und demselben
Denkmal verewigen sollte. So haben sich auch die beiden
wenig zu helfen gewußt, als sie 1330 das Mausoleum des
politisch und kriegerisch berühmten Bischofs Guido Tarlati
im Dom von Arezzo (Seitenschiff links) arbeiteten. Die
übliche Form – eine Nische mit Sarkophag und Giebel –
behielten sie vergrößert bei und erzählten dem Beschauer in
vier Reihen von je vier Reliefs übereinander die Taten des
Helden. ⟨. . .⟩ so möchte es wohl zweifelhaft bleiben, daß
Giotto zu diesen ziemlich ungeschickten Kompositionen
die einzelnen Zeichnungen geliefert habe. Viel besser sind
die zwischen den Reliefs angebrachten Statuetten.«

820,18 f. *monumento rilevato*] (Ital.) »Sich über den Erdboden erhebendes Denkmal«, sepultura rilevata »der aufge-
stützte Sarkophag«.

820,32 *Kenotaphien*] Leere Ehrengräber.

821,6 *quando morietur*] (Lat.) »Wenn er stürbe«.

821,16 f. *aliquid* ⟨. . .⟩ *retribuere*] (Lat.) »Etwas zu deren
Ehre und Ruhm beizutragen«.

821,31 *die Gräber*] Zu Marzuppini vgl. Anm. 811,36; das des Leonardo Bruni Aretino wurde gleich nach dessen Tod 1444 von Bernardo Rossellino als Nischengrab mit Sarkophag und dem Geehrten auf einer von zwei Adlern getragenen Bahre sehr fein gemeißelt, ursprünglich bemalt.

822,2 *Zeno*] Der Kardinal, ein Nepot des venezianischen Papstes Paul II., war 1501 gestorben. Der Altar trägt eine thronende Muttergottes mit Heiligen unter einem Baldachin in Bronze, wohl nach Entwürfen Antonio Lombardos. Das Grabmonument ist freistehend, mit Liegefigur und allegorischen Gestalten.

822,24-28 *fuere aliquando* ⟨...⟩ *mercantibus*] (Lat.) »Einst waren Standbilder Zeichen der Tüchtigkeit, nun sind sie Verlockung für die Augen; man errichtete sie denen, die Großes getan oder den Tod für die Republik erduldet ⟨...⟩ man errichtete sie den großen Geistern und den Gelehrten ⟨...⟩ jetzt stellt man sie für Reiche auf und holt für Kaufleute zu hohen Kosten ausländischen Marmor.«

823,18 f. *Certa dies* ⟨...⟩ *sibi*] (Lat.) »Der Tag ist keinem gewiß, der Tod ist es; ungewiß ist die Sorge der Nachwelt; wer weise ist, errichtet sich selber das Grab.«

823,34 *an den gemonischen Stufen*] »Gemoniae scalae« sind treppenartige Felsenabsätze am nördlichen Abhang des kapitolinischen Hügels, von wo aus die Leichname der Hingerichteten in den Tiber geworfen wurden.

824,11 *sepolcro in aria*] (Ital.) »In der Luft hängendes Grabmal«.

824,27-29 *sub terra* ⟨...⟩ *habebat*] (Lat.) »Unter der Erde, wie er es selber zu Lebzeiten bestimmt hatte, daß er nicht hoch gebettet würde, sondern unter die Erde, aus der ihm eigenen großen Demut«.

825,7 f. *Cosmaten*] Weitverzweigte Familie römischer Marmorkünstler des 12. bis 14. Jh.s, welche an den Formen der Antike studierten. Im *Cicerone*: »Dieser kleine Anfang von Renaissance macht einen erfreulichen Eindruck, obschon er die Baukunst im großen nicht berührte.«

827,22 *Andrea Sansovino]* Vgl. Anm. 812,15.

828,20 *maravigliosa sepultura]* (Ital.) »Wunderbares Grabmal«.

831,36 *Fontegiusta]* Vgl. Anm. 811,4.

832,32 f. *altarium tympana ⟨...⟩ fulciuntur]* (Lat.) »Die Giebel der Altäre wurden von sehr großen Säulen und schönen korinthischen Kapitälen getragen.«

836,6 *[§ 146 a]]* Nachtrag der 4. Aufl. 1904, von Burckhardt aber wie § 32 a redigiert und für eine neue Auflage an den Bearbeiter Holtzinger gesandt.

836,30 *Cantharus]* Wörtlich: »Kanne, Humpen«.

838,9 *Fontana Pianoscarana]* Auf der Piazza di Fontana di Piana die 1367 errichtete elegante Fontana di Pianoscarano. Die Fontana grande aus dem 13. Jh. versorgte eine römische Wasserleitung von 6 km Länge; die Becken sind als griechisches Kreuz gebildet, woraus zwei Stelen mit Wasserspeiern ragen.

838,23 *Fontana grande]* An der unteren Schale des großen Brunnens von Perugia arbeitete Giovanni Pisano um 1280.

839,7 *Putto]* Die noch ungeschriebene Geschichte des Putto skizziert Erwin Panofsky, *Die Renaissancen der europäischen Kunst*, Frankfurt/Main 1979, S. 152 ff. und 389 f.

840,28 *Verrocchio]* Der Putto wurde 1476 im Auftrag des Lorenzo de' Medici geschaffen für einen Brunnen, dessen untere Teile jetzt vor dem Palazzo Pitti stehen, in der Medicivilla Careggi, wo die Platonische Akademie zu Hause war. Die Figur stellt den sokratischen Eros dar.

841,7 f. *Tusca manus ⟨...⟩ velit]* (Lat.) »Toskanische Hände, toskanischer Marmor, für den König von Ungarn, | Die goldene Donau quillt, von diesem Brunnen gefaßt.«

841,37 *unter Innocenz VIII.]* Regierte 1484-92.

842,2 *lapidibus marmoreis figuratis]* (Lat.) »Aus Marmorsteinen mit Bildwerk«.

842,19-21 *et chi vuol vedere ⟨...⟩ in Roma]* (Ital.) »Und wer wunderbare Brunnen sehen möchte, der schaue sich die Villen in den Weinbergen der römischen Prälaten an.«

846,32 *Brunnengebilde*] Zu dem Brunnen des Giovanni da Bologna (1524-1608) im *Cicerone*: »Am vollkommensten befriedigt die kolossale Gruppe des Oceanus und der drei großen Stromgötter auf dem Brunnen der Insel im Garten Boboli, eine möblierende Prachtdekoration ersten Ranges, scheinbar leicht schwebend durch das Einziehen der die Urnen umschlingenden Beine der Flußgötter an den schlanken Pfeiler in der Mitte der Schale.«

846,38 *Taddeo Landini*] Zu diesem florentinischen Zeitgenossen des Giovanni da Bologna im *Cicerone*: »⟨Er⟩ schuf auch die Fontana delle Tartarughe in Rom (1585), welche ohne Frage das liebenswürdigste plastische Werk dieser ganzen Richtung ist. Nirgends wohl ist das Architektonische so glücklich in leichten lebenden Figuren ausgedrückt, als hier in den vier sitzenden Jünglingen, welche die Schildkröten an den Rand der obern Schale (wie um sie zu tränken) emporheben und dabei eine ganz durchsichtige Gruppe bilden.«

847,24 f. *a similitudine di certo vaso*] (Ital.) »Ähnlich einer bestimmten Vase«.

852,29 *all' azimina*] Oder »azzimina«, damaszierte Arbeit mit eingelegten Silber- und Goldplättchen.

854,9 *Albuccio*] (Ital.) »Pappel«.

855,28 *Domenico*] d'Agnolo, wird als »maestro d'intaglio e di tarsia« bezeichnet.

857,7 f. *Der dicke Holzarbeiter*] Der »fette Tischler« Manetto Ammannatini, ein Intarsienarbeiter, wurde wegen einer Nachlässigkeit von Brunelleschi einige Tage in dem Glauben gehalten, ein anderer zu sein, bis man ihn nach Verabreichung eines Schlaftrunks in seine Wohnung brachte und er seine Identität wiederfand. Er soll aus Scham fortgegangen sein und in Ungarn sein Glück gemacht haben. Die Novelle brachte Antonio Manetti in ihre abschließende Form.

859,14 *caelo, non penicillo excussi 1502*] (Lat.) »Mit dem Meißel, nicht mit dem Pinsel habe ich's 1502 ausgeführt.«

862,15 *Arazzen*] »Arazzi« oder »Arrazzi« sind zu Arras

in Flandern gewirkte Wandteppiche (Gobelins) des 15. und 16. Jh.s nach Kartons (Vorzeichnungen) berühmter Maler.

864,22 f. *con colonne* ⟨...⟩ *fantasie]* (Ital.) »Mit Säulen, Bogen, Engeln, Rosetten und verschiedenen Phantasien«.

864,36 *Sacella]* (Lat.) Kleine Heiligtümer.

865,7 *Barile]* Antonio, wie S. 859,14 mit der Inschrift: »Hoc ego Antonius Barilis opus caelo non penicillo excussi AD. MDII.« (»Dieses Werk habe ich, Antonio Barili, mit dem Meißel und nicht mit dem Pinsel ausgeführt im Jahre des Herrn 1502.«)

865,24 f. *L'ha cinto* ⟨...⟩ *architettore]* (Ital.) »Der ernsthafte Architekt Sebastiano Serlio hat es mit einem einzigartigen Zierrahmen umgeben.«

866,8 f. *nulla* ⟨...⟩ *cubicula]* (Lat.) »Es gibt fast kein Haus mehr in jüngerer Zeit, das nicht vergoldete Zimmer hätte.«

867,27-29 *con un bellissimo* ⟨...⟩ *pitture]* (Ital.) »Mit einem sehr schönen kleineren Zimmer, das mit reichen und schönen Stoffen bespannt ist und eingerichtet mit einem samtenen Bett und einigen antiken Statuen und mit schönen Bildern«.

867,34 *Jahrhundert der Surrogate]* Die Fähigkeit, das Zeitalter der Renaissance zu idealisieren, ist in dem Abscheu vor der eigenen Zeit begründet und ihrer Verschleuderung der gewonnenen Maßstäbe, die sich ja nicht als falsch erwiesen, aber als einigermaßen hochgesteckt. Und das moderne Elend beginnt in Burckhardts Augen mit den vorgetäuschten Materialien.

868,3 f. *p. 384 (ungefähr)]* Diese singuläre Zahlenangabe hat ihren Grund in einer Fehlpaginierung der sonst so schön und sorgfältig gedruckten *Commentarii* des Pius II.; es gibt die Seite 384 zweimal, und es ist von »tapetes picti« die Rede.

868,17-20 *e la camera* ⟨...⟩ *seta]* (Ital.) »Und das Zimmer war neu gebaut, mit einem Gewölbe, zum großen Teil mit goldenem Stuck und von oben bis unten mit Wandteppichen bespannt, mit einem Bett in der Mitte, unter einem Betthimmel, mit Seide bedeckt.«

868,34 *Baccio d'Agnolo*] (1460-1543.) Vasari sagt: »la quale opera sarebbe oggi impossibile a condurre a tanta perfezione.« (»Es wäre heute unmöglich, ein solches Werkstück mit dieser Vollendung auszuführen.«)

869,17 *sopra un lettuccio*] (Ital.) »Auf einem Ruhebett, Sofa«.

870,12 *Klavier*] »Una cassa d'arpicordo«, der Kasten eines Harpsichords, der Vorform des Klaviers, eine Art liegende Harfe, die mittels Tasten angeschlagen wurde.

874,32 *pavimentum*] (Lat.) Estrich.

876,30 *Hieroglyphen*] Der Gebrauch von Hieroglyphen nach Erscheinen der *Hypnerotomachia Poliphili* (1499) ist durch Vasaris Beschreibung illustriert. Bramante wollte den Namen des Papstes und seinen eigenen bildlich ausdrücken und begann »Iulio II Pont. Maximo« darzustellen durch einen Profilkopf Julius Caesars, eine Brücke (ponte) mit zwei Bogen und einen Obelisken aus dem Circus Maximus. Der Papst verspottete ihn und ließ antike Buchstaben von einer Elle Größe anbringen.

877,8 *»pulcherrimis ⟨. . .⟩ historiisque«*] (Lat.) »Mit den schönsten Epigrammen und Darstellungen«.

877,17 *Possesso*] (Ital.) Amtsantritt.

877,18 *una tavola ⟨. . .⟩ pendente*] (Ital.) »Eine nach antiker Weise hängende Tafel«.

879,10-13 *molto più ⟨. . .⟩ d'oro*] (Ital.) »Die von guten Meistern bemalten Fassaden der Häuser oder Päläste erfreuen die Augen viel mehr als die Inkrustationen mit weißem Marmor, Porphyr und Serpentin mit vergoldeten Friesen.«

879,19 f. *Cicerone*] Die längere Übersicht der Fassadenmalerei ist nach Städten Oberitaliens geordnet, in denen sich Reste erhalten haben.

880,31 f. *e era ⟨. . .⟩ a terra*] (Ital.) »Und das ganze Haus war innen und außen bemalt, von oben bis zum Erdboden.«

882,26 f. *Chiaroscuro, pitture di terretta]* (Ital.) »Helldunkel, Malereien in Grundierungsfarbe«.

887,31 *im Auftrag einer Regierung]* Warum ausgerechnet der Autor, der S. 17 die »echt moderne Fiktion der Staatsallmacht« kritisiert und die Literatenauffassung, der Fürst solle »für alles sorgen«, die photographische Aufnahme der Fassadenmalerei einer Regierung anheimstellt, ist schwer zu begreifen.

891,13 *Arazzen]* Vgl. Anm. 862,15.

891,22 *a damaschi]* (Ital.) Nach Art von farbigen Teppichen, die aus Damaskus bezogen wurden.

894,2 *Luca Signorelli]* (1441-1523), brachte unter den farbigen Fresken im Dom zu Orvieto, die Hölle, Paradies, Auferstehung u. a. letzte Dinge zeigen, Dekorationsmalereien an. Dazu im *Cicerone*: »Eine ganz besondere Vorliebe für diese Zieraten verrät auch Luca Signorelli, der in der Madonnenkapelle des Domes von Orvieto reichlichen und originellen Gebrauch davon machte und selbst einzelne seiner Staffeleigemälde (z. B. eine Madonna in den Uffizien) mit einfarbigen Medaillons versah. Er hatte ein tiefes Gefühl von dem Werte der Gattung, und wollte in den kleinen Figuren des dekorativen Teiles seiner Fresken in Orvieto ein mythologisches Gegenbild zu seinen Weltgerichtskompositionen darstellen. Kein Maler des späteren Italiens hat wohl die Sache so ernst genommen.«

900,23 *(forgia, lies foggia?)]* Ital. forgia heißt gewöhnlich »die Schmiede«, aber auch der Ort, wo man schlimme Streiche verabredet; ital. foggia »die Art und Weise, Gestalt, Form«.

902,31 *Gewölben a specchio]* Wie mehrfach schon im Text erörtert, sind es Gewölbe mit einer ebenen Fläche in der Wölbung, die sich besonders als Bildfläche eignet; »specchio« ist der Spiegel.

903,3 f. *Dekoration]* Im *Cicerone* dazu: »Die Verzierung der Loggien im zweiten Stockwerk des Cortile di San Damaso im Vatikan geschah im Auftrag des vor allem prachtliebenden Leo X. – Rafaels Verdienst bleibt es, daß

die Loggien die schönste und nicht etwa bloß die prachtvollste Halle der Welt wurden. – Hier ist es der Mühe wert,
daß sich das Auge nach Kräften anstrenge, um sich alles,
was noch irgend kenntlich ist, anzueignen. Nicht die Unbill
die Witterung, sondern der elendeste Mutwille hat hier den
größten Schaden angerichtet; es hat eiserner Werkzeuge
bedurft, um den Stukko des Giovanni da Udine von Wänden und Pfeilern abzulösen. – Die großen Kupferstiche,
welche noch koloriert bisweilen im Handel vorkommen,
gewähren zwar eine sehr schätzbare Aushilfe, allein sie
geben die Detailzeichnung und die Wirkung des Ganzen
doch nur ungenügend wieder.«

904,4 *das gemalte Gewölbe*] Dazu im *Cicerone*: »Die Verteilung der Farbenflächen, die edle Mäßigung der Ornamente, welche an einer Decke so wesentlich ist, die vortreffliche Bildung des Details geben diesem Saal einen
hohen Wert, auch wenn man nicht wüßte, daß die Figuren
der Planetengottheiten von des Meisters ⟨Rafaels⟩ eigener
Erfindung sind. Die vier Viktorien um das päpstliche Wappen sind einer der höchsten Triumphe figürlicher Dekoration.«

906,2 f. *Haus des Luigi Cornaro*] Das sog. Odeo Cornaro, das schon an die Rotonda des Palladio erinnert, ist
von seinem Architekten Falconetto auch ausgemalt worden.

909,23 *von den beiden Alberti*] Nicht etwa der häufig erwähnte Schriftsteller und Architekt Leon Battista A., sondern Cherubino und sein Bruder Durante Alberti schufen
das illusionistische Deckengemälde in der Capella Aldobrandini der S. Maria sopra Minerva.

910,10-12 *perciochè* ⟨...⟩ *etc.*] (Ital.) »Weil man rohe,
verworrene Dinge malt voller abgeschmackter Erfindungen und meist mit grellen Farben über jedes Maß hinaus
usw.«.

911,6 *Statuten*] Die Statuten der Sieneser Goldschmiede
sind ausführliche Texte, die sich der Zitierung entziehen,
bei Milanesi, Bd. 1, S. 57-104, bei Gaye, Bd. 1, S. 1-44.

911,9 *botteghe* ⟨. . .⟩ *gioiellieri*] (Ital.) »Goldschmiede-buden, -werkstätten, Silberschmiede und Juweliere«.

913,3 *»pale«*] »Pala«, wörtlich »Spaten«, ist das hohe, oben spitz zulaufende Gemälde für eine Altarnische, wie »ancona«, hier ist der metallene Altaraufsatz gemeint.

913,37 *Niellozeichnungen*] Dunkle Zeichnung in Edel-metall, graviert und mit der Niello-Masse (Silber, Kupfer, Blei u. a.) ausgefüllt und die Fläche poliert.

916,32 f. *aliae atque aliae formae* ⟨. . .⟩ *etc.*] (Lat.) »Im-mer neue Formen, Becher, auch Mischgefäße, enghalsige Krüge, Opferschalen, Trinkgeschirre, Kelche usw.«.

916,35 f. *ornamenti della capella*] (Ital.) »Zierstücke für den Gottesdienst«.

916,36 *Patenen*] Hostienteller.

918,6 *Pallium*] Schulterbinde der Bischöfe.

918,9 *Salzfässer*] Das »hochberühmte« Salzfaß des Ben-venute Cellini für Franz I., im Kunsthistorischen Museum Wien, 1540/43 aus Gold gearbeitet, ist eine Allegorie von Meer und Erde. Auf ovalem, geschmücktem Sockel lehnen Neptun mit den aus dem Wasser auftauchenden Pferden und die Göttin der Erde mit einem Triumphbogen einander gegenüber.

922,16 f. *artificiosiori sculptura*] (Ital.) »Von kunstvolle-rer plastischer Arbeit«.

925,3 *brevi pila* ⟨. . .⟩ *genera*] (Lat.) »Kurze Glaskeulen enthalten Blumen aller Arten.«

925,27 *festaiuoli*] (Ital.) »Festordner«.

927,11 *semenato d'herbe*] (Ital.) »Übersät von Grün«.

927,12 *e piantati Mai*] (Ital.) »Und überall Maibäume aufgepflanzt«.

927,33 f. *al rito romano*] (Ital.) »Nach römischem Brauch«.

928,8-10 *Oriens, Occidens* ⟨. . .⟩ *Religio*] (Lat.) »Osten, Westen, Freigebigkeit, Rom, Gerechtigkeit, Schamhaftig-keit, Florenz, d. h. die Blühende, Nächstenliebe, Ewigkeit, Sieg, Europa und Religion«.

928,32 f. *il più bello che sia tra' Cristiani*] (Ital.) »Der schönste in der ganzen Christenheit«.

929,22 f. *Olim habuit Cypris* ⟨...⟩ *habet*] (Lat.) »Einst hatte Venus ihre Zeit und Mars die seine, | Nun möge Minerva ihre Zeit haben.«

930,14 *magra invenzione*] (Ital.) »Kümmerliche Erfindung«.

932,10 *Meta sudans*] Ein Springbrunnen in der Nähe des Colosseums, der bis 1936 in Resten dort stand. »Meta« sind die drei Spitzsäulen, die den Wendepunkt der Rennbahn im antiken Circus markieren.

932,15 *Leo's Possesso*] Der feierliche Umzug beim Amtsantritt des Papstes Leo X. 1513.

932,31 *9 ½ Braccien*] Der florentinische Braccio (Arm) mißt 58 cm.

933,4 *Hilaritas*] Allegorie der Heiterkeit.

933,5 *Jason*] Der antike Held, der das Goldene Vlies mit den Argonauten aus Kolchis zurückholt.

933,8 *Prudentia und Justitia*] Allegorien der Klugheit und Gerechtigkeit.

933,25 *46 Palmen hoch*] »Palmo«, die Handspanne, rechnet man etwa mit 21 cm; ein Längenmaß wie der Braccio.

933,31 f. *eine Fides und eine Caritas*] Allegorien der Treue und Nächstenliebe.

934,2 f. *das Brillanteste von der Welt*] Vasari berichtet: »e perchè era portato loro continuamente da bere, e di buon greco, fra lo stare sempre ubriachi e riscaldati del furor del vino e la pratica del fare, feciono cose stupende« (»und weil man ihnen unaufhörlich zu trinken brachte und guten griechischen Wein, und da sie immer trunken waren und erhitzt vom Taumel des Weins und des Arbeitens, machten sie ganz erstaunliche Dinge«).

934,22 *nur für Komödien*] Dabei entstanden die Bergamasker Typen der »Commedia dell'arte«, der Zanni vor allem.

935,28 f. *deliciarium theatralium mirificus inventor*] (Lat.) »Der wunderbare Erfinder köstlicher Theateraufführungen«.

937,2 *vermeintliches »satyrisches« Drama*] Das Pastoraldrama entstand erst und erfüllte solcherlei Bühnenbilder, wie Serlio sie entworfen hatte, mit Leben. Polizianos *Orfeo* und Jacopo Sannazaros *Arcadia* waren noch kein »dramma pastorale«, das Guarino selber in Agostino Beccaris *Il Sacrificio* (1554) erblickte, der mit *Il Pastor fido* (gedruckt 1590, aufgeführt 1595) die Bühne eroberte. Serlios tragische Szene besteht aus Renaissancebauten, die komische mischt Gotik und Renaissance (1551).

938,6-9 *So che alcuni diranno* ⟨...⟩ *Lena*] (Ital.) »Ich weiß, einige werden sagen, die Szene sei ähnlich und vielleicht sogar dieselbe, die bei der Aufführung der Lena Ferrara darstellte.«

941,2 *Dragant*] Wie Dragée, Zuckerwerk, aus formbaren Nuß- und Mandelpasten mit Zuckerguß gehärtet.

942,1 *Drittes Buch*] Dieses Buch ist wie in der Gesamtausgabe nur in den Leitparagraphen mitgeteilt, außer bei dem ersten (§ 196), wo der Anschauung halber der erläuternde Text aus Burckhardts Manuskript beigegeben ist.

942,15 *ihre ewigen Gesetze*] Burckhardt hatte seinen kulturgeschichtlichen Relativismus lange aufgegeben, um »recht intolerant« zu werden und nur das Wahre gelten zu lassen, das sich in diesem Falle in der griechischen Skulptur verkörpert. Hier ist generell zu ergänzen, was Burckhardt im *Cicerone* über die Skulptur des 15. und 16. Jh.s schreibt.

944,9 f. *Streit über den Vorrang*] Die Paragone-Literatur über den Vorrang einzelner Künste, z. T. mit naiven Gemeinplätzen über die vollkommenere Sinnestäuschung, gehört in die Frühgeschichte der Kunstliteratur, gleichzeitig mit einer entwickelten Kunstpraxis und einer dieser Naivität weit überlegenen Kennerschaft in Künstlerkreisen und auch bei Auftraggebern.

946,10 *dem täuschend Lebendigen*] Es ist historisch nicht leicht, den Zwiespalt zwischen der Kunstpraxis mit ihren eindeutigen Zielen der Idealisierung der menschlichen Gestalt und der allgemeinen Literatur zu überbrücken. Es gab einen theoretischen Diskurs in bestimmten Fragen wie Musiktheorie, der Proportionenlehre und der platonischen

Liebe, aber nicht in der Wirkung der zeitgenössischen Kunstwerke, die eher so wie im 20. Jh. die Filmkritik sich auf den unmittelbaren Eindruck richtet.

962,19 f. *keine einzige eherne Reiterstatue*] Der größte und schwierigste Bronzeguß und die repräsentative Herrscherstatue zu Pferde hat einen Symbolwert, technisch sowohl wie politisch. Die technische Bedeutung sieht man z. B. noch auf den Tafeln der *Encyclopédie* von Diderot, die politische deutet Burckhardt hier aus dem Verfall der italienischen Souveränität an.

964,1 *Viertes Buch*] Wie das Buch »Skulptur« ist auch das der »Malerei« gewidmete nur in den Leitparagraphen angedeutet.

964,21 *§ 261 a. Die Besteller*] Dieses Thema hat Burckhardt in großer Ausführlichkeit ausgearbeitet in dem Teil »Die Sammler« des postum veröffentlichten Bandes *Beiträge zur Kunstgeschichte von Italien*, Basel 1898, S. 295-500. Entsprechend sind dort zwei andere Themen, das Altarbild und das Porträt, in einer erzählenden Darstellung ins einzelne ausgeführt worden. In dem Text über die Sammler wird auch der starke flämische Einfluß in der italienischen Kunst oder doch dem Kunstinteresse der Sammler deutlich, den man aus der *Kultur* und der *Kunst der Renaissance* sonst nicht entnehmen könnte.

965,14 *Verbindung mit der Presse*] Die druckgraphischen Techniken der Vervielfältigung, Holzschnitt und dann Kupferstich, die nicht nur als genuine künstlerische Mittel, wie bei Dürer, wirken können, sondern mit dem äußeren Zwang zusammen das Handwerk verderben.

967,13 f. *auf Flandern angewiesen*] Die Arazzen, die Gobelins aus Arras, gehören ganz selbstverständlich in die architektonische Planung der Innendekoration.

967,23 f. *die bewegliche Heimat der ⟨...⟩ Komposition*] Es empfiehlt sich zur Veranschaulichung, beispielhaft ein Thema aus dem *Cicerone* zu erläutern:

Rafaels Tapeten bestehen aus zwei Reihen, von welchen jedenfalls nur die *erste*, mit den zehn Ereignissen aus der

Apostelgeschichte, ihm im engern Sinne angehört. Er schuf in den Jahren 1515 und 1516 (also gleichzeitig mit den Entwürfen zur Stanza dell'incendio) die berühmten Kartons, von welchen noch sieben zu Hamptoncourt in England aufbewahrt werden. Gewirkt wurden sie in Flandern; noch bei Rafaels Lebzeiten kam wenigstens ein Teil davon fertig nach Rom. Die Wirker hatten sich an seine Zeichnung gehalten, so genau man sich damals überhaupt an Vorlagen hielt; es kommen Freiheiten, z. B. in der Behandlung einzelner Köpfe und des landschaftlichen Grundes vor, die sich ein jetziger Künstler bei seinen Exekutanten verbitten würde. Die Erhaltung des Vorhandenen ist im Verhältnis zu den Schicksalen eine mittlere; doch sind die Farben ungleich abgebleicht und das Nackte hat einen kalt schmutzigen Ton angenommen. Dem originalen Schwung und Strich der rafaelischen Hand können die Konturen der Tapeten ohnedies nie gleichkommen.

Von ihren nur in wenigen Beispielen erhaltenen Randarabesken ist schon die Rede gewesen. Außerdem haben sie Sockelbilder in gedämpfter Goldfarbe. Hier zeigt es sich, wie Leo X. seine eigene Lebensgeschichte taxierte. Ohne irgendeinen Bezug auf die obenstehenden Taten der Apostel geht sie unten parallel mit, und zwar auch diejenigen Momente, welche nichts weniger als ruhmreich waren, wie die vermummte Flucht aus Florenz, die Gefangennehmung, in der Schlacht von Ravenna u. dgl. Das Glückskind findet alles, was ihm widerfahren, nicht bloß merkwürdig, sondern auch monumental darstellbar, und dieser Zug des mediceischen Gemütes hat noch hundert Jahre später Rubens und seine ganze Schule zur Verherrlichung der zweideutigsten Tatsachen in Anspruch genommen (Galerie de Marie de Médicis). Jene Sockelbilder, in schönem und gemäßigtem Reliefstil erzählt, bedurften, beiläufig gesagt, zur örtlichen Verdeutlichung der gleichen Nachhilfe wie das Relief der Alten: nämlich der Personifikation von Flüssen, Bergen, Städten usw. Auch das allgemeine ideale Kostüm war hier, wo kein Detail scharf charakteristisch vortreten durfte, durchaus notwendig.

In den Hauptbildern war Rafael frei und konnte seinen tiefsten Inspirationen nachgehen. Es ist vorauszusetzen, daß er hier selbst die Momente wählen durfte, wenigstens sind sie alle so genommen, daß man keine bessern und schöner abwechselnden aus der Apostelgeschichte wählen könnte. Die Technik der Wirkerei, auf welche er seine Arbeit zu berechnen hatte, erlaubte ihm beinahe so viel als das Fresko. Er scheint mit einer ruhigen, gleichmäßigen Wonne gearbeitet zu haben. Das reinste Liniengefühl verbindet sich mit der tiefsten geistigen Fassung des Momentes. Wie sanft und eindringlich ist in dem Bilde »Weide meine Schafe!« die Macht des verklärten Christus ohne alle Glorien ausgedrückt, indem die Gruppe der Apostel je näher bei ihm, desto mehr zu ihm hingezogen wird; die hintersten stehen noch ruhig, während Petrus schon kniet. Die Heilung der Lahmen im Tempel – einer jener Gegenstände, welche in spätern Bildern durch Überladung mit gedrängten Köpfen pflegen erdrückt zu werden – ist hier durch die architektonische Scheidung und durch erhabenen Stil in die schönste Ruhe gebracht. Pauli Bekehrung ist (hier ohne Lichteffekt) auf die einzig würdige Weise geschildert, während die meisten andern Darsteller ihre Virtuosität in einem rechten Getümmel zu zeigen suchen. Das Gegenstück bildet die Steinigung des Stephanus. Die Blendung des Zauberers Elymas (leider zur Hälfte verloren) und die Strafe des Ananias sind die höchsten Vorbilder für die Darstellung feierlich-schrecklicher Wunder; das Dämonische hat ruhige Gruppen zum Hintergrunde. Wiederum gehören zusammen: Pauli Predigt in Athen und die Szene in Lystra, beide von unermeßlichem Einfluß auf die spätere Kunst, so daß z. B. der ganze Stil Poussins ohne sie nicht vorhanden wäre. Das eine ein Bild des reichsten Seelenausdruckes, der sich der mächtigen Profilgestalt des Apostels doch vollkommen unterordnet; das andere eine der schönsten bewegten Volksgruppen, so um den Opferstier geordnet, daß dieser mit seiner Wendung sie unterbricht und doch nichts verdeckt; man empfindet, daß der Apostel ob diesem Auftreten der Masse vor Leid außer Fassung geraten muß. – Endlich der Fischzug Petri, ein Bild des geheimnisvollsten Zaubers; der Moment der physischen Anstrengung (in welchen beiden Gestalten!) ist in die zweite Barke verwiesen, in der vordern kniet Petrus schon vor dem sitzenden Christus und der Beschauer wird nicht durch den Anblick der Fische gestört, über welchen man in andern Bildern den Hauptgegenstand, nämlich den Ausdruck der vollen Hingebung und Überzeugung des Apostels vergessen muß.

968,25 *Miniaturmalerei in Büchern]* In der Vorrede zum *Cicerone* sagt Burckhardt: »Die Miniaturen der Handschriften ließ ich weg, weil deren häufige Besichtigung ihren Untergang beschleunigt.« In einer »Anleitung zum Genuß der Kunstwerke Italiens« äußert sich darin die Achtung vor den Werken und die vor einer Nachwelt, die inzwischen für die häufige Besichtigung mit Faksimiles arbeiten kann und für die Schonung der Originale zu Dank verpflichtet ist. Burckhardt hat aber an keiner anderen Stelle seine Kenntnis dieser reichen und für die Entwicklung der Malerei bedeutenden Gattung dargelegt, so daß darüber nur vage Vermutungen möglich sind. Eine Ausnahme ist seine Bemerkung über die Ähnlichkeit von Titelblättern und verzierten Gebäudefassaden, S. 887 f.

969,22 f. *Studium der linearen Perspektive]* Epochemachend für die Technik und die Deutung der Perspektive wurde der Aufsatz von Erwin Panofsky, *Die Perspektive als symbolische Form*, ›Vorträge der Bibliothek Warburg 1924-25‹, Berlin und Leipzig 1927, S. 258-330. Eine knappe Darstellung des Forschungsstandes und auch die Literatur anderer Auffassung in Erwin Panofsky, *Die Renaissancen der europäischen Kunst*, Frankfurt/Main 1979, S. 125-165 u. Anm.

970,24 f. *eines erhöhten Daseins*] Die technische Erörterung der Entwicklung der perspektivischen Darstellung
läßt oft übersehen, daß die malerisch bedeutenderen Bilder
dem »optischen Schein« keine »unbedingte Herrschaft« gestatten und mit kombinierten oder verwischten Perspektiven arbeiten. Nach der Gewinnung des objektiven Bildrau-
mes verliert er an Interesse, und seine Unterschiede zum
lebendigen Sehen werden offenkundig. Die perspektivische Zeichnung wird damit zu einer Übung der Architekten und der Illusionsmaler.

971,6 *der unbedingten Untensicht*] Antonio Allegri da
Correggio (1494-1534) malte die Kuppel von S. Giovanni
in Parma; dazu im *Cicerone*:

Es ist die erste einer großen Gesamtkomposition gewidmete Kuppel; Christus in der Glorie, von den auf
Wolken sitzenden Aposteln umgeben, und zwar alles
als Vision des unten am Rand angebrachten Johannes.
Die Apostel sind echte Lombarden des nobeln Typus,
von einer grandiosen Körperlichkeit; der greise, eksta-
tische Johannes (absichtlich?) unedler. Die völlig
durchgeführte Untensicht, von welcher dieses Beispiel
das früheste erhaltene und jedenfalls das früheste so
ganz durchgeführte ist, erschien den Zeitgenossen und
Nachfolgern als ein Triumph aller Malerei. Man vergaß, welche Teile des menschlichen Körpers bei der
Untensicht den Vorrang erhalten, während doch der
Gegenstand dieses und der meisten spätern Kuppelge-
mälde – die Glorie des Himmels – nur das geistig Be-
lebteste vertragen würde. Man empfand nicht mehr,
daß für diesen Gegenstand die Raumwirklichkeit eine
Entwürdigung ist und daß überhaupt nur die ideale, architektonische Komposition ein Gefühl erwecken
kann, welches demselben irgendwie gemäß ist. Nun ist
schon hier gerade die Hauptgestalt, Christus, wahrhaft
froschartig verkürzt; auch bei einzelnen Aposteln
rücken die Knie bis gegen den Hals. Als Raumverdeut-
lichung, Stütze und Sitz, malerisch auch als Mittel der

Abstufung und Unterbrechung dienen die Wolken, welche Correggio als konsistent geballte Körper von bestimmten Volumen behandelt.

974,7 f. *Darstellung der innern Bewegung]* Das Suchen nach Darstellungsmitteln der inneren Bewegung durch äußere ist ein Grundthema der Renaissance, nicht nur in der Malerei, und ein Grund des Zurückgreifens auf antike Darstellungsweisen, die man auf den Sarkophagen sah und seit den Pisanern um 1300 in die Skulptur aufnahm. Die Erforschung dieser Darstellungsmittel, der »Pathosformeln«, als nicht lediglich motivgeschichtliche Anknüpfung an Werke der Antike, sondern als Gehalt der Renaissance, als Suche nach Ausdrucksformen und Umdeutung der aus der Antike überlieferten, bestimmte das Werk von Aby Warburg und die in seinem Umkreis angeregten Forschungen; siehe Aby Warburg, *Ausgewählte Schriften und Würdigungen*, Baden-Baden 1980.

974,30 *idealer Stil]* Für die Künstler der Renaissance ist Schönheit das geoffenbarte Gesetz der Natur, und die eigene Kunst wie die der Antike wird mit der Natur gleichgesetzt. Dabei scheint man sehr genau zu wissen, was man mit der »buona maniera moderna«, dem neuen Stil, der den antiken erreicht oder gar überbietet, erworben hat. Einer Kunsttheorie auch schlechter Stile, wie das 19. Jh. sie für seine Ästhetik sucht, ist damit wenig gedient.

975,20 *Idealität und Affekt]* Nach der Perspektive des Raumes und der Proportion der menschlichen Gestalt wird die Darstellung der Affekte, der inneren Gemütsbewegungen, die sich in Mimik und Gestik ausdrücken, das große Thema der bildenden Kunst. Ziel der malerischen Seelenkunde ist es, die Affekte so aufzufassen, daß sie erkennbar werden und sich in der Darstellung mitteilen. Die Physiognomik der Kunst zielt nicht auf äußere Merkmale, sondern auf das Erkennen und Übertragen der inneren Bewegung dieser »edleren Affekte«.

975, nach § 296] Eine weitere (VI.) Kapitelüberschrift, später als der übrige Text geschrieben: »Die Malerei nach

Gegenständen und Aufgaben«. Darauf folgen 4 Paragra-
phentitel ohne Text:

§ 297 Das Altarbild des 15. Jahrhunderts
§ 298 Das Altarbild des 16. Jahrhunderts
§ 299 Das erzählende Altarbild
§ 300 Das Hausandachtsbild.

Diese Themen hat Burckhardt in aller Ausführlichkeit ausgearbeitet, und der Text ist unter dem Titel »Das Altarbild«
postum in den *Beiträgen zur Kunstgeschichte von Italien*, Basel
1898, S. 1-141, veröffentlicht worden. – In einem beigelegten Inhaltsverzeichnis wurde die Kapitelüberschrift »Die
Malerei nach Gegenständen und Aufgaben« zum Ab-
schnittstitel für alles Folgende, während die ersten fünf
Kapitel (§§ 260-296) den Abschnitt »Mittel und Kräfte der
Kunst« bilden. Mit dieser Bezeichnung knüpft Burckhardt
an Karl Friedrich von Rumohr an, dessen *Italienische Forschungen* mit dem Kapitel »Haushalt der Kunst« beginnen. –
Mit der Thematik des zweiten Abschnitts, Malerei nach
Gegenständen und Aufgaben zu behandeln, versucht
Burckhardt, die Gliederung des Buches »Architektur« auf
die »Malerei« zu übertragen. Neben dem Altarbild hat er
»Das Porträt« in einem ausführlichen Text ausgearbeitet,
der ebenfalls in den *Beiträgen zur Kunstgeschichte von Italien*,
Basel 1898, S. 143-294, postum publiziert wurde. Man kann
sich die weiteren Paragraphen und Themen und auch den
Umfang eines entsprechend ausgeführten Textes denken,
wenn man etwa nach dem im *Cicerone* behandelten Material
sich das Wandbild (Fresko) in Kirche und Palast und das
Tafelbild nach biblischen, mythologischen und historischen Szenen sowie der dekorativen Malerei aufgliederte. –
Für die Entwicklung der Kunstgeschichte ist festzuhalten,
daß nicht die ausgearbeiteten erzählenden Darstellungen
die anregendsten gewesen sind, sondern die nüchterne Aufteilung nach Gegenständen und Aufgaben, die dem Künstler innerhalb einer Gattung gegeben werden. Das erschien
und erscheint als ein Ordnungsprinzip, dessen Fruchtbarkeit noch nicht erschöpft ist und bei dem man der künstle-

rischen Arbeit selbst und den Beziehungen zwischen Auftraggeber und Künstler näherkommen kann als bei der
Behandlung nach Schulen und Individuen.

ZEITTAFELN

(Die Renaissance wird viel mehr durch Personen als durch äußere
Ereignisse bestimmt. Es mag daher hilfreich sein, einen Teil des
Personals der *Kultur* und der *Kunst der Renaissance* nach ihren
Lebensdaten chronologisch zu ordnen. Die Schreibung variiert,
die Daten sind oft nur annäherungsweise zu verstehen.)

um	1130-um 1200	Joachim von Fiore
	1182-1226	Franz von Assisi
	1194-1250	Friedrich II. von Hohenstaufen
	1194-1259	Ezzelino da Romano
um	1206-1278	Nicola Pisano
um	1240-1302	Cimabue
um	1245-1302	Arnolfo di Cambio
	1250-1320	Giovanni Pisano
	1319	starb Duccio di Buoninsegno
	1265-1321	Dante
	1266-1336	Giotto
	1276-1348	Giovanni Villani
	1285-1344	Simone Martini
um	1290-1348	Andrea Pisano
	Ende 13. Jh.-1348	Pietro und Ambrogio Lorenzetti
	Anfang 14. Jh.-1368	Andrea Orcagna
	1304-1374	Francesco Petrarca
	1313-1354	Cola Rienzi
	1313-1375	Giovanni Boccaccio
	1330-1400	Francesco Sacchetti
	1339-1406	Coluccio Salutati
	-1348-	die große Pest
	1369-1444	Leonardo Bruni Aretino
	1374-1460	Guarino da Verona

	1374-1438	Jacopo della Quercia
	1377-1446	Filippo Brunelleschi
	1378-1455	Lorenzo Ghiberti
	1378-1446	Vittorino da Feltre
	1380-1459	Poggio Fiorentino
	1384-1447	Masolino
	1386-1466	Donatello
	1389-1464	Cosimo de' Medici
	1387-1455	Fra Angelico
um	1390-1441	Jan von Eyck
	1391-1450	Ciriaco von Ancona
um	1392-1463	Flavio Biondo
um	1395-um 1455	Pisanello
	1396-1472	Michelozzo
	1396-1459	Giannozzo Manetti
	1397-1475	Paolo Uccello
	1397-1482	Paolo Toscanelli
	1398-1453	Carlo Marzuppini
	1399-1477	Pier Candido Decembrio
	1400-1457	Bartolomeo Fazio
	1400-1482	Luca della Robbia
um	1400-um 1469	Antonio Filarete
	1401-1428	Masaccio
	1401-1464	Nikolaus von Kues
	1403-1472	Bessarion
	1404-1472	Leon Battista Alberti
	1405-1464	Enea Silvio Piccolomini, Papst Pius II.
	1406-1469	Fra Filippo Lippi
	1406-1475	Matteo Palmieri
	1407-1457	Lorenzo Valla
	1409-1464	Bernardo Rosselino
um	1419-1457	Andrea del Castagno
um	1420-1492	Piero della Francesco
	1420-1498	Benozzo Gozzoli
	1420-1476	Masuccio Salernitano
	1421-1498	Vespasiano da Bisticci
	1422-1482	Federigo von Montefeltro

1424-um 1492 Cristoforo Landino
um 1425-1498   Pomponius Laetus
1426-1503   Giovanni Pontano
1429-1484   Mino da Fiesole
1430-1479   Antonello da Messina
1430-1516   Giovanni Bellini
1430-um 1495 Carlo Crivelli
1431-1506   Andrea Mantegna
1431-1498   Antonio Pollaiuolo
1432-1490   Giuliano da Maiano
1432-1484   Luigi Pulci
1433-1499   Marsilio Ficino
1436-1506   Sabellicus (Marcantonio Coccio)
1436-1480   Andrea del Verrocchio
1436-1478   Francesco de Cossa
1438-1494   Melozzo da Forlì
1439-1502   Francesco di Giorgio
1440-1494   Matteo Boiardo
1441-1523   Luca Signorelli
1444-1514   Donato Bramante
1445-1523   Pietro Perugino
1445-1516   Giuliano da Sangallo
1445-1516   Luca Pacioli
1447-1511   Philippe de Commynes
1449-1492   Lorenzo de' Medici
1449-1494   Domenico Ghirlandaio
1451-1506   Cristofero Colombo
1452-1519   Leonardo da Vinci
1452-1498   Girolamo Savonarola
1454-1494   Angelo Poliziano
1457-1504   Filippino Lippi
1458-1530   Jacopo Sannazaro
1459-1510   Bernardino Corio
1459-1537   Lorenzo di Credi
1462-1521   Piero di Cosimo
1462-1525   Pietro Pomponazzi
1463-1494   Giovanni Pico della Mirandola

1465-1526	Vittore Carpaccio
1466-1536	Erasmus von Rotterdam
1469-1527	Niccolò Machiavelli
1470-1547	Pietro Bembo
1473-1543	Nicolaus Copernicus
1474-1533	Lodovico Ariosto
1475-1564	Michelangelo Buonarotti
1475-1554	Sebastiano Serlio
1477-1576	Tizian
1477-1558	Pierio Valeriano
1478-1510	Giorgione
1478-1529	Baldassare Castiglione
1478-1553	Girolamo Fracastoro
1479-1552	Lilio Giraldi
1480-1546	Lorenzo Lotto
1480-1528	Palma Vecchio
1481-1536	Baldassare Peruzzi
1483-1540	Francesco Guicciardini
1483-1552	Paolo Giovio
1483-1542	Gasparino Contarini
1483-1520	Raffael
1483-1553	François Rabelais
1483-1546	Martin Luther
1485-1561	Matteo Bandello
1486-1535	Agrippa von Nettesheim
1486-1530	Andrea del Sarto
1489-1534	Correggio
1492-1556	Pietro Aretino
1492-1547	Vittoria Colonna
1493-1545	Agnolo Firenzuola
1493-1560	Baccio Bandinelli
1494-1557	Jacopo Pontormo
1496-1544	Teofilo Folengo
1499-1546	Giulio Romano
1500-1571	Benvenuto Cellini
1500-1571	Paris Bordone
1500-1543	Marcello Palingenio

1501-1576	Girolamo Cardano
1502-1565	Benedetto Varchi
1508-1580	Andrea Palladio
1509-1566	Daniele da Volterra
1511-1574	Giorgio Vasari

Die Päpste, 1294-1521

1294-1303	Bonifaz VII. (Benedetto Gaetani aus Rom)
1303-1304	Benedikt XI. (Niccolò Boccasini aus Treviso)
1305-1314	Clemens V. (Bertrand de Got aus der Gascogne)
1316-1334	Johannes XXII. (Jacques Duese aus Cahors)
1334-1342	Benedikt XII. (Jacques Fournier aus Saverdun)
1342-1352	Clemens VI. (Pierre Roger aus Corrèze)
1352-1362	Innocenz VI. (Etienne Aubert aus dem Limousin)
1362-1370	Urban V. (Guillaume de Grimoard aus Lozère Grisac)
1370-1378	Gregor XI. (Pierre Roger de Beaufort aus dem Limousin)
1378-1389	Urban VI. (Bartolomeo Prignano aus Neapel)
1389-1404	Bonifaz IX. (Pietro Tommacelli aus Neapel)
1404-1406	Innocenz VII. (Cosimo de' Migliorati aus Sulmona)
1406-1415	Gregor XII. (Angelo Correr aus Venedig) (1378-1417 daneben die Gegenpäpste Clemens VII., Robert von Genf, bis 1394; Benedikt XIII., Pedro Luna, bis 1417; Alexander V., Petros Philargis, 1409-10; Johannes XXIII., Baldassare Cossa, 1410-15)
1417-1431	Martin V. (Odo Colonna aus Rom)
1431-1447	Eugen IV. (Gabriele Condulmer aus Venedig)
1447-1455	Nikolaus V. (Tommaso Parentucelli aus Sarzana)

1455-1458	Calixt III. (Alfonso Borja, ital. Borgia, aus Aragon)
1458-1464	Pius II. (Enea Silvio Piccolomini aus Corsignano, das er Pienza nannte)
1464-1471	Paul II. (Pietro Barbo aus Venedig)
1471-1484	Sixtus IV. (Francesco della Rovere aus Ligurien)
1484-1492	Innocenz VIII. (Giovanni Battista Cibo aus Genua)
1492-1503	Alexander VI. (Rodrigo Borgia ⟨Borja⟩ aus Aragon)
1503	Pius III. (Francesco Todeschini Piccolomini aus Siena)
1503-1513	Julius II. (Giuliano della Rovere aus Ligurien)
1513-1521	Leo X. (Giovanni de' Medici aus Florenz)

Dynastien und Dogen

Florenz

1434-1464	Cosimo de' Medici
1464-1469	Piero de' Medici
1469-1478	Giuliano de' Medici
1469-1492	Lorenzo de' Medici
1492-1494	Piero de' Medici
1494-1512	– Republik –
1512	Giuliano de' Medici
1513-1519	Lorenzo de' Medici

Mailand

1310-1322	Matteo Visconti
1322-1328	Galeazzo Visconti
1328-1339	Azzo Visconti
1339-1349	Lucchino Visconti
1349-1354	Giovanni Visconti
1354-1355	Matteo Visconti
1354-1378	Galeazzo Visconti

1354-1385	Bernabò Visconti
1385-1402	Giangaleazzo Visconti
1402-1412	Giovanni Maria Visconti
1402-1447	Filippo Maria Visconti
1447-1450	– Ambrosianische Republik –
1450-1466	Francesco Sforza
1466-1476	Galeazzo Maria Sforza
1476-1494	Giangaleazzo Sforza
1479-1499	Ludovico il Moro Sforza
1508-1515	Massimiliano Sforza

Neapel

1309-1343	Robert I. von Anjou
1343-1382	Giovanna I.
1382-1386	Karl III.
1386-1414	Ladislas
1414-1435	Giovanna II.
1435-1441	René I.
1442-1458	Alfons d. Gr. von Aragon
1458-1494	Ferdinand I. (Ferrante)
1494-1495	Alfons II.
1495-1496	Ferdinand II.
1496-1501	Friedrich
	Danach ist Neapel spanisch bis 1713.

Venedig

1312-1328	Giovanni Soranzo
1329-1339	Francesco Dandolo
1339-1342	Bartolomeo Gradenigo
1343-1354	Andrea Dandolo
1354-1355	Marino Faliero
1355-1356	Giovanni Gradenigo
1356-1361	Giovanni Delfino
1361-1365	Lorenzo Celsi
1365-1367	Marco Cornaro
1368-1382	Andrea Contarini
1382	Michele Morosini

1382-1400	Antonio Venieri
1400-1413	Michele Steno
1414-1423	Tommaso Mocenigo
1423-1457	Francesco Foscari
1457-1462	Pascale Malipiero
1462-1471	Cristoforo Moro
1471-1473	Niccolò Trono
1473-1474	Niccolò Marcello
1474-1476	Pietro Mocenigo
1476-1478	Andrea Vendramini
1478-1485	Giovanni Mocenigo
1485-1486	Marco Barbarigo
1486-1501	Agostino Barbarigo
1501-1521	Leonardo Loredano

Die italienischen Städte
(Bevölkerungszahlen um die Mitte des 16. Jahrhunderts)

Neapel	210 000
Venedig	160 000
Mailand	70 000
Palermo	70 000
Florenz	60 000 (Anfang des 13. Jh.: 30 000; 1260: 60 000; 1280: 74 000; 1338: 90 000; nach der Pest von 1348: kaum 50 000; 1380: 70 000, und so blieb es bis in die 1520er Jahre)
Genua	60 000
Bologna	60 000
Verona	50 000
Rom	45 000 (nach dem Sacco di Roma 1527, vorher: 55 000)
Ferrara	40 000
Mantua	40 000
Brescia	40 000
Cremona	35 000
Lecce	35 000

Padua	30 000
Vicenza	30 000
Lucca	25 000
Messina	25 000
Piacenza	25 000
Siena	25 000
Bergamo	20 000
Parma	20 000
Perugia	20 000
Trapani	20 000
Tarent	20 000
Pavia	15 000
Modena	15 000
Turin	15 000
Catania	15 000
Nicosia	15 000
Udine	15 000

INHALTSVERZEICHNIS

BIBLIOTHEK DER GESCHICHTE
UND POLITIK

Erste Auflage 1989
Deutscher Klassiker Verlag
Alle Rechte vorbehalten
Frankfurt am Main
Satz: In Monotype-Garamond von LibroSatz, Kriftel
Druck: Nomos Verlagsgesellschaft, Baden-Baden
Bindung: Buchbinderei Lachenmaier, Reutlingen
Papier: Persia K Dünndruckpapier
von Schoeller & Hoesch, Gernsbach
Leinen: Feincanvas der Vereinigten Kaliko, Bamberg
Leder: Rein anilin-gefärbte Radja-Ziege
mit Naturnarbung, Kripper Lederfabrik
Ausstattung: Rolf Staudt, Frankfurt am Main
ISBN 3-618-66680-2 (Ln. Einzelbezug)
ISBN 3-618-66685-3 (Ld. Einzelbezug)
Printed in Germany